中国社会科学年鉴

中国非洲研究院文库·年鉴系列

中国非洲研究年鉴 2021

ALMANAC OF AFRICAN STUDIES IN CHINA

李新烽 主编　安春英 副主编

中国社会科学出版社

图书在版编目（CIP）数据

中国非洲研究年鉴.2021／李新烽主编.—北京：中国社会科学出版社，2021.10
（中国非洲研究院文库.年鉴系列）
ISBN 978－7－5203－8051－5

Ⅰ.①中…　Ⅱ.①李…　Ⅲ.①非洲—研究—2021—年鉴　Ⅳ.①D74－54

中国版本图书馆CIP数据核字(2021)第246039号

出 版 人　赵剑英
责任编辑　姜阿平
责任校对　李　惠
责任印制　张雪娇

出　　版　中国社会科学出版社
社　　址　北京鼓楼西大街甲158号
邮　　编　100720
网　　址　http://www.csspw.cn
发 行 部　010－84083685
门 市 部　010－84029450
经　　销　新华书店及其他书店

印刷装订　三河市东方印刷有限公司
版　　次　2021年10月第1版
印　　次　2021年10月第1次印刷

开　　本　787×1092　1/16
印　　张　50.75
插　　页　2
字　　数　1203千字
定　　价　428.00元

“中国非洲研究院文库”编纂委员会

充分发挥智库作用　助力中非友好合作

——“中国非洲研究院文库”总序言

当今世界正面临百年未有之大变局。世界多极化、经济全球化、社会信息化、文化多样化深入发展，和平、发展、合作、共赢成为人类社会共同的诉求，构建人类命运共同体成为各国人民共同的愿望。与此同时，大国博弈激烈，地区冲突不断，恐怖主义难除，发展失衡严重，气候变化凸显，单边主义和贸易保护主义抬头，人类面临许多共同挑战。中国是世界上最大的发展中国家，是人类和平与发展事业的建设者、贡献者和维护者。2017 年 10 月中共十九大胜利召开，引领中国发展踏上新的伟大征程。在习近平新时代中国特色社会主义思想指引下，中国人民正在为实现“两个一百年”奋斗目标和中华民族伟大复兴的“中国梦”而奋发努力，同时继续努力为人类作出新的更大的贡献。非洲是发展中国家最集中的大陆，是维护世界和平、促进全球发展的重要力量之一。近年来，非洲在自主可持续发展、联合自强道路上取得了可喜进展，从西方眼中“没有希望的大陆”变成了“充满希望的大陆”，成为“奔跑的雄狮”。非洲各国正在积极探索适合自身国情的发展道路，非洲人民正在为实现《2063 年议程》与和平繁荣的“非洲梦”而努力奋斗。

中国与非洲传统友谊源远流长，中非历来是命运共同体。中国历来高度重视发展中非关系，2013 年 3 月习近平担任国家主席后首次出访就选择了非洲；2018 年 7 月习近平连任国家主席后首次出访仍然选择了非洲；6 年间，习近平主席先后 4 次踏上非洲大陆，访问坦桑尼亚、南非、塞内加尔等 8 国，向世界表明中国对中非传统友谊倍加珍惜，对非洲和中非关系高度重视。2018 年中非合作论坛北京峰会成功召开。习近平主席在该次峰会上，揭示了中非团结合作的本质特征，指明了中非关系发展的前进方向，规划了中非共同发展的具体路径，极大完善并创新了中国对非政策的理论框架和思想体系，这成为习近平新时代中国特色社会主义外交思想的重要理论创新成果，为今后中非关系的发展提供了强大政治遵循和行动指南。这次峰会是中非关系发展史上又一次具有里程碑意义的盛会。

随着中非合作蓬勃发展，国际社会对中非关系的关注度不断提高，出于对中国在非洲影响力不断上升的担忧，西方国家不时泛起一些肆意抹黑、诋毁中非关系的奇谈怪论，诸如“新殖民主义论”“资源争夺论”“债务陷阱论”等，给中非关系发展带来一定程度的干扰。在此背景下，学术界加强对非洲和中非关系的研究，及时推出相关研究成果，提升国际话语权，展示中非务实合作的丰硕成果，客观积极地反映中非关系良好发展，向世界发出中国声音，显得日益紧迫和重要。

中国社会科学院以习近平新时代中国特色社会主义思想为指导，努力建设马克思主义理论阵地，发挥为党的国家决策服务的思想库作用，努力为构建中国特色哲学社会科学学科体系、学术体系、话语体系作出新的更大贡献，不断增强我国哲学社会科学的国际影响力。中国社会科学院西亚非洲研究所是当年根据毛泽东主席批示成立的区域性研究机构，长期致力于非洲问题和中非关系研究，基础研究和应用研究并重，出版和发表了大量学术专著和论文，在国内外的影响力不断扩大。以西亚非洲研究所为主体于2019年4月成立的中国非洲研究院，是习近平主席在中非合作论坛北京峰会上宣布的加强中非人文交流行动的重要举措。

按照习近平主席致中国非洲研究院成立贺信精神，中国非洲研究院的宗旨是：汇聚中非学术智库资源，深化中非文明互鉴，加强治国理政和发展经验交流，为中非和中非同其他各方的合作集思广益、建言献策，增进中非人民相互了解和友谊，为中非共同推进“一带一路”合作，共同建设面向未来的中非全面战略合作伙伴关系，共同构筑更加紧密的中非命运共同体提供智力支持和人才支撑。中国非洲研究院有四大功能。一是发挥交流平台作用，密切中非学术交往。办好“非洲讲坛”“中国讲坛”“大使讲坛”，创办“中非文明对话大会”，运行好“中非治国理政交流机制”“中非可持续发展交流机制”“中非共建‘一带一路’交流机制”。二是发挥研究基地作用，聚焦共建“一带一路”。开展中非合作研究，对中非共同关注的重大问题和热点问题进行跟踪研究，定期发布研究课题及其成果。三是发挥人才高地作用，培养高端专业人才。开展学历学位教育，实施中非学者互访项目，培养青年专家、扶持青年学者和培养高端专业人才。四是发挥传播窗口作用，讲好中非友好故事。办好中国非洲研究院微信公众号，办好中英文中国非洲研究院网站，创办多语种《中国非洲学刊》。

为贯彻落实习近平主席的贺信精神，更好地汇聚中非学术智库资源，团结非洲学者，引领中国非洲研究工作者提高学术水平和创新能力，推动相关非洲学科融合发展，推出精品力作，同时重视加强学术道德建设，中国非洲研究院面向全国非洲研究学界，坚持立足中国，放眼世界，特设“中国非洲研究院文库”。“中国非洲研究院文库”坚持精品导向，由相关部门领导与专家学者组成的编纂委员会遴选非洲研究及中非关系研究的相关成果，并统一组织出版，下设五大系列丛书：“学术著作”系列重在推动学科发展和建议，反映非洲发展问题、发展道路及中非合作等某一学科领域的系统性专题研究或国别研究成果；“学术译丛”系列主要把非洲学者以及其他各方学者有关非洲问题研究的经典学术著作翻译成中文出版，特别注重全面反映非洲本土学者的学术水平、学术观点和对自身发展问题的认识；“智库报告”系列以中非关系为研究主线，中非各领域合作、国别双边关系及中国与其他国际角色在非洲的互动关系为支撑，客观、准确、翔实地反映中非合作的现状，为新时代中非关系顺利发展提供对策建议；“研究论丛”系列基于国际格局新变化、中国特色社会主义进入新时代，集结中国专家学者研究非洲政治、经济、安全、社会发展等方面的重大问题和非洲国际关系的创新性学术论文，学科覆盖面广，具有基础性、系统性和标志性研究成果的特点；“年鉴”系列是连续出版的资料性文献，设有“重要文献”“特别策划”“热点聚焦”“专题特稿”“国别报告”“研究综述”“新书选介”“学刊简介”“学术机构”“学术动态”“年度大事”“数据统计”等栏目，系统汇集每年度非洲研究的新观点、新动态、新成果。

期待中国的非洲研究和非洲的中国研究在中国非洲研究院成立的新的历史起点上，凝聚国内研究力量，联合非洲各国专家学者，开拓进取，勇于创新，不断推进我国的非洲研究和非洲的中国研究以及中非关系研究，从而更好地服务于中非共建“一带一路”，助力新时代中非友好合作全面深入发展。

中国社会科学院副院长
中国非洲研究院院长
王灵桂
2021 年 4 月 9 日

编辑说明

《中国非洲研究年鉴》是中国社会科学院西亚非洲研究所（中国非洲研究院）主办、逐年编纂连续出版的资料性文献，系统汇集了国内非洲研究的年度重要文献、基本数据、研究动态和科研成果。其宗旨是全面、客观地展示非洲研究的智慧产出，促进中非思想交流，推进中非合作对话，搭建增进中非人民友谊的学术平台和知识桥梁。

一　年鉴的框架

年鉴采用分类编辑法，以栏目（或称类目）为单位，下设分目、条目，栏目设置既保持相对稳定，又根据年度特色略有调整。本年度共设置 12 个栏目，即重要文献、特别策划、热点聚焦、专题特稿、国别报告、研究综述、新书选介、学刊简介、学术机构、学术动态、年度大事和数据统计。为方便读者使用，本年度还编制了主题索引和人名索引。

二　年鉴的体例

年鉴的条目作为基本表达形式，采用说明体或论述体。新书选介、学术动态、学术机构等栏目，重点对所述情况进行说明解释，突出新情况；而特别策划、热点聚焦、专题特稿、研究综述等栏目，侧重对所述议题进行学术性解读，突出研究特色。各条目的语言表述力求客观、平实。

三　条目选定的原则

年鉴条目是信息的基本载体，反映的是年度国内非洲研究的新观点、新动态、新成果。选择标准重在本年度可产生全局性、学术创新性、传播力的重要信息。需要说明的是，“重要文献”关于“非洲地区工业发展战略与计划”部分，收录了近年非洲大陆、次区域和国家层面指导中长期工业发展的文件、战略计划等，因此部分条目在时间界定上有所上溯，以有助于读者对相关专题有历史纵深及延续性认知。

在年鉴编纂过程中，得到了国内非洲研究相关机构的大力支持，在此表示诚挚的感谢！囿于参与编纂人员经验不足、资料收集难等因素，本年度年鉴在栏目设置、收录范围、条目内容等方面难免存在纰漏和不足，敬请读者谅解。

目　录

第一篇　重要文献

第二篇　特别策划

第三篇 热点聚焦

第四篇 专题特稿

第五篇　国别报告

第六篇　研究综述

第七篇　新书选介

第八篇 学刊简介

第九篇　学术机构

第十一篇　年度大事

第十二篇　数据统计

Contents

Chapter I　Important Literature

Chapter II　Special Arrangement

Chapter III Hot Topic

Chapter IV Special Focus

Chapter V Country Report

Chapter VI Studies Review

Chapter VII New Books

Chapter VIII Journals

Chapter IX Academic Institutions

Chapter X Academic News

第一篇

重要文献

本专栏收录了两部分重要文献："中非合作文件"包括《中非团结抗疫特别峰会联合声明》，以及中阿合作论坛第九届部长会议通过的宣言和行动计划；"非洲地区工业发展战略与计划"包括非盟、非洲次区域一体化组织、非洲国家等推动工业发展的战略规划。本部分按照全非层面、非洲次区域层面（东部非洲、西部非洲、南部非洲）和国别层面文献排序。

• 中非合作文件

中非团结抗疫特别峰会联合声明

新冠肺炎疫情是全人类面临的重大挑战，是第二次世界大战结束以来最严重的全球公共卫生突发事件。为加强团结合作、携手战胜疫情，彰显更加紧密的中非命运共同体，经中国、非洲联盟轮值主席国南非、中非合作论坛非方共同主席国塞内加尔共同倡议，中非领导人于2020年6月17日通过视频连线召开中非团结抗疫特别峰会。

出席峰会的有中华人民共和国主席习近平阁下、南非共和国总统西里尔·拉马福萨阁下、塞内加尔共和国总统马基·萨勒阁下、阿拉伯埃及共和国总统阿卜杜勒法塔赫·塞西阁下、刚果民主共和国总统费利克斯－安托万·齐塞克迪·奇隆博阁下、阿尔及利亚民主人民共和国总统阿卜杜勒马吉德·特本阁下、加蓬共和国总统阿里·邦戈·翁丁巴阁下、肯尼亚共和国总统乌胡鲁·肯雅塔阁下、马里共和国总统易卜拉欣·布巴卡尔·凯塔阁下、尼日尔共和国总统穆罕默杜·伊素福阁下、尼日利亚联邦共和国总统穆罕马杜·布哈里阁下、卢旺达共和国总统保罗·卡加梅阁下、津巴布韦共和国总统埃默森·姆南加古瓦阁下、埃塞俄比亚联邦民主共和国总理阿比·艾哈迈德·阿里阁下、非洲联盟委员会主席穆萨·法基·穆罕默德阁下。联合国秘书长安东尼奥·古特雷斯阁下、世界卫生组织总干事谭德塞博士作为特邀嘉宾应邀出席。

与会领导人经过友好、深入交流，达成以下共识。

一、对新冠肺炎疫情在全球范围内扩散蔓延，给世界各国人民带来前所未有的迫切挑战，给非洲人民的生命健康安全造成巨大冲击深表关切。

认识到公共卫生问题对全球和平安全及各国人民福祉的重要性，特别是非洲在新冠病毒肆虐面前极度脆弱，需要各方团结支持其增强应对能力和促进经济社会发展。

赞赏并支持联合国秘书长团结抗疫倡议，承诺共同致力于维护全球公共卫生安全，保障发展中国家正当权益，为促进世界和平与发展作出更大贡献，共同构建人类卫生健康共同体。

强调和平、安全与发展密切相关，呼吁国际社会支持非洲落实“消弭枪声倡议”，敦促尽快解除对津巴布韦和苏丹的经济制裁。

根据中非合作论坛精神和双方一贯秉持的理念，继续在涉及彼此核心利益和重大关切问题上相互支持。中方支持非洲国家探索符合自身国情的发展道路，反对外部势力干涉非洲内部事务。非方支持中方在台湾、香港问题上的立场，支持中方在香港依法维护国家安全的努力。

二、高度评价和积极支持世界卫生组织在谭德塞总干事带领下为世界各国应对疫情发挥引领和协调作用，呼吁国际社会加大对世界卫生组织政治支持和资金投入。

欢迎第73届世界卫生大会通过新冠肺炎疫情决议，对疫情造成的负面影响深表关切，强调全球合作的重要性，呼吁国际社会加强团结合作，共同遏制和缓解疫情，重视脆弱人群需求。重申反对将疫情政治化、病毒标签化，呼吁国际社会共同防止歧视、污名化做法，打击错误和虚假信息，在研发诊断工具、诊疗方法、药物及疫苗、病毒动物源头等领域加强合作。

支持以世界卫生组织为主导，秉持客观公正原则和科学专业态度，在全球疫情得到控制之后，与会员国协商，适时尽早逐步启动公正、独立和全面评估进程，包括酌情利用现有机制，回顾总结在世界卫生组织协调下国际卫生领域应对疫情工作的经验教训。

赞赏联合国秘书长的领导力及其对世界卫生组织抗疫行动的支持，以及提出推进疫苗、诊疗方案全球普及等卫生倡议。

三、非方高度评价中国政府采取坚决果断措施阻遏疫情蔓延，本着公开、透明和负责任态度及时向世界卫生组织及相关国家通报疫情信息，为全球抗疫赢得宝贵时间。中方感谢非洲国家和非洲联盟等地区组织对中方抗疫行动给予声援和支持，赞赏非方制定全非抗疫战略和任命特使以寻求国际支持，应对疫情造成的经济挑战。中方赞赏非洲国家在此次抗疫中展现的坚韧不拔，采取预防性措施遏制疫情扩散并取得积极成效。

非洲国家赞赏中方大力驰援非洲抗击疫情，积极致力于推进中非团结抗疫，高度赞赏中方在第73届世界卫生大会上宣布支持发展中国家抗疫的新举措。中方重申积极落实有关倡议和举措，助力非洲提升疾病防控和可持续发展能力，加快推进非洲疾控中心总部建设。中方承诺新冠疫苗研发完成并投入使用后，将作为全球公共产品，为实现疫苗在发展中国家特别是在非洲国家的可及性和可担负性作出贡献。

重申将采取积极举措，保障双方侨民健康安全，维护其合法权益，发挥各自传统医药作用。

非洲国家感谢中方相关机构和企业提供抗疫医疗用品和物资援助。

四、充分肯定中非投融资合作为非洲发展和民生改善发挥积极作用，呼吁国际社会通过团结合作，分享抗疫经验，向非洲国家提供更多物资、技术、资金和人道支持，帮助非方克服疫情影响、实现自主可持续发展。

中方重视非洲国家在债务问题上的关切，将切实落实二十国集团缓债倡议，并愿通过平等和友好协商，加大对疫情特别重的非洲国家支持力度。

非方对中方行动表示赞赏，呼吁国际社会特别是发达国家和国际金融机构采取切实举措，帮助非洲国家缓解债务压力。

五、重申坚定支持多边主义，反对单边主义，维护以联合国为核心的国际体系，捍卫国际公平正义。

呼吁国际社会建设开放型世界经济，加强宏观经济政策协调，共同维护全球产业链供应链稳定畅通。大力支持非洲大陆自贸区建设。

认识到数字化在后疫情时代的重要性，支持非洲数字经济加快发展，拓展在数字化和信息通信领域特别是远程医疗、远程教育、5G、大数据领域交流合作。

支持在尊重非洲国家意愿的基础上，本着积极、开放、包容的原则同国际合作伙伴探讨在非洲开展三方或多方合作，支持非洲尽早战胜疫情和加快发展。

六、祝贺中非合作论坛成立20周年，肯定中非合作论坛北京峰会成果落实行动取得重要进展，支持中非合作“八大行动”更多向公共卫生领域倾斜。

着眼后疫情时代规划中非合作，携手办好2021年新一届论坛会议。

七、赞赏中国、南非和塞内加尔在非洲抗疫关键时期倡议发起此次峰会。

向出席和未出席此次峰会的非洲领导人在抗疫行动中作出积极努力表示崇高敬意。

与会领导人对布隆迪共和国总统皮埃尔·恩库伦齐扎不幸逝世表示深切哀悼，向布隆迪人民表示诚挚慰问。

摘自新华网（http：//www. xinhuanet. com/world/2020－06/18/c_1126127581. htm）

（赵苹摘编）

中国—阿拉伯国家合作论坛第九届部长级会议安曼宣言

一、中阿合作论坛（以下简称“论坛”）第九届部长级会议于2020年7月6日通过视频连线召开。会议由中华人民共和国外交部部长和约旦哈希姆王国外交大臣共同主持，阿拉伯国家联盟成员国的外长及阿盟秘书长出席了会议。

二、双方积极评价2018年7月10日在北京成功召开的论坛第八届部长级会议，中国国家主席习近平和科威特埃米尔萨巴赫共同出席了此次会议。双方回顾了第八届部长级会议以来在论坛框架下举办的各项活动，对活动所取得的积极成就表示满意。

三、双方强调，应进一步加强“全面合作、共同发展、面向未来的中阿战略伙伴关系”，实现共同发展和互利共赢，努力携手打造面向新时代的中阿命运共同体，为推动构建人类命运共同体作出贡献。将此议题提交未来的中阿峰会。

四、双方同意召开中阿峰会，以拓宽中阿战略伙伴关系前景，服务于双方的共同利益。欢迎沙特阿拉伯王国主办该峰会，会期由双方协商一致确定。

五、双方再次赞赏中国国家主席习近平阁下提出的共建“一带一路”倡议及其为互利合作带来的广阔前景，一致认为双方应在中阿共建“一带一路”框架下进一步共商、共建、共享。

六、双方就共同关心的、最突出的国际和地区政治问题进行了深入磋商，探讨了如何加强和深化经济、社会和文化等领域的合作，并对此前达成的共识与发表的宣言表示肯定。

七、通过合作伙伴机制，双方强调，应推动建设相互尊重、公平正义、合作共赢的国际关系，这对实现中东安全与稳定、维护阿拉伯国家统一、主权与稳定、不干涉内政具有重要意义。双方强调应加强中阿合作，推动实现世界和平与稳定，并根据联合国各项原则，支持在国际关系中推行多边主义，摒弃霸权主义。

八、强调各国相互尊重主权和领土完整，互不侵犯，互不干涉内政，尊重和支持各自选择发展道路和社会制度，坚持通过对话协商以和平方式解决国家间的分歧和争端，加强在联合国框架内的对话与合作，支持联合国在国际事务中发挥更大作用，愿就安理会、联合国大会及联合国下属组织议程中的所有问题，特别是涉及中东地区的问题进行密切沟通与协调，强调应政治解决地区的问题和危机。

九、双方强调支持联合国改革的努力，更好地履行《联合国宪章》赋予的职责，提高联合国应对全球威胁和挑战的能力，加强联合国在全球治理体系中的作用。中国支持通过安理会改革增加阿拉伯国家等发展中国家在安理会的代表性，并通过广泛民主协商，寻求兼顾各方利益和关切的“一揽子”解决方案，达成共识。反对强行推动改革进程，强加不成熟的改革方案或采取“零散处理”的做法。

十、阿拉伯国家强调支持中国的主权和领土完整，台湾是中国领土不可分割的一部分，坚定恪守一个中国原则，反对一切形式的“台独”，不与台湾建立任何官方关系或进行任何官方往来，支持两岸关系和平发展和中国和平统一大业，反对宗教极端势力、民族分裂势力和暴力恐怖势力从事反华分裂活动。

十一、阿拉伯国家支持中方在香港问题上的立场，支持中方在“一国两制”框架下维护国家安全的努力，反对干涉内政。

十二、双方强调，双方为关怀少数民族做出了重要努力。

十三、中方欢迎阿盟及成员国代表团适时访问包括新疆在内的中国省份。

十四、阿拉伯国家重申支持中国同相关国家根据双边协议和地区有关共识，通过友好磋商和谈判，和平解决领土和海洋争议问题。强调应尊重主权国家及《联合国海洋法公约》缔约国享有的自主选择争端解决方式的权利。

十五、双方强调继续开展协调以支持巴勒斯坦事业，支持巴人民各项不可剥夺权利，包括命运自决权、建立以1967年边界为基础、以东耶路撒冷为首都的独立巴勒斯坦国的权利，以及联大第194号决议规定的巴勒斯坦难民回归权和赔偿权。支持巴勒斯坦国获得联合国完全会员国地位，坚持根据国际法和联合国安理会第242号、第338号、第1515号、第2334号等有关决议及阿拉伯和平倡议，在结束以色列占领和“两国方案”基础上实现中东地区公正、持久的和平。反对任何违背国际法与和平进程原则的计划或交易，其中包括将定居点合法化的决定。支持巴勒斯坦总统马哈茂德·阿巴斯于2020年2月11日在联合国安理会提出的和平计划。

双方强烈反对以色列占领当局吞并任何巴勒斯坦被占领土的计划，认为实施该计划是敌对政策和行为的严重升级，是针对巴勒斯坦人民的严重侵犯，应予以制止，以维护国际和平与安全，因为这公然违背了《联合国宪章》、国际法和联合国有关决议。双方要求以色列占领当局及支持其计划的任何方面停止以色列的非法吞并计划。

双方谴责并反对以色列在1967年巴被占领土上非法兴建定居点，以及以色列一切旨在实现对其合法化的立法和对巴勒斯坦人的歧视。双方强调应落实安理会第2334号决议，除双方商定的改变外，不承认任何对1967年边界的改变。双方强调，应根据包括安理会第476、第478号决议和联大第10/19（2017）号决议在内的联合国有关决议，反对在耶路撒冷设立外交使团等一切企图改变被占东耶路撒冷法律和历史地位、人口结构和阿拉伯文化属性的无效行为和政策。双方强调坚持阿克萨清真寺现有历史和法律地位。

双方支持约旦哈希姆王国国王、耶路撒冷伊斯兰教和基督教圣迹保护者阿卜杜拉二世陛下为保护耶城圣迹所做努力，支持耶城伊斯兰宗教基金会的管理工作，支持摩洛哥国王穆罕默德六世陛下作为耶路撒冷委员会主席所做努力。

双方要求以色列解除对加沙地带的封锁，谴责以方针对巴平民使用武力和肆意行政拘留，要求以色列释放所有阿拉伯和巴勒斯坦俘虏和在押人员。双方敦促落实联大第10/20（2018）号关于保护巴勒斯坦平民的决议。

双方强调应根据包括第194（1948）号决议等联合国相关决议，公正解决巴勒斯坦难民问题，欢迎联合国大会关于延长三年联合国近东巴勒斯坦难民救济和工程处（UNRWA）任务期限的专门决议，对救济处长期面临资金缺口深表忧虑，呼吁国际社会保障该机构预算及活动所需的可持续财政资源，使其能够继续获授权发挥救济巴难民的作用。双方强调应根据巴勒斯坦人民的唯一合法代表巴解组织的计划实现国家和解，支持埃及在此方面所做努力。赞赏习近平主席提出的关于解决巴勒斯坦问题的"四点主张"，赞赏中方为推动和平进程和支持 UNRWA 所做努力。

十六、双方坚决反对美国承认叙利亚被占戈兰高地是以色列领土的决定。强调该决定严重违反《联合国宪章》、国际法和联合国有关决议，重申戈兰高地是阿拉伯叙利亚的被占领土。双方要求以色列根据联合国安理会第242号、第338号和第497号决议，从阿拉伯叙利亚被占戈兰高地和所有被占阿拉伯领土全面撤离至1967年6月4日的边界线。

十七、双方强调坚持黎巴嫩的统一、主权、稳定和领土完整，要求以色列从剩余黎巴嫩被占领土撤离，立即结束对黎巴嫩领土、领空和领海的侵犯。强调坚持支持黎巴嫩政治稳定，帮助其应对经济、财政和货币领域的挑战。双方对黎巴嫩接收巴勒斯坦和叙利亚难民所做努力表示赞赏。

十八、双方强调，应在国际和地区层面共同努力，根据联合国决议、相关协议和原则政治解决地区问题和危机。为此，双方强调，应维护叙利亚、利比亚和也门等阿拉伯国家的统一和领土完整，应加强阿拉伯国家安全及其对领土和自然资源的主权，停止杀戮，促进政治解决，反对针对阿拉伯国家的外部干涉，支持联合国和阿盟为此所做努力。

十九、双方表示，将继续支持黎巴嫩共和国、伊拉克共和国、索马里联邦共和国和苏丹共和国为实现和促进安全、稳定、发展、繁荣及反恐所做的努力。

二十、根据国际法和国际海洋法公约的一贯规定，双方强调国际水域航行自由原则。强调应确保在海湾、阿曼湾、红海、霍尔木兹海峡和曼德海峡的航行安全，保障能源供应路线安全。双方谴责所有破坏在海湾和其他航道航行安全、海洋设施、能源供应、石油管线和设施的行径。强调应合作保护该地区环境，尤其要防止"萨菲尔"号油轮事件可能导致的环境灾难。

二十一、双方强调，所有河流沿岸国家都应遵守国际法原则，应通过对话协商及有关共识化解分歧，达成一致，以实现互利共赢。

二十二、双方表示支持一切和平努力，包括阿拉伯联合酋长国旨在根据国际法准则进行双边谈判以和平解决三岛（大通布、小通布、阿布穆萨）问题的倡议和努力，从而根据国际法理解决该问题。

二十三、双方强调阿拉伯国家和伊朗伊斯兰共和国间的合作关系应遵循睦邻友好和不干涉内政的原则，尊重国家独立、主权和领土完整的原则，根据《联合国宪章》和国际法原则，通过和平方式解决分歧，不使用武力或以武力相威胁。

二十四、双方重申支持一切旨在防止核及其他大规模杀伤性武器扩散的努力，其中关键是加强《不扩散核武器条约》的权威性、普遍性和有效性，要求未加入该条约的国家特别是中东地区国家尽早以无核武器国家身份加入条约。应落实1995年《不扩散核武器条约》审议与延期大会做出的有关中东问题的决议，该决议在实现其目标前将一直有效。肯定2000年、2010年两次审议大会成果，欢迎根据联大第A/73/546号决议，由约旦哈希姆王国于2019年主持召开的首届建立中东无核武器及其他大规模杀伤性武器区会议，赞赏中国参与此次会议，欢迎科威特国主持召开第二届会议。呼吁国际社会全面平衡推进条约核不扩散、核裁军与和平利用核能三大支柱，支持不断加强以条约为基石的国际核不扩散体系，在现有机制内务实有序推动核裁军进程，并维护条约缔约国特别是其中发展中国家不受歧视地享有和平利用核能的基本权利。

二十五、双方谴责一切形式的恐怖活动，不论由谁实施、发生在何时何地、出于何种动机。积极打击极端思想、恐怖主义和煽动恐怖主义的行为，铲除恐怖主义根源，断绝其资金来源。反对将恐怖主义同任何民族、宗教、国家和文明挂钩，加强不同文化、人民和宗教间的对话、包容与互谅，呼吁各国不向涉恐实体或个人提供任何公开或非公开形式的支持，包括不为恐怖主义注资，不向包括外国恐怖武装分子在内的恐怖分子提供安全庇护所，不向其提供武器，不为其转移提供便利，以免威胁地区和国际安全与和平。应尊重国际法和安理会有关决议，尤其是第2396（2017）号决议、第2370（2017）号决议、第2462（2019）号决议和第2354（2017）号决议。反对恐怖组织所有旨在破坏阿拉伯国家安全稳定的讹诈行为。支持阿拉伯国家反恐努力，为其遭受恐怖活动后开展重建提供帮助。支持中国采取的预防性反恐措施和去极端化努力。

二十六、双方强调应进一步加强经济、社会、发展与新闻合作，特别是贸易、投资、金融、工业与交通运输、能源、自然资源与环境、农业、旅游、人力资源开发、知识产权、文化与文明对话、图书馆与信息、教育与科研、科学与技术、卫生与社会发展、新闻、民间合作、妇女、青体、可持续发展与人口政策领域的合作。

二十七、双方欢迎通过“中阿合作论坛2020—2022年行动执行计划”及其涵盖的在各领域共同举办的活动，这将进一步巩固双方战略伙伴关系基础，实现全面合作和共同发展。

二十八、双方欢迎 2022 年在中华人民共和国举办中阿合作论坛第十届部长级会议。

二十九、本宣言于二〇二〇年七月六日通过，一式两份，每份均用中文和阿拉伯文写成，两种文本同等作准。

摘自中阿合作论坛官方网站（http：//www. chinaarabcf. org/chn/lthyjwx/bzjhywj/djjbzjhy/t1805168. htm）

（赵苹摘编）

中国和阿拉伯国家团结抗击新冠肺炎疫情联合声明

在中华人民共和国外交部部长和约旦哈希姆王国外交大臣共同主持下，中阿合作论坛（以下简称“论坛”）第九届部长级会议于2020年7月6日以视频连线方式召开，阿拉伯国家联盟各成员国外长及阿拉伯国家联盟秘书长出席，双方就团结抗击新冠肺炎疫情进行了深入探讨。

新冠肺炎疫情发生以来，中国和阿拉伯国家同舟共济、守望相助，及时分享信息，采取果断措施，开展密切合作，中阿传统友谊和中阿战略伙伴关系不断深化和升华。

中方肯定并赞赏阿拉伯国家为应对疫情冲击所采取的举措和取得的成就，赞赏阿拉伯国家同世界卫生组织一道，按照《国际卫生条例》，在落实防疫举措和遵循世卫组织指导方面所作投入。中方赞赏阿拉伯国家加强协调、团结抗疫，在经济、社会、卫生和教育领域采取积极举措，赞赏阿联酋、卡塔尔、阿尔及利亚和摩洛哥同中方密切合作，在航班停运的情况下，为撤回在华阿拉伯侨民和学生，以及撤回在阿拉伯国家确有困难的中国公民所做的努力。

阿方肯定中国在应对疫情过程中取得的成就，赞赏中国开放、透明的合作姿态及根据世界卫生组织指导意见和国际卫生条例采取的各项举措，感谢中方向阿方提供医疗物资援助，协助在华采购防疫物资，派遣医疗专家组，举办视频会议分享防控诊疗经验，积极推进抗疫合作。

双方重申加强团结、促进合作、相互支持，携手抗击疫情，应对共同威胁和挑战，并达成以下共识。

一、强调团结合作是国际社会战胜疫情的最有力武器。呼吁增强人类命运共同体意识，在抗疫合作中打造中阿命运共同体和中阿卫生健康共同体。

二、强调多边主义的重要性，进一步加强和完善以联合国为核心的全球治理体系。支持世界卫生组织在全球公共卫生治理中发挥领导作用。呼吁国际社会各方加强协调，形成合力，有效开展国际联防联控，减少疫情负面影响。

三、加强信息沟通、政策协调、行动配合，开展疫情防控交流与合作。中方愿继续通过提供物资援助、召开专家视频会议、派遣医疗专家组等方式，向急需支持的阿拉伯国家提供力所能及的支持和帮助，共建“健康丝绸之路”。

四、强调面对全球卫生危机，负责任的公共信息传播至关重要。应本着科学的态度就防治等开展专业性交流，根据第73届世界卫生大会通过的新冠肺炎疫情决议，反对歧视任何国家、地区、民族和个人的言论和做法。

五、利用中阿合作论坛框架下卫生合作机制开展抗疫合作，适时召开中国—阿拉伯国家卫生合作论坛会议。落实《中国—阿拉伯国家卫生合作2019北京倡议》，促进“中国—阿拉伯国家医疗健康合作联盟”发展，推进公共卫生、传统医药、卫生政策研究、健康产业等方面的合作。

六、鼓励在防控疫情的同时，继续开展共建“一带一路”合作，加强宏观经济政策协调，统筹推进经济社会发展。保持贸易投资市场开放，共同维护全球金融市场、产业链和供应链稳定。积极分享并利用数字贸易和创新技术，推动科学抗疫。共同致力于疫后复苏和经济发展，维护双方人民福祉和可持续增长。

本联合声明于二〇二〇年七月六日通过。

摘自中阿合作论坛官方网站（http：//www. chinaarabcf. org/chn/lthyjwx/bzjhywj/djjbzjhy/t1805169. htm）

（赵苹摘编）

中国—阿拉伯国家合作论坛
2020—2022 年行动执行计划

中华人民共和国和阿拉伯国家联盟成员国（以下称“双方”），满意地回顾了中国—阿拉伯国家合作论坛（以下简称“中阿合作论坛”）成立以来在各领域取得的丰硕成果，以及为巩固中阿传统友好、加强政治互信、增进集体对话与合作、促进共建“一带一路”、提升中阿各领域关系水平所作出的贡献。

双方高度评价《中阿合作论坛第八届部长级会议北京宣言》、《中阿合作论坛2018—2020 年行动执行计划》和《中阿合作共建“一带一路”行动宣言》的内容得到有效落实，赞赏论坛框架下各项合作机制及其项下于 2019 年 6 月 17—18 日在阿联酋举办的第十六次高官会、第五次高官级战略政治对话，于 2018 年 10 月 21—26 日在中国举办的第四届阿拉伯艺术节、中阿合作论坛第四届文化部长会议，于 2018 年 11 月 5—8 日在埃及举办的第六届中阿能源合作大会，于 2018 年 11 月 8—9 日在摩洛哥举办的第二届中阿城市论坛，于 2019 年 4 月 2—3 日在突尼斯举办的第八届中阿企业家大会暨第六届投资研讨会，于 2019 年 4 月 1—2 日在突尼斯举办的第二届中阿北斗论坛，于 2019 年 6 月 10—12 日在科威特举办的第三届中阿图书馆及信息领域专家会议，于 2019 年 8 月 16—18 日在中国举办的第二届中阿卫生合作论坛，于 2019 年 9 月 5—8 日在中国举办的第三届中阿技术转移及创新合作大会、2019 年中阿博览会，于 2019 年 10 月 16—18 日在中国举办的第四届中阿广播电视合作论坛，于 2019 年 12 月 17—18 日在摩洛哥举办的第八届中阿关系暨中阿文明对话研讨会，2019 年 12 月 19—20 日在沙特举办的第三届中阿妇女论坛，以及中国为阿拉伯国家各领域人才举办培训班等活动在推动中阿关系方面所取得的积极成果，强调应继续落实上述宣言和执行计划的内容，并执行论坛第九届部长级会议通过的各项文件内容。

双方强调愿积极深入开展共建“一带一路”，以促进能源、基础设施、物流服务、金融、工业及矿产合作、贸易和投资便利化等重要领域以及核能、航天、卫星和新能源等高新技术领域的合作，加强中阿产能合作。

双方同意，为全面落实上述文件，发展全面合作、共同发展、面向未来的中阿战略伙伴关系，合作落实《2030 年可持续发展议程》，特制定《中阿合作论坛 2020—2022 年行动执行计划》，具体如下。

第一条　论坛机制

双方强调应进一步升级论坛机制，以促进中阿双方共同利益，并继续保持论坛部长级会议、高官会、高官级战略政治对话机制及其他各领域现有合作机制和日常联络机制，高度评价上述机制为论坛发展建设作出的积极重要贡献。

双方欢迎论坛第十届部长级会议于2022年在中华人民共和国举行。

第二条　政治合作

双方重申坚持《中阿合作论坛宣言》和《中阿合作论坛行动计划》所阐述的原则，强调双方政治合作的重要性。双方强调应在论坛框架下不断深化全面合作、共同发展、面向未来的战略伙伴关系，在各自关切的核心和重大利益问题上相互理解、相互支持；以此维护双方利益，增进世界和平、稳定与发展。

为此，双方同意继续加强现有的磋商和联络机制，特别是在部长级会议、高官会和高官级战略政治对话框架下的政治磋商机制，以就国际和地区层面主要政治问题和突发危机深化磋商、交换意见、展开协调。

双方强调应继续加强治国理政经验交流，促进改革发展理念互鉴，其中包括中阿改革发展研究中心所举办的培训班，赞赏2019年4月在上海举行的第二届中阿改革发展论坛。

第三条　经济领域合作

一、经贸、投资和金融领域

（一）继续支持举办中国—阿拉伯国家博览会和其他贸易投资推介活动，积极参加在对方国家举办的展览会、投资贸易洽谈会等活动，包括中国国际进口博览会，通过建立企业家互访机制，宣介投资机会、投资规定和相关优惠政策，鼓励相互投资，鼓励双方企业家开展互访和交流。

（二）继续完善经贸合作领域的法律框架，进一步推动中国与阿拉伯国家之间探讨签署避免双重征税和防止偷漏税协定、双边保护和鼓励投资协定、基础设施建设合作协定、劳务合作协定、合作区合作协定，为双方企业间的合作提供法律支持。

（三）赞赏2019年4月2—3日在突尼斯举办的第八届中阿企业家大会暨第六届投资研讨会取得的积极成果。欢迎2021年在中华人民共和国举办第九届中阿企业家大会暨第七届投资研讨会。发挥中阿联合商会等现有机制作用。

（四）继续加强经贸合作机制建设，持续深化贸易、投资和金融等领域的战略合作关系。中方愿与更多阿拉伯国家探讨建立双边产能与投资合作机制；结合双方意愿和需要探讨在双边经贸联委会框架下建立贸易等专项工作组；鼓励双方贸易投资促进机构互相设点，开展中小企业服务等贸易投资促进交流与合作活动。鼓励中国在阿拉伯国家，尤其是正遭受经济危机的国家各经济领域加强投资。

（五）加强在以世界贸易组织为核心的多边贸易体制框架内的双多边合作，共同反对贸易保护主义。强调中方支持致力于加入世贸组织的阿拉伯国家加快其加入进程。

（六）建立更多中国与阿拉伯国家的双边及联合商会、理事会等合作机制，充分发挥其作用，促进双方企业贸易和投资往来。

（七）根据双方各自国内法律法规，继续为双方人员往来提供便利，扩大双方互免入境签证的范围，为对方人员办理入境签证、工作证、居留证等手续提供便利。

（八）努力在双边和集体层面建立双方贸易争端解决机制，解决贸易问题。在双边和集体层面逐步建立贸易争端预警机制，妥善解决贸易争端。继续加强双方海关间的交流与合作，支持在贸易便利化、货物贸易统计领域的务实合作。

（九）加强双方政府质检部门间的合作，积极落实双方业已签署的谅解备忘录和合作协议，加强出口商品打假维权合作，采取有效措施打击进出口假冒伪劣商品的行为，共同努力保证进出口产品的质量与安全，保护双方消费者的健康与安全，双方积极交流有关中阿标准化工作方面的信息。

（十）强调应加快中国—巴勒斯坦自由贸易区建设，尽早完成中国—海湾国家合作委员会自由贸易区谈判，支持中国与阿拉伯国家间的贸易自由化、便利化，这将为中国同阿拉伯国家间的贸易往来提供便利，为双方企业提供更多贸易机会。

（十一）强调应发挥经贸合作区等对深化双方产能与投资合作的平台和集聚作用，支持中阿企业在合作区建设领域开展更多合作。

（十二）欢迎中方支持阿拉伯联合酋长国举办 2021 年迪拜世博会，欢迎中方积极参展，这有利于为中阿各领域合作创造机会。

（十三）欢迎毛里塔尼亚伊斯兰共和国政府关于设立努瓦迪布自由经济区的决定，呼吁中阿企业家对这一战略性项目进行投资。

（十四）欢迎埃及政府呼吁召开苏伊士运河经济区中阿企业家投资大会，以鼓励投资，并努力改善该经济区营商环境。

（十五）在有关法律法规框架内，加强双方金融业互利合作和有关监管部门合作，支持双方符合条件的金融机构互设分支机构，继续加强在亚洲基础设施投资银行框架下的合作。

（十六）注意到中国国家开发银行和阿拉伯银行联合会努力协调多家阿拉伯国家银行，加强于 2018 年宣布成立的中国—阿拉伯国家银行联合体工作。

（十七）充分发挥包括中国进出口银行等在内的政策性金融机构的优势，为双方投资、工程承包以及进出口贸易活动提供政策性金融支持和便利。

（十八）加强双方在互联网和数字经济发展领域的合作与互鉴，鼓励双方信息通信企业加强交流与合作，进一步提高信息通信和电子商务服务水平。推动建立中阿网信交流对话机制。

（十九）鼓励双方在互利共赢的基础上促进中小企业合作，务实推动中阿中小企业开展投融资、法律政策和管理提升、信息化建设项目等方面的交流合作。鼓励在工业领域建立联合企业。

（二十）加强双方政府与企业在绿色工业发展相关政策措施、法律法规、解决方案等领域的交流。加强双方在光伏制造与应用等方面的合作，提升光伏发电应用水平。

二、交通运输领域

（一）鼓励双方主管部门、企业和研究机构在运输、物流及交通运输基础设施发展方面开展经济对话、技术交流和实践经验共享。强调应提升双方在基础设施规划、设计、建设、运营、维护等方面合作水平，鼓励双方金融机构和企业交流合作理念、创新合作模式。

（二）加强双方在港口、海事管理部门、机场、陆路运输场站、物流中心、铁路经营管理方面的合作；支持中国企业参与阿拉伯国家铁路、机场、港口、公路、能源、电力、电信、水务等领域基础设施建设，合作建设一个或多个面向非洲和拉丁美洲的海洋经济园区，就双方在国际海事组织所提议题开展合作进行沟通。

第四条　能源合作

双方期待在近年来所取得成果的基础上继续加强能源领域合作，2018 年签署了成立中阿清洁能源培训中心的协议，为举办该领域的培训班和研修班提供了保障，联合秘书处由中国国家能源局国际合作司与阿盟能源司组成，双方可在阿拉伯国家设立中心的分支机构。

双方赞赏历届中阿能源合作大会取得的成果，最近一次是 2018 年 11 月 5—8 日在埃及开罗召开的第六届中阿能源合作大会，欢迎 2021 年或双方商定的时间在中国召开第七届中阿能源合作大会。

双方同意：

一、在石油天然气领域的合作

——依托先进技术，加强在石油天然气领域特别是在有关投资项目中的务实合作，支持贸易往来，加强中阿在石油及其衍生品领域的合作，借鉴中国在石油和天然气勘探、开采和运输方面的经验，并根据相关国家现行法律法规，加强对阿拉伯国家投资。

二、电力领域合作

——应密切在电力和智能网络领域的全面合作，利用双方积累的经验，努力加强在电网规划和能源项目投资中的合作，积极组织双方电力公司和研究机构间的互访和研讨会。

——加强阿盟同中国全球能源互联网发展合作组织在规划和研究跨大陆电力互联领域的合作。

三、可再生能源领域的合作

——加强在利用阿拉伯国家的光伏电池和光热能应用方面的合作，加强在相关领域的技术合作，鼓励开展联合项目。

——欢迎中阿双方共同推动中阿清洁能源培训中心工作，适时在一个或多个阿拉伯国家建立分中心。

——加强在作为综合性能源的垃圾转化能源领域合作，并为实现这一目标进行必要的能力、制度和立法建设。

——欢迎在中阿清洁能源培训中心框架下于2019年在华举办的清洁能源领域培训班，共有来自阿拉伯国家的约70名学员参加，并推动2021年或双方商定的时间继续举办培训班。

——加强绿氢供能的应用，通过开展研究和举办研修班借鉴中方在该领域的先进经验。

四、能源效率领域合作

——增加投资机会，支持该领域的中小企业特别是能源服务企业，支持能效领域的既有倡议，加强能源安全，减少能源消费对环境的影响，借鉴中方在该领域的经验。

五、和平利用核能领域合作

——加强和平利用核能，特别应加强在发电和海水淡化领域的能力建设，强调双方应在核技术研究领域进行合作。

第五条　自然资源和环境合作

一、环境保护

（一）在原中华人民共和国环境保护部同阿拉伯国家联盟秘书处于2015年9月在宁夏签署的环境合作谅解备忘录框架下，双方同意继续在环境保护，环境政策，环境立法，水、空气、土壤污染防治，提高公众环境保护意识，环境影响评估，环境监测，环保产业与技术，保护生物多样性，环保人员培训和举办研讨会等方面开展合作，并可根据双方合作需求探讨更新备忘录。中方正在建设“一带一路”生态环保大数据服务平台和“一带一路”绿色发展国际联盟，欢迎阿方参与，共同推动绿色丝绸之路建设。

（二）继续在与环境议题相关的国际和地区组织保持协调。

二、气候变化

（一）继续通过“77国集团加中国”机制，在《联合国气候变化框架公约》、《京都议定书》和《巴黎协定》的框架下，同国际社会、国际和地区组织保持协调，努力完成《巴黎协定》实施细则谈判。

（二）维持气变工作和工业化国家应提供支持之间的平衡，兼顾发展中国家的国情。

（三）在当前水平基础上大幅增加应对资金投入，克服相关障碍。

（四）相关国际努力应考虑共同但有区别的责任原则、公平原则和各自能力原则。

（五）通过资金支持和技术转让，使华沙国际损失损害机制成为务实机制。

（六）发达国家应确保有足够的执行措施，同时进一步向发展中国家提供资金和技术支持，以释放其参与全球应对气候变化的潜力。

三、生物多样性

（一）努力加强在生物多样性保护领域的合作，共同推动生物多样性在能源、矿产开发、工业、健康和基础设施等领域的主流化。

（二）欢迎即将在中国举办的《生物多样性公约》第十五次缔约方大会，及阿盟秘书处与会。

四、林业和荒漠化防治

（一）积极推动开展林业经贸合作，开展互访和相关国际研讨交流活动。

（二）强化防治荒漠化领域的国际合作，积极促成双方在本领域达成新的合作备忘录。

（三）欢迎在中国举办荒漠化防治国际研修班并鼓励双方业务人员参加。欢迎双方专家开展互访，促进深入交流并探讨具体合作意向，争取启动并执行相关合作项目。

（四）欢迎双方举办有关荒漠化、干旱与土地退化的座谈会与研讨会，并鼓励相关专业人员参加。

（五）继续就在摩洛哥王国建立中阿荒漠化防治中心进行讨论。

第六条　农业合作

一、致力于巩固和加强农业领域的双多边机制，在农业、有机农业/生物农业、粮食安全领域加强合作，交换在卫生监管领域的相关法律法规，借鉴中国在基因改良方面的经验，鼓励双方农业科技和管理人员加强交流，增加信息沟通。

二、积极建立中国与阿拉伯国家农业合作机制，继续加强双方农业领域的合作，包括通过双多边机制加强节水农业、有机农业/生物农业、粮食安全、农产品市场体系建设、动物和渔业资源及食品工业和兽医服务等领域合作，积极开展农业领域经验交流，借鉴中国的经验。继续深化中阿农业领域务实合作和经验交流。

三、充分发挥中阿博览会平台作用，在中阿博览会期间举办中阿农业贸易与农业投资洽谈会。双方呼吁为对方企业在本国投资营造良好的投资环境，出台相关优惠政策，提供便利措施和服务。

四、加强在水务技术、水资源利用和节约、雨水收集、废水处理再利用和干旱地区水资源管理等领域的合作，加强双方水资源研究中心的合作关系。

五、鼓励在农业领域建立联合企业，包括化肥生产、农业机械装备制造，以提高各类农业活动生产率。

第七条　旅游合作

双方强调愿继续拓展旅游合作，包括鼓励双方旅游部门和旅行社进行接洽，开展双方宾馆评级与旅游和语言培训领域人员及专家间的互访和经验交流，举办旅游推介会、旅游研讨会，并为此提供信息和必要便利，鼓励双方公司实施旅游和投资项目，并根据双方现行法律为此提供便利，在此框架下，双方同意：

一、中方欢迎阿拉伯国家提出成为中国公民组团出境旅游目的地的申请。

二、鼓励双方旅游机构和企业开展旅游合作和旅游推介。

三、同阿拉伯内政部长委员会和阿拉伯旅游组织协调，积极发展双方在旅游安全领域的合作。

四、继续对在突尼斯建立中阿旅游和酒店业培训中心进行研究。

五、秘书处同中方合作协调，推动 2021 年或双方商定的时间召开中阿旅游部长级会议。

六、秘书处同中方合作协调，建立“中阿旅游领域合作”机制。

第八条　人力资源开发合作

一、继续加强人力资源开发合作，通过交流经验、在具有附加值的领域进行能力建设，加强对阿方人才的培训。

二、对中方近年来为各领域阿拉伯人才组织培训班表示赞赏。中方强调，将根据阿方需要，并与阿拉伯国家、阿盟秘书处主管部门协调，继续在中国举办阿方人才培训班，特别是在外交、经贸、投资、工业、技术转移、人工智能基础研究及其应用，信息技术，物联网和智慧城市、清洁能源和可再生能源、和平利用核能、环境保护、荒漠化防治和可持续发展、快速施工技术、知识产权、教育与科研、职业技术教育、文化、卫生、青年、体育、妇女、新闻、图书馆与信息、民航领域举办培训班。

第九条　知识产权合作

一、加强同中华人民共和国国家知识产权局在知识产权领域的合作，为加强各领域知识产权文化宣介召开会议和联合研讨会。

二、借鉴中方在制定知识产权保护国家战略，以及对侵犯专利和商标等知识产权行为进行执法等方面的经验。

第十条　文化合作和文明对话

在论坛及“一带一路”倡议框架下深化中国与阿拉伯国家的文化交流与合作，促进文化领域的相互借鉴。双方同意：

一、欢迎第四届“阿拉伯艺术节”和 2018 年 10 月 21—26 日在中国举办的中阿合作论坛第四届文化部长会议成果，欢迎 2021 年在阿拉伯国家举办第四届“中国艺术节”，欢迎中方 2022 年举办第五届“阿拉伯艺术节”，并在艺术节框架下举办中阿合作论坛第五届文化部长会议。

二、中方邀请阿方参与中方在华举办的“丝绸之路国际艺术节”、“海上丝绸之路国际艺术节”和“丝绸之路（敦煌）国际文化博览会”，以及“丝绸之路国际剧院联盟”“丝绸之路国际艺术节联盟”“丝绸之路国际博物馆联盟”“丝绸之路国际美术馆联盟”“丝绸之路国际图书馆联盟”等“一带一路”重要文化交流合作活动和机制。

三、实施“意会中国——阿拉伯知名艺术家访华创作”、“中阿丝绸之路文化之旅”和“中阿丝绸之路文化论坛”，签署并落实《中华人民共和国文化和旅游部与阿拉伯国家联盟关于加强中阿文化合作机制建设的谅解备忘录》。

四、加强双方文化机构官员、专家学者及艺术家互访，鼓励开设文化中心、教授对方语言文学、继续介绍对方文化的努力，就有关课题组织文化科学知识研讨会，包括展示双方在中阿文化的相互影响度及双方文化艺术创新交流前景方面的研究成果。在双方主要文化机构间建立友好合作关系，包括加强中阿教科文组织间的合作。

五、加强中国与阿拉伯国家在物质和非物质文化遗产保护领域的合作，包括考古发掘、文物修复、博物馆管理、打击文物走私、防止破坏文物原有属性以及根据有关国际条约追索被盗文物，并同地区和国际有关方面进行协调，为其提供必要保护等领域的合作，保护陆上和海上丝绸之路，并申请将二者列入世界遗产名录。

六、支持在沙特塞林港遗址开展的联合考古工作。

七、支持中国与阿联酋、沙特、摩洛哥、科威特等国共同参与创立的濒危文化遗产保护国际基金的运作，欢迎其他阿拉伯国家予以各种形式的实质支持。

八、双方强调文明对话的重要性，欢迎2019年12月17—18日在摩洛哥王国召开的第八届中阿关系暨中阿文明对话研讨会所取得的成果，欢迎2021年在中国举办第九届中阿关系暨中阿文明对话研讨会。

九、双方强调双方智库、专家学者交流对加深双方人民间的相互了解和友谊所发挥的作用，积极研究建立中阿智库长期交流机制的可能性。

十、双方应努力克服由于不同人民之间的误解和成见导致的问题。

第十一条　图书馆和信息领域合作

一、鼓励中国和阿拉伯国家图书馆之间建立对口和伙伴关系，包括丰富馆藏图书、开展专业人员互访和技术人员培训。

二、持续更新2018年7月10日在北京中阿合作论坛第八届部长级会议期间启动的中阿电子图书馆的技术设备，为中阿两国研究人员和关心图书馆项目的人士提供科学和人文方面的助力。

三、落实中国国家图书馆和阿拉伯国家联盟秘书处签署的关于为中阿双方图书馆和阿拉伯国家联盟秘书处图书馆的专业人员制定图书馆与信息学专业培训项目的谅解备忘录，以提升中阿图书馆人员的技术与专业水平。

四、中阿图书馆互赠历史、地理、文化和艺术领域的中阿文书籍，以促进科研工作，支持社区发展。

五、制定旨在设立数个虚拟博物馆的执行计划，以展示中阿公共和国家图书馆收藏的以文字记载的中阿科学遗产。

六、欢迎2019年6月10—12日在科威特举办的第三届中阿图书馆与信息领域专家会议所取得的成果，欢迎中国于2021年第三季度举办第四届中阿图书馆与信息领域专家会议。

第十二条　教育和科研合作

一、继续加强教育和科研领域合作，鼓励双方教育和研究机构之间的交流，加强并支持中阿高校之间的交流，逐步增加双方包括公派硕士和博士在内的奖学金名额，推动中阿高校积极建立校际联系，鼓励双方高校开展历史文化、科技应用，尤其是在科技的落地和转移领域，以及在纳米科技、生物科技、新能源、农业和食品药品产业等领域的联合科研。

二、通过增加奖学金名额、在阿拉伯国家开设孔子学院等方式，支持阿拉伯国家汉语教师的培养计划。实施“中阿翻译联合培养计划”。

三、通过举办研讨会、会议、讲座和互换学术、智库刊物、杂志等方式，鼓励中阿双方研究机构间合作。

第十三条　科技合作

双方欢迎2019年9月5—8日在中国宁夏召开的第三届中国—阿拉伯国家技术转移与创新合作大会，欢迎2021年在中国举办第四届中国—阿拉伯国家技术转移与创新合作大会。双方一致认为，大会和论坛为双方在科技创新领域增进了解、促进合作与交流搭建了平台。双方强调：

一、加强科技人文交流合作，增进中阿政产学研各界的相互了解和交流，鼓励双方在共同感兴趣的领域开展多种形式的科技合作。

二、中方欢迎阿方青年科研人员通过“杰出青年科学家来华工作计划”来中国进行短期研究工作。邀请阿方科技管理和技术人员参与中国科技部每年举办的“先进适用技术与科技管理培训班”。

三、在共同感兴趣的重点领域共建联合实验室，支持双方产学研各界建立长期稳定的合作关系。

四、探讨开展科技园区合作，中方愿与阿方分享中国科技园区建设和发展经验，在园区规划建设、政策咨询、人才培养、产业对接等方面开展务实合作。

五、继续支持“中国—阿拉伯国家技术转移中心”和双边技术转移分中心建设，构建覆盖中阿各国的一体化技术转移网络，根据双方技术需求，通过培养专业技术人才，安排科技专家互访，加强航天、通信卫星、导航卫星、对地观测卫星领域合作。同阿方开展培训，交流经验，促进先进实用技术的转移与推广。

六、欢迎2019年4月1—2日在突尼斯举办的第二届中阿北斗合作论坛所取得的成果，欢迎2021年在中国举办第三届中阿北斗合作论坛。欢迎根据中国卫星导航系统管理办公室与沙特阿拉伯王国阿卜杜勒阿齐兹国王科技城、阿拉伯信息通信技术组织签署的谅解备忘录，在突尼斯启动中阿北斗/GNSS 卓越中心，并欢迎突尼斯为中心启动及落户发挥的作用，建设中沙北斗/GNSS 中心，在北斗系统等基础设施建设领域加强合作。

七、欢迎中国卫星导航系统管理办公室继续向阿拉伯国家提供来华攻读硕士学位的政府奖学金名额。

第十四条　卫生和社会发展合作

双方强调：

一、加强在医疗领域的合作与经验交流，重视老年人、残疾人和有特殊需要的人士，防治传染性疾病和非传染性疾病。

二、支持中阿卫生机构间的合作，加强双方医疗机构间的直接合作，推动中阿医疗健康合作联盟的发展。

三、欢迎 2019 年 8 月 16 日至 18 日在中国举办的第二届中阿卫生合作论坛所取得的成果，欢迎 2021 年在阿拉伯国家举办第三届中阿卫生合作论坛。

四、继续举办专家级联合协调会，研究如何推动落实《中国—阿拉伯国家卫生合作 2019 北京倡议》。

五、鼓励医疗技术转移，加强卫生政策和创新方面的信息交流，以合适方式开展制药、传统医学、医院管理和公共卫生领域的技术合作，深化中阿在医疗健康、医疗科技研究、传染病防治、传统医学和卫生领域人力资源开发等领域的合作。

六、在关怀残疾人领域交流经验，促进残疾人进一步融入社会，利用科技更好地服务于这一重要群体，助力《残疾人权利国际公约》和联合国《2030 年可持续发展议程》相关目标的落实。

七、逐步加快建立联合研究机制，组织学术交流、举办研讨会、开展互访、建立合作网络，在公共卫生机构之间开展信息交流，在传染病防治、健康专家互访、应对突发卫生事件、紧急医疗救助领域实施更多联合项目。

八、在社会保障领域交流经验，对社保服务进行评估和监督。

第十五条　新闻合作

在中阿合作论坛框架下继续加强中阿在新闻广播影视出版领域的交流与合作，双方强调：

一、加强双方在新闻领域的合作，包括鼓励中阿新闻机构进行交流，支持共同举办新闻活动。

二、欢迎中国国务院新闻办公室与多个阿拉伯国家新闻管理部门签署的媒体合作促进计划谅解备忘录。

三、欢迎 2020 年在摩洛哥举办由中阿主流新闻媒体机构有关负责人参加的第四届中阿新闻合作论坛。

四、欢迎2019年10月16—18日在华举办的第四届中阿广播电视合作论坛，欢迎中国国家广播电视总局与阿拉伯国家联盟秘书处、阿拉伯国家广播联盟于2021年在华合作举办第五届中阿广播电视合作论坛。

五、继续推动落实《中华人民共和国新闻出版总署与阿拉伯国家联盟秘书处“中阿典籍互译出版工程”合作备忘录》，推动更多中阿优秀图书互译出版工作。

六、继续鼓励中阿出版机构互相参加对方国家国际书展。

七、中国中央广播电视总台制作并播出介绍有关中阿人文领域交流合作的纪录片或专题片，并在阿盟秘书处和阿拉伯国家广播联盟协调下，推动该片在阿盟成员国媒体播出。

第十六条　民间合作

一、双方赞赏中国中阿友好协会、阿拉伯中国友好协会联合会及阿拉伯各国对华友好组织为促进双方友好所发挥的作用。强调应完善和巩固中阿友好大会机制，向中阿各友好协会提供更多支持。欢迎2021年或双方商定的时间在阿拉伯国家召开第六届中阿友好大会，强调双方享有合法地位且依本国法律行事的民间组织应参加此会。

二、推动在中阿城市间建立更多友好关系。欢迎2018年11月8—9日在摩洛哥举办的第二届中国阿拉伯城市论坛成果，欢迎2021年或双方商定的时间在华举办该论坛第三届活动。

三、在双方共同关心的领域举办中阿社会组织联合研讨会。

第十七条　妇女合作

双方鼓励并支持开展妇女赋权领域高层对话、专题研讨、交流等活动，认为中阿妇女论坛是一项双方间的可持续合作机制。高度评价2019年12月19—20日在沙特阿拉伯王国举行的第三届中阿妇女论坛及其成果，欢迎2021年在华举办第四届中阿妇女论坛。

第十八条　青年和体育合作

一、加强体育领域合作，包括鼓励中阿体育组织、单项体育协会加强沟通，进一步推动交流与合作，在国际体育事务中加强协调，推动中阿体育事业共同发展。积极商签中阿体育交流与合作谅解备忘录。

二、推动双方举办多项青年活动，例如举办中阿青年论坛，为双方间的政府青年机构和民间青年组织合作搭建平台或机制，加强中阿青年团体互访。

三、共同支持办好北京2022年冬奥会和冬残奥会。

第十九条　可持续发展合作

加强中阿在实现2030年可持续发展目标方面的合作。交流经验并举办专门研讨会和联合活动，讨论和介绍双方在实现2030年可持续发展目标方面的最佳成功实践。中方支持举行和参与阿拉伯可持续发展周。

第二十条　人口政策合作

加强双方在落实人口政策方面的合作，加强双方有关部门在人口领域的经验交流。了解中国在落实人口政策及战略、制定行之有效的调控人口数量、提高人口素质方面的经验。

第二十一条　其他领域合作

双方将根据论坛行动执行计划规定以及论坛部长级会议通过的其他文件，积极落实其他领域合作事宜，并推动建立其他双方共同关心领域的合作机制。

第二十二条　生效及有效期

本执行计划自通过之日起生效，有效期两年。

本执行计划于二〇二〇年七月六日通过，一式两份，每份均用中文与阿拉伯文写成，两种文本同等作准。

摘自中阿合作论坛官方网站（http：//www. chinaarabcf. org/chn/lthyjwx/bzjhywj/djjbzjhy/t1805170. htm）

（赵苹摘编）

● 非洲地区工业发展战略与计划

非洲加速工业发展行动计划

一 背景

1. 非洲是世界上工业化最不发达的地区，在全球工业产值和制成品出口总量中所占的份额微不足道。只有少数几个国家的制造业产值占国内生产总值的比例高于20%。在许多非洲国家，制造业对国内生产总值的贡献率不到15%，在某些情况下甚至还低于5%。工业部门的产出主要集中在食品、纺织品、服装、鞋类等低技术产品上。在全球制造业中，大多数非洲国家尚未融入具有活力和快速增长特点的中高科技领域。非洲经济严重依赖初级产品的生产和出口，这种依赖关系对非洲经济造成威胁。非洲大陆必须利用全球化提供的新机会来发展企业、制定升级政策、开发人力资源和加强其创新能力实现工业化。

2. 工业化是经济增长和发展的关键引擎。可以明确的是，工业化是发展的本质。非洲仍然是世界上最贫穷的地区，全球50个最不发达国家中非洲占有34席。这些国家处于极端贫困之中，且贫困状况不断加剧，反映出非洲较低的工业化水平并处于全球制造业的边缘。工业生产能力、经济增长和发展水平之间有很强的联系。发展中地区和国家在全球化中共享利益，在实现千年发展目标方面取得进展并通过快速的工业化在发展的阶梯上前进。非洲并没有从全球化进程中获得很大收益，尽管非洲有丰富的自然资源，但其仍然面临无法实现千年发展目标的风险。

3. 近年来，非洲国家和政府的首脑采取了一系列重大举措以应对发展挑战，扭转非洲在全球经济和政治中的边缘化局面，并宣告21世纪是属于非洲大陆和非洲人民的。其中包括建立非洲联盟（AU），并将非洲发展新伙伴计划（NEPAD）作为非盟的战略规划。

4. 根据《非盟宪章》第3条的规定，非盟的主要目标之一是建立必要条件，使非洲能够在全球经济中发挥应有的作用；在经济、社会和文化方面促进可持续发展以及非洲经济一体化；在人类活动的各项领域推动合作，以提高非洲人民的生活水平。北方发达国家和南方一些新兴大国的经验表明，在工业基础孱弱的情况下，国家无法在全球经济中发挥建设性作用，也无法实现可持续发展并提高生活水平。非洲需要加速工业发展和实施经济多样化，以应对发展挑战并实现千年发展目标（MDG）以及非盟的社会经济目标。

5. 本文件将重点介绍《非洲加速工业发展行动计划》（简称《行动计划》）的主要内容。该《行动计划》为解决非洲工业发展缓慢的根源提供了一个大陆层面的应对框架。它考虑到了非洲过去在工业化方面的经验，非洲大陆在自然资源特别是农业资源方面优异的自然禀赋以及最近一些旨在促进工业发展的举措。该《行动计划》借鉴了许多资源，包括非盟和联合国工业发展组织为筹备非洲工业部长会议联合组织的一系列专家会议的建议，以及区域经济共同体、私营部门、其他利益攸关方和成员国的工业专家在政策和战略方面的成果。

二 非洲加速工业化的主要优先事项

6. 在国家、区域、大陆和国际各层均有需要解决的重要优先事项，以促进非洲工业的协调发展。这些事项主要包括：

（1）关于产品和出口的多样化，自然资源管理和开发政策；

（2）发展基础设施；

（3）人力资本发展与可持续性、创新、科学和技术；

（4）确立标准与合规性；

（5）发展法律、制度和监督框架；

（6）为工业发展筹集资源。

必须在上述每个优先领域中制定和执行针对非洲工业高效发展的有效活动和措施。

7. 非洲拥有丰富的自然资源，包括许多工业矿物和农业资源。尽管非洲大陆资源丰富，但仍然贫穷，因为这些资源主要以初级产品的形式出口，很少或几乎没有本地增值和加工，同时本地投入也最少。对初级产品出口的依赖使资源丰富的非洲国家在全球市场多变、商品繁荣和萧条的周期中毫无保护。尽管非洲的自然资源为其他国家/地区的工业增长和繁荣发展提供了动力，但非洲大陆的贫困问题仍然严重且集中，经济结构单一且严重依赖矿业和农业等主要部门。

非洲面临的挑战是从资源依赖型经济转变为充满活力的多元化工业经济。非洲大陆自然资源丰富，应为其加速工业化奠定基础。必须采取执行相关政策和措施，最大限度地利用自然资源来获得收入，以增加工业发展所需的投资，通过推动当地加工和增加自然资源的价值，以加大当地对生产的投入，最终使非洲企业融入全球相关价值链。

8. 对基础设施（能源、通信、运输、水利等）的投资对于促进和维持非洲的工业发展至关重要。非洲缺乏基本的基础设施，例如，为工业发展提供动力所需的能源严重不足，非洲部分农村地区的电气化率仅为1%。据估计，在当前能源供应趋势下，非洲电气化将需要数十年！非洲大陆无法利用其比较优势，即把自然资源用作工业发展的基石并将比较优势转化为竞争力，没有足够的能源和其他基础设施。工业产品（消费品、中间品和投资品，包含低—中—高技术）的生产竞争力取决于可用且有效的基础设施。在非洲加速工业发展行动计划中，必须高度重视国家、地区和大陆层级的基础设施建设。

9. 非洲的工业发展也必须以人员能力构建为基础：对卫生、教育和培训进行投资。在当前以知识为基础的全球经济中，工业化越来越受到科学、技术和创新的驱动。开发、获取、升级和适应技术的能力是在全球市场中进行有效竞争的关键要素。非洲的工业化只有在坚实的技术基础上才能维持和加速。因此，必须设计执行计划和政策，以增强非洲国家的科学、技术和创新能力。必须不断有科学发现、技术的发展和适配，以确保提升非洲工业产品的生产率和竞争力。在这方面，大学和第三产业以及研发机构的作用和适当的联系对于增强新知识的适应能力和商业化至关重要。同样重要的是，要提高企业家技能并增加非洲工业部门中更高素质人才的可利用性。为了使非洲国家受益于已成为全球制造业重要特征的生产活动的外包和外部化，必须进行人员能力建设。一个策略只有在各项要素得以有效实施的基础上才能成功。在这方面，企业必须成为非洲工业战略的核心。不过，政府将与所有其他利益攸关方，特别是私营部门协商，领导执行《行动计划》，以确保其成功。非洲工业和经济发展的主要障碍是缺乏合格的人力资源，特别是在公司管理方面，因此，人力资源开发应特别强调通过加强管理技能和培训、提供优质培训的机构来培育公司经理。

10. 符合标准与规范是在全球化世界中成功实现工业发展的关键要素之一。达到国际标准和规范的能力是全球竞争力的关键要素。提高、认证和确保工业产品质量和标准的能力建设对于利用进入全球市场的机会以及维持工业化进程至关重要。非洲国家无法达到发达国家制定的卫生、动植物检疫的技术标准，这一直是发达国家利用加工和制成品的市场准入获得收益而给非洲造成的障碍。换句话说，适当的标准制定和参与国际标准制定活动对于促进非洲工业发展也很重要。劣质但廉价的制成品在非洲市场上的倾销有时导致当地工业的崩溃，并极大地阻碍了工业发展。标准能力建设不仅应旨在提高非洲产品的质量并增加其进入发达国家市场的机会，而且还应防止不合格和有害产品涌入非洲市场。

11. 在国家、区域和大陆各级建立适当的与工业有关的政策、制度和法规框架，也必须是《非洲加速工业发展行动计划》的关键内容。这种制度是有利环境的一部分，这是国内外私营部门在工业化进程中发挥其预期作用所必需的。投资是投资者的行为。为了吸引投资，必须建立机制为非洲工业提供激励和支持服务，建立技术开发、吸收、传播和适应的技能基础，并降低经商成本。

12. 融资是促进非洲工业发展的另一个关键问题。非洲目前在迅速增长的全球投资总量中所占的份额微不足道。非洲大陆吸引到的大部分有限投资流向了几个国家来开采矿产资源。因此，在《非洲加速工业发展行动计划》中，为使非洲成为吸引本地和外国投资的好地方，必须把建立和加强金融及资本市场机构列为高度优先事项。首先，必须在非洲调动许多工业发展融资，这将包括开发新的资源，例如退休金、非洲侨汇以及税制改革带来的收入。

三 促进非洲工业化发展的具体行动与措施

13. 非洲工业化的加速发展需要在国家、区域、大陆和国际各层级采取执行具体措施和行动。各国政府必须与私营部门和公民社会合作，在成员国中引领并开展活动。区域经济共同体应作为区域层面促进工业化的主要推动者，而非洲联盟及非洲发展新伙伴计划项目应在非经委和非洲开发银行的支持下在大陆层级发挥类似作用。非洲的工业发展也将需要在国际层面采取行动，包括联合国工发组织、世界银行、世贸组织在内的国际组织以及非洲的发展伙伴应参与其中。促进非洲工业发展所需的具体行动和措施包括：

国家层级的行动

- 促进良好的政治、经济和公司治理：参与并执行非洲发展新伙伴计划中的非洲互查机制、宏观经济稳定、民主治理、法治、以及更高的透明度和问责制。
- 建立、加强和维持一个投资友好、有效和行业支持的政策和体制环境。

（1）产业发展和投资促进机构；

（2）基于投资促进战略，尤其是诸如联合国工业发展组织非洲投资促进机构网络提供的投资信息与预期；

（3）标准、质量控制、担保和认证机构；

（4）咨询机制以及科学技术机构/大学/政府与私人领域和公民社会机构间的伙伴关系；

（5）小规模与乡村的工业发展机构；

（6）破除官僚主义以及存在行政障碍的贸易和投资政策；

（7）简化商业法律；

（8）调整产业结构，维护与推进公司达到国际标准。

- 将工业化作为国家发展战略的重要内容之一。
- 在国家发展中政策尤其是扶贫战略中加入工业化的内容。
- 制定和执行一项工业政策，其优先事项是最大限度地利用当地生产能力和投入，为该国丰富的自然资源增加价值并在当地进行加工，并促进小规模和乡村产业的发展，包括与非经济部门以及与其他经济部门有密切联系的中间行业和资本货物行业，它们是创造就业机会的潜在来源。
- 改进投资和采矿法规范，以支持矿产资源的本地加工。

● 矿产资源丰富的国家将其从商品价格上涨中获得的部分收入用于投资经济多样化和工业发展的计划/项目。

● 将私营部门的发展纳入国家发展战略。

● 加强对基础设施的投资，并加强基础设施发展中的公私伙伴关系。

● 至少分配国家预算的5%或“国民生产总值的1%”以促进研究与发展。

● 建立/加强技术开发和适应中心。

● 升级现有技术以使工业更加富有成效和竞争力。

● 加强人力资本投资，特别是在技术教育、科学技术、研发和创业发展方面。

● 建立机制以培训公司的技术、管理和财务人员。

● 对非洲侨民中的科学和技术专家提供奖励，以促进国家工业发展。

● 在工业领域与国家和地区科学技术基地和研究机构之间建立牢固的联系。

● 为初创公司利用国家和地区中心的研发成果提供支持。

● 促进区域内货物、服务、劳动力、资本和技术之间的流动，并建立跨境工业企业来利用区域市场的潜在规模经济。

● 促进具有社会责任的行业发展。

● 充分利用非洲的伙伴关系，特别是与南方新兴工业化和新兴大国的伙伴关系，开发和转让技术，在非洲建立联合工业企业，以及扩大非洲制成品的市场准入。

● 建立/强化资本和金融市场（包括创新的金融中介机构）并改善商业融资，特别是针对小规模和乡村产业。

● 加强贸易和工业能力建设以及谈判能力。

● 制定鼓励增加当地附加值的技术转让政策。

● 进行研究，包括工业调查、价值链分析和制订综合工业部门计划。

区域层级的行动

● 促进区域稳定与安全。

● 快速实施非洲发展新伙伴计划的基础设施项目，以提高生产能力以及区域和大陆间的联通。

● 根据非洲发展新伙伴计划的空间发展倡议（SDI），发展和实施区域工业战略和潜在经济走廊，其中包括促进大规模经济、部门和相互关联的基础设施以及重工业投资，以利用地区的自然资源。

● 实施非洲发展新伙伴计划中关于工业的非洲生产能力计划。

● 促进价值链框架内的联合跨境工业企业和区域内贸易。

● 调动区域基础设施和重工业的资源，并为基础设施和重工业设立工业发展基金。

● 建立/加强区域工商会。

● 强化区域产业互补性和前后联系。

● 发展区域金融和资本市场。

- 审查和升级现有的区域技术中心。
- 动员科学和技术领域的非洲侨民，以构建技术设计、创新和适应能力。
- 促进工业技术经验的交流。
- 通过建立区域科学技术基地来增加主要技术领域（例如生物燃料和其他可再生能源、工业能效、加工自然资源的设备和机械以及提高中小型企业的竞争力等）的科学发现、知识生产、技术开发和创新以填补当前区域技术发展和适应基础设施方面的空白，这些都可能刺激非洲工业化进程的加快。
- 建立/加强区域中心和实验室设施，进行标准制定、质量控制、担保和认证，以帮助非洲产品达到技术法规和国际标准，并防止不合格和危险的产品倾销到区域市场上。
- 协助成员国提高掌握新技术的技能和能力。
- 支持在该地区建立技术孵化器、技术园区和原型开发活动。
- 建立清洁生产中心。
- 建立区域竞争力和劳动就业观察站。
- 开发技术信息中心。
- 统一国家产业政策。
- 统一大陆层级的投资法规行动。

大陆层级的行动

- 协调区域产业政策和战略。
- 强化区域工业创新体系。
- 制定非洲投资和采矿示范守则。
- 统一非洲的商业和投资法。
- 支持建立区域科学技术和技术转让基地。
- 建立/加强大陆标准组织和统一标准。
- 建立关于非洲工业发展的关键变量的数据库/电子平台（例如自然资源、科学技术和现代技术在自然资源中的现代工业应用）。
- 通过非洲技术创新倡议（ATII），其中包括：

1. 非洲设计中心/基地网络；
2. 非洲测试和认证中心网络；
3. 非洲企业支持服务中心网络；
4. 非洲环境合规中心网络；
5. 非洲技术转让中心网络/大学的创新引领。

- 与区域机构合作，定期审查非洲工业化状况，每两年生成一份工业化指标。
- 编写非洲工业竞争力年度报告。
- 调动国际技术和财政以支持实施《非洲加速工业发展行动计划》。

- 发展与强化同北部的传统伙伴和南部的新兴国家的伙伴关系，以加速非洲的工业发展。
- 促进知识产权作为工业发展的工具。
- 基于联合国工发组织和其他调查建立非洲供应商和分包网络。
- 快速跟进非洲投资银行的建立和运作。
- 基于联合国工发组织和其他调查支持非洲投资平台的发展。

国际层级的行动

- 为工业生产能力建设和消除对非洲工业发展的限制提供技术和财政支持。
- 为建立联合工业企业和在非洲境内加工自然资源，将产品生产外包给非洲公司，向国有企业提供投资奖励和其他援助。
- 通过国际援助促进向非洲的技术转让，以增强获取、吸收、适应、学习和创新的能力。
- 加强非洲制成品和相关服务的市场准入，特别是在研究、技术转让和投资促进方面的南南合作。
- 作为非洲发展的支柱之一，更加重视多边贸易谈判“世界贸易组织和经济伙伴协定”以促进工业发展。
- 动员国际社会支持《行动计划》。

四　后续机制

14. 加速非洲的工业化需要成员国坚定的承诺在区域和大陆层级的合作，还需非洲发展伙伴对《行动计划》的有效执行提供支持。

15. 作为针对《行动计划》提出的主要原则的后续行动，将在国家、区域、大陆和国际各级制定有关的实施计划和方案。应该组织由私营部门和公民社会参加的国家和区域会议，以制订执行计划，包括时间表和预算，并确定主要行为者。

16. 在每一个区域层级建立一个代表国家元首和政府首脑的可持续工业发展和多样化高级别小组，作为监测《行动计划》执行进度和每两年向非盟首脑会议报告的主要机制。

节选自非盟网站（https：//www. au. int/web/sites/default/files/documents/30985 - doc - plan_of_action_of_aida. pdf)

（赵雅婷编译）

2012—2032年东非共同体工业化战略

（2012年10月）

《2012—2032年东非共同体工业化战略》阐述了实施工业化战略所需的关键干预措施。该战略基于东非共同体伙伴国的集体承诺，即为东非人民的利益快速追踪该地区的公平和可持续发展。东非共同体的首要目标就是通过创建一个完全融入全球经济的现代化、充满竞争力和活力的工业部门来改变区域经济面貌。《2012—2032年东非共同体工业化战略》的实施是通过结构转型和区域经济多元化手段来释放该地区的发展潜力。

一 《2012—2032年东非共同体工业化战略》指导原则

《2012—2032年东非共同体工业化战略》的制定综合了《非洲加速工业发展行动计划》（2008年）、南部非洲发展共同体与东部和南部非洲共同市场等区域战略文件，以及东非共同体成员国的工业化战略重点等。在此基础之上，《2012—2032年东非共同体工业化战略》遵循以下指导原则。

原则一：促进该地区工业化的公平发展。公平发展将通过促进成员国之间知识共享、提供公平的税收优惠来实现，同时使所有东非共同体成员国民众能够利用工业化的优势公平地获得就业和投资机会。

原则二：加强和利用工业政策与其他部门政策之间的协同作用。成功的工业化要确保执行对工业化有影响的各部门政策和手段的连贯性，包括实施共同对外关税和关税同盟等手段、共同市场协议的执行、统一税收和税收管理、消除非关税壁垒和统一标准。

原则三：促进公共部门和私营部门之间的战略对话。将根据竞争性伙伴关系的原则来促进参与的包容性，以确保有效和可持续的工业化。

原则四：加强大中小型企业之间的产业联系。这需要促进中小型企业与大企业在国家和地区层面之间的生产联系，将它们与全球市场和价值链联系起来。

原则五：促进具有战略意义的区域产业价值链，使之具有广泛的联系和遍布整个区域的经济利益。在战略目标中促进产业价值链的理由是，目标产业将为整个地区带来巨大利益，从而使成员国能够朝着发展趋同的方向迈进。

原则六：在比较和竞争优势的基础上促进工业化。东非的比较优势和竞争优势由三个主要因素支撑。第一，要素禀赋，包括自然资源、人力资源和财务。第二，商业氛围，包括基础设施、政策环境、机构、公共管理以及支持服务的可用性等因素。第三，动态规模经济，指通过规模经济带来集群效应和效率并产生协同效应。整合东非共同体的主要驱动力将来自更大的区域市场和实现规模效益，从而为规模更大、效率更高的产业提供支持。

原则七：增强工业化所需的技能和知识。成功的工业化将取决于为工业转型、就业以及企业家精神创造必要的人力资源。建立和加强该地区的创新能力，以及科学技术在工业中的有效应用，将对该地区的工业化起到重要作用。企业家精神和创新对于东非共同体的工业竞争力至关重要。

原则八：确保实施的区域工业化政策体制框架为东非共同体及其成员国提供明确的定义和可预测性作用，并在区域内建立明确的机构决策框架。东非共同体工业化战略的实施将考虑到相关国家和地区，以及有关安全、健康和环境保护的国际标准，并将隐含地纳入有关性别平等、工人权利和其他相关公约的国家、地区和国际承诺。

原则九：以市场为主导的工业化方法。区域性工业化方法将以市场为主导，该方法具有明确、透明的规则和流程，用于战略性和针对性的政府干预。这些政府干预包括纠正市场失灵、提供公共物品、人力资本投资、增强技术基础以及提高私营部门效率、创新性和竞争力所需的信息和基础设施。

二 《2012—2032 年东非共同体工业化战略》使命、愿景和目标

《2012—2032 年东非共同体工业化战略》的使命是基于东非共同体地区的比较优势和竞争力，建立一个市场驱动、具有区域和国际竞争力的工业部门。该战略的愿景是实现具有全球竞争力、环境友好和可持续发展的工业部门，到 2032 年能够显著改善东非人民的生活水平。东非共同体将制订五年行动计划以逐步实现上述愿景。《2012—2032 年东非共同体工业化战略》的总体目标是提高工业生产和生产率，并加速东非共同体经济结构转型以实现可持续的财富创造、收入增加和更高生活水平的社区生活。东非共同体的工业化战略将在与成员国利益相关者磋商的基础之上，结合其他区域组织的工业化战略以及全球工业发展趋势，力求在 20 年内实现以下五个具体目标。

第一，到 2032 年使制造业基础多样化，并使资源出口国内增加值含量从目前的 8.62% 估计值提高到至少 40%；

第二，加强产业政策设计与实施的体制框架和能力；

第三，加强研发、技术和创新能力，以促进制造业的结构转型和产业升级；

第四，通过第一项目标，到 2032 年区域内制造业相对于该地区制造业总进口的比重至少达到 25%，以及第二项目标，将制造业出口相对于商品总出口的比重提高到至少 60%，从而扩大制造业贸易的 20%；

第五，将中小型企业转变为可行且可持续的商业实体，能够使制造业为国内生产总值贡献至少 50% 的比例，而基准比例仅为 20%。

《2012—2032 年东非共同体工业化战略》的短期预期要达到以下几点。

1. 协调一致的政策框架以支持深化区域生产体系和业务联系；
2. 关于该地区中小型企业活动的统一政策、战略和商业环境；
3. 加强主要利益攸关方的机构和政策管理能力；
4. 增强技术机构、商业咨询和咨询中心的能力；
5. 为中小型企业的发展和升级建立新的财务机制和产品；
6. 每年增加制造业部门 10% 的就业，间接增加农业部门和服务业新的就业机会；
7. 每年至少增长 10%—20% 工业生产；
8. 提高生产力、灵活性、增强管理能力和营销技巧，并削减生产成本；
9. 每年增加 10%—15% 的增加值；
10. 增强出口能力、增加进口替代品，在优先价值链之间建立更牢固的联系。

从长期来看，该工业化战略将逐步促进以下六个方面的增长。

1. 目前东非共同体制造业对区域国内生产总值的贡献率的平均值为 9.7%，到 2032 年将达到平均值 25%，这种增长将对农业和服务业产生乘数效应；
2. 制造业就业人数目前为 45.6 万，到 2032 年将达到 230 万左右；
3. 目前区域国内生产总值为 745 亿美元，到 2032 年将达到约 2389 亿美元（基于预计的 6% 的年度国内生产总值增长率）；
4. 目前人均国内生产总值为 558 美元，到 2032 年将达到 1300 美元（基于每年 2.8% 的人口增长率）；
5. 目前人均制造业增加值为 50 美元，到 2032 年将达到 258 美元；
6. 目前世界经济论坛竞争力指数的平均值为 3.4，到 2032 年将达到 4.5。

三 《2012—2032 年东非共同体工业化战略》主要实施项目

第一，开发走廊和空间开发项目。开发走廊将在确定的地理区域内配置资源、确定优先次序以促进相互关联的基础设施和大规模经济部门投资的手段，以促进贸易和投资带动的经济增长、优化基础设施的使用、鼓励加工增值并增强经济体的竞争力。沿走廊设置的两个试点项目分别是沿走廊开发工业包装、负载平衡和多式联运。

第二，建立产业集群、促进产业价值链。东非共同体需要特别关注关键的增长部门和最具发展潜力的经济部门。在私营部门的支持和积极参与下，了解区域经济关键部门增长的驱动因素，设计和实施商定的政策干预措施是促进区域工业化的关键。除其他因素外，工业化战略应部分基于部门集群战略。促进部门集群将通过更好地利用专业供应商、技能、信息和其他变量来提高生产率。针对具有最大增长潜力的行业，增强产业价值链也应构成东非共同体工业化战略的核心内容。具体而言，该干预措施将重点关注那些通过增值而具有最大增长潜力的领域，包括食品加工、纺织品和服装、皮革和皮革制品等。

第三，建立中小型企业孵化器。全方位服务的企业孵化器可以为租户业务提供空间，并提供办公服务以及满足企业家在营销、业务组织、财务、咨询和顾问方面的技术需求。为企业家提供低成本办公空间、工业车间和服务设施是有益的。这将为企业家提供负担得起的办公空间，企业家还可通过与孵化器其他成员共享设备以便节约成本。建立孵化器需要解决六个关键问题，分别是业务计划、协助和咨询、财务咨询服务、广告和营销服务、培训服务、网络服务和售后服务。

节选自东非共同体网站（http：//meac. go. ke/portal/wp - content/uploads/2019/07/EAC - Industrialization - Strategy. pdf）

（张梦颖编译）

西非共同工业政策

（2010 年 7 月）

一　工业政策在西共体一体化规划中的地位

西共体正在通过开展旨在建立单一经济区（关税同盟、共同市场和货币同盟）的活动，努力促进西非的合作和区域一体化以及经济社会的发展。在这个共同领域内，共同体公民可以在法治和善治的基础上开展商业活动并有尊严且和平的生活。尽管存在障碍，但西非一体化仍在推进，不仅基于贸易和公民的流动，还基于基础设施和私营部门的发展。

关于私营部门的发展，为推进综合生产系统而采取的战略要求西共体的权力部门在农业和工业领域以及区域部门法（竞争、投资、采矿等）中采用共同体的政策和方案。因此，在 1983 年通过了针对工业发展的合作政策和《五年工业发展计划》（1987 年至 1991 年）之后，西共体在 1994 年通过了一项工业计划，提出了旨在优化工业一体化的战略。该计划从本质上为工业领域提供了通过创建新平台来实现标准化的可能性，该平台将使企业家和专业人士进行交流、会面以及更广泛地开展互动。

此外，国家元首和政府首脑于 2007 年 6 月 15 日在尼日利亚首都阿布贾通过了《西共体 2020 年愿景》，该愿景的目标是到 2020 年将“国家西共体”转变为“人民西共体”，其基于与工业发展相关的五个支柱，特别是治理、基础设施、私营部门、妇女、儿童和青年，以及自然资源和环境的可持续利用。

因此，西共体在促进其雄心勃勃的区域一体化规划中的活动时，理应采取并执行《西非共同工业政策》，并适当考虑到以下几点：

- 商品，特别是非洲国家出口的产品价格低廉这一全球趋势；
- 西非需要加强其商品的内生加工，以创造具有附加值的商品和服务，这是创造更多财富并为可持续增长作出重大贡献的唯一途径，从而能够确保地区社会和经济的可持续发展（创造就业机会，消除贫困等）；
- 在全球化背景下，需要地区向市场提供足够数量的优质服务和工业制成品来参与全球贸易。

二　愿景

根据自成立以来确立的原则，并考虑到国际背景，特别是世贸组织协定、千年发展目标、非洲发展新伙伴计划、非洲增长与机遇法案等，以及需要升级以前的工业发展措施，西共体成员国决定发布《西非共同工业政策》（简称 WACIP）。这表明了西非国家对工业化抱有共同愿景，以期“在可持续的工业发展框架内共同成为全球化进程中的重要参与者”。

《西非共同工业政策》的愿景是保持稳固的产业结构，该结构具有全球竞争力，对环境友好，并能够在 2030 年前显著改善人民的生活水平。

三　总体目标

《西非共同工业政策》（WACIP）的总体目标是通过促进本地原材料的内源性工业转型来加速西非的工业化、工业生产能力的发展和多样化以及加强制成品的区域一体化和出口。

该政策将成为地区及成员国实现以下目标的工具：

- 通过增加对当地商品的工业加工来创造更多的财富和增值；
- 加强地区制成品的市场准入；
- 建立竞争价值链；
- 维持和加强区域一体化进程；
- 将产业和贸易政策纳入全球发展和地区国家的经济增长政策。

四　具体目标

具体而言：

- 通过支持建立新的工业生产能力以及发展和升级现有的基础设施，到 2030 年将本地原材料加工率从 15%—20% 逐步提高到平均 30%，来扩大和丰富地区的工业生产基础；
- 逐步提高制造业对地区国内生产总值的贡献率，目前平均为 6%—7%，到 2030 年达到平均 20% 以上；
- 到 2030 年，逐步将西共体内的贸易从不足 12% 增加到 40%，尤其在能源领域（设备、电力、石油产品等）达到地区制成品贸易的 50%；
- 通过发展和提高技能，产业竞争力和质量基础设施（标准化、认可和认证），逐步将西非制造的商品出口到全球市场的数量从目前的 0.1% 增加到 2030 年的 1%，特别是在信息、通信和运输领域。

这些具体目标将取决于以下领域的干预：

1. 通过支持举措提高竞争力来发展私营部门；

2. 通过增加本地商品的内生加工来发展工业生产能力，以创造更多的财富和价值链的增值；

3. 发展基础设施和支持服务，例如基础设施的质量和合格评定、技术、信息服务、贸易、投资、出口促进、海关、能源、工业领域等；

4. 通过交流产品质量、经济和标准化信息方面的经验，加强各个成员国私营部门之间的合作；

5. 鉴于经济和社会发展的重要性，在区域和全球贸易领域发展区域工业一体化；

6. 西共体国家元首和政府首脑于2008年12月19日通过的《共同体投资和竞争规则》的有效实施及其适用；

7. 区域各国经济平衡发展；

8. 推动区域树立正面形象；

9. 为区域企业，特别是中小企业/中小工业建立适当的融资系统；

10. 促进内源性和外国直接投资；

11. 调动资源使工业创造和升级所需的金融手段多样化；

12. 迅速执行西共体共同对外关税，目前仅有共同体内的一些国家执行，由于正在进行有关第五轮问题的讨论而未被正式推行。

五 主要预期成果

实施《西非共同工业政策》（WACIP）有望获得与具体目标和由此产生的活动相关的四个系列结果。

与第一个具体目标相关的第一系列预期结果是：

1. 随着制造业的建立，地区的产业结构将得到巩固；

2. 在国家和区域层级创造的就业机会将增加十倍；

3. 将建立并正式确定共同体的企业和大公司，充分结合地区的相对优势和互补性；

4. 实施西共体农业综合企业战略；

5. 正式通过西共体共同对外关税；

6. 研究结果是由私营部门制定的；

7. 地区将拥有兴建企业的技术和工业园区；

8. 通过创建基于西非专利的制造企业使得金融应用程序接口和其他资源均有助于拓展地区工业基础；

9. 所有负责知识产权管理的区域机构紧密合作；

10. 将使所有利益攸关方接受培训并对知识产权保护有敏锐的认识；

11. 区域的微型企业、中小企业/中小工业和大公司拥有更多的工业融资渠道；

12. 支持西非女企业家的金融机构已经开始运作并可以使用；

13. 地区工业制成品的质量将提高；

14. 将加强环境友好型工业发展；

15. 将会有足够多样的技能和资质来维护地区的工业化；

16. 商业法将在所有成员国之间得到统一，从而改善商业环境并进一步促进工业投资；

17. 工业企业将得到恢复，其附加值将增加，工业产品将多样化，其市场将更加巩固和多样化。

与第二个具体目标相关的第二系列预期结果如下：

18. 激活参与实施共同体投资和竞争规则的合作伙伴；

19. 将采用并适用《共同体投资守则》；

20. 统一的认证、标准化和质量促进系统投入运营；

21. 将通过区域质量政策；

22. 将振兴区域工业活动并加强竞争力。

与第三个具体目标相关的第三系列预期结果如下：

23. 创新的融资和担保机制将可操作并可以使用；

24. 该地区的微型企业、中小企业/中小工业和大公司将获得适当融资机会以增加出口；

25. 通过贸易西非区域一体化将得到加强；

26. 关于原材料、工业产品、制成品供需的区域信息中心将开始运作；

27. 区域工业和竞争力观察站将开始运作；

28. 并列业务的边境管控站系统的运行将得到加强；

29. 将消除共同体内的贸易障碍；

30. 区域工业伙伴关系网络的可操作性将得到加强；

31. 将组织区域工业伙伴关系网络举行定期会议；

32. 西非基础设施的数量和质量将有助于共同体内部贸易的流动；

33. 能源领域的基础设施和综合投资项目得到开发（电网的发电和互联、电器和石油产品的制造等）；

34. 西共体将确保在西非内部以及涉及西非的能源问题上加强领导和监督作用；

35. 平衡地区陆地区域的发展，并促进国内和共同体内的贸易。

与第四个具体目标相关的第四系列预期结果是：

36. 将增加西非工业制成品进入全球市场的机会；

37. 区域经济运营者之间和与世界各地的经济合作伙伴之间的关系将得到加强；

38. 西非基础设施的数量和质量将促进区域与世界其他地区间的贸易往来；

39. 将实施《信息和通信技术补充法》；

40. 在西非制造的商品已通过质量认证并符合国际标准；

41. 成员国至少建立或加强一种机制架构，以负责认证和评估遵守情况，确保质量和所售制成品符合标准；

42. 将有足够的技能来维持地区的工业化和贸易；

43. 在西非制造的商品将在质量、标准、认证和全球市场价格方面具有竞争力；

44. 将加强价值链以及地方、国家、非洲内部和国际的供应。

六 政策措施

6.1 加强公私伙伴关系

西非渴望成为通往非洲大陆其他地区一个平衡、统一、一体化的空间，促进政治、经济和社会善治的原则，并尊重承诺与成员国之间的团结与合作。因此，《西非共同工业政策》（WACIP）在加强公私伙伴关系，使公民社会组织（工人工会、专业组织等）充分利用这种方式的基本条件下，建立基于各方利益相关者间的对话机制。利益相关者及其角色是：

- 国家，将制订战略计划并为企业发展创造有利环境；
- 私营部门应该是主要的财富创造者，以促进国家和地区的消费，同时在国际层面上满足消费需求；
- 公民社会（工人工会、专业组织、反馈中心、咨询公司等），将参与国家和区域治理，以促进广泛共识的革新；
- 合作伙伴，应维护地区的工业化成果。

为了走上工业化之路，有必要制定一种协调的工业化战略，该战略应适当考虑各种制造水平国家的工业能力。这种统一将推动区域内互补性和专业性链条的建立。总体目标应包括能力建设、市场准入、实施联合发展计划、发起集体或三角增长计划、培训和发展筹资。

应当鼓励出口导向型的工业发展，并辅之以地区本土进口的增加。必须制定清晰一致的政策，以促进内生投资以及可持续的和非投机性的外国直接投资。

西共体许多国家的多个出口和生产部门仍然遭受严重的供销困难和竞争力低下的困扰。这些困境使各国无法享受经济一体化带来的市场便利。因此，经济一体化并没有使成员国和生产者承担加速执行消除供应障碍和获得国际竞争力措施的责任。加大投资以促进出口能力和对基础设施投资的增加和多样化至关重要。应加强鼓励内生投资、吸引外国投资、开发人力资源和利用技术。

在制度层面，西共体应通过适当的制度安排，以指导和促进区域的工业发展。为了获得预期的结果，在可能为国家层面保留的政策战略和为区域发展所需的政策战略之间做出明确的区分是必不可少的。这一直是并将继续成为区域工业发展最大的绊脚石。

6.2　强化制度框架和工业发展

工业是一项复杂的技术、社会文化和政治结构，其核心是企业和技术，承载着特定的文化价值。这意味着国家层面的政治社会稳定，必须运作工业发展的未来愿景、集体决心以及制度框架，并将国家的主权角色移交给专门部委。

每个西非国家的主张是许多部委拥有工业部的特权。如果不是与其他部委分开的机构，则是整个部门隶属于国家总统和总理。这种分散导致对立，在某些不透明的操作和对各种工业项目不充分评估的情况下造成了发展停滞。

随之而来的是，负责工业发展的各部委因此缺乏人力、技术和物力资源，无法有效地发挥国家的作用，尤其是在控制、促进和发展领域，在加强公私伙伴关系方面。通过加强竞争力并改善经济环境和体制框架，在经济和产业规划中发挥关键作用。实际上，只有在包括改善投资环境的措施在内的长期全球战略的基础上，政策促进活动才能取得良好的效果，所有公共和私营部门的利益攸关方都将制定和执行这些措施。

其他战略问题也应进行基于结果的精细分析，并为负责西非工业发展的各部委提供更好的机构定位。确实，面对日益激烈的国际竞争以及生产要素和企业自身流动性的提高，在国家层面，需要提升机构定位，同时设立充分利用资源且负责任的工业发展部，从而提升国家和区域经济的竞争力以及西非的吸引力。在区域层面，要求加强西共体委员会负责工业部门的人力和物力。

作为实施《西非共同工业政策》（WACIP）的一部分，西共体委员会将获得持续的资源以对这些战略问题作出相应的回应：加强委员会负责工业部门的资源；支持各国加强专门用于工业发展的机构基础设施，特别是冲突后国家，以确保西共体向各国支付的补偿被用于工业发展；由于出口的成功而强化了有效的体制框架，这对潜在的投资者是一个好兆头；由于投资促进与贸易相关，这两种活动之间存在内在协同作用，因而确定了机构定位和政府表述。

6.3　国家政策措施

- 制定以市场为基础的制度以鼓励出口，加强工业和其他部门在上游和下游的联系，提高工业效率并确保公共和私营部门的决定反映成员国在区域和国际竞争中的地位；
- 采取有效的政策来抑制通货膨胀并稳定外汇；
- 精心制定的政策可能会确保价格稳定和税收结构的可预测性，从而鼓励私人投资（国内和国外）；

● 通过排除与项目批准程序、劳资关系有关的商业交易中的国家干预主义，并在总体上努力推进没有繁文缛节和腐败的有效公共管理，从而鼓励和实行善治以及建立透明、可靠的法律和司法体系。

6.4 区域政策措施

● 制定和执行政策以加大技术领域的贸易，并在区域层级加强人力资源的开发；

● 拟订和执行政策以在国家和区域各级维持健康和可持续的环境实践；

● 鼓励在适当的基础设施环境中进行投资，以维持工业发展，特别对冲突后国家而言；

● 协调和执行奖励措施和立法框架，尤其是区域层级资本流动的自由化（特别是关于投资的自由化），同时特别考虑到区域某些国家，即内陆国家和危机后国家的需求；

● 通过实行政策以保障向经商者宣传有关经济和投资潜力、资源可用性或监管措施的充分信息；

● 使《西共体贸易议定书》的执行与区域工业发展战略和方案保持一致；改善市场准入条件可带来新的投资机会。

七 项目

十项后续区域项目构成了实施《西非共同工业政策》的具体思路。

1. 发展小微企业、中小企业/中小工业和主要产业。
2. 工业研发项目（IR & D）。
3. 发展区域知识产权（IPRs）。
4. 发展区域融资。
5. 商业机遇信息管理系统（ECO-BIZ）。
6. 建立区域工业伙伴关系网络。
7. 发展基础设施。
8. 标准化、质量保证、认证和计量计划（SQAM）。
9. 管理能力和技能发展项目。
10. 产业重组与恢复项目。

节选自西共体网站（https://wacomp.projects.ecowas.int/wp-content/uploads/2020/03/WACIP-ENGLISH.pdf）

（赵雅婷编译）

2015—2063 年南部非洲发展共同体工业化战略与路线图

（2015 年 4 月）

一 《2015—2063 年南部非洲发展共同体工业化战略与路线图》的总体目标

《2015—2063 年南部非洲发展共同体工业化战略与路线图》是在现有区域政策和国家政策基础上，根据 2014 年 8 月在津巴布韦举行的南部非洲发展共同体首脑峰会的具体要求制定而成的。该峰会指出，工业化将成为南部非洲发展共同体区域一体化的中心议程。2015 年 4 月，南部非洲发展共同体特别会议在津巴布韦哈拉雷举行，南部非洲发展共同体国家元首和政府首脑峰会正式通过了《2015—2063 年南部非洲发展共同体工业化战略与路线图》。该战略力求通过先进的工业化手段，促成南部非洲发展共同体区域内的重大经济和技术变革。此次首脑峰会还通过了《2015—2020 年区域指示性战略发展计划（修订版）》，其中规定了南部非洲发展共同体的一体化办法，重点是通过增加附加值促进工业联系和有效利用区域资源来实现。

2009 年，南部非洲发展共同体贸易部长委员会通过了《工业升级和现代化方案》，以增强该区域竞争力、生产力和工业结构的机制化支持。2013 年，贸易部长委员会通过了《南部非洲发展共同体工业发展政策框架》，以加强部门间相互依存和经济、贸易的多样化。《南部非洲发展共同体工业发展政策框架》强调，工业发展本质上属于国家特权，因此鼓励南部非洲发展共同体成员国积极制定提高生产力的相关政策和战略。这两项协议都是对《2015—2063 年南部非洲发展共同体工业化战略与路线图》的补充。

南部非洲发展共同体工业化的使命、愿景和指导原则都是致力于建立一个富有创新力和竞争力的区域经济体，以保障区域经济可持续性、创造就业，并对区域重点、工业合作和解决区域发展问题的需求持包容性态度。《2015—2063 年南部非洲发展共同体工业化战略与路线图》的具体使命、愿景和指导原则如下。

1. 使命：形成具有多元化、创新性和全球竞争力，并有助于可持续增长和创造就业机会的综合性区域经济体。

2. 愿景：为南部非洲发展共同体成员国之间提供一个加强合作和协同作用的框架，以建立一个多样化、创新性和具有全球竞争力的工业基地，并有助于可持续经济增长和创造就业机会。

3. 指导原则：南部非洲发展共同体首脑峰会在批准《2015—2063 年南部非洲发展共同体工业化战略与路线图》时要求，南部非洲发展共同体秘书处要做到：（1）为执行《2015—2063 年南部非洲发展共同体工业化战略与路线图》制订一项详细的行动计划，并于 2016 年 3 月提交至南部非洲发展共同体理事会；（2）设计和制定一个适合的机制框架，以支持《2015—2063 年南部非洲发展共同体工业化战略与路线图》的执行并修订《2015—2020 年区域指示性战略发展计划（修订版）》。该机制框架的目的是提高南部非洲发展共同体秘书处执行《2015—2063 年南部非洲发展共同体工业化战略与路线图》的能力。

二 南部非洲发展共同体工业化发展的基本因素与支柱

南部非洲发展共同体工业化战略强调以下 14 项工业化基本要素或先决条件。（1）工业化是转型和加强工业间联系的关键。（2）全要素生产率是衡量发展和转型进程的一个基本指标。（3）技术升级和创新是就业和竞争力的推动者和创造者。（4）地理和自然资源是建立国家和区域经济集群以支持多样化和相互联系的关键因素。（5）新兴的全球技术演变对贸易模式的影响。（6）政府作为发展推动者在感知、推动、促进和实施工业发展战略和创造必要环境中的关键角色。（7）建立由政府、私营部门、发展伙伴和潜在投资者等组成的工业化发展伙伴的重要性。（8）私营部门作为工业化驱动因素的核心作用，特别是中小型企业对就业增长和国家发展的贡献。（9）加快南部非洲发展共同体一体化方案的节奏，促进国家和区域在工业发展问题上的互补性，利用南部非洲发展共同体参与各区域和全球协议的积极作用。（10）为私营部门的发展以及促进区域经济相互依存创造稳定的宏观经济环境和强大的微观经济基础。（11）国家和区域在协调工业发展方面的努力至关重要，以确保收益最大化、避免有害竞争。（12）确保环境和社会可持续性的重要性，考虑到工业化对气候变化的影响以及技术的采用从而提高了资源效率、减少了浪费。（13）必须加快青年和妇女赋权，以使其能够充分参与经济发展。（14）认识到信息与通信技术作为工业化的推动者和催化剂的作用，将信息与通信技术纳入社会经济转型进程中的必要性。

《2015—2063 年南部非洲发展共同体工业化战略与路线图》主要立足于以下三大支柱：（1）工业化是经济和技术转型的支撑；（2）在公司/行业、国家和区域一级的竞争力是从比较优势转向竞争优势的积极手段；（3）区域一体化和地理作为工业发展和经济繁荣的重要背景。南部非洲发展共同体经济的长期转型需要在工业结构、有利环境及与其他部门的相互依存方面进行有重点的定性和定量转变，以最大限度地扩大工业部门的直接和间接增值。工业化带来的积极影响将刺激就业并大幅提高收入水平。未来可持续的工业部门应具有复原力和持续现代化的能力。

三 《2015—2063 年南部非洲发展共同体工业化战略与路线图》的战略阶段

《2015—2063 年南部非洲发展共同体工业化战略与路线图》的长期愿景与非洲联盟《2063 年议程》保持一致。在此期间，南部非洲发展共同体各经济体将努力克服其发展制约因素，从要素驱动转向投资驱动，然后转向效率驱动，最终转向由知识、创新驱动的高增长轨道。到 2063 年，南部非洲发展共同体将得到全面转型，将成为非洲大陆和全球经济的重要参与者，其三个战略发展阶段如下。

第一阶段涵盖 2015 年至 2020 年。这一时期是南部非洲发展共同体积极推进工业化发展和市场一体化与竞争力、发展基础设施和服务的时期。2015—2020 年，南部非洲发展共同体成员国的地区目标是将年人均国内生产总值增长率提高到 6%。

第二阶段涵盖 2021—2050 年。这一时期将集中于多样化和提高生产力、竞争力，将见证南部非洲发展共同体经济从要素驱动到投资和效率驱动阶段的转变。南部非洲发展共同体的目标是将年人均国内生产总值增长率提高到 8%。

第三阶段涵盖 2051—2063 年。在此期间，南部非洲发展共同体成员国将进入创新驱动的阶段，实现先进技术和更先进的业务水平。南部非洲发展共同体成员国的目标是每年人均国内生产总值增长率都提高约 5%。

节选自南部非洲发展共同体网站资料（https：//sadc. int/documents - publications/themes/trade - industry；https：//sadc. int/documents - publications/show/5029）

（张梦颖编译）

埃及工业发展战略

——工业：经济增长的引擎（2005—2025年）

一 工业起飞：构建坚实基础

埃及未来的工业政策将集中于通过扩大出口和就业机会使工业成为增长引擎。目前，埃及的工业部门是经济增长、创造就业机会和出口收益的主要贡献者，其大约占国内生产总值的20%（不包括非正式工业活动），大约有26000个正式注册的工业机构，雇用了近240万名工人，在非正式工业机构中约有150万名工人，约占劳动力的20%。此外，制成品出口约占国内生产总值的3%，非石油出口收益占40%，往来账户总收入占11%。

工业部门是增长的主要推动力，与农业和服务业之间都有很强的前后联系。预计它将在中长期内为振兴埃及经济与促进增长发挥重要作用。从其他发展中国家的成功经验中吸取教训，工业部门必将成为推动经济增长、创造足够就业机会以及促进埃及融入全球经济的动力。

工业部门最有可能成为潜在的增长动力是因为：

- 与农业和服务业等其他重要经济部门之间有着紧密的往来联系；
- 为创造就业机会特别是在劳动密集型产业中提供了广阔的前景；
- 促进技术转让和吸引外国直接投资；
- 为埃及进一步融入全球经济提供了广阔的前景。

通过比较绩效指标，显示出埃及工业部门的竞争力仍有很大提升空间。国家干预工业部门的后遗症，再加上缺乏清晰的愿景和坚定的致力于提高工业竞争力的承诺，被认为是造成当前状况的主要原因。因此，制定改善工业绩效的国家战略的时机已经成熟。

从一开始便强调必须分阶段实施《工业发展战略》。构想了三个阶段，每个阶段都为通向下一个阶段铺平道路。短期内进行的第一阶段应以增加出口和就业为目标。从中期来看，目标是通过建立高质量工业化的必要机构来提高工业效率。最后，创新能力建设将是长期目标。

与此平行的是技术进步的过程。因此，在短期内，重点将放在基于资源和低技术产业等现有基础的利用，因此，主要是劳动密集型产品出口。下一阶段将见证向中等技术工业化的转型，以及生产和出口技术含量的提升。最高等级是基于高科技生产和出口，也将代表这一过程的最后阶段。

二　战略愿景和目标

工业政策不仅局限于行业目标，其也代表了工业作为主导部门以促进经济和社会发展的一整套目标。因此，埃及工业部门的未来之路将成为经济增长、创造就业机会和出口发展的引擎，以强化埃及作为竞争者的地位，使其融入全球经济。

到 2025 年，埃及将是在工业业绩表现以及中等技术工业制成品主要出口枢纽方面引领中东和北非地区的工业化国家。

愿景构建是实施工业发展战略过程中的一个重要阶段。工业发展的愿景应该较为实际的基于埃及的资源禀赋（包括人力资源），国内功能状态，促进工业化的动力如技能、技术素养、基础设施建设以及参与国际市场一体化的水平。然而，愿景不应该是无效的野心。雄心勃勃的工业化战略加上强大的机构能动性可以带来非常成功的结果。

作为后发国家可以利用他人的经验积累，通过“跨越式”进程来实现埃及的潜力。这可通过精心组织的战略来实现，该战略可以有效地诊断当前工业绩效中的薄弱环节，同时利用现有优势和机会来实现工业的持续增长。

埃及提出的工业发展战略（IDS）将围绕三个主轴开展。

- 通过积极利用出口发展和吸引外国直接投资来实现工业生产的更快增长，这两者都是埃及深入参与区域和全球一体化的重要工具；
- 通过一套精心设计的旨在提高工业竞争力的政策和计划，实现工业生产力的跨越式发展；
- 实现产业结构从以资源为基础的低技术活动向中高科技产业的逐步转变。

2.1　起飞：挑战与潜力

当前的政策改革浪潮为埃及工业提供了一个弥补其弱点并实现其潜力的有利环境。

优势：多元化的工业基地；大量廉价劳动力；相对发达的基础设施基地；地理位置优越；生产投入成本低（能源和公用事业）。

弱点：制造业人均附加值低；以资源型和低技术型出口为主的制成品出口结构；教育系统的输出与行业技能需求不匹配；制造业劳动生产率低下；研发活动薄弱，技术能力低下；国内产品不符合国际标准；对中小企业不利的商业条件。

机遇：正在进行的政策改革为启动全面的工业化战略铺平了道路；商业环境中正在进行的改革鼓励私人投资；利用双边和区域贸易协定；海湾地区因石油价格而产生的大量资本盈余可能吸引外国直接投资。

威胁：持续向内型经济，依靠国内市场；在全球经济中被边缘化（出口和外国直接投资所占份额下降）；在低薪活动方面，由于迟来者（主要是中国和印度）而面临激烈全球竞争；技术升级不足导致竞争力下降。

工业领域的未来之路将成为经济增长、创造就业机会和促进出口的引擎，以加深埃及作为竞争者的地位，使其融入全球经济。

因此，埃及必将成为中东和北非地区的领先工业化国家，积极融入世界经济并成为地区的投资流入地。

在此愿景的基础上，并考虑到该战略的时间框架，预计埃及经济将在2025年成为中东和北非地区领先的工业化国家，并成为中型技术制成品的主要出口中心。

工业发展战略的最终目标是为埃及经济提供强大的推动力，使其在吸收年度劳动力进入的情况下保持经济增长速度。因此，工业发展战略被视为国家发展战略的组成部分，该战略旨在通过为适龄劳动人口提供生产性就业机会，以及增加埃及在区域和全球一体化中获得的收益来促进经济繁荣。

拟设定的战略实施时间跨度为20年，到2025年。这一相当长时间的跨度允许设计一系列短期、中期和长期的政策和计划，从而实现期待已久的埃及工业制造业起飞。一旦战略进入实施阶段，上述数据将被视为工业部门发展道路的指示性指标。

2.2 工业增长须快于经济增长

工业发展战略是埃及整体经济发展愿景不可分割的组成部分。在此前提下为工业部门设定增长目标的起点是确定维持劳动力年度增长所需的总体经济增长率。人们普遍认为，实际国内生产总值的增长应不少于6%，以容纳每年进入市场的劳动力人数，估计为每年64万人。

战略目标始于工业生产目标的实际增长，该增长低于目标国内生产总值的增长（6%）。在战略实施的早期阶段出现负增长溢价的原因是，近年来工业生产的增长率一直低于国内生产总值的增长率。增长溢价逐渐变成正差，从2011年开始，工业生产的实际增长率将超过国内生产总值1个百分点，到2019年达到3个百分点。

努力将工业产值从此前的920亿埃及镑增加到2010年的1470亿埃及镑，到2025年增加到7280亿埃及镑。因此，工业在国内生产总值中的份额将逐步从17.1%增加到22.6%。为了实现这一目标，工业部门的投资必须从此前的120亿埃及镑增加到2010年的350亿埃及镑，到2025年达到2290亿埃及镑。到2025年，这又需要增加工业在总投资中的份额从14%增至33.8%。

2.3　为工业增长提供资金：它来自何处？

三个主要参与者负责对工业部门进行投资：政府、国内私营部门和外国投资者。

假设在通过私有化计划继续削减国有企业的情况下，预计政府在为工业投融资中将发挥越来越大的作用。到战略期届满时，政府在工业部门总投资中所占的份额将从2006年的20%逐渐下降到5%。尽管其份额下降，但政府对工业部门的投资绝对值将从2006年的30亿埃及镑增加到2025年的110亿埃及镑。

关于流入工业领域的外国直接投资，其目标是吸引外国直接投资在2006—2010年为平均每年100亿埃及镑，到2015年达到160亿埃及镑，2020年为200亿埃及镑，2025年为220亿埃及镑。这些目标很大程度上取决于整体经济吸引高水平外资流入的能力，而在最近一批经济改革之后，已有迹象表明外国直接投资流入有所回升。

最后，私人国内企业家在工业领域的新投资在2006—2010年平均每年达到120亿埃及磅，在2015年达到530亿埃及镑，在2020年达到1040亿埃及镑，到2025年达到1910亿埃及镑。预计将对金融部门正在进行的改革产生作用，既将增加从银行部门向工业部门的信贷延伸，又将增强资本市场的功能，为非银行融资提供替代手段。

2.4　创造多少就业？

目前，工业部门正式雇用工人约240万人，估计有150万人在非正式部门工作。这约占劳动力的20%。

如前所述，创造就业机会的工业发展战略的核心目标，并有助于将其与政府的总体发展目标相结合。随着工业投资目标的增加，并假设创造就业机会的平均成本保持不变，从现在起到2011年的未来六年中，工业部门将创造近150万个就业机会；到2025年，工业部门每年将创造约190万个就业机会。

2.5　目标出口市场

出口增长的目标也与工业增长的目标错综复杂地交织在一起。目前，国内市场不足以实现工业生产的预期增长率，因为它仍然受到低人均收入导致的购买力低下的制约。

依靠出口市场为维护以出口为导向的制造业增长战略提供了新的机会。这不仅可以帮助制造企业享受规模经济，还可以促使它们投资于技能和质量提升。出口导向还允许国内企业加入全球价值链，而大多数全球贸易活动都在此进行。目标不仅是提高工业制成品出口的水平，而且要振兴制成品出口的技术结构，为中、高科技制成品出口发展基础。

该战略的目标是到2025年将制造业的总体出口倾向从此前的20%增长到40%，

因为它会逐步增加。随着埃及工业部门对出口发展政策和生产质量的提高做出反应，这一增量将得以实现。从标称数据上看，制成品出口将从此前2005年的180亿埃及镑增加到2025年的2910亿埃及镑。

2.6 哪个领域实现增长？

传统上，就制造业附加值的贡献而言，最重要的工业部门是工程和电机、食品加工、化学和制药、纺织品和服装、建筑材料、家具以及纸张和纸板。

该战略的重点领域应与出口发展的目标紧密结合，并加快埃及融入全球经济的步伐。为了实现这一目标，工业发展战略提议促进中高科技活动，将其作为埃及制造业的新兴工业增长点。这并不是说放弃资源型和低技术型类别中的现有活动，而是意味着支持其他部门的发展，这将确保整个工业部门拥有长期竞争力。

除现有部门外，该战略还建议进一步关注以下部门：

- 工程机械设备（可再生能源）；
- 劳动密集型消费电子产品；
- 汽车零部件；
- 生命科学；
- 生物技术；
- 少数民族产品。

目标是超越简单的组装操作，而使整个价值链中的附加值得到提升和最大化。中等技术产业是成熟经济体工业活动的核心区，包括货物资本和中间体中的绝大部分技能和规模密集型技术。

因此，工业行业需要在技术和技能升级方面进行大量投资，并有望产生强大的经济溢出效应，这将在未来促进技术升级。这些活动是通过全球价值链在全球范围内进行的。因此，如果目标是建立一个不断壮大的中型技术产业网络，那么吸引外国直接投资至关重要。连接全球价值链是国内企业最适合的途径。但是，首先需要在技能和技术上进行大量投资。

该战略将得到全面的部门发展战略（SDS）的补充。部门发展战略将绘制精确的部门地图，以确定每个部门的需求和潜力，并为这些部门设定不同的出口和生产目标。部门战略的主要目标是确定部门一级所需的公共支持。

三 为工业战略构建基石

工业表现反映了许多相互关联的结构性因素，它们之间的相互作用极大地影响了工业在经济中的表现。机构设置、国内基础设施、人力资本技能库、技术能力、宏观经济政策框架的整体稳定性以及其中的一些因素，在很大程度上制约了能够拥有工业竞争力的发展中国家的成功。

对成功工业化经济体的经验进行的研究表明，五个主要驱动因素有助于解释工业化经验的差异，特别是在发展中国家之间。它们是：技能、技术力量、外国直接投资、国外的特许权使用费和技术付款以及数字基础设施。

工业表现的驱动力是制定工业政策的主要重点。在埃及，实行产业政策被认为是建立国内能力并帮助埃及企业与全球市场建立联系的方法。两条路线将在增强工业竞争力方面相辅相成。

产业政策的第一个基本组成部分是通过在如下六个方面采取协同行动来加深国内能力。

1. 人力资源和企业家精神；
2. 国家创新体系；
3. 国家质量体系；
4. 融资需求；
5. 基础设施；
6. 基于企业的竞争力计划。

第二部分主要涉及加强与国际市场的联系。

1. 制造业出口驱动：增加价格与质量的关联性；向高技术领域前进。
2. 吸引国外直接投资。

四　政策实施

在贸易和工业部（MTI）层级，工业政策部门将预测工业发展战略的实施，并在贸易和工业部中以此为目的成立开展各项活动的协调中心。

一个工业情报部门（IIU）将在宏观（整个行业）和微观（企业）层面监督进度。平行结构将代表负责监督与国内能力建设相关战略实施协调的实体（人力资源、国家创新体系、国家质量体系、融资需求、基础设施和基于企业的竞争力计划）。平行结构的作用是确保根据行动计划交付成果。联盟议会官员将从六个方面定期收到有关行动计划执行情况的报告。

节选自贸易法中心网站（https：//www. tralac. org/files/2012/12/Egypt - National - Industrial - Development - Strategy_EN. pdf）

（赵雅婷编译）

埃塞俄比亚工业发展战略规划
（2013—2025 年）

（2013 年 9 月）

埃塞俄比亚《工业发展战略规划》（2013—2025 年）提供了在未来十三年内需要实现的愿景、目标、战略和项目的总体框架，以支持国家的持续发展，到 2025 年成为中等收入国家。该战略规划文件首先回顾了工业增长在《加速和持续发展消除贫困计划》（PASDEP）以及《增长与转型计划》（GTP）实施的头两年中遇到的挑战。

在《加速和持续发展消除贫困计划》实施期间为工业部门设定的目标是使年平均增长率达到 11. 5%，从而使该部门在整个国民生产总值中的份额从 2004/2005 年度 13. 6%提高到 2009/2010 年度结束时的 16. 5%。《加快和持续发展消除贫困计划》实现的平均增长率为 10%。到计划末期，工业部门在实际国民生产总值中所占的份额达到 12. 9%。该计划期间的战略性工业部门是纺织和服装、皮革和皮革制品、制糖业、花卉和高价值水果和蔬菜以及水泥工业。

《加速和持续发展消除贫困计划》实施期间取得令人鼓舞的成果主要归功于农业和工业发展的改善以及两个部门间联系的加强。工农业之间的联系也为扩大服务业包括国内贸易、运输、银行和金融业提供了机会。

工业部门增长和发展的主要制约因素包括人力资源能力不足（技术和管理）；进口所需原材料、备件和其他投入品的外汇短缺；电力供应中断；无法获得有效信用等服务。

对工业部门当前绩效的评估集中在《增长和转型计划》执行期的前两个年度（2010/2011 年度到 2011/2012 年度）。工业发展战略聚焦劳动密集且市场广阔的产业，与其他经济体有广泛的联系，使用农产品作为投入，出口导向和进口替代，以及可以为快速技术转让做出贡献的行业。制造业的优先领域是农产品加工、纺织和服装、皮革和皮革制品、金属和工程以及化学和制药领域。

埃塞俄比亚在 2010/2011 年度和 2011/2012 年度的整体经济增长率分别为 11. 4%和 8. 5%。《增长和转型计划》实施前两个年度的经济表现平均为 10%。根据财政经济发展部（2012 年）的数据，工业部门在《增长与转型计划》实施的前两个年度实现了14%的平均增长率，取得了可喜的成就。大中型制造业下的建筑业和优先行业以及小微企业的成就是增长的主要推动因素。尽管在《增长和转型计划》的前两个年度中，工业部门的增长均高于《加速和持续发展消除贫困计划》执行时期的平均水平，但主要是单薄的工业基础阻碍了部门的发展，使其没有超越国内生产总值的10.85%。在出口方面，该部门计划在2011/2012年度创收4.713亿美元，而实际结果为2.554亿美元，仅达到总目标的54.2%。

在政府和利益攸关方的共同努力下，小微企业的培育取得了显著成就。也因此为约170万的青年和妇女创造了就业机会。该战略规划的第二部分以优势、局限、机会与威胁以及利益相关者为研究切入点，论及技术和战略问题，为当前情况提供了分析结果。从而明确了当前制造业的主要优势、局限性、机遇和威胁。还根据预期及其对行业发展的重要性，对主要利益相关者进行了评估。这些分析结果有助于确定该行业在未来计划中需要解决的战略问题。包括以下内容：

- 有利的商业环境不足；
- 人力资源开发体系差，缺乏高素质的人力资源；
- 工业投入和基础设施不足；
- 缺乏完善的投资和技术开发；
- 市场多元化和发展不佳；
- 机构支持和企业发展不足；
- 战略部门发展薄弱。

该战略规划的第三部分介绍了工业发展的愿景、目标和战略。

（1）行业愿景和目标

根据工业对国民经济日益增长的贡献，并基于将于2025年底实现的国家愿景，以及《工业发展路线图》所述，《工业发展战略规划》的愿景是："建立具有非洲最高制造业能力、多元化、具有全球竞争力、环境友好，并能够在2025年前显著改善埃塞俄比亚人民生活水平的工业部门。"

埃塞俄比亚工业发展战略（2002年）规定的原则指导了这一愿景的实现，其中包括接受私营部门作为工业发展战略的引擎；以出口为导向的工业化；专注于劳动密集型产业；协调国内外投资；政府强有力的领导，并动员全社会促进工业发展。

因此，《工业发展战略规划》的总体目标是通过工业发展来实现该国经济的结构性变化，这种结构性变化具体表现在：

- 到2025年，将工业部门占国内生产总值的份额从当前的13%增加到27%。
- 到2025年，制造业占国内生产总值的比重将从当前的4%增加到17%。

此前，制造业占工业部门的36%。根据财政经济发展部（2013—2025年）的行业增长率预测，到2013年底，制造业占工业的份额将达到33%，并将在2025年达到63%。因此，到2015年，制造业占工业的份额目标是37%，到2025年最终达到63%。

（2）制造业领域的战略目标

在所有相关利益攸关方的参与下，对当前工业部门进行了情况分析。分析的结果有助于突出显示七个不同但相互关联的关键战略问题。在确定这些战略问题的基础上，制定了五个战略目标。工业发展战略的成功实施取决于与发展规划的战略目标紧密相关的计划，项目和主要活动的实施。实施策略也是基于这些战略目标而设计的。指导实施战略规划的五个战略目标如下。

战略目标1：进一步扩大和发展现有的制造业优先部门；

战略目标2：使制造业多样化而向新部门发展；

战略目标3：加强企业扶持和发展企业家精神；

战略目标4：增加公共、国内和外国投资；

战略目标5：开发和运营工业区和城市。

（3）重点实施战略

战略目标的实现显然要求选择适当的实施战略。根据指出的总体战略方向，本文件制定了以下重点实施战略。

第一，确保有利于工业发展的商业环境。

工业发展需要有利的商业环境，以确保经济平稳、增长，并促进本地和外国直接投资的流动。在这方面，通过制定和执行适当的货币政策和财政政策，法律框架，通过推行善治和提供高效服务来消除所有行政障碍，政府的参与至关重要。政府还应该为发展新的关键产业奠定基础，并最终建设高科技产业。

此外，加入不同国际和区域贸易与经济区的成员可以为促进出口和吸引外国直接投资创造沃土。但是，这种成员资格应以有利于国家工业发展的方式进行。

第二，发挥胜任的人力资源促进工业发展。

埃塞俄比亚的劳动力在提高制造业生产率方面发挥着至关重要的作用。在劳动力没有配备必要知识和技能的情况下，其工业产品不可能在全球市场上具有竞争力。因此，应设计短期培训和技能升级计划，以填补技能差距和制造业当前需求之间的空白。还应创造有利的工作环境，以保留和激励现有的熟练劳动力。此外，工业转型计划要求多样化和引入新产业，以确保工业将在国家经济增长中发挥主导作用。这就要求教育系统要培养在科学和工程领域有足够熟练技术的当地专家。此外，教育和培训系统，能力建设和技术转让计划需要与新的重点制造业动态需求保持一致。

此外，实现成为中等收入国家的愿景不仅需要发展轻工业和中等工业，而且还需要建立高科技产业，这要求本国的高等教育系统能够培养出高素质的工程师和专家。此外，它需要建立研发中心和其他支持机构，以促进高科技产业发展和建立技术转让能力。

第三，提供优质的工业投入以实现增值。

本地生产和分配商品取得成功的关键因素是本地生产具有成本竞争力并有优质原材料和其他投入。由于价值链效率低下，当地主要原材料供应不足，质量低下，价格昂贵，这迫使当地制造商主要依靠进口原材料和相关投入。为了增加制造业中当地原材料的可利用性，将采取措施鼓励增加私营部门的投资，例如利用商业农业以扩大对农用工业的精选农业原料的种植。这将辅之以通过改善农艺，投入供应以及使用基础设施（如道路、电力、信息技术和灌溉设施）来提高生产力的措施，还将建立工业区来吸引新的制造业。

第四，工业市场（本土、区域、全球市场）的开发和多样化。

埃塞俄比亚的制造业应努力在本土、区域和全球各级提高竞争力。因此，重要的是制定适当的营销策略，以进一步扩展并进入新的市场，特别是在国内、区域和国际市场。但并非所有工业部门都可以遵循类似的策略，这要求每个部门对市场进行定义，通过细分并定位其产品和服务以获得更高的回报。

着重进入东部和南部非洲共同市场以及整个非洲大陆的新市场为制造业发展提供了巨大的潜力。但是，在不危害该行业的发展和成熟的前提下，必须抓住适当的时机和采取谨慎措施，以收获进入东部和南部非洲共同市场自由市场的收益。总体而言，制造业的产出应针对不同层次的市场需求和要求（标准）。

产业多元化和高科技产业的成功建立，在很大程度上取决于本地产品在本土和国际市场上的竞争力水平。在这方面，通过制定合理的营销策略，发展营销研究能力，建立本土和全球市场准入，使区域和国际市场多样化，来增强本土和全球竞争力，这些都是在提高整个制造业竞争力方面需要解决的重要问题。

为了使本土和全球市场机会多样化，将建立信息化的市场信息系统来增强现有行业的竞争力；维持强有力的监管体系，以在产品投放市场之前对其质量和标准进行监督；通过改善分销渠道和基础设施，加强本土、区域和全球市场联系；通过减少非法商业活动并将非正规部门转变为正规部门。

第五，促进工业发展的技术转让。

技术转让的替代方法之一是外国直接投资。由于埃塞俄比亚的外国直接投资数量很少，因此技术转让的空间非常有限。技术转让和发展需要实践技术采用和适应，增强本地技术，建立技术园区，进行逆向工程以及建立创新和技术转让系统。

第六，为产业发展提供制度支持。

为了实现本国的经济转型，需要通过适当的机构设置来支持工业发展过程。因此，通过提高联邦政府办公室之间以及联邦政府与地区政府办公室之间的协调水平来确保联合规划和协作，可提升规划和实施的一致性。

将建立研发机构，并与大学、行业和海外基准研发机构进行合作，以在采用和传播支持工业化进程的适当技术方面发挥举足轻重的作用。现有的支持机构将升级并与基准机构深度关联。

通过可持续的联系和形成集群，建立可靠的现代信息交换系统，使中小企业和多边市场企业得到强化，以便它们能够生产优质的工业产品。必须通过联合计划和评估系统在利益相关者之间建立可持续的协调系统，以培育新的企业并提高现有企业的能力。

《工业发展战略规划》的第四部分涉及制造业发展项目以及2013—2025年三个阶段的实施计划。

六个主要项目旨在实现《工业发展战略规划》中的五个战略目标。这些项目是：

- 优先部门扩展项目；
- 新制造业发展项目；
- 工业企业和企业家发展项目；
- 本土（私人）和外国投资促进项目；
- 政府（公共）部门投资项目；
- 工业园区发展项目。

每一个项目都将描述实施策略以及该项目下要进行的主要计划和活动。此后列出了每个项目实施年度目标，还包括所需财务投资的估算。

实施计划涵盖了2013—2025年，分为三个阶段。第一阶段为2013—2015年底，第二阶段为2016—2020年，而第三阶段为2021—2025年。由于当前的战略规划是一项长期计划，因此有必要优先考虑在短期内能够集中精力完成的那些重大而紧迫的项目。基于短期结果，可以根据需要审查计划并调整目标。因此，最优先和最紧迫的项目应由政府与私营部门和发展伙伴国家合作选择并实施。这些项目在未来三年到四年中需要约1730亿埃塞俄比亚比尔。因此，要求政府分配大量投资以实现本国工业的加速发展。

发展伙伴国家的合作对于埃塞俄比亚工业区和工业园区的发展也至关重要。由于这些项目的融资将具有挑战性，因此需要包括政府、大陆和国际金融机构在内的各种融资来源。向本地和外国投资者提供更好的激励措施，也为启动发展规划创造良好的环境。

该战略规划文件的第五部分介绍了为实施《工业发展路线图》和《工业发展战略规划》而建立的机构。其中《工业发展路线图》和《机构设置》将以单独的文件形式提供。

最后一部分涉及规划的监督和评估。该部分还讨论了预期风险及其缓解机制。

节选自学术共享网站（https：//www. academia. edu/28903445/Ethiopian_Industrial_Development_Strategic_Plan_2013_2025_FDRE_Ministry_of_Industry）

（赵雅婷编译）

南非 2018/2019—2020/2021 年度工业政策行动计划

（2018 年 5 月）

南非共和国是非洲大陆上工业化程度最高的经济体，在促进该地区的工业化方面发挥了关键作用。2018 年 5 月，南非发布《2018/2019—2020/2021 年度工业政策行动计划》，其主要目标是提高南非经济生产能力，即提高南非经济体以更高效率生产越来越复杂的高附加值产品的能力。南非工业政策的核心目标是转变对经济所有权、管理和就业的种族偏向。工业能力建设是一个循序渐进的过程。在南非，工业化对社会变革的影响尤为重要，南非必须不断应对种族隔离的毁灭性和根深蒂固的结构性遗产，包括资源依赖造成的失业、贫困和种族不平等三重挑战。因此，工业化对于南非可持续经济发展必不可少。

一 《2018/2019—2020/2021 年度工业政策行动计划》经济分析概况

南非经济在经历了几年相对疲软和增长下降之后，呈现出令人鼓舞的复苏迹象。在 2010 年至 2017 年，实际国内生产总值每年平均增长 2.0%，远低于为了应对贫困、失业和不平等三重挑战而设置的 5% 理想增长率。2016 年南非国内生产总值增长率为 0.6%，是自 2009 年经济衰退以来的最低水平。除了南非出口下滑和全球经济放缓所导致的外国直接投资减少以外，还有一些国内因素和事态发展也影响了南非的表现。其中最主要的是有记录以来最严重的干旱，这不仅影响了南非农业产量、就业和投资，而且还间接通过与许多其他经济部门之间联系，影响了许多供应行业的生产活动。

毫无疑问，制造业对南非经济仍然至关重要。这是因为南非制造业与各种供应商、服务提供商之间牢固的就业和经济联系，其就业潜力以及对国际收支的贡献。南非制造业在 2011 年至 2016 年为南非出口增长作出了巨大贡献。但是，由于南非国内经营环境艰难以及某些市场的需求放缓，2017 年南非工业制成品出口压力巨大，比 2016 年下降 1.6 个百分点。运输设备、机械和工具、电视、广播、通信设备以及加工食品的出口水平也迅速下降，仅化学和化学产品、钢铁、有色金属制品、石油产品和纺织品的出口水平增加。2017 年南非制造业产品占南非出口总额的 57.2%，与 2010 年的水平相近。但是，制造业出口篮子的构成多年来发生了变化，制造业所占的相对份额大幅上升。目前南非经济面临以下挑战：鉴于普遍的和众所周知的发展挑战，按第一、第二和第三产业划分的经济结构不适用于南非；在制造业中，劳动密集型部门的增长速度不足以创造大量就业机会；第三产业的工作不能替代生产部门的工作；非法进口的制造业产品严重威胁现有制造业发展；种族隔离的空间地理继续限制工人的出行时间和成本。但是，与许多其他发展中国家不同的是，南非已设法防止其工业能力的严重衰退。南非通过使用激励措施和成功部署工业政策以及干预措施来解决各项重大挑战。

二 《2018/2019—2020/2021 年度工业政策行动计划》重点实施领域

第一，公共采购。《2018/2019—2020/2021 年度工业政策行动计划》将公共采购确定为工业化和再工业化的关键杠杆，方法是通过促进本地生产来提高国内总需求，并增加生产部门在生产和就业中所占的份额。南非贸易和工业部与总统基础设施建设协调委员会和行业协会合作，确定各级政府战略基础设施项目中大型项目的当地采购机会，重点关注金属制造、资本设备和运输设备领域。南非《优先本地采购政策框架法案》确保行业采购至少 75% 来自本土。同时南非政府在《2014—2019 年中期战略框架》中将本地采购确定为支持工业化目标的关键政策，优先采购本地制造的产品/商品以支持工业发展。

第二，工业融资。工业融资可通过政府部门管理的激励措施获得，以及通过发展金融机构提供的贷款/股权融资。政府将通过推出“爱国者公司激励计划”、税收支持、黑人工业家项目、举办私营部门融资合作论坛等支持制造业竞争力提升和转型。

第三，创新科技。在过去的十年中，南非科学技术部致力于创建和加强新实体，以建立创新、技术转让和商业化支持的机构，使更多的创新思想转化为技术，用于商业和工业生产。南非财政部自 2019/2020 财政年度开始每年拨款 10 亿兰特用于支持中小型企业的科技创新发展。此外，通过制定综合性长期科技创新行动计划，设立综合数字工业革命战略和政策的国家协调委员会以及国际专业模具加工未来生产技术倡议，以应对数字工业革命的发展。

第四，经济特区和工业园区。经济特区计划是南非政府为加速南非工业化而采取的重要措施。它是专门为吸引外国直接投资、改善现有基础设施、发展新的工业中心以及创造大量新的工作机会而设计的。目前经济特区方案主要体现在设立新的经济特区，立法（经济特区划定、开发、运营和管理相关政策由贸工部长、经济特区顾问委员会、财政部和内阁协商后确定），吸引投资，基础设施及体制发展，管理能力建设方面。2015 年 9 月，南非贸易和工业部启动了一项结构化计划，以振兴全国多个旧工业区的工业园区。主要目标是通过吸引投资，支持制造业部门的就业机会以及协助地区建立、加强和发展战略性工业能力，来促进落后地区的经济发展。该计划目前集中在全国 11 个工业园区，并通过国家政府与各省、相关机构和市政府合作实施。

第五，外国直接投资和出口。外国直接投资在经济发展中起着很大作用，吸引外国直接投资最多的部门是能源、电信和服务业。根据 2016 年南非外国直接投资项目数据库，总共确定了 30 项正在进行或已宣布的大规模投资，总投资额为 1230 亿兰特，并有可能创造约 2.2 万个长期就业机会。2016 年，南非启动了《国家出口综合战略》，以帮助提高南非出口商的全球竞争力，并尝试利用出口带动的经济增长收益。

三 《2018/2019—2020/2021 年度工业政策行动计划》主要举措

第一，汽车行业。2018/2019 财政年度完成制定 2019/2020 财政年度汽车总体规划，将通过黑人供应商发展计划、汽车供应链竞争力提升计划、供应商升级项目以及支持多重需求的合作本地化项目等助推汽车行业发展，并通过校准支持大量坐标测量机和其他尺寸测量仪器所需的标准，从而实现了汽车行业的可追溯性，从而使零件制造和最终组装成为可能，更多的自动化和机器人测量手段使得南非汽车行业将在质量控制中向消除人为错误的方向迈进。

第二，金属加工和运输设备。南非重大基础设施建设以及非洲大陆铁路网基础设施项目的重大投资将增加对机车和货车的需求。非盟将南非列为非洲铁路卓越中心，为南非铁路机械运输设备制造提供重要平台。南非将抓住机遇，深入推进国家铸造技术网络倡议和竞争力提升计划等。

第三，振兴农业和农产品加工。吸引战略投资，深挖农业加工潜力；发展国家和区域性的农业专业化市场，构建农业集群管理结构，确定农业加工出口优选区域目的地；促进穆斯林清真产业发展，完善家禽加工价值链，加快亚洲、中东、欧洲和非洲优先出口市场特定水果和增值产品的贸易谈判并缔结贸易协议。

第四，服装、纺织品、皮革和鞋类行业。综合施策提高南皮革、皮革制品和鞋类测试、区域棉织品开发能力、推进出口集群发展规划、零售驱动集成供应链计划等。通过实施“2030 年南非零售计划”以及服装、纺织品、皮革和鞋类价值链总体规划，预计鞋类出口将由每年 440 万双增加至 1500 万双。

第五，发展海洋经济。通过制定“海洋制造业全面发展计划”，加大国产船舶的采购力度并大力扶持发展本国船舶配套产品，以振兴船舶制造和相关产业链，提升国内需求及船舶维修保养等海洋服务能力。实施技能发展计划，为海洋制造业培育高技能人才。在帕基萨计划框架下成立海事制造技能工作组并由贸工部制定技能发展路线图。将与加拿大和中国启动合作项目，以开发水产品生产相关标准。

节选自南非贸易和工业部网站（Department of Trade and Industry of South Africa, *Industrial Policy Action Plan* 2018/19 - 2020/21, May 2018, https://www.gov.za/sites/default/files/gcis_document/201805/industrial-policy-action-plan.pdf）

（张梦颖编译）

赞比亚国家工业政策

（2018 年 3 月）

赞比亚共和国已将工业发展作为其发展议程的核心。因此，赞比亚《国家工业政策》的主要动机是实现赞比亚“2030 年愿景”，将赞比亚发展成为一个繁荣的中等收入经济体。《国家工业政策》阐明了赞比亚政府对国家工业发展的态度，为指导政府工业发展议程实施提供了指导方针，为赞比亚制造业增长、多样化、产业升级和提升竞争力指明了方向。《国家工业政策》将推动赞比亚工业转型进程，最终促进可持续就业机会、经济增长和减贫事业的发展。

一 《国家工业政策》愿景、指导原则和政策重点

《国家工业政策》的愿景是使赞比亚成为一个具有多元化、创新性和全球竞争力的工业化和竞争型国家，到 2027 年实现可持续经济增长和创造就业机会。《国家工业政策》将通过指导制造业快速发展、提高自然资源利用效率来实现工业化并促进可持续经济增长，该政策将指导工业部门以增强工业部门的研发能力来促进国内创新发展。

《国家工业政策》的实施应遵循以下四点指导原则。

第一，包容性。必须努力确保本国和外国企业公平地参与赞比亚工业化进程。此外，应给予妇女、青年和残疾人等其他处境不利的群体平等参与赞比亚经济发展的机会。

第二，现实性与可实施性。此政策中的工业干预措施应基于以结果为导向的管理原则，和以现实为基础的实施计划。

第三，响应性。工业干预措施应符合行业需求，并与更广泛的国家目标相一致，以减少不平等和贫困、创造就业机会，并根据“2030 年愿景”提高赞比亚大多数人的生活水平。

第四，政策的可预测性。该政策强调了对政策的一致性、透明度和对可预测的经济环境的承诺的需要。

《国家工业政策》的实施将刺激和鼓励初级商品的增值活动，以此作为增加国家

出口收入和创造就业机会的手段，最终将赞比亚经济转变为多样化和竞争性的工业化经济体，并与国际贸易体系形成良好的融合。该政策着重于将加工食品、纺织品和服装、工程产品、木材和木制品、皮革和皮革制品、矿产加工、药品和蓝色经济八个制造业的子行业作为工业化的优先推动力。除此之外，与制造业紧密相连的建筑、农业、旅游、教育、能源、信息通信技术和卫生将成为赞比亚工业化进程中的关键支撑部门，将共同促进赞比亚的经济增长。

二 《国家工业政策》战略目标与策略

《国家工业政策》的总体目标是将赞比亚从初级产品的生产商和出口商，转变为利用当地初级资源以增加公民参与的增值产品净出口商。该政策的具体目标如下。

第一，到2027年将制造业的增长率从5%提高到20%，并将其对国内生产总值的贡献率从8%提高到15%。应对策略包括确定和支持优先领域中最具竞争力和增值前景的价值链；提供财政和非财政激励措施；加强现有的投资和出口促进机构和方案，以提高其在促进贸易和投资方面的效力；通过公私伙伴关系，促进对交通、通信、能源和教育等支持性基础设施的投资；加强优先部门生产率的提高机制。

第二，到2027年实现制造业部门100%的就业增长。应对策略包括支持劳动密集型增长部门中的产业链和价值链集群的形成；支持在多设施经济区、工业园区、农场区建立公司；支持发展特定技能部门和学徒制；提供职业安全与卫生环境的支持措施；促进和支持合作社参与价值链的各个层面以促进工业发展。

第三，促进工业升级和工业现代化计划的制定和实施。应对策略包括促进创新、技术能力、创新的研发和商业化；加强科学和工业研究并鼓励创新；加强信息通信技术的利用；促进将适当的技术转移到当地的工业生产过程中；加大知识产权执法力度。

第四，促进在工业化中有效利用国内原材料。应对策略包括制定并实施本地策略；增强当地生产者和服务供应者的能力；支持有原材料和市场地区的基础设施发展。

第五，在工业发展中促进合作社和中小型企业的发展。应对策略包括加强合作社、中小型企业和大型制造业企业之间联系；促进以合作社作为初创企业的商业模式；为中小型企业的正规化建立一个框架；根据资源禀赋的位置和可用性建立工业园；促进和增加可负担资金的获得途径；促进中小型企业获取信息和市场准入的途径；提高中小型企业的产品质量；向业务开发服务提供商提供能力建设计划。

第六，促进生产高品质的赞比亚产品。应对策略包括促进建立和认证主管实验室和认证机构，以确保本地产品的质量；积极参加标准化、质量保证、认证和计量国际论坛；促进对国家质量基础设施的公共和私人投资；加强产品合格评定系统；在制定自愿性标准时，加强国家质量基础设施与行业协会之间的联系；促进在制造业中应用国家、地区和国际标准；制定并实施针对行业监管机构的技术法规的合规程序。

第七，促进环境可持续的工业生产。应对策略包括促进采用更清洁的技术；促进环境认证；简化环境影响评估程序；促进企业遵守环境管理规定；促进行业的能力建设以增强环境保护意识。

第八，增加对优先部门的实际国内外直接投资。应对策略包括制定针对优先领域的有针对性的投资促进计划；促进多设施经济区和工业园区的发展；促进对农村地区的投资；加强对投资的监管；加强对私营部门发展改革计划的执行；促进对可再生能源的投资。

第九，将艾滋病毒、艾滋病、性别、青年和残疾人等跨领域问题纳入工业化议程主流。应对策略包括支持将艾滋病毒和艾滋病问题纳入工业活动；促进妇女和青年更多地参与工业活动；促进旨在增强残疾人参与工业活动能力的倡议；加强对将交叉问题纳入工业政策执行主流的干预措施的监测。

三 《国家工业政策》实施框架

《国家工业政策》将在2017年至2027年执行完成，该政策的实施将与国家发展计划中的其他政府举措，以及在商业、贸易和工业部中进行的其他资助方支持的计划保持一致。为了成功实施国家工业化政策，赞比亚政府通过合作伙伴和私营部门对优先部门的投资这两种途径，为该政策的实施提供了充足资金。商业、贸易和工业部是负责制定和管理工业政策的主要政府机构，其中心任务是促进工业部门的增长、发展和竞争力以推动社会经济发展。商业、贸易和工业部的目标是建立一个可持续发展、具有全球竞争力的工业经济体，有效地促进赞比亚的社会经济发展。为了实现其使命和目标，该部的主要责任是为国内和外国企业经营提供有利的经济环境。该部负责监督其管辖范围内负责执行该政策的各个法定机构和机构的活动。商业、贸易和工业部将代表赞比亚政府作为主要机构负责《国家工业政策》执行的监督和评估。

《国家工业政策》将分别在实施第五年和第十年接受中期和终期审查，以确保工业政策的实施始终专注于最终结果、跟踪关键绩效目标、实现战略目标，并提供基于证据的研究数据以便进行更有效的绩效管理。赞比亚政府将努力消除企业准入和运营的行政障碍，以促进该政策文件确定的优先部门的工业获得发展。此外，为了加强支持工业发展的公共机构，赞比亚已确定并颁布相关审查的法律法规，以促进《国家工业政策》的有效实施。具体法律法规包括：与各部委合作制定有关投资促进和便利化政策和有效的激励机制；制定促进出口和增值的新立法；制定法律以鼓励本地发展；颁布修订版《国家质量基础设施法案》，涵盖强制性规范和技术法规框架；审查关于技术教育、职业和创业培训、科学技术、信息、通信技术、林业管理和环境管理的立法，以便各部门有效地支持政府的工业化议程；颁布有关专利、集成电路、工业品外观设计、传统知识和民间文学艺术以及商标的法律法规；颁布法律以促进中小型企业增长，以及获得融资和企业正规化的相关法律法规。

节选自赞比亚商业、贸易和工业部网站（https：//www. mcti. gov. zm/？ wpfb_dl = 51）

（张梦颖编译）

第二篇

特别策划

2019 年 4 月 9 日，中国非洲研究院成立，习近平主席发来贺信。贺信高屋建瓴，思想深邃，内涵丰富，擘画了新时代中非关系的发展蓝图，阐释了中国与非洲各国进行广泛合作的行动方案，指明了中非文明互鉴、学术和智库资源合作的方向，是加快构建中国的非洲研究学科体系、学术体系、话语体系“三大体系”的根本遵循。如何理解与落实习近平主席贺信，成为非洲学界深化研究阐释的重要选题。本专栏系国内学界学习贯彻习近平主席致中国非洲研究院成立贺信精神系列文章的合辑。

胸怀两个大局　发展中非关系

蔡　昉*

摘　要： 习近平主席致中国非洲研究院成立贺信，擘画了新时代中非关系的发展蓝图，阐释了中国与非洲各国进行广泛合作的行动方案，指明了中非文明互鉴、学术和智库资源合作的方向。由此，中国的非洲研究应从中华民族伟大复兴这一宏伟目标出发，立足世界百年未有之大变局，深化中非学术交流和智库合作，推进“一带一路”建设，加强中非双方治国理政和发展经验的研究和分享，以期为促进中非关系发展、构建人类命运共同体贡献力量。

关键词： 习近平主席贺信；非洲研究；中非学术交流；民心相通

习近平主席在 2018 年 9 月中非合作论坛北京峰会开幕式主旨讲话，以及 2019 年 4 月 9 日致中国非洲研究院成立的贺信中，擘画了新时代中非关系的发展蓝图，阐释了中国与非洲各国进行广泛合作的行动方案，指明了中非文明互鉴、学术和智库资源合作的方向，对非洲研究者提出了为促进中非关系发展、构建人类命运共同体贡献力量的殷切希望。深入学习贯彻习近平主席讲话和贺信精神，对于我们做好非洲研究乃至国际问题研究，加强与非洲学术界、智库及第三方研究机构的合作，均具有重要的指导意义。

首先，研究非洲人文、经济、社会发展及中非关系问题，应该从中华民族伟大复兴这一宏伟目标出发，立足世界百年未有之大变局这个大背景。2020 年是我国全面建成小康社会的决胜之年、打赢脱贫攻坚战的决战之年，也是“十三五”规划的收官之年。在遭遇新冠肺炎疫情对我国经济冲击，进而在全球肆虐造成世界经济衰退的情况下，我们仍然有信心实现经济社会发展目标，完成预定的任务。这就标志着我们

---

* 蔡昉，中国社会科学院副院长、学部委员，中国非洲研究院前院长，主要研究领域包括劳动经济学、经济增长、收入分配、中国经济改革等。本文原刊发于《中国非洲学刊》2020 年第 1 期。

实现了中华民族伟大复兴“两个一百年”目标的交接，从此开启建设社会主义现代化国家的新征程。

在一个经济全球化的时代，我国建设社会主义现代化国家的征程与实践，必然与世界经济与政治环境紧密相连。认识世情及其与国情的关系，根本在于深刻认识世界面临的百年未有之大变局。现代世界格局所发生的这一根本变化，证明了恩格斯在170年前对世界历史演变的一个精辟论断：世界没有永恒不变的中心。这个变化首先表现为世界经济的多极化。发展中国家以更快的经济发展速度赶超发达国家，世界银行定义的低收入和中等收入国家人口占全球总人口的比例，1992年为81.3%，2018年为84.1%；同期这些国家的经济占世界经济总量的比重，从15.3%大幅提高到36.9%。与此相应的是国际治理话语权的多元化，新兴经济体和发展中国家在全球治理中发挥着越来越重要的作用。这些变化为中非26亿人民的合作和共同发展创造了更坚实的基础。

其次，中非学术交流和智库合作，应该立足于发展中国家之间的平等交往和对等交流，以造福中非各国人民为目标，努力为世界和平与人类发展事业作出更大贡献。中国作为最大的发展中国家，非洲作为发展中国家最集中的大陆，中非关系是人类命运共同体最好的诠释，相互合作和共同发展可以为世界带来积极的变化。在这个世界上，每一个国家都具有不同于其他国家的特殊国情，处在不同发展阶段的国家也必然有着不尽相同的任务目标和优先顺序。同时，促进本国经济社会发展，改善人民生活水平，既是各国的共同愿望，也是对世界和平与发展的贡献。此外，中非各国也都乐见中非合作的话语权牢牢把握在中非双方手中，希望包括第三方在内的国际社会形成正确的中国观、非洲观和中非合作观。中非之间的这些共同点已经足够多并且足够重要，因而也构成了足够深厚的民意基础，双方各国之间完全可以撇开差异性，以求同存异的态度加强各方面合作，共同而平等地从合作中受益。

再次，在共建共享、互利共赢的基础上推进“一带一路”建设，为促进中非关系发展、构建人类命运共同体贡献力量。中国和非洲各国有着相似的历史遭遇，也有渴望和平与发展的相同理念，合作共赢具备国际经济学和发展经济学理论的支撑和既往发展经验奠定的基础。历史上，非洲人民遭遇过殖民主义的残酷压迫，在独立发展经济的过程中也遭受过许多脱离非洲实际的“援助”理念的干扰。全球化的历史，特别是上一轮经济全球化的经验教训表明，经济全球化与经济增长和技术进步一样，并不会自然而然地使所有国家和一国内所有的群体均等获益，共享发展需要正确理念的引领以及在实践中参与各方的协同努力。随着世界经济格局和国际治理话语权的东升西降，中非之间的经济贸易合作是基于投资和贸易领域的全球化趋势和共建共享理念，着眼于在资源禀赋、发展阶段和产业结构方面体现出来的比较优势的互补。共同推动中非“十大合作计划”、“八大行动”和“一带一路”建设同非盟《2063年议程》的全面良好对接，是以造福各国人民为宗旨，加强双方合作的重要切入口。

最后，通过文明互鉴和人文交流，加强中非双方治国理政和发展经验的研究和分享，促进中非各国民心相通。民心相通是最为深入、最能持久、最具基础性的互联互通，是中非合作实现健康可持续发展的根本保障。当今世界上涌动着逆全球化、民粹主义、民族主义和贸易保护主义等各股暗流，这些思潮以及受其影响形成的政策倾向，不可避免构成对中非合作的种种干扰。破除这些不利干扰，最管用和最靠得住的途径是实现民心相通。增进对彼此文明和文化的了解，是深层的文明互鉴和民心相通；而进行各国治国理政和发展经验的比较研究，对加强经贸合作具有现实意义和紧迫性。

中国在70余年的建设过程中，特别是在改革开放40余年的发展历程中，创造了人类社会发展的种种奇迹，积累了中国经验，提升出中国智慧，形成了中国方案。同时，中国从自身发展的经验教训中也得出结论，每个国家的发展都应该立足于自身国情，不应该照搬他国的模式。因此我们并不主张输出自己的发展模式，更不会在合作中把自己的理念强加于人。然而，既然中非各国有着相似的经历和相通的愿景，不同国家的发展条件和特征也曾经表现在同一国家的不同发展阶段上，各国发展经验仍然可以对其他方具有启发性和借鉴性。因此，中国在坚持实施改革开放政策、推动工业化和城镇化、挖掘利用人口红利、实施区域均衡发展战略、加强基础设施建设、实施农村贫困人口脱贫攻坚战略等方面的经验，可以作为非洲国家促进经济发展和实现现代化过程中的借鉴。

习近平主席贺信是建院之本、强院之魂

李新烽*

摘　要： 2019年4月9日中国非洲研究院成立，习近平主席发来贺信。习近平主席的贺信饱含热情、高屋建瓴、思想深邃、内涵丰富、语重心长，是中国非洲研究院的建院之本、强院之魂，是办好中国非洲研究院的根本遵循。中国社会科学院党组高度重视中国非洲研究院，多次召开专题会议，学习贯彻习近平主席贺信精神，对中国非洲研究院的重点工作进行科学谋划和精心部署。中国非洲研究院以交流平台、研究基地、人才高地、传播窗口“四大功能”定位为突破口，振奋精神，积极破题，各项工作顺利开局，全力向具有全球视野的国家高端智库奋进。

关键词： 习近平主席贺信；学习贯彻；中国非洲研究院；“三大体系”建设；“四大功能”定位；中非学术智库

2019年4月9日，中国非洲研究院成立大会在北京隆重举行，习近平主席发来贺信，中共中央政治局委员、中央外事工作委员会办公室主任杨洁篪宣读贺信并致辞，中国社会科学院院长、党组书记谢伏瞻主持成立大会。谢伏瞻院长强调，中国社会科学院将深入学习贯彻习近平主席贺信精神，认真落实杨洁篪主任在致辞中对中国非洲研究院提出的要求，全力支持中国非洲研究院的工作，充分发挥其交流平台、研究基地、人才高地和传播窗口作用。

一　提高政治站位，强化使命担当，学习贺信精神不断深入

中国社会科学院党组多次召开专题会议，深入学习贯彻习近平主席贺信精神，对中国非洲研究院的重点工作进行科学谋划和精心部署。谢伏瞻院长指出，要深入学习领会习近平主席贺信精神，坚持以贺信精神为指导做好当前全院工作，全力办好中国

* 李新烽，中国社会科学院西亚非洲研究所所长、中国非洲研究院执行院长、研究员，中国社会科学院研究生院西亚非洲系主任、博士生导师，《西亚非洲》主编，《中国非洲学刊》主编，兼任中国非洲史研究会副会长，主要从事非洲华人华侨、苏丹、南苏丹、南非等研究。本文原刊发于《西亚非洲》2020年第2期。

非洲研究院。[1] 习近平主席的贺信饱含热情、高屋建瓴、思想深邃、内涵丰富、语重心长，是中国非洲研究院的建院之本、强院之魂。为我们加强中非学术研究和交流、办好中国非洲研究院，指明了前进方向，提供了根本遵循。中国非洲研究院要紧紧围绕党和国家中心任务、工作大局，特别是习近平主席贺信中提出的要求和期望，全面推进各项工作。

（一）贺信饱含热情，高度重视非洲研究、非洲研究学者和从事中非友好合作人士，是对我们的极大鼓舞和鞭策

习近平主席的贺信饱含热情和关怀："值此中国非洲研究院成立之际，我谨表示热烈祝贺！向出席大会和长期致力于中非友好合作的各界人士致以问候！"[2] 这充分体现了习近平主席本人和中方对中非关系、中非人文交流与研究的高度重视和支持，充分体现了习近平主席对中国社会科学院和中国非洲研究院的殷切期望和重托，充分体现了习近平主席对非洲研究和从事非洲研究学者的亲切关怀和激励。20 世纪八九十年代，中国改革开放事业刚刚启程，中国的社会科学研究逐步恢复，在中国学界流传着这样一句话："一流学者研究欧美，二流学者研究周围，三流学者研究非洲和拉美。"换言之，中国从事国际问题研究的学者，其水平不是按照学术素养和科研成果来衡量，而是由研究的对象国别和区域来划分。这种把学术水平与研究对象直接对号入座的论调，简单粗糙，脱离实际。习近平主席的贺信彻底纠正了这一偏见，完全推翻了这种成见，非洲研究同其他区域国际问题研究一样，同等需要，同等重要。我们从事非洲问题研究前景广阔，大有可为。习近平主席的贺信不但是对我们的亲切关怀和充分信任，而且是对我们的大力支持和极大鼓舞！

（二）贺信高屋建瓴，指出当前世界形势的特点和中国与非洲的重要地位，为我们认识世界提供了根本遵循

贺信指出："当今世界正面临百年未有之大变局，中国作为最大的发展中国家，非洲作为发展中国家最集中的大陆，双方人民友谊源远流长。"当今世界正迎来百年大巨变，一方面一大批新兴市场国家和发展中国家快速发展，另一方面国际事务中单边主义、保护主义、霸凌行径抬头，不确定、不稳定因素增多。中国和平崛起是这一大变局的主要特征。然而，不管世界形势如何变化，中国和非洲始终是风雨同舟的好朋友、患难与共的好兄弟、合作共赢的好伙伴。中国古代著名文学家欧阳修先生说过，同道而相益，同心而共济，终始如一，此君子之朋也。[3] 中非之间的此种君子之

---

① 王春燕：《中国社会科学院党组会议学习贯彻习近平主席贺信精神》，《中国社会科学报·社科院专刊》（总第 475 期）2019 年 4 月 12 日。

② 《习近平向中国非洲研究院成立致贺信》（2019 年 4 月 9 日，北京）。

③ （宋）欧阳修：《朋党论》。

交源远流长，闻名于世的古代丝绸之路就把中国与非洲连接在一起。早在中国汉朝，即公元前1世纪前期完成的史书上就有埃及魔术师——黎靬善弦人来华的记载。在8世纪的唐代，中国人杜环阴差阳错远赴非洲，著有中国第一部非洲游记——《经行记》；同期也有非洲人来到中国，西安两座古墓中发掘出黑人陶俑，敦煌壁画中描绘出非洲黑人的形象。在14世纪的元代，中国大旅行家汪大渊实现两次远游非洲的宏愿，著有《岛夷志略》；同期摩洛哥大旅行家伊本·白图泰辗转来到中国，留下一部《异境奇观》。在15世纪初期的中国明朝，郑和七下西洋四次访问东非沿岸，传颂着中非友好交往的佳话。① 新中国诞生翻开了中非关系新篇章，特别是2000年中非合作论坛的成立使中非关系走上机制化全面快速发展的轨道，中非友好关系全面跃升。这里仅举一例，2018年中非贸易额超过2000亿美元，是2000年的约20倍。② 正如中共中央政治局委员、中央外事工作委员会办公室主任杨洁篪所指出的："中非友好源远流长，两大文明在古丝绸之路上互通有无、相得益彰。郑和下西洋进一步促进了中非之间的交往。近代以来，相似的历史遭遇、相近的奋斗历程、相同的发展任务，让中非双方跨越时空阻隔，成为好朋友、好伙伴、好兄弟。"③

（三）贺信思想深邃，论述加强中非关系的具体内容和重要作用，为中国的非洲研究指明了发展方向

众所周知，习近平主席十分重视中非关系，2013年当选国家主席后，首次出访就远赴非洲。在坦桑尼亚尼雷尔国际会议中心发表演讲时，习近平主席提出真实亲诚的对非政策理念和正确义利观。④ 2015年12月在中非合作论坛约翰内斯堡峰会上，习近平主席提议将中非新型战略伙伴关系提升为全面战略合作伙伴关系，强调为此要做强和夯实"五大支柱"，重点实施"十大合作计划"，引领中非关系迈向合作共赢、共同发展的新时代。⑤ 2018年连任国家主席后，习近平主席首次出访仍然选择非洲大陆。当前，中非关系正处于历史上最好时期。"新形势下，中非深化传统友谊，密切交流合作，促进文明互鉴，不仅造福中非人民，而且将为世界和平与发展事业作出更大贡献。"⑥

---

① 郑一钧：《第一章　郑和船队四赴非洲背景分析》，载李新烽主编《郑和与非洲》，中国社会科学出版社2012年版，第25—37页。

② 《2018年中非贸易额达2042亿美元　中国连续十年为非洲第一大贸易伙伴国》，新华网，http://www.xinhuanet.com/fortune/2019-06/05/c_1210152076.htm，2020-02-04.

③ 《中国非洲研究院在北京成立　杨洁篪宣读习近平主席贺信并致辞》，新华网，http://www.xinhuanet.com/2019-04/09/c_1124344301.htm，2020-02-08.

④ 习近平：《永远做可靠朋友和真诚伙伴——在坦桑尼亚尼雷尔国际会议中心的演讲》，《人民日报》2013年3月26日。

⑤ 习近平：《开启中非合作共赢、共同发展的新时代》（2015年12月4日），《人民日报》2015年12月5日。

⑥ 《习近平向中国非洲研究院成立致贺信》（2019年4月9日，北京）。

然而，西方媒体总是戴着有色眼镜，从自己的视角解读、报道、歪曲中非合作，不时发出影响中非关系健康发展的杂音、噪声和谬论。努力弘扬中非真诚相待的老传统，切实讲好中非互利共赢的新故事，不断积聚中非关系发展的正能量，共同捍卫和牢牢把握中非合作的话语权，进而推动国际社会形成正确的中国观、非洲观、中非合作观，不仅是中非学界和媒体的职责和使命，而且事关中非友好合作与世界和平发展。中非关系在中国整体外交中的重要作用与地位，不言而喻；中非学者的使命与担当，义不容辞。

（四）贺信内涵丰富，强调北京峰会的重大决定和中国非洲研究院成立的意义，为中国非洲研究院划定了坐标

目前，44 个非洲国家和非洲联盟委员会已同中方签署了“一带一路”合作文件。随着中非共建“一带一路”同非洲联盟《2063 年议程》、《联合国 2030 年可持续发展议程》和非洲各国发展战略深入对接，中非双方要在传统优势领域深耕厚植，在新经济领域加快培育亮点，同时开拓新的合作空间，发掘新的合作潜力。具体而言，中非经贸合作要实现转型升级，做大蛋糕，提高含金量；其他领域要发挥优势，挖掘潜力，补齐短板，实现中非关系全面协调、更好更快发展。相对于中非经贸合作的快速发展，中非人文交流相对缓慢。“在 2018 年召开的中非合作论坛北京峰会上，中非双方一致决定构建更加紧密的中非命运共同体，实施中非合作‘八大行动’。”①习近平主席宣布成立中国非洲研究院，就是深化中非人文交流和文明互鉴、实现中非关系全面协调发展的重要举措，不仅具有重要的学术意义，而且具有重大的战略意义。

（五）贺信语重心长，提出中国非洲研究院的任务与使命，为我们指明了奋斗目标和前进方向

习近平主席在贺信中“希望中国非洲研究院汇聚中非学术智库资源，增进中非人民相互了解和友谊，为中非和中非同其他各方的合作集思广益、建言献策，为促进中非关系发展、构建人类命运共同体贡献力量”。这是习近平主席对中国非洲研究院的殷切希望。为此，谢伏瞻院长强调，要努力把中国非洲研究院真正建设成为汇聚中非学术智库资源，增进中非人民相互了解和友谊，为中非和中非同其他各方的合作集思广益、建言献策的世界级高端智库。

中国非洲研究院的成立，顺应了中非关系全面快速发展的客观需求，回应了中非需要深化文明互鉴的时代呼唤，适应了中非智库和学者加强交流合作的迫切愿望。

---

① 《习近平向中国非洲研究院成立致贺信》（2019 年 4 月 9 日，北京）。

“日出江花红胜火，春来江水绿如蓝。”① 习近平主席的贺信宣告了中国非洲研究和非洲中国研究春天的到来，让我们张开双臂，以饱满的热情、积极的姿态、拼搏的精神，拥抱这个美好的春天，不辜负这个美好的时代！

二 贯彻贺信精神，加强“三大体系”建设，全力打造国家高端智库

根据中央编办批复精神，中国非洲研究院依托中国社会科学院西亚非洲研究所而建。西亚非洲研究所系1961年根据毛主席指示成立②，近60年来，经过几代人不懈努力和辛勤耕耘，从中国中东非洲研究的先行者，已成长为该研究领域的主力军。如今，习近平主席指示成立中国非洲研究院，我们感到责任无比重大，使命无上光荣。中国非洲研究院以习近平新时代中国特色社会主义思想为指导，在院党组的正确领导下，认真贯彻落实“不忘初心、牢记使命”主题教育精神，以学科体系、学术体系、话语体系“三大体系”建设为重要抓手，以中国非洲研究院交流平台、研究基地、人才高地、传播窗口“四大功能”定位为突破口，振奋精神，积极破题，各项工作顺利开局。中国非洲研究院努力加强顶层设计，做好议题规划，打造自主品牌，全力建设成为具有全球视野的国家高端智库。

（一）优化学科布局，巩固优势学科，发展新兴学科，推动学科体系建设取得新进展

根据中国社会科学院党组统一部署，中国非洲研究院对学科和人才状况进行了认真细致的摸底调查，为使学科设置更加契合时代主题，按照“突出优势、拓展领域、补齐短板、完善体系”的原则，打破地域樊篱，重塑学科定位，做强传统学科，继续发挥政治、经济和国际关系等传统学科优势，同时补足社会文化、民族宗教和安全学科短板。为此，中国非洲研究院撤销了中东研究室和非洲研究室，保留了国际关系研究室和社会文化研究室，新成立了政治研究室、经济研究室、民族宗教研究室和安全研究室，使基础学科愈加稳健扎实、重点学科优势更加突出，基础研究和应用研究相辅相成、相得益彰。

---

① （唐）白居易：《忆江南》。

② 1961年毛泽东主席在会见几内亚、约旦、南非、塞内加尔、北罗得西亚（今赞比亚）、乌干达、肯尼亚外宾时讲道：“我们对于非洲的情况，就我来说，不算清楚。应该搞个非洲研究所，研究非洲的历史、地理、社会经济情况。”参见《非洲是斗争的前线》（一九六一年四月二十七日），中华人民共和国外交部、中共中央文献研究室：《毛泽东外交文选》，中央文献出版社、世界知识出版社2011年版，第465页。

（二）创新研究方法，总结实践规律，提升学术水平，推动学术体系建设取得新进展

中国非洲研究院既注重基础研究，也关注现实应用研究，努力为中非友好和共同发展提供丰富的学理支撑和智力支持。中国非洲研究院在2018年完成20部中英文版智库报告的基础上，2019年出版8部“中国非洲研究院文库·智库报告”，其中2部获国家优秀智库报告奖；全年共出版学术专著6部，其中张宏明主编的《大国经略非洲研究》被评为中国社会科学院年度创新工程重大科研成果；公开发表各类学术论文79篇，其中顶级和权威期刊论文各1篇，核心期刊论文44篇；报送中央的内部信息42篇，其中2篇获中央领导批示；立项2个国家社科基金项目，同时推进“习近平新时代中国特色社会主义思想在非洲的传播研究”项目。

（三）创新传播方式，打造交流平台，推进文明互鉴，推动话语体系建设取得新进展

2019年全年，中国非洲研究院共组织各类学术会议近30场/次，出访、来访83批近500人次，交流范围涵盖非洲五大次区域和非洲联盟等重要地区组织。特别是在南非、埃塞俄比亚和塞内加尔举办的3次大型国际学术研讨会，中国社会科学院院长谢伏瞻和中国社会科学院副院长、中国非洲研究院院长蔡昉分别在开幕式上致辞，并宣布启动“中非治国理政交流机制”、“中非可持续发展交流机制”和“中非共建‘一带一路’交流机制”，支持开展中非合作研究、专题培训班、高端研讨会等系列活动，为中非智库交流开辟了新渠道，打造了新平台，受到非洲智库、媒体和政府的热烈欢迎。

中国非洲研究院积极创新交流形式，既有座谈研讨，也有实地参访；既有严肃的学术交流，还有灵活的文化参观。2019年，中国非洲研究院组织了两次以非洲和平与安全为主题的“非洲讲坛”，邀请非洲相关领域知名学者发表演讲并互动交流，受到中、非学者一致好评。中国非洲研究院组织了两次非洲学者赴延安和梁家河调研，使非洲学者深度了解中国领导人当年艰苦奋斗的宝贵经历，亲身感受中国人民改革开放的饱满干劲，进一步认识中国特色社会主义制度的深厚基础。津巴布韦和尼日利亚等国的非洲朋友回国后纷纷撰文，称赞延安和梁家河在扶贫帮困、经济建设、生态治理等领域取得的显著成就。

（四）加强政治引领，坚持德才兼备，注重青年培养，加快人才队伍建设取得新进展

在用人方面，不论是编内还是编外，中国非洲研究院坚持以德为先、德才兼备，制定了《人才招聘入选资格标准》。为发挥评价指挥棒作用，鼓励多出成果，突出精

品导向，制定了《专业技术职务任职资格申报标准》。大胆起用青年科研骨干，一次性配齐了6个研究室的正、副主任。目前，6个研究室主任平均年龄为46岁，研究室副主任平均年龄为38岁，12位研究室正、副主任中45岁以下人员8人。

三 抓住历史机遇，汇聚中非智库资源，把非洲院办出特色和水平

2020年，中国非洲研究院将继续高举习近平新时代中国特色社会主义思想伟大旗帜，抓住历史机遇，不负韶华，只争朝夕，齐心协力，凝心聚力，努力办出特色、办出水平！

（一）继续深入学习贯彻习近平主席贺信精神

以习近平主席贺信精神为指导，不忘初心，牢记使命，继续奋斗，大力推进“三大体系”建设，努力发挥好“四大功能”，不断汇聚中非学术智库资源，以昂扬奋进的精神状态、积极向上的饱满热情，全身心投入事业之中，推动中国非洲研究院的各项工作全面展开，再上新台阶。

（二）实现“三个三”行动，发挥好交流平台作用

举办“三个大会”，办好“三个讲坛”，运行好“三个交流机制”。它们分别是：与全国政协中非友好小组联合主办“首届中非文明对话大会”，在塞内加尔举办“第九届中非智库论坛”和“中国非洲研究院国际顾问委员会年会”；打造“中国讲坛”“非洲讲坛”“大使讲坛”；在中非三个交流机制下，每年分别举办一次国际学术研讨会。

（三）推出“515”计划，发挥好研究基地作用

发布合作研究课题，落实三年内发布50个课题的目标；发布10项应急课题，对中非共同关注的热点问题进行跟踪研究；陆续推出涵盖智库报告、学术专著、研究论丛、学术译丛、年鉴五大系列的学术成果。

（四）采取“556”措施，发挥好人才高地作用

每年派出5名中方学者到非洲，同时接收5名非方学者到中国进行中长期学术研究。在中非三个交流机制下，每年举办6期非洲研修班，吸收非洲学者、记者和官员参加。多措并举培养青年专家、扶持青年学者、培养高端专业人才，为中非人文交流构建强大人才梯队。

（五）落实“223”安排，发挥好传播窗口作用

办好中国非洲研究院微博和微信公众号，办好中国非洲研究院中英文双语网站，争取将《中国非洲学刊》以中英法3种文字出版发行，为中非友好合作事业营造良好的舆论环境，不断促进中非双方文化融通、政策贯通、人心相通。

中国谚语说“众人拾柴火焰高”，非洲人讲“炖锅放在三只腿的炉灶上才不会洒”①，两个谚语都在强调事业成功需要依靠集体的力量。在习近平主席贺信精神的指引下，在中国社会科学院党组的正确领导和大家的共同努力下，中国非洲研究院将不断汇聚中非学术智库资源，为促进中非人文交流、深化中非文明互鉴，为中非携手共建“一带一路”，为构建更加紧密的中非命运共同体，提供有效学理支持和有力学术支撑！

① 这条谚语的英文原文为“A Trident Cooking Hearth Does not Spill Stew”，See Oyekan Owomoyela ed. and trans.，*Yoruba Proverbs*，Lincoln，University of Nebraska Press，2005，p. 302.

中非命运共同体：历史地位、典范作用与世界意义

吴传华*

摘　要： 人类命运共同体思想为解决人类社会发展问题提供了中国智慧和中国方案，得到国际社会的高度关注和非洲国家的高度认同。中非命运共同体是历史发展的产物，是人类命运共同体的重要组成部分，在人类命运共同体构建中具有基础性地位，中非命运共同体思想是21世纪国际合作史中最重要的思想之一。中非命运共同体是中国与非洲国家间患难与共、平等伙伴、共筑安全、共谋发展、文明互鉴、绿色发展的典范。中非命运共同体所包含的一系列思想、理念、政策和举措，有利于推动全球治理朝着共治、善治、良治方向发展，从而最终惠及世界。

关键词： 中非命运共同体；患难与共；平等伙伴；共筑安全；共谋发展；文明互鉴；绿色发展

2019年4月9日，中国非洲研究院成立大会在北京隆重举行。习近平主席专门发来贺信，对中国非洲研究院成立表示热烈祝贺。习近平主席贺信精神是中国非洲研究院建院之本、强院之魂，为办好中国非洲研究院指明了前进方向，提供了根本遵循。① 其中，深入学习贯彻习近平主席关于人类命运共同体和中非命运共同体思想的重要论述，全面理解中非命运共同体的历史地位、典范作用和世界意义，对于做深做实非洲研究，促进中非人文交流，深化中非文明互鉴，进而推动中非关系健康稳定发展，具有重要的根本性指导意义。

一　中非命运共同体的历史地位

从习近平主席2013年3月首次提出“中非命运共同体”的重要思想，到2018年

---

* 吴传华，中国社会科学院西亚非洲研究所（中国非洲研究院）《中国非洲学刊》常务副主编、编辑部主任、副研究员，研究领域为非洲政治和中非关系，本文原刊发于《西亚非洲》2020年第2期。

① 王春燕：《中国社会科学院党组会议学习贯彻习近平主席贺信精神》，《中国社会科学报·社科院专刊》（总第475期）2019年4月12日。

9月在中非合作论坛北京峰会上又提出“共筑更加紧密的中非命运共同体，为推动构建人类命运共同体树立典范”，从而使中非命运共同体的思想内涵更为丰富，目标更为明确，路径更为清晰。中非命运共同体在人类命运共同体构建中具有基础性地位。

（一）中非命运共同体是历史发展的产物

历史上，中非友谊源远流长。近代以来，中非都受过西方殖民侵略或统治。新中国成立后大力支持非洲民族解放运动，非洲国家则合力把中国“抬进了联合国”。用毛泽东主席的话讲：“我们是朋友，我们是站在一条战线上的。”① 津巴布韦前总统穆加贝公开讲道：“一定不要忘记，中国为我们国家解放提供了宝贵援助。是人们所说的‘红色世界’，而非自命不凡的基督教世界，帮助我们获得自由、实现解放。”② 中非在共同反殖、反帝、反霸的斗争中结下深情厚谊，是双方共同拥有的历史财富，也成为中非命运共同体的历史基础。有鉴于此，习近平主席指出：“这段历史告诉我们，中非从来都是命运共同体，共同的历史遭遇、共同的发展任务、共同的战略利益把我们紧紧联系在一起。”“中非关系不是一天就发展起来的，更不是什么人赐予的，而是我们双方风雨同舟、患难与共，一步一个脚印走出来的。”③ 中非命运共同体是历史上形成的，且经受住了历史的考验。

（二）中非命运共同体是最早提出的区域命运共同体

任何伟大思想的产生都不是一蹴而就的，人类命运共同体思想从产生到发展再到完善亦经历了一个不断飞跃的过程。党的“十八大以来，人类命运共同体理论大致实现三次历史性飞跃，逐渐发展成为内涵丰富、意义重大的理论体系”④。人类命运共同体由一系列不同类型、不同层次的共同体构成，既包括双边命运共同体，也包括区域命运共同体。中非命运共同体是典型的区域命运共同体之一，是人类命运共同体的重要组成部分。2013年3月，习近平在当选国家主席后首次出访就选择了非洲三国，在坦桑尼亚演讲时首次提出中非命运共同体思想。中非命运共同体的提出早于其他的区域命运共同体，包括亚洲命运共同体、中国—东盟命运共同体、中阿命运共同体、中拉命运共同体等。历史地看，中非命运共同体开创了人类命运共同体中区域命运共同体的先河，对后来其他区域命运共同体的提出和构建具有启示和借鉴意义。

---

① 《毛泽东文集》第8卷，人民出版社1999年版，第169页。

② Jeremy Youde, “Why Look East? Zimbabwean Foreign Policy and China”, *Africa Today*, Vol. 53, No. 3, Spring 2007, p. 14.

③ 习近平：《永远做可靠朋友和真诚伙伴——在坦桑尼亚尼雷尔国际会议中心的演讲》，《人民日报》2013年3月26日。

④ 陈须隆：《人类命运共同体思想在习近平外交思想中的地位和意义》，《当代世界》2016年第7期。

（三）中非命运共同体在人类命运共同体构建中具有基础性地位

习近平主席指出："构建人类命运共同体是一个美好的目标，也是一个需要一代又一代人接力跑才能实现的目标。中国愿同广大成员国、国际组织和机构一道，共同推进构建人类命运共同体的伟大进程。"① 构建人类命运共同体是一个循序渐进、从量变到质变的历史过程，发展中国家之间首先建成命运共同体是由历史决定的。这是因为发达国家和广大发展中国家之间在历史上是侵略与被侵略、剥削与被剥削的关系，不可能首先建成命运共同体。发达国家之间在历史上为瓜分殖民地而相互竞争甚至形成敌对关系，也不可能首先建成命运共同体。只有发展中国家之间有着共同的历史遭遇，面临共同的发展任务，具备了建成命运共同体的基础。中国是世界上最大的发展中国家，非洲是世界上发展中国家最集中的大陆，中非人口总和已达27亿之多，超过世界总人口的1/3。在人类命运共同体构建中，中非人民的命运无论过去、现在还是将来都紧密相连，中非命运共同体无疑是最坚实的基础，起到固本筑基的作用。中非命运共同体构建得好，会有力推动人类命运共同体的稳健顺利发展；反之，基础不牢，人类命运共同体的构建亦会异常艰难曲折。

（四）中非命运共同体思想是21世纪国际合作史中最重要的思想之一

人类命运共同体思想在国际上产生了重大影响，在非洲更是引起强烈反响和共鸣。卢旺达总统卡加梅认为："人类命运共同体思想将世界不同区域连接在一起共同合作发展……每个国家都能受益，从而实现共赢的局面。"② 埃塞俄比亚学者尤纳斯·阿戴托提出："人类命运共同体思想的伟大意义堪比哥白尼提出日心说，世界将会因此而改变。"③ 此观点得到非洲学者的广泛认同，他们认为，"日心说"是从自然科学意义上推动了人类社会进步，而人类命运共同体思想是从人文社会科学意义上为人类社会未来发展规划了蓝图，是对殖民主义、霸权主义、零和博弈等思想的颠覆，是对文明冲突论、民主和平论等西方国际关系理论的超越，具有伟大的划时代意义。

作为人类命运共同体思想的重要组成部分，中非命运共同体思想的内涵亦十分丰富，是责任共同体、利益共同体和命运共同体的统一，同时还有一系列理论和政策支撑，包括真实亲诚合作理念、正确义利观、"五不"原则等，为中非命运共同体建设提供指导和引领，明确了中非交往的价值认同，构建了中非关系的新话语体系。南非

① 习近平：《共同构建人类命运共同体——在联合国日内瓦总部的演讲》，《人民日报》2017年1月20日。

② 王新俊：《卢旺达总统期待习近平主席到访，高度评价人类命运共同体理念及"一带一路"倡议》，国际在线，http：//news. cri. cn/20180719/7a2dd4e7 - dc1b - ff91 - 5cba - b6c87377a260. html，2019 - 12 - 21.

③ 参见埃塞俄比亚学者尤纳斯·阿戴托（Yonas Adeto）在2018年1月18日由中国社会科学院西亚非洲研究所举办的"中国发展新时代与中非合作新机遇"国际研讨会上的发言。

总统拉马福萨表示："习近平主席提出共建更加紧密的中非命运共同体非常具有远见，中非命运共同体理念基于平等，面向人民，具有很强的可行性、示范性。"[①] 坦桑尼亚驻华大使凯鲁基将习近平主席《永远做可靠朋友和真诚伙伴》的重要讲话称为"21 世纪国际合作史中最重要的讲话之一"[②]。

二　中非命运共同体的典范作用

尼日利亚中国研究中心主任查尔斯表示："中非命运共同体之所以能够成为典范，是因为它在许多方面走在了构建人类命运共同体的前列。"[③] 中非命运共同体日趋紧密，为推动构建人类命运共同体树立了典范，集中体现在六个方面。

（一）中非命运共同体是患难与共的典范

中非之间历来患难与共、互帮互助。2014 年西非地区暴发严重的埃博拉疫情，中国全力以赴帮助非洲国家战胜疫情。2015—2016 年非洲发生严重旱灾，习近平主席宣布向受灾国家提供 10 亿元人民币的紧急粮食援助。2019 年 3 月，中国向遭受强热带气旋袭击的莫桑比克、津巴布韦等国提供紧急援助，开创了中国应急管理部组建后首次向境外派出救援队的先例。每当中国遇到困难时，非洲兄弟也都及时伸出援手。2008 年汶川地震后，非洲国家共捐赠了 6400 万元人民币，其中只有约 100 万人口的赤道几内亚向中国捐款 100 万欧元，相当于每人捐出 1 欧元。[④] 当下，中国正全力抗击新冠肺炎疫情，非洲国家纷纷表示对中国的支持。非盟执行委员会发表公报称非盟所有成员国一致支持中国抗击疫情[⑤]，阿尔及利亚、埃及等国政府向中国提供了援助物资，赤道几内亚向中国捐助 200 万美元。[⑥] 钱物有价，情义无价，中国人民将铭记这份情谊。中非同甘共苦，为构建"患难与共、风雨同舟"的人类命运共同体树立了典范。

---

① 李志强等：《南非总统拉马福萨：中非命运共同体基于平等面向人民》，中国外交部官网，https：//www. fmprc. gov. cn/zfltfh2018/chn/zpfh/t1593119. htm，2019 - 12 - 21.

② 《坦桑尼亚驻华大使凯鲁基在中国国家主席习近平巡展第二届中国国际进口博览会坦桑尼亚国家展馆时的发言》，中国驻坦桑尼亚大使馆网站，http：//tz. china-embassy. org/chn/sgdt/t1713547. htm，2019 - 12 - 21.

③ Charles Onunaiju，"Opportunities of Sino-Africa Cooperation in the New Era of China's Development"，The Paper for the International Seminar "The New Era of China's Development and New Opportunities of Sino-Africa Cooperation"，January 2018，Beijing，China.

④ 《王毅：正确义利观是中非双方的共同价值追求》，新华网，http：//www. xinhuanet. com/politics/2015 - 01/15/c_1114006031. htm，2019 - 11 - 23.

⑤ 王守宝：《联合国和非盟继续声援中国抗击新冠肺炎疫情》，中国新闻网，http：//www. chinanews. com/gj/2020/02 - 09/9084987. shtml，2020 - 02 - 04.

⑥ 《赤道几内亚将向中国捐助 200 万美元支持抗击新型冠状病毒感染肺炎疫情》，中国驻赤道几内亚大使馆网站，http：//gq. china-embassy. org/chn/sbgxdt/t1740413. htm，2020 - 02 - 04.

（二）中非命运共同体是平等伙伴的典范

平等这一最基本人权对中非人民来说来之不易，双方都无比珍视平等的权利。无论何时，中非都是平等伙伴，中国从不以大欺小、恃强凌弱，从不干涉非洲国家内政。中国在向非洲提供力所能及的援助时，从不附加任何政治条件。坦桑尼亚开国总统尼雷尔曾表示："无论是在中国给予我国的巨大的经济和技术援助中，还是我们在国际会议的交往中，中国从来没有一丝一毫要左右我们的政策或损害我们国家主权和尊严的企图。"① 习近平主席在中非合作论坛北京峰会上又旗帜鲜明地提出"五不"原则：不干预非洲国家探索符合国情的发展道路，不干涉非洲内政，不把自己的意志强加于人，不在对非援助中附加任何政治条件，不在对非投资融资中谋取政治私利。这是对中非平等伙伴关系进一步的郑重承诺，是构建更加紧密的中非命运共同体的政治基础。中非平等互信，携手打造责任共担的中非命运共同体，为人类命运共同体"建立平等相待、互商互谅的伙伴关系"，"坚持对话协商，建设一个持久和平的世界"树立了典范。

（三）中非命运共同体是共筑安全的典范

和平是人类永恒的向往，安全是各国追求的目标。非洲已走出大规模战乱和冲突的阴霾，但是局部战乱和冲突还时有发生，非传统安全威胁形势严峻，非洲自主和平与安全仍然面临巨大挑战。中国主张共同、综合、合作、可持续的新安全观，支持以非洲方式解决非洲问题，支持非洲消除恐怖主义、应对非传统安全威胁，支持非洲落实"消弭枪声的非洲"倡议。为此，中非合作实施"和平安全行动"，中国设立中非和平安全合作基金，向非盟提供无偿军事援助；支持萨赫勒、几内亚湾等地区的维稳反恐努力；设立中非和平安全论坛，在共建"一带一路"、维和行动、打击海盗等领域实施50个安全援助项目。中非共守和平，携手打造安全共筑的中非命运共同体，为人类命运共同体"坚持共建共享，建设一个普遍安全的世界"树立了典范。

（四）中非命运共同体是共谋发展的典范

中非发展任务相同，发展优势互补，发展战略契合。习近平主席提出，中非关系最大的"义"，就是用中国发展助力非洲发展，最终实现互利共赢、共同发展。② 中国致力于将自身发展与非洲发展结合起来，实现共同发展。截至2018年，中国已连续10年成为非洲最大贸易伙伴国，中国在非直接投资存量为460亿美元，企业达

---

① 《尼雷尔总统在李先念主席举行的宴会上的讲话》，《人民日报》1985年8月20日。

② 习近平：《开启中非合作共赢、共同发展的新时代——在中非合作论坛约翰内斯堡峰会开幕式上的致辞》，新华网，http://www.xinhuanet.com/world/2015-12/04/c_1117363197.htm，2015-12-04.

3700多家，涵盖52个非洲国家。[1] 中非共建“一带一路”已经开花结果，亚吉铁路、蒙内铁路等一批基础设施建设工程相继建成。世界知名商学院宾夕法尼亚大学沃顿商学院发布报告称：“中非合作大大改善了非洲公路、铁路、通信系统等基础设施建设，促进了非洲制造业发展，提升了非洲商业环境，盘活了非洲医疗、教育等重要民生需求领域的当地资源。”[2] 中非共谋发展，携手打造合作共赢的中非命运共同体，为人类命运共同体“坚持合作共赢，建设一个共同繁荣的世界”树立了典范。

（五）中非命运共同体是文明互鉴的典范

人文交流是国与国、民与民之间增进了解、加深友谊的重要纽带，也是开放包容精神的体现。中非在彼此尊重、相互欣赏的基础上，积极开展人文交流与合作，加强文明互鉴，为推动世界不同文明之间的平等对话、维护世界文明多样性作出了重要贡献。近年来，中非在文化教育、医疗卫生、新闻媒体等方面的交流合作日益扩大，一系列中非合作论坛框架下的分论坛机制不断发展完善。中国与南非建立了中非之间首个高级别人文交流机制，首次互办“国家年”，与埃及首次互办“文化年”。中非文明互鉴，携手打造文化共兴的中非命运共同体，为人类命运共同体“坚持交流互鉴、建设一个开放包容的世界”树立了典范。

（六）中非命运共同体是绿色发展的典范

人类只有一个地球，人与自然需要和谐共生。中非均面临发展经济与保护环境之间的矛盾。中国大力倡导绿色发展理念，践行绿色可持续发展方式，正深刻改变着中国，影响着世界。“中国愿同非洲一道，倡导绿色、低碳、循环、可持续的发展方式，共同保护青山绿水和万物生灵。”[3] 为此，中非合作实施“绿色发展行动”，中国为非洲实施50个绿色发展和生态环保援助项目，重点加强在应对气候变化、荒漠化防治、野生动植物保护等方面的交流合作。中非开展生态合作，携手打造和谐共生的中非命运共同体，为人类命运共同体“坚持绿色低碳，建设一个清洁美丽的世界”树立了典范。

三　中非命运共同体的世界意义

中非命运共同体从理论到实践，超越了历史、地理、民族、语言、文化、政治、

---

① 《2018年中非贸易额达2042亿美元　中国连续十年为非洲第一大贸易伙伴国》，新华网，http：//www.xinhuanet.com/fortune/2019-06/05/c_1210152076.htm，2019-11-23。

② The Wharton School，“China's Investments in Africa：What's the Real Story?”，http：//knowledge.wharton.upenn.edu/article/chinas-investments-in-africa-whats-the-real-story，2016-01-19.

③ 习近平：《携手共命运　同心促发展——在二〇一八年中非合作论坛北京峰会开幕式上的主旨讲话》（2018年9月3日，北京），《人民日报》2018年9月4日。

经济等自然和社会因素，是人类社会共同价值观的体现。构建更加紧密的中非命运共同体，其意义和影响均大大超出了双边和区域范畴，正在而且必将影响世界，改变世界。

（一）中非命运共同体对于加快世界格局变化具有重要意义

经过艰苦奋斗，中国由贫穷落后国跃升为世界第二大经济体，人均国内生产总值亦大幅上升。中国经济虽然发展很快，但中国依然是发展中国家。习近平主席表示："无论发展到哪一步，无论国际风云如何变幻，中国都永远做发展中国家的可靠朋友和真诚伙伴。"① 因此，中非合作仍然属于南南合作范畴，中非命运共同体是发展中国家之间的共同体。

当今世界正面临百年未有之大变局，发展中国家整体崛起对世界格局产生了深远影响。中非命运共同体将中非合作推到前所未有的历史高度，使发展中国家联合自强的力量进一步壮大。本着命运共同体的精神，中国将继续同广大发展中国家站在一起，坚定支持增加发展中国家特别是非洲国家在国际治理体系中的代表性和发言权。中国在联合国的一票永远属于发展中国家。本着命运共同体的精神，中非共同反对霸权主义、单边主义和保护主义，共同维护发展中国家的利益，共同推动国际秩序朝着更加公正合理的方向发展。中非命运共体不仅改变着中国和非洲，还将助力发展中国家进一步整体崛起，进而影响整个世界。

（二）中非命运共同体对于构建新型国际关系具有重要意义

推动构建人类命运共同体和新型国际关系，是新时代中国特色大国外交的总目标。前者侧重于建设什么样的世界，后者侧重于建立什么样的国家关系，二者相辅相成，密切联系。新型国际关系以相互尊重为基础，以公平正义为原则，以合作共赢为核心。中非关系是中国对外关系的重要基石，也是对新型国际关系的最好诠释。"中非关系彻底摒弃了旧型国际关系中的零和思维、冷战思维、强权思维和势力范围思维，真正做到了相互尊重、公平正义、合作共赢，走出了国与国交往的新路。"② 构建更加紧密的中非命运共同体，为中非关系发展指明了方向，同时提出了更高要求。

合作共赢既是新型国际关系的核心，也是人类命运共同体和中非命运共同体的根本原则。中非合作的宗旨是实现互利共赢，实现共同发展，并且具有开放性和包容性的特点，坚持以双方合作为主，同时强调也不排斥与第三方的多边合作。中非合作不仅使双方受益，而且使国际社会各方主体受益。"在非洲，中国人修建的公路，同样

---

① 习近平：《弘扬万隆精神　推进合作共赢——在亚非领导人会议上的讲话》，《人民日报》2015 年 4 月 23 日。

② 刘鸿武：《构建更加紧密的中非命运共同体》，《中国社会科学报》2018 年 9 月 4 日。

为美国的可口可乐更快、更远、更便宜地到达各地提供了极大便利。公路是人人所需要的，不管是当地企业还是国际投资者，都会从中大大受益。”① 中非合作的影响已超出双边范畴，在很大程度上引领带动了国际对非合作，从而引起国际关系的相应变化。中非命运共同体思想及其实践的成功，对于在世界范围内构建新型国际关系具有重要意义。

（三）中非命运共同体对于完善全球治理具有重要意义

当今世界全球性问题日益突出。世界经济增长乏力，贫富分化日益严重，地区热点问题此起彼伏，恐怖主义、气候变化等非传统安全威胁持续蔓延，人类面临许多共同严峻挑战。推进全球治理体系变革、完善全球治理成为大势所趋。非洲在全球治理中处在边缘、脆弱的地位，受各类全球性问题的影响最为严重。中国提出“共商、共建、共享”的全球治理观，推动全球治理体系朝着更加公正、合理、平衡的方向发展，得到非洲国家支持。

中非命运共同体本着“责任共担”原则，在全球治理体系变革问题上密切配合，为完善全球治理贡献更多的中国智慧、中国方案和中国力量。本着“合作共赢”原则，共同推动“一带一路”建设，为完善全球治理提供更多的国际公共产品；本着“幸福共享”原则，努力改善民生，增进福祉，为完善全球治理树立典范；本着“文化共兴”原则，促进不同文明交流互鉴，维护世界文明多样性，为完善全球治理创造良好的人文环境；本着“安全共筑”原则，维护地区和世界和平稳定，为完善全球治理创造有利的安全环境；本着“和谐共生”原则，加强在应对气候变化、环境保护等领域的合作，为完善全球治理创造美好的生态环境。中非命运共同体所包含的一系列思想、理念、原则、政策和举措，有利于推动全球治理朝着共治、善治和良治方向发展，从而最终惠及世界。

综上，人类命运共同体思想从提出到接受再到实现将是一个长期的历史过程，而且不会一帆风顺。在此过程中，中非命运共同体为人类命运共同体构建打下了坚实基础，树立了良好典范。中非命运共同体连接着中国与非洲，但其影响又不限于中国与非洲，而是从多层面、多维度影响世界，并为最终实现人类命运共同体作出重要贡献。

---

① The Wharton School, op. cit.

中非共同抗击新冠肺炎疫情践行人类命运共同体理念

张忠祥*

摘　要：人类命运共同体是以习近平同志为核心的党中央提出的国际公共产品，是在新的历史时期中国对国际关系的新定位，其核心要义是合作共赢。在当前新冠肺炎疫情全球大流行、面临严峻的全球性问题挑战的背景下，坚持和弘扬人类命运共同体理念尤其重要。在新冠肺炎疫情暴发后，作为好朋友、好伙伴、好兄弟的中非人民相互支持、共同抗疫，这既是构建更加紧密的中非命运共同体的具体行动，也是中国与国际社会应对全球性挑战的一部分，践行人类命运共同体理念。

关键词：人类命运共同体理念；中非命运共同体；新冠肺炎疫情

人类命运共同体是以习近平同志为核心的党中央提出的国际公共产品，是在新的历史时期中国对国际关系的新定位，其核心要义是合作共赢。在当前新冠肺炎疫情全球大流行、面临全球性问题挑战的背景下，坚持和弘扬人类命运共同体理念尤其重要。因为，“重大传染性疾病是全人类的敌人”①，在重大疫情面前，没有一个国家能够独善其身，唯有秉持人类命运共同体理念，加强国际合作，携手应对共同威胁和挑战，才能赢得胜利。国际合作应对全球性问题的挑战，是一项宏大的目标和任务，在这方面，中国与非洲在抗击艾滋病、疟疾，特别是抗击埃博拉疫情时已经取得了很大成果，此次抗击新冠肺炎疫情时中非继续相互支持、密切合作，彰显了人类命运共同体理念。

一　人类命运共同体是中国对国际关系的新定位

西方的国际关系理论往往充斥着“零和博弈”“强国必霸”等论调，鼓吹“修昔

---

* 张忠祥，上海师范大学非洲研究中心主任、教授、博士生导师，研究方向为非洲史与中非关系。原文刊登在《中国非洲学刊》2020 年第 1 期（创刊号），本文略有增补。

① 习近平：《携手抗疫　共克时艰——在二十国集团领导人特别峰会上的发言》（2020 年 3 月 26 日，北京），《人民日报》2020 年 3 月 27 日第 2 版。

底德陷阱”，中国从大国向强国迈进的关键时刻倡导人类命运共同体理念，强调合作共赢、共同发展。

进入21世纪的第二个十年，命运共同体成为中国政府反复强调的关于人类社会的新理念。2011年9月6日，《中国的和平发展》白皮书提出：“不同制度、不同类型、不同发展阶段的国家相互依存、利益交融，形成‘你中有我、我中有你’的命运共同体。”① 党的十八大报告指出，坚持命运共同体意识就是要“在追求本国利益时兼顾他国合理关切，在谋求本国发展中促进各国共同发展，建立更加平等均衡的新型全球发展伙伴关系，同舟共济，权责共担，增进人类共同利益”②。

习近平就任中国国家主席以来，着眼世界相互依存大势，展现中国“大国担当”，以天下为己任，不断阐释充实“命运共同体”理念。2013年3月习近平在访问坦桑尼亚时指出：“中非从来都是命运共同体，共同的历史遭遇、共同的发展任务、共同的战略利益把我们紧紧联系在一起。”③ 在2014年11月召开的中央外事工作会议上，习近平提出切实抓好周边外交工作，打造“周边命运共同体”。2015年3月，在博鳌亚洲论坛上，习近平明确提出构建“亚洲命运共同体”。④ 2015年4月在纪念万隆会议60周年的亚非领导人会议上，习近平提出建立“人类命运共同体”，他说：“我们要大力弘扬万隆精神，不断赋予其新的时代内涵，推动构建以合作共赢为核心的新型国际关系，推动国际秩序和国际体系朝着更加公正合理的方向发展，推动建设人类命运共同体，更好造福亚非人民及其他地区人民。”⑤

中国政府近年来积极倡导人类命运共同体理念是有深刻原因和理论基础的。第一，命运共同体理念顺应时代发展的需要。当今世界正在发生深刻复杂变化，世界多极化、经济全球化深入发展。同时，全球发展不平衡加剧，霸权主义、强权政治和新干涉主义有所上升，局部动荡频繁发生，恐怖主义、网络安全、能源安全、粮食安全、气候变化、环境污染、重大传染性疾病等非传统安全和全球性挑战不断增多。面对世界经济的复杂形势和全球性问题，任何国家都不可能独善其身。不论人们身处何国、信仰何如、是否愿意，实际上已经处在一个命运共同体中。因此，要摒弃零和游戏、你输我赢的旧思维，树立合作共赢的新理念，在追求自身利益时兼顾他方利益，

---

① 《中国的和平发展》（白皮书），国务院新闻办公室网站，http：//www. scio. gov. cn/zfbps/ndhf/2011/Document/1000032/1000032. htm，2020－03－21.

② 胡锦涛：《坚定不移沿着中国特色社会主义道路前进　为全面建成小康社会而奋斗——在中国共产党第十八次全国代表大会上的报告》，《人民日报》2012年11月9日。

③ 《永远做可靠朋友和真诚伙伴——习近平在坦桑尼亚尼雷尔国际会议中心的演讲》（2013年3月25日），载《习近平谈治国理政》，外文出版社2016年版，第305页。

④ 习近平：《迈向命运共同体　开创亚洲新未来——在博鳌亚洲论坛2015年年会上的主旨演讲》，《人民日报》2015年3月29日。

⑤ 习近平：《弘扬万隆精神　推进合作共赢——在亚非领导人会议上的讲话》，《人民日报》2015年4月23日。

在寻求自身发展时促进共同发展。

第二，命运共同体理念是中国坚持和平发展战略的体现。自新中国成立以来，中国就一直奉行和平发展道路，早在20世纪50年代，中国就提出和平共处五项原则。进入21世纪的第二个十年，随着中国的不断崛起，中国仍然奉行和平发展道路。这条道路最鲜明的特征是科学发展、自主发展、开放发展、和平发展、合作发展、共同发展。合作共赢成为中国处理对外关系的基本原则之一。

第三，命运共同体理念具有中国传统文化的基础。中华民族历来爱好和平，自古就崇尚"以和为贵""己所不欲，勿施于人""四海之内皆兄弟也"等思想。中国传统文化反对唯我独尊与唯利是图的霸道，主张"协和万邦"与世界"大同"的思想。中国传统文化强调兼容并蓄，在中国历史上不仅出现了儒释道三家合流的现象，而且对外来宗教天主教、犹太教和伊斯兰教等采取了宽容的态度。

第四，命运共同体理念借鉴和吸取了世界近代历史上大国崛起的历史经验和教训。作为大国，意味着对地区和世界和平与发展的更大责任，而不是对地区和国际事务的更大垄断。命运共同体以合作共赢、和平发展为核心，它打破了"国强必霸"的大国崛起传统模式。建立殖民体系、争夺势力范围、对外武力扩张，是近代历史上一些大国崛起的老路。特别是在20世纪，追逐霸权、武力对抗、兵戎相见，使人类惨遭两次世界大战的浩劫。中国基于自身几千年历史文化传统，基于对经济全球化本质的认识，基于对21世纪国际关系和国际格局演变的认识，基于对人类共同利益的认识，郑重选择和平发展、合作共赢为参与国际事务和处理国际关系的基本途径。

总之，中国提出构建人类命运共同体，着眼解决当今世界面临的现实问题、实现人类社会和平永续发展，以天下大同为目标，秉持合作共赢理念，摒弃丛林法则，不搞强权独霸，超越零和博弈，开辟出合作共赢、共建共享的发展新道路，为人类发展提供了新的选择。①

二　中非命运共同体是构建人类命运共同体的基础

构建人类命运共同体是中国的"世界梦"，涵盖政治、经济、安全、人文、全球治理等议题。② 因此，构建人类命运共同体是一个宏大目标和长远的规划，需要中国与世界人民长期努力。由于中非之间有着相似的历史遭遇、共同的发展任务、共同的战略利益，所以中非命运共同体是构建人类命运共同体的基础，是最有条件实现互利共赢、共同发展、命运与共的国家和地区实体。

---

① 《新时代的中国与世界》白皮书（全文），国务院新闻办公室网站，http：//www. scio. gov. cn/zfbps/32832/Document/1665426/1665426. htm，2020－03－21.

② 阮宗泽：《人类命运共同体：中国的"世界梦"》，《国际问题研究》2016年第1期。

第一，历史基础。中国与非洲都有着悠久的历史和灿烂的文化，在近代都遭受过殖民侵略，中国沦为半封建和半殖民地社会，非洲除了个别国家外，几乎全部沦为殖民地。因此，中非在反对外来干涉，保持独立自主方面有共识。非洲是最早遭受西方殖民侵略的大陆，1415 年，葡萄牙人攻占摩洛哥的休达城标志着近代殖民主义的开端。在长达 400 多年的奴隶贸易中，非洲损失的人口数量达到 2.1 亿。至 19 世纪 70 年代中叶，西方列强加快了对非洲的殖民侵略步伐，20 世纪初，非洲基本上被瓜分完毕。20 世纪的六七十年代，中国不遗余力地支持非洲的民族独立运动，将非洲看作反对帝国主义和霸权主义的同盟军。中国在自身十分困难的情况下，为非洲提供经济援助，帮助非洲独立国家发展民族经济，建设了以坦赞铁路为代表的成套援助项目。与此同时，非洲国家支持中国恢复在联合国的合法地位，在台湾问题上坚定地站在新中国的一边。中非人民在反对外来侵略和干涉的斗争中结下了深厚的传统友谊，这是构建中非命运共同体的历史基础。

第二，文化基础。在长期的历史发展进程中，中国人民和非洲人民创造了各自的文化，即中国文化和非洲文化，这是两种不同的文化，有各自的特点：如中国文化有悠久而持续的文字历史，非洲则有丰富的口述历史；中华民族一般比较内敛，而非洲人民一般热情奔放、能歌善舞；中华民族早在 2000 多年前就出现大一统，而非洲统一在今天仍然是一种愿景；等等。同时，我们也应该看到这两种文化有许多相通之处，中国和非洲在文化上的相似性集中表现在宽容待人、集体主义、敬老尊贤和平等意识等几个方面。① 中国和非洲在文化上的相似性，使得中国人民和非洲人民之间容易产生亲近感，也就容易做到中非文化上的交流互鉴。

第三，现实基础。当前，中国正致力于实现中华民族伟大复兴的中国梦，非洲也正在努力实现联合自强与发展振兴的非洲梦。非盟的《2063 年愿景》提出，在非洲统一组织成立 100 年之际实现非洲的复兴。② 中非双方都属发展中世界，当前都以发展经济、改善民生等为主要目标，并且对发展战略以及地区和国际问题有许多共同认识，所以，中国梦和非洲梦是相通的。主要得益于以中国为代表的新兴经济体与非洲合作的推动，在 1995—2014 年的 20 年里，非洲大陆经济年增长率平均超过 5%。③ 一些非洲国家，如津巴布韦、南非、肯尼亚等国家提出“向东看”，希望加强与中国等东方国家的合作，搭上中国经济发展的快车实现自身的发展。共同的发展任务和共同的战略利益把中国与非洲紧密地联系在一起，这是构建中非命运共同体的现实基础。

---

① 李安山：《中国与非洲的文化相似性——兼论中国应该向非洲学习什么》，《西亚非洲》2014 年第 1 期。

② *Agenda 2063*, *The Africa We Want*, January 2015. http://agenda2063.au.int/en/documents/agenda-2063-africa-we-want-popular-version-2nd-edition (2020-03-01).

③ WB, AFDB, OECD, *The Africa Competitiveness Report 2015*, p. xiii. http://www.afdb.org/en/documents/board-documents (2020-01-10).

中非命运共同体经历了2014年西非埃博拉疫情的考验。西非埃博拉疫情暴发后，一些西方国家关闭在西非疫区三国的大使馆，撤离外交官和本国公民。中国大使馆、外交官和医疗专家都选择留下来，中国政府率先驰援，租用23架次包机，送去抗疫急需物资，中国开展了前所未有的大规模卫生援外行动。除向疫区及周边13个国家提供4轮总价值超过1.2亿美元的援助、派遣1200多名医护人员之外，中国有针对性地向塞拉利昂运送移动生物安全实验室，向西非疫区及周边国家派遣30余批公共卫生、临床医疗和实验室检测专家组，深入几内亚、利比里亚和塞拉利昂三国边远地区培训当地医护及公共卫生人员。[①] 中国大力帮助非洲国家抗击埃博拉疫情，成为"真、实、亲、诚"对非工作方针的真实写照，体现了中非之间是患难与共的命运共同体。正如习近平所指出的那样："中非早已结成休戚与共的命运共同体。我们愿同非洲人民心往一处想、劲往一处使，共筑更加紧密的中非命运共同体，为推动构建人类命运共同体树立典范。"[②]

三　共同抗击新冠肺炎疫情是构建更加紧密的中非命运共同体的具体行动

自中非合作论坛2018年北京峰会举办以来，中国在推进中非"十大合作计划"基础上，同非洲国家密切配合，正在重点实施中非合作的"八大行动"，构建更加紧密的中非命运共同体。"八大行动"中的第六大行动就是"健康卫生行动"。中非共同抗击新冠肺炎疫情正是落实"八大行动"的具体举措，同时也是构建更加紧密的中非命运共同体的具体行动。

2020年岁末年初，湖北武汉暴发新冠肺炎疫情，成为新中国成立以来在我国发生的传播速度最快、感染范围最广、防控难度最大的一次重大突发公共卫生事件。中国政府和人民全力抗击新冠肺炎疫情之际，作为好朋友、好伙伴、好兄弟，非洲各国政府和人民以多种方式向中国表达诚挚慰问和坚定支持。非洲多国领导人向中国领导人致慰问信，积极评价中国疫情防控措施高效有力，深深期盼中国人民渡过难关。出席第三十三届非盟峰会的非盟各成员国外交部部长一致表态，支持中国政府和人民为阻断新冠肺炎疫情蔓延及后续应对所做努力。赤道几内亚向中国提供200万美元抗击疫情，加纳政府紧急筹措1万只N95口罩捐赠武汉，南非标准银行集团在其总部和20个非洲国家分支机构同时发起"穿红衣，挺中国"活动。[③] 2020年2月3日，南非执政党非国大发表声明，支持中国抗击新型冠肺炎疫情的努力，赞赏中方的抗疫担

① 倪涛：《抗击埃博拉，中国贡献获赞誉》，《人民日报》2015年7月22日。

② 习近平：《携手共命运　同心促发展——在2018年中非合作论坛北京峰会开幕式上的主旨讲话》，《人民日报》2018年9月4日第2版。

③ 李应齐：《金子般的情谊》，《人民日报》2020年2月13日第17版。

当，对中方抗疫能力充满信心，将始终与中国站在一起。[①]

正当中国抗击新冠肺炎疫情取得阶段性胜利的时候，非洲也出现了新冠肺炎疫情，并且传播速度较快。从 2020 年 2 月 14 日在埃及发现第一例新冠肺炎感染者，到 3 月 9 日破百，达到 101 例。3 月 21 日破千，达到 1006 例。截至 3 月 24 日，非洲已有 43 个国家报告了新冠肺炎确诊病例，总病例数达 1788 例；其中，包括来自 12 个国家的 58 例死亡病例。累计确诊病例较多的国家有：南非 402 例，埃及 366 例，阿尔及利亚 230 例，摩洛哥 134 例，布基纳法索 99 例，塞内加尔 79 例，突尼斯 75 例，喀麦隆 56 例等（见表 1）。[②] 非洲多国政府宣布进入紧急状态，升级了防控措施，主要包括增加防疫投入、实施强制隔离、禁止公众聚集、关闭边境口岸和封城等。

表 1　　部分非洲国家新冠肺炎情况（截至 2020 年 3 月 24 日）　　单位：例

国家	确诊病例	治愈	死亡	国家	确诊病例	治愈	死亡
南非	402	12	0	刚果（金）	45	1	2
埃及	366	68	19	尼日利亚	40	2	0
阿尔及利亚	230	77	17	加纳	27	1	2
摩洛哥	134	3	4	多哥	18	1	0
布基纳法索	99	5	4	肯尼亚	16	0	0
塞内加尔	79	8	0	坦桑尼亚	12	0	0
突尼斯	75	1	3	埃塞俄比亚	12	4	0
喀麦隆	56	2	0	马达加斯加	12	0	0

资料来源：作者根据非洲疾控中心网站整理而成。

中方高度关注非洲疫情形势，在支持非洲抗击疫情方面主要有以下行动。

第一，高层重视，习近平主席先后与埃塞俄比亚总理和埃及总统塞西等非洲领导人通电话，表明中国政府与非洲国家共同抗疫的政治态度和决心。2020 年 3 月 23 日晚，国家主席习近平同埃及总统塞西通电话时指出："这段时间，疫情在全球多国多点暴发。事实再次表明，人类是休戚与共的命运共同体。各国必须团结合作，共同应对。中国将同各国一道，基于人类命运共同体理念，加强国际防疫合作，携手应对共同威胁和挑战，维护全球公共卫生安全。""中方愿同埃方及时分享疫情信息、防控救治经验、医疗研究成果，提供医疗物资，支持埃方疫情防控工作，共同抗击疫情。"[③]

---

① 《南非执政党非国大发表声明支持中国抗击疫情》，中华人民共和国驻南非共和国大使馆网站，2020 年 2 月 4 日，http：//za. china-embassy. org/chn/znjl/t1739795. htm（2020 – 03 – 23）.

② Covid-19 Daily Updates, 24 March 2020, africacdc. org/covid-19/daily-updates/（2020 – 03 – 25）.

③ 《习近平同埃及总统塞西通电话》，《人民日报》2020 年 3 月 24 日第 1 版。

第二，召开中非团结抗疫特别峰会。2020 年 6 月 17 日，中非团结抗疫特别峰会召开，本次峰会由中国和非洲联盟轮值主席国南非、中非合作论坛共同主席国塞内加尔共同发起，以视频方式举行。习近平主席在北京主持中非团结抗疫特别峰会并发表题为“团结抗疫　共克时艰”的主旨讲话，提出“中方将继续全力支持非方抗疫行动”“共同打造中非卫生健康共同体”“将在中非合作论坛框架下免除有关非洲国家截至 2020 年底到期对华无息贷款债务”① 等切实团结抗疫的举动，赢得了非洲国家和国际社会的广泛好评。

第三，积极向非洲国家和非盟提供包括检测试剂、医用防护品等在内的各类物资援助，积极开展抗疫经验交流。很多中国企业、民间机构以及在非侨胞也自发向非方提供援助。中方还组织专家同非方召开抗疫经验交流视频会议，动员援非医疗队积极参与所在国抗疫行动。2020 年 3 月 18 日，中国同非洲国家首次就新冠肺炎疫情防控举行专家视频会议。埃塞俄比亚、肯尼亚、利比里亚等国卫生部长，非洲疾控中心副主任等 24 个非洲国家的政府官员、卫生专家以及世界卫生组织驻部分国家代表等共近 300 人通过网络在线与会。中方专家详细深入介绍了疫情发展趋势和特点以及中方在疫情防控、临床治疗、海关边检等方面的经验做法，并耐心细致地回答了非方近 50 个各类问题。②

第四，向非洲国家提供新冠疫苗。中国把新冠疫情看作国际公共产品，与包括非洲国家在内的国际社会积极开展合作，共同抗击新冠疫情。2020 年 12 月 31 日，《中埃关于新冠病毒疫苗合作意向书》签字仪式在埃及卫生与人口部举行，意向书的签署是中埃两国共建卫生健康共同体的生动诠释。③ 2021 年 1 月 25 日，埃及开始为医护人员接种中国国药集团新冠灭活疫苗。1 月 27 日，摩洛哥已收到第一批由中国国药集团生产的新冠灭活疫苗。2 月 15 日，由中国政府援助的新冠疫苗由津巴布韦航空专机运抵首都哈拉雷的罗伯特·穆加贝机场，这是该南部非洲国家获得的首批新冠疫苗。这批国药集团生产的新冠疫苗可满足 10 万人、每人 2 剂的接种需求。津政府还向中方购买了 60 万剂新冠疫苗，预计将于 3 月上旬运抵津巴布韦。④ 2021 年 3 月 7 日，国务委员兼外长王毅就中国外交政策和对外关系回答中外记者提问时指出：“当前，帮助非洲各国抗击疫情、复苏经济是中非合作的重中之重。去年，习近平主席倡导主持中非团结抗疫特别峰会，宣布了一系列新的援非举措。迄今中方已向非洲提供近 120 批紧急抗疫物资，向 15 个国家派出抗疫医疗专家组，已经并将向 35 个非洲国

---

① 《习近平主持中非团结抗疫特别峰会并发表主旨讲话》，《人民日报》2020 年 6 月 18 日第 1 版。

② 《中国同非洲国家举行疫情防控专家视频会议》，2020 年 3 月 19 日，外交部网站，https：//www. fmprc. gov. cn/web/wjbxw_673019/t1757951. shtml（2020－03－24）。

③ 《中国与埃及签署关于新冠病毒疫苗合作意向书》，《人民日报》2021 年 1 月 2 日第 3 版。

④ 《中国援助的新冠疫苗运抵津巴布韦》，《人民日报》2021 年 2 月 16 日第 3 版。

家及非盟委员会提供疫苗。”①

事实上，中非医疗合作有半个多世纪的历史。中国于1963年向阿尔及利亚派出第一批援非医疗队。到2017年，“中国共向48个非洲国家派出了2.1万人次的援非医疗队员，诊治患者2.2亿人次”。② 近年来，中国帮助非洲提升卫生健康领域的能力建设，中国支持非洲疾控中心建设，派遣专家参与非洲疾控中心工作，培养非洲公共卫生人才。2017年1月31日，非洲疾控中心正式成立，可以说是非洲大陆上医疗卫生工作的一项重要里程碑。③ 非洲疾控中心，这次在新冠肺炎疫情防控方面发挥积极作用，如及时发布信息、与国际开展合作，指导非洲国家开展疫情防控等等。

四 结语

中非共同抗击传染性疾病是中国与国际社会应对全球性挑战的一部分，事实上，自新冠肺炎疫情在世界范围大流行以来，中国作为一个负责任的大国，秉持人类命运共同体理念已经通过多种方式，向许多国家提供帮助，截至2020年3月26日，我国已援助89个国家和4个国际组织。在二十国集团领导人特别峰会上，习近平主席提出的中国方案，赢得了国际社会的称赞。当前，中非之间正在构建更加紧密的命运共同体，中国理应对非洲予以更大的关注，在力所能及的范围内提供更多的帮助。非洲国家经济条件有限，医疗条件比较落后，一旦疫情大暴发，对非洲国家就是巨大灾难。为此，提出如下建议：（1）继续关注非洲疫情的变化，并加强与非洲国家分享抗击新冠肺炎疫情经验；（2）加强非洲抗击传染性疾病的能力建设，帮助非洲国家培养医护力量和重大传染病的检测能力；（3）加强国际合作，让更多的国家和国际组织参与进来，与非洲国家一道抗击传染性疾病的传播和蔓延。

① 《王毅在十三届全国人大四次会议举行的视频记者会上就中国外交政策和对外关系回答中外记者提问》，《人民日报》2021年3月8日第3版。

② 崔丽、Xu Chengzhi：《深化中非卫生健康合作》，《中国投资（中英文）》2018年第16期。

③ 王立立、董小平：《中非公共卫生合作 机遇与挑战》，《中国投资》2019年第2期。

高校非洲研究的学术理路述论

——学习习近平主席致中国非洲研究院贺信精神

张永宏*

摘　要： 高校非洲研究机构要深入学习贯彻习近平主席致中国非洲研究院贺信精神，强化使命意识和责任担当，在中国非洲研究院的带领下，加快改革创新步伐，筑牢基础研究和人才培养之基，补齐专业化程度不高和智库建设薄弱的短板，在大力增强本土创新能力的进程中创建特色，努力实现快速发展、优质发展和可持续发展，全面提升知识原创力、政策影响力和国际竞争力。

关键词： 非洲研究；高校；基础研究；智库建设；本土创新

2019年4月9日，中国非洲研究院成立，标志着中国非洲研究跨入一个新的时代，意义重大，影响深远。习近平主席致中国非洲研究院的贺信，高瞻远瞩，为中国非洲研究的转型升级、提质增效、跨越式发展指明了方向，注入了强劲的精神动力。习近平主席高度重视非洲研究，亲自谋划、部署建立中国非洲研究院，是对中国非洲研究界的极大鼓舞和鞭策。同时，这也对我们提出了更高的要求和期待，赋予我们更加光荣的历史使命和更加艰巨的时代责任。高校非洲研究机构是中国非洲研究领域的一支重要力量，承担着知识传承与生产、学术研究与人才培养、社会服务与人文交流的重任，我们要强化使命意识和责任担当，在中国非洲研究院的带领下，抓住这一前所未有的历史机遇，乘势而上，加快改革创新步伐，筑牢基础研究和人才培养之基，补齐专业化程度不高和智库建设薄弱的短板，在大力推进本土创新的进程中创建特色，努力实现快速发展、优质发展和可持续发展，全面提升我国非洲研究的知识原创力、政策影响力和国际竞争力。

一　重基础：加强基础研究和人才培养

改革开放以来，中国一直处在高速发展阶段，取得了举世瞩目的经济和社会发展

---

* 张永宏，云南大学国际关系研究院党委书记、非洲研究中心研究员，主要研究方向为非洲发展问题。

成就。与此同时，新挑战、新问题层出不穷，对应用研究的需求与日俱增，基础研究相对被弱化了，这是学术界的一个普遍现象。非洲研究领域也不例外，存在“对中非合作的了解、调研，远远跟不上中非合作的发展的现实”的情况①，突出表现为基础理论研究滞后于应用对策研究甚或两者脱节，应用对策研究肤浅化，缺乏理论创新和方法创新，多学科、跨学科研究尤为欠缺，原创性成果不多，低水平重复，等等②。总体上看，基础研究薄弱是导致应用研究原创力不足或不可持续的症结所在，是制约中国非洲研究领域增强实力的根本性因素。

学科和研究领域是两个范畴。学科以概念、理论、方法为标志，是相对独立的知识体系。研究领域主要是针对研究对象而论。一个学科可用于多个研究领域，一个研究领域可能涉及多个学科。一个研究领域是否能够形成新的学科，取决于其内部的成熟度和外部的认可度，即概念、理论、方法的独特性、系统性、完备性和学术共同体的认可。通常，学科和研究领域都有基础和应用之分。基础学科是应用学科之母，应用学科又反作用于基础学科，二者有主次之分又相互联系、相互推动。相应，基础研究可理解为是基于基础学科的研究，应用研究则重点面向现实问题和社会需求。基础研究同样可视为应用研究的基石，没有扎实的基础研究，必然制约应用研究的深入展开；反之，没有应用研究的拉动，基础研究也会缺乏活力。一般而言，基础研究涉及的学科边界相对明晰，应用研究则不然。应用研究具有综合性强、发生快变化也快的特点，往往需要学科联合、学科交叉加以支撑。当前应特别注意的是，近代以降，学科在不断分化中演进，但在最近一个多世纪里，学科交叉、整合的趋势越来越突出。历史上学科细分有利于提高学科的社会地位、聚集社会资源，有利于促进学科专业化和学术共同体的发展，但在当代，复杂性问题、非线性问题突出，学科分得过细，会形成学科门槛和壁垒，散失开放性品质，走向故步自封，并不利于支撑应用研究提出综合性解决方案。

高校非洲研究包括基础研究和应用研究，筑牢基础研究之基，就是要重视依托基础学科开展研究。长期以来，高校非洲研究面临基础研究积累不足、应用研究急需提质增效的双重挑战。要破解这一难题，从长远看，须从基础研究做起，如加强学科规划和布局，加强学科支撑体系建设，不断凝聚学科方向，等等。高校的学院是学科的载体，一些高校改变以往研究机构实行独立建制的做法，把研究机构并入学院，这种做法有利于强化研究机构与基础学科的联结，符合科研规律和办学规律。

为党育人、为国育才、立德树人，是社会主义大学的根本使命。人才培养是高校的首要任务，也是高校的优势所在。基础研究和人才培养是高校翱翔于学海的两翼，

① 张明：《中国非洲研究要坚持走自己的路》，载刘鸿武主编《非洲研究》2018 年第 1 卷，社会科学文献出版社 2018 年版，第 8 页。

② 张宏明：《中国的非洲研究发展述要》，《西亚非洲》2011 年第 5 期。

只有二者并重、平衡发展，才能行稳致远。同时，基础研究又是知识传承和创新的主阵地，没有扎实的基础研究，也难以培养出优秀人才。习近平总书记指出：“高校哲学社会科学有重要的育人功能，要面向全体学生，帮助学生形成正确的世界观、人生观、价值观，提高道德修养和精神境界，养成科学思维习惯，促进身心和人格健康发展。”“要实施以育人育才为中心的哲学社会科学整体发展战略，构筑学生、学术、学科一体的综合发展体系。”① 随着中国非洲研究的不断繁荣，人才短缺问题越来越突出，中国“从事国际问题研究的学者大概是1万人，但研究非洲的不超过2%”②，“现有的科研力量与形势、任务之间严重不匹配”③。高校非洲研究机构要深入贯彻“三全育人”方针，着力改变“重科研轻教学”的现象，强化基础学科、基础研究的育人功能，充分发挥学科覆盖面广、学位点多、招生名额多的优势，加大人才培养力度，努力提升人才培养质量，为中国非洲研究的繁荣发展提供人才支持。

二 补短板：推进专业化与智库建设

在新形势下，不断提高专业化水平，建设现代新型智库，是高校非洲研究机构生存与发展的根本出路。然而，专业化程度不高，服务能力不足，恰恰是高校非洲研究机构的两大短板。其主要表现是“研究范围过于宽泛，少有国别或个案研究，与国外交流不多，研究成果很少以外文出版”④；“受西方的影响太多，学者们缺少一手资料，条块分割、学科体系不完善、不平衡以及实地研究不足”⑤；“提出的对策建议不对路，难以满足服务对象的实际需求”⑥；研究队伍不健全，研究人员多习惯于写论文，不愿意也不擅长作对策研究；专题研究不够深入，缺乏智库专家；等等。这些现象严重制约着研究机构从传统学术研究向专业化、现代智库的转型。

没有专业化，智库职能则无从谈起。智库建设的关键就是要大力改革学术研究运行的体制机制，走专业化的路子，增强学术研究的问题意识、时代价值和创新活力，增强智库发展的知识厚度和理论深度。习近平总书记指出：“中国哲学社会科学应该以我们正在做的事情为中心，从中国改革发展的实践中挖掘新材料、发现新问题、提出新观点、构建新理论。”“问题是创新的起点，也是创新的动力源。只有聆听时代的声音，回应时代的呼唤，认真研究解决重大而紧迫的问题，才能真正把握住历史脉

---

① 习近平：《在哲学社会科学工作座谈会上的讲话》，《人民日报》2016年5月19日第2版。

② 张明：《中国非洲研究要坚持走自己的路》，载刘鸿武主编《非洲研究》2018年第1卷，社会科学文献出版社2018年版，第3页。

③ 张宏明：《中国的非洲研究发展述要》，《西亚非洲》2011年第5期。

④ 李安山：《20世纪中国的非洲研究》，《国际政治研究》2006年第4期。

⑤ 姜英梅：《非洲学界学习贯彻习近平主席致中国非洲研究院成立贺信精神座谈会纪要》，中国非洲研究院网站，http://cai.cssn.cn/gonggao/201904/t20190416_4865192.shtml，2020-03-26.

⑥ 张宏明：《中国的非洲研究发展述要》，《西亚非洲》2011年第5期。

络、找到发展规律，推动理论创新。”[①] 高校非洲研究机构推进专业化与智库建设，就是要面向国家战略，面向时代需求，以问题为导向，大力加强国别研究、专题研究，努力为中非合作大战略提供智力支持。

当前，高校非洲研究机构要充分认识智库建设的重要性和紧迫性。2015 年 1 月，中共中央办公厅、国务院办公厅印发的《关于加强中国特色新型智库建设的意见》指出，中国特色新型智库是党和政府科学民主依法决策的重要支撑，是国家治理体系和治理能力现代化的重要内容，是国家软实力的重要组成部分，要“以战略问题和公共政策为主要研究对象、以服务党和政府科学民主依法决策为宗旨，开展前瞻性、针对性、储备性政策研究，提出专业化、建设性、切实管用的政策建议，着力提高综合研判和战略谋划能力”。一些高校非洲研究机构是“中非智库 10 + 10 合作计划”、区域与国别研究基地备案中心、中非人文交流研究中心的成员单位，是国家智库体系不可或缺的重要组成部分，要围绕中非战略布局，把握智库规律，强化智库职能。当务之急是要深化组织管理体制、研究体制、成果评价和应用转化机制、国际交流合作机制的改革，着力建设自主的功能完备的信息采集分析系统、专题数据库和实验室，在公共外交和文化互鉴中发挥作用，不断增强中国的国际影响力和国际话语权，尽快扭转“在国际上的声音还比较小，还处于有理说不出、说了传不开的境地”[②]，国外智库“摸到的情况比我们掌握的更多、更深入”[③] 等被动局面。

三　创特色：增强本土创新能力

构建中国特色哲学社会科学，是当代中国学界的重大命题。习近平总书记指出，“解决中国的问题，提出解决人类问题的中国方案，要坚持中国人的世界观、方法论”，“越是民族的越是世界的”，“解决好民族性问题，就有更强能力去解决世界性问题；把中国实践总结好，就有更强能力为解决世界性问题提供思路和办法。这是由特殊性到普遍性的发展规律”。[④] 习近平总书记同时指出：“我们既要立足本国实际，又要开门搞研究。对人类创造的有益的理论观点和学术成果，我们应该吸收借鉴，但不能把一种理论观点和学术成果当成‘唯一准则’，不能企图用一种模式来改造整个世界，否则就容易滑入机械论的泥坑。一些理论观点和学术成果可以用来说明一些国家和民族的发展历程，在一定地域和历史文化中具有合理性，但如果硬要把它们套在各国各民族头上、用它们来对人类生活进行格式化，并以此为裁判，那就是荒谬的

---

① 习近平：《在哲学社会科学工作座谈会上的讲话》，《人民日报》2016 年 5 月 19 日第 2 版。

② 习近平：《在哲学社会科学工作座谈会上的讲话》，《人民日报》2016 年 5 月 19 日第 2 版。

③ 张明：《中国非洲研究要坚持走自己的路》，载刘鸿武主编《非洲研究》2018 年第 1 卷，社会科学文献出版社 2018 年版，第 8 页。

④ 习近平：《在哲学社会科学工作座谈会上的讲话》，《人民日报》2016 年 5 月 19 日第 2 版。

了。对国外的理论、概念、话语、方法，要有分析、有鉴别，适用的就拿来用，不适用的就不要生搬硬套。哲学社会科学要有批判精神，这是马克思主义最可贵的精神品质。"[①] 习近平总书记的论述，为非洲研究创特色、树品牌廓清了思路，指明了方向。高校非洲研究要面向中非关系战略和中非合作实践，在广泛学习、借鉴的基础上大力提升本土创新能力。

本土化与国际化常常被并提。如果说本土创新侧重内容生产，那么，国际化则重搭建交流平台、拓展交流通道、丰富交流内涵。我们的研究成果要有说服力并广为流布，首先要有实质性内容，其次还要有恰当的形式、多样化的渠道，才可能让受众明白、广泛接受。因此，本土化和国际化是创建特色不可分割的两面，只是国际化并不难理解，无须赘述；相反，在新的时代背景下，"对非研究要走自己的路"[②]，要更加强调本土化、本土创新。

社会科学的本土化探索，源远流长，中外皆然。在中国，借鉴、吸收、再创造的历史十分悠久。早在汉唐，印度佛教与道家哲学相互影响，就逐渐形成了"中国的佛学"，中国的佛学"是另一种形式的佛学，它已经与中国的思想结合，它是联系着中国的哲学传统发展起来的"，明显不同于"在中国的佛学"。[③] 近代以来，西学东渐，"中学""西学"之争相伴而行，至今仍未停息。改革开放后，围绕现代化（20世纪80年代）、全球化（20世纪90年代）、中国模式（2000年以来）的探究，本土化问题的讨论高潮迭起，影响广泛。[④] 当前，本土化问题的争论还在继续，并在议题、应用、范式、主体性建立等方面不断得到深化。[⑤] 在西方，美国的社会学是对欧洲社会学的实用主义改造，在20世纪30年代完成本土化过程，形成美国特色的社会学，并转过来影响欧洲和世界。[⑥] 19世纪末德国兴起历史主义思想，批判社会科学中寻求普遍主义科学法则的研究范式，是又一个社会科学本土化的典型例子。[⑦] 在发展中国家，拉美学界20世纪20年代就出现本土化浪潮，二战结束后，"质疑与批评现代化与发展理论所宣称的普适性质"，"对西方理论、概念和方法的修正"，"关注本民族文化与制度遗产的独特内涵，并以此来重新解释当地的社会发展变迁"，

---

① 习近平：《在哲学社会科学工作座谈会上的讲话》，《人民日报》2016年5月19日第2版。

② 张明：《中国非洲研究要坚持走自己的路》，载刘鸿武主编《非洲研究》2018年第1卷，社会科学文献出版社2018年版，第8页。

③ 冯友兰：《中国哲学简史》，北京大学出版社1985年版，第270—271页。

④ 王素一：《20世纪80年代以来中国社会科学本土化研究的问题与展望》，《内蒙古民族大学学报（社会科学版）》2011年第3期。

⑤ 贺雪峰：《本土化与主体性：中国社会科学研究的方向——兼与谢宇教授商榷》，《探索与争鸣》2020年第1期。

⑥ 郭彩琴：《美国社会学本土化运动对社会学中国化的启示》，《苏州大学学报（哲学社会科学版）》1996年第3期。

⑦ 李宗克、曹锦清：《本土化何以可能——社会科学中反思普遍主义的主要视角》，《学术月刊》2013年第9期。

“主张建构本国社会科学主体性和新范式”，推动哲学社会科学的本土化运动广泛深入。[①]

社会科学的本土化运动背景多样，有民族主义因素，有来自现代化、全球化的冲击，有西方理论陷入困境，等等，[②] 但中国的情况又有特别之处。近代以来，中国经历了“器不如人、制不如人、思想文化不如人”[③] 的认知过程，相继爆发了洋务运动、辛亥革命、五四运动，一路走来，西化浪潮总体上占据压倒性优势。尤其是改革开放以来，在“国际化”的统摄和催动下，西方思想文化汹涌而入，科学化、专业化、规范化成为了学术界口号，“以美国为主的西方学院体系的学科、方法、标准成规模地引入中国高校，大学日益高大上，学术门槛日益抬高，学术话语权日益睥睨经济社会现实生活，久而久之，在学科规范化过程中，社会科学日益显示出脱离实际的教条化、八股化倾向”[④]。党的十八大以来，中国迈进由大国向强国转型的时代，经济实力、政治影响力越来越步入世界中心，时代呼唤学术的创新和引领。“一切刻舟求剑、照猫画虎、生搬硬套、依样画葫芦的做法都是无济于事的”[⑤]，如果我们的学术研究还长期处在模仿阶段，那就跟不上时代要求和形势变化。

非洲研究领域本土创新的空间十分广阔，大有可为。党的十九大报告确立了以“两个构建”为统领、“一带一路”倡议为抓手的中国特色大国外交战略体系和布局，为非洲研究开辟出新的广阔道路。习近平主席在2018年中非合作论坛北京峰会开幕式上的主旨讲话，紧扣时代命题，擘画中非关系未来的恢宏画卷，为非洲研究提出了丰富的课题。非洲蕴藏着学术研究的肥沃土壤，“西方现代学术的诸多领域，如人类学、民族学、社会学、语言学、考古学、人种学、生态学等等，各种流行一时的理论或流派，诸如结构主义、功能主义、传播理论、发展研究、现代化理论、女性主义、后殖民主义、世界体系论等等，都曾以不同的方式或形态，与非洲这块大陆有某种直接或间接的关联”[⑥]。立足中国新时代的实践创新、理论创新，运用历史唯物主义、辩证唯物主义的立场、观点、理论和方法研究非洲，是学术创新的一方广袤新天地。

四　结语

2008年全球金融危机以来，以保守主义、民粹主义为特征的逆全球化运动浪潮

---

① 姚传明：《社会科学本土化：反思、批判与限度》，《甘肃行政学院学报》2011年第5期；王素一：《20世纪80年代以来中国社会科学本土化研究的问题与展望》，《内蒙古民族大学学报（社会科学版）》2011年第3期。

② 谭江华、侯均生：《试论社会科学研究的本土化进路》，《天津社会科学》2003年第3期。

③ 金一南：《十九大是对中华民族伟大复兴的深度谋划》，《世界社会主义研究》2018年第1期。

④ 《文化纵横》编辑部：《社会科学本土化是一个日益紧迫的大问题》，《文化纵横》2018年第5期。

⑤ 习近平：《在哲学社会科学工作座谈会上的讲话》，《人民日报》2016年5月19日第2版。

⑥ 梅新林：《构建“非洲学”新兴学科的学术路径》，《中国社会科学报》2011年10月25日。

高涨，全球化被扭曲，全球治理陷入空前危机。中国需要重新思考全球化，重新定义全球化，引领全球化再平衡。中非合作、中非关系一直是中国外交实践、理论创新的前沿，我们要深入学习贯彻习近平主席致中国非洲研究院贺信精神，“扛起历史责任，解答时代命题，展现时代担当”[①]。相信在中国非洲研究院“交流平台、研究基地、人才高地、传播窗口”“四大功能”[②] 的推动下，中国高校非洲研究必将取得大发展、大提高。

① 习近平：《携手共命运　同心促发展——在2018年中非合作论坛北京峰会开幕式上的主旨讲话》，《人民日报》2018年9月4日第2版。

② 李新烽：《习近平主席贺信是建院之本、强院之魂》，《西亚非洲》2020年第2期。

中非人文交流推动中非合作行稳致远

刘鸿武　林　晨*

摘　要： 人文交流是新时期中非关系的新动力新方向，有助中非合作行稳致远。人文交流因惠及民间、扎根人心，对未来中非关系的稳定发展，更具有基础性、长远性作用。习近平同志高度重视人文交流在中非关系中的基础性地位与战略性意义，在多个场合就推进中非人文交流作出过重要而明确的指示。中国非洲研究学者需要认真学习、领会和实践，深入思考和研究中非人文交流的理论基础、战略意义、推进路径并努力付诸具体可见的实践过程。

关键词： 中非人文交流；理论意义；战略价值；实践案例

推进中非人文交流是一项系统工程，需要战略引领、政策支持、理论支撑、实践操作各方面的通力配合，而深入把握中非文明文化的特质、提升学术理论研究水平则是重要前提与基础性工作。

一　中非人文交流的理论意义与战略价值

文明与文化的价值与意义，对世界上任何一个国家或一个民族都是不言而喻的。文明与文化是一个国家或一个民族在其漫长历史进程中积淀下来的价值理念、精神遗产与知识体系，承载着各民族的心灵生命及其延续发展的精神根基。国家之为国家，民族之为民族，不仅是因其有疆域国土需予守护开发，更因其有文化历史需传承光大。经久流传的文化传统与文明精神，因保留了国家与民族的古老情感与遥远记忆，而得以让每个国家和民族虽历无数风雨而能命脉不断，经重重磨难而可复兴再生。①

人类文化或人类文明，因其有地域之属性、民族之精神而有明显差异与个性。唯因存在差异性，也就有了各国各民族进行文化交流与文明互鉴的必要与可能。透过与

---

* 刘鸿武，教育部长江学者特聘教授、浙江师范大学非洲研究院院长、博士生导师，主要研究方向为非洲政治、历史、文化，中非关系，尼日利亚、坦桑尼亚、苏丹、南苏丹国别研究；林晨，浙江师范大学非洲研究院博士研究生。本文在刊发于《西亚非洲》2020 年第 2 期的同名文章基础上修改而成。

① 刘鸿武：《非洲文化与当代发展》，人民出版社 2014 年版，第 2 页。

他族他国的接触与交流，人类方得以在“我与他”的关系对比中发现自我、认知他者，并由此汲取他者文化文明的精华，丰富自身的文化与文明。因而，历史纵向上的传承光大，地域横向上的吸收扩散，构成了古往今来人类文化或文明演进的基本形态。可以说，文化文明既是人类相异相别的原因，也是人类相通相连的基础。①

在人类文明文化漫长演进过程中，中国与非洲因在地理上天各一方，历史上形成的文明文化既有相同之处，亦有巨大差异。中华文明与非洲文明都曾长期走在世界文明前列，皆以自己的方式创造过特定时空内的区域文明，产生过各有特色的知识体系与思想智慧，并在许多时候与许多领域影响过人类文明的发展进程与演进走向。因地理上相距遥远，中华文明与非洲文明直接交往与相互认知并不容易，较之世界其他文明交往历程，中非文明交往的发生发展相对晚近，但从世界文明史的角度上看，整体形态与精神气质具有巨大差异的中非两大区域性文明，一旦相遇并开启跨越大洋的对话交流，必然会带来特殊成果，引发深远影响。

回顾世界文明文化的交往史，古代中非间的往来也曾一度繁荣。10—16 世纪，阿拉伯伊斯兰世界兴盛并与东亚中华文明相遇后，形成了一个“环西北印度洋商贸文化圈”，处于这一文化圈东中西广阔地带的传承了古代中华文明、印度文明、波斯文明、阿拉伯文明、东非阿克苏姆文明、斯瓦希里文明的众多国家与民族等，都程度不等地参与其中。

事实上，中非人文交流早在唐宋时期已出现，元明后达相当规模，14 世纪元代航海家汪大渊抵达东非桑给巴尔岛②，北非摩洛哥旅行家伊本·白图泰到中国游历考察③。15 世纪初明代航海家郑和率庞大船队七下西洋，四次抵达东非沿海，至今桑给巴尔王宫仍藏有郑和远航图。④ 东非斯瓦希里海岸因保留众多中国瓷器而被称为“瓷器海岸”，明代彩绘世界地图《大明混一图》已对非洲地理做出绘制。⑤ 可见，中非的交往在早期就将彼此纳入各自的域外知识体系，尝试建构关于人类世界的真实图景，这在世界文明交往史上具有重要意义。

近代以来，随着西方列强兴起并在全球殖民扩张，中非间直接的人文往来逐渐沉寂，在被迫卷入西方主导下的世界体系后，双方在外部支配下有过殖民地半殖民地之间的间接交往。进入 20 世纪的百年历史进程后，中国与非洲面对西方的殖民压迫，互相发现了对方具有相似的身份与时代角色，怀有共同的奋斗目标与发展主题，即反抗殖民压迫、实现民族独立、建构新兴国家、复兴传统文明、推进国家建设等等。这

---

① 刘鸿武：《人文学散论》，人民出版社 2019 年版，第 134 页。

② 汪大渊：《岛夷志略校释》，苏继庼校释，中华书局 1981 年版，第 358 页。

③ 伊本·白图泰：《伊本·白图泰游记》，马金鹏译，宁夏人民出版社 2000 年版，第 539—559 页。

④ 刘鸿武：《蔚蓝色的非洲：东非斯瓦希里文化研究》，云南大学出版社 2008 年版，第 10 页。

⑤ 刘若芳、汪前进：《〈大明混一图〉绘制时间再探讨》，中国明史学会主办《明史研究》（第 10 辑），黄山书社 2007 年版，第 329 页。

些历史使命赋予中国与非洲相通的现代政治属性，从而跨越原有文明形态差异而建立一种现代意义的文明交往关系，使人类现代文明发展的总体格局发生意义深远的改变。百年来，中非双方的人民在承受现代变革压力的同时，也在努力通过复兴传统文化，加强交流互鉴，探索自身现代发展，而逐渐参与全球现代文明的塑造过程，开拓出人类现代性的新内涵与外延。[①]

今天，中非现代探寻各自文明复兴与合作的持续努力，也在推进世界文明交往的基本格局与国家关系基本形态，从“单向度的”“中心支配边缘的”不平等世界文明体系，逐渐转向“多向度的”“网状平等的”多元文明平等交往、合作发展的新世界体系。今天，世界历史的变革动力日益来自人口更为众多、地域更为广阔、文化更为多样的非西方世界，这是今天我们推进中非人文交流的开阔世界背景与时代基础。

习近平同志指出：“历史发展、文明繁盛、人类进步，从来离不开思想引领。”[②]从开阔的世界历史发展与人类文明进步的角度观察，我们可以看到，中非人文交流的意义是寓于世界文明发展史之中的。它不仅促进中非文明复兴，加强中非合作发展，还从思想源头上推进中非人民更积极主动而自信地参与人类现代性的二次建构，诠释人类现代性发展的文明史意义，丰富人类现代文明的结构与基础。

进入21世纪，随着中非合作论坛成立，中非文明交往进入新时期，中非发展合作的内容快速扩展、影响日益扩大、前景更趋广阔，双方致力于建立政治上平等互信、经济上合作共赢、文化上交流互鉴的新型战略伙伴关系。[③] 中非人文交流由此提升至新的战略高度，其广度与深度均以前所未有的规模向前发展，为中非合作与世界文明发展注入新的动力。

今天，中非合作关系包含政治互信、经贸往来与人文交流三个方面。对这三者的关系，多年前笔者就曾以“鱼塘论”喻之。[④] 就形象而言，政治互信如池塘，经贸往来如塘中之鱼，人文交流就如池中之水；若无稳固池塘，若无源头活水，鱼就长不好、长不大；池中之水虽不能卖钱，却是滋养鱼长大成活之关键。可见，政治、经济、人文形成三足鼎立之势、相互支撑，中非合作关系才能在稳固基础之上实现可持续发展，而人文交流因惠及民间、扎根人心，对未来中非关系的稳定发展，更具有基础性、长远性作用，具有无可替代的战略价值，在未来中非交流过程中更应该给予特殊的重视与推进。

---

① 刘鸿武：《西方政治经济理论反思与“亚非知识”话语权重建》，《西亚非洲》2011年第1期。

② 习近平：《为建设更加美好的地球家园贡献智慧和力量——在中法全球治理论坛闭幕式上的讲话》，《人民日报》2019年3月27日第3版。

③ 《中国对非洲政策文件》，参见中华人民共和国中央人民政府网站，http://www.gov.cn/gongbao/content/2006/content_212161.htm，2020-02-03。

④ 刘鸿武：《非洲文化与当代发展》，人民出版社2014年版，第326页。

二 中非人文交流的时代精神与方向路径

开放与包容是世界各国各民族的文化文明相处之道，也是繁荣进步之道。习近平同志指出："中华文明是在同其他文明不断交流互鉴中形成的开放体系。"[①] 历史上，中华文明就以广泛吸纳世界各国各民族的优长而形成博大精深的特质。在中华民族过去百年的现代复兴发展进程中，中华文明更充分发挥了善于吸收外部世界先进文化的传统优势，在许多领域主动汲取外部世界的先进知识与思想，获得了经济社会的快速发展。

从全球比较的视野上看，中国经济已经高速发展40多年，未来一二十年，中国还将继续保持较高的经济增长速度并进入高质量发展的新时期。中国经济规模的巨大变化与科技力量的明显提升，毫无疑问将对全球既存的政治经济格局产生重大影响。事实上，当今中国的经济社会生活已高度融合于外部世界，这使得今日中国比历史上任何时候都更深刻地与外部世界形成复杂的互动关系结构，在此背景下，更高层面与更复杂领域的观念与文化、思想与知识的内外互动交流也将日益频繁紧密而重要。

当前，中国处于近代以来最好的发展时期，世界处于百年未有的大变局之中，两者同步交织、相互激荡。[②] 时代的变革更要求当代中华的思想与知识精英创新性地重新思考中国与外部世界的相互关系，思考中华文明如何在往昔基础上开创新的发展前景并进而影响外部世界的未来发展。在这一时代背景下，中非双方努力以文明和文化的力量，突破现有国际环境的时空限制，在全球范围内打开文明交往的新局面，将为中非双方开辟更广阔的外部发展空间，不仅推进中非双方现实发展合作，也将带动发展中国家的发展进程，为整个世界带来新的发展机遇、发展资源、发展平台与发展空间。

总体来看，在新的时代条件下推进中非人文交流应该牢牢把握正确的方向。

第一，推进中非人文交流，应着眼于创造中非发展合作所需的人文环境与社会基础，为当代中国构建更具政治合法性、道德感召力与文化魅力的"国家身份"与"国家形象"提供特殊的国际舞台。当今各国在应对共同挑战的过程中，既需要经济科技力量，也需要文化文明力量。[③] 通过由中非文明内核驱动的中非人文交流，中国可以在一个足够宽广的、能持久产生全球效应的国际活动平台上，更主动地树立一个

---

① 习近平：《深化文明交流互鉴 共建亚洲命运共同体——在亚洲文明对话大会开幕式上的主旨演讲》，《人民日报》2019年5月16日第2版。

② 《习近平在中央外事工作会议上强调：坚持以新时代中国特色社会主义外交思想为指导努力开创中国特色大国外交新局面》，《人民日报》2018年6月24日第1版。

③ 习近平：《深化文明交流互鉴 共建亚洲命运共同体——在亚洲文明对话大会开幕式上的主旨演讲》，《人民日报》2019年5月16日第2版。

文明负责任的全球大国积极形象，以此缓和由全球复杂利益与发展变化引起的外部压力与冲突。

第二，推进中非人文交流，应有助于推进当代中华文明的世界化进程，使中华民族在新时期形成更开阔的全球视野、更包容的文明胸襟、更多元的文化欣赏力。今日的中国已是“世界之中国”，“未来之中国，必将以更加开放的姿态拥抱世界、以更有活力的文明成就贡献世界”。[①] 历史上，南亚印度文明、中东阿拉伯文明和欧洲西方文明，先后进入中国并对中华文明之进程与结构产生影响，今天热带非洲文明与中华文明的交流也必将书写重彩篇章。通过中非人文交流，可使当代中国人观察非洲文化艺术的天然品质与本真美感，形成更全面的世界文明眼光、更均衡的全球文化视野，培养对人类多元文化的普适性关爱。

第三，推进中非人文交流，应努力激发当代非洲知识精英群体的民族理想与文化情感，使其重新审视非洲与中国、非洲与西方、非洲与世界的关系，对当代非洲发展问题与非洲发展道路选择等问题做出独立思考与自主判断。当代非洲知识精英大都接受过比较多的西方教育，对当代非洲问题的看法也深受西方主流观念影响。[②] 通过加强与中国在发展减贫、治国理政等人文领域的交流，能促进其反思西方主流理论，探索非洲本土文化与知识传统在全球化背景下的变迁、转化和提升，获得非洲发展与现代化的内源性动力与积极力量。

第四，推进中非人文交流，应努力增强中非人民的文化自信与知识自立，增进中非双方平等的双向建构共通共享的现代知识体系。习近平同志指出：“文化自信是更基础、更广泛、更深厚的自信，是更基本、更深沉、更持久的力量。”[③] 人文交流的影响不仅仅局限于精神文化领域，它将带动政治、经济等其他领域的系列发展变化。了解和认知对方文化的过程，将会带动包括学术、智库、媒体各界在内的文化交流与合作发展，推动中非经贸合作向更利于民生改善的新领域发展，有助于双方从文明演进背景上来理解对方的发展道路选择，并据此更好地制定符合双方真实发展需要的中非合作战略。

今天，中非合作已经成为中国推进全球新型合作体系与人类命运共同体构建的特殊观察窗口与最佳实验平台。[④] 习近平同志在中非合作论坛北京峰会上，从责任共担、合作共赢、幸福共享、文化共兴、安全共筑、和谐共生六个方面，提出了共筑更

---

① 习近平：《深化文明交流互鉴　共建亚洲命运共同体——在亚洲文明对话大会开幕式上的主旨演讲》，《人民日报》2019 年 5 月 16 日第 2 版。

② 刘鸿武：《凤凰浴火涅槃新生——丹比萨 · 莫约的〈援助的死亡〉述评》，《西亚非洲》2011 年第 7 期。

③ 《习近平在全国宣传思想工作会议上强调：举旗帜聚民心育新人兴文化展形象　更好完成新形势下宣传思想工作使命任务》，《人民日报》2018 年 8 月 23 日第 1 版。

④ 刘鸿武、林晨：《中非关系 70 年与中国外交的成长》，《西亚非洲》2019 年第 4 期。

加紧密的中非命运共同体重大理念，① 为中非命运共同体增添了时代内涵，也为构建人类命运共同体指明了方向。

三 中非人文交流的实践要求与行动本质

习近平同志反复强调，“大道至简，实干为要”，“要做起而行之的行动者、不做坐而论道的清谈客”。② 人文交流之本质，就在于实践与行动。从字面上看，所谓人者，仁也、仁者爱人；文者，纹也、纹采斑斓；交者，交也，交汇融通；流者，流也、流动往来。③ 通俗地讲，人文交流就是要交起来、流起来、动起来，就是要通过丰富多彩的人文交往实践，在具体的、感性的、亲民的、优美的文化、艺术、音乐、体育、诗歌、舞蹈、绘画等具象而美好的活动中，感化天下人心，推进民心相通，从而推进人类间的平等往来、互学互鉴、美美与共。

就此而言，今日中国学术界研究与推进中非人文交流，须知其层次丰富、领域广阔、形式多样，不能仅停留在理论研究层面，更重要的是知行合一，将理念付诸实践、将无形付诸有形。可以说，推进中非人文交流的要义是中非人民间日益紧密的合作行动与交流实践。与非洲人民交流，感受非洲文化的魅力，如习近平同志所说：“最直接的方法莫过于走入不同文明，发现别人的优长，启发自己的思维。”④

研究非洲文明与中非人文交流，尤其应当如此，研究者只有走入非洲，置身于非洲文化场景与生活环境，并实质性地参与中非人文交流的具体活动，才能真切感受和理解非洲文化的个性特征，这样的理论研究才是接地气、通民情、可资政的。虽然深入非洲大陆、领略其文明、学习其文化殊为不易，但舍此别无捷径。因此，人文交流研究是一门行走的学问，研究者只有长期行走非洲、扎根非洲、观察非洲，才能做好中非人文交流研究。⑤ 习近平同志在敦煌研究院座谈时谈道：“敦煌文物保护和敦煌学研究博大精深，需要毕生精力才能见成效、出成果。择一事、终一生。希望大家把研究保护工作当作终身事业和无悔追求。”⑥ 从事非洲研究，推动中非人文交流，也是如此，需怀揣温情，心怀敬意，点滴积累，持久努力。

我们说，建构人类命运共同体，需要通过平等对话、多元交流，汇通人类的知

---

① 习近平：《携手共命运 同心促发展——在2018年中非合作论坛北京峰会开幕式上的主旨讲话》，《人民日报》2018年9月4日第2版。

② 人民日报记者杜尚泽、新华社记者张晓松：《始终牢记党的初心和使命——记习近平总书记在内蒙古考察并指导开展“不忘初心、牢记使命”主题教育》，《人民日报》2019年7月18日第1版。

③ 刘鸿武：《人文学散论》，人民出版社2019年版，第76页。

④ 习近平：《深化文明交流互鉴 共建亚洲命运共同体——在亚洲文明对话大会开幕式上的主旨演讲》，《人民日报》2019年5月16日第2版。

⑤ 参见钱穆《钱穆作品系列：中国历史研究法》，生活·读书·新知三联书店2005年版，第1页。

⑥ 习近平：《在敦煌研究院座谈时的讲话》，《求是》2020年第3期。

识、思想、文化，创造出超越个别区域、个别国家范畴的真正具有普适性的人类共建、共通、共享的知识体系与文化体系。在这一宏大背景下，中非学术界应跟上时代节奏，创新学科建设，返本开新，立足中非，融通全球，双向建构“中国非洲学”与“非洲中国学”。[①] 我们认为，这两大学科的创新建构过程，孕育着人类知识与理论创新的巨大空间，包括当代国际关系理论和相关的人文社会科学理论。长期以来，中国高校人文社科领域的学科建设存在一些短板[②]，仍有巨大的拓展空间，当代中非学术界应当以建设“中国非洲学”与“非洲中国学”为契机，携手努力，有所作为，突破西方哲学社会科学的话语垄断，产生原创性理论与全球性思想，构建中非及其全球共通共享的知识、话语、文化体系，从而以学术和思想助推中非发展共同体、利益共同体、命运共同体的建构。

---

① 刘鸿武：《命运共同体视域下中非共享知识体系的建构》，《西亚非洲》2018 年第 5 期。

② 刘鸿武：《命运共同体视域下中非共享知识体系的建构》，《西亚非洲》2018 年第 5 期。

“一带一路”倡议下的中非人文交流

杨宝荣*

摘　要：“人文交流行动”是习近平主席在2018年中非合作论坛北京峰会上宣布的中非合作的“八大行动”之一，其目的是通过加强人文交流寻求更加广泛的发展共识，打造新时代更加紧密的中非命运共同体。就此而言，构建更加紧密的中非命运共同体是新时代中国对非合作的努力方向，而“一带一路”倡议是构建中非命运共同体的重要平台。民心相通为推进“一带一路”倡议固本强基，需通过人文交流等多元渠道加以推动。在百年未有之大变局的国际环境下，扩大人文交流要体现中非合作倡导的价值观，为解决非洲发展问题、深化中非关系提供更有力的智力支持。

关键词：人文交流；“一带一路”倡议；中非命运共同体；智库合作

在2019年4月9日中国非洲研究院成立之际，习近平主席致贺信。作为2018年中非合作论坛北京峰会的人文交流举措之一，成立中国非洲研究院是新时代中国加强与非洲国家合作的重要举措。在当前世界经济发展和国际格局演变的环境下，深刻理解习近平主席贺信精神，有助于我们正确把握时代发展潮流，深化“一带一路”倡议下的中非人文交流，构建更加紧密的中非命运共同体。

一　以人文交流深化中非“一带一路”合作

民心相通是“一带一路”倡议的社会根基，需要通过中非双方人员、文化的交流与融合得以实现。由此，加强中非人文交流有助于中国和非洲国家深化发展共识，并提升“一带一路”的合作水平。

第一，中非人文交流旨在深化合作共识。中国和广大非洲国家都有着各自文化的独特性，是世界文明的重要组成部分。基于文化的民族性和不自觉性，中非民众常常会以各自群体的信仰、价值观、风俗习惯、思维方式等研判对方的行为，从而干扰跨文化沟通。因此，扩大人文交流，不仅有助于深化中非合作，也将提升中非在双方合

---

* 杨宝荣，中国社会科学院西亚非洲研究所（中国非洲研究院）经济研究室主任、研究员，研究领域为非洲政治、经济发展与国际关系、中非合作等。本文原刊发于《西亚非洲》2020年第2期。

作乃至全球发展问题上的一致性认识，推动双方的共同发展。正如习近平主席在2019年5月召开的“亚洲文明对话大会”上所讲，文明因多样而交流，因交流而互鉴，因互鉴而发展。要实现世界的和平安宁、共同繁荣和开放融通，就需要加强世界上不同国家、不同民族、不同文化的交流互鉴。①

第二，人文交流重在传承中非友好。习近平主席关于“真实亲诚”的演讲中明确指出：“中国人民和非洲人民有着天然的亲近感。”中非知心“很重要的一点就是要通过深入对话和实际行动获得心与心的共鸣”。由此，“我们要更加重视中非人文交流，增进中非人民的相互了解和认知，厚植中非友好事业的社会基础。中非关系的长期可持续发展，需要一代又一代中非有志青年共同接续奋斗。双方应该积极推动青年交流，使中非友好事业后继有人，永葆青春和活力”②。中非天然亲近感的形成，既因相似的历史遭遇，更是共同应对发展挑战中形成的合作共识。只有着眼于彼此的核心关切和发展需求，不断深化合作，中非友谊的基石才会更加牢固。长期以来，中国注重同非洲国家开展在人力资源开发领域的合作，中国政府设立的“非洲人力资源开发基金”“中非智库论坛”“中非创新合作中心”，以及实施的“中非智库10+10合作伙伴计划”“非洲人才计划”“中非联合研究交流计划”“头雁计划”等，均有力推动了中非关系与互利合作不断升级发展。

第三，人文交流立足发展经验的分享和互鉴。新中国成立后及非洲国家独立以来均进行了符合自身国情的发展道路的探索。但多年后，中国取得了举世瞩目的发展成绩，人均国内生产总值突破1万美元。而绝大多数非洲国家仍徘徊在前工业化或工业化初级阶段。究其原因，既有经济制度选择的差异，也有改革方向的差异。究其实质，则是发展理念的不同。就制度而言，很多非洲国家和中国一样，在独立后选择了社会主义经济发展道路，但又在20世纪90年代民主化改革过程中转而实施以完全市场化和私有化为基础的改革与转型。由此，非洲国家独立后所倡导的通过一体化推动工业化的发展路径被中断。就改革方向而言，非洲国家从20世纪80年代接受西方的《结构调整方案》，到90年代中后期结构调整改革失败，重新回到严重依赖西方资本的方向上（集中表现是开始逐步接受西方主导的“减贫战略”和“减债方案”以换取发展支持），彰显非洲国家在经济发展道路的外部依赖性。直至21世纪，非洲国家自主发展的速度加快。这与新中国成立以来就始终坚持自主决定本国事务、自主解决本国问题的发展道路存在很大差异。“中国特色社会主义理论”中关于基础设施建设、工业化路径、统一大市场建设、政府和市场作用等发展理念和举措对于落后国家的工业化发展有一定参考意义。

---

① 习近平：《深化文明交流互鉴　共建亚洲命运共同体——在亚洲文明对话大会开幕式上的主旨演讲》，《人民日报》2019年5月16日第2版。

② 习近平：《永远做可靠朋友和真诚伙伴——在坦桑尼亚尼雷尔国际会议中心的演讲》，《人民日报》2013年3月26日第2版。

二 以人文交流体现中非合作倡导的价值观

长期以来，中非双方在凝聚发展合作共识，促进各自发展和维护世界公正秩序方面发挥了积极作用。站在中非合作的新时代，中非人文交流继续彰显中非合作倡导的价值观。

（一）中非人文交流体现了真诚友好、平等相待的合作理念

中国长期坚定奉行独立自主的外交政策，反对霸权主义、维护世界和平以及建立世界政治经济新秩序是中国对外政策的基石。当下，中国“一带一路”倡议中提出的“共商”等合作理念，体现了中国与“一带一路”沿线国家的平等伙伴关系。中国倡导的“共商”，即在中非人文交流时，双方人员均是平等参与者，中方要充分尊重非洲国家对相关合作事项的发言权、话语权，不能对非洲的合作伙伴国所选择的发展路径指手画脚，通过双边沟通和磋商，实现发展战略的对接。例如，中国与非洲国家在进行国家治理与发展经验交流时，中国既不把中国特色的发展道路强推给非洲国家，也不主张非洲国家照搬中国发展经验。早在 1960 年，毛泽东在会见撒哈拉以南非洲国家代表时就明确提出：“中国有中国的历史条件，你们有你们的历史条件，中国的经验只能作你们的参考。”① 近年来，习近平主席也多次公开强调，中国乐于分享自己的发展经验，但不主张别国照抄中国经验。在 2018 年中非合作论坛北京峰会的开幕致辞中，习近平主席更是明确提出了中国对非合作中的“五不”理念，即不干预非洲国家探索符合国情的发展道路，不干涉非洲内政，不把自己的意志强加于人，不在对非援助中附加任何政治条件，不在对非投资融资中谋取政治私利。② 这是中非关系不惧风雨、历久弥坚的根本原因，也是包括人文交流在内的中非合作长盛不衰的“独家秘籍”。的确，独立自主是非洲国家独立以来所追求的发展目标。受多种因素影响，广大非洲国家独立后在发展道路上的探索充满艰辛，众多积极的发展规划因为自身能力不足而束之高阁或以失败告终。进入 21 世纪以来，非洲大陆先后通过了《非洲发展新伙伴计划》和《2063 年议程》，积极寻求与国际社会建立平等伙伴关系促进发展。“一带一路”倡议与上述非洲大陆自主性发展战略的深入对接，将极大促进中非合作更好、更快发展，更多惠及非洲人民。

---

① 毛泽东：《帝国主义是不可怕的》（1960 年 5 月 7 日），载《毛泽东外交文选》，中央文献出版社、世界知识出版社 1994 年版，第 413 页。

② 习近平：《携手共命运 同心促发展——在 2018 年中非合作论坛北京峰会开幕式上的主旨讲话》（2018 年 9 月 3 日），《人民日报》2018 年 9 月 4 日第 2 版。

（二）人文交流聚焦解决非洲发展问题

无论是中国还是非洲国家，在实现经济社会可持续发展过程中都会遇到方方面面的问题。对此，中国领导人秉持辩证且科学的发展观，强调“用发展来解决发展中出现的问题”“发展是解决问题的基础和关键”。这一发展观也体现在中非合作中，正如习近平主席在2015年中非合作论坛约翰内斯堡峰会开幕式致辞中所言：“中非关系最大的‘义’，就是用中国发展助力非洲的发展，最终实现互利共赢、共同发展……全面深化中非各领域合作，让中非人民共享双方合作发展成果。”①

具体到中非关系中，一方面，当前中非发展合作正面临着新的国际形势。习近平主席在多次讲话中将其描述为“百年未有之大变局”。这既体现在新技术革命带动下的世界多极化、经济全球化、文化多样化空前发展态势，也体现在发展不平衡和差异性带来的严峻挑战。在非洲，由于发展严重滞后，绝大多数国家仍面临着贫穷、饥饿、疾病、文盲、环境恶化等众多发展问题。在全球化不断加强的今天，非洲的发展滞后已经不仅仅关系到非洲自身，也关系到全球的可持续发展。中国政府努力推进的中非人文交流，所体现的正是中国希望通过不同发展水平国家开展广泛合作、分享经验，以期共同应对人类面临的发展挑战。正如《关于构建更加紧密的中非命运共同体的北京宣言》所指，在当今世界所处的大变革大调整时期，要有效应对诸如冲突、恐怖主义、贫富差距、重大传染性疾病、气候变化、土地退化、粮食安全、保护主义等众多全球性挑战，携手合作是唯一的出路。也正因为如此，习近平主席在致中国非洲研究院成立的贺信中强调指出：“希望中国非洲研究院汇聚中非学术智库资源，增进中非人民相互了解和友谊，为中非和中非同其他各方的合作集思广益、建言献策，为促进中非关系发展、构建人类命运共同体贡献力量！”②

（三）人文交流注重提升非洲自主发展能力

“一带一路”合作理念中的“共建”，即中国在与非洲国家开展“一带一路”框架下的合作时，需要中非双方实质性参与，具有责任共担的特征，且体现了人类命运共同体发展和运行的实践要求。由于中非经济社会发展程度存在较大的差距，如何提高非洲国家参与“一带一路”共建能力，遂成为中非人文交流的重要着力点。

针对目前非洲国家面临的“发展赤字”，中国在与非洲国家进行人文交流时，注重提升非洲国家的自主发展能力。2011年《中国的对外援助》白皮书明确指出，中国对外援助政策的基本内容首先就是“帮助受援国增强自主发展能力，丰富和改善

---

① 习近平：《开启中非合作共赢、共同发展的新时代——在中非合作论坛约翰内斯堡峰会开幕式上的致辞》（2015年12月4日，约翰内斯堡），《人民日报》2015年12月5日第2版。

② 《中国非洲研究院：习近平向中国非洲研究院成立致贺信》，http：//cai. cssn. cn/gonggao/201904/t20190416_4865189. shtml，2019－12－10.

人民生活，促进经济发展和社会进步”。而“技术合作是中国帮助受援国增强自主发展能力的重要合作方式”。2014 年《中国的对外援助》白皮书在“加强能力建设”栏目中介绍了中国“授人以渔”的援助理念，强调“通过人力资源开发合作、技术合作、志愿者服务等方式，与其他发展中国家分享发展经验和实用技术，帮助发展中国家培养人才，增强自主发展的造血功能”，突出了中国对受援国的技术人才培养的重视。《中非合作论坛北京行动计划（2013—2015）》中强调“在粮食种植、储存、加工和流通领域，帮助非洲国家提高自主发展能力，并提供技术支持”；2015 年《中国对非洲政策文件》提出“帮助非洲国家减少贫困、改善民生、增强自主发展能力”；在 2018 年《中非合作论坛北京行动计划（2019—2021）》中，将提升非洲自主发展能力进一步扩大到产业对接与产能合作及金融合作，强调中方将加大对非洲在加工制造业、经济特区、产业园区等产业发展的支持力度，支持中国民营企业开展包括建设工业园区、技术转让等方面的合作，提升非洲国家经济多元化程度和自主发展能力，通过对非医疗卫生合作帮助非洲建设有应变能力的公共卫生体系，提升非洲在公共卫生领域的自主发展能力。广义的人文交流涵盖面较广，其所涉及的内容不仅仅是传统文化艺术等领域，也包括教育、培训、研究、管理经验等众多社会科学领域。由此，随着中非合作的不断深入，技术援助升级为产业合作时，企业管理和政策制定等领域的人文交流将不断加强，在此过程中，注重提高非洲国家在相关领域的自主发展能力也将成为中非人文交流的新热点。

三 以“一带一路”合作促进中非命运共同体建设

“一带一路”倡议作为中国的国际合作倡议，其目标是要通过产业等方面的合作实现与相关国家的共同发展，从而体现命运共同体价值。中非的历史友好与合作成就印证了“中非从来都是命运共同体”论断，以合作促进共同发展的理念和成功实践为世界更好地理解人类命运共同体提供了范例。

第一，构建更加紧密的中非命运共同体是新时代中国对非合作的努力方向。在国际对非合作中，中非之间的合作方式既是独特的，也是卓有成效的。从绝对数量上看，中国并不是最大的非洲援助方，但在长期的对非合作中逐渐成为国际对非合作的引领者，这既在于中非双方一如既往的平等伙伴与兄弟关系，更在于中国能够从自身发展经验出发，立足于提升非洲自主发展能力，真正关切非洲的发展需要。正如 2013 年 3 月习近平主席在坦桑尼亚演讲中提出的，中非间不仅在过去长期关注彼此发展需求和核心利益，而且视对方的发展为自己的机遇，面对发展挑战积极寻求和培育新的契合点和增长点，开拓性推动中非间的共同发展，所以“中非从来都是命运共同体”。设施联通是中非共建“一带一路”的优先领域，中国在投资规模大、回报周期长、回报率相对不高的基础设施等领域关注非洲发展需要，并加强相关领域的合作，充分体现了中国以务实行动回应非洲国家期待快速发展的热望。

第二，中非合作为“一带一路”国际合作提供了重要经验。“一带一路”倡议是新时代中国对外友好合作的重要国际倡议，其目标是通过“五通”（政策沟通、设施联通、贸易畅通、资金融通、民心相通）实现中国与相关国家的包容性增长和可持续发展。从国际合作经验特别是中非经济合作经验看，“一带一路”倡议所倡导的合作理念和阶段合作重点反映了中非合作所积累的成功经验。始于2000年的中非合作论坛为中非逐步开展多领域全方位合作奠定了基础，也收获了经验。一方面，中非合作论坛下的中非合作是中国改革开放以来最大范围参与全球性合作并收获成功的重要范例。中国广泛地参与非洲发展事务，为开展不同制度、不同发展水平国家间的合作积累了经验。另一方面，中非间共同的历史遭遇和同为发展中国家的属性都为中国探索符合新时代国际合作机制奠定了基础，并由此共同塑造了“一带一路”倡议的“共商、共建、共享原则”“框架思路”“合作重点”“合作机制”等内容。

第三，共建“一带一路”是构建中非命运共同体的具体实践。“一带一路”倡议下的中非合作，同中非构建互利共赢的利益共同体和共同发展繁荣的命运共同体相契合。相比于世界其他地区的发展，非洲仍面临基础设施发展严重滞后、工业化水平低以及人才、资金短缺等问题。鉴于此，中方把产能合作作为中非共建“一带一路”的重要内容，符合“非洲工业加速发展计划”（AIDA）和非盟《2063年议程》。在中非命运共同体理念下，近年中国对非洲工业化合作力度空前加大，体现于2015年中非合作论坛约翰内斯堡峰会的“十大合作计划”和2018年中非合作论坛北京峰会的“八大行动”。例如，2018年中非合作论坛北京峰会通过的《关于构建更加紧密的中非命运共同体的北京宣言》明确指出：“中方愿继续秉持互利共赢原则，以支持非洲培育不依赖原材料出口的内生增长能力为切入点，增强非洲第二、三产业生产能力，推动中非经贸合作转型升级，为非洲发展提供不附加政治条件的各类帮助和支持。非方重申坚持走可持续、多元化、社会经济协调发展之路，确保实现共赢结果。”① “一带一路”合作对接非洲工业化发展路径，将有效整合非洲次区域资源禀赋，将非洲的资源优势转化为现实增长力，并逐步解决非洲的基础设施瓶颈，促进非洲的地区一体化发展，带动非洲的经济多元化和工业化发展，提高非洲的自主发展能力，同时也有利于解决中非经贸合作的结构性问题。

“志合者，不以山海为远。”此前，中国已同44个非洲国家和非洲联盟委员会签署了“一带一路”合作文件。而“一带一路”合作的稳步推进，需要更密切的人文交流作支撑。近年来，部分非洲国家政治、经济、社会矛盾多发，处于政治社会转型期和经济发展换挡期“两期叠加”，给中非双边合作带来不确定因素。与此同时，西

---

① 《关于构建更加紧密的中非命运共同体的北京宣言》，新华网，http：//www. xinhuanet. com/world/2018 -09/05/c_1123379952. htm，2020 -02 -11.

方国家倚仗国际舆论霸权干扰中非关系与中非合作，恶化中非合作外部环境。对此，一方面，中非学者在进行人文交流时，可通过中国人和非洲人的视角阐释中非合作、中非关系，携手发声，以成为中非人民全面、客观认识中非合作的桥梁与纽带，为中非关系“正名”。另一方面，中国的非洲研究内容要基于新时代中非关系发展的大势，研究视点须关切非洲发展、中非关系中的重大问题，加强同非洲智库、学者的交流合作，为解决非洲发展问题、深化中非关系提供更有力的智力支持。

构建中非命运共同体的媒体路径：民心相通与建构性新闻

张艳秋*

摘　要： 人类命运共同体理念本身含有深刻的全球忧思意识及问题意识，中非命运共同体是人类命运共同体的重要组成部分。从中非合作的问题意识出发，研究并促进中非媒体间的交流与合作，对构建中非命运共同体别具现实意义。民心相通是筑牢中非命运共同体意识的重要路径，也是中非媒体交流与合作的目标诉求。在建构中非命运共同体的使命下，中非传媒领域的实践者与研究者应内化人类命运共同体意识，在反思中非合作面临的挑战及存在的问题的同时，推动中非传媒研究学术共同体的建设与合作。建构性新闻以解决问题为导向，倡导积极叙事及媒体的社会责任，对中国对非传播实践超越以“我”为中心的传播叙事颇具启发意义，同时也为对非传播走出既有的“所有权”困境提供了新的思路。以建构性新闻探讨中非合作的解决方案并分享解决之道，有助于中国媒体在对非传播中兼顾中非共同利益，促进民心相通，构筑人类命运共同体意识。

关键词： 中非命运共同体；中非合作论坛；媒体合作；民心相通；建构性新闻

中非命运共同体是人类命运共同体的重要组成部分，中非合作论坛是建构中非命运共同体重要平台与机制。人类命运共同体理念本身含有深刻的全球忧思意识及问题意识，该理念不仅是中国外交理念的创新，更是在新的国际形势下对世界所面临的集体挑战进行的理性反思与共识再建的倡议。

新型冠状病毒肺炎疫情在中国及全球多个国家蔓延，使得人类的命运被再一次紧密相连。疫情引发的公共卫生安全危机及衍生的经济放缓成为全球面对的共同挑战。在中非合作框架下，中非之间联合抗击疫情，守望相助，体现了构筑更加紧密的中非命运共同体的必要性及可行性。然而，新冠肺炎疫情暴发以来，国际社会及媒体出现了将疫情政治化、病毒标签化等问题，种族歧视事件也多有发生，诸如此类的国际博

* 张艳秋，中国传媒大学人类命运研究院副院长、非洲传媒研究中心主任、教授、博士生导师，主要研究方向为国际传播、非洲传媒、公共外交等。

弈及意识形态偏见导致阻碍了全球联合抗击疫情的努力。

值得注意的是，国际媒体应对这些问题的理念及实践大相径庭。民众之间的分歧通过媒介被放大，社会撕裂进一步加深，而这些显然无助于应对新冠肺炎疫情及各类次生危机。例如，2020 年 4 月，中国广州市在面对输入性病例暴增的威胁下，对本市外籍人士进行了必要管控，其间所采取的一些政策和措施在一些外媒中被描述为“种族歧视”事件，西方及部分非洲媒体放大并渲染中国广州在疫情管控中波及非洲籍人员的事件，中非关系受到了前所未有的挑战。个别非洲民众与政府因受到挑拨出现了较为强烈的抗议情绪，其激烈程度以及影响范围在以往中非关系中是不多见的。如何向中非民众解读中非合作中出现的问题，消弭误解，促进双边关系健康发展，成为中国对非传播的紧迫任务。

此外，疫情导致全球性、区域性及地方性各类矛盾与问题的凸显，国际媒体合作面临前所未有的挑战。在人类命运共同体理念下，我们是否需要反思媒体一以贯之的新闻理念？我们如何在中西方新闻理念中找到可能存在的共同关切点而展开对话？我们应以怎样务实、可行且具有普遍共识的新闻框架来推动中非媒体合作？在筑牢中非命运共同体的实践中，学界有必要深入探讨这些问题，从而厘清中国对非传播的媒体核心诉求，谋划具有可持续性的行动策略。

一 民心相通是筑牢中非命运共同体意识的重要路径

和平与发展是时代的主题，合作共赢是中非合作的共同诉求。从这样的大背景出发，在 2018 年召开的中非合作论坛北京峰会上，中非双方一致决定构建更加紧密的中非命运共同体。从中非合作的问题意识出发，研究并促进中非媒体间的交流与合作，对于促进中非全面战略合作伙伴关系发展、构建中非命运共同体具有重要的现实意义。

2019 年 4 月，国家主席习近平在就中国非洲研究院成立所致的贺信中强调，中非双方人民友谊源远流长，彼此间要积极促进文明互鉴，造福中非人民。这不但意味着中非学术研究的重要使命被提到一个新的高度并被寄予新的期待，更是在强调从学术智库交流的层面促进中非文明互鉴、民心相通的重要意义。

中国与非洲国家已走过近 60 年的合作发展历程，双方始终互为兄弟、朋友和伙伴。从共同建立和发展中非合作论坛机制，到建设新型战略伙伴关系，再到非洲成为“一带一路”倡议的重点合作区域，中非合作的现实及历史意义举世瞩目。2013 年 9 月，习近平主席在提出“丝绸之路经济带”的同时，就提出了“五通”概念，即政策沟通、道路联通、贸易畅通、货币流通、民心相通。2015 年 3 月，中国发布的《推动共建丝绸之路经济带和 21 世纪海上丝绸之路的愿景与行动》文件，更是明确将非洲作为“一带一路”倡议的实施区域之一，而“五通”概念也再次被提及和阐释。

其中，民心相通进一步引起了国内外媒体及学者的普遍关注；国之交在于民相亲，民心相通是中非友好合作的前提与基础。

媒体是增进民心相通的重要纽带。直面中非合作面临的挑战，从问题意识出发，研究并促进中非媒体间的交流与合作，对于促进中非全面战略合作伙伴关系发展、构建中非命运共同体有着十分重要的意义。

西方新闻媒体持有新闻专业主义理念的批评式新闻叙事，往往聚焦放大事件的负面影响，有时更是用观点替代理性的讨论，导致后真相对真相的扭曲与消解。[①] 长期以来，这一新闻理念被多数非洲国家所接受、认同及广泛实践。从理性的角度出发，面对全球共性的挑战，国际媒体有责任就建立共识及促进解决之策的探讨重新思考其国际社会角色及其新闻理念。然而，由于长期积累的复杂的国际关系及在文明与文化层面上的差异，中国的新闻理念及媒介体制往往不被西方及非洲国家所理解，西方国家的媒体文化霸权也常常引发非西方国家的不满与抵制，造成文明、文化及国家间的摩擦。

令人担忧的是，近年来，中非合作被一些假新闻或谣言所误导和忽视。一些媒体或国际智库制造黑色宣传和灰色宣传，以破坏真相，并在这一过程中制造麻烦并误导公共话语，如与种族主义有关的话语、新殖民主义、债务陷阱问题、网络信息及国家安全问题。其中，一些假新闻及智库报告内容存在深度造假的情况。如 2020 年 5 月，美国传统基金会刊发《非洲政府大楼可能成为中国间谍活动载体》的报告，继续炒所谓“中国监听非盟总部”的类似言论，提出中国可能在新建、改建至少 186 座非洲政府大楼过程中安装监控系统；指责中国政府可能利用监视手段，使中国公司在非洲基建项目竞争合同、监视美国官员并影响非洲官员方面发挥优势。此类西方智库制造的不实负面话题所带来的“蝴蝶效应”不容忽视。

媒体对国际问题的讨论不但要站在事实的基础上，避免为政治情绪左右，更要正视被不同的新闻理念及新闻叙事所误导的全球传播现状。以非洲涉华债务问题为例。近年来，非洲国家不断凸显的债务问题，成为非洲民众普遍关注的焦点。其中，中国在非洲债务问题中引发了广泛的关注及争议。中国债务贡献论、中国债务威胁论及中国债务陷阱论成为争论中的三种主导话语。而出现非洲涉华债务问题负面舆情议题的重要原因在于相关方面对中国在非洲债务共有知识和科学认识的缺乏。[②] 针对债务问题，国际媒体、包括非洲媒体也呈现出两种“截然不同”的论调。一部分媒体认为，非洲向中国借贷有利于推进中非及南南合作，对中国无附加政治条件的贷款表示赞赏；而另一部分媒体则认为这是一种“新殖民主义”，中国是在变相“控制”非洲。

---

① Y. Zhang and L. Machila, “International and African media’s representation of African Debt to China: From stereotype to solution with constructive journalism”, *Journal of African Media Studies*, Vol. 11, No. 3, 2019, pp. 331 - 346.

② 周玉渊：《中国在非洲债务问题的争论与真相》，《西亚非洲》2020 年第 1 期。

以肯尼亚蒙内铁路的修建运营为例，西方普遍认为38亿美元的建设成本超出了肯尼亚的经济承受能力，高负债率将使该国经济陷入不可持续的泥淖。然而，这种论点仅静止地纠缠蒙内铁路的造价，而不考虑铁路运营给国民经济和社会发展带来的巨大效益。①

更重要的是，学界及媒介并不是及时并全面地解释非洲债务问题。就债务问题，非洲和西方媒体很少探究非洲国家涉及贷款政策的具体内容和指向等事实，而是主要从中非关系的地缘政治背景进行报道，并将其视为解读非洲公共债务增加、影响及后果的关键因素。② 显然，这样的报道视角并不能就债务问题提出真正切实可行的解决方案，同时还会动摇一些非洲公众对中非合作的信心。

此外，2018年中非合作论坛北京峰会中国政府宣布向非洲提供600亿美元支持、2019年涉及非洲来华留学生的"山大学伴事件"等，也引发了中国公众对中非合作的质疑，认为中国只是在"讨好"非洲。在中非合作范围内，如果学界、媒介对问题阐述不清，不能够提出并传播让人信服的解释说明，民众就要困惑并质疑，民心就会摇摆不稳，中非合作民意基础就会面临挑战。

叙事的方式会影响人们对事件的看法，新闻叙事亦是如此。中西新闻界因彼此间对新闻理念理解的偏见及刻板印象使得双方难以对话。就对"广州对外籍人士管控事件"的报道来看，我们通过对西方媒体报道中使用的主题、态度和语言使用的分析表明，西方媒体一以贯之地采用情绪煽动的手法来激发和强化愤怒、仇恨等情绪。尽管它们所报道的部分内容是事实，但值得注意的是，大部分报道并没有超越强调种族歧视的事件本身，没有让非洲人了解为什么在中国广州某一社区突发该事件及广州人对当地非洲人的真实态度。

西方媒体、非洲媒体及社交媒体上普遍存在的较为情绪化的叙事表达，进一步误导了非洲人对中国的看法。可见，国际媒体在报道全球性重大议题及挑战过程中采取怎样的新闻理念及叙事方式影响巨大，甚至会引发次生危机。在全球传播视域下，国际媒体间存在的诸多分歧及偏见已经成为构建共识与沟通对话的阻碍。

事实上，中非合作中的不少问题成为负面舆情的焦点，被误读和误解的问题也是屡见不鲜。负面舆情的出现，与中非学界对政策及危机事件解释不及时或阐释缺乏说服力有关，也与新闻媒体对这些问题的报道不够深入有关。《21世纪以来中国援助非洲的舆情评析研究——基于19年来61家重要报刊255条文献的分析》一文指出，中

---

① 李新烽、邓延庭：《蒙内铁路："一带一路"在非洲行稳致远》，《陕西师范大学学报（哲学社会科学版）》2019年第5期。

② Zhang Yanqiu and Luu Mwiinga Machila, "International and African media's representation of African Debt to China: From stereotype to solution with constructive journalism", *Journal of African Media Studies*, Vol. 11, No. 3, 2018, pp. 331 – 346.

国对非援助的报道以消息、通讯类偏多，深入的新闻评论和学术分析不足。① 可见，中非学界及媒介要通过对话、合作和交流在更多领域促进民心相通，同时，要找到新的报道理念应对出现的问题与挑战，为公众提供意见参考，不断筑牢中非命运共同体意识的民意基础。

二　中非传媒领域的合作与交流是促进民心相通的重要手段

中非合作论坛是中非开展务实合作的有效机制，也是中非集体对话的重要平台。2015 年中非合作论坛约翰内斯堡峰会提出加强中非新闻传播领域的合作发展，促进双方人文交流；2018 年，中非合作论坛北京峰会提出打造中非媒体合作网络，扩大教育、智库媒体等各界人员交往，拉紧中非人民的情感纽带。民心相通已成为中非媒体和智库交流与合作的目标诉求。

内化人类命运共同体的问题意识，需要中非学界和媒介对此进行深入的解读和传播，尤其是要针对中非合作面临的挑战和存在的问题。人类命运共同体思想有其独特的内涵，核心是从政治、安全、经济、文化、生态五方面推动构建人类命运共同体。在中非之间，如何通过媒体促进民心相通，如何从这五方面解决中非所面对的共同挑战，从而建构中非命运共同体，应成为中非媒体业界及学界共同应答之题。这包括就彼此间存在的刻板印象问题进行解读，也包括促进中非文明、文化之间的对话与互鉴。

长期以来，西方发达国家既是世界话语的主产地，又是传播渠道的主控者。在国际新闻领域，非洲国家的传播媒介缺乏自己的国际新闻消息来源。在“西强我弱”的国际传播格局和传播语境中，中非自身的媒体及媒体学术话语建构与彼此间的认知沟通滞后于双方的经济合作与交流。

对于中国传媒学者来说，要认识并把握深受殖民历史及西方国家自由新闻理念影响的非洲媒体及它们面临的困境和问题。非洲新闻业发展根植于欧洲的殖民统治，又与脱殖运动、国家建设以及全球化扩张密切相关。复杂的国际及国内社会历史背景使得非洲国家的传媒业的发展具有一定的特殊性，同时又面临各种现实的困扰与挑战。尤其是在冷战结束后，伴随着全球范围内经济自由化和政治民主化的进程，非洲国家的新闻业逐步发生转型，即由政治统治工具转向拥有第四权力的“看门狗”，由专制主义新闻体制转向公私并存的自由化、多元化传媒体制。这样，一方面，非洲国家媒体广受西方国际媒体影响，另一方面，其媒体发展的滞后、不足及媒体的多极化困境又对国家的和平与发展形成潜在的制约。而在互联网及社交媒体快速发展的媒介环境

① 闫红果：《21 世纪以来中国援助非洲的舆情评析研究——基于 19 年来 61 家重要报刊 255 条文献的分析》，《衡阳师范学院学报》2019 年第 4 期。

下，非洲国家又遭遇互联网发展滞后及网络主权建设危机等多重挑战，非传统的安全问题在网络空间层出不穷，信息安全及互联网监管等问题对非洲国家形成新的挑战。

非洲媒体及传媒学者不熟悉中国的新闻传播体制及新闻理念，甚至对中国政府与媒体的关系还存在许多误读。受西方国家的影响，非洲的媒体理念与传媒体制更亲近西方而远离中国。因此，非洲媒体尤其是最为活跃的私营媒体，多倾向于批判性审视中国走进非洲，造成了非洲本土媒体与西方媒体一同呈现负面中国的情形，进而带来了非洲人对中国的认知偏差与误读。

媒体一直是公共外交的主渠道。近年来，中非媒体研究学界达成的一个共识是，双方要建构自主而多元的传播主体，讲好中非自己的故事，不做西方媒体中的他者。中国媒体不仅要在非洲讲好中国故事，同时也要对国内讲好非洲故事及中非合作故事，以“互动”和“双向”为路径，建构彼此间的民心相通。

近年来，中国政府从传统外交及公共外交着眼，加大了对非传播力度，尤其是随着 CGTN 非洲频道在非落地，中国对非传播已形成以传统媒体为主的大格局，传播效果初显。[①] 中国国际广播电台近年来以非洲本土母语译制的电视剧在非洲的播出，成为其对非本土化、贴近性传播的增长点。中国民营性质的四达时代集团在非通过投资数字电视，已成为在非最具影响力的付费电视供应商，从影视文化切入，传播更加丰富多元的中国形象。此外，中国公共外交协会自 2014 年开始每年邀请非洲国家的记者来华，依托中非新闻交流中心展开为期 10 个月的在华采访报道，向非洲报道和讲述非洲人自己看到的中国，讲中国故事时，他们的话语更有说服力和可信度。

在对非的学术交流及公共外交规划中，中国一直特别注重邀请并支持非洲本土媒体学者与中国媒体研究学者一同建设中国非洲媒体研究共同体及联合研究智库平台。受中非合作论坛下的“中非联合研究交流计划”的委托和支持，中国传媒大学非洲传媒研究中心连续三年邀请并组织非洲知名传媒学者 50 余人来华进行为期两周的学术交流。该项目不但向非洲传媒学界开启了中国媒体研究之门，更让其对中国媒体在国内经济发展及国际话语建构中的作用及诉求有了不同以往的深刻认知，在改变已有刻板印象的同时，在中非媒体研究的学术交流、教学培养等领域也已初步形成了学术共同体。

三　以建构性新闻推动中非命运共同体建构

构建人类命运共同体的畅想，为新闻传播学术话语创新提出了新的课题也将其带入新的发展空间。随着世界文明的总体格局向多元文明、平等交往与合作的方向转化，中非新型合作关系的建立与发展对世界体系的演进，对当代人类交往与合作方式

① 张艳秋、罗雪：《中国媒体对非传播的“义”与“利”》，《对外传播》2015 年第 7 期。

的变革，具有特殊的推进作用。[①] 促进中非媒体间的交流与合作，要从问题意识出发。中国对外传播实践长期处于学术话语缺失的困境，亟须通过理论及话语的创新改变现状。学术话语创新需要立足中国社会的发展与当代世界的变化。

近年来，中国涉非媒体与传播学者在非洲媒体与传播研究领域成果较多。但多集中于对非传播策略这一领域，对非洲媒体发展与传播困境研究不足。中非命运共同体的建构，需双方学术研究既要知己知彼，更要兼顾共同关切。与此同时，非洲国家渴望发展，其新闻传播学界、业界长期倡导和平新闻与发展传播，但在新闻实践中又缺乏相应的操作理念。

有别于西方国家的国际传播实践，中国的新闻传播实践独具特色。一方面，中国媒介体制具有很强的政府主导性；另一方面，中国媒体的国家身份传播模式与长期占据全球传媒疆域的、以市场化为导向的西方私有媒体的传播模式及理念总是显得“格格不入”。然而，西方自由主义的新闻理念在多数非洲国家已落地生根。换言之，以所有权身份来区隔不同国家传媒实践的学术话语，在新闻理念、传播体制及新闻生成模式上，非洲国家会更近西方而远中国。这无形中会形成中国与非洲及西方国家在新闻传播实践及理念上的分野态势。

事实上，推行自由媒体理念的西方及非洲国家的新闻学术话语所认同的是以冲突为框架下的“看门狗”式的新闻价值观；反之，则把中国新闻传播简单标签化为“正面报道”或冠以“宣传”的帽子。然而，中国的对内及对外传播并非只有“正面报道”，在建构中国国际传播学术话语的急迫当口，探索新的理念来解读中国新闻传播的独特模式意义深远。近年来，建构性新闻（Constructive Journalism）受到包括西方国家在内的不少国家的新闻学界的关注。该理念主张聚焦社会问题，以新闻事件的解决方案为新闻生产的出发点，通过提供与新闻事件相关的背景及语境，为新闻涉事方及公众做出选择，提供参照。[②]

建构性新闻的问题导向与人类命运共同体的问题意识具有高度的契合机缘。国际社会因单边主义、保护主义等面临日趋撕裂的风险，全球人类也面临各类人造及自然灾害与危机，这使得人类比以往任何时候都需要命运共同体的合作意识以求生存与发展的共赢。建构性新闻恰恰以寻求问题的解决之道为诉求，致力于构建“积极心理—积极行动—问题解决—良好生活—公共之善”正向循环增益的价值生产链条。[③]

建构性新闻是以未来为导向的，强调媒体的参与角色及责任角色。这一理念的提

---

① 刘鸿武：《中非合作40年：观察中国与外部世界变化的特殊窗口》，《国际论坛》2019年第2期。

② Cathrine Gyldensted, “From Mirrors to Movers: Five Elements of Positive Psychology in Constructive Journalism”, *Group Publishing*, 2015.

③ 胡百精：《概念与语境：建设性新闻与公共协商的可能性》，《新闻与传播研究》2019年第S1期。

出，在根本上是对新闻价值及媒体角色的重新思考。① 事实上，建构性新闻本身是一个中性理念。建构性新闻以建构主义的视角来分析新闻传播在社会中的作用，审视媒体塑造周围环境的影响力，挖掘个体认知经验转变的过程。② 显然，超越“媒体所有权”模式的分析路径，可以让中、西、非学者在不同所有权语境下发现媒体报道之间的共性。

以这一理念讨论新闻生产，可以超越以媒体所有权为框架讨论媒体功能及诉求的传统二元论，使不同媒介体制下的新闻报道重新发现彼此相生的“共同体”与共享的新闻价值。此外，建构性新闻可以引导我们重新考量和思考中国媒体在非洲的新闻实践，并重新梳理中国对非新闻传播的模式，以求在新闻选题、新闻叙事及新闻呈现等方面有所突破。在中非命运共同体框架下，对非传播要突出服务性，落脚不应只是中国单方利益，而是双方受惠。③

值得强调的是，建构性新闻在欧美国家被提出及讨论，是对片面追求冲突性及负面内容为主的西方新闻报道模式的反思。该新闻理念也在卢旺达等非洲国家被认同及实践，被用来促进国家民族凝聚及达成和解。④ 建构性新闻具有问题导向性，是追求具有建构意义传播效果的新闻实践。

建构性新闻的提出不是普通意义上的新闻媒体机构的业务改革活动，而是由众多新闻媒体联合发起的有目标、有组织的新闻改革运动。⑤ 随着西方传统新闻业的盈利模式受到挑战，职业新闻工作者的瞭望及把关角色也面临转型。建构性新闻的提出在根本上是对西方新闻价值及媒体角色的重新思考。⑥

与过去传统的新闻理念不同，信息时代新闻业有着自身突出的特征。这些特征包括新闻传播的普遍参与性、快速高效、互动性以及风格体裁的多样性等。这样，社会各方出现了对媒体的虚无主义、信息泛滥与信息窒息的警觉与反思，提出新闻媒介必须重新定位新闻生产的目的及意义。⑦ 建构性新闻并不是要摒弃传统的“看门狗”式的新闻范式，而是要克服新闻消极叙事范式的负面影响，从而形成一种积极的、具有建构意义传播效果的新闻实践。

---

① Karen McIntyre & Meghan Sobel, “Reconstructing Rwanda”, *Journalism Studies*, Vol. 19, No. 14, 2018, pp. 2126 – 2147.

② Natia Kuprashvili & Nino Chalaganidze, “Constructive Agricultural Journalism”, *Universal*, 2018, p. 3.

③ 张艳秋、罗雪：《中国媒体对非传播的“义”与“利”》，《对外传播》2015 年第 7 期。

④ Mcintyre K, Sobel M. , “Reconstructing Rwanda: How Rwandan reporters use constructive journalism to promote peace”, *Journalism Studies*, Vol. 19, No. 6, 2017, pp. 1 – 22.

⑤ 蔡雯：《从当代西方新闻改革运动看职业观念转变——“建设性新闻”“方案新闻”“公共新闻”评析》，《新闻与传播研究》2019 年第 S1 期）。

⑥ K. McIntyre and M. Sobel, op. cit. , pp. 2126 – 2147.

⑦ Natia Kuprashvili & Nino Chalaganidze, op. cit. , p. 1.

四　结语

民心相通是筑牢中非命运共同体意识的重要路径，也是中非媒体交流与合作的目标诉求。研究并促进中非媒体间的交流与合作要有强烈的问题意识及民意建构意识，这对于促进中非全面战略合作伙伴关系发展、构建中非命运共同体具有重要现实意义。在建构中非命运共同体的使命下，中非传媒领域的实践者与研究者需要内化人类命运共同体意识，针对中非合作面临的挑战和存在的问题，推动中非传媒研究学术共同体建设与合作。

在新技术的推动下，媒体环境同国际环境一样，正发生着革命性的变化。建构性新闻是媒体参与应对全球问题的创新选择。在应对中非合作面临诸多共性问题的挑战下，以建构性新闻推动中非传媒研究学术共同体的对话与合作，探讨中非合作的解决方案并分享解决之道，具有积极的时代价值。

第三篇

热点聚焦

本专栏分为五部分，除了刊载非洲政治、经济、安全三大领域在2020年突出的重大事件以外，2020年度恰逢非洲整体独立60周年、中非合作论坛20周年这一特殊年份，因此特设“非洲历史”“中非关系”两大专题，评述非洲独立以来政治、经济、安全发展，以及中非合作论坛成立以来的成就、挑战与前景。

● 非洲历史

非洲政治治理60年：多重长期困境与潜在创新出路

张　春*

摘　要： 非洲国家独立60年来，政治、经济和社会发展均取得重大进展，但相对其他地区仍不够理想，特别是政治治理的进展总体上落后于其经济发展。作为整体的非洲政治治理发展大致经历了4个阶段的演变，即从独立后前十年的继承性治理，到此后约20年的本土化治理，再到冷战结束后的西式民主化治理，及至进入21世纪第二个十年后全面开启的自主化治理。非洲政治治理的发展为多重因素持久困扰，恰似始终处于十字路口：在内部是自上而下的政府治理与自下而上的草根治理的角力；在外部则有悬浮的地区治理和强加的西式治理，使非洲国家在本土化/自主性与西化/继承性之间做钟摆运动。随着非洲自身政治觉醒和新兴大国的崛起，既有的平衡困境可能得以突破，非洲政治治理有望迎来崭新的发展阶段。

关键词： 政治治理；非洲；继承性治理；本土化治理；政治自主性；西式民主化治理；自主化治理

自20世纪60年代大多数非洲国家赢得独立以来，作为整体的非洲不仅克服了殖民主义的历史遗产，更实现了内部社会经济的跨越式转型，推动自身政治治理取得重大进展。尽管存在明显的国别性差异，但就非洲大陆整体而言，其政治治理大致经历了4个阶段的演变，即独立后前十年的继承性治理、此后近20年的本土化治理、冷战结束后的西式民主化治理和进入21世纪第二个十年后全面开启的自主化治理。塑

---

* 张春，云南大学国际关系研究院研究员，主要研究方向为中非关系、非洲国际关系、国际发展、国际关系理论。本文在刊发于《西亚非洲》2020年第2期的同题论文基础上修改而成。

造非洲政治治理演变的核心力量来自于四方面，即内部自上而下的国家政府和自下而上的草根力量，外部的非洲地区/次地区力量和其他国际力量。一方面，这四个要素的持续互动使非洲政治治理长期处于一个类似十字路口的困境，即在传统与现代、本土与外来的治理理念、模式与实践之间的合理平衡始终未能有效实现。另一方面，非洲政治治理的钟摆振幅正逐渐缩小，传统与现代、本土与外来的理念、模式与实践的融合正催生非洲自主治理的创新模式。这一自主治理模式的探索，也因非洲整体自主性的上升和新兴大国群体性崛起两大发展而得以强化，并正为非洲政治治理的未来发展奠定较为有利的基础。

一　非洲政治治理的历史演进

民族自决原则尽管是第一次世界大战期间由美国总统伍德罗·威尔逊（Woodrow Wilson）提出的[①]，但大规模民族自决的实现则是在第二次世界大战之后，最为典型地体现为大量非洲国家相继独立。1960 年之所以被称为“非洲独立年”，是因为该年有 17 个非洲国家获得独立。在此后的 60 年里，非洲国家总体自强、自立，政治形势趋于稳定，非洲政治治理取得了重要进展。总体而言，非洲国家的政治治理大致经历了以下几个发展阶段。

在独立后第一个十年里，非洲政治治理的基本特征是继承性治理。非洲新生国家领导人承认殖民统治者留下的“主观”边界，接管原殖民国家并由自己去统治，继承原殖民国家人为设计的国家结构。[②] 其主要原因在于：一是争取民族解放运动的领导人或新生政权当政者，大多在英、法等前殖民宗主国接受教育，这赋予继承性治理以知识上的合法性；二是当时的主权国家合法性很大程度上仍来自于对特定领土的有效统治，这赋予继承性治理以有效治理的合法性；三是大多数非洲国家短时间内迅速获得政治独立，年轻的新生国家的领导人远未做好政治治理的理论准备，这赋予继承性治理以时间上的合法性。由此而来的政治治理结果是：一方面，非洲各国追求独立过程中所运用的知识，根本上是由前殖民宗主国所提供或教导的；另一方面，新独立的非洲国家很大程度上并未改变殖民时期的治理结构。政治独立使非洲民族国家获得了巨大的发展红利，政治治理稳步推进，经济保持高速增长，进而强化了继承性治理的合法性。

到 20 世纪七八十年代，继承性治理的弊端日益显现，清除殖民主义遗产、寻求独立自主的本土化治理迅速走上前台，主要有三个基本特征。一是诸多非洲国家政党

① Hurst Hannum, “Rethinking Self-Determination”, *Virginia Journal of International Law*, Vol. 34, 1993, pp. 7 – 8.

② ［英］阿莱克斯·汤普森：《非洲政治导论》，周玉渊、马正义译，民主与建设出版社 2015 年版，第 58 页。

政治发生变化，一党制和强人治国渐成主流；事实上，除博茨瓦纳、冈比亚和毛里求斯之外，绝大多数非洲国家均采取一党制政治制度。① 二是在政治体制迈向本土化的同时，非洲各国也开始追求具有明显本土色彩的经济发展战略。例如，加纳的恩克鲁玛、坦桑尼亚的尼雷尔和马里的凯塔等选择了社会主义经济体系；而如肯尼亚的肯雅塔和科特迪瓦的乌弗-博瓦尼则奉行资本主义经济体系。② 三是两极对立的国际格局使非洲国家有较大的政治治理模式选择空间。尽管非洲国家在探索本土性政治与经济治理方面不断努力，但在内外因素的制约下，其实际效果未彰，反而陷入政治经济困境。

正是在此背景下，20 世纪 90 年代初，随着冷战结束，在西方国家的强力推动下，民主化浪潮迅速席卷非洲大陆，非洲政治治理进入“西式民主化治理”时期。到 1999 年，非洲大陆推行多党民主选举制的国家已多达 45 个。由于先天不足和“水土不服”，“西式民主化治理”对不少非洲国家产生了复杂性影响。一方面，与民主化席卷整个非洲相伴随的是，传统权威在国家政治治理和发展等领域逐渐复苏；另一方面，冷战结束导致体系性限制力量不复存在，长期积累下来的各类矛盾纷纷爆发。在冷战结束后的第一个十年里，一些非洲国家陷入相互冲突乃至内战。上述情况引起了非洲国家对民主政治转型的反思。大多数非洲国家的多党民主政体与欧美不同，有一定非洲特色，往往被称为“混合政体”或“有竞争力的权威主义”。③ 而“西式民主化治理”的先天不足和“水土不服”，也引发了非洲国家对民主政治转型的反思。

2011 年所谓的“阿拉伯之春”爆发后，非洲“混合政体”的弊端得以集中性暴露出来，特别是凸显了外部推动的民主化治理与本土传统的结合困难。随着“阿拉伯之春”最初的激情逐渐消退，非洲国家开始思考更为长期的政治转型，自主化治理思潮逐渐浮现，并最为明显地表现在两方面：其一，随着 2008 年全球金融危机的影响持续扩散，非洲各国开始有意识地结合联合国发展议程的更新、非洲大陆对自身长期发展的规划等努力，制定自身的中长期发展规划；其二，在政治领域，非洲各国的政治转型进程明显加快，尤其明显地体现在非洲“输家政治”的转型方面。④

如果说从继承性治理到本土化治理很大程度上是非洲在独立之后在政治治理光谱

---

① Robert Jackson and Carl Rosberg, *Personal Rule in Black Africa*, Berkeley, CA: University of California Press, 1982, p. 85; David Gonzalez, “Who Leads to Where? African Leadership into the 21st Century”, in Haroub Othman, ed., *Reflections on Leadership in Africa: Forty Years after Independence*, Brussels, Belgium: VUB University Press, 2000, p. 140.

② John R. Cartwright, *Political Leadership in Africa*, New York: St. Martin's Press, 1983, pp. 98 – 99; A. B. Assensoh, *African Political Leadership: Jomo Kenyatta, Kwame Nkrumah, and Julius K. Nyerere*, Malabar, FL: Krieger Publishing, 1998, p. 4.

③ Steven Levitsky and Lucan Way, “The rise of Competitive Authoritarianism,” *Journal of Democracy*, Vol. 13, No. 2, 2002, pp. 51 – 64.

④ 有关非洲“输家政治”的传统形式的论述，参见张春、蔺陆洲《输家政治：非洲选举与族群冲突研究》,《国际安全研究》2016 年第 1 期。

的两个极端之间的急剧摇摆的话，那么从本土化治理到民主化治理再到自主化治理的振幅相对较小，且呈现出更高水平的本土传统与外来知识的融合。由此可以看出，非洲政治治理60年来的发展，很大程度上是由四大因素所塑造的，即自上而下的政府治理、自下而上的草根治理、悬浮的地区治理和强加的外部治理。这四大因素的交织使非洲政治治理好似始终处于一个十字路口——尽管这个十字路口始终处于位移状态，对上述四大因素的不同平衡方式决定着非洲政治治理在相应时期的具体形态、特征及其发展方向，而这也正是未来非洲政治治理实现突破性进展的根本所在。

二 自上而下的政府治理

就大多数国家而言，自上而下的政府治理是最根本的政治治理方式，但在非洲则存在很大的问题，尽管不同国家情况并不相同。非洲国家政治治理的继承性特点使其面临一个根本困难：尽管继承了前殖民宗主国遗留的多数政治制度，但民族国家建构滞后导致其缺乏内在的制度合法性或法理型权威。由此而来的是，非洲国家领导人往往将传统型权威和魅力型权威嵌入继承而来的政治制度中，且以法理型权威的形式表现出来；但这一混合型治理需要实现传统、魅力与法理三类权威的高度平衡。这恰好是非洲国家政府治理的困难所在，其核心体现为一种国内分而治之模式下的庇护政治，严重阻碍了非洲的民族国家建构、国民忠诚培育及有效政治治理的实现。

尽管在过去60年里已经有了明显提高，但非洲自上而下的政府治理仍面临制度性治理能力不足的困难。根据非洲联盟负责能力建设的特别机构非洲能力建设基金会的数据，非洲各国的治理能力总体在提高。以2019年为例，有10个非洲国家（22%）表现很好（得分在60—80分），5个国家（11%）表现较差（得分在20—39分），31个国家（67%）得分在40—59分。总体来看，非洲国家在政策规划、政策环境等顶层设计环节能力持续获得改善，在政策执行能力、能力发展等方面表现不佳。例如，就政策环境而言，非洲国家中有93%的得分超过60分；但在政策执行能力方面，非洲国家中有超过60%的得分低于60分。① 世界银行发布的世界治理指标也显示，非洲国家相关政治治理指标不及全球平均水平。仅以政府有效性为例，全球平均得分长期保持在50—51分，整个非洲得分超过全球平均水平的国家往往不足10个；2018年仅7个国家超过全球平均水平，低于10分的国家却多达13个。②

基于不充分的法理型权威，更由于非洲传统政治文化的持续性影响，导致非洲国

---

① African Capacity Building Foundation, *Africa Capacity Report 2019: Fostering Transformative Leadership for Africa's Development*, Harare, Zimbabwe: The African Capacity Building Foundation, 2019, pp. 2 - 3.

② 2018年，非洲各国的政府有效性得分超过全球平均水平的国家为：毛里求斯、塞舌尔、南非、博茨瓦纳、佛得角、卢旺达和纳米比亚；得分不足10分的国家包括：赤道几内亚、利比里亚、布隆迪、几内亚比绍、乍得、刚果（金）、苏丹、科摩罗、中非共和国、厄立特里亚、利比亚、索马里和南苏丹。

家政治治理出现魅力型权威和传统型权威支撑的现象。但殖民经历很大程度上破坏了非洲传统型权威，因此魅力型权威在非洲政治治理中发挥的作用更为突出，其典型体现可称作“国父政治”或“老人政治”，这是非洲自上而下的政府治理的第二大特征。对于从殖民统治中获得解放的非洲国家而言，开国领袖因其领导反殖民主义斗争而获得公众合法性和对其长期统治的尊重。[①] 例如，肯尼亚国父肯雅塔被称作“元老”（Mzee），加纳国父恩克鲁玛被称作“解放者”，坦桑尼亚国父尼雷尔被称作“导师”。[②] 正是由于他们能够赢得本国人民的普遍尊重，开国领袖从原来领导民族解放运动转向在新生政权长期执政。

长期执政既有其优势，也有其劣势，尤其是容易导致“庇护政治”问题。所谓“庇护政治”是指统治者与被统治者之间基于财富、地位或影响力不平等的一种交换方式，前者以资源换取后者的忠诚；前者获得政治支持，而后者则获得物质利益。[③] 正是由于庇护者与被庇护者的不平等地位，导致庇护者在决定资源分配给多元的被庇护者时拥有较大的自由裁量权，由此产生了国内分而治之的可能。鉴于非洲国家政治治理很难覆盖全国，长期执政的当政者往往利用其手中的权力，将资源和财富提供给被庇护者，以获取他们的忠诚与支持。因此，基于传统而来的政治庇护便成为众多非洲国家执政者的政治行为。例如，一些非洲国家出现选择性税收和不规律重组内阁等情况。纵观非洲独立60年的历史，非洲国家领导人不定期、非规律性地重组内阁情况并不鲜见，其目的皆在确保政治精英集团对领导人执政的坚定支持。[④]

尽管法理型权威、魅力型权威与传统型权威的合理平衡始终是非洲自上而下的政府治理的核心困难，但在过去的60年里，这一困境正逐渐得到改善。首先，非洲各国均采取了大量举措——如政党国家化、选举代表性、真相与和解委员会等——以推进民族国家建构进程，通过构建国民忠诚和爱国主义来破除传统的部落主义及由此而来的庇护政治与分而治之政治治理方式。其次，现代民主化治理的相关理念日渐深入人心，大选带来的安全风险整体趋于减少，“输家政治”现象明显下降。再次，军人干政现象也呈明显下降态势，军民关系普遍朝向更为合理的方向发展。最后，尽管进入21世纪以来的“非洲崛起”仍存在明显的不确定性，但的确为非洲各国自上而下

---

① Henry Bienen and Van De Walle, “Time and Power in Africa”, *American Political Science Review*, Vol. 83, No. 1, 1989, p. 31.

② A. B. Assensoh, *African Political Leadership: Jomo Kenyatta, Kwame Nkrumah, and Julius K. Nyerere*, Malabar, FL: Krieger Publishing, 1998, p. 3.

③ 有关非洲庇护政治的讨论相当丰富，可参见 Abente Brun and Larry Diamond, eds., *Clientelism, Social Policy, and the Quality of Democracy*, Washington, D. C.: Johns Hopkins University Press, 2014; Shmuel Noah Eisenstadt and Renè Lemarchand, *Political Clientelism: Patronage and Development*, London: Sage Publications, 1981; René Lemarchand, “Political Clientelism and Ethnicity in Tropical Africa: Competing Solidarities in Nation-Building”, *American Political Science Review*, Vol. 66, No. 1, pp. 68 – 90; 等等。

④ Nicolas van de Walle, *African Economies and the Politics of Permanent Crisis*, 1979 – 1999, Cambridge: Cambridge University Press, 2001, p. 105.

的政府治理提供了更多可用资源，可有效缓解因资源不足而带来的利益竞争及相应的庇护政治。当然，非洲自上而下的政府治理的困难仍将长期存在，其中不仅有其自身的内在平衡困难，更有来自社会层次及非洲大陆和外部世界的影响。

三 自下而上的草根治理

自上而下的政府治理的内在不足，对草根阶层的政治意识觉醒有明显的促进作用，并使后者更加积极地寻求替代性的政治治理方法。但对草根阶层而言，其追求政治治理改善的途径很大程度上是有限的：他们在传统或新兴权威的组织下，或者干脆无组织地寻求参与政治治理，为非洲政治治理发展带来新的积极因素，但也不乏消极影响。

第一，传统治理机制往往是自下而上的草根治理的首选。非洲传统治理机制充满多样性，且随着非洲大陆遭受殖民统治和独立后发展而不断演变。在治理需求难以得到满足的情况下，非洲自下而上的草根治理往往首先“回归传统”。随着冷战结束后的新一波民主化浪潮席卷非洲，“回归传统”的呼声和努力也明显增强；传统治理机制在地方治理、发展甚至在全国政治生活中的地位逐渐上升，而这又为治理需求与治理供应间的缺口所强化。在许多人看来，将殖民时期被严重破坏的传统治理机制重新纳入国家治理进程，能为非洲国家治理带来重大助益，因其不仅能够带来稳定和发展，还能促进降低政治治理中的交易成本，提高集体行动效率。传统治理机制被认为是表达真正的本土政治诉求的重要载体，有助于推动真正符合非洲各国自身国情的民主化和发展。[①] 更有人认为，传统治理机制代表着“偏好非暴力方法的共识决策模式”，它与现代的、输入性的强制性国家机构形成鲜明对比。因此，非洲国家应当重新引入双重政治体制，传统治理机制可被赋予现代民主的“看门者”角色，从而为政治家和政府官员提供另一种形式的权力制衡。[②] 联合国非洲经济委员会也强调，应当实现传统治理机制与现代治理机制在非洲的整合。传统治理机制可在现代治理体系中发挥更具“发展主义”的角色，尤其是在民族国家构建、领导人问责、强化公共服务、冲突管理等领域。[③] 正是在反思民主治理与追求自下而上的草根治理的过程中，一批传统权威、传统治理机制逐渐被纳入非洲民族国家构建、民主化等主流政治

---

① Donald I. Ray and E. Adriaan B. van Rouveroy van Nieuwaal, “Introduction: The New Relevance of Traditional Authorities in Africa”, *Journal of Legal Pluralism*, Vols. 37 – 38, p. 7.

② Peter Skalník, “Chiefdom: A Universal Political Formation?”, *Focaal European Journal of Anthropology*, Vol. 43, No. 3, 2004, pp. 76 – 98.

③ See Asmerom Legesse, *Gada: Three Approaches to the Study of African*, New York: Free Press, 1973; David Jones, “Traditional Authority and State Administration in Botswana”, *The Journal of Modern African Studies*, Vol. 21, No. 1, 1983, pp. 133 – 139; David B. Coplan and Tim Quinlan, “A Chief by the People: Nation Versus State in Lesotho,” *Journal of the International African Institute*, Vol. 67, No. 1, 1997, pp. 27 – 60.

进程中，在有的地方甚至成为官方认可的自下而上的治理方式。

第二，非政府组织治理正成为自下而上的草根治理的新宠。以非政府组织为代表的非国家行为体的有组织治理已经成为国际、国内治理中的重要行为体。在非洲国家独立后，某种程度上由于自上而下的政府治理的不充分，草根阶层的自身能力发展不足，为非政府组织的蓬勃发展和治理参与留下了相当大的空间。尽管存在诸多争论，但客观来看，非洲的非政府组织的参与对非洲政治治理总体上仍是积极的，尽管也必须对其消极影响保持警惕。非洲的非政府组织主要通过以下方式发挥其独特作用：在发展领域，主要是发挥积极影响的发展促进者，也有较少从事发展实践而只充当援助国“二传手”的发展掮客；在安全领域，主要是发挥积极影响的危机管理者，还有一些对政府持怀疑态度甚或与政府对立的麻烦制造者。从数量结构看，发展促进者是四类非政府组织中最多的，其次是发展掮客，再次是麻烦制造者，最后才是危机管理者。

第三，个人化治理正成为普通公众参与政治治理的重要手段。在前两类有组织的草根治理方式之外，大量的普通公众由于缺乏有效的政治参与渠道，其影响治理的方式更多是无组织、非系统的个人化治理，最为明显地体现为其通过非系统性的努力表达自身对现状不满的各类游行、示威。据“武装冲突地点与事件数据项目”的统计数据显示，在1997—2018年，明显直接由草根阶层发起的无组织、无派系的影响治理的活动——即其所称的暴动和抗议[①]活动数量有了明显增长，且在5类暴力总量中所占比重上升相当快速。例如，1997年，非洲大陆暴动和抗议两类活动仅占所有政治暴力行为总量的14.2%；2010年底北非政治动荡对个人化治理有着重要的刺激作用，当年暴动和抗议所占比重就从2010年初的25%增到42.5%，创下迄今为止的最高纪录；2018年，这两类暴力所占比重回落到35%，也是1997年的2倍多。[②] 换句话说，在自上而下的政府治理无法满足草根阶层的治理需求，同时传统或现代的草根治理方式也难以获得时，广大的普通公众就采用暴力或非暴力的个人“抗争政治”行为，旨在影响与其命运息息相关的政治治理。

对民族国家构建尚未完成的多数非洲国家而言，草根阶层推动的传统治理机制的回归、非政府组织治理的崛起及个人化治理的发展，意味着非洲自下而上的草根治理本身的积极发展。与此同时，自下而上的草根治理也能“倒逼”非洲各国自上而下地优化政府治理。但我们也应看到，由于草根阶层普遍受教育程度、政治觉悟等不够

---

① 根据“武装冲突地点与事件数据项目”的分类，共有5种冲突或暴力事件：战斗，指至少两个武装团体间的暴力冲突；爆炸/摇控暴力，指在冲突中使用于爆炸物或爆炸装置；针对平民的暴力，指对非武装的平民的暴力攻击；暴动，往往是由无组织、无派系的社会成员自发的暴力示威；抗议，往往是由社会成员的无组织性非暴力示威。ACLED，“ACLED Definitions of Political Violence and Protest”，https：//www. acleddata. com/resources/general-guides，2019－10－20.

② 笔者根据ACLED（https：//www. acleddata. com/data/）数据计算得出。

高，因此也存在被外部力量特别是前殖民宗主国及其他别有用心的西方大国利用的风险。

四 悬浮的地区治理

如果说非洲各国的自上而下与自下而上两个方向的政治治理努力某种程度上配合不力的话，那么来自非洲地区或次地区层次的治理努力对非洲各国的政治治理既有促进作用，同时不乏干扰性影响。在很大程度上，非洲各国往往国力较小、政治治理能力有待提高，因此它们团结起来或许更能促进自身治理能力的提升，缓解外部对自身治理的干涉。在独立后的60年里，非洲地区和次地区组织持续参与治理并付出相当努力，但其效果总是差强人意。究其核心，很大程度上在于非洲地区或次地区的治理努力更多是“悬浮”性的，它未能真正深入非洲各国的治理机制与治理努力之中，更难言对草根层次治理努力的影响。

第一，非洲地区治理的悬浮性首先体现为地区治理主导权的竞争。围绕地区治理的前两轮竞争分别发生在20世纪60年代和90年代，其核心都是激进与渐进的非洲统一争论并最终都以渐进主义思想取得上风而结束。当前，事实上正陷入第三轮地区治理主导权的竞争；但与此前两轮不同，当前的竞争更多是在大国与小国之间展开，体现为2017年《卡加梅报告》启动的非盟改革进程。①《卡加梅报告》是由卢旺达总统卡加梅所递交的，提出了19项非盟改革举措（后来增加为21项），覆盖六大领域，即聚焦优先领域、明确非盟机构间分工、提升非盟委员会效率、强化现有强制机制、改善非盟峰会后的决策与决议执行、提升非盟内部地区与性别的平等代表权。②尽管这一轮努力标志着非洲地区治理的重要进展，但随着南非、尼日利亚等大国再次发表不同意见，以中小国家推动的地区治理努力到底能够走多远，仍有待进一步观察。③

第二，非洲地区治理的悬浮性也体现为重叠与竞争的地区主义。独立60年来，非洲地区治理或更具体的地区一体化努力的最鲜明特征是地区治理机制的重叠与竞争。迄今为止，非洲已经有大量地区、次地区和跨国性组织，但得到联合国非经委承认的地区经济共同体仅有8个。几乎每个得到联合国非经委承认的地区经济共同体都有与其地理覆盖范围、功能、成员等大致相当的竞争对手。重叠与竞争的地区主义的

---

① Paul Kagame, *The Imperative to Strengthen our Union: Report on the Proposed Recommendations for the Institutional Reform of the African Union*, African Union, Assembly/AU/Dec. 606 (XXVII), January 29, 2017.

② Paul Kagame, *The Imperative to Strengthen our Union: Report on the Proposed Recommendations for the Institutional Reform of the African Union*, African Union, Assembly/AU/Dec. 606 (XXVII), January 29, 2017.

③ Yarik Turianskyi and Steven Gruzd, “The ‘Kagame Reforms’ of the AU: Will They Stick?”, *SAIIA Occasional Paper*, No. 299, July 2019.

必然结果是，大量非洲国家同时参与多个地区经济共同体；事实上，仅有6个国家只参加了1个地区经济共同体。[①] 重叠和竞争的地区治理机制很大程度上使非洲地区治理无法真正深入。为降低重叠与竞争、提升地区一体化水平，非盟《2063年议程》提出建构大陆自贸区的构想。[②] 随着非洲大陆自贸区建设正式启动，非洲地区治理的"悬浮"状态有可能得到较明显改善，由此推动非洲整个政治治理的改善。

第三，非洲地区治理的悬浮性还体现为安全治理的效果不彰。在安全合作方面，很大程度上效仿欧洲的辅助分工体系，非洲大陆建构了全球（联合国）、地区（非盟）与次地区（各地区经济共同体）的分工合作，特别是非洲国家于2008年签署了非盟与地区共同体在和平安全方面的合作备忘录。尽管如此，非洲和平安全架构仍设计不佳，目的不明；非洲有大量原则性和规范性的协议，但在实践中则存在重大偏差，特别是在尊重基本人权和自由、及时的冲突预防、尊重民主规范、法制等方面。[③] 事实上，围绕安全问题的地区治理存在三个错配，即目标—手段错配、意愿—能力错配及需求—支持错配，[④] 极大地影响了非洲地区安全治理的成效。进入21世纪第二个十年后，越来越多的次地区组织在实施跨国行动时，对非盟和平安全治理努力构成了挑战；如"打击'博科圣地'多国联合部队"、萨赫勒五国联盟的成立等都为非盟和平安全架构的发展增添了变数。

第四，导致非洲地区治理"悬浮"的一个重要原因是可用资源严重不足。为更大程度地实现自身的财政自主性、更为有力地推进地区治理，非盟于2016年推出"基加利融资决定"（Kigali Financing Decision），其核心是要求每个成员国每年将所有进口税收的0.2%缴纳给非盟，以支持非盟的日常运转、项目推进和安全支持行动。[⑤] 自2017年开始实施至2018年底，该决定的落实情况并不乐观，仅有16个成员国开始征收0.2%的新增进口税，其中又只有60%真正缴纳给非盟；有9个国家启动了立法和行政准备，另有近30个成员国尚未启动这一程序，其中部分国家甚至尚未承诺将会采取行动。[⑥] 因此，尽管这一努力有可能缓解非洲地区治理面临的财政困难，但其前景仍不得而知。例如，2019年非盟成员国缴纳费用占总预算的66%，外

---

① United Nations Economic Commission for Africa, *Assessing Regional Integration in Africa*, Addis Ababa: UNECA, 2004, pp. 39 – 40.

② 有关非洲大陆自贸区的概念方法的讨论，可参见UNECA, *Assessing Regional Integration in Africa VIII*, Addis Ababa: UNECA, 2017, Chap. 3, pp. 51 – 59.

③ African Capacity Building Foundation, *Assessment of Internal and External Risks Associated with the Implementation of the African Union's Agenda* 2063, Harare, Zimbabwe: The African Capacity Building Foundation, 2015, p. 5.

④ 相关讨论可参见张春《非洲安全治理困境与中非和平安全合作》，《阿拉伯世界研究》2017年第5期，第102—117页。

⑤ African Union, *Decision on the Outcome of the Retreat of the Assembly of the African Union*, Assembly/AU/Dec. 605 (XXVII), 27th Ordinary Session, July 17 – 18, 2016, Kigali, Rwanda.

⑥ Philomena Apiko and Luckystar Miyandazi, "Self-financing the African Union: One Levy, Multiple Reforms", *ECDPM Discussion Paper*, No. 258, September 2019, p. 1.

部支持降至34%；但与2018年相比，2019年非盟预算总额下降了12%，因此这一财政自主性的提升的象征意义明显大于实质意义。①

五 强加的西式治理

尽管已独立60年，但非洲政治治理无时无刻不受外部影响，既有殖民时期的历史遗产，也有体系强国的现实压力。尽管以和平、安全、发展等为名，但这些外部治理努力主要是前殖民宗主国和美国等西方国家强加于非洲的，且对非洲的政治治理努力产生了扭曲性影响。当然，随着时代的发展，西方国家在强加西式治理于非洲身上时，其包装远较殖民时期更为精致，其手段也远比殖民时期隐蔽。具体而言，强加的西式治理主要表现为三种方式，即对抗性治理、安全化治理和嫁祸式治理。

第一，延续殖民时期分而治之的做法，西方继续通过对抗性治理影响非洲政治治理。

对抗性治理的一个重要特征是族群政治的对抗性动员，其核心是族群身份的政治化。族群早已存在于整个非洲大陆，但它根本上是种文化身份。随着殖民宗主国将民族国家的理念强加于非洲身上，一种“双重身份”得以出现：一方面，每个人都是其族群的成员，进而有参与并履行对集体的义务；另一方面，每个人又都是现代国家的个体性公民，而这又植根于地位和权利的自由主义或个人主义观念而非义务。② 这样，独立后的非洲各国往往陷于族群身份与公民身份的对立，因为“以自治个体为假设的自由主义和少数服从多数的制度，根本上与个人履行对次国家社区的共和性义务的现实是矛盾的”③。这样，通过外部强加的西式治理特别是当政治权威和法律强化了族群性的身份，并在其中搞歧视，那么族群就会演变为一种法律和政治的身份。作为文化身份的族群是共识性的，但当其成为政治身份，通过法律和行政机构来加以执行时就必然成为差异性甚至歧视性。④ 族群身份政治化的严重后果直到今天仍清晰可见，卢旺达1994年种族大屠杀、肯尼亚2007年选后动乱、埃塞俄比亚当前的族群政治都是典型。

西方国家在对非援助中的分而治之或对抗性治理也相当明显。一方面，西方国家

---

① “‘This is a Watershed Moment for Africa’: Deputy Chairperson Shares Insights on the Ongoing Financial Reforms of the Union”, African Union, November 12, 2018, https://au.int/en/pressreleases/20181112/watershed-moment-africa-deputy-chairperson-shares-insights-ongoing-financial, 2019-09-20.

② Lahra Smith, “Voting for an Ethnic Identity: Procedural and Institutional Responses to Ethnic Conflict in Ethiopia”, *Journal of Modern Africa Studies*, Vol. 45, No. 4, 2007, pp. 565-594.

③ Georges Nzongola-Ntalaja, “Citizenship, Political Violence, and Democratization in Africa”, Global Governance, Vol. 10, No. 4, 2004, pp. 403-409.

④ Mahmood Mamdani, “Making Sense of Political Violence in Post-Colonial Africa”, *Identity, Culture and Politics*, Vol. 3, No. 2, 2002, pp. 1-24.

主要通过经合组织发展援助委员会向非洲国家提供了大量援助；但另一方面，以援助有效性等为借口，西方国家也同时向大量非政府组织提供援助，宣称要促进非洲和平、安全与发展。为强化对抗性治理，西方国家更多是动员自身国内的非政府组织和其他国际非政府组织到非洲国家参与政治治理。西方援助国通常采用具有道德内涵的口号，但对非洲国家/非政府组织、外部非政府组织/非洲当地非政府组织的平行但不平等的援助策略，更多的后果不是援助有效性或发展有效性，而是产生了分而治之或对抗的有效性。

第二，通过安全化治理使非洲陷入欠发达与欠安全的恶性循环，确保“西式民主治理”得以强加。西方国家给出的安全化治理方案之所以能够为非洲国家所接受，很大程度上与非洲大陆自独立以来特别是冷战结束之后的长期持续且严峻的安全挑战有关：首先是冷战结束后头十年里，由于结构性压力消失而释放的各类矛盾迅速使非洲陷入混乱状态，尽管此后十年左右由于美国的“全球反恐战争”而逐渐缓解，但进入21世纪第二个十年后由于“阿拉伯之春”而触发的公民政治觉醒及此后迅速上升的非结构性暴力，非洲大陆同期持续的经济增长都难以彻底扭转非洲各国的政治治理思维。恰好相反，随着经济增长而来的可支配资源增加，更强化了不少非洲国家的安全化治理逻辑。而西方的民主化、安全化治理逻辑更是强化了这一倾向，因为发展需要安全的环境，而安全的环境则需要民主的治理或更具道德意义的所谓“良治”。

第三，嫁祸式治理是转移对强加的西式治理的关注的重要手段。如前所述，通过在非洲推行对抗性治理和安全化治理，西方国家很大程度上使非洲处于一种“欠发达”和“欠安全”的状态。但无论从道德还是权势的角度，西方国家都不能让非洲及其他国家理解这一逻辑，因此必须将非洲的欠发达与欠安全归于西方之外的其他原因，这便是嫁祸式治理的由来。西方国家的嫁祸式治理包括两大战略。一是嫁祸于非洲自身，即从非洲自身寻找非洲欠发展、欠安全的根源，并开出所谓“善治”良方。① 二是嫁祸于新兴大国特别是中国，指责中国不仅在破坏西方既有的援助努力和“善治”努力，还未贡献足够的国际公共产品。正是通过嫁祸式归因，西方国家可正当地进一步强化其既有的对抗性治理和安全化治理，诸如由非政府组织施以援助、鼓动非国家行为体参与治理等也日益变得理所当然。

六　余论

非洲国家独立60年来政治治理方式的左右摇摆及其振幅变化，充分说明非洲政

---

① 有关西方对非援助的归因逻辑、应对举措和衡量方法等的讨论，可参见潘亚玲《中国特色对外援助理论建构初探》，《当代亚太》2013年第5期；张春《新型全球发展伙伴关系研究》，上海人民出版社2019年版，第44—60页。

治治理已取得重大进展。但无论是与其他地区相比，还是与非洲自身经济发展相比，非洲政治治理的成效均存在诸多问题。总结非洲政治治理的发展史，可初步识别四个基本特征：其一，继承性治理时期与西式民主化治理时期更多由外部力量主导，而本土化治理时期和自主性治理时期则更多为内部力量主导；其二，经过殖民时期和后殖民时期的发展，西式政治治理理念、机制和模式早已渗透到非洲内部治理结构，不仅在自上而下的政府治理中有大量的统治精英盟友，而且在自下而上的草根治理中也有大量拥趸；其三，本土、传统的治理理念也不只是在自上而下的政府治理层次存在，它同样在草根阶层中有深厚基础，更为难能可贵的是，地区层次始终在做重大努力推进；其四是非洲政治治理的演进很大程度上取决上述四大因素、两大理念在不同背景下的竞合结果，进而在本土化/自主性与西化/继承性之间做钟摆运动，但其振幅有缩小趋势，进而推动非洲政治治理模式的融合性发展。

展望未来，两大新兴力量或要素正推动非洲政治治理朝向融合式创新方向快速发展。一是非洲整体自主性上升，这不仅与21世纪初以来的“非洲崛起”密切相关，更与非洲在反思基础上对自身未来发展的宏伟规划即非盟《2063年议程》密切相关，还与全球性发展努力即联合国《2030年可持续发展议程》对各国政治意识的强化密切相关，它将为非洲平衡上述因素提供新的思维甚或思辨性哲学思考。二是新兴大国群体性崛起，这既标志着全球性的权势转移进入新阶段，也意味着人类发展的替代性道路的出现并走向成熟，将为非洲平衡上述因素提供新的助力。可以预见的是，在非洲整体自主性上升、新兴大国群体性崛起的干预下，非洲政治治理有望进入一个良性循环。首先，自上而下的政府治理将有机会获得更大的治理自主性——得益于非洲整体自主性上升，以及更多的治理资源——得益于新兴大国群体性崛起，不仅有助于提升其治理能力，也有助于改善其治理表现。其次，随着非洲各国自上而下的政府治理的改善，会赢得更多的自下而上的草根治理的配合，从而促进非洲政治治理的国内要素或资源的更好配置。再次，非洲各国政治治理的内部配合的改善，也有利于以非洲整体自主性为基础的地区治理更加深入，从而进一步夯实非洲政治治理的自主性。复次，非洲政治治理的改善有利于其抵制外部特别是西方国家强加的治理理念、模式和实践。最后，新兴大国的群体性崛起及其与非洲关系的发展，可为非洲治理自主性的提升创造有利条件；而新兴大国对非洲的帮助，也可倒逼西方大国改变其影响非洲政治治理的理念、模式和实践，并形成一种有益于非洲政治治理发展的外部良性竞争。如果这一良性循环得以形成，则非洲政治治理将走出此前60年所经历的徘徊与摇摆，突破“永远的十字路口”，而真正确立适合非洲的政治治理道路。

也需要看到的是，非洲政治治理未来的发展道路仍将是曲折的。其中尤其重要的是，非洲自主性上升和新兴大国崛起这两大因素，如何帮助非洲打破既有的循环从而实现非洲政治治理的突破性发展。其可能是一个相当复杂和长期的过程，需要非洲在新兴大国的帮助下精心管理，特别应对这一过程中的风险、威胁和危机加以有效管控。同时，这一过程也要求学术研究更为透彻地理解非洲政治治理的历史轨迹，尤其是上述四大因素的历史性互动模式与规律，并深入研究非洲自主性上升和新兴大国崛起这两大因素的介入或干预如何改变既有互动模式与规律，并建构创新型互动模式与规律。

试析独立后非洲国家经济发展的主要矛盾

舒运国*

摘　要： 非洲大陆整体独立60年来，经济发展经历了曲折起伏的过程。总体来看，尽管非洲经济发展取得进步，但与世界其他地区相比，经济发展相对缓慢，与世界发展步伐的距离正在拉大。究其原因，非洲经济发展中遭遇的长期的政局动荡与经济发展的矛盾、经济发展模式外部性与本土适应性的矛盾、单一经济殖民遗产与完善的民族经济体系的矛盾、严重依赖外援与自力更生的矛盾，以及人口快速增长与经济协调发展的矛盾，影响了非洲经济发展。造成上述情况的因素十分复杂，既有殖民地遗产与现实发展的冲突，也有内部发展与外部模式的冲撞，更有非洲传统文化与现代化的矛盾。因此，非洲国家要实现可持续发展，还必须着力进行经济结构转型，摆脱对外依赖性，改善政府治理。

关键词： 非洲经济；政局；对外依赖；经济发展模式；单一经济结构；人口负担

自20世纪60年代非洲大陆获得政治独立至今，已有60年。在这60年里，非洲大陆虽然也取得一定的进步，但是发展十分缓慢，与世界发展步伐的差距正在拉大。非洲经济为什么发展迟缓，这个问题已经引起国际社会的关注和讨论。本文希望通过对于非洲国家经济发展中遭遇的矛盾进行评析，寻找非洲国家经济发展迟缓的具体原因，为其未来发展提供一些启示。

一　长期的政局动荡与经济发展的矛盾

在独立后的相当长时间里，不少非洲国家政局动荡不安，不稳定的社会环境严重阻碍了经济发展。这是非洲国家独立后经济发展迟缓的原因之一。

（一）不利的政局动荡环境

引发非洲国家政局不稳定的因素十分复杂，但是如果加以区分，大致有以下

---

* 舒运国，上海师范大学非洲研究中心教授，研究方向为非洲历史与非洲经济。本文在刊发于《西亚非洲》2020年第2期的同题论文基础上修改而成。

三类。

第一类，非洲国家政治体制不适应非洲国情，经济发展受挫，民族矛盾激化，群众对政府不满，从而引发了军事政变或者国内动乱（包括内战）。非洲国家独立后，为了巩固和壮大新生的民族国家，必须首先建立自己的政治体制，内容包括国家政权的组织形式、国家结构形式、政党制度及选举制度等。然而，非洲国家建立现代政治体制的基础十分薄弱，因为其既无法恢复传统部落社会的政治体制，也无法沿用殖民地的政治体制。

由于非洲国家的国情截然不同，因此模仿外部政治体制在非洲国家必然水土不服，问题频出。过去几十年里，由于政治体制不能适应非洲国家国情，使多数非洲国家均出现了不同程度的发展困境。而其最为极端的表现形式就是出现政治不稳定（政治动乱和军事政变）。仅军事政变一项，1958 年至 1985 年，就发生了 60 多起成功政变、70 起流产政变和 125 起政变阴谋。[①]

第二类，殖民统治遗留的民族矛盾和边界冲突，引发了边界战争或者地区战争。欧洲列强进入非洲后，不顾非洲各族历史发展沿革和不同的社会文化背景，人为瓜分殖民地，使许多民族被强制割裂，为今日非洲国家的边界冲突埋下了祸根。今天，非洲国家之间的边界争端十分普遍，尽管非洲统一组织和非洲联盟都通过了相应的政策措施，“郑重宣布所有成员国保证尊重它们取得民族独立时存在的边界”，“迫切需要通过和平方式，并在严格的非洲范围内解决非洲国家之间的一切争端”。[②] 但是边界冲突还是时有发生。20 世纪 60 年代至 80 年代末，撒哈拉以南非洲平均每年有 12 起边界冲突，国家成为冲突的一方。每年平均有 17000 名非洲人在这些以国家为基础的冲突中直接死亡。边界冲突所引起的战争不但给交战双方带来了极大伤害，而且大量难民的产生和无规则流动，也给其他邻国造成了巨大的经济压力。[③]

第三类，恐怖活动蔓延，造成社会动乱和不稳定。非洲地区近年来出现了一些恐怖组织，诸如尼日利亚的“博科圣地”、以马里为基地的“伊斯兰马格里布基地组织”和索马里的“青年党”，它们的活动日益猖獗，并且有扩展的态势。美国国务院 2012 年 7 月发布的《2011 年恐怖主义国别报告》称，仅 2011 年，非洲就发生 978 起恐怖主义袭击，同比增加 11.5%。究其原因，一些专家认为，“其中一些是非洲自己造成的，另一些是外来力量强加的。正是这些持续存在的问题，加上解决这些问题的希望渺茫，助长了日益严重的极端主义运动”[④]。恐怖活动对于非洲经济发展产生了

---

① Augustin Kwasi Fosu, “Mapping Growth into Economic Development: Has Elite Political Instability Mattered in Sub-Saharan Africa?”, *The American Journal of Economics and Sociology*, Vol. 63, No. 5, Nov. 2004, p. 1174.

② 非洲统一组织：《关于非洲边界不得改变的决议》（1964 年 7 月 21 日），载葛佶《简明非洲百科全书（撒哈拉以南）》，中国社会科学出版社 2000 年版，第 762—763 页。

③ “Resolving African Boundary Disputes”, https://africaoilandpower.com/2018/03/20/resolving-boundary-disputes-in-africa, 2019-03-06.

④ Robert L. Feldman, op. cit., p. 355.

恶劣的影响。2016年联合国难民事务高级专员办事处和世界银行的一份报告显示，2009年至今，仅“博科圣地”已经实施了超过3416起恐怖事件，导致超过36000人死亡，200多万人流离失所。①

（二）政局动荡对经济发展的影响

经济发展的首要条件是需要一个和平和安定的客观环境。在不稳定或者动荡的社会里，经济发展几乎就是一句空话。一些学者在研究中发现，政治不稳定是造成非洲经济增长缓慢的一个特别重要的因素。1960—1986年，政治不稳定对撒哈拉以南非洲经济增长的直接不利影响高达33%。②计量经济学家阐述这种不利影响包括：其一，投资减少，事实上，资本外逃是政局不稳的一个突出表现；其二，基于对政治不稳定的高度担忧，大量人才外流；其三，政治不稳定可能会对生产过程的时间和组织产生负面影响。③

的确，政局不稳定对于经济发展的阻碍作用十分明显。一个非常明确的事实就是，非洲国家在政局稳定时期，经济发展就相对平稳，而每逢政局动荡，经济发展就出现下降。非洲大陆独立后经历了两个较快增长时期：一个是1961年至1975年，另一个是1995年至今，其间停滞不前。只要回顾一下，我们就能发现，两个经济增长时期恰恰是非洲大陆政治相对稳定的时期，而在1975—1995年，正是非洲大陆政治比较动荡的时期，军事政变频繁，冲突不断。在这种形势下，20世纪80年代，非洲地区人均国内生产总值下降了1.3%，比所有低收入发展中国家的平均水平低整整5个百分点。在1990—1994年，年增长率加速下降至1.8%，两者之间的差距扩大至6.2个百分点。在20世纪90年代中期后，非洲国家总结了独立以来政治体制的沿革，在政治体制上进行了一定程度的改革。这种调整使非洲整体上趋于“由乱转治”，经济随之开始复苏。1999—2008年，非洲经济年均增长率为4.9%，是此前10年的两倍。④

二 经济发展模式外部性与本土适应性的矛盾

非洲国家独立后，发展经济是一个十分重要的任务。从殖民地经济向现代化经济

① Lwendo Kambela, “Terrorism in Africa”, https://www.accord.org.za/conflict-trends/terrorism-in-africa, 2019-10-07.

② Augustin Kwasi Fosu, “Political Instability and Economic Growth: Implications of Coup Events in Sub-Saharan Africa”, *The American Journal of Economics and Sociology*, Vol. 61, No. 1, 2002, p. 330.

③ Augustin Kwasi Fosu, “Political Instability and Economic Growth: Evidence from Sub-Saharan Africa”, *Economic Development and Cultural Change*, Vol. 40, No. 4, Jul. 1992, pp. 830-831.

④ Paul Collier and Jan Willem Gunning, “Explaining African Economic Performance”, *Journal of Economic Literature*, Vol. 37, No. 1, March 1999, p. 64.

过渡，对于非洲国家而言，是一件完全陌生的重大社会经济变革。在经济发展道路上，非洲国家毫无经验，盲目模仿外来经济发展模式，为此付出了巨大的代价。

（一）社会主义经济发展道路的探索

独立之初，基于殖民地历史的经历，非洲国家对于西方资本主义制度十分反感；相反，由于苏联一直支持非洲民族解放运动，而使非洲国家倾向于社会主义制度。然而，非洲领导人所提倡的社会主义并非真正的科学社会主义，而是所谓的“非洲社会主义”。非洲社会主义思潮强调非洲具有独特性，认为非洲传统社会的村社制度本来就具有社会主义的一些特点（比如生产资料公有和劳动成果共享等）；所以只要采用苏联社会主义国家的一些做法，就能够建设社会主义。为此，非洲领导人建立了中央集权的经济体制，在农村和城市推行集体所有制和国有化，在分配方面实行平均主义。

实践证明，非洲社会主义并不符合非洲国家的国情。其一，社会主义是阶级社会的产物，而独立之初的非洲国家阶级分化尚在进行之中，阶级阵线也不分明；相反，部落组织在社会生活中依然起着重要作用。其二，工人阶级是社会主义社会的基石和领导力量。但是非洲国家资本主义生产关系十分薄弱，资产阶级力量弱小，工人阶级尚在形成和发展。值得指出的是，非洲工人阶级队伍因为其流动性而很不稳定，因此组织涣散，阶级意识淡漠，在政治上还不具备作为领导阶级的水平与能力。其三，非洲国家还是自给自足的自然经济占优势地位的农业社会，生产力和经济发展水平低下，因此资本主义在非洲还有很大的发展空间。如果过早把资本主义作为变革对象，就违背了历史发展趋势。由此可见，非洲国家的社会现实不具备实行社会主义的政治和经济基础。

由于非洲国家不具备实行社会主义制度的社会基础、组织结构和经济发展水平，所以非洲社会主义并不符合非洲国家的国情。非洲社会主义提倡的经济发展战略和措施，大多超越了非洲国家的社会发展水平，对于生产力的发展造成了不利的影响。第一，过早推行国有化或者集体所有制，超越了非洲居民的觉悟程度，遏制了其生产积极性，生产力受到破坏。第二，政府对于经济的行政干预，不但使市场机制受到压抑，也束缚了企业的积极性和创造性。企业缺乏活力，尤其是国有企业的运作很快出现了效率低下、管理混乱、人浮于事、负债累累等问题。第三，中央集权型的经济管理体制，造成管理机关重叠，工作效率低下，官僚主义盛行，官员贪污之风蔓延。

到20世纪70年代后期，进行非洲社会主义试验的国家大都陷入了困境。国民经济得不到发展，十几年社会主义实践，不但没有提高非洲国家的生产率，生产力水平反而不断下降。

（二）《经济调整方案》的实施与推进

非洲国家第二次大规模经济发展道路的试验和探索发生在20世纪80年代。当时，非洲国家亟须得到来自西方国家和世界银行等国际组织的经济援助，以期破解经济危机之困境。由此，大多数国家选择执行了世界银行和国际货币基金组织制定的《结构调整方案》。《结构调整方案》基于西方市场经济的运作模式，以推行经济市场化、贸易自由化和产业私有化为主要原则，以此在非洲大陆引入市场经济模式，加快非洲经济的发展。

由于《结构调整方案》是以西方国家完善的市场经济运作规则为蓝本而制定的，与非洲国家当时的经济形态存在诸多差异。其一，从经济结构看，由于历史的惯性，非洲国家在20世纪80年代仍有较强的殖民地经济遗痕且根深蒂固，存在传统市场和现代市场并存的市场二元结构。其二，非洲国家自然经济占主导地位，广大农村居民的劳动产品主要是满足自给自足的消费，只有很少部分用于市场交换。而且，在产品交换中，货币关系也不普遍，以货易货的交换方式更为常用。非洲的商品经济、货币关系很不发达，由此也必然造成非洲市场发育的不健全。在此情境下，西方市场经济在非洲"硬着陆"，其冲突可想而知。

《结构调整方案》在非洲国家推行十余年，在给非洲国家引入市场经济的同时，也产生了诸多负面效果。第一，贸易自由化使民族工业发展受到阻碍。第二，扩大开放却加深了非洲国家对外部世界的依赖。一则外债大幅上升，二则非洲国家对于外部世界的依赖性更加严重。第三，鼓励经济作物的生产和出口与改造殖民地经济结构产生了矛盾。第四，结构调整产生了不安定因素。《结构调整方案》所设计的改造公共部门（含国有企业和政府机构）的政策，冲击了非洲国家的原来秩序，导致大量政府工作人员失业，产生了社会不安定因素，最终对非洲国家的经济发展和政治稳定产生负面作用。1990年召开的第26届非统首脑会议发表《关于非洲政治、社会、经济形势和世界发生根本变化的宣言》中明确指出，非洲国家"大都曾同国际货币与金融组织一道实行经济结构调整，并为此付出了重大的政治和社会代价。但我们认识到，这些短期措施不足以在牢固的基点上完全恢复我们的经济，也不能为今后的发展奠定坚实的基础"①。

非洲社会主义与经济结构调整都是非洲国家探索经济发展道路的尝试，而且带有全非性质。非洲社会主义先后有30多个非洲国家实践，时间长达20多年，而结构调整也有30多个非洲国家实施，时间长达10多年。这两次对于经济发展道路的探索，尽管具有历史必然性和合理性，但是毕竟使大多数非洲国家花费了几十年的时间，消耗了大量的人力、物力和财力。而这也是非洲国家在独立后，经济发展缓

① 葛佶：《简明非洲百科全书（撒哈拉以南）》，中国社会科学出版社2000年版，第801页。

慢的重要原因之一。

三 殖民遗产与完善的民族经济体系的矛盾

西方在非洲大陆的殖民统治，对于非洲国家的发展产生了深刻而又持久的影响。有人把这种影响称为“殖民遗产”。殖民遗产的内容十分庞杂，涉及各个领域，其中在经济领域的最大表现就是畸形的单一经济结构。

（一）畸形经济结构的历史与现实

所谓单一经济结构，就是一个国家动用其全部或者主要的人力资源和自然资源，大量生产一种或者几种农、矿初级原料产品。单一经济结构的特点如下。其一，这些产品并不是供国内消费所用，而是直接出口国外市场。在殖民地时期，这些产品主要运往宗主国，供其作为工业原料和生活消费品所用；在非洲独立后，则主要输往世界市场。其二，在国民经济中，一种或者几种农、矿初级原料生产得到快速发展，成为国民经济发展的主要基础。其他经济部门，诸如工业、粮食生产等都得不到应有发展，于是造成了经济发展失衡的状态，因此经济发展基础十分脆弱。其三，单一经济结构是一种畸形的经济结构，它对于外部经济具有严重的依赖性，不但产品销售依赖外部市场，而且工业制成品和粮食也需要从外部进口，因此非洲经济发展缺乏自主性和独立性，而且经济增长驱动力单一、脆弱。

非洲国家独立后，一直试图改造殖民地经济结构，但是在实践中收效不大。非洲开发银行在 2015 年公布了非洲国家出口商品的统计资料，从中我们不难发现几个特点。第一，从出口商品的品种和数量来看，非洲国家几乎毫无例外处于单一经济结构。其中一种产品出口占总出口量在 50% 以上的，就有 21 个国家，占非洲国家总数的 39%，[①] 如果把两项出口商品和三项出口商品占总出口量的 50% 的国家一起计入，那么这项数据要更加大得多。第二，从非洲国家出口的商品品种和种类来看，几乎是清一色的农、矿初级原料产品。其中一类是自然资源的矿产品，如黄金、石油、天然气、锰、铜、铁、镍、铝、铌、钽、磷酸盐和钻石等；另一类是农业经济作物，诸如腰果、棉花、芝麻、丁香、蔬菜、烟草、咖啡、可可豆等；还有一类是鱼、木等产品，诸如金枪鱼、其他鱼类、木材、鲜花等。在非洲国家出口商品中，几乎找不到工业制成品或者加工产品。

（二）单一经济结构的负面经济效应

第一，由于非洲国家的生产、流通和销售都与国外市场紧密联系，因此，世界市

---

① http：//www.africaneconomicoutlook.org/en/statistics，2018－04－08.

场的供需变化和价格消长直接制约了非洲国家的经济发展。如果遭遇西方国家经济不景气或者世界市场对原料产品的需求下降，那么，这些国家的经济发展就会受到冲击，回顾非洲国家独立后的历史，凡是国际经济形势不佳、原料产品价格下降的年代，就一定是非洲经济出现下行的时间。

第二，由于不合理的国际经济秩序的作用，非洲国家生产的初级原料产品，在国际市场上的附加值很低。非洲国家在国际市场上出口附加值很低的初级原料产品，而进口附加值高的制成品，其明显处于一种不平等的国际贸易交换之中。

第三，单一经济结构使非洲国家的生产基础十分狭窄。单一经济结构造成非洲经济处于畸形发展状态，少数农、矿初级原料产品生产片面发展，农业生产受到轻视，工业生产十分弱小和落后，许多国家的粮食和工业制成品都需要从外部大量进口。

由此可见，殖民地时期形成的单一经济结构，严重阻碍了独立而完善的非洲民族经济体系的建立和发展。单一经济结构使非洲国家的经济发展丧失了自主权，一直处于世界经济结构中的附庸地位。如果单一经济结构不得到根本的改变，那么非洲国家永远只能为世界市场提供初级原料产品，只能处于产品附加值的最低端，深受经济结构低度化之累，掣肘向现代化的完善的国家经济体系转变。

当然，非洲国家正视单一经济结构的负面效应，采取了一系列政策与措施，努力调整产业结构，推进经济结构的多元化。但是单一经济结构在非洲国家已经扎根多年，因此要进行改造必然遇到巨大困难：从单一经济结构转向多元化的经济结构，不但需要足够的技术，也需要大量资金；现存的国际经济秩序以西方国家占主导地位，因此它们会千方百计维护这种不合理的经济秩序。显然，单一经济结构要得到根本的改造，非洲国家还需要很长时间。

四　严重依赖外援与自力更生的矛盾

客观而言，非洲国家的经济发展既需要内部资源动员，也离不开从外部获得资金支持。如何处理好二者关系，对于国民经济的健康发展十分重要。

（一）经济发展严重依赖外援

非洲国家领导人在获得政治独立后，认识到发展民族经济，必须实现经济独立。无论是1979年非洲统一组织通过的《拉各斯行动计划》，还是2001年的《非洲发展新伙伴计划》，均强调以集体自力更生为主，同时积极争取国际援助。然而，现实与理想往往存在差距。

贫穷落后的经济发展水平无法为非洲提供经济建设所需大量资金。一方面，非洲国家的资本形成能力低下，它必然严重制约非洲国家的社会经济发展，因此，非洲国家需要利用外援发展经济。另一方面，非洲国家独立后，急于通过经济发展来摆脱贫穷落后状态，因此制定的经济发展计划往往过于庞大，这又加重了对于资金的压力。在非洲国家，雄心勃勃的发展计划与十分短缺的资金之间矛盾尖锐。于是，在非洲国家建设和发展计划中，外部经济援助变得越发不可或缺。欧洲开发银行指出："非洲国家在绝大部分发展计划中，都制定了获取外来援助的目标。"[①]

经合组织的统计表明，非洲国家接受官方发展援助的数字20世纪70年代年均为174.5亿美元；80年代年均为260.09亿美元；90年代年均为278.61亿美元，21世纪前十年平均为347.25亿美元；2010—2016年年均为485.22亿美元。[②] 长期以来，非洲成为接受国际援助的主要地域，2017年约占经合组织发展援助委员会对外援助总额的28.6%，[③] 国际援助已成为大多数非洲国家解决经济发展资金不足的重要补充。一直以来，非洲国家高度依赖国际援助，这清楚地表明国际援助在非洲国家经济与社会发展中具有重要地位。

（二）西方外援在一定程度上削弱了非洲国家经济发展的自主性

从理论上讲，外援可以部分弥补非洲国家资金短缺的问题，有利于推动非洲国家的经济发展。但是研究非洲国家的具体情况，其结果常常相反。一些批评人士甚至声称，接受外援本身助长了非洲的依赖综合征，削弱了非洲国家的治理或行政能力，从而加剧了非洲经济发展的困难。金斯利·奇杜·莫加卢（Kingsley Chiedu Moghalu）指出，导致非洲大陆发展缓慢的主要因素可能是外国援助。在过去的60年里，至少有1万亿美元的外国援助转移到了非洲，但是今天非洲的实际人均收入低于20世纪70年代。[④]上述批评人士的观点或许偏激，但是也反映了过分依赖外援所带来的负面影响。

第一，外债不断增加。举借外债是获取外援的重要手段之一。1980年非洲外债总额为1092亿美元，1992年为2900亿美元，1998年为3500亿美元。[⑤] 根据世界银行2018年《非洲脉搏》报告，2012年至2016年，撒哈拉以南非洲地区的平均公共债务占国内生产总值的比例从37%上升至56%。到2018年，40%的撒哈拉以南非洲国家面临债务危机的高风险，是5年前的两倍。[⑥]

---

① *Report of the Conference of African Planners*, Second Session, Document E/CN. 14/4o7, Addis Ababa, January 1968.

② OECD, *Development Aid at a Glance* (*Africa*, 2018*edition*), https://www.oecd.org/dac/financing-sustainable-development/development-finance-data/Africa-Development-Aid-at-a-Glance-2018.pdf, 2019-03-05.

③ 宋微：《国际对非洲援助》，载张宏明主编《非洲发展报告 No. 21（2018—2019）》，社会科学文献出版社2019年版，第314页。

④ Jong-Dae Park, "Assessing the Role of Foreign Aid, Donors and Recipients", https://link.springer.com/chapter/10.1007/978-3-030-03946-2_2, 2019-04-03.

⑤ 舒运国：《外援在非洲经济发展中的作用》，《西亚非洲》2001年第2期。

⑥ "Is a New Debt Crisis Mounting in Africa?", https://www.worldfinance.com/special-reports/is-a-new-debt-crisis-mounting-in-africa, 2010-01-05.

第二，获得西方外援的主动权在援助方一边，而不是在非洲国家一边。因此，非洲国家的经济发展项目往往会受到援助方的制约和束缚。许多西方捐助者常常附加条件，使援助难以有效地用于经济和社会发展。在许多情况下，援助是由发达国家的利益集团推动的，其出售不适合非洲发展的产品、服务和技术，而这些产品、服务和技术往往过时，不适合非洲的条件。①

第三，西方援助方在为非洲国家提供经济援助时，往往带有一些额外的政治条件。比如西方在为非洲国家结构调整提供援助时，就提出了一整套方案，诸如私有化、自由化等。如果受援方不接受这些条件，援助往往被减少甚至取消。

更为严重的是，过多依靠外部援助直接冲击了非洲国家奉行的自力更生的方针。比如，西方援助附带某些条件，对于非洲国家的发展可能产生负面作用。体现非洲自力更生、自主发展理念的《拉各斯行动计划》未竟实施，而代之以西方发展价值观理念的《结构调整方案》，就是一个实例。美国布鲁金斯学会的专家认为，对外援助在非洲形成了一种依赖文化，助长了家长式作风，而不是伙伴关系。② 2017 年，加纳总统纳纳·阿库福－阿多（Nana Akufo-Addo）在一次讲话中强调，非洲国家不应再以外国财政援助为基础制定政策。他强调，这样的做法过去没有奏效，现在不会奏效，将来也不会奏效。③

综上，我们不能一概否定外部援助，因为合理的外部援助确实能够推动非洲国家的经济发展。但是，如果过分依赖外部援助，而且援助又带有不合理的附加条件，那么它对于非洲国家的自力更生发展战略无疑会带来负面影响。

五 人口快速增长与经济协调发展的矛盾

人类社会有两种生产，即物质资料生产与人口生产。两种生产的关系首先表现在物质资料生产决定着人类自身生产；其次，人类自身生产对物质资料生产具有反作用。当两种生产处于和谐关系时，能够相互促进，共同发展；而当两种生产处于矛盾状态时，则可能相互制约，甚至出现人口生产压迫生产力的现象。就非洲国家而言，处理好两种生产的关系成为影响其经济良性发展的重要因素。

（一）人口资源持续高增长态势

20 世纪六七十年代，大多数非洲国家对于人口高速增长所产生的问题没有给

---

① Aye Mengistu AlemuI, & Jin-Sang Lee, "Foreign Aid on Economic Growth in Africa: A Comparison of Low and Middle-income Countries", *South African Journal of Economic and Management Science*, Vol. 18, No. 4, 2015.

② Angelle B. Kweme, "Making Africa Great Again: Reducing Aid Dependency", https://www.brookings.edu/blog/africa-in-focus/2017/04/20/making-africa-great-again-reducing-aid-dependency, 2018-01-09.

③ "Africa Should not Need Foreign Aid", https://www.esi-africa.com/industry-sectors/finance-and-policy/video-africa-should-not-need-foreign-aid, 2019-02-02.

予足够的重视，甚至采取一种放任自流的态度。进入70年代，关注人口问题的国家逐步增加，但是总体格局没有根本的改变。进入80年代，由于人口快速增长已经产生了一系列问题，并且严重制约了经济发展，非洲国家政府才开始重视人口问题，一些国家开始制定人口政策。从90年代至今，由于受到传统文化、宗教等各种因素的制约，非洲各国控制人口过快增长的政策措施效果不是很好，人口增长速度始终在高位运行。

自20世纪60年代至今，非洲大陆年均人口增长率始终在2.3%—3%浮动。非洲大陆成为全球人口增长最快的地区。近几年，非洲人口以年均2.5%左右的速度增长，远高于世界其他地区。根据《2019年非洲统计年鉴》，2011年非洲人口规模已经突破10亿，达10.7亿，2015年达11.9亿，2017年为12.2亿，2019年将达13.1亿。[①] 据非洲人口和卫生研究中心估计，这种增长速度还将保持一段时间。[②]

在高速人口增长的背后，人口资源并未转化为推动经济与社会发展所需的人力资源（或称人力资本）。从劳动力知识水平看，受教育程度决定了其知识水平。据统计，2008—2014年，非洲的南苏丹（73.2%）、几内亚（68%）、塞拉利昂（67.7%）、马里（66.4%）、布基纳法索（65.4%）、中非共和国（63.3%）、冈比亚（58.1%）、塞内加尔（57.2%）、科特迪瓦（56.1%）、几内亚比绍（54.4%）等国成人文盲率都在50%以上。[③] 这些低素质劳动力无法满足国家推进工业化乃至信息时代的生产力的发展需要。

（二）人口增长对经济发展的挑战

十分明显，非洲国家独立后人口增长迅速，甚至超过经济增长速度，于是非洲国家的人口生产速度和规模超越了物质资料生产所能够承受的限度，因此人口生产对经济发展带来了诸多严峻挑战。

第一，人口快速增长，对于生活和生产资料的需求迅速上升，尤其对土地资源的需求有增无减。随着每一代家庭的土地面积越来越小，通过砍伐森林的手段扩大土地面积。非洲森林面积占总面积的比例不断下降，2000年为22.3%，2010年降为21.2%，2015年已经减少至20.7%。[④]

第二，人口快速增长给农业生产带来巨大压力，粮食短缺问题突出。联合国粮农组织的研究表明，从1980年到2007年，非洲的粮食净进口以每年3.4%的速度增长，这种增长主要是由人口增长推动的，因为每年人口增长约2.6%；而粮食产量的增长

① UNECA, AfDB, and AU, op. cit., p. 73.

② "Population of Africa (2019 and Historical)", https://www.worldometers.info/world-population/africa-population, 2019-02-02.

③ UNECA, AfDB, and AU, op. cit., p. 77.

④ UNECA, AfDB, and AU, op. cit., p. 122.

速度小，不到0.1%。[①]为解决非洲国家日益严峻的粮食不足问题，各国政府不得不持续加大粮食进口，金额从2000年的不到100亿美元增至2016年的约350亿美元。[②]

第三，过快的人口增速弱化了政府的减贫效果。人口增长越快，对于住房、医疗、教育和就业都提出了更高的要求。对于非洲国家而言，经济原本落后，人口高速增长，迫使非洲国家不得不从本来就十分短缺的资金中抽出一部分作为人口投资。于是，用于社会扩大再生产的资金相应减少，经济发展受到影响，难以显著推进国家的减贫进程。在非洲国家的不懈努力下，尽管非洲大陆的贫困发生率（以人均日支出低于1.9美元国际贫困线为标准）从1990年的54%下降到2015年的41%，但由于人口增长速度保持高位，贫困人口数量却由2.78亿人扩大到4.13亿人。[③]

非洲国家在独立后的很长时间里，未能充分注意协调人口增长与经济发展之间的关系。过高的出生率和生育率带来人口激增，给经济社会发展和资源环境带来了巨大压力。鉴于此，近些年，非洲国家逐步认识到控制人口增长的必要性，开始制定计划生育政策，人口增长率有所下降。1955年育龄妇女生育率为6.5，2005年下降到5.4，2016年为4.8。[④] 未来，如何保持人口增长与经济发展之间的协调发展，仍是非洲国家面临的难题。

六 结语

非洲国家独立60余年，经济发展长期缓慢，重要原因是经济发展中遭遇到诸多矛盾（本文只是阐述了其中的一些主要矛盾）。综观这些矛盾，产生原因十分复杂，既有历史与现实的冲突，也有内部发展与外部模式的碰撞，更有非洲传统与现代化的矛盾。

所谓历史与现实的冲突，主要指殖民遗产对于非洲国家独立后产生的恶劣影响。政治上，人为瓜分的殖民地成为日后非洲国家的基础，被扭曲的政治体制、民族关系都为日后独立的非洲国家的政治发展埋下了祸根。经济上，殖民地畸形经济结构（单一经济结构）使独立后的非洲经济依然难以摆脱对于外部经济（主要是西方国家经济）的严重依赖，因而在经济发展中缺少自主性。所谓内部发展与外部模式的碰撞，主要指非洲国家在经济发展进程中，引入外部世界的发展模式。实践证明，外部发展模式在非洲大陆内部发展中表现出“水土不服”的特点。这种“水土不服”突

① FAO, “Why has Africa Become A Net Food Importer?”, http://www.fao.org/3/a-i2497e.pdf, 2019-07-08.

② The World Bank, “Accelerating Poverty Reduction in Africa: in Five Charts”, https://www.worldbank.org/en/region/afr/publication/accelerating-poverty-reduction-in-africa-in-five-charts, 2019-12-02.

③ The World Bank, “Accelerating Poverty Reduction in Africa: in Five Charts”.

④ World Bank, “Africa's Population Boom: Will It Mean Disaster or Economic and Human Development Gains?”, https://www.worldbank.org/en/region/afr/publication/africas-demographic-transition, 2019-02-03.

出反映了非洲国家独特的国情，而正是这种与世界其他国家不同的国情，注定了非洲国家无法照搬外部世界的发展模式。所谓非洲传统与现代化的矛盾，主要指非洲传统文化中的一些理念（诸如“多子多孙便是福”的生育观，成为非洲国家控制人口生育政策的拦路虎），虽然已经不适应现代社会的发展趋势，但是它们依然在社会生活中发挥强劲作用，因此实际上成为阻碍现代化的因素。

无论是历史与现实的冲突，还是内部发展与外部模式的碰撞，抑或非洲传统与现代化的矛盾，其背后有一共同特点，就是非洲国家独立后，所采取的发展战略、政策和方针路线，都不同程度脱离了非洲国家的具体国情，于是现实与追求的目标出现了巨大的落差。追求的目标脱离了现实或者与现实不符，在执行过程中必然出现矛盾。因此，要解决影响非洲经济发展的长期性问题，非洲国家需要反思历史，立足当下，思考未来。必须指出，进入 20 世纪 90 年代中期以后，非洲国家对于独立以后的发展进程进行了反思，在总结经验教训的基础上，对于妨碍发展的一些问题进行了探讨和改革。进入 21 世纪，非洲国家成立了非洲联盟，制定和执行《非洲发展新伙伴计划》。在新发展战略的指引下，非洲经济形势发生了明显的改变，经济增长率得到提升。当然，影响非洲经济发展的负面因素仍然存在，仍然会发挥作用。因此，非洲国家要实现可持续发展，还必须下大力气，进行经济结构转型，摆脱对外依赖性，改善政府治理。只有这样，非洲国家的经济才能真正走上健康发展的道路。

集体安全机制视域下的非洲常备军建设

王　涛*

摘　要： 非洲常备军是非洲大陆独立60年来孜孜以求联合自强的重要成果，是非洲安全合作一体化从理想到现实迈出的坚实一步。它发端于20世纪初的泛非主义思潮，历经非统组织成员国的持续推进，最终于2002年成功付诸实践。非洲常备军在实际发展中，已实现不少建设思路上的突破，完成了许多自身机制性建设的目标，但它却从最初的“泛非性军事力量”设想，逐渐变为在现实中的五支逐渐分化的次区域军事力量的组合，因此它还远不是一支泛非性军事力量。基于内在机制问题、资源配置不均等多重因素的制约，非洲常备军分散化发展态势不仅将难以促进非洲安全一体化，反而有消解非洲大陆安全整合努力的风险。这就需要非洲国家凝聚共识，一方面通过非洲大陆域内外资源动员，破解资金不足、人员装备与能力缺乏问题；另一方面推进与优化机制建设，提升非洲国家的集体安全能力。

关键词： 安全治理；非洲常备军；非洲联盟；泛非军事力量；非洲快速反应部队

非洲国家独立60年的发展历程中，联合自强始终是各国不懈追求的目标。纵观非洲联合自强的历史与实践，非洲大陆的政治一体化和经济一体化均取得不同程度的进展，而安全领域的独立自主仍具有相当难度与挑战性。就非洲的安全联合自强而言，自主安全机制的创设与成长则是最具根本性的，是安全联合自强能否顺利开展的前提和基础。

一　非洲常备军建立的历史背景与现实基础

从奴隶贸易、瓜分非洲到殖民统治、种族隔离，这一系列近代非洲历史的苦难都揭示了非洲联合自强的紧迫性与必要性。安全领域的联合自强始终都是其中的核心议题之一，自泛非主义思潮产生之初就被知识精英反复讨论。非洲国家独立后，安全领

---

* 王涛，云南大学国际关系研究院非洲研究中心教授，主要研究领域为古代与中世纪国际关系史、非洲史、非洲安全问题、非洲能源政治、外部世界与非洲关系。本文在刊发于《西亚非洲》2020年第2期的同题论文基础上修改而成。

域的联合自强的探索得以继续，并成为非洲统一组织（简称“非统”）建设过程中除政治自主、经济自立之外的关注焦点与难题。2002 年非盟成立后，安全联合自强的思路日益清晰，计划愈加完备。在此背景下，非洲常备军的建设被提上议程。

（一）思想渊源：非洲安全联合自强的发展思潮

非洲常备军的构想可以追溯到 20 世纪初的泛非主义思潮。当时，殖民地的非洲精英就曾设想组建一支全非的军事力量，以实现反殖民主义、反帝国主义、争取民族解放的伟大目标。在历届泛非会议（Pan African Conference）上，建立非洲自己的军队的构想也被反复提及。二战结束后，随着绝大部分非洲国家的相继独立，加纳总统恩克鲁玛终于将这个问题提上了议事日程。他在 20 世纪 60 年代早期曾计划建立非洲高级司令部（African High Command），以便在将来统合全非洲的军队。由于恩克鲁玛还主张非洲高级司令部应介入非洲国家间的冲突，从而引发他国的警惕，部分非洲国家担心此举会侵蚀来之不易的独立成果。因此，他的倡议没能实现。[①]

1963 年非统成立后，协调非洲各国防务政策的需要使泛非军事力量的设想再次被提出，但在此过程中引发了巨大分歧。以加纳为首的一些国家主张建立拥有“统一军事结构”（Unified Military Structure）的泛非武装。但这个为了未来“非洲合众国”而预先组建军队的理想化倡议遭到了尼日利亚等国的强烈抵制，后来被以该提案“损害主权、成本过高、领导权难以协调”等理由加以否决。[②] 1965 年，在塞拉利昂首都弗里敦举行的非统国防委员会第二次会议上，以塞拉利昂为代表的一些国家又提出了建立一个集权化程度较弱的“非洲防御组织”（African Defence Organization）方案。在葡萄牙入侵几内亚比绍和干预安哥拉内战的刺激下，[③] 1979 年 4 月，非统举行国防委员会第六次会议，各成员国终于就成立非统防御力量达成一致。[④] 但在干涉乍得冲突失败后，非统实际上陷于破产。

冷战结束后，非洲安全形势的新特点与安全问题的新动向促使非洲政治精英开始思考新的泛非军事力量建设方案，以应对贫困与冲突恶性循环的“发展—安全关联”挑战。[⑤] 非洲常备军正是这一思考的产物之一。

---

① Chimelu Chime, *Integration and Politics Among African States: Limitations and Horizons of Mid-term Theorizing*, Uppsala: Scandinavian Institute of African Studies, 1978, p. 164.

② Olajide Aluko, *Ghana and Nigeria 1957 - 1970: A Study in Inter-African Discord*, London: Rex Collings, 1976, p. 130.

③ Michael Wolfers, *Politics in the Organization of African Unity*, London: Methuen Publishing, 1976, p. 96.

④ Benedikt Franke, "A Pan-African Army: The Evolution of an Idea and Its Eventual Realisation in the African Standby Force", *African Security Review*, Vol. 15, No. 4, 2006, p. 8.

⑤ 有关“发展—安全关联”的讨论，参见张春《“发展—安全关联”：中美欧对非政策比较》，《欧洲研究》2009 年第 3 期。

（二）现实基础：非洲维和的历史经验与次区域组织的前期实践

第一，非统致力于解决非洲内部冲突的实践为非洲常备军的建立积累了早期经验。1963 年非统成立之初，其宪章就明确表明为“促进非洲国家的统一与团结”“协调并加强之间的合作”而应协调和调整各国政策，其中专门提及“防务与安全合作”方面的政策协调。[①] 不过，这种防务与安全合作仍停留在文件制定与政策呼吁层面。20 世纪 70 年代，葡属非洲的反殖民主义战争与南部非洲各国对种族主义的斗争，凸显出非统在面对外来干涉和内部冲突时的软弱无力。非统于 1979 年成立“非统防御部队”（OAU Defence Force），不仅致力于保障成员国免受外部干涉，支持非洲各国的民族解放运动，而且还肩负着解决成员国内部争端的职责。这被视为非洲军事合作机制化的最初尝试。[②] 不过，1981 年 12 月非统防御部队在乍得的维和行动仅维持数月便遭遇失败，直接导致该组织在次年的停摆。[③] 此后，非洲各国主要通过参与联合国维和行动来保障地区内和平，维和主导权掌握在联合国手中，非洲本土军队只是国际维和部队的参与者。[④] 1993 年，非统创建了“冲突预防、管理和解决机制”（the Mechanism for Conflict Prevention, Management and Resolution），试图以此部分替代联合国职能。[⑤] 但在该机制框架下，非统介入卢旺达、布隆迪、喀麦隆的行动都以失败告终。自主维和的失败教训以及长期对联合国维和行动的参与，都为非洲常备军的建立积累了重要经验。

第二，非洲次区域组织的发展与次区域军事单位的建设为非洲常备军的建立提供了组织前提。冷战结束初期，非洲冲突频发，索马里内战和卢旺达大屠杀引发全世界的关注。面对非洲自主维和能力缺位的现实，欧美国家先后采取了“非洲危机应对计划”（African Crisis Response Initiative）、“非洲危机快速反应部队”（African Crisis Response Force）、“加强非洲维和能力建设计划”（Renforcement des capacités Africaines de maintien de la paix Program）等政策或举措。[⑥] 1992 年和 1996 年，南部非洲发展共同体（Southern African Development Community）和东非政府间发展组织（Interg-

---

① 《非洲统一组织宪章》（1963 年 5 月 5 日），载唐大盾编《泛非主义与非洲统一组织文选（1900—1990）》，华东师范大学出版社 1995 年版，第 164—165 页。

② Benedikt Franke, “A Pan-African Army: The Evolution of an Idea and Its Eventual Realisation in the African Standby Force”, *African Security Review*, Vol. 15, No. 4, 2006, pp. 8 – 9.

③ Roy May and Simon Massey, “The OAU Interventions in Chad: Mission Impossible or Mission Evaded”, *International Peacekeeping*, Vol. 5, No. 1, 1998, p. 46.

④ The Peace and Security Section of the United Nations Department of Public Information, *United Nations Peacekeeping Operations*, New York: United Nations, July 2013, p. 2.

⑤ ECOWAS, *Protocol Relating to the Mechanism for Conflict Prevention, Management, Resolution, Peace-keeping and Security*, Lome: The Economic Community of West African States, 1999, p. 1.

⑥ Eric G. Berman, *French, UK, and US Policies to Support Peacekeeping in Africa: Current Status and Future Prospects*, Oslo: Norwegian Institute of International Affairs, 2002, pp. 3 – 32.

overnmental Authority on Development，即“伊加特”）分别成立，加之此前就已存在的西非国家经济共同体（Economic Community of West African States）、中非国家经济共同体（The Economic Community of Central African States）和阿拉伯马格里布联盟（Union of the Arab Maghreb），涵盖非洲各次区域的政府间组织都已出现。它们不仅对非统军事政策的制定产生了影响，也是未来次区域军事力量最为理想的承载者与管理者。① 与之相应，全非统一的非洲军事组织的建设理念也被更为务实、更可操作的思路所取代。1997 年，在哈拉雷会议上，与会国提出由非洲各次区域组织分别建设各自军事力量的计划。② 1999 年 3 月，南部非洲发展共同体国家间防务与安全委员会（Interstate Defence and Security Committee）决定建立南部非洲发展共同体待命维和旅（SADC Standby Peacekeeping Brigade）。③ 2002 年 6 月，中部非洲国家经济共同体也决定成立“中非多国部队”（Multinational Force of Central Africa）。④ 这种次区域军事单位“各自分工”的实践，为非洲常备军提供了一种建设思路。

第三，非盟成立后对“不干涉”条款的修订为非洲常备军的建立奠定了法律基础。在各次区域组织的推动下，2002 年《非洲联盟宪章》（*Constitutive Act of the African Union*）对此前《非洲统一组织宪章》（*Charter of the Organization of African Unity*）中有关“不干涉”的条款进行了修订。在其前言中就明确提出了“干涉权”，并在第 4 条第（h）款规定：“根据非盟首脑会议决定，非盟有权干涉战争罪行、种族灭绝罪行和反人类罪行。”在第四条第（j）款里又规定：“非盟成员国为了恢复国内和平与安全有权请求联盟进行干涉。”⑤ 随着《非洲联盟宪章》确立了对非洲国家国内冲突“非漠视原则”（Principle of Non-indifference），建立非洲常备军作为非盟的军事力量，也就有了相应的法律基础。⑥

综上，非洲常备军的建设有着深厚的思想渊源、实践基础和法律渊源。虽然在历史上非洲军事联合自强不断受挫，但非洲的政治精英始终没有放弃这一理想，贡献了一个个建设思路与方案。而在现实中，联合国在非洲的维和实践、非洲次区域组织的自主探索，以及从非统到非盟的转型，都为新时期非洲常备军的建设奠定了基础。

---

① Nelson Alusala, “African Standby Force”, *African Security Review*, Vol. 13, No. 2, 2010, p. 115.

② OAU, *Report of the Second Meeting of the Chiefs of Defence Staff of the Central Organ of the OAU Mechanism for Conflict Prevention, Management and Resolution*, Harare: Organization of African Unity, October, 1997, p. 9.

③ Jakkie Cilliers and Mark Malan, *Progress with the African Standby Force*, Pretoria: Institute for Security Studies ISS Paper 98, May, 2005, pp. 13 – 14.

④ ECCAS, *Standing Orders of the Central African Multinational Force*, Malabo: Economic Community of Central African States, June 17, 2002, p. 1.

⑤ AU, *Constitutive Act of the African Union*, Addis Ababa: African Union, 2001, p. 7.

⑥ Christopher Landsberg, “The Fifth Wave of Pan-Africanism”, in Adekeye Adebajo and Ismail Rashid eds., *West Africa's Security Challenges-Building Peace in a Trouble Region*, Boulder: Lynne Rienner, 2004, p. 117.

二 非洲常备军的机制建设与初步发展

2002 年以来，非洲常备军的概念出台与机制建设主要经历了以下几个阶段。

（一）界定非洲常备军的概念及职能

非盟成立后，非洲各国提出建立非洲和平与安全架构（African Peace and Security Architecture）的设想，旨在强化非洲大陆管控冲突的能力。该架构包含 5 个相互支撑的部分：和平与安全理事会（Peace and Security Council）、非洲早期预警系统（Continental Early Warning System）、智者小组（Panel of the Wise）、和平基金（Peace Fund），以及非洲常备军。其中，非洲常备军则被设想为非洲内部最重要的冲突解决力量。[①] 2002 年 7 月签订的《关于建立非盟和平与安全理事会的议定书》的第 13 条指出，非洲常备军将由非洲各国的多栖特遣队组成，执行非盟大会或和平与安全理事会授权的行动。特遣队的兵力和兵种应由“和平支援标准操作程序”（Peace Support Standard Operating Procedures）来确定，并根据危机和冲突的即时情况定期调整。[②] 非洲常备军的职责则包括观测、和平支援、军事干预、军事威慑、人道主义援助等。

（二）明确非洲常备军组织架构

2003 年 5 月，非盟通过了《建立非洲常备军和军事参谋委员会的政策框架》（*Policy Framework for the Establishment of the African Standby Force and the Military Staff Committee*），标志着非洲常备军组织架构的出台。[③] 根据该框架，非洲常备军将以地区为单位，分为东非常备军（East Africa Standby Force）、西非国家经济共同体常备军（ECOWAS Standby Force）、北非地区能力（The North African Regional Capability）、南部非洲发展共同体常备军（SADC Standby Force）、中非国家经济共同体常备军（FOMAC Standby Force）五个部分。[④] 根据设想，非洲常备军并非一支单独的军事力量，

---

① Alhaji Sarjoh Bah, Elizabeth Choge-Nyangoro, Solomon Dersso, Brenda Mofya and Tim Murithi, *The African Peace and Security Architecture: A Handbook*, Addis Ababa: African Union, 2014, p. 17.

② AU, *The Protocol Relating to the Establishment of the Peace and Security Council of the African Union*, Addis Ababa: African Union, 2002, p. 18.

③ AU, *Policy Framework for the Establishment of the African Standby Force and the Military Staff Committee*, Addis Ababa: African Union, May 15 - 16, 2003, p. 1.

④ 东非常备军的成员国包括：布隆迪、科摩罗、吉布提、厄立特里亚、埃塞俄比亚、肯尼亚、卢旺达、塞舌尔、索马里、苏丹、乌干达。西非国家经济共同体常备军的成员国包括：加纳、尼日利亚、贝宁、多哥、科特迪瓦、几内亚、几内亚比绍、利比里亚、塞拉利昂、马里、塞内加尔、尼日尔、布基纳法索、冈比亚、佛得角。南部非洲发展共同体常备军的成员国包括：坦桑尼亚、马拉维、赞比亚、纳米比亚、津巴布韦、斯威士兰、莱索托、博茨瓦纳、南非、马达加斯加、毛里求斯、安哥拉、莫桑比克。北非地区能力的成员国包括：阿尔及利亚、埃及、利比亚、毛里塔尼亚、突尼斯、西撒哈拉。中非国家经济共同体常备军的成员国包括：圣多美和普林西比、喀麦隆、中非共和国、加蓬、乍得、赤道几内亚、刚果（金）、安哥拉、布隆迪、刚果（布）。在非洲国家中，只有摩洛哥和南苏丹（为东非常备军观察员国家）没有正式加入任何一支常备军。

而是五支部队的有机集合。[1]

（三）成立各区域非洲常备军

2004年2月，东非国防参谋长会议率先提出建设“东非待命旅”（Eastern Africa Standby Brigade）的计划，同年9月，东非待命旅正式成立。[2] 2005年1月《西非国家经济共同体行动框架》（*ECOWAS Operational Framework*）与2008年1月《西非国家经济共同体冲突预防框架》（*ECOWAS Conflict Prevention Framework*）的出台，标志着西非国家经济共同体常备军的正式成立与规范化。[3] 2006年，在中非多国部队（Multinational Force of Central Africa）的基础上，中非国家经济共同体常备军也正式成立。2007年8月，在南部非洲发展共同体的主导下，南部非洲发展共同体常备军在赞比亚首都卢萨卡正式组建。

（四）规划非洲常备军路线图

在确定组织架构、建设五支次区域常备军之后，非盟进一步规定了非洲常备军的三个建设阶段，并于2005年3月出台了非洲常备军建设的路线图。五支部队由此拥有了统一的发展目标。非盟认为，非洲常备军在第一阶段（2003年5月—2005年6月），应建成非洲常备军战略层面的管理能力，并实施一至两个维和任务；非洲五个次区域常备军的人员应分别达到至少一个旅的规模，以便充实非盟的力量。在第二阶段（2005年7月—2010年6月），非盟领导下的非洲常备军总部应具备多元维和能力，各次区域常备军则应听从非盟指挥，根据任务的需要部署特派团。2010年以后，非洲常备军将进入具有全面作战能力的第三阶段。为了完成这些目标，非盟先后出台了三个路线图。路线图一（2006年6月—2008年3月）为五支常备军制定了基本建设目标，包括建立指挥、控制、信息交流系统，建立标准操作程序，进行物流、培训演练等；路线图二（2008年4月—2010年12月）规定了五支常备军的整合计划；路线图三（2011年1月—2015年12月）则计划将常备军最终建设为一支统一的非洲和

---

① 《建立非洲常备军和军事参谋委员会的政策框架》还规定了调动非洲常备军的6种情况：（1）非盟或地区军事部门的政治任务；（2）非盟或地区观察团与联合国观察团的联合部署；（3）独立的非盟或地区观察团；（4）非盟或地区层面的维和部队执行预防性部署任务；（5）非盟维和部队执行的复杂维和行动；（6）非盟对国际社会不及时采取行动的干预。前四项情况应在30天内部署完毕；第五项情况应在90天内完成部署，其中军事人员在30天内部署；遇到第六项情况，非盟可以在14天内完成军队部署。参见AU, *Policy Framework for the Establishment of the African Standby Force and the Military Staff Committee*, Addis Ababa: African Union, May 15 – 16, 2003, pp. 1 – 13.

② 2007年，东非待命旅正式改名为“东非常备军”，参见AU, *African Peace and Security Architecture 2010 Assessment Study*, Addis Ababa: African Union, 2010, p. 40.

③ ECOWAS, *The ECOWAS Conflict Prevention Framework*, Abuja: Economic Community of West African States, January 2008, pp. 5 – 9.

平与安全保障力量。[①]

由此可见，非洲常备军的组建是非洲政府间组织不断发展的必然结果，其发展建设规划也极其完备、缜密，目标更为明确、清晰。但非盟在短期内对非洲常备军进行整合的难度巨大。2010 年出台的路线图三就明确表明，非洲常备军前两个路线图的目标实际上并未达成，原计划于 2010 年实现非洲常备军完全作战能力的目标也被推迟至 2015 年。[②] 2014 年，非盟又表示非洲常备军在 2015 年也无法具备完全作战能力。[③]

非洲常备军在实践中发挥的作用也较为有限。截至 2020 年，只有西非国家经济共同体常备军和东非常备军实际参与过地区维和行动（见表 1）。2012 年 4 月，西非国家经济共同体常备军曾派出由布基纳法索、科特迪瓦、尼日利亚、多哥和塞内加尔等国共 629 人组成的维和力量介入马里冲突，但未能阻止冲突升级，干预最终失败。[④] 2012—2013 年，东非常备军在无力独立干预的情况下，仅派出 14 名军官参与到非盟驻索马里特派团（AMISOM）的技术小组中，作为特派团的补充。[⑤] 实践成果寥寥，凸显非洲常备军面临着诸多难以克服的挑战。

表 1　　非洲常备军的发展情况

	西非国家经济共同体常备军	南部非洲发展共同体常备军	东非常备军	北非地区能力	中非国家经济共同体常备军
组织文件	√	√	√	√	√
谅解备忘录	→	√	√	×	×
统筹单位	√	√	√	√	√
旅部	√	×	√	√	×
承诺单位	√	√	√	√	√
实践经历	√	×	√	×	×
作战能力	×	×	×	×	×
文职专家部门	→	→	→	→	→

① AU, *Roadmap for the Operationalization of the African Standby Force*, Addis Ababa: African Union, March 22 – 23, 2005, p. 1; AU, *The African Standby Force (ASF) Roadmap* Ⅲ, Addis Ababa: African Union, 2010, p. 2.

② AU, *The African Standby Force (ASF) Roadmap* Ⅲ, Addis Ababa: African Union, 2010, pp. 2 – 3.

③ Elissa Jobson and Patrick Smith, "African Union: Building the Pax Africana", *The Africa Report*, January 30, 2014, http://www.theafricareport.com/North-Africa/african-union-building-the-pax-africana.html.

④ Billy Batware, op. cit., pp. 2 – 16; ECOWAS, "Ecowas to Send Troops to Guinea Bissau, Mali", ECOWAS Press Release, April 27, 2012, http://news.ecowas.int/presseshow.php?nb=121&lang=en&annee=2012.

⑤ M. J. Kimani, *AMSOM in Somalia: A Ray of Hope?* Nairobi: International Peace Support Training Centre, 2013, p. 24.

续表

	西非国家经济共同体常备军	南部非洲发展共同体常备军	东非常备军	北非地区能力	中非国家经济共同体常备军
警察部门	√	√	√	√	√

说明："√" 表示已建成或已拥有，"×" 表示未拥有或未建成，"→" 表示正处于建设或谈判过程中。

资料来源：Robert Schütte, *Menschliche Sicherheit und Fragile Staatlichkeit*, Marburg: Bericht zum zweiten Human Security Symposium, November 17, 2006, p. 13; M. J. Kimani, *AMSOM in Somalia: A Ray of Hope*? Nairobi: International Peace Support Training Centre, 2013, p. 24; AU, *African Peace and Security Architecture* 2010 *Assessment Study*, Addis Ababa: African Union, 2010, p. 40.

正因为非洲常备军的"名不副实"，所以本意是增进非洲安全一体化的良好意愿和举措，最终却加速了非洲安全问题的内部分化。2012 年马里内战越发凸显了非洲常备军在冲突预防、人道主义救援方面的无效。① 面对这一困境，非盟在南非主导下于 2013 年 5 月着手建立一支比非洲常备军更灵活、更具战斗力的"非洲快速反应部队"（African Capacity for Immediate Response），并将其作为非洲常备军拥有完全作战能力之前的过渡性军事力量。② 但截至 2014 年只有 12 个非洲国家参与其中，代表性还较弱；③ 甚至像尼日利亚这样的非洲大国也对"非洲快速反应部队"持抵制和批评的态度。

总之，非洲常备军建设路线图预期目标的落空，预示着目前对其整合的难度仍然十分巨大。它除了名称带有"非洲"的标签，还远远不是一支真正的泛非性军事力量。2013 年非洲常备军的过渡性方案"非洲快速反应部队"本意是充当整合全非安全议题的新黏合剂，但由于南非和尼日利亚对非洲领导国地位的争夺而陷入新的困境之中。

三 非洲常备军整合面临的困境

根据 2003 年 5 月非盟出台的《建立非洲常备军和军事参谋委员会的政策框架》，非洲常备军建设尽管是以次区域为单位展开的，不过在法律上，它们都是非洲常备军的有机组成部分。虽然各成员国致力于构建统一泛非军事力量的理想仍然存在，但非

---

① Jude Cocodia, *Response to Conflict and the African Standby Force: Options for Peace Intervention in Africa*, New York: Social Science Research Council, April 2016, pp. 3 – 5.

② AU, *African Capacity for Immediate Response to Crisis Second Extraordinary Summit*, Addis Ababa: African Union, November 9, 2016, p. 1.

③ 参加非洲快速反应部队的 12 国包括：阿尔及利亚、安哥拉、乍得、埃塞俄比亚、几内亚、毛里塔尼亚、尼日尔、南非、塞内加尔、苏丹、坦桑尼亚和乌干达。参见 African Union, "South Africa's Volunteer Force", Africa Confidential, February 7, 2014, https://www.africa-confidential.com/index.aspx?pageid=7&articleid=5208.

洲常备军的建设路径已从“全非整合式”调整为更务实的“非洲各区域拼合式”，由此，各次区域常备军也并不由非盟直接管辖，各个次区域性组织才拥有指挥相应军队的实际权力（见图1）。基于此，非盟对非洲常备军的机制建设也进行了调整，从最初的非盟领导下的一整套机制变成五套分别独立运行的机制。非洲常备军将非盟作为最高指挥机构，下设“统筹单位”（Planning Element）和“执行单位”（Mission Planning Cells）。“统筹单位”由15人组成，负责非洲常备军的规划、管理和督察等工作；“执行单位”则处理各项具体事务。① 由于非盟不直接掌握军队，所以这套顶层设计逐渐沦为虚设。在实际建设中，五支常备军分别又都建立起自身独立、完整的机制架构，自成体系。

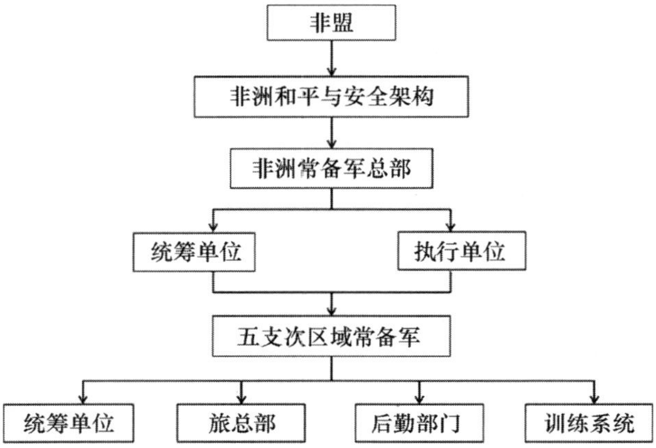

图1 非洲常备军的总体架构

资料来源：AU, *The Protocol Relating to the Establishment of the Peace and Security Council of the African Union*, Addis Ababa: African Union, 2002, pp. 18 – 21; Billy Batware, *The African Standby Force: A Solution to African Conflicts?* Stadtschlaining: MA Peace and Conflict Studies, European Peace University, December 19, 2011, p. 4。

以东非常备军为例，它实际上在追求自身完整、独立的军事机制建设。东非常备军的直接管理机构为东非国家元首和政府首脑会议，在危机发生时也可直接授权部署军队。东非国防和安全部长理事会（Eastern Africa Council of Ministers of Defense and Security）是第二层级的管理机构，主要负责运行东非常备军协调机制（Eastern Africa Standby Force Coordination Mechanism），并任命最高长官。第三层级为东非国防参谋长委员会（Eastern Africa Committee of Chiefs of Defense Staff），其职能是对所有的技术事项进行指导和管理。后勤基地总部位于亚的斯亚贝巴，成员国向后勤基地派遣人员，并运送物资和其他资源，以维持东非常备军的日常需要。东非常备军还设有自己

① AU, *Policy Framework for the Establishment of the African Standby Force and the Military Staff Committee*, Addis Ababa: African Union, May 15 – 16, 2003, pp. 18 – 21.

的“统筹单位”，由军队、警察和文职部门组成，负责部队的动员与派遣。另外，位于内罗毕的国际维和训练中心（International Peace Support Training Center）则为该部队提供必要的训练支持。其他几支常备军也存在类似现象。非洲常备军的分化发展导致五支常备军缺乏协调，彼此分割、各自为战。依托于五大次区域组织的五支常备军经过多年的发展，其“非盟”色彩已被大大淡化，取而代之的是各次区域组织对其影响力的扩大，及各分支常备军次区域特征的强化。①

五支常备军之间边界模糊，还进一步导致参与国身份错乱、运行绩效低下。正是由于非洲常备军空有其名，因此非洲各国在实际中所要参与的只是各次区域的常备军。对于处在跨次区域位置上的国家而言，它们就能同时参与多支常备军，出现“相互重叠与竞争的地区主义”。② 例如，安哥拉同时参加到南部非洲发展共同体常备军与中非国家经济共同体常备军之中；布隆迪既是东非常备军成员，又是中非国家经济共同体常备军的成员。③ 对这类国家而言，加入的不是一支非洲常备军，而是两支不同的军事单位，因此在“双重身份”带来更多安全保障的同时，也必须要履行双重义务。这不仅增加了相关国家的财政负担，更导致各支常备军的管理混乱、成员国权利义务不明确乃至忠诚度不足等问题，影响了非洲常备军的运行绩效。

五支常备军的机制都将本区域内的政府间组织置于直接领导部门的位置上，次区域组织实际上掌握了最高权力。在现实中，各次区域常备军又只关注本地区内的冲突和危机，因此在很多情况下，常备军的人员本身就都来自冲突各方，难以在介入过程中保证中立。④ 受此影响，各常备军往往会在行动前征求联合国安理会授权或寻求非盟的一致同意，以此增强行动的合法性。在前一种情况下，非洲常备军与联合国维和部队的功能差异不大，失去了单独建军的意义。⑤ 而在后一种情况下，由于必须要寻求非盟全体成员国的同意，常导致议题久拖不决，无法达成共识。⑥

四 未来制约非洲常备军顺利发展的因素

非洲常备军的组建不仅是主权国家之间安全合作的新形式，更是区域组织进行安

---

① Billy Batware, *The African Standby Force: A Solution to African Conflicts?* Burgenland: MA Peace and Conflict Studies, December 19, 2011, p. 8.

② 张春：《全球经济危机下非洲地区一体化的挑战》，《非洲研究》2010 年第 1 卷。

③ Wolf Kinzel, *The African Standby Force of the African Union*, Berlin: SWP Research Paper, November 2008, p. 14.

④ Romain Esmenjaud, "The African Capacity for Immediate Response to Crisis: Conceptual Breakthrough or Anti-imperialist Phantom", *African Security Review*, Vol. 23, No. 2, 2014, pp. 172 - 177.

⑤ Billy Batware, *The African Standby Force: A Solution to African Conflicts?* Burgenland: MA Peace and Conflict Studies, December 19, 2011, p. 9.

⑥ Wolf Kinzel, *The African Standby Force of the African Union*, Berlin: SWP Research Paper, November 2008, p. 17.

全建设的新探索。尽管非洲常备军这种安全实践远远走在了欧盟、东盟等其他区域组织的前面，并在理念、形式上具有相当的创新，但它面临巨大挑战甚至困境。从根本上讲，这是由安全合作的性质决定的。国家间安全合作能否顺利开展，既离不开资金、人力、装备硬件等因素的有力支撑，也需要拥有合理的内在机制。而非洲常备军在上述两方面都存在严重的不足。

（一）资源配置不均

非洲常备军的整合困境，最直接的原因就在于五支次区域常备军在建设上的资金与软硬件差异问题。这些资源配置的不均衡导致非洲常备军运行不畅、对接无力、整合困难重重。

一方面，建设资金存在差异。必要的资金保障是非洲常备军维持日常运行、进行必要训练、更新装备、开展行动的基本前提。原则上，非洲常备军的资金应由非洲和平基金（African Peace Facility）、非洲发展银行（African Development Bank）等机构提供，但在实际建设过程中，仅有的资金主要来自各次区域组织、各支常备军的成员国会费以及国际援助。上述与非盟有关的机构却无法提供必要的资金，因而非盟也就缺乏对常备军进行整合的“资本”。①

另一方面，软硬件存在差异。非洲常备军的建设有赖于硬件（场所、装备）和软件（人力资源）的发展完善。在非盟的计划中，各支常备军的软硬件建设应该协调一致，从而为未来的整合提供条件。然而，由于资金保障的情况各异，因此在五支非洲常备军中，只有西非国家经济共同体常备军、南部非洲发展共同体常备军的硬件设备发展较为完善，配有战略、战术训练中心和相应的医疗机构。

在人力资源方面，各支常备军的差异也较为明显。常备军的人力资源建设一方面取决于非洲各国军事人员的原有素质，另一方面则依赖于其加入常备军后受到的有组织培训。南部非洲的南非和安哥拉、东非的肯尼亚和埃塞俄比亚、西非的尼日利亚和塞内加尔，都拥有素质较高的军事人员，它们提升了南部非洲、东非、西非三支常备军的整体“软件”水平。然而，中非国家经济共同体常备军各成员国所能提供的军事人员素质相对较低。在各支常备军的培训方面，由于东非、西非两支常备军已建成了常设司令部，军事训练开展得较好；南部非洲、中部非洲则没有常设司令部，导致军事训练并不系统；“北非地区能力”则几乎没有开展任何军事训练。

只要非洲增强自主性，加强非洲安全预算与规划，并在自主基础上深化创新对外合作，资金、软硬件等要素的配置不均等问题就有望得到解决。如非盟 2016 年第 27

① 非洲和平基金等非盟机构主要为国际社会关注的大型冲突提供资金支持，如在 2008—2010 年，它曾为非洲常备军拨款 3 亿欧元，这笔资金大多用于支持苏丹和索马里的和平建设。参见 Wolf Kinzel, *The African Standby Force of the African Union*, Berlin: SWP Research Paper, November 2008, p. 24.

次首脑会议通过的旨在提高非盟和平安全预算自主性的“卡贝鲁卡建设方案”，就设想非盟所有成员国将本国进口税的0.2%用于资助非盟，并就非盟和平基金数额逐年增长做了规定。这笔资金的资助重点包括非洲常备军建设。[①]

不过，若仅关注靠“外力”就能完善的各类要素，是不足以解决非洲常备军所面临的整合困境的。事实上，资金与软硬件的满足只是非洲常备军整合的充分条件，而非必要条件。化解非洲常备军整合困境的必要条件在于机制性要素的满足。

（二）机制供给不顺

非洲常备军整合困境的根源，乃是机制建设超前性与机制环境不相协调的结果。尽管作为唯一成型的地区政治共同体下设军事单位，非洲常备军在机制建设上“领先”于其他国际组织，在形式上拓展了非洲联合自强与一体化的领域，不过受制于非洲一体化发展水平，超前的机制建设反而成为其功能无法充分发挥的掣肘因素之一。学界对达成地区安全合作的机制性要素的研究主要聚焦于三方面：安全私有化、权力结构，以及合作定位。反观非洲常备军，这三种机制性要素显然都存在一定程度的缺失。

第一，安全私有化的挑战。冷战结束后，非洲国家间冲突的频率与烈度都大幅下降，而由于限制非洲国内族群、宗教等矛盾的结构性力量消失，加之全球化进程导致的传统社会结构转型，非洲国家国内冲突则快速增加，由此引发了以反政府武装、极端主义组织、海盗等为代表的安全私有化活动。[②] 一般而言，拥有较强凝聚力的强势政府会更关注国家外部威胁，而对于内部冲突严重的弱国来说，其安全恐惧往往源于国内问题。[③] 当前，非洲的安全问题正是非国家性的族群、宗教等因素引发的次国家行为体间的矛盾，即使其发生扩溢效应，影响往往也局限于邻国。这样的国际冲突是附属于国内冲突的。这种以国内动荡型冲突为核心特征的非洲冲突现状，造就了一大批弱国及与之相关的对安全问题的认知模式。[④] 非洲常备军组建以来，面对的问题恰恰多属于非结构性安全问题，涉事国出于“保护内政”的考虑不仅不希望非洲常备军介入，而且还会采取各种措施加以抵制。

第二，权力结构模糊。无论是全非层面，还是各次区域常备军内部，支柱性大国都是缺位的。作为区域内具有主导地位或较强影响的国际政治行为体，“极性大国”

---

① 张春：《非洲提升外交自主性的尝试与成效》，载张宏明主编《非洲发展报告 No. 20（2017—2018）》，社会科学文献出版社2018年版，第100—101页。

② 张春：《安全私有化的当代发展及其国际政治意义》，《世界经济与政治》2016年第6期。

③ Stephen D. Krasner, *Defending the National Interest*, *Princeton*: Princeton University Press, 1978, pp. 55 – 56; Barry Buzan, *People*, *States and Fear*: *An Agenda for International Security Studies in the Post-Cold War*, Hemel Hempstead: Harvester Wheatsheaf, 1991, pp. 96 – 107.

④ Robert H. Jackson and Carl G. Rosberg, “Why Africa's Weak States Persist: The Empirical and the Juridical in Statehood”, *World Politics*, Vol. 35, No. 1, 1982, p. 5.

的一个重要功能就是在地区内确立明确的等级结构，这不仅为追随国提供了安全保障，也约束了大国本身的行为，使其更加注重行动的合法性，从而在确保自身权威的同时，也促进了地区安全结构的稳定与良性发展。[①] 非洲各次区域常备军均未出现明显的同“极性大国”相类似的支柱性大国与等级结构。无论是尼日利亚、埃塞俄比亚，还是南非、埃及，在安全领域都缺乏将自身影响力投射到所在地区的充分能力，因而难以完全主导地区安全态势。正是由于支柱性大国的缺位，导致非洲常备军“简单拼合”、能力受限的现实。

具体来说，非洲常备军若是由非盟主导，那么常备军在实际行动中的主导国家将事前由非盟确定，相关的权利和义务也将会比较明晰。但是在实际建设中，以次区域为单元的相对独立的机制建设中，并不存在明确合法的上级部门，导致次区域内各国对常备军主导国身份的争夺。这种内耗使常备军在人员组成、办公选址、经费使用等方面都难以达成共识，不仅损害了内部团结，也诱发了外界的干预。

第三，合作定位不清晰。地区安全大致有两种合作模式，一种是共同针对第三方的积极合作；另一种是为避免成员国间发生冲突的消极合作，它不针对第三方。前者的目标在于增进收益，后者则更注重止损。对非洲常备军而言，它的定位与意图在实际操作中存在不清晰的问题。一方面，非洲常备军并不针对次区域之外或非洲以外的威胁，不属于积极合作。另一方面，它也没有建立预防成员国间冲突的安全机制，且未能形成应对非洲国家性安全问题的方案，因而，也很难将其定性为一种消极合作。正是由于这种定位的不清晰，使非洲常备军既不能有效针对可能的安全威胁采取预防性措施，也无力在冲突发生后开展有效的干预行动。

五 结语

非洲常备军是非洲大陆独立60年来孜孜以求联合自强的重要成果，是非洲安全合作一体化从理想到现实迈出的坚实一步。经过10多年的建设，尽管非洲常备军已实现不少建设思路上的突破，完成许多自身机制性建设的目标，不过，非洲常备军与非盟最初设想的“独立自主的军事力量”的目标还相距甚远。[②] 资源要素配置、机制供给问题若不能妥善处理，非洲常备军的发展仍将面临重大挑战。鉴于内在机制改革与优化有赖于非洲国家、非洲次区域组织、非盟等在国家能力与权力结构方面的稳步推进与发展，是一个长期过程。因此，非洲常备军自主安全能力提升的当务之急在于资源要素的均衡获取与补充。

---

① ［美］戴维·莱克：《国际关系中的等级制》，高婉妮译，上海人民出版社2013年版，第127页。

② Francis Onditi and Pontian G. Okoth, “Politics of African Peace Support Operation Architecture: What Next Post – 2015 African Standby Force”, *African Studies*, Vol. 76, No. 4, 2017, pp. 597 – 620.

随着中非关系日益密切，非洲方面也越发期待中国在安全领域为非洲提供更多“公共产品”。如何顺势拓展中非安全合作，实现中非关系“四个轮子”（政治、经济、社会文化、和平安全）全面均衡发展，① 成为保障中国与非洲经济合作，切实提升中非命运共同体发展水平，拓展“一带一路”倡议在非洲影响力的重大机遇和挑战。非洲常备军正是当前和未来中国开展对非安全合作的突破点与合作重心。2015年9月，习近平主席表示，将在五年内为非盟提供总额1亿美元的无偿军事援助，用以支持非洲常备军的建设。② 在随即召开的中非合作论坛约翰内斯堡峰会上，习近平主席再次强调要加强中非安全合作，为非洲常备军的建设提供支持。③ 2018年召开的中非合作论坛北京峰会又再次强调：“中方支持非洲自主维和能力建设……积极推进落实1亿美元的对非无偿军事援助，以支持非洲常备军和危机应对快速反应部队建设，并共同推动广大发展中国家提升在联合国维和领域的话语权和影响力。”④ 截至2019年3月，中国承诺的1亿美元对非洲常备军一揽子援助已落实近半。

不过更应注意的是，与政治、经济、社会文化交往不同，中非安全合作涉及的问题更敏感，在推进中势必会承担一定的外交风险；中非安全合作显现成效也不可能是“一日之功”，需要长期、持久的投入，势必将消耗大量外交资源，这在当前中国外交聚焦中美竞合关系与周边稳定问题之际，无疑是一种“资源分散”。能否将可能的外交资源分散转化为资源有机联动，以中非安全合作盘活中国整体外交，将考验中国外交的政治意愿、知识储备、情报搜集与外交人脉。后三者恰恰又是目前中国的能力短板所在，是未来无法回避的新课题。⑤

① 张春：《走进非洲》，复旦大学出版社2017年版，第27—29页。

② 习近平：《携手构建合作共赢新伙伴 同心打造人类命运共同体——在第七十届联合国大会一般性辩论时的讲话》，《人民日报》2015年9月29日第2版。

③ 习近平：《开启中非合作共赢、共同发展的新时代——在中非合作论坛约翰内斯堡峰会开幕式上的致辞》，《人民日报》2015年12月5日第2版。

④ 《中非合作论坛—北京行动计划（2019—2021年）》，载2018年中非合作论坛北京峰会官网，2018年9月5日，https：//focacsummit. mfa. gov. cn/chn/hyqk/t1592247. htm.

⑤ 黎文涛、王磊：《非洲政治在碰撞与磨合中发展前行》，载张宏明主编《非洲发展报告No. 20（2017—2018）》，社会科学文献出版社2018年版，第50页。

• 非洲政治

非洲大选观察与地区政治发展

沈晓雷*

摘　要： 2020 年非洲政治局势总体稳定，共有 15 个国家举行总统和议会选举，虽仍存在"逢选易乱"现象，但总体而言平稳举行。新冠肺炎疫情给非洲政治发展带来冲击，加剧部分国家政治动荡，具体表现为因"疫情困境"而推迟选举，执政党与反对党政治对抗升级和社会动荡与民众抗议大幅上升等。非洲政治发展中的热点问题频发，最为重要的事件为马里军事政变引发政治剧变、埃塞俄比亚由政治纷争演变为军事冲突，以及南苏丹与苏丹和平进程取得了较大进展。展望 2021 年非洲政治发展态势，新冠肺炎疫情影响将会继续存在，甚至可能会加剧相关国家在大选中的选举骚乱问题，但由此引发政治动荡乃至军事冲突的可能性不大。

关键词： 总统选举；新冠肺炎疫情；马里；埃塞俄比亚；南苏丹；苏丹

2020 年非洲政治局势总体稳定，多国大选平稳举行，"逢选易乱"现象虽仍然存在，但选举已成为各国普遍接受的政府更替和政权变更的方式。新冠肺炎疫情在给非洲经济带来重大冲击的同时，也对非洲政治发展产生了一定的负面影响，尤其是加剧了部分非洲国家的政治社会动荡。此外，非洲政治热点问题频发，其中马里军事政变引发政治剧变、埃塞俄比亚则由政治纷争演变为军事冲突，不过值得欣慰的是，持续多年的南苏丹与苏丹和平进程取得了较大进展。

一　多国大选平稳举行

大选是观察非洲政治发展最为重要的晴雨表。2020 年，非洲共有 15 个国家举行总统和议会选举，其中科摩罗、喀麦隆、马里和埃及为议会选举，多哥、马拉维、塞

* 沈晓雷，中国社会科学院西亚非洲研究所（中国非洲研究院）副研究员，主要研究方向为非洲政治、民族问题研究，津巴布韦和南非国别研究。

舌尔、科特迪瓦和加纳为总统选举，布隆迪、坦桑尼亚、布基纳法索、中非共和国和尼日尔总统与议会选举同时进行，几内亚的总统选举和议会选举则分别在不同日期举行。总体而言，这些选举大多平稳举行，选举结果也基本获得参选各方尊重。

就选举结果而言，在举行总统选举的11个国家中，有7个国家的现任总统获得连任，分别为多哥总统福雷·纳辛贝、几内亚总统阿尔法·孔戴、坦桑尼亚总统约翰·马古富力、科特迪瓦总统阿拉萨内·瓦塔拉、布基纳法索总统罗克·卡博雷、加纳总统纳纳·阿库福－阿多和中非共和国总统福斯坦·图瓦德拉，另有布隆迪执政党保卫民主全国委员会—保卫民主力量候选人埃瓦里斯特·恩达伊施米耶成功当选，只有马拉维和塞舌尔两国的反对党候选人在选举中获胜，当选者分别为马拉维大会党和联合变革运动等9党联盟（Tonse联盟）候选人、大会党主席拉扎勒斯·查克维拉和塞舌尔民主联盟候选人韦维尔·拉姆卡拉旺。

以上选举结果表明，在非洲国家选举中，在任者或执政党凭借手中的执政资源，往往能够在选举中获取优势并取得胜利，并因此而使选举结果失去悬念，具有可预测性，这也是非洲绝大多数国家民主政治尚不成熟的重要标志之一。[①] 然而尽管如此，随着20世纪90年代以来非洲民主化进程的不断推进，也开始有越来越多的非洲领导人因败选而下台。据统计，在1990—2015年，撒哈拉以南非洲共有19个国家的37位总统在选举中下台，其中贝宁、赞比亚和马达加斯加等12个国家经历了两次或两次以上的权力更替。[②] 2000年，马拉维前总统彼得·穆塔里卡和塞舌尔前总统丹尼·富尔败选，反对党领导人查克维拉和拉姆卡拉旺胜选上台，为此增添了新的例证。

此外，2020年非洲国家的总统选举还有以下三个方面值得关注。其一，选举竞争日趋激烈，大多数胜选者的得票率都已很难大幅领先于败选者。在2020年的大选中，几内亚比绍、多哥、马拉维、布基纳法索、几内亚、塞舌尔和加纳等国当选总统的得票率，均在50%—60%，如加纳总统阿库福－阿多仅以51.60%的选票当选，其最大竞争对手、全国民主大会党候选人马哈马则获得47.37%的选票，只有布隆迪、科特迪瓦和坦桑尼亚三国当选总统的得票率超过了三分之二，分别为68.7%、94.27%和84%。其二，"第三任期"现象仍然凸显。布隆迪前总统皮埃尔·恩库伦齐扎没有在任期结束后参加选举，布隆迪由此退出了"第三任期"国家的行列，但科特迪瓦总统瓦塔拉和几内亚总统孔戴均为第三次当选，由此加入"第三任期"国家的阵营。其三，"逢选易乱"现象仍在一定程度上存在。近年来，非洲国家"逢选易乱"、"逢选必乱"和"输家政治"等问题虽明显改善，但因选举而导致的暴力事件仍时有发生。在科特迪瓦10月31日总统选举之前，前总统贝迪埃和前总理恩盖桑

---

① 张宏明：《非洲政治民主化历程和实践反思——兼论非洲民主政治实践与西方民主化理论的反差》，《西亚非洲》2020年第6期。

② Jaimie Bleck, Nicolas Van de Walle, *Electoral Politics in Africa since 1990: Continuity in Change*, New York: Cambridge University Press, 2018, p. 57.

拒绝参加竞选活动，并多次呼吁反对派支持者游行示威，以抵制瓦塔拉；总统选举前后，反对派支持者的游行示威活动引发多起冲突，造成至少85人死亡、484人受伤，3000多人流离失所。几内亚在10月18日举行总统选举，次日反对派候选人、几内亚民主力量联盟主席塞卢·迪亚洛便单方面宣布获胜；19—21日，反对派支持者在多地与警方发生冲突，造成至少7人死亡。坦桑尼亚总统马古富力在10月28日总统选举中以压倒性优势获胜后，最大的反对党民主发展党候选人通杜·利苏拒绝接受选举结果，称选举存在欺诈、违规和侵犯人权的行为。加纳全国民主大会党候选人、前总统约翰·马哈马也在败选后拒绝承认失败，表示选举存在操纵和欺诈，将采取法律手段推翻选举结果；加纳全国选举安全工作组也在12月9日公布选举结果后表示，在选举期间和选后有5人因选举纷争死亡。中非共和国在2021年1月4日公布选举结果后，多名反对派候选人向宪法法院提出申诉，认为选举存在舞弊，要求重新组织投票，宪法法院后驳回相关申诉，确认瓦图德拉当选。

二　新冠肺炎疫情加剧部分国家政治动荡

新冠肺炎疫情暴发不久，美国战略与国际问题研究中心非洲项目主管贾德·德佛蒙特（Judd Devermont）便撰文指出，新冠肺炎疫情快速扩展既可能使撒哈拉以南非洲出现健康与经济灾难，又可能使其面临政治危机。[①] 2020年5月，联合国发布名为《新冠肺炎对非洲影响》的政策简报，从三个阶段分析了疫情对非洲经济、社会与政治等方面的影响，其中对非洲政治的影响第一阶段为疫情应对的政治化，第二阶段为信任缺失和执法行动的政治化，第三阶段为政治动荡和政治暴力。[②]

纵观非洲大陆2020年的政治发展态势，新冠肺炎疫情确实在一定程度上加剧了部分国家的政治动荡，这一方面表现为执政党因“疫情困境”而推迟选举，或利用抗击疫情而采取的封禁措施来打压反对派力量，从而引发政党或政治派系之间的矛盾和冲突。埃塞俄比亚是一个最明显的例子。2020年3月31日，埃塞俄比亚选举委员会宣布受新冠肺炎疫情影响，原定于8月29日的大选将被推迟到2021年举行。提格雷州对此进行抵制，在7月中旬成立自己的选举委员会，在9月9日单方面进行了选举。以此次选举为导火索，埃塞俄比亚爆发了联邦政府与提格雷州政府之间的武装冲突（详见下文分析）。相对于总统选举，其他层级的选举受新冠肺炎疫情的影响要大很多，据国际选举制度基金会（International Foundation for Electoral Systems）统计，2020年共有16个非洲国家推迟了立法机构选举或补选，以及地方政府选举或补选，

① Judd Devermont, “COVID-19 is an African Political Crisis as Much as A Health and Economic Emergency”, March 18, 2020, https://www.csis.org/analysis/covid-19-african-political-crisis-much-health-and-economic-emergency.

② United Nations, *Policy Brief: Impact of COVID-19 in Africa*, May 20, 2020, p. 11.

这其中包括博茨瓦纳、喀麦隆、肯尼亚、尼日利亚、南非、赞比亚和津巴布韦等。[①]此外，乌干达政府也曾计划将2021年的总统选举延期5年，但最后没有成功，仍在2021年1月14日如期举行。

新冠肺炎疫情还加剧了部分国家执政党与反对党之间的政治对抗。新冠肺炎疫情暴发后，南非拉马福萨政府实行疫情防控与社会经济恢复发展相结合的政策，先后确立五级封禁方案和出台总额为5000亿兰特的社会救助与经济扶持计划，但随着疫情加剧、经济恶化和腐败案件频发，非国大与反对党之间在如何抗击疫情和恢复经济发展等问题上的矛盾不断上升，民主联盟和白人政党自由前线等甚至将拉马福萨政府告上法庭，质疑政府关于制定颁布全国灾难管理办法的合法性。尼日利亚反对党人民民主党则抨击布哈里总统忽视疫情影响，称其为“彻底的领导失败”，加蓬、莫桑比克和赞比亚等国的反对党也趁机纷纷提出自己防控疫情的政策主张，借冲击执政党的疫情防控政策来提升自己的地位。[②] 当然，新冠肺炎疫情也给了执政党实现自身政治目标的机会。乌干达政府在2020年11月规定为防止新冠肺炎疫情传播，不得举行超过200人的竞选集会。11月18日，乌干达反对党民族团结纲领党总统候选人罗伯特·森塔穆在乌东部卢卡区参加总统竞选活动时遭到逮捕，理由是违反了上述防疫准则，在反对派本就缺乏竞选手段的情况下，此举无疑有助于执政党进一步巩固其竞选优势。此外，自2020年6月以来，津巴布韦政府也先后多次以防疫为由，禁止反对党争取民主变革运动组织大规模游行示威活动。

另一方面，疫情致使经济衰退、失业率上升、贫困人口急剧增加和粮食短缺等问题日益严峻，由此导致社会矛盾不断加剧，社会动荡与民众抗议大幅上升，从而对一些国家政府的执政能力形成挑战，甚至给它们的执政根基和执政地位带来冲击。新冠肺炎疫情暴发后，由于严格的封禁措施、失业人口大幅增加和医疗保健部门防疫物资供应不足等原因，南非社会抗议事件急剧增加，从4月的54次增加到7月的232次，4个月内总数达到511次，平均每天高达4.2次，创下了近年来的峰值，给拉马福萨政府的抗疫政策带来巨大冲击。[③] 尼日利亚在10月爆发“EndSARs”运动并引发大规模社会骚乱，该运动起因为10月3日晚尼日利亚三角洲的“反抢劫特别行动队”警察的暴力执法，但疫情引发的经济、失业和民生问题，是其最终演变为大规模社会骚乱的重要诱因。在此还需要指出的是，与2019年相比，2020年非洲国家的选举骚乱要更为普遍和严重，而其中一个重要的原因，也是疫情引发的失业和贫困等民生问题，甚至马里军方之所以能成功发动政变并获得民众支持，也与疫情所导致的民生问

---

① International Foundation for Electoral Systems, “Elections Postponed Due to COVID-19-As of November 30, 2020”, https: //www. ifes. org/sites/default/files/elections_postponed_due_to_covid-19. pdf.

② 姚桂梅、许曼：《新冠肺炎疫情下的非洲发展困境与前景》，《当代世界》2020年第9期。

③ Lizette Lancaster and Godfrey Mulaudzi, “Rising protests are a warning sign for South Africa’s government,” August 6, 2020, https: //issafrica. org/iss-today/rising-protests-are-a-warning-sign-for-south-africas-government.

题有着密切的关系。

三 马里军事政变引发政治剧变

2020年8月18日，马里发生军事政变，总统易卜拉欣·凯塔和总理布布·西塞被抓并被扣押到军营。当日晚间，凯塔通过马里国家电视台发表讲话，称决定立即辞去一切职务，同时解散国民议会和西塞领导的政府。19日，政变军人成立权力过渡机构拯救人民国家委员会，其发言人伊斯梅尔·瓦格表示他们并非热衷权力，而是希望马里稳定，并将在合理的时间内组织大选。他同时还宣布即日起关闭所有陆空边境，并在晚上9时至次日凌晨5时实施宵禁。

这是马里继2012年军事政变后，十年内第二次发生军事政变。此次政变是各种原因相互作用的结果，其中主要包括以下三个方面：首先，军队对政府不能按时发放军饷，以及对政府应对日益猖獗的恐怖袭击活动不力并因此而导致大量军人伤亡严重不满；其次，马里在2020年3月29日和4月19日举行的两轮议会选举因存在选举舞弊和选举暴力而遭到反对派抵制，政治局势开始出现动荡；最后，新冠肺炎疫情导致马里经济下滑、物价上涨和民生维艰，人们对政府的不满日益上涨。在这些因素的相互作用下，马里反对派自5月起开始组织示威游行，后在6月5日成立“6月5日联盟”，提出凯塔总统下台、解散国民议会和释放反对派领导人等多项诉求。政治局势的演变和民众因民生维艰而对政府的不满，也最终成为此次军事政变能够获得广泛支持的重要原因。

马里军事政变发生后，国际社会纷纷表示谴责。该行为因严重违反非盟在2007年通过的《非洲民主、选举和治理宪章》，遭到了非洲联盟、西非国家经济体共同体（西共体）和联合国等的一致谴责。8月18日当晚，西共体便发表公报，表示将取消马里的成员国身份，关闭成员国与马里的边境，以及冻结成员国与马里的一切资金往来。非盟和平与安全理事会也在19日表示，暂停马里的成员国资格，直至其恢复宪法秩序。8月22日，西共体派出以尼日利亚前总统古德勒克·乔纳森为团长的代表团前往马里与拯救人民国家委员会磋商，但未能就成立过渡政府达成共识。拯救人民国家委员会发言人瓦格在会后表示，关于成立过渡政府的一切事宜将最终由马里人民决定。此后，西共体继续向马里拯救人民国家委员会施压。

在各方压力之下，8月27日，凯塔被军方释放，后于9月5日前往阿联酋就医。9月12日，马里全国政治措施会议通过《过渡宪章》，马里政治过渡期将从过渡总统宣誓就职起持续18个月。拯救人民国家委员会将单独成立一个选举团，由其任命过渡总统和副总统，过渡总统可以是军人，也可以是平民，然后由过渡总统根据现行宪法任命过渡总理，并由其组建一个最多由25名成员组成的过渡政府。过渡期内将设立国民委员会作为立法机构，其121名成员将来自各政治派别。9月15日，西共体各成员国代表在加纳首都阿克拉举行会议，表示针对马里的制裁将在过渡总统和过渡总理被任命后立即取消。9 月 21 日，拯救人民国家委员会单独成立的 17 人选举团任命前国防和退伍军人部长巴·恩多为过渡总统，拯救人民国家委员会主席阿西米·戈伊塔为过渡副总统。9 月 25 日，恩多和戈伊塔宣誓就职，正式开启为期 18 个月的政治过渡期并开始朝着恢复宪政秩序迈进。9 月 27 日，恩多签署总统令，任命前外交和国际合作部部长莫克塔·瓦内为过渡政府总理。10 月 5 日，恩多任命内阁全体成员，过渡政府正式成立，西共体也随之解除对马里的制裁。

马里军事政变虽然在一定程度上凸显了非洲国家政治发展的不稳定性，并很容易让人想起各国独立之初军事政变频仍的历史。但事实上，自 20 世纪 90 年代以来，非洲国家的军事政变一直在呈下降的态势。据美国系统和平中心（Center for Systematic Peace）统计，在 1959—1990 年，非洲国家共发生成功政变 82 次，失败政变 80 次，官方揭示的政变密谋 21 次，未经官方证实的政变传言 33 次，共计 216 次。1991—2020 年近 30 年间，非洲国家共发生 25 次成功政变，68 次失败政变，虽然失败政变与此前 30 年相比差距不大，但成功政变比例大幅下降，仅为此前的 29%。如果再以 2005 年为线索将 1991—2010 年划分为两个阶段，前一个阶段成功与失败政变分别为 19 次和 46 次，后一个阶段则分别降低到 6 次和 26 次，即使加上官方揭示的政变密谋和未经官方证实的政变传言，各类涉政变类事件的总数也仅为 66 次。① 就此而言，马里军事政变在当前非洲政治发展中绝非常态，其他国家在未来发生军事政变的可能只会越来越小。

四 埃塞俄比亚政治纷争演变为军事冲突

2020 年 11 月 4 日，埃塞俄比亚提格雷人民解放阵线（简称提人阵）军队袭击埃塞国防军驻扎在提格雷州首府默克莱的北方司令部。联邦政府予以回击，对提格雷军队的重型武器和导弹发射基地进行空袭，同时切断提格雷州的网络、电话和电力服务设施，并宣布在该地区实施为期 6 个月的紧急状态。继马里军事政变之后，非洲又有一个国家因国内政治局势而引发世界关注。

埃塞俄比亚的军事冲突主要源于提人阵与埃塞联邦政府之间自 2019 年以来的政治纷争。2019 年下半年，埃塞总理阿比·艾哈迈德推动执政联盟埃塞俄比亚人民革命阵线向单一国家政党转变，并最终在 12 月将其改为繁荣党。提人阵拒绝加入，并因此与阿比和新成立的繁荣党产生矛盾。2020 年 3 月，埃塞选举委员会因新冠肺炎疫情而推迟原定于 8 月 29 日的大选，提人阵对此表示反对，后在 6 月 12 日宣布提格雷州将如期组织州议会选举，并于 7 月中旬成立自己的选举委员会。9 月 9 日，提格

① “CSPCoupsListv2018”, http: //www. systemicpeace. org/inscrdata. html, 2020 - 06 - 05.

雷州单方面举行选举，引起联邦政府严重不满，双方矛盾不断升级，最终引发军事冲突。

埃塞俄比亚近年来政治动乱和暴力冲突频繁爆发。2020 年 6 月 29 日，奥罗莫音乐人兼政治活跃分子哈查卢·亨德萨被枪杀，在亚的斯亚贝巴和奥罗米亚等地引发游行和冲突，导致 200 多人死亡，7000 多人遭到逮捕。亨德萨被枪杀事件不但与埃塞当前政局密切相关，而且凸显了其民族关系的复杂性。近年来，奥罗莫族、阿姆哈拉族、提格雷族、阿法尔族和索马里族等较大族群中都存在极端民族主义势力，甚至连南方州内的西达玛族和沃莱塔族等较小族群也不例外。[①] 政治动乱与民族冲突给阿比政府的政治经济改革，乃至其执政能力和执政地位均带来了严重的挑战，提人阵不受控制单方面举行选举和开展军事行动更是如此。就此而言，阿比政府必然会对提人阵及其军事力量采取强硬行动，以求彻底解决提格雷州的问题，并因此而对其他反对派政治力量及民族极端势力和民族分裂势力起到敲山震虎的作用。

正是在上述背景之下，11 月 4 日冲突爆发后，联邦政府迅速调集军队进入提格雷州，力争尽快从军事上打垮提人阵的武装力量。冲突爆发后，阿比本人已多次宣布这是埃塞自己的内部事务，联邦政府有能力控制住局势，并将严惩提格雷州的“叛乱组织”。正是出于这一强硬立场，阿比明确拒绝了包括非盟、欧盟和乌干达等国际组织和国家在内的一切调停。凭借更为强大的军事力量，联邦政府军队取得压倒性胜利，并最终控制提格雷首府默克莱市，阿比在 11 月 28 日就此宣布军事行动已经完成，内部冲突已经结束。

与此同时，联邦政府还从法律层面采取一系列举措。11 月 7 日，埃塞联邦议会上院通过决议，宣称特科雷州立法和行政机构非法，并允许联邦政府在提格雷州组建过渡政府。11 月 12 日，联邦人民代表院通过由总检察长签署的决议，取消提格雷州州长雷齐翁·格布雷迈克尔等 39 名提格雷议会成员的豁免权。11 月 13 日，联邦警察局以叛国罪、腐败罪和严重侵犯人权罪向提格雷州的 96 名陆军将领和官员发出逮捕令。12 月 13 日，提格雷州临时行政当局行政长官穆鲁·奈加就职并组建州内阁。同日，阿比前往默克莱市访问。12 月 15 日，阿塔克提·海尔塞拉西被任命为默克莱市临时市长。

提格雷州军事冲突的顺利解决，有助于阿比政府腾出手来推进政治经济改革，以及进一步打击国内其他反对派力量和奥莫罗族、阿姆哈拉族等族群体的极端民族主义势力。然而，尽管联邦政府已重新控制提格雷州，但仍然面临着三重挑战：一是如何对军事冲突产生的大量难民开展人道主义救助；二是提人阵并未完全放弃军事行动，不排除其会继续进行导弹袭击乃至开展游击战争；三是军事冲突完全打乱了提格雷州

---

① 曾爱平：《“阿比新政”与埃塞俄比亚政治发展》，载张宏明主编《非洲发展报告 No. 22（2019—2020）》，社会科学文献出版社 2020 年版，第 201—204 页。

的经济与社会秩序，战后重建任重道远。如何有效应对这三重挑战，不但关系到提格雷州接下来的稳定与战后重建，而且事关埃塞全国政局稳定及经济发展。

此外，埃塞国内军事冲突还对非洲之角的政治与安全局势产生了重大影响。一是加剧了地区安全局势的不确定性。军事冲突爆发后，提人阵先后多次向厄立特里亚首都阿斯马拉发动导弹袭击，如果提格雷冲突长期得不到妥善解决，不排除向苏丹和厄立特里亚等国扩散的可能。二是该地区国家间关系更加复杂化。埃塞本就因修建复兴大坝与埃及和苏丹等国关系紧张，本次冲突所导致的难民问题、地区安全问题和越境军事行动等问题，将使它们之间本就紧张的关系更加复杂。

五　南苏丹与苏丹和平进程取得重大进展[①]

2020 年非洲政治舞台最令人欣喜的事件是持续多年的南苏丹和苏丹的和平进程取得重大进展。

首先来看南苏丹和平进程的进展情况。2020 年 2 月 21 日，南苏丹总统萨尔瓦·基尔任命最大反对派领导人、前第一副总统里克·马沙尔为第一副总统。次日，双方组建过渡政府，马沙尔就任第一副总统，南苏丹和平进程迈出重大步伐。3 月 12 日，基尔在与马沙尔经过多轮谈判后，宣布组建由 45 人组成的过渡内阁，其中苏丹人民解放运动—政府派有 25 名内阁成员，苏丹人民解放运动—反对派有 12 名内阁成员，其他 8 名内阁成员被分配给了苏丹人民解放运动—前拘留者派和南苏丹反对派联盟等派别。5 月 7 日，基尔宣布南苏丹 10 个州的权力分配方案，其中中赤道州、东赤道州、湖泊州、瓦拉卜州、北加勒河州、团结州交由政府方执政，苏人运—反对派得到琼莱州、西加扎勒河州与西赤道州，反对派联盟则执政上尼罗州。根据这一方案，基尔先后于 6 月 29 日和 7 月 15 日任命除上尼罗州之外的其他 9 个州的州长，南苏丹权力分配结构至此基本就绪。[②] 12 月 11 日，南苏丹意在重振和平协定的各方就组建州政府和重组过渡期全国立法会议达成一致；11 月 22 日，苏丹人民解放运动—反对派和南苏丹反对派联盟向基尔提交其提名的中央与地方立法机构代表候选人名单，南苏丹和平进程再次取得进展。

苏丹和平进程也在 2020 年取得重大进展。8 月 31 日，苏丹过渡政府与国内主要反政府武装联盟苏丹革命阵线在南苏丹首都朱巴签署和平协议，结束了各方长达 17 年的敌对状态。和平协议涉及安全、土地所有权、过渡时期司法与权力分享、难民重返家园、解散反政府武装并将其士兵编入政府军等关键问题，标志着苏丹彻底迈出了解决国内长期冲突状态，实现全面和平的重要一步。10 月 3 日，苏丹过渡政府与苏

① 相关资料主要引自“明危东非观察”微信公众号。

② 基尔直到 2021 年 1 月 29 日才任命了上尼罗州州长。

丹革命阵线在南苏丹首都朱巴签署最终和平协议，苏丹政治过渡进入新阶段，不过苏丹还有两个主要反叛团体——苏人运—北方局希鲁派和苏丹解放运动没有签署和平协议。根据上述和平协议，11 月 25 日，苏丹过渡政府各派就成立由 21 名成员组成的“过渡伙伴委员会”达成协议，为组建新的过渡内阁奠定了基础。在此基础之上，2021 年 2 月 8 日，苏丹过渡政府总理哈姆杜克宣布组建第二届过渡内阁，新一届内阁由 26 名部长组成，于 10 日正式宣誓就职。此外还需要指出的是，美国政府在 2020 年 12 月 14 日正式将苏丹从“支持恐怖主义国家”名单中除名，此举也有助于推动苏丹内部的和平进程。

六　2021 年非洲政治发展趋势与展望

2021 年，新冠肺炎疫情对非洲社会、经济和民生的冲击将会进一步传导到政治领域，从而加剧相关国家的政治动荡。可以预见，一方面，因经济下滑、失业增加和粮食短缺等问题而引发的社会抗议事件，与 2020 年相比将会有增无减；另一方面，在一些存在老人长期执政且政治社会矛盾本就尖锐的国家，因疫情而引发的社会抗议事件极易导致政治骚乱乃至政府下台。

当然，观察非洲大陆政治情势最重要的晴雨表，仍为总统或国民议会选举。2021 年，非洲将有 17 个国家举行总统和议会选举，其中乌干达总统选举和尼日尔第二轮总统选举已分别在 1 月 14 日和 2 月 21 日结束，乌干达现任总统穆塞维尼和尼日尔执政党争取民主和社会主义党候选人穆罕默德・巴祖姆分别当选。在剩余的选举中，需要特别关注的是刚果（布）、贝宁、埃塞俄比亚、索马里、赞比亚、乍得、冈比亚和利比亚的总统选举。从当前政治力量对比，尤其是现任政府的执政根基来看，贝宁、乍得和刚果（布）等国的执政党有望继续当选，赞比亚和冈比亚等国执政党和反对党之间的竞争可能会较为激烈。就选举进程而言，在新冠肺炎疫情仍然肆虐的情况下，在疫情所带来的经济与民生双重压力，以及执政党为防控疫情而限制反对党举行大规模竞选集会的情况下，在某些执政党与反对党力量较为接近的国家可能会发生一定程度的选举骚乱。然而即便如此，在选举政治已基本成熟，反对党已可通过选举上台的背景下，相关国家因选举骚乱而引发政治动荡乃至军事冲突的可能性已经不大。

尼罗河流域的水政治：博弈与前景

张　瑾*

摘　要： 水资源是人类生存、社会福利和经济发展的重要资源，也是世界和平和安全的重要战略资源。尼罗河流域不同国家的水资源潜力差异很大，殖民历史上所留下的尼罗河水协议给流域国家带来了不同的历史遗产，在民族国家兴起后，带来了不同的水争议。2011 年兴建的埃塞俄比亚复兴大坝让流域国家的民族主义情绪再度高涨，埃及、埃塞俄比亚和苏丹三国在复兴大坝修建和蓄水的不同诉求导致流域水政治一度激化。面对大坝已经建成的既定事实，流域各国只能在接受的基础上寻求合作的出路，才可能避免将局势进一步激化的危险。

关键词： 非洲；尼罗河流域；水政治；复兴大坝

一　尼罗河流域国家水资源的情况

（一）尼罗河流域国家的水资源禀赋

尼罗河是世界上最长的河流，它绵延 6700 公里。尼罗河流域总面积占非洲大陆面积的 10. 3% ，主要河流系统供养来自白尼罗河和青尼罗河。其中，白尼罗河的水源位于赤道湖高原（流经国家为布隆迪、卢旺达、坦桑尼亚、肯尼亚、扎伊尔和乌干达），青尼罗河的水源则位于埃塞俄比亚的高地。

尼罗河流域国家的主要经济部门是农业，流域内有超过 2. 57 亿人口，约占共享尼罗河的 10 个国家总人口的 54% ，其中一半以上的人口完全依靠尼罗河供水。尼罗河流域生态系统多元，其中多为干旱和半干旱气候。①每个流域国的面积、气候、历史和经济政治情况不同，造成尼罗河流域的水政治呈现出复杂态势（见表 1）。

---

* 张瑾，上海师范大学非洲研究中心副教授，研究领域为非洲历史、非洲水资源问题和中非关系。

① http：//atlas. nilebasin. org/treatise/the-nile-basin/.

表1　　　尼罗河流域：按国家/地区划分的面积和降雨量

国家	全国总面积（平方公里）	盆地内的国家区（平方公里）	占流域总面积的百分比（%）	占国家总面积的百分比（%）	流域平均年降雨量（毫米）		
					分钟	最大额	平均
布隆迪	27834	13260	0.4	47.6	895	1570	1110
卢旺达	26340	19876	0.6	75.5	840	1935	1105
坦桑尼亚	945090	84200	2.7	8.9	625	1630	1015
肯尼亚	580370	46229	1.5	8.0	505	1790	1260
扎伊尔	2344860	22143	0.7	0.9	875	1915	1245
乌干达	235880	231366	7.4	98.1	395	2060	1140
埃塞俄比亚	110010	365117	11.7	33.2	205	2010	1125
苏丹和南苏丹	2505810	1978506	63.6	79.0	0	1610	500
埃及	1001450	326751	10.5	32.6	0	120	15
尼罗河盆地		3112369	100.0		0	2060	615

注：刚果民主共和国1971年曾改名扎伊尔共和国，1997年恢复国名至今。

表格数据来源：http：//www.fao.org/3/W4347E/w4347e0k.htm。

尼罗河流域不同国家的水资源潜力差异很大。埃及和苏丹是尼罗河流域内面积最大的国家，但降雨量都极少，埃及97%以上的水资源和苏丹77%以上的水资源依赖于尼罗河供给；布隆迪和卢旺达的所有水域和乌干达的一半的水资源来自内河。

除埃及、苏丹和肯尼亚外，尼罗河流域国家仍属于世界上最不发达国家，如果考虑到尼罗河流域各国的人口和经济形态，各国的水资源情况的差异性就更突出了：埃及是经济实力最好的国家，但人均用水量较低。埃塞俄比亚、乌干达、坦桑尼亚和刚果民主共和国近年来的发展增速很快，人均用水量较多。苏丹因为政局变动且战乱频仍，国民生产总值和发展数据并不清晰，但人均用水量居于前列。卢旺达、肯尼亚、布隆迪的发展增速倍增，但人均用水量很低。

近年来，尼罗河流域国家，特别是埃塞俄比亚、苏丹和埃及，经历了大规模的人口增长，其他国家人口增长的趋势也很明显。基于1995年至2020年尼罗河流域相应国家的人口增长基本都已翻倍，2025年前后，这些国家的人均水资源拥有量预计会持续萎缩到二分之一至三分之一（见表2）。

表2　　　尼罗河流域国家的人口、经济与水供应量及趋势

国家	1995年人口（百万）	2020年人口（百万）	1996年人均国民生产总值（美元）	2019年人均国民生产总值（美元）*	1990年人均可用水量（立方米）	2025年人均可用水量（立方米）
布隆迪	6.4	11.9	170	267	655	269

续表

国家	1995 年人口（百万）	2020 年人口（百万）	1996 年人均国民生产总值（美元）	2019 年人均国民生产总值（美元）*	1990 年人均可用水量（立方米）	2025 年人均可用水量（立方米）
刚果民主共和国	43.9	89.6	160	2128	359803	139309
埃及	62.9	102.3	1090	3610	1123	492
埃塞俄比亚	55.1	115.0	100	974	2207	842
肯尼亚	28.8	53.8	320	2075	636	235
卢旺达	8	13	190	823	897	306
苏丹	28.1	43.8		735	4792	1993
坦桑尼亚	29.7	59.7	170	1106	2924	1025
乌干达	21.3	45.7	300	915	3759	1437

注：①*指按购买力平价（PPP）计算。②南苏丹数据不详。

表格数据来源：http：//www.imf.org/en/Publications/WEO/weo – database/2021/April.

农业用水在尼罗河流域的总取水量中占近 75%。在埃及和埃塞俄比亚，农业用水占取水量的 86%，而苏丹为 94%。[①]雨水为大湖地区国家的农业作出了重要贡献。但是，在尼罗河下游地区，雨水的供应非常稀缺，即使是小规模的农业也必须主要依靠河流或地下水。目前，尼罗河流域潜在灌溉区的 98.7% 位于气候干燥的埃及和苏丹北部，两国还是该流域的农业大国、工业大国和人口大国，对水的需求最大。必须指出的是，尽管有 10 个河岸国家，但其中埃塞俄比亚、埃及和苏丹三国对有意义地合作共享尼罗河水最为关键：埃塞俄比亚为主要供应者，埃及和苏丹为主要消费者。

为了解决水资源问题，该流域不同的国家都进行了相应建设：埃及是区域内的农业大国，除了一直致力于兴修水库外，还积极发展节水滴灌农业，探索“虚拟水”等全新的水资源管理模式。苏丹在 20 个世纪建造了四个水坝，覆盖 18000 平方公里的灌溉土地，这使苏丹成为次于埃及的尼罗河第二大使用者。坦桑尼亚和肯尼亚则积极探索和德国等非洲外国家合作的输水工程。目前，各个国家都有自己相应的水资源规划，以求更好地适应国家发展的必然要求。

（二）埃及的“历史权益”：尼罗河水争议的由来

4000—6000 年前，北非气候潮湿，农业社区居住在如今的撒哈拉沙漠中。随着该地区气候的日益干燥，人们纷纷向尼罗河这个最可靠的水源地迁移。在不断的迁移和定居中，人们逐渐掌握了尼罗河的一些泛滥规律，并开始利用尼罗河的洪水来灌溉

① Mason, S. A., “From conflict to Cooperation in the Nile Basin”, in Thesis (PhD), Swiss Federal Institute of Technology, Switzerland: Berne. 2004.

沿河的农田，确保始终有足够的食物来满足人口发展的需要。后来，随着尼罗河流域人口不断增多，保障水运和存储的运河、水坝等新工程出现，对有限的土地和水资源的争夺也愈演愈烈。

一般而言，在跨界水争端中，上游国家容易占据主动，建水坝或产生污染都直接会威胁到下游国家的用水安全。但在尼罗河的分配利用历史中却正好相反，呈现出“下游国家说了算、上游国家靠边站”的倒挂局面。

1882—1898 年，英国不仅占领了埃及，还溯尼罗河而上占领了苏丹，进而对两地推行单一经济，推广棉花种植以供英国纺织业发展。当时的棉花种植采用漫灌，蒸发量大，耗水量也大。英国殖民当局曾公开表示说，需要更可靠地提供更多的（尼罗河）水资源，否则当局就会面临“利润大幅度下降，政治动荡的危险增加”的风险。在英国殖民统治者的鼓励下，埃及出现了更多的拦河坝和运河，以使更多的土地发挥效能。[①]“理所当然的”，英国将尼罗河的水资源权益几乎全部划分给了自己属地的埃及和苏丹，其中，埃及是最获益的国家。

划分尼罗河水资源利用的权益正是欧洲殖民者瓜分非洲时确定边界和势力范围的重要内容之一，并不顾及非洲本身的权益。1891 年 4 月 15 日，《盎格鲁—意大利议定书》签订，其中的第 3 条规定：“鉴于灌溉，意大利政府承诺不在阿特巴拉河上建设任何可能明显改变尼罗河水量的工程。”不过，由于当时文本使用的语言过于含糊，并没有提供明确的财产权或用水权。

1902 年 5 月 15 日，英国与埃塞俄比亚签订条约，第 3 条规定：“不得在青尼罗河、塔纳湖或索巴特上建造或允许建造任何工程，除非与英国政府和苏丹政府达成协议，否则就必须阻止任何用水活动。”该协议自签订之时就是尼罗河流域最有争议的协议之一。由于该条约的目的是建立英国与埃塞俄比亚之间界限，英文版本又和埃塞俄比亚的阿姆哈拉语版本有不同的含义和理解，并且“从未被埃塞俄比亚批准”。因此，对现代水争议的影响较为有限。

1906 年 5 月 9 日，英国与代表刚果独立国家政府的宗主国比利时签订协议。第 3 条规定：“刚果独立国家政府承诺，除非经苏丹同意，否则不得在塞姆利基河或伊桑戈河上或附近建造或允许建造任何会减少进入阿尔伯特湖水量的设施。”尽管该协议仅有利于尼罗河水域的下游用户，但限制了刚果本地人进入尼罗河区域的权利，也显失公平。但这样忽略非洲本土的条约却是常态。1906 年 12 月 13 日，英国、法国和意大利签署《三方条约》，其中第 4（a）条规定：“共同行动……捍卫……大不列颠和埃及在尼罗河流域的利益，特别是在不损害意大利利益的情况下，对该河及其支流的水域进行管制。”这份条约完全否认了埃塞俄比亚的水权，当即遭到埃塞俄比亚的拒绝。

---

① 后来，英国政府甚至计划修建 360 公里长的琼莱运河。

1925 年，英国和意大利就塔那湖问题交换了意见，互相承认对埃及和苏丹之前的（殖民）水权。埃塞俄比亚反对该协定，并希望国联出面，反对英国和意大利擅自决定自己所属的湖泊的协议。但是由于没有强制执行协议的明确机制，埃塞俄比亚和国联的过问都不了了之。

1929 年 5 月 7 日，埃及与英国及埃及苏丹各自签订协定。内容包括：埃及和苏丹每年分别利用尼罗河流量的 48 亿立方米和 40 亿立方米；每年 1 月 20 日至 7 月 15 日（旱季）的尼罗河水流留给埃及使用；埃及保留监测上游国家尼罗河水流的权利，且可以不经上河沿岸国家的同意，就有权进行与尼罗河有关的项目；或者有权否决任何可能对其利益造成不利影响的建筑项目。该协议完全倒向埃及，让埃及不仅在旱季可以完全控制尼罗河（旱季最需要农业灌溉用水），还严重限制了苏丹的配水量，是引发争议最多的协定。

20 世纪民族独立浪潮后，流域国家纷纷独立，开展了一系列水利发展项目，各国都希望尼罗河水资源的相关权益可以进行重新规划。占有优势的埃及和苏丹希望保持着水利分配的优先权，以配合自己已有的项目建设。1952 年，埃及独立后，就开始在上埃及区域建筑阿斯旺大坝。1970 年阿斯旺大坝建成，可以满足埃及每年种植两种农作物，即便后来埃及人口增加，国内的水安全还是有相应的保障。

苏丹境内尼罗河流域是撒哈拉以南非洲最大的灌溉区，农业和灌溉广度仅次于埃及。1952 年苏丹独立以来，除了积极进行农业灌溉外，也积极提升棉花和糖业等经济作物的灌溉。罗西雷水坝（Merowe Dam）、梅洛维大坝（Merowe Dam）等，为苏丹农业发展作出了积极贡献。为了更多地使用尼罗河水，1956 年苏丹独立后，苏丹就使用尼罗河水域与埃及进行了重新谈判。1959 年，苏丹与埃及再次签署《尼罗河水域协定》，商定在埃及的阿斯旺大坝测算出的尼罗河年平均流量约为 840 亿立方米，允许苏丹和埃及分别分担尼罗河的全部平均年流量，分别为 188.5 亿立方米和 555 亿立方米；每年因蒸发和其他因素造成的水损失约 100 亿立方米，在将份额分配给埃及和苏丹之前，应将从尼罗河的收益中扣除该数量。如果尼罗河水必须与另一河岸国共享，则将从苏丹和埃及的水和分配份额中按尼罗河水量的等分部分（按阿斯旺大坝的储量为尼罗河的年度流量计量）中扣除该分配量。该协定还授予了苏丹在青尼罗河上建造水坝，并发展其他灌溉和水力发电，直到充分利用其在尼罗河的份额的权益。然而，由于此协议完全忽略了尼罗河流域其余 8 个国家的水权，一直没有得到其余各方认可。

（三）“非洲水战争”的策源地

从历史上看，埃及和苏丹是通过殖民协议获取的尼罗河流域控制权，两国一直坚称要维护地区和平和稳定，也是在这些协议的基础上。与苏丹相比，埃及在利用尼罗河水方面享有压倒性的权利。20 世纪 50 年代之后，随着尼罗河上游地区人口不断增加，经济建设规模不断扩大，流域各国对水资源的需要日益增长。它们纷纷提出诉求，要求改变现状，对水资源份额重新进行分配，以使上下游国家享受平等权利。围绕尼罗河水资源产生的争议持续不断，甚至成为非洲战争的策源地。

首先，苏丹和埃及在共享尼罗河问题上存在分歧。1956—1958 年，埃及为了报复苏丹不同意阿斯旺大坝的修建，退出了先前的协议；苏丹因此得以在青尼罗河上建造玫瑰色大坝（Roseires Dam），并单方面宣布不加入 1929 年协定，双方关系恶化，一度兵戎相向。① 1976 年开始，埃及在苏丹和英国支持下建设 360 公里长的"琼莱运河项目"，旨在把储存在东非维多利亚湖的水输送给埃及和苏丹。但由于蒸发量过大、资金、技术等原因，项目迟迟没有完成，最终于 1984 年埃塞俄比亚内战时终止。1985 年苏丹总统努马里（Numayri）倒台后，埃及和苏丹针对尼罗河水量分配的龃龉又不断增加。1990 年前后，苏丹官员屡屡开始对埃及使用扣留尼罗河水的威胁。1995 年 6 月，埃及总统霍斯尼·穆巴拉克（Hosni Mubarak）险些被恐怖分子刺杀，因传恐怖分子来自苏丹，双边关系进一步恶化。紧接着，苏丹国家伊斯兰阵线（NIF）领导人哈桑·图拉比（Hassan al-Turabi）宣称要通过改变尼罗河的水流来阻止向埃及的供水，这给埃及当局带来了极大恐慌。穆巴拉克总统很快回应："那些在喀土穆玩火的人……将迫使我们对抗，捍卫我们的权利和生命。"②同时，埃及外交部长宣布："我警告图拉比不要玩火，同时不要玩水。"③埃及和苏丹之间的紧张关系成为多方预测尼罗河终将面对"水战"的主要原因之一。④

其次，为了有更多的水增加农业生产来养活其不断增长的人口，只要和尼罗河水使用有关的项目，都会受到埃及的高度关注，甚至进行外交威胁。2004 年，坦桑尼亚计划建设维多利亚湖管道，这将使大约 40 万西北部居民受益，但埃及坚称根据 1929 年的协议，禁止坦桑尼亚未经英国允许而封锁尼罗河的水域。埃及还威胁要炸毁该建筑工地，以期使尼罗河向北流入阿斯旺水坝的水不受影响。

最后，尼罗河流域"水战"的最大导火索来自埃及与西方国家和埃塞俄比亚的交恶。冷战时期，出于对埃及与苏联的亲密关系的担忧，世界银行对阿斯旺大坝项目

---

① Warburg, G. R., "The Nile in Egyptian—Sudanese relations", *Orient*, Vol. 32, No. 4, 1991, p. 570. 1958 年，在埃及的支持下，军政府在苏丹掌权，埃及和苏丹关系缓和，签订了 1959 年共享尼罗河的新协议。

② Sudan Update (15 July 1995) Water as a Weapon. http://www.africa.upenn.edu/Newsletters/SDate611.html.

③ Nassar, G. 6 July 1995. "War of Words and Water". In Al-Ahram Weekly 6 July.

④ 参见：Clarke, R. 1991. Water: the international crisis, London: Earthscan; Gleick, p. H., Water and Conflict. International Security, Vol. 18, No. 1, 1993, pp. 79 – 112; Homer-Dixon, T. F., "Environmental Scarcities and Violent Conflict: Evidence from Cases", *International Security*, Vol. 19, No. 1, 1994, pp. 5 – 40; Swain, A., "Water Scarcity: A Threat to Global Security", *Environment & Security*, Vol. 1, No. 1, 1996, pp. 156 – 172; Swain, A., "Ethiopia, the Sudan, and Egypt: The Nile River Dispute", *The Journal of Modern African Studies*, Vol. 35, No. 4, 1997, pp. 675 – 694; Swain, A., "Mission not Yet Accomplished: Managing Water Resources in the Nile River Basin", *Journal of International Affairs*, Vol. 61, No. 2, 2008, pp. 201 – 214.

撤资。为了报复，埃及总统纳赛尔（Nasser）将苏伊士运河国有化，并向苏联寻求有关水坝建设的资金和技术支持。在苏联的支持下，1960 年，阿斯旺大坝开始建设，1971 年投入运营，并形成了世界上最大的人工湖之一：纳赛尔湖。[①]在美国垦殖局的帮助下，埃塞俄比亚开始对尼罗河流域地区的电力和灌溉项目进行可行性研究。尼罗河流域的英属东非国家则抗议埃及一直将其排除在 1959 年的协定之外。1970 年，埃塞俄比亚试图从世界银行获得资金修建芬查水电站（Fincha Power Station），埃及和苏丹都援引 1902 年的尼罗河协议和英国与埃塞俄比亚之间的条约表示反对，但大坝终于在 1973 年建成，并向下游供水，推进了埃塞俄比亚渔业和制糖业的发展。1978 年，埃塞俄比亚前领导人马里亚姆（Mengistu Haile Mariam）提议再在尼罗河上修建一系列水坝，当时的埃及总统萨达特（Anwar Sadat）立即表态说："我们不会在埃及等着渴死，我们要去埃塞俄比亚，在那里死。"1988 年，埃及外交大臣布特罗斯·布特罗斯－加利（Boutros Boutros-Ghali）公开表示尼罗河是埃及下一场战争的策源地。

尽管经济和技术落后以及政治问题曾使埃塞俄比亚开发尼罗河水的计划长期搁置，但 20 世纪 90 年代中期之后，随着埃塞俄比亚人口快速增长，粮食需要不断增加，对水的需要已经成为燃眉之急。加之西方国家的财政援助增加，这为埃塞俄比亚提供了信心，单方面制定了将尼罗河水用于自己的灌溉项目的计划。尽管埃及和苏丹表示反对，但埃塞俄比亚仍坚称其拥有在其边界内开发水资源的主权，在尼罗河上游建造了许多小型水坝，并计划增加更多水坝，以提高该国的灌溉和水力发电能力。2011 年，随着"复兴大坝"的"问世"，尼罗河流域的水政治面临更大的危机。

二 "复兴大坝"引发的尼罗河流域水危机

（一）"复兴大坝"：坝权之下的水权之争

20 世纪下半叶，埃及利用与美国的良好关系，对尼罗河上游国家开发尼罗河的水利项目进行打压。当时上游各国独立不久，国力不强，埃及的阻挠政策成效明显，尼罗河流域水政治呈现单极稳定态势。随着近年来上游各国的发展，尤其是进入 21 世纪以后，尼罗河流域的水政治开始动荡。尼罗河水量主要发源于埃塞高原的青尼罗河，青尼罗河上"复兴大坝"的动工兴建和蓄水，使当前尼罗河水政治纷争趋于白热化。

1991 年，埃塞俄比亚人民革命民主阵线（EPRDF）主席梅莱斯·泽纳维（Meles Zenawi）出任新政府领导人，后连任国家领导人超过 20 年。在此期间，埃塞俄比亚

---

① Smith, S. E., "General impact of Aswan High Dam", *The Journal of Water Resources Planning and Management*, Vol. 112, No. 4, 1986, pp. 551 - 562.

国内政治基本稳定，经济状况逐步改善，2000 年之后更呈现高速发展态势，成为1000 万以上人口国家中人均国民生产总值增长第三快的国家。① 然而，埃塞俄比亚虽然雨量丰沛，号称“非洲水塔”，但水利开发利用率极低。十几年前，埃塞俄比亚全国发电装机容量仅为200 兆瓦，能用上电的人口不到20%，为实现更好的经济发展，也为了惠及民生，埃塞俄比亚决定充分利用高原优势资源大力开发水电，让电力出口超过咖啡成为最大创汇产业。吉巴Ⅲ（187 兆瓦）、特克泽（30 兆瓦）、戈巴（37.1兆瓦）等一批水电站纷纷涌现，推进了埃塞俄比亚经济的快速发展。

自20 世纪50 年代，埃塞俄比亚就有在青尼罗河建大坝的想法，但囿于当时国内条件和国际形势一直无法动工。2008 年，埃塞俄比亚提出与各国共建大坝的计划，被埃及回绝，于是埃塞俄比亚决定自行建造，开始做筹建准备。2010 年5 月，尼罗河流域部分国家在乌干达拟订了重新分配尼罗河水资源的协议，但埃及和苏丹以危及水安全为由拒绝签署此项协议。

2011 年1 月，“阿拉伯之春”波及埃及，2 月，埃及强权领袖穆巴拉克下台。埃塞俄比亚趁埃及国内政局动荡之际，于4 月举行了大坝的奠基仪式，将之前修建计划中的“千年大坝”更名为“复兴大坝”，并将此作为实现第二个“增长与转型计划”的重要一环。苏丹可从复兴大坝获益颇多，并不反对建坝；埃及起初激烈反对，2014 年塞西新任埃及总统后，为了改善埃及国内外环境，埃及试图打破与埃塞俄比亚的外交僵局，开始同意谈判。

2014 年，在多回合的谈判中，关于干旱和长期干旱期间的大坝运行规则和机制、水库的充填过程等问题，三方达成了实质性成果，如今也频繁地被视为现阶段解决复兴大坝危机的共识。但是，2014 年的谈判没有签署协议，因此不同谈判方的意见并无定论。

2015 年3 月，三国代表在喀土穆发表《原则宣言》，同意在不损害各方利益的前提下展开合作。埃塞俄比亚表示大坝竣工后将采取相关措施保证流入下游的水量不会减少，并表示枯水期不进行蓄水，下游国家不会受到大坝建设的不利影响。此后，专家委员会就大坝的安全、蓄水和运营等问题进行技术层面上的谈判。但2018 年流域复杂的政局把已经形成的良好谈判形势再次打乱：埃塞俄比亚、埃及和苏丹因为选举、政权更迭和国内局势动荡，谈判进程一再被延误，各方对地区不稳定的担忧再度升温。

2019 年9 月，埃及总统塞西在联合国大会上发言时提出大坝问题，呼吁国际社会对埃塞俄比亚施加压力，这让复兴大坝的问题国际化。10 月，埃及指责亚的斯亚

① Logan Cochrane and Yeshtila W. Bekele, Contextualizing Narratives of Economic Growth and Navigating Problematic Data: Economic Trends in Ethiopia (1999 - 2017), Economies 2018, 6 (4), 64; https://doi.org/10.3390/economies6040064.

贝巴阻碍了有关技术问题的最终协议，呼吁重塑《原则宣言》第10条，其中规定，如果这三个国家无法找到解决这些争端的办法，它们必须要求调解。在索契举行的俄罗斯—非洲峰会期间，俄罗斯促成了埃及和埃塞俄比亚领导人同意恢复谈判。随后，两国接受了美国和世界银行的调解。从2019年11月6日至2020年2月28日，美国在世界银行行长的出席下促成这三个国家的三方谈判。

2020年2月，埃塞俄比亚认为美国起草的草案对复兴大坝蓄水设置严格条件，本质上还是在维护1959年的协议，对民族国家不公，拒绝签字。6月起，非盟介入复兴大坝各方的谈判进程。不过，虽然非盟认为90%的问题已经解决，呼吁尽快就蓄水和大坝运营签署协议，但埃塞俄比亚认为鉴于目前形势，不能签署约束性的协议，只接受指导性的协议。有学者因此认为“非盟没有在敏感问题上发声的先例”，最大的作用可能就是把大家拉在一起“谈”，而不可能“判”。

截至2020年底，“复兴大坝”争议的焦点主要有以下几方面。首先，首次蓄水是否需要埃及和苏丹同意。第一，埃及和苏丹一致认为埃塞俄比亚不能单方面蓄水，但埃塞俄比亚利用雨季在7月已完成第一阶段49亿立方米的蓄水，且“没有给下游国家带来危害”。这一问题在后续谈判中已没有意义。第二，“复兴大坝”设计蓄水量为740亿立方米，埃塞俄比亚计划分阶段在3年内蓄满（2021年3月前的第一阶段49亿立方米，之后的第二阶段184亿立方米，第三阶段约500亿立方米），力求尽快投产获得收益，而埃及和苏丹则担心蓄水影响下游河水流量。埃及要求每年只能按第一阶段49亿立方米的量蓄水，这样算下来，水库蓄满需要15年。埃塞俄比亚前期近50亿美元的投入，要想靠发电输出换汇偿还遥遥无期。这也将是后续谈判的重点和难点。其次，减缓干旱。美国主导的谈判提出要缓解下游国家的干旱，甚至设计出三种解决方案。埃塞俄比亚则认为“缓解干旱”一词别有用心。埃及大部分地区地处干旱沙漠，如接受美国方案，则让人认为埃及的干旱是埃塞俄比亚建坝人为造成的。据埃及测算，大坝蓄水后纳赛尔水库将减少5%的库容。埃塞俄比亚认为，如果埃及担心上游来水减少，那么这个责任要上游所有国家来承担，包括白尼罗河沿岸的国家。就目前形势看，即便各种国际势力都参与谈判，也恐难在近期达成各方接受的协议。即便埃及考虑用空军先进的阵风、F16等战机轰炸、发射远程导弹或动用特种部队等手段炸毁大坝，埃塞俄比亚也做好了部署从俄罗斯购得S-300防空导弹系统护卫大坝的准备。

结合之前尼罗河流域的水政治形势，各方立场形成鲜明对立。埃塞俄比亚政府不惜倾全国之力，大举借债投入修建水坝的工程中；而埃塞俄比亚民众则通过购买债券、捐款的方式支持这个项目，以寄托“复兴”（Renaissance）的希望。埃及真正担心的不只是水量减少，而是对“历史水权”背后的区域大国地位的撼动，是尼罗河流域地缘政治格局的改变。“复兴大坝”裹挟着国民自豪感等民族主义情绪，对各国的影响比经济、政治改革，或者解决民生问题来得强烈。

（二）非洲第一场“网络战争”

与官方马拉松式的谈判拉锯不同，“复兴大坝”各方的利益纷争，很快就掀起了非洲第一场“网络战争”。①

2020 年 1 月 14 日，在一场新闻发布会上，埃塞俄比亚水务部部长贝克尔（Sileshi Bekele）被问及“复兴大坝”的事情，有一个问题是：大坝建成后，该由谁来控制和管理大坝？贝克尔觉得这个问题匪夷所思，他留下一句简短的回答：“这是我的大坝（It's my dam.）。”这句话迅速成为一句流行语，在埃塞俄比亚国内网络上热传，引发网友的共鸣。他们在社交媒体上声称，修筑大坝和蓄水是埃塞俄比亚人自己的权利，没有人可以阻止。

埃及的网民也不甘示弱。他们在推特上发起话题——“Nile4All”，意即“尼罗河属于所有人”；而在“Egypt Nile Rights”这个话题下面，埃及网友宣称要加入埃及军队，不惜一战来维护埃及在尼罗河的权利。2020 年 6 月末，有四名埃及黑客②策划了一场网络攻击，他们侵入数十个埃塞俄比亚政府网站，将页面换成一个骷髅法老的形象，并留下一句话：“如果尼罗河水位下降，所有法老的士兵将迅速出击，埃塞俄比亚人准备好迎接法老的愤怒吧。”

在“谷歌地图”关于复兴大坝的条目里，评论也非常极端。打五星的评价这样说：“这是世界上最伟大的建筑之一。”打一星的网友抱怨：“它会让我们干渴而死。”

2020 年 6 月，Stratfor 发表文章认为，埃及没有能力进行大规模的军事攻击，因其不具备经济和政治后勤保障。同时，一次有埃及高层政治家参加的会议被错误地电视转播，显示出埃及高层正就“如何接受复兴大坝”集思广益。尽管之前埃及总统莫西建议，如果埃及在尼罗河中的份额减少一滴，那“鲜血”将是替代方案；埃及也曾私下支持埃塞俄比亚境内的军事组织破坏政府稳定，但随着 5 月青尼罗河支流的水源因复兴大坝改道，复兴大坝的建设进入了新阶段，埃及方面的“狠话”在国内或国际上都无法再“自圆其说”。

2020 年 7 月，埃塞俄比亚宣布完成了“复兴大坝”第一阶段蓄水后，埃塞俄比亚、埃及、苏丹定于 8 月 3 日在非盟斡旋下启动新一轮“复兴大坝”问题三方谈判，但仍无果而终。2020 年 9 月，美国国务院宣布除人道主义援助外，中止对埃塞俄比亚的其他援助，包括反恐和军事教育与培训、打击人口贩运项目、安全及发展援助资金等，涉及金额达 1.3 亿美元。随即也引发网络热议，认为美国从 2020 年 3 月开始筹措的各种协议草案，不过是自以为是的“公平和平衡”，布鲁金斯学会甚至认为，

---

① https：//www. huxiu. com/article/387782. html.

② 这些埃及黑客属于一个叫作“网络荷鲁斯”（Cyber Horus）的组织，“荷鲁斯”就是古代埃及神话中法老的守护神。

在3月短短几周内，美国就消耗了与埃塞俄比亚建立的良好信誉。[①]俄塔斯社10月28日的报道认为，美国在复兴大坝上没有建设性的意见，反而提出了最糟糕的方案，激怒了埃塞俄比亚人民，认为美国是敌人，而埃塞俄比亚只会尊重朋友。

尽管埃及和埃塞俄比亚捍卫各自立场各不相让，但基于复兴大坝开始蓄水，工程接近竣工，谈判的主动权已经转移到埃塞俄比亚手里。如协议签不下来，大坝项目会继续推进。如一定要签署协议，各方尤其是下游国家，必须要以更包容的心态，权衡“面子”与“里子”，做出实质性的让步。近期，基于复兴大坝（GERD）等话题的针锋相对开始趋于平缓。埃塞俄比亚大部分的人民认为“梦想已经在启航”，而埃及方面更多主张“尊重历史”“和平共享”。

（三）不断变化中的各方态势

根据埃塞俄比亚计划，持续到2023年年底，复兴大坝都处于快速蓄水阶段。在此期间，青尼罗河除了每年蒸发和损失的100亿立方米水之外，会贡献埃及和苏丹共享的840亿立方米水资源中的485亿立方米水资源，补充则将面临严重不足，埃及南部的纳赛尔湖水也会有类似的短缺。当大坝蓄水湖蓄水量达到最大容量（740亿立方米）时，纳赛尔湖水位将降到海拔150米左右，这是阿斯旺大坝水轮机停止运转的蓄水位。[②]对此，埃及提出应保持纳赛尔湖水位在165米，从而维护阿斯旺大坝涡轮机保持运转并发电，但遭到埃塞俄比亚的拒绝，继之引发埃及的强烈反对。

在之前的复兴大坝外交拉锯战中，苏丹一直以国际观察员身份向国际社会发出呼吁，表明多方谈判意愿。直到2021年2月，苏丹与埃塞俄比亚发生关于法沙卡（Al-Fashaqa）边界争端。这次边界分歧是突然的，在此次争端之后，苏丹在复兴大坝上的立场发生了变化，认为自身利益与复兴大坝密切相关。不过，苏丹一直坚持着自己的调解理念，当沙特阿拉伯外交部非洲事务组负责人表示其有志对三国关系进行调解时，苏丹并不以为意，仍立志促成美国、联合国和欧洲联盟与非洲联盟的四方合作。

2021年3月上旬，埃及总统阿卜杜勒·法塔赫·艾尔·西西（Abdel Fattah El-Sisi）对苏丹进行了为期一天的访问，在此期间，他和苏丹领导人达成共识，拒绝埃塞俄比亚单方面实施复兴大坝第二阶段蓄水的计划。但埃塞俄比亚似乎没有将此事件放在心上，认为苏丹和埃及之间未达成任何协议，而自己引领的复兴大坝（GERD）谈判已上升到一个新的水平。[③] 3月23日，埃塞俄比亚总理阿比·艾哈迈德（Abiy

---

① 美国之音，2020年3月3日信息。http：//www. mofcom. gov. cn/article/i/jyjl/k/202003/20200302942257. shtml.

② Ashok Swain, Challenges for water sharing in the Nile basin: changing geo-politics and changing climate, Hydrological Sciences Journal, Volume 56, 2011-Issue 4: Water Crisis: From Conflict to Cooperation. See also, https: //www. tandfonline. com/doi/full/10. 1080/02626667. 2011. 577037.

③ Yeheys Nardos Hawaz & Chen Xi, https: //moderndiplomacy. eu/2021/03/28/what-does-sudans-new-negotiation-effort-of-gerd-imply/.

Ahmed）表示，复兴大坝的第二次蓄水将如期在2021年7月的雨季期间进行。与此同时，他声称“我们不希望损害埃及和苏丹的水利利益”。这显然让流域国家再次焦虑了，其认为，复兴大坝的第二次蓄水是对之前《原则宣言》的再次违反。埃及外交大臣萨默斯（Sameh Shoukry）次日即表示，埃及希望埃塞俄比亚方面有政治意愿在有争议的埃塞俄比亚复兴大坝（GERD）上签署具有约束力的法律协议；埃及早已显示出达成协议的意愿，但在去年美国主持的谈判之后，埃塞俄比亚放弃了签署协议，这会给已有的协议基础带来新的挑战。

可以看到的是，苏丹和埃及之所以呼吁国际社会的介入，无非是想借西方的力量向埃塞俄比亚施加压力，将事情带出非洲，而不是进行调解。但各方对复兴大坝的观点差异，似乎是扩大差距而不是缩小差距。

三 未来尼罗河流域水政治的走向

（一）全球变暖与尼罗河流域的水情变化

全球变暖对尼罗河流域的水情变化带来了潜在影响。通过使用土壤和水评估模型（SWAT）对过去（1981—2010年）和未来（2010—2039年、2040—2069年和2070—2099年）的气候情境进行评估。结果表明，在区域气候模型（RCM）基础上，尼罗河流域将会持续受到气候变暖的影响而增加蒸散量（PET），地表径流将会增加约14%，但流域的总产水量返回会下降-1.7%至-6.5%（测量方法RCP4.5）和-10.7%至-22.7%（测量方法RCP8.5）。[①]也就是说，随着气候变暖，在不考虑复兴大坝截流的影响下，尼罗河流域的支流水量尽管有增加的可能，但整体流域的水资源趋于减少。如果使用耦合模型比较模型（CMIP3）进行推测，[②]则显示出在当前的气候变化情境下，主要降雨季节（6月至9月）到1月至5月会更早发作，且伴有更强烈的季节变化和降雨时长，这也意味着部分流域产生洪涝次生灾害的可能性更大了。近年来东非地区频发的洪水灾害就是一个典型印证。

气候与人类工程，都对尼罗河流域的水资源管理与开发提出了新的挑战。适应是对气候变化的立即反应，密切监测显得必不可少。因为即使是平均温度或极端温度的微小变化，也可能对水资源的可利用性、洪水和干旱、农业、电力和运输系统、自然环境乃至健康与安全造成严重后果。河流流量减少、土地退化、污染排放、干旱和洪

① Daniel Mengistu, Woldeamlak Bewket, Alessandro Dosio, Hans-JuergenPanitz, Climate change impacts on water resources in the Upper Blue Nile (Abay) River Basin, Ethiopia, Journal of Hydrology, Volume 592, January 2021, 125614.

② Vincent Roth, Tatenda Lemanna, Gete Zeleke, Alemtsehay Teklay Subhatu, Tibebu Kassawmar Nigussie, Hans Hurnia, Effects of climate change on water resources in the upper Blue Nile Basin of Ethiopia, Heliyon, Volume 4, Issue 9, September 2018, e00771.

灾的可能性增加以及疾病发病率上升，是未来流域面临的各种潜在危机。

寻找和使用替代水源似乎已经成为区域用水共识，地下水已经成为非洲饮用水的主要来源。一项由联合国支持的计划，旨在优化努比亚砂岩含水层的利用，埃及、苏丹、乍得和利比亚已同意将其设在撒哈拉沙漠东部的地下。通过利比亚的“人造河大工程”的完成，已经开始从含水层中抽水，这有可能使这4个国家的供水长达400年。但是，这一预测将根据北非人口的增长而改变，而且更为令人担忧的是，地下水本就属于极易流失的再生资源，一旦使用过度，则整个流域将面对更严峻的生态危机。

（二）尼罗河流域倡议（NBI）：流域国家的合作

随着尼罗河流域政治经济发展，各国都努力为争取和利用水权开展多边协商，争取对自己更有利的水资源制度。谋求建立稳定的对话机制和监管平台，从而加强对尼罗河的水治理逐渐成为各方共识。其实，早在20世纪60年代，尼罗河流域各国就试图建立合作机制。1967年，埃及、肯尼亚、苏丹、坦桑尼亚和乌干达与联合国开发计划署（UNDP）和世界气象组织（WMO）共同发起了“Hydromet”项目。该项目的目的是评估维多利亚湖流域的水平衡，以协助控制和调节湖泊水位以及尼罗河的水流。后来，卢旺达和布隆迪加入了这一努力。该项目历时25年，在1992年完成。但该项目并未包括主要的水贡献国埃塞俄比亚，也未能努力制定有效的流域安排。

1997年开始，埃塞俄比亚、卢旺达、乌干达、肯尼亚、坦桑尼亚和布隆迪签署“尼罗河合作框架协议（NRCF）”，认为沿岸国家都可以建设水坝项目，遭到埃及和埃塞俄比亚的反对。1998年3月，尼罗河流域国家水务部长理事会在坦桑尼亚阿鲁沙达成了关于共享和管理尼罗河水的广泛协议，10个沿岸国家中有8个参加了阿鲁沙会议。在厄立特里亚和刚果民主共和国没有参加的情况下，会议批准了新的行动纲领。①

1999年2月22日，10个尼罗河流域国家：布隆迪、刚果民主共和国、埃及、埃塞俄比亚、肯尼亚、卢旺达、南苏丹、苏丹、坦桑尼亚和乌干达成立尼罗河流域倡议（NBI）。厄立特里亚以观察员身份参加。该伙伴关系以共同愿景目标为指导：“通过公平利用尼罗河流域的水资源并从中受益，实现可持续的社会经济发展。”共同的信念是，各国可以通过合作为流域全体人民取得更好的成果。同年12月，“促进尼罗河流域发展与环境保护技术委员会（TECCONILE）”成立，埃及、苏丹、卢旺达、坦桑尼亚、乌干达和扎伊尔（后更名为刚果民主共和国）的水资源部部长在坎帕拉签署协议，其他四个河岸国家作为观察员参加了会议。1999年9月，NBI秘书处在乌干

① Africa Research Bulletin, 1998. 35（3）, No. 13419.

达的恩德培正式运转，NBI 取代了解散的 TECCONILE，成为协调地区发展的公认组织。①

2001 年 1 月 26 日，世界银行协调了在瑞士日内瓦发起的尼罗河国际合作联盟（ICCON）的启动活动，2003 年，应尼罗河流域部长理事会的要求，建立了尼罗河流域信托基金（NBTF），帮助管理和协调向尼罗河流域倡议的善款。在具体的运作中，NBI 几乎完全依赖外部资金来启动和运营，这使人们对其长期可持续性产生了怀疑。2010 年 5 月 14 日，在 1999 年《尼罗河盆地倡议》基础上，各方签署了旨在公平合理使用水资源的《尼罗河合作框架协议》，协议提出了开发和保护尼罗河流域水资源应遵循的 15 条原则，但在水安全问题上没有达成一致意见。同时，由于尼罗河流域国家尚未完全批准《国际水道非航行使用法公约》②，因此无法完全解决尼罗河水资源分享的诸多争端问题。

南苏丹的独立进一步改变了尼罗河流域的地缘政治平衡。南苏丹政府控制着尼罗河流量的28%，2011 年 7 月独立两个月后，南苏丹开始寻求加入尼罗河流域倡议（NBI），并在将来有可能需要和苏丹进行新的水量分配谈判。

四 结语

尽管尼罗河流域水资源得天独厚，历史文化悠久，但是流域各国人民仍面临着一个重大的挑战：殖民遗产、贫穷、不稳定、人口的过快增长、环境恶化以及经常发生的自然灾害是当前尼罗河流域各国的特征，其中一些国家是世界上最贫穷的国家，人均年收入不足 250 美元。而据有关方面的预计，尼罗河流域各国的人口可能在接下来的 25 年内翻两番，这将使水资源和其他资源面临更大的压力。埃塞俄比亚复兴大坝的修建，让本已面临水资源重重危机的尼罗河流域更添不稳定因素。

从中短期来看，伴随着复兴大坝的注水问题，各方围绕复兴大坝形成的“水政治”仍会莫衷一是，为维护各自的民族国家利益进行激烈论战，甚至有可能上升到冲突、危机、热战的程度。

不过，如果考虑到尼罗河流域已有的合作机制，从长远角度来看，复兴大坝不仅为流域带来了挑战，也提供了合作的机遇：没有一个流域国家不想增进自身的发展，协调管理水利基础设施，可以为区域带来更高的社会经济利益。这些改进将进一步帮助解决因气候变化给流域带来的不确定性。同时，在复兴大坝中流域国家的协调也可

---

① Swain，A. 2002. The Nile Basin Initiative：too many cooks，too little broth. SAIS Review，22（2）：293 – 308.

② 该公约强调各国应公平合理地使用水道，并规定了计划的方案可能对其他河岸国产生不利影响时应遵循的程序。

能被证明是“水以外”附加利益的催化剂，例如市场和贸易的更大整合①、相关国家法律和制度的协调②、“法律秩序的更新”③、“游戏规则改变”④、对环境和治理多个领域的公平发展⑤等等。这些无疑都会带动尼罗河流域、非洲区域，乃至全球层面的能源、粮食生产、运输、工业发展、环境保护和其他相关开发活动的协同创新。国际合作是日益严重的尼罗河水政治的唯一可行和和平的解决办法。

---

① Sadoff, C. , & Grey, D. (2002) . Beyond the River: The Benefits of Cooperation on International Rivers. Water Policy, 4, 389 – 403. doi: 10. 1016/S1366 – 7017 (02) 00035 – 1.

② 沿岸国家在包括国际专家小组在内的专家研究的协助下，一直在寻求和解的共同利益的合作之路。相关研究参见 Dop. (2015, March 25) . Declaration of Principles Between The Arab Republic of Egypt, the Federal Democratic Republic of Ethiopia and the Republic of the Sudan on the Grand Ethiopian Renaissance Dam Project (GERDP) . Horn Affairs. Retrieved May 20, 2016, from http: //hornaffairs. com/en/2015/03/25/egypt-ethiopia-sudan-agreement-on-declaration-of-principles-full-text/; International Panel of Experts (IPoE) . (2013, May 31) . Final report on Grand Ethiopian Renaissance Dam project (GERDP), Retrieved June 1, 2016, from http: //www. internationalrivers. org/files/attached-files/international_panel_of_experts_for_ethiopian_renaissance_dam-_final_report_1. pdf; Cascão, A. E. , & Nicol, A. (2016) . GERD: New norms of cooperation in the Nile Basin? Water International, 41 (4), 550 – 573. doi: 10. 1080/02508060. 2016. 1180763; Salman, S. M. A. (2016) . The Grand Ethiopian Renaissance Dam: The road to the declaration of principles and the Khartoum document. Water International, 41 (4), 512 – 527. doi: 10. 1080/02508060. 2016. 1170374.

③ Salman, S. M. A. (2016) . The Grand Ethiopian Renaissance Dam: The Road to the Declaration of Principles and the Khartoum Document. Water International, 41 (4), 512 – 527. doi: 10. 1080/02508060. 2016. 1170374.

④ Tawfik, R. (2016) . The Grand Ethiopian Renaissance Dam: A Benefit-sharing Project in the Eastern Nile? Water International, 41 (4), 574 – 592. doi: 10. 1080/02508060. 2016. 1170397; Cascão, A. E. , & Nicol, A. (2016) . GERD: New Norms of Cooperation in the Nile Basin? Water International, 41 (4), 550 – 573. doi: 10. 1080/02508060. 2016. 1180763.

⑤ 在这些领域，国际河流组织和 MIT 等都有较多研究，参见 MIT. (2014) . The Grand Ethiopian Renaissance Dam: An Opportunity for Collaboration and Shared Benefits in the Eastern Nile Basin. Retrieved June 1, 2016, from http: //jwafs. mit. edu/sites/default/files/documents/GERD_2014_Full_Report. pdf; International Rivers. (2014) . The Grand Ethiopian Renaissance Dam Fact Sheet. Retrieved June 1, 2016, from https: //www. internationalrivers. org/resources/the-grand-ethiopian-renaissance-dam-fact-sheet-8213.

非洲蓝色经济发展的特点与趋势

张春宇*

摘　要： 蓝色经济作为一种新型经济形态，近年来得到各界广泛认可和迅速推动。非洲区域组织和相关沿海国家纷纷推出与蓝色经济相关的战略和政策，以期通过海洋资源的管理和利用，实现经济结构的变革与发展。非盟扮演着非洲蓝色经济战略制定者和推动者的角色，《2050 年非洲海洋综合战略》、《2063 年议程》、《洛美宪章》和《非洲蓝色经济战略》是非盟蓝色经济政策框架的核心。非洲沿海国家扮演着非盟蓝色经济发展战略和政策的执行者角色，南非、塞舌尔、毛里求斯、佛得角、肯尼亚等国都发布了蓝色经济相关政策，注重与非盟整体战略的衔接。非洲主要蓝色经济产业包括海洋渔业、海运港口、滨海旅游业和海洋油气业，广阔的海洋为非洲发展蓝色经济提供了充裕的空间资源，非洲需要开展广泛的国际合作。

关键词： 蓝色经济；2050 年非洲海洋综合战略；港口建设；海洋产业

蓝色经济于 1999 年首次被提出，在 2012 年联合国可持续发展大会上被官方文件接受。蓝色经济是一种新型经济形态，因其内涵更符合现代经济社会发展潮流而得到广泛认可和迅速推动。联合国、欧盟、亚太经合组织，以及美国、印度尼西亚、澳大利亚、太平洋小海岛发展中国家都是推广蓝色经济理念的重要力量。非洲是全球海洋治理的重要参与者，海洋安全与蓝色经济是非洲海洋治理的核心内容。[①] 21 世纪之前，非洲海洋治理主要聚焦海洋安全；进入 21 世纪，蓝色经济在非洲海洋治理中的地位越来越突出，被视为非洲复兴的前沿。由于蓝色经济内涵与非洲大陆发展理念相

---

* 张春宇，中国社会科学院西亚非洲研究所（中国非洲研究院）副研究员，研究方向为非洲经济、海洋经济。本文在刊发于《西亚非洲》2021 年第 1 期《蓝色经济赋能中非“海上丝路”高质量发展：内在机理与实践路径》的基础上修改而成。

① Ernesta Swanepoel, “The Nexus between Prosperity in the African Maritime Domain and Maritime Security”, South African of International Affairs, June 2017, https://media.africaportal.org/documents/saia_spb_163_swanepoel_20170731.pdf, 2020 - 09 - 04.

契合，非洲成为蓝色经济的重要推动者。

一　非盟的蓝色经济战略

在全非层面，非盟扮演着非洲蓝色经济战略制定者和推动者的角色。非盟的蓝色经济核心定义是海洋的可持续经济发展，[①] 该组织先后出台一系列战略文件，为非洲蓝色经济发展指明方向、规划前景、设计蓝图，推动非洲国家达成共识。非盟分别于2012年和2014年出台了《2050年非洲海洋综合战略》和《2063年议程》，将发展蓝色经济、建设海洋基础设施纳入非盟总体战略规划和发展议程中。2015年10月，非盟召开首届非洲海洋治理战略会议，与会国一致同意以《2050年非洲海洋综合战略》和《2063年议程》为基础，制定统一的非洲海洋治理战略。2016年10月，非盟召开"海事安全、防卫与发展特别峰会"，时任非盟委员会主席德拉米尼·祖马指出，蓝色经济能为非洲带来与货物和服务相关的产业价值高达数万亿美元，能创造数百万就业机会，涉及航运、物流、保险、港口管理、旅游、渔业和水产养殖等多个领域。[②] 此次特别峰会还通过了《非盟关于海事安全、防卫与发展的宪章》（即《洛美宪章》），首次将蓝色经济可持续发展作为非盟成员国一致的宪章付诸行动，标志着非洲在蓝色经济领域合作的大跨越。2018年11月，首届可持续蓝色经济会议在肯尼亚举行，包括中国在内的100多个国家和地区代表参会，讨论海洋资源的可持续管理、创造就业、消除贫困等议题。会议强调蓝色经济可以促进一国经济增长和环境保护，有助于联合国《2030年可持续发展议程》目标的实现。作为会议后续行动，2019年10月，非盟农业、农村发展、水和环境技术委员会第三届会议批准了《非洲蓝色经济战略》，用于指导非洲蓝色经济的可持续发展和水生资源的利用，该战略于2020年2月在埃塞俄比亚召开的第33届非盟峰会上得以正式启动。[③] 非盟还注重加强蓝色经济国际合作，如2019年与挪威合办主题为"释放非洲蓝色经济潜力"的非洲—挪威航运大会，讨论非洲蓝色经济发展制度框架。

《2050年非洲海洋综合战略》、《2063年议程》、《洛美宪章》和《非洲蓝色经济战略》是非盟蓝色经济政策框架核心。《2050年非洲海洋综合战略》是非盟最早提出的蓝色经济战略，其愿景是通过安全和环境可持续的方式来发展蓝色经济。该战略共提出12项目标：建立非洲专属海洋联合区（CEMZA）；提高民间社会和所有利益攸

---

① African Union, "African Charter on Maritime Security Safety and Development in Africa", https://au.int/sites/default/files/treaties/37286-treaty-african_charter_on_maritime_security.pdf, 2020-09-05.

② African Union, "Statement by H. E. Dr. Nkosazana Dlamini Zuma, AUC Chairperson to the Assembly of Heads of States and Government of the Extraordinary Summit of the African Union on Maritime Security, Safety and Development", https://au.int/en/speeches/20161015-1, 2020-09-05.

③ African Union, "Launch of the Africa Blue Economy Strategy", https://www.au-ibar.org/2012-10-01-13-08-42/news/171-au-ibar/1484-launch-of-the-africa-blue-economy-strategy, 2020-09-05.

关方对海洋问题的认识；增强社区、国家、次区域和大陆各层级发展蓝色经济的政治意愿；通过加强海运容量和能力建设来提高相关收入，加强区域内贸易和国际贸易；确保海上运输系统安全；减少经济活动和居民生活对海洋环境的损害，加快灾难恢复；防止海上敌对力量实施犯罪行为；保护居民免受海洋污染、有毒和核废料倾倒等造成的伤害；改善非洲综合海岸带管理；促进国际法律文书的批准、本土化和实施；确保区域经济共同体、区域机制内部和彼此间的部门政策协调一致；保护内陆国家的出海权和货物过境自由。为确保该战略的执行力，非盟还出台了配套行动计划，对非洲蓝色经济目标、行动路线、领导者、参与机构、实施时间表等进行了详细规划。①

《2063 年议程》是非洲未来 50 年的发展规划，蓝色经济是其中一项重要内容。《2063 年议程》指出，非洲海域是大陆面积的 3 倍，发展蓝色经济将提高人们对海洋的认识和促进海洋水产技术、航运业的发展，包括海洋河流及湖泊的运输业和渔业，它会成为推动非洲经济转型增长和工业化的重要动力。非洲各方应加快蓝色经济发展战略的制定，以此来推动海洋基础设施建设和蓝色经济快速发展。②

《洛美宪章》着力于推进非洲海洋治理。在促进蓝色经济发展方面，它提出各缔约国应加强海洋领域开发；促进渔业和水产养殖业发展；推动海洋旅游业来创造就业和增加收入；制定海洋发展综合人力资源战略；鼓励建立和发展非洲海运公司，创造有利的发展环境，将跨非洲海运列为优先事项，以此提高非洲海洋产业竞争力；加强海洋基础设施建设；保护海洋环境；各缔约国还应加强相互合作，共同开发领海内的海洋资源。与《2050 年非洲海洋综合战略》相比，《洛美宪章》更强调国家责任，要求非洲各国政府具有高度的政治意愿，提高海洋治理能力。③

《非洲蓝色经济战略》主要目标是通过增进人们对关于海洋和水生生物技术、环境可持续性、航运业发展、海洋河流和湖泊运输业发展、水域捕捞活动管理及深海矿产和其他资源的认识，来指导非洲各国发展包容性和可持续的蓝色经济，使其成为非洲经济增长和转型的重要贡献者。该战略综合了 3 份专题技术报告，分别是渔业、水产养殖、养护和可持续水生生态系统；航运/运输、贸易、港口、海事安全、安全和执法；沿海和海洋旅游、气候变化、恢复力、环境、基础设施；可持续能源、矿产资源与创新产业；政策、体制和治理、就业、创造就业和消除贫困、创新融资。相比其他文件，该战略更聚焦于蓝色经济发展路径、技术方案等细节，有助于确保非盟有关

---

① African Union，"2050 African International Maritime Strategy"，https：//cggrps. com/wp-content/uploads/2050-AIM-Strategy_EN. pdf，2020 - 09 - 06.

② African Union，"Agenda 2063：The Africa We Want"，https：//au. int/sites/default/files/documents/36204-doc-agenda2063_popular_version_en. pdf，2020 - 09 - 06.

③ African Union，"African Charter on Maritime Security and Safety and Development in Africa（Lomé Charter）"，https：//au. int/sites/default/files/treaties/37286-treaty-african_charter_on_maritime_security. pdf，2020 - 09 - 05.

蓝色经济的战略和政策的落地实施。①

二 部分非洲沿海国家的蓝色经济战略

非洲沿海国家扮演着非盟蓝色经济发展战略和政策的执行者角色，南非、塞舌尔、毛里求斯、佛得角、肯尼亚等国都发布了蓝色经济相关政策，注重与非盟整体战略的衔接。

为挖掘蓝色经济潜力，南非于 2014 年出台了题为“帕基萨行动”（Operation Phakisa）的蓝色经济发展战略，将海洋运输和制造业、沿海油气资源开发、水产养殖及海洋保护和治理作为重点领域，制定了 47 项详细计划。其中，海洋运输和制造业行动计划有 18 项，包括建立国家航运公司、提高港口的船舶维修能力、在船舶建造中更多地使用本地部件等等；沿海油气资源开发行动计划有 11 项，其中 10 项将在 2019 年前实施，主要包括十年内钻探30 口勘探井，在未来20 年内日产37 万桶油气，等等；水产养殖行动计划有 8 项，其目标是通过发展水产养殖来促进农村，特别是边缘化沿海地区的发展；海洋保护和治理行动计划有 10 项，主要是通过立法、制定和实施综合海洋治理框架等来保护海洋环境免受非法活动伤害。②

塞舌尔是推动将蓝色经济发展战略纳入非盟《2063 年议程》的主要国家之一。2016 年，该国成立了专门的蓝色经济部门来促进蓝色经济发展；2018 年，出台了《塞舌尔蓝色经济战略政策框架和路线图：规划未来（2018—2030 年）》，明确了发展愿景、目标和原则，把创造可持续的财富、共享繁荣、保护健康而富有活力的海洋及改善发展环境作为行动与投资优先事项。具体实施计划包括：加强蓝色经济决策透明度和问责制建设；为蓝色经济政策实施制定相应制度安排；加强蓝色经济概念的传播，提高普通民众对蓝色经济的认识；对国内蓝色经济实施情况进行跟踪，并定期审查；等等。③ 塞舌尔制定了相应的产业促进政策，确保蓝色经济战略的实施。例如，《2012—2020 年可持续发展战略》确定了旅游业发展原则，确保经济发展与文化、环境保护之间的平衡。《旅游总体规划》将海洋旅游纳入总体和连贯框架，定期进行旅游承载力研究，审查旅游人数增长，衡量和评估旅游带来的影响。④

---

① African Union，“Africa Blue Economy Strategy”，https：//www. infoafrica. it/wp-content/uploads/2020/07/sd_20200313_africa_blue_economy_strategy_en. pdf，2020 -09 -06.

② Government Communication and Information System，“Operation Phakisa for the Oceans Economy”，https：//www. gcis. gov. za/insight-newsletter-issue-24，2020 -09 -06.

③ Republic of Seychelles，“Seychelles Blue Economy：Strategic Policy Framework and Roadmap Charting the future（2018 -2030）”，http：//www. seychellesconsulate. org. hk/download/Blue_Economy_Road_Map. pdf，2020 -09 -06.

④ Seychelles Ministry of Tourism，Civil Aviation，Ports and Marine，“Tourism Master Plan Destination 2023”，http：//www. tourism. gov. sc/lib/TOURISM_MASTER_PLAN_PART_2_TOURISM_SECTOR_STRATEGY_DESTINATION_2023. pdf，2020 -09 -07.

毛里求斯于2013年发布了《海洋经济路线图》，旨在通过对海洋资源的可持续利用来推动蓝色经济发展，目标是到2025年蓝色经济产值对国民经济的贡献率翻一番。[①] 2015年，毛里求斯启动了“实现第二次经济奇迹和2030愿景”计划，将海洋产业和港口服务作为产业振兴的关键。在海洋产业方面，该国提出发挥海洋专属经济区优势，兴建捕鱼和海鲜加工设施，将其打造成为本区域渔业中心；为此专门成立了国家海洋委员会，推动有关项目落实。在港口服务方面，毛里求斯提出应利用地缘优势，发展对非洲大陆的转运和港口服务；打造区域石油仓储基地，为来往船只提供燃料补给；实施港口发展总体规划，使路易港港口规模翻一番；发展游轮停靠及相关配套服务。该计划还规划了相关项目来吸引投资、促进就业，规划蓝色经济在5年内为该国创造2.5万个就业岗位。[②] 毛里求斯关注海洋自然资源可持续发展，为保护鱼类资源，政府承诺定期进行鱼类资源评估，更好地管理和保护龙虾、鱿鱼和其他小型商业远洋鱼类；[③] 承诺对鱼类加工业实施更多管制，避免过大投入对鱼类资源造成压力。[④]

佛得角于2015年出台了《蓝色增长促进宪章》，旨在实施与蓝色经济相关的公共政策，促进其与各部门的协调一致，以此推动海洋和沿海地区可持续发展，最大限度地减少环境退化、生物多样性丧失和海洋资源衰竭，提高经济效益和社会效益。对渔业和水产养殖、贸易和粮食安全、环境、海洋生态旅游、海运港口发展、城市发展及海滨责任化管理、科学服务及研究、海洋安全8个领域提出了预期发展目标。

肯尼亚将蓝色经济发展作为优先事项，于2017年成立了总统蓝色经济特别工作组，将可持续利用海洋资源促进经济增长、就业及海洋生态系统的健康发展作为目标。肯尼亚发布的《愿景2030》中设定了四大议程，即粮食和营养安全、可负担的住房、制造业和全民医疗，蓝色经济成为推动四大议程的重要手段，发展渔业有利于实现粮食和营养安全目标，旅游业、航运业、石油和天然气、海产养殖等行业有助于推动制造业和整体国民经济增长。[⑤]

---

① Raffaello Cervigni and Pasquale Lucio Scandizzo, “The Ocean Economy in Mauritius: Making It Happen, Making It Last”, World Bank Group, November 2017, https://openknowledge.worldbank.org/bitstream/handle/10986/28562/120633app.pdf? sequence=8&isAllowed=y, 2020-09-07.

② 参见《毛里求斯宣布启动“实现第二次经济奇迹和2030愿景”计划》，中国驻毛里求斯大使馆经商处网站，http://mu.mofcom.gov.cn/article/ddgk/zwjingji/201509/20150901109134.shtml, 2020-09-07.

③ Pravind Kumar Jugnauth, “Budget Speech 2019-2020: Emerging A Brighter Future Together as A Nation”, Mauritius Government, June 2019, http://budget.mof.govmu.org/budget2019-20/2019_20budgetspeech.pdf, 2020-09-07.

④ Shem Oirere, “Mauritius Charts Growth Path for Fisheries and Aquaculture Sectors”, *Seafood Source*, https://www.seafoodsource.com/news/supply-trade/mauritius-charts-fisheries-and-aquaculture-growth-path, 2020-09-07.

⑤ United Nations, “Innovation for a Sustainable Ocean amid the COVID-19 Pandemic: Impacts on Kenya's Marine and Coastal Environment”, https://www.un.org/en/un-chronicle/innovation-sustainable-ocean-amid-covid-19-pandemic-impacts-kenya%E2%80%99s-marine-and-coastal, 2020-09-08.

三 非洲蓝色经济发展及在全球价值链中的地位

非洲54个国家中有38个是沿海或岛屿国家，海岸线长超过47000公里，管辖海洋区域总面积约1300万平方公里，包括领海和约650万平方公里的大陆架。广阔的海洋为非洲发展蓝色经济提供了充裕的空间资源。当前，非洲主要蓝色经济产业包括海洋渔业、海运港口、滨海旅游业和海洋油气业，各国普遍将港口建设作为发展重点和对外合作的关键领域。

非洲海洋渔业资源丰富，海洋渔业是基础性蓝色经济产业，但非洲海洋渔业在全球价值链中处于末端。渔业贸易是非洲沿海国家重要的收入来源，鱼类产品是非洲人重要的食物来源，有学者认为，加蓬和加纳等鱼类供应量较高的国家发生饥荒的概率较低，而布隆迪、厄立特里亚和埃塞俄比亚等鱼类供应量极低的国家发生饥荒的概率则较高。① 非洲各次区域间的海洋渔业资源差异明显，西部、中部和南部非洲渔业资源更丰富。2018年，非洲渔业总产量约1000万吨，增加值约210亿美元，占非洲国内生产总值的1.26%，其中海洋个体渔业增加值81亿美元，海洋工业渔业和内陆渔业增加值分别为68亿美元和63亿美元，海洋工业渔业占比较低，显示出发展水平滞后。2018年，非洲渔业部门雇用人数约1300万人，其中700万名渔民，600万名加工者。非洲水产养殖业增长较快，2006—2018年年均增长10%以上，但总规模仍然很小，目前年增加值约27.7亿美元。②

海运港口业是非洲支柱性蓝色经济产业，但在全球价值链中处于中下端。非洲有全球重要的海上商业通道经过，包括好望角、苏伊士运河等。天然优越的地理位置为发展海运业提供了可能，非洲90%以上的贸易通过海上运输，主要运输产品包括原油、矿产品、农产品和机械产品等。非洲海运业增长较快，2013—2018年，集装箱港口运输量年均增长8%，高于全球平均水平的5%；预计到2063年，港口运输量将超过20亿吨。③ 非洲是世界最大的航运注册地之一，其中利比里亚是仅次于巴拿马的世界第二大船舶登记国，在册船舶数量占全球商船总数的13%，并以优质可靠的海事监管和船旗服务赢得全球美誉。2018年4月，非盟委员会召开了主题为“扩大非洲航运业全球份额，积极加入国际海事组织”的首届非洲船东峰会，启动了非洲航运业十年发展路线图。总体上，非洲海运港口规模仍然较小，基础设施、技术和管

---

① Essam Yassin Mohammed，“Painting Africa's Economy Blue”，*International Institute for Environment and Development*，July 22，https：//www.iied.org/painting-africas-economy-blue，2020-09-08.

② African Union，“Africa Blue Economy Strategy”，*African Union*，October 2019，https：//www.infoafrica.it/wp-content/uploads/2020/07/sd_20200313_africa_blue_economy_strategy_en.pdf，2020-09-08.

③ African Union，“Africa Blue Economy Strategy”，*African Union*，October 2019，https：//www.infoafrica.it/wp-content/uploads/2020/07/sd_20200313_africa_blue_economy_strategy_en.pdf，2020-09-08.

理水平较低。2018 年，非洲海运货物装载量和卸货量只占全球的 7% 和 4.7%。[①] 2019 年，非洲只有 3 个港口排在世界港口前 100 位。大部分港口只提供装卸、仓储及初级工商服务，高端服务业基本处于空白，港口设施老旧，效率低下，海运成本居高不下，港口集疏运体系不健全，港城发展矛盾突出。此外，非洲港口运营还面临着显著的安全风险。

海洋油气业也是非洲支柱性蓝色经济产业，但主要扮演资源供给方角色，在全球价值链中处于末端。非洲油气资源丰富，目前，尼日利亚油气勘探活动主要集中在深海和超深海域，尼日尔河三角洲、贝宁湾海域、几内亚湾和博尼海湾等都有较大的原油储量。20 世纪 90 年代，在安哥拉发现大型深海油气田，目前安哥拉大部分石油产量来自卡宾达沿岸的近海油田和下刚果盆地的深海油田。加纳、塞拉利昂、加蓬、科特迪瓦和利比里亚等西非国家的海洋石油勘探开发正如火如荼。[②] 20 世纪末以来，东非沿海的莫桑比克、乌干达、肯尼亚等国不断有新油气发现，成为世界海洋油气开发新热点。[③] 由于海洋油气开发成本高，技术难度大，在非洲从事海洋油气勘探开发，尤其是深海油气开发的主要是国际油气巨头，非洲作为资源供给方，仅享受小比例利益分配，因此在深海领域更是主要扮演着旁观者角色。

滨海旅游业是非洲重要的蓝色经济产业，是部分沿海国家和岛屿国家的支柱产业，如塞舌尔、佛得角等；总体来看，非洲滨海旅游业处于全球价值链中下端。2018 年，滨海旅游业增加值 800 亿美元，占非洲国内生产总值的 3.4%，提供就业岗位 2400 万个。目前，非洲大部分沿海地区的旅游资源开发程度较低，有明显的增长潜力。预计到 2030 年，滨海旅游业增加值将突破 1000 亿美元，提供就业岗位 2800 万个。[④] 但非洲滨海旅游业的发展前景受政局稳定、恐怖主义、营商环境、气候变化、海洋酸化、塑料污染等诸多因素制约，存在较大的不确定性。

南非、塞舌尔和毛里求斯采取创新路径推动蓝色经济发展，落实非盟提出的蓝色经济发展规划，是非洲国家中蓝色经济先行者和引领者，初步形成了现代意义上的蓝色经济体系。与上述三个国家相比，其他沿海国家尚未形成蓝色经济体系，多基于自身禀赋和需求发展优势产业。

南非具有发展蓝色经济得天独厚的优越条件，三面临海，地处关键航运要道，海岸线长约 3900 公里（包括爱德华王子岛和马里恩岛），海洋专属经济区约 150 万平方公里。海洋空间资源和自然资源丰富。沿海石油和天然气估计储量达 90 亿桶和

---

① UNCTAD, "Review of Maritime Transport 2019", *United Nations Conference on Trade and Development*, 31 January, https://unctad.org/system/files/official-document/rmt2019_en.pdf, 2020-09-08.

② Simon Flowers, "Signs of Life in West Africa", *Wood Mackenzie*, June 5, https://www.woodmac.com/news/the-edge/signs-of-life-in-west-africa/, 2020-09-08.

③ 张春宇：《东非石油大发现的影响和我国的对策》，《亚非纵横》2013 年第 5 期。

④ African Union, "Africa Blue Economy Strategy", *African Union*, October 2019, https://www.infoafrica.it/wp-content/uploads/2020/07/sd_20200313_africa_blue_economy_strategy_en.pdf, 2020-09-08.

110 亿桶当量。① 早在 1968 年，南非即开始了海洋油气勘探，但至今海洋油气资源未得到充分开发。西开普省 80 座钻井平台中每年仅 4 座维持运营。② 2019 年，道达尔公司在南非海岸线 175 公里外发现深水油田，估计储量 10 亿桶。南非海洋渔业资源丰富，有数十个鱼种和南极洲海域磷虾，具有商业捕捞价值，但商业渔业对经济贡献很低。③ 南非良港众多，理查德湾港是世界最大的煤炭港口之一，德班港是非洲最大的集装箱港口；良好的基础设施使南非成为南部非洲航运物流中心，本国 96% 以上的进出口通过海运完成。尽管港口吞吐量较大，但南非港口主要提供装卸等传统服务，现代海洋服务功能缺失，④ 收益并不高。南非没有本国货运船队，据南非海事安全局（SAMSA）数据，目前仅有 5 艘船在南非登记注册。⑤ 尽管每年有 13000 多艘船只停靠南非，但只有不足 5% 的船舶在南非维修，南非修船仅占全球市场份额的不足 1% 。⑥ 根据南非"帕基萨行动"计划，到 2033 年，蓝色经济产值将提高到 1770 亿兰特，创造 80 万至 100 万个直接就业机会。截至 2018 年 11 月，"帕基萨行动"已从政府和私营部门获得 287 亿兰特投资，主要投向港口等海洋基础设施建设、以造船业为代表的海洋制造业、水产养殖、海洋石油和天然气勘探等，已创造直接和间接就业岗位约 43. 8 万个。⑦

塞舌尔海岸线长 491 公里，海洋专属经济区 140 多万平方公里。塞舌尔是非洲唯一高收入经济体，蓝色经济是国民经济主体，滨海旅游业和海洋渔业是支柱产业。塞舌尔的专属经济区位于印度洋西南部金枪鱼产区中心，金枪鱼是该国重要的经济资源，2017 年捕鱼量达 13. 6 万吨，渔产品出口占总出口的 90% 以上。⑧ 但因基础设施缺乏，技术能力低，海洋渔业生产成本高，产能有限。塞舌尔滨海旅游资源极丰富，

---

① Reuters Staff, "South Africa Says has up to 60 tcf of Offshore Gas Potential", *Reuters*, February 15, https: //www. reuters. com/article/safrica-oil-idUSL5N20A5IH, 2020 -09 -08.

② Department of Environmental Affairs, "Report by President Jacob Zuma to Media and Stakeholders on Operation Phakisa Implementation", *Department of Environmental Affairs*, August 13, https: //www. environment. gov. za/speech/presidentzuma_operationphakisa, 2020 -09 -08.

③ 任航、童瑞凤、张振克等：《南非海洋经济发展现状与中国—南非海洋经济合作展望》，《世界地理研究》2018 年第 4 期。

④ 王文松、朱天彤、刘微等：《中国南非海洋经济合作前景评析》，《开发性金融研究》2017 年第 1 期，第 80 页。

⑤ SABBEX, "SAMSA Boss Welcomes 'The Big Five' at Sea-A South African Flagged Fleet", SABBEX, July 5, https: //boatingsouthafrica. co. za/2019/07/05/samsa-boss-welcomes-the-big-five-at-sea-a-south-african-flagged-fleet/, 2020 -09 -08.

⑥ Thean Potgieter, "Oceans Economy, Blue Economy, and Security: Notes on the South African Potential and Developments", *Journal of the Indian Ocean Region*, 2018, Vol. 14, No. 1, p. 7.

⑦ South African Government, "South Africa participates in the Sustainable Blue Economy Conference in Kenya", *South African Government*, November 25, https: //www. environment. gov. za/mediarelease/SAparticipatesinthesustainableblueeconomyconference, 2020 -09 -08.

⑧ FAO Fisheries & Aquaculture, "Fishery and Aquaculture Country Profiles-The Republic of Seychelles", *Food and Agriculture Organization*, August 2019, http: //www. fao. org/fishery/facp/SYC/en, 2020 -09 -08.

已发展成为全球最著名的滨海旅游胜地。截至 2018 年 3 月，共有 443 家有执照的海上运营商，主要是船只租赁公司和潜水中心。与旅游相关的服务业带来了巨大收益。① 旅游业产值约占国民生产总值的四分之一。2008 年以来，游客人数连年成倍增长，2016 年首次超过 30 万人次，是当地人口的三倍；② 2018 年游客人数达 36.2 万次。③

塞舌尔是蓝色经济创新发展先行者。为保护海洋环境，促进蓝色经济发展，创造性地实施了"债券换自然"的融资模式。2016 年，塞舌尔与大自然保护协会达成协议，后者购买塞舌尔 2100 万美元债务，为塞舌尔重新融资，塞舌尔将新募资金用于实施覆盖近 140 万平方公里的海洋空间计划，以保护和管理海洋资源；2018 年 1 月完成了海洋空间计划第一阶段。2018 年，塞舌尔又发行了世界首只 10 年期主权蓝色债券，总额为 1500 万美元，票面利率 6.5%，债券发行收益分配给塞舌尔开发银行和塞舌尔保护和气候适应信托基金，由其向海洋保护项目提供贷款，以支持海洋和渔业可持续发展，渔业管理是其中的重点。④

毛里求斯海岸线长 250 公里，海洋专属经济区 230 万平方公里，还和塞舌尔共管世界首个大陆架扩展管理区，海域面积 39.6 万平方公里。2016—2017 年，毛里求斯蓝色经济增速达 2.5%，蓝色经济增加值占国民生产总值的 11%，该国希望在 2025 年将该比例提高到 20%。⑤ 据世界银行数据，毛里求斯蓝色经济增加值最高的部门是滨海旅游、港口及海洋渔业。⑥ 滨海旅游业是支柱产业，2017 年在国民生产总值、投资和就业中分别占比 8%、8% 和 10%，接待游客 134 万人次，超过本国人口数。毛里求斯计划 2030 年将旅游人数、旅游收入分别提高到 200 万人次和 1200 亿卢比，直接创造 3.6 万个就业岗位。该国《旅游战略规划 2018—2021》提出将毛里求斯打造成为"领先和可持续的岛国目的地"愿景。⑦ 毛里求斯渔业资源丰富，金枪鱼为主要

---

① Seychelles Ministry of Tourism, Civil Aviation, Ports and Marine, "Seychelles Tourism Master Plan", *Seychelles Tourism Department*, 2018, http://tourism.gov.sc/wp-content/uploads/2019/07/SEYCHELLES-TOURISM-MASTER-PLAN_PART1-SITUATIONAL-ANALYSIS.pdf, 2020-09-08.

② World Bank Group, The Republic of Seychelles Systematic Country Diagnostic, Washington, D.C.: The World Bank, 2017, pp. x-xii.

③ 数据来源：World Bank, WDI 数据库, https://databank.worldbank.org/reports.aspx? source=2&series=ST.INT.ARVL, 2020-12-1。

④ Christ, Hanna J., et al. "A Baseline for the Blue Economy: Catch and Effort History in the Republic of Seychelles' Domestic Fisheries", *Frontiers in Marine Science*, 2020, Vol. 7, p. 269.

⑤ Ministry of Ocean Economy, Republic of Mauritius, *Annual Report on Performance: Fiscal Year* 2016/2017, 2017, p. 8.

⑥ See Raffaello Cervigni and Pasquale Lucio Scandizzo, "The Ocean Economy in Mauritius: Making It Happen, Making It Last", *World Bank Group*, November 2017, https://openknowledge.worldbank.org/bitstream/handle/10986/28562/120633app.pdf? sequence=8&isAllowed=y, 2020-09-07.

⑦ Ministry of Tourism, Republic of Mauritius, "Three Year Strategic Plan 2018-2021", *Republic of Mauritius*, 2018, https://www.cabri-sbo.org/uploads/bia/Mauritius_2018_Planning_External_NationalPlan_MinFin_COMESASADC_English.pdf, 2020-09-08.

经济鱼种，渔产品加工和出口是吸引外资的重点产业，已发展成为西印度洋渔业和海产品中心。该国还允许外国渔船在本国海域捕捞作业。2017 年，渔业增加值占国民生产总值的 1.6%，渔产品出口额 4.34 亿美元，约占总出口额的 19.3%。[①] 2019 年，渔产品出口额 3.87 亿美元。[②] 渔业就业人数近 3 万人，但仅有 100 多人从事水产养殖，水产养殖技术落后，产量很低。[③] 路易港是该国唯一国际商港，拥有印度洋区域最大的集装箱转运设备，是撒哈拉以南非洲除开普敦外唯一能停泊第四代和第五代集装箱货轮的港口。

尼日利亚、肯尼亚、佛得角等国是根据自身条件发展特定海洋经济产业的代表。尼日利亚蓝色经济以海洋资源勘探开发、海运港口、修造船为主。该国有 8 个主要海港，航运量占西非地区总运量的 65%，但目前的港口基础设施已不能满足货运增长的需求，正在积极吸引外资进入海运港口业。尼日利亚修造船业是非洲修造船业的缩影，处于起步阶段，发展滞后。在营修造船厂仅 4 家，规模小，业务面窄，只能进行简单维护保养，不具备大中型船舶设计制造能力，修造船相关产业链无从谈起。肯尼亚蓝色经济以滨海旅游业和海洋渔业为主，全国 70% 以上的家庭生计直接或间接依靠渔业和旅游业。肯尼亚政府利用丰富的红树林资源发展蓝碳项目颇具特色，加兹湾南部的红树林蓝碳项目的碳信用当量每年可为当地社区创收 1.2 万美元。[④] 滨海旅游业、海洋渔业是佛得角支柱产业；当前，佛得角正在积极推动圣文森特海洋经济特区建设，具有相当大的发展潜力。

非盟和非洲国家发展蓝色经济意愿强烈，但由于基础薄弱，缺乏足够的自我发展能力，急需与外部合作。目前，非洲已开展的国际蓝色经济合作尚无法满足其需求，拓展国际合作的潜力较大。

---

① Republic of Mauritius, "SDG 14-Life Below Water", 2019, http://foreign.govmu.org/English/Documents/2019/Ministry/vnr/SDG%2014%20-%20Life%20Below%20Water.pdf, 2020-09-08.

② 参见《毛里求斯 2019 年经济发展环境及经济发展数据》，中国驻毛里求斯共和国大使馆经商处网站，http://mu.mofcom.gov.cn/article/ztdy/202006/20200602974657.shtml, 2020-09-08.

③ FAO, "Fishery and Aquaculture Country Profiles: The Republic of Mauritius", Food and Agriculture Organization of the United Nations, 2019, http://www.fao.org/fishery/facp/MUS/en#CountrySector-Overview, 2020-09-08.

④ United Nations Economic Commission for Africa, "Africa's Blue Economy: A Policy Handbook", United Nations, 2016, https://www.uneca.org/sites/default/files/PublicationFiles/blueeco-policy-handbook_en.pdf, 2020-09-08.

非洲电子商务发展的基础、挑战与前景

黄梅波　段秋韵[*]

摘　要：全球信息技术的飞速发展以及全球新冠肺炎疫情的快速蔓延使得电子商务在一国经济发展中扮演的角色越发重要。作为世界上发展中国家最集中、制造业尚处于初级发展阶段的非洲大陆，电子商务的引入不仅会给非洲各国经济与社会带来积极的影响，同时也会带来一系列的挑战。作为全球贸易的新焦点，发展电商已经成为非洲各国实现经济发展的重要路径，非洲电子商务发展势头十分强劲。

关键词：数字经济；电子商务；跨境电商

"数字丝绸之路"是数字经济发展和"一带一路"倡议的结合，是数字技术对"一带一路"倡议的支撑，它正在成为数字时代推动人类共同发展的全球化新方案。当下，如何把握数字经济发展机遇，使其成为推动经济发展的新增长点，也是非洲国家面临的新课题。其中，电子商务是数字及数字化产品的流通和消费方式，是数字经济最主要的组成部分，发展电子商务是发展数字经济的重要抓手，是数字经济发展的牵引者。

一　非洲发展电子商务的现实条件

非洲作为世界上最大的最具有发展潜力的地区，消费市场发展空间较大，信息技术水平和基础设施建设已有较大程度的发展，为以现代化科学技术为核心的全新商业模式——电子商务的推进打下了一定的外部环境基础。

（一）消费市场潜力巨大

消费是贸易进行的前提。对于电子商务产业来说，只有商品存在需求，电商才有存在的必要。非洲消费市场潜力巨大。根据麦卡锡数据统计，非洲 2016 年消费者及

＊ 黄梅波，上海对外经贸大学国际发展合作研究院教授，研究领域为对外援助、对外投资、中非贸易投资；段秋韵，上海对外经贸大学国际经贸学院硕士研究生。本文在刊发于《西亚非洲》2021 年第 1 期《"数字丝路"背景下的中非电子商务合作》一文基础上修改而成。

商业支出已达到4万亿美元并在迅速上升，按照这个增长轨迹估计，这个数字2025年将达到5.6万亿美元。[①] 包括撒哈拉以南非洲地区在内的非洲地区经济增长前景乐观。该地区2019年经济增长约为3.4%，与2018年大致持平。[②]尽管2020年非洲将不可避免地受到低油价和新冠肺炎疫情的严重影响，但长期来看，非洲经济的发展潜力将得以释放并获得较快增速的向好趋势不会改变。经济增长同时推动着居民收入的提高，两者共同助力消费增长。

非洲的人口是非洲消费市场坚挺的动力。非洲人口众多且增长潜力巨大。从人口增长速度来看，2008—2018年撒哈拉以南非洲的人口增长率保持在2.68%，稳居世界第一位。相较来说，印度的人口增长率在2018年仅为1.037%，不到其一半，中国的人口增长率则保持在0.6%左右，欧盟则仅有0.2%。[③] 不仅如此，从非洲人口结构来看，非洲15—24岁青年人口占比为20%，人口结构十分年轻，由于青年人口消费倾向较强，其保证了非洲的消费市场在未来很长的一段时间内将持续坚挺。非洲地区的中产阶级的崛起为其消费市场注入新的活力。根据对发展中国家中产阶级的衡量标准来看，2010年，非洲中产阶级人口已达到3亿左右，约占全部人口的34.3%。随着不断壮大的中产阶级消费群体越来越注重提升生活品质，他们已经摆脱了为生存而生存的模式，对新兴的市场模式拥有着浓厚的兴趣，无疑将成为非洲的消费市场的新兴力量。[④]

除此之外，由于受到消费文化及非洲政治环境不稳定等因素的影响，当地民众更重视当期消费而非未来消费，也就是说，非洲民众相对于储蓄大多更偏好于消费，其消费倾向较强。根据世界银行数据统计，非洲人民的人均支出占收入的比重高于欧洲、美洲与亚洲。2016年，撒哈拉以南非洲国家人均支出占收入比重达到了惊人的94%。

总体来说，非洲稳定的经济增长、巨大的人口红利、中产阶级的崛起和大胆的消费倾向共同铸造了非洲充满活力及潜力的消费市场，使非洲有可能成为电子商务产业发展的沃土。

（二）基础设施不断完善

物流是电子商务的生命线，基础设施的不断完善是建设更全面的物流系统的前提。近年来，非洲各国加大了对基础设施建设的投资，该地区的基础设施得到不断完善，尤其在交通运输方面。从总体特点看，东部非洲国家基础设施建设重在地区层

① McKinsey & Company, *Lions on the Move Ⅱ: Realizing the Potential of Africa's Economies*, McKinsey & Company 2016, 2016, 6.

② African Development Bank Group, *African Economic Outlook* 2020, Africa Development Bank 2020, 2020, p. 1.

③ 参见世界银行数据库，https://data.worldbank.org.cn, 2020-02-09.

④ 王战、刘若云：《非洲消费市场正在苏醒》，《中国投资》（中英文）2019年第10期。

面，着力于跨境铁路、电力网络的互联互通，在国家层面将铁路建设和港口建设开发放在首位；中部非洲国家大力发展基础设施建设，现已确定实施22个互联互通基础设施项目；非洲南部国家主要侧重于物流、码头、公路与机场的升级，桥梁道路的维修，电力电信基础设施建设等；西部非洲国家致力于跨境电网、水电站的建设；北部非洲国家也投资了不少新基础设施建设项目，如埃及的新首都规划项目与首都开罗铁路项目、阿尔及利亚的高速公路项目以及摩洛哥的高铁项目和海港项目。2018年，非洲开发银行对基础设施领域投资共计154亿美元，其中对公路的投资占到约72.7%。①

除此之外，非洲国家也在不断加强国际合作，共同推动基础设施建设的完善。以中非合作为例，近年来，中非双方开始合作建设非洲高速铁路网络、高速公路网络和区域航空网络，以促进非洲大陆的互联互通，如尼日利亚的沿海铁路项目、肯尼亚的蒙罗铁路等；在通信网络建设方面，2016年中非共建非洲信息高速网络公路项目稳步推进，2017年中国联通同喀麦隆电信、华为海洋签署了南大西洋国际海底光缆（SAIL）建设协议。在非洲国家自身和外部合作伙伴的共同努力下，基础设施不断完善，为电子商务在该地区的发展打下了良好的基础。

（三）信息技术水平快速提高

信息技术革命极大地促进了世界各国经济发展与社会生产率的提高。目前，非洲信息技术实现了近20年的指数级增长。移动设备入网是非洲快速进入互联网时代的最佳方式。根据世界银行的数据，2018年非洲手机普及率达到了80%，远远高于宽带网络普及程度。摩洛哥、南非每百人拥有的移动电话数量超过了世界平均水平。②此外，撒哈拉以南非洲地区的移动用户至2019年年底达到4.77亿，至2025年预计将增加1.37亿。③

近年来，非洲电子商务平台不断增加，如南非的电商平台“购多多”（Takealot）、尼日利亚的“茱米亚”（Jumia）和“开目”（Kaymu），以及重点关注加纳、肯尼亚和尼日利亚买家的“非洲商场”（Mall for Africa）等。④ 这些电商平台的建立和发展为非洲电子商务的发展提供了基础条件。

移动支付是电子商务的重要环节之一。非洲各国的支付方式较为单一，大部分非洲民众往往更多地使用现金结算的方式，银行卡和信用卡普及率低，只有不到1/4的

① Africa Development Bank，“Infrastructure and Urban Development Annual Report 2018”，https://www.afdb.org/fileadmin/uploads/afdb/Documents/Generic-Documents/PICU_Annual_Report_2018.pdf，2020-04-09.

② 参见世界银行数据库，https://data.worldbank.org.cn，2020-04-03.

③ GSMA，“The Mobile Economy Sub-Saharan African 2020”，https://www.gsma.com/mobileeconomy/sub-saharan-africa/.

④ 《非洲电商市场：“三驾马车”主导发展方向，五大电商平台推动发展进程》，雨果网，https://www.cifnews.com/article/41052，2020-02-09.

人拥有银行账号。近年来，随着信息技术的完善，非洲在移动支付领域发展迅速。2007 年，“非洲移动电信”（Safaricom）推出由 13.9 万个代理商组成的移动货币业务（M-Pesa），并于 2014 年与肯尼亚最大的银行——肯尼亚商业银行（KCB）联手。至 2015 年，肯尼亚已有约 29% 的人口频繁使用移动货币进行支付。[①]此外，2019 年移动技术和服务业占撒哈拉以南非洲 GDP 的 9%，贡献超过了 1550 亿美元。[②]

（四）政府大力支持

随着电子商务在国民经济发展中占据越来越重要的地位，非洲各国政府也在不断出台政策，扶持新兴产业的发展。尼日利亚与坦桑尼亚侧重于信息技术水平与移动支付的发展；乌干达与卢旺达继续完善基础设施建设，推动物流产业发展；南非与肯尼亚关注相关法律法规的完善，维护市场秩序保护消费者隐私。在各国的共同努力下，非洲电子商务发展的政策法律环境得到快速提升。

南非作为非洲最发达的国家之一，网络渗透率 2018 年达到 57.9%[③]，仅次于尼日利亚，电子商务产业发展基础良好。南非政府针对信息技术落后的痛点，出台系列政策扶持产业发展。2016 年 9 月 3 日，南非国家综合信息和信息技术政策白皮书提议，应制定针对具体部门的战略。该政策极大地鼓励各行业积极吸收和使用信息通信技术，促进地方电子商务的发展，在全国范围内扩大互联网的可及性，降低通信和数据的高成本。[④] 除此之外，南非在电子商务领域出台了一系列法律法规和政策，如 2002 年《电子通信和交易法》、2017 年《网络犯罪和网络安全法案》等。

截至 2017 年，肯尼亚共有注册手机 4280 万部，至 2020 年，肯尼亚互联网普及率达到 87%[⑤]，其手机支付甚为发达。越来越多的肯尼亚年轻人开始在网上创业，电子商务增长的潜力很大并且势头稳定。为保护线上消费者的个人隐私安全、增加消费者对电商平台的信心，2019 年肯尼亚批准了国内首部针对个人数据保护的法案《肯尼亚数据保护法案 2019》（*Kenya Data Protection Act of* 2019），有力打击了数据泄露等网络安全问题。

（五）区域经济一体化稳步推进

2019 年 7 月 7 日，非洲联盟特别峰会在尼日尔首都尼亚美召开，会上宣布非洲

① 马欢：《非洲移动金融兴起》，《新经济》2015 年第 21 期。

② GSMA, “The Mobile Economy Sub-Saharan African 2020”, https://www.gsma.com/mobileeconomy/sub-saharan-africa/.

③ 参见世界银行数据库，https://data.worldbank.org.cn, 2020-04-03.

④ Adheesh Budree, “Policy Considerations for E-commence in South Africa and Other African Countries”, GEGAFRICA, 2017, p. 4.

⑤ 参见 Statista 数据库，https://www.statista.com/statistics/1124283/internet-penetration-in-africa-by-country/, 2020-04-03.

大陆自由贸易区（AfCFTA）正式成立。除去厄立特里亚外，非盟55个成员中，54个已签署协议。非洲大陆自由贸易区截至2021年1月，成为自世界贸易组织以来成员最多的自贸区，将使有13亿人口、国内生产总值合计达到3.4万亿美元的非洲市场得到整合。在此之前，大部分非洲国家关税与非关税壁垒森严，外汇管制严格，非洲境内跨境电商平台交易成本较高，通关手续复杂。非洲大陆自由贸易区预期在2030年取消90%的商品关税，若取消非洲国家之间的双边关税，非洲大陆内部贸易占比将增加52%。[①] 随着非洲经济一体化的发展，非洲市场环境不断改善，互联基础设施建设不断完善，经济规模不断扩大，制度壁垒大大削弱，国际库存得以共享，此举将大大便利非洲的跨境电子商务产业发展。

（六）疫情推动非洲数字化转型

随着非洲地区数字化转型的逐步推进，其已从中获取了巨大的收益。然而此次的新冠肺炎疫情更是推动着非洲地区的数字化再进一步，包括为了应对疫情而进行的病毒检测、追踪接触等措施。此外，自新冠肺炎疫情暴发以来，非洲地区的一些电子商务平台的业务量出现了三位数的快速增长。[②] 由于疫情期间的隔离政策，使得非洲居民不得不转向更为便利的电子商务平台用于在线购买生活必需品。

总体来看，非洲国家众多，尽管各国在电子商务发展方面存在差异性，但大多仅处于发展初期，发展条件正在持续完善中。不容忽视的是，非洲大陆快速发展的消费市场奠定了电子商务在非洲发展的需求基础，信息技术的提高与基础设施的完善为电子商务发展提供了硬件条件，各国政府的扶持政策推动了电子商务的发展，使之成为未来非洲经济发展的重要动力之一。

二　电子商务对非洲经济发展的影响

信息技术的迅速发展使得电子商务在现代化贸易中的角色越来越重要。电子商务打破了时空界限，逐渐成为非洲国家对外贸易的新亮点，但它给非洲国家经济发展带来了多重影响。如何使电子商务助力非洲国家经济发展，是非洲各国政府需要考虑的问题，也是外部合作方的重要关注点。

（一）电子商务对非洲经济发展的正效应

第一，提高交易效率。在电子商务交易过程中，随着信息技术的不断完善，贸易可以开展得更加高效迅速。传统贸易中，由于非洲地域极广，市场分散，非洲消费者

① 林发勤、王蕊：《非洲大陆自贸区新机遇》，《进出口经理人》2019年第12期。

② UNCTAD, https: //unctad. org/statistics, 2020－08－30.

通常需货比三家，和商家面对面交流沟通，最后完成交易。整个贸易过程中，由于信息的不对称与非洲交通运输基础设施不完善，双方通常会浪费大量时间，交易时间较长，交易效率极为低下。然而在新的电子商务的环境下，买卖双方的交流突破了地域环境的限制，双方信息交流的延误大大下降，信息也会相互对称，这些因素会大大提高交易效率。

第二，降低交易成本。电子商务是掌握当代信息技术和商务技术的人与代表当代科学技术的电子工具以及当代商务活动全过程的完美而有机的结合，是当代贸易先进的、优秀的生产力。[①] 一方面，电子商务可以减少企业的谈判、实施交易的成本。以往的商务劳动中，人们将车、船、飞机等作为交通工具，通过语言、文字实现商务交流，通过实物货币进行商品买卖确定产权转移，最后实现货物的交割。非洲大陆土地辽阔，总土地面积约占全球总陆地面积的 20.4%，传统交易在路途中耗费时间成本极高，除此之外，非洲语种繁多，不同民族之间交流也较为困难，然而在电子商务中，电子咨询、电子单据、电子货币、电子银行等方面的应用大量减少了人、财的流动，节省时间、提高效率，从而可以减少商务活动的劳动成本。另一方面，电子商务可以减少库存成本。企业要实现不间断生产，物资库存必不可少。企业实现电子化之后，生产阶段与销售阶段可以通过相关网络技术实现互联，缩减了很多不必要的等待时间，避免了库存过剩所造成的不必要成本或是生产不足，将库存降到最低。同时，通过完善的管理制度，也可以提高企业库存周转率，降低库存成本。

第三，推进物流业发展。物流作为电子商务的生命线，两者的发展是互相促进的。电子商务的繁荣会推动物流运输业的智能化与网络化，茱米亚电商平台为完善自身货物配送服务，在肯尼亚和尼日利亚开发了基于全球定位系统的配送客户端，通过配送服务记录地质坐标，完善物流网络。在卢旺达，兹普莱（Zipline）等公司甚至通过商用无人机配货，肯尼亚的无线配送方案（Astral AERIAL Solution）也使用无人机提供“最后一公里”配送服务，旨在将交易深入肯尼亚的偏远地区。

第四，推动中小微企业融入全球经济。电子商务和传统贸易相比，最大的不同便是其突破了地域与时间的限制。以往的国际贸易环节复杂，参与门槛较高，对资金及资源有限的中小企业的限制程度很高。实际上，非洲 95% 的企业为小微企业[②]，参与国际贸易的困难程度较其他国家企业来说更高。电子商务的发展不仅推动了大型国际贸易企业深度参与国际贸易，也使得中小企业参与国际贸易成为可能。跨境电商突破了地域的限制，经济欠发达国家与地区也可以更好地发挥其禀赋优势，参与全球经济一体化发展。

---

① 高志：《电子商务——降低成本、减少库存的有力手段》，《成飞科技》2002 年第 2 期。

② 《非洲中小企业面临财务挑战》，中国驻加纳大使馆经商处网站，http：//gh.mofcom.gov.cn/article/jmxw/201601/20160101229294.shtml，2020-02-11.

第五，提高民众特别是青年的就业率。根据世界银行的数据，至2018年，非洲国家失业青年约占失业总人口的60%，并且在失业年轻人中受过高等教育的也不在少数。高失业率给经济发展造成了严重的负担，引发贫困与社会不公，从而形成更加不利于年轻人就业的恶性循环。电子商务的出现成为失业青年、半熟练工人、妇女以及其他群体实现就业的有力工具[①]，一定程度上可以缓解非洲国家就业压力。非洲电子商务产业在推动大批民众参与创业的同时也刺激其产业链中的相关产业的就业需求，如制造业、物流业等。以非洲知名电商茱米亚为例，至2019年，茱米亚提供了约5000个直接工作岗位。波士顿咨询集团（BCG）也指出，至2025年，类似茱米亚的电子商务平台可在非洲创造100万个新就业机会。[②]

（二）电子商务对非洲经济发展带来的挑战

第一，冲击传统零售业。电子商务的便捷使得人们逐渐从传统的线下购物转移到线上购物，这种冲击对于传统零售业来说无疑是巨大的。相对于实体零售业来说，由于电商经营场地成本低，中间环节少，网购的价格优势十分明显。价格已经成为传统零售商无法克服的致命弱点。在当前的数字化环境下，传统零售商还没有找到如何在赶上电商巨头的同时又能保持实体盈利的方式，如何应对新兴产业的冲击成为传统零售商面临的难题。

与此同时，传统零售业作为非洲经济发展中重要的一部分，2018年非洲的零售额超过了5000亿美元。[③] 以南非为例，南非作为非洲电子商务发展的龙头，电子商务给实体零售业带来的冲击已经十分明显。部分由于电子商务发展的影响，2018年3月南非实体零售业空置率从2010年的2.9%上升至4.8%，租赁成本占收入的比重也从2010年的8.6%迅速攀升至11.5%。[④] 若继续推进电子商务领域发展，势必会对非洲传统零售业继续带来一定的打击。在电商产业和传统零售业的相互挤压中，如何把握因电商冲击而失业的传统零售业劳工与零售业的产业转型对于非洲各国政府来说将会是一个艰巨的任务。

第二，影响税收征管。非洲的税收是国内总收入极为重要的一部分。非洲各国的税收收入在2005—2012年较为平稳，其占国内总收入比重基本保持在50%。2012—2015年，这个比重不断上升，2015年达到了63%。[⑤] 电子商务的税收征管不同于传

① 世界银行、阿里巴巴集团和中国国际发展知识中心：《电子商务发展：来自中国的经验》，https://www.zhizhi88.com/articles/20722.html，2019-11-23.

② Patrick Dupoux, *How Online Marketplaces Can Power Employment in Africa*, BCG, 2019, p. 4.

③ Euromonitor International, "Retailing in South Africa", https://www.euromonitor.com/retailing-in-south-africa/report, 2020-04-09.

④ South African Property Owners Association, "Retail Trends Report", https://www.sapoa.org.za/media/4265/retail-trends-report-march-2019.pdf, 2020-04-09.

⑤ 金水英、彭慧、陈烨：《非洲税收政策现状及投资非洲的税务风险防范》，《非洲研究》2018年第1期。

统实体公司的税收征管。以往，收入的产生取决于资产和商业活动的这种实际的存在，这种实际的存在决定了哪个司法管辖区有权对其征收收入税。[①] 电子商务的发展推动了一系列的新的电子商务模式，如数字市场、虚拟社区、在线拍卖等。这些虚拟的存在允许纳税人在一个几乎或者根本没有实际存在的国家开展业务。资产和商业活动与收入来源的分离，是对历史商业模式的重大背离。这一变化给税收征管带来了挑战。电子商务的数字化特征使得具有实质形式的票据消失，从而导致贸易收入的具体数字变得模糊。电子商务可以做到无地址、无形、无边界，纳税人的营业场所很难保证，纳税地点并不明确，进一步导致偷税漏税，可能会导致税基的流失。

为应对电子商务对税收带来的挑战，2018 年 7 月，乌干达开始对人们使用社交媒体平台征税，同时还要求对移动货币交易征税，税率为交易金额的 1%。赞比亚、肯尼亚和贝宁也引入类似的税收立法。但是，这些新的数字税也带来一系列的问题。据统计，这些数字税导致至少 500 万乌干达互联网用户下线，而乌干达本来的互联网普及率仅为 14%。[②] 新的税收规则在规范了电子商务缴税纳税的同时也带来了极为可怕的后果。电子商务产业的发展是基于互联网的普及，然而这些数字税却大大限制了互联网的普及，甚至可能面临停滞不前的风险，从而严重打击电子商务产业发展的基础与前提条件。如何在保证产业继续发展的前提下阻止税基的流失将会是个艰难的挑战。

第三，在一定程度上抑制了制造业的发展。电子商务的出现，使得少资金创业成为可能，相较于低收入且侧重体力劳动的制造业，这种新的低成本、高收益的商业模式对非洲民众的吸引力无疑是巨大的，会使一些人弃工经商。非洲制造业本来就发展水平低，如果面临工人难招、成本上升等问题，制造业企业主对制造业会失去信心。以中国江浙沪一带为例，其作为电子商务的起源地，是中国电商最为集中分布的地区。随着越来越多的人选择电商创业抛弃传统的小型制造业，江浙沪一带已经出现了严重的“空心化”。[③]

电子商务虽然可以带动非洲经济短期飞速发展，但是电子商务背后的支柱仍是实体制造，商品必须被生产出来然后才能有电子商务的持续繁荣。若越来越多的非洲民众加入电商领域，往往会造成制造业企业主、职工、劳动力和产品同时流失。非洲制造业原本处于发展期，其高投入、低回报的特点使得当非洲传统制造业遇到低投入、高回报的电子商务时，必然会遭受巨大的打击。[④] 制造业对于非洲经济发展的重要性毋庸置疑，它是国家综合实力的重要指标。为了推动经济发展一味地发

---

① Sushil K, *Adverse Effects of E-Commerce*, Idea Group Inc, 2003. p. 39.

② Samuel Woodhams, *How Digital Taxed are Hurting Connectivity Rates across Africa*, Techpoint Africa, 2019, p. 3.

③ 王怡宁：《简析电子商务对经济的负面影响》，《消费导刊》2016 年第 12 期。

④ 王怡宁：《简析电子商务对经济的负面影响》，《消费导刊》2016 年第 12 期。

展电子商务而不顾制造业，获得的只是短期的繁荣，长期来看，经济发展必然缺乏持久动力。

第四，扩大数字鸿沟。“数字鸿沟”意味着由于无法平等使用计算机技术，尤其是互联网技术而造成的双方的差距。电子商务的兴起不仅会在横向上拉大非洲国与国之间的贫富差距，同时也可能在纵向上加剧国家内部的贫富差距，加剧不同阶层的摩擦，进一步扩大数字鸿沟。此外，新冠肺炎疫情的冲击也使得非洲认识到数字经济对社会和经济发展的重要性，尽管该地区的移动产业一定程度上减轻了疫情期间个人和企业生产生活的压力，但是该地区仍有近8亿人无法连接到移动互联网，弥补数字化发展鸿沟的任务依然艰巨。

从横向看，非洲大陆内部国家众多，国家间贫富悬殊，人均国内生产总值可相差数十倍。世界银行2018年数据显示，非洲大陆有16个国家人均国内生产总值排在世界前100位，其中尼日利亚为2028美元，南非则达到6339.6美元。但是非洲总体是经济落后的大陆，世界上最贫穷的50个国家中有33个在非洲，人均国内生产总值最低的10个国家中有9个在非洲，布隆迪、索马里、马拉维、尼日尔、中非共和国、莫桑比克、马达加斯加、塞拉利昂、刚果（金）的人均国内生产总值不足600美元。[①] 在如此巨大的经济发展差距中，电子商务会使得这个数字鸿沟进一步扩大。经济极为落后的国家无法承担技术发展的成本，经济较为发达的国家则会借此机会快速发展。

从纵向看，数字鸿沟也存在于同一个国家拥有计算机和互联网的非洲富人、城市居民和穷人、偏远村镇居民之间。非洲地区贫富差距本已较大，以南非为例，世界银行2018年发布的一份关于南非贫困和不平等的报告指出，以白人为主的少数精英群体蓬勃发展，但大部分南非人拥有资产少、技能弱、工资低，南非最富有的10%人口掌握了社会总财富的71%，南非最富有家庭的财富几乎是贫困家庭的10倍。[②] 在这种贫富差距悬殊的背景之下，多数的贫因家庭无法负担基本生活支出，更何况是网络，然而网络是电子商务的基础，这些贫困家庭根本无法搭上电子商务这趟致富列车。电子商务虽说可以给人民的生活带来便利，但非洲国家的贫困人口根本无法负担得起移动网络支出，更难以从电子商务中受益，长此以往，数字鸿沟则会越来越深，国内贫富差距也可能逐渐严重。

总之，电子商务的发展将会给非洲经济社会各方面带来两方面的影响，但不论电子商务对于非洲的发展是利还是弊，电子商务目前已经成为全球贸易市场上的新潮流，非洲各国为推进经济发展，更加积极地参与全球化，电子商务的发展和国际

---

① 参见世界银行数据库，https：//data. worldbank. org. cn，2020－04－09.

② 谷智轩：《民主了25年，南非仍是最不平等国家》，观察者网，https：//baijiahao. baidu. com/s? id = 1632887089321530097&wfr = spider&for = pc，2020－02－25.

合作是无法避免的。与此同时，中国电子商务的快速发展及中非两国的贸易互补性，使得中非两国的电子商务发展合作可能成为非洲发展电子商务的重要选择之一。

三　非洲电子商务发展的前景

全球信息技术的飞速发展使得当前处于信息化高度集中的时代，电子商务在一国经济发展中扮演的角色也越发重要。非洲各国对于电子商务的发展应本着积极推进，谨慎对待的态度，在符合自身国情的基本前提下展开相应的部署。

（一）电子商务已经成为非洲经济发展的重要推进器

随着全球电子商务市场持续性增长，非洲顺应全球趋势推动电子商务发展是毋庸置疑的。除此之外，非洲各类电子商务平台也如雨后春笋般蓬勃发展，其电商市场极为活跃，电子商务已经成为非洲经济发展的重要推动器。

自全球金融危机以来，电子商务凭借其小额交易、低成本、敏捷灵活等特点成为全球贸易市场上的新趋势。互联网接入水平和消费者购买力的提高，移动设备普及带来的电商渗透效应也使得全球电子商务蓬勃发展。2018 年全球零售总额为 23.9 万亿美元，同比增长 5.8%；全球网络零售交易额达到 2.8 万亿美元，同比增长 23.3%。网络零售占全球零售总额比重从 2017 年的 10.3% 上升至 2018 年的 11.9%。[①] 在非洲，随着电子商务正在替代传统的贸易模式成为全球贸易新焦点，发展电商已经成为非洲各国实现经济发展的重要路径。近年来，非洲电子商务发展势头十分强劲，尼日利亚、埃及、南非、肯尼亚等国均已建立电子商务平台，并取得了显著的成效（见表 1）。

表 1　非洲主要电子商务平台

电子商务平台	主要市场
茱米亚（Jumia）	尼日利亚、埃及、摩洛哥
科丽贸（Kilimall）	尼日利亚、乌干达、肯尼亚
赞多（Zando）	南非
购多多（Takealot）	南非
非洲商场（MallforAfrica）	尼日利亚、加纳、肯尼亚

① 中国商务部：《中国电子商务报告（2018）》，http://images.mofcom.gov.cn/dzsws/201905/20190530100539785.pdf，2020-03-22.

续表

电子商务平台	主要市场
空伽（Konga）	尼日利亚

资料来源：https：//group. jumia. com；https：//www. kilimall. co. ke/new；https：//www. zando. co. za；https：//www. takealot. com；https：//www. mallforafrica. com；https：//www. konga. com，2020－03－22.

相对于世界其他地区，目前，非洲地区的电子商务还仅处于发展的初期，2018年非洲与中东电子商务零售总额仅为286亿美元，南非电子商务零售总额仅为40.76亿美元，非洲占全球网络零售交易额的比重不到1%，但非洲电子商务零售额增速则达到22.6%。[①] 除此之外，2018年商对客（B2C）电子商务指数全球排名前100的国家中，非洲国家已有9个，并且排名也在逐年上升。值得注意的是，2020年突如其来的新冠肺炎疫情凸显数字经济的重要性。根据全球移动通信系统协会（GSMA）发布的《2020年撒哈拉以南非洲移动经济》报告，在疫情重灾国南非，该国实行全国居家隔离以后全国上网数据吞吐量较以往增加了40%左右[②]，可见其电子商务市场潜力十分巨大。在非洲国家面临巨大发展压力的时刻，发展电子商务可能会成为该地区追赶世界经济的重要路径之一，非洲若要更加深入地参与全球经济，电子商务领域的发展与合作是其发展的重要路径。

（二）非洲电子商务发展面临的挑战

尽管非洲地区电子商务产业发展潜力较大，但仍存在限制电子商务发展的诸多因素。下列这些问题不仅限制了非洲自身电子商务的发展，同时制约着中非电子商务合作的开展。

第一，工业化水平低、制造业不发达，发展电子商务的根基不牢固。制造业是电子商务发展的基础，而非洲工业化水平极大地限制了非洲制造能力。实现工业化一直是非洲各国多年的夙愿，但是根据联合国工业发展组织公布的数据来看，2015年非洲55个经济体中，仅有3个国家跨入“新型工业化经济体”，20个国家为“发展中工业经济体”，32个国家属于“工业化最不发达国家”。[③]工业化水平低、制造业劳动力投入不足以及制造业技术含量低均制约着非洲制造业的发展。尽管非洲地大物博，拥有几乎所有工业化所需要的各种原材料，但是在拥有如此丰富的原材料的同时，非洲制造业产值低、制造业就业人口和中高端技术制成品出口少[④]，非洲整体工业化水

① 商务部电子商务和信息化司：《中国电子商务报告》，中国商务出版社2018年版，第151页。

② GSMA，op. cit.．

③ United Nations Industrial Development Organization，*Inclusive and Sustainable Industrial Development in Africa Region*，UNIDO，2015，p. 4.

④ 寇佳丽：《非洲工业化：要乐观更要谨慎》，《经济》2018年第16期。

平仍然较低。根据世界银行数据，2018 年，非洲整体占世界制造业附加值比重仅为 1.6%，非洲国家中，制造业增加值占国内生产总值（GDP）比重的水平高于世界平均水平 15.59% 的仅 10 个。制造业就业人口方面，2019 年，撒哈拉以南国家工业就业人口占总人口的 11.3%，世界平均水平约为 22.8%。在制成品方面，非洲各国出口品大多为资源型产品和低技术产品，制成品出口占非洲商品出口总额的 47%，是全球成品出口总额的 2%。[①]

第二，信息网络安全存在隐患。对于一个安全的电子商务系统来说，必须要有一个安全、可靠的交易平台和移动支付手段。非洲国家经济发展较为落后，当地人或多或少地质疑网站安全、商品安全、物流安全、支付安全等问题。尽管越来越多的人开始愿意尝试电子商务这种新兴的购物方式，但是更多的人对网上购物的方式认可度不高，而更习惯线下购物和现金或银行卡支付。选择线上交易的用户必须面对隐私泄露、金融诈骗等的风险，而虚假网站仿冒知名电商平台等现象更使得消费者对线上交易抱着谨慎的态度。根据调查显示，在南非，2014 年，高达 64% 的消费者对网上交易并不信任，77% 的用户担心遭到互联网金融诈骗，45% 的消费者出于安全因素考虑终止网上交易。[②] 与此同时，非洲的相关立法法规并不完善，对违规违法的行为监管打击力度不够，这对非洲国内电商的发展极为不利。

第三，复合型电子商务人才缺乏。一个新的产业的兴起往往需要无数产业人才的支持。电子商务更是需要复合型电子商务人才进行电商平台的运营、仓储管理、物流与支付管理等。然而，非洲大多数国家民众受教育程度较低。非洲的辍学率和失学率远远高于世界其他地区，2015 年至 2018 年，非洲小学年龄段的儿童中（通常为 6 岁至 11 岁），平均有 14.7% 的儿童失学，初中年龄段青少年（通常为 12 岁至 14 岁）的失学率达到 31.9%，高中年龄段青少年（通常为 15 岁至 17 岁）的失学率则高达 50.2%。[③] 这些基本的教育若无法保证，就难以培养更多的复合型受到高等教育的人才。

第四，基础设施和物流业较为落后。尽管非洲各国政府近年来对基础设施建设尤为重视，但是较弱的非洲基础设施难以满足电子商务发展的需要。基础设施建设需要投入大量资金，但是由于非洲各国政府财政紧张，私人投资不足，其基础设施建设仍存在巨额资金缺口。除此之外，非洲国家从国际融资机构得到的基础设施融资较为有限，2017 年获得批准的基础设施相关项目仅 590 亿美元，不到全球基础设施融资总

① 参见世界银行数据库，https：//data. worldbank. org，2020－04－05.

② Kaspersky，"Business Attitudes Toward Cybersecurity"，https：//usa. kaspersky. com/small-business-security/resources/products/business-attitudes-toward-cybersecurity－2014，2020－03－23.

③ Africa Development Bank Group，*African Economic Outlook* 2020，p. 34.

额的 30%。[①] 据非洲开发银行统计，非洲基础设施领域每年需要 1300 亿—1700 亿美元投资，目前仍存在 680 亿—1080 亿美元的资金缺口。如何解决融资缺口问题将成为非洲基础设施建设的关键。交通基础设施的落后使得作为电子商务生命线的物流业在非洲的发展同样不佳，这大大增加了交易成本。2019 年非洲电商运输成本甚至占商品零售价格的 50%—75%。[②]

（三）推进非洲电子商务合作发展的对策建议

第一，完善相关法律法规建设。电商在给人们的生活带来极大的便利的同时也带来了对公共隐私保护、网络安全等一系列的潜在的威胁，非洲各国在国内首先应完善电子商务贸易法律法规，增大监督惩戒力度，维持市场、社会安全与秩序。尤其应加强网络支付等电子金融领域的法律法规建设，严厉打击网络支付中盗取个人信息、冒用、诈骗等行为，减轻其造成的财产损失。为提高网络安全相关部门的执法能力，政府应加大对这些部门的拨款，并确保其人员接受网络犯罪调查工具和技术的定期培训。其次应加快电子商务税收法律建设，减少偷税漏税现象、明确征税管辖权归属的同时保证产业的稳定发展。在国际层面，非洲各国应建立完善的跨境电子商务相关条例，规范跨境电子商务领域的商业行为，维护良好的市场环境。为了有效遏制超越国界的网络犯罪，各国网络犯罪立法还应协调一致。非洲联盟应探讨就所有成员国对网络犯罪的“普遍管辖权”达成一致，使遭受网络犯罪损害的每个非洲国家对网络犯罪分子拥有管辖权，以阻止非洲境内运营的网络犯罪分子，增强人们对信息技术和电子商务的信心。

第二，加强基础设施建设。非洲在继续加强与国际发展融资机构如世界银行、非洲发展银行及主要发达国家的基础设施合作建设项目的同时，深入与中国、印度等新兴市场国家的基础设施建设的合作，通过创新型金融工具等方式缩减融资缺口，共同推进非洲基础设施建设。对于电子商务的发展，特别需要加强在交通、通信基础设施的国际合作。同时，通过招募私人投资的方式，促进基础设施投资主体的多元化。通信基础设施往往是私人资本愿意进入的领域，通过私人资本的引入，可扩大非洲基建资金池，减轻财政负担，减少基础建设融资差额，为非洲电子商务的发展打好基础。

第三，加快制造业的发展。没有制造业便没有产品，没有产品便没有电子商务。非洲各国应重视制造业的稳定与发展，尤其是电子商务产业发展中占主导地位的产品，如服装鞋帽针纺织品、日用品、家用电器和音响器材，充分利用自身劳动力、原材料的比较优势及中国向非洲输出的经验与技术，稳步提高制造业产品附加值，加速

---

① United Nations Economic Commission for Africa, https: //www. uneca. org/content/africa-urged-address-infra-structure-deficit-boost-trade, 2020－03－23.

② African Development Bank Group, “African Economic Outlook 2019”, https: //www. afdb. org/en/documents/african-economic-outlook－2020, 2020－03－22.

非洲大陆工业化的进程，把握好各产业发展均衡，促进电子商务产业的可持续的发展。

第四，加快电子商务人才的培养。电子商务的发展需要复合型人才的助力。电子商务人才强调专业知识面更广、具有商务专业知识，熟练掌握跨境电商需要的多个语种，同时对互联网也应有所涉略。非洲各国应在继续推广基础教育的同时联合高校与社会企业资源，大力培养既拥有专业基础知识背景又具有电子商务相关知识和能力的复合型人才，促进产业的发展。例如，非洲各国可通过立法将计算机课程纳入国家教学大纲，培训计算机课程老师并向学校提供相关的硬件和软件，提高学生的信息技术素养，政府还应为成人计算机扫盲课程提供资金，以培养消费者和企业使用网络和电子商务设施的能力。

第五，适当放宽电信市场准入。非洲国家从 20 世纪八九十年代开始实行市场经济，大力推进经济领域的私有化进程。近年来，非洲国家在电信领域愈加开放，但并未形成有利于国家电信产业发展的竞争态势。例如，埃塞俄比亚、吉布提、科摩罗和利比亚仍由政府提供和控制电信服务，在一定程度上保持政府垄断。[①] 实际上，进入 21 世纪以来，电信部门是国际上增长最快的私人投资部门之一。根据基础设施私人参与（Private Participation in Infrastructure，PPI）数据库，有 255 个发展中地区的私人投资电信项目得到了显著推动。从 1990 年至 2019 年上半年，撒哈拉以南非洲地区共实施了 90 个电信基础设施私人投资项目，总额约 90.58 亿美元。[②] 非洲各国政府可以进一步向数字媒体，如互联网、宽带、固定或移动电话服务的运营商和提供商颁发许可证，推动本地和外国投资者对非洲电信行业的投资，通过电信市场的自由化以及得当的监管，提高电信行业竞争力。

---

① International Telecommunication Union (ITU), ITU ICT EYE: Does a Separate Telecommunication Regulatory Authority Exist? http: //www. itu. int/ITU-D/ICTEYE/Default. aspx, 2020 - 04 - 03.

② World Bank Infrastructure Economics and Finance Department and the Private Infrastructure Advisory Facility, Private Participation in Infrastructure Database, http: //ppi. worldbank. org/explore/ppi_exploreRegion. aspx? regionID = 1, 2020 - 04 - 03.

西非货币一体化与中国的参与

游　滔[*]

摘　要： 随着非洲区域一体化的发展，西共体决定在2020年正式推出西非统一货币“埃科”（ECO）。货币独立是经济独立的必要条件，而经济独立是国家独立自主的重要内涵所在。西非法郎的改革并不意味着西非法郎的终结。由于西共体成员国经济体之间存在异质性，新货币埃科的推出并不能从根本上解决西非货币一体化所面临的困境。西非单一货币埃科虽因新冠肺炎疫情原因暂时被搁置，但这也为人民币在西非地区国际化提供了重大机遇。随着新时代国际发展合作的深入，中国应该主动抓住机遇，适时适度在西非国家推动人民币国际化程度的提升，助力共建“一带一路”。

关键词： 货币一体化；西非法郎；埃科；国际金融合作；人民币国际化

自2000年起，西非经济共同体（ECOWAS）先后作为观察员列席中非合作论坛历届部长级会议和论坛北京峰会有关活动。2003年，中国开始向西共体派驻大使（由驻尼日利亚大使兼任）。2018年9月，西共体委员会主席布鲁率团来华出席中非合作论坛北京峰会。2021年，王毅外长新年首访西非国家尼日利亚。中国与西共体的互信与合作达到了一个新的高度。

2019年6月29日，西共体在尼日利亚首都阿布贾召开了首脑会议，会议决定在2020年正式推出西非统一货币“埃科”（ECO）。2019年12月21日，法国总统马克龙在访问科特迪瓦时，与科特迪瓦总统瓦塔拉共同宣布，西非法郎将于2020年更名为“埃科”。然而，由于不期而至的新冠肺炎疫情，新货币埃科的引入将暂时被搁置，货币统一的状态至今尚未达成。

一　从西非法郎到埃科：西非货币改革的历程

（一）西非法郎改革的缘起

法郎是法国强加给其殖民地的货币①，是历史的产物。20世纪30年代金本位体

---

* 游滔，河海大学外国语学院、西非研究中心副教授，主要研究非洲经济与大国关系。

① 陈丽娟：《非洲法郎退出使用的现实动力分析》，《区域与全球发展》2019年第6期。

系瓦解后，法国为了抗衡其他西方强国，维护其在非洲的势力范围、经济利益以及法郎的国际贷款货币地位，在非洲组建了法郎区。如今的非洲法郎区由15个原法属殖民地非洲国家组成①，包括两个次区域货币联盟。其中，贝宁共和国、布基纳法索、科特迪瓦、马里、尼日尔、塞内加尔、多哥和几内亚比绍8个国家组成了西非货币联盟，联盟内使用西非法郎。

西非法郎的主要优势为其与欧元保持固定汇率带来的币值稳定。②固定的汇率使得各国通胀率均能保持较低水平，有利于经济稳定③、吸引外资，引进来自发达国家的资金和技术，加速区域内各国经济尤其是贸易的发展④，提高经济增长率。2018年，在世界经济增长率为3.0%⑤的背景下，西非货币联盟国内生产总值增长率为6.3%，远高于同期中非经济与货币共同体（CEMAC）的1.7%，高于撒哈拉以南国家2.9%的平均水平。⑥但是相应的，弊端也很明显。西非各国虽然独立于前殖民宗主国已半个多世纪，但是经济、军事，尤其是货币政策依然受法国的制约和影响。事实上，西非国家中央银行、中非国家银行的行长都无权调整西非法郎的币值，西非法郎的币值是由法国派驻这两家银行的代表决定的。这种紧密的货币合作进一步加深了法国对西非国家的控制和西非法郎区国家对法国的依赖。

货币独立是经济独立的必要条件，而经济独立是国家独立自主的重要内涵所在。⑦因涉及主权问题，西非国家更愿独立管理货币。在科特迪瓦的阿比让和布基纳法索的瓦加杜古，越来越多的非洲年轻人走上街头抗议。人们渴望西非法郎发生根本性的变化，要求非洲国家的货币独立，以及非洲人的完全主权。⑧非洲知识分子也纷纷呼吁金融主权独立⑨，要求弃用西非法郎，摆脱法国影响。在经济领域终止法国通过“法非一体化”不断从法郎区国家抽血，从而实现真正的经济独立。⑩

---

① 15个非洲国家分别为贝宁共和国、布基纳法索、科特迪瓦、马里、尼日尔、塞内加尔、多哥、几内亚比绍、赤道几内亚、刚果（布）、加蓬、喀麦隆、乍得、中非共和国、科摩罗。

② Guillaume Claveres, “Le franc CFA à l'heure des choix”, *BSI Economics*, 2017.

③ Guillaume Claveres, “Le franc CFA à l'heure des choix”, *BSI Economics*, 2017.

④ 郭华：《非洲法郎区货币合作路径探析》，《西亚非洲》2007年第2期。

⑤ World Bank, “GDP Growth (annual %)”, https://data.worldbank.org.cn/indicator/NY.GDP.MKTP.KD.ZG, 2020-12-26.

⑥ IMF, “IMF Country Report No. 19/90”, https://www.imf.org/en/Publications/CR/Issues/2019/03/29/West-African-Economic-and-Monetary-Union-WAEMU-Staff-Report-on-Common-Policies-for-Member-46723, 2020-12-26.

⑦ 陈丽娟：《非洲法郎退出使用的现实动力分析》，《区域与全球发展》2019年第6期。

⑧ Par Sarah Diffalah, “Le franc CFA est-il l'arme invisible de la Françafrique?”, September 2018, https://www.nouvelobs.com/monde/afrique/20180924.OBS2861/le-franc-cfa-est-il-l-arme-invisible-de-la-francafrique.html, 2020-12-26.

⑨ Raziah Athman, “Widening protests against the CFA franc rage on”, September 2017, https://www.africanews.com/2017/09/18/protests-against-the-cfa-rage-on/, 2020-12-26.

⑩ Lamine Konkobo, “African protests over the CFA ‘colonial currency’”, August 2017, https://www.bbc.com/news/world-africa-41094094, 2020-12-26.

（二）埃科的诞生是否是法郎的延续？

在西非法郎改革已是大势所趋的背景之下，西非统一货币埃科应运而生。2019年12月，法国经济和财政部长与西共体部长理事会主席签署了西非法郎改革协议（“FCFA Reform”）。该协议中规定，除了给货币更名外，法国还将关闭西非法郎在法国财政部的运营账户。西非国家中央银行将不再需要将其外汇储备的一半存入法国财政部。①法国将退出西非法郎区货币治理机构，将不再在西非央行货币政策委员会中担任代表一职。这标志着西非央行从法国独立出来。②然而，法国仍有权任命货币政策委员会的一名独立成员来监督西非国家中央银行的外汇储备，如果储备水平降得太低，法国代表将重新加入货币政策委员会。③《阿布贾宣言》确定了未来发行的埃科将采用更适应货币市场的浮动汇率制。但由于现有加盟国执行机制的不完善，为避免出现过度通货膨胀的风险，根据西非法郎改革协议，埃科仍将与欧元挂钩，并保持目前的欧元兑西非法郎固定汇率不变。法国仍将是西非经货联盟区埃科货币的“金融担保人”。

因此从表面上看法国人的直接管理模式转化为了托管模式，但是一旦发生突发状况或法国人不满意的状况，则托管模式可以立刻切换为直接管理模式。从这个层面上讲埃科是法郎使命的延续。

二　埃科面临的现实问题与困境

根据伊斯特鲁森（Esterhuysen）的说法：“采用一种新的、独立的货币可能会减少该地区对欧洲货币发展的依赖，但可能会带来一系列新的问题。”西非国家一直对埃科存在争议，不确定两个法郎区内各自的中央银行能否维持住汇率的稳定。④同时，由于成员国经济体之间的异质性，为该货币设定的某些区域经济趋同标准似乎也无法实现。从本质上讲，新货币埃科的推出，并不能从根本上解决西非货币一体化所面临的困境。

首先，西非各国缺乏执行这种明确的经济增长和发展方案的政治意愿。这是因为

---

① 这一存款要求被一些批评者认为是法国财政部对非洲财富的消耗，这助长了不公正感。事实上，这种批评是没有根据的，因为存入运营账户的资产以相对有利的利率获得报酬，并受益于外汇担保。放弃这种约束，至少在目前看来，带给法国财政部更多的是一种收益。

② Patrick Guillaumont and Sylviane Guillaumont Jeanneney, “Fin du franc CFA en Afrique de l’Ouest, quel avenir pour l’éco?”, *FERDI Notes brèves/Policy briefs*, 2020.

③ Delphine Siino Courtin, “Reform of the CFA Franc in West Africa-Introducing the ‘Eco’”, *Clifford Chance*, 2020.

④ Delphine Siino Courtin, “Reform of the CFA Franc in West Africa-Introducing the ‘Eco’”, *Clifford Chance*, 2020.

各国不愿意将其权力和主权交给超国家机构，即西非经共体。实力较弱的国家担心，如果它们与更强大的国家组成单一货币联盟，它们的主权和自由可能会受到威胁。并且，各国商业、贸易和投资法律的差异也使得西共体国家很难实现货币一体化。缺乏统一的法律将使商业决策复杂化，因为许多国家从事商业交易的机构和个人可能必须就西共体内不同的法律制度寻求法律咨询。这意味着公司和个人必须遵守不同的国家标准，从而增加运营成本。寻求经济一体化的国家必须在一定程度上统一其法律。例如，在西非经货联盟的领导下，马里、布基纳法索和贝宁共和国在经济一体化和协调其国家立法方面取得了巨大进展。

其次，西共体国家也尚未准备好这一改革，内忧外患叠加。一方面，西非地区内部矛盾重重，新冠肺炎疫情冲击下国家治理恶化，时有政治事件和政治骚乱发生，社会普遍动荡不安。2020 年 8 月，马里军方以凯塔政府治国无方为由发动政变。10 月，尼日利亚爆发抗议警察暴力执法的大规模示威活动。同月，几内亚和科特迪瓦均爆发了因总统选举引发的暴力冲突，造成多人伤亡。另一方面，疫情的封锁效应在某种程度上为恐怖主义组织提供了种种便利。几内亚湾海盗活动数量在 2020 年前 9 个月中占据全球海盗活动数量的 90% 以上。[①]西非地区如尼日利亚、布基纳法索等国均面临着上升的极端暴力组织的威胁。因此，西共体不得不将其精力和资源主要用于解决该区域内的政治和安全危机。

再次，西非国家经济发展水平不一，经济一体化程度薄弱。西共体各成员国之间经济互补性差，制约着地区贸易的进一步发展。根据 IMF 统计数据，2017 年，西非经济和货币联盟（WAEMU）内国家，科特迪瓦和塞内加尔的经济增长率超过了 7%，然而多哥和尼日尔的经济增长率仅有 4.4% 和 4.9%。在塞内加尔外债占国内生产总值指数高达 40.4% 的同时，几内亚比绍仅占 13.7%。多哥的财政赤字占国内生产总值的 0.3%，与此同时，布基纳法索的财政赤字却高达该国国内生产总值的 7.8%。[②]可见，西非地区国与国之间经济差异较大。而实现区域统一货币需要各国达到一系列的经济指标条件，如财政赤字不超过国内生产总值的 4%；通货膨胀率不超过个位数；央行的赤字融资不超过去年税收收入的 10%；等等。[③]但是西共体内各国经济水平的差异使得各国对指标条件始终存在分歧，并且西共体各国也难以达到相应的指标要求。据尼日利亚经济学家阿克潘·埃克波称，目前，只有多哥、科纳克里和几内亚

① "IMB Piracy and Armed Robbery Against Ships Report-Second Quarter 2020", July 2020, https://icc-ccs.org/reports/2020_Q2_IMB_Piracy_Report.pdf, 2021-01-26.

② IMF, "IMF Country Report No. 19/90", March 2019, https://www.imf.org/en/Publications/CR/Issues/2019/03/29/West-African-Economic-and-Monetary-Union-WAEMU-Staff-Report-on-Common-Policies-for-Member-46723, 2020-12-26.

③ Adetutu Talabi, "ECO: The Single Currency Agenda in West Africa the Single Currency Agenda in West Africa", March 2020, Available at SSRN: http://dx.doi.org/10.2139/ssrn.3638612, 2021-03-23.

符合加入西共体计划中的货币一体化的标准。①此外，西非地区在交通、信息通信技术和能源方面缺乏足够的基础设施，工业和制造业也没有足够的活力来创造所需的就业机会，这形成了西非区域一体化和经济增长的主要障碍，对在西非采用单一货币构成了重大挑战。

最后，西非拥有最多的政府间组织。这是货币一体化的一个主要障碍。各国属于不止一个地区集团。这导致了责任的重复和承诺的相互冲突。例如，西非经货联盟在宣布将于2020年开始采用埃科货币的同时，同意将埃科与欧元挂钩，以确保汇率稳定。但西非货币区国家却因此拒绝将埃科作为西非单一货币看待，理由是西非经货联盟违反修订后的西非经共体单一货币方案所规定的采用该货币的条件。《西非经共体条约》及其他法律文书没有规定强制成员国批准西非经共体颁布的法律文书。其他国家尚未批准和制定作为该次区域货币一体化先决条件的一些法律文书。同样，也没有任何制裁措施能迫使成员国履行其义务，满足其货币一体化的标准。

以上问题若不解决，西非货币一体化便不可能实现。而新冠肺炎疫情的暴发以及随之带来的经济重挫、财政困难、贫困人口增加、政治治理倒退等，更是使得埃科的推行面临着重重危机。根据国际货币基金组织的数据，预计2020年撒哈拉以南非洲地区的经济将收缩3.2%，经济增长率将为-3%。②非洲开发银行预期，2020年非洲各国财政赤字将增加一倍，国内生产总值损失将达1455亿—1879亿美元。③其中，撒哈拉以南非洲国家将损失370亿—790亿美元，尼日利亚的财政赤字甚至高达国内生产总值的1/3。④疫情将使撒哈拉以南非洲约4000万人陷入赤贫。⑤鉴于新冠肺炎疫情对经济的冲击，西非各国政府的短期重点将是减少支出和扩大税基，以控制预算赤字。新货币埃科的推出可能被推迟到5年之后。⑥塞内加尔经济学家希拉（Ndongo Samba Sylla）认为，西非法郎改革不仅不会出现任何根本性的变化，反而是“间接控制机制”的开始，因为该机制“隐藏了法国的货币监管”。⑦如今人们普遍质疑，法国所保证的自由兑换，以及埃科和欧元的固定汇率能否持续保持下去。这从侧面印证了

① Kate Hairsine, “West African states mired in controversy over ‘Eco’ currency”, January 2020, https://www.dw.com/en/west-african-states-mired-in-controversy-over-eco-currency/a-52045052, 2020-12-26.

② IMF, World Economic Outlook: A Long and Difficult Ascent, Washington, D. C.: IMF, October 2020.

③ AfDB, “African Economic Outlook 2020-Supplement, Amid COVID-19”, July 2020, https://www.afdb.org/en/documents/african-economic-outlook-2020-supplement, 2020-12-26.

④ IFC, “COVID-19 Economic Impact, Sub-Saharan Africa”, September 2020, https://www.ifc.org/wps/wcm/connect/05008fd5-a427-4fae-8521-fa6c73d82d88/2020-09-09-SSA-Regional-Brief-COVID-19.pdf?MOD=AJPERES&CVID=nhO.iFv, 2020-12-26.

⑤ Ibid.

⑥ Elliot Smith, “West Africa's new currency could now be delayed by five years”, September 2020, https://www.cnbc.com/2020/09/29/west-africas-new-currency-could-now-be-delayed-by-five-years.html, 2020-12-26.

⑦ Lassaad Ben Ahmed, “Françafrique: est-cevraiment la fin?”, December 2019, https://www.aa.com.tr/fr/afrique/francafrique-est-ce-vraiment-la-fin-/1683810, 2020-12-26.

新的埃科货币的不稳定性。西非法郎的改革只是暂时的，直至未来的西非国家经济共同体埃科的出现。[①]若想摆脱对法国的完全依赖，朝着货币一体化方向前进，西非需要寻求新的货币形式。

三　新时代国际发展合作框架下人民币在西非地区国际化的基础与机遇

当今世界，各国相互联系、相互依存，人类越来越成为你中有我、我中有你的命运共同体。新中国成立伊始，即开始向有关西非国家提供援助。改革开放以来，中国对外援助的内容更加丰富，形式更为多样，促进了中国与相关西非国家的共同发展。近年来，中国的对外援助顺应时代要求，向国际发展合作转型升级。2021 年 1 月 10 日，国务院新闻办公室发布了《新时代的中国国际发展合作》白皮书。白皮书中强调，新时代的中国国际发展合作，以南南合作为基本定位，以共建“一带一路”为重要平台，以帮助其他发展中国家落实联合国《2030 年可持续发展议程》为重要方向。[②]如今，中国一方面正在积极帮助西非有关国家完善金融体系，优化金融环境，为参与国际金融体系创造条件。另一方面，中国正在搭建多边融资合作平台，推进国际金融机构及相关西非国家基础设施的互联互通，为资金融通提供保障。在助力共建“一带一路”国际合作的同时，加强国际交流和三方合作。在新时代国际发展合作框架下，人民币迎来了在西非地区进行国际化的大好机遇。

（一）中非互信与合作的深度与广度奠定了双方货币金融合作强大的政治基础

中国和西非国家之间的交往由来已久，源远流长。自 20 世纪 90 年代以来，中国先后参与了联合国在利比里亚、塞拉利昂和科特迪瓦的维和行动。2008 年 9 月，中国—西共体经贸论坛在北京召开。2012 年 7 月，西共体委员会副主席麦金托什率团来华出席中非合作论坛第五届部长级会议。2017 年，中国向马里派出第五批维和部队，并圆满结束在利比里亚持续 14 年的维和任务。同年，执行“和谐使命 2017”任务的和平方舟医院船到访塞拉利昂。2020 年，新冠肺炎疫情在全球多点暴发并迅速扩散蔓延。面对突如其来的疫情，中国已向诸多西非国家提供力所能及的援助和支持，如提供医疗援助物资，派遣医疗专家组，加快西非国家公共卫生基础设施建设，等等。如今，中国与西共体 15 个成员国均保持着良好合作关系。

---

① Delphine Siino Courtin, “Reform of the CFA Franc in West Africa-Introducing the ‘Eco’”, *Clifford Chance*, 2020.

② 《新时代的中国国际发展合作》，中华人民共和国国务院新闻办公室网站，http：//www. scio. gov. cn/zfbps/32832/Document/1696685/1696685. htm，2021 -01 -13.

（二）“一带一路”倡议下紧密合作为中国、西非双方在货币金融领域合作铸就了坚强经济后盾

自2013年中国国家主席习近平提出了构建“一带一路”的合作倡议以来，“一带一路”建设取得了长足发展。其中，非洲是参与共建“一带一路”的重要力量。截至2020年，已有44个非洲国家和非盟与中国签署相关合作文件。在“一带一路”倡议的指导下，中非经贸合作取得了丰硕成果。2019年1—10月，中国与西共体15国贸易额达386.2亿美元，同比增长23.4%，占中国与非洲贸易总额的22.6%。其中，出口占中国对非出口总额的33.2%，进口占10.4%。①目前，中国已连续11年成为非洲第一大贸易伙伴，也是对非投资主要来源国之一。

在新时代国际发展合作框架下，中国作为西非地区的新型重要合作伙伴，正在大力推动西非国家的工业化进程。中国支持西非国家发挥优势产能潜力，从而构筑更加现代化的产业体系，提升资源附加值，加快工业化进程。②中国鼓励中资企业到西非投资建厂，并为西非国家提供经验、资金和技术支持。如今，中国已经在西非法郎区帮助塞内加尔建立迪亚姆尼亚久（Diamniadio）工业园、科特迪瓦PK24工业园等。非洲政府要求入园的各国投资者，产品以出口为主。这就需要货币作为一种政策工具起到推动作用。③然而，西非国家的货币政策单一，不够灵活，汇率的不确定性直接削弱了企业的投资信心。中资企业在西非地区投资不仅面临着汇兑风险，还面临着货币贬值风险。货币币值不稳定，加上西非国家金融机构普遍抗风险能力弱，容易产生货币信用和金融风险。这些风险因素均不利于中资企业在西非地区投资的可持续发展。

从以上种种分析可见，中国和非洲的经贸关系虽然发展较快，宏观总量较大，甚至中国已经发展成非洲第一大贸易伙伴，但中非金融合作深度不够，已不符合目前双边贸易的要求。

（三）新时代国际发展合作框架下人民币在西非地区的机遇

鉴于中国近20年来对非洲地区的持续投资，双方经贸合作发展迅速，中方在非洲地区的存量资本和增量资本呈现高速双增加态势，但是这一态势如果存在于一个不稳定的金融环境，特别是相对封闭的货币环境下，其实是有较大风险的。因此如何将中资企业在非洲投资的风险性有效降低，人民币非洲化无疑是一条捷径。针对危机重

---

① 《2019年中国继续保持西非经货联盟最大贸易伙伴国地位》，中华人民共和国商务部网站，http://www.mofcom.gov.cn/article/i/jyjl/k/202009/20200903000475.shtml，2020-12-26.

② 《新时代的中国国际发展合作》，中华人民共和国国务院新闻办公室网站，http://www.scio.gov.cn/zfbps/32832/Document/1696685/1696685.htm，2021-01-13.

③ 陈丽娟：《非洲法郎退出使用的现实动力分析》，《区域与全球发展》2019年第6期。

重的西非法郎，法国已经给出了区域一体化的答案，它在自己可控的国家内推行一体化，为其提供担保，这为新时期国际发展合作框架下的中非金融合作提供了可参考的案例。

在中非金融合作仅限于不定期的少量货币互换的背景下，此次西非法郎改革对中国来说也是极好的参与机遇。一国货币在世界上的地位，与该国出口在世界贸易和投资中所占份额有直接关系，强有力的出口和国际投资地位，可以直接推动该国货币在国际上的广泛使用，提高该国货币的国际化指数。目前人民币在西非地区享有较高声誉，与西非国家的贸易额不断扩大，对非洲直接投资逐渐增加。我们应该抓住这一有利时机，借此和西非国家探索试行人民币与西非统一货币埃科的互换机制，逐步推动成立以中国为牵头方的中非货币联盟，借此契机推广人民币在西非国家的使用，进一步完善其国际化功能。

从中国已经签署的与尼日利亚的货币互换协议来看，双方货币互换有助于扩大中国和尼日利亚两国间的贸易往来，在增强尼日利亚外汇储备的同时，减少了兑换成本和潜在的外汇风险。在这一发展趋势下，人民币的重要性在西非其他国家也得到加强。如，加纳银行也开始被允许销售人民币。我们应该抓住这一有利时机，继续积极发展与西非国家以人民币为结算单位的贸易和投资。时机一成熟，即可逐渐推进以人民币计价的贸易和投资。如果人民币与埃科的互换机制运行顺利，可为将来与中非经济体的合作打下良好基础，日后有望将此机制继续推广至中非地区，进而延伸到整个非洲大陆。届时，人民币将真正成长为具有深远影响力的国际货币。

另一方面，非洲各国之间关税和贸易壁垒重重。西非法郎区和中非法郎区之间的货币汇兑虽然平价，但彼此之间不能直接兑换。这也是两个法郎区之间的资金流动少、区内贸易量小的一大原因。①可见，法郎区的货币一体化并未带来较强的经济一体化。②有鉴于此，中国可选择和一些与中国关系友好的，双边贸易额较大的西非国家，以共同的政治、经济利益为基础，建立起一个货币联盟——中非货币联盟（China-Africa Currency Union），联盟内使用人民币作为共同保证货币。使用人民币作为共同货币的中非货币联盟一是能够节省交易成本，使得联盟内国家商业周期实现同步，并加强汇率和宏观经济稳定，因此可以加强区域贸易。③二是，共同货币能够提高价格透明度，促进成员国之间的资本流动，从而促进投资和贸易。④在中非货币联盟内各国贸易发展和金融合作的基础上推动人民币国际化，据此构建人民币贸易圈和人民

① 陈丽娟：《非洲法郎退出使用的现实动力分析》，《区域与全球发展》2019 年第 6 期。

② Blaise Gnimassoun, "Mésalignements du franc CFA et influence de la monnaieancre", *Economie prevision*, No. 2, 2012, pp. 91 – 119.

③ Paul De Grauwe, *Economics of the monetary union*, Oxford University Press, USA, 2020.

④ Paul Krugman, "Lessons of Massachusetts for EMU", *International Library of Critical Writings in Economics*, No. 134, 2001, pp. 41 – 61.

币货币区，甚至是未来的人民币货币联盟，这不仅符合各国利益，也是区域经济一体化发展的必然趋势。这为中非货币联盟各国之间的贸易发展，为以人民币为主要贸易结算单位的贸易圈的形成，为人民币的国际化创造了更多的投资融资机遇。

（四）新时代国际发展合作框架下人民币在西非国际化问题上的三方合作

《新时代的中国国际发展合作》白皮书中强调，中国对开展国际发展领域交流和三方合作持开放态度，将积极与有关各方探讨开展三方合作，丰富国际发展合作的方式和途径，提升国际发展合作的水平和能力。[①]因此，在埃科问题上，中国可与法国加强磋商和合作。长久以来，法国是非洲法语国家最主要的贸易伙伴。如今，作为非洲第一大贸易伙伴和西非经济货币联盟（UEMOA）最大贸易伙伴国，中国在西非法郎区的对外经济格局中毫无疑问处于更加重要的地位。

中国和西非国家进行经贸往来难免要涉及法国及其公司和利益纷争问题，因此，重视在西非地区与法国合作的意义重大。中法两国是久经考验的合作伙伴，建交57年以来，以开创性著称的中法关系一直在国际社会发挥着独特作用。[②]自2005开始，中法开始了长达10年的关于中法非三方合作的谈判，经过11轮磋商后，双方于2015年李克强总理访法时以政府间协议的形式发表了《中法关于第三方市场合作的联合声明》。自此，中法两国在第三方市场合作框架下开展了多领域的交流与互动。[③]2013年4月，习近平主席与时任法国总统奥朗德宣布建立中法高级别经济财金对话机制，就中法两国在经济和财金领域的战略性、长期性和全局性重大问题进行对话。2019年3月习近平主席访问法国时，宣布将中法在第三方市场的合作作为中法两国“一带一路”合作支点进行打造。在这样的大背景下，三方在非洲展开深入合作成为可能，非洲的巨大发展潜力亦使三方的合作有着广阔前景。[④]中法非三方合作融合了南北合作和南南合作，突破了双边合作的限制，其在将中方充足产能、资金与法方先进设备技术对接，带来高性价比的产品和服务，满足非洲市场旺盛需求的同时，帮助非洲提高工业化水平，实现自主可持续发展，可以取得三赢的结果。[⑤]事实上，中法已在对非发展合作问题上了达成了很大程度上的共识，也找到了对非合作的共同合作

① 《新时代的中国国际发展合作》，中华人民共和国国务院新闻办公室网站，http：//www. scio. gov. cn/zfbps/32832/Document/1696685/1696685. htm，2021 －01 －13.

② 《迈向三赢的合作：中法非三方合作研讨会在京举行》，中国国际贸易促进委员会官方网站，http：//www. ccpit. org/Contents/Channel_3436/2016/0415/631860/content_631860. htm，2021 －01 －13.

③ 张菲、李洪涛：《第三方市场合作：“一带一路”倡议下的国际合作新模式——基于中法两国第三方市场合作的分析》，《国际经济合作》2020年第2期。

④ 《迈向三赢的合作：中法非三方合作研讨会在京举行》，中国国际贸易促进委员会官方网站，http：//www. ccpit. org/Contents/Channel_3436/2016/0415/631860/content_631860. htm，2021 －01 －13.

⑤ 《迈向三赢的合作：中法非三方合作研讨会在京举行》，中国国际贸易促进委员会官方网站，http：//www. ccpit. org/Contents/Channel_3436/2016/0415/631860/content_631860. htm，2021 －01 －13.

领域并制定了一系列的政府间合作协议，为中法非三方合作的最终落实提供了制度、资金和政策上的保障。中方可借此东风，利用中法财经高级别对话的机制平台，在埃科问题上探求与法国加强磋商与合作的可能性，积极促成中法非三方相关合作机制的建立。当然，伴随着大国不断深耕非洲进程的加速，这一机制还可以引入诸如印度、英国、日本等更多的第三方域外国家的加入，三方机制将在共同货币框架内更加稳妥、成熟地使用。

四　结语

西非法郎的改革并不意味着西非法郎的终结，更不意味着法国在非洲经济影响力的终结。新冠肺炎疫情的暴发使西非各国的经济重挫、财政困难、贫困人口增加和政治治理倒退。因而目前西非各国政府的短期重点是削减支出和扩大税基，以控制预算赤字。西非单一货币埃科的引入暂时被搁置，推迟到5年之后甚至更长时间。

埃科虽陷入重重危机，但这也是我国在西非地区推动人民币国际化的大好机会。近年来，中国的对外援助顺应时代要求，向国际发展合作转型升级。新时代的中国国际发展合作，以推动构建人类命运共同体为引领，在助力共建“一带一路”国际合作的同时，推动落实联合国《2030年可持续发展议程》，加强国际交流和三方合作。非洲是“一带一路”建设中的重要一环，西非国家又是我国“一带一路”倡议未来开发的重要地带。中国和西非国家的经贸关系虽然发展较快，存量较大，甚至已经取代法国发展成为UEMOA最大贸易伙伴国，但中资企业在西非地区的投资和贸易仍然存在种种不便，风险随处可见，部分可归结为彼此间金融合作深度不够，已不符合目前双边贸易高速增长的需要。

随着新时代国际发展合作的深入，我国应该主动抓住机遇，适时适度在西非国家推动人民币国际化程度的提升。一方面，通过逐步开展和西非地区的区域货币合作，探索试行人民币和西非统一货币埃科的自由兑换机制，借此契机推广人民币在西非国家的使用，进一步完善其国际化功能。若与西共体的金融货币合作能够顺利运行并取得一定成果，便可为将来我国与中非经济共同体的合作打下良好基础。以人民币和埃科的自由兑换机制作为参照，进一步吸纳中非法郎，进行人民币和中非法郎的自由兑换指日可待。另一方面，“一带一路”建设是中国立足于开放包容、合作共赢的原则，在既有的国际规则内发展与沿线国家和地区正常的政治经济交往的过程。①我国和西非国家关系源远流长，存在货币联盟的基础。在新时代的国际发展合作框架下，我国可通过积极倡导和推动中非货币联盟和中非自由贸易区的建设，进一步推动“一带一路”建设和人民币国际化迈向更高的层次和水平。为达成以上目标，需要我

---

① 李晓、李俊久：《“一带一路”与中国地缘政治经济战略的重构》，《世界经济与政治》2015年第10期。

国加强和西非国家和地区的贸易、投资和金融往来；协调相关法律政策，提供关于西共体及其机关的法律框架和结构的法律培训；研究相关策略，包括与更多西非国家签署双边支付结算协议，扩大人民币在双方贸易结算中的地位；等等。和非洲国家更多地使用人民币来结算，尤其是在开发性金融领域，中国企业对非洲直接投资等领域更多地使用人民币，不仅符合国家的大政方针，促进中非金融领域的互联互通，还有助于培育非洲国家对于人民币的真实需求。[①]加强我国与这些区域统一经济体的金融合作不仅有助于推动中非贸易的便利化，还有助于抵御西方对中非关系的侵扰，可使得统筹效果最大化，进一步推动非洲一体化进程，实现真正的互利共赢。

随着中国自身国力的不断提升，中国也在不断加大对非洲的援助和合作。在新时代的国际发展合作框架下，中国积极参与非洲大陆各领域的建设，发挥着越来越重要的作用，在非洲获得了良好的声誉。如今中资企业的身影遍布非洲大陆。法国曾一直把法语非洲国家当作自家后院，对中国的投资怀有政治疑虑，但随着法国经济不景气、在非洲影响力衰弱，中国资本的涌入和软实力的推广已无法阻挡。法国对中国在非建设、中非合作以及中法非三方合作的认识也向积极方面转变。在埃科问题上，我国可利用中法财经高级别对话的机制平台，与法国加强沟通，探求与法国加强磋商与合作的可能性，积极促成中法非三方相关合作机制的建立。中法非三方有着优势互补的特点，开展三方合作时，应充分尊重各方的政策、理念和模式，为开展三方合作奠定良好基础。[②]（我们）相信通过彼此取长补短，增进理解互信，中法非三方可以成为更加紧密的利益共同体。

---

① 张明、李曦晨：《人民币国际化的策略转变：从旧“三位一体”到新“三位一体”》，《国际经济评论》2019 年第 5 期。

② 《新时代的中国国际发展合作》，中华人民共和国国务院新闻办公室网站，http://www.scio.gov.cn/zfbps/32832/Document/1696685/1696685.htm，2021-01-13.

● 非洲安全

新冠肺炎疫情背景下非洲的非传统安全形势

邓延庭*

摘　要： 2020年原本是非洲联盟制定的《卢萨卡路线图》① 全面实现非洲“消弭枪声”目标的决胜年，但受制于非洲国家自身经济社会发展存在的一系列问题，非洲面临的诸多安全挑战非但没有得到有效解决，反而在新冠肺炎疫情的冲击下加速发酵恶化。公共卫生、粮食安全、经济进步、政治发展等多个方面集中涌现出的危机，不仅大幅抵消了非洲近年来包容性发展所取得的成就，而且为恐怖主义的继续滋生和泛滥提供了温床。在可预见的时期内，恐怖主义在非洲仍将维持快速蔓延的态势，是非洲在综合安全观下构建可持续安全所必须妥善应对的重要挑战。

关键词： 新冠肺炎疫情；粮食危机；恐怖主义；萨赫勒地带；非洲之角

一　非洲非传统安全问题的新特点

（一）公共卫生体系面临崩溃

非洲一直是全世界公共卫生体系最为脆弱，公共卫生挑战最为严峻的地区。根据世界卫生组织的统计，截至2019年年底，非洲几乎囊括了世界范围内所有的主要烈性传染病或流行病，诸如埃博拉、麻疹、肺结核、猩红热、黄热、疟疾等疾病，绝大多数的非洲居民都面临随时感染疾病但却无法有效就诊的危险。受制于有限的经济和科技发展水平，除南非、尼日利亚、肯尼亚、埃及等国外，绝大多非洲国家不仅无法

---

* 邓延庭，中国社会科学院西亚非洲研究所（中国非洲研究院）安全研究室副主任、助理研究员，主要研究领域为东非国家政治安全建设、东非区域一体化。

① 全称《非洲联盟以切实行动确保2020年实现非洲消弭枪声目标的总路线图》，是非盟于2016年制定的和平安全发展规划。

生产相应的药物和个人防护设施，而且对公共卫生体系建设的投入严重不足，公共卫生支出在 GDP 中的平均占比只有 5%，远低于近 10% 的全球同期水平。总体来看，在新冠肺炎疫情暴发之前，非洲已独占全球 22% 的疾病暴发，但却只拥有全世界 3% 的医疗卫生从业者以及全球 1% 的公共卫生资金投入①，公共卫生需求与供给之间存在严重的失衡。大湖地区蔓延的埃博拉、麻疹等疫情，已经在大幅透支相关国家本已捉襟见肘的公共卫生资源。

但不同于其他疾病在非洲的局部暴发，新冠肺炎疫情成为现代历史上非洲各国首次集体同时受到冲击的公共卫生危机。自 2020 年 2 月出现首例域外输入性感染病例后，非洲本地的社区传染链迅速形成且不断扩大，仅一个多月时间，不仅所有的非洲国家均出现确诊病例，而且尼日利亚、南非、加纳、肯尼亚、埃塞俄比亚等国的疫情迅速呈现出快速暴发的态势。据非洲疾控中心的估算，仅应对第一季度的疫情波峰，就会给非洲各国的公共卫生投入带来增长至少两倍以上的重压。与此同时，疫情给非洲主要贸易伙伴以及国际市场的冲击，连同非洲各国防疫所采取的严格管制措施，导致非洲无法继续依靠外资和外贸维持原有经济增速和增量，债务负担不断上升，进而不断销蚀支撑抗疫的公共财政基础。为缓解经济压力，多数非洲国家在 6—8 月部分放松了防疫管制，但旋即带来了部分国家第四季度初的大反弹。自 10 月初，南非、肯尼亚等国多次出现单日新增确诊超过 1000 例的情况。疫情的反弹大幅提高了非洲居民的感染速度，从 2 月初的首例确诊到 8 月初的 100 万例，非洲大陆用了半年时间，而从 100 万例到 12 月初的 200 万例，只用了 4 个月时间。受疫情影响，非洲多个大城市开始出现确诊病例大规模挤兑公共医疗资源的情况，令原本就失衡的医疗供给与需求进一步恶化，即便医疗资源相对禀赋充足的国家也面临公共卫生体系崩溃的危险。

虽然目前非洲公布的确诊总数和死亡率仍然远低于世界其他地区，但考虑到大多数非洲国家检测样本和收治体系的覆盖率问题，实际上的疫情状况应更为严峻。由于非洲脆弱的公共卫生体系已不堪重压，即便就按照当前公布数字的增速，非洲不仅有可能沦为世界疫情另一个震中的危险，也极有可能成为全球疫情最后结束的地区。在这种形势下，疫情给非洲带来的恶劣影响，要超过同期对世界其他地区的冲击，为非洲安全形势的复杂化埋下了相应的隐患。

（二）粮食危机迫在眉睫

非洲的农业生产长期处于欠发达状态，不能支持非洲实现粮食自给自足，粮食安全始终是悬在其头上的一把利剑。在非洲每年所消耗的粮食总量中，85% 以上需要从

---

① World Health Organization: Global Health Expenditure Database, https://apps.who.int/nha/database.

国际市场进口，本土的粮食产量仅能维持剩下10%左右的需求[①]，且品质相对较低，无法满足广大非洲民众的基本需求。除遭受新冠肺炎疫情的大幅冲击之外，受全球气候变化影响，年内非洲多地遭受近年来罕见的自然灾害的袭击，给本就十分羸弱的本地农业生产以致命一击。

从2020年2月开始，索马里、埃塞俄比亚、肯尼亚、坦桑尼亚等国分别在不同程度上遭遇了数十年未遇的沙漠蝗灾。据联合国粮农组织估算，由大约1.5亿只蝗虫组成的面积最大可达2400平方千米的蝗虫带，沿大湖地区东部—非洲之角—阿拉伯半岛南部的方向，自西南向东北缓慢移动，平均每天要吃掉3.5万非洲居民的口粮。埃塞俄比亚、肯尼亚、坦桑尼亚、乌干达等国位列非洲主要粮食生产国，但受蝗灾影响，大湖地区周边以及埃塞俄比亚高原南部的粮食主产区几近绝收，由此已直接导致3500万当地居民面临饥荒问题。[②] 进入4—5月以来，肯尼亚中西部地区普降暴雨，多地出现河流泛滥决堤，数万居民无家可归、无米下锅。洪水在大量吞噬农田的同时，也为蝗虫的繁殖提供了温暖湿润的环境。进入6月以来，不定期的小规模蝗虫袭击与洪灾开始交替出现，正常农业生产秩序始终没有得到有效恢复。根据相关国际机构的预测，受环境恶化影响，东非地区不排除在2021年年初有再度遭受大规模蝗灾的可能性。除东非农业遭受双重打击之外，萨赫勒地区遭受持续干旱和局势不稳定的影响，农牧民争抢水资源和土地、农民弃耕等问题日益突出，令本就效率低下的农业生产继续呈现衰减态势。受上述因素影响，非盟估计非洲全年的本地粮食产量将下大幅下降，其中埃塞俄比亚、肯尼亚两国的粮食产量降幅将最为明显，短期内难以恢复到蝗灾之前的水平。

除非洲自身的农业生产受到自然灾害的重创之外，新冠肺炎疫情对世界主要经济体和国际运输网络的冲击，也将直接拉高国际市场粮食的销售价格。联合国粮农组织发布的世界食品价格指数显示，受疫情全球蔓延的影响，自2020年2月以来，全球主要食品价格开始快速增长，其中谷物、小麦、肉类的价格涨幅最为明显。截至11月底，全球食品价格的价格指数平均达到105点，环比上升4%，同比上升6.4%，不仅创下了2012年7月以来的最大环比涨幅，也使该指数上涨到了2014年12月以来的最高水平。[③] 结合全球并不明朗的疫情形势，全球食品价格短期内将难以恢复到年初水平。受国际食品价格飙升影响，非洲依靠国际市场维持粮食供给的发展模式将受到大幅冲击。换言之，进口粮食价格的大幅上涨，将完全颠覆非洲既有的食品供求

---

① UNCTAD：COVID-19：A Threat to Food Security in Africa，2020－08－11，https：//unctad. org/news/covid-19-threat-food-security-africa.

② Nita Bhalla and Mohammed Omer，Kenya，Somalia and Ethiopia Brace for Locusts after Rains Boost Breeding Grounds，Thomas Reuters Foundation News，2020－12－16，https：//news. trust. org/item/20201216154923－4k67b/.

③ Food and Agricultural Organization of the United Nations：FAO Food Price Index Registered a Sharp Rise in November to its Highest Level in Nearly Six Years，2020－12－03，http：//www. fao. org/worldfoodsituation/foodpricesindex/en/.

关系，使越来越多的中低收入群体因无力支付每日餐食费用，而逐步滑向粮食安全得不到基本保障的深渊。

（三）社会裂痕加深

公共卫生以及粮食危机的加剧，大幅抵消了非洲近年来包容性发展的成果，直接激化了多重社会矛盾。按照世界银行估算，2020 年非洲 -3.3% 的经济增速，将导致 5800 万人重新跌回绝对贫困线下，使非洲减贫成就倒退至少五年。[①] 南非上半年已经有超过 180 万人失业，受两轮疫情叠加的影响，近期失业率有可能上涨至 50%[②]，创近年来新高。肯尼亚在上半年疫情中就损失了 170 万个就业岗位，失业率飙升至 10.7%[③]，目前形势仍在恶化。尼日利亚第二季度末的失业率已飙升至历史新高 27.1%[④]。受大幅失业潮的影响，非洲贫富差距扩大，平均基尼系数反弹至 42.7%[⑤]，倒退至大概十年前的水平。在此环境下，用发展解决社会矛盾的逻辑开始逆向呈现，许多国家重新开始凸显阶层、民族、教派矛盾激化带来的社会裂痕。

社会矛盾加剧了社会的撕裂。在持续走高的失业率中，南非的社会治安进一步走向恶化，越来越多的失业群体开始走向暴力犯罪的道路，杀人、抢劫、性侵等恶性刑事案件的发案率呈逐月快速上升态势。特别是在民粹主义的裹挟下，包括华人在内的当地外国居民亦开始频繁沦为受害者。进入下半年，南非更是出现暴徒有组织、有计划地杀戮诸如卡车司机、店铺业主等外国从业者。外界由此担忧，这种比新冠肺炎疫情更可怕的“经济恐怖主义”[⑥] 似乎在证明，社会裂痕正在大幅抵消南非政府的社会治理与掌控能力。同样，在肯尼亚“封城”抗疫期间，在蒙巴萨老城区、内罗毕伊斯特利区等中低收入群体的聚居地，也频繁出现民众大规模集会抗议政府的情况。参与者刻意违反管制法令，以集会和不戴口罩的方式抗疫“封城”带来的失业，指责政府决策“践踏民生”。反对势力大肆借机捞取政治资源，煽动民众与政府间的对立。一时间，肯尼亚全社会都在主流媒体和社交平台上掀起有关抗疫和民生关系的激

---

① Montes, Jose; Silwal, Ani; Newhouse, David; Chen, Frances; Swindle, Rachel; Tian, Siwei. 2020. How Much Will Poverty Rise in Sub-Saharan Africa in 2020? World Bank, Washington, DC. © World Bank.

② iAfrica. com, Treasury Now Estimates 1.8 million Job Losses, 2020 - 06 - 01: https: //iafrica. com/treasury-now-estimates-1-8-million-job-losses/.

③ Kepha Muiruri, Kenya's unemployment rate doubles as 1.7M lose jobs between April and June, Citizen Digital, https: //citizentv. co. ke/business/kenyas-unemployment-rate-doubles-1-7-million-lose-jobs-april-june-knbs-343843/.

④ Trading Economics: Nigeria, https: //tradingeconomics. com/nigeria/unemployment-rate.

⑤ International Monetary Fund Blog: How COVID-19 Will Increase Inequality in Emerging Markets and Developing Economies, 2020 - 10 - 29, https: //blogs. imf. org/2020/10/29/how-covid-19-will-increase-inequality-in-emerging-markets-and-developing-economies/.

⑥ Free West Media, Economic Terrorism: Attacks on Foreign Truck Drivers Intensify in South Africa, 2020 - 12 - 12, https: //freewestmedia. com/2020/12/12/economic-terrorism-attacks-on-foreign-truck-drivers-intensify-in-south-africa/.

烈争论，而由此派生出的政治倾向二元分化，亦成为当地社会裂痕持续加深的真实写照。

社会裂痕转化为政治安全挑战。在西非地区，疫情下的民生问题直接转化为政府与民众之间的流血冲突。进入 2020 年 10 月以来，“大选舞弊”“警察暴力执法”等热炒议题瞬间点燃了民众在疫情期间积蓄的不满情绪，并相继在几内亚、科特迪瓦、尼日利亚等国引发了以民主抗争、教派冲突、民族对抗为主要表现形式的政治危机，导致执法者与抗议者之间出现暴力冲突和流血伤亡事件，呈现西非近年来少有的多国集体陷入政治危机的局面。非洲之角的政治安全形势更加严峻。随着提格雷族与奥罗莫族近年来政治裂痕不断加深，提格雷人民阵线趁埃塞俄比亚政府忙于疫情无暇他顾之际，于 11 月初发动内战。据联合国难民署统计，在持续近一个月的战火中，将近 5 万提格雷族居民逃往邻国苏丹沦为难民，创近二十年来非洲之角难民潮的新纪录。[①]目前战火虽已结束，但在疫情和自然灾害的双重打击下，埃塞俄比亚政府是否有能力及时有效接收和安置被遣返的难民，避免饥荒、疾病、刑事犯罪等人道主义危机的出现，依然存在较大的不确定性。

二 非洲恐怖主义的形势

（一）西非地区

受国际恐怖主义势力渗透以及生态环境恶化的影响，西非地区恐怖主义依然拥有一定的民众基础，其泛滥失控的态势没有得到根本性的转变。马里北部、乍得湖沿岸两大恐怖主义势力基本在布基纳法索、尼日尔两国境内完成合流，并且加速向西非海岸线方向蔓延扩张。2019 年年底，西非经济共同体（ECOWAS）通过了根除西非恐怖主义的 2020—2024 年行动计划，计划为西非反恐投入 10 亿美元，但截至 2020 年年底，实际到位的资金勉强只有 1/10 左右，严重滞后于原定计划。与此同时，仅 2020 年 1—10 月，西非地区就发生了超过 570 起恐袭，导致 2000 多人丧生。[②] 面对西非严峻的反恐形势，联合国西非与萨赫勒事务办公室负责人穆罕默德·钱巴斯（Mohamed Chambus）指出，西非、萨赫勒正在面临着前所未有的恐怖主义暴力威胁[③]，非洲与国际社会必须高度重视当地恐怖主义失控的问题，共同寻找行之有效的

---

① UNHCR, Pace of Ethiopian refugee arrivals in Sudan unseen in the last two decades, 2020 - 11 - 17, https: // www. unhcr. org/asia/news/briefing/2020/11/5fb391214/pace-ethiopian-refugee-arrivals-sudan-unseen-decades. html.

② Gana Web: West Africa: 570 terrorist attacks claim over 2k lives in 2020, Ghana calls for more action, https: // www. ghanaweb. com/GhanaHomePage/NewsArchive/West-Africa-570-terrorist-attacks-claim-over-2k-lives-in-2020-Ghana-calls-for-more-action-1091200, 2020 - 10 - 23.

③ UN News: “Unprecedented terrorist violence” in West Africa, Sahel region, https: //news. un. org/en/story/2020/01/1054981, 2020 - 01 - 05.

解决方案。

马里仍旧是整个西非地区恐怖主义组织数量最多，构成最为繁杂，恐袭波及范围最广，安全形势最为严峻的国家，被外界公认为国际恐怖主义向非洲渗透的桥头堡和非洲恐怖主义势力大本营。“伊斯兰国”在大撒哈拉组织（ISIS-GS）、伊斯兰马格里布“基地”组织（AQIM）、支持伊斯兰教和穆斯林组织（JNIM）依然是标榜与国际恐怖主义势力密切联系的本地主要恐怖主义组织，三者之间在势力范围、反政府武装领导权等多个方面存在广泛的竞争关系。此外，萨拉菲宣教中心（GSPS）、伊斯兰后卫（Ansar Dine）、穆拉比通（Murabitoun）、马西纳解放阵线（Macina Liberation Front）等恐怖主义组织在前三者的竞争关系中，一方面不断变换着效忠对象或合作伙伴，另一方面内部也在逐步产生着新的派别，使马里的恐怖主义势力呈现出越发碎片化和无序化的趋势。目前，美国、法国、联合国等国家和国际机构均在马里驻扎有安全力量，协助马里国防军打击恐怖主义势力。2020 年 6 月，在美国非洲司令部提供的情报支持下，法国武装力量在马里北部靠近阿尔及利亚边界处击毙伊斯兰马格里布“基地”组织首领阿卜代尔马勒克·德鲁克代尔（Abdelmalek Droukdel），成为马里近年来反恐取得的代表性成就。但此举并没有从根本上改变马里的安全局势，反而成为各支恐怖主义组织继续撕毁 2015 年签署的《阿尔及尔和平协议》，大肆向马里政府、国际反恐力量发动报复的借口。进入下半年以来，恐怖主义势力不仅明显提高了恐袭的频次和力度，而且把战线不断向南压缩。从 2020 年 2 月莫普提区（Région de Mopti）发生屠村事件以来，年内马里中部地区发生的平民伤亡和政府军、国际反恐力量被偷袭的事件均创历史新高。

尼日利亚所面临的恐怖主义威胁，依然是首先来自于盘踞于东北部的博科圣地、“伊斯兰国”—西非等恐怖主义组织。为维持有效地推动反恐工作，尼日利亚成为非洲主要经济体中近年来国防预算开支出现显著增福的极少数国家之一，其中 2018—2019 年度军费开支超过 20 亿美元，较上一个年度增长 26.02%，经费主要用于以打击恐怖主义组织为目标的武器装备进口和人员培训方面。2019—2020 年度的军费虽然有小幅下降，但依然维持在 18.6 亿美元，是整个西非反恐前线军费开支最高的国家。2020 年上半年，面对新冠肺炎疫情的冲击，中国仍然积极履约中尼军事合作承诺，按时向尼日利亚交付包括 VT4 主战坦克、SH5 车载榴弹炮等武器装备，有力支持了尼日利亚国防军在东北部开展的一系列反恐军事行动。但与此同时，恐怖主义在尼日利亚境内的活动并未减少，尤其是博科圣地的势力范围已经蔓延到北方超过 20 个州，针对国防军和普通居民的无差别恐袭以及不定期地对妇女、学生实施的集体绑架，严重威胁了北方各州的社会经济发展，给当地居民带来了严重的恐慌情绪。博科圣地在年内实施的最为恶劣的暴行是 12 月中旬在卡齐纳州绑架超过 300 名男校学生，自称为该组织领袖的阿布巴卡尔·谢考（Abubakar Shekau）宣称对此次事情负责，并威胁会发动对政府的更大规模的报复。此外，联合国在年内也加强了对博科圣地等恐怖主义组织可能会在公共场所或交通干线上绑架联合国工作人员的风险预警。2021年1月初，联合国难民署工作人员阿布巴卡尔·加尔巴·伊德里斯（Abubakar Garba Idris）在迈杜古里通往达马图鲁（Damaturu）的国道上被绑架失联。为了全面打击博科圣地的反弹与泛滥，尼日利亚于2021年1月初宣布在博尔努（Borno）、约贝（Yobe）、阿达马瓦（Adamawa）等州发动代号为图拉·塔凯邦戈（Tura Takaibango）的军事行动。本次反恐战役是尼日利亚近年来发动的规模最大的集中反恐行动，旨在逐步清除恐怖组织在近两年特别是2020年疫情期间蔓延与渗透的网络。但考虑到当前尼日利亚北部的社会经济发展状况，本次行动取得决定性胜利的可能性相对较低，恐怖主义势力加速向尼日尔河、贝努埃河下游蔓延态势在短期内不会出现根本性的改变。

（二）东非地区

东非地区的恐怖主义势力与各支反恐力量的拉锯战态势依然在持续。受2021年索马里总统大选即将举行的影响，青年党、“伊斯兰国”—索马里等恐怖主义组织在2020年内加大了对索马里及其邻国肯尼亚的攻势。受非盟索马里维和团（AMISOM）逐步向索马里国防军移交军事防务权以及埃塞俄比亚内战等因素的影响，国际反恐力量对恐怖主义的直接打击力度在一定程度上呈下降趋势。不同于西非的恐怖主义势力身居内陆腹地，主要通过陆路、北非与国际恐怖主义势力相联系，东非的恐怖主义组织利用域内各国对非法海运监管的空白，借助武器、物资、资金的走私渠道，与隔海相望的阿拉伯半岛的国际恐怖主义势力保持着密切的联系。以索马里的青年党为例，从2011年以来至今，该组织每年至少通过操纵非法贸易获利700万美元①，给国际反恐力量实施有效的打击增添了难度。与此同时，美国将苏丹新政府从支持恐怖主义的国家名单中删除，苏丹新政府反对国际恐怖主义在非洲的发展成为国际社会的共识，为东非反恐持久战增添难得的一抹亮色。

索马里位于东非恐怖主义震中的地位没有发生根本性的变化。从整体形势来看，逐步从非盟索马里维和团手中接管各个重要基地和主要城镇掌控权的索马里安全部队，并没有全面应对青年党挑战的实力。为了迟滞索马里2021年总统大选，青年党在2020年下半年内明显加大了恐袭的力度，重点袭击宾馆、体育馆等民用设施，意图给索马里政府施压。2020年8月，外国顾客频繁光顾的摩加迪沙精英酒店（Elite Hotel）遭受汽车炸弹袭击，造成17人死亡，成为自2019年12月以来，青年党在索马里首都酿成的又一桩大型惨案。12月，青年党在中部的穆杜格州（Mudug）的加尔卡约（Galkayo）发动了针对总理穆罕默德·罗布尔（Mohamed Roble）的恐袭，总

① ISEL VAN ZYL, TYLER LYCAN, East African Terror Groups are Exploiting the Seas, Institute for Security Studies, 2020 - 10 - 13, https: //issafrica. org/iss-today/east-african-terror-groups-are-exploiting-the-seas.

理本人幸运躲过，但他原计划发表演讲的会场却出现多人伤亡。青年党的攻势也加剧了索马里国内各界在和平进程和国家治理等问题上的分歧，受中央政府与五个联邦州无法达成共识的影响，索马里原定在2021年2月举行的总统大选被推迟。在严峻的安全形势加剧政治碎片化的大背景下，索马里未来的政治发展走向依然存在诸多的不确定性。

从2020年1月青年党武装分子从索马里境内渗透进肯尼亚，对美军在曼达湾（Manda Bay）附近的空军基地发动袭击，并造成三名美军士兵伤亡开始算起，肯尼亚东北部各郡遭受恐袭的频次和力度均较2019年有所上涨。据肯尼亚的人权与政策研究中心（CHRIPS）统计显示，2019年肯尼亚境内共发生34起恐袭，造成83人死亡，而到了2020年恐袭次数激增至69起，死亡人数也飙升至122人，增幅都在50%以上。[①] 肯尼亚东北部与索马里交界处的各郡成为恐袭爆发重灾区，其中曼德拉（Mandera）、加里萨（Garisa）、拉穆（Lamu）、瓦吉尔（Wajir）几地已成为青年党势力最为猖獗的地区。随着肯尼亚2022年总统大选日益临近，执政党朱比利党内部的分裂以及政坛上各大政治力量的分化重组，正在导致肯尼亚国家的政治经济资源重新向班图语各民族之间的博弈倾斜，客观上将为青年党势力在索马里族中的蔓延提供一定的空间。

除西非和东非的大本营之外，恐怖主义在南部非洲的蔓延态势同样没有得到根本性的扭转。在莫桑比克北部的德尔加多角省的极端势力继续坐大的同时，南非境内也出现了有组织地杀戮外国运输车队司机的“经济恐怖主义”。[②] 恐怖主义的存在仍将在短中期内对相关国家和次区域发展构成直接威胁，化解恐怖主义威胁仍然需要包括非洲在内的国际社会通力合作，逐步瓦解滋生恐怖主义的政治、经济、社会土壤。

三 结语

突如其来的新冠疫情在公共卫生、粮食安全、社会矛盾三方面给非洲带来了巨大冲击，作为近年来掣肘非洲发展的顽疾和难题——恐怖主义在年内给非洲带来的威胁依然十分严峻。与2020年的纵向对比来看，2021年的非洲恐怖主义发展仍然呈现出明显的加剧态势，不少地区爆发的与恐怖主义密切相关的恶性暴力事件或者人员伤亡数字攀升到了新的高度。在恐怖主义盘踞的传统大本营，反恐力量仍然与恐怖主义势力艰难地进行着拉锯战，取得决定性胜利的曙光依旧十分渺茫；在恐怖主义势力新近蔓延或传播到的地区，比如南部非洲，恐怖主义所涉及的范围和具体表现形式也分别

① Rahman Ramadhan and Lynda Ouma: Trends of Violent Extremist Attack and Arrests in Kenya: January-December 2020, CHRIPS Observatory Report No. 4 (February 2021).

② https: //freewestmedia. com/2020/12/12/economic-terrorism-attacks-on-foreign-truck-drivers-intensify-in-south-africa/.

呈现出加速扩大的态势，不仅增大了相关国家的社会治理难度，而且持续释放出恶劣的示范效应。

首先，疫情给非洲经济社会发展带来的严重冲击，扩大了恐怖主义泛滥的社会温床。在经济下行压力增大，医疗、粮食等资源开始走向稀缺的形势下，越来越多的非洲人开始直接面临现实的生计问题。鉴于恐怖主义出现的根源是现实发展权益的不合理、不均衡分配，疫情之下贫困、疾病、饥饿等问题的大规模反弹，为极端思想在民众中的传播提供了充足的空间，推动越来越多的民众最终走向通过暴力手段谋生的道路，客观上夯实了恐怖主义增殖与泛滥的“民众基础”。

其次，面对突然被疫情裹挟而来的各类社会治理难题，非洲各国政府普遍难以在短时间内集中有效的力量应对恐怖主义。由于非洲各国一方面在短期内需要在支持公共卫生发展、抗击自然灾害、稳定居民就业和生活等多个方面投入大量资金，另一方面又遭受财政收入大幅下降的困扰，因此实际上其在反恐的问题上分身乏术，很难在支持抗疫的同时，为打击恐怖主义的军事行动分配足够的人力物力支持。根据瑞典斯德哥尔摩国际和平研究所的统计，在恐怖主义近年来大肆席卷非洲的同时，非洲的总体军事投入却连续多年维持在5%以上的降幅。除了因为苏丹和南苏丹两国局势逐渐降温导致的军事投入下降之外，非洲近年来经济增长后劲不足客观上也导致了非洲各国对军费支持的力度有所下降。以东非反恐大国肯尼亚为例，在青年党攻势未减的情况下，2019 年全国军费开支较 2018 年下降了 19 亿美元。受新冠肺炎疫情的影响，2020 年该国军费的实际缩水幅度很有可能会超过 10%。[①]

最后，承担非洲反恐的国际参与者也受到了疫情的波及。目前在东非、西非与非洲各国开展反恐合作的国家和国际组织主要包括美国、英国、法国、欧盟。自 2020 年第二季度以来，上述各方分别开始遭受疫情的重创，其中英国、法国取代意大利成为欧洲疫情最严重的国家，美国则成为全世界疫情的震中。在此形势下，各方继续扩大支持非洲反恐的力量实际上已被透支，加之美国与法国在西非反恐的诸多问题上仍然没有达成有效共识，因此发挥的作用较为有限。

① Macro Trends, Kenya Defense Budget (1963 - 2019): https://www.macrotrends.net/countries/KEN/kenya/military-spending-defense-budget.

提格雷地区冲突与埃塞俄比亚国家治理困境

曾爱平*

摘　要： 提格雷武装冲突是2018年以来阿比总理领导的埃塞联邦政府与提格雷州政府及提人阵矛盾的总爆发。联邦政府虽然较快在战场上取得胜利，接管了提格雷州的执政权，也取缔了提人阵，但预计冲突仍将以游击战和消耗战的方式长期持续。这一冲突是埃塞近年来不断爆发的政治危机的最新案例，也凸显了埃塞族裔政治的根深蒂固和统一民族国家建构的任重道远。周期性政治动荡、狭隘和极端的民族主义、宏观经济的脆弱和失衡、外部势力的干预和施压，以及民族和宗教矛盾的相互交织等是埃塞国家治理面临的主要挑战。阿比政府能否纠正现有民族联邦制的重大缺陷，探索出适合埃塞国情的治理模式，建构多元统一的民族国家，实现“协同合一”的愿景，相关进展仍值得继续跟踪、观察和研究。

关键词： 埃塞俄比亚；提格雷地区冲突；族裔政治；繁荣党；治理困境

2020年11月4日，埃塞俄比亚联邦政府与提格雷州政府的武装冲突爆发，成为埃塞俄比亚近年来持续不断爆发的政治危机的最新案例，再次凸显埃塞俄比亚国家治理的困境。埃塞俄比亚是非洲大国，其人口约1.12亿，国土面积110.36万平方公里。①作为非洲历史上基本未遭受殖民统治的国家，埃塞俄比亚（简称埃塞）是非洲政治独立的象征，其政局走向在非洲具有较重要的示范效应。提格雷地区冲突集中展现了埃塞俄比亚政府在探索适合本国国情治理模式过程中面临的巨大挑战。族裔政治的根深蒂固、中央与地方关系持续紧张、国家宏观经济的脆弱，以及财政资源的有限等都制约了埃塞俄比亚国家治理的顺利转型。

一　提格雷冲突脉络

提格雷州（简称提州）位于埃塞俄比亚最北部，与厄立特里亚和苏丹接壤，是

---

* 曾爱平，中国国际问题研究院发展中国家研究所副所长、副研究员，主要研究方向为非洲政治经济、非洲之角政治等。

① 《埃塞俄比亚国家概况》，外交部网站，2021年2月，https://www.fmprc.gov.cn/web/gjhdq_676201/gj_676203/fz_677316/1206_677366/1206x0_677368/.

提格雷人民解放阵线（TPLF，简称提人阵）退出中央联邦政府之后据守的最后地盘。提格雷地区冲突的实质主要表现为中央与地方的权力斗争、地方自治和国家统一之间的巨大张力，以及埃塞俄比亚民族国家建构的任重道远。

（一）冲突背景与导火索

提格雷地区冲突是埃塞俄比亚联邦政府与提格雷州政府及提人阵之间矛盾不断累积的结果。这一过程最晚可追溯至 2018 年 4 月奥罗莫族出身的阿比·艾哈迈德（Abiy Ahmed）担任埃塞俄比亚总理期间。在此之前，提人阵是执政联盟“埃塞俄比亚人民革命民主阵线”（EPRDF，简称埃革阵）的主导性政党，在 1991—2018 年期间实际上主宰着埃塞俄比亚政治。[①]建立提人阵的提格雷族是埃塞俄比亚少数族裔，约占埃塞俄比亚总人口的 8%。提人阵主导的埃革阵带领埃塞俄比亚实现 21 世纪以来的经济高速发展，也垄断了国家权力、财富和资源的分配，导致政治和社会严重不公，引发奥罗莫族和阿姆哈拉族等其他族裔的强烈不满。2012 年 8 月，埃塞俄比亚总理兼提人阵和埃革阵主席梅莱斯·泽纳维（Meles Zenawi）去世后，提人阵逐渐失去在联邦政府中的执政地位，退居至提格雷州一隅。

阿比总理上台执政后，埃塞俄比亚联邦政府与提人阵及提格雷州政府的关系不断恶化。提人阵对阿比推行的政治经济改革一直持批评态度，认为阿比政府在破坏提人阵建立的民族联邦制度，不遵守宪法与法治。提人阵还谴责阿比政府蓄意将提格雷人从联邦政府各级职位上排挤出去，散布针对提格雷人的仇恨言论。面对阿比政府的仇视和打压，提人阵表示将进行武装斗争，甚至宣布提格雷州“独立”。2019 年 12 月，阿比将埃革阵改组成繁荣党时，提人阵拒绝加入，认为这种单一政党结构将损害来之不易的地区自治，对埃塞俄比亚的政治结构也会造成伤害。这使得提人阵在联邦议会的 39 位议员成为唯一的反对派集团，提格雷州也成为唯一一个不受繁荣党管辖的州。[②]

2020 年 3 月，新冠肺炎（COVID-19）疫情在埃塞俄比亚出现后，埃塞俄比亚全国选举委员会推迟了原定于 8 月 29 日举行的议会选举。6 月 10 日，埃塞俄比亚议会上院即联邦院决定，议会选举将在埃塞俄比亚卫生部门认定疫情已得到充分控制后的九个月至十二个月后进行。提人阵反对声最大，称这一决定违宪，围绕议会选举与联邦政府开展针锋相对的斗争。提人阵宣称，埃塞俄比亚宪法规定了各州的自治权利，

---

① “埃革阵”自 1991 年推翻门格斯图（Mengistu Hailemariam）政权后执掌埃塞政权，直至 2019 年 12 月被阿比总理改组为埃塞繁荣党。除提人阵以外，埃革阵还包括“奥罗莫人民民主组织”（OPDO）、阿姆哈拉民族民主运动（ANDM）和“南埃塞人民民主运动”（SEPDM）三个成员党及索马里人民民主党、本尚古勒—古马兹人民民主团结党、阿法尔民族民主党、甘贝拉人民民主运动和哈勒尔民族联盟五个附属政党。

② 除提人阵反对以外，埃革阵其他三个成员党和五个附属政党都表示支持，并先后解散了各自的政党；参见 Daniel Beyene，Prosperity Party Officially Formed，No Earthly Power Deters Ethiopia From Transforming，Prospering：Premier，The Ethiopian Herald，3 December 2019.

不容协商。6月12日，提格雷州宣布将如期组织州议会选举，以确定州议会的组成。6月24日，埃塞俄比亚选举委员会称提格雷州政府缺乏组织选举的授权。7月中旬，提格雷州组建了自己的选举委员会，后者于9月9日在提格雷州单方面进行选举，并宣布不再承认联邦政府的合法性。对此，联邦政府宣布提州议会选举非法。10月，埃塞俄比亚财政部宣布绕过提格雷州政府直接向地方政府进行财政转移支付，提人阵称此举相当于“宣战”。11月2日，提格雷州州长兼提人阵主席德布雷森·格布雷迈克尔（Debretsion Gebremichael）发表讲话称，联邦政府正试图使用武力解决问题，提人阵不需要战争，但如果最糟糕的情况发生，提人阵不仅准备抵抗，而且准备赢得战争。

（二）冲突简要过程

1. 第一阶段（2020年11月4—28日）

11月4日，联邦政府称提人阵军队袭击埃塞俄比亚国防军驻扎在提州首府默克莱的北方司令部（North Command）。对此，联邦政府予以报复，对提人阵军队的重型武器和默克莱周围的导弹发射基地进行了空袭。11月6日，联邦政府宣布在提格雷州实施紧急状态，为期半年。在紧急状态下，联邦军队（即埃塞国防军）可解除地方州任何安全力量的武装、实施宵禁和交通管制、拘留或监禁涉嫌参与非法活动和威胁宪法秩序的嫌犯、动用相应的力量恢复法律和秩序。11月7日，埃塞俄比亚议会上院通过决议，允许联邦政府在提格雷州组建过渡政府。这意味着提格雷州在9月24日成立的州立法和行政机构非法。11月12日，埃塞俄比亚联邦人民代表院通过由总检察长签署的决议，取消提格雷州州长德布雷森·格布雷迈克尔等39名提人阵联邦议员的豁免权。他们被指控反叛政府、攻击国防部队和其他相关罪行。11月13日，埃塞俄比亚联邦警察局以叛国罪、腐败罪和严重侵犯人权罪对提人阵76名陆军将领和高级官员发出逮捕令。

在联邦军队的强劲攻势下，埃塞俄比亚政府迅速占领提州阿克苏姆、阿杜瓦、夏尔（Shire）、阿迪格拉特（Adigrat）等主要城镇。作为反击，提人阵先后向阿姆哈拉州的贡德尔和巴赫达尔，以及阿法尔州等地发动火箭弹袭击，摧毁提格雷州的基础设施。提人阵从一开始就指责厄立特里亚军队加入埃塞俄比亚联邦政府，联合攻击提格雷州部队。11月14—28日，提人阵先后三次向厄立特里亚发射火箭弹，落在厄特首都阿斯马拉和德克梅哈利（Dekemehari）、戈梅哈罗（Gemehalo）、内法希特（Nefasit）等城镇。11月28日，埃塞俄比亚国防军在未遭遇激烈抵抗的情形下，顺利控制和接管提格雷州首府默克莱市，提人阵领导人出逃。阿比总理宣布主要“执法行动”结束。但提人阵称，只要入侵者还在提格雷州土地上，战斗就不会结束。提人阵不会向任何势力低头，正向另一场“不同性质”的斗争过渡。

2. 第二阶段（2020年12月以后）

该阶段主要围绕联邦军队追剿提人阵残余势力和重建提格雷州两大任务展开。一方面，联邦政府与提人阵之间小规模或零星战斗持续发生，一些提人阵高官相继落网，或被捕、或投降、或被杀。埃塞俄比亚国防军以发放悬赏金等方式呼吁和激励民众举报提人阵成员下落。2020 年 12 月，提人阵高官、前联邦议院议长克里亚·易卜拉欣（Keriya Ibrahim）等投降，提人阵中央委员阿迪斯利姆·巴莱马（Addisalem Balema）等被捕。2021 年 1 月，提人阵高级军官耶曼内·格布雷米查尔（Yemane Gebremiechael）和四名中央委员在冲突中丧生，前交通部国务部长穆鲁·格布雷·伊戈兹阿布希尔（Mulu Gebre Egziabhier）和至少 9 名提人阵中央委员被俘。[①]同月，提人阵创始人和理论家、86 岁高龄的塞卜哈特·内加（Sebhat Nega）和提人阵前主席兼提格雷州州长阿贝·维尔杜被捕。埃塞俄比亚前外交部部长和前驻华大使塞尤姆·梅斯芬（Seyoum Mesfin）等在交火中丧生。截至 2021 年 1 月底，至少有 147 名不同级别的提人阵官员被捕和遭关押，等待庭审。3 月 19 日，埃塞俄比亚政府向提人阵发出“最后通牒”，要求提人阵成员缴械投降，争取宽大处理，但是提人阵领导人将面临法律的审判。[②] 4 月中旬，埃塞俄比亚国防军宣布，提人阵军政府在提格雷州九个地区活动的团体和小型军事训练营被摧毁。[③]截至 2021 年 4 月，提人阵主要领导人德布雷森·格布雷迈克尔、中央委员格塔丘·雷达（Getachew Reda）和阿勒姆·格布雷瓦希德（Alem Gebrewahid）等仍然下落不明。

另一方面，阿比政府逐步加强对提格雷州的控制，并启动重建倡议。2020 年 12 月，提格雷州临时行政当局行政长官穆鲁·内加（Mulu Nega）和默克莱市市长阿塔克尔提·海尔塞拉西（Atakliti Haileselassie）正式就职，呼吁提格雷州各级官员和警察返回工作岗位。12 月 13 日，阿比总理访问了默克莱市。2021 年 1 月，埃塞俄比亚全国选举委员会（NEBE）以发动武装暴力为由取缔了提人阵。2 月，阿比总理发起“重建提格雷团结倡议”，并带头捐赠了其本人一个月工资和《协同合一》（*Medemer*）售书款项。尽管如此，提格雷州的小型游击战和消耗战恐将持续很长一段时间。据估计，提人阵在冲突初期可以动员的准军事力量和民兵武装可达 25 万人。[④]由于提人阵军队在没有遭受重大损失的情形下进行了战术上的撤退，可以预见，其对埃塞俄比亚国防军和提格雷州临时政府的袭扰活动短期内不会轻易消失。2021 年 3 月底，默克莱市市长阿塔克尔提·海尔塞拉西因遭受炸弹袭击而有意辞职。这表明，提格雷地区冲突很可能会以另外的方式持续。

---

① 被杀的四名提人阵中央委员分别是 Sekoture Getachew，Zeray Asgedom，Abebe Asgedom，Daniel Assefa；被捕的九名提人阵中央委员分别是 Kidusan Nega，Teklewoyini Assefa，Solomon Kidande，Gebremedhin Tewolde，Woldeghiorghis Desta，Abadi Zemo，Tedros Hagos，Mihret Teklay，Abraham Adem Mohammed.

② Final Notice from the Government to All Allied with the TPLF Outlaws，Office of the Prime Minister，Federal Democratic Republic of Ethiopia，March 19，2021，Addis Ababa.

③ 相关地区包括 Atsbi，Haikemsa，Desa，Wejerat，Bora，Tsigereda，Hawzen，Wukro Maray，Zana.

④ Ethiopia's Clash with Tigray：Getting to a Ceasefire and National Dialogue，Crisis Alert，International Crisis Group，Addis Ababa/Nairobi/Brussels，5 November 2020.

二 埃塞俄比亚族裔政治根深蒂固

埃塞俄比亚是多民族国家，有 80 多个民族，主要有奥罗莫族（占全国人口 40%）、阿姆哈拉族（30%）、提格雷族（8%）、索马里族（6%）和锡达莫族（4%）等。[①] 埃塞俄比亚历史上一直缺乏一个占人口绝大多数的主导性民族来统领和整合国家政治，这使埃塞俄比亚地方民族主义和族裔矛盾现象复杂难解。提格雷地区冲突仅仅是埃塞俄比亚族裔冲突的缩影和冰山一角。2020 年 11 月，埃塞俄比亚陆军总参谋长贝哈努·朱拉（Birhanu Jula，奥罗莫族）曾指责世界卫生组织总干事谭德塞（Tedros Adhanom Ghebreyesus）支持提人阵，试图为提人阵在国际社会上争取武装和外交支持。谭德塞对此予以否认，称其只站在和平一边。谭德塞是提人阵高级官员，曾担任过埃塞卫生部长（2005—2012 年）和外交部长（2012—2016 年）。这也揭示了埃塞俄比亚族裔政治的敏感性。

（一）提人阵民族联邦制助长狭隘民族主义

在提人阵主政时代（1991—2018 年），埃塞俄比亚实行民族联邦制。埃塞俄比亚宪法规定，每个民族都有权实行地方自治，各民族自治州有收税、立法、确定本州官方语言，以及组建地方安全部队的权力。这种制度助长了各州和各民族的自治与独立意识，强化了民族认同，而弱化了国家认同。由于提格雷族是少数族裔，提人阵一方面通过建立执政联盟（即埃革阵）的方式来增强自身统治的合法性，另一方面也在其他族裔之间实施分而治之、相互制约的策略，以便维护自身统治。2021 年 3 月 10 日，阿比总理在向非盟和平与安全理事会报告埃塞北部局势时称，在过去近 30 年里，埃塞俄比亚被少数集团控制；为维持权力，提人阵在除提格雷州以外的全国各地煽动种族仇恨、制造族裔对抗和镇压异见。当然，埃塞俄比亚很多政党和反对派成员也担忧阿比会利用打压提人阵的机会，来建立奥罗莫族在国内政治中的霸权地位，从而开启一个新的、恶性的封闭循环。不过，阿比建立繁荣党的目标之一，似乎是要引导和培育埃塞俄比亚国民的多民族意识与国家认同观念，加强民族团结，通过创造单一的政治和经济共同体来建设繁荣的埃塞俄比亚，促进真正的联邦制发展。繁荣党成立后，在全国各地设立分支机构，并对联邦、州、市以及地方各级领导干部进行培训，重点内容是讲述繁荣党的基本理念和阿比倡导的“协同合一”思想。尽管如此，埃塞俄比亚政治中的族裔割裂现象仍然非常严重。提人阵主导下的民族联邦制助长了各州狭隘的和极端的民族主义情绪，破坏埃塞俄比亚各民族团结，阻碍民族融合与政治

---

① 《埃塞俄比亚国家概况》，外交部网站，2021 年 2 月 23 日，https://www.fmprc.gov.cn/web/gjhdq_676201/gj_676203/fz_677316/1206_677366/1206x0_677368/.

一体化。埃塞俄比亚奥罗莫族、阿姆哈拉族、提格雷族、阿法尔族和索马里族等较大族群中都存在极端民族主义势力，甚至连南方州内的锡达莫族和沃莱塔族等较小族裔也不例外。

（二）奥罗莫族的极端民族主义势力最为强大

首先，它有两大代表性政党，即奥罗莫解放阵线（OLF，简称奥解阵）和奥罗莫联邦大会党（OFC）。甚至在繁荣党内部，也有部分奥罗莫族极端势力企图借阿比掌权之机会来提升本族在埃塞俄比亚政治中的地位和影响力。其次，它有武装派别，如奥解阵的“什内”分支（Shene）、“阿巴托比”（Aba Torbe）和“梅罗”（Merro）等奥罗莫族叛乱组织。它们持续在奥罗米亚州西部和南部地区与联邦军队开展武装斗争。再次，它有激进的奥罗莫族青年组织，如“奎罗”（Qeerroo，意为奥罗莫青年，也称全国青年争取自由与民主运动）和“法诺”（Fano，在阿姆哈拉州贡达尔地区）等。奥罗莫媒体网络（OMN）及其领袖贾瓦尔·穆罕默德（Jawar Mohammed）对这些青年组织有强大的影响力和动员能力。奥罗莫族极端势力和武装分子四处出击，与联邦政府、阿姆哈拉族、索马里族以及其他族裔（如奥罗米亚州南部古吉地区的盖德奥族/Gedeo）对立冲突，不时对阿姆哈拉州、本尚古勒—古马兹州、索马里州和南方州的其他族裔发动袭击。奥罗莫极端民族主义者还宣称对首都亚的斯拥有独占权，激起其他政党和族群的强烈反对。埃塞俄比亚宪法虽然规定了奥罗米亚州在亚的斯的特殊地位，但并未承认奥罗莫族对亚的斯的所有权。自阿比·艾哈迈德于2018年4月就职以来，奥解阵与埃塞俄比亚奥罗米亚州和阿姆哈拉州的多起屠杀事件有关联。奥解阵还多次举行集会和示威游行，要求阿比政府下台。2021年3—4月，奥解阵在奥罗米亚州和阿姆哈拉州持续发动武装袭击，造成众多人员伤亡和数以十万计的流离失所者。其中，阿姆哈拉州的阿塔耶镇（Ataye）几乎完全被奥解阵所摧毁，引发阿姆哈拉族的大规模抗议示威活动，要求“停止杀害阿姆哈拉人”和“还阿姆哈拉人以正义”。奥解阵已宣布退出2021年6月5日即将举行的第六次全国大选。4月18日，联邦政府宣布阿姆哈拉州南部地区进入紧急状态。

（三）阿姆哈拉族极端民族主义势力不容小觑

2019年6月22日，阿姆哈拉州安全局局长阿萨米纽·齐吉埃（Asaminew Tsigie）在巴赫达尔和亚的斯发动军事政变未遂，导致阿州州长安巴丘·梅孔嫩（Ambachew Mekonnen）和国防军参谋长塞拉·梅孔嫩（Seare Mekonnen）等高官被杀。阿萨米纽·齐吉埃是阿姆哈拉极端民族主义者的代表。他曾策划推翻前总理梅莱斯的军事政变，后被判处终身监禁。2018年，他获大赦后担任阿姆哈拉州安全局局长，积极发展阿姆哈拉族地方武装，为阿州安全部队招兵买马，积蓄势力。2018年成立的阿姆哈拉民族运动（NaMA）也是以种族为核心。齐吉埃和阿姆哈拉民族运动都认为阿姆哈拉民主党（ADP，埃革阵成员党，后并入繁荣党）并未代表和捍卫阿姆哈拉族群的利益。阿姆哈拉族与奥罗莫族、提格雷族和奇曼特族（Qimant）等都存在矛盾和冲突。针对奥解阵在2021年3—4月对阿姆哈拉族的大肆攻击，阿姆哈拉民族运动于4月18日发表措辞强硬的声明，指责阿比总理是“国家支持的恐怖主义”的同谋，导致对阿姆哈拉人的“种族灭绝事件”。

（四）锡达莫族和其他少数族裔的分离主义情绪日益严重

锡达莫族是南方州56个民族中最大的少数民族，约占埃塞俄比亚1.05亿人口的5%。长期以来，锡达莫族独立建自治州的诉求非常强烈。埃塞俄比亚宪法规定，任何民族都有权通过诉诸公投来决定是否分离。2018年11月20日，锡达莫族向埃塞俄比亚全国选举委员会提出独立公投的请求。此后，锡达莫民族主义势力不断通过示威游行，加大对南方州执政党“南埃塞人民民主运动”（SEPDM）和联邦政府的压力。锡达莫族称，如政府不组织公投，将于2019年7月18日单方面宣告成立新的自治州。7月18—23日，锡达莫解放运动（SLM）和激进的锡达莫青年组织“尹杰图”（Ejjeetto）在南方州首府哈瓦萨发动暴力抗议示威，与联邦军队及地方安全部队发生冲突，迫使联邦政府对南方州实施军管。11月20日，锡达莫地区举行自治公投，230多万人参与投票，98.51%的选民支持成立锡达莫自治州。锡达莫自治公投激发了南方州沃莱塔（Wolyata）、古拉奇（Gurage）、哈迪亚（Hadia）、坎巴塔（Kembata）和卡法等族和地区的自治诉求。它们均已提交公投和自治申请。

此外，在埃塞俄比亚西部的本尚古勒—古马兹州（Benishangul-Gumuz）和东部的阿法尔州和索马里州，也经常发生各种类型的族裔争端与暴力冲突，往往导致重大人员伤亡事件。族裔矛盾已成为埃塞俄比亚政治的一颗毒瘤。缓解族裔矛盾、加强民族团结成为埃塞俄比亚任何一个执政党的优先事项。

三　埃塞俄比亚国家治理的困境

作为一个落后、欠发达的多民族国家和人口大国，埃塞俄比亚在国家治理上面临的挑战与困境无疑是非常巨大的。提格雷地区冲突和各族裔之间的频发暴力冲突是埃塞国家治理困境的极端体现。除此以外，阿比政府的执政困境还体现在以下几个方面。

（一）周期性政治动乱

自阿比执政以来，大规模动乱和重大安全事件频发，暴力与死亡不时威胁国家稳定。2018年6月23日，阿比在亚的斯群众集会发表演讲时遭遇炸弹袭击，导致2人死亡、160多人受伤，戈图·吉尔玛（Getu Girma）等五名嫌犯被控恐怖主义罪。10

月，阿比遭遇兵谏事件。数百名士兵因军饷过低步行至总理府内要求加薪，被阿比巧用“做俯卧撑”化解危机。事后，阿比逮捕了相关肇事者。2019 年 6 月 22 日，阿姆哈拉州安全局局长阿萨米纽·齐吉埃发动军事政变，联邦军队迅速粉碎了政变企图。7 月 18—23 日，南方州锡达莫地区爆发联邦军队与锡达莫族极端主义分子的武装冲突，导致 60 多名平民死亡。10 月 22 日，在阿比赴莫斯科参加首届俄罗斯—非洲峰会之际，奥罗莫媒体网络领导人贾瓦尔·穆罕默德利用社交媒体煽动奥罗莫激进青年发动大规模骚乱。①暴力冲突波及奥罗米亚州、亚的斯及其周边城镇、德雷达瓦市等全国多地，持续一周时间，导致至少 86 人死亡、100 多人受伤。暴乱示威者喊出了“阿比下台”的口号。2020 年 6 月 29 日，奥罗莫音乐人兼政治活跃分子哈查卢·亨德萨（Hachalu Hundessa，34 岁）在亚的斯遇害，引发“七月骚乱”，动乱蔓延至奥罗米亚州和全国多地，导致至少 300 人丧生。联邦军队和警察镇压街头暴乱，逮捕了约 7 千名参与动乱的嫌犯，其中包括奥罗莫反对派的代表人物，如贾瓦尔、贝克莱·戈巴（Bekele Gerba，奥罗莫联邦大会党领导人）以及艾斯津德尔·内加（Eskinder Nega）等。11 月，提格雷地区冲突爆发，截至 2021 年 4 月尚未完全终结。此外，自 2020 年 12 月以来，在奥罗米亚州、阿姆哈拉州、本尚古勒—古马兹州和首都亚的斯等地，各类暴力袭击、族裔杀戮和游行示威层出不穷，埃塞俄比亚政治局部、持续动荡的特征非常明显。虽然联邦军队、警察和安全部门最终都控制住了局势，但这些事件表明埃塞俄比亚政治的高度紧张和国家治理的困难。

（二）经济困境

虽然 21 世纪以来埃塞俄比亚经济增长率长期领先于非洲大陆其他国家，但其宏观经济形势一直非常脆弱。这限制了埃塞俄比亚国家治理所能利用的资源、手段和空间。埃塞俄比亚经济结构的脆弱性主要体现在以下几个方面，且短期内难以扭转。首先，工农业生产效率低下，影响出口收入。近年来埃塞俄比亚发展制造业和工业园的业绩表现不俗，但其出口收入主要来自农产品（占比约 74%），工业制成品出口增长乏力。生产力不高和制造业乏力是埃塞俄比亚宏观经济的最大问题之一。其次，贸易赤字导致外汇短缺。埃塞俄比亚外汇储备通常保持在 30 亿美元左右的水平，只能满足约 3 个月的燃料进口费用。外汇短缺导致埃塞俄比亚比尔持续贬值，通胀上升，影响生产材料进口，推高经济运行成本，抑制外来投资。受新冠肺炎疫情影响，2020 年埃塞俄比亚经济萎缩 1.1%，外汇储备降至 24.61 亿美元，通胀率达 20.9%。② 再次，电力供应短缺，实际发电量远低于发电潜力。埃塞俄比亚约 6500 万人口没有电

① 贾瓦尔·穆罕默德来自奥罗莫族，拥有美国国籍，其创办的“奥罗莫媒体网络”总部位于美国。在阿比上台执政之前，他是阿比的政治盟友。

② 《埃塞俄比亚国家概况》，外交部网站，2021 年 2 月 23 日，https://www.fmprc.gov.cn/web/gjhdq_676201/gj_676203/fz_677316/1206_677366/1206x0_677368/.

力供应。电力短缺严重影响工农业生产和制造业发展，阻碍外部投资。复次，失业率和贫困率居高不下。埃塞俄比亚约70%的人口在30岁以下，至少有1100万人失业，失业率在20%以上。埃塞俄比亚创造就业委员会称，如政府无力充分创造就业，2030年失业人口将上升至1800万人。首都亚的斯至少有40万失业人员。联合国开发计划署（UNDP）认为，埃塞俄比亚至少有83%以上的人口陷于贫困之中，是世界上最贫穷的国家之一。由于埃塞俄比亚失业率和贫困率高，加上国内冲突频繁，埃塞俄比亚国内至少有240万至300万流民，遍及国内各州。严峻的经济形势迫使埃塞俄比亚人口大量外流。每年都有大量埃塞俄比亚移民前往也门、沙特、南非和欧洲国家，很多人死于陆上或海上偷渡途中。仅在沙特一国，就有约50万名来自埃塞俄比亚的家庭佣人。最后，债务问题也比较严重。2020年，埃塞俄比亚外债总额达325.86亿美元。① 2020年3月，埃塞俄比亚总理阿比向“二十国集团”峰会提出三点倡议，即国际社会向非洲提供1500亿美元的全球疫情紧急融资支持，向非洲卫生系统建设提供一揽子支持，以及减免或重组非洲债务等。② 4月和11月，G20分别启动针对低收入国家的“债务暂停偿付倡议”（DSSI）和债务处理“共同框架”，埃塞俄比亚均积极参加，以减轻债务压力。

（三）复兴大坝争端引发外部干预压力

2020年以来，随着埃塞俄比亚复兴大坝逐渐进入蓄水和运营阶段，埃及、苏丹和埃塞俄比亚围绕复兴大坝的争端进一步激化。埃及和苏丹对大坝将危及自身水资源安全的忧虑日益强烈，对埃塞俄比亚的不妥协立场更加坚定。2020年2月，埃塞俄比亚以美国特朗普政府过于偏袒埃及为由，拒绝了美国提出的复兴大坝蓄水和运营机制协议草案，并退出了由美国主持的三方会谈。同年6月以来，非盟介入和主持多轮三方会谈，均无果。埃塞俄比亚提出一项只涉及第一阶段蓄水工作的协议，而埃及和苏丹则坚持就大坝达成全面完整的协议。7月，埃塞俄比亚利用雨季来临对大坝进行了第一次蓄水，并准备在2021年7月进行第二次蓄水。在僵局日益难解之际，苏丹和埃及呼吁美国、欧盟、联合国和非盟组成国际四方机制，来主导复兴大坝谈判进程。埃塞俄比亚则坚持在非盟主导下完成谈判，双方立场相去甚远。美国和欧盟则希望借此机会来干预埃塞俄比亚内政，对埃塞俄比亚国内政治经济改革施加影响。2021年4月6日，非盟轮值主席国刚果（金）在金沙萨主持的复兴大坝谈判再次失败，三国围绕复兴大坝的冲突有愈演愈烈之势。2020年11月和2021年3月，埃及和苏丹

---

① 《埃塞俄比亚国家概况》，外交部网站，2021年2月23日，https://www.fmprc.gov.cn/web/gjhdq_676201/gj_676203/fz_677316/1206_677366/1206x0_677368/.

② Etenesh Abera, “PM Abiy Proposes US $ 150 Billion Emergency Financing Package for Africa As Ethiopia Confirms 12th #Covid19 Case” Addis Standard, March 24, 2020, https://addisstandard.com/news-pm-abiy-proposes-us150-b-emergency-financing-package-for-africa-as-ethiopia-confirms-12th-covid19-case/.

在苏丹北部麦洛维空军基地分别展开代号为“尼罗河之鹰 1 号”和“尼罗河之鹰 2 号”的联合空中军演，针对埃塞俄比亚的意图非常明显。4 月 8 日，埃塞俄比亚在推特上发起“支持复兴大坝”全球运动，宣示埃塞俄比亚拥有在境内修建大坝的所有权利，没有任何力量可以阻止埃塞俄比亚建造大坝并蓄水。作为施压的手段，埃及和苏丹可能会支持提人阵等埃塞俄比亚反对派势力来迫使埃塞俄比亚联邦政府在复兴大坝谈判上做出妥协。[①]这无疑为埃塞俄比亚国内和平稳定增添了复杂因素。事实上，阿比政府一直指责埃塞俄比亚近年来的动乱与外部势力支持密切相关。

（四）宗教矛盾

埃塞俄比亚是一个以东正教为主要宗教信仰的国家，同时信仰伊斯兰教的民众日益增多。历史上，这两大宗教在埃塞俄比亚和谐共处，两者之间的矛盾并不突出。近年来，埃塞俄比亚基督徒与穆斯林之间的冲突事件时有发生，逐渐成为埃塞俄比亚社会的敏感话题。2019 年 12 月，阿姆哈拉州戈贾姆地区莫塔镇一座东正教教堂被纵火烧毁。随后，当地东正教教徒焚烧了四座清真寺，并袭击了穆斯林经营的酒店和企业，此举遭到埃塞俄比亚伊斯兰事务最高委员会的强烈谴责，引发阿姆哈拉州和索马里州穆斯林的示威游行。2020 年 12 月，亚的斯希尔特（Silte）清真寺发生手榴弹爆炸事件。2021 年 3 月，一名奥罗莫宗教领袖在阿姆哈拉州的一座清真寺外被杀，成为整个三四月阿姆哈拉州大动乱的诱因之一。由于穆斯林人口的不断增加，提格雷州和阿姆哈拉州清真寺数量不够的问题日益突出，影响埃塞安全稳定。

四　结语

综上所述，作为一个后发国家，埃塞俄比亚面临的治理困境是复杂多样的。周期性的政治动荡和内部冲突、族裔政治的根深蒂固与民族国家建构的曲折、生产力低下与宏观经济的脆弱、失业贫困和通胀率的高企，以及外部干预的情形等，均体现和加剧了埃塞俄比亚政府治国理政的艰难。对埃塞俄比亚联邦政府而言，实现国家团结和统一是其自然诉求和政治目标。2019 年 10 月，阿比总理以阿姆哈拉语和奥罗莫语出版发行《协同合一》（*Medemer*）一书，表达对国内民族和谐相处与团结共存的期望和愿景。2021 年 3 月，阿比再次以阿姆哈拉语和奥罗莫语出版发行《通往协同合一之路》（*Yemedemer Menged*）一书，记录其改革历程及其面临的挑战。作为一个拥有悠久帝制和中央集权传统的国家，埃塞俄比亚国家领导人自然希望国家统一和民族团

---

① Egypt, Sudan Step Up Diplomatic Action as Ethiopia Reaches Out to Regional Players, March 24, 2021, https://www.al-monitor.com/originals/2021/03/egypt-sudan-step-diplomatic-action-ethiopia-reaches-out-regional-players#ixzz6rQKgqZpH.

结。然而，埃塞俄比亚中央集权传统相较于历史上西欧国家和中国王朝时代的同类体制而言，其能力、程度和水平相对较低，制约了其政治整合和民族融合的进程。提人阵和埃革阵治国近30年，在促进民族团结和国家整合方面，似乎乏善可陈。阿比领导的繁荣党是否会步其后尘，仍有待观察。令人欣慰的是，复兴大坝建设获得埃塞俄比亚举国支持，增强了埃塞俄比亚人的自豪感和共同体意识，促进了埃塞俄比亚的团结，是埃塞俄比亚政治统一的强力黏合剂。这一全民拥护的大型工程，由提人阵和埃革阵开启，有待繁荣党完成。尽管阿比政府有抹黑和贬损提人阵一切作为的倾向，以与“万恶的旧制度”作切割，但在复兴大坝议题上，它还是接过了历史的接力棒，以实现埃塞俄比亚民族复兴的伟业。如何在尊重多样性的基础上维护国家统一与团结，实现“多元一体”的民族国家建构目标，看来是所有多民族国家面临的共同任务。埃塞俄比亚能否打破其治理困境，完成这一重任，将取决于其政治领袖和国家精英的远见与智慧。

● 中非关系

中非合作论坛二十周年：历程、成就与思考

李安山*

摘　要： 中非合作论坛的成立和顺利发展得益于世界趋向和平发展及发展中国家希望团结互助的大环境。论坛成立二十年来，中非合作不断取得新突破，取得了令人瞩目的成就。在此背景下，西方对中非关系快速发展产生焦虑、偏见和忌妒情绪，部分西方媒体针对中非合作进行各种无端指责。当前中非合作面临众多机遇与挑战。在处理相关问题时，中非只要坚持求同存异，抱着尊重事实的态度，加强沟通和协调，就可以继续实现和平共处和共同发展。为推动中非关系进一步深入发展，中国仍需客观认识中非合作在国际发展合作中的地位及其在各国的实际反应，同时警惕某些国际发展组织“捧杀”“中国模式”的做法，推动中非命运共同体的建设行稳致远。

关键词： 中非合作论坛；中非关系；中非命运共同体；新冠肺炎疫情

冷战结束之初，美国麻省理工学院著名经济学家莱斯特·瑟罗教授曾预言：在21世纪有资格站上世界舞台的经济体是欧盟、美国和日本。① 他没想到，中国在21世纪崛起成为全球第二大经济体；也没想到，著名咨询公司盖洛普（Gallup）发布的《评价世界领袖（2018）》报告显示，世界134个国家和地区的民众对中国领导力的认可度达34%，高于美国的31%，这是2008年以来中国领导力认可度第二次超越美国，创下10年来新高；② 更没想到，2020年美国已严重依赖从中国进口

---

* 李安山，电子科技大学西非研究中心教授、北京大学荣休教授，主要从事非洲史、殖民主义和非殖民化问题、非洲民族主义思潮、华人华侨史、中非关系史研究。本文在刊发于《当代世界》2020年第10期的同题论文基础上修改而成。

① Lester C. Thurow, *Head to Head: The Coming Economic Battle among Japan, Europe and America*, New York: William Morrow Company Inc., 1992.

② Julie Ray, “Image of U.S. Leadership Now Poorer Than China's,” February 28, 2019, https://news.gallup.com/poll/247037/image-leadership-poorer-china.aspx? g_source = link_NEWSV9&g_medium = TOPIC&g_campaign = item_&g_content = Image%2520of%2520U.S.%2520Leadership%2520Now%2520Poorer%2520Than%2520China%27s.

的制成品，[①] 并且将中国摆上主要竞争对手的位置，特朗普总统更是将摆脱对华依赖作为2020年的竞选承诺之一。

对美国而言，与中国竞争的结果不仅将影响自身经济发展走向，而且关乎所谓“模式之争”，即认为其一旦被中国超越，将丧失自身霸权地位。尽管这只是美国的单方面认知，但对认识当代世界政治至关重要。受这种认知影响，发展中国家似乎成为中美争夺的重点地区，因此客观评估这一认知对中非关系的影响十分重要。中非合作论坛成立二十年来取得了令人瞩目的成就，当前中非合作面临众多机遇与挑战，中国应在继续促进中非合作的同时，客观认识和把握国际局势，趋利避害，为实现中华民族伟大复兴的中国梦保驾护航。

一　中非合作论坛：历程、成就与辨析

中非合作论坛已走过二十年历程。虽然期间遇到了一些困难和挫折，但论坛取得的成绩令世人瞩目。从论坛的缘起与成立到合作过程，从宣言和行动计划到各项举措的落实，每个阶段都体现了中非双方互相尊重、平等合作和互利共赢的特点。[②] “中非合作论坛的成立有其历史必然性。一方面，它是中非友好合作关系长期发展的结果，另一方面，它又源自中非双方共同的需求。”[③] 从论坛发展的角度看，有学者将中非合作划分为三个阶段。第一届部长级会议到第四届部长级会议（2000—2009年）为第一阶段，合作主要集中在经济领域，内容从以贸易为主到贸易与投资并重。第四届部长级会议到约翰内斯堡峰会（2009—2015年）为第二阶段，合作内容在继续深化经贸合作基础上加强人文交流。约翰内斯堡峰会至今为第三阶段（2015年至今），合作内容在经济领域从产能合作拓展到产业对接和共建“一带一路”，和平安全合作成为重要合作领域，治国理政经验交流成为合作新亮点。

应该看到，中非合作论坛成立和顺利发展得益于世界趋向和平发展及发展中国家希望团结互助的大环境。自20世纪90年代末以来，国际形势的发展使中非双方日益认识到彼此合作的重要性及优势，非洲方面率先提出建立论坛的建议。从中非合作论坛的提出与成立及每次会议的筹备操作，共商共建共享的原则始终贯穿其中，双方的

---

① Michel Chossudovsky, “The Corona Pandemic and Trump's Trade War Against China: America's Dependence On ‘Made in China’. Potential Disruption of the US Economy,” *Global Research*, June 14, 2020. Global Research, June 14, 2020, https://www.globalresearch.ca/the-corona-pandemic-and-trumps-tradewar-against-china-americas-dependence-on-made-in-china-potentialdisruption-of-the-us-economy/5713552.

② 张忠祥：《中非合作论坛在非洲发展中的作用》，《探索与争鸣》2008年第12期；李安山：《论中非合作论坛的起源———兼谈对中国非洲战略的思考》，《外交评论（外交学院学报）》2012年第3期；周玉渊：《中非合作论坛15年：成就、挑战与展望》，《西亚非洲》2016年第1期；沈晓雷：《论中非合作论坛的起源、发展与贡献》，《太平洋学报》2020年第3期。

③ 沈晓雷：《论中非合作论坛的起源、发展与贡献》，《太平洋学报》2020年第3期。

平等精神和合作诚意突出表现为以下三个方面。

第一，非洲国家在中非合作论坛的酝酿过程作出了重要贡献。从1991年至今，中国外长每年首次出访都选择非洲国家。1998年3月，唐家璇就任外交部长后访问了几内亚、科特迪瓦、加纳、多哥和贝宁5个非洲国家，中国逐步认识到非洲在国际舞台上的重要性以及加强中非合作的紧迫性。1998年，毛里求斯外交部一位司长和其他非洲外交官在出席中国举办的非洲法语国家司局级外交官研修班时提出在中非关系方面，希望建立“一国对多边的伙伴关系”（One To Multi Partnership）。[①] 埃及资深外交官、曾任非洲统一组织要职的艾哈麦德·哈加戈（Ahmed Haggag）代表非洲统一组织出席1999年1月25日在北京中国美术馆举办的非洲艺术大展活动时，明确提出中非之间建立多边合作机制的建议。[②] 1999年，马达加斯加外长利娜·拉齐凡德里亚马纳纳（Lila Honeta Ratfandrihamanana）访问中国。这位出身于文学世家的女外长学识渊博、视野开阔，非常重视中非关系。在与唐家璇外长会谈时，她提到非洲国家和许多发达国家建立了机制性合作平台，因此提议建立一个论坛，以巩固中非关系友好，加强中非合作。[③] 可以说，非洲有关人士的多次推动为最终促成中非合作论坛的启动和创立作出了重要贡献。[④]

第二，论坛筹备和议程操作体现了平等协商的精神。中国外交部与商务部官员在每次论坛前均会亲自拜访非洲国家相关人士，充分听取各方意见，在双方商议后确定合作领域。论坛操作过程也由双方共同完成。论坛一般由中非双方推出共同主持人，会议在中国和非洲国家轮流举办，充分体现了平等合作的精神。这种精神对大国对非关系产生了积极影响。例如，1993年成立的东京非洲发展国际会议的前五届均在日本举行。非洲国家向日本提出应向中国学习，适时在非洲举行，遂主办方最后决定第六届东京非洲发展国际会议在肯尼亚举行。在中非合作论坛举办过程中，中非国家领导人充分发表意见，就双方合作领域展开广泛讨论和协商。

第三，论坛会议成果的落实充分体现了双方务实合作的风格，使中非合作论坛在过去二十年内取得了举世瞩目的成就。中国在非洲基础设施建设方面成绩显著，建成的铁路和公路里程均已超过6000公里，建成近20个港口和80多个大型电力设施，

---

① 舒展大使在北京大学非洲研究中心的讲座，2010年11月5日；许镜湖大使致李安山邮函，2012年1月21日。

② 刘贵今大使致李安山邮函，2012年1月20日、2012年1月21日。李安山与哈加戈先生在肯尼亚首都内罗毕举办的“通往中非关系可持续发展之道”（The path to the Sustainable Development of China-Africa Relations）学术研讨会上的交谈，2012年8月9日。还可参见王黎《非洲艺术大展在京举行》，《人民日报》1999年1月25日，http：//news. sina. com. cn/richtalk/news/culture/9901/012502. htmlhttp：//data. people. com. cn/rmrb/19990126/5.

③ 唐家璇：《劲雨煦风》，世界知识出版社2009年版，第433页。

④ 2007年，刘贵今大使作为中国政府非洲事务特别代表在联合国经社理事会大厅发表演讲。现场气氛热烈，参加人员很多。碰巧的是，主席台上就座的非洲联盟驻联合国的观察员，恰恰就是当年马达加斯加外长利娜·拉齐凡德里亚马纳纳女士。当刘大使讲到利娜外长向中国政府提出建立某种合作机制的建议时，她激动地说：“就是我！就是我！”引自对刘贵今大使的采访，北京大学非洲研究中心，2010年12月31日。

便利了非洲交通，促进了非洲工业化进程，提升了非洲自主发展能力。在民生领域，中方迄今已援建130多个医疗设施、45个体育馆、170多所学校，近5年共培训非洲各类人才超过20万人次，分布于各行各业，为增进非洲人民的切身利益和福祉作出了重要贡献。在贸易投资方面，2019年中非贸易额突破2000亿美元，中国连续11年成为非洲第一大贸易伙伴。中国对非直接投资存量达1100亿美元，3700多家中国企业在非洲投资兴业，为非洲经济的持续增长提供了强劲动力。中方已累计派出医疗队员2.1万人次，迄今在非洲各国医治病患2.2亿人次。[①] 更重要的是，论坛始终秉持共商共建共享的原则和正确义利观，不干涉非洲国家内政、不附加政治条件、不强人所难；注重倾听非洲声音，尊重非洲意愿，契合非洲需要。这种人类命运共同体的理念也得到了国际社会的高度认可。2018年来华参加中非合作论坛北京峰会的联合国秘书长古特雷斯指出："中非合作有利于和平安全，有利于打造人类命运共同体。"[②]

中非合作成就非凡，也经受了各种考验。最为突出的一次是非洲联盟总部会议中心建成后的谣言事件。援建非洲联盟总部会议中心是中国在2006年中非合作论坛上作出的承诺，以支持非洲地区一体化进程。2009年6月，由中国援建的非洲联盟会议中心在亚的斯亚贝巴正式启动，2011年11月竣工，由一栋20层的办公主楼、一个可容纳2505人的会议中心以及一栋有31个小会议室的建筑组成，总建筑面积为11.2万平方米。这是中国继坦赞铁路之后对非洲的最大援助项目，共投入8亿元人民币（约合1.237亿美元）。中非双方将这座配备各种先进设备的大型建筑视为双方传统友谊的象征。[③]然而，这一标志性建筑却被法国某些媒体渲染为中国在非洲影响力的宣示，并掀起炒作"中国殖民非洲"的新一波浪潮。个别西方媒体在2018年非洲联盟峰会召开前夕恶意炒作"中国借援建非洲联盟会议中心对非洲联盟窃听"的谣言。英国《金融时报》以耸人听闻的标题《非洲联盟就黑客攻击总部指责中国》发布了相关报道。然而，文章通篇未提及任何非洲联盟官员就相关事件对中国的指责。[④] 这种有违新闻职业道德的歪曲报道竟被法国《世界报》等转载。对此，非洲联盟委员会主席法基指出："这完全是制造谎言，挑动是非。非洲联盟认为中方不可能也没有必要做这样的事情。中非关系不可动摇，非洲联盟与中国的共同任务是加强合

---

① 张玉亮：《王毅：中非合作论坛引领国际对非合作》，新华网，2020年9月16日，http://www.xinhuanet.com/world/2020-01/13/c_1125453172.htm.

② 钟声：《让中非命运共同体更具生机活力》，《人民日报》2018年9月5日，第7版。

③ 李连星：《中国援建非洲联盟新总部已竣工》，《中国日报》2011年11月28日，http://www.chinadaily.com.cn/zgrbjx/2011-11/28/content_14184357.htm.

④ John Aglionby, Emile Feng and Yuan Yang, "African Union Accuses China of Hacking Headquarters," January 30, 2018, https://www.ft.com/content/c26a9214-04f2-11e8-9650-9c0ad2d7c5b5.

作，增进双方人民福祉。这样的谣言绝不会损害中非关系，也不会让我们分心。”①

二　中非合作：疑虑、抨击与评价

中非关系源远流长。进入21世纪以来，双方合作关系快速发展。2000年10月，中非合作论坛建立。2001年12月11日，中国正式加入世界贸易组织。二十年来，中国在现存的国际经济体系中吸收各国经验，经济总量不断增加，社会发展取得进步。同时，中国以各种方式回馈国际社会，与非洲的发展合作是其中的重要成就之一。中非合作不仅有别于西方长期以来控制的对非国际援助模式，而且不断取得新突破，西方对中非关系的快速发展产生了焦虑、偏见和忌妒情绪，部分西方媒体针对中非合作发起各种无端指责，包括“掠夺资源论”、“援助方式有害论”、“漠视人权论”、“破坏环境论”、“帝国移民论”及近年来的“债务陷阱论”等。② 诸多恶意指责中最为典型的是“新殖民主义论”。2006年，英国外务大臣杰克·斯特劳（Jack Straw）访问尼日利亚时，公开指出，“中国在非洲所为与英国100多年前的殖民活动相似”，从而引发西方对中非关系性质的恶意攻击，指责中国对非洲进行所谓的“新殖民主义”“经济帝国主义”。③ 虽然国际社会特别是发展中国家对中非合作论坛取得的成就表示充分肯定，但西方媒体攻击中国在非洲搞“新殖民主义”的陈词滥调仍不绝于耳。④

然而，最有资格对中非合作做出评价的是非洲人民。2015年皮尤（PEW Global）全球民意调查“对中国的看法”报告表明，非洲民众对中国普遍具有好感，这一比例在加纳占80%，在埃塞俄比亚和布基纳法索占75%，在坦桑尼亚占74%，在塞内加尔、尼日利亚和肯尼亚占70%，在南非占52%。⑤ 2017年8月14日，中非媒体对话会在南非约翰内斯堡举行。12家非洲媒体的代表就“相知相通”“通力合作”“携手未来”三个议题进行交流，驳斥了西方媒体的相关指责，并对中非合作进行了客观评价。卢旺达《新时代报》主编塔萨姆巴表示：“西方媒体反映的是‘脏乱差’和没有希望的非洲，对中非的发展成果总是‘选择性失明’；中非媒体合作有助于非洲

---

① 张陨璧：《中非双方共同驳斥西方媒体散布的谣言》，中国日报网，2018年2月8日，http：//cn.chinadaily.com.cn/2018－02/08/content_35671681.htm.

② 李安山：《论“中国崛起”语境中的中非关系——兼评国外的三种观点》，《世界经济与政治》2006年第11期。

③ Dianna Games，“Chinese the New Economic Imperialists in Africa，” *Business Day*，February 2005；《中国外交官驳斥所谓中国在非洲搞新殖民主义说法》，中国网，2006年9月23日，http：//www.china.com.cn/txt/2006－09/23/content_7185113.htm.

④ Panos Mourdoukoutas，“What Is China Doing In Africa?” *Forbes*，Aug 4，2018，https：//www.forbes.com/sites/panosmourdoukoutas/2018/08/04/china-is-treating-africa-the-same-way-european-colonists-did/#150ee237298b.

⑤ “Opinion of China-Do You Have A Favorable or Unfavorable View of China，” Global Attitudes & Trends，2015，http：//www.pewglobal.org/database/indicator/24/survey/17/.

人民了解中国，也会让中国人民更好地看到非洲欣欣向荣的一面。”加纳《发现者报》的达科认为，西方媒体试图将中国描绘成非洲的“新殖民者”，制造中国“新霸主”的假象，从而将中国视作应被警惕监视的对象。他希望中非媒体合作能扭转这一错误局面。[①] 2019 年 12 月 5 日，皮尤民调报告表明，对华印象的正面和负面之比在突尼斯为 63%/16%，在尼日利亚为 70%/17%，肯尼亚为 58%/25%，南非为 46%/35%。[②]

值得注意的是，中国外长迄今连续 30 年每年首次出访都选择非洲国家，在国际交往史上堪称独一无二。这一传统主要基于三个原因：中非世代友好的历史传统和患难与共的特殊情感；中非深化合作、共同发展的现实需要；中非加强国际协作、维护共同利益的重要使命。情感、需要和使命决定了中非合作的意义，也诠释了其持久性。[③] 近期，中非互相支持也表现在香港问题上。全国人民代表大会通过《中华人民共和国香港特别行政区维护国家安全法》，明确定义了从事分裂国家、颠覆国家政权、恐怖活动、勾结外国或境外势力危害国家安全四类犯罪行为及相应刑事责任。不少非洲国家政党政要在香港国安法和香港因新冠肺炎疫情推迟立法会选举等问题上坚定支持中国，反对并谴责部分国家妄图干涉中国内政的行为。[④]

当然，中非实际发展程度不同以及处于全球工业生产链的地位不同是客观存在的现实，双方在国际舆论环境中也面临一些挑战。虽然在关于自然/人类、生命/生存、个体/群体、权利/义务、选举/民生、自由权/生存发展权关系等问题上，中国与非洲各民族有各自看法。但在处理这些关系时，中非只要坚持求同存异，就可以实现双方的和平共处和共同发展。更重要的是，中国文化与非洲文化还具有很多相同点，包括集体主义、敬老尊贤、平等观念和宽容待人等方面的理念和实践。[⑤] 比如，对于人权的定义，非洲人强调乌班图（Ubuntu）精神，包含“人道待人”（对别人仁慈）和“天下共享，连接众人”（人类命运共同体）两层意思，即一个人的存在只有在他人存在的情况才能体现，个人价值只有在与众人的诸种社会关系之中才能实现，个人与集体是一种共存关系。这一概念认同在包括非洲联盟在内的整个非洲相当普遍，也与中国强调的集体主义价值观有极大的相通之处。

---

① 宋方灿、尹力：《非洲媒体：中非合作双赢 西方报道有欠客观公正》，中国新闻网，2017 年 8 月 15 日，http：//www. chinanews. com/gj/2017/08 –15/8304798. shtml.

② Laura Silver, Kat Devlin and Christine Huang, “People Around the Globe Are Divided In Their Opinions of China,” Pew Research Center, December 5, 2019, https：//www. pewresearch. org/fact-tank/2019/12/05/people-around-the-globe-are-divided-in-their-opinions-of-china/.

③ 张玉亮：《王毅谈 30 年持之以恒首访非洲的三点原因》，新华网，2020 年 1 月 12 日，http：//www. xinhuanet. com/2020 –01/13/c_1125453213. htm.

④ 《非洲多国人士支持香港国安立法》，环球网，2020 年 7 月 13 日，https：//3w. huanqiu. com/a/24d596/3z250WCN9SS？p = 1&agt = 46.

⑤ 李安山：《中国与非洲的文化相似性——兼论中国应该向非洲学习什么》，《西亚非洲》2014 年第 1 期。

新冠肺炎疫情暴发初期，武汉采取封城和严格的管理措施遭到在华部分非洲人的误解。随着疫情在中国的缓解和在非洲的日益严重，中非双方领导人不断沟通，互相支持抗疫斗争。中国向非洲国家提供大量抗疫物资，分享抗疫经验并派出医疗专家组，深化公共卫生领域合作。① 双方在以人民生命为要、支持世卫组织的努力以及合作抗疫等方面采取一致行动并互相支持。虽然美国国务卿蓬佩奥频频高调宣称“美国对帮助非洲抗击新冠病毒的贡献无人可比”，但事实已经证明，谁才是非洲国家真正值得信赖的伙伴。

在2020年6月17日举办的中非团结抗疫特别峰会上，习近平主席指出，中国将继续全力支持非洲抗疫行动。双方应坚持人民至上、生命至上，尽最大努力保护人民生命安全和身体健康，坚定不移携手抗击疫情，坚定不移推进中非合作，共同打造中非卫生健康共同体和更加紧密的中非命运共同体。会议发表《中非团结抗疫特别峰会联合声明》，向国际社会发出中非团结合作的时代强音。② 这种合作抗疫除了药品和人员的互相帮助外，也落实在技术合作方面。新冠肺炎疫情发生后，中国国药集团和摩洛哥方面密切沟通，协商达成了《新冠灭活疫苗临床合作协议》《新型冠状病毒灭活疫苗合作协议》，中国研制的新冠疫苗取得了摩洛哥政府的临床试验许可。双方合作签约仪式于8月20日在中国北京和摩洛哥首都拉巴特同步举行。③ 在中非合作抗疫过程中，虽然时有内外部的杂音，但只要双方抱着尊重事实的态度，相关问题一定会得到妥善解决。中非互为重要的战略伙伴，非洲也是“一带一路”倡议的重要参与者。从全球减贫发展的千年目标来看，中非互为依托，其战略意义不言而喻。中非已成为双方重要的商品市场和产能合作方。非洲是中国重要的战略物资供应方、重要的投资地和产能转移地，更将成为中国重要的金融突破口。

三 关于未来中非合作的思考

2020年是中非合作论坛成立二十周年，中国应认真总结经验，推动中非合作进一步深入发展。为了防止有碍中非合作发展的现象或趋向出现，中国对非外交需从以下两个方面进行深入思考。

一是客观认识中非合作在国际发展合作中的地位及其在各国的实际反应。中非合作确有其特点和优势，但中国对非总体规划仍未成为国际社会普遍接受的系统理论或

---

① 白林：《（国际）专访：新冠肺炎疫情下中国向非洲提供了切实支持——访肯尼亚国际问题专家卡文斯·阿德希尔》，新浪网，2020年6月20日，http://k.sina.com.cn/article_213815211_0cbe8fab02000y2yh.html.

② 《习近平主持中非团结抗疫特别峰会并发表主旨讲话》，中国外交部网站，2020年6月18日，https://www.fmprc.gov.cn/web/wjdt_674879/gjldrhd_674881/t1789698.shtml.

③ 《国药集团中国生物与摩洛哥签署新冠疫苗合作协议》，中国工业新闻网，2020年8月27日，http://www.china-mic.cn/m/view.php?aid=36166.

理念。除受援国外，中国对非合作在具体实施上仍然需要更多同行者。中非合作的内容比较丰富，进展相对顺利，但面临的因难也不少，尤其是客观评估机制有待进一步完善。鉴于此，中国要继续坚持“真实亲诚”对非政策理念，坚持中非双方平等交流、互学互鉴的合作定位，通过中非合作团结广大发展中国家。

二是警惕某些国际发展组织“捧杀”“中国模式”的做法。中国在发展方面成就巨大，国际上有关“中国模式”的提法颇为流行。中国一直不希望他国照搬“中国模式”。[①]然而，在相关国际组织的话语体系中，一些“援助发展—发展成功”的案例已经以“中国模式”为相应指标，希望甚至强迫非洲受援国学习中国这种“榜样国家”。中国的成功在于因地制宜，特别是充分利用了有利的国际环境；但非洲国家作为后殖民时期的欠发达经济体，仍面临诸多不利于其自主发展的国际因素。在对非合作上，中国应始终保持与非洲国家的平等伙伴关系，警惕国际上某些政客或组织借学习“中国模式”的名义，干预非洲国家发展进程。

“在世界经济日益全球化的今天，中非关系建立在共识、共商和共赢的基础上；非洲需要中国，中国更需要非洲。”[②]当前，构建人类命运共同体理念在世界范围逐步得到广泛认同，中非之间紧密的合作关系更加凸显其时代价值和世界意义。

---

① 1985 年 9 月，加纳国家元首罗林斯访华，张维为在邓小平先生接见他时担任翻译：“我接触过十几个非洲国家领导人，罗林斯是给我印象比较深的一个，他真心想学习别人的东西，为自己的国家做点事请。他一路感叹，说加纳人缺少理性，中国人非常理性。西方国家给我们一个模式，我们必须照搬，但你们的邓小平说，你们要走自己的路，不要照搬中国模式，只有一个伟大文明的代表才能讲出这样的话。这次访问给罗林斯留下非常深刻的印象，以至于他晚上都睡不着觉，一个人坐在钓鱼台 18 号楼的大客厅里沉思，外交部礼宾司的人着急了，让我去劝他休息……在罗林斯最后走的时候，邓小平也提醒他，不要照搬中国的模式。”《贴身翻译谈邓小平：从未见过这么精彩的人》，中国新闻网，2014 年 8 月 21 日，https：//news. china. com/zh_cn/focus/dengxiaoping/11165078/20140821/18726768_all. html.

② 李安山：《非洲需要中国，中国更需要非洲》，2020 年 9 月 21 日，https：//mp. weixin. qq. com/s/kLiAIy9o5ErMZ7CIxjRAAg.

中非合作论坛框架下中非农业合作的新发展与新挑战

唐丽霞　赵文杰　李小云*

摘　要： 中非合作论坛的成立为中非合作翻开了新的历史篇章。农业作为中非合作的传统领域和重要利益交汇点，也在论坛框架下不断丰富和完善并取得诸多新进展：合作方式从无偿援助转向援助、贸易与投资相结合；合作主体从政府为主发展为多主体、多渠道共同参与；合作内容从粮食作物生产环节向全产业链扩展；合作形式从碎片化项目合作走向机制化合作。与此同时，中非农业合作仍然面临诸多挑战：对突发性的农业风险和自然灾害缺乏合作应对机制；对不同国家的特殊性农业发展问题关注不够；对提升非洲国家农业治理能力关注不足；对农业嵌入的整体社会系统尤其是非洲乡村治理及运行机制的研究和关注不够。未来，中非之间应加强农业治理能力建设、乡村综合发展、紧急突发事件应对等方面的合作，进一步拓宽合作主体，加强中国与非洲国家本土的农业高校、科研机构、企业等的合作。

关键词： 中非农业合作；中非合作论坛；援助；能力建设；乡村治理

2000 年中非合作论坛成立以来，中国与广大非洲国家在政治、经济等领域的合作不断加强。2000 年以前，中非关系稳步发展，但缺乏统一的机制化合作平台，在国际社会普遍加强对非合作而中非双方又均有强烈合作意愿的大背景下，中非合作论坛的成立为中国与非洲之间搭建起规范化的政策对话和沟通平台。① 虽然国际社会对中非合作论坛存在褒贬不一的看法，甚至将这一合作机制误读为中国借以在非洲扩大势力范围，获取资源、土地和市场的途径②，但中非合作论坛的积极效果仍然十分突出。中非合作论坛机制促使中非关系摆脱了原本相对分散、缺乏制度体系的状态，逐

---

* 唐丽霞，中国农业大学人文与发展学院/国际发展与全球农业学院教授、博士生导师，主要研究方向为国际发展合作；赵文杰，中国农业大学人文与发展学院博士研究生，主要研究方向为全球农业治理；李小云，中国农业大学人文与发展学院/国际发展与全球农业学院教授、博士生导师，主要研究方向为国际发展合作。本文在刊发于《西亚非洲》2020 年第 5 期的同题论文基础上修改而成。

① 李安山、刘海方：《论中非合作论坛的运作机制及其与非洲一体化的关系》，《教学与研究》2012 年第 6 期。

② 张忠祥：《中非合作论坛框架下的农业合作——兼论“中国海外屯田”说》，《国际展望》2009 年第 2 期。

渐与国际环境相适应并呈现出自身特有的制度化发展路径。作为中非合作的传统领域和重要利益交汇点，农业合作一直伴随并促进着中非关系的发展，在中非合作论坛框架下，中非农业合作出现了诸多新发展，也面临着不少新挑战。鉴于此，本文以中非合作论坛确立的一系列行动计划和中非农业合作的实践为基础，对这些问题进行讨论。

一 中非农业合作的历史脉络

中国对非农业合作始于20世纪50年代，近70年来，农业合作在中非合作中始终占有重要地位，伴随着中非关系的变革，中非农业合作的发展可以分为3个历史阶段。

第一阶段从1959年到20世纪70年代末，中国政府主要向非洲国家提供无偿农业援助，援助方式包括建设示范农场、农田水利工程项目以及派遣农业技术专家等。中国先后帮助非洲国家实施了近180个农业项目①，其中比较著名的农业项目有坦桑尼亚的姆巴拉利农场和鲁伏农场、乌干达的奇奔巴农场和多禾农场等。② 虽然这些早期的援助项目面临着可持续发展的挑战，后来被改制、拍卖或者分配给当地农民，但不少中国早期援助的农田水利工程和农场规划至今仍然发挥着作用，如在坦桑尼亚援建的姆巴拉利农场1977年建成并移交坦方，其配套的灌溉设施、小型水电站、农机修配厂、碾米厂等至今仍在正常运转。这一时期，中非农业合作的方式主要是农业援助，合作主体以政府为主。从资源流向来看，援助资源主要从中国流向非洲，对于中国而言是一种单向的利他型合作，其最终目标是为了配合当时国际意识形态斗争以及发展中国家间建立和维持外交关系的需要。这一时期援助项目总量虽然不多，但对非洲国家农业发展的促进作用仍非常明显。

第二阶段从20世纪80年代到90年代末，受国家发展战略调整以及援外工作改革的影响，中非农业合作主要以提高可持续性为目标对早期援助项目进行改造，这一时期又可细分为前、后两个阶段。前一阶段从20世纪80年代到90年代中期，援外工作改革主要是将国内行之有效的承包责任制运用到早期的援非农业项目上，在很多援非农场也实行承包责任制的生产组织方式。例如，1985年中国选派农业专家帮助改造早先在布基纳法索援建的3个水稻垦区，采取“分田到户、个体经营、收获归己”的经营方式，将农民的收益和农田的经营管理结合起来，并由中国专家提供技术指导。水稻的最高单产达到每公顷10.5吨（双季稻），垦区农户年纯收入达到

① 李嘉莉：《对加强中非农业合作的若干思考》，《世界农业》2005年第5期。

② 唐晓阳：《中国对非洲农业援助形式的演变及其效果》，《世界经济与政治》2013年第5期。

1300—2600 美元。[①] 后一阶段是 20 世纪 90 年代中后期，中国政府进一步明确了互利合作的援外方针：积极推行政府贴息贷款的援助新方式，鼓励援助资金与贸易、投资等资金结合使用，鼓励国内有实力的企业，尤其是大型骨干企业参与实施援助项目[②]，引导援助资金投向当地有资源、有市场的开发性和生产性项目，还明确了企业是实施援助项目的主体。[③] 在此背景下，一些中国企业开始参与到早期援建项目的经营管理中。例如，1994 年原中轻对外公司在中国援建的马里糖厂的既定基础上与当地政府联合组建了“上卡拉糖联”，中国占股 60%，转制后的合资公司雇员达到了 4500 人，高峰期达到了 7000 人。[④] 对早期农业援助项目经营方式的商业化改革在一定程度上提高了项目的可持续性，使得这些农业项目能够继续经营并为当地农业发展作出贡献。

第三阶段从 2000 年至今，伴随着中非合作论坛机制的建立，中非农业合作进入了新阶段，其形式、内容、途径等都更加多样化，并且逐渐确立了援助、投资和贸易三大关键领域，更加体现出互利合作的原则（见表 1）。中非合作论坛成立初期，双方将农业作为主要合作领域之一，首届论坛通过的《中非经济和社会发展合作纲领》促使双方“采取各种必要措施，确保该领域合作的顺利开展”；而第二届部长级会议则明确了双方在“农业技术合作和人员培训等方面进行了有益尝试，并积累了一些合作经验……支持和鼓励有实力的中国企业在非洲开展农业合作项目”。由此，双方农业合作开始纳入宏观行动计划，伴随着中非双方多领域沟通与交流的不断加强，农业合作的方式日益多样化，合作领域不断拓展，合作的总体原则愈加明确。

表 1　　中非合作论坛相关文件中有关农业合作的主要内容一览

论坛届次	文件名称	主要内容
第一届（2000 年）	《中非经济和社会发展合作纲领》	分享发展经验；意识到农业对摆脱贫困和保障粮食安全的重要意义；中国、非洲与联合国粮农组织（FAO）开展三方合作
第二届（2003 年）	《中非合作论坛—亚的斯亚贝巴行动计划（2004—2006 年）》	农业是解决非洲粮食安全问题、消除贫困和提高人民生活水平的有效途径；加强技术交流与合作；鼓励中国企业在非开展农业合作

① 张浚：《中国对非洲的援助》，载周弘主编《中国援外 60 年》，社会科学文献出版社 2013 年版，第 87—146 页。

② 唐正平：《前景广阔的中非农业合作》，《西亚非洲》2002 年第 6 期。

③ 刘少鲁：《中非农业合作的探索与思考》，《农业经济》2007 年第 10 期。

④ 周弘：《中国对外援助的政策与机制》，载周弘主编《中国援外 60 年》，社会科学文献出版社 2013 年版，第 1—33 页。

续表

论坛届次	文件名称	主要内容
第三届（2006 年）	《中非合作论坛北京行动计划（2007—2009 年）》	强调农业对消除贫困、促进发展和保障粮食安全的作用；探讨农业合作新形式和新途径；援建农业技术示范中心；扩大对非农业投资；等等
第四届（2009 年）	《中非合作论坛—沙姆沙伊赫行动计划（2010—2012 年）》	再次强调农业与粮食安全是优先合作领域；继续保持和加强农业合作力度，拓展合作领域；加强南南合作
第五届（2012 年）	《中非合作论坛第五届部长级会议—北京行动计划（2013—2015 年）》	继续将农业和粮食安全作为合作的优先领域；将开展多层次、多渠道、多形式的农业合作与交流；强化对中非企业开展农业合作的金融支持；促进非洲农产品进入中国市场；等等
第六届（2015 年）	《中非合作论坛—约翰内斯堡行动计划（2016—2018 年）》	再次强调农业是中非合作的优先领域；提出农业政策磋商、规划设计合作等多项援助举措；鼓励并支持中国企业在非洲开展农业投资；鼓励农产品贸易
第七届（2018 年）	《中非合作论坛—北京行动计划（2019—2021 年）》	强调帮助非洲提升粮食安全保障能力；共同制定并实施中非农业现代化合作规划和行动计划，丰富对非农业合作形式；就农业技术培训、科学研究等具体领域明确合作方向

资料来源：笔者根据中非合作论坛官方网站（https：//www. focac. org）资料整理。

总体而言，中非合作论坛机制建立前，中非农业合作形式比较单一，以双边渠道的无偿援助为主，主要援助目标是提高非洲国家的农业生产力和农产品产量，援助的方式以援建大型农场为主，但援助可持续性的困境也使得中国政府从 20 世纪 80 年代到 90 年代不断采取企业化改革等措施来解决农场的可持续运转问题。中非合作论坛机制建立后，中非农业合作吸取了之前的经验和教训，逐步从农业援助、农产品贸易、农业投资等多方面多渠道不断深化合作。

二　中非合作论坛机制建立以来中非农业合作的新发展

中非合作论坛成立之初就将农业作为重要合作内容，随着论坛机制的不断完善，中非农业合作已经由最初的达成共识阶段跨越到多层次全面合作阶段，并呈现出新特点。

（一）合作方式从无偿援助转向援助、贸易与投资相结合

中非合作论坛成立初期，农业合作方式仍然以中国对非援助为主。2006 年，第三届中非合作论坛明确提出要“鼓励和支持中国企业扩大对非农业投资”，标志着农

业投资开始受到双方的重视；到 2015 年，第六届中非合作论坛提出“中方将鼓励并支持中国企业在非洲开展农业投资”，非方承诺“为中国企业在非开展农业投资及贸易营造良好环境”。此外，双方明确“不断扩大中非农产品贸易规模”。由此开始，中非农业合作以援助为基本形式、重视对非农业投资和中非农业贸易的格局开始形成。

从实践来看，中非合作论坛提出的通过援助、贸易和投资三种方式开展合作的主要内容得到了很好的贯彻和落实。在对非农业援助方面，目前中国已在非洲国家援建了 22 个农业技术示范中心，集中展示中国先进农业技术，搭建多边和双边技术合作平台，探索市场化商业化可持续运营模式；2006 年以来，中国累计向 37 个非洲国家派遣农业技术、职业教育、高级顾问等 71 个援外专家组，共计 724 人次，传授农事管理经验，指导当地农民提高农业综合生产能力。[①] 中国每年为非洲国家培训农业官员、技术员、农民、学生近万人次，多渠道促使更多非洲国家的农业从业者能够获得技术培训和指导，以此提升农业援外培训的效果。

为促进中非贸易发展，中国对非洲输华产品给予关税优惠。目前，非洲 33 个最不发达国家 97% 的输华产品享受零关税。2000 年至 2018 年，中非农产品贸易额由 6. 5 亿美元增长到 69. 2 亿美元，年均增长 14%；中国自非洲进口农产品年均增长 17. 3%，是增速最快的区域之一。[②] 中国扩大对非农产品贸易，不仅有助于发挥非洲在劳动密集型农产品方面的比较优势，也有助于促进非洲发展高附加值农产品生产，带动非洲整体经济发展。与此同时，中国企业在非开展农业投资的积极性也不断提升。截至 2018 年年底，中国企业在非洲投资存量 150 多亿元人民币，投资 500 万元人民币以上的农业项目有 115 个，遍布非洲 2/3 以上国家。[③] 中非农业合作摆脱了单纯援助的束缚，一方面注重提升非洲国家自身的发展能力，另一方面也突出中国在农业技术和资金等方面的优势，促使双方更加有针对性地开展合作。

（二）合作主体从政府为主发展为多主体、多渠道共同参与

长期以来，中非农业合作以政府间的双边合作为主，2000 年以来，中非农业合作的行动者渐趋多元化。首先，中国加强了与传统援助体之间的合作，包括多边机构、双边机构和私营部门等。同国际多边机构的代表性合作包括：中国向联合国粮农组织捐款 8000 万美元，建立南南农业合作信托基金，支持发展中国家尤其是非洲国家的农业发展；与世界粮食计划署于 2017 年成立卓越中心，开展农业南南合作知识

① 韩长赋：《推动中非农业合作再上新台阶》，《世界农业》2018 年第 9 期。

② 《首届中非农业合作论坛召开》，中国网网站，http：//www. china. com. cn/zhibo/content_75502991. htm，2020 -01 -10.

③ 《中国未来 3 年在华为非洲培养 1 万名农业人才》，中国新闻网网站，http：//www. chinanews. com/gn/2019/12 -09/9029139. shtml，2020 -02 -24.

分享等活动；2018 年 2 月，向国际农业发展基金提供了 1000 万美元的资金，共同发起南南合作支持计划；等等。目前，南南合作已经成为中国对非合作的一种新范式，得到越来越多国际机构的认可和支持。中方同双边机构合作的代表性项目主要有中国—英国—马拉维农业三方合作、中国—英国—乌干达农业三方合作等，通过与传统发达援助体专业化援助机构的合作，中方能够发挥在实用农业技术方面的优势，同时借助于发达援助体的资金优势，促进非洲农业生产发展。中方同私营部门的典型合作项目主要包括：中国—比尔盖茨基金会—莫桑比克农业三方合作、中国—比尔盖茨基金会—赞比亚农业三方合作项目等，并且呈现出合作项目增多，资金规模增大，项目效果显著等特点。

其次，中国加强了与非洲区域组织之间的合作，尤其是加强与非洲联盟（简称“非盟”）之间的合作。2003 年，非盟制定了《非洲农业综合发展计划》（CAADP），并决定每年将 10% 的财政预算用于农业领域，努力促使本国农业部门增速达到 6%。为了促进非洲国家实现上述目标，第三届和第四届中非合作论坛都明确提出要以多种形式支持《非洲农业综合发展计划》。2015 年，非盟通过了《2063 年议程》，这一议程确立了 5 个“十年发展计划”，在首个“十年发展计划”中，将保障粮食安全、提升农业及其附加值、农业企业发展列为优先领域。《2063 年议程》通过的当年，中非合作论坛约翰内斯堡峰会通过的行动计划便将其纳入合作框架中，双方确立了发挥各自比较优势，推动合作质效提升的愿景。

整体而言，中非合作论坛以多边合作的形式对农业合作的宏观内容进行决策与规划，又通过与单一国家制定具体合作内容的方式实施，并借助非洲区域组织和其他国际组织的力量开展有针对性的合作，这种双边与多边相互协调的模式是中非农业合作不断深化的体现，使农业合作从政策确立到后续落实的制度化路径渐渐清晰。

（三）合作内容从粮食作物生产环节向全产业链扩展

2000 年之前，中非农业合作主要集中在小麦、玉米等粮食作物的生产环节，通过诸如中国农垦集团等国有农业企业直接进行大型农场的开发和运营，辅之以必要的专家支持和技术合作，提高非洲国家主要粮食作物产量。这种方式能够从总体上缓解非洲国家的粮食安全问题，但最大的不足是可持续性较差。

中非合作论坛机制建立后，中非农产品贸易持续发展，尤其是中国增加了对非农产品的进口配额并对众多农产品减免关税，使得中国成为非洲农产品的重要市场，如津巴布韦的烟叶、赞比亚的棉花、埃塞俄比亚的芝麻等，都在中国农产品市场占有重要地位。虽然 20 世纪 90 年代中国企业便开始在非洲进行农业投资，但主要由国有企业投资于农场的生产经营，2000 年以来，很多非农业企业和私营企业开始参与到农业投资中，投资范围不再局限于粮食作物和种植环节，经济作物以及农产品加工领域成为投资的重点。例如，中非棉业公司在莫桑比克、赞比亚等国家投资棉花种植的同时，还联合天津天纺投资控股有限公司在马拉维投资8000万美元，建成了纺纱厂、织布厂和毛巾厂等。此外，私人投资者逐步成为对非农业投资合作中的重要主体，加纳、马拉维、赞比亚等国有很多中国私人投资的小型农场，这些小型农场大多种植蔬菜、水果等园艺产品，并主要供应当地市场。现阶段，中非农业合作已经不再局限于粮食作物的生产，而是扩展到以市场需求为导向的多种农作物种植以及农业全产业链。

与此同时，中国对非农业援助的内容和方式也发生了很大变化，开始更加注重提升小农户生产力。2006年，中国决定向非洲派遣农业专家组，其成员包括种植、加工、农业机械等领域的专家，中方专家在农业技术推广、职业教育培训、技术合作等方面与非洲本土的农业工作者密切配合，并借助于当地现有平台为小农户推广简单实用的生产技术。中国还逐步探索援建农业技术示范中心，有针对性地开展粮食作物和部分经济作物的示范种植，通过邀请小农户参观学习等途径促使中国农业生产技术与小农生产需求相结合，带动非洲农业发展。2018年通过的《中非合作论坛—北京行动计划（2019—2021年）》决定继续向非洲派遣500名高级农业专家，并培养农民致富带头人，既体现了对原有援外专家派遣工作的延续，也表明这一行动得到非洲各国认可。

此外，农业科技合作成为中非农业合作的重要内容，2015年第六届中非合作论坛提出建立中非农业科研机构“10+10”合作机制，这一机制促使中国农业科研机构与非洲农业研究机构对接，帮助非洲在粮食安全、农民增收、产业链建设等突出问题上增强应对能力。截至2018年9月，中方在非洲各国开展的作物品种试验数量已达300个，传授实用技术500多项，有大约100万小农户受益。① 2018年中非合作论坛北京峰会期间，中非双方在原有技术合作基础上，进一步决定在植物疾病检测与识别、病虫害分析等方面开展专家交流，更好地促进双方开展先进农业科技合作，中非农业科技合作呈现出高低搭配、科研与技术推广并重的局面。

（四）合作形式从碎片化项目合作迈向机制化合作

2000年之前，中非农业合作以项目合作为主要形式，其优势在于目标明确、有针对性，但项目合作存在碎片化问题，不同项目间往往缺乏联系，单一的合作项目无法解决综合性的农业发展问题，项目周期也使其可持续性受到制约。

中非合作论坛机制建立后，其通过的后续行动文件成为中非合作的纲领性文件，相关行动计划将未来三年内中非农业合作的主要内容、途径和参与主体等做了较为明确的规定，从而使农业合作计划和措施的落实更有针对性和计划性。中非合作论坛机制将碎片化的农业合作项目进行了有效整合，并且逐渐形成了不少品牌项目，有效提

---

① 韩长赋：《推动中非农业合作再上新台阶》，《世界农业》2018年第9期。

升了中非农业合作的影响力。例如，埃塞俄比亚非常重视农业职业教育的发展，在论坛行动计划确立后便向中国提出派遣农业教育专家的要求，2001 年以来，中国累计向埃塞俄比亚选派了近 500 名农业职业教育专家，共有超过 500 名农业技师、1800 名农业学校教师、35000 名学生在中国专家指导下接受了作物种植、动物保健等领域的教育和培训，受到当地各界的一致好评，在埃塞俄比亚农业部办公大楼的入口处便陈列着关于中国—埃塞俄比亚农业职业教育合作项目的宣传海报。

此外，中非合作论坛除关注具体的农业合作项目外，还非常重视农业合作机制建设。2010 年，双方开始探索农业合作的高层政策对话和研讨机制，举办了中非农业合作论坛，此后几年又举行了 4 次中非农业合作研讨会；2018 年中非合作论坛北京峰会提出要“定期举办中非农业合作论坛”；2019 年，首届中非农业合作论坛在海南三亚举行并取得了诸多成果。中非农业合作的机制化还表现在中国与非洲国家更加注重联合机构的建设，中国支持建立中—非（肯尼亚）重大跨境农业有害生物预警、监测和绿色防控技术联合实验室、中国—埃及农业产业科技协同创新及能力提升平台、中国—非盟农业合作委员会等合作机构，从而促使中非农业合作行动更具可持续性。

中非合作论坛机制建立以来，中非农业合作取得了诸多新进展，成效显著，成果颇丰。援助、贸易与投资三者并重的合作方式不仅有效展示了中国农业技术对增加农产品产量和提高质量的效果①，并且中国对非农业技术培训等援助行为并不与经济利益直接相关，而是中国软实力的体现，也是促进共同发展的方式，对非洲的政治、经济、外交等都会产生潜在积极影响。② 同时，中方通过投资和贸易等商业化的方式将技术和资本引入非洲，并将非洲小农户带入市场当中，有助于当地消除贫困。③ 中国政府在重视双边合作的同时，积极探索与多边机构、双边机构以及私营部门等不同主体的合作。中国与联合国粮农组织等多边机构的合作取得了突出成效，中国开展的三方农业合作也受到国际社会和非洲国家的好评。中国在非洲开展的南南合作与三方合作对贫穷的非洲资本积累和参与国际竞争有所帮助，在为非洲当地农业市场提供种子、生产资料、技术服务等的同时，逐渐发展的中资农场也开始种植农作物来满足中国市场需求，这能够帮助非洲国家建立更为有竞争力的农业部门。④ 随着中非关系的不断深化，农业合作的内容在强化粮食安全的同时也拓展至全产业链，而中国对非投

---

① Deborah Brautigam, *The Dragon's Gift*: *The Real Story Of China In Africa*: Oxford University Press, 2009, pp. 21 – 45.

② Henry Tugendhat and Dawit Alemu, “Chinese Agricultural Training Courses for African Officials: Between Power and Partnerships”, *World Development*, Vol. 81, 2016, pp. 71 – 81.

③ Emma Mawdsley, “Development Geography 1: Cooperation, Competition and Convergence between ‘North’ and ‘South’”, *Progress in Human Geography*, Vol. 41, No. 1, 2015, pp. 108 – 117.

④ Kojo S. Amanor and Sérgio Chichava, “South-South Cooperation, Agribusiness, and African Agricultural Development: Brazil and China in Ghana and Mozambique”, *World Development*, Vol. 81, 2016, pp. 13 – 23.

资、贸易和农业科技等领域的合作，则进一步促使非洲农业整体发展，帮助非洲获取更好的农业生产投入产出效益并融入国际市场，提升农业生产力。[①] 整体而言，中非合作论坛促使中非农业合作走向机制化，中非农业合作已经成为一种成效显著且得到非洲国家和人民高度评价和热烈欢迎的新的发展范式。

三　中非农业合作面临的新挑战

中非合作论坛为中非农业合作注入了新的活力，促使中非农业合作的目标更加明确，主体更加多元，内容更加丰富，方式更加多样，形式更加机制化，为非洲农业发展作出了显著贡献，但中非农业合作仍然面临着诸多挑战。

首先，中非农业合作仍然以常规性合作为主，对于突发性的农业风险和自然灾害缺乏合作应对机制。同其他行业相比，农业更容易受到自然灾害、病虫害等突发且难以预测的风险影响，而非洲国家应对突发事件的能力又非常薄弱。特别是2020年非洲地区遭受蝗虫灾害（主要是东非国家）和新冠肺炎疫情的冲击，更加凸显出非洲国家突发事件应对能力不足的问题，中国政府和民间力量在多边和双边合作机制下已经向十多个受到蝗灾和疫情影响的非洲国家提供力所能及的粮食援助，并积极帮助相关国家抵御蝗灾和应对疫情。但总体而言，目前中国对非洲面临的突发性农业问题主要是提供事后救助性的物资援助，虽然能够在一定程度上缓解其面临的粮食短缺等问题，但对其提升风险应对能力的作用不甚明显，中非农业合作对非洲国家遇到突发性农业风险和自然灾害冲击的紧急应对机制还不健全。

其次，中非农业合作重点关注非洲大陆农业发展面临的共性问题，对于不同国家的特殊性农业发展问题关注不够。非洲国家在农业发展方面存在诸如良种使用率低、化肥农药等生产资料投入不足、农业用地灌溉率低等共性问题，中非合作论坛后续行动计划中所涉及的农业合作也主要针对此类问题，但是非洲大陆不同区域、不同国家乃至同一国家内部的差异很大，各国农业发展所需要的支持也不尽相同。目前，中非农业合作的指导性文件是针对整个非洲大陆的《中国对非洲政策文件》和中非合作论坛的后续行动计划，这些文件都是整体性方案，缺乏结合不同区域、不同国家特点的针对性合作方案，对不同国家农业发展的特殊诉求也考虑不足。此外，很多非洲国家都制定了不同类型的农业发展规划和宏观战略，但中非农业合作对于此类农业发展规划和战略还缺乏更有针对性的回应。

再次，中非农业合作虽然已经涉及不同领域和农业全产业链条，但仍然主要聚焦于技术层面的合作，对提升非洲国家农业治理能力关注不足。非洲国家在《马普托

---

① Kojo S. Amanor and Sérgio Chichava, "South-South Cooperation, Agribusiness, and African Agricultural Development: Brazil and China in Ghana and Mozambique", *World Development*, Vol. 81, 2016, pp. 13 – 23.

宣言》中承诺将年度预算的10%用于农业领域，但到目前为止，大部分国家只达到2%—3%的水平。在资本严重缺乏的情况下，非洲农业发展事实上处于恶性循环之中。笔者在多个非洲国家调研发现，非洲农村的道路、电力等基础设施匮乏，国家对农村发展的投资很少，农村发展主要依靠小农自身筹集资金。例如，坦桑尼亚的村级集体收入主要来源于作物税和土地使用税，但很多村庄几乎没有这两项收入；乌干达每个村每年从政府获得的资金不足100美元，完全无法用于改善基础设施条件。非洲国家在制度和公共服务体系建设方面存在不足，对小农的支持处于碎片化的市场体系中，其功能存在欠缺，而中非农业合作对提升非洲国家农业治理能力的关注度仍然不足。

最后，目前的中非农业合作更多关注农业发展问题本身，目标群体聚焦于小农户等农业生产的直接参与者，对农业嵌入的整体社会系统尤其是非洲乡村治理及运行机制的研究和关注不够。我国国内对于直接影响非洲农业发展的地方治理、乡村治理和社区治理的研究较少，也缺乏对非洲乡村运行管理机制和传统文化的了解，使得很多中国专家和技术人员带到非洲的实用技术难以在乡村推广。如中国农业技术专家在埃塞俄比亚哈瓦沙地区推广红薯种植技术，虽然红薯产量非常高，但是当地人认为男性吃红薯会影响性功能，所以很少有农户愿意种植红薯。由于缺乏对非洲社会运行机制的了解，中方人员在非洲国家开展农业合作时经常会以中国经验来类推非洲国家，由此产生一定的偏差。

四　结语

中非合作论坛的成立为中非合作翻开了新的历史篇章，这一合作机制符合中非关系发展的大趋势，将原本碎片化的中非合作纳入统一框架，同时又结合全球发展形势和中非双方的需要、能力等不断进行优化调整。随着“一带一路”建设的持续快速推进，中非正共同建设面向未来的全面战略合作伙伴关系，共筑更加紧密的命运共同体，论坛自身机制的完善符合中非双方的共同战略利益。农业是中非合作的优先领域，随着中非合作论坛机制的不断健全，双方农业合作的制度化、规范化水平日渐提升，双方以中非合作论坛为平台确立合作方向并进行后续系列农业合作的模式已经形成。

同时，中非农业合作也面临诸多新挑战。非洲大陆仍然是全球粮食不安全人口最多的地区，解决非洲面临的粮食安全问题是中非农业合作的重要目标。未来，中非农业合作除继续促进非洲农业生产技术提高和应对粮食安全问题外，还应更多关注如何增强非洲国家的农业治理能力，在技术合作基础上增加提升非洲国家农业政策制定和执行能力等内容；结合非洲现有农业发展规划和现实条件，增加乡村综合发展合作，将中国乡村综合发展的经验与非洲国家进行分享，促进非洲农村的综合发展；在继续强化与政府部门合作的基础上，促使多元化的主体通过多渠道加强与非洲其他农业发展主体之间的合作，尤其是与非洲本土的农业高校、科研机构和农业企业等深化合作；在继续开展常规性合作的基础上，可考虑增设中非农业突发性事件合作基金，以便快速应对影响非洲农业发展的突发性自然灾害、疫病灾害等，同时通过更加多样化的能力建设、技术合作等方式降低非洲国家农业发展的脆弱性并提升其应对突发事件的能力；在保持中非农业合作整体性的基础上，应加强对非洲次区域和重点国家的农业发展研究，如对埃塞俄比亚、坦桑尼亚、尼日利亚和南非等农业占有重要地位的国家进行深入研究，开展更具国别针对性的合作。随着中非合作论坛机制的不断深化和成熟，中非农业合作的未来充满希望。

第四篇

专 题 特 稿

当今世界正经历百年未有之大变局，而2020年以来突如其来的新冠肺炎疫情全球大流行是第二次世界大战以来最严重的全球性危机，推动国际体系加速演进。在新冠肺炎疫情背景下，非洲国家的政治、经济、安全、公共卫生与健康均受到不同程度的冲击。鉴于此，本专栏以“新冠肺炎疫情”为关键词，突出论述新冠肺炎疫情对非洲发展的影响，以及中非在卫生健康领域合作的新态势。

新冠肺炎疫情对非洲国家的影响与防控模式

周　倩　苏韦铨*

摘　要：新冠肺炎疫情在非洲流行以来，对非洲本已脆弱的政治环境、经济环境和社会环境系统构成了负面影响，各国不同程度地出现了各方面的治理难题。非洲通过外部与国际组织、地区联盟和各国政府协作防控抗疫，非盟和非洲疾控中心进行区域性协同防控，非洲各国落实国家防控主体责任的非洲防控模式，在一定程度上缓解了疫情带来的巨大压力，防控状态呈现出阶段性良好。但随着新冠病毒的持续流行和非洲本身的结构性矛盾逐渐凸显，非洲现有的防控模式也面临巨大的防控压力和防控的不确定性。加强中非抗疫合作，构建中非卫生健康共同体，有利于非洲新冠肺炎疫情防控量增质升。

关键词：新冠肺炎疫情；非洲；防控模式；困境

自2019年底新型冠状病毒肺炎（COVID-19）疫情暴发以来，其迅速蔓延并开始影响全球，亚洲、欧洲、美洲先后成为重灾区。新冠肺炎疫情对非洲的直接影响开始较晚，直到2020年2月14日埃及才确诊了非洲地区首例病例，但很快新冠肺炎疫情就在非洲蔓延开来，对于非洲的疫情研究也逐渐引起了国内外学者的关注。国外学者的研究主要有以下几个方面。第一，梳理新冠肺炎疫情在非洲传播的概况及基本特点。① 第二，讨论新冠肺炎疫情对非洲的影响。② 第三，就有关非洲国家的疫情

---

* 周倩，浙江师范大学非洲研究院教授，主要研究方向为非洲问题研究；苏韦铨，中央民族大学中国民族理论与民族政策研究院在读博士、普洱学院人文学院教师，主要研究方向为民族政治学。

① Villalonga-Morales A, *Why is COVID-19 Epidemics no so Intense in Africa?*, Revista Española de Anestesiologíay Reanimación (English Edition), 2020, 67, (10). Lalaoui R., Bakour S., Raoult D., et al., *What could Explain the late Emergence of COVID-19 in Africa?*, New Microbes and New Infections, 2020, 38.

② Slim Héla, Banbury A., Bruton B., et al., *Electoral Process in Africa: The Impact of COVID-19 and Challenges for the EU.* European View, 2020, 19, (2). Roos Haer, Leila Demarest, *COVID-19 in Africa: Turning a Health Crisis into a Human Security Threat?*, Peace Economics, Peace Science and Public Policy, 2020, (3).

应对等做出解释。[①] 国内学者与国外学者的研究亦有相近之处，如讨论非洲疫情的基本态势与特征，[②] 非洲在疫情中面临的困境，[③] 以及非洲疫情防控的基础与挑战[④]等。而不同之处在于国内学者更加关注中非合作抗疫和中非医疗合作[⑤]等方面的议题，以突出中非命运与共关系的重要性。[⑥] 因此，从总体上说，目前国内外关于非洲抗击新冠肺炎疫情的研究主要是“态势—影响—应对”三个维度，国外研究维度多元，成果较丰富；国内研究则相对薄弱，且集中于从中非共同抗疫讨论中非关系的良性发展。鉴于此，本文从新冠肺炎疫情对非洲的影响出发，进而深入讨论非洲抗疫过程中的“模式”（Model）问题，以解释非洲为何能在疫情的第一阶段取得抗疫的“阶段性”胜利，弥补当前国内对非洲抗疫具体行动和成效研究的不足。最后，通过对非洲抗疫面临的结构性问题解析，客观说明非洲抗疫面临的挑战，从而将“问题影响—应对措施—发展趋势”有机联系起来，增益相关学术研究。

截至 2020 年 4 月 6 日，53 天内新冠肺炎疫情蔓延至非洲大陆 52 个国家；[⑦] 5 月 14 日，马约特岛（Mayotte）亦发现确诊病例，[⑧] 非洲地区无一幸免。根据非洲疾控中心（Africa CDC）统计结果显示，截至 2021 年 1 月 17 日，非洲新冠病毒感染总人数已经达到 3235198 人（次），死亡人数 78313 人，并且仍在继续上升。[⑨] 整体上看，非洲疫情发展态势呈现出“影响起点晚，但扩散快；国际预测悲观，阶段性防控态势良好；近期出现‘预防疲劳’，第二波疫情出现，未来防控不确定性态势有所增加”[⑩] 的总体特征。在非洲疫情整体态势下具体分析：新冠肺炎疫情如何加剧非洲本

---

① Timtchueng Moise, MapaTassou Clarisse, Gnintedem Patrick Juvet Lowe, et al., *Safe Management of COVID-19 Dead Bodies in Sub-Saharan Africa: Could Families Be Allowed to Bury Their Dead?*, The Pan African Medical Journal, 2020, 35, (Suppl 2). Kitara David Lagoro, Ikoona Eric Nzirakaindi, *Proposed Strategies for Easing COVID-19 Lockdown Measures in Africa*, Pan African Medical Journal, 2020, 36.

② 殷悦、孙红：《非洲或成全球新冠疫情防控的“阿喀琉斯之踵”》，《世界知识》2020 年第 8 期。陶短房：《新冠疫情下的非洲：最大的危险是“不确定”》，《中国经营报》2020 年 4 月 13 日，第 E04 版。

③ 黄梅波、邱楠：《新冠疫情对撒哈拉以南非洲经济发展的影响》，《西亚非洲》2020 年第 4 期；姚桂梅、许蔓：《新冠肺炎疫情下的非洲发展困境与前景》，《当代世界》2020 年第 9 期；古拉姆·穆罕默德：《新冠肺炎疫情对非洲高等教育的影响》，周岳峰译，《世界教育信息》2020 年第 7 期。

④ 刘东旭：《非洲国家新冠肺炎疫情防控的基础与挑战》，《中央民族大学学报（哲学社会科学版）》2020 年第 4 期。

⑤ 曾爱平：《全球公共卫生治理合作：以中非共建“健康丝路”为视角》，《西亚非洲》2021 年第 1 期。

⑥ 刘海方：《新冠肺炎全球大流行下非洲的抗疫和中非合作》，《国际政治研究》2020 年第 3 期；刘鸿武：《非洲新冠肺炎疫情趋势及对中非关系的影响》，《决策与信息》2020 年第 12 期；贺文萍：《非洲：巩固抗疫成果，发展中非友好》，《世界知识》2020 年第 24 期。

⑦ 《非洲确诊病例超 2.2 万　中国支持非洲疫情防控》，新华网，https://baijiahao.baidu.com/s?id=1664555702636697443&wfr=spider&for=pc，2020-4-22.

⑧ WHO, *Coronavirus Disease (COVID-19) Dashboard*, https://covid19.who.int/table, 2020-11-20.

⑨ 资料来源：Africa CDC, DATA, https://africacdc.org/covid-19/#, 2021-1-17.

⑩ ARA ANNA, *African Continent Hits 2 Million Confirmed Coronavirus Cases*, https://apnews.com/article/pandemics-africa-health-coronavirus-pandemic-kenya-2aa6091466b9eb670c5ce51778cb05b5, 2020-11-21.

已脆弱的政治、经济、社会及公众情绪生态系统的治理压力；非洲采取了怎样的防控模式抗击疫情；如何客观公正地看待和评估非洲的防控模式及其取得的治理成效；非洲新冠肺炎疫情防控中可能面临的困境与挑战有哪些；将是本文需要解决的主要问题。未来一段时期，新冠肺炎疫情仍将持续影响世界和非洲，新冠肺炎疫情流行中的新变化和新特征，将考验非洲防控模式能否“持之以恒，并行之有效”。尤其是新冠肺炎疫情对世界发展与治理理念和实践的冲击，考验着中国与非洲如何构建卫生健康命运共同体，了解非洲疫情防控模式和成效，加强中非合作抗疫应该加以必要的关注。

一　新冠肺炎疫情对非洲的影响

非洲作为第三世界国家最为集中的地区，整体上实力孱弱，发展迟缓，积贫积弱，社会发展不稳定，公共安全事件频发，治理要求和治理成本始终处于支出“高位”，部分国家甚至出现治理能力“透支”现象，不得不严重依赖于国际援助。有学者更一针见血地指出非洲国家“单一经济结构、债务缠身、科学技术匮乏，处于全球价值链低端”。[①] 正因如此，本已十分脆弱的内部环境又面临新冠肺炎疫情这一突发性国际重大公共卫生事件带来的强烈冲击，进一步制约了非洲的稳定与发展。

（一）政治环境稳定性下降，政治安全风险上升

非洲新冠肺炎疫情的形势逐渐严峻，对非洲地区政治局势产生了一定影响。美国战略与国际问题研究中心（CSIS）报告称，新冠肺炎疫情对非洲国家而言，可能演进成为政治危机，[②] 法国外交部分析、预测与战略研究中心（CAPS）悲观预测，疫情之下非洲部分脆弱国家可能出现政府倒台。[③] 随着非洲地区病例的增多，政府抗疫资金缺乏，大量防控物资涨价，口罩防护服短缺，政府防疫管控和治疗带有滞后性，容易引起民众对国家的能力丧失信心，使得暴乱更加频发。如肯尼亚民众借互联网表达对肯雅塔政府应对疫情不力的不满；尼日利亚反对党人民民主党指责总统布哈里“彻底的领导失败”；加蓬、莫桑比克、赞比亚等多国反对党也纷纷借机抨击执政党。埃塞俄比亚国家选举委员会表示，由于新冠肺炎疫情影响将无法如期举行原定于2020年8月29日的大选。[④] 使得原本是埃塞俄比亚展现民主力量、缓解民族矛盾、

---

① 姚桂梅、许蔓：《新冠肺炎疫情下的非洲发展困境与前景》，《当代世界》2020年第9期。

② 《非洲热点观察2020年第4期》，欧亚系统科学研究会，http：//essra. org. cn/view - 1000 - 543. aspx，2020 - 05 - 16.

③ 《非洲热点观察2020年第4期》，欧亚系统科学研究会，http：//essra. org. cn/view - 1000 - 543. aspx，2020 - 05 - 16.

④ 吴婷：《埃塞俄比亚大选因疫情推迟》，中国西藏网，http：//www. tibet. cn/cn/Instant/expo/202004/t20200403_6761573. html，2020 - 05 - 08.

重整经济稳定社会的关键大选，却因延期对埃塞俄比亚政局产生了消极影响：政党竞争激烈，提格雷州冲突及其引发的人道主义灾难，埃塞俄比亚和苏丹边境冲突等暴乱频发。2020年马里的军事政变更是治理恶化的典型案例。在新冠肺炎疫情的广泛影响下，非洲整体治理存在倒退的危险，非洲政治环境安全不稳定性增强，治理成本上升，政治环境的不稳定性又会间接影响政府对经济活动的管控，同时给社会问题的滋生埋下祸根。

（二）经济发展下行压力巨大，债务—产业安全风险上升

新冠肺炎疫情大规模流行后，非洲地区受到最直接影响的是经济领域。据推测，2020年撒哈拉沙漠以南非洲地区的生产损失将达到370亿美元至790亿美元，经济增长率由2019年的2.4%跌 -2.1%— -5.1%。[①] 世界银行进一步证实了撒哈拉沙漠以南的49个非洲地区国家或面临时隔25年以来的首次经济负增长。[②] 在债务方面，新冠肺炎疫情使得世界各国经济出现下滑趋势、自顾不暇，对非洲国家的贸易总量下降，援助能力减弱，同时非洲各国政府的财政收支失衡状态显著，债务风险加剧，威胁国内经济稳定。非盟预计为了抗疫需要，非洲不得不额外增加1300亿美元的公共支出，而贸易量减少将使得非洲外汇收入下滑，导致非洲国家货币汇率普遍呈贬值基调。[③] 非洲国家实施反周期政策的财政空间有限，政府对财政的调控能力难以应对突发的经济波动。国际货币基金组织早在2019年10月的报告中就指出，非洲已有7个国家陷入债务困境，另有9个国家处于高风险。为缓解财政压力，已有近20个非洲国家请求国际货币基金组织提供紧急支持。埃塞俄比亚总理阿比向G20峰会提议，免除所有政府贷款利息及低收入国家的部分债务。非洲财长会议则寄希望于债权人减免非洲约440亿美元的债务利息。[④]

在产业方面，非洲三大产业都受到重大冲击，社会需求和生产骤降，投资、消费、出口均受明显冲击，物价上涨。首先，农业面临生产—出口下降，进口上升对外依存度增加。受蝗灾、新冠肺炎疫情、国际货运限制的三重打击，非洲多国无法获得足够农药；[⑤] 由于疫情导致的全球抢粮和出口国减少甚至禁止粮食出口现象，导致部

---

① 《疫情或引发撒哈拉沙漠以南非洲地区经济负增长》，中华人民共和国商务部网站，http://www.mofcom.gov.cn/article/i/jyjl/j/202004/20200402954161.shtml，2020-05-10.

② The World Bank In Africa, *Driven by the economic fallout of the COVID-19 pandemic, growth in Sub-Saharan Africa is predicted to fall to -3.3% in 2020, pushing the region into its first recession in 25 years*, https://www.worldbank.org/en/region/afr/overview, 2020-11-20.

③ 《非洲热点观察2020年第4期》，欧亚系统科学研究会，http://essra.org.cn/view-1000-543.aspx, 2020-05-16.

④ 《非洲热点观察2020年第4期》，欧亚系统科学研究会，http://essra.org.cn/view-1000-543.aspx, 2020-05-16.

⑤ 《新一轮蝗灾侵袭非洲：规模是第一波的20倍或持续到8月底》，人民日报海外网：https://baijiahao.baidu.com/s?id=1663583313804736667&wfr=spider&for=pc，2020-05-11.

分粮食进口依赖国的粮食安全和生计面临前所未有的威胁。[①] 世界银行称，即使是在乐观情况下，2020 年撒哈拉以南非洲地区农业生产也可能萎缩 2.6%—7%。[②] 享受型消费需求下降，出口产业受到巨大打击，肯尼亚、埃塞俄比亚等花卉出口创汇国收入下滑明显，肯尼亚花卉出口下滑约三分之二，造成数百万美元损失；埃塞俄比亚花卉出口量下降至平时的 20%。[③] 其次，工业因疫情防控需要产生的隔离措施，致使大量工厂生产停滞。加之人口流动锐减，在疫情严重地区面临用工荒，对工业制造产生不利影响。最后，服务业也在疫情影响下业绩下滑，消费和创汇拉动作用明显弱化，其中旅游业首当其冲。近年来，旅游业正成为非洲外汇收入的主要来源之一。但世界各国为了疫情防控需要，限制跨境出行，对刚兴起的非洲旅游业造成了重大打击。非盟预计，2020 年航空业和旅游业将损失 500 亿美元。[④] 虽然新冠肺炎疫情不一定直接造成每个人财产的损失，但破坏了人们增加未来财富的信心，也影响着对未来的消费需求。

（三）公共安全与防控管制张力遽增，社会安全风险上升

新型冠状病毒具有传播快，易感染的特点，给这次防控工作造成了极大的困扰。非洲地区人口众多、密度较大，卫生条件较差，客观上为病毒传播提供了便利条件。当病毒大范围蔓延时，容易造成人们的恐慌情绪，对社会安全造成威胁。政府在采取防控措施时，将会进一步刺激并引发民众对政府治理的不满情绪，社会安全风险上升。如国际风险咨询机构化险集团（Control Risks）报告称，塞内加尔有数十人无视当局禁令，参加了一项传统仪式并与安全部队发生冲突；尼日尔当局关闭清真寺并逮捕一名违反宗教仪式禁令的声望颇高的牧师之后引发了当地暴乱；埃塞俄比亚、乌干达、肯尼亚等国出现了针对被视为病毒传播者的外国公民的暴力行为；等等。在萨赫勒、非洲之角和莫桑比克北部地区，动用安全部队实施管控措施可能会让伊斯兰主义者或其他激进组织趁机壮大。[⑤] 在乌干达，随着 2021 年总统选举日临近，政治参与“活力”上升和疫情防控“压力”之间的张力显性化，2020 年 11 月 18 日，反对派总统候选人罗伯特·卡古拉尼就因聚会规模不符合疫情防控要求被捕，引发全国性抗议

---

① 《非洲热点观察 2020 年第 4 期》，欧亚系统科学研究会，http：//essra. org. cn/view - 1000 - 543. aspx，2020 - 05 - 16.

② 《非洲热点观察 2020 年第 4 期》，欧亚系统科学研究会，http：//essra. org. cn/view - 1000 - 543. aspx，2020 - 05 - 16.

③ 《非洲政经简报 2020 年第 8 期》，欧亚系统科学研究会，http：//essra. org. cn/view - 1000 - 571. aspx，2020 - 05 - 26.

④ 《非洲热点观察 2020 年第 4 期》，欧亚系统科学研究会，http：//essra. org. cn/view - 1000 - 543. aspx，2020 - 05 - 16.

⑤ 《非洲热点观察 2020 年第 4 期》，欧亚系统科学研究会，http：//essra. org. cn/view - 1000 - 543. aspx，2020 - 05 - 16.

活动，其社会安全不稳定性风险增加。在南非，新冠肺炎疫情对非正规部门的小企业和个人的影响更为严重，失业人数增加和收入下降将不可避免，疫情可能导致南非减少约200万个工作岗位，推动失业率从38.2%扩大至48%。[①] 截至6月底，南非失业率已达30%左右，失业总人口约700万，“盘活”城市人员流动的出租车行业发起了罢工。这提醒政府一方面要面临经济不断恶化的形势，另一方面还要面临社会压力，虽然一些国家的政府作出了必要性回应，[②] 但失业率上升已成为威胁社会安全的一大隐患，失业人口增加将导致社会不平等问题加剧，人民心理状态失衡，从而增加社会动乱风险。恐慌的人们制造混乱的同时，亦给恐怖分子提供了危害社会治安的契机，别有用心的恐怖势力，会利用人们对病毒的恐惧，分散人心，制造新的社会动乱，如布基纳法索、莫桑比克、刚果（金）等国家面临极端暴力组织的威胁，几内亚湾海盗行为呈现增长趋势，[③] 并从“资源—掠夺型”的单一形态向“人质—金融/财产”的高附加值复杂形态转化，增加了非洲社会治理的难度。

二　非洲应对新冠肺炎疫情的防控模式

非洲长期面临公共卫生资源缺乏的客观现实，当遭遇新冠肺炎疫情此类突发性国际重大公共卫生事件时，对其防控提出了更高要求。非洲通过与相关国际社会开展联防联控，获得域外物资与经验；通过开展区域间防控合作，协调防控资源配置强化防控能力；通过立足各国实际，适时制定防控政策开展有效防控行动。非洲通过伙伴关系[④]形成的“国际协作—区域协同—国家作为”三级综合防控模式，是目前非洲疫情防控的主要模式。该模式帮助非洲在疫情暴发的第一波中取得了阶段性胜利，但由于新冠病毒变异传染性更强，疫苗获得有难度，非洲抗疫出现疲劳等因素的复合影响，非洲目前正在经历第二波新冠肺炎疫情。对非洲防控模式的恰当分析与评价有利于进一步了解非洲新冠肺炎疫情发展态势及非洲可能的回应。

（一）国际协作模式：增强联合防控，获得国际抗疫资源

非洲稀缺的公共卫生资源、脆弱的公共卫生应对能力，以及紧张的抗疫资金等现

---

① 《非洲政经简报2020年第8期》，欧亚系统科学研究会，http：//essra.org.cn/view－1000－571.aspx，2020－05－26.

② AS News，*The Unemployment Rate in South Africa Soars to 30% as a Result of the COVID-19 Pandemic*，https：//en.as.com/en/2020/06/23/latest_news/1592936714_614525.html#：~：text＝Coronavirus%20The%20unemployment%20rate%20in,%2D19%20pandemic%20%2D%20AS.com，2020－11－20.

③ 《4人被劫持！几内亚湾海盗再次顶风作案！》，搜狐网，https：//www.sohu.com/a/435623525_99935188，2020－12－30.

④ N/A，*Partnership for Evidence-Based Response for COVID-19*，https：//public.tableau.com/profile/preventepidemics#！/，2021－1－3.

实问题，使得非洲面对新冠肺炎疫情首先采取的防控模式是整体性强化与相关国际组织、地区联盟和国家开展联合防控合作，借助于外力的作用是非洲疫情防控必不可少的“程序性”动作。在某种程度上来说，获得有效的海外物资、经验、援助成为弥补非洲作为全球抗疫的“阿喀琉斯之踵”的关键一环。

第一，非洲在医疗合作应对疫情方面积极与世界卫生组织开展合作。一是与世界卫生组织充分沟通疫情最新信息，建立非洲疫情防控预警体系。早在2020年2月世界疫情刚开始后不久，非盟就积极传达世界卫生组织总干事谭德塞向非洲国家发出的疫情警告，呼吁非洲国家认识到疫情防控的紧迫性和必要性，尽早建立起疫情应急防控体系。随着非洲疫情从境外输入向本地社区传播的新变化，世界卫生组织又向非洲提出新的警告，谭德塞总干事在疫情媒体通报会上说道：“我们看到在非洲，病毒正在向农村地区蔓延。目前我们看到16个以上国家出现聚集性病例和社区传播。我们预计，本已捉襟见肘的卫生系统将面临严重困难，特别是在农村地区。（因为）农村地区通常缺乏城市卫生系统那样的资源。”① 再次提醒非洲作为医疗卫生系统薄弱的地区，即使在某一时期内，非洲地区的病例与世界其他地区相比虽然总体数量不多，但是疫情的形势和防控难度不容忽视，因此非洲地区也成为世界卫生组织重点关注的地区之一。为此，世界卫生组织在疫情初期确定了非洲13个重点防控国家，并向多国运送防护装备。② 世界卫生组织还具体厘定了非洲疫情防控目标和战略，明确并支持非洲通过国际伙伴关系，次区域国家合作和国家内部地区合作的三级联动，强化现有的合作协调机制；支持扩大国家疫情防控准备和响应干预措施准备，实现疫情防控工作连续性和常规化；增强公众意识，集风险沟通、社区参与、心理帮扶等为一体；加速支持建立透明、公平和快速的诊断和疫苗选择等管理过程体系；适时对所有非洲国家关键应对能力和绩效治标（KPI）进行持续强劲有效的监控。③

二是与世界卫生组织开展具体的医疗卫生合作，大力争取世卫组织援助，增强非洲地区医疗能力和医疗物资稳定供应能力。非洲本土医疗水平和医疗能力有限，面临突发的疫情。虽然部分国家建立了早期预警防控体系，但具体防控能力提升特别是专业化的高技术性检测水平增强仍然大部分依赖于国际援助。通过与世界卫生组织的积

---

① 《世界卫生组织总干事2020年4月10日在2019冠状病毒病（COVID-19）疫情媒体通报会上的讲话》，世卫组织网，https：//www. who. int/zh/dg/speeches/detail/who-director-general-s-opening-remarks-at-the-media-briefing-on-covid-19 - - - 10 - april - 2020，2020 - 5 - 11.

② 《非洲联盟和非洲疾控中心组织的关于COVID-19的部长级紧急会议》，世卫组织网，https：//www. who. int/zh/director-general/speeches/detail/emergency-ministerial-meeting-on-covid-19-organized-by-the-african-union-and-the-africa-centres-for-disease-control-and-prevention，2020 - 9 - 28.

③ WHO，*COVID-19 Strategic Response Plan in the WHO African Region*，https：//www. afro. who. int/sites/default/files/2020 - 06/SPRP% 20BUDGET% 200520_01. pdf，2021 - 01 - 11.

极沟通与协作，世界卫生组织援助非洲增加核酸检测实验室数量，① 提高非洲国家核酸检测的水平和能力，减少人群中的“隐形”病毒携带者，降低传播风险。世界卫生组织帮助非洲进行疫情防控医疗工作人员专业化培训，一方面普及疫情防控专业知识，提高医务人员素质，另一方面为疫情防控做好专业人才战略储备，仅在短时间内就帮助肯尼亚各类医疗机构培训了1500名专业卫生工作者。② 在物资供应方面，非洲通过积极与世界卫生组织协商，世界卫生组织也努力为非洲各国疫情防控提供足够的个人防护装备，如在全球抗疫物资最为紧张的时期，非洲就获得了世卫组织特别提供的中国援助的100万个口罩。③

三是与世界卫生组织在疫情防控其他方面保持联系。面对新冠肺炎疫情大流行期间，各国海陆空封锁管制，物资运输出现许多困难，进出口物资减少和本土需求剧增的张力，非洲积极保持与世界卫生组织合作，通过世卫组织所在的国际组织体系形成对非援助供应保障。莫蒂博士就表示，世界卫生组织将继续向非洲各国提供技术（医疗安全）和后勤支持（粮食安全），并且还会将医疗物资供给援助与世界粮食计划署联合进行相关行动，④ 积极发挥世界卫生组织在国际疫情防控中的领导作用，开展国际协同合作和协同治理，向非洲提供包括粮食等在内的力所能及的帮助。

第二，非洲在金融合作应对疫情方面积极与世界金融组织开展合作。一方面是非洲积极与国际货币基金组织进行协调，减轻非洲国家的债务压力。国际货币基金组织也确实为支援非洲国家抗疫采取了债务减免的政策。2020年4月13日，国际货币基金组织总裁克里斯蒂娜表示，执行董事会已批准通过控灾减灾信托项目（CCRT）对25个成员国立即提供债务减免，以帮助其应对新冠肺炎疫情。另一方面，国际货币基金组织通过敦促其他捐助方帮助补充信托资源，增强其能力，为非洲等地区国家抗疫提供帮助。为此，国际货币基金组织打算为最贫穷的成员国提供两年整的额外债务减免，以增加抗疫的资金能力。共有贝宁、布基纳法索、中非共和国、乍得、科摩罗、刚果（金）、冈比亚、几内亚、几内亚比绍、利比里亚、马达加斯加、马拉维、马里、莫桑比克、尼日尔、卢旺达、圣多美和普林西比、塞拉利昂和多哥19个非洲

---

① 陶短房：《新冠疫情下的非洲：最大的危险是“不确定”》，《中国经营报》2020年4月13日，第E04版。

② WHO, *Rapid Response Teams are Racing Against the Spread of COVID in Africa*, https://www.afro.who.int/news/rapid-response-teams-are-racing-against-spread-covid-africa, 2020-5-16.

③ 《世界卫生组织非洲区域办事处：新冠疫情在非洲持续扩散》，环球网，https://baijiahao.baidu.com/s?id=1663537830700811308&wfr=spider&for=pc, 2020-5-16.

④ 《世界卫生组织非洲区域办事处：新冠疫情在非洲持续扩散》，环球网，https://baijiahao.baidu.com/s?id=1663537830700811308&wfr=spider&for=pc, 2020-5-16.

国家获得该项援助。[1] 非洲通过与国际货币基金组织实行"一减一增"的资金配置方式，一定程度上缓解了抗疫资金严重紧缺的状况，为疫情防控赢得了宝贵的资金资源。

第三，非洲还积极加强与地区联盟、中国等多方开展合作应对疫情。一方面，由于非洲和大多数欧盟国家在历史上的特殊关系，加之地缘相近，欧盟在自身疫情防控吃紧且未先援助欧盟成员国意大利的情况下，主动提出向医疗能力和财政能力脆弱国家特别是广大非洲国家提供150亿欧元的援助以抗击新冠肺炎疫情。[2] 非洲与欧盟还继续致力于在卫生研究方面的长期合作框架，在成立于2003年的欧洲和发展中国家临床试验伙伴关系（European and Developing Countries Clinical Trials Partnership，EDCTP）的框架下持续深入地开展新冠肺炎疫情防控合作。该合作主要包括欧盟对非资金支持；科学、技术和创新的高级别政策对话（HLPD）；增强撒哈拉以南非洲新冠病毒研究能力；与非洲疾控中心和区域国家间协调合作等持续不断增强非洲抗疫能力，构建非洲疫情防控有效模式。[3] 此外，欧盟也与其成员国构成协作关系，通过向非洲疾控中心提供医疗物资、紧急援助贷款、组织流行病小组与非盟开展合作等多种方式，[4] 进一步帮助并提升非洲的疫情防控能力。

另一方面，由于"多年来依赖于欧美国家支持的医疗卫生体系现在已处于崩溃的状态"，[5] 非洲与中国之间的抗疫合作更成为非洲疫情防控的关键一环。与非洲和其他国际协作不同，中非同为发展中国家（地区），又正在构建中非命运共同体，且中国较早遭受新冠肺炎疫情影响，目前为止中国是全球抗疫效果较好的几个国家之一，中国抗疫的成功经验和无私的对非援助，对非洲疫情防控具有极高的战略性和战术性价值。在疫情防控的政治声援方面，中非召开了团结抗疫特别峰会，发表《中非团结抗疫特别峰会联合声明》，以"守望相助"精神推进构建中非卫生健康共同体，坚持发挥联合国和世界卫生组织的作用，努力改善疫情对民生带来的影响，反对疫情政治化。[6] 在疫情防控经验分享方面，中非医疗专业技术人员开展技术

---

① 《非洲政经简报2020年第8期》，欧亚系统科学研究会，http：//essra. org. cn/view - 1000 - 571. aspx，2020 - 5 - 26.

② EURACTIV. com with AFP，*EU Announces* 15 *Billion to Fight Virus in Developing Countries*，https：//www. euractivDK]. com/section/development-policy/news/eu-announces-e15-billion-to-fight-virus-in-developing-countries/，2021 - 1 - 8.

③ European Commission，*EU and Africa Step up Research Cooperation to Combat Coronavirus Outbreak*，https：//ec. europa. eu/info/news/eu-and-africa-step-research-cooperation-combat-coronavirus-outbreak - 2020 - apr - 08 _ en，2021 - 1 - 8.

④ European Commission，*EU and Germany Join Efforts to Support the African Union's Response to Coronavirus*，https：//ec. europa. eu/commission/presscorner/detail/en/IP_20_1514，2021 - 1 - 10.

⑤ 刘鸿武：《非洲新冠肺炎疫情趋势及对中非关系的影响》，《决策与信息》2020年第12期，第10—12页。

⑥ 《习近平主持中非团结抗疫特别峰会并发表主旨讲话》，新华网，http：//www. xinhuanet. com/politics/leaders/2020 - 06/18/c_1126127567，htm，2021 - 1 - 10.

交流经验分享,[①] 智库代表建言献策深化双方合作。[②] 在疫情防控援助方面，中国第一时间向非洲提供援助,[③] 包括抗疫物资、专业人才、基金、培训、抗疫基础设施建设（特别是加快推进非洲疾控中心建设）、疫苗（埃及正式批准使用中国国药集团新冠灭活疫苗[④]）等，增加了非洲抗疫资源的厚度，中非抗疫合作正在成长为全球抗疫的典范。[⑤]

（二）区域协同模式：强化非盟、非洲疾控中心作用，优化防控资源

非洲在本次新冠肺炎疫情防控中通过非洲联盟（African Union，AU）、非洲疾控中心等区域性组织开展必要的组织和协调，大大增强了非盟和非洲疾控中心的力量，避免疫情防控“一刀切”模式，并形成了非洲疫情防控中的“创造性”动作。非盟和非洲疾控中心通过从预警到实际行动，从对有限资源的整合到协调公共资源供给，提高了非洲抗疫能力，为非洲抗疫取得成效发挥了必不可少的作用。

第一，非盟和非洲疾控中心发挥领导力，积极建立区域层面的综合性防控体系。2020 年 1 月新冠肺炎疫情暴发后，非洲疾控中心立即启动应对新冠肺炎疫情的紧急行动中心及事件管理系统（IMS），并定期与成员国互换信息，随后，非洲疾控中心在世界卫生组织、中国疾控中心和其他相关组织的支持下，迅速成立了新冠病毒非洲工作组。[⑥] 非盟委员会主席穆萨·法基急切呼吁非洲各国尽快做好相关预防工作，提高疾病控制和诊疗能力，他认为“非洲相对脆弱的卫生系统、持续暴发的各种传染病、匮乏的资源、大量的人员流动以及其他漏洞，疫情一旦蔓延将会极大影响非洲大陆的经济、社会和安全秩序”。[⑦] 这种担心是合理的，毕竟新冠病毒的传播已经给世界其他地区造成了极其恶劣的影响。随着非洲疫情形势的逐渐严峻，非盟和非疾控中心已不仅仅满足于发布预警，而是开始更多地在非洲区域层面开展协作行动。作为非盟轮值主席的南非总统拉马福萨于 2020 年 4 月 6 日向外界发表公告称，经过多方协商，非洲将划分成南部非洲、东非、西非、中非和北非五个区域，每个区域将建立区域性新冠病毒工作队用于应对疫情。非洲疾控中心主任约翰·肯格松强调非盟作为区

---

① 《非洲 22 国医生在线学习中国抗疫经验》，新华网，http：//www. xinhuanet. com/world/2020 – 04/29/c_1125924333. htm，2021 – 1 – 11.

② 《聚焦新冠疫情“非洲战疫” 中非智库代表建言合作》，中国新闻网，http：//www. chinanews. com/gn/2020/11 – 08/9333210. shtml，2021 – 1 – 11.

③ 贺文萍：《在抗疫合作中建设更紧密的中非命运共同体》，《当代世界》2020 年第 7 期。

④ 《区域动态（西亚北非）》2021 年 1 月上刊，清华大学国际与地区研究，http：//iias. tsinghua. edu. cn/wp-content/uploads/2021/01/xi-ya-bei-fei-qu-yu-dong-tai-di-ba-qi. pdf，2021 – 1 – 15.

⑤ 《专家解读：中非团结抗疫为世界树立团结合作典范》，人民网国际频道，http：//world. people. com. cn/n1/2020/0618/c1002 – 31752114. html，2020 – 12 – 25.

⑥ 刘海方：《新冠肺炎全球大流行下非洲的抗疫和中非合作》，《国际政治研究》2020 年第 3 期。

⑦ 《疫情初显，非洲珍视中国防控经验》，中非合作论坛，https：//www. focac. org/chn/zfgx/rwjl/t1755581. htm，2020 – 3 – 13.

域性组织，有必要协调和指导各国的疫情防控，不仅在预警体系方面，还要在新冠肺炎疫情防控宣传，抗疫技术指导等方面进行相对统一的部署，发挥领导力优势和技术优势，以帮助各国提高疫情应对能力。非洲疾控中心则与非洲具有检测能力的南非等国开展跨国联合行动，帮助其他国家培训专业的病毒检验人才，逐渐完善非洲区域的病毒检测标准体系。

此外，在区域综合防控体系建设中，非盟和非洲疾控中心最为典型的行动还包括建立非盟抗击新冠病毒基金（The African Union COVID-19 Response Fund），该基金旨在通过在区域的多渠道筹集，加强非洲疾控中心的能力，支持对整个非洲大陆的突发公共卫生事件做出反应，以充分发挥其规约中所述的作为一个大陆公共卫生机构的作用；将筹集的基金用于减轻新冠肺炎疫情在非洲造成的社会经济和人道主义影响而实施的相关措施；支持在区域层面对防控新冠肺炎疫情的基本医疗设备和用品的采购和分发。① 非盟和非洲疾控中心还牵头建立非洲医疗用品采购平台（Africa Medical Supplies Platform），通过跨区域协同合作，从全球已获得审查和认证的合格生产基地采购关键性医疗用品。发挥体积聚合效应，整合大订单和小订单，让非洲急需关键医疗用品的买家公平获得购买机会。通过配额管理，在区域层面对国家和其他买家间进行需求—供给的公平分配，以确保最需要的国家和其他主体获得公平的医疗物资配给。提供支付便利化，通过银行交易、信贷、融资等多种方式进行购买，缓解抗疫资金紧张态势。最后在区域层面提供后勤支持，积极沟通并与优质物流供给商开展有效合作，建立覆盖整个非洲大陆的供应链网络，保障抗疫物资的流通便捷。② 非洲疾控中心还筹备于2021年5月12—14日在埃塞俄比亚召开第一届非洲公共卫生国际会议（1st International Conference on Public Health in Africa），鼓励非洲各国积极参与讨论并评估新冠肺炎疫情对非洲造成的影响，总结非洲公共卫生合作实践从这次新冠肺炎疫情防控中获得的相关经验，以便于吸取教训进一步在区域层面开展公共卫生合作实践，③ 为非洲的整体性公共安全能力提升助力。

第二，非盟和非洲疾控中心发挥组织力，积极完善区域层面疫情防控保障体系。非盟和非洲疾控中心通过进一步细化在区域层面的工作，组织并完善了区域间疫情防控需求，推进疫情防控保障体系建设更加精细化，发挥出更好的新冠肺炎疫情防控效能。在数据资源组织方面，非盟和非洲疾控中心在疫情暴发初期，对非洲地区的境外输入案例进行了统计，按照总数据和分区域的形式，每天发布新冠病毒感染总数、新增、死亡、治愈等基本数据，提供国际有关新冠肺炎疫情和相关公共卫生问题的研究报告的链接，给非洲以及世界各地的更多科学家和研究人员使用等。此外，非盟和非

① African Union, *About the Fund*, https: //au. int/en/AUCOVID19ResponseFund, 2021 - 1 - 3.

② African CDC, *Africa Medical Supplies Platform*, https: //amsp. africa/, 2021 - 1 - 10.

③ African CDC, *1st International Conference on Public Health in Africa*, https: //africacdc. org/event/1st-international-conference-on-public-health-in-africa/, 2021 - 1 - 11.

洲疾控中心还提供新冠肺炎疫情简报（Outbreak Brief）、新冠肺炎疫情社区工作人员培训课程（COVID-19 MANAGMENT：Curriculum for Community Health Workers）、新冠病毒患者救护转移指南（IPC Guidelines for Ambulances Transferring Known or Suspected COVID-19 Cases）和有关新冠肺炎患者护理指南（Standard Operating Procedures for Caregivers in COVID-19 Treatment Centres）等一系列文本数据，以实现非洲区域内的新冠肺炎疫情防控统计数据、公开素材和医疗规范的标准化，增加防控的公信力。在抗疫物资资源组织方面，非盟和非疾控也积极向国外协调采购抗疫物资，秉持公正、公平、公开的方式向各成员国提供支持。尤其是在2020年11月，非盟成立了非洲新冠疫苗采购工作组（The COVID-19 African Vaccine Acquisition Task Team，AVATT），以非洲统一采购的最有效方式向国际采购疫苗。根据非盟最新消息，2021年1月14日，非盟联合疫苗采购工作组、非洲医疗物资平台（AMSP）等向非洲成员国启动了2.7亿剂量新冠疫苗采购计划，该计划由非洲进出口银行（Afreximbank）代表成员国向制造商提供约20亿美元的预先采购款作为承诺。[①] 在抗疫活动宣传组织方面，非盟和非洲疾控中心组织了“非洲面具周”（Africa Mask Week），通过运用社交新媒体技术，向非洲青年宣传佩戴口罩防范新冠肺炎疫情的重要性。还将该活动与非洲社区防控相结合，增加受众，鼓励非洲人民一起合理佩戴口罩。这个活动从区域层面展开，经过各国的积极参与落实到社区和个人，不仅是一次宣传活动也是一次科普活动，更是一次动员青年力量带动全民参与的新冠肺炎疫情防控活动，将防疫宣传深入人心。在区域与成员国抗疫协调组织方面，非盟和非洲疾控中心努力加速建立新冠病毒测试伙伴关系（The Partnership to Accelerate COVID-19 Testing，PACT），向其成员国提供在非洲大陆一级的必要抗疫信息，尤其是监测和实施政策的准确消息。[②] 非盟和非洲疾控中心建立了非洲新冠病毒循证应对伙伴关系（The Partnership for Evidence-Based Response to COVID-19，PERC），以非洲整体为重点框架，以非洲各国为基础，指导和总结非洲区域层面和各国应对新冠肺炎疫情的防控工作经验，突出防控的有效要素，分享非洲面临的共同挑战和有益的应对措施。目前已经颁布了非洲次区域，以及喀麦隆、科特迪瓦等国家的公共卫生和社会措施情况介绍。该伙伴关系还认为，虽然各国抗疫的模式有所不同，但也可以大致归纳为4类抗疫策略，即遏制（Containment）、缓解（Mitigation）、抑制（Suppression）和容忍传播（Tolerated

① African CDC，*AMSP Opens COVID-19 Vaccines Pre-orders for 55 African Union Member States*，https：//africacdc. org/news-item/amsp-opens-covid-19-vaccines-pre-orders-for-55-african-union-member-states/，2021－1－21.

② African CDC，Monitoring and Evaluation Framework for the Partnership to Accelerate COVID-19 Testing，https：//africacdc. org/download/monitoring-and-evaluation-framework-for-the-partnership-to-accelerate-covid-19-testing/，2021－1－16.

transmission)[①]。

（三）国家治理模式：落实各国防控主体责任，适时制定防控政策开展防控行动

非洲新冠肺炎疫情防控的主要责任要通过落实到各具体国家方能取得成效，因此，作为防控责任主体，非洲各国不仅需要积极参与到国际、区域防控合作框架中，更依赖于从本国实际出发，适时制定防控政策开展防控行动，以维护本国各族人民的生命健康合法权益。有鉴于此，非洲国家防控模式表现出通过“强制—管控”进行应急性疫情防控应急处置；通过“建设—提升”进行常态化疫情防控能力建设；通过“恢复—发展”进行疫情防控与国家、社会能力复苏等相结合的主要防控模式特征，发挥防控效能。

第一，强制—管控。强制性限制与管控是新冠肺炎疫情防控中各国采取的最为普遍的防控模式，作为一般性应急处置的手段，往往在新冠肺炎疫情暴发的初期，发展变化的特殊时期所采用，具有典型的“强国家”在场属性。强制—管控模式的特点是相对单一化、强制化，并且具有较高的效率，方便国家对新冠肺炎疫情进行快速反应，短期内如果处置得当能够有效应对疫情的发展。但该模式也有明显的缺陷，如果长期使用，可能导致国民情绪化，且囿于国家的韧性，容易引起疫情防控能力“赤字”。在疫情暴发初期，由于国际援助不足，区域性协同体制机制不完善，各国新冠肺炎疫情防控经验不足等问题的影响，非洲多国为遏制疫情发展，迅速采取了“封城”措施，并根据本国疫情发展态势适时延长强制—管控措施。如在新冠肺炎疫情暴发初期，马拉维政府宣布在全国实施“封城”措施，为期 21 天；尼日利亚政府宣布针对首都阿布贾、拉各斯及奥贡州的“封城”措施延长 14 天；纳米比亚宣布将该国的“封城”延长 14 天至 5 月 4 日，并将范围扩大至全国;[②] 乌干达、卢旺达等国甚至出动军警和军队以加强管控，发射催泪瓦斯驱散违规聚集人群，对违反封禁措施的个人和企业处以严厉惩罚。[③] 随着各国疫情的相对平稳和管控导致的国家发展活力减弱，各国迅速放松了管控以促进经济增长，但随着 2020 年 12 月以来新冠病毒的变种，其传染性陡增，非洲多国政府不得不重启强制性管控措施。刚果（金）自 2020

① 遏制：主要指通过早期措施预防疾病的传播、发现和隔离病例、追踪和隔离接触者。这个策略只适用于疫情得到控制或聚集性疫情有限的国家。缓解：主要指最大限度地减少疫情影响，推迟暴发高峰并减少疫情高峰病例数，以减轻医疗系统的压力。主要是通过公共卫生社会措施以及具体的治疗和疫苗实现。抑制：主要指将传播减少到最低限度，保持低水平疾病传播。这一战略适用于具有地方性集群的国家或本地化的社区传播，可用于的国家疫情高峰下降后。容忍传播：主要指允许传播，同时尽量减少传播的生命损失。一些政府选择使用最低限度的措施来减少新冠肺炎病例，并将重点放在为重症患者提供充分的护理上。来源：https：//preventepidemics. org/wp-content/uploads/2020/10/COV050_PERC_DashboardBriefing. pdf，2021 - 1 - 19.

② 《非洲政经简报 2020 年第 8 期》，欧亚系统科学研究会，http：//essra. org. cn/view - 1000 - 571. aspx，2020 - 5 - 26.

③ 殷悦、孙红：《非洲或成全球新冠疫情防控的“阿喀琉斯之踵”》，《世界知识》2020 年第 8 期。

年12月18日起实施全国宵禁应对第二波新冠肺炎疫情;[①] 博茨瓦纳总统莫克维奇·马西西（Mokgweetsi Masisi）宣布将派遣安全部队帮助实施全国宵禁；安哥拉宣布暂停与南非、澳大利亚、尼日利亚和英国的所有空中、陆地和海上交通往来；马里通过了一项延长紧急状态的法令草案，宣布紧急状态从2020年12月23日延长至2021年6月26日。南非作为目前非洲第一个新冠病毒感染人数超100万的国家，也于12月28日起开始实施更加严格的强制性防控措施和宵禁。[②] 需要特别指出的是，第二波疫情时期的强制—管控与2020年4—5月的“完全封锁”不同，这次更多非洲国家实施了严格的针对性政策（Public Health and Social Measures，PHSMs），将注意力放在了各国最担心的重点领域。[③]

第二，建设—提升。新冠肺炎疫情的防控显然是一个长期的过程，在强制性、应急性手段实施之后，更多的疫情防控工作要落实到日常，通过开展医疗能力建设提升和增加社会公共物品供给，共同维护社会稳定。与强制—管控模式不同，建设—提升模式更倾向于保障性体制机制建设，强化各国抗疫能力和提高各国抗疫水平，使疫情防控多元化、常态化、稳定化。该模式的最大特点是处于持续性的发展过程中，能够将疫情危机转换为国家公共卫生防控能力建设。但其不足是建设周期长，见效慢，需要消耗大量国家资源，因此对国家整体性能力存量和发展前景要求较高。非洲国家长期以来医疗能力较弱，医疗技术水平较低，社会公共物品供给能力有限，但为了有效应对疫情，各国还是聚焦疫情防控，聚焦能力建设与社会稳定性维护。在疫情初期，非洲各国开始逐步加大检测力度，尼日利亚政府为7000多名医护人员提供了预防感染等培训，向多个州派遣疾控小组，同时大幅增加病毒检测实验室数量，检测能力得以迅速提升；津巴布韦扩大检测人群范围，计划将日检测人数增加至1000人以上；尼日尔计划拨款3000亿西非法郎（约合5亿美元）为受疫情影响的民众提供粮食支持；莫桑比克国家灾害管理研究所计划与世界粮食计划署等机构合作，为50万弱势群体提供粮食救助。[④] 同时，非洲各国还积极培训专业的新冠肺炎疫情防控人员，邀请非政府组织“无国界医生”（Médecins Sans Frontières）参与疫情防控并提供专业技术指导，更新或新建专门的治疗中心，强化边境检验检疫，防止境内外交叉感染。一些非洲国家的医疗生产商扩大了医疗资源进口和在地化生产，以关键性抗疫物资口罩生产为例，中非共和国在2个月内就生产了

① 《区域动态（西亚北非）》2020年12月上刊，清华大学国际与地区研究院，http：//iias. tsinghua. edu. cn/wp-content/uploads/2020/12/qu-yu-dong-tai-sa-ha-la-yi-nan-fei-zhou-di-liu-qi. pdf，2021－1－15.

② 《区域动态（西亚北非）》2020年12月下刊，清华大学国际与地区研究院，http：//iias. tsinghua. edu. cn/wp-content/uploads/2021/01/qu-yu-dong-tai-sa-ha-la-yi-nan-fei-zhou-di-qi-qi. pdf，2021－1－15.

③ African CDC，*PERC*：*Biweekly Report*（22 *December*－04 *January* 2021），https：//africacdc. org/download/perc-biweekly-report－22－december－04－january－2020/，2021－1－18.

④ 《非洲政经简报2020年第8期》，欧亚系统科学研究会，http：//essra. org. cn/view－1000－571. aspx，2020－5－26.

超过200万只口罩，被世界银行誉为当地抗疫的“救星”（Lifesaver）。[①] 埃及预计在2020/2021财年增加约70%的公共财政支出以应对诸如新冠肺炎疫情等带来的冲击；[②] 肯尼亚则通过加快移动支付进程，[③] 降低面对面支付带来的感染风险。非洲多国还努力通过技术/绿色农业、与中国等开展广泛合作保障农业生产，为粮食安全提供保障。[④] 南非正在参与从一期到三期的疫苗临床试验，政府作为南非疫苗采购的唯一代表具有极大的公信力，制定了有关新冠病毒疫苗的国家战略以确保南非能够尽早获得并向国民提供安全可靠的疫苗。[⑤] 非洲国家的医疗能力建设，社会公共物品供应，一定范围内有利于缓解民众恐惧情绪，缓解社会治理压力。

第三，恢复—发展。新冠肺炎疫情的防控不仅要着眼于当下，也需要着眼于未来。对于非洲国家来说，新冠肺炎疫情造成的压力是巨大的，疫情防控的资源消耗需要通过恢复—发展来进行弥补，以保证国家有能力持续开展抗疫。因此，非洲多国开始适当放松强制—管控，增加人员流动，刺激经济发展，以盘活国内活力。该模式的本意在于通过促进发展增强国家抗疫的力量，从而实现国家抗疫的可持续性，避免陷入像马拉维那样的紧急状态的困境。但该模式的主要问题在于恢复—发展是一个互动的状态，在全球抗疫仍然处于困难的时期，非洲国家并没有明显的国家优势，能够在与其他国家的有限互动中赢得先机。但即便如此，恢复—发展也必然是非洲抗疫中不可缺少的重要环节，对于非洲国家的各方面都非常重要。故加纳于9月1日起恢复了国际商业航班，宣布实施新农业现代化计划发展农业现代化；肯尼亚希望借助参与2020年中国国际服务贸易交易会（服贸会），促进本国经济在新冠肺炎疫情后复苏；[⑥] 坦桑尼亚为吸引投资简化行政手续，[⑦] 皆旨在促进在疫情之中国家经济的恢复和国家能力的增长。

---

① Word Bank, *A Lifesaver in Times of COVID-19: Face Masks Made in Post-Conflict Central African Republic*, https://www.worldbank.org/en/news/feature/2020/08/03/a-lifesaver-in-times-of-covid-19-face-masks-made-in-post-conflict-central-african-republic, 2021-1-1.

② 《区域动态（中东）》2020年12月上刊，清华大学国际与地区研究院，http://iias.tsinghua.edu.cn/wp-content/uploads/2020/12/zhong-dong-qu-yu-dong-tai-di-liu-qi.pdf，2021-1-19.

③ 《区域动态（撒哈拉以南非洲）》2020年11月下刊，清华大学国际与地区研究院，http://iias.tsinghua.edu.cn/wp-content/uploads/2020/12/qu-yu-dong-tai-sa-ha-la-yi-nan-fei-zhou-di-wu-qi.pdf，2021-1-19.

④ 《非洲多国全力保障农业生产》，中非合作论坛，http://www.focac.org/chn/zjfz/jmzx/t1831868.htm，2020-11-25.

⑤ Department Health Republic Of South Africa, *COVID-19: Vaccine Strategy*, https://sacoronavirus.co.za/2021/01/03/covid-19-vaccine-strategy/, 2021-1-19.

⑥ 《区域动态（非洲）》2020年9月下刊，清华大学国际与地区研究院，http://iias.tsinghua.edu.cn/wp-content/uploads/2020/09/qu-yu-dong-tai-fei-zhou.pdf，2021-1-16.

⑦ 《区域动态（撒哈拉以南非洲）》2020年12月上刊，清华大学国际与地区研究院，http://iias.tsinghua.edu.cn/wp-content/uploads/2020/12/qu-yu-dong-tai-sa-ha-la-yi-nan-fei-zhou-di-liu-qi.pdf，2021-1-16.

三 非洲新冠肺炎疫情防控面临的挑战

新冠肺炎疫情在非洲的蔓延引起了国际关注。由于非洲的公共卫生系统非常脆弱，不确定性风险高，国际社会甚至提出悲观的预测，但非洲在经过一段时间的抗疫表现后，疫情防控取得了“阶段性”效果，非洲疫情防控呈现出阶段性的总体良好态势，新冠病毒致命率也远比其他地方要低，国际社会对非洲的表现亦持有肯定意见。[①] 因此，对于非洲新冠肺炎疫情防控取得的成效有必要做出恰当的评价。但很显然，新冠肺炎疫情在非洲的流行并没有停止，现阶段的防控成效更不能掩盖其防控中可能存在的困难与挑战，由于长期以来非洲面临的是结构性问题，这对于非洲未来的防控影响较大，值得关切与深思。

（一）国家能力不足，难以独立面对大范围持续性疫情危机挑战

非洲面积广阔，是世界第二大洲，人口众多，但政治环境并不稳定，国家对社会的管控能力较弱。这样的环境成为疾病防治的一个重要的阻碍因素。国家政治的腐败、政府软弱、民族问题与社会问题突出，这成为影响非洲国家抗击疫情的重大影响因素。国家政治生活的稳定性与医疗水平息息相关，国家领导力、影响力强就可以及时合理调动医疗资源为人民服务。例如，尼日利亚对埃博拉疫情的防治效果突出便得益于此，国内政权交接平稳有序，逐步形成了强有力的中央政权，确保了此次防控工作的顺利开展。[②] 政府对疫情是否有足够的控制力，成为非洲防治新冠肺炎疫情的一项重大挑战。非洲是世界上贫困国家最集中的地区，经济落后是一个不能忽视的问题。尽管近些年来国际投资不断增加，非洲国家对经济发展也日益重视起来，但是总体上看，非洲大陆经济发展水平较其他大陆仍然处于落后水平。虽然近年来非洲保持了中高速经济增长，但经济发展的红利却很少投入医疗卫生领域，这导致非洲医疗水平难以获得实质性提升。由于经济发展落后，政府没有足够的资金投资医疗事业，使得绝大多数非洲国家医疗条件有限，只有南非和埃及等一些国家相对富裕，医疗条件较其他的非洲国家略好。

（二）医疗卫生水平落后，难以提供足质足量的医疗健康支持

非洲大陆气候炎热，热带丛林广布，这样的自然条件为疾病的产生和传播提供了

---

① 快速的防控行动（Quick action）、积极的公共政策措施支持（Public support）、年轻的人口结构（Young population）、高温对病毒传播的限制（Favourable climate）、良好的社区卫生系统（Good community health systems）被认为是非洲疫情防控的有效原因。Anne Soy（BBC News），*Coronavirus in Africa: Five Reasons Why COVID-19 Has Been Less Deadly Than Elsewhere*，https://www.bbc.com/news/world-africa-54418613，2020-11-21.

② 刘鸿武、宁彧：《埃博拉疫情与非洲国家困境的再思考——人、文化与国家的安全与发展》，《学术探索》2015年第12期。

方便的途径。同时非洲地区人口众多，人口密度较大，也使得疾病的传播更加便利。当今影响非洲大陆的疾病包括疟疾、艾滋病、埃博拉、结核病等。根据世界卫生组织《2016 年世界疟疾报告》显示，2015 年全球有疟疾病例 2.12 亿例，42.9 万人死于疟疾，其中 90% 的疟疾病例和 92% 的疟疾死亡病例都集中在非洲，约 8 亿非洲人面临患疟疾的风险，疟疾已成为阻碍非洲社会经济发展的重要因素。[①] 这些现存的传染病本就威胁着非洲大陆的健康安全，冲击着原本就较为脆弱的医疗卫生条件。现在新型冠状病毒的快速传播更加给非洲人民的健康带来了巨大的威胁。非洲国家没有发达健全的医疗体系和卫生条件，由于政治和经济问题的困扰，完善的医疗体系在非洲国家的建立也是较为困难的，许多非洲国家的医疗条件极其恶劣，医护人员人数较少，医疗器械更是匮乏，使得长期以来非洲人民的健康难以得到保证。非洲国家的卫生人力资源严重匮乏，平均每万人拥有医生数量为 2.7 人，远低于世界平均水平的 13.9 人。在现有统计数据的 34 个非洲国家中，每万人拥有医护人员数量少于 1 人的有 17 个国家，最低的利比里亚为 0.1/10000，马拉维、尼日尔、塞拉利昂为 0.2/10000，埃塞俄比亚和坦桑尼亚为 0.3/10000，即使在医疗条件相对较好的南非，也仅为 7.8/10000。[②] 同样，非洲国家总体上在医疗卫生方面的支出量少，对外界援助的依赖性较强。有 30 个国家外援资金占比超过该平均水平，最高的前 5 位分别是布隆迪（73.3%）、南苏丹（68.5%）、马拉维（68.3%）、利比里亚（57.8%）、刚果民主共和国（52.4%）。[③]

（三）认知水平有限，难以匹配当前防控抗疫实际需要

思想观念的滞后性也成为抗击疫情的一项挑战。非洲地区长久困顿在各种传染病的传播之中，与人们落后的应对观念也有一定的关联。这次新型冠状病毒的传播与之前非洲流行的埃博拉病毒、疟疾等其他疾病有所不同，它传播速度快，传播性强，潜伏期长，这样的传播特点就会提高对疫病防治的要求，对人们抵抗疾病的观念要求也会变高。全球范围内新冠病毒的大面积传播，与人们对疾病的忽视和不及时采取措施有相关性。疫情预防观念先进的国家更容易控制住疫情，因为它们总能在疫情发展到危急时刻前采取果断合理的措施进行控制。非洲本土文化一直对非洲人的观念影响颇深，医学观念更是如此，许多“土药方”成为非洲部分地区治病的主要手段。然而许多疾病并不适合使用这些传统方式治疗，采取错误的治疗方式会更加耽误病情，造

① World Health Organization, *World Malaria Report 2016*, Geneva: World Health Organization, 2016, pp. 15 - 26.

② World Health Organization, *Atlas of African Health Statistics 2016: Health Situation Analysis of the African Region*, Brazzaville: WHO Regional Office for Africa, 2016, p. 69.

③ World Health Organization, *Atlas of African Health Statistics 2016: Health Situation Analysis of the African Region*, Brazzaville: WHO Regional Office for Africa, 2016, p. 66.

成人员死亡。非洲人传统文化的根深蒂固对现代医学知识传播造成了一定阻碍，使疾病的防控受到影响。再有，由于常年的政府腐败，民众对政府的信任度一直以来就很低，这次新冠病毒的传播，许多民众甚至认为是政府为敛财而编造的谎言，加上一些恶意媒体的虚假宣传，人民的误解给疫情的防控造成了巨大的困难。非洲人民对警察的不信任也是源自对政府的不信任，民众倔强和不受管束，往往要动用国家暴力机构的直接参与才能进行相对的管控，而这会进一步加剧民众与国家/政府的矛盾，这样的恶性循环导致双方关系紧张，这样的威胁同样也属于思想观念领域。对疫情工作的不理解也反映出思想观念的落后性。

四 结语

总之，新冠肺炎疫情的暴发与流行造成了非洲发展过程中整体性系统的受损，影响了非洲本已脆弱的政治生态、经济生态和社会生态，非洲疫情通过国际协作防控、区域协同防控、各国防控行动落实的三级防控模式在阶段性内保持了总体性乐观，疫情进入相对“稳定”期。特别是随着国际疫苗的重大进展，与之前预测非洲抗疫悲观看法相反的乐观观点也开始逐渐凸显出来，如世界经济论坛认为，虽然存在困难但非洲潜力巨大，如果非洲各国和企业能够从疫情防控中吸取教训并总结经验，努力改善供应链，把握机遇，做好在地化生产，发展内部贸易，引导公共和私营部门合作，利用技术手段等措施，就完全可以造福经济服务广大非洲人民。① 国际货币基金组织也早在2020年10月发布《撒哈拉以南非洲地区经济展望》，在坚持认为2020年非洲经济确定衰退的基础上，预测2021年非洲地区的经济增长应能温和复苏，增速更有望达到3.1%的水平。② 而中非之间的合作也许是这一未来可期的最强驱动力。这些都是对非洲疫情防控成绩的“肯定”。

但由于“经济社会具有相对结构性的短板，以及非洲本身在抗疫当中的不确定性”，③ 非洲防控任务依然任重而道远。目前世界多个国家和地区正面临疫情的第二波，甚至第三波的影响，国际组织“疲于奔命”，非洲防控“疲劳感”加剧，虽然疫苗研发有所突破，但受到“疫苗民族主义”（vaccine nationalism）④ 的消极影响，和国际社会可能存在一些疫苗投机者的影响，以及疫苗产生与供给的不均衡，非洲等低

① The World Economic Forum, *Connecting Countries and Cities for Regional Value Chain Integration: Operationalizing the AfCFTA*, https://www.weforum.org/whitepapers/connecting-countries-and-cities-for-regional-value-chain-integration-operationalizing-the-afcfta, 2021-1-26.

② IMF, *Sub-Saharan Africa: A Difficult Road to Recovery*, Washington: International Monetary Fund, 2020.

③ 刘鸿武：《非洲新冠肺炎疫情趋势及对中非关系的影响》，《决策与信息》2020年第12期。

④ 有关疫苗民族主义的有关论述，可见：Marco Hafner, Erez Yerushalmi, Clement Fays, Eliane Dufresne, Christian van Stolk, *COVID-19 and the Cost of Vaccine Nationalism*, California: RAND Corporation, 2020.

收入国家难以获得足够的疫苗和相关国际先进抗疫物资,① 故而仍将在一段时间处于高度紧张的防控情境之中。对此，非洲有必要加强国际协同抗疫，特别是强化与防控效果显著的中国“相互支持、团结合作”。② 中非之间的合作互鉴，能够实现双向互动和共赢，也被认为是非洲抗疫取得阶段性成功和后疫情时代非洲复苏的关键因素。③ 构建并强化中非卫生健康共同体，共同迎接抗疫胜利的曙光，符合中非双方人民的共同利益。

① Josh Michaud and Jen Kates (Foreign Affairs), *The Dangers of Vaccine Disillusionment*, https://www.foreignaffairs.com/articles/united-states/2020-12-02/dangers-vaccine-disillusionmen, 2020-12-4.

② 和音:《加强抗疫合作 构建卫生健康共同体》,《人民日报》2020 年 11 月 11 日，第 5 版。

③ Adedeji Adeniran, *Strengthening International Cooperation in the time COVID-19: A Perspective on African-China Relation*, https://www.ssc-globalthinkers.org/sites/default/files/2020-08/Strengthening%20International%20Cooperation%20in%20the%20time%20COVID_19%20Panemic.pdf, 2020-12-21.

新冠肺炎疫情下的非洲发展困境与前景

姚桂梅*

摘　要： 新冠肺炎疫情全球大流行使国力孱弱的非洲国家陷入发展困境。当前，非洲国家旅游业、航空运输业和石油业遭遇明显冲击，外贸创汇、外资流入下降，财政赤字加剧、债务风险上升，非洲自贸区谈判受阻，非洲经济复苏和一体化进程延缓。疫情加剧粮食危机和疾病流行，导致贫困和失业人口激增、政治和安全不稳定因素增多，非洲包容性增长战略受到严峻挑战。与此同时，疫情使非洲国家深刻反思既有发展模式，为重塑社会经济结构带来新契机，或将推动非洲经济一体化进程在后疫情时代提质增效。但是，受困于单一经济结构、债务缠身、科学技术匮乏，处于全球价值链低端的非洲国家短期内无法建立内生、包容、完整的产业链和供应链，未来仍要延续自主发展与国际协同并重的发展方略。

关键词： 新冠肺炎疫情；非洲经济；非洲发展；非盟

在新冠肺炎疫情全球大流行背景下，非洲虽是迟发地区，但因其卫生条件薄弱、公共卫生安全脆弱而备受国际社会关注。2020 年 2 月 14 日，非洲第一例确诊病例在埃及出现后，非洲各国政府高度重视，并迅速抓住疫情防控的窗口期，采取各种防疫措施将疫情峰值向后平推。但由于非洲国家公共卫生系统应对能力脆弱、协调不力，加之一些非洲国家适度放松防疫措施，致使疫情在非洲呈加速蔓延态势。截至北京时间 2020 年 12 月 31 日凌晨，非洲 54 个国家累计确诊病例为 2728749 例，其中南非、摩洛哥、突尼斯、埃及、埃塞俄比亚、利比亚、阿尔及利亚、肯尼亚、尼日利亚、加纳、乌干达、喀麦隆、纳米比亚、苏丹、科特迪瓦、赞比亚 16 国确诊病例超过 2 万例。① 尤其是南非，疫情最为严重，其确诊病例占全非病例总数的 38%。令人担忧的是，新冠肺炎疫情的加速蔓延正在叠加各种沉疴痼疾的滋长，对积贫积弱的非洲经济社会发展产生广泛而深远的影响。

---

* 姚桂梅，中国社会科学院西亚非洲研究所（中国非洲研究院）研究员、南非研究中心主任，主要研究非洲经济与中非经贸关系。本文在刊发于《当代世界》2020 年第 9 期的同题论文基础上修改而成。

① African Union, "Impact of the Coronavirus (COVID-19) on the African Economy," April, 2020, http://www.indiaenvironmentportal.org.in/files/file/covid-19_impact_on_african_economy.pdf.

一　新冠肺炎疫情冲击非洲经济复苏及一体化进程

进入21世纪，非洲经济加速增长，成为全球经济增长的重要一极。非洲国家经济结构普遍单一，其经济增长和结构转型受国际经济环境影响较大。新冠肺炎疫情全球大流行，对外向型经济特点十分突出的非洲国家造成严重影响。

（一）宏观经济下滑几成定局

2020年3月14日，联合国非洲经济委员会将2020年非洲经济增长率由此前预测的3.2%下调至1.8%。4月6日，非盟发布报告，认为2020年非洲经济增长率将为-0.9%。4月9日，世界银行发布报告称，疫情将撒哈拉以南非洲推向25年来的首次经济衰退，2020年该地区经济将萎缩2.1%—5.1%，[①] 其中石油出口国将受到重创，而两个增长最快的地区——东非共同体与西非经济和货币联盟的经济增长也将大大放缓。从国家层面看，非洲三大经济体受疫情影响严重。

非洲经济和人口第一大国尼日利亚因国际油价下跌造成外汇收入减少，外汇储备不足加剧本币奈拉贬值，经济增速预计将从2.5%下降到-3.4%。[②] 南非受新冠肺炎疫情影响，财政赤字加剧，该国正面临民主转型25年来最艰难的时期。南非国家储备银行5月预测，南非经济或将萎缩7%。安哥拉是受新冠肺炎疫情冲击最大的非洲经济体，不仅经济改革节奏被打乱，而且油价大跌导致其石油产业悬崖式下滑。国际经济分析机构凯投宏观（Capital Economics）预计，安哥拉经济衰退将从1.5%扩大到3.5%。[③] 除上述三大经济体外，非洲财长会议表示，大多数非洲经济体的经济增长预计将被下调2—3个百分点或更多。

（二）疫情从多渠道影响非洲经济增长

第一，新冠肺炎疫情造成国际需求下降，严重冲击非洲供给侧。受国际石油价格战及疫情叠加影响，国际油价大幅下降，大宗商品价格下跌，使2020年非洲进出口贸易同比下降35%，损失约2700亿美元，其中尼日利亚、安哥拉、阿尔及利亚、埃及等石油出口国收入损失多达650亿美元；而刚果（金）、赞比亚等资源型国家出口

---

① World Bank, "Africa's Pulse: Assessing the Economic Impact of COVID-19 and Policy Responses in the Sub-Saharan Africa," April, 2020, https://openknowledge.worldbank.org/bitstream/handle/10986/33541/9781464815683.pdf?sequence=18&isAllowed=y.

② McKinsey & Company, "Tackling COVID-19 in Africa: An Unfolding Health and Economic Crisis that Demands Bold Action," April, 2020, https://www.mckinsey.com/featured-insights/middle-east-and-africa/tackling-covid-19-in-africa.

③ 《受疫情影响今年安哥拉经济预估将衰退3.5%》，新浪网，2020年3月27日，https://finance.sina.com.cn/roll/2020-03-13/doc-iimxxstf8635059.shtml.

收入也遭重创。① 受停航和航班限制影响，包括摩洛哥皇家航空、埃及航空在内的非洲航空公司已损失共计4亿美元。非洲航空协会预计，2020年全年非洲航空业将面临81亿美元的损失。随着赴非游客和域外劳务移民的减少，非洲旅游业和餐饮服务业也陷入低迷，非洲侨汇收入大打折扣。据非盟预计，2020年非洲旅游业将损失500亿美元。② 世界银行预测，撒哈拉以南非洲地区的侨汇将减少400亿美元。

第二，疫情大流行导致非洲吸引的外国直接投资下降。据2021年1月联合国贸发会发布的《全球投资趋势监测报告》数据显示，2020年，流入非洲的外国直接投资从2019年的460亿美元下降到380亿美元，同比降幅为18%。已发布的绿地项目从2019年的770亿美元下降到2020年的280亿美元，同比降幅高达63%。与此同时，非洲还面临资本外逃、股市及资产价格下跌、通货膨胀高企等问题。各国的"封国""封城"措施导致非洲进口商品、设备和组装零部件受阻，企业和民众生活的正常运转深受影响。随着居民消费的萎缩，占就业人口85%的非正规部门遭受严重冲击，上亿个工作岗位面临威胁。非洲开发银行预测，疫情大流行将使非洲失去3000万个正式工作岗位，非洲正规就业人口将减至7.4亿。③

第三，非洲国家财政赤字飙升，主权债务风险加剧。联合国非洲经济委员会和非盟预计，非洲国家为应对疫情引发的急迫医疗需求至少要增加的公共支出分别为1000亿美元、1300亿美元。④ 事实上，许多非洲国家已经推出了一系列涉及央行货币政策调整的财政措施，南非、肯尼亚等国政府出台了经济刺激或社会救助计划。上述巨大开支大多通过举借新债筹措，这将导致非洲债务规模进一步扩大。同时，外汇收入减少致使非洲国家货币汇率普遍呈贬值趋势，国际收支失衡和汇率下跌又削弱了非洲国家的偿债能力（详见表1）。目前，已有20多个非洲国家向国际货币基金组织紧急求助，以应对经济衰退。

表1　　2019年非洲主要国家财政和债务情况

国家	财政盈亏占GDP的比重（%）	债务占GDP的比重（%）
尼日利亚	-2.6	29.8

---

① African Union, "Impact of the Coronavirus (COVID-19) on the African Economy," April, 2020, http://www.indiaenvironmentportal.org.in/files/file/covid-19_impact_on_african_economy.pdf.

② African Union, "Impact of the Coronavirus (COVID-19) on the African Economy," April, 2020, http://www.indiaenvironmentportal.org.in/files/file/covid-19_impact_on_african_economy.pdf.

③ African Development Bank, "Africa's Economic Outlook 2020 Supplement Amid COVID-19," July 2020, https://www.afdb.org/sites/default/files/documents/publications/afdb20-04_aeo_supplement_full_report_for_web_0705.pdf.

④ UNECA, "COVID-19 in Africa: Protecting Lives and Economics," April, 2020, https://www.uneca.org/sites/default/files/PublicationFiles/eca_covid_report_en_24apr_web1.pdf; African Union, "Impact of the Coronavirus (COVID-19) on the African Economy," April, 2020, http://www.indiaenvironmentportal.org.in/files/file/covid-19_impact_on_african_economy.pdf.

续表

国家	财政盈亏占 GDP 的比重（%）	债务占 GDP 的比重（%）
南非	－5.9	55.9
埃及	－8.0	84.9
阿尔及利亚	－7.6	46.1
安哥拉	0.7	95.0
埃塞俄比亚	－2.7	59.1
肯尼亚	－7.2	61.6
科特迪瓦	－3.2	52.7
加纳	－5.0	63.8
赞比亚	－4.6	91.6
莫桑比克	－6.1	108.8

资料来源：UNECA，*COVID-2019 in Africa：Protecting Lives and Economics*，Addis Ababa，Ethiopia，March 13，2020，p. 11.

（三）非洲大陆自贸区进程被迫延迟

2019 年 7 月 7 日，非盟特别峰会宣布成立非洲大陆自贸区。根据人口规模和经济总量测算，非洲大陆自贸区将涵盖非洲 54 个国家的 13 亿人口和 3.4 万亿美元，成为世贸组织成立以来的全球最大自贸区。根据非盟一体化议程，2020 年 7 月 1 日是非洲大陆自贸区实施商品和服务贸易新关税政策的最后期限，但由于新冠肺炎疫情突然来袭，已接近尾声的谈判被迫推迟，实施日期至少推迟至 2021 年 1 月 1 日。非洲大陆自由贸易区秘书长梅内（Wamkele Mene）表示，由于新冠肺炎疫情暴发和蔓延，各国政府不得不将解决公共卫生危机作为优先选项。目前，非洲大陆已有 46 个国家因此关闭了边境，由于跨境贸易的中断，使得占非洲贸易总额 16.6% 的内部贸易额大幅压低。虽然自贸协定第一阶段涉及商品贸易和服务贸易的谈判已经完成，但疫情将催化贸易结构高度集中的非洲国家加大保护主义力度，关税减让和非关税壁垒拆除的时间表能否按时实施仍有待观察。与此同时，疫情也将使自贸协定第二阶段涉及投资、竞争政策和知识产权的谈判更加错综复杂，充满诸多不确定性。此外，疫情制约非洲基础设施建设、推高负债率水平，这也将对非洲一体化进程产生负面影响。

二　新冠肺炎疫情下非洲实现包容性增长受到挑战

粮食安全事关国家稳定与民生，但 2020 年非洲大陆却频繁拉响缺粮警报。气候异常导致的干旱和蝗灾席卷非洲大陆，造成大范围粮食危机，而新冠肺炎疫情不仅加大粮食缺口还影响了世界主要粮食生产大国的出口，增大了非洲国家获得外部援助的难度。同时疫情带来的失业加剧了贫困问题，增大了防疫难度，道路封禁也影响了常规援助项目，增加了埃博拉、艾滋病等传染性疾病的暴发风险。

（一）疫情叠加干旱、蝗灾使非洲民众直面粮食危机

第一，干旱加剧非洲粮食短缺。气候变化导致极端天气频发，南部非洲国家不断遭受干旱和洪涝等气候灾害，粮食严重减产。目前，南部非洲发展共同体的 16 个成员国中，约有 4500 万人面临饥荒，规模前所未有，未来可能进一步恶化。其中，津巴布韦经济崩溃，加之 2020 年上半年粮食歉收，粮食短缺日益严重，饥饿人口达到十年来的最高点。另外，在刚果（金）和南苏丹以及萨赫勒中部地区还有数百万人的粮食需求也面临着严峻挑战，急需国际社会驰援。

第二，蝗灾凸显粮食安全隐忧。2020 年年初，沙漠蝗灾肆虐非洲之角，其中埃塞俄比亚、吉布提、索马里遭遇 25 年来最严重蝗灾，而肯尼亚正经历 70 年来最严重蝗灾。[①]这场沙漠蝗灾破坏了受灾国农业的正常生产节奏，一定程度上打破了灾情严重地区的粮食供需平衡。据埃塞俄比亚农业部统计，该国约有 6.5 万公顷农作物受灾，2200 多万人口的粮食短缺问题更加严峻；吉布提 1700 个农牧场中，80% 以上被蝗虫侵害，近 30% 的人口面临饥荒。[②] 令人担忧的是，在新冠肺炎疫情大流行期间，非洲之角的蝗虫仍在不断繁殖，正形成更大规模的蝗虫群并再次侵袭东部非洲国家，对该地区粮食安全和居民生计造成前所未有的威胁。随着蝗虫灾害的蔓延，联合国粮农组织呼吁对吉布提、厄立特里亚、埃塞俄比亚、肯尼亚、索马里、南苏丹、乌干达和坦桑尼亚等国提供 1.53 亿美元的紧急援助，用于防治沙漠蝗虫的潜在威胁。据联合国粮农组织统计，截至 2020 年 3 月底，已认捐或收到捐助约 1.07 亿美元，还有 0.46 亿美元的缺口亟须填补。[③]

第三，新冠肺炎疫情加剧粮食危机。2019 年撒哈拉以南非洲地区小麦缺口 2479 万吨、水稻缺口 1460 万吨。非洲需依赖粮食进口弥补产需缺口。疫情发生后，非洲本土的防控措施影响农业生产，造成粮食产量大幅下降。世界银行预测 2020 年撒哈拉以南非洲地区农业生产或将萎缩 2.6%—7%；由于货币贬值导致交易成本上升和

① FAO, "UN Fast Tracks $10 Million Loan to Help Scale Up FAO Action to Fight Desert Locusts," March 19, 2020, http://www.fao.org/news/story/en/item/1267_70/icode/.

② 《严重蝗灾威胁非洲之角粮食安全》，新华网，2020 年 2 月 18 日，http://www.xinhuanet.com/world/2020-02/18/c_1125591368.htm.

③ FAO, "UN Fast Tracks $10 Million Loan to Help Scale Up FAO Action to Fight Desert Locusts," March 19, 2020, http://www.fao.org/news/story/en/item/1267_70/icode/.

粮价上涨，地区国家粮食进口会出现大幅下降，降幅在23%—25%。[①] 同时，国际市场上越南、泰国、印度、俄罗斯、哈萨克斯坦等农业大国相继暂停或禁止部分粮食出口，断供引发的粮荒对依赖粮食进口的部分非洲国家更是雪上加霜。据南部非洲发展共同体2020年7月28日发布的研究报告显示，南部非洲地区共有4500万人面临饥荒威胁，其中840万名儿童面临严重营养不良。南非作为常年粮食出口国也出现了粮食短缺问题。受封禁措施影响，南非经济中心约翰内斯堡550万人口中有20%缺乏粮食保障，约100万家庭需要粮食援助。[②] 随着疫情的扩散蔓延，南部非洲地区的粮食危机或将进一步恶化。

（二）疫情将加重非洲贫困和疾病流行

在撒哈拉以南非洲地区生活着4.13亿极端贫困人口，占全球极端贫困人口总数的一半以上，其中6000万人营养不良。该地区有5.65亿人没有卫生设施，3.3亿人没有清洁饮用水。[③] 此次非洲的新冠肺炎疫情的传播范围正在从大城市向农村地区蔓延，抗疫困难前所未有。非洲国家存在巨大的非正规劳动力市场，其就业者多为日薪或周薪工作者，疫情使许多中小企业倒闭，失业人口剧增，而底层民众聚集生活的非正规定居点又缺少安全供水与卫生设施，处于隔离期的民众受到疫情和饥荒的双重威胁。此外，新冠肺炎疫情在非洲引发了一系列人道主义危机。由于运送粮食、饮用水、疫苗接种等援助项目被迫暂停，疟疾、艾滋病、埃博拉、肝炎等传染病的防控也受到影响，约7600万人的生存因此受到威胁。[④] 联合国非洲经济委员会指出，新冠肺炎疫情可能将导致非洲至少30万人死亡，最坏的情况预计死亡330万人，并使2900万人陷入极端贫困。非洲开发银行预测，疫情将使4920万人陷入赤贫状态。[⑤] 贫困人口的增加将加剧社会动荡。为此，联合国秘书长古特雷斯表示："疫情虽不是由非洲引发，非洲却可能承受最严重的后果。只有非洲大陆的抗疫斗争取得胜利，全

---

① World Bank, "Africa's Pulse: Assessing the Economic Impact of COVID-19 and Policy Responses in the Sub-Saharan Africa," April, 2020, https://openknowledge.worldbank.org/bitstream/handle/10986/33541/9781464815683.pdf?sequence=18&isAllowed=y.

② 《记者观察：极端气候和新冠肺炎疫情加剧南部非洲粮食危机》，人民网，2020年7月30日，http://world.people.com.cn/n1/2020/0729/c1002-31802792.html.

③ 《外媒：非洲特殊性恐令疫情雪上加霜 极端贫困疾病流行》，参考消息网，2020年4月9日，http://m.ckxx.net/guoji/p/219679.html.

④ 《非洲众多援助项目因疫情暂停 7600万人生存受到威胁》，海外网，2020年5月9日，http://news.haiwainet.cn/n/2020/0413/c3541093-31765852.html.

⑤ UNECA, "COVID-19 in Africa: Protecting Lives and Eonomics," April, 2020, https://www.uneca.org/sites/default/files/PublicationFiles/eca_covid_report_en_24apr_web1.pdf; African Development Bank, "Africa's Economic Outlook 2020 Supplement Amid COVID-19," July, 2020, https://www.afdb.org/sites/default/files/documents/publications/afdb20-04_aeo_supplement_full_report_for_web_0705.pdf.

球疫情才能彻底结束。”①

三　疫情增大非洲政治和安全的不稳定性

选举政治、社会动荡和安全问题始终对部分非洲国家的社会经济发展造成不利影响。而新冠肺炎疫情的发生与蔓延又给非洲各国政治和安全进一步带来严峻考验。

（一）疫情或加剧非洲国家的政治风险

美国战略与国际问题研究中心（CSIS）报告称，新冠肺炎疫情对于撒哈拉以南非洲国家而言，既是一场突发公共卫生事件，也可能演变为政治危机。② 首先，疫情的蔓延使23个预计在2020年进行选举的国家（其中11个国家为总统大选）陷入两难境地：如期选举，恐会助长病毒传播；推迟选举，又担心引起政治危机。3月22日，几内亚总统阿尔法·孔戴在国内已有2例新冠肺炎确诊病例的情况下，仍坚持进行新宪法公投，引发抗议骚乱，造成至少10人死亡。埃塞俄比亚政府决定推迟原定8月举行的联邦议会选举，但遭到反对党坚决抵制，埃塞俄比亚国内政局高度紧张。其次，疫情加剧了部分国家反对党与执政党之间的政治对抗。在南非，主要反对党民主联盟和白人政党自由前线均将拉马福萨政府告上法庭，质疑政府关于制定颁布全国灾难管理办法的合法性。在尼日利亚，反对党人民民主党抨击总统布哈里忽视疫情影响，将其称为“彻底的领导失败”。加蓬、莫桑比克、南非和赞比亚等国反对党也趁势纷纷提出了自身防控疫情的政策主张，不断冲击执政党疫情防控政策。最后，一些国家政府利用疫情来实现自身的政治目的，如延期选举、禁止聚众游行示威等。在乌干达，政府正在提请将2021年总统选举延期五年，直到政府能够有效控制疫情，如获批准，现任总统穆塞韦尼将从中获益。法国外交部分析、预测与战略研究中心（CAPS）预测，疫情之下非洲部分脆弱国家可能出现政府倒台现象。③ 前不久，西非国家马里发生的政变就是社会政治危机的积聚和爆发。

（二）疫情与经济困境叠加使非洲面临更大安全威胁

在新冠肺炎疫情蔓延至非洲大陆之际，冲突与战火仍在许多国家肆虐。2020年3月8日，布基纳法索两个村庄遭遇武装袭击，造成43人死亡。5月下旬，刚果（金）

---

① 秦无宪：《百位非洲知识分子就疫情危机发公开信：重新思考非洲命运》，新京报网，2020年4月20日，http：//www. bjnews. com. cn/culture/2020/04/20/718976. html.

② Judd Devermont，“COVID-19 Is An African Political Crisis as Much as A Health and Economic Emergency，” April 20，2020，https：//www. csis. org/analysis/covid-19-african-political-crisis-much-health-and-economic-emergency.

③ 《新冠肺炎疫情可能导致多数非洲国家破产》，中国商务部网站，2020年4月20日，http：//ml. mofcom. gov. cn/article/jmxw/202004/20200402952465. shtml.

东北部伊图里省遭到乌干达反政府武装“民主同盟军”的多次袭击，导致50余人死亡。在一些国家和地区，抗击新冠肺炎疫情的封城、隔离和限制社交等严格措施在经济下滑困境的叠加下，引发了暴乱冲突，加剧了地区安全威胁。3月17日，塞内加尔有数十人无视当局禁令，在聚集活动时与安全部队发生冲突。3月23日，在尼日尔当局关闭清真寺并逮捕一名违反宗教仪式禁令、声望颇高的牧师之后，当地发生暴乱。在南非和肯尼亚，出租车司机纷纷抗议封锁措施影响生计。5月下旬开始，部分非洲国家的疫情已经处于暴发阶段，医疗体系不堪重负，国内饥荒严重，民生问题凸显，许多国家面临着防疫和恢复经济的两难选择，有些国家防疫模式的频繁切换也加大了国内动乱的风险。例如，南非的社会抗议事件急剧增加，从4月的54次增加到7月的232次，四个月内总数达到511次，平均每天高达4.2次，创下了近年来的峰值，给南非政府的抗疫政策带来巨大冲击。①②进入10月后，几内亚和科特迪瓦都发生了“大选舞弊”相关暴力冲突，尼日利亚发生“警察暴力执法”引发的大规模社会骚乱，西部非洲多国集体陷入政治安全危机。12月11日，“博科圣地”的100名武装分子骑摩托车强闯卡齐纳州一所男子中学，持AK47自动步枪与警方交火，最终绑架了数百名学生，加剧了尼日利亚的安全威胁。在非洲之角，埃塞俄比亚的政治安全形势更加严峻。随着提格雷族与奥罗莫族近年来政治裂痕不断加深，提格雷州政府与联邦政府矛盾严重激化，并于11月初爆发武装冲突。据联合国难民署统计，在持续近一个月的战火中，将近5万提格雷族居民逃往邻国苏丹，沦为难民，创近二十年来非洲之角难民潮的新纪录。③ 目前战火虽已结束，但在疫情和自然灾害的双重打击下，埃塞政府是否有能力及时有效接收和安置被遣返的难民，避免饥荒、疾病、刑事犯罪等人道主义危机的出现，依然存在较大的不确定性。此外，新冠肺炎疫情的加速蔓延，使得民众担忧、恐慌和排外情绪上升，骚扰和恐吓外国人的案例时有发生。埃塞俄比亚、乌干达、肯尼亚和赞比亚还出现了针对被视为病毒传播者的外国公民的暴力行为，安全形势恶化。

四　后疫情时代非洲发展前景展望

目前，新冠肺炎疫情仍在非洲加速蔓延，非洲国家脆弱的公共卫生系统不堪重负，加之新冠肺炎疫情带来的各种负面影响产生叠加效应，使得非洲的抗疫斗争注定

---

① Lizette Lancaster and Godfrey Mulaudzi, “Rising protests are a warning sign for South Africa’s government,” August 6, 2020, https://issafrica.org/iss-today/rising-protests-are-a-warning-sign-for-south-africas-government.

② Lizette Lancaster and Godfrey Mulaudzi, “Rising protests are a warning sign for South Africa’s government,” August 6, 2020, https://issafrica.org/iss-today/rising-protests-are-a-warning-sign-for-south-africas-government.

③ UNHCR, Pace of Ethiopian refugee arrivals in Sudan unseen in the last two decades, 2020-11-17, https://www.unhcr.org/asia/news/briefing/2020/11/5fb391214/pace-ethiopian-refugee-arrivals-sudan-unseen-decades.html.

是一场攻坚战、持久战。非洲何时结束疫情、回归正常发展轨道依然充满诸多不确定性。但可以肯定的是，在国际社会的鼎力相助和非洲国家的顽强努力下，非洲发展仍然充满希望。

（一）新冠肺炎疫情为非洲重塑社会经济结构提供契机

新冠肺炎疫情在非洲加速蔓延，暴露了非洲的经济社会发展模式存在深层结构性问题。一方面，非洲经济长期采用资源出口驱动的增长模式，过度依赖外部世界，难以抵御外部冲击；另一方面，非洲经济“有增长、无发展”或“有增长、少发展”，社会分配不均导致中上层阶级与底层民众割裂，存在社会隐患。面对疫情冲击，非洲国家知识分子开始反思非洲经济社会发展模式。4 月 17 日，非洲百位知名人士共同签署《行动时刻：就新冠肺炎疫情危机致非洲领导人的公开信》，敦促非洲大陆领导人以疫情为契机，直面深层次的结构性问题，根据非洲自身特点从根本上积聚内部资源，采取包容性的治理框架和内生发展模式，创造出非洲的独特价值，以减少系统性依赖，真正实现“非洲的第二次独立”。4 月初，非盟发布《新冠肺炎疫情对非洲经济的影响》报告，指出应将新冠肺炎疫情作为改变非洲发展模式的机遇，特别是要转变与欧洲、美国、中国以及其他新兴国家的贸易模式，将《非洲发展动力：实现生产性转型（2019 年）》中提出的关于生产性转型的政策建议转化为现实行动，以打造能够抵御外部冲击和实现可持续发展的经济体。可见，虽然疫情给非洲经济、政治、社会发展等带来诸多挑战与压力，但这些挑战与压力也会转变为非洲国家领导人深化改革的动力。可以预料的是，后疫情时代非洲国家势必会加快经济结构调整步伐，通过发展私营经济、农业和粮食生产、自主性制造业、数字经济、自贸区建设等措施来实现多元化驱动；通过强化实施非洲国家的卫生和社会保护制度，以满足底层民众健康与生存的最低需要。

（二）后疫情时代非洲一体化进程或将提质增效

新冠肺炎疫情凸显了发展数字经济的重要性。数字经济将成为非洲大陆自贸协定第二阶段谈判的重要内容。从非盟、非洲次区域组织和非洲国家三个层面应对疫情的举措中不难发现，非洲大陆数字化进程和数字产业发展已进入“快车道”，市场整合与地区合作加速，并为本土制造业发展、小微企业规范化、城镇基础设施升级提供了重要机遇，[①] 也为日后重塑非洲社会经济结构埋下了希望的种子。联合国非洲经济委员会区域一体化与贸易司长卡林吉表示，推迟实施非洲大陆自贸协定将为重新配置非洲大陆资源和重新构架自贸区争取时间，以确保非洲大陆更好应对未来气候变化、公

---

① McKinsey & Company, “Reopening and Reimagining Africa: How the COVID-19 Crisis Can Catalyze Change,” May 29, 2020, https://www.mckinsey.com/featured-insights/middle-east-and-africa/reopening-and-reimagining-africa.

共卫生问题等方面的冲击。加强非洲内部贸易将会成为创造就业、保障外汇收入、实现工业和经济增长的刺激方案，有助于非洲经济从新冠肺炎疫情的影响中恢复。[①]世界银行预测，若非洲大陆自贸协定全面实施，至2035年将带动非洲地区收入增长4450亿美元，区域内部贸易增长81%，3000万人有望摆脱极端贫困。[②]

（三）非洲将延续独立自主与国际协调并重的发展方略

当前，经济全球化正受到双重冲击。一是以美国为代表的部分国家推行单边主义和贸易保护主义，对全球化进程产生深远影响；二是新冠肺炎疫情对全球产业链供应链造成严重冲击，加剧了逆全球化态势。在此背景下，处于经济全球化边缘的非洲国家也难以置身事外。后疫情时代非洲国家将在全球价值链重塑之际，通过加快非洲经济一体化安排，来推动非洲大陆内部的区域价值链和供应链建设，从而增强自主发展能力。7月24日，南非贸易和工业部部长帕特尔（Ebrahim Patel）在金砖国家第十届贸易部长会议上指出："如果我们只是原材料的出口商和药品、医疗设备和其他关键商品的进口商，那么我们将无法在这种危机时刻保护公民。非洲必须建立有弹性的、多样化的供应链，其中提高国内制造能力应成为新的、包容性供应链的一部分，即各国制造能力实现多样化。南非乃至非洲大陆都具备扩大现有产品线和新产品的开发机会。"[③]但受单一经济结构、发展资金短缺、债务缠身、科学技术匮乏、战争和地区冲突频仍等困扰，处于全球价值链低端的非洲国家短期内难以建立独立的产业链和工业体系，非洲产业链的内向化发展将是一个渐进的漫长过程，同时也离不开国际发展伙伴的支持与配合。正如南非贸易和工业部部长帕特尔所指出的："非洲国家构建新的多样化供应链和产业链，并不意味着要与全球贸易、投资和合作脱离。它们仍然是非洲增长和发展的重要来源，非洲需要加强国际合作。"[④] 总之，后疫情时代非洲国家将更加注重提高内生发展和域内循环建设，同时将继续寻求与非洲域外国家建立良性互动的外部循环发展格局。历史将证明，只有内外联手、形成合力，非洲才能走上可持续的发展道路。

---

① 《非洲大陆自贸协定取消关税壁垒是关键》，中国商务部网站，2020年5月15日，http：//africanunion.mofcom.gov.cn/article/ddfg/202003/20200302945849.shtml.

② World Bank，The African Continental Free Trade Area：Economic and Distributional Effects，July，2020，https：//openknowledge.worldbank.org/bitstream/handle/10986/34139/9781464815591.pdf？sequence=2&isAllowed=y.

③ Minister Ebrahim Patel Briefs BRICS Meeting on South Africa's Handling of the Coronavirus COVID-19 Pandemic，July 24，2020，https：//www.gov.za/zu/speeches/minister-ebrahim-patel-briefs-brics-meeting-south-africas-handling-coronavirus-covid-19.

④ World Bank，The African Continental Free Trade Area：Economic and Distributional Effects，July，2020，https：//openknowledge.worldbank.org/bitstream/handle/10986/34139/9781464815591.pdf？sequence=2&isAllowed=y.

新冠肺炎疫情对埃及旅游业发展的影响

白天阳[*]

摘　要：埃及拥有丰富的旅游资源，旅游业是埃及的重要支柱产业之一。2020年年初，新冠肺炎疫情在世界范围内暴发并很快蔓延至埃及，埃及政府随之实施严格的防控措施，旅游业首当其冲受到影响，使正处于复苏阶段的埃及旅游业再度陷入困境。为尽快摆脱新冠肺炎疫情给国家经济造成的损失，在新冠肺炎疫情阴霾尚未消除之际，埃及政府转变思路提出“与病毒共存计划”，以多种方式吸引外国游客到埃及旅游，政府也给予旅游业相关部门与机构政策和资金等方面的支持。在此背景下，2020年埃及仍接待了数百万外国游客。审视此次新冠肺炎疫情给埃及旅游业带来的巨大冲击，为未来埃及的旅游业发展和模式转型提供了新思路。

关键词：新冠肺炎疫情；埃及；旅游业

2020年伊始，新型冠状病毒性肺炎疫情（以下简称新冠肺炎疫情）在全球范围内暴发，此次新冠肺炎疫情的暴发给整个世界蒙上了一层阴影，极大地冲击了世界公共卫生系统，威胁着全人类的生命与健康。埃及地理位置优越，历史底蕴深厚，有着丰富的旅游资源。旅游业、侨汇和苏伊士运河收入是埃及外汇三大主要来源，埃及把旅游业放在国民经济的首位来考虑，其地位甚至高于军工产业。埃及作为旅游大国，在2月中旬成为首个发现新冠肺炎确诊病例的非洲国家。随着疫情的蔓延，埃及境内新冠肺炎确诊人数持续增长。2020年本是自“一·二五”革命后旅游业复苏的关键之年，但受疫情影响，该国旅游业未能实现预期增长。

一　埃及新冠肺炎疫情的发展态势与防控机制

2020年2月，埃及人口突破一亿，[①] 成为世界上第14个人口超过1亿的国家。埃及国土面积约100万平方公里，90%的国土都是沙漠。在这样特殊的地理环境下，该国大部分人口集中在尼罗河沿岸及北部尼罗河三角洲地区，人口密度极大，所以新冠肺炎

---

* 白天阳，埃及亚历山大大学文学院博士研究生。

① 参见埃及中央公众动员和统计局，http：//www. capmas. gov. eg/，2020 - 12 - 31.

疫情在埃及极易出现聚集性暴发和大面积传染的态势。截至 2020 年 12 月 31 日，埃及新冠肺炎累计确诊人数已经突破 13 万例，达到了 136644 例（如图 1），累计死亡人数达到了 7576 人。值得注意的是，埃及新冠肺炎累计死亡人数在整个阿拉伯国家范围内仅次于伊拉克排在第二位。埃及的新冠肺炎死亡率从 2020 年 6 月 13 日降至最低点 3.4% 后持续走高，在 11 月上旬第二波疫情到来之际仍达到了 5.8%（如图 2），高于同期世界平均死亡率。[①] 新冠肺炎疫情在埃及的发展大致经历了四个阶段，政府根据疫情在本国的发展特点并结合国家经济发展状况在每个阶段采取了不同应对措施。

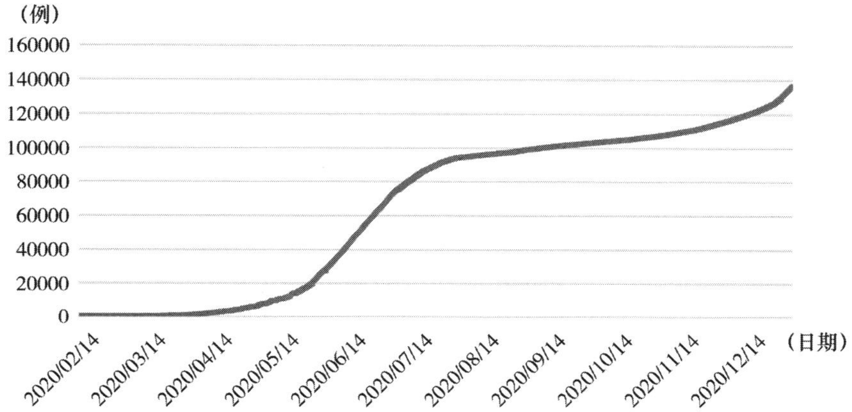

图 1　截至 2020 年 12 月 31 日埃及新冠肺炎累计确诊病例人数变化

资料来源：World Health Organization，"Eastern Mediterranean Regional Office COVID-19 Dashboard"，2020 年 12 月 31 日；https：//covid19. who. int/region/emro/country/eg，2020 - 12 - 31.

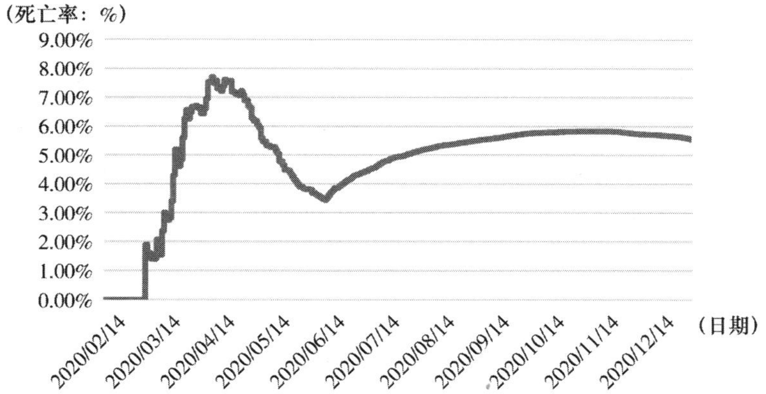

图 2　截至 2020 年 12 月 31 日埃及新冠肺炎死亡率变化

资料来源：World Health Organization，"Eastern Mediterranean Regional Office COVID-19 Dashboard"，2020 年 12 月 31 日；https：//covid19. who. int/region/emro/country/eg，2020 - 12 - 31.

---

① 数据来源：世界卫生组织，http：//www. emro. who. int/countries/egy/index. html，统计时间点为埃及当地时间 2020 年 12 月 31 日。

（一）第一阶段：缓慢增长期

第一阶段是从发现首例确诊病例的2020年2月14日至3月上旬，为缓慢增长期。其间，埃及依然接待大量外国游客入境，每日新增确诊病例保持在50例以内。根据埃及总统塞西的指示，埃及卫生部门做好对新冠肺炎疫情的防控计划。根据防控计划，埃及政府在所有入境口岸执行严格检疫措施，对所有入境人员均采取体温筛查等必要检查。入境埃及人员在埃期间一旦出现任何新冠肺炎症状，同意即被送往专门机构隔离或治疗。[①] 埃及卫生和人口部长表示，埃及是世界上最早制定新冠肺炎疫情防控计划的国家，埃及开罗国际机场与迪拜国际机场是中东和非洲国家最早对入境人员采取防疫检测的机场。[②]

在这一阶段，埃及存在对新冠肺炎疫情了解少、检测能力低等问题，新增确诊病例多为聚集性感染和输入性病例。例如，2020年3月7日新增确诊病例猛增至45例，且45例新增病例全部来自埃及卢克索的一艘尼罗河游轮，其中19例为外国游客。[③] 政府和民众对疫情防控的疏忽也为此后新冠肺炎疫情在埃及大规模暴发埋下隐患。

（二）第二阶段：大规模暴发期

第二阶段从3月中旬至7月上旬，这一阶段是新冠肺炎疫情的大规模暴发期，每日新增确诊病例不断攀升，累计确诊人数屡创新高。6月20日，当日新增确诊病例更是达到1774例，该日成为埃及发现新冠肺炎疫情以来新增确诊病例最多的一天（如图3）。由于埃及医疗卫生条件落后、民众防控疫情的意识薄弱使得埃及新冠肺炎疫情的死亡率在4月13日飙升至7.7%。新冠肺炎疫情在这一阶段已经从最初的输入性变成本地传播，呈现从包括阿斯旺、卢克索、开罗和亚历山大等旅游中心城市向其他城市和乡村蔓延的趋势，政府开始设立指定医院接收和救治新冠肺炎患者。埃及总理马德布利宣布自3月16日起，暂停国内和国际所有往来埃及的航班，标志着埃及开始全面抗击新冠肺炎疫情。但是，计划暂停航班的期限仅到3月底，随后由于本国和世界疫情发展形势严峻而不断推迟复航。

埃及政府在本阶段采取的防控措施主要有：全国实施全面宵禁；全国所有餐厅、咖啡馆和水烟店以及所有休闲娱乐场所和俱乐部全天关闭；限制商店、超市和购物中

① 《中国驻埃及使馆就新冠肺炎疫情防控的十问十答》，中国驻埃及大使馆网站，http：//eg. china-embassy. org/chn/lsfw/t1758082. htm，2020－3－19.

② 参见《埃及总统塞西指示加强对入境点入境人员的健康检查》（阿拉伯文），［埃及］《金字塔报》门户网站，http：//gate. ahram. org. eg/News/2378143. aspx，2020－03－01.

③ 参见《卢克索游轮发现45例新冠肺炎确诊者》（阿拉伯文），［埃及］《今日消息报》门户网站，https：//akhbarelyom. com/news/newdetails/3011346/1/，2020－03－07.

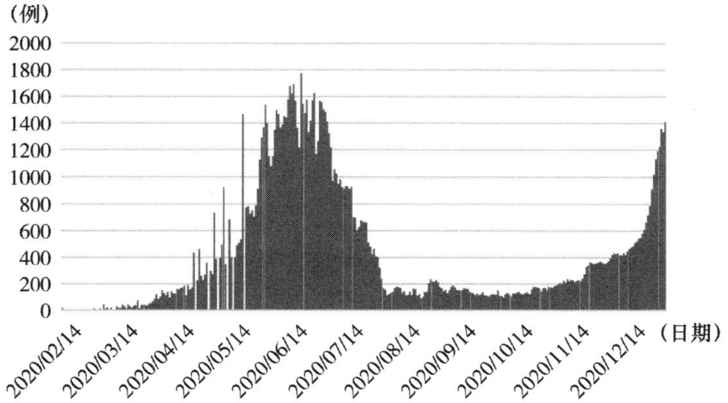

图3 埃及新冠肺炎每日确诊病例人数

资料来源：World Health Organization，“Eastern Mediterranean Regional Office COVID-19 Dashboard”，2020年12月31日；https：//covid19.who.int/region/emro/country/eg，2020-12-31.

心营业时间；除卫生部门外，其他国家政务服务部门暂停为公民提供服务；全国所有中小学校、大专院校停课；全国宗教场所暂停举行集体宗教活动；等等。①

埃及总统、总理和卫生部长等高层领导人高度重视埃及新冠肺炎疫情的防控，以各种形式加强对民众的引导和教育，严格执行疫情期间防护措施。在开斋节到来之际，政府为防止节日期间的走亲访友使疫情发展恶化，推出了晚5时至早6时“加强版”宵禁等防控措施，这一阶段，埃及旅游业近乎零收入。

埃及人口与卫生部在5月中旬提出“与病毒共存计划”，政府随后也在开斋节后放松以上严格的管控措施。一方面，宵禁时间不断缩短，延长商店、超市和购物中心营业时间，公共场所逐渐恢复正常运营；另一方面，埃及于5月宣布开放部分酒店以重启境内旅游，② 国家努力使支柱产业回归正轨。

（三）第三阶段：稳步下降期

第三阶段则从7月中旬至11月上旬，这一阶段的每日新增确诊病例人数呈明显下降态势。一方面，得益于埃及政府在上一阶段采取的积极防控措施，另一方面，在埃及有差不多80%的新冠肺炎病例是轻症或无症状，这些病例没有被计入卫生部统计数据中，埃及卫生部只对那些去医院就医，而且有明显症状的病人进行新冠病毒检

① 参见《国会发布应对新冠疫情的最新决定细节》（阿拉伯文），［埃及］《金字塔报》门户网站，http：//gate.ahram.org.eg/News/2387951.aspx，2020-03-24.

② 参见《埃及开放部分酒店以重启旅游业》，新华网，http：//www.xinhuanet.com/fortune/2020-05/26/c_1126034453.htm，2020-05-26.

测，埃及的大部分新冠肺炎病例没有被列入统计。[①]

这一阶段埃及开始实施“与病毒共存计划”。埃及进一步放松了对新冠肺炎疫情的防控，以引导民众加强自我防护为主。[②] 并且进一步放宽限制：餐厅、咖啡厅、体育俱乐部、体育馆、电影院和剧院等公共娱乐场所以接待总量的25%开放经营；宗教场所在教徒采取防护措施的条件下进行宗教活动；公共交通恢复运营；等等。[③]

为尽快刺激旅游业的复苏，埃及在7月初恢复国际航空运营，成为世界上最早恢复国际航班运营的国家之一，埃及在恢复运营当日迎来了新冠肺炎疫情后的第一批游客。自2020年7月埃及恢复接待外国游客到12月底，尽管新冠肺炎疫情形势依然严峻，埃及共计接待游客约100万人次。[④]

（四）第四阶段：第二波疫情冲击

第四阶段为11月中旬以后，埃及迎来第二波新冠肺炎疫情，确诊人数连日飙升。究其原因，一方面是由于埃及冬季到来，气温降低加快了病毒传播速率；另一方面，自7月以来，埃及政府推行和实施“与病毒共存计划”。在英国发现新冠肺炎变异毒株后，埃及政府也并未采取限制相关国家入境的措施。到12月25日，每日新增确诊病例再次突破1000例。

总体来看，新冠肺炎疫情暴发后，埃及政府根据本国自身特点，调动国内各方势力共同抗击新冠肺炎疫情，形成了政府主导下的多维合作抗疫特点。第一，调动军队加入抗击疫情行列。埃及军队是阿拉伯埃及共和国的创立者、建设者和保卫者，[⑤] 军队在埃及政治发展进程中起着举足轻重的作用，体现在民族国家建设、内外政策的实施和制定等。[⑥] 在此次抗击疫情中，埃及军方依然发挥着不可替代的重要作用。根据埃及总统塞西的指示，埃及军方出动大型设备和军队人员，对国内包括城市道路、公共交通、政府办公大楼、公共设施和民众经常聚集的公共场所进行大规模的清洁和消毒工作。同时，埃及武装部队总司令穆罕默德·扎齐下令武装部队协助相关国家机构，开放空军基地并使用军用运输机加快采购医疗设备、物资和药品，以保证国家应

---

① 《埃及新冠肺炎确诊破10万 疫情面临反弹风险》，央视网，https：//m. news. cctv. com/2020/09/09/ARTIwPI7QuCjxbUhwtgM9Bb2200909. shtml，2020－09－09.

② 参见《卫生部发布与病毒共存计划》（阿拉伯文），［埃及］《金字塔报》门户网站，http：//gate. ahram. org. eg/News/2406733. aspx，2020－05－14.

③ 参见《取消宵禁后，了解有关政府应对新冠疫情的决定细节》（阿拉伯文），［埃及］《金字塔报》门户网站，http：//gate. ahram. org. eg/News/2431156. aspx，2020－06－23.

④ 参见《虽然有新冠疫情，埃及自7月份以来接待了100万游客》（阿拉伯文），［埃及］《今日消息报》门户网站，https：//akhbarelyom. com/news/newdetails/3204860/1/，2020－12－24.

⑤ Ahmed S Hashim，“The Egyptian Military，Part One：From the Ottomans Through Sadat”，*Middle East Policy*，September 2011，Vol. 18，Issue3，p. 68.

⑥ 朱泉钢、王林聪：《论军队在埃及变局及其政治转型中的作用》，《西亚非洲》2014年第3期。

对新冠肺炎疫情为民众提供医疗服务的连续性。①

第二，发挥宗教在疫情防控中的号召作用。埃及是一个伊斯兰教逊尼派穆斯林人口占大多数的阿拉伯国家，境内也生活着一定数量的基督教徒，埃及科普特基督徒约占全国总人口的5.1%，② 在此次新冠肺炎疫情中，爱资哈尔大伊玛目和科普特牧首两位宗教领袖多次发表声明表示支持暂停在清真寺和教堂等宗教场所举行的集体宗教活动等国家为防控疫情而采取的各项防控措施，号召宗教信徒在家中完成必要的宗教仪式。开斋节和古尔邦节是穆斯林的两大重要节日，在今年特殊的情况下，爱资哈尔穆夫提发布教令取消节日集体礼拜，指出："伊斯兰教的宗旨便是保护生命，使其免受一切危险和伤害。"③ 穆斯林在家中完成节日祈祷。2020年4月19日是埃及科普特基督教复活节，亚历山大教皇奥赛佐罗斯二世在圣马克科普特东正教大教堂举行复活节弥撒，教堂并没有接待任何信徒，宗教仪式则是以电视直播的形式进行。④ 同时，埃及科普特教会在国家总体抗击疫情的措施框架内，还发布了具体实施细则，细则包含对教徒日常宗教仪式、节日庆祝、婚丧嫁娶等各个方面。⑤

第三，加强国际交流与合作。埃及是非洲和阿拉伯地区大国，世界卫生组织东地中海区域总部就位于埃及首都开罗。新冠肺炎疫情在埃及蔓延后，国际组织及世界其他国家为埃及提供大量资金援助。国际货币基金组织董事会批准了应埃及要求提供27.72亿美元的紧急财政援助，以应对新冠肺炎疫情的暴发导致紧急国际收支需求。⑥ 美国国际开发署向埃及红新月会提供了5100万埃及镑的贷款，以支持其应对新冠肺炎疫情的行动。⑦ 埃及作为"欧盟15亿欧元援助计划"的一部分，已向埃及的医疗卫生部门拨款8900万欧元以应对新冠肺炎疫情，这笔资金将用于购买医疗设备和培

---

① 参见《武装部队出动抗击新冠疫情》（阿拉伯文），埃及国家服务网站，https：//sis. gov. eg/Story/201451lang = ar，2020 - 04 - 29.

② Yousra A Mohamoud，"Characterizing the Copts in Egypt：Demographic，socioeconomic and health indicators"，*Science Connect*，June 2013，p. 1.

③ 参见《赛义德娜菲萨清真寺开斋节礼拜只有20人参加，宗教基金部长："在家里完成礼拜"》（阿拉伯文），［埃及］《金字塔报》门户网站，http：//gate. ahram. org. eg/News/2410146. aspx，2020 - 05 - 23.

④ "Coronavirus forces Egypt's Coptic Christians to celebrate easter at home"，*Egyptian Dependent*，https：//egyptindependent. com/coronavirus-forces-egypts-coptic-christians-to-celebrate-easter-at-home/，2020 - 04 - 19.

⑤ "Egypt's Coptic church's instructions on coexisting with COVID-19"，*Egypt Today*，https：//www. egypttoday. com/Article/1/89031/Egypt% E2% 80% 99s-Coptic-church-s-instructions-on-coexisting-with-COVID-19，2020 - 07 - 28.

⑥ "IMF Executive Board Approves US $2.772 Billion in Emergency Support to Egypt to Address the COVID-19 Pandemic"，*International Monetary Fund*，https：//www. imf. org/en/News/Articles/2020/05/11/pr20215-egypt-imf-executive-board-approves-us-2-772b-in-emergency-support-to-address-the-covid19，2020 - 05 - 11.

⑦ "U. S. Launches Egyptian Red Crescent Support to COVID-19 Prevention in Partnership with the Government of Egypt"，*U. S. Embassy in Egypt*，https：//eg. usembassy. gov/u-s-launches-egyptian-red-crescent-support-to-covid-19-prevention-in-partnership-with-the-government-of-egypt/，2020 - 07 - 08.

训卫生工作者。[①] 埃及政府在此次疫情中与中国保持密切合作。两国分享疫情信息、防控救治经验、医疗研究成果，相互支持疫情防控工作，共同抗击疫情。[②] 中埃两国医疗专家多次举行视频会议，分享疫情防控救治经验。

在新冠疫苗的研发、试验和生产方面，埃及与中国、俄罗斯和土耳其等国家积极合作。国药集团中国生物新冠灭活疫苗Ⅲ期临床试验在埃及招募6000名志愿者参与，埃及卫生与人口部长哈莱作为志愿者在临床试验现场接种了疫苗。[③] 12 月 31 日，中埃两国签署《中埃关于新冠病毒疫苗合作意向书》，有力推动中埃相关机构加强新冠病毒疫苗研发、生产和使用领域合作。[④] 截至 2020 年年底，埃及已接收 5 万剂中国疫苗，埃及由此成为非洲大陆第一个获得新冠疫苗的国家。[⑤]

二 新冠肺炎疫情对埃及旅游业的冲击

埃及是以旅游业为支柱产业的国家，也是亚、欧、非通道的重要航空枢纽，埃及开罗国际机场是非洲地区第二繁忙的机场。[⑥] 埃及对于大部分欧洲、亚洲和美洲国家实行便捷的签证政策，吸引着世界不同国家和地区的游客入境。大部分入境游客都要踏足开罗、亚历山大、卢克索和阿斯旺等人口密集的旅游城市。实际上，旅游业是一项极易受到国内和国际局势和突发事件影响的产业。旅游业的脆弱性与敏感性是被广泛承认的，无论是旅游系统内部发生的事件还是旅游系统外部发生的事件，都有可能对旅游业产生系统性影响。[⑦] 根据世界旅游组织宣布，受新冠肺炎疫情影响，2020 年全球旅游业收入损失 1.3 万亿美元，成为“旅游业历史上最糟糕年份”。[⑧]

---

① “Amb. reiterates EU will send Egypt 89 billion to curb coronavirus”, *Egypt Today*, https://www.egypttoday.com/Article/1/86557/Amb-reiterates-EU-will-send-Egypt-%E2%82%AC89-billion-to-curb, 2020-05-08.

② 参见《驻埃及使馆就抗击新冠肺炎疫情举行第六次记者会》，中国驻埃及大使馆网站，http://eg.china-embassy.org/chn/dsxx/dshd/t1763073.htm，2020-03-28.

③ 参见《〈金字塔报〉独家报道，埃及开始进行中国 Vaxira 新冠疫苗临床试验详细信息》（阿拉伯文），［埃及］《金字塔报》门户网站，http://gate.ahram.org.eg/News/2460474.aspx，2020-09-12.

④ 《中埃签署〈中埃关于新冠病毒疫苗合作意向书〉》，中国驻埃及大使馆网站，http://eg.china-embassy.org/chn/sgxw/t1843949.htm，2020-01-01.

⑤ 《中国疫苗抵达埃及》，中国驻埃及大使馆网站，http://eg.china-embassy.org/chn/sgxw/t1839697.htm，2020-12-12.

⑥ 商务部国际贸易经济合作研究院、中国驻埃及大使馆经济商务处、商务部对外投资和经济合作司：《对外投资合作国别（地区）指南，埃及（2019 年版）》，2019 年，第 40 页。

⑦ 夏杰长、毛丽娟、陈琳琳：《外部冲击下旅游业的演化与变革——以新冠肺炎疫情为例》，《新疆师范大学学报（哲学社会科学版）》2020 年第 6 期。

⑧ “2020: Worst year in tourism history with 1 billion fewer international arrivals”, *The World Tourism Organization (UNWTO)*, https://www.unwto.org/news/2020-worst-year-in-tourism-history-with-1-billion-fewer-international-arrivals, 2021-01-28.

旅游业受新冠肺炎疫情影响的最直接体现便是入境游客减少。到2020年底，埃及接待游客360万人次，[①] 相较于2019年减少942.6万人次，[②] 下降幅度高达73%。从2020年初到3月16日埃及暂停国际航班，共接待外国游客200万人次，其中3月1日至3月16日接待39.83万人次。[③] 2020年前两个月与2019年同期相比入境旅游人数增长9%。[④] 但随着疫情的蔓延与发展，欧洲和其他阿拉伯国家成为世界新冠肺炎疫情第二波暴发的重灾区，游客的出境出游意愿减弱，加之各国相继关闭国际航班或出台新出入境政策，出境游人数大幅减少，埃及旅游业随之受到影响。

第一，在整个旅游业体系中，埃及的航空业是最先受到打击的部门之一。埃及目前共有22座机场，其中10座为国际机场。埃及航空作为埃及国家航空经营着包括欧洲、非洲、中东、东南亚、东亚、北美洲及国内超过50个目的地定期航线，埃及航空运营的国际航线在其境内所占市场份额为50%，国内航线的市场份额则超过90%。[⑤] 受疫情的影响，在3月16日政府决定暂停国内外所有航班，当月埃及航空运营旅客量比原计划下降了28%，4月更是比原计划下降了78%。[⑥] 截至7月恢复国际航班前，埃及航空业累计亏损达到30亿美元，机场在关闭的几个月中零收入。[⑦]

第二，疫情迫使酒店、餐厅、旅游景点等场所及配套服务关闭或暂停，整个旅游相关的服务行业处于完全待业状态。不论酒店的入住率是多少，酒店住宿业的固定资产投入、人力资源投入始终存在，没有旅游者入住意味着酒店住宿企业现金流被打断，酒店运营困难。[⑧] 每年3月、4月、5月以及开斋节和宰牲节前后，是埃及海滨旅游旺季，但是2020年这些时间正值埃及疫情防控最为严格的时期，整个旅游行业处于停滞状态。虽然宰牲节假期（从8月1日开始）埃及已经恢复国内和国际航班，但酒店、餐厅等娱乐场所只能以其接待能力的25%接待游客，这与往年同期相比，

---

① 参见《旅游与文物部2020》（阿拉伯文），埃及旅游与文物部网站，http：//www.antiquities.gov.eg/DefaultAr/pages/NewsDetails.aspx？newsid＝2349.

② 参见《埃及年鉴2020》（阿拉伯文），埃及中央公众动员和统计局网站，https：//www.capmas.gov.eg/Pages/StaticPages.aspx？page_id＝5034.

③ 参见《旅游与文物部2020》（阿拉伯文），埃及旅游与文物部网站，http：//www.antiquities.gov.eg/DefaultAr/pages/NewsDetails.aspx？newsid＝2349.

④ 参见《旅游部副部长加达·沙拉比：埃及在新冠疫情下成为全球目的地之首，我们获得了国际赞誉》（阿拉伯文），［埃及］albawabhnews门户网站，https：//www.albawabhnews.com/4232773，2021－01－05.

⑤ Mustansir Barma，"Aviation Sector Navigates Economic Turbulence"，*American Chamber of Commerce in Egypt*，https：//www.amcham.org.eg/publications/business-Monthly/issues/192/december－2011/2770/aviation-sector-navigates-economic-turbulence，2011－12.

⑥ "Effects of Novel Coronavirus（COVID-19）on Civil Aviation：Economic Impact Analysis"，*Air Transport Bureau*，September 03，2020，pp.150－151.

⑦ "EgyptAir offers discounts for some international flights to encourage air travel"，*Ahram Onlin*：http：//english.ahram.org.eg/News/378854.aspx，2020－8－29.

⑧ 夏杰长等：前引文，第49页。

收入差距悬殊。7月以后，埃及开放部分旅游景点，但是博物馆和墓室内部等封闭场所则采取对游客进行限流的措施，同时对每位游客进行体温测试，这大大降低了游览速度和效率。

第三，疫情使埃及失业率再创新高。旅游业是一个劳动密集型产业，在受教育程度普遍较低的埃及，旅游业极大地促进埃及适龄人员的就业。由于新冠肺炎疫情暴发导致国内旅游业停滞，与旅游相关的产业设施包括酒店、餐厅、咖啡厅等娱乐聚集场所全部被关停，埃及的失业率在2020年第二季度上升至9.6%，而去年同期失业率为7.5%,[①] 失业人数达到257.4万，城镇失业率上升至城市地区劳动力总数的12.5%，农村失业率上升至农村劳动力总数的7.4%。[②]

第四，旅游业收入的减少直接影响埃及国家整体经济运行。虽然埃及在3月中旬宣布关闭边境和暂停航班，但是此前新冠肺炎疫情已在全球范围内肆虐，这就导致2020年的前四个月，国际旅游人数比2019年同期下降了约50%，国际航班的到达人数和酒店预订量等相关的指标更是与去年同期相比大幅下降。2020年埃及旅游业收入仅为40亿美元，与2019年130多亿美元的旅游收入相比较下跌近70%。[③] 由于新冠肺炎疫情危机，预计埃及在2020年的旅游收入损失将超过国内生产总值（GDP）的2%。[④]

三 埃及政府的应对措施与后疫情时代旅游业复苏之路

埃及是一个以旅游业为支柱产业的国家，国内产业结构单一，新冠肺炎疫情无疑使正处于复苏阶段的埃及旅游业再度陷入困境。对于该国在应对新冠肺炎疫情防控方面出现的访埃游客流动性广、来源多等严峻形势，政府采取了立足促进旅游业短期与长期发展的举措。

（一）政府主导下埃及旅游业的复苏

2020年本是“一·二五”革命后旅游业复苏关键的一年，但是突如其来的新冠肺炎疫情使得埃及旅游业出现了零收入的窘境。为了尽可能地减少新冠肺炎疫情给旅游业带来的损失，在世界新冠肺炎疫情阴影尚未散去的情况下，埃及政府决定重新开放旅游的大门，并尽可能地吸引各国游客，使国家尽快回到复苏旅游业的正常轨道，

① 数据来源：埃及中央公众动员和统计局，http：//www.capmas.gov.eg/，2020－09－24.

② 《2020年第二季度埃及的失业率达到9.6%》，中华人民共和国商务部网站，http：//tzswj.mofcom.gov.cn/article/i/jyjl/k/202008/20200802995018.shtml，2020－08－17.

③ 参见《2020年埃及旅游收入较上年骤降近七成》，新华丝路网，https：//www.imsilkroad.com/news/p/440997.html，2021－01－06.

④ 《IMF预计2020年埃及旅游收入受疫情影响损失超过GDP的2%》，中国驻埃及大使馆经济商务处网站：http：//eg.mofcom.gov.cn/article/jmxw/202008/20200802992037.shtml，2020－08－05.

埃及政府在以下方面采取措施。

第一，政府发挥宏观调控作用，向旅游相关产业提供财政支持，减免旅游相关产业债务或延长债务期限，免除旅游相关产业税务，减轻旅游相关产业和旅游业从业者的压力。埃及总统塞西宣布拨款1000亿埃及镑（约合64亿美元）全面应对新冠肺炎疫情，拨款的一半将会分配给旅游部门。① 埃及中央银行在疫情期间宣布，将向酒店和旅游场所提供为期两年的贷款，宽限期为六个月，以支付员工工资并进行修缮升级工作。② 埃及财政部向埃及中央银行提供价值30亿埃及镑的担保，使旅游相关企业和酒店在三年内以每年5%的利率向国家银行贷款，贷款的15%将用于支付旅游企业和酒店员工薪水，以确保用于运营基本需求的支出不超过给予该设施的贷款价值的15%，且银行直接将工资转至员工个人账户。同时埃及财政部决定免除酒店和旅游相关娱乐场所六个月的房地产税。③

第二，严格防疫，发布旅游宣传片，塑造埃及正面抗疫形象。埃及旅游和文物部发布的宣传片除了展示埃及宏伟的景观，更多地展现埃及从3月中旬关闭边境和暂停航班到7月初重新恢复旅游的这段时间中（如前文所述）所进行的大量抗击疫情工作。宣传片在“脸书”和推特等海外社交媒体被大量转发，点击量已经突破5000万，为有意前来埃及旅游的游客传递了积极信号。在疫情防控方面，政府规定景点、酒店等人员聚集场所仍禁止以百分之百的接待能力接待游客，游客在参观和游览期间也必须接受体温监测，并要求做好相应的消毒和防护措施。旅游和文物部向防疫合格酒店颁发“健康证书”，如违反相关防控要求则立即吊销证书并停业整改。截至12月底，已有23个省份的695家酒店和52艘游轮获得“健康证书”。同时，埃及政府承诺旅埃外国游客如果在埃及确诊新冠肺炎，埃及将承担医疗费用。④

第三，减免来埃入境费用，并在入境口岸设立核酸检测站。从2020年6月到2021年4月30日，免除部分国家游客从南西奈省、红海省、卢克索省和阿斯旺省入境埃及的签证费用，除对目前46个国家游客采取免签或落地签政策外，增加27个国家的落地签入境许可。⑤ 同时对降落在以上四省的国际航班给予着陆费50%的折扣和

---

① “The COVID-19 Crisis in Egypt”, *Organization for Economic Cooperation and Development*（*OECD*）, April 20, 2020, p. 3.

② 《埃及努力减轻疫情对旅游业负面影响》，中华人民共和国商务部网站，http：//www. mofcom. gov. cn/article/i/jyjl/k/202004/20200402951366. shtml，2020－03－26.

③ 《埃及财政部向旅游业提供财政支持》，中国驻埃及大使馆经济商务处网站，http：//eg. mofcom. gov. cn/article/jmxw/202005/20200502964257. shtml，2020－05－13.

④ 参见《旅游与文物部2020》（阿拉伯文），埃及旅游与文物部网站，http：//www. antiquities. gov. eg/DefaultAr/pages/NewsDetails. aspx？ newsid＝2349.

⑤ 参见《旅游与文物部2020》（阿拉伯文），埃及旅游与文物部网站，http：//www. antiquities. gov. eg/DefaultAr/pages/NewsDetails. aspx？ newsid＝2349.

地面服务费、停机费20%的折扣,[①] 以此吸引各国恢复来埃航线。

（二）后疫情时代提振埃及旅游业的思考

自从2018年埃及实施旅游业改革措施后，旅游业复苏步伐加快，从目前的数据来看，短期内已经取得了积极成效，若非新冠肺炎疫情的影响，2020年埃及旅游业收入有望再创新高。埃及的旅游产业不难恢复，但发展的核心是旅游产业自身的改善。纵观多年来，埃及的旅游业还在许多问题上存在瓶颈，其中包括基础设施不完善、市场混乱和竞争不合理等问题。后疫情时代埃及政府在复苏旅游业的同时，解决这些问题的方法应该成为旅游管理部门的焦点。此次新冠肺炎疫情使埃及旅游业在供需两个层面受到沉重打击，在旅游业由高速增长阶段转向高质量发展阶段的关键节点上，政府层面要努力把危机变契机，要在优质旅游发展理念下建立更加优化、有效的旅游产业系统。

第一，面对新冠肺炎疫情，政府要引导和鼓励旅游业相关部门和旅游从业者重拾信心。一方面，政府作为宏观调控的领导者要继续控制疫情在埃及当地的传播，做好疫情防控工作。另一方面，当下在新冠肺炎疫情阴影尚未散去之时，国家各部门继续对旅游相关企业和个人提供相应政策支持，包括延长债务偿还期限，降低与旅游相关产业贷款准入门槛并下调贷款利率，减免旅游从业者店铺租金和税务，等等。

第二，在提升旅游硬件设施的同时要对旅游软件设施作相应改进。在信息全球化的大背景下，以及新冠肺炎疫情暴发后，民众需要保持社交距离、控制游客数量等因素的影响，埃及旅游部门需要考虑提升旅游产业部门的信息化和数字化程度。开发相关网站和软件把埃及各景点、酒店接待游客情况，酒店、特色餐厅、交通运行情况通过图片、视频等形式以多种语言展示在互联网和相关软件上，通过云展览、模拟参观等方式可以在有效地控制旅游景区游览人数的同时，增加旅游景区的收入，同时开发网络预订门票系统以减少游客大量聚集和长时间等待的情况。这样可促进埃及的传统旅游业向现代旅游业的转化，加快旅游业的发展速度，提高旅游业的生产效率。

第三，学习和借鉴其他国家成功旅游业发展经验。埃及虽然是一个依靠旅游业发展的国家，但是由于国家整体经济水平落后，相应旅游配套设施与配套服务并不完善。世界上有些国家也视旅游业为国家支柱产业，如摩洛哥、阿联酋和突尼斯等。这些国家十分注重旅游服务与特色旅游的开发，同样也吸引着世界各地的游客前去参观游览。埃及除了传统旅游外还可以推出更具特色的旅游线路，进一步拓展游客市场，为新兴游客市场设计更多特色服务。

第四，规范旅游市场管理和旅游从业人员准入并加强监督。埃及各大景区都有各

① “Egypt to exempt tourists arriving on direct flights from paying visa fees”, *Egypt Independen*, https://egyptindependent.com/egypt-to-exempt-tourists-arriving-on-direct-flights-from-paying-visa-fees/, 2020-07-11.

种服务人员与商贩，但其中大部分利用外国游客不懂当地语言，用诈骗等手段从游客手中牟取超出商品或服务本身价值的钱财。同时，同物不同价、坐地起价现象极其严重，一些执法人员与商贩同流合污，对于旅游市场的监督坐视不管。这对于埃及形象与旅游业造成极大的负面影响。对此，埃及政府部门在未来应提高旅游服务从业者水平，提高旅游服务行业准入门槛，规范市场价格，这样更能改善游客体验。

四 结论

旅游业作为埃及的支柱产业，对埃及国家稳定与经济的发展有决定性影响。新冠肺炎疫情与埃及旅游业有很强的关联性，作为一个以旅游为支柱产业的国家，疫情在暴发之初就表现出很强的复杂性。

首先，新冠肺炎确诊病例最初是在访埃外国游客和旅游从业者中被发现的。确诊新冠肺炎的外国游客在潜伏期内会在埃及境内接触大量当地埃及民众和旅游从业者，而旅游从业者又会每日接触大量外国游客，使得新冠肺炎疫情在埃及传播不可追踪。其次，埃及适宜居住的土地有限，超过一亿的人口聚集在尼罗河三角洲及其沿岸，埃及人口密度极大，导致新冠肺炎疫情在埃及聚集暴发的可能性极大。最后，埃及医疗防疫物资生产水平低下，医疗条件总体较差且分布不均匀。在新冠肺炎疫情暴发的特殊时期，口罩、酒精等防疫物资成为了必需品，但是这些防疫物资在埃及却要依赖进口。同时，埃及的大型综合医院集中在三角洲地区的大城市，许多确诊患者被迫居家治疗，政府很难对国内确诊患者做出精确统计。

新冠肺炎疫情的暴发对于埃及旅游业既是挑战也是机遇，疫情从另一个角度来看可以引发相关旅游部门的思考。此次新冠肺炎疫情绝不会是最后一次影响旅游业发展的危机。借此机会，埃及需要建立和完善危机应对机制，这不仅对于今后旅游产业的发展，同时对于整个国家的稳定和整体运行也十分必要。通过此次疫情可以肯定，发展旅游业不仅需要继续建设和完善旅游硬件设施，信息化旅游是埃及未来旅游业发展的必由之路。新冠肺炎疫情阴霾消除之后，丰富的旅游资源和埃及政府刺激旅游业复苏的措施将会使埃及旅游业迎来广阔的发展空间。

新冠肺炎疫情影响下南非的发展态势与政策动向

张 凯*

摘 要： 新冠肺炎疫情的暴发和蔓延给南非的经济社会发展进程造成严重冲击，而围绕防疫物资采购所暴露出的腐败问题也对非国大的执政形象造成了严重损害。为遏制疫情并应对疫情带来的挑战，拉马福萨政府基于科学精神，与企业、工会、社会组织等各种社会力量展开充分协商，出台一系列短期的干预性举措和长期的经济重建与复兴计划。拉马福萨的政策举措取得了积极效果，但是在疫情常态化趋势下也面临诸多挑战和不确定性。后疫情时代，南非将更加重视国家在经济社会发展中的角色和作用，采取更具保护性的举措支持本土制造和再工业化进程，将打击腐败作为优先政治议程并借此提高国家治理效力和民众对政府的信任与信心。

关键词： 南非；拉马福萨；新冠肺炎疫情；非国大

2020 年突如其来的新冠肺炎疫情全球大流行使南非遭受重创。截至 2021 年 3 月初，南非新冠肺炎确诊病例已超 150 万例，死亡病例约 5 万例，居非洲国家首位。面对这场百年未遇的大流疫，南非拉马福萨政府以科学和事实为依据，充分征求卫生领域专家意见，注重与政党、企业、工会、社会组织等不同力量的交流与协商，动员全社会力量积极参与疫情防控，同时出台一系列保障民生和恢复经济社会发展的政策举措。在抗击疫情过程中，国家的干预性角色得到显著提升，政府更加重视产业链和供应链的自主性与安全性，经济社会政策的保护主义色彩有所加重。国家主义和保护主义将在后疫情时代的经济重建与社会发展中得到延续和强化。

一 新冠肺炎疫情对南非的影响与冲击

新冠肺炎疫情这场大流行病所产生的影响不仅局限于卫生健康领域，还涉及经济发展、民生保障和国家治理等诸多方面。因此，从某种程度上讲，此次疫情是一场全

* 张凯，中联部《当代世界》杂志社编辑部副主任、副研究员，研究方向为南非国别问题、非洲国际关系。

球性的大危机。而越是全球化程度高的国家，在疫情面前显得越敏感，遭受全球化“中断”所带来的冲击就越大。与其他非洲国家相比，南非作为非洲大陆与全球经济高度融合的国家，遭受疫情的冲击和影响更为明显。

第一，经济增长深陷衰退，公共债务持续攀升。新冠肺炎疫情暴发后，诸多国家关闭国境，纷纷采取封城举措，这不仅使各国间的人员往来受到限制，而且全球生产链、供应链和价值链也遇到严重障碍。南非政府为应对疫情，也采取了封城等方面的举措，诸多企业被迫停工停产，采矿、建筑、旅游、零售、餐饮、娱乐等行业深受冲击。作为一个规模较小的依赖出口的开放型经济体，南非经济受到全球需求下降和经济活动受限的双重影响。事实上，在疫情暴发前，南非经济就一直萎靡不振，甚至一度陷入衰退。2019 年，南非经济增长仅为 0.2%，新冠肺炎疫情使南非经济雪上加霜，主要国际信用评级机构纷纷下调南非信用评级，这导致南非在国际市场上的融资成本进一步提高。根据南非统计局数据，2020 年南非经济将收缩 7.2%，这是 90 年来最大幅度的收缩。① 受新冠肺炎疫情影响，南非就业形势进一步恶化，失业人口规模不断扩大。根据南非统计局数据，2020 年第三季度，南非失业人口增加 220 万人，使得第三季度失业人口总量达到 650 万人，失业率同比增长 7.5 个百分点，达到 30.8%，第四季度失业率进一步攀升至 32.5%。②

严峻的经济形势不仅导致失业问题加剧，而且使政府的税收收入有所下降，但为了防控疫情、保障民生和刺激经济，政府又不得不举借外债、扩大支出，这必然会导致债务水平的持续攀升。2020 年 7 月，南非财政部发布了补充预算报告，根据该报告统计数据，2020 年前两个月总的税收收入为 1420 亿兰特③，这比之前的预测值减少了 353 亿兰特。④ 受疫情影响，2020/2021 财年南非税收收入由之前预期的 1.43 万亿兰特下调为 1.21 万亿兰特，这比该年预期的财政预算减少 2130 亿兰特。与此同时，受公共开支扩大和财政收入减少的双重影响，南非债务规模呈不断增长态势，其贷款债务总额将由当前的 3.95 万亿兰特增长到 2023/2024 年度的 5.2 万亿兰特，到 2025/2026 年度，政府债务占国内生产总值的比重将达到 88.9%。⑤ 此外，南非政府还从国际货币基金组织、金砖新发展银行、非洲开发银行等国际金融机构获得大约

---

① Steven Gruzd, Isabel Bosman& Nhlakanipho Macmillan Zikalala, *Regions Apart: How South Africa and Nigeria Responded to COVID-19*, SAIIA, Occasional Paper 314, November 2020.

② Quarterly Labour Force Survey, 12 November, 2020, http://www.statssa.gov.za/publications/P0211/P02113rdQuarter2020.pdf.

③ 2020 年，美国与兰特的汇率为：1 美元 = 14.65 兰特，EIU, *Country Report: South Africa*, January 2021, p. 10.

④ Tito Titus Mboweni, Supplementary Budget Speech, 24 June, 2020, http://www.treasury.gov.za/documents/national%20budget/2020S/speech/speech.pdf.

⑤ Minister Tito Mboweni: 2021 Budget Speech, 24 Feb, 2021, https://www.gov.za/speeches/minister-tito-mboweni-2021-budget-speech-24-feb-2021-0000.

70亿美元的信贷支持，以用于抗击新冠肺炎疫情。债务规模的扩大意味着南非政府需要为此付出更高的成本，目前偿债成本已成为南非政府支出增长最快的领域。庞大的债务规模必然会制约政府的公共开支。南非财政部部长姆博维尼表示，2021年南非政府财政支出将削减1900亿兰特。南非财政部发布的“2021年中期支出框架技术指导方针”明确指出，政府必须从各方面显著缩减支出。财政紧缩势必会对南非减贫、改善民生等社会工程构成制约。

第二，社会不平等加剧，抗议和排外情绪升温。新冠肺炎疫情对不同收入群体所产生的影响存在明显差异，高收入群体具有更强的抗冲击力，而低收入群体显然更加脆弱，甚至需要依靠政府的救济。2021年1月，乐施会（Oxfam）在达沃斯世界经济论坛开幕会当日发布《不平等的病毒报告》（Inequality Virus Report），认为新冠肺炎疫情会使世界陷入有史以来最为严重的不平等危机。对世界上最贫困的群体而言，从新冠肺炎疫情经济影响下恢复过来需要一多年时间。[①] 南非是世界上收入最不平等的国家之一，此次疫情进一步加剧了南非的不平等形势。2020年8月，联合国开发计划署（UNDP）专门就新冠肺炎疫情对南非的影响发布了一份评估报告，认为受疫情影响，南非陷入长期贫困的家庭数量会有所增加，在乐观情况下，贫困水平将上升0.45%，而在悲观情况下，贫困水平将上升0.66%，更多的家庭将更具脆弱性。34%的家庭可能会脱离中产阶层群体，也就是说，曾经被界定为中产阶层的320万人，因受新冠肺炎疫情影响而不再属于中产阶层。[②]

疫情肆虐下，收入不平等的加剧滋生了社会的不满情绪，特别是受政府公共服务供应不足、警察暴力执法、青年失业问题严重等诸多因素影响，社会抗议事件呈现明显上升态势。根据南非安全研究所抗议与公共暴力监测项目数据显示，自2020年新冠肺炎疫情暴发以来，南非的社会抗议出现了大幅增长的趋势，特别是6月封城管制措施进一步放松后，该月共发生了169起抗议事件，平均每天发生7起抗议事件。7月共发生232起示威活动，平均每天发生8起，是历史上7月记录的抗议事件数量的3倍多。与之相比，2018年平均每天的抗议活动为1起，2019年平均每天的抗议活动为2.5起。[③] 此外，经济深陷衰退和社会不平等加剧会进一步助长民粹主义和暴力排外情绪。行动南非、南非第一运动、非洲转型运动等新兴政党公开将移民问题政治化，批评外国人违反移民法，指责移民从本地人手中抢夺就业岗位。自2020年10月以来，南非警方和林波波省政府将该省的津巴布韦人和非正规商人作为目标，几百人

① Sarah Smit, Covid-19 Economic Crisis will be Felt by the Poor for a Decade, Report Finds, 26 Jan, 2021, https://mg.co.za/business/2021-01-26-covid-19-eccnomic-crisis-will-be-felt-by-the-poor-for-a-decade-report-finds.

② Covid-19 in South Africa: Socio-economic Impact Assessment, UNDP South Africa, Aug 26, 2020, https://ageconsearch.umn.edu/record/304759/.

③ Lizette Lancaster and Godfrey Mulaudzi, Rising Protests are a Warning Sign for South Africa's Government, 06 AUG, 2020, https://issafrica.org/iss-today/rising-protests-are-a-warning-sign-for-south-africas-government.

因此而被驱逐出境。[①] 非洲晴雨表（Afrobarometer）的调查显示，南非普通民众具有强烈的反移民情绪，有一半的南非人认为应当阻止外国人在南非工作，将难民安置在难民营而不是将其融入南非社会。[②] 如果社会不满情绪得不到有效纾解，加之社交媒体的传播效应和部分政党的操作利用，移民特别是非正规经济部门中的移民遭遇暴力排斥的风险或将进一步加剧。

第三，涉疫腐败事件频出，执政党非国大形象受损。近年来，围绕“国家俘获”（State Capture）所产生的腐败问题以及资本对国家治理体系的侵蚀一直困扰着执政党非国大。自 2017 年底在非国大第 54 届大会上当选党主席和 2018 年初接替祖马成为南非总统以来，拉马福萨高度重视反腐问题，通过加强党内纪律建设、提高执法机构效率、深化国企改革等举措，系统性打击各领域的贪腐行为。虽然拉马福萨政府将反腐作为执政优先议题，但是南非腐败蔓延的势头并未得到有效遏制，并在新冠肺炎疫情扩散态势下被进一步暴露。自 2020 年 3 月以来，拉马福萨政府为遏制疫情、保障民生，发布了一系列与抗疫相关的政府采购计划，但包括总统府发言人等在内的诸多高官陷入政府采购腐败案中。为打击涉疫腐败行为，2020 年 7 月，拉马福萨总统签署声明，授权特别调查组（Special Investigating Unit）对国家灾难状态下所有国家机构的商品、工程和服务采购过程中所产生的非法和不当行为展开调查。根据特别调查组公布的数据，经过为期 6 周的调查，共有 700 家公司因与个人防护设备合同有关的投标违规行为而受到调查，涉案合同金额超过了 75 亿兰特。[③]

南非的腐败问题并非是新冠肺炎疫情这一公共危机引发的，而是深层次的历史问题。只是在这场危机中，由于对紧急状态的应对会使得潜藏的腐败问题更加容易暴露。[④] 除了国家机构在抗疫物资采购中产生的违规行为外，诸多非国大党员干部也因涉嫌卷入腐败丑闻而被迫停职。面对严峻的腐败形势，拉马福萨以非国大主席的身份发表致全体党员的公开信，声称非国大已严重陷入南非的腐败问题之中，并将涉新冠肺炎疫情腐败称作“不可原谅的背叛”。拉马福萨总统的雷霆反腐行动必然会触动非国大党内部分群体的既得利益，这不可避免地又会导致某种程度的派系之争，党内团结势必会因此遭受冲击。因此，无论是一桩桩的腐败丑闻，还是非国大党内的派系之争，都使非国大的执政形象遭到了损毁，这也必然会进一步侵蚀选民对非国大的信任与支持。

---

① Sergio Carciotto, In the Cross-hairs: Foreigners in SA's Informal Sector, 07 DEC, 2020, https: //issafrica. org/iss-today/in-the-cross-hairs-foreigners-in-sas-informal-sector.

② Half of South Africans would Refuse Ssylum, Bar Foreign Workers, Place Refugees in Camps, Afrobarometer Dispatch No. 360, 13 May, 2020, https: //afrobarometer. org/sites/default/files/publications/D% C3% A9p% C3% AAches/ab_r7_dispatchno360_south_africans_question_integration_of_immigrants_and_refugees. pdf.

③ Ramaphosa to Decide What to Reveal Publicly from SIU's COVID-19 Corruption Report, 15 September, 2020, https: //www. power987. co. za/featured/ramaphosa-to-decide-what-to-reveal-publicly-from-sius-covid-19-corruption-report/.

④ 李莉：《南非：曾备受好评的防疫措施因腐败“翻车”》，《廉政瞭望》2021 年第 2 期。

二 南非防控疫情和促进发展的主要举措

2020 年 3 月 5 日，南非发现首例新冠肺炎确诊病例。之后，南非政府迅速采取干预措施，遏制疫情传播和蔓延，并为国家医疗卫生体系做好应对疫情准备争取时间、创造条件。在防控疫情的同时，南非政府出台一系列恢复经济发展和保障民生的举措，试图在抗击疫情和恢复发展之间寻求平衡。

第一，以科学为基础、以协商为保障，有序开展疫情防控。拉马福萨政府的疫情防控策略具有两大特点：一是充分尊重科学家特别是医疗专家的意见；二是注重与政党、工会、企业、社会组织等各界力量沟通和协商，争取各方理解和支持，动员全社会力量积极参与抗疫。面对疫情暴发，南非政府于 2020 年 3 月 15 日宣布国家处于灾难状态，并根据《灾难管理法》建立综合性的危机管理机制，成立全国抗疫指挥委员会，统筹应对和遏制疫情蔓延。与很多国家类似，南非的抗疫举措主要是聚焦于切断病毒的传播链条，而最行之有效的办法就是封禁，限制社交活动和人口流动。根据疫情严重程度不同，南非的封禁防控举措分成了五个级别，其中第五级采取最为严格的封禁措施，当防控级别降到一级时，意味着在做好卫生的前提下可以基本恢复正常生活。[①] 不同级别的防控将采取不同的封禁措施，而防控级别则根据疫情形势变化随时进行调整。疫情暴发之初，南非迅速采取了五级防控措施，随着疫情形势的好转以及对保障民生和恢复经济的考虑，南非逐步下调了防控级别，到 2020 年 9 月一度将防控级别下调为一级。然而，不久后南非的新冠肺炎病毒毒株发生了变异，变异病毒传播速度更快，导致南非遭到第二波疫情冲击。面对这一严峻形势，南非政府重新将防控级别上调为三级，三级防控状态下的封禁举措主要有：大部分室内或户外聚会被禁止，参加葬礼的人数不能超过 50 人，公共场合必须佩戴口罩，晚 9 点至早 5 点实施宵禁，禁止售酒，热点地区的沙滩、湖泊、河流、公共泳池等禁止向公众开放，等等。

除了封禁措施外，南非政府积极推动疫苗接种计划，试图通过大规模接种疫苗实现所谓“群体免疫”。从来源上看，南非主要通过双多边渠道获得疫苗，一方面作为世卫组织新冠肺炎疫苗实施计划（COVAX）和非盟非洲疫苗采购任务组的成员，南非将从这两大机制中获得一定数量的疫苗；另一方面则通过与大型医药公司谈判获取疫苗，南非的首批疫苗便来自于印度血清研究所的牛津—阿斯利康疫苗。但是牛津疫苗对变异病毒的免疫效果不大，随后南非转而紧急采购强生疫苗。疫苗接种计划的总体目标是，到 2021 年底使 67% 的人口得到接种，从而达到“群体免疫”的效果。疫苗接种将分三个阶段：第一阶段优先给处在一线的 120 万医疗工作者接种；第二阶段

① 沈晓雷：《南非“抗疫”与后疫情时代的中南合作》，《当代世界》2020 年第 10 期。

的接种人群主要是教师、警察、市政工人等基础工作者以及60岁以上的老人和患有并发症的成人，这一阶段的接种人口大约有1600万；第三阶段将给大约2250万的成年人口接种。[①] 卫生部开发电子疫苗数据系统（Electronic Vaccine Data System）进行疫苗登记和推广接种。所有新冠肺炎疫苗需经南非医疗产品监管局批准后，免费给民众接种。为此，南非财政部专门划拨100亿兰特资金，用于未来两年的疫苗购买和接种，同时将应急资金储备由50亿兰特增加到120亿兰特，以为进一步购买疫苗和应对其他紧急状况做好准备。[②]

第二，多措并举，缓解疫情对经济社会发展带来的冲击。为遏制疫情蔓延，南非采取了严格的封禁措施，这不可避免地导致诸多企业陷入困境，诸多工人失去工作，诸多家庭陷入贫困。为缓解疫情带来的挑战，南非政府调整财政政策，扩大公共开支，促进经济恢复和社会就业，提高经济社会复原力。2020年4月，拉马福萨政府出台规模达5000亿兰特的社会经济救助计划，这相当于南非国内生产总值的10%，系南非历史上最大规模的干预计划。对于陷入经济困境的企业特别是中小微企业，政府主要通过税收减免、延期缴税、信贷支持等方面的举措提供帮助，如设立2000亿兰特的新冠贷款担保计划，与各大银行合作为中小企业提供贷款担保。对于深受疫情冲击的脆弱群体，政府主要通过失业保险基金、发放社会补贴等措施提供帮扶。例如，疫情发生后，南非政府设立了“新冠疫情350兰特补助金”（350 COVID-19 Grant）计划，为那些失业且无法获得任何政府补助的人每月提供350兰特的救助金。截至2021年2月，该项支出已超过160亿兰特。2月11日，拉马福萨总统发表国情咨文指出，通过社会经济救助计划，已有1800万人从中获得了补贴，这接近南非总人口的三分之一；通过失业保险基金临时雇主—雇员救济计划（Unemployment Insurance Fund Temporary Employer-Employee Relief Scheme）向450万工人提供了570亿兰特的薪资支持；向陷入困境的企业提供了700多亿兰特的税收减免；通过贷款担保机制向13000家企业提供了189亿兰特的信贷支持。[③]

除了依托财政资源提供救助外，南非储备银行及时调整货币政策，通过下调利率、放松监管等举措提高流动性。2020年3月，南非储备银行将回购率下调100个基点，后于4月继续下调100个基点，5月下调50个基点，7月下调25个基点，从而使主要贷款利率降到了3.50%的历史低点。连续降息主要是为了应对疫情危机造成的经济影响，使金融机构可以向家庭和企业提供更多的资金支持。除财政政策和货币政策外，南非政府还积极动员社会力量抗击疫情。2020年3月23日，在拉马福萨

---

① President Cyril Ramaphosa, Despite Covid severity, We are not Helpless, ANC Today, 15 – 21 January, 2021.

② Minister Tito Mboweni: 2021 Budget Speech, 24 Feb, 2021, https://www.gov.za/speeches/minister-tito-mboweni – 2021 – budget – speech – 24 – feb – 2021 – 0000.

③ President Cyril Ramaphosa: 2021 State of the Nation Address, 11 Feb, 2021, https://www.gov.za/speeches/president-cyril-ramaphosa – 2021 – state-nation-address – 11 – feb – 2021 – 0000.

总统倡议下，南非成立团结基金（Solidarity Fund），旨在通过构建公私伙伴关系、动员社会资源以及国际社会捐款来应对疫情危机。截至 2021 年 2 月，团结基金共获得捐款达 32.2 亿兰特，资金分配主要用于强化卫生治理体系、向一线医护工作者提供支持和保护；向最为脆弱的家庭和社区提供人道援助；团结和鼓励群众改变行为习惯，共同抗击疫情。此外，南非本地银行还与奥本海默家族建立的南非未来信托基金（South African Future Trust）加强合作，向符合条件的中小微企业提供优惠贷款，这些信贷将享受 5 年免息待遇。[①] 显然，社会力量在疫情防控中扮演了非常积极的角色。

第三，深化经济结构性改革，推动经济实现可持续发展。为缓解疫情冲击，南非政府出台了一系列干预性举措，但这些措施并非长远之计，其所产生的效果更多是短期的，而其所带来的诸如债务规模攀升、赤字水平升高等负面效应也显而易见。因此，从长期来看，应对疫情带来的冲击，缓解财政压力，解决贫困、失业和不平等顽疾的关键是使经济走上持续增长的轨道。为寻求促进经济实现持续、包容增长的解决方案，拉马福萨政府与企业、工会、商会等社会伙伴密切协商，并达成广泛共识：一是促进大规模基础设施投资和供应；二是以就业为导向实施战略性的本土化、再工业化和促进出口；三是为实现加速、包容和转型的增长道路创造有利条件和政策环境。

基于以上共识，拉马福萨政府于 2020 年 10 月宣布经济重建与复兴计划（Economic Restruction and Recovery Plan），希望借此创造更多就业，助力经济恢复。[②] 经济重建与复兴计划的核心内容包括 5 个方面：一是开展大规模基础设施建设，通过扩大公共支出和扶持私营部门，撬动 1 万亿兰特的基础设施投资；二是改革国家电力公司（Escom）、加快实施“综合资源计划”、加大新能源供应力度，力争两年内实现安全、可靠、充足的能源供应；三是采取创新性的公共就业方式，扩大就业规模，通过刺激就业实现保障民生的目的；四是通过再工业化、本土化和促进出口，提高南非企业的国际竞争力，助力南非企业实现繁荣发展；五是进行法律制度方面的改革，简化行政审批程序，降低市场准入门槛和企业运行成本，为经济持续发展营造良好的政策环境。南非财政部预计，实施经济重建与复兴计划后，南非未来 10 年年均经济增长率将在 3% 左右。[③]

总体上看，拉马福萨政府基于科学精神和协商立场开展疫情防控，试图在遏制疫情与恢复经济之间保持平衡，并为此出台了一系列短期干预性举措和长期结构调整计

---

① Rescue Measures for South African Businesses to Stay Afloat in Turbulent Waters, May 2020, https://www.whitecase.com/publications/alert/covid-19-south-african-government-financial-assistance-measures.

② Building A New Economy: Higjlights of the Reconstruction and Recovery Plan, 2020, http://www.thepresidency.gov.za/.

③ 《南非宣布经济复兴计划力促就业》，新华网，2020 年 10 月 16 日，http://www.xinhuanet.com/world/2020-10/16/c_1126619579.htm.

划。这些举措为控制疫情、缓解疫情压力发挥了积极作用。但是疫情本身具有高度的不确定性，南非新冠肺炎病毒的变异以及由此带来的对现有疫苗有效性的质疑和争论便充分体现了这一点。与此同时，基于长期经济结构调整的经济重建与复兴计划到底能在多大程度上得到落实并实现预期目标，也需要时间加以验证。

三 后疫情时代南非的政策调整方向

新冠肺炎疫情这场百年一遇的大流疫对世界产生的影响不仅局限于对经济发展和社会生活造成的破坏，还有各国对国家安全特别是经济安全的大反思及其相应的政策调整。疫情发生之前，连续多年的经济增长乏力以及久拖不决的“国家俘获”问题事实上已引起执政党非国大和南非政府对自身发展模式的反思，疫情的暴发和蔓延则进一步加速了南非的政策调整方向。这个方向就是进一步发挥国家的干预性角色，通过建设“发展型国家”，改变种族隔离时期所遗留的二元分化的经济结构，使南非经济社会走上包容、可持续的发展道路。

第一，进一步强化国家在经济社会发展中的角色和作用。1994 年民主转型后，南非的发展道路深受西方新自由主义模式的影响，特别是姆贝基执政时期采取了一系列自由主义改革举措，这引发了三方执政联盟内部南非共产党、南非工会大会等左翼力量的批评和质疑。2007 年金融危机的爆发激起了世界范围内对新自由主义发展模式的反思，在此背景下非国大开始重新重视国家在经济社会发展中的作用，并在 2007 年该党第 52 届大会发布的战略与战术文件中详细阐述了“发展型国家”的概念。所谓发展型国家，是指有能力通过财政资源的重新分配、国内外资本和对其他社会伙伴的广泛动员以及国有企业、工业政策的运用等，指导国民经济发展的国家。具体到南非的独特现实，发展型国家具有三个方面的内涵：一是具备干预经济的能力，以实现高增长和可持续发展；二是可以制定有效的、可持续的规划，以解决失业、贫困、欠发展的挑战；三是动员广大人民特别是穷人，使其作为自身的解放者。在实践层面，南非政府于 2010 年建立国家计划委员会，发布《国家发展规划 2030 年愿景》，制定五年发展规划，等等，在经济社会发展中提高了国家的规划和干预能力。此次疫情防控过程中，拉马福萨政府发布的一系列干预举措，充分展现了国家的角色和作用。后疫情时代的经济重建与复兴，特别是大规模基础设施建设、创造公共就业岗位、深化国有企业改革等等，更加需要国家的干预能力。

第二，通过国家的保护性举措和产业支持政策提升本土制造能力，实现再工业化，将在经济社会发展中占据更加优先的位置。南非是非洲的制造业强国，但是民主转型以来制造业产出占其国内生产总值的比重呈现了下降趋势，由 1993 年的 19% 降到了 2012 年的 17% 。南非政府对“去工业化”进程忧虑重重，并出台一系列产业政策支持“再工业化”。新冠肺炎疫情对产业链、供应链的冲击，进一步强化了南非政府对提升本土制造能力紧迫性的认识。拉马福萨认为，随着新冠肺炎疫情导致全球价值链被迫中断，南非可以加速这样一种倡议，即使本土制造的产品进入本土的供应链中。[①] 南非贸易、工业和竞争部部长易卜拉欣·帕特尔（Ebrahim Patel）也指出，疫情中断了全球供应链，这也鼓励了本土生产和创新。南非拥有非洲大陆最为多样化的工业基础，能够运用本土专门知识去大规模生产关键的个人防护设备。[②] 为提高本土制造能力，南非政府针对不同行业、不同企业出台了一系列保护性的干预或者扶持政策，如通过“中小微企业聚焦本土化政策框架”（SMME Focused Localisation Policy Framework）确定1000种只能从中小微企业采购的产品。再比如，疫情发生后，南非发起设立“全国呼吸机项目”，通过政府的干预和资金支持，南非已具备本土制造呼吸机的能力，并形成了完整的产业链条。拉马福萨政府的目标是，通过国家的干预重塑本土的产业链和供应链，提高本土的制造能力和产品的国际竞争力，使南非对进口的依赖未来五年减少20%。以进口替代、产业扶持等为特征的保护性经济政策在后疫情时代的南非总体政策框架中将体现得更为明显。对此，拉马福萨明确表示，南非需要通过购买本地产品、支持本地企业和产业、从本地供应商进行采购，将自己的资金投入自己的经济中。[③]

第三，全力打击腐败，提升国家治理效能和民众对政府的信任与信心。腐败不仅侵蚀国家治理体系的运行效率，而且还会削弱民众对政府和执政党非国大的信心。拉马福萨执政后高度重视反腐败工作，并将打击腐败和提升国家治理能力作为2021年施政的重点领域。作为非国大党主席，拉马福萨积极开展党内反腐工作，推动非国大全国执委会通过决议，要求凡是正式受到腐败或其他严重犯罪指控的党员干部必须立即停职，直到相关案件结案；被举报涉嫌腐败或其他严重犯罪的党员干部必须向廉洁委员会作出解释，不能作出合理解释的可能会遭停职；被判处贪腐或者其他严重犯罪的党员干部必须辞职，并依据党章接受党内纪律处分。这些决定的目的是将非国大与涉嫌贪腐或者违法犯罪的党员干部划清界限，改善非国大的执政形象。作为南非总统，拉马福萨领导政府大力强化特别调查组、“国家俘获”调查委员会等执法机构的功能和作用。拉马福萨明确表示要对腐败零容忍，承诺为执法机构提供一切必要支持，打击全社会范围内的腐败行为。在2021年2月的国情咨文中，拉马福萨明确指出，腐败是南非实现增长和发展的最大障碍之一，强调要建立全国反腐咨询委员会（National Anti-Corruption Advisory Council），监督全国反腐败战略的执行，同时设立一

---

① President Cyril Ramaphosa: 2021 State of the Nation Address, 11 Feb, 2021, https: //www. gov. za/speeches/president-cyril-ramaphosa – 2021 – state-nation-address – 11 – feb – 2021 – 0000.

② Export of Hand Sanitiser to Other African Countries Reaches More than R1. 6 Billion During Last 6 Months, http: //www. thedtic. gov. za/export-of-hand-sanitiser-to-other-african-countries-reaches-more-than-r1-6-billion-during-last-6-months.

③ President Cyril Ramaphosa, Let us be Part of our Own Development and Progress, *ANC Today*, 19 – 25 February, 2021, https: //www. anc1912. org. za/anc-today-19-february – 2021.

个独立的法定反腐败机构，直接向议会负责。显然，围绕反腐败所开展的制度建设会在后疫情时代得到进一步强化。

四 结语

早在新冠肺炎疫情来袭之前，南非经济社会发展便已陷入困境，突出体现在经济增长乏力、社会抗议频繁、腐败事件层出不穷，有学者认为南非已陷入典型的中等收入陷阱。[①] 新冠肺炎疫情的冲击导致本已存在的经济、社会和政治问题更加严峻，南非政府为遏制疫情和恢复发展加大国家干预力度、持续扩大公共开支，但这不可避免地又带来财政形势的恶化，因疫情而高筑的债务则需要更长的时间和持续的经济增长来化解。在疫情防控过程中，国家主义和保护主义倾向明显抬头，政府出台的大量干预性举措、对移民的限制和排斥都深刻地体现了这种倾向。鉴于疫情危机的长期性和复杂性，即便大规模接种疫苗后疫情得到显著控制，带有保护主义色彩的政策举措在后疫情时代依然会延续，这在拉马福萨 2021 年 2 月的国情咨文中已有明确体现。从政治维度看，民主转型后南非形成了非国大占主导的政党结构，但是非国大内部存在明显的派系之争，加之腐败问题的侵蚀，其领导南非民族民主革命的能力遭到了削弱。从经济维度看，南非既有资源禀赋，又有良好的市场环境和制度基础，特别是非洲大陆自由贸易区启动后又为其融入和塑造非洲区域生产链和供应链创造了有利条件。着眼于后疫情时代，南非未来的发展前景很大程度上取决于非国大能否重拾革命精神，强化党内团结，完善国家治理，并将经济维度具备的优势转为包容、可持续的经济增长。

---

① Jakkie Cilliers, From lockdown to Thuma Mina Impact of economic reform on South Africa's prospects, ISS POLICY BRIEF, https://issafrica.s3.amazonaws.com/site/uploads/pb142-2.pdf.

新冠肺炎疫情时期非洲法语主流媒体涉华报道研究

——以塞内加尔为例

李洪峰　赵启琛*

摘　要：本文以西非国家塞内加尔的三家主流媒体作为研究对象，对其2020年1—5月新冠肺炎疫情涉华报道进行了梳理分析。通过Cortext平台的情感分析、词频分析和关联网络分析发现，塞内加尔主流媒体涉华疫情报道整体客观积极。从报道议题、报道信源和话语内容方面看，该国主流媒体重视本国与非洲利益保护，肯定中国抗疫措施的有效性，赞赏中国对塞支持的力度，对中国人类命运共同体理念和中国在国际事务中的角色抱有信心。可以看出，中塞的政治互信和民心相通为两国合作奠定了良好的基础。

关键词：塞内加尔；太阳报；南方日报；晨报；新冠肺炎疫情；中非联合抗疫

2020年2月14日，非洲发现第一例新冠肺炎确诊病例。截至6月28日，非洲累计确诊病例近36万例，且保持着增长势头。疫情给中非合作以及中国在非形象塑造带来较大挑战。非洲媒体涉华报道是了解非洲国家对中国认知的重要窗口。中国学界关于非洲涉华舆情的研究目前规模较小，关注范围也主要集中于部分英文媒体。

本文选择塞内加尔主流媒体进行观察，有四个原因。一是由于地理和历史等因素，塞内加尔是西非地区有重要影响力的国家，在非洲区域合作、文学艺术、国际交流等方面展现出开放的国家品格，其政治与文化影响力不容忽视。二是塞内加尔于2016年与中国建立全面战略合作伙伴关系，是首个与中国签署“一带一路”合作协议的西非国家。2020年6月，塞内加尔作为中非合作论坛共同主席国，是中非团结抗疫特别峰会的倡议国之一。三是塞内加尔与法国及欧洲保持着紧密的政治经济文化关系，在中欧非多边对话中能够扮演积极角色。四是塞内加尔官方语言为法语，对法语媒体的观察有助于全面掌握非洲舆情。

---

* 李洪峰，北京外国语大学非洲学院院长、教授，研究方向为法语国家与地区政治；赵启琛，北京外国语大学非洲学院硕博连读研究生。本文在刊发于《对外传播》2020年第8期的同题论文基础上修改而成。

通过塞内加尔主流媒体涉华报道分析，本文拟探讨以下问题：中国政府和企业以实际行动与非洲携手抗疫，共建中非命运共同体，非洲舆论是否认可中国的联合抗疫行动与对塞援助；新冠肺炎疫情如何影响中非关系；非洲媒体如何看待中国在全球治理中的作用；中国推行的人类命运共同体理念是否在非得到有效传播与认同。

一　研究对象与数据分析

（一）研究对象选取

本文以塞内加尔三大主流媒体为研究对象：《太阳报》（Le Soleil）、《南方日报》（Sud Quotidien）及《晨报》（Walfadjri），均为法语媒体。其中，《太阳报》是官方日报，是该国印数最多和引用率最高的报纸之一，日发行量为30000份。[①]《南方日报》和《晨报》都是私营报纸，日发行量分别为2万份和1.2万份。[②]

笔者在道琼斯Factiva专业数据库中选取以上三份报纸的纸质版为数据来源，以报刊正文中必须包含"Chine"（中国）和"coronavirus"（冠状病毒）为搜索条件，时间跨度从2020年1月23日到5月31日，共获取样本218篇。人工去除重复和无关报道后，最终获得有效样本132篇，其中，68篇文章源于《太阳报》，42篇源于《南方日报》，其余22篇来自《晨报》。

从时间轴看，塞主流媒体从1月底开始关注中国新冠肺炎疫情，1月23日出现了第一批相关报道。此后，塞内加尔对中国疫情状况的关注日益上升，1月有8篇相关报道，2月增加至23篇，对中国疫情的关注度在3月塞内加尔出现疫情后达到高峰，共有48篇报道。4月关注度略有回落，原因应是中国疫情已有所好转。5月关注度继续回落（见图1）。

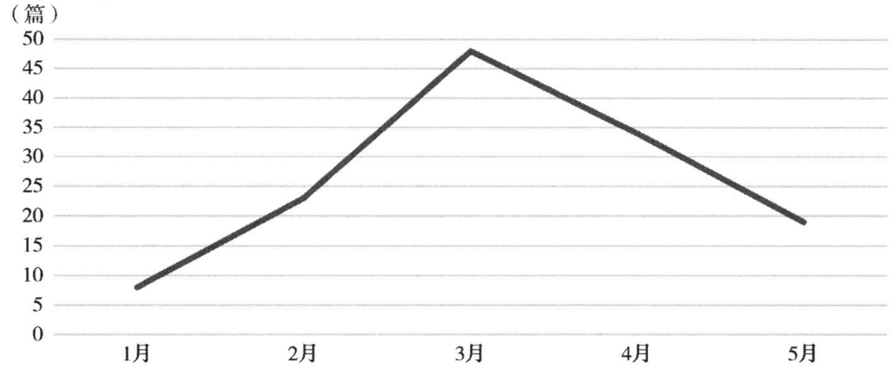

图1　2020年1—5月塞内加尔三大日报涉华报道数量曲线

① 数据来源于道琼斯Factiva数据库。

② 数据来源于道琼斯Factiva数据库。

（二）数据分析

笔者首先使用了法国跨学科社会科学和创新实验室（Laboratoire Interdisciplinaire Sciences Innovations Sociétés）建立的 Cortext 线上数字平台，① 借助于该平台的文本情感分析、词频分析和关联网络分析三大功能，对文本进行初步分析。

1. 文本情感分析

Cortext 平台针对法语文本提供的情感分析功能是由基于 python 语言的文本处理库 Textblob 实现的。该平台情感分析方法主要有两类：一是基于词典的方法，即通过制定一系列情感词典和规则，对文本进行拆句、分析及匹配词典（一般有词性分析和句法依存分析），计算出情感值作为文本情感倾向判断的依据；二是基于机器学习的方法，将情感分析作为一个有监督的分类问题来进行处理；研究者对相关文本进行人工标注，然后进行有监督的机器学习过程，并对测试数据用模型来预测结果。在情感极性的判断方面，计算机将目标情感分为三类：正、中、负。这一算法用 -10（非常负面）到 10（非常正面）来衡量文章的感情色彩，以 0（事实类报道）到 10（观点类报道）来划分文章的主观性。

笔者使用 Cortext 平台对 132 篇文本进行处理的结果是：有 3 篇积极程度为 2 的报道，37 篇积极程度为 1 的报道和 92 篇中性报道（0），无负面报道。平台认定 5 篇为事实陈述类报道，其他 127 篇报道为观点类报道，分级从 1 到 7 不等。

2. 词频分析和关联网络分析

笔者先使用 Cortext 平台上的词语抓取功能，对 132 篇报道全文中出现超过 3 次的非单音节词词组进行抓取，② 并限制词组长度上限为 5 个单词，③ 提取出出现频率最高的 50 个词组，再对其中无意义的词组进行人工删除并合并同义词组，最终得到 41 个词组。

为进一步探究三份报纸的关注点是否有区别，笔者使用该平台中的网络分析算法，将频繁出现的词组与报道来源进行关联网络分析（Network analysis）。

从所得结果中看出，与《太阳报》最相关的词有："张迅"（ZhangXun，时任中国驻塞内加尔大使）、"中国政府"（gouvernement chinois）、"中国在塞内加尔"（Chine au Sénégal）、"谭德塞"（Tedros Adhanom Ghebreyes）等。可见，在疫情背景下，作为官方大报的《太阳报》最为关注中国和塞内加尔两国政府间的交流，并跟随世界卫生组织的动向。两家私营大报则表现出更为关注经济问题和公民保护问题的倾向。与《南方日报》最相关的词有"对外公共债券"（dette publique extérieur）、

① 详见 Cortext 官方网站，https：//www. cortext. net.

② Cortext 默认设置为 3。

③ 考虑到如世界卫生组织（Organization Mondiale de la Santé）此类词语长度较长，如果设置小于 5 可能会提取出无意义词组。

“非洲法郎”（franc CFA），可以初步判断该报在疫情期间对中国的报道主要集中在经济方面，探讨中国减免非洲债务的可能性；与《晨报》最相关的词则有“中国人民”（peuple chinois）、“中国共产党”（Parti communiste chinois）、“唐纳德·特朗普”（Donald Trump）、“欧盟”（Union européen）等，可以判断出该报刊更倾向于从中美关系及全球层面关注疫情带来的影响。另外，两家私营日报都与“卫生和社会行动部长”（minister de la Santé et de l'Action sociale）及“国家元首”（Chef de l'état）相关，说明两家报纸也十分关注塞内加尔国内抗疫。

二 塞内加尔涉华疫情报道中的中国形象

根据 Cortext 文本情感分析的算法，对象文本中不包含负面报道，但考虑到算法结论与实际情感之间可能存在误差，笔者对文本进行了详细阅读，并以 Cortext 平台分析结果为基础，从报道议题、重要信源、话语表达等不同方面对文本进行深度解读。阅读中发现，《晨报》和《南方日报》在 2020 年 4 月发表了数篇以批评和警惕为主要情感色彩的文章，内容涉及在华塞内加尔人的处境，但相关不实信息随后在其他报道中得到了纠正。除此以外，阅读得出的结论与算法结论接近，即塞内加尔主流媒体在疫情期间涉华报道整体上客观正面。

首先，从议题设置上看，“中国病毒论”“中国起源论”“中国脱责论”等并未进入塞内加尔三大报这一时期的报道。媒体对报道主题的选择影响着公众对相应问题的重视程度，承载着议事日程的功能。传统媒体和主流媒体在议程设置方面往往比社交媒体具有更高的权威性。塞内加尔三大报并未紧跟部分西方媒体和人士污名化中国的步伐，发挥了较好的舆论引导作用。疫情初期，《太阳报》的报道曾对新型冠状病毒进行科普，强调塞内加尔预警应对病毒，并表示喜爱握手、重视礼仪问候的塞内加尔人可能因为病毒不得不改变问候方式。[①] 西非地区是疟疾等流行性疾病高发的地区，当地人有较强的应对流行病的意识，因此其对疫情的解读显得较为客观。

针对非洲出现的“中国歧视论”，塞内加尔主流媒体报道了塞在华留学生的真实境况，澄清了误解。疫情初期，塞内加尔各方人士尤其关注在武汉的 13 名塞内加尔大学生的健康和安全，萨勒总统不撤侨的声明也曾在塞国内引起争议。2020 年 2 月 4 日，萨勒总统表示会与中国政府一同尽最大可能帮助在武汉的塞内加尔侨民。[②] 2 月 6 日，《南方日报》刊登了塞负责侨民事务的官员莫伊斯·迪甘纳·萨尔（Moise

① “Mains suspectes”, *Le Soleil*, le 23 janvier 2020.

② Souleymane Diam Sy, “Levée des couleurs au palais de la république: Vers un programme national de pavage contre l'ensablement”, *Le Soleil*, le 4 février 2020.

Diégane Sarr）在塞内加尔南方电台（Sud FM）的讲话，他表示在武汉的13位塞留学生并未受到歧视，相反，中国政府和塞内加尔驻华大使馆非常关心他们，每日有专人跟踪他们的健康状况，塞内加尔驻华使馆还为他们提供了食物和资金支持。①

其次，从信源角度看，三大报给予了塞方和中方观点引领者较大的言论发布空间。主流媒体往往通过使用权威信源，来引领舆论。权威信源往往具象为观点引领者，所谓观点引领者，即提供信息源或观点的权威人物。疫情时期，塞内加尔主流媒体的报道中几位出现频次较高的人物主要是中国国家主席习近平、时任驻塞大使张迅以及塞内加尔总统萨勒及政府政党人士等，在议题设置、观点引导等方面发挥了重要作用。

由于《太阳报》的官媒身份，其报道中出现最多的政要为塞内加尔总统萨勒，同时，《太阳报》的话语还主要集中在塞内加尔抗疫措施和非洲减债问题上。在前一个议题上，中国常作为参考和合作对象出现。萨勒总统强调，塞内加尔和非洲基于自身经历在应对机制和疾病管理机制方面有一定成就，但不能放松警惕。在后一个议题上，萨勒总统将中国视为非洲重要的合作对话伙伴，并表示他作为中非合作论坛现任联合主席，“将与习近平主席讨论中国加强对非支持的问题”，② 表现出对中方支持的期待。

《晨报》会发表一些小党派的言论，其中也可以看到拥有话语权的非洲人士对中国抗疫措施的肯定。比如雄狮中间派党团（Bloc des centrists Gaïndé）③ 主席让-保罗·迪亚斯（Jean-Paul Dias）在质疑现任政府抗疫措施力度时提道“中国政府是负责任的政府”。④

通过塞内加尔媒体，习近平主席和张迅大使发挥着信息提供和善意传达的重要作用。2月，《太阳报》报道习近平主席对萨勒总统致新年贺信，感谢其对中国人民的支持，并表达他对中塞双边关系的展望、对中塞“好朋友”“好伙伴”关系的定位以及“把双边关系再提升到新高度”的愿景。⑤ 3月，《太阳报》还就习近平主席前往武汉慰问群众并呼吁继续努力抗疫一事发表了较长篇幅报道。⑥ 在中美关系紧张和特朗普威胁停止向世卫组织支付会费后，该报又报道了习近平主席关于增加新冠肺炎病毒疫苗研制投入的表态，以及他关于中国坚持负责任的态度与世卫组织和其他国家及

---

① Maimouna Diao, “Nos étudiants ne font objet d'aucun traitement discriminatoire ou degradant, bien au contraire…”, *Sud Quotidien*, le 6 février 2020.

② Aly Diouf, “Suspension de la contribution américaine à l'organisation mondiale de la santé: Macky Sall demande à Donald Trump de réviser sa position”, *Le Soleil*, le 20 avril 2020.

③ “gaïndé” 在塞内加尔民族语言沃洛夫语中意为“雄狮”。

④ Jean-Paul Dias, “Je refuse de vivre avec le virus et le président SALL a tort”, *Walfadjri*, le 26 mai 2020.

⑤ Mamadou Lamine Dieye, “Coopération sino-sénégalaise: Pékin et Dakar entendent consolider leurs relations diplomatiques”, *Le Soleil*, le 6 février 2020.

⑥ “Chine: l'épidémie《pratiquement jugulée》, assure Xi Jinping à Wuhan”, *Le Soleil*, le 10 mars 2020.

时交流信息的阐述等。

作为与塞内加尔政府和百姓的直接接触者，张迅大使的活动得到了较多报道。疫情初期，张迅大使向当地媒体和民众介绍中国的抗疫措施，随后推动中国支持塞内加尔抗疫的举措得到落实。针对留学生父母对在华学习子女安全的担心，张迅大使2月10日在接受《太阳报》采访时表示，中国政府与塞内加尔驻华使馆都非常关注在华留学生的情况，还强调中塞、中非友谊深厚，非洲暴发埃博拉疫情期间中国也并未撤侨，希望塞内加尔人民相信中国能保障塞在华侨民安全，起到了稳定家属情绪、表达中国友好的积极作用。[①]

最后，从话语表达上，塞内加尔主流媒体对团结抗疫、中国援助以及人类命运共同体理念等的突出报道，起到了构建中国形象的重要作用。塞主流媒体对中国抗疫措施有效性表示了认可。《太阳报》在2020年2月10日对张迅大使的专访中，介绍了中国应对疫情的五项措施：启动全国一级应急响应、通过延长春节假期等方式控制病毒传播、整合医疗资源、推进医学研究和本着透明、开放、负责任的原则与国际社会共享相关研究信息等。3月23日，《南方日报》和《太阳报》均在报道中表示应学习中国的应对措施，多次提道“应该以中国为榜样”，[②]《南方日报》则评论“中国和韩国向我们证明了应对这一大流行病最有效的反击就是自律、严格和牺牲精神”。[③]塞卫生部任命的新冠肺炎疫情委员会主席、法纳医院（hôpital Fann）传染病科主任穆萨·赛迪（Moussa Seydi）教授在分析疫情时，肯定中国隔离措施的效果，并指出要根据各国具体情况制定针对性措施。[④]

塞内加尔媒体对中国对塞援助力度予以了肯定。2020年3月19日和30日，《南方日报》和《太阳报》分别刊登了宣传中国援助的文章，提到中国官方的援助和中国各企业对塞内加尔的援助。[⑤] 马云作为支持塞内加尔抗疫的中国企业捐助者代表也多次出现在塞内加尔主流媒体中。3月26日，《太阳报》刊登题为《新型冠状病毒：我们将为我们的作为和不作为付出代价》的报道，作者在文中发问：“马云向非洲捐助物资的时候，我们的富人都在干什么？”[⑥]3月29日，《晨报》的报道则提到疫情让

---

① “Epidémie coronavirus：l’ambassadeur de la Chine au Sénégal fait l’état des lieux et rassure”，*Le Soleil*，le 10 février 2020.

② Jean-Michel Diatta，“L’indiscipline notoire doit être considérée comme de la criminalité”，*Sud Quotidien*，le 23 mars 2020.

③ Fadel Dia，“Désormais，on se lève et on se barre！”，*Sud Quotidien*，le 23 mars 2020.

④ Baba Mballo，“Entretien avec... Pr Moussa SEYDI：《Il n’est pas encore l’heure de confiner...》”，*Walfadjri*，le 24 avril 2020.

⑤ Denise Zarour Medang，“500 kits de tests，des masques，des écrans faciaux... offerts”，*Sud Quotidien*，le 19 mars 2020. “Masques chirurgicaux，Kits de test，combinaisons de protection：la Chine met de gros moyens à la disposition du Sénégal”，*Le Soleil*，le 30 mars 2020.

⑥ Mariam Tendou Diop，“Coronavirus：《Nous allons payer le prix de nos actions et de notre inaction》”，*Le Soleil*，le 26 mars 2020.

人重新思考人性，并发问："遥远的中国都比近处的欧洲给塞内加尔送来了更多的援助，这时那个号称非常强大的欧洲去哪了？"①

调研文本中有6篇提到了中国所推行的人类命运共同体理念，3篇报道主题为中塞关系，2篇主题为中国援助塞内加尔抗疫，1篇主题为中美关系。中国政府和一线外交官在疫情背景下积极宣传人类命运共同体理念，进一步诠释了中国对互信互利的理解，而塞内加尔媒体对中方话语转述也比较到位。《晨报》2月28日的报道直接引用了中国官方的表态："中国为世界卫生做出了贡献。中国秉持人类命运共同体理念，关心本国人民的生命与健康以及全世界的公共卫生状况。"② 塞内加尔报纸以中方话语为信源，传播人类命运共同体理念，有利于中国形象的提升，也加深了中塞双方对人类命运共同体理念的共识。

三 塞内加尔媒体话语中的中塞关系和国家利益考量

在疫情发展的各阶段，塞内加尔三六日报涉华报道中呈现出的中国形象整体上积极正面。其表达出的塞内加尔官方和民间积极的对华态度可以从不同角度进行诠释，但归根到底，对中塞合作、中非合作的必要性和价值的理解是最重要的因素。换言之，塞内加尔对中塞合作符合本国利益与发展需要这一点有着清醒认知。

首先，这与中国和塞内加尔多年来一直保持着友好的双边关系，两国领导人也保持着良好的互动分不开。2005年两国复交后，高层互访不断，增加了两国之间的政治互信。2009年，时任国家主席胡锦涛对塞内加尔进行了国事访问。2014年，萨勒总统访华。2016年9月，萨勒总统出席了二十国集团领导人杭州峰会。2018年，习近平主席访问塞内加尔，将中塞双边关系推向多层次、多领域发展的新高度。

中国目前是塞内加尔第二大贸易伙伴、第一大花生进口国和第一大融资来源国。中国与塞内加尔的合作涉及经济、社会、民生、文化等诸多领域：由中国融资建设的方久尼大桥、捷斯—图巴高速公路等项目将有力促进塞内加尔经济发展；中国融资建设的乡村打井工程，可解决塞内加尔七分之一人口的吃水、用水问题；中国援建的塞内加尔国家大剧院、黑人文明博物馆、竞技摔跤场等正在为传承和发扬塞内加尔文化传统作出重要贡献。③

其次，这与塞内加尔立足本国发展目标及其对国家利益的深层次考量切实相关。塞内加尔非常重视本国利益，这一点在此次调研文本中也有明确体现（见表1）。疫

① Alassane K. Kitane, "Coronavirus et humanité ou l'《insignifiante》signifiance de l'homme", *Walfadjri*, le 29 mars 2020.

② "Le Parti communiste chinois a salué le soutien des cadres de Bby", *Walfadjri*, le 28 février 2020.

③ 《习近平在塞内加尔媒体发表署名文章 中国和塞内加尔团结一致》，人民网，http：//world. people. com. cn/n1/2018/0721/c1002 - 30161624. html，2018年7月21日。

情期间，塞主流媒体涉华报道中相当一部分其实是以塞内加尔本国事务为议题，中国话语、角色和作用往往以不同方式嵌入其中。不论是对病毒本身、中国抗疫措施的有效性及对塞援助，还是对塞内加尔海外侨民保护、减债、中美关系等主题上，报道更多体现了塞内加尔媒体从本国利益出发、从多元角度探讨中国角色的特点。

表1　　塞内加尔主流媒体涉华报道主题一览

序号	议题	数量（个）	占比（%）
1	塞内加尔抗疫	47	35.61
2	新冠病毒科普	13	9.85
3	中美关系	11	8.33
4	中塞关系	11	8.33
5	中国抗疫措施	10	7.58
6	在华塞内加尔人状况	9	6.82
7	新冠病毒的影响	8	6.06
8	中国援助塞内加尔的措施	7	5.30
9	中国经济	4	3.03
10	新冠肺炎疫情在中国的出现	4	3.03
11	非洲债务问题	4	3.03
12	谴责欧洲学者将非洲作为疫苗实验室的言论	2	1.52
13	中非关系	2	1.52
共计		132	100.00

近年来，塞内加尔与中国双边合作走向紧密，最根本的原因是在发展问题上的共识以及发展规划的契合。塞内加尔政府2014年推出了塞内加尔“振兴计划”（PlanSénégal Emergent）。这一中长期经济发展规划的目标是：至2035年经济平均增速达到7%，让塞内加尔摆脱低增长和减贫不力的困境。“振兴计划”预期总投资约200亿美元，一半来自政府出资，另一半要靠来自不同参与主体和合作伙伴的多方筹资。“振兴计划”优先向农业、能源、基础设施和教育倾斜。为支持“振兴计划”的实施，塞内加尔政府需要加强国际合作，争取更多元的合作伙伴。中国“一带一路”倡议可对接塞内加尔“振兴计划”的需求。

对本国发展问题的根本性重视也使得塞内加尔媒体更为重视后疫情时代的大国关系和全球治理问题，并将中国角色纳入其中进行分析。从报道情况看，塞内加尔媒体表现出对后疫情时代中国国际作用和地位的信心。多篇报道提及疫情后中国会更为强大，有报道认为“疫情肆虐后的世界新秩序中，中国将成为火车头”。[①] 5 月《太阳报》的数篇报道当中引用了非盟负责评估大国与非洲合作关系的新兴非洲咨询公司（Emerging Africa Consulting）总裁乌玛尔·塞克（Oumar Seck）的言论。他认为疫情影响下的世界格局中，中国的领导力将得到加强。他与其他非洲权威人士的分析大多以非洲利益为出发点进行，关注非洲自身发展，并呼吁非洲减少对外部世界的依赖。[②] 可见，非洲精英阶层的非洲利益视角影响着并将继续影响非洲对中国外交政策和中非合作的理解，而中国也需要进一步围绕这一点去探讨中非关系的发展以及当下存在的问题。

四　结语

塞内加尔主流媒体疫情期间的涉华报道释放出了多重信息。首先，报道文本极少传播或复制西方污名化中国的言论，更多表现出以非洲利益、本国利益为出发点的观察视角；在对非洲发展前景和中非关系走向的预测方面，报道也往往突出非洲声音，表现出非洲媒体的理性，以及非洲寻求多元合作伙伴和自身发展道路的强烈意愿。其次，疫情给中塞、中非关系的发展带来挑战和冲击，但中国抗疫行动的质量和及时援助措施赢得了合作伙伴的信任和信心，促进了中非团结。中非团结联合抗疫特别峰会的举行，印证了中非加强合作、共同抗疫、共谋发展的共识。最后，塞内加尔报道文本透露的信息正面积极，但表述话语仍力持中立，加上其对大国关系走向的高度重视及持续研判，说明非洲在全球治理格局的变更中还在审慎考虑自身与大国之间的关系调整。

新冠肺炎疫情对中非关系和“一带一路”合作影响的深度和广度目前还难以准确评估。塞内加尔主流媒体涉华报道个案折射出了非洲对中非合作愿景的信心和对中国国际角色的期待。中国如何回应这一期待，将是后疫情时代的重要课题。

---

① Elhadji Ibrahim Thiam, “HD Chronique《Sur le vif》: l'Oms, un parfait bouc-émissaire”, *Le Soleil*, le 21 avril 2020.

② Seydou Ka, “L'Afrique dans le monde d'après Les enseignements de la crise née de la Covid-19（1/5）”, *Le Soleil*, le 18 mai 2020.

在抗疫合作中建设更紧密“中非命运共同体”

贺文萍*

摘　要：在抗击新冠肺炎疫情的世纪大考中，中国与非洲国家相互守望、携手相助、排除干扰、共克时艰，谱写了新时代中非友谊的新篇章，打造了更紧密的“中非命运共同体”。中国在援助非洲抗疫物资及派遣医护专家、帮助培训和分享防控防治措施与经验、呼吁国际社会重视援非并采取率先行动等方面均体现出大国责任担当。中非在携手抗疫的过程中，也遭遇到困难与挑战。一是新冠肺炎疫情给中非经贸合作及非洲经济发展带来了冲击和挑战。二是疫情发生后中非合作面临的舆情环境日益复杂和严峻。后疫情时代构建更紧密中非命运共同体需从三方面着手。首先要加强中非卫生合作、共建中非卫生健康共同体。其次要加强中非经贸合作、帮助非洲重振受疫情打击的经济。最后要加强中非媒体合作和民间交流，建设有利于中非友好合作的“舆论场”。中非需团结一致在国际上发出共同声音，努力把通过抗疫合作锻造的“中非命运共同体”打造得更紧密、更牢固。

关键词：抗击疫情；中非合作；后疫情时代；中非命运共同体

2020年肆虐全球的新冠肺炎疫情堪称是对全球公共卫生体系及国际抗疫合作的一场世纪大考。在这场没有硝烟的抗疫战争中，中国与非洲国家相互守望、携手相助、排除干扰、共克时艰，谱写了中非友谊的新篇章，打造了更紧密的“中非命运共同体”。中非在携手抗疫的过程中，也遭遇到困难与挑战，需要我们在后疫情时代着力从卫生健康、重振经济及“舆论场”建设等方面通力合作。

一　中非携手抗击疫情共克时艰

疫情无情人有情。当中国和非洲国家先后遭受新冠肺炎疫情冲击时，中非在政治声援、医疗物质援助以及国际多边合作等方面都携手共进，体现出患难与共、命运相连、共克时艰的手足之谊和兄弟之情。

---

* 贺文萍，中国社会科学院西亚非洲研究所（中国非洲研究院）研究员，主要研究领域为非洲政治、非洲国际关系和南南合作。

中国武汉是最早遭受新冠肺炎疫情冲击的城市。在中国奋勇抗击疫情的上半场，非洲坚决支持中国抗疫，竭尽所能给予中国人民爱的传递与信心的鼓舞。从宏观和政府层面看，非洲各国纷纷表示与中国站在一起抗击疫情，相信中国拥有先进医学科学知识、设备和技术能力来管理这一突发卫生事件。埃及和南非这样能够产生医疗用品和设备的国家，也在第一时间向中国提供了援助。2020 年 2 月 4 日，赤道几内亚总统奥比昂主持召开部长理事会，决定向中国政府捐款 200 万美元，以支持中国抗击新型冠状病毒感染肺炎疫情。要知道，赤道几内亚还是世界最不发达国家，其 GDP 还不如武汉的高。这份沉甸甸的支持更凸显了中非患难与共的情谊，让人感动。2 月 7 日，第 36 届非盟部长级会议结束后发表特别公报，表示本着非盟成员国与中国间强有力的战略伙伴关系，并鉴于双方兄弟般的历史纽带与合作，非盟成员国外长集体宣布同中国政府和人民站在一起，支持中方在抗击新型冠状病毒肺炎疫情中所做的努力，对中方应对疫情的能力充满信心，呼吁世界各国同中方同舟共济，加强合作，共同应对疫情带来的影响。非盟委员会主席法基也代表非盟声援中国抗击疫情，他表示，在此艰难时刻，非洲将与中国保持牢固团结。

此外，还有埃塞俄比亚、坦桑尼亚、塞拉利昂、肯尼亚、津巴布韦、安哥拉等多个非洲国家的领导人给习近平主席发来慰问信，认为疫情是中国的挑战，也是世界的挑战。中国政府举措果断，中国人民众志成城，有效阻遏了疫情向其他国家蔓延。非洲国家领导人均表示相信凭借中国所具有的制度优势、中方在执行这一艰巨任务中展现的决心和高水平的组织工作，以及中国 17 年前成功抗击“非典”疫情的经验和国际社会支持，一定能很快取得令人振奋的成果，取得抗击疫情的胜利。与此同时，在微观和民间层面，来自非洲人民的政治声援和暖心问候也纷至沓来。如南非标准银行员工在 2 月初发起了一个名为“穿红衣，挺中国”的创意，在短短的一天时间内，就从标准银行集团位于南非约翰内斯堡的总部发展到其位于 20 个非洲国家的分支机构，参与活动的员工达上万名。参与的员工均身着红色上衣，并手举支持中国的横幅和卡片等给中国武汉加油。①

在非洲抗击疫情的下半场，中国同样迅速驰援非洲抗疫，援助抗疫物资及派遣医护专家组、帮助培训和分享防控防治措施与经验。从 2020 年 4 月中旬最早向埃塞俄比亚、布基纳法索两国派出中国抗疫医疗专家组，到同年 6 月初，在短短的一个半月里，中国就向 50 多个非洲国家和非盟交付了大量医疗援助物资，向 11 个非洲国家派出了 148 人次的医疗专家组，并多次同非洲国家举行专家视频会议、同非方分享抗疫经验。40 多支中国援非医疗队也在非洲所在国开展各类培训活动近 400 场、培训当

① 参见《“穿红衣，挺中国”纵贯非洲二十国：“别害怕中国，我们一直都在”》，《中国与非洲》2020 年 2 月 11 日。

地各类人员 2 万多人次。[①] 与此同时，中国民间组织、在非的中资企业也都行动起来，积极参与对非抗疫援助。如马云公益基金会和阿里巴巴公益基金会已先后三次向几乎所有非洲国家提供了大量抗疫物资，为非洲抗疫做出了杰出贡献，充分展现了中国企业及民间组织的全球视野和人道主义关怀。

在国际及多边层面，中国积极呼吁国际社会重视援非并率先行动。如中国国家主席习近平在 5 月 18 日召开的第 73 届世界卫生大会视频会议上，宣布了包括两年内提供 20 亿美元国际援助、在华设立全球人道主义应急仓库和枢纽、建立 30 个中非对口医院合作机制、新冠疫苗在发展中国家的可及性和可担负性、最贫困国家债务暂缓偿付五项中国支持全球抗疫的举措。五项举措均与非洲抗疫息息相关，其中的第三项更是为非洲量身定做，通过建立 30 个中非对口医院来支持非洲抗疫。中国以真金白银的实际行动充分体现出中国对非洲国家抗击疫情的全力支持以及中国的大国责任担当，并向国际社会彰显了构建人类卫生健康共同体和中非命运共同体的理念与追求。

另外，在非洲抗疫的关键时期，中国、南非（非盟轮值主席国）和塞内加尔（下届中非合作论坛主办国）于 6 月 17 日联合倡议发起了一场以“团结”和“抗疫”两个关键词命名的峰会——中非团结抗疫特别峰会。这场特别峰会不仅有中国和十多个非洲国家的领导人及非盟委员会主席参加，而且联合国秘书长古特雷斯、世界卫生组织总干事谭德塞作为多边国际组织的特邀嘉宾也参加了峰会。此次峰会向世界传递了中非团结抗疫和践行多边主义的信念。中国国家主席习近平在讲话中明确了现阶段中国对非合作的“四个坚定不移”：坚定不移携手抗击疫情，坚定不移推进中非合作，坚定不移践行多边主义，坚定不移推进中非友好。目的是增强非洲应对风险挑战的能力和促进经济社会发展。峰会发表的联合声明则重申要坚定支持多边主义，反对单边主义，维护以联合国为核心的国际体系，捍卫国际公平正义。联合声明还特别关注疫情对非洲经济的冲击，敦促西方尽快解除对津巴布韦和苏丹的经济制裁，支持非洲大陆的经济一体化和自贸区建设。

纵观疫情暴发后的世界大国对非合作，中国不仅在援助和支持非洲抗疫方面发挥着领跑作用，而且也是迄今唯一与非洲国家联合倡议发起召开团结抗疫特别峰会的国家。

二　中非携手战“疫”过程中面临的问题与挑战

新冠肺炎疫情犹如一场海啸，在它的强力冲击下，世界经济出现严重衰退，全球

---

① 《中非团结抗疫，万里支援》，央视网，2020 年 6 月 17 日，http://world.gmw.cn/2020-06/17/content_33920478.htm.

产业链、价值链、供应链以及国际经贸往来等都受到了疫情的严重破坏。毋庸讳言，作为全球化中的一个链条，中非经贸合作自然也受到了疫情的冲击。而且，由于西方一些政客和媒体不断借病毒和疫情掀起“污名化”中国的舆论风暴并挑拨中非关系，中非携手抗疫过程中也面临日益严峻的舆情风暴挑战。

首先是新冠肺炎疫情给中非经贸合作及非洲经济发展均带来了冲击和挑战。中非双边贸易自2000年中非合作论坛成立以来一直稳定增长，从2000年的108亿美元到2008年突破1000亿美元，再到2013年突破2000亿美元。2019年，中非双边贸易额达2087亿美元，同比增长2.21%。2019年，中国在非全行业直接投资30亿美元，承包工程新签合同金额559亿美元，在非各类劳务人员人数18.3万人，非洲本地雇用人数34.6万人。2019年，中国累计自非进口原油9234万吨，同比增长5.6%，占我国原油总进口的18.3%。其中，与中国进出口贸易额突破百亿美元大关的有南非、安哥拉、尼日利亚和埃及4大非洲排名靠前的经济体。[①] 然而，在新冠肺炎疫情的冲击下，南非、埃及等非洲主要经济体也成为非洲受疫情打击最严重的国家，并且很快采取了封城、停航、宵禁等防疫措施。由于疫情影响中非经贸的商流、物流、资金流、服务流，这些对中非贸易、投资和工程承包等领域都造成一定冲击。根据中国海关总署的数据，2020年第一季度，中非贸易额下降14%，约合410亿美元。[②] 一些在非洲各国建设中的“一带一路”基础设施项目，也由于疫情的冲击，在施工进度方面有所放缓、难度加大。

应当看到，中非经贸合作受到的影响是疫情对全球经济冲击波中的一部分，在全球经济萎缩的大环境下，中非经贸合作自然也难以独善其身。从非洲经济看，疫情从供应链、需求链和贸易链三个方面严重打击了非洲经济。受疫情全球扩散和停产停工影响，国际上对原材料和能源的需求降低，且在短期内难以恢复。非洲国家也因疫情防控的需要采取了相应的封城停产等措施，使得全球供应链的“需求”和“供给”两端均出现了共同萎缩，给非洲的矿产资源生产国带来了收入锐减的直接负面影响。如非洲第一大矿业出口国南非，自3月26日开启全国封锁（lockdown）三周策略，按封锁21天推算，将影响71.4万—80万吨矿产产量的生产。[③] 联合国非洲经济委员会2020年4月17日发布的《COVID-19：保护非洲的生命和经济》研究报告也指出，2020年非洲经济增速因受新冠肺炎疫情影响可能从之前预期的3.2%降至1.8%，估计会有多达2700万人因此陷入极端贫困。南非、尼日利亚、阿尔及利亚、埃及和安

---

① 《2019年中非、中南双边经贸合作数据》，中国驻南非大使馆经济商务处，2020年3月3日，http://www.mofcom.gov.cn/article/i/jyjl/k/202003/20200302941368.shtml.

② 参见《中国海关总署2020年一季度进出口情况新闻发布会》，2020年4月14日，http://fangtan.customs.gov.cn/tabid/996/default.aspx.

③ 参见《疫情打击非洲矿产出口，专家建言经济结构转型三种路径》，第一财经网，2020年4月14日，https://finance.sina.com.cn/roll/2020-04-14/doc-iircuyvh7772862.shtml.

哥拉等非洲经济强国会因本国的疫情以及国际大宗商品价格下跌而出现严重财政困难。国际石油价格的暴跌也会使非洲石油出口国的收入损失达650亿美元。新冠肺炎疫情在世界范围内的持续传播，直接导致非洲国家旅游业受损、外国直接投资减少、资本外逃等等。①

虽然目前非洲还尚未成为全球疫情的“震中”，但每当灾难来临、受打击最重最大的永远是最脆弱的经济体。非洲作为全球经济链条中最脆弱的一环，其经济在新冠肺炎疫情的打击下面临全面衰退的风险，而这对中非经贸合作自然会构成一定的牵制作用。

其次是疫情发生后中非合作面临的日益复杂和严峻的舆情环境挑战。在过去半个世纪中非关系发展的过程中，西方制造的不利中非关系发展的舆论“杂音”几乎从未停歇过。在此次抗击新冠肺炎疫情中，西方媒体一如既往地抹黑、甩锅、攻击中国，将与华友好的非洲大陆也作为西方媒体攻占的领地。美国等西方国家大肆散播所谓“武汉病毒说”“中国疫情隐瞒论”“中国道歉和赔偿论”等污名化中国的“说辞”。就非洲舆论场而言，既有报纸、电视、广播等传统媒体，也有网络直播、短视频等自媒体。总体来看，非洲国家主流媒体能够理性认知中国抗击新冠肺炎疫情的做法与成效，一些不实“杂音”则出自少数自媒体。当人们仔细研判这些挑拨破坏和抹黑中非携手抗疫的言论时，总是能从台前幕后看到美国媒体及官员的影子。如美国《华尔街日报》的报道就断言称，广州的防控措施是在“歧视性地对待非洲人”。而且，制造“杂音”的信息源主要来自部分西方媒体。毫无疑问，攻击、抹黑、污蔑中国的不实资讯不但毒化了针对中国的整体国际舆情环境，而且不利于中非卫生健康领域的合作。

三　后疫情时代如何构建更紧密的中非命运共同体

新冠肺炎疫情不仅给全球公共卫生体系带来巨大挑战，也使全球化进程以及全球治理遭遇巨大挫折。新冠肺炎疫情还犹如一面镜子，折射出一些国家大搞疫情政治化、病毒标签化的“损人不利己”行为。为了在后疫情时代的国际格局中站稳脚跟并抢占先机，打造于我国有利的国际环境，必须高度重视发展中国家最集中的非洲大陆在我国外交中的基础作用，并针对非洲的关切及西方对中非关系的舆情挑拨，持续在以下三方面做好功课，以推动和加强中非关系的发展。

首先要加强中非卫生合作、共建中非卫生健康共同体。虽然中非卫生合作已经走过了57年的风雨历程，“中非公共卫生合作计划”也是2015年中非合作论坛约翰内

① 《联合国非洲经济委员会预测今年非洲经济增速可能降至2%》，参见中国商务部西亚非洲司，http://xyf.mofcom.gov.cn/article/zb/202004/20200402951648.shtml，2020年4月3日。

斯堡峰会“十大合作计划”之一、2018 年中非北京峰会推出的“八大行动”中也同样包含了“中非健康卫生行动”，但此次新冠肺炎疫情的暴发进一步凸显了中非卫生合作的重要性、急迫性和优先性。双方必须加大对非洲公共卫生领域的投入，并提升中非卫生合作在当前中非各领域合作中的优先地位。在具体做法上，中非卫生合作的全面升级可以从非洲公共卫生体系建设、公共卫生软硬件建设、人才培养和经验分享等几个层面同步展开。自 2014 年非洲埃博拉疫情暴发后，中国已经在上述三方面开展了推动非洲公共卫生事业发展的相关工作，如帮助建设非洲疾控中心总部、帮助塞拉利昂建立了唯一的 P3 实验室、优化升级相关医疗卫生的中国援非项目、建立了多家中非友谊/友好医院、为非洲培养更多专科医生和继续派遣中国援非医疗队等等。在 2020 年 6 月 17 日召开的中非团结抗疫特别峰会上，习近平主席还在发言中承诺：“中方将提前于今年年内开工建设非洲疾控中心总部，同非方一道实施好中非合作论坛框架内‘健康卫生行动’，加快中非友好医院建设和中非对口医院合作，共同打造中非卫生健康共同体。中方承诺，新冠疫苗研发完成并投入使用后，愿率先惠及非洲国家。”①

中国有句老话说，“承诺是金”，承诺了的，就一定要兑现。中国政府做出的承诺也从来都不折不扣地兑现和落实。2020 年 12 月，中国援建的位于埃塞俄比亚首都亚的斯亚贝巴以南的非洲疾控中心总部大楼开工建设。该项目竣工后将包括应急反应中心、数据中心、实验室、图书馆、新闻发布厅、培训中心、会议中心、办公室和外籍员工公寓等，将极大地提高非洲疾控中心的办公和科研条件以及应对非洲突发公共卫生事件的处置能力。在疫苗提供方面，2020 年 12 月 11 日，第一批由中国制造的新冠疫苗抵达埃及开罗国际机场。埃及卫生与人口部部长哈莱在现场举行的新闻发布会上说，首批中国疫苗的到来对埃及来说是一个历史性时刻，表明埃及同中国的友好关系达到了新的高度。哈莱部长还在现场的新闻发布会上说：“中国疫苗是安全的，我们进行了临床试验，我本人就是其中的志愿者之一。中国疫苗在临床试验中证明是成功的，并在 12 月 9 日获得了埃及卫生部的最终紧急批准。”②

截至 2021 年 2 月底，中国援助的新冠疫苗已陆续抵达赤道几内亚、津巴布韦等非洲国家，助力非洲多国启动了新冠疫苗接种工作，获得非洲多国政要高度评价。中国还向 19 个有需要的非洲国家提供疫苗援助，未来将向更多的非洲国家援助疫苗。非洲多家媒体报道认为，中国积极履行承诺，致力于促进疫苗在发展中国家的可及性

---

① 参见习近平《团结抗疫 共克时艰——在中非团结抗疫特别峰会上的主旨讲话》，《人民日报》2020 年 6 月 18 日第 2 版。

② 埃及媒体《七日报》网站 2020 年 12 月 11 日刊发消息，转引自《北京晚报》官网：北晚新视觉网 2020 年 12 月 12 日刊文《第一批中国制造疫苗抵达埃及，埃及卫生与人口部长这么说》，https：//baijiahao. baidu. com/s? id = 1685828684697833927&wfr = spider&for = pc；以及中国日报网 2020 年 12 月 15 日，《埃及卫生部长：历史性时刻！第一批中国制造疫苗抵达埃及》。

和可负担性，非中团结抗疫为非洲从疫情中复苏带来了希望。[①]

中非共建卫生健康命运共同体具有独特的历史和现实优势。中非间不但拥有根植于反帝、反殖、反种族主义斗争历史的深厚友谊和政治互信，拥有成立已20年的集体对话机制——中非合作论坛，而且在医疗卫生方面更是具有得天独厚的援非医疗队优势。始于1963年1月的中国援非医疗队是中国援非的一张最亮丽的名片。50多年来，中国援非医疗队从小到大，先后有超过2万名来自中国各地的医务工作者到非洲50多个国家驻点，救治了数以亿计的非洲患者、为非洲培训了数以万计的医疗技术人员，广受当地人民的尊重和爱戴，受到所在国家政府的表彰。这支历史悠久、技术过硬、作风顽强，并且在抗击西非埃博拉疫情及此次新冠肺炎疫情中经受住实战考验和屡立战功的队伍，也必将是中非在后疫情时代共建中非卫生健康共同体的中坚力量。

其次要加强中非经贸合作、帮助非洲重振受疫情打击的经济。在过去的近20年里，中非经济发展态势呈现出高度的正相关关系，也就是说，中国经济和中非经贸关系的快速发展与非洲经济的稳步增长同步发展，双方互为彼此的增长动力。中国的技术、资金、发展经验与非洲的市场、资源和发展潜力形成黄金互补。这种经济结构上的高度互补性并不会因疫情的冲击而改变。因此，在后疫情时代，随着供应链和生产链的恢复，中非经贸合作可望很快重返巅峰。事实上，即便在疫情期间，中非商界人士也努力运用新业态创造新商机。如2020年6月15日开幕的第127届中国进出口商品交易会（简称“广交会”）就首次采用了“云端会议”模式，来自非洲等全球各地的参展商和采购商通过网上展示、推介、供采对接、在线洽谈等全新模式，足不出户地谈生意、签合同。这届“云上广交会”的开启，其实也预示着中非贸易进入了“互联网+数字经济+广交会”的新时代。

抓住疫情带来的推动新业态发展的机遇，支持非洲大陆的一体化和“新基建”应该是后疫情时代中非经贸合作的题中应有之义。对此，习近平主席在中非团结抗疫特别峰会的发言中讲得很清楚。习近平主席说：“中方支持非洲大陆自由贸易区建设，支持非洲加强互联互通和保障产业链供应链建设，愿同非方拓展数字经济、智慧城市、清洁能源、5G等新业态合作。”[②] 特别峰会后发表的《联合声明》中也强调：“中非认识到数字化在后疫情时代的重要性，支持非洲数字经济加快发展，拓展在数字化和信息通信领域特别是远程医疗、远程教育、5G、大数据领域交流合作。”[③]

---

① 参见《人民日报》南非约翰内斯堡2021年2月27日电，《中国疫苗援助非洲多个国家，为战胜疫情注入希望》，http：//news. china. com. cn/2021－02/28/content_77255913. htm.

② 参见《人民日报》南非约翰内斯堡2021年2月27日电，《中国疫苗援助非洲多个国家，为战胜疫情注入希望》，http：//news. china. com. cn/2021－02/28/content_77255913. htm.

③ 参见《中非团结抗疫特别峰会联合声明（全文）》，新华社北京2020年6月17日电，http：//www. gov. cn/xinwen/2020－06/18/content_5520093. htm.

除了在新业态上挖掘新商机，中非共建“一带一路”的各领域合作同样不能放松。事实上，随着中国以及一些非洲国家在防疫抗疫中已经取得了不少阶段性成果，一些重大的“一带一路”基础设施建设项目已经陆续复工建设，未来中非合作的重点领域也要向健康卫生、复工复产、改善民生领域倾斜。另外，为减轻受疫情冲击严重的非洲国家的财政负担，中国在第73届世界卫生大会上已承诺将在两年内提供20亿美元国际援助，用于支持受疫情影响的发展中国家的抗疫斗争及经济社会恢复发展，并且与二十国集团成员一道落实“暂缓最贫困国家债务偿付倡议”。在2020年6月17日举行的中非团结抗疫特别峰会上，中方又进一步承诺将在中非合作论坛框架下免除有关非洲国家截至2020年年底到期的对华无息贷款债务。毫无疑问，上述金融、新基建以及向健康卫生、复工复产、改善民生等重要领域的重点倾斜，将有力地推动后疫情时代非洲经济的复苏。

为重振受疫情打击的经济，非洲国家在2021年开年第一天正式启动了非洲大陆自由贸易区协议（AfCFTA）的第一笔交易，希望通过推动非洲经济一体化进程和以团结的力量来迎接国际环境变化的挑战。中国一贯坚定支持非洲大陆的一体化进程。除了援建非盟总部大楼，从硬件上为非洲区域一体化组织建设改善办公条件以外，中国还从基础设施建设、产业发展和市场一体化三个方面来切实推动非洲自贸区的发展。2020年12月上旬，中方与非洲联盟签署了《中华人民共和国政府与非洲联盟关于共同推进“一带一路”建设的合作规划》，该规划成为我国和区域性国际组织签署的第一个共建“一带一路”规划类合作文件。根据规划，中国将推进“一带一路”倡议与非盟《2063年愿景》战略框架的对接，加强与非洲国家在铁路、公路、区域航空及工业化领域的合作，促进非洲国家一体化进程，共同应对全球化挑战，推进共建“一带一路”高质量发展。如今，中国企业已经在埃塞俄比亚、吉布提、肯尼亚和尼日利亚等非洲国家开启了铁路、机场、工业园区和港口等项目的建设，用行动在谱写和实践中非发展蓝图的对接以及推动非洲一体化梦想的实现。

新冠肺炎疫情虽然对中非经贸合作造成了一定的冲击，但并未影响到中非经济互补性的基本结构以及中非“一带一路”合作的热情。疫情期间，中方在非洲的1100多个“一带一路”合作项目坚持运行，近10万名中国技术和工程人员坚守岗位。一批铁路、公路和电站项目克服疫情影响陆续复工开工，为当地经济社会发展作出重要贡献。国务委员兼外长王毅2021年年初访非期间，刚果（金）和博茨瓦纳分别同中方签署了共建“一带一路”谅解备忘录，两国成为非洲第45个和第46个参与“一带一路”合作的伙伴国。共建“一带一路”克服疫情影响和外部干扰，正在覆盖整个非洲大陆，必将迎来更加光明的前景。① 未来，中方将继续支持非洲大陆自由贸易区建设，支持非洲加强互联互通和保障产业链供应链建设，支持非洲数字经济的加快发展。大数据、云计算、人工智能等新技术在非洲疫情形势追踪、检测分析、病毒溯源、防控救治和资源调配等方面得到了广泛应用。疫情期间，中非数字经济合作迎来了快速发展契机。各类数字合作平台、线上推介会、直播带货等新业态合作蓬勃发展，有效服务了中非企业对接并带动非洲特色产品对华出口，对推动非洲经济复苏发挥了重要作用。

虽然 2020 年的新冠肺炎疫情对中非经济合作构成了一定的冲击，但中国的技术、资金、发展经验与非洲的市场、资源和发展潜力所形成的黄金互补结构并没有改变。在后疫情时代，随着供应链和生产链的恢复，中非合作将进一步提质升级，可望很快重返巅峰、再续辉煌。

再次是要加强中非媒体合作和民间交流，建设有利于中非友好合作的“舆论场”。正如俗语所说，“造谣一张嘴，辟谣跑断腿”。舆论场建设重要的是抢占话语权先机，凡遇中非关系中的重大事件，必须争取先发声、早发声、多发声，牢牢掌握舆情资讯发布的权威性。

近年来，在中非合作论坛行动方案（如“十大合作计划”和“八项行动”等）的大框架下，中非媒体间的交流与合作已经有序展开，并取得了不少成效。中国广播电视总台英语频道也在非洲设立了 CGTN 分台，《中国日报》也早已创办和发行了非洲版。中方也经常邀请非洲媒体的记者编辑来华交流、培训和实习等。另外，从疫情期间中非关系面临的舆情挑战还可以清楚地看到，喜欢跟在西方媒体后面摇唇鼓舌的主要是非洲的部分自媒体和社交媒体。这类新媒体具有传播速度快、受众群体广、制作水平粗糙、缺乏资讯审查机制等特点，因此后疫情时代加强中非媒体交流需要高度重视对非洲自媒体和社交媒体建设的投入。中非媒体交流工作不能够仅仅局限于邀请非洲对象国的政府机关报及电视广播等传统媒体，还应该遴选出那些在当地有影响的自媒体和社交媒体，邀请这些媒体的创办人或名人博主来华交流，扩大中非友好的媒体基础盘。同时，也应当挖掘、培育和发挥我们的自媒体及社交媒体的力量，通过在非洲的中国人、华人华侨创办的相关社交平台，推出一些有利于驳斥谎言的视频和报道。

最后，中非在后疫情时代还需加强在国际事务中的合作。新冠肺炎疫情犹如一场海啸，在它的强力冲击下，不仅全球化产业链遭受重创、世界经济出现严重衰退，而且国际关系中的“自我中心”和“丛林法则”倾向也在抬头，孤立主义、霸凌主义

---

① 参见新华社 2021 年 1 月 10 日报道，《携手铸就更加紧密的中非命运共同体——王毅国务委员兼外长在结束访问非洲五国之际接受媒体采访》，人民网，http://world.people.com.cn/gb/n1/2021/0110/c1002-31995017.html.

和单边主义正在不断侵蚀以联合国为核心的国际体系及多边主义的价值观。因此，中非加强国际合作，坚定支持联合国及世界卫生组织在国际事务及世界公共卫生领域的工作及权威性，对于捍卫多边主义原则和国际公平正义具有特别重要的意义。

2020年6月召开的中非团结抗疫特别峰会已经在践行多边主义、呼吁国际团结抗疫方面发出了时代最强音。在后疫情时代，中非之间可以根据一些重大国际事务召开类似特别峰会，并在国际组织机构的领导人遴选、相关国际会议的议程设置等方面密切合作，向国际发出中非团结一致的共同声音。当然，中非团结抗疫及加强国际合作并不是搞中非双边自己的小圈子，而是对国际合作持开放与包容态度。此次中非团结抗疫特别峰会发表的《联合声明》就特别指出，支持在尊重非洲国家意愿的基础上，本着积极、开放、包容的原则同国际合作伙伴探讨在非洲开展三方或多方合作，支持非洲尽早战胜疫情和加快发展。可见，只要是非洲同意、并且有利于非洲尽早战胜疫情和加快社会经济发展，那么中国乐见并乐于与国际合作伙伴开展三方或多方合作。

四 结语

中非在携手抗疫的过程中虽也遭遇到困难与挑战，但中非命运共同体在携手抗疫共克时艰的过程中不断充实新内容、汲取新养分、挖掘新商机。兄弟齐心，其利断金。经过这场人类历史上罕有的新冠肺炎疫情考验后的中非关系将在此次中非团结抗疫特别峰会形成的共识与基础上，着眼于打造后疫情时代中非经贸活动的新升级版，化危为机，在风雨之后迎接更美丽的彩虹，打造更紧密、更牢固的中非命运共同体。

新冠肺炎全球大流行下非洲的抗疫与中非合作

刘海方[*]

摘　要： 新冠肺炎疫情暴发后，非洲国家尽管在整体上也面临实现保障民生和疫情防控的两难选择，但它们还是采取积极举措应对疫情。非洲联盟及其成员国建立起二级联动抗击新冠肺炎疫情机制；教育公众做好群防群控和改善社区诊所，使防疫"下沉到社区"；民间和社区也自发进行各种创新性应对行动。这些区域间团结合作方式有效地延缓了疫情在非洲的蔓延。同时，为因应此次疫情，中国与非洲都表现出团结互助精神，中国在已有卫生合作基础上，向非洲派出抗疫专家医疗队，传递抗击新冠肺炎疫情的信心和防疫知识与技术。新冠肺炎疫情远未结束，中国与非洲携手抗疫的过程中重申团结精神，也在探索建设中非卫生健康共同体。

关键词： 非传统安全；新冠肺炎疫情；全球公共卫生；非盟；中非合作；中国援非医疗队

尽管大大小小规模的瘟疫一直是独立以来非洲国家的挑战，但真正引起全球关注的是2014年西非大面积暴发的埃博拉病毒，因为此次疫情发现了向美国和欧洲的传染个案，从而引发恐慌，多个国际行为体为此纷纷以全球治理的名义进行紧急干预。新冠肺炎疫情全球大流行之际，其进入非洲的脚步却可谓姗姗来迟，早已经习惯被世界"污名化"同时被"无名化"的非洲人，打趣说是"又一次被落在了后面"。随着2020年2月15日埃及确诊一例外籍病患，以及赴欧美地区开会的官员或旅游者"纷纷中招"陆续回到非洲国家，截至2020年5月13日，1例病例进入莱索托这个一段时间来唯一无感染者的"净土"，黑色素天生有其抗体而自动免疫的神话被现实击破。①

---

* 刘海方，北京大学国际关系学院副教授、北京大学非洲研究中心主任，主要从事非洲政治和国际关系、非洲发展问题、全球移民等问题的研究。

① 流行病学专家早已否定此种假说，参见"No Study Shows 'Melanin Is a Protective Factor' against COVID-19-Epidemiologist Brewley," *Virgin Islands News Online*, http://www.virginislandsnewsonline.com/en/news/no-study-shows-melanin-is-a-protective-factor-against-covid-19-epidemiologist-brewley, 2020-05-01.

据约翰霍普金斯大学的追踪显示，截至2021年4月16日，非洲确诊病例为439.6万例，死亡病例为11.7万例，康复病例为394.3万例；926万人口已经完成疫苗接种；南非确诊感染者最多，达到156.3万例，死亡5.4万例，其他确诊病例较多的国家依次为摩洛哥（50.4万例）、突尼斯（27.9万例）、埃塞俄比亚（23.7万例）、埃及（21.4万例）、利比亚（17.1万例）和尼日利亚（16.4万例）。值得一提的是，毛里求斯在抗疫初期曾经是人均完成检测量的榜样国家（全球排名第16位），很长时间保持病患者清零状态；南非政府深入城市贫民窟开设流动监测设施、完成的检测量一直在全球排名中较高；一些国家克服医疗条件简陋的不利因素，长期保持了没有死亡病例的记录，既包括国力较好的塞舌尔，也包括并不富裕的乌干达、纳米比亚、厄立特里亚和莱索托等国。总之，如果对全球各国的抗疫表现进行对比，很多非洲国家排名亮眼，与各种“脆弱国家”“政府治理”指数对于非洲国家能力的判断大相径庭——那些被评价为“贪腐”“低效”“无能”的非洲国家往往是抗疫表现很不错的国家——这无疑震荡、甚至颠覆了一些人以往对非洲国家的很多成见。总体而言，目前非洲大陆的绝对感染人数、人均感染率、死亡率等指标都是相对低的，占世界人口17%的非洲大陆，死亡病例是全球死亡病例总数的3.5%，死亡率仅次于大洋洲成为世界各大洲中较低的。

晚至2020年4月初，美国无可争辩地成为疫情的“震中”之际，一些媒体开始引用比尔·盖茨2月时的一次演讲来关注疫情在非洲的发展，担心美国将无暇顾及“落后的非洲”，非洲走出新冠肺炎疫情的路途将会遥远漫长。① 把非洲等同于一团混乱、毫无秩序的负面认知并不只存在于媒体文章，一些学者也简单地拥抱这种非洲观，比如，有学者分析非洲公共卫生产品不足时谈道，“群众的普遍蒙昧和地方政府的失职”发挥了“最弱技术环节”作用，“本已得到控制的疫情发生逆转，人类征服疾病的努力，就这样湮没在了混乱动荡的非洲大陆”。②

在笔者看来，类似观点与将非洲视为毫无希望的“黑暗大陆”论调并无二致，折射出在现实主义权力政治视角下对非洲和非洲人民惯常的偏见和无视，不相信非洲大陆自身有应对疫情的能力，更不会看到非洲人民应对疫情的努力甚至有很多创新性

---

① 一些网站广泛刊载所谓盖茨“非洲才是新冠的黑洞”的讲话，参见《确诊人数倍数增长，迅速破万，比尔盖茨：非洲才是新冠黑洞》，https：//www. sohu. com/a/386410805_716280，2020－05－11；实际上，比尔·盖茨并没有说过“非洲才是新冠的黑洞”这句话，在2020年2月14日美国科学促进会（American Association for the Advancement of Science）会议的演讲中，盖茨只是对刚暴发的新冠肺炎疫情可能扩散到医疗条件脆弱的撒哈拉以南非洲表示担忧，参见盖茨基金会网站，https：//www. gatesfoundation. org/Media-Center/Speeches/2020/02/Bill-Gates-American-Association-for-the-Advancement-of-Science；位于西雅图的技术新闻网（Geekwire）记录的演讲现场报道也表明，盖茨并没有使用“黑洞”这一词语，参见“Bill Gates Warns That Coronavirus Impact Could be ‘Very, Very Dramatic,’ Outlines Long-term Solutions,” *GeekWire*, https：//www. geekwire. com/2020/bill-gates-warns-coronavirus-impact-dramatic-globally/，2020－05－11.

② 曲鹏飞：《非洲卫生公共产品供应不足成因探析》，《国际政治研究》2015年第2期，第74—84页。

的独到举措与对全球抗击新冠肺炎疫情的贡献。与此同时，这种认知也反映出，当全球化时代跨国界问题日渐突出、传统国际关系以民族国家为分析单元的范式面临挑战，国际关系理论中发达/发展中国家抑或中心/边缘二元对立模式的南北关系分析范式开始调整，“边缘国家终于被纳入了国际关系的视域，但是从‘中心国家’出发的视角，是从大国竞争和操纵的视角、（而不是从其本身）观察第三世界国家的事件”。[①]

一　从非盟到非洲国家迅捷的二级预警响应

从2020年2月中旬第一例病例输入以后的100天，非洲没有发生大规模新冠肺炎疫情暴发，根据世卫组织的计算达到10万确诊病例用了98天时间，但此后的18天内却出现了快速增长，达到20万确诊病例，美国马里兰大学学者认为这与季节转入南半球的冬季有关，因为新冠病毒更适宜于在低湿和低温情况下传播。[②]中国派驻非洲疾控中心疾病控制高级顾问王晓春对比了疫情在欧洲和非洲的表现，指出从第一例开始后两者的轨迹很相像，分别用了36天和37天增长到1000例病例，用42天和46天增长到5000个病例；可是此后欧洲突然快速增长，到第70天已经超过50万例，而非洲同期只达到了2.6万例，其中重要原因在于非洲采取了比欧洲更为严格的措施。[③] 用自己的财富设立基金鼓励非洲政府提升治理能力的苏丹商人莫伊·易卜拉欣（Mo Ibrahim）也认为：“非洲政府对于新冠肺炎疫情的应对要远好于英国和美国。新冠病毒似乎并不太喜欢我们（非洲人）。”[④]

新冠病毒在全球肆虐，而且变本加厉产生诸多变种，任何国家在这一突发的非传统安全面前都一样，都面临着对综合治理能力的全面考验：“技术最强环节”的欧美国家，疫情却一波波地回潮的“战役”经历已经说明，绝不单纯是公共卫生领域的科研、技术发展和设施齐备就能够表现完美；非洲国家整体表现不俗，与公共卫生领域落后的技术和设施能力形成强烈反差，客观自然地理条件、中位数只有19岁（欧洲42岁、美国35岁）的人口结构[⑤]和非洲人在长期历史过程中形成的免疫能力可能

---

① Amitav Acharya and Barry Buzan, *The Making of Global International Relations: Origins and Evolution of IR at its Centenary*, Cambridge: Cambridge University Press, 2019, p. 5.

② Anne Soy," Coronavirus in Africa: Five reasons why Covid-19 has been less deadly than elsewhere", BBC News, https://www.bbc.com/news/world-africa-54418613, 2021-04-01.

③ 《新闻“1+1”》，白岩松视频连线中国派驻非洲疾控中心疾病控制高级顾问王晓春，2020年4月24日，http://tv.cctv.com/2020/04/24/VIDE8eCBoiUzKZXr1RPgzKy3200424.shtml, 2020-05-11.

④ Steven Phillips, "Why Africa leads the world in COVID-19 performance", https://www.msn.com/en-us/news/politics/why-africa-leads-the-world-in-covid-19-performance/ar-BB1a11kK, 2021-04-11.

⑤ 有学者专门研究了非洲年轻化的人口结构与低死亡率之间的关系，参见Lawal Y.,"Africa's low COVID-19 mortality rate: A paradox?", *International Journal of Infectious Disease*, 2021 Jan, 102: 118-122, doi: 10.1016/j.ijid.2020.10.038.

都是重要自变量，同样重要的应该还有“人和”的因素，即良好的政府和社会关系——公众对于政府治理举措的信任和支持，成为在尽可能减少社会流动以控制疫情扩散和尽可能维护正常生产生活之间取得平衡的关键。

长久以来，非洲在有关“良政”的教科书上一直都不是“示范生”，而是作为“问题”的被治理对象，世界观察家们难免困惑不解，疫情全球大流行下非洲怎么可以没有那么糟糕？于是有关非洲何以没有成为新冠肺炎疫情重灾区的种种解释假说纷纷出炉，气候炎热、人口年轻化、基础设施落后导致人口流动少等是经常被提到的几个要素，也有人认为常年遭受各种疾病侵扰的非洲人抵抗力更强，也使“坏事变好事”。怀疑论者则根本不相信数据，坚称非洲国家检测能力低下才是问题根本，掩盖了早已经大规模感染的真相。对此，有卫生专家回应说，即便按照非洲政府官方记录的死亡人口与实际死亡人口 1∶3 的一般比例计算，非洲国家目前的感染率相比于欧美国家仍然是非常低的。[①]最近的一些研究则将非洲抗疫表现优异的结果更多归功于非洲国家的快速预警和应对举措。[②]

输入性病例零星发生之际，大部分非洲国家就开始陆续停止国际飞行、关闭边境，启动了相应预警、诊断与隔离系统，并且为阻断新冠病毒在本土进一步的传播扩散，相继采取了世卫组织推荐的教育公众做好群防群控举措，禁止大型集会活动、停产、停学和居家封城成为大部分国家的选择。这样迅捷的反应，被很多观察家解释为是非洲国家刚刚才经历过 2014—2015 年暴发的埃博拉疫情（特别是重灾区的西非三国）；而作为整个大陆吸取经验教训的另一个反应则是非盟成立非洲疾控中心（AC-DC）来协调所有成员国共同应对公共卫生危机，并建立东非、西非、南非、北非、中非五个次地区中心。2020 年 1 月 27 日，新冠病毒刚刚被发现之际，非洲疾控中心就立即启动应对新冠肺炎疫情的紧急行动中心及事件管理系统（IMS），每周与会员国的国家公共卫生机构进行交流。2020 年 2 月 3 日，在世卫组织、中国疾病预防控制中心和其他相关组织的支持下，新冠病毒（COVID-19）工作组成立，负责监测、实验室诊断、感染的预控、临床护理和风险沟通这几项工作。塞内加尔和南非两个医学研究所首先具备了检查新冠病毒的能力。2020 年 2 月初，非洲疾控中心开始分别与它们合作，为来自 43 个非洲国家的 43 个实验室进行培训。到 2020 年 3 月，新冠肺炎病例相继在很多非洲国家被发现时，52 个国家都可以进行检测并拥有了隔离基础设施，一些国家开辟了专门的治疗中心、设立应急基金，或者已经派专业人士在入境点和边境口岸进行检疫。针对医院收治能力有限的问题，“无国界医生”组织

① 有学者专门研究了非洲年轻化的人口结构与低死亡率之间的关系，参见 Lawal Y.，“Africa's low COVID-19 mortality rate: A paradox?”, *International Journal of Infectious Disease*, 2021 Jan, 102: 118 – 122, doi: 10.1016/j.ijid.2020.10.038.

② Anne Soy, “Coronavirus in Africa: Five reasons why Covid-19 has been less deadly than elsewhere”, BBC News, https://www.bbc.com/news/world-africa-54418613, 2021-04-11.

（Médecins Sans Frontières）等专业机构也提前介入、提供搭建治疗中心所需的技术帮助。

根据非洲疾控中心主任约翰·肯格松（John Nkengasong）博士发表的报告，非盟作为覆盖非洲大陆各国的组织，迅速协调各个部门、制定预警响应战略、通过以非洲疾控中心为核心的技术工作组，指导各个次地区的疾控中心分部，进而实现对每个成员国在新冠肺炎疫情的预警响应能力方面的指导，并协助其提升诊治能力。在建立各国检测病毒能力的同时，非盟成立专门的“新冠肺炎疫情响应基金”（The African Union COVID-19 Response Fund），通过区内区外各种渠道筹集资金直接应用于监控、治疗和控制传染等项目①。

值得称道的是，随着防疫任务从外防输入转入到内防扩散，该基金不但用于在富裕的城区推广公共卫生和社会措施（Public Health and Social Measures，PHSMs），更采取了专门针对城市非正式居住区/贫民区的预防社区传播、风险提示的方式。在这些较难进行社交距离控制的社区，除通过唤醒民众意识自觉增强防护能力以外，非洲疾控中心还强化社区诊所的能力，并且形成4000多个诊所的网络，每周进行联席讨论。实践证明，非洲抗疫经验中这一深入社区去宣传和实施控制的举措很大程度上弥补了卫生医疗体系的巨大短板，也就是用严厉的措施阻断、减缓了病毒的传播。民众的配合也是这些措施发挥效力的原因。根据专门帮助非盟跟踪研究新冠肺炎疫情的机构“循证应对新冠肺炎疫情伙伴关系”（Partnership for Evidence-based Response to Covid-19，PERC）②发表的在18个非洲国家进行的调查报告，85%的非洲公众都愿意遵守关于居家、洗手、戴口罩、减少外出采购、避免聚集、避免公共集会祷告等规定，因为大多数人都认为新冠病毒是有很大危害的。③这与欧洲、美国至今还有很多公众认为新冠病毒是个“阴谋”、不戴口罩、也不能接受社交距离控制的“不合作”态度形成鲜明对照。

2020年5月25日，非盟轮值主席南非总统拉马福萨在庆祝非洲第57个独立日演讲时谈道：“非洲与世界各国一道全力抗击疫情，通过制定明确战略、筹集资源等，以牢牢掌控自身命运。非洲应对疫情的举措得到广泛赞誉。尽管面临资源短缺挑战，

---

① 该基金是非盟于2020年4月成立的，目的是支持抗疫和非洲的社会经济恢复。时任非盟主席南非总统拉马福萨曾经于2020年10月宣布筹集到了4400万美元，另外需要3亿美元（Africa：AU Covid-19 Response Fund Raises U. S. $44 Million-allAfrica. com，https：//allafrica. com/stories/202010260591. html，2021－04－11）；英政府2021年4月宣布再次向该基金赠款2000万英镑，成为最大的单个捐助国（https：//punchng. com/uk-contributes-20m-to-africas-anti-covid-19-fund/#：～：text＝United%20Kingdom%20on%20Thursday%20said%20it%20would%20be，announced%20by%20UK%20International%20Development%20Secretary%2C%20Anne-Marie%20Trevelyan，2021－04－11）.

② 该机构由非政府组织“决心挽救生命行动”（Resolve to Save Lives）资助发起、与非洲疾控中心联合其他国际组织和多个政府、非政府行为体共同成立的。

③ PERC，RespondingtoCovidData. pdf，https：//preventepidemics. org/wp-content/uploads/2020/09/PERC_RespondingtoCovidData. pdf，2021－04－11.

非洲国家为共同目标团结一致，令人印象深刻。”52 个非洲国家共出台 220 项措施，支持本国公民与企业缓解新冠肺炎疫情给非洲经济转型和人员流动带来的不便与影响。截至5 月末，非洲国家拨出总额为530 亿美元的具体预算来提供支持措施（包括医疗投入），南非一国已经从国家紧急基金和卫生财政预算中拨付 300 亿美元来应对新冠肺炎疫情，2020 年 6 月底，议会还将通过追加更多财政拨款的议案。值得一提的是，非洲国家已经使用的“战役资金”是以非洲各国预算为主，只有 32% 的资金是以国际货币基金组织为主的外部机构提供的。①

从医疗卫生领域到社会民生的方方面面，非洲绝大多数国家都采取了一些创新性的应对举措：塞内加尔增加投入，研发出低于 1. 5 美元成本的试剂盒，几分钟便可以出结果，而且还用3D 打印技术制造呼吸机；加纳、肯尼亚、埃塞俄比亚、莫桑比克、乌干达等国都利用现有工厂转型生产抗疫物资；马里是颁布最细致的社会经济举措的国家，制定了具体惠及企业（特别是中小型企业）及非正式就业者渡过难关的措施；② 博茨瓦纳虽然未向不能工作的民众发放现金生活补贴，但调低了燃油价格，采取同样举措的还有安哥拉、莱索托、毛里求斯、阿尔及利亚；肯尼亚和摩洛哥设计了符合“社交距离”法律的安全、开放的市场（每两个商贩之间间距 1. 5 米，同时在市场出入口准备洗手设施等）；摩洛哥还特别重点针对非正式就业者和中小业主开放安全的露天市场；等等。③

从 3 月到 5 月，疫情第一阶段绝大多数非洲国家在非盟指导下实施大封锁政策，很大程度上延缓了病毒大规模输入非洲大陆并扩散的进程；2020 年 5 月大部分国家进入经济重启过程以后，非洲疾控中心宣布新的“加速新冠肺炎检测伙伴”（The Partnerships for Accelerated COVID-19 Testing，PACT）倡议，指导各国因地制宜，学习与病毒共存。非洲疾控中心重点涉及以下工作：在非洲大陆范围内建立部署医务工作者、追踪密切接触者等任务；根据不同的预测非洲大陆感染速度的曲线，预算出了防护用品的不同需求量，以便非洲大陆统一采买，克服单个国家人口少、用量小而在竞争激烈的国际市场上处于劣势的地位。

2020 年年底至今，非洲国家的抗疫与其他国家一样，进入获取疫苗以便进入最大程度的群体免疫、重开正常的社会经济文化活动阶段。非洲疾控中心主任很早就开

---

① 根据国际货币基金组织对于各国别的统计相加得出，https：//www. imf. org/en/Topics/imf-and-covid19/Policy-Responses-to-COVID-19，更新数据来源于经合组织政策追踪（OECD Policy tracker），https：//oecd. github. io/OECD-covid-action-map，2020 -06 -12.

② 根据世界劳工组织 2018 年统计报告，非正式就业者占非洲人口总就业比例高达 85. 8%，“Women and Men in the Informal Economy：a Statistical Picture，” International Labour Office，Geneva：ILO，2018，https：//www. ilo. org/wcmsp5/groups/public/dgreports/dcomm/documents/publication/wcms_626831. pdf，2020 -06 -12.

③ Hannah Wanjie Ryder and Angela Benefo，“COVID-19：Impacts on African Economies：Economic Challenges and Social Safety Net Responses，” Policy Brief，https：//www. pegnet. ifw-kiel. de/fileadmin/Dateiverwaltung/PEGNet/PEGNet_Policy_Briefs/PEGNet_Policy_Brief -20_06. 05. 20. pdf，2020 -05 -10.

始呼吁非洲国家积极购买疫苗，而且不能够借口储存条件而选择厂家。非洲有 54 个国家已经加入世卫组织联合其他国际组织发起的新冠肺炎疫苗实施计划①，2021 年 2 月 24 日加纳接受了首批 60 万剂阿斯利康疫苗，成为首个获得疫苗的非洲国家。但是目前如何尽可能获得优质、价格公平的疫苗已经成为最大的挑战，因为非洲需要筹备 120 亿美元购买疫苗，虽然世界银行承诺提供 50 亿美元贷款，但是因为运输能力、资金能力的局限，有条件的国家往往直接跟医药公司达成双边协议而不是遵照疫苗实施计划的共同安排，非洲是目前为止是全球获得疫苗最少的大洲，正如世卫组织总干事谭德赛在 2021 年 4 月 9 日讲话中所言："低收入国家只获得了全球已经生产出来疫苗总数的 0.2%，也就是说，发达国家平均每 4 人中就有一个人注射疫苗，而发展中国家每 500 多个人中才有 1 个注射疫苗。"②

非洲疾控中心主任多次发表讲话，呼吁非洲不能够被遗忘在全球疫苗防疫的进程之外，非洲也同样应该有 60% 非洲人都获得疫苗注射，以达到群体免疫。有 8 个国家自筹经费准备生产或者购买疫苗，比如南非与美国的两家公司、英国牛津大学进行的合作早已经开始试验接种；肯尼亚则与英国帝国理工大学合作试验接种；埃及分别与中国国药集团生产的疫苗以及和俄罗斯的"卫星 5"进行疫苗接种实验。虽然财政压力极大，但是很多非洲国家都在努力筹集经费购买疫苗、筹备运输储存设备，如人口最大国尼日利亚宣布用 10 亿美元财政拨款来给国民提供疫苗（其中包括用于建设初级卫生中心的近 3 亿美元预算），并且已经开始准备用太阳能等方法储藏。③

南非总统拉马福萨是 2020 年非盟轮值主席，而南非是唯一同时属于"二十国集团"和"金砖国家组织"的非洲国家，这有利于促进非盟代表非洲国家的集体利益而与大国和国际组织的磋商与讨价还价。2020 年 4 月，在非盟和其他发展中国家共同推动下，二十国集团《暂缓最贫困国家债务偿付倡议（DSSI）》（以下简称《缓债倡议》）得以通过。④ 对于大多数财政压力巨大的非洲国家而言，其作用不言而喻；此后，南非代表非洲还继续在二十国集团的平台上争取更大额度的债务减免。

总之，新冠肺炎疫情全球大流行像一面镜子，很好地让世界看到非洲国家并非人们想当然地认为的"失败国家"，相比世界其他地区，作为区域组织非盟的贡献和非

---

① 2020 年 6 月末，世卫组织、流行病防范创新联盟、全球疫苗免疫联盟共同领导发起了新冠肺炎疫苗实施计划（COVAX），计划在 2021 年年底前向世界提供 20 亿剂新冠病毒疫苗，旨在确保所有参与的国家和经济体都能公平获得新冠疫苗。疫苗实施计划规定，每一个国家都可以自动获得相当于本国人口 20% 额度的疫苗供应。

② "WHO slams 'shocking imbalance' in global vaccine distribution", News of April 10th, 2021, https://news-eu.cgtn.com/news/2021-04-10/WHO-slams-shocking-imbalance-in-global-vaccine-distribution-Zko6jqmjwA/index.html, 2021-04-11.

③ "Nigeria to spend N296bn on COVID-19 Vaccination", *FG-Kaftan Post*, News April 1, 2021, https://kaftanpost.com/nigeria-to-spend-n296bn-on-covid-19-vaccination-fg/, 2021-04-11.

④ 2021 年 4 月 7 日，刚刚结束的二十国集团（G20）财政部长和央行行长会议上再次同意延长《暂缓最贫困国家债务偿付倡议（DSSI）》，到 2021 年年底，同时呼吁国际货币基金组织（IMF）制定总额为 6500 亿美元的特别提款权分配方案，以帮助脆弱国家应对新冠肺炎疫情和促进全球经济复苏。

洲的各国团结合作抗疫成绩卓著，值得作为全球公共卫生治理案例进行研究。

二 非洲国家抗疫的必由之路：下沉到社区

对大多数非洲国家而言，最大挑战在于原本孱弱的公共卫生系统。非洲国家需要尽早发现病例、诊断与隔离，以便防止未来一段时间内更大规模疫情的暴发，而极为匮乏的卫生设备和医护团队成为“拉平感染曲线”的物质制约。另外，几乎每一个非洲国家首都或大城市都大量存在的无水无电、无排污系统、甚至没有窗户通风的非正式住宅区（通常被称作棚户区或者贫民区）成为非洲国家防控的难点：政府缺乏有经验的社区工作者特别是有流行传染病知识的人士能够进入这些社区进行防护知识传播（缺乏网络设施的社区主要依赖广播来获得日常资讯），以及缺乏财力支持向民众分发基本防控物资。值得一提的是，面对这样的困境，最初参与问题解决的力量也有非常的“非洲特色”——新冠肺炎疫情暴发的时候，恰逢尼日利亚正在全国尽力消除灰脊髓炎、而刚果（金）又暴发了新一轮的埃博拉病毒疫情，加上受到埃博拉疫情严重侵袭的西非国家很多在疫情前后都在加纳培训了一部分传染性疾病应对人才，这些正在一线工作的卫生工作人员迅速地了解学习了新冠病毒防疫知识，然后就在他们之前重点应对的疾病以外增加了一项任务，即向公众传播有关新冠病毒和及预防知识。

然而，非洲国家抗疫普遍面临的更大挑战是，民众因自然环境的脆弱性（甚至没有自来水和足够的水源饮用）和普遍的非正式就业形态而面临“饿死还是病死”的“浮士德式选择”。在大多数非洲国家，“居家隔离”是有钱人的“奢侈”选择，更多人不能在家办公，而是每日面对如何“衣蔽体、食果腹”更为艰难的现实。①正因为如此，以诺奖得主渥雷·索因卡（Wole Soyinka）为首的一百位非洲知识分子就疫情治理向非洲领导人发出一封公开信，认为最为紧迫的是需要为底层大众的生存考量，人们需要的不是警察和士兵的暴力执法，而是走进社区传授抵御病毒的卫生知识、给予其防护设备及物资救助。② 这些知识分子呼吁非洲领导人超越“紧急状态”思维，探索适应自己模式的抗疫道路，培养非洲各国在财政支持和救灾能力上的韧性，特别是推动非洲走向更加包容、人人共享的健康。③

在公众的质疑和知识分子的联合声明的推动下，大多数非洲国家逐渐放松“一

---

① Caroline Wanjiku Kihato and Loren B Landau, “Coercion or the Social Contract? COVID-19 and Spatial (in) Justice in African Cities,” *City & Society*, Vol 32, No 1, 2020, DOI: 10. 1111/ciso. 12265, online available: https: // anthrosource. onlinelibrary. wiley. com/toc/1548744x/2020/32/1, 2020 - 06 - 12.

② Andries du Toit, “COVID-19 Responses in Africa: Ok, One Size Doesn't Fit All. Now What?” https: //africanarguments. org/2020/04/28/covid-19-responses-in-africa-ok-one-size-doesnt-fit-all-now-what/, 2020 - 05 - 01.

③ “COVID-19: An Open Letter from African Intellectuals to Africa's Leaders,” *African Arguments*, https: //africanarguments. org/2020/04/16/coronavirus-open-letter-african-intellectuals-africa-leaders/, 2020 - 05 - 01.

刀切”的“封城”令，而是制定细则，让民生相关的部门逐步申报放开，严重依赖旅游业收入的国家如南非、埃及、突尼斯、塞舌尔等国逐步宣布恢复国际航班迎接四方游客。与此同时，大部分非洲国家仍然坚持实施分段的宵禁或者禁足，而且要求公共场合必须佩戴口罩以适应与病毒共存。坦桑尼亚一直拒绝追随封城和禁足令，在非洲国家中该国的旅游业的收入也罕见地取得较高的增长；2021 年 3 月去世前一直兢兢业业领导坦桑尼亚的马古富力总统，一直鼓励国民强身健体、用国家传统卫生医疗知识来抵御病毒；在世卫组织的多次督促下，坦桑尼亚已经重新建议公众佩戴口罩，新任总统萨米亚·苏鲁户·哈桑被各界期待实施更加国际化的举措，改变前总统时期不妥当的应对之策。

在抗击 2014 年埃博拉病毒发挥巨大作用的“无国界医生”组织，将防疫、抗疫工作下沉到社区层面作为最重要的经验提出来。该组织主席廖满嫦女士在北京大学非洲研究中心所做的题为“从埃博拉危机看公共卫生治理”的演讲中指出，回顾这场疫情，虽然中国、美国、英国、法国及世界卫生组织和其他国际行为体的参与都发挥了重大作用，但没有证据显示任何一方的干预直接阻止了疫情的扩散。疫情出现拐点、感染率“神奇地下降”是与社区的认知改变和加入共同的抗疫任务中紧密相关。“埃博拉将与其他传染病一样，始于社区，终于社区。除非你的建议得到社区的认同，否则，你不可能结束那里的疫情。”① “无国界医生”组织的忠告适用于非洲本国政府的抗疫行动，也适用于所有外来干预者，任何举措都需要落地，获得当地社区民众的信任、接受、支持与合作。

与此同时，在尊重非洲文化的同时，也要了解非洲人自己应对灾难和解决问题的努力，支持非洲人在其社会文化机制下的自主努力，效果更可持续。随着民众对新冠肺炎疫情的了解，非洲社会本身特有的应对灾难的韧性和创造力已经在各处显现出来：传统上一直大量使用草药的马达加斯加，则在病毒进入非洲不久就宣布使用蒿类原料，研制出了抗新冠病毒的药品 CVO 草药——总统身体力行，在非盟网络会议上“带货直播”，几内亚比绍派专机到马达加斯加取货，并分配给西非经济共同体的 15 国使用。世卫组织以没有大范围临床验证疗效为由尚未承认该产品的效力，但是非洲国家没有坐等国际大公司的疫苗，而是在本土传统医疗知识基础上探索可行的抗疫方法是值得肯定的。随着居家办公和“禁足令”的推行，几乎在每一个非洲国家都能看到物流快递业务的快速增长，食品业小生意人快速提供有针对性的小型数字订餐服务，电商平台都获得了快速业务增长，包括之前对于数字支付存在信任鸿沟问题的国家或地区也有了改进机制。创造性方面，乌干达少年设计了无须用手打开的自动开关装置来避免公共场合的洗手桶交叉传染，同时还节省了用水量；纳米比亚社区志愿者

① ［加拿大］廖满嫦、［科摩罗］达乌德：《从埃博拉危机反思公共卫生治理》，载李安山主编《中国非洲研究评论 2015》，社会科学文献出版社 2017 年版，第 46—52 页。

为无水无电的贫民窟发明了脚踏式洗手器并推广到更大的非正式定居点；坦桑尼亚、肯尼亚的纺织服装生意人用各种边角布料制作了大量便宜的口罩，免费或者低价售卖给买不到专业护理口罩的民众；南非的部分空军人员组成志愿队伍，将有余粮农场的食品运送到全国各地的贫困社区；等等。

三 从民间到国家：中非团结互助抗新冠

中非卫生合作涉及中国在非洲卫生基础设施建设、传染病防控、妇幼卫生等方面，历史最悠久的形式是中国援外医疗队。援外医疗队始于1963年派往几内亚的援非医疗队，2/3以上分布在非洲，从未间断过，目前仍分布在46个非洲国家，以其项目时间最长、最接近于非洲民众而一直被认为“是中国的援外工作、甚至外交工作的一块金字招牌”。[①] 新冠肺炎疫情在中国暴发之际，国际舆论环境对中国很不利，却得到非洲人民最广泛的支持和帮助。非盟及非洲50多国政府发表声明支持中国阻止疫情蔓延所做的努力；埃及、南非等能够生产医疗用品和设备的国家第一时间向中国提供了物资援助；国民生产总值还不如武汉的赤道几内亚向中国捐款200万美元；非洲民间也纷纷行动，制作了横幅、手写卡片等形式，表达对中国的支持；很多在武汉和其他城市成为抗疫志愿者的非洲学生说“我是外国人，但不是外人”，真正体现了中非之间的“守望相助”。[②]

2020年3月，非洲国家开始进入抗击新冠肺炎疫情阶段，中国及时捐赠检测设备帮助这些国家，中国疾病预防控制中心还组织了核酸检测培训项目。针对非洲令人担忧的医疗体系，2020年5月18日，中国国家主席习近平在第73届世界卫生大会视频会议致辞中，特别承诺通过建立30个中非对口医院合作机制、加快建设非洲疾控中心总部等举措，助力非洲提升疾病防控的能力。6月17日，中非通过视频方式召开“中非团结抗疫特别峰会”，中方领导人提出了与非洲“携手抗疫”、践行多边主义和友好合作的四个“坚定不移”，更明确提出2020年内开工建设非洲疾控中心总部，疫苗研发完成后率先惠及非洲国家，合作重点向健康卫士、复工复产、改善民生领域倾斜等多项承诺。包括分享疫苗、疾控中心建设等各项承诺都在有序落实当中，截至2021年4月16日，非洲24国已经受援或者购买了中国的疫苗，更令人振奋的消息是，埃及卫生部部长4月8日宣布埃及与中国科兴公司达成在埃及生产该公司疫

---

① 《卫生援外55年的非洲情谊：专访国家卫生健康委员会国际合作司副司长冯勇》，《中国投资》2018年第18期。

② 《外交部非洲司司长戴兵：二十载耕耘结硕果 新时代扬帆启新程——纪念中非合作论坛成立20周年》，《中国投资》2020年第5—6期。

苗、服务于埃及本土和非洲大陆其他国家的协议。[①] 此外，从防疫物资角度看，中国多批次向53个非洲国家提供急缺的抗疫援助物资400多吨，[②] 用外交部部长王毅的话说，中国政府“把抗疫物资援助尽量向非洲等发展中国家倾斜”，且多次呼吁国际组织和富裕国家应该向非洲国家提供更多物资、技术和人力支援。中国也积极参与并落实“二十国集团”缓债倡议，减免了非洲15项2020年年底到期应还债务，成为G20中缓债金额最大的国家。在非洲常驻的中国公司、民营企业家、公益组织和热心的普通华人都尽己所能，捐助财物或者加入当地社区非洲民众的抗疫行动中；马云公益基金会和阿里巴巴公益基金会对于所有非洲国家提供三批物资的民间行动，先后有序到达埃塞俄比亚并由此转送到非洲各国，获得非洲民众很高的积极评价。

在技术支援方面，外交部非洲司等中国政府部门、中国驻非洲国家使馆、援非医疗队以及搭建友好省、友好城市的地方政府等，组织了400多场与非洲医务人员的视频经验技术交流会。更体现中国担当的是，应非洲国家邀请，中国政府向位于东南西北中五个区域的非洲16国派出了抗疫专家医疗队[③]。不同于以往治病为主的医疗队人员构成，此次9省份（含澳门特别行政区）组建的8支医疗队是特别针对在全球肆虐的新冠肺炎疫情而成立的，虽然涉及很多科室，包括中西医结合专家等，但主要目的是与东道国公共卫生和医疗部门同行分享经验、协助抗疫，其中很多医疗工作者刚刚从支援武汉抗疫的一线撤回，他们和英雄的湖北省抗疫专家一道，又向不同非洲国家出发，成为全球公共卫生危机时刻的最美“国际逆行者”。

表1　　中国抗疫医疗队情况统计

派出省份	派往国家1	派往国家2	派往国家3	行程时间（2020年）
河北（12人）	刚果（金）	刚果（布）	圣多美和普林西比	5月11日—6月9日
四川（12人）	埃塞俄比亚	吉布提		4月16日—5月11日
重庆（15人）+澳门（5人）	阿尔及利亚	苏丹		5月14日—6月11日

① “Egypt Says to Produce Up to 60 Mln Sinovac Vaccine Doses Annually”, Asharq Al Awsat（泛阿拉伯报纸中东日报）, News April 8th, 2021, https://english.aawsat.com/home/article/2907846/egypt-says-produce-60-mln-sinovac-vaccine-doses-annually, 2021-04-11.

② 《抗击新冠肺炎疫情的中国行动》白皮书，北京：2020年6月，中国政府网，http://www.gov.cn/zhengce/2020-06/07/content_5517737.htm.

③ 外交部非洲司司长吴鹏大使的一次讲话中使用的是15国，因为派出到冈比亚的短期抗疫小组，实际上是落实30个中非对口医院合作机制的首批派队，由辽宁省卫生健康委选派。笔者将其也纳入这个统计表格，是因为专家组的目标也是针对此次新冠肺炎疫情，只是时间上延长到了3个月，与其他抗疫专家组的任务稍有不同的是，该小组除了交流分享抗疫经验、提出防控建议、对东道国医务人员开展培训外，必要时也要开展一线临床救治。

续表

派出省份	派往国家1	派往国家2	派往国家3	行程时间（2020年）
湖南（12人）	津巴布韦	赤道几内亚		5月11日—5月11日
天津（12人）	布基纳法索	科特迪瓦		4月16日—5月13日
湖北（10人）	莱索托	安哥拉		9月27日—10月21日
安徽（8人）	南苏丹	几内亚		8月19日—9月7日
辽宁（9人）	冈比亚			11月9日，3个月

资料来源：笔者根据公开新闻报道整理。

传统上，中国援外医疗队尽管客观上不折不扣是对全球公共卫生的贡献，但因为派出机制已延续近60年，很多方面已经无法像最初制度设计时期那样达到预期效果、亟待结合中国国内医疗卫生领域的巨大变化和不同非洲国家的需要进行调整。[①] 在全球普遍经历新冠肺炎疫情大流行之际，中国抗疫专家队伍的"国际逆行"，显然是送去非洲国家急需的抗疫经验，中方因勇担国际责任而赢得尊敬赞誉。目前，8支医疗队已经全部圆满完成任务回国。综合其在16国的活动可以看到，中国向受疫情威胁严重的非洲国家派出抗疫专家，意义不仅仅在提供经验技术和人力支持方面，对东道国而言，首要的是传递了"疫情可控"的信心。东道国与中国医疗队医务工作者经常交流讨论一些问题。例如，中国的"群防群治"方式中社区管理是怎么做的；密切接触者是如何追踪的；治疗怎么开展；如何尽量降低病死率；等等。正如科特迪瓦健康与公共卫生部部长阿卡说，"我们向中方学到的一条十分重要的经验就是遵守纪律"。中国专家也对这些国家的各种抗疫准备和病人救治等实际工作提出改进建议，真正做到平等交流、互学互鉴。非洲方面对中国的经验未必照单全收，但密集的沟通加深了互相了解。

与此同时，对于中国专家而言，这也是一次学习之旅，是深入了解疫情在非洲表现形态、非洲的社会公共管理体系及其背后的深层文化内涵的重要机会，如赴苏丹的一位主任医师坦言，此次疫情对医生而言不再是单纯的诊疗行为，更多承担起了社会责任，面对疫情专家们始终在边接触、边了解、边进步。中国专家深切了解到非洲国家公共卫生和医学专家扎实的专业精神，从而增强了对非洲国家尽快取得抗击疫情胜利的信心。此次在抗疫医疗队构成上还有一个新现象，即澳门特区在"一国两制"框架下参与国家援非国际抗疫合作，这是对外事务的崭新实践，既增强了中国的国家凝聚力，也是中国整体对外合作能力的提升，对提升中国参与全球公共卫生治理能力

① Chen, S., Pender, M., Jin, N., Merson, M., Shenglan, T., & Gloyd, S., "Chinese medical teams in Africa: A flagship program facing formidable challenges", *Journal of Global Health*, 9 (1), 2019, doi: http://dx.doi.org/10.7189/jogh.09.010311, 2021-04-11.

非常有益。

客观而言，在此次疫情发展过程中，2020 年 4—5 月，相对全球其他地区，非洲国家感染人数和速度还是较低的。中国尽己所能在向非洲 50 多个国家提供防疫物资的同时，还派出防疫专家组传授相关的防疫知识和经验。考虑到中非间从文化到医疗卫生领域制度的巨大差异，这一策略在应对全球突发公共卫生灾难的方式是恰当的，既发挥了中国的优势也适应非洲国家需要，同时对非洲国家抗疫帮助则更加直接，更有针对性，也更有实效。

四 结论

非洲各国在全球抗击新冠肺炎疫情中的不俗表现，令世界刮目相看，其对于此次疫情的有效治理，特别是非盟和非洲国家形成的二级预警响应系统快速发挥效力，值得从全球、地区和国家治理视角深入研究学习，为日后人类可能共同面对的更多全球公共卫生挑战提供了宝贵经验，也为国际问题研究学者重新认识非洲提供了契机。过去，一些人习惯戴有色眼镜看待非洲，矮化非洲。这种非洲观受到欧洲殖民非洲以来的种种关于非洲人低劣的“科学种族主义”的诱导，也被非洲人没有创造自己的文明的“含米特假说”蒙蔽欺骗，在国际关系研究中明显无视非洲的能动性，甚至将非洲简单化为外来者的表演场、角逐地。类似认知也难免直接或间接地影响中国与非洲的合作，特别从长远来看，对于今天“前所未有地靠近世界舞台中央”的中国参与全球治理的影响更大。一些全球问题研究学者指出，今天全球治理成功的关键就是“本土化”（localization），既是指当地伙伴的合作参与，也是指将对当地的尊重和了解作为基本前提。正如此次派出的中国防疫专家所言，赴非的过程是“边了解、边进步”，中非专业人士学习适应彼此、共同“战疫”也是需要时间的。中非下一步将更深一步团结抗疫，中方显然要学习的更多，特别是各国之间的差异性。

近年来，一些学者曾多次呼吁，全球公卫领域非传统安全风险加大的趋势意味着中国原来以医疗队为主、医疗基础设施为辅的对非卫生合作有必要适应当地情况、创新合作形式和机制。与此同时，中国近年来在与非洲通过中非合作论坛加速的经贸合作及大规模推进“一带一路”倡议的过程中，相伴生的是很多中国已经消灭的传染性疾病伴随着人员流动而重新输入中国，中国亟待通过与更多国家在公共卫生领域的合作，在帮助非洲解决初级卫生保健体系的迫切需求的同时，尽快熟悉全球各种传染性疾病、提升研究能力，增加中国自身抵抗全球公共卫生风险的能力。这需要中国的医疗人员扎根非洲社区，加大对妇幼卫生保健、慢性病防治、流行病防控等卫生知识宣讲推广工作，与非洲的卫生信息系统建设结合起来。

在此次全球公共卫生危机中，除继续通过各种援助方式支援其他国家更好抗击当前的新冠肺炎疫情外，中国需进一步明确全球卫生合作的方向和目标，进行长期规划，特别是在双边互信基础坚实的非洲地区，构筑好非洲国家的抵御重大灾害的医疗卫生体系，进而探索建立中非卫生健康共同体，以应对越来越多的灾难级别的全球公共卫生挑战，这应该是中国能够为全球提供的最大最宝贵的公共产品。①

① 刘民权、王曲：《国际互救性医疗卫生体系及中国未来的卫生援助方向》，《社会科学辑刊》2020 年第3 期。

第五篇

国别报告

非洲有54个国家，在地理上习惯分为北部非洲、东部非洲、西部非洲、中部非洲和南部非洲五个地区，各个地区所包含的国家按照中国地图出版社的“非洲地图”分类、排序。国别报告的主要内容是对2020年非洲国家发生的政治、经济、安全、对外关系等重大事件进行阐释与解读。

• 北部非洲

埃　及

刘　冬*

2020年，新冠肺炎疫情全球大流行对埃及经济社会发展带来严重冲击。2020年2月14日，埃及发现首例新冠肺炎确诊病例，该病例也是非洲大陆确诊的首例新冠肺炎患者。2020年3月，新冠肺炎疫情在埃及迅速蔓延，根据埃及卫生部数据显示，2020年5月12日，埃及新冠肺炎累计确诊病例突破1万例，2020年6月19日，埃及新冠肺炎累计确诊病例突破5万例，2020年9月9日，埃及新冠肺炎累计确诊病例突破10万例，截至2020年12月31日，埃及新冠肺炎累计确诊病例高达136644例，累计死亡病例7576例，累计治愈病例111451例。2020年，埃及总共出现了两轮新冠肺炎疫情扩散高峰，第一波疫情高峰出现在2020年5—6月，在这波疫情扩散高峰中，埃及曾于2020年6月20日，创下单日新增1774例确诊病例的最高纪录。2020年7月开始，埃及新增病例数开始出现下降，但从2020年12月开始，埃及又迎来新一波疫情高峰，2020年12月27日，埃及新增新冠肺炎确诊病例2415例，创下埃及新冠肺炎疫情流行以来的最高单日新增病例数。①

面对疫情的快速扩散，埃及政府采取了严格的疫情防控措施。埃自2020年3月25日起，在全国范围内实施为期15天的宵禁，宵禁时间为每天晚上7时到次日早上6时。宵禁期间，全国范围内所有商业场所每天下午5时至次日早上6时关闭，周五和周六全天关闭，但杂货店、面包店和药店营业时间不受限制。对于违反宵禁的行为和个人，埃及有关部门将根据《紧急状态法》进行处罚。斋月期间，埃及政府暂时

---

* 刘冬，中国社会科学院西亚非洲研究所（中国非洲研究院）经济研究室副主任、副研究员，主要研究方向为中东经济发展、产油国石油政策等问题。

① 《埃及新增新冠肺炎确诊病例1189例，累计确诊131315例》，2020－12－27，央视网，http：//m.news.cctv.com/2020/12/27/ARTIK6Hm4UrSd2sx0GAfezOQ201227.shtml，上网日期：2021年6月7日。

放松了防控措施，2020年4月24日至2020年5月23日，埃及将宵禁时间调整为每日21时至次日6时，直至斋月结束，其间大型购物中心、商场等可在周五、周六营业至17时，以方便斋月期间民众的生活。但在斋月结束以后，面对疫情快速蔓延，埃政府再次加强了防控措施，2020年5月24日至29日，埃及完全关闭境内所有商店、商场、沙滩和公园，暂停境内省际交通以及所有公共交通，宵禁时间为每日17时至次日6时。此后，埃及多次延长宵禁期限并调整具体的宵禁时间，埃及执行的宵禁政策一直延续到2020年6月30日。①

新冠肺炎疫情的快速蔓延，给埃及经济发展带来严重负面冲击。根据国际货币基金组织的数据，2020年，埃及国内生产总值实际增长率由2019年的5.6%降至3.6%，埃货物和服务出口贸易同比下降21.7%，货物和服务进口贸易同比下降17.9%，外债总额同比增长19.21%，外汇储备同比下降12.53%。面对疫情影响下的经济下滑，埃及多措并举减缓疫情对经济的冲击。旅游业是埃及受疫情冲击最大的经济部门，为防范疫情扩散，埃政府执行的包括宵禁、关停娱乐场所、国际航班禁航等措施给旅游业带来沉重打击，为重启旅游业，埃政府在2020年5月底，有条件地重新开放了部分酒店，从2020年7月开始逐步恢复国际航班。为减缓疫情对低收入群体的冲击，埃政府为收入受到严重影响的工人每人发放500埃镑的补贴，埃及捐款部拨款5000万埃镑，用于补助季节性工人。此外，埃央行采取下调基准利率、提供贷款补贴、严格限制外资撤出等举措，以缓解疫情对经济的冲击，防止出现挤兑美元和流动性不足等问题。

而在国际层面，面对受疫情冲击的经济，埃及积极争取世界银行和国际货币基金组织的资金支持。2020年5月11日，国际货币基金组织执行董事会批准向埃及提供约27.7亿美元贷款，用于缓解埃及外汇储备下滑带来的经济问题，并为其财政支出提供资金支持。2020年5月17日，世界银行表示，同意向埃及提供5000万美元贷款，帮助埃及加强针对新冠肺炎疫情的预防、检测和反应能力。2020年6月26日，国际货币基金组织发表声明，国际货币基金组织执行董事会批准向埃及提供52亿美元贷款，帮助埃及缓解国内财政和国际收支压力以及帮助埃及继续推进经济结构性改革，促进更具包容性的经济增长并创造更多就业机会。

在安全方面，2020年，埃及反恐形势依然严峻，埃多地爆发恐怖袭击事件。例如，2010年4月14日，埃及警方在首都开罗与恐怖分子发生交火，交火事件导致1名警察死亡、3名警察受伤。2020年4月30日，埃及北西奈省发生一起针对军方的炸弹袭击事件，造成10名军人死伤。面对国内潜在的恐怖主义袭击风险，埃及在北西奈省、盖勒尤卜省等多地对恐怖分子藏身地发动反恐行动，击毙数百名恐怖分子。此外，埃及内政部在2020年8月28日发表声明说，埃及政府逮捕了被认定为与恐怖

① EIU, *Country Report: Syria*, in www.eiu.com，上网日期：2021年6月7日。

活动有关联的穆斯林兄弟会（穆兄会）代理头马哈茂德·伊扎特。由于埃及国内反恐形势依然严峻，2020 年，埃及继续延长自 2017 年 4 月因埃及北部城市坦塔和亚历山大发生教堂爆炸袭击事件而实施的紧急状态。①

国际层面，2020 年，因天然气开发问题，东地中海争端持续升级，而作为东地中海沿岸天然气资源大国，埃及进一步加强了与以色列、希腊等其他沿岸国家的能源合作。东地中海区域开采的天然气资源须经过液化才能出口，埃及是该区域内少数拥有处理设施和运输渠道的国家之一，而能源基础设施方面的优势，也让埃及具备成为联系东地中海天然气生产国与欧洲天然气消费国的潜力。2020 年 1 月 15 日，埃及首次从以色列进口天然气，并将进口的天然气液化后出口到欧洲，而这也是埃及建设地区能源枢纽的初步尝试。2020 年 8 月 6 日，埃及与希腊签署海上边界协议，根据双方签署的协议，两国可在专属经济区内最大限度地开发与利用石油、天然气等资源。埃及外长舒凯里表示，协议的签署为两国进一步加强能源合作开辟了广阔前景。然而，该协议的签署遭到土耳其的反对，土耳其外交部发表声明说，埃及和希腊签署的海上边界协议是无效的；该协议涉及区域位于土耳其大陆架内；土耳其将不允许在该地区进行任何活动。

2020 年，尽管受到疫情冲击，中埃友好关系继续稳步发展。2020 年 1 月 7—9 日，国务委员、外交部部长王毅出访埃及，会见埃及总统塞西和埃及总理马德布利。为支持埃及抗疫，中国政府分别在 2020 年 4 月 16 日、5 月 10 日、5 月 16 日，分三批向埃及转交援助的防疫物资。其中包括 N95 口罩、医用外科口罩、检测试剂、一次性外科手套以及体温检测机等抗疫物资。

2020 年，中埃经贸务实合作经受住了新冠肺炎疫情的考验，稳中有升。在贸易方面，据中国海关统计，2020 年 1 月至 11 月，中埃双边货物进出口额为 128.95 亿美元，同比增长 10%。其中，中国对埃及出口 120.6 亿美元，同比增长 12.2%，中国依然保持了埃及最大贸易伙伴的地位。在投资方面，根据中国商务部统计，2020 年 1 月至 9 月，中国对埃及新增直接投资达 8933 万美元，同比增长 19.3%。② 双方还在医用物资、钢铁、纺织、交通、新能源、垃圾回收和污水处理等领域商谈新合作。在工程建设方面，疫情期间，在埃中企防疫保产双管齐下，承建项目未受重大影响。中国建筑埃及分公司承建的埃及新行政首都中央商务区项目一期工程标志塔主体结构已超过 53 层（约 260 米），8 栋单体建筑主体结构封顶。此外，中企承建的斋月十日城轻轨项目一期进展顺利，该项目建成后将成为埃及第一条电气化轻轨线。中企承建的 500 千伏输电线路工程项目也已基本完工，将成为埃及国家电力网络的大动脉。

---

① 《埃及安全部队打死 77 名恐怖分子》，2020－08－31，http：//m. xinhuanet. com/mil/2020－08/31/c_1210777844. htm，上网日期：2021 年 6 月 7 日。

② 国际在线：《中埃贸易经受住疫情考验，2020 年头 11 个月增长 10%》，2021－01－15，搜狐网，https：//www. sohu. com/a/444688392_115239，上网日期：2021 年 7 月 8 日。

苏　丹

刘林智*

2020年是苏丹进入“后巴希尔时代”的第二年。在这一年中，一方面苏丹政局总体较为平稳，社会没有出现剧烈动荡，哈姆杜克（Abdallah Hamdok）过渡政府在国内政治和解和外交领域都取得了重要成绩，拓展了苏丹的国际生存空间。但另一方面，经济持续低迷、新冠肺炎疫情蔓延、严重洪灾、族群冲突和不稳定的地区局势则又给苏丹的发展带来诸多困难，国家在整体上仍处于艰难转型过程之中。

一　政治过渡进程取得进展

苏丹政治转型在2020年内取得明显进展，主要表现为哈姆杜克过渡政府与反政府力量的政治和解进程得到实质推进。哈姆杜克政府在年内持续推动与主要反对派力量的对话，各方在停止冲突、权力分配、政治过渡进程等问题上逐渐取得共识。

2020年3月14日，过渡政府与马利克·阿加尔（Malik Agar）领导的“苏人运—北方局”（SPLM-N）共同签署关于南科尔多凡州（South Kordofan State）和青尼罗河州（Blue Nile State）权力分配的政治文件，文件内容涉及两州的政府架构、权力分配安排、边界划定和安全措施，分析人士认为，相关文件的签署是苏丹实现和平的关键步骤。① 7月9日，哈姆杜克总理对内阁进行改组，更换财政、外交、能源、卫生等7名部长，此次内阁改组被认为是为过渡政府和反政府武装签署和平协议铺平道路。7月23日，哈姆杜克总理发布决定，任命18名文职州长，其在新闻发布会上表示，此举标志着过渡时期政府架构的形成。8月31日，苏丹过渡政府与反政府武装联盟“苏丹革命阵线”（SRF）在南苏丹首都朱巴签署初步和平协议，此次协议获得大部分苏丹反政府武装支持。10月3日，过渡政府与“苏丹革命阵线”在朱巴签署最终和平协议，是苏丹为结束长达17年敌对状态而迈出的重要一步。此次协议确

---

* 刘林智，中国社会科学院西亚非洲研究所（中国非洲研究院）助理研究员，主要研究方向为中东军事、武装冲突、红海安全等。

① “Sudan, SPLM-N Agar initial Political Document ahead of final peace agreement”, March 15, 2020, https://www.sudantribune.com/spip.php?article69103.

定“苏丹革命阵线”领导人将在苏丹主权委员会和过渡政府中担任要职，其麾下武装将被编入苏丹军队，反政府武装势力范围内的西科尔多凡州（West Kordofan State）、南科尔多凡州和青尼罗河州将成为自治州。11 月 15 日，“苏丹革命阵线”多名主要领导人返回喀土穆，以落实之前与过渡政府达成的和平协议。11 月 25 日，苏丹过渡政府各派领导人就成立“过渡伙伴委员会”（the Transition Partners Council）达成协议，成立“过渡伙伴委员会”将为组建新内阁奠定基础。12 月 13 日，苏丹执政联盟“自由与变革力量”（FFC）、联合主权委员会军方成员和“苏丹革命阵线”举行会议，就“过渡伙伴委员会”的协调作用达成一致，但对于总理在新委员会中的地位问题仍存争议。此外，“自由与变革力量”曾表示将在 12 月组建过渡议会，但相关工作直至2020 年年底并未得到有效推进，显示出各方在权力分配问题上仍存有明显分歧，如何协调各方利益、实现政治平稳转型仍是过渡政府所要面对的关键问题。

在 2020 年，苏丹也发生一些试图扰乱政治过渡的袭击和暴力事件，如在 1 月 14 日，部分前安全部门军官发动叛乱，一度占据情报总局大楼。3 月 9 日，哈姆杜克总理的车队遭遇炸弹袭击，哈姆杜克本人未在事件中受伤，这起事件被苏丹政府定性为前政府支持者发动的“恐怖袭击”。[①] 8 月，红海州（Red Sea State）爆发种族械斗，造成百余人死伤，苏丹过渡政府其后向该州派出警察部队以维持秩序。以上事件虽造成苏丹社会局部动荡，但都在短期内得到平息，并未造成持续性影响。

二 新冠肺炎疫情加剧国家治理困境

2020 年，新型冠状病毒感染的肺炎疫情肆虐全球，苏丹也受到疫情的严重冲击。3 月 12 日，苏丹国内发现首例新冠肺炎病例，其后病例开始不断增多，疫情逐渐蔓延。3 月 14 日，苏丹过渡政府要求关闭国内学校和大学一个月，以防止新冠肺炎疫情传播。[②] 3 月 16 日，苏丹安全与防卫委员会宣布全国进入卫生紧急状态，所有机场、海陆边境口岸将关闭。4 月 13 日，苏丹过渡政府宣布从 18 日起在喀土穆州实行全面宵禁，以控制疫情。[③] 其后多次延长宵禁一直至 6 月。通过较为严格的封锁宵禁和入境管控等措施，苏丹疫情在入夏后一度趋缓。但在进入秋冬季后，苏丹出现第二波疫情，且比第一波更为严重。11 月 26 日，苏丹乌玛党（National Umma Party）主

---

① “Sudan says Hamdok assassination attempt was ‘terrorist attack’”, March 9, 2020, https://www.sudantribune.com/spip.php?article69084.

② “Sudan shuts schools and universities over coronavirus”, March 15, 2020, https://www.sudantribune.com/spip.php?article69104.

③ “Sudan imposes full lockdown in Khartoum to control coronavirus spread”, April 13, 2020, https://www.sudantribune.com/spip.php?article69213.

席、前总理萨迪克·马赫迪（Sadiq al-Mahdi）因罹患新冠肺炎去世。11 月 29 日，哈姆杜克总理在电视采访中说，尽管疫情形势严峻，但鉴于第一次封锁对苏丹的经济运行和人民生活造成严重影响，苏丹过渡政府将不会进行第二次封锁。[①] 截至 12 月下旬，苏丹新冠肺炎确诊病例累计超过 23000 例，死亡病例超过 1400 例。

由于缺乏药品和医疗设备，苏丹的抗疫工作遭遇极大困难。在苏丹出现疫情后，中国政府向苏丹提供大批抗疫物资，并派遣医疗专家组赴苏协助抗疫工作，获得了苏丹过渡政府和民众的普遍好评。中苏抗疫合作取得的成果是中苏传统友谊的有力彰显。

三 与西方国家关系获得改善

哈姆杜克过渡政府自成立后，即将与西方国家改善关系作为重要目标，其外交努力在 2020 年取得一定成果，其中以苏丹和以色列关系的正常化最为引人注目。

2 月 3 日，苏丹联合主权委员会主席布尔汉（Abdel Fattah Burhan）与正在乌干达进行访问的以色列总理内塔尼亚胡（Benjamin Netanyahu）进行会晤，双方同意启动关系正常化进程。布尔汉在其后发布的声明中指出，其与内塔尼亚胡的会晤有利于苏丹的国家安全和人民的最高利益，并且符合宪法文件的规定。[②] 10 月 23 日，苏丹、以色列、美国发表联合声明，三国领导人同意苏丹与以色列实现关系正常化。10 月 25 日，苏丹外交部发表声明，宣布苏丹和以色列已决定结束“敌对状态”，实现两国关系正常化，两国将在农业、贸易、经济、移民等领域推进合作。11 月 29 日，苏以关系正常化后首个以色列代表团访问苏丹，代表团会见了苏丹军方要员。苏以关系正常化是以色列与阿拉伯国家改善关系大背景下的非孤立事件，以色列的地区安全环境得到进一步改善，苏丹借此则有望获得以色列的资金与技术，对国家推动经济发展的目标将起到积极作用。

在苏以关系正常化进程中，美国特朗普政府起到了重要推动作用，其对苏丹的积极立场给予了正面回应。在苏以宣布关系正常化的同一日，特朗普总统宣布将把苏丹从美国“支持恐怖主义国家”（以下简称“支恐”）名单中移除，并在 10 月 26 日将该决定告知国会。12 月 14 日，美国驻苏丹大使馆宣布，由于美国国会在 45 天内没有对将苏丹移出“支恐”名单的决定提出异议，该决定生效，苏丹被正式从美国“支恐”名单中除名。脱离“支恐”名单，将使苏丹有望全面摆脱制裁，为其政治过渡和经济发展创造有利条件。

---

① 中华人民共和国驻苏丹共和国大使馆经济商务处：《苏丹不会因新冠疫情实施第二次封锁》，2020 年 12 月 2 日，http：//sd. mofcom. gov. cn/article/jmxw/202012/20201203020179. shtml.

② “Sudan's Burhan says meeting with Netanyahu was driven by national security”，February 5，2020，https：//www. sudantribune. com/spip. php? article68939.

四 与埃塞俄比亚关系频生波折

埃塞俄比亚是苏丹重要的东部邻国，两国一直具有密切而复杂的关系。2020 年，苏埃关系因复兴大坝争端、边境局势不稳等原因出现波折。

在复兴大坝（GERD）问题上，苏丹、埃及和埃塞俄比亚三方在美国斡旋下原定于 2020 年 2 月达成协议，但埃塞俄比亚在最后阶段退出谈判。7 月，埃塞俄比亚政府单方面完成大坝第一阶段蓄水，引发埃及和苏丹的指责，三方争议增大。8 月，在非盟斡旋下，三方重启谈判，但并未达成共识。10 月 27 日，三方开启新一轮谈判，但仍未能在观察员国作用、谈判方式和谈判日程等问题上达成一致，谈判最终于 11 月初破裂。11 月 19 日，苏丹过渡政府表示如不能建立调解机制来解决复兴大坝问题，苏丹将拒绝恢复谈判。对于复兴大坝建设和运营等方面的争议，苏丹的态度相对于埃及一直较为缓和，但因埃塞俄比亚政府无意进行实质性让步的强硬立场，苏丹与埃塞俄比亚矛盾有所上升。

边境安全形势趋紧是造成苏丹与埃塞俄比亚关系复杂化的另一个重要原因。11 月初，埃塞俄比亚提格雷冲突（Tigray conflict）爆发，导致该国北部和苏埃边境地区安全形势急剧恶化。提格雷危机爆发后，埃塞军事人员多次进入苏丹领土并控制部分边境地区，造成苏丹军民伤亡，引发苏丹对埃塞俄比亚的不满。针对埃塞军事人员的越境军事活动，苏丹也进行了积极回击，2020 年 12 月底，苏丹军方称已夺回埃塞军事人员所控制边境领土的 80%。[①] 同时，战乱迫使大批提格雷州难民涌入苏丹避难，据苏丹通讯社（SUNA）2021 年 3 月报道，自 2020 年 11 月以来已有超过 75000 名埃塞难民进入苏丹境内，[②] 难民人数的不断增长进一步加重了苏丹的经济负担和边境治理难度。如何防止在边境地区出现不可控事态，已成为苏丹和埃塞俄比亚共同面对的重要议题。

---

① "Sudan army: We regained control over 80% of our borderlands with Ethiopia", December 31, 2020, https: //www. middleeastmonitor. com/20201231-sudan-army-we-regained-control-over-80-of-our-borderlands-with-ethiopia/.

② "75000 Ethiopians fled to Sudan in 5 months", March 16, 2021, https: //www. middleeastmonitor. com/20210316 –75000-ethiopians-fled-to-sudan-in-5-months/.

利比亚

王金岩*

利比亚自2011年战后，国家重建进展不顺，从2014年下半年以来陷入两派冲突对抗的动荡乱局。2020年8月至今，利比亚局势出现向好趋势。冲突双方从武力对抗走向和平谈判，外部干预从军事介入转为劝和促谈。总体上，利比亚局势从动荡分裂趋向和解统一。

自2019年4月起，利比亚东部力量“国民军”向西部民族团结政府力量发起进攻，争夺首都控制权，遭到后者及其支持力量的坚决抵抗。自此，两派之间开始新一轮直接而激烈的军事对抗。2020年初，土耳其开始对利比亚进行直接的军事干预，向民族团结政府提供大量武器、弹药并派驻百余名军事人员和数千余名武装人员。土耳其的军事介入引发支持“国民军”的国家也加大了支持力度。2020年的前4个月内，“国民军”处于攻势，其势力不断向首都中心推进，于4月底宣称接管整个国家。进入5月以来，战事发生逆转。民族团结政府反守为攻，“国民军”节节败退。民族团结政府军方于6月初宣布，已全面控制首都，继续向东追击“国民军”。6月中旬，冲突双方在战略要地苏尔特市形成对峙。

2020年以来，新冠肺炎疫情突发并在全球多地迅速蔓延。3月24日，利比亚检测出首个新冠肺炎确诊病例，自此，疫情在全国各地传播开来。两个政府分别在各自控制区内采取了宵禁、封锁、停止聚集活动等应对措施。但由于双方的武装人员持续混战，且不断有来自疫情严重国家的武装分子进入参战，加之利比亚的检测和诊疗能力有限，其疫情持续至今。从利比亚国家疾病控制中心的数据看，2020年8月以来，利比亚每日新增病例数有大幅上升，从前几个月的每日100人左右升至每日500—1000人。

2020年，联合国及一些相关国家对利比亚冲突双方的斡旋劝和力度显著增加，且卓有成效，加上疫情防控的迫切需要，利比亚自8月起冲突局势明显缓和，并在10月底实现停火。

自2020年初起，一些大国和利比亚的地区邻国就以各自的方式对利比亚冲突双

* 王金岩，中国社会科学院西亚非洲研究所（中国非洲研究院）社会文化研究室副主任、副研究员，主要研究方向为阿拉伯国家的政治、社会问题。

方展开斡旋。中、美、俄、德等国首脑之间以及与利比亚冲突双方之间多次进行电话沟通，呼吁其停止国内暴力和外部干预。其中，德国的表现最为积极。2020 年 1 月 19 日，德国在柏林主办利比亚问题高级别国际会议，邀请利比亚冲突双方、多个世界大国及相关国际组织的首脑或高级别代表参会。虽然冲突双方的领导人由于“分歧太大”并未在会议期间直接会面，但与会各方经过艰难磋商后达成一份包含 55 点成果的文件，主要包括：同意遵守对利比亚实施武器禁运、终止对冲突各方的军事支持，并共同促成冲突各方将停火转化为长久和平。

联合国安理会于 2 月 12 日通过了认可柏林会议成果的第 2510 号决议，并据此主导利比亚冲突双方在政治、经济、军事三条轨道上开展和谈，以达成全面和解。此后至今，双方一直在这三条轨道上进行谈判，且取得积极成果。

首先，安全稳定初现成果。2020 年 10 月 23 日，在联合国驻利比亚代表的斡旋下，利比亚冲突双方达成“完全和永久”停火协议。自此至今，双方之间没有爆发新的武力对抗。自 2021 年 2 月 11 日起，双方的军事工程人员开始启动沿海公路清除地雷和战争遗留物的行动。此项工作完成后，国家将在军事重地统一重新部署部队。

其次，政治过渡有条不紊。2020 年 11 月 9 日，利比亚政治对话论坛开启，冲突双方一致同意将于 2021 年 12 月 24 日举行总统和议会选举。2021 年 2 月 5 日，新一轮政治对话论坛会议期间选举产生出利比亚过渡政府总理和由 3 名成员组成的总统委员会，受到冲突双方的拥护。过渡政府总理即将组建的新内阁将领导国家的过渡政治阶段。

最后，经济统一逐步实现。2020 年 12 月 16 日，利比亚央行董事会会议宣布全面恢复石油生产，境内统一调整汇率，并将采取统一预算、统一公共部门工资、统一管控基础设施建设项目等措施，以实现经济的全面统一，服务于国家经济的恢复与发展。

利比亚民众经历十年动荡后民心思稳，其期待的民主政治制度初步实现，国家整体向好发展。但是，当前利比亚的疫情依然严重，其政治进程的稳定性、经济恢复的可操作性，以及安全稳定的可持续性仍面临诸多挑战。利比亚局势仍需密切关注。

突尼斯

姜英梅[*]

2020年，突尼斯政治民主化进程不断推进，总统、议会和政府顺利完成新旧交替。突尼斯经济尚处于复苏阶段，受疫情和全球经济衰退影响，突尼斯经济大幅萎缩。

政治民主化不断推进，新政府更替频繁。2019年7月25日，埃塞卜西总统因病逝世，议长纳赛尔出任代总统。10月17日，经过两轮投票，独立候选人赛义德当选突尼斯第七任总统，并于23日宣誓就职。10月6日，突尼斯举行议会选举，复兴运动保持议会第一大党。11月13日，复兴运动领导人拉希德·格努希当选议长。2020年2月，突尼斯新一届政府组建完毕，独立人士埃利亚斯·法赫法赫就任总理。7月，突尼斯议会对总理发起不信任案，法赫法赫随后辞职。总统赛义德任命政府内政部部长希沙姆·迈希希为总理组建新政府。9月，迈希希就任突尼斯总理。2021年2月，迈希希组建的新政府成立，这是自革命以来的第13届政府（2019年10月议会选举以来的第4届）。议会分裂以及总统和总理之间的权力斗争阻碍政策达成共识，削弱政府有效性和执行力。新冠肺炎疫情对经济的冲击和政治不稳定对新政府构成严重挑战，并将继续主导政府决策。近期，新政府将首先着力寻求足够疫苗，遏制第二波病毒传播，其次是采取广泛友好市场政策，稳定经济。

突尼斯经济受疫情冲击严重。近年来，突尼斯经济持续下滑。2020年7月，世界银行将突尼斯列为中等收入偏下国家。世界银行在其《2020年营商环境报告》中将突尼斯排在全球190个经济体的第78位。在2020年全球经济自由度指数排行榜中突尼斯列第128位。5月，欧盟委员会将突尼斯移出“洗钱”黑名单，国际评级机构惠誉对突尼斯主权信用评级为B，展望为“稳定”。受疫情影响，突尼斯国内经济遭受重创。根据突尼斯国家统计局发布数据称，突尼斯2020年国内生产总值比2019年下降8.8%（世界银行：-9.1%）①，失业率达到18%，通货膨胀率上升

---

* 姜英梅，中国社会科学院西亚非洲研究所（中国非洲研究院）副研究员，主要研究领域为中东经济发展与中东金融。

① The World Bank, *Global Economic Prospects*, January 2021, p. 94.

到4.9%。[①] 旅游、化工、食品、纺织品以及机电等行业受冲击较大（2020年旅游收入下降64%）[②]，外国投资净流入量下降，经济发展与社会民生面临多重考验。为应对疫情对经济的冲击，突尼斯政府出台了一系列应急措施，如减轻企业税负、允许延期支付到期贷款、为中小企业提供融资便利等。自2020年净投资量大幅上升，同比增长76%。突尼斯政府计划在经济救助框架下推出总值55亿突尼斯第纳尔（约20亿美元）的大项目。政府出台“数字2020战略规划”，大力发展通信技术行业。2020年突尼斯出口促进中心新设立三个代表处，旨在回应地区需求，促进出口企业发展。自2020年3月2日，突尼斯报告首例新冠肺炎确诊病例以来，疫情发展迅速。下半年，突尼斯疫情多次反复。2021年3月，突尼斯累计确诊新冠肺炎患者超过24万例，政府延长封禁措施，开启全国新冠疫苗接种。在社会动荡背景下，突尼斯财政支出压力仍居高不下。据突尼斯经济、财政和投资促进部2020年10月公布的《2021年财政预算报告》，2021年突尼斯财政赤字占GDP比例达到8.8%。

治安状况令人担忧。尽管突尼斯新政府加强了反恐措施，但依然未能完全防止类似事件发生，边境及山区依然藏匿有恐怖分子。暴恐事件给突尼斯经济、社会带来巨大冲击，政府多次延期全国紧急状态。2020年3月6日，美国驻突使馆附近发生自杀式袭击事件。9月6日，突尼斯国民警卫队在南部苏塞省遭到恐怖袭击。基地组织等圣战组织的恐怖袭击仍将是其未来主要安全威胁。自“革命”以来，突尼斯经济衰退，人民生活更加艰难，青年失业率超过36%，是世界上失业率较高的国家之一。由于创造就业机会的前景依然疲弱，继续助长社会动荡，破坏政治稳定。2020年适逢“茉莉花”革命十周年之际，突尼斯多个城市发生大规模骚乱，从边缘化的南部和中部地区蔓延到首都大城市，社会动荡升级，警察使用催泪瓦斯驱散国内多个城市的骚乱者。

突尼斯外交政策侧重于保持与欧盟和海湾阿拉伯国家的牢固联系，继续寻求国际援助，以改善安全机制和支持经济。由于对非正常移民流动的担忧，意大利和法国等个别欧盟成员国对突尼斯的支持力度仍很大。突尼斯与海湾阿拉伯国家的关系总体上将保持稳固，尽管财政援助和优惠贷款也可能在短期内减少。欧盟是突尼斯最大贸易伙伴和投资方，突尼斯同欧盟贸易占其对外贸易总额的80%。自“革命”以来，欧盟加大了对突尼斯的援助力度。2020年1月，意大利外长迪马约和法国外长勒德里昂分别访突；6月和8月，希腊外长和意大利外交和国际合作部长访突；3月和6月，赛义德总统两次同法国总统马克龙通电话。6月，赛义德总统对法国进行工作访问。8月，赛义德总统同美国国务卿蓬佩奥通电话。9月，赛义德总统会见到访的美非洲

---

① 《突尼斯经济受疫情冲击严重》，https：//new. qq. com/omn/20210228/20210228A06RRH00. html，来源：新华社新媒体，2021年3月16日。

② 《突尼斯2020年度旅游收入下降64%》，2021年3月23日，中国商务部网站，http：//tn. mofcom. gov. cn/article/jmxw/202012/20201203024868. shtml.

司令部司令汤森德。同月，美国国防部部长埃斯珀访突。突尼斯继续积极推动马格里布联盟建设，重视睦邻友好，以维护周边安全。2019 年 12 月，土耳其总统埃尔多安和利比亚民族团结政府总理萨拉吉访突，主要就利比亚停火问题交换意见 。2020 年 2 月，赛义德总统访问阿尔及利亚。3 月，第 37 届阿拉伯内政部长理事会会议在突召开；约旦众议院议长塔拉瓦那访突。2020 年 1 月，阿联酋外交与国际合作部部长阿卜杜拉、沙特外交大臣费萨尔访突；2 月，卡塔尔埃米尔塔米姆访突；赛义德总统赴阿曼出席已故苏丹卡布斯的葬礼；6 月，摩洛哥国王特使访问突尼斯；7 月，阿尔及利亚总统特使和沙特外交大臣费萨尔分别访突。2020 年，国际货币基金组织、世界银行、欧盟、伊斯兰银行、阿拉伯货币基金组织等国际（区域）组织以及中国、意大利、美国、德国、卡塔尔等国家对突尼斯提供抗疫资金和物资援助。

中突关系在共同抗疫中携手前行。2020 年 2 月，突尼斯总统赛义德就新冠肺炎疫情向习近平主席致慰问函。突尼斯疫情暴发后，中国向突尼斯国防部和人民援助抗疫医疗物资，分享抗疫经验。中国援助突尼斯第 24 批医疗队在疫情期间兼顾防疫和诊疗。12 月 10 日，突尼斯总统赛义德参观中国援助突尼斯综合医院及交接仪式，感谢中国提供多种援助抗击新冠肺炎疫情。突尼斯领导人在不同场合感谢中国对突方抗击新冠肺炎疫情给予的大力支持和帮助。2020 年 7 月，突尼斯外长拉伊出席以视频方式举行的中阿合作论坛第九届部长级会议。11 月，突尼斯参加第三届进博会，突尼斯商务和出口促进部部长穆罕默德・布塞德通过视频方式参加开幕式。

阿尔及利亚

马文琤*

2020年2月25日，阿尔及利亚确诊首例新冠肺炎病例。此后疫情快速蔓延。特本政府随即宣布国家进入紧急状态，并采取严格措施阻断疫情传播。肇始于2019年的民众街头抗议浪潮（又名“希拉克运动”或“微笑运动”）受此影响而“偃旗息鼓”，阿尔及利亚国内局势也由此呈现趋稳态势。但随着疫情防控措施的逐步解除，民众街头抗议浪潮渐有复燃趋势，阿国内局势再次呈现激化态势。究其原因主要有四。

第一，政治纷争难以弥合。阿尔及利亚民众街头抗议浪潮，主要是三股政治力量博弈的结果。一是阿尔及利亚现政府。尽管阿尔及利亚前总理阿卜杜勒－马吉德·特本（Abdelmadjid Tebboune）当选总统后，采取了一系列的改革措施，但其组建的新政府多由寡头的政治代理人组成，且依然受军方控制，因此，特本政府开启的政治改革进程，包括通过的新宪法修正案，本质上是改良主义性质的，没有触及政治领域的深层次结构性问题，而这又与民众及其背后政治力量的诉求相矛盾。二是阿尔及利亚反对党。阿尔及利亚的众多反对党视当前民众抗议浪潮为实现政治洗牌的历史性机遇。因此，其煽动民众抗议，以期摆脱寡头和政治庇护主义的不利影响，从而获取更大的政治影响力。同时，借政府之手削弱其他反对派的力量。三是阿尔及利亚工会组织。工会以维护工人利益的名义，通过号召民众罢工和上街抗议，展示其强大影响力，向政府施压以获得更多的政治权力。

第二，经济民生困境重重。新冠肺炎疫情给阿尔及利亚经济带来了重大影响。其一，疫情导致国际石油需求减弱，令阿尔及利亚经济雪上加霜。阿尔及利亚严重依赖能源出口，阿尔及利亚出口收入的96%来自石油和天然气出口，占其出口总量的98%，税收的60%和GDP的19%。自2014年石油价格开始大幅下降，已经给阿尔及利亚经济带来了巨大冲击。疫情导致全球能源需求进一步下降，2020年，阿尔及利亚油气出口量降至8200万吨，收入下降到220亿美元，比2019年收入减少了三分之一。与此同时，阿尔及利亚已探明石油储量的62%已经枯竭，剩余储量仅能满足

---

* 马文琤，中国社会科学院西亚非洲研究所（中国非洲研究院）助理研究员，主要研究领域为伊斯兰政治、宗教极端主义，以及苏丹、摩洛哥、卡塔尔、沙特阿拉伯国别研究。

阿尔及利亚国内需求至2040年。①

其二，阿尔及利亚第三产业严重萎缩。阿尔及利亚第三产业从业人数占总就业人数的59.6%，受疫情影响第三产业萎缩并导致大量人员失业，其中青年、妇女和毕业生的失业率最高。阿尔及利亚的失业率在2020年达到了14.1%。与此同时，以公共银行为主导的银行业，正遭受大量不良贷款的困扰。

其三，全球经济增长放缓，阿尔及利亚的对外贸易受到严重影响。中国和欧洲是阿尔及利亚重要贸易伙伴，其中，阿尔及利亚对华贸易占其进口的17%，其次是法国（10%）、意大利（7%）、德国（6.5%）、西班牙（6.2%），欧盟国家总体对阿尔及利亚出口排名第一。受疫情封锁措施的影响，阿尔及利亚对外贸易中除了造纸、水泥等行业保持出口状态外，多数行业陷入萎缩状态。2020年，阿尔及利亚进口下降了18%，并出现了106亿美元的贸易逆差。

第三，安全形势不容乐观。持续一年多的抗议浪潮，使特本政府不得不在主要城市和地区增派军警力量，这直接导致阿尔及利亚面临国内维稳和边境反恐两线作战的不利局面。在国内维稳方面，由于经济发展乏力，人民生活水平急剧下降，非法移民问题和有组织犯罪问题相互交织、日益突出，导致社会治安问题持续恶化，绑架、抢劫等恶性事件时有发生。在反恐方面，阿尔及利亚东部和南部拥有丰富的油气资源，因此，“伊斯兰马格里布基地组织”等恐怖组织常年活跃在该地区，人数约为500—800人。2020年，阿东部和南部地区油田和边境村镇发生了数起小规模袭击事件，地区反恐形势不容乐观。

第四，民族矛盾难以缓和。柏柏尔人是阿尔及利亚的少数民族之一，约占总人口的20%，柏柏尔人虽为阿尔及利亚的民族独立作出过重要贡献，但在阿尔及利亚推行阿拉伯化的过程中，却长期处于边缘化地位，柏柏尔文化复兴运动兴起，并逐渐走向政治化，柏柏尔人问题也由此产生。肇始于2019年的民众抗议浪潮的最初发起者，就是柏柏尔人组织。柏柏尔人希望借助此次抗议浪潮，满足其民主权利的制度化之诉求。

① 本文数据均来自EIU，*Country Report*：*Algeria*，January 2021.

摩洛哥

马学清[*]

一　新冠肺炎疫情在摩洛哥蔓延

2020 年 3 月 2 日晚，摩洛哥出现首例输入性新冠肺炎确诊病例，是发现新冠肺炎疫情的第一批 6 个非洲国家之一。新冠肺炎疫情迅速在摩洛哥蔓延，截至 2021 年 4 月 23 日，摩洛哥累计确诊病例 508530 例，死亡病例 8983 例，治愈病例 494415 例。摩洛哥政府采取了积极的应对措施，包括实施公共卫生紧急状态，实行宵禁、禁止旅行及限制出行等必要措施，以应对新冠肺炎疫情。

2021 年初，摩洛哥开始在全国范围内进行疫苗接种活动，是非洲第一个宣布发起大规模接种新冠疫苗的国家。摩洛哥卫生部政府计划面向全国 17 岁以上的人群免费接种新冠疫苗，最终目标是让全国人口 80% 的人拥有对新冠病毒的免疫力，从而达到群体免疫，阻断新冠肺炎疫情的传播。2021 年 1 月 28 日，摩洛哥国王穆罕默德六世率先接种疫苗，成为摩洛哥全国第一位接种疫苗的人。截至 4 月初，摩洛哥累计完成 1 剂疫苗接种 4717551 人，2 剂疫苗接种 4209470 人。值得一提的是，中摩两国在防止新冠肺炎疫情方面展开了积极有效的合作，双方相互捐赠抗疫物资，举行视频会议研讨疫情，中国国药集团研制的新冠疫苗也是摩洛哥首批接种的疫苗。

二　摩洛哥与以色列关系实现双边关系正常化，美国承认西撒哈拉为摩洛哥领土

2020 年 12 月 10 日，美国、以色列与摩洛哥三方分别宣布，摩洛哥与以色列同意实现两国关系的正常化。作为与以色列实现关系正常化的交换条件，美国承认西撒哈拉为摩洛哥领土，并将在西撒哈拉设立领事馆。摩洛哥成为 2020 年继阿联酋、巴林和苏丹之后，在美国斡旋下第 4 个与以色列实现关系正常化的阿拉伯国家。与此同

* 马学清，中国社会科学院西亚非洲研究所（中国非洲研究院）助理研究员，主要研究方向为中东历史文化问题。

时，摩洛哥国王与巴勒斯坦总统阿巴斯通电话，重申摩洛哥坚持在“两国方案”基础上解决巴勒斯坦问题的立场。

自远古时代，犹太人就在摩洛哥境内居住生活。在犹太人大流散之前，摩洛哥是阿拉伯世界犹太人最多的国家，摩洛哥历代政权对犹太人实行比较宽容的政策，犹太人也在摩洛哥社会中发挥着积极的作用。据估计，1946 年，摩洛哥有 26 万犹太人，主要集中在卡萨布兰卡、拉巴特、非斯、丹吉尔、得土安、塞夫鲁和索维拉等大中型城市。以色列和摩洛哥独立后，两国没有建立正式的外交关系，但是双方都十分重视发展彼此的关系。20 世纪 90 年代巴以和平进程的开启，摩洛哥与以色列建立了直接联系，1993 年，以色列外长佩雷斯（后任以色列总统）访问了摩洛哥。1994 年摩洛哥在特拉维夫开设了代表机构，以色列也在拉巴特开设了外交代表处。2000 年爆发的第二次“巴勒斯坦大起义”，使摩以关系遭遇挫折，双方外交代表处关停，但双方在反恐等领域保持着密切的合作关系，民间交往也比较频繁。2011 年，摩洛哥对宪法进行了修订，首次将犹太元素写入宪法，以作为多元文明的一部分，充分彰显了两国文化的亲近性。2016 年，摩洛哥提出了外交伙伴多元化战略，目的在于提升摩洛哥的发展竞争力，为尽快解决西撒哈拉问题争取更多的国际支持；与之相呼应，以色列总理内塔尼亚胡在国际场合多次公开支持摩洛哥的西撒哈拉政策，并游说美国承认摩洛哥对西撒哈拉的主权。显然，2020 年摩以实现双边关系正常化是双方多年互动的结果，通过这一重大外交行动，双方各取所需，以色列争取了来自阿拉伯世界的重要支持，摩洛哥也在重大国家利益方面争取到了美国的重要支持。

• 东部非洲

埃塞俄比亚

李智彪*

2020年初，新冠肺炎疫情席卷全球，让全世界所有国家经历了困难重重的一年。经济发展水平较低且正处于政治经济社会快速转型阶段的东非国家埃塞俄比亚在疫情冲击下经历了新世纪以来最艰难的发展之年。新冠肺炎疫情在埃塞俄比亚的传播和扩散，以及全球范围内以隔离和封城为核心的防疫举措，直接导致埃塞俄比亚经济从持续多年的高增长跌入负增长。因疫情原因推迟的五年一度的联邦和州议会选举则引发提格雷州出现严重的地方分离活动，中央政府不得不出动军队干预，进而导致埃塞俄比亚政局剧烈变动、民族关系空前紧张。复兴大坝是埃塞俄比亚历时10年倾力打造的国家头号重点工程，2020年开始蓄水，却导致与邻国埃及和苏丹的关系剑拔弩张。三大事件并没有在2020年彻底画上句号，2021年乃至未来数年，埃塞俄比亚和东北非地区将继续遭受这三大事件后续余波和发酵的深刻影响。

一　新冠肺炎疫情的暴发与扩散

新冠肺炎疫情这一突发公共卫生事件是诱发埃塞俄比亚政治、经济、社会形势发生重大变化乃至转折的催化剂。疫情的暴发使这个东非大国在近年来快速发展进程中集聚的各种权力和利益纷争进一步升温，社会矛盾和民族矛盾进一步加剧。

（一）疫情的发生与发展

根据世界卫生组织统计，埃塞俄比亚于2020年3月14日首次报告新冠肺炎确诊病例5例，无死亡病例。[①] 4月19日累计确诊病例数首次超百，共105例，累计死亡

---

* 李智彪，中国社会科学院西亚非洲研究所研究员，中国非洲史研究会副会长。

① 本文有关埃塞俄比亚新冠肺炎疫情数据均来自世界卫生组织网站统计数据，后文不再一一注明。See World Health Organization, "WHO-COVID-19-Global-Data", https://WHO-COVID-19-global-data.csv, accessed March 31, 2021.

病例3例。5月31日累计确诊病例数首次超千，共1063例，累计死亡病例8例。7月20日累计确诊病例数首次过万，共10207例，累计死亡病例170例。累计确诊病例数过万后，埃塞俄比亚成为非洲大陆累计确诊病例前10多的国家之一。8月中旬至9月上旬是埃塞俄比亚新冠肺炎确诊病例增速最快的一个时期，这段时间每日新增确诊病例基本保持在1500例左右，到8月31日全国累计确诊病例数首次超过5万例，共51122例，累计死亡病例793例。11月11日，埃塞俄比亚累计确诊病例数首次超过10万例，共100327例，累计死亡病例1537例。12月31日，埃塞俄比亚累计确诊病例123856例，累计死亡病例1918例，成为非洲大陆累计确诊病例前5多的国家之一，仅次于南非、摩洛哥、突尼斯、埃及4国。

（二）疫情的影响与走势

埃塞俄比亚新冠肺炎疫情自暴发以来的持续升温，全球范围内从2020年初就已启动的以隔离和封城为核心的防疫举措，首先对埃塞俄比亚经济构成严重冲击，突出表现在经济增长率、通货膨胀率和汇率剧烈波动等方面。据联合国统计，2015年至2019年的5年，埃塞俄比亚年均国内生产总值实际增长率分别为9%、8.5%、8.1%、7.9%和8.3%，2020年大幅下降至－0.5%，预计2021年和2022年的增长率也只有2.3%和4.2%；当年埃塞俄比亚的通货膨胀率也由前几年的10%左右猛增至21.5%。[①]埃塞俄比亚货币比尔兑美元的年均汇率则从2019年的29.07：1贬至35.05：1，贬值幅度高达17%。[②] 尽管埃塞俄比亚政府采取了诸多措施力图化解危机，包括出台总额高达16亿美元的“新冠肺炎疫情多部门应对计划”（COVID-19 Multisectoral Preparedness and Response Plan）[③]，但进入2021年以后埃塞俄比亚的新冠肺炎疫情仍呈快速扩散态势，对埃塞俄比亚政府和民众提出了更严峻的挑战。

二　阿比政府平定提格雷州分离活动[④]

埃塞俄比亚实行民族区域自治基础上的联邦制和三权分立制下的议会内阁制，五年一度的联邦和州议会选举是国家政治生活中具有头等重要意义的大事，但2020年的议会选举却因新冠肺炎疫情暴发而被迫延期举行，此举引发原本就不满阿比政府近

---

① UN, *World Economic Situation and Prospects* 2021, New York: UN, 2021, pp. 137, 144.

② EIU, *Country Report*: *Ethiopia* 2021, London: EIU, January 18, 2021, p. 10.

③ EIU, *Country Report*: *Ethiopia* 2021, London: EIU, January 18, 2021, p. 6.

④ 埃塞俄比亚国防军平定提格雷州分离活动的相关信息主要来自埃塞俄比亚联邦民主共和国总理办公室、阿比总理本人通过网络平台和社交媒体发布的各种声明，以及英国经济学家情报社网站（https://www.eiu.com）和美国和平安全研究所网站（https://www.usip.org）等机构发布的信息，除特别重要的观点和数据，后文不再一一注明。文中表述的时间均为埃塞俄比亚当地时间。

年来政治改革议程①的部分民族自治州及政界人士的严重不满，其中提格雷州更是走上与联邦政府公开对抗的分离之路，联邦政府不得不动用军队予以平定。

（一）提格雷州的分离活动

2020年2月，埃塞俄比亚全国选举委员会宣布，新一届联邦和州议会选举将于8月29日举行。然而，新冠肺炎疫情在埃塞俄比亚暴发后，全国选举委员会出于疫情防控需要决定无限期推迟选举日期，原本应于10月届满的阿比政府在议会选举前继续执政。以提人阵为首的反对党声称推迟议会选举违宪，阿比政府延长任期非法，且联邦宪法赋予了各州自治权，各州可自行组织州议会选举。6月12日，提格雷州政府宣布，该州将在9月9日举行州议会选举。6月24日，埃塞俄比亚全国选举委员会警告提格雷州政府，在没有得到选举授权的情况下不能擅自组织选举。7月中旬，提格雷州组建了本州的选举委员会，并于9月9日按计划举行了本州议会选举。选举结果是提人阵获98.2%的选票，并很快组建了由其领导的新一届州政府。新组建的提格雷州政府还宣布，从10月5日起不再承认阿比政府为合法的联邦政府。

面对提格雷州的分离活动，阿比政府明确宣布提格雷州的选举违法，选举结果无效，并于10月7日起切断与提格雷州政府的联系，冻结联邦政府给提格雷州政府的预算拨款。提格雷州政府则声称，冻结预算拨款相当于宣战。联邦政府与提格雷州政府进入紧张对峙阶段。

（二）阿比政府平定提格雷州分离活动

2020年11月4日，阿比总理发表声明，称埃塞俄比亚国防军（以下简称国防军）北方司令部军营遭当地武装袭击，命令国防军立即采取军事行动，对提人阵及其武装力量（以下简称提人阵武装）展开军事打击。阿比政府同时宣布立即在提格雷州实施为期6个月的国家紧急状态，并切断该州电力、通信、网络服务。阿比政府平定提格雷州分离活动的行动正式开始。

埃塞俄比亚国防军最初的军事行动主要是出动空军对提格雷州首府默克莱等地的提人阵武装控制的军事雷达站、重型武器库和导弹发射基地实施空袭。11月6日，阿比总理办公室发表声明，将国防军对提格雷州的军事行动定性为“执法行动”，旨在让埃塞俄比亚向宪政民主顺利过渡，实现全境范围内的依法治国。在采取军事行动的同时，阿比政府还采取司法、行政等多种措施予以配合。11月7日，联邦议会联邦院通过决议，决定废除提格雷州议会和政府，授权联邦政府在提格雷州组建过渡政

---

① 阿比总理最重要的一项政治改革举措是2019年12月解散多党结盟性质的埃塞俄比亚人民革命民主阵线（简称埃革阵），成立统一的、无党派分野的埃塞俄比亚繁荣党。埃革阵原核心政党提格雷人民解放阵线（简称提人阵）认为组建新党违反国家宪法和联邦制度，因而拒绝融入新党，甘愿转化为以提格雷州为主要阵地的地方性政党。

府。同一天，阿比总理撤换了国防军参谋长和外长。11 月 8 日，提格雷州政府方面与非盟接触，提议通过谈判解决争端，但阿比总理拒绝谈判，称提格雷州问题属埃塞俄比亚内部事务，不应被国际化。11 月 11 日，提格雷州政府宣布本州进入紧急状态，并呼吁所有提格雷族人捍卫自己免受联邦政府的侵略。11 月 12 日，联邦议会人民代表院通过决议，以反政府罪等罪名为由取消提格雷州州长德布雷松·格布雷迈克尔（Debretsion Gebremichael）等 39 名提人阵代表的议会成员豁免权。11 月 13 日，联邦议会联邦院通过决议，任命原教育部部长穆鲁·尼格（Mulu Nega）为提格雷州过渡政府州长。同一天，联邦警察局以叛国罪等罪名向提格雷州 96 名军事将领和官员发出逮捕令。

在埃塞俄比亚国防军与提人阵武装交战的过程中，提人阵武装多次指控厄立特里亚军队越境进入了提格雷州，协助埃塞军队作战，并于 11 月 14 日晚向厄立特里亚首都阿斯马拉发射了 3 枚火箭弹，其中 2 枚击中阿斯马拉机场。厄立特里亚政府对提人阵的指控予以否认，并称厄立特里亚不会卷入埃塞俄比亚国内冲突，因此也没有对提人阵武装的火箭弹袭击作出回应。

11 月中下旬，埃塞俄比亚国防军对提格雷州境内的主要城镇发起大规模军事进攻，先后攻占阿克苏姆、阿杜瓦、阿迪格拉特、Shire 等城镇，并形成对首府默克莱的合围。11 月 23 日，阿比总理向提人阵发出最后通牒，要求提人阵及其武装在 72 小时内向国防军和平投降。提人阵拒绝投降，坚持战斗到底。11 月 26 日，埃塞俄比亚国防军向默克莱发起攻击，并于 11 月 28 日占领了默克莱机场、州政府大楼等重要设施，标志着阿比政府平定提格雷州分离活动的军事行动基本结束，国防军转入追捕逃亡的提人阵领导人的战斗，提人阵武装残余则潜伏进提格雷北部的乡村地区开展游击战。

默克莱被埃塞俄比亚国防军占领之后，提格雷州的局势逐渐恢复平静。12 月 13 日，提格雷州过渡政府州长穆鲁·尼格正式就职。同一天，阿比总理到默克莱进行视察，并会见了驻守当地的国防军官兵和提格雷州过渡政府官员。12 月 15 日，埃塞俄比亚航空公司宣布恢复飞往默克莱的航班。12 月 25 日，埃塞俄比亚全国选举委员会确定被延期的联邦和州议会选举将于 2021 年 6 月 5 日举行。

（三）提格雷州分离活动平定过程中的疑点与焦点问题

由于阿比政府在实施军事打击前切断了提格雷州的所有通信和网络服务，并严禁国内媒体擅自发布未经联邦政府授权的战事消息，交战期间各方发布的战况信息很少，国际媒体的零星报道也多属于道听途说类消息，因此有关埃塞俄比亚国防军在提格雷州实施军事行动的实际情况至今仍迷雾重重，并严重影响关注这一事件的相关机构和学者对这一行动的定性。

首先是谁先挑起事端不详。阿比政府和提格雷州政府都曾互相指责对方首先挑起事端，这一问题表面上看很重要实际上无关紧要，无论是对交战双方而言还是对国际问题研究者而言，更值得深究的问题是：埃塞俄比亚联邦政府禁止提格雷州政府举行州议会选举究竟有无法律依据，提格雷州自行举行州议会选举究竟合不合法。

其次是交战双方兵力和装备投入情况不详，交战期间人员伤亡情况不详，交战区受损程度不详。从目前已经公布的可靠信息看，国防军有空军和陆军参战，投入了飞机、坦克和重炮，提格雷州参战人员主要是本州特种部队和地方民兵武装，投入了火箭弹等重武器。国际危机组织等机构曾估计，双方交战期间至少有数千人丧生，有5万多难民从提格雷州逃往苏丹境内的难民营。也有媒体报道平民在战火中丧生或饥饿致死等消息，以及参战军人蓄意屠杀、抢劫平民和强奸妇女等事件。埃塞俄比亚国防军2021年1月曾发布公告称，提人阵有15名高级官员在交战中被杀，包括埃塞俄比亚前外长、前驻华大使塞尤姆·梅斯芬，另有9名高级官员被捕。从此类零星信息判断，埃塞俄比亚国防军平定提格雷州分离活动的战事还是相当激烈的。

再次是厄立特里亚军队参战真实情况不详。在埃塞俄比亚国防军与提人阵武装交战过程中，提人阵曾多次指控厄立特里亚军队进入提格雷州帮助埃塞俄比亚国防军作战，提人阵武装向阿斯马拉发射火箭弹就是为了报复厄立特里亚。之前阿比政府和厄立特里亚政府对该指控一直予以否认，但2021年3月26日，阿比总理首次在社交媒体发布消息，承认厄立特里亚军队的确参与了平定提格雷州分离活动的军事行动，联邦政府正在与厄立特里亚政府协商撤军事宜。[①] 不过，厄立特里亚军队究竟有多少人参战，其在国防军与提人阵武装交战中发挥了什么样的作用，这类信息暂时缺失。

最后是如何界定阿比政府武力平定提格雷州分离活动的性质。由于上述真相不明，国际主流媒体和学界对这一军事行动的性质界定与阿比政府有很大差异。阿比政府多次强调国防军在提格雷州的军事行动是针对少数分离主义分子的执法行动（law enforcement operation），不是内战，该行动属于埃塞俄比亚内政，拒绝国际社会介入斡旋。部分中外媒体和学术研究文章把该行动称为“内战”或“国内冲突”，甚至有学者称埃塞俄比亚由此陷入“内战深渊”[②]，但此类说法是值得商榷的。考虑到这场战事主要发生在面积仅数万平方公里的提格雷州部分城镇，毗邻的阿姆哈拉州略受波及，埃塞俄比亚其他大部分州、市没有受冲击，且战事持续时间比较短，笔者不赞同内战说，就目前所能看到的证据而言，使用平定地方分离主义活动的提法可能比较贴切，也比较符合中国现行外交原则。当然，最终的定性还要等到真相大白那一天。

---

① The Prime Minister of the Federal Democratic Republic of Ethiopia, “On Discussion with President Isaias Afwerki”, March 26, 2021.

② 江源：《发展之障：埃塞俄比亚内战原因分析》，《区域观察》2021年第4期。

三 复兴大坝蓄水引发的尖锐外交争端

大埃塞俄比亚复兴水坝（Grand Ethiopian Renaissance Dam，GERD）（以下简称“复兴大坝”）是埃塞俄比亚联邦政府在21世纪到来前夕为本国未来百年乃至千年发展设计的重大国家战略工程。复兴大坝于2011年奠基开建，2020年大坝主体工程完工并开始蓄水，引发埃塞俄比亚与埃及、苏丹两个尼罗河中下游国家之间本就紧张的关系更趋紧张，也让阿比政府陷入了内外交困的局面。

（一）多轮三方谈判均无果而终①

复兴大坝主体工程于2020年上半年竣工。当年5月，阿比政府宣布大坝将于7月（每年7—9月为埃塞俄比亚雨季）进行第一阶段蓄水。7月大坝开始按预定时间蓄水，入库水量约49亿立方米。在此之前数年，视尼罗河水源为其国家生命线的埃及担心复兴大坝蓄水和运营会影响其用水安全，一直就此问题与埃塞俄比亚交涉，并在后期通过与苏丹联手并广泛寻求国际社会介入调停的方式向阿比政府施压，试图通过高压谈判逼迫其接受埃及认定的协议条款。

2020年上半年复兴大坝开始蓄水前，埃塞俄比亚、埃及和苏丹三国已经在非盟、美国和世界银行等调停方主导或参与下举行了多轮谈判，均无果而终。埃塞俄比亚未按埃及和苏丹的谈判立场执意完成大坝首次蓄水后，该地区地缘政治紧张局势进一步升温，一时间剑拔弩张，引发国际社会普遍担忧并加大了调停力度。8月和11月，三国在非盟等机构主导下又举行了多轮谈判，但同样未达成任何协议。

（二）各方谈判立场难以调和

三方谈判之所以一而再再而三无果而终，主要源于谈判各方立场分歧大且毫不妥协。埃及的立场是：在就大坝蓄水和运营达成全面、公平、有约束力的协议前，埃塞俄比亚不应采取单方面行动。埃塞俄比亚的立场是：建设和运营大坝是埃塞俄比亚自身权利，其他国家无权干预，任何法律上的约束机制都是对其主权的侵犯。苏丹基本附和埃及立场。各方立场分歧的核心症结又在于：埃塞俄比亚希望复兴大坝尽快投入使用，早日结束本国电力供应严重短缺状况，因此期盼大坝蓄水时间越短越好，最好用3年左右时间完成（总蓄水量约为700亿立方米）。埃及和苏丹则希望复兴大坝蓄水不影响或少影响其用水安全，因此蓄水时间越长越好，最好用7—10年完成。

---

① 有关复兴大坝争端及谈判的信息主要来自英国经济学家情报社相关研究报告，后文不再一一注明。See EIU，*Country Report*：*Ethiopia* 2021，London：EIU，January 18，2021，p. 3.

埃塞俄比亚、埃及和苏丹都是非洲东北部地区军事大国，对地区安全局势乃至全非安全形势具有举足轻重的影响。从三国漫长的大坝谈判历史看，三方都希望通过协商方式而不是军事方式解决这一难题，也希望各方能够为了地区和平与安全做出让步、做出妥协，让复兴大坝造福埃塞俄比亚人民、造福东北非地区人民。

厄立特里亚

张永蓬*

基于伊萨亚斯总统及执政党厄立特里亚人民民主和正义阵线（PFDJ，人阵党）对政局的有效掌控，2020 年，厄立特里亚（厄特）政治局势总体稳定，新冠肺炎疫情防控有序有效，疫情影响下的经济基本保持了国内市场供给，人民及社会生活基本保持有序状态。相对而言，2020 年是厄特在周边及地区外交领域积极活跃的一年，在与埃塞俄比亚、埃及、苏丹、索马里、沙特等周边及地区国家的关系互动中有突出表现，主要聚焦于三个方面。

第一，推动地区合作。继 2018 年与埃塞关系正常化所带来的地区合作趋势，2020 年厄特对参与地区合作及构建合作平台展示出积极姿态。1 月 6 日，由外交部部长奥斯曼、总统顾问耶迈尼、人阵党经济部部长哈格斯率领的高级代表团访问沙特阿拉伯，出席在利雅得举行的阿拉伯和非洲红海沿岸及亚丁湾国家部长级会议。厄特外长表示，本地区各国对红海的安全与发展负有重大责任，其目标应该是建立有效的区域组织。会议签署了《建立阿拉伯和非洲红海沿岸及亚丁湾国家理事会宪章》。厄特与沙特两国官员还讨论了促进双边投资和贸易、促进地区安全与发展等方面合作事宜。1 月 10 日至 11 日，索马里总统穆罕默德到访厄特并与伊萨亚斯总统会谈，其后两国领导人发表联合声明，对自 2018 年 7 月《全面友好合作联合宣言》签署以来两国合作关系的快速发展表示满意。1 月 27 日，埃塞总理阿比访问厄特，并与伊萨亚斯总统会晤，双方发表声明，重申对 2018 年 9 月在沙特签署的两国关系正常化三方协议的承诺。10 月 4 日，索马里总统穆罕默德访问厄特，与伊萨亚斯总统就加强双边关系和促进地区合作交换意见。

第二，参与调解埃塞、埃及和苏丹三国就复兴大坝问题有关分歧。2011 年 2 月，埃塞政府在其境内青尼罗河上开工建设非洲最大的水电工程“复兴大坝”，其后埃及和苏丹两国以复兴大坝有损各自对尼罗河水的利用、威胁国家安全为由，对埃塞修建大坝及蓄水等事宜表示反对。2012 年至 2015 年，埃及、埃塞和苏丹曾就复兴大坝问题多次举行谈判，均未能达成有效协议。2020 年 6 月 9 日，三国以网络视频会议的

* 张永蓬，中国社会科学院西亚非洲研究所（中国非洲研究院）研究员，主要研究方向为非洲国际关系、中非关系、非洲热点问题。

形式再次就复兴大坝问题进行谈判，来自美国、欧盟和南非的代表作为观察员参加，但因在蓄水期问题上分歧较大，未能达成协议。8 月初，三方重启谈判，仍未达成协议，谈判陷入僵局。

自 2018 年厄特与埃塞关系正常化以来，两国关系迅速升温，各领域合作逐步展开。鉴于厄特与埃及的传统友好关系以及自 2019 年 9 月以来与苏丹恢复良好关系，厄特似乎充当了复兴大坝有关各方的调解人。厄特外长奥斯曼和总统顾问耶迈尼、总统伊萨亚斯、厄特国防军参谋长等于 2020 年 2 月、6 月、11 月、12 月分别先后 5 次访问苏丹，苏丹总统于 9 月访问厄特；伊萨亚斯总统分别于 5 月和 10 月两度访问埃塞；伊萨亚斯总统在 7 月访问埃及和 10 月访问埃塞期间，分别与两国领导人谈到复兴大坝问题及其对地区安全及合作的影响。在访问埃塞期间，伊萨亚斯总统及厄特代表团成员还参观了复兴大坝及埃塞有关发展项目，同时参观了埃塞空军总部，两国领导人就双边关系和加强区域合作进行了讨论。厄特总统的此次访问被西方媒体解读为厄特开始在复兴大坝问题上站在埃塞一边。无论结果如何，厄特在埃塞、埃及和苏丹三国之间密集的外交活动在关注双边及地区合作的同时，也明显有调解复兴大坝问题的迹象。

第三，关注埃塞对其境内提格雷人民解放阵线（提人阵，TPLF）及其领导人的执法行动所导致的国家间及地区问题。11 月 4 日，以提格雷州军队袭击位于该州的联邦军队军事基地为由，埃塞总理阿比命令联邦政府军队进入提格雷州打击提人阵，联邦政府在全国范围动员军队前往提格雷州。同时，提格雷州通向外界的交通、通信等联系渠道被完全切断，埃塞政府对提人阵的执法行动正式展开。其后，提人阵领导人指责厄特参与了埃塞政府军对提人阵的军事行动，并指责厄特士兵和坦克进入提格雷地区。11 月 14 日起，提人阵武装先后向厄特首都阿斯马拉发射多枚火箭弹袭击相关目标，埃塞提格雷问题外溢至厄特。尽管厄特和埃塞两国官方均予以否认，但有关后续报道或消息表明，厄特军队可能事实上有限卷入了此次提格雷地区问题。

作为邻国或相关方，厄特对埃塞提格雷问题自然很是关注，并在地区层面进行外交协调沟通。11 月 11 日，厄特外长奥斯曼和总统顾问耶迈尼访问苏丹并会见苏丹总统和总理，双方就双边关系特别是埃塞形势进行了讨论。18 日，奥斯曼外长和总统顾问耶迈尼访问埃及并会见埃及外长，就双边关系和地区问题进行讨论。12 月 8 日，奥斯曼外长和总统顾问耶迈尼再次访问苏丹并会见苏丹总统，双方集中讨论了埃塞国内事态发展及其对区域和平与稳定及双边关系的影响。

南苏丹

刘林智*

自2011年独立以来，南苏丹虽拥有丰富的石油资源，却一直是全球最为贫困的国家之一，并且饱受内战和部族冲突之苦。2020年，南苏丹国内政治和解进程取得关键性进展，总统萨瓦尔·基尔（Salva Kirr）领导的政府与主要反对派成功组建过渡联合政府，这一突破令实现国内和平出现一丝曙光。但与此同时，南苏丹的经济形势仍然严峻，国内严重族群冲突不时发生，新冠肺炎疫情的蔓延又进一步加剧了国家治理困境和各类社会风险，国家整体局势仍处困顿之中。

一 南苏丹过渡联合政府正式成立

对南苏丹来说，过渡联合政府的组建无疑是该国2020年最为重要的政治事件。在国际社会的斡旋下，南苏丹基尔政府与以"苏人运—反对派"（SPLM-IO）领导人里克·马沙尔（Riek Machar）为代表的反对派力量经过多轮谈判，终于在组建联合政府上达成共识。

2020年2月14日，基尔总统接受反对派的要求，同意将国家恢复为10个州，行政区划调整是南苏丹反对派的一项关键诉求，南苏丹恢复由10个州组成的联邦体制进一步扫清了组建过渡联合政府的障碍。①

2月22日，南苏丹过渡联合政府宣告成立，马沙尔被基尔总统任命为过渡联合政府第一副总统，同时被任命的还有另外四名副总统。新政府将由基尔领导的"苏人运—政府派"（SPLM-IG）、"苏人运—反对派"原成员、南苏丹反对派联盟（SSOA）和其他政治党派共同组成。② 过渡联合政府预期将运行3年，为举行下届大选铺平道路。基尔总统表示，过渡联合政府的成立意味着"和平已来到南苏丹"，并

---

* 刘林智，中国社会科学院西亚非洲研究所（中国非洲研究院）助理研究员，主要研究方向为中东军事、武装冲突、红海安全等。

① "South Sudan Kiir agrees to re-establish the 10 states", February 15, 2020, https://www.sudantribune.com/spip.php?article68987.

② "President Kiir appoint Machar FVP ahead of South Sudan new cabinet", February 22, 2020, https://www.sudantribune.com/spip.php?article69017.

且是“不可逆转的”，其将与反对派紧密合作，以实现可持续和平，并希望获得国际社会的支持。

3月12日，基尔总统宣布正式组建过渡政府，其共任命35名内阁部长在新政府中任职，其中基尔政府将占据20个职位，“苏人运—反对派”获得9个职位，剩余职位由其他边缘政党获得，安吉丽娜·特尼（Angelina Teny）成为南苏丹历史上第一名女性国防部长。①

过渡联合政府的建立使南苏丹政治和解进程向前迈出重要一步，为南苏丹实现可持续和平创造了积极条件，获得了国际社会的高度评价。但在另一方面，南苏丹过渡联合政府不同派别间在权力分配问题方面仍存在重要分歧，政府运作进展缓慢；国内各部族之间错综复杂的矛盾在短期内也难以消弭，各类冲突和暴力事件不时爆发，多州安全形势不容乐观，南苏丹和平进程仍面临诸多挑战。

二 经济与民生状况依然严峻

受油价低迷和国内局势动荡等因素影响，南苏丹近年的经济和民生状况一直十分严峻。2020年，一方面，在新冠肺炎疫情导致全球经济恶化的大背景下，南苏丹经济仍取得一定发展，国内生产总值估计在2020年内实现正增长。②

但在另一方面，南苏丹民生状况却未有好转，特别是恶性通货膨胀的加剧严重影响了人民的生活质量。为应对恶性通货膨胀和现金匮乏，南苏丹政府于10月9日宣布将很快发行新货币，但未透露新货币的面额等细节。11月6日，南苏丹中央银行将利率从10%提升到15%，以阻止南苏丹镑的快速贬值。

同时，粮食紧张、洪灾和新冠肺炎疫情进一步加剧了南苏丹人道主义危机。2020年9月，联合国秘书长安东尼奥·古特雷斯（Antonio Guterres）指出，包括南苏丹在内的非洲四国正在遭受“世界上最大的粮食危机”。据联合国粮食安全报告估计，在10—11月，南苏丹有650万人面临严重的粮食不安全，即该国超过一半的人口正面临饥饿威胁，粮食紧张问题预计在2021年还将更趋恶化。③

虽然获得了国际社会的大量援助，南苏丹人道主义危机到目前仍没有明显缓解迹象。严重人道主义危机不仅增大了南苏丹未来经济发展的不确定性，同时也对国家政治和社会稳定构成威胁。

---

① “President Kiir appoints South Sudan unity government”, March 13, 2020, https://www.sudantribune.com/spip.php?article69096.

② World Bank: January 2021 Global Economic Prospects, p. 108.

③ 《冲突、洪水和新冠疫情将南苏丹民众推向极度饥饿》，2020年12月18日，联合国新闻，https://news.un.org/zh/story/2020/12/1074072.

索马里

张梦颖*

2020 年，索马里整体和平重建进程取得进展，但局部风险依然限制该国长期发展。政治方面，索马里内部政治动荡、派系摩擦不断，分离主义情绪加剧了索马里联邦政府与各州间权力争夺与政治矛盾；经济方面，新冠肺炎疫情和气候变化所引发的洪灾、蝗灾抑制了索马里经济增长，反过来加重了社会和政治动荡的风险；安全方面，“青年党”等极端组织依然威胁索马里的和平与稳定；对外关系方面，索马里与美国、肯尼亚关系正面临多重因素挑战，索马里与中国在巩固历史友谊基础上，全面落实中非合作论坛成果和“一带一路”倡议，为造福两国人民而不断努力。索马里在政治、经济、安全和对外关系领域的具体情况如下。

首先，索马里内部政治派系摩擦依旧，分离主义情绪依然挑战索马里和平重建进程所取得的现有成果。索马里宗族派系之间冲突依然不断，加剧了联邦政府与各州之间的政治紧张局势。新冠肺炎疫情造成了索马里大选被推迟，国内政治曾陷入僵局。索马里原定于 2020 年 11 月举行的立法选举被推迟至 2021 年举行，索马里各方仍存在摩擦，曾就选举投票方式产生分歧并一度陷入僵局，但随着 9 月索马里联邦和各州领导人达成广泛政治共识，各方同意继续通过间接投票方式进行选举。但是索马里仍面临分离主义的严峻挑战。2 月，在埃塞俄比亚总理阿比的斡旋下，索马里总统法马约与阿卜迪在亚的斯亚贝巴举行首次会晤，但会晤内容未向外界透露，索马里与索马里兰之间的和平统一进程依然未知。① 索马里的分离主义局势可以追溯到建国初期。索马里在民族独立、国家统一初期就面临邦特兰、索马里兰等地区的强烈分离主义情绪。早在 19 世纪索马里兰地区就沦为英国的保护地，直到 20 世纪 60 年代才与意属索马里地区统一，但是很多索马里兰人强烈不满国家权力过于集中于索马里南部，而其他地区未能共同分享国家权力，政治、经济和社会资源分配不公。1991 年，索马里兰地区单方面宣布独立。而索马里邦特兰地区则于 1998 年宣布自治，但没有正式

---

* 张梦颖，中国社会科学院西亚非洲研究所（中国非洲研究院）助理研究员，主要研究领域为非洲安全问题、民族问题。

① Mo Duale, Jama Farah, “Somaliland, Somalia presidents meet in Addis Ababa”, *Horn Diplomat*, February 11, 2020, https://www.horndiplomat.com/2020/02/11/somaliland-somalia-presidents-meet-in-addisababa/.

宣布独立。索马里分离主义情绪高涨与索马里国家内部的分崩离析密切相关。[①] 索马里兰地区的独立主张并没有得到索马里政府和国际社会的承认。但是“索马里兰共和国”在没有得到外部承认的情况下依然存在了30年，获得了事实上的独立。2020年8月中旬，阿联酋完成了对索马里兰柏培拉港口第一阶段扩建工程。该项目也导致了索马里兰与索马里联邦政府之间的关系更为紧张。柏培拉港口的扩建和发展将成为索马里兰地区吸引外资、与索马里联邦政府抗衡的筹码。

其次，新冠肺炎疫情期间，索马里经济面临严峻挑战。气候变化引发的蝗灾与洪灾等因素造成了索马里农业受到严重破坏，粮食安全问题日益严峻，通货膨胀上升。加之国际货币基金组织等国际组织援助金额下降、侨汇收入减少、国际油价下跌造成的中东地区投资大幅减少等原因，索马里联邦政府遭受了资金不足、货币和财政政策协调不力的困扰。9月12日，包括联合国世界粮食计划署在内的国际机构正在向包括索马里在内、受洪灾影响的撒哈拉以南非洲国家分发粮食和救济物资。截至11月16日，洪灾已造成索马里朱巴兰州、希尔谢贝利州和加尔穆杜格州超21万人受灾，18万人被迫离开家园，大量农田被淹没。经济状况不稳定也造成该国经济机会缺乏、失业率攀升，大量失业青年成为“青年党”等极端组织招募对象。环境脆弱性也进一步造成政治动荡、难民数量激增。

再次，恐怖主义和极端组织依然是阻碍索马里和平重建进程最主要的不稳定性因素。索马里安全部门和军队缺乏军事资源和应战能力，索马里极端组织“青年党”对该国及其周边邻国的影响力持续存在。仅2020年1月上旬，索马里“青年党”就在肯尼亚发动多起恐怖袭击。1月2日，肯尼亚拉姆县的3名乘客被“青年党”杀害；1月5日多名美军在拉姆县遭到“青年党”袭击，多架美方飞机和多辆车辆被摧毁；1月13日，“青年党”在肯尼亚加里萨地区杀害3名当地教师并绑架了1名教师。索马里“青年党”是与“基地”组织有关联的极端组织，近年来在索马里及其邻国多次发动恐怖袭击。索马里恐怖袭击出现了跨边境和跨区域、频率多发、恐怖分子本土化的发展趋势。11月27日，“青年党”在索马里首都摩加迪沙一家冰激凌店发动自杀式爆炸袭击，造成至少7人死亡。12月17日，索马里境内两大极端组织——“伊斯兰国”索马里分支和“青年党”对峙升级，“伊斯兰国”索马里分支表示与“青年党”存在意识形态分歧，表示将粉碎“青年党”。索马里极端组织之间相互敌视进一步破坏了该国安全局势的稳定。

最后，索马里重视同国际伙伴开展外交关系，但外交层面依然面临不确定性因素。索马里与美国在反恐和打击“青年党”方面依然保持密切合作，但随着特朗普政府下台，美国新任政府对索政策陷入了不确定性。2020年9月，因美军在与“青年党”作战时多次受袭，美国曾寻求获得许可，以便在肯尼亚针对索马里“青年党”

---

① Redie Bereketeab edited, *The Horn of Africa: Intra-State and Inter-State Conflicts and Security*, pp. 181 - 182.

展开无人机空袭的反恐行动。12 月 4 日，特朗普政府下台之前一个月，美国宣布将在 2021 年 1 月 15 日前撤出驻索马里的大部分美军，这些部队将会转移至美国驻肯尼亚和吉布提的军事基地。① 一些索马里学者甚至表示，美国正在“抛弃”索马里。② 如果拜登政府不做出任何改变的话，特朗普政府的撤军决定将威胁美国为稳定索马里局势和击败索马里“青年党”所取得的戎果，不仅将挫败索马里部队打击“青年党”的士气，还会对整个非洲之角区域的稳定构成威胁。

近年来，索马里与肯尼亚关系波澜不断，外交争端频发。索马里曾于 2014 年向国际法院就其与肯尼亚的海域划界争端提出诉讼。2020 年 11 月 29 日，索马里又指责肯尼亚干涉索马里南部朱巴兰地区选举。12 月 15 日，索马里兰领导人结束了对肯尼亚的访问，与肯尼亚达成了在农畜牧业、教育和能源等方面的合作意向；同日，索马里以肯尼亚干涉索内政、侵犯索马里主权和领土完整为由，单方面宣布与肯尼亚断交。12 月 19 日，索马里谴责肯尼亚在两国边境地区部署民兵，为此索马里方面也在两国边境部署了国民军。12 月 20 日，在埃塞俄比亚总理阿比的斡旋下，索肯两国总统出席在吉布提举行的伊加特峰会进行了会面，就两国的外交争端进行了交流。尽管索肯存在部分分歧，但两国在打击极端组织“青年党”方面仍保持密切合作。12 月 27 日，肯尼亚国防军特种部队捣毁“青年党”一处营地并击毙至少 4 名恐怖分子。因此，索马里与肯尼亚将继续维持基本稳定但局部紧张的关系。

2020 年是中国与索马里建交 60 周年，中国国家主席习近平同索马里总统穆罕默德互致贺电。中索两国在各领域友好合作均取得了丰硕成果，未来中索合作前景广阔。两国以 60 周年为契机，落实好中非合作论坛北京峰会和中非团结抗疫特别峰会成果，加强共建“一带一路”合作，造福两国和两国人民。目前，中国积极鼓励中资企业赴索投资兴业，愿同索马里加强渔业领域合作，帮助索开展能力培训、传授技能、转移技术，提高渔业生产能力和自主发展能力，促进索马里渔业产品向中国市场出口。

整体来看，2020 年索马里正处于国家发展进步的关键时期，索马里政府制定了第九个五年国家发展计划，但限于政治与安全等因素影响，索马里短期内仍无法摆脱

---

① 2021 年 1 月 17 日，美国非洲司令部表示，按照特朗普的政策计划，美军已完成从索马里撤军工作，这些撤出美军的重新部署工作也已提前完成，未来美军在索马里的军事存在将“非常有限”，但美军将继续同索马里政府合作，打击“青年党”。具体参见 Harun Maruf, “US Military Pulls Last Troops From Somalia”, *GlobalSecurity*. org, January 17, 2021, https: //www. globalsecurity. org/military/library/news/2021/01/mil - 210117 - voa02. htm; 2021 年 2 月 4 日，拜登发表就任以来首次外交政策讲话，并表示会对美国军队进行全球态势评估，以使得美国军事足迹与国家安全优先事项“相适应”。

② Abdi Yusuf, “Trump's Withdrawal From Somalia Is a Security Threat. Biden Should Reverse It”, *Foreign Policy*, January 13, 2021, https: //foreignpolicy. com/2021/01/13/trump-somalia-troop-withdrawal-security-threat-biden-reverse/.

暴力冲突的威胁，特别是面临索马里“青年党”对该国社会稳定的严重威胁。尽管近年来国际力量与索马里开展了多项反恐合作行动，削弱了“青年党”力量，但“青年党”残余仍控制着索马里中南部20%—30%的农村地区。

吉布提

周瑾艳*

新冠肺炎疫情冲击宏观经济。吉布提于2020年3月18日发现首例新冠肺炎确诊病例。截至2021年4月4日，吉布提累计确诊新冠肺炎病例9306例，累计死亡90例。根据疫情发展情况，吉布提政府采取限制隔离、严格隔离、持续隔离3种不同程度的隔离措施。据吉财政部数据，截至2020年5月，已对3.3万个工作岗位造成威胁，包括2万个正式岗位和1.3万个非正式岗位，影响至少16.9万户家庭。据统计，限制隔离措施导致其全年经济萎缩3.4%，短期内影响3万个工作岗位，造成34亿吉郎损失；严格隔离措施导致全国经济疲软，短期内影响3.5万个工作岗位，造成42亿吉郎损失，主要影响酒店、公共工程、服务和城市交通等行业；持续隔离措施将导致吉布提经济衰退，国内生产总值增长率将下降至3.8%，影响4万个工作岗位，造成51亿吉郎损失。①

作为世界上最不发达的国家之一，吉布提自然资源匮乏，工农业基础薄弱，95%以上的农产品和工业品依靠进口，80%以上的发展资金依靠外部援助。吉布提的经济严重依赖港口运营，制造业和服务业几乎完全围绕港口的活动运转，而港口超过80%的业务涉及吉布提与其邻国埃塞俄比亚之间的贸易。内陆国家埃塞俄比亚依靠吉布提港口运输其货物，是吉布提最大的贸易伙伴。由于全球需求疲软和供应链中断，2020年埃塞俄比亚出口需求下降，吉布提的外汇收入也随之下降。埃塞俄比亚北部提格雷地区的武装冲突导致埃塞俄比亚政治不稳定和增长前景不确定，吉布提的再出口贸易遭受不利影响。

根据非洲开发银行的数据，吉布提的实际GDP增长率从2019年的7.8%放缓至2020年的1.4%。财政收入（不包括赠款）2019年占国内生产总值的19.4%，2020年则降至17.5%，这导致预算赤字从2019年占国内生产总值的0.5%扩大到2020年的2.3%。服务业的增加值通常贡献吉布提经济增长的近70%，2019年服务业增长了8.2%，而2020年服务业仅增长了2%。新冠肺炎疫情也导致投资急剧减少，2019

---

* 周瑾艳，上海外国语大学上海全球治理与区域国别研究院助理研究员，研究领域为非洲发展问题与中非关系。

① 商务部国际贸易经济合作研究院等：《对外投资合作国别（地区）指南：吉布提（2020年版）》。

年投资额占国内生产总值的26.3%，而2020年的投资额仅占GDP的10.3%。尽管该国央行采取了一些措施来促进经济增长，但其2020年的通货膨胀率仍达3.5%左右。外国直接投资额的减少和港口收入的下降导致吉布提的财政收支失衡，2020年财政盈余占GDP的比重为9.2%，而2019年的财政盈余占GDP的比重为13%。[①]

吉布提政府积极应对疫情挑战。吉布提政府出台一系列政策以应对疫情影响。一是卫生领域拨付3000万美元，在各大区及内陆地区建设隔离中心，采购防疫物资，提升应对能力；二是社会领域拨付3000万美元，包括向穷人发放应急资金、帮助支付水电费、战略粮食储备等；三是经济领域拨付3400万美元，包括向旅游业、餐饮业及中小企业发放小额贷款，推迟2020年7月15日前税款征收，根据企业受影响情况暂停、推迟或取消电信和水电费征收等；四是预算及财政领域，减少非必要支出，重组现有及未来项目，呼吁减债等；五是区域发展方面拨付1500万美元，用于区域抗疫、难民事务等。由于蝗虫等造成的粮食不安全状况，安哥拉政府通过粮食分配方案等保障社会弱势群体的粮食安全，包括吉布提收容的大量难民人口。

由于推行大规模的基础设施建设，吉布提的公共债务从2015年占国内生产总值的50.2%增至2020年的72.9%。世界银行和国际货币基金组织于2020年5月发表的《债务可持续性联合分析》认为，尽管吉布提面临债务困扰的高风险，但该国的债务仍然是可持续的。吉布提通过申请G20的暂缓最贫困国家债务偿付倡议（DSSI）有望在2020年底前可暂停偿还包括总计5680万美元的债务。[②] 2020年5月，吉布提向国际货币基金组织的无息快速信贷融通（RCF）申请并获批一笔4340万美元的新贷款，以减轻新冠肺炎疫情的经济影响，此外亦获批一笔价值高达820万美元的无偿援助，以帮助该国履行与IMF相关的其他债务偿还义务。这些资金直接流入吉布提的预算，预计在峰值时将占其外汇储备总额的11%。

尽管2020年新冠肺炎疫情造成的经济衰退在一定程度上引发吉布提民众对总统盖莱的不满，但吉布提总体政局仍保持稳定，治安形势较好，抗议活动和公共集会较少发生。2021年4月9日吉布提举行总统选举，1999年起执政至今的现任总统盖莱以98.58%的得票率战胜反对党“吉布提民族发展与平衡运动”的候选人，再次当选总统，开始其第五任任期。

---

① African Development Bank，“Djibouti Economic Outlook”，https：//www.afdb.org/en/countries - east - africa - djibouti/djibouti - economic - outlook.

② IDA and IMF，“Djibouti Joint World Bank - IMF Debt Sustainability Analysis”，May 2020，https：//documents1.worldbank.org/curated/en/649601596487780040/pdf/Djibouti - Joint - World - Bank - IMF - Debt - Sustainability - Analysis.pdf.

肯尼亚

邓延庭*

肯尼亚是2020年非洲少数同时遭受新冠肺炎疫情和自然灾害双重冲击的国家之一。由此导致的经济滑坡、粮食危机凸显、贫困率反弹等问题的相互叠加，给肯尼亚当年的政治、经济、安全发展带来了较为深远的影响。

一　疫情与灾情的双重叠加

肯尼亚的新冠肺炎疫情始于2020年3月14日，由境外输入病例引发本地社区传染。为有效应对第一波传播高峰的到来，肯尼亚从3月中旬开始在全国执行严格的管制措施，停运国际航线和国内长途交通运输，居民集体居家隔离，城镇执行宵禁和社交距离管制政策。严格防疫举措在阻隔病毒传播链的同时，也给各地的社会经济发展和居民生计带来巨大的冲击。为缓解经济社会矛盾，政府于7月开始逐步放松人员流动管制，但随后在9月初引发第二波传播高峰。总体来看，肯尼亚在尚未完全切断传染链的情况下，就实施兼顾抗疫与复工复产的常态化防疫举措，实际上加速了疫情的传播。自疫情暴发后，全国确诊人数从1万上涨到2万用了近5个月，从2万上涨到4万仅用了2个月，接下来2个月中又从4万激增至8万。截至2020年底，肯尼亚全国确诊病例超过9.6万例①，确诊病例总数在非洲仅次于埃塞俄比亚、南非。世界卫生组织根据当时新增确诊病例增速，预计肯尼亚将会在2021年第一季度出现第三波疫情传播高峰。

2020年2月，受印度洋西岸气温、湿度反常的影响，大湖地区东北部至阿拉伯半岛南部区域内形成近年来罕见的沙漠蝗灾，蝗虫带可一次性覆盖近2400平方公里土地。受此影响，肯尼亚中西部地区的农业生产遭受毁灭性打击，当地居民因颗粒无收面临严峻的粮食危机。进入4—5月以来，连续的暴雨再次重创中西部多地，多条

* 邓延庭，中国社会科学院西亚非洲研究所（中国非洲研究院）安全研究室副主任、助理研究员，主要研究领域为东非国家政治安全建设、东非区域一体化。

① 相关数据统计自世界卫生组织，https：//who. maps. arcgis. com/apps/opsdashboard/index. html#/0c9b3a8-b68d0437a8cf28581e9c063a9.

河流泛滥决堤，导致数万居民无家可归。洪水在大量吞噬农田的同时，也为蝗虫的繁殖提供了温暖湿润的环境。6 月以后，不定期的小规模蝗虫袭击与洪灾开始交替出现，正常农业生产秩序始终没有得到有效恢复。根据联合国粮农组织的统计，肯尼亚的玉米、小米等主要粮食作物的全年产量平均减少 30%。[①] 按照粮食安全阶段综合分类（IPC）的评测，灾后的肯尼亚面临较为严峻的粮食危机，其中基图伊（Kitui）、曼德拉（Mandera）、马萨比特（Marsabit）、马库埃尼（Makueni）等地的情况更为严重。

二 政治力量加速分化重组

经过 2013 年和 2017 年两次总统大选，肯尼亚基本形成了总统乌胡鲁·肯雅塔（Uhuru Kenyatta）与副总统威廉·鲁托（William Ruto）联合构筑的朱比利（Jubilee）党（联盟）执政，伊拉·奥廷加（Raila Odinga）继续引领反对派的政治力量格局。但随着 2018 年肯雅塔总统与奥廷加签署旨在消弭政治分歧的《搭建桥梁倡议》（*Building Bridge Initiative*）之后，原有的政治力量开始分化重组。2020 年，疫情与灾情的叠加，成为加速 2022 年大选前肯尼亚政治力量重构的催化剂，一方面朱比利党（联盟）内部裂痕明显，肯雅塔与鲁托的联盟关系行将就木，另一方面肯雅塔与奥廷加的和解不断取得实质性进展。

从肯雅塔与鲁托的关系来看，二者分道扬镳几成定局。疫情和灾情暴发之后，鲁托及其支持者就前往肯尼亚国内各地调研抗疫、救灾和民生情况，积极听取民众对政府抗疫或救灾“不力”的批评意见，树立亲民形象，为自身积累政治资源积极背书。与此同时，肯雅塔总统牢牢地掌控总统和党内大权，并通过“履职不力”等缘由，不仅将鲁托的支持者逐步从国会中排挤出去，而且在政府行政权力分配方面，压缩了副总统可以行使的权限。目前，鲁托在朱比利党（联盟）内基本被架空，如果要想成为 2022 年总统大选的候选人，离开朱比利党（联盟）另立门户的可能性较大。

相较之下，肯雅塔与奥廷加的合作关系日益明显。尽管鲁托一再公开表示，借批准《搭建桥梁倡议》而谋求修宪是“劳民伤财”之举，但实质上未能迟滞奥廷加借势与肯雅塔总统的和解实现政治地位快速上升的步伐。截至 2020 年底，全国已经有超过 10 个郡的议会批准《搭建桥梁倡议》，离国会要求的至少 24 个郡议会批准，才能使该倡议生效的最低标准仅一步之遥。一旦满足这个门槛条件，倡议将被提交国民议会、参议院等国会两院审议，并就修宪举行全民公投。按照倡议内容，政府将通过设立由奥廷加担任的总理职务等措施，实现执政党与反对派的和解与分权。一旦倡议

---

① Famine Early Warning System Network, “Rural Food Security Deteriorates as Livestock Productivity and Household Food Stocks Decline”, 2021 - 01, https: //fews. net/east-africa/kenya.

获批、修宪通过，肯雅塔与奥廷加的总统＋总理搭配，将彻底取代肯雅塔与鲁托的总统＋副总统搭配，成为全国权力的核心。即便未能在2022年大选前实现修宪目标，不排除会出现受两届任期限制，无法继续参选的肯雅塔转而支持奥廷加参选，与鲁托直接对垒的可能性。

三 经济发展严重受挫

在疫情和灾情的夹击下，肯尼亚经济发展从2020年第一季度开始就陷入较为严峻的形势之中。受制于产业结构，肯尼亚居民主要依靠农副产品出口、餐饮、零售、旅游等行业实现就业，抗风险能力较差。随着私营经济、服务业首先受到冲击，全国平均每三个人中就有一个人直接面临失业或零收入问题，直接导致200万人重新跌落至贫困线以下。为缓解经济社会发展压力，肯尼亚在2020年上半年分别向国际货币基金组织、世界银行紧急申请紧急救助资金7.44亿美元和10亿美元，同时下调税率和商业银行的贷款利率，以减轻实体从业者的负担。2020年下半年肯尼亚政府虽然暂时放松了管制政策，但由于第二波疫情传播风险的存在，仅部分出口和国内的行业得到了一定的恢复，外国投资者依然没有重拾起对当地市场的投资信心。

经济发展疲软以及主动降低税费等措施，将使肯尼亚全国财政收入大幅减少，但同时政府在抗疫和救灾等方面的财政支出压力却在持续激增，两者之间的不平衡给肯尼亚经济元气的恢复带来较大的压力。根据世界银行的统计和预测，2020年肯尼亚经济总量将缩水1%—1.5%。财政赤字占GDP的比例将从疫情前的6%上升至8.2%，债务总额的GDP占比将从2019年的62.4%上升至2020年的65.6%。[①] 受此影响，肯尼亚政府的偿债能力有所下降，债务可持续性问题将进一步凸显，承载包括产能合作在内的各类国际合作的能力在短期内难以恢复到疫情前的水平。

四 安全形势不容乐观

受疫情和灾情带来的经济社会影响的波及，社会弱势群体和边远地区居民的生计成为难题，为恐怖主义势力在肯尼亚境内的继续渗透和泛滥提供了温床。据肯尼亚的人权与政策研究中心（CHRIPS）统计显示，2019年肯尼亚境内共发生34起恐袭，造成83人死亡，而到了2020年恐袭次数激增至69起，死亡人数也飙升至122人，

① World Bank, "Kenya's GDP Contracts Under Weight of COVID-19, Impacting Lives and Livelihoods", 2020－11－25, https://www.worldbank.org/en/news/press-release/2020/11/25/kenyas-gdp-contracts-under-weight-of-covid-19-impacting-lives-and-livelihoods.

增幅都在50%以上。[①] 肯尼亚东北部与索马里交界处的各郡成为恐袭爆发重灾区，其中曼德拉、加里萨（Garisa）、拉穆（Lamu）、瓦吉尔（Wajir）等地已成为“青年党”势力最为猖獗的地区。

从2020年的形势来看，肯尼亚面临的恐怖主义威胁依然严峻。随着2021年初出现第三波传播的可能性不断加大，以及肯尼亚国内政治力量分化加剧，加之非盟主导的索马里维和行动正处于过渡和调整阶段，“青年党”在肯尼亚境内的势力不仅在短期内难以被根除，而且存在借助索马里族民族主义势力加速渗透的风险，在可预见时期内将对肯尼亚的和平稳定发展构成直接挑战。

① Rahman Ramadhan and Lynda Ouma, Trends of Violent Extremist Attack and Arrests in Kenya, January-December 2020, CHRIPS Observatory Report No. 4（February 2021）.

坦桑尼亚

吴传华*

2020 年，坦桑尼亚经受了新冠肺炎疫情冲击，经历了五年一度的大选考验，政局保持总体稳定，经济在困难中发展，社会秩序平稳良好。

一 坦桑尼亚新冠肺炎疫情

2020 年 3 月 16 日，坦桑尼亚卫生部部长乌米·姆瓦利穆宣布，该国出现首例新冠肺炎确诊病例。患者是一名 46 岁的坦桑尼亚女性公民，有赴欧洲国家旅行史，从比利时返回坦桑尼亚后，确诊感染新冠肺炎。3 月 22 日，坦桑尼亚总统马古富力发表全国讲话称，该国新增新冠肺炎确诊病例 6 例，累计病例 12 例。3 月 31 日，坦桑尼亚卫生部部长乌米·姆瓦利穆宣布，该国出现第一例新冠肺炎死亡病例。死者为一名 49 岁的坦桑尼亚男性公民，生前患有其他疾病。坦桑尼亚政府随即采取禁止公共集会、关闭学校等措施应对疫情。截至 4 月 15 日，坦桑尼亚新冠肺炎确诊病例累计 88 例，包括死亡 4 例和康复 13 例。坦桑尼亚政府敦促公民加强防护，避免聚集，不要制造关于疫情的虚假消息。截至 4 月底，坦桑尼亚新冠肺炎确诊病例累计 509 例，包括死亡 21 例，治愈 183 例。但是，由于检测数量极少，检测率很低，这些数据受到广泛质疑。

自新冠肺炎疫情暴发后，坦桑尼亚总统马古富力就一直轻视甚至不相信病毒的存在和威胁。2020 年 6 月 5 日，马古富力总统宣布，坦桑尼亚已经战胜了新冠肺炎疫情，并重新开放边境，恢复正常的经济社会活动。马古富力总统称，上帝保佑坦桑尼亚免遭新冠肺炎疫情，回应了坦桑尼亚人民的祈祷，帮助这个国家消灭了新冠病毒。面对新冠肺炎疫情不断蔓延，马古富力总统拒绝采取防疫措施，主张使用传统草药抗击新冠肺炎疫情。自 2020 年 4 月底起，坦桑尼亚政府便未更新发布过本国新冠肺炎病例数据。

---

* 吴传华，中国社会科学院西亚非洲研究所（中国非洲研究院）《中国非洲学刊》常务副主编、编辑部主任、副研究员，研究领域为非洲政治和中非关系。

二　坦桑尼亚大选

坦桑尼亚宪法规定，总统为国家元首、政府首脑和武装部队总司令，由选民直选产生，获选票多数者即可当选，任期 5 年，可连任一届。继 2015 年大选之后，2020 年又迎来坦桑尼亚大选年，通过选举产生联合共和国总统、国民议会议员和地方议员。桑给巴尔地区则选举总统、人民代表会议议员和地方议员，同时参与选举联合共和国总统和国民议会议员。

坦桑尼亚政党制度经历了从多党制向一党制、又从一党制向多党制转变的历程。1992 年 7 月起恢复实行多党制，正式注册政党有 24 个，其中坦桑尼亚革命党（Chama Cha Mapinduzi）在坦噶尼喀和桑给巴尔长期执政，主张坚持社会主义和自力更生原则，强调发展经济，在公正、平等和人道的基础上建立一个平等、正义的社会。民主发展党（Chama Cha Demokrasiana Maendeleo）是最大反对党，成立于 1992 年，主张单独成立坦噶尼喀政府，反对种族歧视，提倡人人平等。公民联合阵线（The Civic United Front）则是桑给巴尔最大的反对党，1992 年由桑给巴尔多党促进委员会和人民党合并组成。

1995 年，坦桑尼亚举行首次多党制总统大选，姆卡帕当选总统，并执政 10 年。2005 年，基奎特当选为总统，同样执政 10 年。2015 年，马古富力在总统竞选中胜出，成为坦桑尼亚自独立以来的第五位总统，也是恢复实行多党选举制以来的第三位总统。

2020 年 7 月 11 日，坦桑尼亚革命党举行第十次全国代表大会，一致推举党主席、现任总统马古富力为总统候选人。7 月 22 日，马古富力总统出席全国选举委员会办公大楼启用仪式并发表讲话，他呼吁所有政党及其支持者在竞选活动中保持"道德"和"文明"，避免不公正的选举策略，反对传播憎恨情绪，并重申确保大选自由、公正和和平。马古富力强调，所有政党都是平等的，应当建立互信并相互尊重，没有任何政党凌驾于其他政党之上。此外，他还要求国家安全机构保证所有政党开展竞选活动，同时指示安全机构警惕企图引发混乱的政党行为。

8 月 29 日，革命党在首都多多马举行集会，拉开了 2020 年大选竞选活动的帷幕。马古富力总统提出大力推进基础设施建设，发展农业和旅游业，继续采取措施消除贫困、扩大就业和支持私营经济发展等竞选纲领。

10 月 28 日，坦桑尼亚举行大选投票。这是坦桑尼亚于 20 世纪 90 年代实行多党制以来的第六次大选。共有 15 名候选人角逐联合共和国总统职位，其中执政党革命党候选人、现任总统约翰・马古富力与民主发展党候选人通杜・利苏是最主要的竞争者。据坦桑尼亚国家选举委员会统计，此次大选注册合法选民约 2900 万人，在全国设立约 8 万个投票站，进行投票的选民达 1480 万人，投票率超过 50%，选举在总体和平有序中进行。

10月30日，坦桑尼亚全国选举委员会宣布，现任总统、革命党总统候选人马古富力在大选中获胜，成功连任总统。马古富力在总统选举中共获得1250万张选票，得票率为84%；他的主要竞争对手民主发展党总统候选人通杜·利苏（Tundu Lissu）获得190万张选票，得票率为13%。[①]

选举结果公布后，反对党总统竞选人利苏以选举存在舞弊和不规范为由，拒绝承认大选结果，并呼吁民众举行游行示威，抗议选举不公。由此引发人们对选举后暴力事件的担忧，出现了网络服务大面积瘫痪的情况。但是，此次大选受到坦桑尼亚国内、非洲国家及国际社会普遍认可，坦桑尼亚政局保持稳定，实现了大选平稳过渡。

11月5日，获得竞选连任的坦桑尼亚总统马古富力在首都多多马宣誓就职。他在就职演说中表示，将继续推进大型基础设施建设，打击腐败，创造更多就业机会，致力于减少贫困。由此，马古富力开始了其第二个总统任期。

三 坦桑尼亚经济

坦桑尼亚是联合国宣布的世界最不发达国家之一，经济以农业为主。马古富力总统执政后，积极落实竞选承诺，大刀阔斧推进改革，着力改善政府服务水平和民生。2016年坦桑尼亚政府出台《国家发展规划五年计划（2016—2020）》，将工业经济成型、经济和人力发展整合、创造良好的营商投资环境和加强监管确定为四大优先发展领域。近年来，坦桑尼亚经济平均增长率约为7%，在撒哈拉以南非洲国家中名列前茅，制造业、矿业和旅游业发展强劲，外国直接投资存量持续增长。但是，经济结构单一、基础设施落后、发展资金和人才匮乏等问题短期内难以得到有效解决，将长期阻碍坦桑尼亚经济发展。新冠肺炎疫情给坦桑尼亚经济带来较大影响，尤其是旅游业受冲击严重，旅游收入锐减，旅游从业人员失业。2020年坦桑尼亚经济增长率估计仅为1.9%，国内生产总值达659.46亿美元，人均国内生产总值1137美元，通货膨胀率为3.8%，外债总额达209.11亿美元，外汇储备46.97亿美元。2021年起，随着新冠肺炎疫情形势有望好转和世界经济复苏，坦桑尼亚经济将实现加快增长，2021年和2022年经济增长率预计分别为4.1%和5.8%。[②]

---

① EIU, *Country Report: Tazania*, January 2021, p. 4.

② EIU, *Country Report: Tazania*, January 2021, p. 9.

乌干达

田牧野*

乌干达2020年全年总体形势较为平稳，抗击新冠肺炎疫情是国内的主要事件。在2020年初中国出现新冠肺炎疫情之后，乌干达政府为防止新冠肺炎疫情入境，采取了在入境口岸健康申报和体温检测等措施，并建议从中国来乌人员在抵乌后自行在家进行14天的隔离观察，并指定坎帕拉中乌友好医院（纳古鲁医院）和恩德培地区中心医院作为乌收治新冠肺炎病例的指定医院。而随着非洲多国出现新冠肺炎疫情，自3月7日起，为降低疫情输入风险，乌政府采取了以下措施。一是对所有经恩德培国际机场及布西亚（Busia）、马拉巴（Malaba）、锡亚尼卡（Cyanika）和Egeru等边境口岸入境的旅客实施筛查。二是所有来自受疫情影响国家的旅客均须接受为期14天的强制自我隔离；同时，鉴于目前疫情发展形势，经商世界卫生组织及有关国家专业机构，所有原定在乌举办的国际会议均已暂时推迟，所有群众聚会活动必须事先就疫情防控做充分准备方可举办。

3月18日，乌干达总统穆塞韦尼在恩德培总统府就乌新冠肺炎疫情防控发表全国电视讲话，就当下严峻的疫情形势宣布多项防控举措：自3月20日中午起关闭全国大中小学校，为期一个月；同时，立即暂停各类教堂、清真寺以及露天场所的宗教活动，为期32天，人们应该在家中祈祷；立即暂停各类政治、文化集会活动，为期32天；禁止乌干达公民前往或途经意大利、韩国、法国、中国、美国、英国、荷兰、瑞士、瑞典、比利时、德国、西班牙、挪威、奥地利、马来西亚、巴基斯坦和圣马力诺17个一类疫情国家，为期32天，而外国公民离乌赴上述国家者不在此限，但32天内不得返乌；允许乌干达公民自国外包括上述国家返乌，但返乌后应立即在指定地点接受14天强制性隔离，费用自理；工厂、酒店、大型种植场以及市场等应按照乌卫生部制定的标准操作流程进行运营；传统婚礼自即日起推迟32天举行，坚持举行婚礼的参与人数应控制在10人以内；葬礼若死者为新冠肺炎病亡者，将参照埃博拉防控实践由国家负责安葬，死者亲属不参与相关事宜；全国所有娱乐场所自即日起暂停营业32天。3月19日，乌干达民航局发布航空信

---

* 田牧野，中国社会科学院西亚非洲研究所（中国非洲研究院）助理研究员，主要研究领域为非洲社会文化、中国对非援助。

息，要求即日起在恩德培国际机场禁止31个新冠肺炎疫情严重的一类国家的旅客抵乌，并发布多项防疫举措。

3月21日，乌干达出现首例确诊新冠肺炎病例，之后，自22日12时起乌开始关闭边境口岸，任何人不得进出乌干达，以应对新冠肺炎疫情。3月30日晚，乌干达总统穆塞韦尼再次就新冠肺炎疫情防控形势发表全国电视讲话，表示乌全国累计报告确诊病例33例，[①] 故在此前制定的疫情防控措施基础上进一步全面升级，实行全国“禁足”14天，并实施宵禁。4月14日，在“禁足”措施届满之日，穆塞韦尼再次就乌新冠肺炎疫情防控措施发表全国电视讲话，宣布全国“禁足”延长21天；之后又延长至5月19日。到5月21日，乌干达累计报告新冠肺炎确诊病例160例。[②] 但之后，鉴于严峻的疫情防控形势，乌干达总统穆塞韦尼发表多次全国电视广播讲话，宣布乌将继续延长主要防疫管控措施，同时有条件放松部分措施。6月14日，乌干达借鉴中国防疫经验，宣布将部分无症状感染者转移至国家体育场（曼德拉体育场）改造的方舱医院。到7月9日，乌干达累计报告确诊病例1006例，[③] 在7月24日则出现了首例死亡病例，之后乌干达新冠肺炎确诊病例数呈直线上升趋势，其中首都坎帕拉市确诊病例急剧增加，社区传播风险居高不下。到9月18日，乌干达累计新冠肺炎确诊病例达6017例、死亡病例为63例。[④] 但9月20日晚，总统穆塞韦尼宣布从个人和团体两个方面逐步放开相关限制措施，但娱乐场所和大规模集会仍然禁止开放。10月28日，乌新增新冠肺炎确诊病例434例，创疫情暴发以来乌单日新增确诊病例数新高，累计报告确诊病例12201例，其中治愈7461例、死亡108例。[⑤] 2020年12月5日，在乌印度企业项下中国务工人员发生新冠肺炎聚集性感染，47名中国公民新冠病毒核酸样本呈阳性，其中少数人出现发热、咳嗽、乏力及腹泻症状，其余人员则呈无症状感染状态。[⑥] 到2021年1月4日，乌新增新冠肺炎确诊病例

---

① 参见中国驻乌干达使馆网页，《乌干达总统穆塞韦尼宣布全面“禁足”14天——乌干达新冠肺炎疫情与防疫措施通报（第9期）》，2020－3－21，http：//ug. china－embassy. org/chn/sgxw/t1763895. htm，2021年3月15日查询。

② 参见中国驻乌干达使馆网页，《乌干达新冠肺炎疫情与防疫措施通报（第51期）》，2020－5－22，http：//ug. china－embassy. org/chn/sgxw/t1781635. htm，2021年3月15日查询。

③ 参见中国驻乌干达使馆网页，《乌干达新冠肺炎疫情与防疫措施通报（第103期）》，2020－7－10，http：//ug. china－embassy. org/chn/sgxw/t1796874. htm，2021年3月15日查询。

④ 参见中国驻乌干达使馆网页，《乌干达新冠肺炎单日新增确诊病例数再创新高——乌干达新冠肺炎疫情与防疫措施通报（第175期）》，2020－9－19，http：//ug. china－embassy. org/chn/sgxw/t1796874. htm，2021年3月15日查询。

⑤ 参见中国驻乌干达使馆网页，《乌干达新冠肺炎今日新增确诊病例434例——乌干达新冠肺炎疫情与防疫措施通报及我馆重要提醒（第216期）》，2020－10－30，http：//ug. china－embassy. org/chn/sgxw/t1827775. htm，2021年3月15日查询。

⑥ 参见中国驻乌干达使馆网页，《在乌印度企业项下中国务工人员发生新冠肺炎聚集性感染 驻乌干达使馆提醒务必引以为戒》，2020－12－5，http：//ug. china－embassy. org/chn/sgxw/t1838028. htm，2021年3月15日查询。

1730 例、死亡病例 39 例，累计报告确诊病例 36407 例，其中治愈 12387 例、死亡 290 例。[①]

受疫情影响，乌干达经济活动出现较大停滞。乌干达中央银行将 2019/2020 财年的经济增长率由 6% 降至 2.3%—3%，[②] 这是乌干达近 5 年来最低的经济增长率。而自乌干达暴发新冠肺炎疫情之后，中国驻乌干达使馆通过捐赠物资、分享经验、建立两国对口医院抗疫合作机制等方式积极帮助乌干达政府抗疫，并向在乌华人提供帮助；此外，中国（云南）援乌干达医疗队也积极参与抗疫活动，先后制定了 12 篇新冠肺炎预防知识和应对指南，指导中资企业和华人华侨开展科学防控，为开展抗疫工作提供了及时、有效的医疗支持，也多次协助使馆开展领保服务和疾病诊治等工作。

2021 年是乌干达大选年，定于 2021 年 1 月 14 日举行总统选举，故自 2020 年下半年起，各党派开展众多集会拉票活动，也造成了疫情的不稳定局面。11 月 3 日，乌干达选举委员会公布包括现任总统穆塞韦尼在内的 11 名总统候选人，并敦促总统候选人严格遵守疫情预防指导准则，举行不超过 200 人的竞选集会，以防新冠肺炎疫情传播。11 月 18 日，乌干达反对党民族团结纲领党总统候选人罗伯特·基亚古拉尼·森塔穆在乌东部卢卡区参加总统竞选活动时因违反防疫准则被捕，而这一事件引发了暴力抗议活动，造成 54 人死亡，300 多人被逮捕。[③]

---

① 参见中国驻乌干达使馆网页，《乌干达新冠肺炎疫情与防疫措施周报（第 253 期）》，2021－1－5，http://ug.china－embassy.org/chn/sgxw/t1844577.htm，2021 年 3 月 15 日查询。

② 参见中国驻乌干达使馆经商处网页，《对外投资合作国别（地区）指南·乌干达（2020 年）》，第 22 页，2020－3－21，http://www.mofcom.gov.cn/dl/gbdqzn/upload/wuganda.pdf，2021 年 3 月 15 日查询。

③ 参见网易新闻主页，《乌干达爆发严重骚乱，多名总统候选人被捕，警方向抗议者发射实弹》，2020－11－24，https://www.163.com/dy/article/FS7F9ID40535NL0F.html，2021 年 3 月 15 日查询；以及新华网英文版主页，<Uganda to compensate victims of violent riots, pay property lost>，2020－11－30，http://www.xinhuanet.com/english/africa/2020－11/30/c_139553743.htm，2021 年 3 月 15 日查询。

卢旺达

袁　武*

2015 年 12 月，卢旺达以全民公决方式通过宪法修正案。宪法修正案维持总统只能连任 1 次的规定，将每届任期由 7 年缩短为 5 年，同时在新宪法条款生效前设置一个 7 年过渡期，包括卡加梅在内的任何合法候选人均可参选过渡期总统。2017 年 8 月，卢旺达总统卡加梅以 98.79% 的选票当选新一届总统。以卡加梅为领导的卢旺达爱国阵线的执政地位得到进一步巩固。目前卢旺达没有任何势力能够对卡加梅总统形成挑战和威胁，这无疑将使卢旺达政局保持长期稳定。2020 年，全球新冠肺炎疫情大流行对卢旺达经济产生严重冲击。2019 年，卢旺达经济增长率为 9.4%，而 2020 年为 -0.4%。新冠肺炎疫情对卢旺达的支柱产业旅游业和交通运输业造成不利影响。

一　卡加梅总统的统治日趋稳固

2015 年新宪法的通过让卡加梅总统有可能执政至 2034 年。英国的《经济情报社》（EIU）对于卢旺达政局的评估只有一句话：保罗·卡加梅总统及其领导的卢旺达爱国阵线仍将主导卢旺达政局。

2020 年，卢旺达政坛最具轰动的事件莫过于《卢旺达饭店》的主角保罗·卢赛斯伯基纳在卢旺达首都基加利法庭受审。现年 66 岁的卢赛斯伯基纳是卢旺达一名传奇人物。1994 年卢旺达爆发大屠杀时，他利用卢旺达饭店经理和胡图人身份保护了数百名图西人和胡图族温和派人士免遭屠戮。其事迹后被改编为电影《卢旺达饭店》而广为传播，保罗·卢赛斯伯基纳也被誉为卢旺达的辛德勒。在 1994 年卡加梅上台执政之后，由于政见不合，卢赛斯伯基纳移居比利时，后定居美国，并成为卢旺达政府的激烈批评者。2020 年 1 月，卢赛斯伯基纳被诱骗上了一架据称飞往布隆迪的私人飞机，却被带到了基加利并被捕。卢旺达总统保罗·卡加梅甚至亲自在记者新闻会上解释逮捕卢赛斯伯基纳。他指控卢赛斯伯基纳资助并支持卢旺达反政府武装全国解放阵线（National Liberation Front，FLN）。据媒体披露，卢赛斯伯基纳与卢旺达前总

* 袁武，中国社会科学院西亚非洲研究所（中国非洲研究院）副研究员，主要从事非洲政治、安全与冲突及中非关系研究。

理特瓦基拉蒙古（Twagiramungu）是反对派卢旺达民主变革运动的合伙资助人和领导人，而全国解放阵线是该组织的武装组织。一名曾在卢赛斯伯基纳基金会工作的美国教授米歇尔·马丁向基加利法庭提供了长达三小时的证言，证明卢赛斯伯基纳资助并支持卢旺达反政府武装。2020 年 9 月 25 日，卢赛斯伯基纳在基加利法庭承认帮助组建卢旺达反政府武装全国解放阵线，但拒绝为该组织的罪行承担责任。他说："我们组建全国解放运动作为武装组织，而非检察官一直所说的恐怖组织。我不否认全国解放阵线犯下很多罪行。但是我承担角色是外交。"①

此外，2020 年 3 月 13 日，卢旺达出现了一支新的反政府派别卢旺达未来公正力量（FORCE IMPARTIALE POUR L'AVENIR DU RWANDA，FIAR）。该组织自称位于刚果（金）东部南基伍省卡勒赫区（Kalehe Territory of South Kivu Province）。在其发表的成立声明中声称其领导人是巴玛索·J. 博斯克少校（Major Bamaso J. Bosco）。成立声明中提及 7 位领导人，其中两位为女性，五名成员拥有军衔。该反政府武装是除解放卢旺达民主力量（FDLR）、五党联盟（P5）之外的又一支反政府武装。2019 年底，刚果（金）政府军对全国解放阵线的军事行动中，数百名全国解放阵线武装成员投降。该组织已经无力开展行动。

二 新冠肺炎疫情冲击卢旺达经济

由于全球新冠肺炎疫情大流行，2020 年卢旺达经济预计萎缩 0.4%。2019 年卢旺达经济增长率为 9.4%。贸易、交通运输和旅游业是受到冲击最严重的产业。此外，出口和投资也受到影响。地区和国内供应链中断导致食物价格上涨。卢旺达通货膨胀率高达 6.6%，远高于 2019 年的 2.4%，也高于卢旺达中央银行 5% 的通胀率预期。2020 年 4 月，为了刺激经济增长，卢旺达中央银行调低了基准利率，将基准利率从 2019 年的 5% 调低至 4.5%。但是私有部门信贷仍受到抑制，仅仅增长了 10.2%。低于 2019 年的 12.6%。税收收入减少，而医疗社会保障支出增加导致财政赤字占国民生产总值的比重从 2019 年的 7.3% 飙升增加至 2020 年的 8.3%。出口和外资流入锐减导致经常项目赤字占国民生产总值的比重从 2019 年的 9.3% 飙升至 2020 年的 16.5%。外汇流入的减少导致卢旺达法郎对美元贬值了 4.6%。但金融部门仍保持稳定，2020 年 6 月，金融部门的资金充足率为 23.7%，高于 15% 的资金门槛。2020 年 5 月的数据显示卢旺达失业率达到 22.1%，而一年前的失业率为 15%。失业率上升反映了主要企业（交通运输、食品和旅游业）受到疫情严格管控措施的

---

① Channels Television, Hotel Rwanda "Hero" Admits Forming Armed Groups behind Attacks, September 25, 2020, https://www.channelstv.com/2020/09/25/hotel-rwanda-hero-admits-forming-armed-group-behind-attacks/, 2021-03-28.

影响。这有可能加剧卢旺达贫困状况。2017 年卢旺达贫困率为 38.2%。

2019 年，卢旺达公共债务占国民生产总值的比例为 58%。这主要是由于重要基础设施投资和外国援助减少所致。2020 年全球新冠肺炎疫情大流行又导致健康相关公共支出的增加和税收减少，公共债务占国民生产总值比重进一步提升至 66%，预期 2021 年将进一步增长至 72%，高于 65% 的安全警戒线。2020 年 6 月，国际货币基金组织和世界银行将卢旺达从低负债国家调整为中等负债国家。卢旺达政府提出了紧急财政调整计划以防止自身陷入债务危机。该计划通过向私人部门主导增长转型，利用混合财政和低风险策略资助基础设施项目，增加外汇储备，与债主方协商债务重组。这将有助于维持卢旺达公共收支平衡。

2021 年、2022 年卢旺达经济预计将迎来反弹。这主要将得益于卢旺达经济重大基础设施布格色拉机场（Bugesera airport）建设项目和疫情减缓后旅游业的复苏。非洲自由贸易区的启动也会推动区域贸易和经济增长。随着食物工业恢复和边界的重新开放，卢旺达通货膨胀率预计将回落至其政策目标之下。在实施 2021/2022 财年财政巩固计划之后，2021 年，卢旺达财政赤字占国民生产总值比重将收窄至 7.8%，在 2022 年将进一步收窄至 7.2%。随着疫苗的普及和旅游业复苏，2021 年，卢旺达经常项目赤字占国民生产总值比重将下降到 10.4%，2022 年将进一步下降到 9.1%。虽如此，卢旺达经济也存在继续下滑的风险。如果地区政治局势紧张导致贸易中断，债务负担过重减少财政政策空间，新冠肺炎疫情再次暴发，都有可能让卢旺达经济雪上加霜。①

① 主要经济数据见非洲开发银行网站，https://www.afdb.org/en/countries/east-africa/rwanda/rwanda-economic-outlook，2021 - 03 - 28.

布隆迪

田牧野*

在2020年，对于非洲中东部国家布隆迪而言，其国内两大主要事件是政治换届与抗击新冠肺炎疫情。2020年是布隆迪大选年。早在2019年6月，布隆迪全国独立选举委员会就公布了2020年大选日程，即总统、议会和市镇选举将于2020年5月20日举行。布隆迪国内政治影响力较大的政党为保卫民主全国委员会—保卫民主力量（CNDD-FDD）、全国解放力量（FNL）、布隆迪民主阵线（FRODEBU）、争取民族进步统一党（UPRONA）等，其中保卫民主全国委员会—保卫民主力量为执政党。为角逐2020年大选，主要反对派领导人卢瓦萨（Agathon RWASA）于2019年成立了新政党全国自由大会（CNL）并积极开展政党活动，来争取民众支持以竞选总统。2020年1月26日，布隆迪执政党保卫民主全国委员会—保卫民主力量推荐其总书记恩达伊施米耶将军作为候选人参加5月20日的总统大选。此后经布隆迪独立选举委员会认可，共有7名候选人参加总统大选，他们来自不同党派或独立参选。2020年5月20日，布隆迪顺利举行总统、议会和市镇选举，5月25日全国独立选举委员会（CENI）公布结果显示，保卫民主全国委员会—保卫民主力量获得3082210张选票，得票率为68.7%，赢得全国18个省份、100个席位中的72个席位，大幅领先获胜，反对党新政党全国自由大会候选人卢瓦萨得票率为24.19%。[①] 2020年6月18日，布隆迪新总统埃瓦里斯特·恩达伊施米耶在位于本国中部的政治首都基特加宣誓就职。他原定于8月接任总统，但时任总统恩库伦齐扎于6月8日因心脏病逝世，故使得就职仪式提前。6月12日，中国国家主席习近平就布隆迪总统恩库伦齐扎因病不幸逝世，向布隆迪当选总统恩达伊施米耶致唁电。

除布隆迪政治换届以外，该国2020年的另一主题为抗击新冠肺炎疫情。随着新冠肺炎疫情2020年初在世界范围内蔓延，非洲诸国也未能幸免。3月31日，布隆迪公共卫生与艾滋病防治部部长宣布布境内发现2例新冠肺炎确诊病例。两名患者均为

---

* 田牧野，中国社会科学院西亚非洲研究所（中国非洲研究院）助理研究员，主要研究领域为非洲社会文化、中国对非援助。

① 参见新华网，《初步结果显示布隆迪执政党总书记赢得总统选举》，2020-5-26，http://m.xinhuanet.com/2020-05/26/c_1126032054.htm，2021年3月20日查询。

布隆迪公民。一名近期自卢旺达返布，另一名近期自阿联酋返布并途经卢旺达，二人在小王子医院（Hôpital Clinique Prince Louis Rwagasore）接受治疗①；4月2日，布隆迪公共卫生与艾滋病防治部发表公告，发现布境内3例新冠肺炎确诊病例；4月5日，布隆迪境内发现5例确诊病例②；4月13日，布隆迪出现首例新冠肺炎死亡病例③；5月2日，布隆迪境内发现确诊病例19例，但到5月31日，确诊病例已达63例④，之后确诊病例数呈快速上升趋势：到6月20日，布隆迪发现确诊病例144例⑤；7月18日，确诊病例为322例⑥；10月24日，布隆迪累计确诊病例为557例⑦；到12月20日，布隆迪累计确诊768例，其中治愈701例，死亡2例，现存65例⑧；2021年1月6日，布隆迪公共卫生与艾滋病防治部发布公告称，截至1月5日，布隆迪有关部门共进行了90019次新冠肺炎检测，共确诊884例，其中治愈773例，死亡2例，现存109例，而仅在1月4日就新发现了40例确诊病例。⑨

自新冠肺炎疫情出现以后，布隆迪全国高度重视防疫工作，先是对来自中国、伊朗、日本、韩国、欧盟等国和地区的旅客采取14天隔离的举措，之后又将国别扩大到了英国、美国、澳大利亚等国；3月20日起，布隆迪暂停签发签证，并暂时停飞国际机场航班；之后又采取封闭国境、封锁交通道路等措施。对确诊病例的密切接触者进行追踪和隔离，对确诊患者进行隔离治疗；之后，布隆迪政府于7月6日开启全国范围内“零新冠”检测运动，为期三个月；到11月3日，随着疫情好转，布隆迪政府宣布逐步放开陆路、水路和航空边境。但之后几个月，由于疫情逐渐反弹，布隆迪政府于2021年1月8日发表公告，宣布进一步加强疫情防控措施：自1月11日起，关闭水、陆边境，除货物运输外，禁止人员跨境流动；同时所有航班入境人员须在布官方指定酒店隔离7天，相关人员入境后须接受两次核酸检测；此外，自1月

---

① 参见中国驻布隆迪使馆网页，《布隆迪新冠肺炎疫情综报（4月1日）》，2020－4－2，http：//bi. chineseembassy. org/chn/zjbld/bldyw/t1765129. htm，2021年3月20日查询。

② 参见中国驻布隆迪使馆网页，《布隆迪新冠肺炎疫情综报（4月2日）》，2020－4－3，http：//bi. chineseembassy. org/chn/zjbld/bldyw/t1765422. htm，2021年3月20日查询。

③ 参见中国驻布隆迪使馆网页，《布隆迪新冠肺炎疫情综报（4月13日）》，2020－4－14，http：//bi. chineseembassy. org/chn/zjbld/bldyw/t1769509. htm，2021年3月20日查询。

④ 参见中国驻布隆迪使馆网页，《布隆迪新冠肺炎疫情综报（5月2日）》，2020－5－2，http：//bi. chineseembassy. org/chn/zjbld/bldyw/t1775739. htm，2021年3月20日查询。

⑤ 参见中国驻布隆迪使馆网页，《布隆迪新冠肺炎疫情综报（5月31日）》，2020－5－31，http：//bi. chineseembassy. org/chn/zjbld/bldyw/t1775739. htm，2021年3月20日查询。

⑥ 参见中国驻布隆迪使馆网页，《布隆迪新冠肺炎疫情综报（6月20日）》，2020－6－22，http：//bi. chineseembassy. org/chn/zjbld/bldyw/t1791298. htm，2021年3月20日查询。

⑦ 参见中国驻布隆迪使馆网页，《布隆迪新冠肺炎疫情综报（7月18日）》，2020－7－19，http：//bi. chineseembassy. org/chn/zjbld/bldyw/t1798770. htm，2021年3月20日查询。

⑧ 参见中国驻布隆迪大使馆微信公众号信息，《布隆迪新冠肺炎疫情综报》，https：//mp. weixin. qq. com/s/pdxZtY6Xu2NO6DwBB6ZqCg，2020－12－21，2021年3月20日查询。

⑨ 参见中国驻布隆迪使馆网页，《提醒在布中国公民加强疫情防控（1月6日）》，2021－1－6，http：//bi. chineseembassy. org/chn/zjbld/bldyw/t1844827. htm，2021年3月20日查询。

11 日起再次开展“零新冠”检测运动，为期 30 天。

自布隆迪暴发新冠肺炎疫情之后，中国驻布隆迪使馆主动向所驻国提供帮助，即通过捐赠物资、分享经验、建立两国对口医院抗疫合作机制等方式助力当地抗疫，并向在布华人提供各项帮助；此外，中国（青海）援布隆迪医疗队也积极开展抗疫活动，一方面，为在布中资企业和华侨华人举办多场防疫抗疫健康视频讲座，另一方面则是在受援医院参与防疫工作，广受当地医务人员和患者赞誉。

塞舌尔

朴英姬*

旅游业是塞舌尔国民经济第一大支柱产业，占国内生产总值的25%—30%，直接或间接创造了约72%的国内生产总值，并创造了30%的就业。欧洲游客占塞舌尔外国游客总数的70%左右，其中以来自德国、法国、英国和意大利的游客为主。2020年全球新冠肺炎疫情大流行使得塞舌尔旅游业及相关行业遭受重创，旅游业收入锐减，家庭消费和投资活动减少，实际GDP增长率从2019年的4.7%，大幅下跌至2020年的 -12%，陷入独立以来最深重的经济衰退。根据塞舌尔国家统计局的数据，2020年塞舌尔接待的外国游客总数为114858人次，远少于2019年的384204人次，降幅高达70%；其中欧洲游客为74802人次（占65%），比上年减少了72%，亚洲游客为27742人次，比上年减少了59%，非洲游客为7950人次，比上年减少了77%。2019年塞舌尔旅游业收入为5.9亿美元，占当年外汇收入的76%，2020年塞舌尔旅游业收入降幅不少于50%。①

2020年，由于旅游业及相关服务业发展严重受挫，渔业和制造业成为塞舌尔经济增长的主要动力，然而这些部门的收入尚不能弥补旅游业及相关产业的收入损失，从而导致经济增速以两位数水平下滑。由于塞舌尔经济过度依赖于旅游业，旅游业发展受阻直接影响了宏观经济的稳定性，从而引发了汇率贬值、经常项目逆差加剧，国内物价水平上升等不利局面。旅游业发展停滞导致外汇收入大幅减少，塞舌尔卢比大幅贬值，塞舌尔卢比兑美元汇率从2019年的14.03：1跌至2020年的17.62：1。②由于塞舌尔在原油、食品、建材等重要领域严重依赖进口，塞舌尔卢比贬值导致居民生活成本上升，国内物价水平上升。塞舌尔通货膨胀率从2019年的1.8%上升至2020年的4.1%。旅游业收入大幅下降，加之国际需求疲软导致出口收入下滑，塞舌尔经常项目逆差占GDP的比重从2019年的15.9%增至2020年的35.4%。

2020年，由于为应对新冠肺炎疫情增加的政府支出，加之总统选举相关支出，

---

* 朴英姬，中国社会科学院西亚非洲研究所（中国非洲研究院）副研究员，研究领域为非洲经济发展、外国直接投资、中非经贸合作。

① Seychelles National Bureau of Statistics, *Visitor Statistics* 2020, January 2021, p. 1.

② EIU, *Country Report Seychelles*, March 2021, p. 2.

塞舌尔财政支出占国内生产总值的比重达到历史最高水平。疫情使得国内经济活动减少，政府收入大幅下降，2020 年塞舌尔税收收入占国内生产总值的比重仅为 27%，低于之前五年的平均水平（32%）。受此影响，塞舌尔政府的财政余额占国内生产总值的比重从 2019 年的 4. 5% 急剧下降至 2020 年的 -5%。与此同时，塞舌尔政府债务余额占国内生产总值的比重从 2019 年的 57%，猛增至 2020 年的 85%，存在陷入债务困境的风险。为避免陷入债务困境，塞舌尔得到了国际合作伙伴的资金支持，包括国际货币基金组织的 3120 万美元、世界银行的 1500 万美元、非洲开发银行的 1000 万美元等资金支持。[①]

鉴于新冠肺炎疫情暴发以来塞舌尔经济遭受沉重打击，2020 年 5 月，惠誉国际评级机构将塞舌尔发行人违约评级调降 2 级至“B +”，12 月再次调降至“B”。惠誉连续调降评级，主要基于塞舌尔政府债务占国内生产总值的比重显著上升、旅游业复苏缓慢、汇率大幅贬值等因素，同时预计塞舌尔 2021 年改善财政赤字方面存在较大的不确定性。

尽管面临疫情冲击和经济困境，2020 年 10 月塞舌尔顺利举行了总统选举，民主联盟候选人韦维尔·拉姆卡拉旺当选为总统，任期 5 年。为缓解不可持续的政府债务状况，塞舌尔新政府表示会采取一系列措施减少财政支出，包括 2020 年不向政府和私营部门雇员支付第 13 个月工资，取消原定于 2021 年举行的区议会选举等。为应对经济困境，塞舌尔政府继续实施“失业救济计划”和“我的第一份工作”等就业促进措施，确保本国公民优先获得工作机会。

当前塞舌尔公共政策的重点是缓解新冠肺炎疫情引致的经济和社会冲击，并有序实施经济重振计划。为确保经济持续增长，以及避免与债务有关的宏观经济风险，塞舌尔政府亟须加强对债务管理的关注，政策重点包括：一是进一步合理化财政支出，将支出重点放在国内急需的领域和扩大税基（当前 30 家企业占到国内税收总额的 80%）；二是推动经济和市场多元化改革，改善商业环境以吸引更多投资；三是提升债务管理的有效性，评估债务重组的可行性。

① African Development Bank, *African Economic Outlook 2021: From Debt Resolution to Growth*, March 2021, p. 122.

● 西部非洲

毛里塔尼亚

王洪一*

毛里塔尼亚前总统阿齐兹（Mohamed Ould Abdel Aziz Ould Ahel Elya）于2018年宣布因为身体原因不再参与下届总统大选，后于2019年8月1日去世。阿齐兹统治毛里塔尼亚11年，如果加上其表兄瓦尔（Ely Ould Mohamed Vall）总统的统治时期，其实际控制毛塔的时间长达14年。阿齐兹病重，让毛塔局势一度陷入极大的不确定性中。但经过执政党毛里塔尼亚保卫共和联盟（UPR）内部的协商和妥协，国防部部长加祖瓦尼（Mohamed Ould Cheikh Mohamed Ahmed Ould Ghazouani）参加大选并继任总统，完成了毛塔最高权力的顺利交接。

加祖瓦尼执政后，首先重组了特别干预小组（GSI），清洗其中的不满势力，巩固和扩大自己的基本盘，获得了对执政党的绝对控制权。同时加祖瓦尼启动前总统阿齐兹执政时期的贪污案调查，针对石油收入管理、国有资产出售等事务进行查办。由于案件涉及西迪亚总理及其内阁的数名部长，西迪亚总理于2020年8月提出辞职，加祖瓦尼随后任命比拉勒为新总理。其次，加祖瓦尼一反阿齐兹时代的强硬作风，与民间社会团体和反对派举行一系列磋商。在各政治派别就国内外政策达成一致后，毛塔开始放宽政治高压政策，一些流亡欧美的毛里塔尼亚政治家和商人回国，如布阿马图（Mohamed Ould Bouamatou）等。另外，加祖瓦尼大力改善国内经济环境，积极争取外资。他多次承诺加强社会凝聚力，使国家经济体系现代化，并大力改善基础设施，使人民都能享受水、电、医疗等各项公共服务。

加祖瓦尼之所以能够顺利掌控全国局势，主要因为其能平衡各方政治势力。首先，加祖瓦尼来自毛塔主体民族摩尔人，而且属于该国最主要宗教派别伊斯兰教苏菲教派。他出生于阿萨巴州的著名宗教领袖家庭，代表了该国传统上的统治阶层的利益。苏菲教派特别强调对宗教领袖的尊重，加祖瓦尼的特殊身份使其在民间拥有大批

* 王洪一，中国社会科学院西亚非洲研究所（中国非洲研究院）副研究员，研究领域涉及和平与安全、非洲问题和中非关系。

支持者。虽然他已经 74 岁，但在第一轮总统大选中就获得了 52.01% 的选票，毫无悬念赢得了选举。

其次，加祖瓦尼是一名职业军人，他于 1979 年加入毛里塔尼亚军队，后在摩洛哥梅克内斯皇家军事学院培训，并获得了军事管理和防务专业的学士和硕士学位。2005 年他参与了阿卜杜拉希（Sidi Ould Cheikh Abdallahi）推翻塔亚（Maaouiya Ould Sid'Ahmed Taya）总统的军事政变，并担任军事委员会成员。加祖瓦尼在军队任职期间，一直是前总统阿齐兹的重要盟友。2008 年，加祖瓦尼协助阿齐兹推翻阿卜杜拉希总统，于 2018 年至 2019 年担任国防部部长。加祖瓦尼长期在军队中担任高级职务，能平衡军队内部的各派力量。由于毛里塔尼亚军队在国家事务中掌握绝对发言权，加祖瓦尼相对温和的施政策略得以顺利推行。

加祖瓦尼能够顺利掌握国家政权的另外一个重要因素是法国等西方国家的大力支持。毛里塔尼亚是所有萨赫勒国家中唯一没有本土伊斯兰恐怖主义组织的国家，从 2011 年以来防范住了成规模的恐怖袭击。2020 年被"全球恐怖指数"（Global Terrorism Index）列为全球恐怖袭击冲击最少的国家，因此备受国际社会的重视。加祖瓦尼长期战斗在反恐一线，深知反恐的重要性，得到了西方国家的积极支持。

加祖瓦尼在总统就职仪式中宣布了施政纲领，强调继续加强反恐，打击有组织犯罪以及各种非法交易活动是其最重要的国策。2000 年以来，"基地"组织马格里布分支以及"伊斯兰国"萨赫勒省等恐怖组织从阿尔及利亚和尼日尔边境地区对毛里塔尼亚进行渗透，多年来持续劫持人质，袭击军队和平民，并多次组织针对法国大使和意大利大使，甚至阿齐兹总统本人的袭击活动。为了对恐怖势力进行还击，毛里塔尼亚从 2010 年开始积极参与法国和地区国家开展的国际反恐行动，参加了在马里境内的萨赫勒—撒哈拉五国反恐混合部队（包括毛里塔尼亚、布基纳法索、马里、尼日尔、乍得），并将该组织秘书处设立在首都努瓦克肖特。2017 年，毛里塔尼亚还成立了反恐五国集团防务学院，培训地区国家的反恐指挥官。毛里塔尼亚还积极支持非盟的集体安全战略，参加了在科特迪瓦和达尔富尔的维和行动，在中非共和国稳定团的框架内部署了一支由 120 名宪兵和 750 名维和人员组成的特遣队。

继任总统后，加祖瓦尼首先增加反恐预算，2019 年实际反恐支出高达 1.62 亿美元。同时，毛里塔尼亚加强边境地区的反恐行动，与阿尔及利亚推动建立联合边境委员会，防范恐怖分子越境至毛塔发动恐怖袭击。毛里塔尼亚还多次与塞内加、马里举行三方安全会议，就陆海空边界管理、三方内部安全、人员和货物安全、三方跨界合作等问题进行探讨。

同时，加祖瓦尼重视与法国的反恐合作。2020 年 6 月，加祖瓦尼在努瓦克肖特主持了萨赫勒五国集团和法国、西班牙首脑会议，并担任新一届五国反恐集团轮值主席。法国总统马克龙及各国总统出席峰会，这是自新冠肺炎疫情暴发以来相关国家领导人首次聚会，也是毛里塔尼亚 2020 年最为重要的外交行动，显示了加祖瓦尼对反恐行动的重视。各国元首决定集中力量对“三国边境”（马里、布基纳法索、尼日尔）地区的“伊斯兰国”组织采取行动。该地区同样接近毛里塔尼亚边境，各国在该区域加强反恐力量，将更有利于毛里塔尼亚巩固已经取得的反恐成果。

塞内加尔

孟　瑾*

2020年，萨勒总统依旧掌控塞内加尔政局的主动权，以“塞内加尔崛起计划”（Plan Sénégal Emergent）为引领实行经济社会改革。新冠肺炎疫情的暴发对塞内加尔经济发展造成巨大冲击，2020年塞经济呈现负增长。在一系列经济复苏计划的提振作用下，塞内加尔有望在2021年扭转负增长的局面，油气田的开发也将是塞经济发展的一剂强心针。但是，失业率、非法移民等社会问题仍影响着塞社会的稳定，为反对派指责萨勒政府提供事实依据和社会基础。

萨勒总统于2020年10月28日解散政府，并于2020年11月1日成立新政府。新政府由33位部长和4位国务卿组成，政府成员更趋年轻化。为促进政治对话、分化反对派力量，新政府吸纳了反对党的重量级人物“Rewmi”（沃洛夫语：国家）政党主席塞克（Idrissa Seck），将其任命为经济社会环境委员会主席。同时，任命自由民主党（Pld/And suqali）领导人萨尔（Oumar Sarr）为矿业地质部部长。萨勒总统称此次重组的目的是应对新冠肺炎疫情带来的经济危机、加快塞内加尔改革速度、更有效地落实“塞内加尔崛起计划”。随着反对派的重要人物加入政府，反对派势力逐渐削弱。反对党中只有哈利法·萨勒（Khalifa Sall）领导的社会党以及奥斯曼·桑科（Ousmane Sonko）领导的政党爱国者（Pastef-Les Patriotes）仍勉强维持着政治活动，而前总统瓦德（Abdoulaye Wade）领导的民主党也面临着严重的内部危机。本应于2019年6月举行的地方选举被多次推迟，地方选举对于2024年总统选举十分关键，尤其是对于实力有限的反对党。根据执政党和反对党之间达成的协定，地方选举将不迟于2021年3月28日举行，但由于审查选民名册等准备工作仍未完成，全国政治对话委员会尚未提交关于选举模式的最终报告，地方选举在规定日期之前举办的可能性较小。

2020年3月，塞内加尔出现首例新冠肺炎确诊病例。为应对新冠肺炎疫情，塞内加尔政府及时采取封锁边境、限制跨区人员流动、宵禁等措施，避免了疫情大面积暴发。但是，塞内加尔经济也因此受到重创，出现失业率上升、海外塞内加尔人汇款

---

* 孟瑾，中国社会科学院西亚非洲研究所（中国非洲研究院）助理研究员，主要研究领域为非洲国家民主化与政治发展。

减少、购买力下降等问题。根据国际货币基金组织数据，2020 年塞内加尔经济增长率为 -0.69%，与之前预期 6.8% 的经济增长率相去甚远。据全国数据人口署统计，2020 年，24.7% 的塞内加尔企业不得不暂停生产经营。自 3 月中旬，塞内加尔不再对国外游客开放边境，旅游业遭遇空前危机。由于旅游业产值占国民生产总值的 10%，并且 15 万塞内加尔人依靠旅游业谋生，因此新冠肺炎疫情的暴发对塞内加尔经济的冲击尤为严重。为缓解疫情冲击，4 月，国际货币基金组织向塞内加尔提供 4.42 亿美元的援助，帮助塞内加尔应对新冠肺炎疫情，缓解疫情对塞内加尔经济带来的负面影响。塞内加尔政府出台了“经济社会韧性计划”（Plan de résilience économique et sociale），为年营业额在 1 亿西非法郎以上的企业提供优惠贷款。8 月，塞内加尔政府启动“经济复苏计划”，该计划是对“塞内加尔崛起计划”的调整和补充。根据该计划，到 2023 年政府将提供 5000 亿西非法郎的财政支持。该计划的目的是加快实现粮食、卫生、医药自主，促进工业化和经济数字化，实现各地区均衡包容发展。

萨勒在 2020 年 12 月 31 日的年度总结中表示，2021 年将投入 45890 亿西非法郎来重振经济，并以基础设施、粮食生产、经济结构转型、人力资源培训为重点领域。《塞内加尔崛起计划》的多个重点项目将于 2021 年落地。塞内加尔政府预估 2021 年将实现 5.2% 的经济增长，随着油气田的开发，2023 年经济增长率将达到 13%。然而，目前贫困率和失业率居高不下，农村地区的卫生教育等公共服务落后等问题仍是塞内加尔政府面临的结构性问题。

安全方面，6 月 15 日，一支塞内加尔部队在南部卡萨芒斯地区遭遇地雷爆炸，造成两名士兵死亡、两名士兵受伤。塞内加尔卡萨芒斯地区自 1982 年以来一直处于动乱状态。分裂组织“卡萨芒斯民主力量运动”（卡民运）要求这一地区独立，经常与政府军发生武装冲突。2013 年起，塞政府同“卡民运”重新启动和平谈判，双方在卡萨芒斯地区一直处于停战状态，但该地区仍未完全实现稳固和平。

2020 年 10 月 24 日，一艘载有 200 多名非法移民的船只在塞内加尔海域沉没，据国际移民组织统计，有 140 余人溺亡。国际移民组织称这是 2020 年发生的最严重非法移民沉船事故。通过非法途径移民海外已成为不少塞内加尔青年迫不得已的谋生出路，反映出塞内加尔深层次的社会问题。3 月 11 日，欧盟驻塞内加尔代表与塞内加尔内政部长签署合作协议，欧盟向塞内加尔提供 60 亿西非法郎用于打击非法移民交易。这笔款项将用于加强警察、海关等相关人员培训并为其提供相关设备。萨勒总统也表示将联合各方力量，打击非法移民交易。

对外关系方面，2021 年计划在塞内加尔召开新一届中非合作论坛会议，塞内加尔是论坛的共同主席国。2020 年 2 月 2 日，中国国家主席习近平致函塞内加尔总统萨勒，祝贺中非合作论坛成立 20 周年。10 月 12 日，中国国家主席习近平再次同塞内加尔总统萨勒就中非合作论坛成立 20 周年共致贺电。2020 年 2 月，萨勒总统访问毛里塔尼亚，两国发表联合声明表示将继续加强双边合作，尤其是在安全、渔业等领域的合作。3 月 11 日，塞内加尔外交部部长与冈比亚外交部部长在达喀尔举行的第二届塞冈总统委员会上表示，两国关系发展势头良好，并希望开展密切的安全情报合作，以更好地应对所在地区的恐怖主义、极端主义以及跨境犯罪等问题。10 月 13 日，塞内加尔海关总署与几内亚比绍决定在打击国际毒品走私方面加强信息情报共享。10 月 27 日，塞内加尔与毛里塔尼亚在两国议会高层对话期间达成协议，决定共同开发位于两国海域边界的油气资源。两国议会将围绕油气田开发项目建立永久框架，以促进两国相关部门的协商与合作。

冈比亚

李玉洁*

回望2020年，虽然冈比亚政治上对现任政府的抗议增多，经济上受新冠肺炎疫情影响而低迷，医疗卫生条件受限应对新冠肺炎疫情较为困难，外交上虽平稳也不乏零星突发事件，但整体而言，2020年冈比亚在变动的外部环境中呈现出稳定发展态势。

一 大选态势

在2016年12月1日举行的冈比亚总统大选中，阿达马·巴罗（Adama Barrow）代表7个反对党联盟击败执政长达22年的前任总统叶海亚·贾梅（Yahya Jammeh）的统治，从而成为冈比亚历史上第三任总统。巴罗总统的上台被认为是冈比亚的新起点，他在竞选时提出民主改革、发展经济、提高人民生活水准、治理政府腐败、解决多民族存在的分歧等多个目标，并且承诺他在任期三年后会自动卸任，重新进行总统大选。2017年2月，巴罗总统宣誓就职，冈比亚民众将其看作国家的拯救者，激发了人们对于政治改革和经济发展的希望。但三年过去，冈比亚的经济困难仍未得到有效缓解、公共服务匮乏、政府财政的透明性受到质疑，巴罗承诺的发展愿景并未实现，而他也未依承诺在2019年12月卸任。2020年1月，在冈比亚首都班珠尔爆发了大规模的公众抗议行动，要求巴罗遵守三年总统任期一到就按期卸任的承诺。但巴罗声称按照冈比亚宪法规定，总统每届任期为5年，拒绝承认自己是三年任期的过渡政府总统。抗议群众与警察发生对峙，引发矛盾升级，由此引发了大规模的暴力与骚乱，在冲突中有18名警察和7名平民受伤，政府逮捕了137名抗议人士，关闭了两座广播电台，并下令禁止抗议行动。而前任总统贾梅的支持者也举行了示威活动，支持其从赤道几内亚结束流亡并返回，贾梅在败选后迫于西非国家的军事压力于2017年1月离开冈比亚，现任政府明令贾梅一旦回国将会面临多项指控而被捕。面对此种政治局势，巴罗总统声称没有任何人能够强迫他在2021年之前卸任，而原计划于

---

* 李玉洁，中国社会科学院西亚非洲研究所（中国非洲研究院）助理研究员，主要研究领域为非洲媒体与文化、对非传播。

2021 年举行的冈比亚总统大选不会因新冠肺炎疫情被推迟。此前，冈比亚有舆论认为巴罗总统会“利用”此次新冠肺炎疫情故意推迟选举。

冈比亚民众要求巴罗总统三年任期结束即刻卸任的抗议活动，究其根源反映了其对巴罗政府这三年执政未达到预期目标的一种失望心理。虽然巴罗政府废除或修改了前任总统贾梅时期的一些专制做法，政治气氛更加开放，民众也享有更多自由，但巴罗政府也未能幸免于对其腐败和渎职的指控，而且巴罗总统与其所在的联合民主党（UDP）之间的裂痕日益加剧，有可能破坏了执政联盟的基础。此外，法制不健全、执政缺乏透明度、公共资源滥用严重、民族之间怨恨与矛盾未得到缓解等固有问题依然存在，从而导致了民众对巴罗政府的强烈不满，发起了要求巴罗总统下台的抗议行动。若 2021 年冈比亚总统大选能按照巴罗所言如期举行，公众对其信任程度的变化可能会影响到其能否顺利连任，这对冈比亚的政治局势也带来了不确定性。

二　经济发展

冈比亚是一个传统的农业国家，经济以农业、旅游业为主，工业基础薄弱，资源贫乏，也是联合国公布的最不发达国家之一。在 2016 年巴罗总统上台实行政治转型之后，农业、旅游业、建筑业和贸易得以复苏，其 GDP 增长率在 2018 年曾达到 6.6%，但由于财政管理薄弱、债务危机等因素导致 2019 年增速下降到 5.4%。据统计，新冠肺炎疫情对其经济产生不利影响，农业产量锐减并且旅游业受到重创，2020 年 GDP 增长率也由预期的 6.5% 下降到 5.1%，萎缩 1.4 个百分点。① 但世界货币基金组织、经济学人智库等机构对冈比亚 2020 年 GDP 的测算数据显示，该国实际 GDP 增长率为 0。② 冈比亚被誉为“非洲的微笑海岸”，旅游业是该国主要外汇来源之一。据彭博社报道，冈比亚旅游业因受新冠肺炎疫情影响，2020 年全年损失预计达到 2.9 亿美元。③

新冠肺炎疫情期间，由于来自外国的项目贷款、赠款、侨汇、直接投资等中断或放缓，加之出口减少，加剧了冈比亚经济上长期存在的各类问题，比如失业与社会保障缺失问题更加显著，因大多数人通过非正规经济谋生，几乎没有抵抗意外的保障；中小企业即时融资受阻，难以维继；外债与公共债务风险更加凸显。面对疫情对经济造成的沉重打击，冈比亚政府积极采取措施以维持经济稳定和人民的生计。比如寻求

---

① U. S. Department of State, “2021 Investment Climate Statements: The Gambia”, https: //www. state. gov/reports/2021 - investment - climate - statements/gambia/, 2021 - 02 - 01.

② Bloomberg, “Gambia’s Record Remittances Make Up for Tourism Losses, IMF Says”, https: //www. bloomberg. com/news/articles/2021 - 02 - 04/gambia - s - record - remittances - make - up - for - tourism - losses - imf - says, 2021 - 02 - 04.

③ Bloomberg, “Gambia Tourism to Suffer $292 Million Loss Due to Coronavirus”, https: //www. bnnbloomberg. ca/gambia - tourism - to - suffer - 292 - million - loss - due - to - coronavirus - 1. 1496010, 2020 - 09 - 18.

发展伙伴的更多支持，世界银行2020年3月批准向冈比亚提供1000万美元的资金，为其应对新冠肺炎疫情提供紧急援助。① 此外，冈比亚从国际货币基金组织的防灾救济基金获得约290万美元的债务减免，欧盟也拨付了2500万欧元的预算支持冈比亚应对新冠肺炎疫情的努力。②

尽管冈比亚政府努力缓解新冠肺炎疫情对其经济的负面影响，但疫情对其旅游业、航空业等产生的破坏性影响不容忽视。而随着资本逃离与不良贷款的风险上升，随之而来的融资挑战可能会波及其他经济领域，比如出口、就业、基础设施、民生、社会保障等。这些都需要冈比亚政府实施更有利的社会经济恢复与支持方案。

三　新冠肺炎疫情与公共卫生

2020年突发的全球性新冠肺炎疫情对冈比亚也产生了严重影响。2020年3月17日，冈比亚报告第一例确诊病例，政府立马采取行动，实施学校停课、公众集会取消、隔离患者、封锁和关闭边境等措施。为应对新冠肺炎疫情，巴罗总统还在2020年3月18日签发《2020年基本商品价格紧急条例》，对大米、玉米、小米、面粉、糖、肥皂和消毒剂等基本商品价格进行管控，私自涨价的商家和个人将被起诉并处以罚款。得益于此，当地生活品物价未出现大幅波动，亦无明显物资短缺、抢购情况。截至2020年12月31日，冈比亚共计新冠肺炎确诊病例3797例，死亡病例为124例③。自疫情暴发以来，中国向冈比亚持续提供技术支持、物资援助和派遣抗议医疗队，有力地支持了冈比亚的抗疫工作。2020年9月，冈比亚新冠肺炎疫情形势越发严峻，应冈比亚政府邀请，中国辽宁省援冈医疗队前往冈比亚，开展了实地调研、人员培训、实际操作、防控规划、重症病患救治等多项工作，赢得了冈比亚政府和人民的高度赞赏。

冈比亚的医疗条件十分落后，新冠肺炎疫情检测与治疗的设备、资源与专业人才都有限。比如冈比亚只有一家单位具有疫情检测能力，如需检测还须通过卫生部的专家电话进行预约。冈比亚有限的医疗能力，可能难以准确识别新冠肺炎感染率、传播率、住院率和死亡率，也无法让所有患者得到有效治疗。因此，在应对新冠肺炎疫情方面，冈比亚需要更多来自非洲内外的支持与帮助，如果无法有效控制，这一大流行疫情可能迅速演变为人道主义、社会经济、发展和政治危机，产生深远的不稳定

---

① The World Bank, "World Bank Supports The Gambia's COVID – 19 Response", https: //www. worldbank. org/en/news/press – release/2020/04/02/world – bank – supports – the – gambias – covid – 19 – response, 2020 – 04 – 02.

② Agency Europe, "Covid – 19, EU mobilises 25 million in direct budget support to Gambia", https: //agenceurope. eu/en/bulletin/article/12584/18, 2020 – 10 – 19, 2020 – 10 – 20.

③ World Health Organization, " The Gambia COVID – 19 Outbreak Situational Report", https: //www. moh. gov. gm/wp – content/uploads/2021/02/Gambia_The_COVID – 19_Sitrep – 28th – Dec – 2020. pdf, 2020 – 12 – 28.

影响。

四 外交关系

巴罗政府执政后，积极调整对外政策，改变了前总统贾梅政府被西方孤立和与邻国塞内加尔不和睦的状态，与国际社会广泛交好。2020 年，冈比亚对外交往呈常态化，比较稳定，但其中值得关注的是 2020 年 5 月 29 日冈比亚前外交官之子莫摩杜·拉明·西赛（Momodou Lamin Sisay）在美国佐治亚州与警察对峙中被开枪打死事件。冈比亚政府要求美国政府对该起事件进行透明、可信和客观的调查。因西塞被枪杀事件距离 2020 年 5 月 25 日爆发的非裔男子乔治·弗洛伊德（George Floyd）被美国警察跪压致死事件仅几日之久，这越发引起了冈比亚民众对于种族歧视、黑人权益保护的关注。西塞被枪杀事件后，有部分冈比亚民众前往美国驻冈比亚大使馆前进行抗议示威活动。

马　里

贺文萍*

当地时间 2020 年 8 月 18 日，西非国家马里发生军人哗变，马里总统凯塔、总理西塞及多名内阁部长均被扣留在哗变军营。在被扣留数小时后，凯塔在国家电视台宣布辞去总统职务，并同时解散政府和议会，称自己不希望通过流血牺牲来继续保持政权。

在总统凯塔宣布辞职下台后，哗变的马里军人很快宣布成立以哗变军人首领戈伊塔上校为首的权力过渡机构“全国人民救赎委员会”。该委员会发言人称，将在“合理”时间内恢复稳定，并监督过渡到大选。

一　军事哗变为何发生?

马里近期局势动荡是此次军事哗变的背景和由头。自 2020 年 6 月起，马里反对派组织“6 月 5 日联盟”因不接受同年 3—4 月该国举行的国民议会选举结果，认为执政党单方面扩大了其在议会中的议席，并对现任总统凯塔的经济、安全和反腐政策不满，因此在首都巴马科等地组织了数轮大规模示威游行。仅 7 月爆发的抗议示威及骚乱就造成了十余人死亡。

马里在 2012 年曾发生过一次军事政变。当时的历史背景则是利比亚卡扎菲政府 2011 年倒台后，卡扎菲以前雇用的非洲雇佣军中部分来自马里，这些人回到马里后与马里北部长期存在的反政府武装图阿雷格族合流，并长驱直入，一度兵临首都巴马科城下。当时的马里总统杜尔在抗击北部叛乱时力不从心，军队方面则面临武器不足、军费不足和军饷不能按时发放等问题。军队不仅没有士气和能力平叛，反而觉得总统无能。最后的情况是马里军队没能把北部的叛军赶走（后来是法国军队介入帮助完成了这一任务），反而发动政变推翻了时任总统杜尔及其领导的政府。没想到，斗转星移，当年靠政变后上台、曾被民众视为马里变革的希望所在的凯塔总统 8 年后又被来自同一个军营的马里军人推翻。而这一次军事哗变的历史背景则是新冠肺炎疫

* 贺文萍，中国社会科学院西亚非洲研究所（中国非洲研究院）研究员，主要研究领域为非洲政治、非洲国际关系和南南合作。

情的暴发所导致的马里经济日益萎缩和停滞（马里是世界最不发达国家之一，2000万人口中40%以上的人处于极端贫困状态，70%的人口人均收入不到1美元），一边是老百姓生活水平每况愈下、公务员工资削减、军人军饷也拖欠、物价上涨，另一边则是马里政府自己还想扩权，贪污腐败盛行。现任总统凯塔自2018年连任进入第二个总统任期以来，据称已至少卷入三起贪腐丑闻。

另外，从马里军方的立场看，一方面对政府不能按时发放军饷十分不满，同时也对马里政府应对日益猖獗的恐怖袭击活动没有应对良策、反而让军方承担责任感到不满。近年来，包括马里在内的非洲萨赫勒地区面临日益严峻的安全挑战，极端分子不仅频繁制造恐怖袭击活动，而且在马里青少年里招兵买马。据联合国统计，2019年，极端“圣战”分子实施的暴力活动以及当地族群冲突造成马里、尼日尔、布基纳法索至少4000人死亡，是2016年的5倍。因此，经济下滑、政府贪污腐败、族群冲突和恐怖袭击、大规模群众抗议等一系列危机的叠加促使军人和反对派走到了一起，联手完成了这次“政权更迭”。

二　军事政变又登上了非洲政治舞台

曾有西方学者在总结二战后非洲政治发展时说：“事实上，除了实现国家独立以外，军事接管就成为近20年来非洲历史上最广泛经历的政治现象。”“非洲军队可以称得上是非洲最重要的政治机构。”的确，回溯非洲发展的政治历史进程，这样的判断并不算夸张，也基本符合非洲的实际。作为非洲国家独立以后政治生活中的一个突出现象，军人干政、军事政变频繁，以及军政权的广泛出现，不仅对当事国的原有政治格局造成了巨大冲击，而且深刻影响到整个非洲大陆的政治发展。

非洲军事政变曾在20世纪80—90年代频繁发生，一些非洲小国似乎军人发动政变也相对容易成功，有时甚至只需要十几个军人持枪闯入总统府、占领电视台一宣布就大功告成了。还有不少军事政变是直接在伦敦或巴黎这些老殖民主义国家的办公室里策划和操纵的。英国前首相、“铁娘子”撒切尔夫人的儿子就曾因卷入非洲国家的未遂政变而遭遇了多年官司。归纳起来看，这一时期导致非洲大陆军事政变频繁的原因可谓错综复杂，既有社会发展落后和经济贫困这一深层次的结构性原因，也有文官政府的腐败、无能和争权夺利，军队特权利益的受损以及军队的政治化和部族化，领导人对军队的过分倚重或忽视等主客观原因。

进入21世纪以来，随着非洲民主化的不断发展，非洲的军事政变本已大大减少。但遗憾的是，近年来又出现了某种新形态下的“回潮”。如近年来埃及、津巴布韦、苏丹、阿尔及利亚均发生了军人出手导致原在位总统下台的情况。有人说是“政变”，有人说是“革命”，有人说是军人响应群众呼声“把国家重新带入正轨”，如此等等，已经难以用“好”与“坏”的非黑即白法简单判断。如此次马里的“政变”

虽得到马里群众的欢呼，哗变军人几乎是在马里民众的一路簇拥和助威呐喊声中英雄般地挺进总统府的。但军人哗变推翻民选在职总统的做法毕竟与非洲联盟宪章倡导的民主原则相违背，也因此遭到非洲联盟、西共体、联合国、法国等的一致谴责。中国外交部发言人赵立坚8月19日也表示，中方高度关注马里局势，反对通过武力等非正常手段搞权力更迭，呼吁马里有关各方通过对话和平解决分歧，尽快恢复正常秩序。

毕竟，不管初衷和效果如何，军事政变或军人哗变从程序上看是“非民主”和“违宪”的。这个程序与效果的悖论就是当前非洲政治面临的一个重要新挑战。

三 马里政变后局势的发展

马里局势在2020年6月陷入动荡以来，西部非洲的地区组织“西非国家经济共同体”（简称“西共体”）成员国尼日尔、尼日利亚、科特迪瓦、塞内加尔等便在同年7月开始介入，多次调停马里政治危机，呼吁马里组建联合政府，但均遭到坚持要求凯塔下台的马里反对派拒绝。并最终在2020年8月，在军队的强力出手下，凯塔被赶下台，虽然说终于让反对派如愿，但因程序“非民主”和“非正义”，非洲联盟（非盟）及西非国家经济共同体（西共体）已分别宣布，暂停和取消马里成员国资格，并呼吁尽快恢复马里宪法秩序。西共体还关闭了其成员国与马里的边境、冻结成员国与马里的一切资金往来。

2020年9月12日，马里全国政治磋商会议参会代表通过《过渡宪章》，决定将马里政治过渡期从过渡总统宣誓就职算起持续18个月。此外，过渡总统将根据现行宪法任命一名过渡总理，由其组建过渡政府。9月15日，西共体各成员国代表在加纳首都阿克拉就马里局势举行会议，要求马里哗变军人任命平民担任过渡总统和过渡总理。西共体同时要求马里过渡副总统在任何情况下都不可以取代过渡总统，由哗变军人成立的“全国人民救赎委员会”在平民过渡政府成立后须立刻解散。西共体表示，针对马里的所有制裁将在过渡总统和过渡总理被任命后立即取消。

9月25日，马里前国防和退伍军人部部长巴·恩多（Bah Ndaw）以及“全国人民救赎委员会”主席阿西米·戈伊塔（Assimi Goita）分别宣誓就职成为该国过渡期总统及副总统，正式开启18个月的马里政治过渡期（过渡期结束后将举行大选），开始朝着恢复宪政秩序迈进。

布基纳法索

王洪一*

2020 年 11 月 22 日，布基纳法索举行总统选举，立法选举与第一轮选举同时进行。12 月 18 日，全国独立选举委员会宣布，在第一轮投票中，人民进步运动党（Mouvement du peuple pour le progrès）候选人卡博雷（Roch Marc Christian Kaboré）得票 57.74%①，再次当选布基纳法索总统。

虽然布基纳法索顺利举行了总统大选，选举前后也没有发生抗议游行和群众示威活动，但这种表面平静的选举过程，却深刻反映了布基纳法索因为恐怖主义活动而陷入全国性危机的事实。根据国家独立选举委员会的统计结果显示，能够参加选举的登记选民总数从 6490162 人下降至 5893406 人。由于恐怖主义组织的暴力威胁，数百个村庄的 926 个投票站无法开放。15 个选区的至少 40 万人无法投票，占选民总数的近 7%。②

布基纳法索曾经长期保持稳定，是西非地区抗击极端势力的核心力量之一。2013 年出兵 500 多人，参与联合国主导的马里国际维和行动。但随着 2014 年孔波雷政权的倒台，布基纳法索国防力量急剧衰落。2015 年以来，布基纳法索和马里接壤地区遭到萨赫勒地区恐怖势力的入侵，政府对一半以上的领土失去了实际管理能力。布基纳法索恐怖袭击事件频发，西部和西北部地区恐怖势力尤其猖獗。

2020 年，布基纳法索的恐怖袭击活动进一步增多，安全形势严峻。根据咨询机构“武装冲突地点和事件数据项目”（ACLED）的数据，与“基地”组织和“伊斯兰国”有关联的叛乱武装 2020 年造成 2000 多人死亡，而 2018 年有大约 300 人因为恐怖活动死亡。2020 年 1 月 4 日，一辆载有中学生的公共汽车在图冈（Tougan）受到恐怖袭击，14 人死亡。1 月 20 日，恐怖分子袭击了桑玛腾加省（Sanmatenga）两个村庄，36 名村民死亡。1 月 25 日，希尔加吉（Silgadji）村遭到袭击，至少 39 名平

* 王洪一，中国社会科学院西亚非洲研究所（中国非洲研究院）副研究员，研究领域涉及和平与安全、非洲问题和中非关系。

① https://www.presidencedufaso.bf/.

② https://reporting.unhcr.org/sites/default/files/UNHCR%20Burkina%20Faso%20-%20Operational%20Update%20November-December%202020.pdf.

民被杀。1月28日，在孔碧洋加（Kompienga）省发生恐怖伏击，政府军6人死亡。2月16日，恐怖分子袭击潘希（Pansi）教堂，造成24人死亡。2月29日，塞巴（Sebba）镇10名警察被杀死。4月9日，在Sollé166的一次袭击中，5名士兵被杀。5月29日，北部地区恐怖分子对商人车队进行袭击，造成15人死亡。5月30日，恐怖分子对孔碧洋加（Kompienga）市场袭击，造成37人死亡。5月31日，一个人道主义车队在巴尔萨洛戈以北遭到袭击，7名宪兵和6名平民被杀。8月7日，在纳孟古（Namoungou）市场，20名平民被枪杀。6月30日，一支商队在北部罗卢姆省遭恐怖袭击，至少导致15人死亡。10月5日，比西拉返回家园的难民车队被伏击，导致25名男子被枪杀。①

在频繁发生恐怖袭击的地区，政府防务和安全保障不足，大量居民逃离家园。布基纳法索当前难民问题突出，致使国家秩序更加动荡。8月18日，联合国难民署发言人巴洛什表示，布基纳法索正在经历全球发展速度最快的人道主义保护危机，超过100万人流离失所，即每20人中就有1人无家可归。布基纳法索的中北大区和萨赫勒大区收容了约76%的境内流离失所者，② 收容社区自身面临严重贫困、医疗资源紧缺和生计丧失，收容能力已经达到极限，而新冠肺炎疫情的暴发则使这一群体的处境雪上加霜。流离失所者和收容社区急需住房、食品、饮水、保护和医疗服务。恐怖袭击还造成大量失学儿童问题，当地共有2500多所学校因遭到袭击而被迫关闭，波及近35万名学生。另外，布基纳法索自2012年起就收容了来自马里的难民。2020年初，有近9000名难民为躲避武装团体的袭击和威胁而从古都博（Goudoubo）的营地逃离。曼陶（Mentao）难民营也有大约6000人被迫迁往临近的吉博镇（Djibo）。

布基纳法索的部族冲突和宗教的紧张局势正在进一步加剧，社群关系紧张。为了组织民众抵抗“基地”组织和“伊斯兰国”恐怖组织，卡博雷总统于2019年11月提出组建自卫团体，2020年1月21日，布基纳法索议会通过立法，允许政府招募当地志愿者来支持与圣战者的战斗。③ 但由于各社会群体之间存在争夺生存物资和地区领导权的矛盾，加上各族群的宗教信仰矛盾，自卫团体之间多次发生武装冲突。2020年3月8日，巴尔加省巴尔加－佩尔赫（Barga-Peulh）和丁格伊拉－佩尔（Dinguila-Peulh）两个村庄遭到自卫团体的袭击。自卫团体指责这两个村庄的博尔人为恐怖分子提供情报，枪杀了40多人。

---

① https：//www. koaci. com/article/2020/10/15/burkina – faso/societe/burkina – faso – une – vingtaine – de – personnes – tuees – par – des – groupes – terroristes_145900. html.

② https：//reporting. unhcr. org/sites/default/files/UNHCR% 20Burkina% 20Faso% 20 –% 20Operational% 20Update% 20November – December% 202020. pdf.

③ https：//www. actualiteivoire. info/accueil/recrutement – de – volontaires – pour – la – defense – de – la – patrie – le – burkina – le – parlement – burkinabe – donne – son – ok/.

几内亚

孟　瑾*

2020 年是几内亚总统大选年。由于在任总统孔戴（Alpha Condé）谋求第三任期，民众和反对党在选举前后多次组织示威游行，抗议游行者与警察之间发生暴力冲突并造成人员伤亡。现年 82 岁的孔戴于 2010 年当选几内亚总统，并在 2015 年总统选举中获胜连任至今。反对派认为孔戴谋求第三任期的做法是违宪行为，对此表示强烈抗议。最终孔戴在 2020 年总统选举中获胜，其上任后表示愿意通过对话度过政治危机。经过选举风波，民众对几内亚政权的信任度有所下降。与此同时，受新冠肺炎疫情影响，几内亚面临严重的经济社会危机。几内亚拟凭借丰富的矿产资源走出经济困境，但政治制度改革和民生问题仍面临很大挑战。

2020 年 3 月，几内亚总统孔戴决定将本应于 3 月 1 日举行的议会选举推迟至 3 月 22 日，并届时就总统提交的新宪法草案进行全民公决。由于反对派质疑总统通过新宪法为其谋求第三任期铺平道路，呼吁抵制全民公决，引发暴力冲突。同时，国际社会也对几内亚组织议会选举和全民公决的客观条件表示担忧和质疑。法语国家国际组织则撤销了对几内亚选举的援助。西非国家经济共同体和非洲联盟也撤回了选举考察团并呼吁双方停止对抗，以和平对话方式解决冲突。

尽管反对派呼吁民众抵制全民公决，但据几内亚全国独立选举委员会统计，此次全民公决投票率为 61.18%，最终新宪法以 91.59% 的支持率通过。根据几内亚新宪法规定，总统任期由 5 年延长至 6 年，可连任两届，并删除了 2010 年宪法中“任何人在任何情况下不得担任两届总统”的表述。新宪法的通过使孔戴可再次竞选总统。4 月 15 日，宪法委员会确认孔戴所在政党几内亚人民联盟（Rassemblement du peuple de Guinée）获得 114 个席位中的 79 个席位。8 月，孔戴宣布将参与总统选举，其候选人身份于 9 月得到了宪法委员会的认可。几内亚于 10 月 18 日平稳举行了总统选举，包括孔戴和前总理、几内亚民主力量联盟（Union des forces démocratiques de Guinée）塞卢·达莱因·迪亚洛（Cellou Dalein Diallo）在内共 12 名候选人参选。在选举第二天，迪亚洛单方面宣布在选举中获胜。10 月 19 日至 21 日，迪亚洛的支持

* 孟瑾，中国社会科学院西亚非洲研究所（中国非洲研究院）助理研究员，主要研究领域为非洲国家民主化与政治发展。

者与警方在几内亚首都科纳克里市郊发生暴力冲突，造成人员伤亡。10 月 24 日，几内亚全国独立选举委员会宣布总统选举初步结果，总统孔戴以 59. 50% 的支持率在总统选举中获胜，而迪亚洛得票率为 33. 49%。现任总统孔戴在选举中获胜。迪亚洛方面不承认选举结果，对抗持续发生。11 月，法院以破坏安全与公共秩序罪起诉选举期间组织冲突和对抗的反对派和社会组织代表。12 月 16 日，孔戴正式宣誓就职总统，并在发表就职演说中表示愿意通过对话协商解决政治危机，但同时指出任何人都应遵守法律并对自身言辞和暴力行为负责。

在经济层面，矿产资源的出口是几内亚财政的主要来源。几内亚每年出口近 600 吨铝矾土、120 吨以上的黄金。2020 年，几内亚和其他国家一样受到了新冠肺炎疫情的冲击。国际货币基金组织曾预测几内亚 2020 年实现 5. 8% 的增长率，但几内亚 2020 年实际经济增长率为 1. 4%。由于中国是几内亚矿产重要的出口市场，中国经济增长的放缓对几内亚经济造成沉重打击。国际货币基金组织已向几内亚提供 1. 48 亿美元的财政援助帮助几内亚应对经济危机。几内亚 2021 年有望实现 6. 6% 的经济增长率。

几内亚政府希望通过国际合作利用其矿产资源优势重振经济。4 月 6 日，中铝几内亚博法铝土矿项目 23 公里皮带输送系统带料重载联调一次成功，标志着中国在几内亚投资最大铝土矿项目全线贯通投运。该项目保有可开发资源量约 17. 5 亿吨，可持续开采长达 60 年，一期工程总投资约 5. 85 亿美元，设计规模为年产优质铝土矿 1200 万吨。另外，西芒度铁矿石（Simandou）的开采是几内亚独立以来最大规模的矿产开采工程。这些矿产储备将由中国、新加坡和几内亚合资创立的企业 SMB-Winning 开发，预计将于 2026 年投产。SMB-Winning 还将建设长达 650 公里的铁路，以贯通几内亚的森林地区和沿海地区。几内亚还计划在马塔康（Matakang）建设深水港。另外，已于 2020 年 10 月奠基的科纳克里国际机场（l'aéroport international de Conakry-Gbessia）新候机楼建设将大大扩充现有机场的面积，每年可承载的客运量将达到一百万人次，也将为几内亚经济复苏创造条件。

几内亚比绍

王洪一*

在新冠肺炎疫情的影响下，几内亚比绍经济缺乏活力，石油开发项目进展缓慢，政府财政紧张，民生艰难。2019 年底大选后，几内亚比绍反对党不断掀起抵制活动，大选结果被质疑，争议不断。2020 年，几内亚比绍政局动荡，一直无法任命总理。

从 2012 年发生军事政变以来，几内亚比绍民主进程波折不断，国家秩序长期混乱。2014 年举行的大选中，执政党候选人当选总统，但反对党则控制了议会，两党斗争激烈，总统提名的内阁无法获得议会通过，致使该国直到 2019 年底再次大选前都没有形成稳定政府。在 2019 年 3 月举行的议会选举中，前总统瓦斯领导的几内亚和佛得角非洲独立党（几佛党）获得 102 个议会席位中的 47 席，成为议会第一大党。而 2019 年底的总统大选中几佛党候选人佩雷拉的失败，使得几内亚比绍重演了上次大选后无法形成政府的僵局。

几内亚比绍在 2019 年 11 月 24 日举行总统大选，全国选举委员会主席若泽・佩德罗・桑布 27 日公布的初步计票结果显示，几佛党候选人多明戈斯・西蒙斯・佩雷拉以 40.13% 的得票率领先，民主更替运动（15 人小组）候选人、前总理乌马罗・西索科・恩巴洛以 27.65% 的得票率排名第二。由于两人选票均未过半数，于 12 月 29 日举行第二轮大选。2020 年 1 月 1 日，几内亚比绍全国选举委员会公布数据，恩巴洛当选总统。第二轮投票的投票率为 72.67%，恩巴洛获得 53.55% 的选票，佩雷拉获得 46.45% 的选票。

由于在第一轮选举中得票率超过恩巴洛 12 个百分点，佩雷拉方面不断质疑选举的公正性。恩巴洛和佩雷拉的选举争端旷日持久，余波一直延续到 2020 年底。

2020 年 1 月初，几佛党就第二轮总统大选结果向最高法院提出申诉，质疑统计选票的方法。最高法院与全国选举委员会就选票统计问题陷入争执，直到 2020 年 2 月 25 日，双方达成初步共识。全国选举委员会遵照最高法院的命令，重复计票工作，并向最高法院提交了全体会议报告，仍然确认了恩巴洛获胜。

2 月 27 日，在最高法院对申诉作出裁定之前，恩巴洛以总统身份进行自我加冕。

---

* 王洪一，中国社会科学院西亚非洲研究所（中国非洲研究院）副研究员，研究领域涉及和平与安全、非洲问题和中非关系。

加冕仪式由人民议会副主席几内亚比绍民主党（APU-PDGB）的纳比亚姆（Nuno Gomes Nabiam）主持，总统卫队提供安全保障。同时，武装部队控制了包括最高法院在内的所有国家机构。由于留任总理戈麦斯（Aristides Gomes）反对恩巴洛的自我加冕。2 月 28 日，恩巴洛发布两项法令，一项是解散戈麦斯总理及其内阁，另一项是任命纳比亚姆为总理。面临宪法危机，几佛党控制的议会一度任命多党联盟发言人卡萨玛（Cipriano Cassamá）为临时总统，但卡萨玛拒绝就任。29 日，恩巴洛任命纳比亚姆为总理，并组成了 32 人的内阁，内阁成员包括了民主更替运动（15 人小组）、社会革新党（PRS）、人民团结联盟 - 几比民主党（APU-PDGB）的代表，及其他独立候选人。几内亚比绍总检察长、前反对派联盟领导人和军队多名高级将领出席了仪式，其中包括武装部队总参谋长纳姆塔姆（Biaguê Na N'Tam）将军。

恩巴洛虽然得到军队支持，但佩雷拉则得到议会、最高法院和公务员的支持。恩巴洛和佩雷拉的冲突，以及几佛党和民主更替运动（15 人小组）之间的博弈，致使几内亚比绍国家政治秩序陷入瘫痪。国际社会对几内亚比绍的政治动荡充满忧虑，西非经济共同体在 2 月 28 日和 3 月 1 日迭续发布公报，对政治事态发展表示严重关切，对军方干预政治表示遗憾，并呼吁立即停止威胁和平的活动。西非经济共同体还发出警告，威胁对肇事者进行制裁。3 月 5 日，纳姆塔姆要求首都各区军队向恩巴洛总统效忠，西非经济共同体的维和部队一度占领了首都部分街区。3 月中旬，恩巴洛接受西非共同体调解，西非经济共同体的维和部队撤回军营。

由于几内亚比绍最高法院无法就总统大选作出裁决，4 月 22 日，西非经济共同体举行几内亚比绍全国和政府首脑会议并发表公报。西非经济共同体根据几内亚比绍全国选举委员会宣布的最终结果，决定承认恩巴洛为总统大选获胜者，但恩巴洛任命纳比亚姆为总理则不符合宪法，呼吁恩巴洛根据几内亚比绍宪法在 5 月 22 日之前任命总理并组建新政府。此后，非盟、欧盟、葡萄牙语国家共同体和联合国几内亚比绍建设和平办公室先后发表声明，支持西共体的决定。但由于恩巴洛迟迟不能任命总理，西非经济共同体将最后期限一再延期。7 月 1 日，联合国安全理事会发表声明，对几内亚比绍政治和体制危机表示关注，呼吁几内亚比绍的国防和安全部队不要干预政治进程。

2020 年 9 月，几内亚比绍最高法院通过了最终裁决，宣布佩雷拉对选举不当行为的指控没有根据。最高法院的裁决，确认了恩巴洛当选的合法性，但由于议会内几佛党的抵制，恩巴洛领导下的内阁一直不能实际任命总理，而且内阁并不稳定，多次发生改组。

2020 年 12 月，为最终解决议会和总统的争端，恩巴洛威胁提前进行议会选举，而议会则否决了其提出的 2021 年预算。恩巴洛随后收回了提前进行议会选举的威胁，而议会却仍然抵制恩巴洛提议的总理人选。

佛得角

张春宇*

2020年，新冠肺炎疫情严重冲击了佛得角社会经济发展。服务业是佛得角经济的支柱产业，服务业产值占其国内生产总值的70%以上，其中以旅游业和运输业最为重要。疫情下全球各国实施严格的旅游限制和封锁措施，导致佛得角入境游客大幅减少，国内服务业严重萎缩。佛得角2020年财政预算修订案预计全年游客量下降58%，旅游收入减少61.6%。佛得角本就连年贸易逆差，疫情导致的全球经济不景气，外部需求下降，使船舶燃料、鱼类产品和服装等该国主要出口产品面临出口困难；第三季度出口额降至1070万欧元，同比下降32%；前3季度出口总额同比下降24%；2020年，经常账户赤字占GDP的12.6%。2020年，佛得角经济萎缩8.1%。①

疫情直接影响了佛得角的财政收入，2020年1—8月财政收入2.46亿欧元，同比下降近20%。而为应对疫情，财政支出明显增加。受疫情影响，2020年佛得角失业率高达20%；该国政府于3月宣布，因疫情失业的工人将获得基本工资70%的补贴；仅4月和5月，社保局即支付了300万美元就业补贴；7月，政府宣布将提供1.5亿美元支持企业抗疫，以避免私人公司大规模破产。受此影响，过去几年佛得角财政赤字稳步下降的局面终结，2020年财政赤字急剧上升至国内生产总值的10.8%。2019年底，佛得角公共债务存量已相当于国内生产总值的124%，疫情导致2020年公共债务存量进一步增加。7月，惠誉评级发布报告显示，到2020年底，佛得角公共债务将占国内生产总值157%，成为非洲公共债务占比最高的国家之一，这严重限制了政府投资能力，除电力、运输和通信部门的一些优先项目外，其他投资项目都将延迟。②

疫情对佛得角经济发展的影响将至少持续到2021年，因此，至少在2021年，佛得角政府的经济政策仍将专注于应对疫情。2020年，佛得角已经参加了20国集团暂停债务偿还倡议，获得了1490万美元的延期偿还额；4月，佛得角从国际货币基金

---

* 张春宇，中国社会科学院西亚非洲研究所（中国非洲研究院）副研究员，研究方向为非洲经济、海洋经济。

① 本文数据均来自 Economist Intelligence Unit. Country Report Cabo Verde. January 18th 2021.

② 本文数据均来自 Economist Intelligence Unit. Country Report Cabo Verde. January 18th 2021.

组织快速信贷机制（RCF）获得了3200万美元贷款；佛得角还与国际货币基金组织达成了一项无资金支持的政策协调工具（PCI）安排。2021年，该国将再次寻求减免债务，继续从多边组织寻求外部资金援助。而佛得角政府实施的五年经济计划（2017—2021年）中关于增加国际物流、供应和维修服务的投资，建立空中交通枢纽、金融服务中心和数字技术创新中心等措施均未落实，该国于2022年将制订新的五年经济计划，预计仍将以上述内容为核心。

佛得角地扼美、非、欧、亚四大洲海上交通要冲，地理区位优越，海洋资源丰富。近年来，蓝色经济得到了佛得角政府的高度重视，已成为其经济发展的重点和亮点。佛得角于2015年出台了《蓝色增长促进宪章》，旨在实施与蓝色经济相关的公共政策，促进其与各部门的协调一致，以此推动海洋和沿海地区可持续发展，最大限度地减少环境退化、生物多样性丧失和海洋资源衰竭，提高经济效益和社会效益。对渔业和水产养殖、贸易和粮食安全、环境、海洋生态旅游、海运港口发展、城市发展及海滨责任化管理、科学服务及研究、海洋安全8个领域提出了预期发展目标。该国实施了国家蓝色经济投资方案（PNIEA）和蓝色经济促进计划（PROMEA），是非洲首个制定了全国整体蓝色经济发展计划的国家。该国还正在建立相关机制和信贷额度，以保证蓝色经济计划的有效实施。在佛得角蓝色经济各产业中，滨海旅游业是支柱产业，年产值超过国内生产总值的40%，吸纳就业占比接近40%。海洋渔业相对发达，渔产品是最重要的出口产品，尤以金枪鱼产量和出口量最大。

2020年，佛得角积极推动圣文森特岛海洋经济特区建设，具有一定的发展潜力。圣文森特岛历史上就是佛得角与世界沟通联系的贸易平台。建设圣文森特岛海洋经济特区将推动以该岛为中心的港口、渔业服务、物流、修船、运输、燃料补给等产业的发展，带动就业，增加外汇收入，推动经济增长。2016年10月，中国—葡语国家经贸合作论坛第五届部长级会议期间，中佛两国总理就海洋经济发展问题达成多项共识，之后该国邀请中国为圣文森特岛海洋经济特区规划项目提供技术援助，双方共同编制了《佛得角圣文森特岛海洋经济特区规划》。这一援助项目是中国践行“一带一路”倡议，构建蓝色伙伴关系的重要举措，佛得角将发展成为中国在西非的重要平台，将被塑造成为中非合作、南南合作的成功典范。佛得角政府于2020年9月17日成立了圣文森特岛海洋经济特区办公室，负责特区规划落实。

塞拉利昂

詹世明[*]

2020年，新冠肺炎疫情对塞拉利昂的经济、社会和政局产生了一定的影响。但得益于抗击埃博拉时积累的经验教训、塞拉利昂政府及时有效的应对措施，加上包括中国在内的国际社会的积极援助，塞拉利昂虽然遇到了经济发展下行、社会形势恶化等方面的困难，但保持了政局的基本稳定。

一　新冠肺炎疫情及其影响

与非洲和世界其他地区和国家相比，塞拉利昂暴发的新冠肺炎疫情并不十分严重。塞拉利昂疫情有以下几个特点。一是首例感染者出现时间晚。3月31日，塞拉利昂总统比奥召开新闻发布会，宣布塞发现首例新冠肺炎输入病例。二是病例比较集中，主要感染者出现在首都弗里敦，该地区的病例占所有病例的75%以上。三是没有出现大规模的社区感染现象。截至北京时间2020年12月31日凌晨，累计确诊病例为2583例，其中76例死亡，1891例治愈。塞拉利昂新冠肺炎疫情不太严重的状况一方面反映了当地检测能力不强，另一方面也与政府采取的一系列严格的防疫措施密切相关。

塞拉利昂经历过2014年埃博拉肆虐的惨痛教训，在疫情防控方面积累了较为丰富的经验。塞拉利昂政府采取的应对措施主要如下。一是各种形式的管控。早在塞拉利昂出现首例感染病患之前的3月24日，塞政府即宣布进入为期12个月的公共卫生紧急状态。3月27日，塞拉利昂总统比奥宣布自当日午夜起关闭塞同几内亚、利比里亚的陆地边境，持续30天，视情况决定是否延长关闭时间。经由陆路运输的必要物资将在严格监管下通过边境。此后，塞拉利昂采取了一系列的宵禁、封锁等措施，并根据疫情的发展情况不断进行调整。如4月30日，塞拉利昂总统比奥宣布，5月3—5日实施为期3天的全国封锁；其他现行措施，包括宵禁和跨地区交通管制继续有效。同时，根据专家建议，塞政府加强接触者追踪、扩大检测、隔离和收治范围并

---

* 詹世明，中国社会科学院西亚非洲研究所（中国非洲研究院）《西亚非洲》编辑部主任、副研究员，研究领域为非洲政治。

采取其他必要措施遏制疫情传播，要求所有人严格遵守卫生和防疫规定。可以说，塞拉利昂政府的这些措施对遏制新冠肺炎疫情蔓延起到了关键的作用。二是寻求国际社会的援助。2020 年 4 月 9 日，塞拉利昂召开新冠肺炎疫情防控发展伙伴视频会议，比奥总统在讲话中表示，新冠肺炎疫情全球蔓延形势严峻，国际社会应团结协作、共克时艰。比奥感谢各发展伙伴对塞的支持，呼吁各方向塞提供更多帮助。疫情期间，塞拉利昂获得了国际货币基金组织、欧盟以及非洲开发银行的抗疫资金援助，总额达数亿美元。塞拉利昂还加入了世界卫生组织发起的疫苗援助计划。三是制定经济应对措施。塞政府经过研究，制定了总额上亿美元的疫情期间经济发展计划。

疫情对塞拉利昂主要有三方面影响。首先是经济方面。受疫情影响，塞拉利昂刚刚从埃博拉冲击后恢复的经济再遭重创。在连续增长数年后，预计 2020 年出现 3.2% 的负增长。虽然塞内加尔经济的下滑与国际大宗商品价格下降有关，但新冠肺炎疫情带来的负面影响显而易见。经济下行主要表现在对外贸易减少、国际投资下降，政府财政吃紧等方面。其次是社会发展方面。受疫情影响，本来就高企的失业率上升，通货膨胀加剧，加上一系列严格的防控措施的实行，导致社会不满情绪膨胀，社会治安有所恶化。最后是政治局势方面。塞拉利昂政局整体稳定，但是也暗流涌动。总统比奥通过联合小党派和独立议员的支持，基本控制了议会，反对派虽然实力强大但也无法从根本上撼动他的统治。但由于比奥总统很多 2018 年时的竞选承诺并未完全兑现，加上疫情期间对前政府官员和反对派人士的镇压和控制行为，以及第一夫人受到的腐败指控，对塞拉利昂政局产生了一定的影响。马可尼还曾发生了因民众抗议而发生冲突导致多人死亡的事件。

二 中塞团结抗疫成效明显

新冠肺炎疫情在中国武汉暴发后，塞拉利昂政府和民间都十分关注，纷纷通过各种形式表达慰问和对中国人民抗疫工作的支持。2020 年 1 月 31 日，塞拉利昂总统比奥向习近平主席致函，代表塞政府和人民对中方因新冠肺炎疫情遭受损失致以同情和慰问，表示塞方将同中国政府和人民团结一致，坚信中国能够早日战胜疫情。3 月 5 日，塞议会举行声援中国抗击新冠肺炎疫情活动，代表塞全体人民声援中国抗击疫情，并请中国驻塞大使胡张良向中国全国人民代表大会转赠声援证书。塞中友好联合会、塞拉利昂留华学生联谊会、塞中友好基金会等友好组织的主席纷纷向中国驻塞大使胡张良表达对中国人民的慰问，感谢中国人民在塞拉利昂暴发埃博拉疫情期间率先驰援的珍贵情谊，坚信中国政府和人民在习近平主席的英明领导下，一定能够战胜此次疫情。被喻为“黑珍珠”的塞籍在华知名艺人、塞中友好联合会创始人玛利亚创作、演唱歌曲《中国加油》，为中国人民抗击疫情呐喊、助威，并通过塞中友好联合会向中国捐款。塞拉利昂媒体、青年、学生也纷纷通过在社交平台留言、拍摄照片、视频等不同形式赞扬中国抗击新冠肺炎疫情的决心和努力，表达对中国人民的支持和祝福。在华的塞拉利昂留学生也通过视频、电话向亲人、朋友介绍在华学习生活一切安好及中国政府为外国留学生提供的各种悉心帮助。可以说，塞拉利昂各界对中国的抗疫行动和措施给予了充分的理解和支持。

塞拉利昂同中国关系长期友好。中国和塞拉利昂的医疗卫生合作历史悠久，成就显著。当2014年塞拉利昂暴发埃博拉疫情时，中国率先向塞提供医疗物资，并派出医护力量300多人次携带急需物资，万里驰援，中方为塞方控制并最终战胜疫情发挥了关键作用并帮助其建立了较为完备的疫情防控体系，为塞拉利昂应对新冠肺炎疫情打下了坚实基础，赢得了国际社会和塞人民广泛赞誉。

虽然比较而言，塞拉利昂新冠肺炎疫情并不十分严重，但是中国政府和民间给予了高度重视，帮助塞拉利昂政府的抗疫行动。2020年4月21日，中国政府向塞拉利昂提供了第一批援塞抗疫物资。以马云公益基金会和阿里巴巴公益基金会为代表的中国工商界和民间组织等也积极行动，多次向包括塞拉利昂在内的非洲国家积极捐献医用口罩、防护服、检测试剂盒等紧缺物资。中国人民解放军也向塞拉利昂军队援助了一批防护服、医用口罩等新冠肺炎疫情防疫物资。截至5月20日，中国政府和人民先后向塞拉利昂捐赠了四批急需的防疫物资，包括7200套防护服、2500个N95口罩、11.1万个医用外科口罩、2.1万份检测试剂以及医用护目镜、手套、鞋套、额温枪和呼吸机等。此后，6月22日和9月15日，中国驻塞拉利昂大使馆又分别向塞政府移交了第二批和第三批抗疫物资。非洲国家和人民由衷感谢中方雪中送炭，感慨“患难见真情”。除提供抗疫物资外，中国援塞医疗队、中国援塞军事医学专家组和固定生物安全实验室专家组也积极参与到塞拉利昂的抗疫行动当中。塞中友好医院作为接诊新冠肺炎患者的定点医院，中国援塞医疗队在患者接诊、医治和康复过程中发挥了重要的作用。中国援塞军事医学专家组和固定生物安全实验室专家组则承担了最早一批的样本检测，发现了当地首例新冠肺炎患者。在对当地患者的治疗中，中方军医组医护人员亦作出重要贡献。三支援塞医疗队伍同塞方密切配合，奋战在一线，为塞抗击新冠肺炎疫情作出积极贡献，促进中塞友谊发展。塞卫生部长动情地说：“塞拉利昂找不出比中国更好的兄弟。”塞拉利昂议长等友好人士也指出：“我们的心与你们紧紧贴在一起。”中国和塞拉利昂的友谊在团结抗议中再一次得到了巩固和升华。

利比里亚

李文刚*

2020 年，受新冠肺炎疫情的冲击，利比里亚经济出现较大困难，民生领域问题突出，民众对维阿总统的执政业绩表示不满，社会出现了一些动荡。但总体而言，在过去的一年，利比里亚政局保持了稳定，政府出台多项举措防控疫情。在后疫情时代，利政府的施政重点仍以基础设施发展、农业和旅游业等行业的政策改革为主，推动重点行业的经济增长和提高就业率。

一　新冠肺炎疫情概况

2020 年 1 月末，世卫组织宣布新冠状肺炎疫情为全球公共卫生突发事件后，利比里亚政府拨款 150 万美元用于新型冠状病毒防控，防止病例输入。卫生部在主要入境口岸罗伯茨国际机场进行 24 小时全天候体温检测，安排救护车 24 小时待命。卫生部与移民局合作追踪近期从疫区来利的人员，启动国家及各州应急中心，并通过媒体、宗教团体及民间组织进行风险沟通。随着全球疫情的蔓延，利政府逐步升级了防控措施。3 月 16 日，卫生部门确认首例新冠肺炎感染者，系环保署署长纳萨尼尔·布拉玛，其 3 月 13 日入境利比里亚，此前在瑞士访问。此后，疫情防控成为利政府的重中之重。根据利国家公共卫生研究院（NPHIL）的数据，截至 2021 年 2 月 25 日 22 时，利新冠肺炎累计确诊病例 2010 例，死亡 85 例，治愈 1884 例，现有 41 例，尚在接受医学观察的密切接触者 62 人，累计核酸检测 73267 份。全国 15 个州中，疫情最严重的是蒙特塞拉多州（1527 例），其次是马吉比州、宁巴州、大巴萨州等，病例最少的是里弗塞斯州（5 例）。①

---

* 李文刚，中国社会科学院西亚非洲研究所（中国非洲研究院）民族与宗教研究室主任、副研究员，主要研究领域为尼日利亚国别研究、中国与尼日利亚关系、非洲伊斯兰教等问题。

① http：//lr. mofcom. gov. cn/article/jmxw/202103/20210303041853. shtm.

二 经济发展出现困难

受新冠肺炎疫情影响，利比里亚的GDP较2019年萎缩3%，宏观经济发展不平衡凸显，包括私营行业和公共服务行业在内的各个领域正在面临各种新旧挑战，“扶贫规划”的实施严重受阻。2020年利比里亚国内生产总值36亿美元，平均通胀率19%。① 矿业因国际铁矿石价格走低有所萎缩，但农业、渔业和制造业有小幅增长。2020年上半年，利比里亚元持续贬值，7月15日利比里亚元与美元汇率为199.7：1。由于第三季度利比里亚元纸钞大量短缺，市场流动性不足，利比里亚元逐渐升值，12月14日利比里亚元与美元汇率为161.5：1。② 截至2020年底，利国债总额达15.8亿美元，其中内债为6.4339亿美元，外债为9.4093亿美元。较2019年底，利国债总额增加3亿美元，内债增加2.2359亿美元，外债增加0.7806亿美元。③

三 社会运动和民生

2020年6月，美国爆发由弗洛伊德之死引发的骚乱也波及了利比里亚。非洲人运动组织利比里亚分会在美国驻利比里亚使馆前举行悼念弗洛伊德之死活动，呼吁美国停止种族暴力。《非洲头版》还刊文指出，利比里亚首都蒙罗维亚（Monrovia）以美国第5任总统门罗的名字而命名，而门罗本身就是一个奴隶主。这种命名不利于解决利比里亚国民身份认同问题，因此需要改名。该呼吁得到不少利比里亚人的认同。8月，数千名反强奸抗议者以和平方式走上蒙罗维亚的街头，但遭到镇压。统计和地理信息服务研究所的一项抽样调查显示，受疫情影响，利不少企业倒闭、减产或停产，失业人数大增，工人工资锐减，贸易和工业领域从业人员受影响最为严重。面对疫情后贫困和失业水平的上升，特别是非正式工人面临的艰难困境，英国经济学人智库（EIU）预计，2021—2022年，利很可能出现更大规模的社会动荡。④

四 国际关系领域

2020年，一些国际组织和欧盟、中国、美国、日本等都对利比里亚抗击疫情提供了资金或物质援助。鉴于利比里亚面临巨大的国际收支压力，利政府继续优先与外国捐助者和双边贷款人建立联系，以便在2021—2022年吸引更多的财政支持。英国

---

① EIU, *Country Report-Liberia*, 4th Quarter 2020, p. 6.

② http: //lr. mofcom. gov. cn/article/ztdy/202012/20201203023733. shtml.

③ http: //lr. mofcom. gov. cn/article/ztdy/202101/20210103035423. shtml.

④ EIU, *Country Report-Liberia*, 4th Quarter 2020, p. 8.

经济学人智库指出，包括国际货币基金组织、世界银行和非洲开发银行在内的各多边机构向利提供了经济复苏资金，并对利比里亚资金利用情况进行监管。双边关系方面，利比里亚与美国之间有密切的财政和军事合作，两国关系保持牢固；利比里亚继续得到其他国家的支持，包括中国、法国和几个阿拉伯国家。

科特迪瓦

孟　瑾*

2020 年是科特迪瓦总统大选之年。2010—2011 年由总统选举引发的政治军事危机使科特迪瓦本届总统大选备受国际社会关注。总统选举候选人总理库里巴利（Amadou Gon Coulibaly）的去世以及现任总统瓦塔拉（Alassane Ouattara）再次参选，给科特迪瓦政局走向带来更多的不确定性。尽管瓦塔拉再次当选总统的选举结果引发了社群冲突和暴力对抗，但瓦塔拉就任后致力于实现民族和解的努力和良好的经济表现有望暂时弥合多年积攒的社会矛盾。

2020 年 3 月，瓦塔拉总统向议会提交了宪法修改草案，涉及副总统任命、议会任期以及司法机构调整等内容。议会反对派代表抵制关于修宪的投票，认为本次修宪草案对宪法的改动较大，应通过公民投票的方式出台新宪法，而不是通过议会投票来修改宪法。然而，3 月 17 日，议会仍以 246 票赞成 2 票反对的结果通过了修宪法案。

3 月 5 日，已连任两届总统的瓦塔拉向议会宣布不再参加 10 月举行的总统选举，将权力移交给下一代领导人。总理库里巴利被指定代表"乌弗埃民主和平联盟"（Rassemblement des houphouëtistes pour la démocratie et la paix）统一党参加总统大选。但库里巴利 7 月因心脏病突然去世。瓦塔拉 8 月宣布将代表执政党参加总统选举。这一决定遭到反对派和部分民众的强烈抗议。反对派认为瓦塔拉的参选违反科特迪瓦宪法，不承认其参选资格的合法性。瓦塔拉的支持者与反对者之间发生的暴力冲突造成了 5 人死亡，近百人受伤。国际社会担心科特迪瓦重新上演 2010—2011 年因总统选举引发的政治军事危机。8 月 18 日，联合国秘书长古特雷斯呼吁各方通过对话解决冲突并为选举创造良好条件。9 月，宪法委员会认可了科特迪瓦民主党（Parti démocratique de Côte d'Ivoire）代表贝迪埃（Henri Konan Bédié）、科特迪瓦人民阵线（Front populaire ivoirien）代表恩盖桑（Pascal Affi N'Guessan）以及独立候选人贝尔坦（Kouadio Konan Bertin）三名候选人的参选资格，而前总统巴博（Laurent Gbagbo）以及前总理索罗（Guillaume Soro）因涉及司法诉讼被取消参选资格。10 月 31 日，总统大选在紧张的政治氛围中举行。受暴力示威活动影响，22381 个投票站中仅有 17601

---

* 孟瑾，中国社会科学院西亚非洲研究所（中国非洲研究院）助理研究员，主要研究领域为非洲国家民主化与政治发展。

个投票站正常开放，近五分之一的选民没能投票。候选人贝迪埃和恩盖桑决定抵制选举，只有贝尔坦作为反对派参选。11 月 3 日，科特迪瓦独立选举委员会公布总统选举初步计票结果，现任总统、执政党“乌弗埃民主和平联盟”统一党候选人瓦塔拉最终以 94.3% 的得票率在总统选举中获胜，投票率为 53.9%。

反对派随即宣布成立以贝迪埃为主席的全国过渡委员会，“为公平、透明、包容的总统选举做准备”。11 月 7 日，政府以叛乱罪逮捕了包括恩盖桑在内的多名反对派领导人。11 月 9 日，宪法委员会对选举结果予以确认。选举结果公布后，科特迪瓦中部及中东部地区不同社群间、民众与警察之间爆发暴力冲突，据官方统计，冲突造成 85 人死亡，484 人受伤。近 8000 人逃向利比里亚等邻国避难。11 月 11 日，在国际社会的压力下，反对派代表、民主党主席、前总统贝迪埃与瓦塔拉就解决因总统选举引发的危机举行对话，双方承诺将以和平为目标建立对话并为实现国家稳定共同努力。贝迪埃于 12 月 9 日解散了全国过渡委员会并呼吁各政治力量参加全国对话。

12 月 14 日，科特迪瓦总统瓦塔拉在阿比让宣誓就职。在就职演讲中，瓦塔拉表示将优先发展教育和职业培训，促进青年就业，更加重视女性赋权和社会福利，为民众提供更多机会。

瓦塔拉当选后，实现全国和解是重要议题。瓦塔拉表示将成立民族和解部，以促进社会融合与民族和解，并呼吁建立全国对话，致力于与反对派的和解，为即将于 2021 年初第一季度举行的议会选举做准备。

经济增长是瓦塔拉总统除政治稳定之外的又一重要目标。自 2011 年瓦塔拉当选总统以来，科特迪瓦取得了丰硕经济成果，保持着 7%—8% 的经济增长率。尽管受新冠肺炎疫情影响，2020 年科特迪瓦仍保持着 1.8% 的正增长。据国际金融机构预测，2021 年科特迪瓦经济增长有望恢复到 6%。经济快速增长使 2019 年人均国民收入比 2011 年翻番。但是，贫困和不平等问题依然严重。现今科特迪瓦 2600 万人口中有 1000 万人仍是贫困人口，与 2011 年贫困人口数量持平。服务、能源以及基础设施行业仍是科特迪瓦主要经济支柱产业。此外，可可生产产值占国民经济生产总值的 15%，是科特迪瓦五分之一人口维持生计的来源。2020 年可可生产量达 220 万吨巩固了科特迪瓦第一大可可生产国的地位。现在科特迪瓦面临的主要挑战是如何推进可可生产的本土再加工以及社会不平等问题。安全方面，科特迪瓦北部面临“圣战”恐怖主义的威胁，加剧了科特迪瓦的安全隐患。2020 年 6 月中旬，10 名科特迪瓦士兵在科特迪瓦北部靠近布基纳法索的边境地区遭到恐怖分子袭击，造成 10 人死亡，6 人受伤。7 月，科特迪瓦政府宣布在科特迪瓦北部建立特别军事区，预防恐怖分子从邻国布基纳法索或马里渗透到科特迪瓦境内。

加　纳

赵雅婷[*]

2020年对世界而言是极不平凡的一年，地处西非几内亚湾沿岸的加纳亦受到全球大趋势的影响。本报告根据2020年度加纳大事件，分别从疫情防控与应对经济冲击、政治、安全及与中国的关系四个方面对加纳的相关情况进行梳理和总结。

一　疫情防控与应对经济冲击

2020年3月11日，世界卫生组织宣布新冠肺炎疫情进入全球大流行期。次日，加纳首次发现两例输入病例，政府立即行动积极响应，采取了卓有成效的应对措施。尽管确诊案例持续增长，但加纳被视为应对疫情最有效的国家之一而获得全球赞誉，甚至世界卫生组织都从其采取的检测方法中吸取了些许经验。[①] 具体而言，加纳政府根据世界卫生组织的建议提出了应对病毒的“3T”方式，即追踪、测试和治疗。之后政府在实际行动中采取了五步走措施，前三项主要为应对疫情。一是限制和阻止新的输入型病例。3月15日总统宣布限制来自确诊病例超过200例的地区和国家的人员入境加纳。如有入境则须进行14天的医学隔离监测。此后又在3月22日宣布关闭国境。二是防止社区扩散。3月21日，加纳通过《实施限制法案2020（1012号法案）》，设置了针对国内各项活动及不同地区的出行与隔离政策。三是隔离、治疗和照顾病人。利用社会资本以及世行的援助，加纳修建了新的隔离与治疗中心，以减轻医疗系统压力。

后两项则是努力减少疫情对经济的打击。一是确保自力更生，增强国内能力。政府鼓励本土企业生产个人防护装备与检测试剂，并由贸易和工业部选择定点企业专门生产医用防护设备。此外，对卫生领域的企业额外提供30亿加纳塞地的贷款、免除医护人员的个人所得税，并为一线工作者提供保障和额外津贴。二是最大限度地降低

* 赵雅婷，中国社会科学院西亚非洲研究所（中国非洲研究院）国际关系研究室助理研究员，研究领域为非洲国际关系与非洲发展问题。

① GhanaWeb, “Coronavirus: Ghana named among countries with best response in the world”, May 17, 2020, https: //www. ghanaweb. com/GhanaHomePage/NewsArchive/Coronavirus-Ghana-named-among-countries-with-best-response-in-the-world-954532.

疫情对社会和经济生活的影响。加纳通过了《冠状病毒缓解计划（Coronavirus Alleviation Program)》法案，作为一项有韧性的经济恢复计划，推动商业和手工业的发展。3 月 26 日，政府宣布免除所有居民三个月的水费，并为居民补贴电费。政府还将税收申报日期从 4 月延长至 6 月。通过与银行的谈判，政府宣布自 2020 年 4 月起将利率降低 2%。银行还向航空和酒店业的实体（例如，酒店、饭店、汽车租赁、食品供应商、出租车运营商等）暂停了 6 个月的本金还款。① 并向小微企业提供了 6 亿加纳塞地且还款期较长的贷款。

在加纳政府的积极努力下，2020 年其经济增长率维持在 0.9%，成为撒哈拉以南非洲为数不多的在疫情冲击下保持经济正增长的国家，国际货币基金组织预计 2021 年加纳的经济增长率将达到 4.2%。②

二 总统选举与罗林斯逝世

2020 年，加纳四年一度的大选在疫情之下顺利举行，选举进程总体平稳，新爱国党（NPP）候选人、现任总统纳纳·阿库福－阿多（Nana Akufo-Addo）总统将开启第二个四年任期。

受疫情影响，加纳大选的选民登记延期至 6 月底开始，最终超过 1700 万选民进行了登记，将在现任总统与反对党全国民主大会党（NDC）候选人、前任总统约翰·德拉马尼·马哈马（John Dramani Mahama）之间选出新一届政府的掌权者。2020 年 12 月 7 日开启大选投票，9 日，由让·门萨（Jean Mensah）领导的加纳选举委员会宣布现任总统获得胜利，选举投票的相关数据③如表 1。

表 1　　2020 年加纳大选相关数据

项目	数据
总注册选民数	17027941
总投票数	13432857
总有效投票数	13119460
现总统阿库福－阿多得票数	6730587（51.3%）
前总统马哈马得票数	6213182（47.3%）

① Nana Dankwa Akufo-Addo, "Address To The Nation By President Akufo-Addo On Updates To Ghana's Enhanced Response To The Coronavirus Pandemic", April 5, 2020, https://presidency.gov.gh/index.php/briefing-room/speeches/1555-address-to-the-nation-by-president-akufo-addo-on-updates-to-ghana-s-enhanced-response-to-the-coronavirus-pandemic.

② IMF, Ghana, https://www.imf.org/en/Countries/GHA#countrydata.

③ Micheal Oduor, "Review of Ghana's 2020 Polls: Contest, Collation, Controversy", December 22, 2020, https://www.africanews.com/2020/12/22/review-of-ghana-s-2020-polls-contest-collation-controversy/.

在法院裁定重新计票后，议会的选举结果是执政党以一席优势（137 票）领先成为赢家。这使得加纳产生了悬浮议会（Hung Parliament），即没有任何一个政党在议会中获得绝对多数。一些学者担心这将导致政府相关政策较难开展，但也有学者认为这一结果可以加强行政部门和立法部门之间的合作与妥协。

针对大选结果，反对党领导人马哈马提出质疑并拒绝承认，此后决定上诉至最高法院。在此期间还引发了反对党议员及其拥护者的一些抗议活动，致使 5 人丧命。2021 年 1 月 28 日，加纳最高法院驳回了马哈马提交的选举请愿书，并对其提供的证言不予采信。对于此次大选，非盟及欧盟选举观察机构均认为总体是公平和公正的，但选举委员会的工作仍有些许争议。

政治方面第二件大事是一代伟人罗林斯逝世，受到众人缅怀。2020 年 11 月 12 日，杰里・约翰・罗林斯（Jerry John Rawlings）在加纳首都阿克拉逝世，享年 73 岁。2021 年 1 月 27 日，在举行为期 4 天的全国哀悼纪念活动后，其被安葬在加纳的军事公墓。罗林斯曾在 1979 年和 1980 年期间以爱国革命军人姿态三次发动军事政变，掌权后开启了加纳经济自由化改革。20 世纪 90 年代，罗林斯审时度势，逐步调整政治民主政策，宣布开放党禁。1991 年，罗林斯成功当选全国民主大会党主席。为保证民主政治的平稳发展与总统选举的顺利进行。加纳于 1992 年 4 月 26 日举行全民公决，通过了现行宪法，为加纳民主制度奠定了坚实的基础。他统治加纳 20 余年，政绩卓著，为加纳留下了丰厚的政治遗产，深得民众拥戴。现任总统阿库福 - 阿多在悼念仪式上称其拥有“超凡魅力、朝气和无畏精神”，赢得了“仰慕者和敌人”的尊重。①

三 沃尔特地区局部动乱

安全方面除大选结果引发的小规模抗议和冲突之外，2020 年加纳最主要的安全威胁来自于东部沃尔特（Volta）地区西多哥兰叛乱分子的暴力袭击破坏活动。20 世纪 70 年代以来，西多哥兰叛乱（Western Togoland Rebellion）分子就谋求在该地区独立，建立新的国家。2019 年 5 月加纳政府以叛国罪逮捕了分离主义运动的领导人，引起激烈分离势力抬头，并于同年 11 月建立西多哥兰复辟阵线（WTRF）。2020 年 9 月 25 日，该组织的激进分子封锁了沃尔特地区的部分道路，袭击警局，绑架 3 名警察并劫持了武器库，还在该地区秘密布置西多哥兰的相关指示和路标等。② 该叛乱组

① Francis Kokutuse, “Ghana Buries Former President Jerry Rawlings with Honors”, January 28, 2021, https://apnews.com/article/ghana-elections-africa-west-africa-accra-50642f4b490a23d8d67d26dd7a4d2837.

② Gardaworld, “Ghana: Separatists Block Roads, Sttack Police Stations, in Volta region”, September 25, 2020, https://www.garda.com/crisis24/news-alerts/383166/ghana-separatists-block-roads-attack-police-stations-in-volta-region-september-25.

织宣称有4300名军人在附近国家参加培训，将加入暴力运动。加纳警方迅速响应，逮捕了相关叛乱人员，并表示将在该地区开展持续的打击行动。

四 中加携手抗疫与建交60周年

在疫情发生后，中国和加纳携手抗疫，相互支持。2020年2月27日，加纳副总统巴武米亚发起的万人签名活动，共同为中国抗击新冠肺炎疫情加油鼓劲。同时高度赞扬中国的抗疫表现。4月6日，40亿医疗物资从中国飞抵加纳首都阿克拉，以支持中西非18个国家的抗议活动。深能安所固电力（加纳）有限公司和非洲世界航空有限公司分别向加纳政府捐款10万美元。加纳驻华大使爱德华·博阿滕表示希望国际社会携手抗疫，并感谢中国为加纳提供的帮助。7月6日，加纳第一大报《每日写真报》报道了中国第九批援加纳医疗队加强中加医疗合作，帮助当地抗击疫情的事迹。2021年1月6日，中国（广东）第10批医疗队远赴加纳继续开展医疗援助工作。

此外，2020年也是中国和加纳建交60周年，两国开展多项庆祝活动，增进双边友谊。习近平主席在2020年7月5日同加纳总统阿库福-阿多互致贺电，庆祝两国建交60周年，表示将巩固传统友谊，深化战略合作，构建更加紧密的命运共同体。9月16日，中国人民对外友好协会和加纳驻华使馆共同举办庆祝中加建交60周年线上学术研讨会。10月20日，中加建交60周年纪念邮票首发仪式在加纳首都阿克拉举行。11月12日，湖南省贸促会和加纳投资促进中心联合举办“加纳—中国（湖南）60周年商务合作论坛”线上专业视频会议。

多　哥

王洪一*

多哥在20世纪末曾经陷入战乱，福雷从2005年担任多哥总统以来维护了国家稳定，实现了经济平稳发展，使多哥成为西非地区保持和平发展局面的少数几个国家之一。2020年多哥平稳举行总统大选，福雷成功突破总统任期限制，顺利进入其第4个任期。

虽然福雷总统任期内维护了国家稳定，促进了社会发展，但多哥宪法规定总统任期为2届，福雷继续参选总统的愿望首先需要通过修改宪法来实现，而修改宪法需要议会五分之四多数票通过，几乎是不可能完成的任务。

2017年9月，多哥政府向议会提出了宪法改革草案，核心内容是不溯及既往总统任职次数的限制，将今后总统任期限制为两次。宪法修正案还提议修改总统选举投票方法，投票方式由单人多数投票变为两轮投票方式，即总统任期5年，总统经选民投票直选产生，得票率超过50%的候选人赢得选举；如没有候选人得票率超过50%，则得票数居前两位的候选人进入第二轮投票。此次宪法修正案的目的是为福雷继续参选总统扫清障碍，保障其能执政到2025年，该修正案一经提出就招致反对党的强烈反对。9月6日和7日，多哥几个城市发生大规模游行抗议活动，其中首都洛美的示威人数高达10万人。对于总人口只有700万的多哥而言，此次抗议活动规模空前，西方舆论一片哗然，多哥政治局势风起云涌。

面对国内反对浪潮，福雷总统首先组织党派对话，将修正案投票时间推迟到议会选举之后。2018年7月31日，福雷接受西非国家经济共同体国家元首和政府首脑在洛美进行调解，多哥各党派同意在2018年底举行议会选举。2018年12月20日，多哥举行议会选举。在91个席位中，执政党争取共和联盟（UNIR）获得59个席位，议会中独立代表的人数急剧增加到18个。为获得修改宪法需要的议会五分之四多数票，福雷总统对变革力量联合会（UFC）等4个小党派进行游说，获得了其支持。2019年5月8日，乍得议会几乎一致通过了宪法修订的投票。

2020年2月22日，福雷代表执政党争取共和联盟成功参加多哥举行的总统选

* 王洪一，中国社会科学院西亚非洲研究所（中国非洲研究院）副研究员，研究领域涉及和平与安全、非洲问题和中非关系。

举，包括福雷在内共有 7 名候选人参与角逐，他的主要竞争对手是争取政治变革联盟主席法布雷以及前总理、促进民主与发展爱国运动党主席科乔。投票于当地时间 7 时启动，于当天 16 时结束。根据多哥全国独立选举委员会提供的数据，选举注册选民约 360 万人，境内及境外共设投票站 9389 个，其中海外侨民首次参与多哥总统大选投票。为确保选举顺利进行，多哥政府投入上万名安保人员。来自非洲联盟、西非国家经济共同体等约 280 名观察员以及约 3000 名多哥各公民团体观察员监督投票过程。

由于此前各反对党未能达成一致并推出共同的总统候选人，反对党各自推举的候选人在这次选举中没有对福雷构成挑战。多哥全国独立选举委员会 2 月 24 日宣布初步结果，福雷在总统选举中获胜。初步结果公布后，科乔仍自行宣布获胜，指责选举计票过程存在舞弊行为，并向多哥宪法法院提出上诉。3 月 3 日，宪法法院驳回科乔的申诉，宣布大选结果。根据最终统计结果，多哥全国共有约 344 万人参加本次总统选举投票，福雷的得票率为 70. 78%，反对派候选人科乔的得票率为 19. 46%。多哥宪法法院确认总统选举投票结果合法，福雷第 4 次当选多哥总统。

福雷能够突破总统任期的限制，成功修改宪法并获得总统连任，首先得益于其执政期间的政治、经济和社会发展成果丰富，执政党获得了更多基层民众的支持。尽管受疫情影响，多哥在 2019 年和 2020 年都保持了经济正增长，国家负债率由 68. 6% 降至 51. 8%。根据统计，此次大选民众参与度比 2015 年提高了 15%，显示了福雷强有力的号召力。其次，反对党的分裂分化也是其成功连任的重要原因，特别是反对党没有提出唯一候选人，分散了大选选票，致使福雷在第一轮投票中就高票胜出。大选后，2015 年大选中的主要竞争对手法布雷则淡出了政治中心，成为大选最大失败者，前总理科乔获得了议会中反对党领导人的地位，与福雷分享了此次大选的成功。另外，疫情背景下的非洲局势动荡，西方国家希望多哥保持稳定，因此没有在大选中过多给福雷制造困难，是福雷成功连任的外部原因。虽然多哥在修改宪法的过程中招致了西方和国际舆论的批评，但国际舆论对此次大选作出了公正的评价，多哥大选后没有出现动乱迹象。

贝　宁

孟　瑾*

2020 年贝宁政局基本平稳，5 月举行的市镇选举巩固了塔隆总统（Patrice Talon）的统治地位，为其参加 2021 年的总统选举打下基础。2019 年 4 月举行国民议会选举以来，贝宁国内政治分歧严重，反对派和执政党对政治改革措施意见不一，给政局走向带来不确定性。2020 年，贝宁经济表现尚好，在疫情影响下实现正增长，这将是塔隆总统获取连任的有利因素。

2020 年贝宁政局没有走出上年 4 月举行的国民议会选举留下的阴霾。所有反对党都因不符合政党管理章程和新选举法而无法参加 2019 年 4 月举行的国民议会选举。进步联盟党（Union progressiste）和共和联盟（Bloc républicain）最终占据国民议会的所有席位。这两个党派均是选举举行数月前由多个支持现任总统塔隆的政党整合而成的。反对派和民众认为此次国民议会选举违反了公开公正透明合法的原则，抵制参与选举（投票率仅为 27%），并在多个城市组织抗议活动，造成人员伤亡和财产损失，对贝宁的政治发展和社会稳定产生负面影响。尽管塔隆总统试图通过建立全国性对话实现与反对派的和解，重建社会和谐，但是除“贝宁崛起贝壳力量”（Force Cauris pour un Bénin émergent）之外的政党均拒绝参与政治对话，政治分歧依然严重。

2021 年 4 月 11 日，贝宁将举行总统选举，曾表示仅担任一届总统的塔隆表示将竞选下一任总统。民众和反对派对 2021 年总统选举能否在公正透明的条件下举行持怀疑态度。尽管塔隆总统承诺 2021 年总统选举将遵守开放包容的原则，允许各个政党参与竞选，但贝宁政治走向依旧面临诸多不确定因素。2019 年 11 月修改的宪法要求参与总统选举的候选人须得到至少 10% 的国民议员或市长的支持。由于支持总统的进步联盟党和共和联盟占据国民议会所有席位，并且在 2020 年 5 月 17 日举行的市镇选举中获得了 77 个市镇中 70 个市镇的多数席位，因此反对党难以获得宪法要求的国民议会议员或市长的支持票数。2020 年 9 月，多个社会团体和维护人权组织要求撤回设置参选门槛的相关法案，认为这一方式是总统限制反对派参选并控制参选政党的手段。12 月初，非洲人权法院认为 2019 年修宪违反了共识原则，要求废除宪法改

* 孟瑾，中国社会科学院西亚非洲研究所（中国非洲研究院）助理研究员，主要研究领域为非洲国家民主化与政治发展。

革，回归1990年宪法，这一声明为反对派提供了有力支持。2020年12月11日，政府承认由前总统亚伊·博尼（Thomas Boni Yayi）支持者组成的政党“民主党人”（Les Démocrates）为合法政党，“民主党人”成为除“贝宁崛起贝壳力量”外的另一大反对党。但无论民主党人还是“贝宁崛起贝壳力量”都没有获得国民议员支持。尽管“贝宁崛起贝壳力量”有少数市长支持，但也没有达到要求门槛数。另外，有竞争力的反对派代表经济巨头塞巴斯蒂安·阿贾文（Sébastien Ajavon）和前总理莱昂内尔·津苏（Lionel Zinsou）都因遭司法指控流亡海外。谁能代表反对派参加2021年总统选举仍是未知数。

总统塔隆自2020年11月12日开始在全国12个省50多个城市进行巡视考察，以展现政绩，打造亲民形象，为2021年总统大选做准备。虽然自2016年4月上台以来，其因限制公共集会、媒体言论等专制政策受到贝宁社会组织和国际社会指责，但塔隆总统任期的表现总体来看可圈可点。2020年，贝宁经济实现了一定增长，人民生活水平稳步提高，国内安全态势向好。由于受疫情影响，2020年贝宁经济增长速度放缓，但实现了2%的经济正增长，通货膨胀率上升3%。2019年，贝宁成为非洲棉花生产第一大国。尽管2020年棉花产量有所下降，但依旧保持领先位置。在政府行动计划（2016—2021年）的带动下，贝宁加大了投资领域的投入，有效拉动了经济增长。为遏制边境走私活动，尼日利亚政府于2019年8月19日单边决定关闭与贝宁等国的边境。由于贝宁经济严重依赖向尼日利亚的转口贸易，因此尼封锁边境政策对贝宁2020年的经济增长造成了不良影响。2020年12月16日，尼日利亚决定重新开放与贝宁的边界，这将成为贝宁经济发展的利好因素。目前，70%的贝宁民众可以享有饮用水，2021年将实现饮用水全覆盖。根据2020年11月公布的易卜拉欣非洲国家治理指数来看，贝宁在西非共同体中排名第四。安全方面，2020年，在贝宁境内没有发生恐怖袭击。但由于贝宁与恐怖主义活动频繁的布基纳法索、尼日利亚、尼日尔接壤，不能排除将来恐怖组织蔓延至贝宁境内的可能性。贝宁致力于维护地区安全，与其他国家共同致力于加强对极端恐怖组织的打击力度。贝宁与尼日利亚、尼日尔、喀麦隆和乍得一同成立多国联合工作队，以应对“博科圣地”的恐怖分子袭击。

尼日尔

杨宝荣*

疫情对尼日尔社会经济发展影响严重。作为最不发达国家，尼日尔长期发展严重滞后。全国人口有五分之二生活在贫困线下，约有900万极端贫困人口，农村地区则更为严重。疫情对尼日尔的发展带来了新的冲击。据世行分析，受疫情影响，到2022年，尼日尔赤贫人口将增加100万人。①

总统大选顺利举行。2020年12月27日，尼日尔首轮总统和议会选举举行。该轮投票中，“争取民主和社会主义党”主席穆罕默德·巴祖姆（MohamedBazoum）、前总统马哈曼·奥斯曼（Mahamane Ousmane）分别获得近40%和近17%的选票。根据尼日尔法律规定，候选人得票率超过50%赢得选举，如首轮投票中候选人无人得票率超过50%，则得票率居前两位的候选人进入第二轮角逐。2021年2月21日，尼日尔举行第二轮选举投票。根据尼日尔宪法法院当天发布的新闻公报，巴祖姆在2月21日举行的总统选举第二轮投票中赢得55.66%的选票，前总统马哈曼·奥斯曼获得44.34%的选票，确认选举有效，并宣布巴祖姆将在4月2日宣誓就职，任期5年。尼日尔现任总统伊素福在投票后发表讲话，认为尼日尔“将实现几十年未见的政权平稳过渡”。

疫情加速尼日尔推动新产业发展和布局的步伐，数字经济发展备受政府重视。推动新技术下的产业发展近年来受到尼日尔政府的重视。2019年5月尼日尔总统伊素福访华期间，专程访问了中国浙江杭州的阿里巴巴，并表达了同阿里巴巴在电商平台建设、人才培养方面的合作。2020年新冠肺炎疫情在全球肆虐及抗疫实行的“双限”政策下，电子交易和数字经济再次展现出新的活力。从长远看，促进数字经济的发展也是很多非洲国家日益关注的热点。2020年12月3日，尼日尔国家信息社会所总干事伊布拉·甘巴·赛杜在尼亚美宣布正式启动“智能村庄促进农村发展和数字化”项目，根据规划，该项目将在六年内为2111个农村村庄接入移动电话和互联网，项目政府投资580亿西非法郎（约合1亿美元）。项目建设包括资助数字基础设施，组

* 杨宝荣，中国社会科学院西亚非洲研究所（中国非洲研究院）经济研究室主任、研究员，研究方向为非洲产业经济、制度经济和对外经济合作。

① 世界银行网站，http：//www. worldbank. org.

织数字和金融培训，促进农业和畜牧合作社的支付方式现代化，扩大电子交易，并为农民和牧民建立数据平台，届时约有140万农民和牧民将从项目中受益。

国际资金持续流入支持尼日尔。据世界银行数据，2016—2019年，尼日尔吸引外国直接投资从1550亿西非法郎增加到3200亿西非法郎，增长约120%，外资在国内生产总值所占份额从3.4%增加到6%。2011—2019年，尼日尔还通过PPP合作模式吸引投资金额达3万亿西非法郎。2011—2019年，尼日尔经济年均增长率为6.3%，尼日尔2400万人民生活水平已有明显改善。预测2021经济增长率将达5.1%，远高于撒哈拉以南非洲国家预期平均2.7%增长率，排名非洲前六。在疫情肆虐非洲多国面临融资短缺和投资不足的背景下，尼日尔却独树一帜。2020年11月16日，尼日尔议会审议并通过尼政府与世界银行国际发展协会签署的“资助协定”。该项目将为尼日尔“发展采矿业、促进地区发展和应对新冠疫情”（GOLD）项目提供8200万欧元资金，包括4500万欧元信贷资金和3650万欧元赠款两部分。

中尼重大合作项目取得新的进展。2020年9月17日，阿加德姆油田二期开发建设及尼贝国际管道建设奠基仪式举行。① 公开信息显示，2003年11月10日，中石油所属的勘探开发公司与尼日尔能矿部签署了BILMA区块的勘探许可证协议。2005年，双方重点开展了Tenere区块二维地震资料采集作业，并开展了综合研究工作。2008年6月，中石油与尼日尔政府签订阿加德姆一体化合作项目（一期），包括100万吨/年的上游油田、津德尔（Zinder）炼油厂，及连接油田和炼厂的输油管道。2009年6月，项目正式开工。2011年11月，一期项目全面投产运行，尼日尔正式成为产油国。2013年尼日尔部长联席会议签署中石油二期开发许可。自2011年9月阿加德姆一期项目建成投产至2018年，该项目对尼国内生产总值的年均贡献率已达到4%、对尼出口额年均贡献率达16%，带来的税收收益更是占尼政府年均收益的19%，为尼经济发展做出了巨大贡献。阿加德姆二期油田及外输管道项目将建成年产能450万吨的油田，加上一期产能，年总产量将突破550万吨。二期项目及管道的修建，将进一步增加尼国的经济自主发展能力。

① 驻尼日尔共和国大使馆经济商务处：《津德尔炼厂积极回馈当地社会受赞誉》，http://ne.mofcom.gov.cn.

尼日利亚

李文刚 *

2020 年，新冠肺炎疫情给尼日利亚造成严重冲击。受新冠肺炎疫情和国际油价下跌的双重影响，尼经济出现较大困难，财政赤字加大，失业率攀升，民生问题突出。2020 年 10 月，一场反对警察暴力执法的社会运动引发大规模骚乱。① 但在可预见的将来，尼形势总体稳定，同时面临诸多不确定因素。

一　新冠肺炎疫情及其应对

（一）新冠肺炎疫情总体情况

2020 年 2 月 27 日，尼日利亚最大城市拉各斯报告第一例新冠肺炎确诊病例，系在尼工作的意大利公民输入病例。这也是撒哈拉以南非洲报告的首个确诊病例。3 月 9 日，奥贡州报告第二例确诊病例，为确诊意大利输入病例的密切接触者，也是尼首个本土病例。尼疫情发生后，最初主要集中在南部的拉各斯和中部的阿布贾两地，绝大多数州未报告病例，或仅有零星病例。经过 1 年多的发展，新冠肺炎疫情已扩散到全国各地。尼疾控中心（NDCD）数据显示，截至 2021 年 3 月 12 日，尼累计确诊病例 159933 例，其中治愈 142404 例，死亡 2001 例，现存病例 15528 例，累计检测 1601396 人。疫情最严重的前 5 个州分别是：拉各斯州（56804 例）、联邦首都区阿布贾（19440 例）、高原州（8986 例）、卡杜纳州（8738 例）、奥约州（6798 例），病例最少的是科吉州（仅 5 例）。②

---

* 李文刚，中国社会科学院西亚非洲研究所（中国非洲研究院）民族与宗教研究室主任、副研究员，主要研究领域包括尼日利亚国别研究、中国与尼日利亚关系、非洲伊斯兰教等问题。

① “终结特别反抢劫队”运动（End SARS）。其中，SARS 是特别反抢劫队（Special Anti-Robbery Squad）的缩写。这是由青年人通过推特联络发动的社会运动，主要是反对警察的暴力执法，后演变为大规模骚乱，并由拉各斯蔓延到全国多地。

② https：//covid19. ncdc. gov. ng/.

（二）政府多策并举应对疫情

2020 年 1 月下旬，当新冠肺炎疫情开始全球蔓延之际，防止境外疫情输入成为尼日利亚政府应对新冠肺炎疫情做出的第一个反应。1 月 28 日，尼联邦政府宣布在全国的五大国际机场（恩古努、拉各斯、河流州、卡诺和联邦首都区阿布贾）加强检测。联邦机场管理局要求所有乘客和进出机场者要遵守例行的检疫程序。尼日利亚疾控中心宣布成立新冠病毒小组，疫情一旦暴发，立即投入工作。1 月 31 日，联邦政府成立新冠病毒预备小组。世界卫生组织将尼日利亚等 13 个非洲国家列为新冠病毒传播高风险国家之后，作为与外界联系最为密切的一个州，拉各斯州政府于 2 月初成立应急事件指挥机构，由州长任总指挥、卫生厅厅长担任副总指挥。与此同时，拉各斯国际机场增加了卫生检疫人员，加强对入境旅客的健康检查。拉各斯州政府还培训了 340 多名当地医护人员，对各大医院开始巡检，做好应对新冠肺炎的准备。

2 月 27 日，尼日利亚报告首个输入病例后，尼疫情防控转入实战阶段。3 月初，尼卫生部部长埃哈尼尔宣布对与意大利输入零号病例密切接触者 60 人实行隔离，其中奥贡州 40 人，拉各斯州 20 人。3 月 9 日，布哈里总统成立总统特别行动组，以应对疫情的蔓延。一些全国性的活动（如全国运动会、足球赛、考试）被延期，联邦政府对疫病高发的 13 个国家实行旅行禁令。一些州禁止 50 人以上的各类聚集活动，关闭学校、市场等。

随着疫情的发展，联邦政府和州政府的防控措施逐步升级。国际机场关闭，铁路客运停运，4 个陆地边境关闭、联邦执行委员会（内阁）会议取消，议会休会，一些州开始特定时段的封城。3 月 29 日晚，布哈里总统发表全国电视讲话，宣布了联邦政府应对新冠肺炎疫情的具体举措，尼疾控中心还出台针对特殊群体、法定假日期间的防疫指南，如孕妇、哺乳期妇女的防疫建议、斋月防疫指南、自我隔离指南等。随着疫情的加重，尼政府又出台了更为严厉的封禁措施，禁止跨州人员流动。尼政府打算到 2022 年底将新冠肺炎疫苗推广到 70% 的人口，但全球疫苗供应紧张、普遍的反疫苗情绪、不稳定和缺乏药品储存设施都意味着免疫或许需要好多年。①

二　政局总体稳定

布哈里总统的第二个任期（2019—2023 年）可以说充满挑战，其中最为突出和棘手的是疫情的持续发展和国内局地安全形势的趋紧。尼公共卫生体系较为薄弱，布哈里在其第二任期承受较大压力。随着疫情的加深，社会不满情绪持续发酵，反对党人民民主党（PDP）借机对执政的全体进步大会党（APC）不断发难。早在 2020 年

---

① EIU, *Country Report-Nigeria*, March 2021, p. 2.

2 月底，尼出现首例输入病例时，反对党就抓住时机，对布哈里政府展开攻击。人民民主党发言人指出，布哈里政府能力不足，反应迟缓，不负责任，准备不足，应早点下台，让位于能够有效管理国家事务的人。尼医学协会指责联邦政府未能向其提供资金，医务人员待遇差，没有人身保险。整体而言，尼政局总体稳定、局地动荡成为常态。

三 经济受到较大冲击

受全球新冠肺炎疫情持续蔓延和国际原油价格暴跌双重打击，尼经济很可能出现自 1983 年以来最为严重的衰退。英国经济学人智库（EIU）估计，2020 年，尼日利亚实际 GDP 增长率为 -1.9%①，好于尼日利亚及一些国际机构的预测。在疫情的冲击下，尼联邦政府和州政府正面临前所未有的财政危机。5 月 13 日，尼联邦执行委员会（内阁）已批准将 2020 年预算规模由最初的 10.594 万亿奈拉调整为 10.523 万亿奈拉，下调约 715 亿奈拉。尼将制定预算的原油基准价格由最初的 57 美元每桶大幅下调至每桶 25 美元后，2020 年预算收入 5.158 万亿奈拉，预算赤字高达 5.365 万亿奈拉。赤字主要通过向国内外借贷来解决。② 尼政府已从国际货币基金组织获得 34 亿美元的紧急贷款。联邦政府拨款锐减或暂停后，尼 36 个州的财政危机更加严重，阿夸 - 伊博姆州将 2020 年的州预算削减 40%。支付薪金、债务和养老金等压力使得一些州面临破产危机。

2020 年尼经济相较 2019 年有所衰退，但仍然有一些积极因素。新冠肺炎疫情带来的经济衰退是尼日利亚持续时间最短的衰退之一，这是布哈里政府财政政策、货币政策和经济可持续发展计划的结果。46 个经济部门中，有 17 各部门获得正增长，第三季度和第四季度的环比增长分别为 2.48% 和 3.73%。由于全球需求下降，石油部门增长放缓，成为经济衰退的主要原因。但同时，非石油部门增长 1.69%，表明一直推动的经济多元化有所成效。采矿、通信、水泥、广播和种植业表现强劲，抵消了石油收入的下降。③

虽然遭受新冠肺炎疫情的冲击，但 2020 年尼经济领域仍有一些亮点。国际货币基金组织的报告称，尼经济总量保持非洲第一，是非洲第一大经济体、全球第 16 大经济体。根据联合国贸易和发展会议的《全球投资趋势监测报告》，受新冠肺炎疫情的影响，2020 年，尼日利亚吸引的外国直接投资为 26 亿美元，比 2019 年下降 21.21%，但同期表现好于其他部分非洲国家，并且排在南非之前，成为继埃及之后

---

① EIU, *Country Report-Nigeria*, March 2021, p. 2.

② http://www.mofcom.gov.cn/article/i/jyjl/k/202005/20200502965242.shtml.

③ http://nigeria.mofcom.gov.cn/article/jmxw/202103/20210303041807.shtml.

非洲第二大外国直接投资目的国。[①]

四 社会民生问题突出

新冠肺炎疫情下，尼社会形势总体平稳，但不稳定因素增多。尼民众许多是非正规部门的就业者，如街头、露天市场的小商贩，每日赚取生活费。封禁措施使这部分人和弱势群体生活陷入困境。尼北方州有数百万街头流浪儿童、乞丐、古兰经学校的学生远离家人，居无定所，州内和跨州流动性大，成为疫情防控的薄弱点。新冠肺炎疫情对贫困人口影响更大。受疫情、高失业率、公共服务匮乏等影响，尼贫困问题会持续恶化，到2030年，全球30%的穷人将生活在尼日利亚。与此同时，尼收入不平衡问题令人触目惊心。2019年，尼政府估计2020年失业率会达到33.5%。2020年，受新冠肺炎疫情影响，失业率将不可避免地会进一步攀升。此外，尼日利亚创业知识交流中心发布的调查报告显示，2020年新冠肺炎疫情和经济衰退对大学生的就业也产生了较大的负面影响。世界粮农组织称，尼农业正受到新冠肺炎疫情的持续威胁，农民无法出售农产品，家禽业和渔业遭损失惨重。尼中部地带是粮食主产区，多年来受农牧民冲突的影响，农业生产大受影响。疫情防控进一步对农业等经济活动造成妨碍，加之东北部地区常年受恐怖活动侵扰，300多万民众流离失所，已出现饥荒，需要国际社会的人道主义救援。2020年下半年和2021年，尼粮食安全问题更加突出。

五 非传统安全问题上升

在2021年新年致辞中，布哈里特意提到安全状况不佳对尼经济社会发展造成严重危害，也损坏了国家形象和吸引外资的能力，对尼发挥地区大国的作用形成掣肘。“博科圣地”、“伊斯兰国”西非省、中部地带的农牧民冲突以及几内亚湾的海盗问题在未来数年仍是较为突出的安全挑战。

新冠肺炎疫情下，极端势力、恐怖分子的生存和活动能力受到一定遏制，但其也会采取一些新的策略。比如，“博科圣地”宣称新冠肺炎疫情是真主对世间邪恶的惩罚，只有支持他们的事业，才不会感染病毒。尼北部激进穆斯林认为，疫苗是基督教西方世界的一个阴谋，试图以此来消灭穆斯林。这同样加深了普通民众的恐慌，增强了“博科圣地”等恐怖组织的影响力。尼北部的恐怖势力仍会发动袭击。2020年12月，卡齐纳州一所寄宿中学遭持枪歹徒入侵，330多名学生遭劫持，该事件的发生震惊国内外。后在多方营救下，所有被劫持学生安全获释。

随着油价的下降，以往主要依赖劫持油轮盗油走私获利的海盗失去了财路，其便

---

① 中国驻拉各斯总领馆公众号：拉各斯之声，访问日期：2021年1月27日。

将目光转向了各种船只，劫持人质，勒索赎金。因此，几内亚湾特别是尼日利亚水域的海盗活动在2020年出现显著增长。国际海事组织记录的几内亚湾海盗袭击（包括未遂）共79起，其中尼日利亚海域共35起。①在国际社会的压力下，也是出于保护自身发展的需要，尼政府加大了打击海盗的力度，2020年推出了“深蓝工程”，加强了海盗预警基础设施的建设。

六　国际关系方面

尼日利亚凭借其经济规模和政治、军事、文化的影响力，是非洲事务的主要参与者，但其国内挑战往往使决策者忙于应对国内问题，限制了其在地区和非洲大陆发挥更大的作用。自2019年底以来对货物关闭的陆地边界已经重新开放，但尼日利亚政府不太可能对鼓励区域贸易表现出太大的热情，以免超出其根据《非洲大陆自由贸易协定》承担的义务。该贸易协定迫使尼日利亚在今后5—10年内取消97%的关税细目。另外。保护主义也使得尼日利亚不太可能采用西非共同货币“埃科”（Eco）。

① EIU, *Country Report-Nigeria*, March 2021, p. 22.

• 中部非洲

中非共和国

王洪一*

近20年来，中非共和国已经发生了三次大规模内战，造成上百万人无家可归。虽然中非共和国政府积极推进和平协议落实，总统大选和议会选举成功举行，总体局势整体向好。但是，2020年底发生的军事冲突，已经致使全国2/3领土被叛军占领，中非有可能爆发第四次大规模内战。

2020年爆发的武装冲突始于2019年和平协议的破产。2018年8月，在俄罗斯和苏丹的调停下，中非共和国政府与主要反政府武装组织在喀土穆举行会谈，达成了临时协议。2019年2月，非盟在喀土穆会谈的基础上，推动中非共和国政府与14个叛乱团体签署了《和平与和解政治协议》，该文件是2012年中非第三次内战爆发以来达成的第八次和平协议。按照协议，中非和平联盟（UPC）领导人阿里萨（Ali Aliassa）、中非和平运动（MPC）的领导人哈迪姆（Mahamat Al Khatim）和回归、开垦和重建组织（3R）领导人阿巴斯（Sidiki Abbas）被任命为总理办公室的特别军事顾问，监督各武装组织所在地区的政府和叛军士兵组成特殊混合部队。

但是，2019年6月，中非人民民主阵线（FDPC）领导人米斯金（Abdoulaye Miskine）成立新的反叛组织中非民族联盟（PRNC），反对执行2019年2月签署的和平协议。2019年8月，回归、开垦和重建组织领导人阿巴斯和中非和平运动的领导人哈迪姆辞去了总统府特别军事顾问职务。中非民族联盟占据中非与乍得南部接壤地区。回归、开垦和重建组织占据了中非和喀麦隆接壤的西北部地区，中非和平运动则占据了中非与乍得西南部接壤的地区，三个武装组织的占领区紧密相连，共同对抗图瓦德拉政府。

2019年9月，签署喀土穆和平协议的两个前反叛武装叛乱组织发生武装冲突，即阿巴卡尔·萨邦（Abakar Sabon）领导的中非解放者正义运动（MLCJ）和努尔丁

* 王洪一，中国社会科学院西亚非洲研究所（中国非洲研究院）副研究员，研究领域涉及和平与安全、非洲问题和中非关系。

（Noureddine Adam）领导的中非复兴人民阵线（FPRC）。两支武装组织都属于前反政府军塞雷卡，但分别属于不同部族，而且其占领区犬牙交错，形成利益冲突。此次冲突造成至少24人死亡，约24000人流离失所。由于FPRC占据了西北方重镇布里亚、比劳、恩德雷，中非共和国北部地区陷入战乱，喀土穆协议已经宣告破产。

前总统博齐泽回国加剧了国内武装冲突。前总统弗朗索瓦·博齐泽（Francois Bozizé）来自中非人口最多的部巴雅族（Gbaya），从博卡萨时代就成为中非的高级将领，在民众和军人中拥有众多支持者。博齐泽在前三次内战中都是主要当事方，中非国内各派别都参与了其上台或者下野的武装冲突，现总统图瓦德拉曾在其任内担任总理。当前中非的反政府武装主要是前塞雷卡（Seleka）武装，即以穆斯林游牧部族组成的北方叛军，这些武装在2003年参与了反对博齐泽政变的战斗。首都周围地区则主要由反巴拉卡（Antibalaka）占据，其武装成员是信仰基督教的农民。博齐泽在2013年第三次内战中流亡国外，2019年12月初回国。2020年7月，国家共识党（Kwa Na Kwa）推选其为总统候选人。2020年12月3日，中非最高法院以其被联合国起诉为由否决了博齐泽的候选人资格。博齐泽被撤销总统候选人资格后，各反政府武装声称图瓦德拉政府没有执行和平协议的诚意，并试图操纵选举。图瓦德拉则指控博齐泽煽动叛乱分子发动政变。

2020年12月19日，Antibalaka、中非和平运动、FPRC、中非和平联盟，以及回归、开垦和重建组织六个叛乱组织宣布组成爱国者变革联盟（CPC）。22日，中非和平联盟占领了该国第四大城市班巴里（Bambari）。23日，联合国驻中非共和国维和部队从反政府武装手中夺回班巴里。25日，叛乱武装在中部的凯莫省和南部的姆博穆省对联合国维和部队发动袭击，5名来自布隆迪的联合国维和人员被杀。到2020年底，爱国者变革联盟已经控制了中非共和国三分之二的领土，其中FPRC、中非和平联盟以及回归、开垦和重建组织的9000多名反政府武装试图向首都班吉进军。

中非战乱再起的首要原因是大国博弈的结果。近年来，法国声称中非已经进入了稳定阶段，减少了在中非的驻军。而与此同时，俄罗斯从2017年加大了对现总统图瓦德拉的军事支持。2018年，俄罗斯雇佣兵在中非首都武装冲突中向总统府和政府部门提供武装保护。据法新社报道，中非总统府卫队改由俄罗斯教官培训，俄罗斯安保公司还向图瓦德拉总统提供了私人卫队。2020年10月，俄罗斯向中非政府军转交了11辆装甲车。12月20日，中非政府表示卢旺达和俄罗斯“已采取提供有效支持的步骤”，俄罗斯已派出300名军事教官以及提供部分重型武器。

其次，中非部族问题复杂，图瓦德拉总统的政策激化了各派矛盾。各武装团体以部族和宗教为基础建立，相互之间冲突不断。前塞莱卡民兵FPRC主要由富拉尼（Fulani）人组成，UPC武装力量主要来自古拉人（Gula）和伦加人（Runga）。虽然各方都是穆斯林牧民，但相互之间经常发生仇杀。图瓦德拉总统在2019年和平协议中试图缓和各穆斯林反政府武装与政府的矛盾，任命了三名军事顾问，但各派之间利益分配不均，反而激化了固有矛盾，导致各派对中央政府的不信任。反巴拉卡民兵主要由基督教农民构成，与北方穆斯林武装之间矛盾深重。在 2014 年内战中，反巴拉卡武装将南方穆斯林几乎驱逐殆尽，班吉的穆斯林人口从 138000 人减少至 900 人。反巴拉卡武装本来是图瓦德拉总统的支持者，但在近年来，图瓦德拉政府发起的审判战犯和裁军行动将矛头更多指向反穆斯林的武装团体，导致了反巴拉卡武装的反叛。同时，反巴拉卡武装的领导人是前总统博齐泽的下属军官，在博齐泽的推动下，此次军事冲突中反巴卡拉加入了北方穆斯林反政府的军事联盟。

另外，中非共和国面临经济衰退和疫情的双重打击，财力枯竭，缺乏应对武装冲突的财政支出。中非长期战乱，全国三分之二的基础设施遭到破坏，全国 100 多万难民流离失所，经济发展举步维艰。中非 80% 以上的工业品靠进口，而且中非是内陆国，疫情导致的封锁影响到国民的基本生活需求。在国民经济困难的情况下，中非军事开支得不到保障，图瓦德拉政府无力安抚地方军事组织，迟迟不能重建国家防务力量。同时，国际社会对中非的防务需求也应对不足，虽然联合国安理会批准从联合国驻南苏丹维和部队调派两个步兵连和两架多用途军用直升机支援驻中非共和国维和部队，但仅能保障首都和重点城市的基本防务安全，CPC 从周边围困首都班吉，使得中非局势充满巨大的不确定性。

乍 得

王洪一*

2020 年乍得整体保持了国家稳定。受疫情和油价低迷的影响，乍得的经济出现 -0.9% 的负增长，但经济衰退规模小于之前预测的 -3.1%。而且乍得通货膨胀率控制在 4.5% 以内，保障了国民经济运行。代比总统宣布继续参加 2021 年大选，引发反对党的强烈反对。2020 年乍得发生了数起游行示威活动，但没有酿成大的社会性事件。当前非洲很多国家疫情形势严重，但乍得的总体病例和死亡数都较低，医疗系统能够维持正常运转，没有发生社会性混乱。

但是，乍得整体国家安全形势严峻。国内反恐压力持续加大，曾经沉寂多年的叛乱武装一度死灰复燃。为维护国家稳定，并确保代比总统 2021 年大选继续连任，乍得政府加大了军事支出，调整了国家防务战略。

乍得多次发生严重的恐怖主义袭击，其与喀麦隆和尼日利亚交界地区频繁发生“博科圣地”组织的跨境武装袭击事件，其中最为严重的袭击事件发生在阿拉加诺，该地是“博科圣地”武装分子的基地。3 月 22 日，一支由 120 人组成的乍得炮兵部队正在执行代号为“阿伊莎·塔莫努玛”的军事行动，旨在摧毁位于博尔诺州阿拉加诺森林的“博科圣地”的营地。反恐部队离开博尔诺戈尔吉附近的湖泊码头不久就遭到了伏击。武装分子使用 RPG 和各种武器，整个攻击持续了 7 个多小时。政府军炮兵部队的 105 毫米榴弹炮，以及 122 毫米多管火箭炮都被炸毁。这支反恐部队是乍得的精良武装力量，炮兵少校、空军联络官和一名空军中尉全部阵亡，仅有极少数的士兵幸存。乍得总统在袭击发生后表示，“这是我们第一次失去这么多的人”。还称，“博科圣地”武装分子摧毁了包括装甲车在内的 24 辆军车，并用快艇上带走了剩余军火。

为了进行还击，乍得军队在 4 月初发动了代号为“BOMA 怒火”的军事行动，在喀麦隆、尼日利亚和尼日尔等国军队的协助下，摧毁了恐怖分子 5 个基地，缴获了数百支步枪和机枪，以及 RPG 地雷之类的武器。到 4 月底，政府军宣布击毙了 1000 名“博科圣地”的恐怖分子，己方阵亡 52 人。在乍得政府军清剿活动之后，恐怖分

* 王洪一，中国社会科学院西亚非洲研究所（中国非洲研究院）副研究员，研究领域涉及和平与安全、非洲问题和中非关系。

子的活跃度有所下降。但下半年恐怖袭击再度活跃，并有愈演愈烈的趋势。

国际舆论普遍认为，乍得当前的反恐局势面临着艰巨的挑战。第一，乍得周围邻国都出现了军事冲突。北部的利比亚长期陷入内战，东部的苏丹民兵和政府军争夺达尔富尔的控制权，南部中非共和国内战不断，西部的喀麦隆和尼日利亚深受恐怖袭击的威胁。第二，乍得政府的军事开支大幅度提高，长期战争消耗了大量武器和人员，军事压制能力下降。因此，乍得已经撤出了在尼日利亚的军事行动，收缩在萨赫勒G5框架下的反恐力量。第三，乍得本国的疫情威胁不大，但由于是内陆国，国际断航和隔离措施对其经济运转影响较大，防务开支紧张。第四，"博科圣地"利用各国政府疫情期间的困难，在边远地区再度活跃，试图控制地方上的乡镇政权。

同时，乍得叛军死灰复燃。2020年5月，一名为萨姆迪（SAMDI）的政府军少校宣布加入和平发展和重建运动（MPRD），并带领数十名军人进入科波尔（KORBOL）地区，宣布发动起义。政府军很快就采取了军事行动，将其击溃，并逮捕了一部分反抗人员。政府军有18人死亡，其中包括两名少校。科波尔地区一直是萨拉族反对穆斯林政权的大本营，曾经存在过数支反叛武装，目前还有影响力的是MPRD。该组织的领导人基本上都已经逃亡国外，在本地活动的只有少数一些对现实不满的年轻人，其人员总数只有数千人，有暴力倾向的只有数百人。该组织存在内部分歧，大多数人反对武装斗争。此次冲突中，拥有武器的叛军只有数十人，没有得到MPRD领导人的实际支持，也没有得到西方国家的支持。该地区叛军指挥官已在袭击活动过程中被击毙。当前萨拉人普遍反对发动军事行动，其一是乍得面临恐怖主义威胁，多数人认为应该首先对抗恐怖分子；其二，在疫情的背景下，中沙里受冲击较大，老百姓希望不要加剧当前的困难局势。

2020年乍得安全局势还遭受了农牧民冲突的影响。牧民追逐水草而随季节由北方向南方移动，在转场的过程中因为争夺水源和牛羊啃食农作物与农民发生冲突，同时，南方农民也存在偷盗牧民牲口的问题，因此每年都要发生大规模械斗。这种农牧民冲突在瓦达伊省、唐吉列省、希拉省和中沙里省比较突出，每年都造成数百人丧生。2020年8月发生在瓦达伊省的农牧民冲突造成37人死亡，希拉省有22人死亡。因为乍得旱季时牧民进入中非共和国，乍得境内的农牧民冲突会减少，在乍得雨季后随着牧民向北移动而再次抬头。农牧民冲突的对象往往不是其他社会群体，一般不会引发社会动荡。而且农牧民冲突往往是偶然因素导致的，没有政治目的，其暴力活动使用的武力是有限的。除非由军事组织或者恐怖组织诱导，这种武力活动不会引发全国性动乱。

2020年乍得政府采取了一系列防务战略调整。首先，加强了军队换防工作。乍得军队换防困难的主要原因如下。第一，乍得的后勤保障很落后，军队换防会让很多军人破产。第二，军队的驻防是以地方军区来规划的，提贝斯提的军队往往来自提贝斯提，南方则由南方人组成，主要原因是乍得民族很多，语言沟通困难，生活习惯不同。而且，军人是家庭的主要支柱，而乍得的交通很落后，军人往往难以离开家乡太远，离家太远就会失去战斗力。第三，乍得的军队是分层级的，地方军区的国防和安全部队缺乏资金，地方军区的军人为了生存而从事各种农牧业活动。目前军队换防，往往只在附近换防，换防的主要目的是防范军队形成地方军阀。其次，乍得大力建设反恐精英部队，总统长子担任部队指挥官。另外，代比总统提出了网格化管理的战略，在冲突地区建立了宗教领袖、部落酋长和村镇长连带负责的安全治理体系。

喀麦隆

王洪一*

喀麦隆曾经长期保持稳定，是从独立以来未发生内战的少数非洲国家之一。但近年来喀麦隆英语区分离势力崛起，西北大区和西南大区陷入分离主义抗争的浪潮，并且出现了军事化冲突的趋势。喀麦隆极北大区则深受“博科圣地”恐怖袭击的困扰，国家安全局势恶化。2020 年，喀麦隆的恐怖袭击和军事冲突频发，造成的人员伤亡人数不断攀升。

自 2014 年以来，“博科圣地”恐怖组织开始从尼日利亚境内发展到喀麦隆极北大区，发动的袭击往往针对平民，造成了严重破坏。“博科圣地”袭击方式包括在市场、清真寺、教堂、学校、难民营地和汽车站发动自杀式爆炸，绑架妇女和儿童，以及掠夺财物。自 2015 年以来，“博科圣地”在乍得湖流域广泛招募儿童并有将其用作自杀炸弹的行为。

2020 年极北大区发生的暴力事件显著增加，几乎每天都有平民遭到杀害和绑架。4 月 5 日，“博科圣地”在喀麦隆极北大区靠近尼日利亚边境制造两起恐怖袭击，共造成除袭击者外的 9 人死亡。2 名疑似“博科圣地”成员 5 日晚在极北大区一边境小镇实施自杀式爆炸袭击，造成 7 名平民死亡，另有 15 名平民受伤。在极北大区另一边境村庄，有 2 名喀麦隆士兵遭“博科圣地”埋伏身亡。8 月 1 日，“博科圣地”利用儿童作为人体炸弹袭击了极北大区恩盖迪彻维（NGUETECHEWE）的难民营，造成 17 人死亡，16 人受伤。

到 11 月，“博科圣地”已发动了 200 多次恐怖袭击，造成至少 146 名平民丧生。喀麦隆政府报告称，仅在莫祖固（Mozogo）地区就发生了 22 次恐怖袭击。到目前为止，“博科圣地”恐怖袭击已在喀麦隆境内迫使 322000 多人离开家园。喀麦隆还收容了约 116000 名尼日利亚难民，极北大区出现了 129 个流离失所人群自发建立的难民营。另外，以中非共和国为基地的叛乱组织也造成了大量难民，威胁到喀麦隆极北大区的治安安全。

为了应对“博科圣地”的威胁，喀麦隆政府已向极北大区部署了数千名安全部

---

* 王洪一，中国社会科学院西亚非洲研究所（中国非洲研究院）副研究员，研究领域涉及和平与安全、非洲问题和中非关系。

队，装备武器较为先进，其中机械化野战旅尤为精锐。但喀麦隆的军队猬集在少数几个军营，仅能保障重点城市的安全。在中小城镇，喀麦隆主要部署的是宪兵部队，其经费待遇较低，缺乏战斗力。在发生恐怖袭击时，反应迟钝。政府还在极北大区雇用14000多名治安团体成员，成立警戒委员会。但警戒委员会主要职能是侦察和防范恐怖组织的活动，向安全部队提供情报，充当向导。其成员主要是村长和酋长推荐，没有经过专门训练，也没有配备武器，对突如其来的恐怖袭击难以应对。

另外，喀麦隆英语地区的分离主义叛乱加剧了喀麦隆国家整体安全的压力。2017年10月1日，英语区分离主义组织南喀麦隆国家委员会（SCNC）在尼日利亚的卡杜纳宣布英语区独立，成立安巴佐尼亚共和国（AMBAZONIE），建都在海滨城市布约亚。2018年分离主义组织建立了反政府武装“安巴男孩”（Amba boys），频频发动武装袭击，造成大量人员和经济损失，迫使85.5万名儿童失学，67万人流离失所，其中6万人逃亡到尼日利亚。

2020年喀麦隆分离主义袭击活动加剧。1月6日，西北大区莫莫省发生炸弹袭击，4名安全部队人员和1名公务员死亡。10月初，喀麦隆西北大区的一个村庄遭到分离主义分子的袭击，造成22人死亡，其中14名是儿童。10月4日，西北大区首府巴门达市一所学校的79名学生和3名工作人员遭“分裂主义者”绑架。10月26日，分离主义反叛分子对昆巴镇（Kumbo）一所学校发动恐怖袭击，造成9名儿童死亡，12人受伤。10月23日，巴门达市15名学生在放学回家路上被绑架。10月24日，枪手冲进Kumba镇一所学校，射杀了8名小学生。11月4日，武装人员袭击了西南大区Limbe镇一所大学，有教师和学生遭到虐待。同一天，9名儿童在一个叫Fundong的地方的上学路上被绑架。11月3日，持枪人员绑架了昆巴镇一所小学和中学的11名教师及学校工作人员。

导致喀麦隆英语区分离倾向的直接原因是基于语言和地区分布的教育公平问题。虽然国家宪法把法语和英语都列为官方语言，国家电视台、电台、官方报纸都采用双语，国家公文也是法语和英语同时使用，但法语使用比例明显高于英语。长期以来，英语在国家公共教育体系中受到压制，以英语为主要交流语言的教育工作者在国家政府、教育部中难以获得高级职务，全国公立学校中缺乏英语教师。在全国范围的学业考试和职业考试中，英语考官和裁判所占比例极低。近年来，政府大量向法语区学校投入，英语区学生人数占全国的五分之一，但获得的教育经费还不及仅占人口二十分之一的南部省。

英语区危机产生的根本原因是喀麦隆在国家政治经济和社会生活中存在对英语区的歧视问题。由于法语区在人口和面积上的优势，长期主导喀麦隆国家的政治经济局势，英语区处于被压制和排斥的境地。英语人才在国家行政机构和企事业单位中的比例低，且难以升迁。近年来，喀麦隆国内外矛盾突出，政府为了消除宗教、语言和地区矛盾，促进国家团结，把建立和促进人民的国家意识提高至国家顶层设计的高度，有意提升法语在国家政治经济生活中的使用频率和覆盖密度。且英语区长期以来是反对党的大本营，中央政府对英语区抱有敌意，对英语区的财政投入持续减少，导致英语区基础设施缺乏，经济发展速度低于法语区。

英语区危机背后折射出喀麦隆的部族和宗教矛盾。喀麦隆有280多个部族，但大体上可以分为北方法语区穆斯林、西部英语区基督徒、南部法语区基督徒三个大的群体。历史上，喀麦隆三个大的部族群体之间有较深的矛盾，在殖民者进入之前，北方的穆斯林群体曾经对西部和南部居民进行伊斯兰化的征服运动，巴富桑王国对周边部族也发动过征服运动。法国殖民期间，一些北方穆斯林则经历了基督化过程，其间经常发生部族冲突。法国殖民者在喀麦隆沿海地区种植热带作物，在北方种植棉花，需要大量劳动力。为了防止当地人联合反抗，劳动力多从外部引入，因此造成了不同部族之间的矛盾。在独立之初，喀麦隆上层长期是穆斯林主导，比亚时代则以南部基督徒为政治根基，不同部族和宗教群体之间的矛盾因为国内政治斗争而不时恶化。

赤道几内亚

张梦颖*

2020年，赤道几内亚整体形势趋稳，局部问题不断涌现。政治与安全方面，赤道几内亚面临“老人政治”统治下政治不确定因素的激增，以及海盗等非传统安全因素的挑战；经济方面，石油价格下跌和新冠肺炎疫情共同造成了该国经济衰退迹象明显，经济结构亟待调整；对外关系方面，赤道几内亚重视同域内域外国家和区域组织间的密切联系，积极加强同周边非洲国家在打击海盗、促进交流方面的友好合作。赤道几内亚重视同中国深化传统友谊、共同推进中赤几关系不断提升。赤道几内亚在政治与安全、经济和对外关系领域的具体情况如下。

首先，“老人政治”统治下的赤道几内亚正面临内部政治风险上升、外部海盗袭击事件频发的局势。1942年出生的赤道几内亚总统特奥多罗·奥比昂·恩圭马·姆巴索戈（Teodoro Obiang Nguema Mbasogo）五次蝉联该国总统，是非洲执政时间最长的现任领导人。但目前奥比昂家族内部就奥比昂总统继任者的选择上仍然充满矛盾，增加了该国政治稳定的脆弱性。截至2020年上半年，几内亚湾共有54名船员遭海盗绑架，其中，赤道几内亚共发生2起海盗袭击事件。受新冠肺炎疫情大流行所带来的宏观经济恶化的冲击，几内亚湾海域绑架事件不断激增。由于赤道几内亚等中西部非洲国家海事执法能力较弱，再加之该区域缺乏国际护航，海盗绑架率正在逐渐攀升。2020年10月17日，一艘停泊在赤道几内亚首都马拉博液化天气厂专用码头的货轮遭到海盗袭击，赤道几内亚安全部队很快赶到并制止了此次袭击，但该厂仍有员工在袭击中被劫持和受伤。① 随着新冠肺炎疫情和经济危机所造成的失业率上升，包括赤道几内亚在内的几内亚湾地区将可能成为继索马里之后又一个失业青年参与绑架索取赎金的热点地区。②

---

* 张梦颖，中国社会科学院西亚非洲研究所（中国非洲研究院）助理研究员，主要研究领域为非洲安全问题、民族问题。

① 《中国驻赤道几内亚大使馆提醒防范几内亚湾海盗活动》，2020年10月20日，中国新闻网，https：//baijiahao. baidu. com/s？ id = 1681034970965445682&wfr = spider&for = pc.

② The Economist Intelligence Unit，“Gulf of Guinea continues to be global piracy hotspot in 2020，” February 4，2021，http：//country. eiu. com/article. aspx？ articleid = 610682244&Country = S% c3% a3o + Tom% c3% a9 + and + Pr% c3% adncipe&topic = Politics&subtopic = Forecast&subsubtopic = Political + stability.

其次，赤道几内亚正遭受石油价格所引发的经济危机和疫情不确定性所造成的经济不稳定双重打击。长期以来，赤道几内亚经济严重依赖石油行业。自 2014 年国际油价大跌后，赤道几内亚国内生产总值持续下降，债务水平比重则不断攀升，其债务可持续水平远远低于中部非洲经济与货币共同体（CEMAC）的基本标准。2020 年新冠肺炎疫情冲击所导致的原油需求持续下降、油价下跌，赤道几内亚面临前所未有的经济危机，该国的石油勘探和外国直接投资流入量大幅减少。包括赤道几内亚在内的欧佩克（OPEC）成员国与非欧佩克成员国分别于 7 月 15 日、9 月 17 日、11 月 30 日和 12 月 1 日召开多次欧佩克 +（OPEC +）成员间会议，就延长石油减产幅度进行了深入探讨。但是赤道几内亚经济基础设施较好，经济复苏具备很大潜力。[①] 8 月 19 日，奥比昂总统再次任命弗朗西斯科·帕斯卡尔·奥巴马·阿苏埃（Francisco Pascual Obama Asue）为政府总理。赤道几内亚政府通过政府改组以推动经济和结构性措施的实施，以求提高政府应对经济危机、改善经济环境的能力，来克服当前经济困难、恢复该国经济增长，实现“2035 年远景规划”目标。[②]

最后，赤道几内亚对外关系稳定，与中国传统友谊深厚、中赤几友好合作关系不断加深。赤道几内亚与中部非洲经济与货币共同体与葡萄牙语国家共同体（CPLP）都保持密切联系，并就加深葡萄牙语国家共同体成员国之间的流动自由与相关葡语国家进行了商议。赤道几内亚还同几内亚湾沿岸的中部非洲和西部非洲国家，就打击海盗袭击加强了海上安全协调。2020 年是中国与赤道几内亚建交 50 周年。10 月 15 日，中国国家主席习近平同奥比昂总统互致贺电，庆祝两国建交 50 周年，两国领导人将共同致力于巩固中赤几间政治互信，深化共建“一带一路”和中非合作论坛框架内务实合作，推动中赤几关系不断迈上新台阶，造福两国和两国人民。[③] 2020 年面对突如其来的新冠肺炎疫情，为了共同克服新冠肺炎疫情影响，中国向包括赤道几内亚在内的非洲国家派遣了医疗专家组，为赤道几内亚等非洲国家的疫情防控做出了重要贡献。11 月 30 日，奥比昂总统出席中国政府援赤道几内亚新涅方医院奠基仪式，奥比昂表示，新涅方医院奠基是打造中非卫生健康共同体和建立更加紧密的中非命运共同体的重要体现，彰显了中方坚定不移支持非洲抗击新冠肺炎疫情和深化中非友好合作关系的决心。[④]

---

① African News, “Equatorial Guinea Outlines a Path Towards Oil and Gas Industry's Road to Recovery”, December 21, 2020, https://www.africanews.com/2020/12/21/equatorial-guinea-outlines-a-path-towards-oil-gas-industry-s-road-to-recovery/.

② 《赤道几内亚总统任命新总理 将改组政府以应对经济危机》，2020 年 8 月 19 日，央视新闻，https://baijiahao.baidu.com/s?id=1675439294504194807&wfr=spider&for=pc.

③ 《习近平同赤道几内亚总统奥比昂就中赤几建交 50 周年互致贺电》，2020 年 10 月 15 日，新华社，https://baijiahao.baidu.com/s?id=1680572194912201849&wfr=spider&for=pc.

④ 《赤道几内亚总统出席中国援助医院奠基仪式》，2020 年 12 月 1 日，中国新闻网，https://baijiahao.baidu.com/s?id=1684868172176856521&wfr=spider&for=pc.

整体来看，2020 年新冠肺炎疫情加剧了赤道几内亚的经济危机，出现了经济衰退的迹象，造成了失业率攀升和政治、社会动荡风险增加。但随着中国等国际伙伴携手共同抗击疫情的努力，赤道几内亚将逐步扭转劣势，调整政治步伐，为恢复经济包容性和可持续发展而采取各项有效措施。

加　蓬

郭　佳*

2020 年加蓬政坛上的两个关键词是“改组”和“反腐”。通过改组政府，政坛重新洗牌，加大反腐败力度，这些有针对性的修复性举措，归根结底是为了缓解反对党和舆论压力，进一步巩固政权。新政府刚刚组建，便面临诸多挑战，最严峻的是新冠肺炎疫情给加蓬经济带来的重创。作为非洲主要产油国，加蓬经济严重依赖石油出口，2020 年新冠肺炎疫情和国际油价走低使得加蓬经济呈现负增长，非石油部门活动放缓，通货膨胀加剧，财政赤字扩大。为此，新政府在 2020 年将工作重点放在抗击疫情和经济社会领域，希望借此避免政治动荡。

一　改组政府，惩治腐败

现任总统阿里·邦戈·翁丁巴（Ali Bongo Ondimba）自 2009 年上台执政以来，在政治合法性及健康方面一直受到反对派质疑。2017 年，加蓬举行“全国包容性政治对话”，形成多项政治对话成果，包括总统大选和议会选举改为两轮多数制、修改选举法等重要内容，政治紧张局势有所缓解。2018 年，宪法修正案通过，规定总统任期 7 年，可连选连任，总统无须协商即可制定国家政策，进一步巩固了总统的权力和地位。尽管如此，由于政府高层腐败问题泛滥，执政党和政府的公信力受到严重破坏，在此背景下，邦戈总统通过改组政府，加大惩治腐败的力度来稳定政权。

2020 年 7 月 16 日，加蓬总统府发布公告任命露丝·奥苏卡·拉邦达（Rose Christiane Ossouka Raponda）为加蓬共和国总理，这是加蓬历史上首次任命女性担任总理一职。现年 56 岁的奥苏卡不仅是加蓬执政党——“加蓬民主党”的中坚力量，也是加蓬有名的女性政治家。她毕业于加蓬经济与金融学院，主攻公共财政管理，历任加蓬住房银行副行长和经济主管、预算部部长、利伯维尔市市长。在担任市长期间，她发挥所长，进行了多次改革，整肃财政，在经济治理方面取得了不俗的政绩。2019 年 1 月，加蓬发生未遂政变，深受总统信任的奥苏卡被任命为国防部部长，此

---

* 郭佳，中国社会科学院西亚非洲研究所（中国非洲研究院）民族宗教研究室副主任、助理研究员，研究领域为非洲基督教研究、中非卫生合作。

次是接替自2019年1月以来一直领导政府的朱利安·恩科盖·贝卡勒（Julien Nkoghe Bekalé）成为政府总理。2020年7月17日本届政府进行了改组，包括总理1名、国务部长4名、部长22名和部长级代表6名。① 2020年9月4日，奥苏卡宣布了新政府的施政纲领，主要包括4项基本任务：控制卫生风险、良政、社会模式的可持续性、恢复经济以改善加蓬人的生活条件。多次在关键时刻出任要职，凸显了奥苏卡深受总统信任。

与此同时，多名政要因腐败落马。2019年底，总统办公厅主任布莱斯·拉克鲁什·阿里汉加（Brice Laccruche Alihanga）及其20多位亲信（包括4位前部长）被监禁。② 2019年12月，前总理朱利安·恩科盖·贝卡勒领导的内阁改组中，3名部长被解雇，随后因涉嫌贪污而被捕。2020年9月，利伯维尔市市长莱昂德·恩祖（Léandre Nzué）因涉嫌腐败和挪用公款被批捕。③

二 通过经济多样化战略扭转经济衰退

2020年，加蓬经济受到新冠肺炎疫情的严重冲击，国内生产总值为140.61亿美元，人均国内生产总值为6696美元，经济增长率为-3.2%，通货膨胀率达1.5%。④ 遏制新冠肺炎疫情扩散的措施使得石油产量下降21%，石油价格下降，以及非石油部门活动放缓。经济形势恶化导致公共收入降低，疫情又增加了卫生项目的支出，导致预算赤字占GDP的5.2%，而在2019年则为1.4%。由于油价下跌和供应链中断，经常账户赤字从占GDP的0.3%扩大到2020年的9.5%。⑤

为缓解日益增加的融资压力，加蓬政府通过国际货币基金组织的快速融资工具（RFI）在2020年4月和7月分别获得了额度为1.47亿美元及1.526亿美元的两笔付款。在没有贷款偿还暂停许可的情况下，国际货币基金组织的支持对于加蓬的融资需求来说至关重要。⑥

此外，加蓬政府致力于实施经济多样化战略，使经济从单一的石油部门转向农业、矿产等多部门，以重建财政缓冲，加强粮食安全和基础设施建设（特别是道路、

---

① 中国外交部网站，https：//www.fmprc.gov.cn/web/gjhdq_676201/gj_676203/fz_677316/1206_677800/1206x0_677802/，2021年3月23日。

② 环球法语电视5台：TV5MONDE，*Gabon：les dates clés de 60 ans d'indépendance*，https：//afrique.tv5monde.com/information/gabon-les-dates-cles-de-60-ans-dindependance，2021年3月16日。

③ EIU，*Country Report：Gabon*，March 31，2021，p.4.

④ 中国外交部网站，https：//www.fmprc.gov.cn/web/gjhdq_676201/gj_676203/fz_677316/1206_677800/1206x0_677802/，2021年3月23日。

⑤ 非洲开发银行网站，https：//www.afdb.org/en/countries/central-africa/gabon/gabon-economic-outlook，2021年3月16日。

⑥ EIU，*Country Report：Gabon*，March 31，2021，p.5.

通信、饮用水和电力供应），促进贸易发展，以此扭转经济衰退的局面。

三 独立60周年致辞

2020年8月17日是加蓬共和国独立60周年纪念日，受疫情影响，只在加蓬总统府举行了简短的阅兵仪式，总统阿里·邦戈·翁丁巴发表了国庆致辞，致辞涉及7个方面的重要内容。[①]

在基础设施建设方面，加蓬需要现代化的基础设施以便实现发展，连接西部首都利伯维尔和东部城市弗朗斯维尔的加蓬公路（Transgabonaise）正在建设中，预计2023年竣工，这条东西跨越780公里的公路将把农业地区与主要城市连接起来，从而促进贸易发展与国道互通，在各省创造就业机会。

在医疗服务方面，将在各省设立9个诊疗中心，预计在2021年上半年启用。它们将为患者提供更好的护理，提供更有效的公共卫生服务，更重要的是，可以大大降低医疗检查成本。

在就业问题方面，就业是加蓬社会规划的核心问题之一，在接下来的几个月内将采取一切措施，减少失业，消除不稳定因素。

在教育及职业培训方面，在接下来的几个月和几年中，除了加强现有能力建设外，还将建立几个培训中心。2020年第四季度，利伯维尔将启用一所新的护士学校，运输和物流执教中心也将于2020年底全面投入运营。恩科地区（Nkok）的中航国际培训中心将于2021年首次开学。

在木材产业方面，木材业在加蓬的经济中发挥着越来越重要的作用，它创造了成千上万直接和间接的就业机会，并增加了地方财政收入。2010年，加蓬通过了禁止出口原木的法律。今天，加蓬是非洲第一大、世界第三大胶合板生产国。兰巴雷内和弗朗斯维尔的两个经济特区以及本地的木材三级加工产业，将在未来三年创造30000个就业岗位。

在其他产业方面，加蓬在木材产业方面的经验也可用于其他产业，如农业、渔业、旅游业等。加蓬不应该仅仅是原材料产地，还应该成为成品制造地，政府有义务为此努力。

在管理创新方面，在过去十年中，加蓬经历了深刻的改革和现代化建设，进行了重要创新，如移民部等一些部门的数字化建设。这些大胆的改革取得了成效，使加蓬成为当今电子管理、数字管理最发达的非洲国家之一。在过去十年数字基础设施建设的基础上，未来加蓬将进入数字化建设的第二阶段，即公共服务数字化建设。

---

① 环球法语电视5台：TV5MONDE，*Gabon：les dates clés de 60 ans d'indépendance*，https：//afrique.tv5monde.com/information/gabon-les-dates-cles-de-60-ans-dindependance，2021年3月16日。

刚果（布）

郭　佳*

2020年，刚果（布）整体局势稳定。总统德尼·萨苏-恩格索（Denis Sassou-Nguesso）从1997年刚果内战后再次执政算起，至2020年连续执政已达23年，其政治强人形象深入人心，他所在的执政党刚果劳动党（Parti Congolais du Travail，PCT）一党独大，这种强力统治使得刚果（布）保持了政治上的长期稳定。尽管如此，由于该国经济严重依赖石油，农业和非石油行业均不发达，受国际油价暴跌及2020年新冠肺炎疫情冲击，刚果（布）经济持续走低，债务负担严重，居民收入锐减，政府的经济社会改革议程也因此受到影响。在安全形势方面，自2017年底政府与前内战民兵组织（Ninja）签署停火协议以来，首都布拉柴维尔以南普尔地区（Pool）的安全状况得到改善，但持续的贫困仍对地区稳定构成潜在威胁。2020年还是刚果（布）独立60周年，以及作为“自由法国”运动象征性首都80周年的重要年份。

一　总统选举筹备平稳有序

刚果（布）2015年颁布的新宪法将总统任期由7年改为5年，并规定可连选连任两次。2020年是萨苏总统修宪后第一任期的最后一年，政坛上的主要事件都围绕2021年即将举行的大选进行。

2020年10月，刚果（布）内政和地方分权部公布了符合标准的政党名单，20余个政党被除名，10余个新政党加入，最终被认为符合《刚果政党法》的政党数量从2018年的55个减少到45个，减少的主要原因是部分政党并入了执政党“刚果劳动党”。①

为筹备2021年总统选举，2020年11月25—26日，在布恩扎省（Bouenza）首府马丁古（Madingou）举行了由刚果（布）各党派及公民社会组织等参与的政治协商会议，主题是“让我们通过自由、透明、和平的选举巩固民主政治成果”。在这之

* 郭佳，中国社会科学院西亚非洲研究所（中国非洲研究院）民族宗教研究室副主任、助理研究员，研究领域为非洲基督教研究、中非卫生合作。

① Les dépêches de Brazzaville, Mardi 27 Octobre 2020.

前，主要反对党“泛非社会民主联盟”（UPADS）认为，刚果（布）不具备在2021年举行总统选举的条件，该党提议，经过一个过渡，到2023年再进行选举。而本次会议就是希望通过磋商达成共识，巩固民主政治成果。正如副总理菲尔曼·艾耶萨（Firmin Ayessa）在开幕式中指出的：“我们需要对话与协商，以防止紧张局势和冲突的发生，它们是和平与统一的最有力的保证。”① 政治协商会议最终取得了令人满意的成果，为2021年相对自由、透明、和平的总统选举奠定了基础。

2020年12月8日，在布拉柴维尔成立了总统选举预警委员会，由一些具有名望的长者和知名人士组成，以应对大选中可能出现的冲突。12月10日，萨苏总统被总统多数派提名参加于2021年3月举行的总统选举。

二 经济形势持续低迷

受近年来世界石油价格下跌及2020年新冠肺炎疫情的影响，刚果（布）经济持续衰退，继2019年后再次为负增长，英国经济学人智库估算为 -9.3%，财政赤字占国内生产总值的比例达到3.7%。②

石油经济呈现紧缩，年度生产目标从1.4亿桶降低至1.1亿桶。非石油部门收缩了11%，其中建筑业增长为 -9.9%；贸易、餐饮和酒店业为 -18.2%；制造业为 -8.2%，其他服务为 -15.7%。国内需求、投资和出口也有所下降。通货膨胀率为2.4%，而2019年为2.2%。由于大量资金用于抗疫，预算盈余从2019年占GDP的4.8%下降到2020年的0.6%。③

此外，刚果（布）债务负担沉重。2020年巴黎俱乐部债权国宣布允许刚果（布）从2020年5月1日至2020年12月31日暂停偿还债务。2020年10月，由4家刚果（布）银行（BGFI，BSCA，LCB，ECOBANK）组成的布拉柴维尔俱乐部筹集3000亿非郎，用于支付刚果国家在商业和社会两个方面的内债。偿还国内债务也是刚果（布）政府履行其与国际货币基金组织于2019年7月11日在华盛顿签署的协定所承诺的一部分。

为帮助刚果（布）重振经济，联合国2020年投入超过140亿非洲法郎，用于刚果（布）的政治治理、人力资源开发和实现经济多元化目标。④ 联合国开发计划署计划在2020—2024年在刚果（布）投入170亿非洲法郎，以应对政治治理、和平巩固、

① Les dépêches de Brazzaville, Jeudi 26 Novembre 2020.

② EIU, *Country Report*: *Congo*, February 22, 2021, p. 7, p. 14.

③ 非洲开发银行网站，https://www.afdb.org/en/countries/central-africa/congo/congo-economic-outlook. 访问日期：2021年3月16日。

④ Les dépêches de Brazzaville, Jeudi 17 Décembre 2020.

经济可持续性和多样化等方面的挑战，助力刚果（布）经济社会全面发展。①

三　独立60周年

2020年是刚果（布）独立60周年，某种意义上说也是非洲独立60周年，因为1960年有17个非洲国家获得独立。8月15日刚果（布）独立日当天举行了简短的庆祝仪式，约250名嘉宾出席，鸣礼炮21响向萨苏总统致意，总参谋长居伊·布兰夏尔·奥科伊将军（Guy Blanchard Okoï）随后陪同萨苏总统检阅了军队。总理克莱芒·穆安巴（Clément Mouamba）发表讲话称："刚果对非洲复兴、一体化和繁荣抱有信心，并相信可以同热爱和平、正义和自由的世界各国人民进行兄弟般的合作。在独立60周年之际，我们应该在这个动荡的世界中赢得新的胜利，它会继续带给我们惊喜，同时也将充满挑战。"他指出："政治独立是必要条件，但不是充要条件，刚果已经意识到必须避免欠发展陷阱，为此，要坚定地贯彻'走向发展战略'②，以应对当前的挑战。"此外，他还提到了民族团结、和平与安全、教育、新技术的应用、城镇和乡村的现代化等。③

四　"自由法国"运动80周年

1940年10月27日，戴高乐将军在布拉柴维尔发表了《布拉柴维尔宣言》，宣告法兰西帝国防务委员会成立，号召法国人民为保卫法国而战，布拉柴维尔也因此成为"自由法国"的象征性首都。对于刚果（布）乃至非洲人民来说，这是一个值得铭记的历史事件，非洲军团在"自由法国"运动及第二次世界大战中发挥了重要作用。2020年恰逢"自由法国"运动80周年，刚果（布）举行了各种纪念活动。10月27日，在布拉柴维尔举行了题为"戴高乐和布拉柴维尔：法国、刚果和非洲的共同记忆"的国际研讨会，邀请了来自刚果（布）、刚果（金）、乍得、加蓬和中非共和国的非洲知识分子参加。来自中部非洲的红衣主教和主教们在布拉柴维尔的圣安娜大教堂举行了弥撒。作为当天的主持人，布拉柴维尔大主教阿纳托尔·米兰杜（Anatole Milandou）将他的祷告聚焦于刚果（布）的和平、统一与繁荣，同时回顾了布拉柴维尔作为法国盟友在第二次世界大战期间抵抗纳粹德国所发挥的重要作用。④

---

① Les dépêches de Brazzaville, Mercredi 16 Décembre 2020.

② "走向发展战略"是刚果（布）于2016年初制定的国家发展战略，提出包括支持创办农业企业、促进生产要素投入、对自然资源进行深加工等举措，从而实现经济多样化、减少贫困、创造就业岗位等目的。

③ Les dépêches de Brazzaville, Lundi 17 Août 2020.

④ Les dépêches de Brazzaville, Mardi 27 Octobre 2020.

五 卫生合作不断拓展

2020 年 3 月 14 日，刚果（布）确诊第一例新冠肺炎患者。3 月 28 日晚，萨苏总统发表全国电视讲话，宣布刚果（布）进入公共卫生紧急状态。截至 2020 年 12 月 12 日，刚果（布）报告累计确诊病例 6200 例，累计治愈病例 5003 例，累计死亡病例 100 例。① 总体而言，刚果（布）疫情防控措施较为有效，2020 年 10 月，法语国家组织代表在访问刚果（布）时也对此表示了肯定。

刚果（布）传统的卫生援助国为法国、中国、古巴、俄罗斯、意大利等，近年来其在保持传统伙伴关系的基础上不断扩展合作对象，通过多种方式提升医疗卫生水平。从 2013 年起，刚果（布）就向古巴陆续派遣了数百名医学留学生，仅 2020 年就有至少 250 余名留学生毕业回国。中国自 1963 年向刚果（布）派遣医疗队，迄今已 58 年，2020 年 5 月，中国政府援刚果（布）抗疫医疗专家组抵达布拉柴维尔，支持刚果（布）抗击疫情。目前，刚果（布）与加拿大蒙特利尔国际卫生局签有卫生医疗技术援助协议，2020 年 9 月 28 日，刚果（布）最大的公立医院恩古瓦比大学附属医院（Le Centre hospitalier et universitaire，CHU）加拿大籍新院长贝尔纳·莱西（Denis Bernard Raiche）正式上任。

① 中国驻刚果共和国大使馆微信公众号，访问日期：2020 年 12 月 19 日。

刚果（金）

袁　武[*]

政治方面，2020 年 6 月以来，刚果（金）总统齐塞克迪领导的“迈向变革”联盟（下文简称“齐塞克迪阵营”）与前总统卡比拉领导的“刚果共同阵线”（下文简称卡比拉阵营）建立的执政联盟发生分裂与对抗，导致刚果（金）爆发政治危机；经济方面，刚果（金）经济乏善可陈，其中刚果（金）矿业经济发达，但高度依赖国际市场。疫情导致全球经济下滑，矿产品需求锐减。刚果（金）经济经历了 18 年的首次衰退。

一　大选引发政坛波动

2020 年上半年，刚果（金）国内政坛还平稳发展，但到了下半年开始风云突变，现任总统齐塞克迪阵营与前总统卡比拉阵营之间爆发激烈的政治争斗，引发严重的政治危机。此次政治危机的导火索是刚果（金）总统齐塞克迪在 2020 年 6—7 月未与卡比拉阵营磋商，就任命了独立选举委员会主席与 3 名宪法法院法官，引发前总统卡比拉阵营的抵制。此次政治危机打破了刚果（金）当前政治平衡，使刚果（金）未来政局发展充满不确定性。

根据新披露的 2018 年大选时卡比拉与齐塞克迪签署的秘密协议，双方结成了秘密政治同盟。该秘密协议名称为《刚果稳定协议》，主要内容包括：（1）对卡比拉家族及其阵营的主要政要实行豁免，免除对所有罪行的刑事起诉；（2）共同协商安全部门（军队、警察和情报机构）、政府和国企的人事任命；（3）齐塞克迪阵营 2023 年大选时支持卡比拉阵营候选人；（4）协议签署有 5 位国内人士和 3 位外国元首见证。这三位国家元首分别为肯尼亚总统乌胡鲁·肯雅塔、南非总统拉马福萨、埃及总统赛西。该协议是齐塞克迪和卡比拉于 2019 年 1 月 2 日在首都金沙萨郊区卡比拉私人庄园金加卡迪（Kingakati）农场签署，而大选临时结果在 8 天后公布。根据该协议，卡比拉与齐塞克迪之间属于政治盟友。总体而言，新旧总统阵营在 2020 年 6 月

---

* 袁武，中国社会科学院西亚非洲研究所（中国非洲研究院）副研究员，主要从事非洲政治、安全与冲突及中非关系研究。

之前的合作虽有波折，但是总体还比较平稳。

2020年7月，刚果（金）总统齐塞克迪未与卡比拉阵营磋商就任命宪法法院法官和独立选举委员会主席，目标直指2023年大选。这在卡比拉阵营看来，是背叛了双方签署的秘密协议。为此，卡比拉阵营进行了抵制。卡比拉领导的“刚果共同阵线”控制的参议院和国民议会拒不举行新任宪法法院法官的宣誓仪式，形成政治僵局。

对此，齐塞克迪总统采取绕过议会斗争方式打破政治僵局。2020年10月23日，刚果（金）总统齐塞克迪提出要进行全国政治磋商。11月2—25日，齐塞克迪总统在总统府与全国政治、社会力量进行了为期3周的政治磋商。12月6日，齐塞克迪总统针对此次政治磋商用法语和4种刚果民族语言发表了对全国讲话。

在讲话中，齐塞克迪总统直截了当地说明“迈向变革”联盟与“刚果共同阵线”的结盟关系受到各方的诟病，决定终止联盟。他表示，现在议会没有多数派，他准备建立一个“神圣同盟”（Sacred Union）。当前，他准备任命一名议会召集人（informant），暂时负责议会事宜。根据宪法第78条款，在议会没有形成多数票时，总统有权任命议会召集人，在为期30天内形成议会多数派；如果30天内未形成议会多数票，可至多延期30天。如果法律规定的最多60天内仍未形成议会多数派，齐塞克迪威胁将解散议会，重新选举议会。

12月8日，在弹劾国民议会议长珍妮·马本达的议会会议上，虽然卡比拉领导的“刚果共同阵线”号称控制341个议席（总共500个议席），但是却一败涂地。484名议员出席，281名议员同意弹劾并罢免议长珍妮·马本达。此次政治对抗中，卡比拉阵营遭受重大挫折，其通过控制议会制衡齐塞克迪总统的政治安排已经失败。卡比拉向秘密协议的见证国（南非、埃及和肯尼亚）驻刚果（金）大使馆寻求帮助亦未得到实际回应。为此，卡比拉阵营甚至不惜公布双方秘密协议试图搞臭齐塞克迪总统，但并未奏效。目前，齐塞克迪总统在政治对抗中暂时赢得先机，形成一定优势；卡比拉阵营虽遭到一定挫败，但是仍未动摇其根基。12月，卡比拉在国民议会议长弹劾案后飞往加丹加地区，与自己的坚定支持者举行会议，成立危机委员会，集聚支持力量准备反扑。由此看出，双方政治斗争将会是一个长期过程，至少会持续到2023年大选。

二 新冠肺炎疫情导致经济下行

新冠肺炎疫情导致刚果（金）经济经历了18年来的首次衰退。2020年，刚果（金）经济萎缩了1.7%，而2018年、2019年刚果（金）经济增长率分别为5.8%和4.4%。这主要是因为采掘业的下滑。采掘业对国民生产总值的贡献由2019年的0.28%下降到2020年的0.17%。随着应对疫情的封城、隔离等措施的出台，制造业、工程建设、贸易、服务业深受波及。经常账户赤字从 2019 年占国民生产总值的 3.8% 上升到 2020 年的 5.4%。为了应对通货膨胀与货币贬值，刚果（金）中央银行将利率从 7.8% 提高到 18.5%。但这仍无法抑制通货膨胀和货币贬值，刚果（金）通胀率从 2019 年的 4.5% 上升至 2020 年的 13%；2020 年刚果法郎对美元汇率比 2019 年贬值了 12.4%。①

刚果（金）外债达 101.75 亿美元，债务占国民生产总值的比例为 21.2%，是非洲债务较少的国家之一。其中外债占公共债务的 2/3，主要持有者是多边捐助人。国内债务主要是预算欠款。2020 年刚果（金）预算缺口估计为 6.31 亿美元。②

如果疫情结束，市场需求复苏，刚果（金）经济未来展望良好。预计刚果（金）2021 年和 2022 年经济将会迎来报复性增长。刚果（金）经济预期为 2021 年增长 3.3%，2022 年增长 4.5%。2021—2022 年通胀水平将维持在 11.7%。经常账户赤字占国民生产总值的比例 2021 年将下降至 4.0%，并在 2022 年进一步下降至 3.7%。③

2020 年 3 月，为了缓解疫情导致的经济压力，刚果（金）政府出台了“百日紧急项目”计划。该计划出资 3.04 亿美元用于电力、自来水和其他公共项目。然而，项目资金使用不透明以及贪污腐败使其效果不佳。总统的政治盟友、幕僚长维塔尔·卡梅雷甚至为此而锒铛入狱。

---

① African Economic Outlook 2021, African Development Bank, March 12, 2021, p. 111.

② African Economic Outlook 2021, African Development Bank, March 12, 2021, p. 111.

③ 经济数据主要来源于非洲开发银行网站，https://www.afdb.org/en/countries-central-africa-democratic-republic-congo/democratic-republic-congo-economic-outlook#:~:text=The%20Democratic%20Republic%20of%20Congo%20%28DRC%29%20experienced%20in, by%204.4%25%20in%202019%20and%205.8%25%20in%202018, 2021-03-27.

圣多美和普林西比

张梦颖*

2020年，圣多美和普林西比国内政治局势整体趋稳，但受新冠肺炎疫情影响，以及因大选在即，国内政治稳定性受到一定程度的冲击；经济方面，进出口贸易受损、失业率上升、基础设施投资减少所导致的经济衰退也令后疫情时代的圣多美和普林西比面临经济复苏的艰巨任务；对外关系方面，圣多美和普林西比在疫情期间依然保持了与葡语国家之间的紧密联系，恢复通航，并推动了同葡萄牙语国家共同体成员国之间流动性框架协议的形成。圣多美和普林西比在政治与安全、经济和对外关系领域的具体情况如下。

首先，圣多美和普林西比整体政治形式较为稳定，但安全局势依然面临挑战。圣多美和普林西比现任总理若热·博姆·热苏斯（Jorge Bom Jesus）于2018年12月担任该国总理，其所领导的圣多美和普林西比解放运动—社会民主党（MLSTP-PSD）在议会中逐步崭露头角。① 尽管执政党民主独立行动党（ADI）在2018年10月大选后仍是国民议会中最大政党，拥有25个席位，而解放运动—社会民主党只占23个席位，但随着民主独立行动党执政期间虚报财政数据的消息曝光，民主独立行动党的信誉受损，加之新冠肺炎疫情加剧经济恶化，该国政治稳定性也受到冲击。圣多美和普林西比计划于2021年7月举行总统选举，2022年将会迎来立法议会选举。为此，解放运动—社会民主党必将会利用其在议会中的微弱多数的作用来推动该党在新冠肺炎疫情大流行中的威望，为赢得接下来的大选而铺路。另外，身处几内亚湾海域的圣多美和普林西比受到了该海域海盗袭击事件的影响，其海上安全形势受到挑战。根据国际海事局（IMB）数据显示，几内亚湾是当前全球海盗活动的热点地区，仅2020年第一季度内全球海盗袭击事件就发生了47起，与2019年同期相比增加了9起，其中共有21起发生在几内亚湾海域内。截至2020年上半年，圣多美和普林西比海域发生了1起海盗袭击事件。新冠肺炎疫情蔓延导致该区域的石油运输减少，几内亚湾海盗

---

* 张梦颖，中国社会科学院西亚非洲研究所（中国非洲研究院）助理研究员，主要研究领域为非洲安全问题、民族问题。

① The Economist Intelligence Unit，“Jorge Bom Jesus inaugurated as prime minister”，December 7，2018，http：//country. eiu. com/article. aspx？ articleid = 197423203.

则从盗油和武装抢劫演变为绑架船员并索要赎金。[①]

其次，受新冠肺炎疫情影响，圣多美和普林西比经济出现衰退迹象。圣多美和普林西比因高度依赖进口贸易，全球大宗商品价格变化对该国通货膨胀的影响较大。2020 年该国进出口贸易出现大幅下降，基础设施投资项目停滞，旅游业和服务业受到了一定程度的冲击，失业率上升，社会动荡风险增加，但是随着该国石油勘探进展顺利，其石油行业发展潜力逐步显现。2020 年 1 月下旬，葡萄牙石油和天然气公司高浦能源（Galp Energia）宣布，将在 2020 年底或 2021 年初在圣多美和普林西比专属经济区第六区块进行第一口探井的钻探工作，这标志着国际能源公司在圣多美和普林西比进行石油勘探进入了新阶段。自 2017 年以来，高浦能源就向圣多美和普林西比国家石油局申请了地质勘探请求，并同美国的石油公司一道在该国专属经济区寻找石油。但由于该国目前尚没有计划进行商业钻探，因此处于勘探阶段的圣多美和普林西比石油行业对 2020 年至 2021 年该国经济增长贡献率极其有限。但随着圣多美和普林西比专属经济区石油行业的不断发展，该国经济增长的前景将会得到长足进步和改善。

最后，圣多美和普林西比对外关系比较稳定，其与前殖民宗主国葡萄牙、安哥拉等其他葡语国家保持密切联系。2020 年 1 月 29 日至 31 日，由圣多美和普林西比、安哥拉、巴西、佛得角、几内亚比绍、赤道几内亚、莫桑比克、葡萄牙和东帝汶组成的葡萄牙语国家共同体（CPLP）成员国代表在葡萄牙首都里斯本召开会议，共同商议加深成员国之间的流动自由。此次会议制定了相关技术协议草案，并提交 4 月 17 日至 18 日在佛得角举行的葡萄牙语国家共同体部长级会议审议。加深葡语国家之间的人员流动一直是葡萄牙语国家共同体的重要目标。根据此次技术协议草案制定的框架，葡萄牙语国家共同体将允许各成员国改变其与共同体内不同伙伴国家的开放程度，即实质上允许单个双边协定。例如，葡萄牙语国家共同体成员国可以允许对一个国家实行完全行动自由，对另一个国家实行中等流动性，对其他国家则采取最低流动性。其中，最低流动性意味着每个成员国都有义务允许其他成员国持有外交、公务或特殊护照的人员入境该国 90 天。协议签署国还必须承诺与所有葡萄牙语国家共同体成员国一道迈向更高的跨境流动。7 月 1 日，圣多美和普林西比逐步解除防疫限制措施法令，首先恢复了葡语国家之间的航班。[②] 尽管包括圣多美和普林西比在内的葡萄牙语国家共同体在朝着建立流动性方向迈进了一步，但受制于成员国之间社会结构和政治优先项差异较大，不同成员国对开放边界的容忍度差别较大，葡萄牙语国家共同

---

① The Economist Intelligence Unit, "Gulf of Guinea continues to be global piracy hotspot in 2020", February 4, 2021, http: //country. eiu. com/article. aspx? articleid = 610682244&Country = S% c3% a3o + Tom% c3% a9 + and + Pr% c3% adncipe&topic = Politics&subtopic = Forecast&subsubtopic = Political + stability.

② EuroAtlantic Airways Press, "São Tomé and Lisbon, Portuguese-speaking capitals have again direct connections", June 29, 2020, https: //www. euroatlantic. pt/wp-content/uploads/2020/06/en_29_06_2020. pdf.

体内部近期尚无法就流动程度达成一致性。

整体来看，2020 年圣多美和普林西比在政治与安全、经济和对外关系等方面都遭受了新冠肺炎疫情不同程度的影响。尽管疫情影响仍存在很大的不确定性，但随着疫情冲击影响的逐渐减弱，该国经济逐步出现了复苏迹象。

• 南部非洲

赞比亚

田牧野*

2020年，赞比亚受新冠肺炎疫情影响较大，抗疫与恢复经济构成了赞比亚2020年的主题。自2020年新冠肺炎疫情出现以后，赞比亚政府高度重视新冠疫情防控，在世界卫生组织宣布新冠肺炎疫情构成国际关注的突发公共卫生事件后，迅速开展疫情防控的应对准备工作。成立国家级疫情准备预防控制管理委员会，由卫生部牵头负责对新冠肺炎疫情防控的领导和制定重大决策。省级、地区级也成立了相应的组织。与此同时，赞比亚政府设立了专项应急基金，为新冠肺炎疫情的准备、监测和响应提供资源保障。2020年3月14日，赞比亚政府发布强制性文件，就新冠肺炎疫情防控作出以下规定：一是将新冠肺炎纳入法定报告疾病，要求所有疑似感染新冠病毒的个案均应向卫生官员报告；二是强制隔离所有疑似和确诊病例，强制性收集用于诊断和管理新冠肺炎的所有相关标本；三是关闭高风险的公共场所，强制规定所有公众场所必须提供卫生设施，保持社交距离等；四是启动了针对新冠病毒疾病应对的多部门事件管理系统（Incident Management System，IMS），协调技术层面的准备、监测和应对工作。该系统参照美国疾控中心事件管理系统架构，可用于霍乱、埃博拉、新冠肺炎等各类传染病突发公共卫生事件的应对，并根据事件规模和响应要求进行调整或扩大。它在赞比亚卫生部领导下，由赞比亚国立公共卫生研究所承担事件的技术组织和应对工作。

2020年3月18日，赞比亚报告首例输入性新型冠状病毒肺炎确诊病例，3月25日，为了遏制新冠肺炎疫情在赞比亚的蔓延，赞比亚总统埃德加·伦古宣布赞比亚政府将从当地时间3月26日的午夜开始直至当地时间4月9日的午夜，实施为期14天的新冠肺炎疫情严控措施。此后由于赞比亚新冠肺炎疫情还在持续发展，这些措施又被赞比亚政府从4月10日延长14天的执行时间直至4月23日。4月2日，赞比亚出

---

* 田牧野，中国社会科学院西亚非洲研究所（中国非洲研究院）助理研究员，主要研究领域为非洲社会文化、中国对非援助。

现首例死亡病例，当日新增确诊病例3例，累计确诊39例。[①] 4月9日，伦古总统发布全国电视讲话，宣布所有现行限制新冠肺炎疫情蔓延措施延长14天。

虽赞比亚各界采取多项措施防控疫情，但新冠肺炎疫情蔓延仍十分迅速。到7月31日，赞比亚累计报告新冠肺炎确诊病例5555例，累计死亡149例[②]；到8月31日，赞比亚累计确诊新冠肺炎病例12097例，累计死亡288例[③]。但迫于经济形势，伦古总统在9月11日的讲话宣布，赞比亚所有大中小学重新开放，允许娱乐场所部分时间营业。到11月26日，赞比亚累计新冠肺炎病例数达到了17553例，累计死亡357例，累计康复16779例。[④] 截至12月22日，赞比亚累计确诊病例18881例，累计死亡379例，累计康复病例17890例。[⑤] 到2021年1月2日，赞比亚累计确诊病例为21230例，累计死亡392例，累计治愈18942例。[⑥]

自2020年3月18日，赞比亚报告首例输入性新型冠状病毒肺炎确诊病例以来，随着新冠肺炎疫情全球大流行及非洲国家疫情的不断发展，赞比亚政府协调管理能力和赞比亚卫生系统应对能力都一直面临着巨大的挑战。新冠肺炎疫情的发展对赞比亚经济造成严重冲击，重要经济支柱之一的旅游业受到重创，失业率增加。7月3日，赞比亚商贸工部发表调查报告称，受新冠肺炎疫情影响，14%的企业永久关停，餐饮、教育、交通、住宿等部门受影响最大，医疗、社会服务及能源行业受影响最小，77.3%的企业表示顾客损失是主要挑战[⑦]；而经济形势不佳也进一步加剧了赞比亚债务危机。自新冠肺炎疫情发生以来，赞比亚各方也就振兴国内经济出台相应政策：6月22日，赞比亚内阁召开会议，批准实施80亿克瓦查经济刺激计划，该计划将通过发行新冠肺炎疫情债券进行融资，资金将用于支付退休金、承包和供应商欠款等；12月17日，伦古总统宣布启动2020—2023年经济复苏计划（Economic Recovery Program），该计划旨在通过宏观经济稳定性、经济多元化以及债务稳定性恢复发展和保障基本生活。在债务方面，赞比亚政府已申请世界银行、非洲开发银行、非洲进出口银行新冠肺炎疫情紧急基金支持，并已开始同部分二十国集团成员国就债务延期进行

① 参见中国驻赞比亚使馆网页，《赞报告首例新冠肺炎死亡患者》，2020-4-2，http://zm.chineseembassy.org/chn/zbyzyxw/t1766971.htm，访问日期：2021年3月23日。

② 参见尼日利亚华人网，《赞比亚涉疫情有关舆情汇编（7月31日）》，http://www.oneafrica.cn/?p=15418，2020-7-31，访问日期：2021年3月23日。

③ 《赞比亚新冠肺炎病例报告情况简报（2020年8月31日）》，信息来自赞比亚卫生部推特账号：Zambia COVID-19 Dashboard，twitter @ZMPublicHealth，2020-8-31，访问日期：2021年3月23日。

④ 《赞比亚新冠肺炎病例报告情况简报（2020年11月26日）》，信息来自赞比亚卫生部推特账号：Zambia COVID-19 Dashboard，twitter @ZMPublicHealth，2020-11-26，访问日期：2021年3月27日。

⑤ 《赞比亚新冠肺炎病例报告情况简报（2020年12月22日）》，信息来自赞比亚卫生部推特账号：Zambia COVID-19 Dashboard，twitter @ZMPublicHealth，2020-12-22，访问日期：2021年3月27日。

⑥ 《赞比亚新冠肺炎病例报告情况简报（2021年1月2日）》，2020-1-2，信息来自赞比亚卫生部推特账号：Zambia COVID-19 Dashboard，twitter @ZMPublicHealth，2020-1-2，访问日期：2021年3月28日。

⑦ 参见中国驻赞比亚使馆网页，《赞比亚商贸工部就新冠肺炎疫情对赞企业运营影响发布调查报告》，2020-7-9，http://bi.chineseembassy.org/chn/zjbld/bldyw/t1791298.htm，访问日期：2021年3月28日。

商讨。赞比亚政府还向 IMF 寻求紧急资金支持，但短期内可能无法获得 IMF 资金援助。另外，4 月 27 日，赞比亚货币克瓦查（Kwacha）成为南共体电子跨境资金转账系统的结算货币，加快了赞比亚区域经济一体化进程，便利了跨境贸易。

自赞比亚出现新冠肺炎疫情之后，中国驻赞比亚使馆积极向赞相关部门分享中国抗疫经验、移交中国政府和相关机构捐赠赞方的抗疫物资，并向在赞华人与中资企业提供帮助。此外，中国（河南）援赞比亚医疗队也积极参与抗疫活动，制定了新冠肺炎疫情防控预案、开展线上防控知识培训，在受援医院开展防疫活动，并多次协助使馆开展领保服务和疾病诊治等工作。2021 年 1 月，中国援赞比亚第 21 批医疗队圆满完成援外医疗任务回国，第 22 批医疗队则开始执行新一年的援外任务。

就中国对赞比亚的抗疫支持活动，2020 年 4 月，伦古总统致函习近平主席，感谢中方支持赞比亚抗击新冠肺炎疫情。7 月 20 日，习近平主席同赞比亚总统伦古通电话，两国元首就中非联合抗疫、中赞关系、中赞合作等主题进行了深入交流。

安哥拉

周瑾艳*

新冠肺炎疫情持续对安哥拉的经济和政治造成冲击。经济增速仍呈下降趋势。安哥拉的经济和财政收入严重依赖石油出口，石油出口占政府财政收入的三分之二，占所有出口的95%。自2017年9月就任总统以来，若昂·洛伦索（Joo Loureno）大力推行经济多元化战略，力图摆脱安哥拉经济对石油的依赖，并鼓励外国投资。然而，洛伦索的经济多元化战略尚未取得实足的进步，安哥拉的经济仍处于长期衰退中。由于全球石油价格下跌和安哥拉油气产能的下降，2020年安哥拉的石油出口大幅下降，国家经济连续第五年萎缩。据安通社报道，截至2020年11月，安哥拉石油业收入达到3.4万亿宽扎（约52.3亿美元），超过国家预算预计的2.9万亿宽扎，预计全年石油业收入可达到3.7万亿宽扎。根据国际货币基金组织统计数据，2019年安哥拉GDP为894.2亿美元，人均GDP为2970美元，2020年经济增长率为-4%。2020年底，安哥拉的全年累计通货膨胀率达到21.8%，粮食价格的快速上涨直接对最贫困人口的生活造成冲击。①

财政收支失衡，债务风险较大。安哥拉国家收入减少的同时，公共支出却因疫情趋于增加，财政压力进一步增大。根据经济学人智库（EIU）的数据，2020年安哥拉财政收入21.8亿美元，财政支出为25.5亿美元。据非洲开发银行预测，在“最坏情况”下安哥拉2020年和2021年的财政赤字将分别为9.7%和6.2%。截至2019年底，安哥拉外债余额为460亿美元。国际货币基金组织估计，2020年安哥拉到期应偿还债务额超过其政府财政收入，公共债务与国内生产总值的比例达到了134%。自2020年4月二十国集团发起暂缓最贫穷国家债务偿付倡议（DSSI）以来，安哥拉已向其主要债权人提出缓债申请，预计2020年可暂缓偿付约60亿美元债务。惠誉国际因其公共财政恶化和经济脆弱性在2020年9月将安哥拉的政府债券评级下调至“CCC”。穆迪对安哥拉主权信用评级为Caa1，展望为稳定。G20缓债倡议和双边债

---

* 周瑾艳，上海外国语大学上海全球治理与区域国别研究院助理研究员，研究领域为非洲发展问题与中非关系。

① https://www.imf.org/en/Countries/AGO.

务重组在一定程度上缓解了安哥拉的国际收支失衡。[①]

疫情引发社会动荡，政局总体稳定。自执政以来，洛伦索总统一直进行大刀阔斧的政治改革和反腐斗争，力图消除在位38年的前任总统多斯桑托斯及其家族的政治影响力。洛伦索总统先后解除多斯桑托斯的子女在国家主权财富基金和安哥拉石油公司的领导职务，并于2020年1月冻结伊莎贝尔·多斯桑托斯（Isabel Dos Santos）的资产，于2020年8月由安哥拉最高法院判定多斯桑托斯之子和前央行行长2017年从央行挪用了5亿美元。

新冠肺炎疫情期间，因民众对政府腐败、失业率高企和经济机会有限的不满而引发多次抗议。据报道，示威者要求安哥拉政府举行地方选举，原定于2020年举行的地方选举因新冠肺炎疫情被无限期推迟。此外，由于新冠肺炎疫情导致正规和非正规部门就业机会的减少，2020年安哥拉的青年失业率高达50%，民众对政府的失望情绪日益高涨。自2020年10月以来，安哥拉的抗议者与警方之间的冲突不断增加。

尽管新冠肺炎疫情加剧了经济衰退和民众对政府的不满，但洛伦索当局仍能在总体上保持政局稳定。面对挑战，安哥拉政府采取了强有力的应对措施。2020年，安哥拉政府采取了较为审慎的财政调整政策，其中包括增加非石油收入和限制非必要支出，同时保证了健康和社会安全等领域的必要支出，并允许汇率充当减震器来应对不断上涨的价格压力。尽管2020年通货膨胀率高企，宽扎大幅贬值，安哥拉中央银行保持政策利率稳定在15.5%，以避免加剧新冠肺炎疫情的不利影响。2020年8月，安哥拉政府宣布因财政预算削减而修订其2018—2022年国家发展计划（PDN），未来安哥拉政府将重点经济多元化战略，大力发展经济特区，并继续推进国有企业私有化。

在对外关系方面，安哥拉积极参与非洲一体化建设，并与发达国家和新兴大国保持友好关系。安哥拉国民议会于2020年4月批准《非洲大陆自由贸易协定》，希望通过非洲内部贸易促进增长、减少贫困和扩大经济包容性。安哥拉与国际货币基金组织签订的为期三年（2018—2021年）的扩展融资便利（EEF）通过了国际货币基金组织的第四轮审议。国际货币基金组织因安哥拉政府在应对新冠肺炎疫情和石油价格下跌等挑战方面有较好政策表现，于2021年1月批准向安哥拉提供4.875亿美元贷款，为安哥拉政府提供了更大财政空间。[②] 当前，安哥拉是中国在全球的第四大石油供应国、在非洲的第二大贸易伙伴；同时，中国也是安哥拉在全球的最大贸易合作伙伴。

---

① Economist Intelligence Unit, Angola Country Report, February 1st 2021.

② "IMF Executive Board Completes Fourth Review of the Extended Fund Facility Arrangement for Angola, and Approves US $ 487.5 Million Disbursement", https: //www.imf.org/en/News/Articles/2021/01/12/pr216 - angola - imf - executive - board - completes - 4th - review - of - the - eff - arrangement - approves - disbursement.

津巴布韦

沈晓雷*

2020年，新冠肺炎疫情给津巴布韦社会经济发展造成重大冲击。受疫情影响，津巴布韦经济发展出现负增长，粮食安全问题凸显，民众对政府的不满较为严重。为对冲疫情影响和推动经济恢复与发展，津巴布韦政府推出总额为180.2亿津元的经济恢复与刺激计划。此外，津巴布韦还出台《第一阶段国家发展战略（2021年1月—2025年12月）》，以此为实现“2030年愿景”而努力。

一　政治局势总体稳定

2020年3月20日，津巴布韦确诊首例新冠肺炎病例。疫情暴发初期，津巴布韦确诊人数上升较慢，至6月20日还不足500人。进入7月之后，津巴布韦每日确诊人数逐步攀升，到7月13日超过1000例，随后进入第一波疫情高峰期，单日平均确诊人数超过100例，最高达近500例。第一波疫情一直延续到9月上旬，确诊总数达到近7500例，随后单日确诊人数回落到50例以下。11月下旬之后，津巴布韦暴发第二波疫情，单日感染人数重新上升到100例左右，确诊总数在11月30日超过1万例，到12月31日共有13867例确诊，共有363例死亡。①

疫情暴发后，津巴布韦政府主要采取了两方面的抗疫举措。一是实施严格的封禁措施。津巴布韦政府在2020年3月23日关闭全部边境口岸，直到10月1日才部分开放贝特桥、普伦特里、维多利亚瀑布城和奇龙杜等口岸。在3月30日实行全国封禁后，虽对具体封禁举措有所调整，但一直延长到年底。二是积极调配各种医疗资源，如改扩建威尔金斯传染病医院和帕瑞仁亚塔瓦医院新冠肺炎收治中心，在哈拉雷、布拉瓦约和穆塔雷等地建立隔离中心，加紧采购医用口罩、呼吸机等设备，以及进行免费病毒检测。

在新冠肺炎疫情下，2020年津巴布韦政局总体稳定，没有出现大规模的政局动

---

* 沈晓雷，中国社会科学院西亚非洲研究所（中国非洲研究院）政治研究室副主任、副研究员，研究方向为非洲政治问题、民族问题，以及津巴布韦与南非国别研究。

① 数据来源于津巴布韦卫生和儿童福利部，www. mohcc. gov. cn.

荡或动乱。然而，经济低迷与新冠肺炎疫情冲击相叠加，不利于姆南加古瓦政府巩固其执政基础，如经济问题长期得不到解决，则其在2023年总统选举中仍将面临反对党的重大挑战。新冠肺炎疫情冲击与腐败、失业、通货膨胀和实际工资下降等问题相结合，致使2020年公共部门罢工事件频发，最大反对党争取民主变革运动—联盟也试图借此在7月31日举行大规模游行示威，但最后因疫情而被迫取消。当然，争取民主变革运动—联盟本身也遇到一些问题，其中包括争取民主变革运动—茨派在6月4日从其手中夺回反对党总部大楼摩根·茨万吉拉伊大楼。

二　新冠肺炎疫情冲击经济发展

受新冠肺炎疫情及封禁举措等的冲击，津巴布韦经济继2019年后再次为负增长，津巴布韦政府估计为-4.1%，但英国经济学人信息部和世界银行分别估计为-11%和-10%。[①] 根据津巴布韦政府的数据，在2020年下降最为严重的产业为建筑业、供电和供水、零售业、金融和保险业及采矿业，下降幅度分别为11.4%、9.6%、7.9%、7.1%和4.7%。在所有主要产业，只有运输和通信业增长了3.2%。[②]

受经济衰退与疫情冲击的双重影响，津巴布韦2020年财政赤字占国内生产总值的比例达到6.4%，经常项目赤字占国内生产总值的比例为2.7%。通货膨胀率居高不下，在7月最高时达到800%以上；与美元的汇率从年初的16：1一路攀升到6月中旬的95：1，后在6月23日实施外汇拍卖制度后，下半年基本稳定在83：1的水平。[③]

为对冲疫情影响和推动经济恢复与发展，津巴布韦政府在5月1日推出总额为180.2亿津元、占国内生产总值9%的经济恢复与刺激计划。该计划具体分配方案如下：农业领域60.8亿津元，企业流动基金30.2亿津元，矿业基金10亿津元，中小企业扶持基金5亿津元，旅游业扶持基金5亿津元，艺术行业基金2000万津元，法定储备金流动性释放20亿津元，医疗卫生扶持基金10亿津元，各类救济措施15亿津元，食品津贴24亿津元。[④]

尽管受到疫情冲击，津巴布韦政府仍在为实现“2030年愿景”而努力，尤其是在11月出台《第一阶段国家发展战略（2021年1月—2025年12月）》。据此，津巴布韦拟在未来五年实现年均5%以上的经济增长率，财政赤字占国内生产总值3%以

---

① Economist Intelligence Unit, *Country Report*: *Zimbawe*, 4th Quarter, 2020, p. 9; World Bank, *Global Economic Prospects*, Washington, DC, 2021, p. 108.

② Minister of Finance and Economic Development, *The 2021 National Budget Statement*: "*Building Resilience and Sustainable Economic Recovery*", November 26, 2020, Harare, p. 27.

③ 数据来自津巴布韦储备银行网站，https://www.rbz.co.zw/.

④ Republic of Zimbabwe, *Details on the COVID-19 Economic Recovery and Stimulus Package*, Harare, May 4, 2020.

内，通货膨胀率保持在10%以下，经常项目赤字不超过国内生产总值的3%，债务占国内生产总值的比例降至70%以下，以及共创造76万个工作岗位等。①

三 粮食安全问题凸显

近年来，粮食安全问题一直是津巴布韦最大的民生问题，2019年有700多万人面临粮食短缺的困境。2020年新冠肺炎疫情进一步加剧了津巴布韦的粮食危机，世界粮食计划署在2020年7月估计，到2020年底，津巴布韦约有50%，也就是860万人会面临粮食不安全的困境。② 造成津巴布韦粮食安全问题的主要原因是粮食产量严重不足和没有足够的外汇来进口粮食。为解决粮食短缺问题，津巴布韦政府拟继续推进土地改革向深入发展，一方面承诺执行"一人一农场"政策，审查并从拥有多家农场、土地闲置或利用不充分的人手中收回土地，以分配给向政府提交土地申请的人，力争使更多的农民"耕者有其田"，以此推动农业革命和确保粮食产量；另一方面向前白人农场主伸出橄榄枝，承诺对其进行补偿，允许其获得土地并给予99年土地租约，以期重新发挥其在农业生产中的作用。为此，津巴布韦政府在2020年7月29日与前白人农场主签署《全球补偿契约》，承诺将向其补偿35亿美元，如此举能够最终落实，将有助于前白人农场主重新投入津巴布韦农业生产。

四 国际关系仍保持原有态势

姆南加古瓦政府自2017年11月上台以来一直谋求改善与西方国家的关系，但至今收效甚微。在2020年3月，美国再次延长对津巴布韦的制裁，并因此导致国际货币基金组织和世界银行等国际金融机构在疫情期间无法向津巴布韦提供大规模资金援助。

津巴布韦与南部非洲周边国家关系比较融洽。南非曾在2008年津巴布韦选举危机中扮演了重要角色，2020年8月，南非总统拉马福萨派遣特使前往津巴布韦了解津巴布韦局势并拟调停执政党与反对党之间的关系，但最后未能见到反对党成员。此外，姆南加古瓦在11月表示愿意协助莫桑比克打击北部的伊斯兰叛乱组织，因为其威胁到了连接莫桑比克贝特港与津巴布韦的EN6号公路，但最终并未付诸行动。

津巴布韦与中国的关系在疫情之下继续保持良好发展的态势，携手抗疫与共建"一带一路"推动了两国全面战略合作伙伴关系不断深入发展。

---

① Republic of Zimbabwe, *National Development Strategy 1* (*January 2021 – December 2025*), November 16, 2020, Harare, p. xii.

② "Ravages of acute hunger will likely hit six in 10 in Zimbabwe: WFP", July 30, 2020, https://news.un.org/en/story/2020/07/1069321, 2021-02-15.

马拉维

朴英姬*

2019 年 5 月，马拉维举行了总统选举，执政党民主进步党以微弱优势取胜，彼得·穆塔里卡再次当选为马拉维总统。然而，在选举结果公布后，反对党势力提出异议并向马拉维高等法院提出“大选无效、重新选举”的诉讼，并在首都及多个城市多次举行游行示威，甚至数次发生打砸抢烧等恶性事件。2020 年 2 月，马拉维宪法法院宣布去年 5 月举行的总统选举过程中违反了选举法和宪法所规定的选举程序，法院裁定总统选举结果无效，要求在 150 天内举行新的选举。2020 年 6 月，马拉维重新举行了总统选举，马拉维选举委员会在布兰太尔宣布有超过 400 万选民参与了投票，马拉维大会党领导人拉扎勒斯·查克维拉赢得本次大选，成为马拉维第六任总统，其得票率为 58.57%。重新举行总统选举使得马拉维政局整体稳定，但是执政的九党联盟内部面临越来越多的摩擦，将会削弱政府的执政能力。

2020 年，新冠肺炎疫情的蔓延使得绝大多数非洲国家陷入了经济衰退，马拉维是非洲大陆少数几个实现经济正增长的国家之一。2020 年，非洲大陆经济增长率为 -2.1%，马拉维经济增长率为 1.7%。① 2020 年，马拉维的服务业、工业和农业的年增长率分别为 -3%、-1.6% 和 3%。② 新冠肺炎疫情对马拉维服务业和工业部门造成了严重冲击，旅游、住宿和运输业遭受的冲击最大，国内需求疲软导致批发和零售贸易低迷，供应链中断使得制造业和建筑业受到影响。2020 年，农业是马拉维实现正增长的首要驱动力。农业是马拉维国民经济的支柱产业，占国内生产总值的 27%，主要农产品为烟草、甘蔗、茶、玉米、土豆、红薯、木薯、豆类等，农产品出口约占出口总额的 80%。2020 年受益于良好的天气条件和种子供应，马拉维几乎所有主要农作物产量都实现了增长，其中玉米产量比上年增长了 13%，土豆、红薯、香蕉、水稻、豆类和木薯的产量年增长率在 3%—19%。③

---

* 朴英姬，中国社会科学院西亚非洲研究所（中国非洲研究院）副研究员，研究领域为非洲经济发展、外国直接投资、中非经贸合作。

① African Development Bank, *African Economic Outlook 2021: From Debt Resolution to Growth*, March 2021, p. 38.

② EIU, *Country Report Malawi*, March 2021, p. 12.

③ World Bank, *Malawi Economic Monitor*, December 2020, p. 4.

2020年，马拉维应对疫情的政府支出估计为3.45亿美元，债务利息支出占GDP的比重达到5.3%，加之重新举行总统选举的政府支出，导致当年财政赤字率约为7.7%，远高于2019年的4.7%。[①] 财政赤字状况加剧推高了政府负债水平。马拉维政府负债率从2019年的59.4%升至2020年的64.6%，主要是由于国内债务水平迅速攀升，国内负债率从2019年的29.7%升至2020年的36.5%，国外负债率从2019年的29.7%降至2020年的28.1%。据统计，2020年10月马拉维国内公债中有86%为长期国债。由于国债收益率高且不断增长（其变动区间为16%~22%），马拉维国内债务成本高昂。2019年底，马拉维有81%的政府外债由多边机构持有，由于利息率较低，外债负担并不沉重。但是，新冠肺炎疫情导致的经济下行压力，以及汇率贬值，有可能促使马拉维政府外债规模的增加。[②]

新冠肺炎疫情暴发前，马拉维贫困状况就不乐观，极端贫困（每日生活费不足1.9美元）率超过70%，还有15%的居民每日生活费低于3.2美元。马拉维正规就业仅占就业总数的11%，其余89%为非正规就业。根据世界银行的报告，2020年新冠肺炎疫情引发的危机估计会导致12%的现有就业岗位丧失，主要集中在服务业和工业。由于服务业和工业多集中于城市地区，疫情导致77%的城市家庭收入减少，72%的农村家庭收入减少。由于从事非正规就业的劳动者基本处于略微超过贫困线的收入水平，属于弱势就业群体，受到新冠肺炎疫情冲击使得其收入减少，很容易就会降低到贫困线以下的生活水平。由于贫困人口和弱势群体就业比重高，新冠肺炎疫情带来的生产、供应链和商业活动的中断，在短期内致使马拉维民众收入下降，失业率攀升，贫困状况加深。

当前，马拉维新政府致力于缓解疫情导致的经济和社会冲击，并推出经济复苏计划。例如，马拉维新政府推出了平价投入品计划（Affordable Inputs Program，AIP），取代之前的农业投入品补贴计划。AIP的目标是在家庭和国家层面实现粮食安全，减少贫困，这将通过增加小农户获得改良农业投入品（化肥和认证种子）的渠道来实现。未来几年，马拉维政府的经济政策将侧重于巩固财政状况、改善债务管理、提高透明度、激发私营部门活力和建设公共基础设施。

---

① African Development Bank, *African Economic Outlook 2021: From Debt Resolution to Growth*, March 2021, p. 140.

② World Bank, *Malawi Economic Monitor*, December 2020, p. 12.

莫桑比克

安春英*

2020 年是莫桑比克解放阵线（简称“解阵党”）主席菲利佩·雅辛托·纽西开启总统第二任期的首年。现政府于 2020 年 1 月成立，总理为卡洛斯·多罗萨里奥（Carlos Agostinho do Rosário），外交与合作部、经济和财政部、国防部、内政部等 20 个部长履新，共同推进国家政治治理以及内外经济、社会、外交政策。而突如其来新冠肺炎疫情的冲击，给莫桑比克政府的国家治理带来新挑战。

一 疫情使经济增长严重受挫，债务风险加大

2016 年以来，莫桑比克经济持续下行，2016—2019 年该国经济增长率分别为 3.8%、3.7%、3.4% 和 2.3%。而 2020 年新冠肺炎疫情不仅加重了该国经济的下行压力，经济增长萎缩至 -0.9%，还引发了一系列经济问题。

第一，外汇收入减少。莫桑比克属外向型经济，商品出口是政府获得外汇收入的重要路径。2020 年，新冠肺炎疫情使全球经济活动受限，国际市场商品需求疲软，铝、煤价格下降一半，使当年该国商品出口额由上年的 47.18 亿美元骤减至 34.82 亿美元。外汇收入的大幅减少加剧了莫桑比克政府的财政窘境。

第二，政府财政赤字快速增加。由于莫桑比克进出口赤字加大，政府税收大降，与此同时，政府大幅增加公共支出，给予企业发放补贴，使 2020 年政府财政赤字率由上年的 -3.6% 猛增至 -13.7%，提升了约 10 个百分点。①

第三，债务负担明显加重（见表 1）。莫桑比克属于重债穷国，外债规模庞大。2020 年，该国外债总额为 215.95 亿美元，比 2019 年增加 10.79 亿美元。从外债结构看，莫桑比克以中长期债务且官方债务为主，占比为 70.8%。其一，从负债率（指外债余额与当年国内生产总值之比）来看，2020 年莫桑比克负债率为 92.7%，远远高于 20% 的国际警戒线，这说明莫桑比克的外债规模已超过国力所能承受的限度。

---

* 安春英，中国社会科学院西亚非洲研究所（中国非洲研究院）编审，研究方向为非洲经济、减贫与可持续发展问题。

① EIU, *Country Report: Mozambique*, January 25, 2021, p. 10.

其二，从债务率（指外债余额与当年外汇总收入之比）来看，2020 年莫桑比克债务率为 316%，高于国际上 200% 的参照系数，这说明莫桑比克依靠外汇收入的偿债能力较低。[①] 其三，从偿债率（指当年的还本付息额与当年出口创汇收入额之比）看，2020 年莫桑比克偿债率为 20.2%，超过 20% 的国际安全线，说明该国外债还本付息负担过重，有可能发生债务危机。其四，人均债务额来看，近年持续增加，2020 年为 555 美元。从上述指标看，莫桑比克债务风险高企，且由于该国外汇收入多寡与国际经济环境的优劣和外资、外援流入量数额息息相关，其波动性较大，这也增加了该国对外经济合作的风险。

表 1　近年莫桑比克负债情况

指标项目	2016 年	2017 年	2018 年	2019 年	2020 年
外债总额（百万美元）	14500	16103	18932	20516	21595
负债率（%）	98.7	89.6	82.3	82.0	92.7
债务率（%）	296.7	203.9	186.9	204.2	316.0
偿债率（%）	14.8	25.5	14.3	17.0	20.2
人均债务（美元）	498	530	516	546	555

资料来源：EIU, *Country Risk Service: Mozambique*, June 2020, pp. 23 - 24.

二　与坦桑尼亚交界的北部安全形势严峻，恐袭事件增多

在 2020 年新冠肺炎疫情笼罩下，莫桑比克北部德尔加杜角省（Cabo Delgado）恐怖主义活动十分活跃。在这一地区实施暴力活动的叛乱分子主要源自伊斯兰宗教极端组织——“先知的信徒”（al Sunna wa Jummah, ASWJ）。其成员大多由“没有正式工作、没有受过正规教育的、被社会边缘化的青年人组成”。其因贫困、失业，生活条件恶劣而加入上述反叛团体。而德尔加杜角省与坦桑尼亚接壤，人口约 230 万人，其中 58% 是穆斯林，“先知的信徒”则利用政府治理边缘化、居民生活艰难的情势，采用恩威并重的方式在当地社区中招募成员。不仅如此，德尔加杜角省还是莫桑比克油气资源最丰富的省份，拥有出口油气的重要港口莫辛布瓦—达普拉亚（Mocímboa da Praia），由此它也成为反政府武装驻足且发展成为根据地。从行为方式看，这一宗教极端组织经常采用暴力手段，袭击港口、村庄、行政机构、企业、学校、医疗中心、私人住宅、政府基础设施、国际组织营地等，杀害民众，抢劫、绑架多名妇女儿童，并烧毁大量房屋，以满足其经济和社会需要。2017 年以来，这支非法武装频繁

① EIU, *Country Risk Service: Mozambique*, June 2020, p. 23.

在德尔加杜角省发动武装袭击，使当地安全形势恶化。据武装冲突研究数据库（ACLED）的统计数据，2017 年 10 月至 2021 年 1 月，德尔加杜角省发生各类暴力袭击事件 755 件，造成 2533 人死亡。①

该组织分为众多分支，其中有两支较为活跃。一是“圣训捍卫者”（Ansar Al-Sunna），约由 10—20 人组成，主要以小型枪支和刀具为武器，通过跨境走私海洛因、象牙、宝石、木材和人口贩运维系其基本运转，同时也实施针对企业、社区、政府和安全部队等的袭击。2020 年 2 月，“圣训捍卫者”袭击了美国阿纳达科石油公司在德尔加杜角省的车队，导致 1 名当地员工死亡，6 人受伤。二是“伊斯兰国”中非分支（ISCAP），该组织采用融入社区策略，许诺给予当地人经济援助、给当地人提供安全保护等，频繁发动袭击，控制德尔加杜尔省部分农村地区，扩大其影响力。2020 年，在新冠肺炎疫情持续蔓延背景下，该支武装活动更为猖獗。“伊斯兰国”中非分支武器装备精良，有千人左右，其中亦包含外国雇佣军。2020 年 3 月 29 日，“伊斯兰国”中非分支袭击了莫桑比克安全部队的 5 个军营和几个警察局，控制了库桑加村（Quissanga），占领了德尔加杜角省的国际天然气公司运输能源的主要港口莫辛布瓦—达普拉亚市。同年 8 月，约千名反政府武装分子袭击了莫桑比克政府军的两个军营，杀伤 50 名士兵；10 月和 11 月，莫桑比克的伊斯兰宗教极端组织袭击了德尔加杜角省北部的多个村庄，分别造成 20 多人和 50 多人死亡，绑架了多名妇女儿童，并烧毁了大量房屋，该地区安全威胁显著增大。据联合国统计，2017 年以来，德尔加杜角省因频繁的冲突而有约 25 万人流离失所，② 形成冲突难民，给该国维稳与周边邻国亦造成安保压力。

总体看，莫桑比克在纽西领导下，对内维护民族团结、发展经济，对外实行稳妥务实的政策，莫解阵的执政地位巩固，但提振经济、消除安全隐患成为解阵党国家治理的努力方向。

---

① 武装冲突研究数据库网站，https://acleddata.com/2021/01/19/cabo-ligado-weekly-11-17-january-2021，2021-2-4.

② “Mozambique: Jihadist Crisis”, *Africa Research Bulletin: Political Social and Cultural Series*, Vo. 57, No. 8, August 1st-31st 2020, p. 22844.

博茨瓦纳

朱伟东*

2020 年 3 月 31 日，博茨瓦纳发现首批确诊的 3 例新冠肺炎病例。随之，博茨瓦纳总统马西西在 4 月 2 日政府公报上发布了《紧急状态（Covid-19）权力条例》。条例规定了在国家被宣布为紧急状态时，政府可以采取的相关措施，如采取隔离措施，封闭边境，禁止旅游，限制营业时间，关闭学校、商店和某些公共设施等。根据总统马西西的提议，博茨瓦纳议会在 2020 年 4 月 9 日宣布国家进入为期 6 个月的紧急状态。由于疫情持续蔓延，博茨瓦纳议会在 2020 年 9 月 29 日决定将国家公共卫生紧急状态再延长半年。

一　新冠肺炎疫情下的国内形势

疫情给博茨瓦纳经济带来严重影响。据博茨瓦纳统计局数据，博茨瓦纳 2020 年第二季度名义 GDP 为 368.635 亿普拉，环比下降了 27.3%；实际 GDP 环比下降了 24%，主要由于采矿业和贸易、酒店及餐饮业经济严重下滑。该季度是博茨瓦纳 1966 年独立以来经济下滑最严重的一个季度。2020 年 5 月 3 日博茨瓦纳《星期天标准报》报道：受全球新冠肺炎疫情严重影响，博正走向历史上最严重的经济衰退。[①] 新冠肺炎疫情也导致博茨瓦纳外国直接投资大幅减少。据博茨瓦纳投资贸易中心在 2020 年 6 月作出的估计，2020 年博外国直接投资将会减少 40%。

为抵制疫情带来的不利影响，博茨瓦纳采取了各种措施。博茨瓦纳贸工部、财政部和地方政府部在 4 月 1 日宣布将制定多项具体措施来缓解新冠肺炎疫情对经济和民生的影响。博财长宣布，博将出台收入补贴计划，帮助公司渡过难关。博政府还设立了新冠肺炎疫情救助基金以支付收入补贴，还将继续实施社会安全保障计划，以保障

---

* 朱伟东，中国社会科学院西亚非洲研究所（中国非洲研究院）非洲法律研究中心主任、教授，研究方向为非洲法、国际私法、英非关系等。

① Bonnie Modiakgotla, "Botswana Headed for the Worst Economic Downturn in History", https://www.sunday-standard.info/botswana-headed-for-the-worst-economic-downturn-in-history/.

社会弱势群体利益。[①] 在博茨瓦纳总统马西西宣布国家进入公共卫生紧急状态后，博茨瓦纳工商会提出多项举措，缓解贸易萧条对私营部门的影响。博公民企业发展署（CEDA）推出救济方案，缓解中小企业在疫情中受到的影响，该署还设立了4000万普拉的抗击新冠肺炎疫情紧急救助基金。2020年7月16日，总统马西西发布了修订后的《公民企业发展指南》。根据该指南，博茨瓦纳公民企业发展署将进一步加大对企业的扶持力度，在贷款额度、贷款利率、还贷期限等方面给予企业更多优惠。根据博茨瓦纳《每日新闻》12月3日的报道，截至2020年11月底，博政府为缓解新冠肺炎疫情给企业带来的影响，并确保其业务的连续性，共提供了3.52亿普拉的资金支持，共有7277家企业得到了资助。

在抗击疫情的同时，博茨瓦纳政府还积极采取措施加强道路、网络、铁路、能源等项目的建设。博财政与经济发展部长在2020年8月4日向议会提交《第11个国家发展计划中期审查报告》时表示，博政府将确保一些重要铁路和公路基础设施项目的实施，政府将拨款9.1亿普拉来实施主要道路连接升级的一些优先关键项目，包括弗朗西—纳塔—马翁—莫恒博公路项目、A1公路双轨项目、麻麻布拉地区到南非乐发拉勒新铁路连接项目等。[②] 博茨瓦纳政府在2020年9月考虑制定《国家网络安全战略》，加快推进第四次工业革命及相关智慧城市、智慧乡村和智慧国家建设。2020年12月博政府通过矿产资源、绿色科技与能源安全部启动了“2020—2040年综合资源计划”（IRP）。该计划通过确保行业竞争、可持续性电价等来实现博经济多元化发展。[③]

二　抗击新冠肺炎疫情的国际合作

（一）与西方国家和地区的关系

博茨瓦纳出现新冠肺炎疫情后，美国、日本、德国、欧盟等西方国家和地区的政府、企业或个人给博茨瓦纳提供了相应资助，以帮助博茨瓦纳抗击新冠肺炎疫情，发展相关合作项目等。2020年6月12日，博茨瓦纳政府与日本政府签署了总价值约3400万普拉的援助项目协议。该援助项目将为博提供总价值约3400万普拉的医疗设备，包括日式便携式X光检测仪、热像仪等。[④] 2020年9月10日，博茨瓦纳环境、自然资源保护和旅游部与日本国际协力机构签署合作协议，以促进森林和资源保护与

---

① Moshe Galeragwe, “Morwaeng Launches Covid-19 Relief Fund”, *Daily News*, 26 March, 2020, https://allafrica.com/stories/202003270321.html.

② http://bw.mofcom.gov.cn/article/gzdt/202009/20200902998350.shtml.

③ https://www.sohu.com/a/439191583_654874.

④ http://bw.mofcom.gov.cn/article/gzdt/202007/20200702980356.shtml.

可持续利用方面的能力开发。[①] 2020 年 11 月 6 日，美国驻博茨瓦纳大使克劳德宣布，美国政府将向博茨瓦纳卫生部、博茨瓦纳大学和博茨瓦纳健康培训和教育中心提供 2.8 亿普拉资金，以支持三个机构开展的医学项目。[②]

欧盟是博茨瓦纳的第二大贸易投资伙伴。在博茨瓦纳出现新冠肺炎确诊病例后，欧盟驻博代表团就表示将联合法国、德国驻博使馆共同推出支持博抗疫和社会经济发展计划。2020 年 5 月 19 日，欧盟驻博代表团表示，欧盟将与博加强在新冠肺炎疫情方面的防疫合作。欧盟及其成员国除了向博提供防疫、抗疫物资外，还将提供 570 万普拉保护博弱势群体，并提供 2600 万普拉用于支持博抗疫和纾困工作的财政开支。欧盟将继续与博开展 3.24 亿普拉投资合作，以支持博技术和经济多元化发展。欧盟还承诺提供 1.45 亿普拉用于促进博投资、贸易与经济恢复。其中，欧盟将援助 660 万普拉用于博北部牛肉产业链开发，190 万普拉支持博生态旅游产业开发。欧盟还在 2020 年 6 月通过欧盟人道主义办公室和红十字会向博茨瓦纳捐赠了抗击新冠肺炎疫情物资。2020 年 7 月 16 日，欧盟驻博大使和博财政与经济发展部长交接 2620 万普拉现汇，以支持博科技和职业教育改革计划。该计划旨在促进博知识经济发展，预算 1.7 亿普拉，其中博财政支出 1.35 亿普拉，德国国际合作机构提供价值 3500 万普拉的技术支持。博方不仅将该笔援款用于应对新冠肺炎疫情影响，而且将用于科技和职业教育计划，推动博青年毕业生就业率增长，提高博经济竞争力。[③]

（二）与非洲国家和国际组织的关系

博茨瓦纳还非常重视与邻国以及其他非洲国家的关系。在非洲暴发疫情期间，博茨瓦纳总统和其他一些政府高官就多次参加邻国和其他非洲国家领导人的就职典礼，以巩固博茨瓦纳与这些国家的关系。例如，2020 年 3 月 21 日，博茨瓦纳总统马西西赴纳米比亚参加纳米比亚总统根哥布第二届就职典礼；2020 年 7 月 6 日，博茨瓦纳总统事务、治理和公共管理部部长莫尔瓦恩赴马拉维参加马拉维新当选总统查克维拉的就职典礼；2020 年 11 月 4 日，博茨瓦纳副总统措格瓦内赴坦桑尼亚参加坦桑尼亚总统马古富力的第二任期就职典礼。

一些国际组织也纷纷采取措施帮助博茨瓦纳抗击新冠肺炎疫情。联合国开发计划署驻博代表处在 2020 年 6 月 9 日表示，该处将在博扩大“供应商发展计划”，以支持博中小型企业渡过新冠肺炎疫情难关，保持盈利并避免失业。[④] 2020 年 7 月，非洲开发银行向博提供 50 亿南非兰特（约 3 亿美元）贷款，以帮助博政府抗击新冠肺炎疫

① https：//allafrica. com/stories/202009110402. html.

② https：//bw. usembassy. gov/botswanas-top-health-partner-the-united-states-announces-74-million-in-new-funding-to-help-end-the-hiv-epidemic-in-botswana/.

③ 综合中国驻博茨瓦纳使馆经商处媒体动态信息，http：//bw. mofcom. gov. cn/article/gzdt/.

④ http：//bw. mofcom. gov. cn/article/gzdt/202007/20200702980356. shtml.

情、弥补预算资金缺口。①

博茨瓦纳积极参与非洲地区性组织的各项活动。为帮助非洲国家有效抗击新冠肺炎疫情，南部非洲关税同盟决定同盟国可以对从非同盟国进口的部分商品免除关税。博茨瓦纳税务局在2020年6月公布了降税商品清单，主要包括医疗物资、食品、待加工谷物、兽药、工业用原糖、纺织业原料、汽车（救护车）等。2020年8月13日，第40届南共体（SADC）元首大会在莫桑比克召开。博茨瓦纳总统马西西通过网络参加了会议，并接任南共体政治、国防、安全和合作机构主席职位。②

三　中博友好合作的推进

中国与博茨瓦纳共和国建交以来，两国关系平稳、健康发展。自2020年3月底博茨瓦纳报告首例新冠肺炎确诊病例以来，中国中央政府和各级政府、企业、民间组织等陆续给予博茨瓦纳数批抗疫物资，包括口罩、防护服、手套、红外测温仪、检测试剂盒和医疗设备等，这些物资在博茨瓦纳疫情防控中发挥了重要作用。2020年5月7日，中国驻博茨瓦纳使馆举行山东省向博茨瓦纳捐赠新冠肺炎疫情防控物资交接仪式。2020年6月1日，中国政府援助博茨瓦纳抗疫物资全部运抵达其首都哈博罗内。2020年7月16日，中国驻博茨瓦纳赵彦博大使向博茨瓦纳第一夫人妮奥·马西西转交彭丽媛教授代表中国政府向博方捐赠的抗疫物资。2020年9月10日，赵彦博大使向博茨瓦纳政府转交中国政府向博方援助的第二批抗疫物资。马云公益基金会和阿里巴巴公益基金会也分别在2020年3月和4月向博茨瓦纳捐赠了两批防疫物资。博茨瓦纳政府对来自中国的援助表示感谢，并表示通过共同应对疫情挑战，博中友谊更加牢固，两国民心更加相通。

除了捐赠防疫、抗疫物资外，中国政府和企业还向博茨瓦纳提供了其他形式的援助物资或援助项目。2020年11月9日，中国向博方提供多星一体化气象卫星数据移动接收处理应用系统，以加强与博方在应对气候变化领域的交流合作，积极推动《巴黎协定》全面有效落实。这也是中方落实"'一带一路'应对气候变化南南合作计划"的重要举措。据博《每日新闻》12月4日的报道，由中国政府援建的莫帕尼小学即将完工，这所功能完备的小学拥有22个教室，总耗资高达1.2亿普拉。中国还向博茨瓦纳捐赠了300盏太阳能路灯以改善当地人民的生活。2020年12月10日，博总统马西西和中国驻博茨瓦纳大使赵彦博出席了太阳能路灯项目启动和交接仪式。

① http：//bw. mofcom. gov. cn/article/gzdt/202008/20200802989787. shtml.

② https：//allafrica. com/stories/202008140124. html.

纳米比亚

张永蓬*

2019 年选举成功连任后，根哥布总统在2020 年3 月21 日留任了前任副总统姆奔巴、总理莎拉和副总理兼外长恩代特瓦，纳政府实现了平稳过渡。2020 年纳米比亚政治形势稳定，执政党西南非洲人民组织（SWAPO，人组党）积极探索适合纳国情的发展道路，包括探索建设具有纳米比亚特色的社会主义。

不过，纳执政党最大的问题是在总统和议会选举中越来越多面临反对党的挑战。自 1994 年以来，执政党人组党在国民议会中一直享有压倒性多数的优势，并在 2014 年大选中赢得 96 个投票席位中的 77 个的历史最高点，但在 2019 年大选中，人组党失去了原本超过三分之二的席位优势，仅获得 65. 5% 的选票，使得国民议会中各党派席位比例发生重大变化。

2020 年 11 月 25 日，纳米比亚举行了 14 个地区委员会和 57 个地方当局的选举。总的来说，纳米比亚选民对政府未能解决官员腐败、新冠肺炎疫情封锁带来的经济影响和工作岗位流失以及当地服务提供不佳等表示不满。一些反对党（通常是相对较新的）以执政党人组党的利益为代价获得了实质性的利益。人组党在地区选举中的得票率跌至 57%（低于 2015 年之前的 83%），在当地的民意调查中，只有 39%。这延续了纳米比亚执政党投票份额长期走低的局面，部分原因是，自上一轮大宗商品热潮在 2015—2016 年结束以来，纳米比亚经济经历了多年的收缩或疲弱增长。人组党在城市地区和纳米比亚南部遭受严重挫折，但在很大程度上仍然控制着北部农村的中心地带。然而，最近成立的独立爱国变革组织（IPC）建立了强有力的反腐败平台，在人组党控制的北部政治中心地区赢得了 14 个地方政府的 29 个席位，对执政党形成有力挑战。截至 2020 年 12 月 2 日，人组党已经失去了对 51 个地方政府中的 30 个地方政府的控制，这将使反对党首次有机会在该国最大的城镇提供服务。不过，由于缺乏经验，反对党可能难以满足选民对改善服务和提供住房的迫切期望。

截至 2021 年 4 月 13 日，纳米比亚新冠肺炎疫情形势仍不容乐观，日新增确诊病例 260 例，累计确诊 45787 例，在非洲国家中居于中上。新冠肺炎疫情可能对未来几

* 张永蓬，中国社会科学院西亚非洲研究所（中国非洲研究院）研究员，主要研究方向为非洲国际关系、中非关系、非洲热点问题。

年纳政局走向造成不利影响，疫情冲击下严峻的就业形势可能进一步加剧社会矛盾。除新冠肺炎疫情外，2020 年纳公共卫生事件值得关注。据纳卫生部确认，2020 年 2 月 10 日至 4 月 5 日，纳米比亚霍马斯省和埃龙戈省出现戊肝疫情，总确诊人数一度达到 7587 例。另由于 2020 年降水量增加，纳米比亚卡万戈地区疟疾病例激增，已达 827 例，是 2019 年的 4 倍。

根据经济学人智库（EIU）数据，受疫情影响，2020 年纳经济多项指标下滑，经济增长缩减为 -7.2%，私人消费为 -7.8%，固定投资为 -4.0%，进出口贸易为 -7.0%，工业产值为 -9.0%，服务业为 -7.8%。由于疫情期间采取严格的公共卫生措施，包括关闭边境和限制人员流动等措施，在遏制疫情的同时，也导致经济需求大幅下降。在整个 2020 年，纳市场对商品和服务的需求都呈现疲软状态。据纳全国汽车制造商协会统计数据，2020 年纳汽车销售量处于自 2004 年以来的最低水平。受疫情影响，受制于航空及海上运输防控措施，作为支柱产业的矿业和旅游业遭受严重损失，第五个国家发展计划相关项目落实受到严重影响。年平均通胀率从 2019 年的 3.7%降至 2020 年的 2.2%，为多年来的低点，反映了新冠肺炎疫情对经济的总体影响。预计 2021 年及未来几年纳宏观经济形势将逐步好转，2021 年经济增长率有望实现 1.3%，自 2024 年起有望保持 4.0%以上增速。纳政府希望借助于非洲大陆自由贸易区（AfCFTA），到 2025 年将纳打造成南部非洲发展共同体区域的物流和运输枢纽。①

对外关系方面，2020 年纳米比亚与非洲地区国家和西方国家保持良好关系。德国向纳提供贷款，以支持纳米比亚第五个国家发展计划。中国和印度也向纳提供粮食援助、投资和贷款等。1 月，纳米比亚总统根哥布就新冠肺炎疫情向习近平主席致慰问信。3 月，习近平主席同根哥布总统就中纳建交 30 周年互致贺电。4 月，习近平主席同根哥布总统通电话。自新冠肺炎疫情发生以来，中国政府向纳米比亚政府提供了多批防疫物资援助。

① 本段数据来自：EIU，Country Report，January 2021.

南　非

姚桂梅*

南非是非洲大陆综合经济实力最强的国家。由于地处南部非洲地区的“桥头堡”，3 月 5 日南非发现首例新冠肺炎确诊病例，其后尽管南非政府采取了一些最严厉的措施来遏制疫情，但南非一直是非洲疫情最严重的国家。截至北京时间 2020 年 12 月 31 日，南非新冠肺炎确诊病例累计 1039161 例，死亡病例累计 28033 例，治愈病例累计 867597 例。①

一　新冠肺炎疫情严重影响南非发展

第一，疫情使原本承压的南非经济进一步恶化。近年来，南非经济表现不佳，GDP 增速逐年下滑，拱手让出非洲“第一大经济体”位置。新冠肺炎疫情的影响，更使南非经济雪上加霜。受南非政府封禁措施影响，包括制造业和采矿业在内的经济活动停滞，建筑、纺织、贸易、餐饮和住宿、运输、仓储和通信业遭受沉重打击。第二季度 GDP 同比下滑 17.1%，环比下降 51%。2 月至 4 月，南非就业人数下降约 18%；失业率从第三季度的 30.8% 扩大到第四季度的 32.5%，与此同时，失业人口从 650 万人增长到 720 万人，达到 2008 年开展季度劳动力调查以来的最高水平。据 OECD 预测，全年失业率或达 35%。与此同时，政府收入减少 182 亿美元，外国直接投资流入从 2019 年的 46 亿美元降至 25 亿美元②，公共债务已经占到 GDP 的 82%，南非储备银行发出债务危机警告。③ 11 月，穆迪将南非信用评级下调为垃圾级，评级展望为负面。南非工商会认为，2020 年可能是南非近 90 年来经济收缩最严重的一年，国际货币基金组织预计，2020 年南非经济将收缩 8%。④

第二，疫情物资招标引发新一轮反腐风暴。2018 年拉马福萨总统上台后，一直

---

* 姚桂梅，中国社会科学院西亚非洲研究所（中国非洲研究院）研究员、南非研究中心主任，主要研究方向为非洲经济与中非经贸关系。

① 公众号：《新华非洲》，2020 年 12 月 31 日。

② UNCTAD, *Investment Trends Monitor*, January 2021.

③ 中非发展基金主办：《非洲政经简报》第 32 期，2020 年 11 月 26 日。

④ IMF, *Regional Economic Outlook: Sub-Saharan Africa*, October 2020.

将治理腐败作为恢复民众对非国大信心的一项改革新政，并对祖马和古普塔家族的政商勾结问题掀起了一场反腐风暴。疫情期间，针对民众对市场上口罩等个人医疗防护用品价格昂贵、以次充好、涉嫌腐败的不满情绪，拉马福萨总统授权成立专门的反腐机构特别调查组（SIU），调查并打击所有涉及防控疫情招标腐败的指控。结果显示，在被调查的2000余份总价值130亿兰特（约人民币65亿元）的防护用品等设备合同中，有多起合同涉嫌故意欺诈等腐败黑洞。[①] 为此，拉马福萨总统承诺，将对抗疫过程中存在的腐败行为严厉打击，其中包括取消合同、追回资金、冻结银行账户，直至诉诸法律。据悉，豪滕省的卫生厅厅长马苏库已被开除；夸祖鲁—纳塔尔省省长办公室的一名高级官员涉嫌2000万兰特腐败被逮捕；12月7名南非高级警务官员因腐败行为被开除，并将面临受贿、腐败、敲诈等罪名指控，此前11个月已有257名普通警察和工作人员因腐败行为被捕。尤为重要的是，11月南非内阁批准了一项国家反腐战略，最终将建立一个独立的法定机构。该战略共包括6个支柱，即促进和鼓励公民积极参与、举报，诚信和透明，推进员工专业化，加强结构治理，加强资源配置和绩效与问责的协调。此举标志着南非政府正在探索构建权威高效的反腐工作机制，反腐工作将常态化。

第三，疫情加剧了非国大与在野党之间的政治对抗。新冠肺炎疫情暴发后，拉马福萨政府实行疫情防控与社会经济恢复发展相结合的政策，先后确立五级封禁方案和出台5000亿兰特的一揽子经济刺激计划，但随着疫情加剧、经济恶化和腐败案件频发，非国大与反对党之间在如何抗击疫情和恢复经济发展等问题上的矛盾不断上升，民主联盟和自由前线等甚至将拉马福萨政府告上法庭，质疑政府关于制定颁布全国灾难管理办法的合法性，但均以败诉告终。

第四，疫情激化社会矛盾，加剧社会撕裂。抗疫的常态化，使得原本就高企的失业率持续走高，底层民众生存艰难，群体性抗议事件急剧增加。从4月的54次增加到7月的232次，四个月内总数达到511次，平均每天高达4.2次，创下了近年来群体性抗议事件的峰值。[②] 工会运动、示威骚乱等导致南非社会治安进一步走向恶化，越来越多的失业群体开始走向暴力犯罪的道路，持械拦车、入室抢劫、盗窃、强奸等恶性刑事案件的发案率呈逐月上涨态势。特别是在民粹主义的裹挟下，包括中国公民、中资企业与华商在内的当地外国人亦开始频繁沦为受害者。进入下半年，南非更是出现暴徒有组织、有计划地杀戮诸如卡车司机、店铺业主等外国从业者。外界由此

---

① 《南非总统：抗疫过程存在腐败 政府将严厉打击》，2021年2月8日，中国经济网，https：//www.360kuai.com/pc/9033f652f373671e4？cota=3&kuai_so=1&tj_url=so_vip&sign=360_57c3bbd1&refer_scene=so_1.

② Lizette Lancaster and Godfrey Mulaudzi，"Rising protests are a warning sign for South Africa's government"，August 6，2020，https：//issafrica.org/iss-today/rising-protests-are-a-warning-sign-for-south-africas-government.

担忧，这种比新冠肺炎疫情更可怕的“经济恐怖主义”① 似乎在证明，社会裂痕正在大幅抵消南非政府的社会治理与掌控能力。

二　南非从中国武汉撤侨

2020 年初，中国武汉被新冠肺炎病毒攻击，疫情相当严重，人们正常的生产与生活受到影响。尽管在湖北武汉的南非公民被照顾得很好，但是 2 月 27 日，南非政府还是决定从中国武汉撤侨。28 日，中国驻南非大使馆发表题为“撤侨可以理解，但需要严格防止病毒输入”的声明，就南非政府从武汉撤侨表态。3 月 6 日，时任南非大使林松添表示，我们对南非在华公民及其远在非洲家人的焦虑和担心情绪以及南非政府因此做出从武汉撤侨的决定表示理解，对拉马福萨总统、南非政府、主要政党、媒体和社会各界在抗疫期间给予中国政府和人民的理解和支持表示高度赞赏。3 月 10 日，拉马福萨总统看望了即将前往中国执行撤侨任务的团队，感谢其为国家所做的努力。3 月 14 日，从武汉撤离的 112 名南非公民抵达波罗瓦尼国际机场，随后进入 The Ranch 度假村，进行为期两周的隔离观察。3 月 29 日，南非总统拉马福萨宣布从武汉撤回的 112 名南非侨胞全部检测为阴性，结束为期 14 天的隔离。需要指出的是，武汉封城期间，从中国撤侨的非洲国家不止南非，还有摩洛哥、阿尔及利亚；另一方面，南非也并非只从中国撤侨。根据南非国际合作与关系部指挥中心统计，截至 2020 年 6 月 3 日，共有 7197 名南非公民在该部的协助下从中国、美国、巴西、德国等国撤离回国。

三　拉马福萨总统当选非盟轮值主席，率领全非团结抗疫

2020 年南非总统拉马福萨在担任非盟轮值主席期间，为抗击新冠肺炎疫情、实现非洲和平稳定以及推动非洲大陆自由贸易区等方面做了很多工作并取得了显著成绩。为应对新冠肺炎疫情，非盟于 2020 年初紧急制定了非洲联合战略并通过各种机构有效实施；任命了 6 名非洲特使向 G20 集团、世界银行、国际货币基金组织等多边机构动员财政资源以支持非洲各国的卫生对策并协助经济复苏；建立新冠肺炎应急基金，筹集用于非洲大陆的应急资源，并在非盟成员国的支持下实现了该基金的第一笔捐款；制定各项创新对策，建立开创性非洲医疗用品平台，协助非盟成员国获得负担得起的医疗用品和设备；在非洲自己的科学家和医学专家（主要指非洲疾病控制

① Free West Media, Economic Terrorism, Attacks on Foreign Truck Drivers Intensify in South Africa, 2020 - 12 - 12, https://freewestmedia.com/2020/12/12/economic-terrorism-attacks-on-foreign-truck-drivers-intensify-in-south-africa/.

与预防中心）的指导下，协调、掌握非洲各国对疫情的应对；当前，非盟领导下的非洲疫苗获取任务组正在努力为非洲人民获取疫苗。尽管新冠肺炎疫情为非洲发展带来了挑战，但非盟并未偏离《2063 年议程》的旗舰项目建设，在拉马福萨总统推动下，“非洲大陆自由贸易区”于2021 年1 月1 日正式启动，标志着非洲经济一体化迈出重要一步，开启非洲大市场潜能的发现之旅。为实现非洲大陆的和平、安全和发展创造有利条件，拉马福萨总统继续致力非盟的“消弭枪声”战略，将其设定为第 33 届非盟峰会 2020—2021 年度的主要任务，并在一些非洲国家或地区取得了进展。2021 年2 月6—7 日，拉马福萨总统在非盟第34 届非盟峰会轮值主席总结任期工作的发言中强调，只有通过团结与合作才能建设和平、公正和繁荣的非洲未来，“从流行病到气候变化、从战争到贫穷，我们需要携手团结才能战胜这些共同的问题”。

斯威士兰

刘中伟*

斯威士兰（Swaziland）又名埃斯瓦蒂尼（Eswatini），该国于2018年4月19日发布正式文件，宣布将国名改称为埃斯瓦蒂尼。2020年，该国的政治、经济和外交情况如下。

在政治发展方面，作为非洲唯一的君主专制国家，为牢牢把控权力，国王姆斯瓦蒂三世（King Mswati III）拥有绝对权力。他具有任命所有大臣的权力并掌控议会，一直拒绝和拖延政治改革。在该国传统的投票系统下，政党无权提出候选人参加选举。斯威士兰政府曾以反恐法案为由，宣布禁止在该国具有重要影响的人民联合民主运动党（The People's United Democratic Movement）进行活动。鉴于新冠肺炎疫情的流行，2020年12月中旬，该国政府发布宵禁令，宣布禁止20人以上的群众性集会，并宣布在任何包括家庭在内的社交场合饮酒为非法。舆论认为，这是斯威士兰当局为加强政治控制而借疫情宣布的举措，它有利于现有政权的稳固，而不利于反对党和其他政治派别。

2020年12月13日，斯威士兰总理安布罗斯·德拉米尼（Ambrose Dlamini）因感染新冠病毒在医院医治无效后死亡，终年52岁。德拉米尼于2018年10月被斯威士兰国王姆斯瓦蒂三世任命为总理。在去世前大约一个月，德拉米尼被确诊感染了新型冠状病毒。在斯威士兰政府的支持下，他12月前往南非接受住院治疗，并一度病情稳定。当地时间13日下午，德拉米尼的病情突然出现恶化，随后去世。

在经济方面，斯威士兰经济结构单一，十分依赖国际市场。新冠肺炎疫情严重冲击了世界各国和非洲的经济，也对斯威士兰经济形成了重要影响。2020年，在新冠肺炎疫情的冲击下，该国经济出现了负增长。2020年，斯威士兰的国内生产总值由2019年的45亿美元下降为39亿美元，年经济增长率则由2.2%下降为-5.6%。①

截至2020年底，虽然各大国际生产商的疫苗已经陆续问世，但是在包括斯威士兰在内的撒哈拉以南非洲国家中接种率仍然很低。由于面临疫苗运输、储存以及价格

---

* 刘中伟，中国社会科学院西亚非洲研究所（中国非洲研究院）国际关系研究室副主任、副研究员，主要研究方向为美国的非洲政策和大国对非关系。

① Economist Intelligence Unit, Country Report: eSwatini, February 1st 2021, p. 7.

承受能力等方面的困难，可以预计疫苗的接种普及工作在斯威士兰仍要面临很长的时间。作为一个低收入国家，斯威士兰的经济增长本就乏力，疫情对其经济的冲击更是十分严重，短期内要恢复疫情前的经济运行乃至实现经济增长对该国来讲仍是一个不小的挑战。

在外交方面，南非是斯威士兰的邻国，南斯双边关系对斯威士兰的政治、经济和社会运行产生着十分重要的影响。从总体上看，2020 年，斯威士兰与南非双边关系保持基本稳定，但双方关系也存在一些不稳定因素。作为斯威士兰的最大邻国，南非时常对来自斯威士兰的移民问题感到头疼。一旦斯威士兰的政治经济不稳定因素和食物短缺问题爆发，南非将面临更大规模的移民压力。此外，虽然双方同属南部非洲关税同盟，但在关税收入问题上存在较大分歧。因贡献较大，南非多次推动南部非洲关税同盟内部的分配改革，以使其对应关税同盟内部国家的相应份额，但斯威士兰一直抵制这项改革。

此外，斯威士兰长期与中国“台湾当局”保持着所谓“邦交国”的关系。到目前为止，斯威士兰是全非洲 54 个国家中唯一一个与“台湾当局”保持“外交关系”的国家。因感染新冠病毒而去世的该国总理德拉米尼更是一位“拥台人士”，近年来多次跳出来为“台湾当局”站台。2019 年 10 月，他曾应“台湾当局”邀请率团访台，鼓吹台湾和斯威士兰的友好“邦交”关系。2020 年 9 月，德拉米尼在联合国大会上大放厥词，鼓吹所谓的“台湾加入联合国”的“台独”议题。

莱索托

朱伟东*

自埃及在2020年2月14日出现非洲大陆第一例新冠肺炎疫情确诊病例后，许多非洲国家都采取了相应的疫情防控措施。莱索托在2020年5月13日出现首例新冠肺炎确诊病例，是非洲54个国家中最后一个出现确诊病例的。但早在3月25日，莱索托首相塔巴内就已宣布从3月29日凌晨起实施全国“封禁”，持续至4月22日午夜。全国封禁的主要措施包括：限制人员流动；暂停一些商业和政府部门工作；禁止一切除葬礼以外的聚会，以及升级入境管控。

一 新冠肺炎疫情对经济社会的影响与应对

新冠肺炎疫情给莱索托的经济带来严重的负面影响，导致经济出现衰退。经济学家赛派帕表示，莱索托企业在很大程度上受到“封禁”的影响，这意味着人们将面临裁员，导致高失业率。例如，在2020年4月初，莱索托的一些矿业公司，如立科邦矿和莱辛矿，由于新冠病毒传播对公司业务造成的负面影响，正在考虑减薪和裁员。莱索托小企业部常务秘书表示，莱索托大多数企业都受到影响，特别是小型企业经营状况不佳。① 莱索托央行行长马特拉妮亚内于7月29日在货币政策委员会的报告中指出，由于新冠肺炎疫情的影响，莱索托2020年第二季度经济表现普遍疲软，其中纺织和服装制造业、建筑业和采矿业的产出将出现不同程度的下降。②

为防止疫情给莱索托国内经济、社会和民众生活带来更多伤害，莱索托政府及相关部门采取了许多应对措施。莱索托《周日快报》5月26日报道，考虑到目前的经济状况，莱索托央行决定将基准利率由4.25%下调至3.75%，净国际储备目标下限由6.6亿美元下调至5.3亿美元，以维持同南非之间的汇率稳定。③ 2020年6月11

---

* 朱伟东，中国社会科学院西亚非洲研究所（中国非洲研究院）非洲法律研究中心主任、教授，研究方向为非洲法、国际私法、英非关系等。

① http://www.africa56.com.cn/article_read_3426.html.

② http://ls.mofcom.gov.cn/article/jmxw/202008/20200802989253.shtml

③ http://ls.mofcom.gov.cn/article/jmxw/202008/20200802989250.shtml.

日，莱索托议会最终一致通过了2020/2021财年的政府预算，增加了预算总金额，增加的预算主要用于解决莱新冠肺炎疫情。为促进疫情期间的贸易和投资，莱索托贸工大臣莫拉波在2020年9月初表示，莱索托将于12月重新启用“莱索托贸易信息门户网站”（LTIP），以及时提供莱索托进口、出口、转运等最新信息，制定相关立法、政策，为莱企业及私营部门的发展提供公平有利的环境。① 此外，莱索托标准机构（LSI）也在2020年9月开始运营，为莱本地产品进入国际市场打开了大门。为保护当地人的商业活动，避免因疫情给当地人的生活带来更大冲击，莱索托贸工部还在10月出台了《2020年商业许可和注册条例》，旨在为莱索托原住民保留某些特定商业类别的经营权，限制外国人在莱从事小型商业经营活动。为吸引外来投资，莱索托国家发展公司在2020年10月计划在马费腾地区设立该国首个经济特区，适用不同的商业和贸易法律，在税收、配额、关税和劳工法规等方面实行独立的财政政策，以加速投资流动、创造就业和实施更有效的管理。②

由于莱索托政府采取的应对疫情的措施及时、有效，莱索托央行在2020年11月表示，莱索托经济正在出现复苏的迹象，预计经济将在第三季度增长9.4%，相比第二季度萎缩14.2%有了明显的好转。莱索托央行行长马特拉妮亚内表示，经济发展是由国内需求和供给的反弹推动的。随着“封禁”措施的逐步取消，以及采矿业、建筑业等行业的强劲反弹，预计2021年至2022年，国内经济将以4.33%的速度增长。③

二　莱索托与西方国家及国际组织的国际发展合作

莱索托与西方国家和地区有密切的经济关系，是很多西方国家和地区的援助对象国。疫情期间，西方国家和地区给予莱索托大量援助。莱索托《周日快报》7月26日报道，欧盟委员会已对莱捐赠9300万马洛蒂（约480万欧元），用于抗击新冠肺炎疫情及干旱危机，该笔援助是欧盟对南部非洲地区6470万欧元援助计划的一部分。欧盟表示，该笔资金将用于向困难家庭提供粮食救济，帮助受灾地区的农民恢复生计，并支持地方卫生系统获得卫生保健和防护设备等。本次援助目标主要以马塞卢、马费腾、莫赫勒斯胡克、库廷、喀查斯内克等粮食严重短缺的地区为主。④

莱索托作为南部非洲小国，经济发展在很大程度上依赖一些国际组织的贷款和援助。2020年3月13日，莱索托与世界银行签署了8.24亿马洛蒂（约5290万美元）的贷款协议，以资助莱索托可再生能源和能源使用项目，为包括农村家庭和城郊工业

① https：//lestimes. com/govt-revamps-trade-portal/.

② http：//www. mofcom. gov. cn/article/i/jyjl/k/202011/20201103012494. shtml.

③ http：//ls. mofcom. gov. cn/article/jmxw/202101/20210103029626. shtml.

④ https：//sundayexpress. co. ls/european-commission-donates-m93-million-to-lesotho/.

园区在内的不同消费者探索实现离网电力系统。该项目计划通过引入使用太阳能和风能等可再生能源的小型电网系统，增加偏远地区的电力供应，同时解决经济发展问题，提供就业机会。[①] 莱索托《周日快报》8 月 2 日报道，国际货币基金组织已批准向莱索托政府提供 4900 万美元的贷款，以帮助莱索托政府满足因新冠肺炎疫情导致的国际收支紧急需求，促进其他优惠融资，并充分实施其应对疫情的政策。[②]

三 莱索托与中国的关系

自 1994 年 1 月莱索托和中国恢复邦交以来，两国关系发展友好。在中国武汉暴发新冠肺炎疫情后，莱索托国王莱齐耶三世在 2020 年 2 月致信习近平主席，代表莱索托政府和人民向中方表达诚挚慰问和坚定支持。与此同时，中国政府和民间也对莱索托抗疫斗争提供了力所能及的支持和帮助。2020 年 3 月 26 日，由马云公益基金会和阿里巴巴公益基金会捐赠的医用防疫物资运抵莱索托首都马塞卢机场。这批物资是新冠肺炎疫情暴发以来莱索托收到的首批境外医用物资援助。此后，马云公益基金会和阿里巴巴公益基金会又多次向莱索托捐赠抗疫物资。莱索托中资企业商会、中国驻莱索托大使馆、中国政府也分别在 2020 年 7 月、8 月向莱索托提供了各类抗疫物资。

除提供物资支援外，中国政府还在 2020 年 9 月底派出抗疫医疗专家组，对莱索托开展为期 10 天的抗击新冠肺炎疫情援助工作。专家组抵达莱索托后，先后到莱卫生部、新冠肺炎定点医院、国家核酸检测实验室及世卫组织驻莱代表处走访调研，交流分享抗疫经验，对莱社区防控人员及医务人员开展培训。在对莱索托疫情形势和国家卫生防疫体系进行评估的基础上，专家组提交了《新冠肺炎疫情防控国家建议书》，从社会隔离、社区排查、核酸检测、疫情监测、诊疗救治等方面给出具体建议，有力地帮助了莱索托政府抗击疫情。

在疫情期间，为支持莱索托的经济发展，中国支援莱索托的项目并未停工。2020 年 12 月 16 日，中国援莱马费腾光伏电站 30 兆瓦工程优惠贷款项目开工仪式举行。该项目是落实中非合作论坛北京峰会成果的重要举措，项目建成后将帮助莱索托有效缓解电力紧缺困难，优化能源结构，培养本土光伏技术人才，为莱经济发展和改善民生做出重要贡献。在新冠肺炎疫情常态化防控的形势下，该项目的开工实施是中莱两国高水平务实合作的体现。

① https：//sundayexpress. co. ls/lesotho-world-bank-sign-m824-million-energy-loan-deal/.

② https：//sundayexpress. co. ls/imf-approves-us49-million-loan-to-govt/.

马达加斯加

张春宇*

马达加斯加岛是非洲岛国，为世界第四大岛屿，位于印度洋西部、非洲东部航道中心，可谓连接亚非，贯通“一带一路”的桥梁。该国于2009年爆发政治危机，2014年结束，严重迟滞了经济社会发展。至今，该国经济发展水平仍然较低。2020年3月20日，马达加斯加出现首例新冠肺炎确诊病例，5月17日出现首例死亡病例；截至2021年3月1日，该国确诊病例接近两万例。疫情对该国政治、经济、社会等各层面都产生了负面冲击。

马达加斯加总统拉乔利纳相信并推广蒿属植物健康饮料作为治疗新冠肺炎的神奇药方，宣称能有效预防治疗新冠肺炎，无副作用，2021年仍将继续推广和使用。政府官方宣传推广“科学性”存疑的药方，引发了广泛的争议。2020年12月，法国巴斯德研究所公布的一项联合研究项目成果显示，马达加斯加献血者血液样本中新冠肺炎抗体数据显示，该国实际感染人数应远高于政府公布的官方数据，引发关注。种种争议事件，加之该国反对派一直指责执政党刻意淡化疫情负面影响，采取的防疫措施不当，都会削弱该国的政治稳定性。

持续的疫情直接导致2020年马达加斯加经济衰退。疫情暴发之前，马达加斯加中央银行曾预测该国2020年经济增速可达5.5%；疫情蔓延后，央行于5月发布《经济形势分析报告》，将2020年经济增速预测值调低为1.2%。11月，马达加斯加经济和财政部公布的《2021年财政法案》预计2021年GDP总量为138亿美元，经济衰退3.8%；2020年人均GDP为503美元，同比下降6.3%。[①] 国际货币基金组织在2020年10月发布的《撒哈拉以南非洲地区经济展望》中预计2021年该国经济将衰退3.2%。[②]

疫情对马达加斯加经济的负面冲击体现在方方面面。据马达加斯加国家统计局调

---

* 张春宇，中国社会科学院西亚非洲研究所（中国非洲研究院）副研究员，研究方向为非洲经济、海洋经济。

① 《马达加斯加政府下调全年经济增长预期至-3.8%》，驻马达加斯加共和国大使馆经济商务处网站，2020-11-18，http://mg.mofcom.gov.cn/article/jmxw/202011/20201103016748.shtml.

② 《IMF再次下调马达加斯加经济增长预期至-3.2%》，驻马达加斯加共和国大使馆经济商务处网站，2020-10-29，http://www.mofcom.gov.cn/article/i/jyjl/k/202010/20201003011817.shtml.

研数据，90%以上的企业生产缩减，60%以上的企业遭遇现金流困境。5月，样本企业营业额同比降幅高达47%。2020年前三季度，新设立企业数量同比降幅达46.3%。

疫情对马达加斯加多个行业产生了程度不一的负面影响。其中，第一产业受到的负面冲击相对较小。但疫情叠加该国南部、东南部地区长期干旱，导致2020年底，超过100万人口陷入粮食不安全状态；这一状况至今没有明显改善，预计到2021年4月，粮食不安全人口将增至135万人，成为巨大的安全局势隐忧。第二产业受到的负面影响明显，全年第二产业产值下滑19.6%。近年来已逐步发展成为该国支柱产业的矿业，产值直线下滑53.2%。第三产业受到的负面影响最大。疫情背景下，全球需求不振，马达加斯加货物贸易和服务贸易出口额均大幅下降，经常账户逆差扩大了1.7倍，高达8.6亿美元。2020年前三季度全国主要机场客运量同比下降73.2%，货运量同比下降35.0%；铁路客运量和货运量也有较大降幅。旅游业是马达加斯加最重要的服务业行业之一。2020年1月和2月，虽然该国尚未报告有新冠肺炎确诊病例，但由于国际疫情形势严峻，导致赴马国际游客数大幅下降，1、2月降幅分别为23%和77%。3月17日，该国政府宣布暂停全部国际航班，禁止客轮靠港，旅游业损失加重，到6月，旅游业损失超过6.2亿美元，多数旅游企业陷入困境。

疫情导致马达加斯加财政收入减少，2020年财政收入约17.8亿美元，国内税收和海关税收都有大幅减少，其中关税收入同比下降19.5%；而抗疫直接支出、公共卫生支出、企业补贴等的大幅增加，导致财政支出增加至27.7亿美元；财政赤字增至GDP的7.1%。马达加斯加是非洲债务控制较好的国家，债务风险不高，2016—2019年的公共债务负债率在40%左右；疫情影响下，2020年公共债务负债率上升到44.8%，其中外债负债率32.6%，虽然负债率仍在可控范围内，但增长趋势和长期风险值得关注。①

为应对疫情带来的负面冲击，马达加斯加政府采取了多项措施予以应对。该国成立了疫情防控指挥中心，实施公共卫生紧急状态，对疫情严重的地区采取封城措施，限制人群聚集，取得了积极效果。世界银行在2020年12月发布的马达加斯加经济报告中评价称，经历5—7月暴发期后，该国病例数大幅下降，住院率维持在较低水平；从确诊病例数和死亡病例数看，属受疫情影响相对较轻的国家。

面对疫情引发的民生困境，该国为民众提供了一定的社会保障。如向被封城地区弱势群体提供定向资助，给予困难家庭生活必需品补贴，向失业人士提供临时救济和职业培训等，对稳定社会秩序起到了积极作用。

马达加斯加政府积极采取多类措施降低疫情对经济的负面冲击。在货币政策方面，中央银行向金融系统提供流动性。2020年4月，马央行出台针对中小企业以及

① Economist Intelligence Unit, Country Report Madagascar, Generated on January 18th 2021.

小额信贷机构的融资支持政策，符合相关条件要求的企业，可从商业银行获得低息贷款，最长期限三年。5 月，央行出台补充规定，进一步放宽了贷款限制，放宽了允许申请此类贷款的企业规模，年营业额上限为 20 亿阿里亚里；进一步降低了贷款利率，从 5.47% 降低至 4.97%。7 月，又将企业年营业额上限调高至 50 亿阿里亚里，扩大了政策受益群体。在财政政策方面。7 月，马达加斯加政府在 2020 年财政预案调整中新增 1.3 亿美元预算，其中 0.8 亿美元用于抗疫和民生保障，0.5 亿美元用于困难企业补贴。

马达加斯加政府积极争取外部资金，助力本国抗疫。截至 11 月，国际货币基金组织、世界银行、欧盟、法国等组织和国家为马达加斯加提供抗疫资金 8.07 亿美元，主要包括 IMF 快速信贷机制贷款 3.38 亿美元、世行紧急预算援助 0.75 亿美元、世行结果导向型贷款 1 亿美元、世行应急项目 1.23 亿美元。2021 年，该国将继续寻求 IMF 新的扩展信贷额度计划支持。

在一系列积极举措的综合作用之下，到 2020 年底，马达加斯加经济已初见恢复，该国政府预测 2021 年本国经济增速将恢复至 4.1%；经济学人智库也预计该国 2021 年经济增速将达 1.3%，预计矿业和农业恢复得最快，旅游、交通等服务业复苏则相对较慢。

中国和马达加斯加传统友谊稳固，该国是首批同中国签订共建“一带一路”合作备忘录的非洲国家。疫情期间，中国政府大力支持马达加斯加抗疫，向其提供抗疫物资援助，派遣医疗队，分享抗疫经验，中资企业和民间组织也踊跃向马捐赠抗疫物资。马农业部门积极推广中国杂交水稻种植技术，在疫情冲击下，中国杂交水稻技术为该国粮食安全做出了一定的贡献。

科摩罗

徐国庆*

科摩罗是世界最不发达国家之一。人口约 80 万（2018 年），约有一半生活在贫困线以下，近 40% 的居民在 14 岁以下，失业率在 6% ~10%。①根据 2020 年 8 月世界银行的统计，受气候变化等因素的影响，科摩罗国内生产总值（GDP）增长率已从 2018 年的 3.6% 下降到 2019 年的 1.9%。新冠肺炎疫情冲击下，科摩罗旅游等部门的发展陷入困境，其经济发展的预估指数已由疫情前的 4.4% 降至 -1.4%。② 值得关注的是，疫情增加科摩罗医疗保健系统的压力，该国只有 24 张重症监护病床和 4 个呼吸器。2020 年 4 月 30 日，科摩罗政府宣布发现首例新冠肺炎病例，该患者是科摩罗公民，曾与一名科摩罗裔法国人有密切接触。③ 截至 2021 年 1 月 15 日，科摩罗死亡病例达 30 例。④

科摩罗积极参与抗疫行动，推动经济复苏。2020 年 4 月 3 日，科摩罗成立全国新冠肺炎疫情大流行协调委员会，该委员会由通信、安全、金融等领域的次级委员会组成。科摩罗还设立专门的村委会，派遣“争取青年行动”小组，开展消毒防疫等工作。为缓解企业资金压力、维护劳工权益，科摩罗设立特别基金，并在劳工部内设立工人联合会参与的三加一委员会。为开发人力资源，促进包容性增长，科摩罗政府制定《国家合作伙伴关系（CPF）2020—2024 年》文件。⑤

国际社会援助科摩罗抗疫，缓解卫生和经济危机。欧盟制定给予科摩罗 50 万欧元的人道主义援助计划，并于 2020 年 7 月起，由法国红十字会和科摩罗红新月会共

---

* 徐国庆，中国社会科学院西亚非洲研究所（中国非洲研究院）副研究员，主要从事新兴国家对非关系、新兴国家间关系研究。

① James Chen, Comorian Franc (KMF), March 3, 2021, https://www.investopedia.com/terms/k/kmf.asp.

② Houmi Ahamed-Mikidache, How can Comoros can achieve sustainable development? September 26, 2020, https://www.eraenvironnement.com/how-comoros-can-10020-achieve-sustainable-development/#sthash.rOqIIe9j.dpbs.

③ Un premier cas d'infection par le Covid-19 officialisé aux Comores, 30 avril 2020, https://www.voaafrique.com/a/un-premier-cas-d-infection-par-le-covid-19-officialis%C3%A9-aux-comores/5399348.html.

④ Alexandre Capron, People in the Indian Ocean's Comoros terrified by how fast Covid-19 is spreading, January 13, 2021, https://observers.france24.com/en/africa/20210115-comoros-moh%C3%A9li-covid19.

⑤ The World Bank In Comoros, August 31, 2020, https://www.worldbank.org/en/country/comoros/overview.

同付诸实施。[①] 在荷兰教科文组织信托基金资助下，教科文组织于 2020 年 11 月 2 日至 5 日举办第一次“科摩罗世界遗产、可持续旅游业发展和管理能力建设”培训讲习班。[②] 值得一提的是，受科摩罗和法国在马约特岛等主权争议的影响，科摩罗一度拒绝法国的援助。继 2020 年 2 月 12 日科摩罗友协捐助 100 欧元支持中国抗疫后，11 月，科摩罗应邀在线出席第三届中国国际进口博览会开幕式，科方期待通过进口博览会，推动其优质产品向华出口。2021 年 1 月，48 人组成的中国广西医疗队抵达科摩罗，为当地居民提供医疗服务。2 月，中国向科卫生部捐赠一批医疗设备，包括呼吸机、制氧机、心电图机及血氧仪等。3 月 17 日，中国援科摩罗短期抗疫医疗队携新冠疫苗和其他抗疫物资抵达科摩罗首都莫罗尼。[③] 3 月 19 日，阿拉伯联合酋长国向科摩罗联盟派遣了一架载有 7.7 吨医疗用品和检测设备的援助飞机。这项援助将帮助大约 7700 名医护人员遏制新冠肺炎疫情的传播。[④]

除此之外，2020 年 4 月，国际货币基金组织执行委员会通过迅速贷款机制（RCF）、快速融资工具（RFI），分别向科摩罗提供约 405 万美元与 808 万美元的资金支持，满足其紧急国际收支需求。[⑤] 9 月，世贸组织就科摩罗加入问题举行第五次工作组会议，认为科摩罗在贸易相关立法方面仍需要进一步完善。10 月，世界银行向科摩罗提供 1000 万美元，帮助其弥补财政与融资缺口。[⑥]

科摩罗积极参与非洲与全球治理外交。2020 年 7 月，科摩罗成为《关于预防、禁止和惩治贩运人口特别是妇女和儿童行为的补充议定书》第 179 个缔约国。[⑦] 10 月 27 日，科摩罗外交部驻摩洛哥首都拉巴特举行开设使馆的落成典礼，展示加强两国

---

① La Team Europe plus que jamais mobilisée pour soutenir l’Union des Comores dans la lutte contre la Covid-19, 24 février 2021, https://eeas.europa.eu/diplomatic-network/comoros/93711/la-team-europe-plus-que-jamais-mobilis%C3%A9e-pour-soutenir-lunion-des-comores-dans-la-lutte-contre_en.

② Les Comores se concentrent sur la gestion du tourisme durable, 6 novembre 2020, https://fr.unesco.org/news/comores-se-concentrent-gestion-du-tourisme-durable.

③ 中国驻科摩罗联盟大使馆：《中国抗疫医疗队携疫苗抵科摩罗，科总统赴机场迎接》，2021 年 3 月 18 日，http://km.china-embassy.org/chn/zxdt/t1862355.htm.

④ 《阿联酋向科摩罗联盟派遣第二架援助飞机以抗击 COVID-19》，2021 年 3 月 19 日，阿联酋通讯社，https://www.wam.ae/zh-CN/details/1395302919805.

⑤ IMF Executive Board Approves US $ 12 Million in Emergency Assistance to the Union of the Comoros to Address the COVID-19 Pandemic, April 22, 2020, https://www.imf.org/en/News/Articles/2020/04/22/pr20183-comoros-imf-exec-board-approves-us-12m-emergency-assistance-to-address-covid19-pandemic.

⑥ World Bank, Comoros: World Bank Provides $ 10 Million to Support Emergency Response to COVID-19 and Recovery, December 10, 2020, https://www.worldbank.org/en/news/press-release/2020/12/10/comoros-world-bank-provides-10-million-to-support-emergency-response-to-covid-19-and-recovery.

⑦ Comoros Commits to Effectively Preventing, Suppressing and Punishing Trafficking in Persons, July 30, 2020, https://www.unodc.org/easternafrica/en/Stories/comoros-commits-to-effectively-preventing--suppressing-and-punishing-trafficking-in-persons.html.

关系的愿望。[①] 10月19日，科摩罗正式批准《禁止核武器条约》，成为该条约的第54个签署国。经过协商，2021年2月10日，全球宽容与和平理事会（GCTP）就在科摩罗开设区域办事处等议题签署协议。[②]

① Comorian FM inaugurates embassy in Rabat, October 27, 2020, https://middle-east-online.com/en/comorian-fm-inaugurates-embassy-rabat.

② The Global Council For Tolerance And Peace Signs An Agreement To Open A Regional Office In The Comoros And An MoU With The Assembly Of The Union Of The Comoros, February 10, 2021, https://gctpnews.org/the-global-council-for-tolerance-and-peace-signs-an-agreement-to-open-a-regional-office-in-the-comoros-and-an-mou-with-the-assembly-of-the-union-of-the-comoros/.

毛里求斯

徐国庆*

毛里求斯拥有130万人口，作为撒哈拉以南非洲地区最具竞争力的经济体，近40年一直维持超过5%的经济增长率。2019年，毛里求斯国内生产总值为148亿美元，人均国民总收入超过12535美元，被世界银行列为高收入国家。① 在世界经济论坛2019年《全球竞争力报告》中，毛里求斯排名第52位，在非洲国家中位列第一。旅游业是毛里求斯最强劲的支柱性产业，仅2019年就为该国带来了630亿毛里求斯卢比（约人民币110亿元）的收入。② 不过，继2020年3月18日毛里求斯首次发现感染新冠病毒的游客病例后，3月19日毛里求斯开始关闭边境，③ 该国度假胜地不能再接待游客。世界评级机构穆迪投资服务有限公司预估2020年毛里求斯经济将收缩4.1%，人口失业率将从2019年的6.7%升至2020年的17.5%。④

毛里求斯的旅游业高度依赖于海洋资源，但是环境变化给其带来的冲击亦不容乐观。联合国开发计划署2019年6月发布的报告指出，在过去几十年中，由于海平面上升，毛里求斯的海滩平均缩水了20米。1997年至2017年的二十多年间，毛里求斯沿海的活珊瑚数量减少了70%。2020年8月6日，一艘搁浅在毛里求斯南部海域的日本“若潮”号货船出现破裂，该船装载3800吨燃油，大量燃油泄漏到毛里求斯知名的海洋生物和珊瑚保护区——蓝湾海岸公园附近。随后，毛里求斯宣布国家进入“环境紧急状态”。尽管之后来自法国、印度、日本等国以及联合国的专家团队共同协助毛里求斯当局清理燃油污染，但不断扩大的燃油污染范围极其可能引发生态灾难，引发舆论对该国旅游业和海洋经济发展前景的担忧。

---

* 徐国庆，中国社会科学院西亚非洲研究所（中国非洲研究院）副研究员，主要从事新兴国家对非关系、新兴国家间关系研究。

① 《它创造了非洲经济“奇迹”——毛里求斯究竟有多发达?》，《锐眼商业》，2021年1月5日，https://www.163.com/dy/article/FVIQ6DEL0539D443.html.

② 《污染和疫情夹击下，毛里求斯旅游业还有未来吗?》，《澎湃新闻》，2020年8月20日，https://news.sina.cn/2020-08-20/detail-iivhuipn9691179.d.html.

③ Sudhirsen Kowlessur, Tackling the COVID-19 pandemic in paradise: the Mauritian experience, September 24, 2020, https://www.ncbi.nlm.nih.gov/pmc/articles/PMC7515597/.

④ Moody's: Contraction économique sévère et courte durée, mais croissance en 2021, 11 mai 2020, https://www.inside.news/moodys-contraction-economique-severe-et-courte-duree-mais-croissance-en-2021/.

毛里求斯致力于摆脱经济困境。出于稳定工人收益的考量，毛里求斯政府制定工资援助方案，确保所有私营部门雇员在封城期间获得全额工资。政府通过国家投资公司进行最高价值 27 亿卢比的股权投资，以帮助企业克服融资难题。① 为吸引游客，毛里求斯调整签证政策，延长外国远程工作者在毛里求斯定居的时限。② 为拉动内需，毛里求斯政府不仅考虑建立数字土地银行，向农民提供一定数量的土地及有保障的农产品价格，还将推出“毛里求斯人购买”项目，允许超市货架上至少有 10% 的本地产品，公共机构至少购买 30% 的本地产品。值得一提的是，2020 年 5 月，世界银行批准 1.88 亿欧元的毛里求斯应对新冠肺炎疫情危机资助方案。③ 此外，毛里求斯总理贾格纳特表示将尽快为 60% 的居民接种疫苗，以提升民众参与经济活动的信心。④ 毛里求斯政府还通过总额 25 亿美元的 2020—2021 年度财政预算，聚焦经济和投资复苏、重大结构变革以及可持续和包容性发展三个主轴。⑤ 为增强自力更生能力，2020 年 12 月毛里求斯推出以增强研发、提高技能为宗旨的战略和工业计划。⑥

---

① Moody's：Contraction économique sévère et courte durée, mais croissance en 2021, 11 mai 2020, https：//www. inside. news/moodys-contraction-economique-severe-et-courte-duree-mais-croissance-en-2021/.

② L'île Maurice crée un visa spécial d'un an renouvelable pour les télétravailleurs, 3 novembre 2020, https：//travel. lebonbon. fr/news-travel/ile-maurice-visa-special-teletravail/.

③ Pela Redação, Ilhas Maurícias – 289 milhões de dólares para recuperação, 26 de Fevereiro, 2021https：//mercadosafricanos. com/ilhas-mauricias-289-milhoes-de-dolares-para-recuperacao/.

④ O milagre que faz sorrir as Maurícias, Volta ao Mundo, 1 de março de 2021, https：//www. voltaaomundo. pt/2021/01/30/o-milagre-que-abre-as-mauricias-ao-mundo/noticias/870127/.

⑤ Maurice：un budget 2020 – 2021 doté de 2，5 milliards $ pour relancer l'économie, 8 juin 2020, https：//www. agenceecofin. com/investissements-publics/0806 – 77327-maurice-un-budget – 2020 – 2021 – dote-de – 2 – 5 – milliards-pour-relancer-leconomie.

⑥ L'ile Maurice dévoile un plan d'expansion de sa production industrielle, 4 décembre 2020, https：//unctad. org/fr/news/lile-maurice-devoile-un-plan-dexpansion-de-sa-production-industrielle.

第六篇

研究综述

2020年中国的非洲历史研究述评

刘伟才*

2020年，中国国内非洲历史研究对殖民主义、非洲国家独立后的发展、非洲史学史与史学理论等重大主题进行了多形式、多角度、多层次的探讨，一些在国内属于较新的研究领域和对象受到关注，非洲历史编纂及相关问题也受到重视并得到了比较深入的讨论。

一 殖民主义问题

殖民入侵和统治是非洲历史中的重要阶段，对当下和未来一段时期内非洲的发展有复杂的影响。2020年国内非洲历史研究对殖民主义历程中的具体问题、殖民主义的性质和影响等有较多的关注。

在《尼罗河源头探险过程中的人群互动——基于探险者记录的研究》一文中，刘伟才从尼罗河源头探险这一主题出发，对殖民统治确立前欧洲人与非洲人的互动进行了探讨。论文指出，尼罗河源头探险团队内部有多族群人士的协作和冲突，团队还会与在探险过程中遭遇的多种人群发生交互，这一过程不仅使欧洲人了解了相关区域的人群和人群之间关系的情况，还使欧洲人掌握了与这些人群交互的原则和技巧。论文认为，尼罗河源头探险过程中欧洲人与非洲人之间的互动为随后的殖民征服和统治提供了经验。①

在《桑给巴尔选举制度改革（1947—1957）——以英国殖民部档案为依据的分析》一文中，谈玉衡利用英国殖民部1947—1957年桑给巴尔宪政改革的档案，对桑给巴尔选举制度改革的制度设计过程以及殖民地政府与当地政治力量之间的博弈进行了考察。论文认为，桑给巴尔的宪政改革——特别是选举制度改革——是一个艰难曲

* 刘伟才，上海师范大学非洲研究中心副主任、副教授，主要从事非洲经济史、南部非洲史研究。

① 刘伟才：《尼罗河源头探险过程中的人群互动——基于探险者记录的研究》，载李安山主编，潘华琼执行主编《中国非洲研究评论》（总第八辑），社会科学文献出版社2020年版，第149—163页。

折的过程，但它确定了桑给巴尔政治的基本格局。①

在《西方矿业公司与英属撒哈拉以南非洲殖民统治的瓦解》一文中，杭聪对西方矿业公司在英属撒哈拉以南非洲殖民统治和非殖民化中的地位和影响进行了分析。论文指出，西方矿业公司在殖民体制中占据重要地位，也在殖民统治瓦解过程中发挥了不容忽视的作用。凭借间接的金融控制，英国政府和西方矿业公司延缓了民族主义者改变经济体制的努力；而由于历史原因，非洲民族主义者仍在资本和技术上有求于西方矿业公司，二者之间形成了既对立又协作的关系。②

在《英属非洲殖民地的野生动物保护》一文中，李鹏涛对英属非洲殖民地的野生动物保护问题进行了研究。论文指出，英国较早推行全面的野生动物保护措施，这些措施对非洲社会的生产、生活方式和组织形态造成深刻影响，非洲当地土著社会在野生动物保护方面日益边缘化，而外部世界的力量日益凸显。论文认为，野生动物保护并非单纯的生态议题，而是折射出英属非洲殖民地复杂的政治、经济与社会问题，反映了非洲殖民地生态环境与社会变迁之间的内在关联。③

在《论英国的"发展型"殖民主义》一文中，李鹏涛对英国在非洲殖民统治历程中的"发展型"阶段进行了论述。论文将英国对非洲的殖民统治分为"保守型"和"发展型"两个阶段：在"保守型"阶段，殖民统治变革目标十分有限；而在"发展型"阶段，殖民者在镇压殖民地反抗的同时推动殖民地经济社会变革，由此促使在非洲殖民地的资本主义商品和生产关系加速发展，而这又成为引发殖民地社会变化的关键变量，非殖民化正是在这样的历史条件下发生的。论文认为，"发展型"殖民主义深刻影响了独立后非洲国家的发展道路。④

在《殖民地国家的基本特征与当代非洲国家治理》一文中，李鹏涛和陈洋对"殖民遗产"与当代非洲国家治理的关系进行了探讨。论文指出，非洲的殖民地国家呈现出专制性、外倾性以及力量有限性等特征，这些特征不但影响了殖民统治政策，还导致独立后非洲国家的恩庇主义、社会与国家缺少有机联系、社会碎片化等问题，影响和制约了非洲国家的治理。论文认为，"殖民遗产"应当被置于更长的非洲历史进程之中来理解，它只是影响当代非洲国家治理的结构性因素之一，近年来非洲国家日益增强的自主发展意识也正持续地消解着"殖民遗产"的负面影响。⑤

龚雅静译《伟大的非洲探险者：从布鲁斯、蒙戈·帕克到利文斯顿、斯坦利》被收入"非洲历史人物传记译丛"。该书讲述了自18世纪末开始的欧美对非探险的

---

① 谈玉衡：《桑给巴尔选举制度改革（1947—1957）——以英国殖民部档案为依据的分析》，李安山主编，潘华琼执行主编《中国非洲研究评论》（总第八辑），社会科学文献出版社2020年版，第249—273页。

② 杭聪：《西方矿业公司与英属撒哈拉以南非洲殖民统治的瓦解》，《唐山学院学报》2020年第1期。

③ 李鹏涛：《英属非洲殖民地的野生动物保护》，《安徽史学》2020年第6期。

④ 李鹏涛：《论英国的"发展型"殖民主义》，载李安山主编，潘华琼执行主编《中国非洲研究评论》（总第八辑），社会科学文献出版社2020年版，第186—201页。

⑤ 李鹏涛、陈洋：《殖民地国家的基本特征与当代非洲国家治理》，《西亚非洲》2020年第3期。

历程，它主要以探险者自身的记录为基础，对百余年来涉及几乎整个非洲内陆地区的探险进行描述，全面呈现了内陆探险的曲折波澜和探险者们的种种活动，同时也展现了19世纪及其前后非洲内陆的基本面貌。①

邓皓琛译《法国在非洲的文化战略：从1817年到1960年的殖民教育》对法国在非洲殖民战略的文化影响进行了解读。该书对法国如何利用其世俗学校模式对非洲进行殖民、非洲人民独立意愿与法国教育模式的碰撞、当前非洲教育危机与殖民教育模式之间的关系等问题进行了探讨。该书认为，法国在非洲的文化战略立足于行政集权、同化、功利等原则，实践了殖民统治对非洲人的思维和行为模式的灌输。②

王富银译《环境、权力与不公：一部南部非洲的历史》从环境、社会、政治、经济等诸多研究视角构建了一部南部非洲的历史。该书以南非北部地区的环境变化为切入点，对南部非洲在白人移民殖民地扩张时期、殖民统治时期与种族隔离时期这三个历史阶段的经济发展、政治和社会变化以及与之相伴随的环境变化和管理等问题进行了探讨，揭示了南部非洲特定人群“以自然为手段赋予自己高于其他人的权力”的历史进程。③

除上述成果外，10月31日由上海师范大学非洲研究中心举办的第五期“非洲研究”工作坊还专门讨论了“殖民主义在非洲”这一主题。与会学者从“殖民主义与非洲”“殖民主义与非洲的经济”“殖民主义与非洲的政治”“殖民主义与非洲的文化、社会”四个方面出发，对研究殖民主义问题的必要性与路径、殖民主义及其影响的复杂性、殖民主义与非洲发展的关联性等问题进行了探讨。④

二　非洲国家独立后的发展

2020年是“非洲年”60周年。《西亚非洲》以“非洲国家独立60年发展道路的审思”为主题刊发了系列论文，从宏观视野以及政治、经济和安全的角度对非洲国家独立后的发展探索历程进行了分析。

在《世界历史与非洲发展的互动：探源与辨析》一文中，李安山从世界历史的高度出发对非洲与世界的关系进行了探讨。论文认为，非洲文明在多个层面上对人类历史的发展做出了贡献，非洲在近现代处于劣势并受到各种伤害是当今发展落后的重

---

① ［英］威廉·金斯顿、查尔斯·洛：《伟大的非洲探险者：从布鲁斯、蒙戈·帕克到利文斯顿、斯坦利》，龚雅静译，上海社会科学院出版社2020年版。

② ［塞内加尔］巴帕·易卜希马·谢克：《法国在非洲的文化战略：从1817年到1960年的殖民教育》，邓皓琛译，商务印书馆2020年版。

③ ［美］南希·J. 雅各布斯：《环境、权力与不公：一部南部非洲的历史》，王富银译，江苏人民出版社2020年版。

④ 上海师范大学非洲研究中心：《上海师范大学非洲研究中心“殖民主义在非洲”工作坊综述》，2020年11月4日，http：//shcas. shnu. edu. cn/21/f0/c18797a729584/page. htm.

要原因。论文认为，非洲国家应该逐渐创造出适合自身历史和现实的政治制度，将自主性体现在发展计划的制定和实施以及政治危机的解决中，走上可持续发展的道路。①

在《非洲政治治理60年：多重长期困境与潜在创新出路》一文中，张春对非洲政治治理60年的历程进行了回顾和分析，并对未来非洲政治治理的创新出路进行了探讨。论文指出，非洲国家独立60年来，政治治理的进展总体上落后于其经济发展。造成非洲政治治理进展缓慢的内部因素主要是自上而下的政府治理与自下而上的草根治理的角力，外部因素则是悬浮的地区治理和强加的西式治理导致的非洲国家在本土化/自主性与西化/继承性之间的摇摆。论文将非洲政治治理分作继承性治理、本土化治理、西式民主化治理和自主化治理四个阶段。论文认为，随着非洲自身政治觉醒和新兴大国的崛起，既有的平衡困境可能得以突破，非洲政治治理有望迎来崭新的发展阶段。②

在《试析独立后非洲国家经济发展的主要矛盾》一文中，舒运国对非洲整体独立60年来经济发展的曲折起伏进行了探析。论文指出，尽管非洲经济发展持续取得进步，但仍相对缓慢且与世界发展步伐的距离在拉大。造成这种局面的原因多样复杂，其中比较突出的是长期政局动荡与经济持续发展的矛盾、经济发展模式外部性与本土适应性的矛盾、单一经济殖民遗产与完善民族经济体系的矛盾、严重依赖外援与自力更生的矛盾、人口快速增长与经济协调发展的矛盾。论文提出，非洲国家要实现可持续发展，必须着力进行经济结构转型，摆脱对外依赖性，改善政府治理。③

在《集体安全机制视野下的非洲常备军建设》一文中，王涛对以非洲常备军建设为重要支撑的非洲安全一体化建设历程进行了论述。论文指出，非洲常备军建设是非洲大陆独立60年来联合自强的重要成果，是非洲安全合作一体化从理想到现实的坚实一步。非洲常备军在建设思路和机制性建设方面都有收获，“泛非军事力量”设想也逐渐演变为在现实中的五支次区域军事力量的组合。从未来发展看，非洲常备军分散化发展态势可能仍难促进非洲安全一体化，甚而有消解非洲大陆安全整合努力的风险。论文提出，非洲国家需凝聚共识，破解资源和能力缺乏问题，推进并优化机制建设，以此方有可能提升集体安全能力。④

三　非洲史学史与史学理论

非洲史学是世界史学的一部分，它具有自身独特性。认识非洲民族主义史学，了

① 李安山：《世界历史与非洲发展的互动：探源与辨析》，《西亚非洲》2020年第2期。
② 张春：《非洲政治治理60年：多重长期困境与潜在创新出路》，《西亚非洲》2020年第2期。
③ 舒运国：《试析独立后非洲国家经济发展的主要矛盾》，《西亚非洲》2020年第2期。
④ 王涛：《集体安全机制视野下的非洲常备军建设》，《西亚非洲》2020年第2期。

解非洲史学发展新动向，对于理解非洲历史和现实中的相关问题有重要作用。

在《非洲民族主义史学流派及其贡献》一文中，李安山对非洲民族主义史学的兴起、流派确立和其贡献进行了论述。论文指出，非洲民族主义史学的兴起和发展经历了一个过程，首先是民族独立运动将非洲历史的重构提上日程，随后非洲历史学科开始逐步得到国际学术界的承认，《剑桥非洲史》和联合国教科文组织《非洲通史》的编写及相关杂志和研究机构的出现在其中也发挥了重要作用。在非洲民族主义史学兴起和发展的历程中，伊巴丹学派、达累斯萨拉姆学派和达喀尔学派等在非洲史观的确立、方法论的突破和史学人才的培养方面做出了贡献。论文认为，非洲民族主义史学的兴起在树立非洲人民自信和非洲国家建构等方面起到了重要作用。①

在《阿德·阿贾伊与非洲史研究》一文中，石海龙和张忠祥对尼日利亚历史学家阿德·阿贾伊（J. F. Ade Ajayi）的非洲史研究进行了论述。阿德·阿贾伊是非洲第一代本土史家中的代表性人物，也是非洲民族主义史学主要流派伊巴丹学派的代表人物。阿德·阿贾伊以非洲人的视角研究非洲历史，撰写了多部以非洲人为主体的历史著作；他强调非洲历史的延续性，认为殖民主义仅是非洲历史长河中的一个“插曲”。论文认为，阿德·阿贾伊的研究提升了非洲人民的民族自信心和自豪感，表现出强烈的民族主义史学思想。②

在《20 世纪 70 年代以来非洲史学的新进展——以医疗史研究为个案》一文中，张忠祥以医疗史为个案，对 20 世纪 70 年代以来的非洲史学发展进行了论述。论文指出，非洲史学有悠久历史。非洲国家纷纷独立后，非洲史学经历了从殖民主义史学向民族主义史学的转换；而自 20 世纪下半叶以来，基于内在发展逻辑并受全球史学转向影响，非洲史学又逐渐朝纵深方向发展，口述史、医疗史、环境史、经济史和妇女史等都取得不同程度的进展。③

刘伟才的专著《大津巴布韦学术史论》对 19 世纪末至 21 世纪初之间围绕大津巴布韦的探索与研究历程进行了系统阐述。该书将围绕大津巴布韦的探索与研究历程分成五个阶段：第一阶段为 1871 年至 1905 年，否定非洲人为大津巴布韦建造者的“含米特论”形成；第二阶段为 1905 年至 1961 年，三次专业性考古确立了“建造者为黑人”（Bantu origin）和“建造时间为中世纪”（Medieval date）的基本论断；第三阶段为 20 世纪 60 年代初至 70 年代末 80 年代初，相关学者对围绕大津巴布韦的历史进行了谨慎的构建；第四阶段为 20 世纪 70 年代末 80 年代初至 20 世纪末 21 世纪初，出现了一系列强调黑人主体性的成果；第五阶段为进入 21 世纪后，随着新一代学者崛起以及新技术手段的运用，大津巴布韦研究开始迈入更广阔的新空间。该书指出，

---

① 李安山：《非洲民族主义史学流派及其贡献》，《世界历史》2020 年第 1 期。

② 石海龙、张忠祥：《阿德·阿贾伊与非洲史研究》，《史学集刊》2020 年第 3 期。

③ 张忠祥：《20 世纪 70 年代以来非洲史学的新进展——以医疗史研究为个案》，载李安山主编，潘华琼执行主编《中国非洲研究评论》（总第八辑），社会科学文献出版社 2020 年版，第 85—100 页。

围绕大津巴布韦的一些重要问题仍未真正地得到解决，避开主义之争，在量上积累数据和样本，可能是当下和未来大津巴布韦和相关问题研究的一个发展方向。①

郑晓霞、杨敬等译，张忠祥、郑晓霞校译的《作为历史的口头传说》一书被收入“非洲国别和区域历史丛书”。该书中范西纳（Jan Vansina）结合自身非洲历史的实践，从一般方法论角度论述了如何在历史研究中运用口头传说，而在论述口述史料宝贵性的同时，其还强调了口头传说作为史料的局限性以及对其进行反复校验的必要性。②

2020年出版的《中国非洲研究评论》还围绕“非洲研究：历史理论与学科综述”主题选译了一些非洲史学方面的文章，包括阿德·阿贾伊的《非殖民化背景下的国家历史——以尼日利亚为例》、塞内加尔学者马马杜·迪乌夫（Mamadou Diouf）的《历史学家与历史：何为？介于国家与社群之间的非洲史学》、法国学者卡特琳娜·戈克里-维德罗维奇（Catherine Coquery-Vidrovitch）的《非洲人书写非洲史》等。③

四 非洲历史专题研究

2020年国内非洲历史研究对一些具体的专题和专题领域有所关注，涉及族群政治、种族主义、城市化等具体问题，还有经济史方面的研究。

在《族群政治与卢旺达大屠杀：基于历史维度的考察》一文中，蒋俊从族群政治视角出发对卢旺达大屠杀进行了历史维度的考察。论文指出，族群政治是基于族群利益并诉诸政治权力的族际互动，很多时候表现为对抗甚至冲突的形态。卢旺达独立时，胡图族与图西族进行了激烈的权力争夺，从而建构起一种割裂和对立的族群政治。论文认为，胡图族凭借庞大的社会基础，取得了“多数人统治”的合法性与力量，最终形成“多数人暴政”，并以大屠杀的方式呈现出最糟糕的结果。④

在《论南非种族隔离的城市制度解体（1979—1991）》一文中，杭聪对南非种族隔离中的城市制度问题进行了研究。论文指出，种族隔离的城市制度根据种族不平等的原则发展出人口控制、空间控制和自我控制三个方面的体制。人口控制的消亡使种族隔离的城市制度丧失经济基础，空间控制的失败导致黑人政治组织力加强，财政吝

① 刘伟才：《大津巴布韦学术史论》，上海三联书店2020年版。

② ［比利时］简·范西纳：《作为历史的口头传说》，郑晓霞、杨敬等译，张忠祥、郑晓霞校译，上海三联书店2020年版。

③ 阿德·阿贾伊：《非殖民化背景下的国家历史——以尼日利亚为例》，王颖译，许亮校，载李安山主编，潘华琼执行主编《中国非洲研究评论》（总第八辑），社会科学文献出版社2020年版，第3—17页；马马杜·迪乌夫：《历史学家与历史：何为？介于国家与社群之间的非洲史学》，陈健译，许亮校，第18—46页；卡特琳娜·戈克里-维德罗维奇：《非洲人书写非洲史》，李洪峰、张黎译，第47—66页。

④ 蒋俊：《族群政治与卢旺达大屠杀：基于历史维度的考察》，《史学集刊》2020年第6期。

啬、虚伪地采用吸取政治合法性的手段和过于依赖暴力使自我控制难以为继，城居黑人起义随之而来，种族隔离的城市制度因之瓦解。①

在《种族隔离的历史对南非排外的影响探析》一文中，梁益坚和刘国强从南非种族隔离的历史出发对南非社会存在的排外问题进行了探析。论文认为，暴力排外是现阶段南非社会存在的一个突出问题，它与种族隔离的历史有直接的内在联系。长期的种族隔离在社会结构、文化认同、行为方式和发展进程等层面对南非社会造成深远的负面影响，种族主义意识形态至今依然发挥着消极作用。论文提出，南非排外问题需要从种族主义层面来认识和治理，要通过泛非主义来消除自卑、自恨的畸形心理，通过心理上的解放来消除种族主义的遗毒。②

郭建龙译《一把海贝：从奴隶贸易兴起到革命年代的西非历史》对瓜分非洲时代来临之前的西非地区多个王国的经济发展和对外贸易历史进行了论述，展现了该地区经济发展的主体性和对外部世界的重要影响。该书强调，西部非洲与外部世界贸易的发展对欧洲、美洲和非洲自身都产生了重要的影响，18 世纪末 19 世纪初发生在欧、美、非等相关地区的具有革命性意义的事件都与此有关。③

刘伟才译《20 世纪前中部与东部非洲的贸易》一书被收入“非洲经济史译丛”。该书对 20 世纪前中部非洲与东部非洲相关地区贸易的商品、网络、行为体、机制以及贸易对相关地区经济、政治和社会的影响等进行了介绍和分析，比较全面地呈现了刚果河口至非洲之角一线以南地区在殖民统治确立之前的经济面貌及其对外经济关系的特征，同时也呈现了贸易影响下政治发展和社会变迁的情况。④

五　通史性成果与非洲历史编纂问题

国内非洲方面的通史性成果一直相对较少，早期的一些通史性成果也随着非洲自身发展、中非关系推进、非洲史学史与史学理论变迁而产生了修订、补充或完善的需要。

译介仍是解决国内非洲方面的通史性成果缺乏问题的一个重要路径。2020 年国内非洲方面的主要通史性成果是李鹏涛译《剑桥非洲史 · 20 世纪卷：1905—1940》和赵俊译《剑桥非洲史 · 20 世纪卷：1940—1975》，两书分别译自八卷本《剑桥非洲史》（*The Cambridge History of Africa*）的第七卷和第八卷，主要关注非洲现代史。《剑

---

① 杭聪：《论南非种族隔离的城市制度解体（1979—1991）》，《北方论丛》2020 年第 4 期。

② 梁益坚、刘国强：《种族隔离的历史对南非排外的影响探析》，《世界民族》2020 年第 6 期。

③ ［英］托比 · 格林：《一把海贝：从奴隶贸易兴起到革命年代的西非历史》，郭建龙译，社会科学文献出版社 2020 年版。

④ ［英］理查德 · 格雷、大卫 · 伯明翰主编：《20 世纪前中部与东部非洲的贸易》，刘伟才译，上海社会科学院出版社 2020 年版。

桥非洲史·20世纪卷：1905—1940》涵盖了1905—1940年的非洲历史，涉及大部分地区从被欧洲势力统治到殖民政权面临来自非洲民众的普遍反抗和斗争这一历程的相关内容。《剑桥非洲史·20世纪卷：1940—1975》涵盖了1940—1975年的非洲历史，主要讲述非洲殖民地寻求独立和自主发展的历程。①

另有郭建龙的专著《穿越非洲两百年》，该书主要关注非洲近现代的发展历程。作者基于其在非洲游走、观察和研究所得，以历史脉络为经，以政治、经济、文化等中心问题为纬，讨论了战争、贫困、腐败、疾病等非洲问题的形成、发展与现状，揭示了非洲三代领导人和非洲人民探索发展道路的曲折历程。②

除进一步推进译介和著述外，组织编撰或重修非洲通史的呼声也越来越高。2020年8月17日由中国非洲史研究会主办，中国社会科学院世界历史研究所非洲史研究室承办的“新时代中国非洲史研究与编纂学术研讨会暨青年史家论坛”在世界历史研究所召开。会议以“新时代 中国非洲史研究与编纂”为主题，与会学者对重编非洲通史的必要性和可行性、基础课题识别与研究、复杂问题研究与评价、史料运用、史观、语言和数字化等方面的问题进行了探讨。③

六 结语

2020年国内非洲历史研究既有宏观探讨也有微观考察，既有原创也有译介，研究者则除了非洲历史研究工作者外还有来自外语或翻译专业方面的人士。在中国，非洲历史正受到越来越多的重视，非洲历史研究也正吸引着越来越多人的介入。

---

① ［英］A. D. 罗伯茨编：《剑桥非洲史·20世纪卷：1905—1940》，李鹏涛译，浙江人民出版社2020年版；［英］迈克尔·克劳德编：《剑桥非洲史·20世纪卷：1940—1975》，赵俊译，浙江人民出版社2020年版。

② 郭建龙：《穿越非洲两百年》，天地出版社2020年版。

③ 杭聪：《新时代中国非洲史研究与编纂学术研讨会暨青年史家论坛在世界历史研究所召开》，2020年8月18日，http：//iwh. cssn. cn/zdxx/202008/t20200818_5223554. shtml.

2020年中国的非洲地理研究述评

张振克　任　航[*]

地理学是研究地球表面各种地理要素的空间分布规律、时间演变过程与特征，以及各个地理要素间相互关系的一门学科，是自然科学与人文科学间的交叉。新中国成立以来，国内学者对非洲地理开展了持续的探索与系统的研究。[①] 特别是“一带一路”倡议提出以来，非洲地理研究的受关注度在不断增加。[②] 作为“一带一路”建设的重要覆盖区域，非洲在我国地缘政治与地缘经济环境中的战略地位不断提升，非洲广阔大陆所蕴藏的丰富资源的价值在不断凸显，非洲市场所具备的巨大投资潜力也在不断增长。[③] 非洲国家已成为共建“一带一路”不可或缺的参与者，而非洲区域地理学的研究为推进“一带一路”背景下中非双方在资源环境、贸易投资、社会经济和地缘政治等领域的合作提供了有力的支撑。[④] 2020年，新冠肺炎疫情肆虐，对中非人文合作与交流造成了巨大的影响。但国内学者逆势而上，产出了一批有价值的非洲区域地理相关的研究成果，对推动中国的世界地理研究尤其是非洲区域地理研究做出应有的贡献。

通过研究历年已发表的相关文章的数量变化，我们可以很好地对中国的非洲地理研究的发展趋势进行分析。本文对2000—2020年，在国内外核心期刊中，由中国学者发表的非洲地理研究的相关论文进行了统计（见图1）。其中，中文论文以中国知网数据库为数据来源，以“非洲”为主题词，以非洲地理研究中有关的关键词，如“交通”“资源”“城市”“人口”“环境”“时空”“空间”等为检索条件，选取在中文社科索引（CSSCI）、北大核心期刊索引和中国科学引文等核心期刊数据库中发表的文章进行统计，共检索到文章1521篇。英文论文以“Web of Science”数据库为数据来源，以上述相同的主题词、关键词进行文献检索，限定“Web of Science”核心

---

* 张振克，南京大学非洲研究所所长、教授，研究方向为非洲发展与非洲地理研究；任航，南京大学非洲研究所、南京大学地理与海洋学院博士研究生，研究方向为海洋经济与城市化。

① 甄峰、尹俊：《非洲地理研究综述》，《西亚非洲》2011年第5期。

② 张振克：《非洲地理研究回顾与展望》，《地域研究与开发》2018年第2期。

③ 王南：《非洲：“一带一路”不可或缺的参与者》，《亚太安全与海洋研究》2015年第5期。

④ 蒋国俊、吴涛、章明卓等：《中国的非洲地理研究：意义、进展与展望——以浙江师范大学为例》，载刘鸿武主编《非洲研究》（2019年第2卷/总第15卷），中国社会科学出版社2020年版，第122—129页。

数据库（包括 SSCI、SCI、A&HCI 检索期刊），并将作者国别限定为中国，共检索到文章 404 篇。

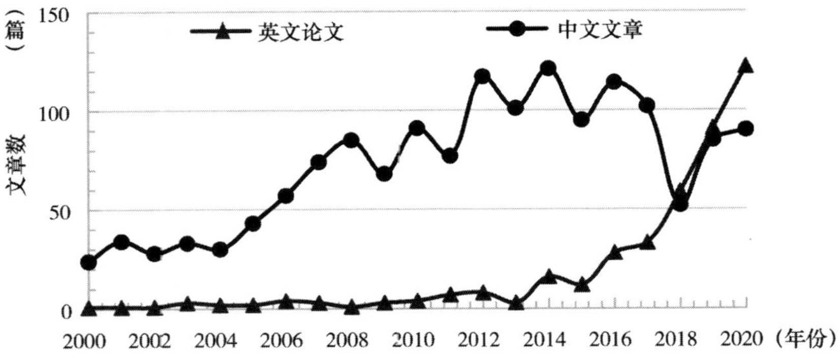

图 1　2000—2020 年中国非洲地理研究在中英文核心期刊发文数量变化趋势

中国学者在中英文核心期刊发表的非洲地理研究的文章数量变化趋势如图 1 所示。可以看出，进入 21 世纪以来，中国学者对非洲地理研究的关注度不断提升，研究成果数量迅速增加。其中，中文研究成果在 2004 年以后呈现出快速增长的态势，2008 年以后则在波动中上升。2020 年，中国学者在中文核心期刊发表的非洲地理研究的论文数量为 90 篇。英文成果数量则在 2013 年以后呈现出直线增长的态势，这与中国“一带一路”倡议提出以后，非洲战略地位凸显不无关系。2020 年，中国学者在英文核心期刊发表的非洲地理研究的论文数量为 122 篇。

2020 年，虽然在非洲地理研究领域，中国学者在英文核心期刊发表的文章数量已经超过在中文核心期刊发表的文章数，但其中仅有 29.5% 的文章的第一作者为中国学者。非洲地理研究相关的英文文章对国内非洲研究的影响力稍弱于中文文章，因此，本文重点对 2020 年国内非洲地理领域发表的重要英文论文与中文论文进行梳理，对国内该领域研究的最新进展进行分析。

一　非洲的城市化过程

非洲是世界最不发达地区之一，也是全球城市化率增长最快的地区之一，非洲城市化具有规模大、速度快、人口增长和经济发展不平衡等突出问题，如何破解非洲城市化过程中的社会经济矛盾、促进非洲城市化的健康持续发展受到了学术界以及各国政府的广泛关注。① 2020 年，国内学者针对非洲城市化研究的热度快速增长，研究内

① 姜忠尽、王婵婵、朱丽娜：《非洲城市化特征与驱动力因素浅析》，《西亚非洲》2007 年第 1 期。

容涉及非正式聚落演变、城市化扩张与土地利用变化，以及工业园区建设等方面。

任航等人的研究，利用2000年、2010年和2020年的空间人口数据，探讨了内罗毕非正式聚落人口密度和空间格局的变化，并对内罗毕的人口密度分布进行了模拟。研究认为，城市新增人口选择在哪里定居是预期收益和生活成本之间的博弈过程；距离内罗毕城市中心4千米的环线的非正式聚落已成为大多数低收入人口的选择。研究最后提出了城市规划和非正规住区改造的建议。① 张家旗等人采用定性和定量的方法，对坦桑尼亚典型城市的非正式住区的形态特征及其对城市发展的影响进行研究。研究认为，典型城市中功能单一的单层建筑无序扩张，路网不规则，生态环境得不到重视和保护，对城市功能和可持续发展产生了不利影响。②

张家旗、陈爽、高群、达马斯·W. 马邦达的研究则关注坦桑尼亚的城市扩张问题，研究以坦桑尼亚的基戈马市为例，用遥感解译的手段，对该市2000年、2007年、2014年的土地利用变化进行分析，讨论了非洲典型城市扩张的过程、特征及其影响因素，并为中非在城市化领域的合作提出了建议。③ 杜思男和王贤聪的研究则关注了非洲科纳克里海岸线变化对城市发展的影响。研究指出，海岸侵蚀导致了城市发展可利用土地面积的减少，但河流泥沙输运带来的海岸线前移也为部分地区的发展创造了新的土地，而人类活动是影响海岸线变迁和城市发展的主要因素。④

徐嘉勃和王兴平以埃塞俄比亚和赞比亚为例，研究了如何利用工业园区的发展来抑制并逆转非洲城市的无序扩张。研究认为，虽然无序的城市扩张主要是由于土地利用管理不善和土地市场失灵，但土地管理执法和改革的成本很高，而最近在非洲重新出现的经济特区（SEZs）可以成为一种实用的方式，其利用政府干预，以减少无序的城市扩张，并优化城市土地利用。⑤

二 非洲经济发展与社会治理

地理要素的时空变化是地理学研究的传统方向，可以很好地反映当前社会经济发展的特征。社会经济要素的时空演变则是2020年非洲地理研究关注的重点问题之一。

---

① Ren H, Guo W, Zhang Z, et al., "Population Density and Spatial Patterns of Informal Settlements in Nairobi, Kenya", *Sustainability*, 2020, Vol. 12, No. 18, p. 7717.

② Zhang J, Chen S, Gao Q, et al., "Morphological Characteristics of Informal Settlements and Strategic Suggestions for Urban Sustainable Development in Tanzania: Dar es Salaam, Mwanza, and Kigoma", *Sustainability*, Vol. 12, No. 9, 2020, p. 3807.

③ 张家旗、陈爽、高群、达马斯·W. 马邦达：《非洲国家城市扩展及影响因素分析——以坦桑尼亚基戈马市为例》，《现代城市研究》2020年第12期。

④ 杜思男、王贤聪：《海岸线在非洲落后港城发展中动态演变的启示》，《交通企业管理》2020年第1期。

⑤ Xu J. and Wang X., "Reversing Uncontrolled and Unprofitable Urban Expansion in Africa through Special Economic Zones: An Evaluation of Ethiopian and Zambian Cases", *Sustainability*, Vol. 12, No. 21, 2020, p. 246.

从研究主题来看，涉及在非的外商投资、经济发展与管理和社会问题等诸多方面。

魏国恩等人以非洲国家为例，对投资潜力与经济发展的协调关系及其驱动机制进行了研究。结果表明，非洲大陆经济发展水平稳步提高的同时，总体投资潜力有待提高。不协调发展和勉强协调发展是非洲国家投资潜力与经济发展的协调关系的主导类型。投资潜力与经济发展的协调关系主要受经济基础、居民生活水平、产业发展水平、信息化程度、营商环境等因素的影响。[①] 王贤等人则运用泰尔指数和面板数据固定效应模型，对2006—2017年非洲52个国家的外商直接投资的时空变化与影响因素进行分析。研究指出，政治制度因素整体上对外商投资具有显著的影响，资源禀赋是外商对非投资区位选择的决定性因素，而基础设施因素对非洲国家国际直接投资的影响效果不大。[②]

熊威等人研究了如何运用更好的农业管理措施来提高坦桑尼亚玉米对干旱气候的应对能力。研究结果表明，将长熟、耐旱的品种与高肥料投入相结合，有可能使全国玉米产量增加5倍，从而可使坦桑尼亚成为区域粮仓。[③] 胡旭华等人以企业高管为调查对象，对680家酒店进行问卷调查，探讨了创新类型，包括流程、产品、营销和组织创新等如何影响加纳酒店企业的绩效。研究认为，将可持续创新战略纳入企业运营能树立良好形象，降低成本，并维持客人的持续光顾促进企业可持续发展。[④] 李果等人以中国与尼日利亚两国间的贸易为研究对象，探讨了循环经济是如何改善气候变化的。研究以二氧化碳排放量为基础，先获得1991年至2014年的排放数据，并使用菲希尔理想指数分解法从能源强度得出采矿和采掘相关部门的能源效率指标。结果表明，经济增长、能源使用（不可再生能源）和清洁能源替代（可再生能源）是减少二氧化碳排放的基本条件。[⑤]

陈冲和庞珣则用大数据分析技术对非洲国家社会发展中所面临的恐怖主义问题进行了探讨。研究选取了海量的事件数据，运用地理信息系统技术将事件数据空间化处理，借助了分离总体持续期模型，对非洲国家恐怖袭击事件的空间分布规律进行分析，对事件发生时机进行预测。该研究为互联网大数据时代的非洲问题研究提供了新

---

① Wei G, Sun P, Zhang Z, et al., "The Coordinated Relationship between Investment Potential and Economic Development and Its Driving Mechanism: A Case Study of the African Region", *Sustainability*, Vol. 12, No. 1, 2020, p. 442.

② 王贤、刘柄麟、张振克：《非洲外商直接投资的时空变化与影响因素》，《世界地理研究》2020年第6期。

③ Xiong W, Tarnavsky E., "Better Agronomic Management Increases Climate Resilience of Maize to Drought in Tanzania", *Atmosphere*, Vol. 11, No. 9, 2020, p. 982.

④ Hu X, Danso B A, Mensah I A, et al., Does Innovation Type Influence Firm Performance? A Dilemma of Star-Rated Hotels in Ghana. *Sustainability*, Vol. 12, No. 23, 2020, p. 9912.

⑤ Li G, Zakari A, "Tawiah V. Energy Resource Melioration and CO2 Emissions in China and Nigeria: Efficiency and Trade Perspectives", *Resources Policy*, 2020, Vol. 68, p. 101769.

的思路和技术手段。[①]

三　非洲资源环境调查

经济全球化与资源全球化之间的关系密不可分。非洲大陆拥有良好的资源禀赋，中非在石油、天然气、矿产、水资源管理等方面的合作一直是双方合作的核心内容，同样也是中国非洲地理研究的主要领域。[②] 回顾过去，中国非洲地理研究的开端便是聚焦非洲的资源环境调查，直到2020年，这一主题的研究成果仍然在快速增长。该方向的研究主题主要包括非洲油气矿产资源的分布调查、资源的可持续利用以及非洲发展过程中所面临的环境问题等。

张光亚等人对非洲裂谷盆地类型进行了研究，并对其油气的成藏特征进行了分析。[③] 孙涛等人对东非坦桑尼亚盆地深水区的天然气资源的成因和化学特征进行了研究。该研究对东非边缘盆地的构造演化特征进行了调查，对深水区的天然气组分、天然气碳、氢同位素特征进行了分析，判别了该地区天然气的成因。[④] 邱瑞照对非洲大陆的成矿区带进行了划分，他根据非洲大陆岩石圈的构造演化过程，并结合非洲主要矿产的空间分布、矿床类型、矿产组合和壳幔结构等特征划分出了31个成矿区带。[⑤] 江思宏等人则对非洲大陆金矿的分布特征进行了研究，并对后续的勘查提供了建议。该研究建议，在加强对现有矿床深部继续找矿的基础上，加强对西非克拉通和刚果克拉通上的浅覆盖区域寻找金矿。[⑥]

李洪香对非洲国家的油气资源储量进行了调查，并对油气资源的开发利用现状进行了分析。其研究结果表明，非洲大陆的油气资源较为丰富，但开发利用水平较低，且多数油气开发项目掌握在国际石油巨头手中，阻碍了非洲油气行业的健康发展。[⑦] 夏婷等人对非洲国家的能源可及性合作进行分析。该研究通过选取适当指标建立评价体系，对非洲38个国家能源可及性合作的推荐指数进行评估。研究结果表明，非洲东部和西部的推荐指数较高，其中埃塞俄比亚和坦桑尼亚可以作为能源合作的重点国

---

① 陈冲、庞珣：《非洲恐怖袭击时空规律的大数据分析——基于GIS技术和分离总体持续期模型》，《外交评论（外交学院学报）》2020年第2期。

② 黄贤金、卢芹莉：《世界资源地理研究：中国资源地理学的现状、缺失与机遇》，《地理研究》2016年第4期。

③ 张光亚、余朝华、黄彤飞等：《非洲地区裂谷盆地类型及油气成藏特征》，《中国石油勘探》2020年第4期。

④ 孙涛、杨永才、王建新：《东非坦桑尼亚盆地深水区天然气地球化学特征与成因》，《海洋石油》2020年第1期。

⑤ 邱瑞照：《非洲大陆成矿区带划分》，《中国地质》2020年第6期。

⑥ 江思宏、张莉莉、刘翼飞等：《非洲大陆金矿分布特征与勘查建议》，《黄金科学技术》2020年第4期。

⑦ 李洪香：《非洲油气资源储量及开发利用现状浅析》，《现代经济信息》2020年第10期。

家。[①] 罗平平等人对埃及水资源的管理历史进行了梳理和评估，探讨了埃及水资源管理政策的变化和改革，以及对可持续水资源治理和管理的挑战和影响。研究认为，水资源系统的可持续性需要考虑到人口增长和城市发展的负面影响，并进一步协调国家和地方发展的优先事项。[②]

2020 年，还有许多中国学者在国际期刊发文关注非洲的环境问题。Wang 等人用全球输运模型研究了 2016—2017 年撒哈拉沙漠沙尘对欧洲空气质量的影响，以及由此所引发的健康问题。[③] Chen 等人利用多源遥感数据对非洲、亚洲和欧洲的沙漠蝗虫的地理分布进行了研究。[④] Liu 等人对埃塞俄比亚和肯尼亚等国的甲醛的时空分布和来源进行了研究[⑤]。Lin 和 Agyeman 通过对与能源相关的二氧化碳排放动态进行分析，评估了撒哈拉以南非洲地区的低碳发展效果，预测了可能的低碳发展路径。[⑥]

四 非洲在中国海外资源合作中的地位研究

中非资源开发合作是中国海外资源开发的重要组成部分。2020 年，许多中国学者在针对海外资源开发的研究中也有涉及非洲。其中，中非油气资源合作是中国学者关注的主要问题之一。

夏四友等人从网络分析视角出发，对全球石油流动的竞合态势进行了研究，分析了非洲石油出口在全球石油流动网络中的作用。[⑦] 鄢继尧等人对中国原油进口贸易的时空格局演变进行了系统的分析，结果表明非洲是中国原油进口增速较快区域之一。[⑧] 杨宇和何则对中国海外油气资源的依存现状以及地缘政治风险进行了分析。研究认为，非洲是中国海外油气资源重要的来源地之一，同时也是世界能源政治格局中炙手可热的地区，多个域外大国势力在此交汇，对中国在非油气资源开发产生了威

---

① 夏婷、严秉忠、谢越韬：《非洲能源可及重点国别筛选指标体系研究》，《水力发电》2020 年第 11 期。

② Luo P, Sun Y, Wang S, et al. , “Historical assessment and future sustainability challenges of Egyptian water resources management”, *Journal of Cleaner Production*, 2020, p. 121154.

③ Wang Q, Gu J, Wang X. , “The impact of Sahara dust on air quality and public health in European countries”, *Atmospheric Environment*, 2020, p. 241.

④ Chen C, Qian J, Chen X, et al. , “Geographic Distribution of Desert Locusts in Africa, Asia and Europe Using Multiple Sources of Remote-Sensing Data”, *Remote Sensing*, Vol. 12, No. 21, 2020, p. 593.

⑤ Liu Y, Tang Z, Abera T, et al. , Spatio-temporal distribution and source partitioning of formaldehyde over Ethiopia and Kenya. *Atmospheric Environment*, 2020, 237: 117706.

⑥ Lin B, Agyeman S D. , “Assessing Sub-Saharan Africa' s low carbon development through the dynamics of energy-related carbon dioxide emissions”, *Journal of Cleaner Production*, Vol. 274, 2020, p. 122676.

⑦ 夏四友、郝丽莎、唐文敏等：《复杂网络视角下世界石油流动的竞合态势演变及对中国石油合作的启示》，《自然资源学报》2020 年第 11 期。

⑧ 鄢继尧、赵媛、崔玢玢等：《石油安全视角下中国原油进口贸易时空格局演化分析》，《经济地理》2020 年第 11 期。

胁。[①] 刘承良等人的研究同样指出，中美之间在非洲地区形成了一种新的能源权力均衡。[②]

韩璟等人的研究则关注中国在海外的耕地资源开发问题。他们对中国在海外耕地投资的时空格局演变和影响因素进行分析。其研究结果表明，作为中国最早在海外开展耕地投资活动的目的地的非洲，并没有成为中国耕地投资集聚的区域，而非洲地缘政治环境较差是造成这一现象的主要因素之一。[③]

五　非洲交通网络研究

随着“一带一路”倡议的稳步推进，以交通路网建设为主的对非基础设施建设投资项目已成为当前中非合作的重要内容。2020 年，中国学者针对非洲交通网络建设也进行了许多研究，主要涉及交通通达性、交通网络建设现状以及交通网络建设的地缘政治问题。

郭政等人对肯尼亚的交通优势度及其空间分异格局进行了分析。该研究选取了肯尼亚 2018 年的铁路、公路、机场、港口等交通基础设施数据，借助探索性数据分析方法对肯尼亚的交通优势度及其空间分异格局进行了系统分析，并讨论了其影响因素。研究结论表明，肯尼亚交通优势度空间差异十分显著，地区发展不均衡、落后的交通基础设施阻碍了区域经济的可持续发展。[④] 李乾德系统分析了非洲交通的通达性与非洲大陆区域经济一体化之间的关系。该研究认为，交通基础设施建设可以加速非洲大陆区域统一市场的形成，促进区域经济一体化。[⑤]。

郭建科等人对中非之间的海运网络演化进行了研究，并对海运网络对中非经贸的支撑作用进行分析。该研究通过选取 1998 年、2008 年和 2018 年的中非航运集装箱数据，对航运网络格局演化特征以及中非经贸联系强度的影响因素进行系统分析[⑥]。姜千禕则对撒哈拉以南非洲的支线航空客运网络进行了调查，主要对支线网络变化和支线客机情况进行了分析并对该市场未来发展趋势作出判断。[⑦]

肖方昕和张晓通对中国在非洲的铁路建设项目的地缘政治风险进行了研究。他们认为，中国在非的铁路建设项目，面临着明显的地缘政治敏感性与脆弱性，主要体现

---

① 杨宇、何则：《中国海外油气依存的现状、地缘风险与应对策略》，《资源科学》2020 年第 8 期。

② 刘承良、王杰、杜德斌：《中美能源权力的空间领域与均势区演化》，《自然资源学报》2020 年第 11 期。

③ 韩璟、陈泽秀、卢新海：《中国海外耕地投资发展的时空格局演变与影响因素》，《资源科学》2020 年第 9 期。

④ 郭政、陈爽、姚士谋等：《肯尼亚交通优势度及其空间分异格局分析》，《地理科学》2020 年第 6 期。

⑤ 李乾德：《交通通达性与非洲经济一体化进程的关系研究》，《国际公关》2020 年第 8 期。

⑥ 郭建科、郭姝、秦娅风等：《中非集装箱航运网络演化及其对经贸联系的支撑能力》，《资源科学》2020 年第 11 期。

⑦ 姜千禕：《撒哈拉以南非洲支线航空客运网络现状与展望》，《中国高新科技》2020 年第 5 期。

在三个方面：一是西方国家质疑中国在非的战略意图，并采取措施平衡中国的影响；二是非洲国家之间的利益协调与地缘博弈，对中国参与非洲区域交通项目产生制约；三是铁路项目建设会对当地社会利益结构产生影响，造成项目的地缘政治风险增大。①

六 中国对非投资的时空演变研究

对非投资是国内非洲地理研究的另一重要领域。根据2020年的发文情况来看，对非投资的研究涉及诸多方面，包括非洲矿业投资研究、对非铁路投资研究、在非承包工程变化研究、对非援助研究以及在非海外耕地研究等。

宋科余和柳群义运用了超效率数据包络分析（DEA）模型对我国在非洲国家的矿业投资效率进行了研究。他们的研究结果表明，我国在非洲存在矿业投资区域不平衡、投资矿种过于集中等问题，在非洲多数国家的矿业投资效率处于中、低水平，投资效率整体呈收敛态势，投资规模紧缩。为此，他们提出了针对非洲矿业投资的建议。②

王成金等人则以亚吉铁路项目为案例，通过构建技术与制度、文化、经济平衡系统概念模型，就对非铁路投资项目实施过程中，铁路技术跨越式转移与所在国制度—经济—文化系统的适应性进行研究。其研究结果指出，亚吉铁路所在国吉布提和埃塞俄比亚仍处于农业社会发展阶段，而亚吉铁路项目属于跨越式的技术转移，会与所在国的制度、经济、文化等产生不适应的现象。③

刘志高等人对中国在非承包工程的时空演变过程和影响机制进行了探讨。该研究总结了1950—2017年，中国在非洲国家承包工程的时空演变过程，并对2001—2017年，影响中国在非工程承包分布的因素进行分析。研究发现，中国在非洲的工程承包倾向于市场规模较大、开放程度较高的国家，而且基础设施落后、自然资源丰富、无严重外债问题的国家更受中国投资者青睐。④

邵静和王茂军的研究则对比分析了2000—2012年，中国和经合组织（OECD）对非援助的国别分布与演变特征。研究通过构建Aid和ODA静态面板模型，对二者的空间趋同关系进行了分析。研究发现，中国和OECD的对非援助金额增幅较大，空

① 肖方昕、张晓通：《中国在非洲铁路建设的地缘政治风险及应对》，《国际关系研究》2020年第3期。

② 宋科余、柳群义：《基于超效率DEA模型的我国矿业非洲地区投资效率评价研究》，《中国矿业》2020年第12期。

③ 王成金、谢永顺、陈沛然等：《铁路技术跨越式转移的制度—经济—文化适应性——基于亚吉铁路的实证分析》，《地理学报》2020年第6期。

④ 刘志高、薛嘉顺、王涛等：《中国对非洲承包工程时空演变过程与影响机制》，《地理研究》2020年第12期。

间匹配度较高；人均GDP和营养不良发生率是影响对非援助的最有力的因素。①

王大伟等人则关注域外国家在非洲的海外耕地投资的发展及其影响因素。他们采用了文献资料分析、空间计量和熵值法等手段，对域外国家在非洲开展海外耕地的投资状况进行了分析。研究结果表明，域外国家在非洲的海外耕地投资已形成集聚趋势，人均淡水量、耕地总面积、国际直接投资（FDI）流入占比、人均GDP和人均国民收入对投资目的国的分布有着显著影响。②

回顾2020年，中国学者开展了一系列扎实的对非地理研究工作，取得了丰硕的成果，非洲大陆在中国地理研究中的地位也越发凸显。综观2020年的研究成果，本文可以得出以下结论。当前中国的非洲地理研究研究领域广泛，涉及了非洲资源环境、社会经济、地缘政治等诸多方面。中国对非投资合作的主要领域是我国非洲地理研究的重点，说明地理学研究对于中非合作具有很强的应用价值和指导意义。国内学者在英文核心期刊发表的地理学论文数量增长迅速，说明了中国的非洲地理研究的国际化程度在逐渐增强。非洲地理研究成果的形式以期刊论文为主，相关的非洲地理研究专著较少出版，这从侧面反映了当前我国在非洲地理研究领域的持续性与系统性较弱。最后需要强调说明的是，2020年非洲地理研究受到国内地理学界的关注，非洲地理研究相关的成果大量增加，且国内不同领域的学者在相关的集刊、会议论文集、报刊以及《中国投资》（中英文刊）以及人文社科类刊物上也发表了大量的与非洲地理（经济地理、文化地理、社会地理）相关的论文或者评论；鉴于篇幅有限，很难对这方面的工作做系统梳理和加工，深感歉意和遗憾。

---

① 邵静、王茂军：《中国与OECD在非援助国别分配的空间关系研究》，《地理科学进展》2020年第5期。

② 王大伟、潘子纯、韩璟：《非洲海外耕地投资发展的时空格局演变与影响因素》，《地域研究与开发》2020年第5期。

2020年中国的非洲政治研究述评

沈晓雷*

非洲政治研究历来是中国非洲研究的重要领域。2020年，国内学界围绕非洲政治问题发表了大量著述，就研究主题而言，主要集中在非洲政治发展、非洲政党政治、非洲国家治理、非洲族群政治、非洲政治分离运动、非洲政治经济学研究和非洲社会主义思潮7个方面；就成果形式而言，学术论文居多，而学术专著则相对有限。

一　非洲政治发展

2020年，中国国内学界有关非洲政治发展的研究主要围绕政治民主化、政治多元化、政治转型、政治发展和政治稳定等主题展开，所发表的成果既有宏观研究和理论研究，又有国别研究和实证研究。

张宏明对非洲政治民主化历程和实践进行了反思，并对非洲民主政治实践与西方民主化理论的反差进行了分析。他认为非洲国家的民主化是在外部环境变化和内部条件不充分的背景下启动的，这也是导致许多非洲国家民主转型失范的重要原因。民主开启的特殊性及民主转型的失范，使得多数非洲国家的民主巩固仍滞留在民主政治的制度建设层面，民主文化的培育依然任重道远。非洲国家的民主巩固不能仅凭选举周期的届数或政权更迭的频率来判定，而应取决于蕴含其中的民主价值含量。非洲国家的民主政治并未完全照搬照抄外部经验特别是复制西方模式，而是将民主政治的基本原理与非洲实际相结合的产物。非洲国家现实的民主政治总体上是与其社会经济发展水平相适应的，就此而言，“混合政体”或将在非洲存续很长时间。非洲国家的民主政治实践与西方民主化理论之间存在着明显的反差，但这也正是非洲民主化研究的意义所在。①

杜力以国内已发表文献为基础探讨了非洲国家民主转型的研究视角问题。他认为

---

* 沈晓雷，中国社会科学院西亚非洲研究所（中国非洲研究院）政治研究室副主任、副研究员，研究方向为非洲政治问题、民族问题，以及津巴布韦与南非国别研究。

① 张宏明：《非洲政治民主化历程和实践反思——兼论非洲民主政治实践与西方民主化理论的反差》，《西亚非洲》2020年第6期。

在关于非洲民主转型的研究中，可在国家视角和社会视角之外，引入政党视角，以此实现非洲国家民主转型研究视角的转换，这既是对非洲国家民主政治实践的理论回应，也在一定程度上有利于突破民主转型理论的“西方中心主义”，建构后发国家的民主理论，打破西方国家的理论话语霸权。①

雅言从政教关系、政党关系和民众诉求三个层面的变化对“阿拉伯剧变”后突尼斯的选举政治和民主转型进行了分析，指出精英阶层对民主政治良好的认知，以及“阿拉伯剧变”前成功的政治改革，为突尼斯成功组织三次自由选举和民主转型提供了先天优势。然而，这些政治红利只属于过去，突尼斯未来如何开展政治经济改革，需要结合自身国情进行探索，唯有如此，才能建立符合实际的民主制度。②

王凤也研究了突尼斯的政治转型问题，指出突尼斯在“阿拉伯剧变”之后经过三个阶段的发展，已实现了权力的平稳过渡。突尼斯政治转型之所以能够取得重要阶段性成果，原因主要在于“伊斯兰复兴运动”在一系列重大原则问题上做出了让步，突尼斯各主要党派以此为基础达成共识，并进而构建了世俗化、包容性和多元参与的政治体制。“伊斯兰复兴运动”也通过政治改革，确保了自身的政治合法性，并因此成功融入突尼斯的转型进程。③

王勃分析了南非的“国家性”与民主转型之间的关系问题，认为南非“国家性”问题肇始于南非联邦时期，其“二元型”殖民地的特征埋下了国家分裂的隐患；种族隔离制度使南非成为外部独立、内部殖民主义的高分裂国家，南非“国家性”问题进一步恶化。南非政治领导人用妥协和宽容的精神，通过“权力共享”的制度设计重构了南非的政治认同。新南非和平地解决了“国家性”问题，成为一个统一的民主国家。④

黎文涛对近年来非洲政治多元化趋势进行了探讨，认为非洲政治生态发展近年来呈现出新的特征和趋势：一方面，当前非洲国家正在通过自我调适和改良，推动西式政体形式与本土政治传承之间的融合，并由此缓解了非洲政治中的一些痼疾；另一方面，西式政体和本土政治文化的结构性矛盾短期内仍难以消除。随着政治和经济社会的加速转型，非洲多国出现“第三任期”问题及大规模的社会运动，对其政治稳定造成冲击。非洲政治转型的影响也在逐步显现，并在改变、重塑非洲与外部世界的关系。⑤

张春对非洲之角的政治转型进行了分析，指出非洲之角目前已开启整个地区的中

---

① 杜力：《“找回政党”：非洲国家民主转型研究视角的演进——基于国内文献的考察》，《社会科学动态》2020 年第 1 期。

② 雅言：《“阿拉伯之春”后突尼斯的选举政治》，《国际研究参考》2020 年第 1 期。

③ 王凤：《突尼斯：政治妥协，推进政治发展》，载王林聪主编《中东发展报告 No. 22（2019—2020）》，社会科学文献出版社 2020 年版，第 107—125 页。

④ 王勃：《南非的“国家性”问题与民主转型》，《渤海大学学报（哲学社会科学版）》2020 年第 5 期。

⑤ 黎文涛：《非洲政治多元化趋势探析》，《现代国际关系》2020 年第 5 期。

长期转型，且同时在个人、国家和体系层次展开：个人层次是顺应地区人口年轻化趋势的政治领导人代际更替；国家层次是顺应地区发展需要的从“安全第一”向“发展第一”的治理思维转型；体系层次是因应全球和地区地缘政治变化而来的跨红海地缘政治回归。这一转型的推进充满不确定性，也蕴含巨大的可塑性。①

曾爱平以“阿比新政”为切入点分析了近年来埃塞俄比亚的政治发展问题，指出“阿比新政”包含建立埃塞俄比亚繁荣党，重构国内政治秩序；维护国内和平稳定，促进政治和民族整合；解决国家宏观经济失衡，提高生产率和经济竞争力等方面的内容。然而，这一新政面临不定期的政治动乱、民族矛盾、狭隘民族主义和宏观经济结构的脆弱性等方面的挑战。从目前来看，“阿比新政”及埃塞俄比亚政治发展要平衡和兼顾国内外利益攸关者的不同诉求、关切和期望。②

王涛和黄世顺对塞内加尔政治发展相对稳定的原因进行了分析，认为其主要在于三个方面：一是良好的宗教关系保障了社会群体间关系的和谐，良好的政教关系保障了政治的稳定；二是中央层面总统、议会与内阁的权力分配，以及中央与地方的权力分配这两个层面的政治制度设计较为合理；三是军队长期保持稳定，且在政治生活中的立场相对中立。③

刘伟才从赞比亚 2019 年修宪的视角对其政治发展进行了探讨，指出赞比亚政府试图通过修宪来加强执政党的地位和行政首脑的权力，但遭到多方抵制。修宪使赞比亚政治发展陷入僵持，这种僵持从长期来看消耗了社会各界的注意力和国家的治理资源，从短期来看可能会给执政党和政府带来不利冲击。④

王献从非政治化改革的视角分析了摩洛哥政治稳定问题，指出在“阿拉伯剧变”中，摩洛哥虽然发生了大规模抗议活动，但局势很快平稳，人员伤亡较少，“摩洛哥例外论”因此受到关注。摩洛哥之所以能够保持政治稳定，主要在于其政权长期以来的灵活性。通过国际援助的非政治化、立法活动的非政治化和政党活动的非政治化，摩洛哥在保持基本权力分配的同时，回应国内外的诉求，从而实现了长久的政治稳定。⑤

---

① 张春：《非洲之角政治转型及中国的政策选择》，《现代国际关系》2020 年第 3 期。

② 曾爱平：《“阿比新政”与埃塞俄比亚政治发展》，载张宏明主编《非洲发展报告 No. 22（2019—2020）》，社会科学文献出版社 2020 年版，第 189—206 页。

③ 王涛、黄世顺：《稳定可控的塞内加尔政治发展》，载张宏明主编《非洲发展报告 No. 22（2019—2020）》，社会科学文献出版社 2020 年版，第 207—227 页。

④ 刘伟才：《修宪视野下的赞比亚政治发展》，载张宏明主编《非洲发展报告 No. 22（2019—2020）》，社会科学文献出版社 2020 年版，第 228—263 页。

⑤ 王献：《非政治化改革——摩洛哥政治稳定的一种解释》，《区域与全球发展》2020 年第 3 期。

二　非洲政党政治

自 20 世纪 90 年代初民主化以来，政党已成为非洲政治发展最为关键的要素之一，政党政治能否得到良性发展甚至已经成为民主政治能否顺利发展乃至得以巩固的重要标志。2020 年，中国国内学界对非洲政党政治的研究主要涉及当前非洲政党政治演化的特点和趋势，以及南非、埃及和利比亚等国的政党政治问题。

王学军对非洲政党政治演化的新特点和新趋向进行了分析，指出当前非洲多党选举呈现制度化趋势，竞争性政党体制几乎成为所有非洲国家的政党体制，选举政治的竞争性日趋激烈且合法性不断巩固提高。但与此同时，威权政治的遗产仍持续存在并发挥影响，表现为政党政治领导层保持了明显的连续性，国家权力结构中总统“一枝独大”的格局还在延续，以及多党选举的法治环境仍有待改善等。在这一背景下，非洲政党和政党体制呈以下新态势：一党主导型政党体制出现下行趋势，政党组织建设在一些国家日益受到重视，政党和国家领导代际更替问题不断显现，政党—族群关系兼具复杂化和弱化态势，宗教组织对政党政治的影响上升，等等。①

张凯从主导党政治发展的视角分析了新南非的政党格局，认为新南非建立后，其政党政治逐渐形成非国大占据主导地位的主导党体制，这一体制在 20 多年中呈现由巩固强化转向非国大影响力下降的情况。非国大主导地位弱化主要由非国大党内政治竞争加剧，其与南非共产党、南非工会大会的三方联盟功能失调，政府治理效能持续下降等因素所致。未来，非国大主导地位能否得到巩固、南非主导党体制能否得以延续，主要取决于非国大能否有效维护党内团结、推动三方联盟实现重组、提高国家治理效能，以从根本上解决南非长期存在的失业、贫困和不平等三大痼疾。②

马正义对南非左翼民粹主义政党的兴起及其根源进行了探讨，指出经济自由斗士党在南非异军突起，不仅引发了主流政党的民粹主义化，也加剧了南非政治的极化。经济自由斗士党兴起的根源体现在选民需求和民粹主义供给两个维度：南非非洲人国民大会党欠佳的执政表现诱发民众抱怨，激活了反精英、反建制的需求；经济自由斗士党煽动性的政治话语和政策主张则迎合了民众需求，赢得了选民的支持。要想消除左翼激进民粹主义政党兴起的社会土壤，只有在经济社会领域实现第二次转型，推动经济发展和增进社会公平。③

周丽娅和冯燚分析了埃及共产党的历史演变、理论探索与发展前景，指出埃及共产党百年曲折沉浮的发展历程大致可以分为缘起与发展、分化与瓦解、重建与振兴三

① 王学军：《非洲政党政治演化的新特点和新趋向》，载张宏明主编《非洲发展报告 No. 22（2019—2020）》，社会科学文献出版社 2020 年版，第 130—145 页。

② 张凯：《新南非政党格局：主导党政治发展的变化》，《西亚非洲》2020 年第 8 期。

③ 马正义：《南非左翼民粹主义政党的兴起及其根源》，《国外理论动态》2020 年第 5 期。

个阶段。埃及共产党坚持马克思列宁主义普遍原理与埃及本国特点和历史传统相结合的原则，从政治、经济、社会、外交等方面进行了积极的理论探索。2011 年之后，埃及共产党虽然获得合法公开活动的权利，但面对错综复杂的国内外形势，其要长足发展仍面临诸多现实困难。①

李彩玲和王泰对埃及民族民主党的执政实践进行了研究，指出埃及民族民主党自建立以来经历了四个不同阶段的改革发展，但无论党内改革还是执政实践都未能实现预期目标。之所以如此，原因在于党内意识形态混乱、运行机制不完善、权力高度集中、高层腐败常态等沉疴持续恶化；党外反对派对其执政地位的挑战不断加大，经济发展衍生的社会矛盾进一步尖锐，外交局势中美式“民主”与埃式“威权”难以调和。内外交困之下，“阿拉伯剧变”余震波及埃及，在埃及民众游行示威声中，穆巴拉克政府倒台，埃及民族民主党也被迫解散，成为历史。②

刘林智通过回顾埃及阿拉伯社会主义的实践，对埃及当代左翼政党的发展进行了分析，他指出埃及在纳赛尔时期形成阿拉伯社会主义思想，萨达特时期国家发展政策中的社会主义色彩逐渐减弱，穆巴拉克后期正式放弃阿拉伯社会主义路线，左翼政党自此成为阿拉伯社会主义的主要践行者。穆巴拉克下台后，埃及政党活动趋于活跃，左翼政党面临新的机遇和挑战尤其是在政治伊斯兰和执政党的双重压力下生存仍较困难。在复杂的国内外局势下，实现左派力量的生存、发展和整合成为当代埃及左翼政党的主要任务。③

张春满对利比里亚真辉格党的兴起、治理与崩溃进行探讨，指出作为一个曾连续执政超过 100 年的政党，真辉格党通过大力推行“门户开放”和“民族统一”政策提高了国家治理的水平。然而，在真辉格党执政期间，利比里亚国家治理中长期积累的根本性矛盾没有得到彻底解决，这也成为其最终被政变推翻、走向崩溃的根本原因。④

三 非洲国家治理

近年来，非洲国家治理问题受到国内非洲政治学界越来越多的关注，并逐渐成为国内非洲政治研究的一项重要议题。2020 年，国内学者围绕非洲国家治理问题发表了一系列成果。

李鹏涛和陈洋分析了殖民地国家的基本特征对当代非洲国家治理的影响，指出非

---

① 周丽娅、冯燚：《埃及共产党的历史演变、理论探索与发展前景》，《社会主义研究》2020 年第 5 期。

② 李彩玲、王泰：《“改革”难抵“革命”：埃及民族民主党的执政实践研究》，《大庆师范学院学报》2020 年第 4 期。

③ 刘林智：《埃及阿拉伯社会主义的实践与当代左翼政党的发展》，《世界社会主义研究》2020 年第 8 期。

④ 张春满：《非洲利比里亚真辉格党的兴起、治理与崩溃》，《国外理论动态》2020 年第 5 期。

洲的殖民地国家呈现出专制性、外倾性以及力量有限性等基本特征，这些特征对于当代非洲国家治理产生了深刻影响，导致独立后的非洲国家恩庇主义特征明显、社会与国家缺少有机联系、社会碎片化以及殖民“发展”理念持续产生消极影响。“殖民遗产”严重影响和制约了当代非洲国家的治理，然而，非洲国家并非消极地接受这些影响与限制，近年来它们日益增强的自主发展意识在持续地消解着“殖民遗产”的负面影响。①

张春对非洲独立60年来的政治治理进行了分析，认为非洲政治治理大致经历了四个发展阶段，即从独立后20世纪60年代的继承性治理，到此后七八十年代的本土化治理，再到冷战结束后的西式民主化治理，以及进入21世纪第二个十年后全面开启的自主化治理。非洲政治治理进展缓慢是多重因素持久困扰的结果：在内部，表现为自上而下的政府治理与自下而上的草根治理的角力；在外部，则有悬浮的地区治理和强加的西式治理，使非洲国家在本土化/自主性与西化/继承性之间作钟摆运动。合理、有效地平衡上述四大因素既是非洲政治治理发展的历史性桎梏，也是其未来发展的潜在突破方向。②

祁玲玲以贝宁和肯尼亚为例，分析了权力分享机制、民主发展与国家治理之间的关系，指出根据利普哈特协和式民主理论的框架，权力分享机制会较好促进一国民主发展，然而在面临国家力量弱小、政治精英的民主妥协精神缺乏的情况下，权力分享机制存在相当的脆弱性，甚至表现为民主发展与国家治理之间的张力。就贝宁和肯尼亚而言，在以比例代表制及高度分化的政党体系为基本特征的分权制度下，贝宁虽然民主发展相对稳定，但治理水平始终止步不前；肯尼亚的多数制选举制度则带来权力相对集中的政党体系，民主发展受阻，但国家治理却在稳步提升。③

邢文海探讨了穆巴拉克执政时期埃及的国家治理问题，认为在穆巴拉克执政时期，埃及国家治理虽然取得了一些进展，但仍面临诸多结构性治理困境，其中在政治领域表现为政治多元化改革有名无实，法治化建设浅尝辄止；在经济领域表现为经济发展包容性不足，失业、贫困等结构性问题呈现恶化趋势；在社会领域表现为教育、就业、医疗卫生等民生治理体系不够完善，非政府组织受政策抑制等因素导致治理成效有限。穆巴拉克时期埃及的国家治理问题延续至今，埃及政府唯有推进系统性的治理变革，才能避免危机重现。④

① 李鹏涛、陈洋：《殖民地国家的基本特征与当代非洲国家治理》，《西亚非洲》2020年第3期。
② 张春：《非洲政治治理60年：多重长期困境与潜在创新出路》，《西亚非洲》2020年第2期。
③ 祁玲玲：《权力分享的治理困境：基于贝宁与肯尼亚的对比分析》，《学海》2020年第6期。
④ 邢文海：《穆巴拉克时期埃及的国家治理困境》，《阿拉伯世界研究》2020年第5期。

四 非洲族群政治

在非洲国家独立后的政治发展进程中，种族、民族和部族等族群因素一直发挥着至关重要的作用，族群政治也因而成为非洲政治研究的一个重要分支学科。2020 年，中国国内学界对于非洲族群政治的研究以国别研究为主，涉及南非、津巴布韦和肯尼亚等国。

陈翔宇和常士訚从利益视角切入，通过对南非各族群历史矛盾进行解构，对民族和解及包容性发展的不同阶段中各行为主体，于不同向度在政治整合过程中的行为进行了分析。该文指出，民族和解及包容性发展对新南非的民族国家建构及政治整合具有至关重要的作用，但目前仍面临民粹主义和排外情绪等诸多挑战，但尽管如此，其以“权力分享”为原则的机制体制设计和缓和贫富差距等经验，还是值得存在相似情况的国家借鉴的。①

梁益坚和刘国强分析了种族隔离历史对南非排外的影响，指出长期的种族隔离在社会结构、文化认同、行为方式和发展进程等层面对南非社会造成深远的负面影响，即使在种族隔离制度结束之后，种族主义意识形态依然发挥着潜在的消极作用。南非排外问题需要从种族主义层面来认识和治理：通过泛非主义来消除自卑、自恨的畸形心理，通过心理上的解放来消除种族主义的遗毒。②

沈晓雷对津巴布韦独立后的民族问题与政治发展进行了探讨，指出穆加贝政府在独立后为实现一党制而放弃民族团结政策，对恩德贝莱人和津人盟进行打压。这一民族高压政策导致恩德贝莱人地方民族主义的固化，使得民族认同影响选举进程，并由此开启了穆加贝政府以高压手段维持其统治的序幕。姆南加古瓦政府在 2017 年 11 月上台后采取了一系列旨在改善民族关系的措施，但真正实现民族和解与团结还有很长的路要走。③

邓延庭从族群政治的视角考察了肯尼亚的政治发展问题，认为自 2007 年大选骚乱后，肯尼亚政治发展一直聚焦通过制度建设来遏制族群政治，目前暂时维持了定期选举与族群政治之间的平衡。然而，随着肯尼亚经济社会的发展，族群政治在当前制度框架下演变出更加复杂和多样化的表现形式，2022 年大选将考验肯尼亚的族群与政治间的关系。④

---

① 陈翔宇、常士訚：《民族和解与包容性发展：南非政治整合的经验与挑战分析》，《云南行政学院学报》2020 年第 1 期。

② 梁益建、刘国强：《种族隔离的历史对南非排外的影响探析》，《世界民族》2020 年第 6 期。

③ 沈晓雷：《津巴布韦独立后的民族问题与政治发展》，《世界民族》2020 年第 2 期。

④ 邓延庭：《族群政治视野下的肯尼亚政治发展》，载张宏明主编《非洲发展报告 No. 22（2019—2020）》，社会科学文献出版社 2020 年版，第 228—247 页。

五　非洲政治分离运动

政治分离运动是阻碍非洲国家建构、政治稳定和社会经济发展的重要诱因，自20世纪90年代以来，已先后有厄立特里亚和南苏丹通过分离运动而实现独立，而喀麦隆等国的分离主义问题则久拖不决。

闫健以厄立特里亚和南苏丹为案例，分析了后殖民化时期非洲分离主义运动能成功的原因。他认为在后殖民化时期的非洲，分离主义运动面临着组织化、军事斗争与外部关系三个层面的“遏制性因素”。要想取得成功，它们就必须克服这三个层面的“遏制性因素”。相对于非洲其他国家的分离主义运动，厄立特里亚和南苏丹之所以能最终赢得主权地位，正是源于它们在克服这三个维度“遏制性因素”上的相对成功。①

周光俊以1972—2011年为线，对南苏丹分离主义运动的逻辑进行了分析，指出断裂型的制度安排、强力政党的组织推动和伊斯兰文明与非洲文明的冲突，是最终南苏丹脱离苏丹独立的重要诱因。当前，南苏丹并没有从苏丹分裂中吸取应有的教训，占统治地位的丁卡人和执政的苏丹人民解放运动并没有给独立后的南苏丹带来稳定和繁荣，该国依然面临严重的族群冲突。与此同时，阿卜耶伊问题、宗教问题等导致南北苏丹之间的关系依然矛盾重重。②

唐溪源等对喀麦隆英语区分离主义诉求的历史合法性进行了辨析，指出目前分离主义者所倚赖的三个主要论据——联合国大会第1352号决议等一系列文件赋予了英属南喀麦隆成为独立主权国家的权利和实质地位，20世纪50年代末英属南喀麦隆地区的主流民意是成为独立主权的国家，以及1961年的喀麦隆联邦共和国宪法未得到英属南喀麦隆议会批准，因此英属南喀麦隆加入喀麦隆联邦共和国的行为在程序上违法——均不成立，就此而言，喀麦隆英语区的分离主义诉求不具备历史合法性。③

六　非洲政治经济学研究

从政治经济学的角度研究非洲政治问题或经济问题日渐受到关注，2020年学者们围绕土地改革对政治发展的影响、国家能力建设与经济发展的关系等发表了一些

---

① 闫健：《非洲的分离主义运动何以能成功？对厄立特里亚和南苏丹的比较分析》，《世界政治研究》2020年第3期（总第七辑）。

② 周光俊：《南苏丹分离运动的逻辑分析：1972—2011》，《阿拉伯世界研究》2020年第1期。

③ 唐溪源、Philippe-Blaise Essomba：《喀麦隆英语区分离主义诉求的历史合法性辨析》，《法语国家与地区研究》2020年第4期。

成果。

黄振乾对非洲国家制度形态的发育程度和土地改革的关系进行了统计分析，发现国家制度形态的发育程度较强的非洲国家更可能实现传统土地制度的变革，而国家制度形态的发育程度较弱的非洲国家，对传统土地制度的变革大多以失败告终。其中的因果逻辑在于：土地改革成败与国家能力密切相关，而国家制度形态的发育程度较强的非洲国家更可能在独立后获得更强的国家能力，从而实现对传统土地制度的变革。①

陈慧荣以非洲和拉美为例分析了土地分配与政治秩序之间的关系，指出土地占有不平等与社会冲突、革命和民主转型之间不存在简单的线性关系；土地产权制度是分配不均的更深层因素，国家主义制度和习惯产权制度体现的政治关系和社会关系影响了社会冲突的焦点、范围和类型；分配不均和社会怨恨不会直接导致社会冲突，除非农民和地主集团都能解决动员难题；国家管控影响分配不均、产权制度和大众动员，国家推行土地再分配改革可以巩固统治。②

沈晓雷从土地改革的视角对津巴布韦的政治发展问题进行了研究，认为自1890年之后，津巴布韦的土地问题与政治问题一直紧密相关，甚至可以说是“土地就是政治”。穆加贝政府之所以在2000年开展“快车道”土地改革，政治因素是最为直接且重要的原因，它标志着津巴布韦土地问题被最终政治化。与此同时，“快车道”土地改革也对津巴布韦2000年之后的政治发展产生了意义深远的影响，它导致了政治分立、种族主义和政治暴力等一系列政治后果。津巴布韦的土地改革已不可逆转，但随着后穆加贝时代的到来，其对津巴布韦政治意识形态所产生的不利影响，有可能会逐渐消弭。③

段九州研究了国家能力建设与埃及工业化发展的问题，指出埃及的工业化进程之所以缓慢，主要在于国家能力建设的不足及国家自主性的缺失，从而制约了国家产业政策的制定与实施。“阿拉伯剧变”后，塞西政府以军队为媒介解决国家能力建设问题，并塑造去政治化的大环境以重新制定产业政策，为当前埃及的再工业化前景提供了机遇。④

此外，游滔和张振克分析了加蓬独立以来政治经济格局的困局，认为法国与加蓬的“特殊关系”对加蓬政治经济格局有巨大影响，石油资源并未对加蓬经济发展带来积极影响，加蓬成为资源诅咒的现实版，国内贫困问题依旧突出。作者认为，加蓬政府因素、法国因素、资源因素以及国际市场因素是影响加蓬政治经济格局未来走势

---

① 黄振乾：《国家制度形态的发育程度与土地改革——对独立后非洲国家的实证分析》，《经济社会体制比较》2020年第3期。

② 陈慧荣：《土地分配与政治秩序：以非洲和拉美国家为例》，《国外理论动态》2020年第3期。

③ 沈晓雷：《津巴布韦土地改革与政治发展》，社会科学文献出版社2020年版。

④ 段九州：《“弱国家”困境和埃及的再工业化前景》，《文化纵横》2020年第5期。

的四大关键因素，此外，中国在加蓬发展中也扮演着重要的角色，对加蓬经济向多元化发展、改善经济的脆弱性有至关重要的意义。①

七 非洲社会主义思潮

自独立以来，非洲大陆有近一半的国家曾宣称“走社会主义发展道路”，对非洲社会主义理论与实践的研究在20世纪八九十年代曾是国内非洲政治研究最为重要的议题。随着非洲社会主义思潮的式微，相关研究越来越少，但2020年仍有学者就这一主题发表了一些文章。

郑祥福和舒文豪对非洲社会主义运动历程中的马克思主义进行了研究，指出非洲的社会主义运动与马克思主义在非洲的传播与发展密不可分，马克思主义作为理论来源之一，在非洲社会主义运动中起到重大作用。同时，非洲国家的社会主义运动实践也丰富和发展了马克思主义。伴随着非洲社会主义的发展历程，马克思主义在非洲也历经了传入兴起、繁荣发展及衰退低潮三个阶段，并在各个阶段呈现出了不同的形态与特征。②

赵希对阿弗拉克与纳赛尔的阿拉伯社会主义思想进行了比较，指出阿弗拉克的阿拉伯社会主义思想旨在动员社会中下阶层进行阿拉伯民族革命，但其仅是一种口号且未能真正付诸实践。纳赛尔的阿拉伯社会主义既是一种经济和社会制度，亦是其政治民主的基础。纳赛尔社会主义思想旨在消除埃及经济与社会关系中的殖民痕迹和传统势力，以期摆脱国家的落后面貌，但因其吸收了南斯拉夫铁托社会主义和印度尼赫鲁社会主义的理论与实践经验，从而在实践中演化为威权统治的政治合法性基础。③

孙晓雯从历史的角度对埃及的共产主义运动进行了考察，指出尽管埃及共产主义运动从未获得实质性的政治权力，但其对于埃及社会，尤其是埃及知识分子产生了重大思想影响。自20世纪50年代以来，埃及共产主义运动的发展面临重重困境。内部的分裂与分歧、埃及政府的镇压、群众基础的缺乏以及东欧剧变后社会主义阵营的衰落等因素，最终导致埃及共产主义运动逐渐式微。④

综观2020年国内非洲政治研究，可得出以下几个结论：第一，研究议题基本涵盖非洲当前政治领域最重要的问题，且尤为集中在非洲政治发展和非洲政党政治两个

① 游滔、张振克：《加蓬政治经济格局：变与不变的逻辑、关键因素与未来趋势》，《法国研究》2020年第2期。

② 郑祥福、舒文豪：《非洲社会主义运动历程中的马克思主义》，《浙江社会科学》2020年第11期。

③ 赵希：《阿弗拉克与纳赛尔的阿拉伯社会主义思想比较》，《阿拉伯世界研究》2020年第2期。

④ 孙晓雯：《对埃及共产主义运动的历史考察》，《当代世界与社会主义》2020年第3期。

领域；第二，围绕非洲政治问题所发表的成果主要以学术论文为主，学术专著相对较少，这在一定程度上说明国内非洲政治研究还需在系统性和深入性上下功夫；第三，随着非洲国别研究受到越来越多的关注，对非洲国别政治的研究也逐步开花结果，相关研究成果占据了2020年所发表成果的绝大多数。

2020年中国的非洲国际关系研究述评

周瑾艳*

2020年，中国国内对非洲国际关系的研究取得了较大进展，研究领域涉及非洲国家对外关系、非洲国家间关系、大国与非洲关系、中非关系等内容，且区域研究进一步深入，成果丰硕。

一　非洲国家对外关系

张凯《非洲和平与安全建设：南非的区域大国角色及限度》① 一文指出，在新冠肺炎疫情冲击、经济增长陷入衰退和社会矛盾加剧的背景下，南非政府将把更多精力和资源用于解决国内经济和社会发展问题，直接介入非洲冲突解决的意愿和能力会有所下降，南非在参与非洲安全事务过程中将更加惜用自身国内经济军事资源，进一步提升对外交手段、非洲集体安全机制的依靠。

刘华清《"累积威慑"与埃及和以色列关系的演变》一文认为实力优势和威慑可信度变动对双边关系具有影响。② "累积威慑"是多隆·阿尔默格、托马斯·瑞德等学者基于以色列与埃及、叙利亚等阿拉伯国家关系的历史实践提出的理论。该理论认为，"对敌人每次挑战均给予回应"和"通过不断胜利塑造实力强大的形象"是影响"累积威慑"成功的条件。但这一说法没有充分呈现出"累积威慑"所蕴含的动态性、过程性特征。鉴于此，该文引入"学习机制"予以修正。就"累积威慑"的机理而言，埃及、叙利亚等国在战争互动中，不断更新对以色列国家实力与威慑决心的认知。1948年至20世纪80年代埃以关系的演变表明，当埃及、叙利亚等国意识到以色列存在实力优势且威慑可信度高时，"累积威慑"会发挥效用；而当这两个条件不同时具备时，"累积威慑"则难以发挥效用。

---

* 周瑾艳，上海外国语大学全球治理与区域国别研究院助理研究员，研究领域为非洲发展问题与中非关系。

① 张凯：《非洲和平与安全建设：南非的区域大国角色及限度》，《国际安全研究》2020年第5期。

② 刘华清：《"累积威慑"与埃及和以色列关系的演变》，《阿拉伯世界研究》2020年第4期。

二 非洲国家间关系

郝诗羽、段九州《塞西执政以来埃及的非洲政策取向与变化》① 指出，埃及作为中东和非洲的地区传统大国，塞西总统执政以来该国的非洲政策出现新变化，由之前的若即若离转变为重返非洲。其主要原因在于，阿拉伯剧变后埃及地区大国地位下降、安全威胁上升，以及经济发展面临困境。基于此，塞西政府采取加强与其他非洲国家的高层政治交往、在国际舞台上维护非洲国家整体利益、积极参与非洲地区反恐事务、推动非洲经济一体化等务实举措，重拾非洲大国地位。埃及的非洲政策在本质上是服务于国内政治经济改革议程以及维护国家安全需要。尽管埃及的非洲政策取得了初步成效，但依然面临诸多挑战，如认知观念陈旧、对非洲其他国家情况研究不深入、政策运行机制僵化等。未来，埃及将维护与其他非洲国家的传统政治友谊，并保持其在非洲安全事务中的军事优势，同时寻求以经贸合作来深化与其他非洲国家的关系。

王涛在《集体安全机制视野下的非洲常备军建设》② 一文中认为，集体安全机制下的非洲常备军是非洲大陆在安全领域联合自强的重要成果，是非洲安全合作一体化从理想到现实迈出的坚实一步。基于内在机制问题、资源配置不均等多重因素制约，非洲常备军分散化发展态势存在消解非洲大陆安全整合努力的风险。未来，非洲国家需要凝聚共识，一方面通过非洲大陆域内外资源动员，破解资金不足、人员装备与能力缺失等问题；另一方面推进与优化机制建设，提升非洲国家的集体安全能力。

朱伟东和王婷在《非洲区域经济组织成员身份重叠现象与消解路径》一文中认为，非洲区域经济组织作为实现非洲经济共同体的支柱，在非洲一体化进程中扮演着重要角色，但非洲许多区域经济组织间缺乏有效统筹和整合，成员国身份重叠现象导致制度的重合与冲突。成员身份重叠现象对经济一体化的发展具有一定的积极作用，然而它的负面影响更应引起重视。这种负面影响在阻碍区域经济一体化上表现得尤为突出，特别是带来多重义务负担沉重、区域司法机构间管辖权冲突、区域经贸制度间法律适用冲突等问题。当下，非洲国家迫切需要探寻消解非洲区域经济组织成员身份重叠现象之路径。结合不同学者的主张以及其他地区一体化组织的成功经验，非洲可通过下列方式消解该现象：严格根据地理位置划分作为加入区域经济组织的标准；加强区域经济组织司法机构的强制性和执行性规定，确保共同体法得到切实履行；完善共同体创立条约以及各成员国国内宪法有关共同体法的优先效力的规定，减少法律适

① 郝诗羽、段九州：《塞西执政以来埃及的非洲政策取向与变化》，《西亚非洲》2020 年第 3 期。

② 王涛：《集体安全机制视野下的非洲常备军建设》，《西亚非洲》2020 年第 2 期。

用上的冲突。[①]

三　大国与非洲关系

第一，关于大变局时代非洲与大国关系。李新烽在《世界大变局与非洲之变》[②]一文中指出，正确认识世界百年未有之大变局，非洲与前殖民宗主国的关系是一个观测点，西非法郎三大改革标志着法非关系的重大变化。站在世界大变局宏观视野中观察“非洲之变”，非洲自贸区正式成立是非洲大陆一体化进程的重要标志性事件。作为发展中国家最集中的大陆，非洲国家是世界大变局中“东升”的重要力量，非洲之变折射出“东升西降”的世界大变局。

刘中伟《百年未有之大变局与大国对非关系》[③]指出，百年未有之大变局具有丰富时代内涵，主要表现为国际力量对比的“东升西降”、新兴大国的群体性崛起、地区热点的持续升温和大国战略博弈加剧四个方面。世界面临百年未有之大变局，非洲在世界政治经济格局中的地位也继续走高。在大国战略博弈加剧的背景下，美国、英国、法国、德国、日本与俄罗斯越来越重视非洲的战略价值，你追我赶“抢滩非洲”，使得大国对非关系掀起新的一轮“非洲热”。新形势下，中非深化传统友谊，密切交流合作，促进文明互鉴，不仅造福中非人民，而且将为世界和平与发展事业做出更大贡献。

第二，关于欧非关系。赵雅婷《大变局下的欧盟对非洲新战略探析》[④]指出，百年未有之大变局给欧盟带来前所未有的内外压力与挑战，使其重塑自身定位。新一届欧盟委员会明确提出将追求“地缘政治影响力”。其对非洲新战略将绿色转型与数字化转型作为未来双边合作的关键，展现出欧盟内外政策一致性增强、对非政策趋向务实以及非洲在欧盟对外关系中的战略地位有所提升等特征。欧盟对非新战略看似雄心勃勃，但仍存在诸多问题与局限。具体合作与行动缺乏资金支持、欧盟对非洲的认知存在偏差以及政策目标仍坚持欧洲中心主义等问题，将折损非洲新战略的实际效果。在非洲新战略框架下，欧盟与非洲将在贸易与投资、和平与安全以及公共卫生等领域推进实质合作，移民难民问题仍将是重要议题。受新冠肺炎疫情影响，欧盟对非洲新战略遭遇重大冲击，欧非双边关系不确定性陡增。

张永宏与詹世明编著的《非洲法语国家：发展与合作》从“非洲法语国家与地区研究”“非洲法语国家对外关系”“中国的非洲法语国家”三个维度，阐释了法非

① 朱伟东、王婷：《非洲区域经济组织成员身份重叠现象与消解路径》，《西亚非洲》2020 年第 1 期。
② 李新烽：《世界大变局与非洲之变》，《中国非洲学刊》2020 年第 1 期。
③ 刘中伟：《百年未有之大变局与大国对非关系》，《中国非洲学刊》2020 年第 1 期。
④ 赵雅婷：《大变局下的欧盟对非洲新战略探析》，《当代世界》2020 年第 8 期。

关系的历史脉络、重要特征和变化趋势，欧非关系的走势。①

彭姝祎《法国马克龙政府的非洲政策：特点、原因与效果》② 指出，法国的非洲政策有很强的历史延续性并带有殖民时代的鲜明烙印。马克龙自执政以来，面对来自安全和经济的双重压力，采取了具有明显实用主义色彩的对非政策路线。为改善法国在非洲的形象、从源头解决安全与移民难民问题、扩大法国在非洲的经济影响，马克龙政府通过机构改革、放松金融管控、淡化法语国家组织政治色彩等举措，努力消除法非特殊关系的殖民主义色彩，推动法非关系走向平等和透明。整体而言，法国在非洲的形象未得到显著改善，反而因被迫加强有争议的在非军事存在而陷入反恐泥潭，但法国向东非等非法语地区的经济扩张初见成效。马克龙政府的非洲政策既有继承又有拓展，维护与扩大国家利益始终是法国对非政策的出发点和落脚点。

邓皓琛的译著《法国在非洲的文化战略：从1817年到1960年的殖民教育》对法国在非洲殖民战略的文化影响进行解读，分析殖民政策如何得以把既细致又深入和持久的思维和行为模式移植到非洲人那里去。③

李凯旋《意大利的非洲政策：调整方向、动因与成效》④ 梳理了意大利对非洲的政策动向。基于缓解移民难民压力、拓展海外市场、加强能源供应多元化和提升国际影响力等多方面的利益诉求，意大利自2013年起开始调整对非政策，进一步完善意非双边合作机制，改革对非发展合作体系，拓展多边框架下对非影响力，同时突出移民和经济合作议题的重要性。意大利对非政策调整短期内取得了一定成效，移民难民压力得到缓解、双边经贸关系升温、在非能源利益得以扩展、多边框架内对非议程的影响力有所提高。尽管如此，意大利距离成为欧非关系桥梁和对非发展合作“新模式”引领者的目标定位，仍有较大差距。

第三，关于美非关系。刘中伟在《美国特朗普政府非洲政策的特点、内容与走向》⑤ 一文中认为，出于对非洲战略价值的重新评估，特朗普政府对美国的非洲政策进行了重要调整，存在着对非洲轻视与重视并存的特点。反恐与经济合作是特朗普政府非洲政策的主要内容，二者共同驱动着美非关系的发展。展望未来，特朗普政府将继续打击非洲恐怖主义，推动系列对非经济举措逐步落地，强调大国在非洲的竞争特别是寻求遏制中非关系发展。在中美两国战略竞争升级的背景下，中方对此应保持高度警惕，打出政策组合拳，有力回击美方的抹黑与打压。

第四，关于印非关系。徐国庆《印度与非洲关系发展报告》（英文版）⑥ 对印度

① 张永宏、詹世明主编：《非洲法语国家：发展与合作》，社会科学文献出版社2020年版。

② 彭姝祎：《法国马克龙政府的非洲政策：特点、原因与效果》，《当代世界》2020年第7期。

③ ［塞内］巴帕·易卜希马·谢克：《法国在非洲的文化战略：从1817年到1960年的殖民教育》，邓皓琛译，商务印书馆2020年版。

④ 李凯旋：《意大利的非洲政策：调整方向、动因与成效》，《当代世界》2020年第7期。

⑤ 刘中伟：《美国特朗普政府非洲政策的特点、内容与走向》，《当代世界》2020年第7期。

⑥ Xu Guoqing, *Report on the Development of Relations between India and Africa*, China Social Sciences Press, 2020.

对非政策演变加以分析，研究探讨印非政治、经贸和人文交流等关系发展的现状和前景，并结合中印对非政策异同、印度对中非合作的认知等议题，提出当前中印在对非合作上存在的分歧，并从智库的角度提出相关的对策。作为重要的发展中国家与新兴经济体，印度对非政策及其取得的成效，对中国具有一定的借鉴意义。中印两国都曾是非洲民族解放的支持力量，主张在相互尊重、平等互利的基础上，加强对非合作，倡导第三世界的权益。为适应“一带一路”倡议在非洲的开展，中国一方面须充实中非合作机制，以适应未来中非关系的发展需要，另一方面可顺应中国发展大局与中印关系逐步改善的机遇，探索同印度在涉非经贸、安全等相关议程上开展磋商与合作。

四 中非关系

第一，关于中国援非政策。徐国庆《中国对非援助再析》[①] 指出，中国自 20 世纪 50 年代开始对非援助起，不断拓宽对非援助领域，丰富合作内容。特别是 2000 年中非合作论坛成立后，中方在相互尊重、平等协商的基础上，围绕中非发展面临的机遇和挑战，不断推出强化援非力度的新措施，促使其惠及所有与中国建交的非洲国家。此举不仅契合了非洲的发展需要，使非洲人民得到实在的利益，还强化了中非经贸合作，推动了中非新型战略伙伴关系深入发展。中国援非历程不但彰显了中国对非援助原则、理念的连续性，而且展示了中国政府在中非合作上的务实和创新精神。相较而言，中国更注重履行对非援助承诺，强调与非洲在第三世界身份上的认同，重视正确义利观，支持非洲独立自主与实现可持续发展。一定程度上讲，中国对非援助的实践，适应了中国维护国家主权、经济建设、扩大国际空间、适应全球化等利益需要。今后，中国应努力完善对非援助合作机制，创建对非援助成效评估体系，本着“非洲主导”原则，强化中非合作论坛框架内的对非援助领域合作，助推中非合作领域的均衡发展，并以积极、开放、包容的态度同其他国家及国际和地区组织一道，加强涉非援助领域协调与合作。

姜璐的英文专著《超越发展援助：中国发展合作与非洲农业》[②] 以中国与非洲的农业合作为例，探讨了中国当代发展合作的思路和模式。该书总结了中国当前与非洲农业发展合作的三种模式，即传统农业援助模式、创新农业援助模式和农业综合企业模式，并通过追溯其历史渊源和考察中国在莫桑比克和南非开展的项目，对不同模式进行了分析。

---

① 徐国庆：《中国对非援助再析》，《晋阳学刊》2020 年第 1 期。

② Jiang Lu, *Beyond Official Development Assistance*: *Chinese Development Cooperation and African Agriculture*, Palgrave Macmillan, 2020.

第二，关于中非合作论坛。沈晓雷《论中非合作论坛的起源、发展与贡献》[①] 指出，中非合作论坛的成立是中非友好合作关系长期发展的结果，非洲国家在论坛创立与机制化过程中充分发挥了能动性和主事权。经过七届论坛20年的发展，中非合作论坛不断发展壮大，已经成为中非政治、经济、文化和安全等领域全方位合作最为重要的平台，且形成了其独有的特征，突出表现为“共商、共建、共享”的合作原则，契合非洲发展需要的合作理念，狠抓成果落实的合作态度。中非合作论坛成果丰硕，它丰富了中国特色大国外交理论与实践，推动了中非关系全面快速发展，提升了非洲国家的自主发展能力并引领了国际社会对非合作的步伐。中非合作论坛在未来发展中虽还面临一些问题，但如果能够在坚持已有成功经验的基础上继续开拓创新，必将迎来更加广阔的发展前景。

李安山《中非合作论坛二十周年：历程、成就与思考》[②] 对中非合作的历史、成就与挑战进行了梳理。中非合作论坛成立二十年来，中非合作不断取得新突破，取得了令人瞩目的成就。在此背景下，西方对中非关系快速发展产生焦虑、偏见和忌妒情绪，部分西方媒体针对中非合作进行各种无端指责。当前中非合作面临众多机遇与挑战。在处理相关问题时，中非只要坚持求同存异，加强沟通和协调，就会继续实现合作共赢。当下，中国需客观认识中非合作在国际发展合作中的地位及其在各国引发的实际反应，同时警惕国际上某些“捧杀”“中国模式”的做法，趋利避害，推动中非命运共同体建设行稳致远。

第三，关于中非共建“一带一路”。赵晨光《中非共建“一带一路”：新阶段、新挑战与新路径》[③] 总结了中非共建“一带一路”的成就与挑战。以推进“一带一路”建设工作5周年座谈会的召开为标志，中非共建“一带一路”进入绘制“工笔画”的新阶段。中非合作更显精细化，尤其是在发展战略上逐步实现精准对接。伴随中非共建“一带一路”形成亮点效应，来自西方的战略压力增强；同时，受民粹主义、恐怖主义等因素影响，非洲内部政治安全形势的不确定性也有所增多，这给中非共建“一带一路”带来一定困难和风险。中国需探索新路径加以应对，确保中非共建“一带一路”行稳致远。

周瑾艳《中国对非洲区域公共产品供给评析》[④] 指出，随着中非合作的深化和战略层级的提升，中国为非洲提供的区域公共产品从大量基础设施发展为软、硬公共产品兼而有之的双轨驱动模式。当前，非洲区域公共产品供给面临供需缺口巨大、供需不匹配和西方大国“私物化”倾向等问题，同时非洲自主提供区域公共产品的意愿提升。中国对非提供区域公共产品仍面临基础设施公共产品如何保持可持续性、中非

---

① 沈晓雷：《论中非合作论坛的起源、发展与贡献》，《太平洋学报》2020年第3期。
② 李安山：《中非合作论坛二十周年：历程、成就与思考》，《当代世界》2020年第10期。
③ 赵晨光：《中非共建“一带一路”：新阶段、新挑战与新路径》，《当代世界》2020年第5期。
④ 周瑾艳：《中国对非洲区域公共产品供给评析》，《当代世界》2020年第4期。

发展战略能否精准对接、大国竞争恶化中国舆论环境等挑战。中国可以通过将自身发展经验与非洲发展战略精准对接、提升非洲自主能力以及加强三方合作等方式进行应对。

李文刚《中国—尼日利亚共建“一带一路”：优势、挑战及前景》① 指出，2018年，中国与尼日利亚签署共建“一带一路”谅解备忘录，尼日利亚正式加入“一带一路”大家庭。尼日利亚对“一带一路”认同度高、经济发展潜力大、发展规划与“一带一路”契合度高、中尼人文交流日趋活跃，这些因素是中尼共建“一带一路”的有利条件。与此同时，中尼共建“一带一路”也面临一些挑战，如非传统安全问题突出、产业合作掣肘因素多、非政府组织势力强大以及西方和新兴国家的竞争等。展望未来，“一带一路”建设为中尼合作注入强大动力，并将成为新时代两国友好合作的新亮点。

刘冬《埃及制造业发展战略与中埃产能合作》② 指出，以推出《2030 愿景》为标志，埃及近年来高度重视制造业发展并以竞争优势理论为基础，制定了颇具科学性、系统性的制造业发展战略。这给中国和埃及的产能合作带来了新机遇。然而，埃及制造业发展战略的推进未能在实质上改善有利于提升制造业竞争优势的要素条件，加之中埃产业链相距较远，双方产能合作的推进并非易事。结合埃及制造业发展比较优势、竞争优势的特点，中国企业应以埃及相对成熟的工业园区为依托，以借助埃及有利的国际贸易条件为重点，以短链产业为先导，以融入当地产业链为方向，稳步有序推进同埃及制造业领域的产能合作。而在政府层面，中国应在技术上加强对埃及制造业发展战略的支持，借助技术交流发掘合作机遇，并通过为埃及企业提供适度支持，借助市场力量拉近双方产业链联系。

第四，关于中非抗击新冠肺炎疫情的合作。贺文萍《在抗疫合作中建设更紧密的中非命运共同体》③ 指出，在抗击新冠肺炎疫情的世纪大考中，中国与非洲国家守望相助、共克时艰，谱写了新时代中非友谊的新篇章。中国在援助非洲抗疫物资、派遣医护专家、提供培训和分享防控防治措施与经验、呼吁国际社会重视援非并率先采取行动等方面均体现出了高度的责任担当。同时，中非在携手抗疫的过程中，也遭遇经贸合作受冲击、舆情环境日益复杂等挑战。后疫情时代，中国与非洲国家应加强在卫生、经贸、媒体、民间和国际事务等领域合作，构建更紧密的中非命运共同体。

贺文萍《复杂国际舆情下中非关系如何续写辉煌》④ 指出，中非关系近 20 年来的快速发展招致了某些把非洲视为自身势力范围的西方媒体和政客的忌妒、不满甚至攻击。其频频散播诸如中国在非洲搞“新殖民主义”、“中国疫情隐瞒论”、“中国在

---

① 李文刚：《中国—尼日利亚共建“一带一路”：优势、挑战及前景》，《当代世界》2020 年第 6 期。

② 刘冬：《埃及制造业发展战略与中埃产能合作》，《西亚非洲》2020 年第 3 期。

③ 贺文萍：《在抗疫合作中建设更紧密的中非命运共同体》，《当代世界》2020 年第 7 期。

④ 贺文萍：《复杂国际舆情下中非关系如何续写辉煌》，《人民论坛》2020 年第 20 期。

非洲搞间谍活动”等污名化中国的“说辞”，导致中非舆论环境紧张化。要打赢这场“舆论战”需要中非双边从政府到民间的团结一致和共同行动。中非友好与团结合作将在这些考验中不断加强和升华，中非关系也将在这场抗击新冠肺炎疫情的大考中续写辉煌。

贺文萍《非洲抗疫的挑战与应对》① 指出，由于各种原因，非洲成为下一个全球疫情重灾区的可能性仍不能排除。作为全球经济链条中最脆弱的一环，非洲经济在新冠肺炎疫情的打击下面临全面衰退的风险。为避免非洲出现最坏情况，除了非洲各国自身迅速采取相关防疫抗疫措施外，国际社会的援助必不可少。在国际施援非洲抗疫方面，最可圈可点的当属中国政府与民间所采取的迅速行动。

第五，关于中非国别关系。王林聪和朱泉钢《中国与埃及友好合作》（英文版）② 指出，埃及地理位置独特、人力资源丰富，兼具阿拉伯国家、非洲国家和伊斯兰国家等多重属性，长期奉行务实、多元和平衡的外交政策，在非洲和中东地区有着举足轻重的影响力。中埃两国友好交往有着深厚的历史和现实基础，两国同属于发展中国家群体，经历相似，命运与共，在国际事务中相互支持，堪称是南南合作的典范。中埃战略伙伴关系的高质量发展，一是需要以新安全观推进安全环境建设，有效防范和应对各种安全风险；二是需要以新发展观推进国家能力建设，把握数字经济时代脉搏，立足于提升自主创新能力；三是需要以“一带一路”共建为契机，促进产能合作，助推埃及工业化进程，实现经济可持续发展；四是需要扩宽中埃交流渠道，建立多层面特别是青年群体交流渠道，加深好感度，推动民心相通，实现中埃关系更高层次持久发展。

王金岩《中国与阿尔及利亚的友好合作》（英文版）③ 指出，中国与阿尔及利亚的双边关系可以概括为友谊深厚、合作成果丰富和相互尊重历史悠久。1958 年 9 月阿尔及利亚临时政府成立后，中国即予以承认，是第一个承认阿尔及利亚的非阿拉伯国家。同年 12 月 20 日两国建交后，双方各领域友好合作关系不断发展。进入 21 世纪后，中国与阿尔及利亚的友好合作发展更加快速，并逐渐具有了战略合作的性质。2014 年，阿尔及利亚成为第一个与中国建立全面战略伙伴关系的阿拉伯国家，这也是双方亲密关系的有力见证。中国“一带一路”倡议提出后也得到阿尔及利亚的热烈响应，阿尔及利亚官员一直强调共同推动“一带一路”建设的重要性，以拓展双边在基础设施和工业方面的合作，提升两国的贸易额。两国始终保有多层次的政治交往，在国际和地区事务中保持密切的沟通和协调。两国间的经贸往来不断取得重大进展，从 2014 年开始，中国成为阿尔及利亚大进口来源国。双边贸易额在过去 10 年间

① 贺文萍：《非洲抗疫的挑战与应对》，《人民论坛》2020 年第 22 期。

② Wang Lincong & Zhu Quangang, *Friendly Cooperation between China and Egypt*, China Social Sciences Press, 2020.

③ Wang Jinyan, *The Friendly Cooperation between China and Algeria*, China Social Sciences Press, 2020.

增长了10倍。阿尔及利亚是中国在海外的承包工程市场之一。已经有数百家中国公司承接了阿尔及利亚的建筑工程项目，包括高速公路、酒店、医院、住房项目等。中国公司因工作效率高、工程质量高和人员素质高在阿尔及利亚国内享有盛誉。两国在科技、文化、教育、卫生、军事等多方面都保持长期友好合作。当前，阿尔及利亚正处于政治、经济、社会转型阶段，未来的中阿合作因此面临诸多新的机遇与挑战。

沈晓雷《中国与津巴布韦友好合作》（英文版，范晓晖、朱元译）① 以中国与津巴布韦不断深化的双边关系为基本立足点，系统梳理两国在政治、经济、教育和文化等领域取得的合作成就及中津全面战略合作伙伴关系建立的历程，详细分析中津共建“一带一路”所面临的机遇与挑战，以及共建“一带一路”对津巴布韦实现“2030年愿景”所具有的重要意义。该书认为在两国关系新的发展阶段，应提升津巴布韦在共建“一带一路”中的地位、推进两国治国理政交流、加强两国发展经验共享、深化两国经贸领域合作和加强两国民心相通，从而引领两国关系再上新的台阶。

第六，关于涉非三方合作研究。周瑾艳《中欧非三方合作可行性研究》（英文版）② 指出，三方合作是在传统的南北合作和南南合作基础上的创新合作模式，是沟通南南合作和南北合作的桥梁。三方合作最早由欧洲援助国在2006年中非合作论坛北京峰会后提出，主要目的是为了将中国纳入欧美主导的国际体系中，中国不得不被动应对压力。2014年以后，随着国际形势的变化，中国参与三方合作的政策空间发生了重大变化，中国由被动应对转变为积极参与，并主动提出“拓展第三方市场合作”的中国方案，中国在国际舞台和非洲事务上变得更加积极自信，这为中欧非的三方合作带来新的契机。中欧非三方合作经历了政府和政策层面的激辩、相对沉寂又重回政策制定者视野。面对美国带来的逆全球化潮流和全球不确定局面，中欧非三方合作对中美和欧美关系博弈具有权重和砝码作用。该报告介绍了三方合作的最新讨论和实践层面的进展，并通过三个具体的国别和行业案例研讨三方合作面临的机遇和挑战，以弥补目前对三方合作系统性研究的不足并提出政策建议。

---

① Shen Xiaolei, *Friendly Cooperation between China and Zimbabwe*, China Social Sciences Press, 2020.

② Zhou Jinyan, *China-Europe-Africa Trilateral Cooperation: A Feasibility Study*, China Social Sciences Press, 2020.

2020 年中国的非洲法律研究述评

洪永红　林　涛*

2020 年，中国国内对非洲法的研究呈现出百花齐放的盛况，大量学术论文和学术专著不断涌现。从研究者领域来说，其不仅仅局限于法学界，经济学、地矿开采与勘探、政治学等领域的学者也都对非洲法律问题进行了多维度多视角的研究。就研究领域而言，学界主要从投资法律环境宏观研究、劳动法律研究、税务法律研究、环境法律研究、宪政与人权法律研究以及其他相关非洲法律方面进行研究；就成果形式而言，学术论文、学术专著和大型的学术会议数量颇丰。本文综述以公开出版的著述为研究文本。

一　投资法律综合研究

随着中国对非投资规模日益扩大，整体的对非投资趋势呈现出几个重要特点：投资资本的多元化、产业模式的立体化以及投资方式的本土化（属地化）。2020 年国内学界顺应现实需要，对建筑业、制造业、租赁和商务服务业、采矿业、批发零售业等各个行业，就投资环境而产生的法律问题进行了宏观研究并提出了相应的建议。

洪永红、杨璨针对大量企业有去非洲开设银行业务的迫切需求，提出了必须要提前了解的七个方面的法律规定。据我国商务部统计，2019 年 1 月至 11 月，中非贸易额达 1875 亿美元，中国对非全行业直接投资达 20 亿美元，但金融行业只是“稳步推进”，主要在南非和埃及两国我国金融业有所发展。这与我国经贸投资的快速发展不太协调。金融在现代经济中处于核心地位，经贸投资的发展离不开金融助力和保障。①

洪永红从卖豆腐这一件小事上，谈到投资非洲相关的一系列法律问题。到国外做豆腐卖是中国人常做的事，而且是一项投资少、见效快的项目，深受海外华人喜爱。而这么一件很简单的事情，背后涉及的却是去非洲投资前必须要了解投资准入问题。

---

* 洪永红，湘潭大学中国—非洲经贸法律研究院院长、教授，主要研究方向为非洲法、国际法；林涛，湘潭大学非洲法专业博士研究生。

① 洪永红、杨璨：《去非洲开银行需知法而后动》，《中国投资（中英文）》2020 年第 Z2 期。

作者详细介绍了非洲国家对于投资领域的三大分类：鼓励、限制和禁止。[①]

洪永红、龙婷撰文对非投资中结合非洲各国反腐败现状、相关法律制度及政策、风险等因素对东道国投资与营商环境进行综合评价，同时作者也为到非洲投资常遇到要不要给官员送礼或者官员索要钱物等问题提出了实用的建议和对策。[②]

张荣芳、叶子通过概述南非投资保护制度变革的缘由以及深入剖析南非《投资保护法案》的立法意图，阐明其以国内立法维护公共利益监管权力的法律选择。作者旨在“一带一路”背景下，为远赴南非的中国投资者提供法律风险的预判，揭示外资法变革对于中国投资者可能产生的影响。对于南非，建立新的投资保护制度，其将面临的挑战是如何维持稳定、可预测的投资环境与实现投资保护改革的若干目标之间的平衡。[③]

修木通过分析纳米比亚政府 2019 年 12 月 9 日开始对木材出口实行严格的管制政策，结合此前纳米比亚取消了暂停木材运输的法令，对纳米比亚国内木材生产商和国际市场在该政策下的具体表现进行了论述。[④]

周炜敏、唐洋、毛歆鈅在调研肯尼亚政府制定的 2008—2030 年的发展蓝图《2030 年远景规划》的基础上，分析了肯尼亚 PPP 项目模式的发展。指出肯尼亚远期和中期发展规划中将能源、公路、铁路、港口和通信等基础设施建设视作实现经济腾飞的基本要素，列为优先发展领域。[⑤]

王斌在对加纳政府与社会资本合作（PPP）市场分析的基础上，指出加纳有望成为 2019 年世界经济增长最快的经济体。并着重从加纳 PPP 政策框架、市场水平、市场现状、企业加入加纳 PPP 市场建议四个方面展开相关分析。[⑥]

郭前锋研究了几内亚共和国矿业开发领域中“当地成分”政策的研究及应对策略。作者主要对矿业管理及当地成分政策法律、政策支持及政策实践情况进行详细分析，为相关人士了解几内亚共和国矿业投资环境改变情况提供可参考依据。[⑦]

赵亮结合实际情况，分析了塞内加尔 D-D 高速公路 PPP 的运作模式、股权结构、风险分担以及遇到的相关法律问题，并进行经验总结，以期为国外工程项目 PPP 模式的应用及所可能遭遇的法律风险提供借鉴。[⑧]

---

① 洪永红：《卖豆腐引发的投资非洲法律问题》，《中国投资（中英文）》2020 年第 2 期。

② 洪永红、龙婷：《赴非洲投资应谨慎应对腐败问题》，《中国投资（中英文）》2020 年第 Z8 期。

③ 张荣芳、叶子：《外资法的选择：南非改革〈投资保护法案〉》，《北京科技大学学报（社会科学版）》2020 年第 2 期。

④ 修木：《纳米比亚政府严格管理木材出口》，《国际木业》2020 年第 1 期。

⑤ 周炜敏、唐洋、毛歆鈅：《肯尼亚 PPP 项目模式浅析》，《国际工程与劳务》2020 年第 2 期。

⑥ 王斌：《加纳政府与社会资本合作（PPP）市场分析》，《国际工程与劳务》2020 年第 1 期。

⑦ 郭前锋：《几内亚共和国矿业开发领域——“当地成分”政策的研究及应对策略》，《世界有色金属》2020 年第 13 期。

⑧ 赵亮：《塞内加尔 D-D 高速公路 PPP 项目案例分析》，《工程经济》2020 年第 8 期。

徐慧就埃及政府颁发的新矿业法进行了调查分析。该矿业法明确要求，矿业公司向埃及政府支付的税收最高不超过20%。其目的在于尽快破解埃及巨量矿产资源的投资困局。中国的矿业投资者需全面详细了解埃及矿业投资的新政策。①

张荣芳、刘昕洁就近年来与埃及有关的投资争议进行了研究，由于其在ICSID中位于被调查国家排名前列，这与2011年“阿拉伯之冬”带来的重大政治和经济变革关系密切。埃及政府早些年采取措施鼓励外商投资，并对外签订大量双边投资协定以吸引外国投资者。但因在ICSID被诉数量激增，在国家“回归”的意识趋势下，埃及试图通过改革投资争端解决方式以改善被大量索赔局面，主要通过修订BIT范本、修改国内立法并建立新的投资管理机构实现，而这些行为对中国投资者在埃及的投资争端解决将产生深远影响。②

文巍、吴昊认为，在中阿合作论坛等平台和多项机制的保障下，中阿双方在“一带一路”倡议框架内的各领域合作不断拓宽。虽然阿拉伯国家已经成为中国企业“走出去”的重要投资目的地，但各国政治安全形势和社会发展程度不一，自然禀赋与经济发展水平不尽相同，因此投资环境存在明显差异。该文基于投资环境理论及影响投资环境的关键因素，以机会、制度、风险为要素构建阿拉伯国家投资环境指标体系，通过计算阿拉伯国家投资环境指数，对阿拉伯国家投资环境进行量化分析，并对影响阿拉伯国家投资环境的关键因素展开探讨，以期为中国企业赴阿投资、选择投资目的地提供依据。③

刘双、郭祝威以安哥拉私人投资法与私有化计划为研究对象，通过对政策出台的历史背景、特定目的、鼓励政策以及组织保障等方面进行详细解读分析，并在此基础上结合安哥拉《2018—2022年国家发展规划》框架下的其他政策，分析研究两项政策在整合国家资源、吸引外国投资方面的现状和原因，为中资企业如何在安哥拉进行投资决策、如何融入安哥拉经济改革进程提出参考性建议。④

刘念针对中国企业在安哥拉对非投资制造业将面临大量的环境法律风险进行了考察调研。分析指出安哥拉是环境法律体系较为完整、内容较为全面的非洲国家，安哥拉在国家发展规划中更是将吸引外商投资本国制造业作为重中之重。而中国企业在安哥拉投资制造业将会面临环境标准责任风险、环境影响评价风险、环境损害责任风险、环境纠纷解决风险和环境修复补偿风险五种环境法律风险。结合安哥拉环境法律法规和现实环境状况，中国企业在安哥拉投资制造业应当构建多种环境法律风险防范

① 徐慧：《埃及颁布新矿业法以吸引国外投资》，《资源环境与工程》2020年第2期。

② 张荣芳、刘昕洁：《埃及投资争端解决机制改革的法律风险防范》，《东北农业大学学报（社会科学版）》2020年第3期。

③ 文巍、吴昊：《“一带一路”背景下阿拉伯国家投资环境研究》，《阿拉伯世界研究》2020年第5期。

④ 刘双、郭祝威：《安哥拉私人投资法与私有化计划研究分析》，《西部财会》2020年第11期。

措施，实现在保护安哥拉生态环境的基础上绿色发展制造业。①

张鑫刚等编著的《肯尼亚地质矿产与矿业开发》是中国地质调查局地质调查国际合作系列成果之一。肯尼亚是东非第一大经济体，也是东非重要的出海口，战略位置突出，矿产资源丰富，有钛铁矿、金、锰、铜等金属矿产，以及纯碱、重晶石等非金属矿产，资源与我国具有较强的互补性，有较好的投资前景。该书对肯尼亚的自然地理、区域地质、矿产资源潜力、矿业开发现状、矿业立法、矿业管理部门、矿业投资环境等做了全面介绍，并附英文版矿法内容，提出了到肯尼亚投资矿业的几点建议，可为落实我国全球矿产资源战略及政府和企业制定“走出去”政策提供参考。②

王新编著《赞比亚政策法规须知（2020）》从中资企业和中国同胞的实际需要出发，涉及投资鼓励、行业保护、企业注册、移民事务、税收管理、劳动管理、土地交易、进出口贸易、资金流动、枪支管理、交通管理和执法程序等方面的政策法规，或者归纳整理，或者条分缕析，或者举例说明，或者解读答疑，可谓我国政府部门和学术机构了解赞比亚、中资企业在赞比亚投资经营、中国同胞在赞比亚工作生活必不可少的工具书。③

《安哥拉投资环境报告》由宋雅楠主编，介绍安哥拉的政治、经济、法律争端解决、贸易、劳工等各方面的投资环境。安哥拉作为中国在非洲的主要战略合作伙伴国家和葡语国家成员的独特区位优势，展现出与众不同的特色和吸引力。双方的经贸合作发展已有较好的基础，该报告深入介绍和分析了安哥拉的商业投资环境，及中国和安哥拉未来经贸合作中具有潜力的行业并对中资企业给出策略建议。④

刘志强编译《埃及新破产法》从出台背景、特点、适用范围、破产申请程序、清算分配等方面对埃及新破产法进行了细致的解读，并且对“破产拯救和解”作了深入分析，随着“一带一路”倡议的深入开展，我国在埃及的投资不断增加，不仅要了解埃及的投资法，更要对埃及的破产法有清晰的认识，该书给出了最好的答案。⑤

《“一带一路”和境外投资法律合规手册：坦桑尼亚分册》是随着“一带一路”合作不断加深，中国企业积极推进海外投资和业务发展步伐加快的过程中，需要具体了解境外法律政策而推出的一系列著作。该书介绍了坦桑尼亚的基本情况、法律体系，重点剖析了坦桑尼亚的商事法、投资法、税法、劳动法、环境法、贸易法、知识产权法、金融法、刑法，阐释了坦桑尼亚的企业合规管理、争端解决法律制度及外国

---

① 刘念：《中国对外投资的环境法律风险与防范——以“一带一路”倡议下中国企业对安哥拉投资制造业为例》，《河南科技学院学报（社会科学版）》2020 年第 5 期。

② 张鑫刚等编著：《肯尼亚地质矿产与矿业开发》，地质出版社 2020 年版。

③ 王新编著：《赞比亚政策法规须知（2020）》，中国商务出版社 2020 年版。

④ 宋雅楠主编：《安哥拉投资环境报告》，经济科学出版社 2020 年版。

⑤ 刘志强编译：《埃及新破产法》，知识产权出版社 2020 年版。

投资情况。该书为中国企业在坦桑尼亚进行海外投资提供了法律指引，以期引导和推动更多中国企业走出去，合法合规经营，实现互利共赢。①

洪永红、刘功奇主编的《非洲法评论（2019 年卷）》是有关非洲各国国内法律以及非洲国际法方面的论文、综述、评述、译文及书评。2019 年卷主要包括了湘非经贸合作的法治保障、非洲宪法与公民权利保护、非洲经贸投资法律、非洲环境保护与海洋合作等专栏。②

二 劳动法律研究

由于中国对非投资方式的本土化日益加深，大量劳动纠纷对中资企业而言程序烦琐复杂。学界普遍认为，构建一个劳动法律纠纷防范与应对体系以帮助中资企业健康可持续发展，对促进中非友好合作至关重要。

唐丽霞、赵文杰通过对坦桑尼亚、埃塞俄比亚等国劳工权益保护法律的梳理，提出投资非洲要重视劳工权益保护的观点。作者认为，对于中资机构来讲，进入非洲国家开展工作，不仅仅需要了解和掌握非洲国家在投资、环境、税务等方面的相关法律制度，还需要关注劳工权益保护方面的各项制度和要求。③

洪永红、方晓庆就南非新的限制外国人就业法进行了分析，主要考察了南非交通运输、宾馆、餐饮、保安和农业等部门在该法实施以后的现实情况，并从实际出发，指出南非对投资者在劳工方面的管理将更为严厉，提醒中国企业要加强警惕，随时关注。④

梁家伟就肯尼亚相关劳动法律与我国劳动法律进行比较，以帮助在肯尼亚的中资企业避免因法律差异引发不必要的纠纷。⑤

韩建军指出，南非 1996 年颁布的《矿山健康与安全法》是一部较有效的保护矿工生命安全健康的法律，该法律规定矿山雇主必须建立首席安全督察、责任经理、健康与安全委员会、现场健康与安全代表的管理模式，明确了包括政府监管部门、矿山雇主、雇员三方机构的责任与义务，构建了较为完善的矿山健康与安全一体化的法律体系。通过分析南非《矿山健康与安全法》与我国对应法律体系、监管体系的差异，为国内矿山企业提供借鉴，也为在南非投资矿业的中国企业及人员提供参考。⑥

肖海英所著《南非劳动法研究：历史、制度及个案评析》一书是国内南非共和

---

① 招商局集团有限公司：《“一带一路”和境外投资法律合规手册：坦桑尼亚分册》，法律出版社 2020 年版。

② 洪永红、刘功奇主编：《非洲法评论（2019 年卷）》，湘潭大学出版社 2020 年版。

③ 唐丽霞、赵文杰：《投资非洲要重视劳工权益保护》，《中国投资（中英文）》2020 年第 Z8 期。

④ 洪永红、方晓庆：《警惕南非限制外国人就业法的升级》，《中国投资（中英文）》2020 年第 Z7 期。

⑤ 梁家伟：《肯尼亚劳动法律比较研究》，《法制博览》2020 年第 33 期。

⑥ 韩建军：《南非〈矿业健康与安全法〉分析与启示》，《现代矿业》2020 年第 10 期。

国劳动法系统性研究的成果。作者以南非政治经济的历史演进、独特的混合法制度的形成作为研究背景，对南非劳动法的历史、基本制度和劳动法案例进行了考察和研究，并对南非和中国的劳动法律制度进行了比较、分析和总结。该书不仅对我国劳动立法和司法具有启示和借鉴的作用，还可以弥补我国非洲法专题性研究之不足，而且对我国正在或者意欲去南非投资的企业也具有非常重要的现实意义。该书作者肖海英系湘潭大学非洲法专业博士研究生毕业，后任贵州财经大学教授，贵州省哲学社会科学专家，主要从事法律史、法律文化、非洲法研究。遗憾的是，该书出版次年（2021 年）3 月，肖海英不幸病逝。[①]

三　税务法律研究

中非之间的经济往来必然不能绕开税务制度，其中包括增值税、消费税、关税和所得税等，而很多非洲国家直到现在还没有形成完整的体系，与税务相关的法律分散在各法中。2020 年学界为正在或想要在非洲从事经贸活动的中国企业提供了大量税务法律研究成果，为我国企业开发非洲市场带来了启发。

洪永红、李琳秀认为，在国际投资法领域，主要有三方面的税收策略：第一，充分利用税收优惠政策；第二，竭力避免双重征税；第三，设法合理避税是任何投资者都绕不开的税收问题。国外很多企业都聘有税收专家顾问，就如何利用税收政策、最大限度地增加企业的纯利润，提供参考。[②]

王素荣、许甲强就中部非洲税收政策及税务风险进行了研究。截至 2018 年底，中国企业对非洲投资存量 461 亿美元，在非洲设立境外企业超过 3600 家，境外业务覆盖了非洲的 52 个国家和地区，覆盖率达到了 86.7%。对已经投资和有意愿投资中部非洲的中国企业来说，了解中非各国的税制及引进外资的税收优惠政策，进而进行税务筹划，降低境外税负，防范税务风险，是非常重要的工作。[③]

王素荣、许甲强分别就东部非洲和西部非洲的税收政策及税务风险进行了研究。东部非洲多数国家经济基础差、经济发展水平低，但东部非洲地区丰富的矿产资源、清洁能源和旅游资源，发展潜力大，当地政府对华合作意愿强烈，对中国企业依然有很大吸引力。近年来，中国对东部非洲国家投资不断增加，但东部非洲国家法制不健全，政局不稳，税务风险比较大。因此，全面了解东部非洲国家税制和吸引外资税收优惠政策，进行合适的税务筹划，是资产保值增值、降低海外纳税风险和海外税负的有效措施。[④] 而西部非洲地区虽然经济欠发达，基础设施差，但资源丰富，且未来公

---

① 肖海英：《南非劳动法研究：历史、制度及个案评析》，社会科学文献出版社 2020 年版。

② 洪永红、李琳秀：《应重视非洲国家税收法律问题》，《中国投资（中英文）》2020 年第 Z4 期。

③ 王素荣、许甲强：《投资中部非洲：税收政策及税务风险研究》，《国际商务财会》2020 年第 1 期。

④ 王素荣、许甲强：《投资东部非洲：税收政策及税务风险研究》，《国际商务财会》2020 年第 4 期。

路、铁路、港口和大型建筑工程等基础设施建设也能给中国企业带来很多商机。在共建“中非命运共同体”的背景下，未来会有更多的中国企业投资西非各国。对已经投资和有意愿投资西非的中国企业来说，了解西非各国的税制、税收协定及引进外资的税收优惠政策，进行合理税务筹划，降低税负，防范税务风险，具有十分重要的意义。①

王素荣、许甲强就北部非洲税收政策及税务风险进行了研究。在“中非合作论坛”“中阿合作论坛”“一带一路论坛”等合作框架下，中国与北部非洲国家的经贸与投资合作有着广阔的前景。全面了解北部非洲各国的税制、税收优惠政策以及涉外税收政策，进行合理税收筹划，防范税务风险，对投资和计划投资北部非洲的中资企业十分必要。②

唐滔、蒋薇从弗里敦市房产税改革，分析了塞拉利昂首都弗里敦市引入“基于积分”的房产税评估系统，使用卫星图像和房屋可视特征评估其应税价值，将全市所有房产纳入系统，使税收评估更加简便公平。通过梳理弗里敦市房产税改革背景、内容、经验与有待改进之处，可以得到房产税改革应坚持受益原则、公平透明原则以回归其组织财政收入的基本功能，同时应加快基础数据库和信息共享机制建设的启示。③

段程钟、吕雪雯基于在坦桑尼亚的切身工作经历，根据东非三国（肯尼亚、坦桑尼亚、乌干达）的经济法律研究，分析在东非地区税务筹划的关键点，为中资企业对非投资提供具有建设性的参考建议，并针对企业在“走出去”的过程中经常出现的税务风险进行了细致的探究。④

陈培国、张礼基于喀麦隆财税政策复杂、外汇管控严格的特点，就工程总承包企业在喀麦隆的税务风险进行了分析，并为在喀麦隆经营的中国企业提供了财税法律风险方面的建议。⑤

四 环境保护法律研究

非洲大部分国家虽然经济水平较为落后，然而其环境立法相当完备，保护体系十分健全。因此，大量中国企业在对非投资的过程中稍不注意便会落入环境诉讼的泥沼之中。2020 年，学界高度关注非洲各国的环境法律规制，以便于中国企业有效应对

① 王素荣、许甲强：《投资西部非洲：税收政策及税务风险研究》，《国际商务财会》2020 年第 2 期。
② 王素荣、许甲强：《投资北部非洲：税收政策及税务风险研究》，《国际商务财会》2020 年第 6 期。
③ 唐滔、蒋薇：《弗里敦市房产税改革的启示》，《金融纵横》2020 年第 11 期。
④ 段程钟、吕雪雯：《基于坦桑尼亚房地产项目的东非投资税务筹划研究》，《现代商业》2020 年第 31 期。
⑤ 陈培国、张礼：《工程总承包企业喀麦隆税务风险浅析》，《公路交通科技（应用技术版）》2020 年第 5 期。

环境法律风险，保护中方投资者的切身利益。

刘林琳、张小虎就津巴布韦环境与资源保护法律体系进行了论证分析，指出津巴布韦独立后，国家立法机关和被授权机构积极开展环境立法，推进环境权入宪，逐步形成了层次分明、逻辑清晰的津巴布韦环境法律体系。其中，宪法环境权奠定了下位法的制定原则，环境基本法和法令文书是环境管理的重要基础规范，国家环境政策和国际环境法突出对重点领域的特殊治理。鉴于其特殊的环境法律体系与严格的环境保护制度，建议中国投资者在赴津巴布韦投资过程中应当注重遵守当地环境标准，熟悉环境法律规范，从而最大程度降低企业在津投资的环境法律风险。①

张小虎、杨双瑜探讨了肯尼亚的环境法律规制与投资风险的防范问题。在“一带一路”倡议和中非经贸合作过程中，肯尼亚以非洲东大门的区位优势，连续数年成为吸引中国投资较多的非洲国家之一。以“蒙内铁路”建成通车为标志，越来越多的中资企业赴肯投资基础设施建设、开展建筑工程承包，这些项目具有鲜明的环境影响性。鉴于其历史悠久的野生动物保护、丰富完善的环境立法和特色鲜明的环境审判专门化制度，肯尼亚成为联合国环境规划署和人类居住规划署的总部所在地。因此，他们建议，中国企业在投资过程中务必要高度关注肯尼亚的环境法律规制，主动核实环境资源权属，实质履行环评程序，有效防范与应对非政府组织提出的环境公益诉讼，以降低环境违法风险，维护投资利益。②

李一丁、邹玥屿对南非生物遗传资源获取和惠益分享法律体系的发展动态进行了研究并从中获得了很多启示。作为世界上生物多样性极其丰富的国家之一，南非尤其重视本国生物遗传资源获取和惠益分享法律体系的创设、实施和完善，现已创设以《宪法》为纲领、以生物多样性相关政策为前提、以《国家环境管理法》为指导、以《国家环境管理：生物多样性法》为依托、以生物勘探相关规则为辅助的生物遗传资源获取和惠益分享法律体系。不论从体系机构、制度设计还是从实施效果来看，上述法律体系都被认为是全球生物多样性领域国别立法典范。鉴于南非生物遗传资源法律体系现状和法制实践的成效及经验，作者建议我国生物遗传资源获取管制立法应借鉴该国分阶段管理方式，引入生物勘探许可制度理念和内容，注重实质惠益分享和推动生物遗传资源获取活动信息公开。③

① 刘林琳、张小虎：《论津巴布韦环境与资源保护法律体系》，《河南科技学院学报（社会科学版）》2020年第9期。

② 张小虎、杨双瑜：《论肯尼亚的环境法律规制与投资风险防范》，《河南科技学院学报（社会科学版）》2020年第7期。

③ 李一丁、邹玥屿：《南非生物遗传资源获取和惠益分享法律体系发展动态及其启示》，《江苏大学学报（社会科学版）》2020年第2期。

五 宪政与人权法律研究

虽然2020年学界对非法律研究的重心集中在经贸投资方面，但对于非洲宪政、人权、公民权利等方面的研究在当年也保持了良好的势头。

廖雪霞以“冈比亚诉缅甸违反《防止及惩治灭绝种族罪公约》案”为切入点，对国际法院司法实践的“对国际社会整体的义务”概念的适用进行分析，讨论此概念可否突破国际法院管辖规则的限制，使国家在与争端主题无直接关联的情况下援引他国的国家责任。国际法院目前并未厘清“对国际社会整体的义务”这一概念的适用前提、法律依据与适用范围等问题。并认为该概念在国际法院程序中的适用可能引发国际法上的“滥诉”。①

李晨阳就冈比亚向联合国海牙国际法院提起诉讼，指控缅甸军队对居住在缅甸若开邦的“罗兴亚人”实施“种族灭绝”这一国际法问题和海牙国际法院受理这一第四起“种族灭绝”诉讼的情况进行了分析。②

李忠东就尼日利亚严重的童婚问题进行了研究并撰文指出，当今世界大多数国家都已立法禁止童婚，联合国认定童婚是侵犯人权的行为。尼日利亚作为不发达国家，女孩年龄越大，需要陪嫁的嫁妆就越多，早早把女儿嫁出去，成为一些低收入家庭的现实选择。因此，该文呼吁关注尼日利亚童婚问题，特别是关注女童的人权保护。③

郭晶主要通过分析国际刑事司法中丰富的缺席审判实践，为我国适用缺席审判程序提供参考。从纽伦堡军事法庭到联合国前南斯拉夫问题法庭、卢旺达问题法庭、国际刑事法院，再到近期的黎巴嫩混合法庭，国际刑事审判机构对缺席审判的态度经历了从宽容到限缩再到适度放宽的曲折过程。流变中的取舍之争，对我们理解缺席审判正当性、平衡惩罚犯罪与保障人权的关系具有重要的启示意义。我们可以辩证地借鉴国际刑事缺席审判经验，从案件选择标准、送达规则和重审权限制等方面进一步完善我国的缺席审判程序。④

朱伟东、欧阳慧译的伊姆·劳滕巴赫《南非宪法和合同：〈权利法案〉在合同条款中的适用及其实施》一文就南非《权利法案》在合同条款中的适用及其实施进行了分析，南非最高上诉法院就 Bredenkamp v. Standard Bank of SA 案作出的判决，体现了南非合同法中如合理、公正、善意和公平等一般概念的适用问题以及南非1996年宪法适用于南非合同法的性质问题。在处理类似合同法案件时，南非学术界和各级

---

① 廖雪霞：《“对国际社会整体的义务”与国际法院的管辖——以“冈比亚诉缅甸违反〈防止及惩治灭绝种族罪公约〉案”为切入点》，《国际法研究》2020年第6期。

② 李晨阳：《冈比亚就“罗兴亚人”问题起诉缅甸》，《世界知识》2020年第2期。

③ 李忠东：《尼日利亚终止童婚呼声强烈》，《检察风云》2020年第18期。

④ 郭晶：《国际刑事缺席审判的规则演进与现实启示》，《国外社会科学前沿》2020年第8期。

法院关于一般概念的直接、普遍适用问题存在不同意见。另外，通过一些特殊的合同法案件分析了关于南非《权利法案》在合同法中直接适用和间接适用的问题。①

罗赞译的布特埃纳·谢丽耶《模棱两可的状态：在阿尔及利亚性别地位与公民权的交换》一文旨在重新解读阿尔及利亚建立后殖民时代民族国家的进程，并从社会性别角度重新审视公民权的动态特征，以阐明政治阶层在面对个人地位在私人领域中的普遍解放和两性平等原则的含义问题时显得犹豫不决。作者通过探讨私人家庭领域内的相关问题，对阿尔及利亚家庭内部的社会性别关系加以剖析，发现其性质完全属于传统主义的意识形态指涉和表征，并由《家庭法》加以合法化。②

李小娟剖析了利比亚继承自卡扎菲时期的诸多政治困境，从而分析发现，政治合法性危机是困扰后卡扎菲时代的利比亚政治发展主要的原因之一，其中阿拉伯民族主义和伊斯兰势力的对抗、阿拉伯民族主义与部族主义的较量，以及阿拉伯民族主义和泛非主义的牵绊是导致利比亚政治合法性危机凸显的三重维度。③

六　其他相关非洲法律研究

2020年国内学界对非洲法律的研究还涉及教育政策法规、空间规划、食品安全、版权制度、区域性组织等方面。

边红彪、白晓丽、郭卫华针对尼日利亚食品安全监管体系、法律法规体系、标准体系、食品安全监管、贸易信息进行了分析，为社会了解尼日利亚食品安全监管体系，以及推动“一带一路”沿线国家食品贸易提供参考。④

王英在对南非图书馆版权例外制度进行考察的基础上，梳理了南非版权法律制度本地化的发展。南非图书馆版权例外制度经历了漫长的转型时期，目前它涵盖图书馆文献传递、馆际互借、信息资源保存备份、促进教育和学术活动、促进残疾人获取信息等基本内容，为图书馆的发展提供了比较全面的支持。并提出在我国《版权法》第三轮修订之际可以借鉴南非的经验，扩大图书馆保存作品的范围、增设文本与数据挖掘的版权例外、完善数字教育和学术的版权例外、增设为残疾人提供数字服务的版权例外，通过立法鼓励开放获取，积极建立跨领域合作机制，促进图书馆业务的开展并保障公众获取信息和知识权利的有效实现。⑤

张忠利基于我国正在研究制订“国土空间规划法”，在立法模式问题不容回避的

---

① 伊姆·劳滕巴赫：《南非宪法和合同：〈权利法案〉在合同条款中的适用及其实施》，朱伟东、欧阳慧译，《民商法论丛》2020年6月电子版发表。

② 布特埃纳·谢丽耶：《模棱两可的状态：在阿尔及利亚性别地位与公民权的交换》，罗赞译，《第欧根尼》2020年第2期。

③ 李小娟：《当代利比亚的政治合法性问题与政治发展的困境》，《中东研究》2020年第1期。

④ 边红彪、白晓丽、郭卫华：《尼日利亚食品安全监管体系分析》，《标准科学》2020年第10期。

⑤ 王英：《南非图书馆版权例外制度分析及启示》，《图书馆建设》2020年第1期。

前提下，研究南非2013年《空间规划和土地利用管理法》颁布以后，南非空间规划的法律化体系。作者认为，该法以框架法形式实现了空间规划和土地管理的一体化立法，对我国具有较强的参考和借鉴价值。该法在实现国土空间开发和保护目标的同时，也降低了多法并存情形下法律制度衔接、协调和适用的难度。借鉴南非立法经验，该文建议我国采用框架法模式对国土空间规划与土地管理进行整合立法，形成一部在内容上涵盖国土空间开发保护、国土空间规划和土地管理三个层面的国土空间规划框架法，以促进我国国土空间规划与土地管理法制体系化。①

张忠利鉴于目前我国正在研究制订“国土空间开发保护法”和“国土空间规划法”，从立法模式上进行分析。认为两法与现行《土地管理法》三者相互之间在制度与功能方面的衔接与协调存在一些问题。而2013年南非《空间规划和土地利用管理法》以南非空间规划体系的法律化为核心内容，以“框架法”形式实现了空间规划和土地管理法制的一体化，表明土地管理制度乃国土空间治理体系必不可少的组成部分。以此为鉴，我国应调整国土空间开发保护和国土空间规划分别立法的思路，坚持法典化立法模式，以形成在内容上涵盖国土空间开发保护、国土空间规划和土地管理的国土空间治理框架法为取向，从而增强国土空间治理法制的体系化。②

陈逸飞撰文指出布基纳法索案外第三人裁判异议之诉是布基纳法索民事诉讼“特殊不服裁判救济程序”中的一种，认为其设计兼顾了确定生效判决的稳定性和为利益受损的案外第三人提供救济，是对布基纳法索民事诉讼既判力制度的“修正”。布基纳法索案外第三人裁判异议之诉，其建构机理及其如何处理协调相关联制度的经验，对完善我国民事诉讼第三人撤销之诉制度具有一定借鉴价值。③

《埃及、南非、摩洛哥、埃塞俄比亚教育政策法规》是“‘一带一路’沿线国家教育政策法规研究丛书”中的一册，该书选取了埃及、南非、摩洛哥、埃塞俄比亚的教育法、教育国家规划、成人教育战略、基础教育公告等进行翻译和汇编，客观全面地反映上述教育政策法规的全貌，可更为深入地认识上述四个国家教育的发展状况。④

路征远所著《非洲统一组织研究：泛非主义视角》主要介绍了非洲统一组织成立以及泛非主义的成果，其中与法律相关的是该书第二章中对非洲统一组织宪章的介绍，以及对泛非主义体现的研究。⑤

---

① 张忠利：《迈向国土空间规划框架法——南非〈空间规划与土地利用管理法〉的启示》，《国际城市规划》2020年6月电子版发表。

② 张忠利：《空间规划法的立法进路和体系框架：南非经验及其启示》，《中国政法大学学报》2020年第3期。

③ 陈逸飞：《比较法视角下的布基纳法索案外第三人裁判异议之诉研究》，《南阳理工学院学报》2020年第1期。

④ 贾枭、魏宁、刘玉君、赵乐、靳莹、张妍、王迪、祝嫣然编译：《埃及、南非、摩洛哥、埃塞俄比亚教育政策法规》，大连理工大学出版社2020年版。

⑤ 路征远：《非洲统一组织研究：泛非主义视角》，上海社会科学院出版社2020年版。

2020 年中国的非洲经济研究述评

杨宝荣*

2020 年新冠肺炎疫情在全球的扩散，给非洲经济带来了严重的冲击。对此，除传统关注非洲地区的能源、工业化、转型等发展问题外，疫情带来的冲击和相关地区国家的经济脆弱性成为中国学者们新的研究热点。

一　非洲宏观经济研究

张忠祥、陶陶《非洲经济发展的新态势》研究认为，受世界经济不景气和大宗商品价格下跌的影响，自 2014 年以来，非洲经济增速明显放缓，从之前年均增长 5% 下降到 3% 左右。但是，非洲经济仍有不少亮点：增速仅次于亚洲，是全球经济增长较快的地区，在全球经济增长最快的 10 个国家中，有 6 个是非洲国家；1/3 的非洲国家在包容性增长方面取得了积极进展；数字经济在非洲一些国家兴起。面对世界经济不确定性、债务负担加重以及新冠肺炎疫情等风险挑战，非洲国家纷纷倡导经济多元化、积极推进非洲一体化，并加强与以中国为代表的新兴经济体的合作。非洲崛起的势头不会改变，未来有可能成为全球制造业中心和世界经济新引擎。①

朴英姬在《东非经济增长的现状及前景》一文中指出，全球金融危机之后，东非地区保持了较高经济增速，已然成为非洲大陆乃至世界范围内最具经济增长活力的次区域。尽管如此，在后疫情时代东非经济可持续增长仍将面临诸多阻碍因素，主要包括经济结构转型进展缓慢，资本匮乏和基础设施落后，制度建设滞后和政府治理薄弱，区域经济一体化程度较低。展望未来，东非国家将致力于构建经济可持续增长的新模式，重点推进经济结构转型，使之成为经济可持续增长的重要引擎，为私营经济构建有利的制度环境，加速经济特区建设，加大基础设施和人力资本的投入力度，充分发挥非洲大陆自由贸易区的潜在效益等。②

---

* 杨宝荣，中国社会科学院西亚非洲研究所（中国非洲研究院）经济研究室主任、研究员，研究方向为非洲产业经济、制度经济和对外经济合作。

① 张忠祥、陶陶：《非洲经济发展的新态势》，《现代国际关系》2020 年第 9 期。

② 朴英姬：《东非经济增长的现状及前景》，《现代国际关系》2020 年第 10 期。

朴英姬在《非洲大陆自由贸易区：进展、效应与推进路径》一文中认为，非洲大陆自由贸易区正式启动后，区域内关税和非关税壁垒将大大降低，区域内贸易和投资水平将显著提升；利用统一大市场会带来规模经济效应，各成员国经济多元化和工业化进程有望加速，并将推动区域价值链的深入发展，为非洲经济结构转型和可持续发展构建更坚实的基础和更广阔的市场空间。①

陈汉鹏在《撒哈拉以南非洲国家经济增长的收敛性分析》一文中，选择了包括26个撒哈拉以南非洲国家在内的全球102个国家和地区1985—2015年样本数据，对撒哈拉以南非洲国家经济增长的收敛性进行实证分析。得出研究结果表明：第一，撒哈拉以南非洲地区内部国家之间存在条件收敛，即在控制了技术进步率、储蓄率、人力资本、人口增长率和折旧率等条件之后，人均收入较低的国家拥有相对较高的经济增长率；第二，在全球范围内撒哈拉以南非洲国家的人均收入会向其他更为富裕的国家或地区进行条件收敛，但是当撒哈拉以南非洲国家的人均收入达到世界其他国家或地区人均收入均值的20%水平以后，该条件收敛效应就会被抵消；第三，在控制了政府稳定性、民主问责制、法律和社会秩序等制度变量之后，尽管撒哈拉以南非洲国家向其他国家或地区收敛的瓶颈值并未消失，但该瓶颈值得到了显著放松，其人均收入在达到世界其他国家或地区人均收入均值的35%以后，条件收敛才会停止。研究认为落后国家或地区实现经济上赶超的“后发优势”是阶段性的，而通过营商环境等制度性因素的改善能够延长后发优势的持续时间。②

二 疫情对非洲经济影响研究

非洲自身经济的脆弱性决定了当前疫情给非洲带来的冲击十分严重。2020年疫情对非洲经济的影响成为国际研究和关注的热点，这既包括疫情下非洲经济的困境，同时也包括疫情给非洲目前一体化、工业化发展带来的挑战。

姚桂梅、许蔓在《新冠肺炎疫情下的非洲发展困境与前景》一文中指出，新冠肺炎疫情全球大流行使国力孱弱的非洲国家陷入发展困境，疫情使非洲国家深刻反思既有发展模式，为重塑社会经济结构带来新契机，或将推动非洲经济一体化进程在后疫情时代提质增效。受困于单一经济结构、债务缠身、科学技术匮乏，处于全球价值链低端的非洲国家短期内无法建立内生性、包容性、完整的产业链和供应链，未来仍要延续自主发展与国际协同并重的发展方略。③

黄梅波、邱楠在《新冠疫情对撒哈拉以南非洲经济发展的影响》一文中指出，

① 朴英姬：《非洲大陆自由贸易区：进展、效应与推进路径》，《西亚非洲》2020年第3期。

② 陈汉鹏：《撒哈拉以南非洲国家经济增长的收敛性分析》，《上海对外经贸大学学报》2020年第4期。

③ 姚桂梅、许蔓：《新冠肺炎疫情下的非洲发展困境与前景》，《当代世界》2020年第9期。

为应对新冠肺炎疫情，撒哈拉以南非洲国家政府对内采取积极的财政政策，对外努力寻求国际资金支持，以对冲新冠肺炎疫情对该地区经济与社会发展的影响。在后疫情时期，各国需加强公共卫生治理能力和基础设施建设，提高公共服务水平；加快经济结构转型，增强经济增长内生驱动力；化危为机，大力发展数字经济等新经济业态；促进非洲自由贸易区发展，推进区域价值链建设。①

李雪冬、董锐在《新冠肺炎疫情对非洲经济的影响及应对》一文中指出，新冠肺炎疫情暴发后，非洲国家面临着疫情防控和经济发展的双重挑战。因采取严格防疫措施，各国经济活动迅速中断。根据国际货币基金组织（IMF）在 2020 年 4 月 15 日发布的《撒哈拉以南非洲地区经济展望》中的预测数据，分析认为经济不振加剧财政赤字，叠加长期存在的粮食安全问题，非洲所面临经济冲击和社会动荡形势更为严峻。②

三 非洲产业经济及国别发展研究

李小云、李嘉毓、徐进在《非洲农业：全球化语境下的困境与前景》一文中认为，非洲农业问题是不同阶段全球化影响下的政治经济现象，是不同阶段外部强烈干预导致非洲传统农业文明中断的结果。农业既是以植物和动物生产为主要内容的生产部门，又与经济社会紧密相连。发达的农业往往都是农事系统知识和技术在长期的演化中不断积累和升华的结果，并与经济社会融为一个体系。外部作物不断进入非洲意味着非洲以往积累的农事系统知识和技术的中断，也意味着与之对应的社会经济系统的紊乱。非洲是被纳入全球农业资本主义体系最早的地区之一。传统的商业资本主义和工业资本主义的全球化对非洲农业的发展产生了深远的影响。进入后殖民主义时代以后，非洲农业再次陷入了现代发展教义的逻辑中。非洲国家独立后的很长一段时间，农业成为了工业化的牺牲品，其自主发展的空间被大大压缩。在外部的强力干预下，非洲农业发展不断与其农业起源和与之相适应的食物和营养传统脱钩，特别是非洲的食物安全与粮食生产能力相联系弱化了非洲的农业基础。21 世纪以来，在其他发展中国家成功经验的影响下，非洲大陆开始重新布局农业发展，以摆脱非洲农业悲观主义的阴影，走上农业自主发展的道路。③

周立志在《非洲四大流域水电开发状况及建议》一文中认为，尽管非洲经济发展面临诸多挑战，但增长趋势仍在继续。随着各国电力需求的增加，非洲电力基础设施建设充满机遇。非洲水电资源丰富，开发潜力巨大，且 80% 的可开发水电资源潜

① 黄梅波、邱楠：《新冠疫情对撒哈拉以南非洲经济发展的影响》，《西亚非洲》2020 年第 4 期。

② 李雪冬、董锐：《新冠肺炎疫情对非洲经济的影响及应对》，《经济》2020 年第 10 期。

③ 李小云、李嘉毓、徐进：《非洲农业：全球化语境下的困境与前景》，《国际经济评论》2020 年第 5 期。

能集中在赞比西河、刚果河、尼罗河和尼日尔河四大流域。中国企业在参与非洲电力基础设施建设中，应根据当地市场条件做好规划。①

刘冬在《埃及制造业发展战略与中埃产能合作》一文中指出，以推出《2030 愿景》为标志，埃及近年来高度重视制造业发展并以竞争优势理论为基础，制定了颇具科学性、系统性的制造业发展战略。这给中国和埃及的产能合作带来了新机遇。然而，埃及制造业发展战略的推进未能在实质上改善有利于提升制造业竞争优势的要素条件，再加之中埃产业链相距较远，双方产能合作的推进并非易事。结合埃及制造业发展比较优势、竞争优势的特点，中国企业应以埃及相对成熟的工业园区为依托，以借助埃及有利的国际贸易条件为重点，以短链产业为先导，以融入当地产业链为方向，稳步有序推进同埃及制造业领域的产能合作。而在政府层面，中国应在技术上加强对埃及制造业发展战略的支持，借助技术交流发掘合作机遇，并通过为埃及企业提供适度支持，借助市场力量拉近双方产业链联系。②

贺鉴、惠喜乐、王雪在《中国与东非国家的海上能源通道安全合作》一文中指出，新时代中国与东非的海上能源通道安全合作具有重大意义，已经取得了一系列成果，如建立了诸多海上能源通道安全合作沟通平台、能源通道海上军事力量合作迈向新台阶、港口建设成为海上能源通道安全合作的重要抓手。但这一合作的深化面临诸多挑战，涉及东非国家治理能力有限及部分国家油气资源纷争、有关合作的法制不够完善及海上非传统安全威胁等。中国与东非国家必须直面上述问题，系统考虑全球、区域、国内等层面的各种因素，协调域内外相关行为主体的力量，以加强该区域海上能源通道安全，促进资源分享和发展红利共享，打造海上能源通道安全南南合作的样板，推动海洋命运共同体的建设。③

张家旗、陈爽、高群、达马斯・W. 马邦达在《非洲国家城市扩展及影响因素分析——以坦桑尼亚基戈马市为例》一文中以坦桑尼亚西部重镇基戈马市为例，以遥感解译的 2000 年、2007 年、2014 年土地利用数据为基础，结合实地调研，运用 GIS 空间分析方法，分析非洲国家城市扩展的整体特征及影响因素。研究得出结论表明：基戈马自 2000 年以来建设用地投入相对人口增长来说比较合理，城市扩展主要占用裸地和植被，城市环境恶化；城市扩展主要沿从市中心向外辐射形成的道路网进行，表现出一定的轴带扩展特征，后期交通轴带间的填充式扩展逐渐显著，而城市中心密实化过程逐渐减弱；城市扩展主要受到人口增长与非正式聚落扩张、交通线路引导与规划失灵等因素的影响。④

① 周立志：《非洲四大流域水电开发状况及建议》，《水力发电学报》2020 年第 9 期。

② 刘冬：《埃及制造业发展战略与中埃产能合作》，《西亚非洲》2020 年第 3 期。

③ 贺鉴、惠喜乐、王雪：《中国与东非国家的海上能源通道安全合作》，《现代国际关系》2020 年第 4 期。

④ 张家旗、陈爽、高群、达马斯・W. 马邦达：《非洲国家城市扩展及影响因素分析——以坦桑尼亚基戈马市为例》，《现代城市研究》2020 年第 12 期。

夏婷、严秉忠、谢越韬、刘雪琪的《非洲能源可及重点国别筛选指标体系研究》一文，以非洲为例，系统量化各相关因素对能源可及国际合作的影响，建立能源可及国际合作推荐指数指标体系，筛选适合开展能源可及国际合作的国家。研究表明，非洲东部和西部能源可及国际合作推荐指数较高，埃塞俄比亚和坦桑尼亚可考虑作为重点国别开展能源可及合作。合作形式应结合当地资源禀赋和能源战略制定情况，因地制宜地开发利用水能、风能、太阳能等可再生能源。①

四　非洲债务问题研究

张春宇在其专著《非洲债务问题与应对选择研究》中，通过对主权债务相关理论、非洲债务现状的探讨，分析了非洲债务问题的来源和走势；通过建立债务风险分析框架，对非洲国家债务风险进行了系统评估。研究认为非洲国家解决债务问题不能仅依赖债务减免和援助支持，更需要提升经济发展内生能力。《非洲债务问题与应对选择研究》提出了非洲增强经济发展内生能力的三大措施：一是非洲要继续优化营商环境，吸引外资；二是推动服务业的快速发展；三是寻找新的经济增长点，实现经济发展的动能转换，海洋经济是重要的选择之一。②

黄梅波、张晓倩、邓昆在《非洲国家的债务可持续性及其对策分析》一文中指出，近年来，国际市场不景气、全球贸易紧张局势升级扩大、本国货币大幅贬值等一系列不利冲击，导致非洲大多数国家债务风险陡升，债务可持续性面临较大挑战，爆发债务危机的可能性大大上升。为防止债务危机发生，非洲国家与国际社会需要共同努力。从非洲国家来说，长期应积极调整产业结构，大力发展国内债务市场，提高经济抗击外部冲击的能力；短期应调整财税政策，加强债务管理，以降低债务风险，维持债务的可持续性。作为非洲国家的债权国之一，面对非洲债务风险的上升，中国应在继续支持非洲各国基础设施建设和经济发展的基础上，优化现行债权结构，谨慎借贷，贷前开展严格的可行性分析，确保项目的经济社会环境的可行性及借款国的贷款偿还能力，同时敦促债务国加强债务管理，防止债务违约的发生。③

周玉渊在《非洲债务问题的议题化及其影响》一文中指出，议题化是当今非洲债务问题的重要特征。作为经济议题，债务问题是非洲发展进程中的重大问题；作为政治议题，债务问题正成为非洲国家国内政治和社会的重要议题；作为国际关系议题，非洲债务问题是传统大国与新兴大国、双边与多边、官方与私人部门在非洲博弈和互动的新议题。非洲债务问题的议题化正带来多重影响，其嵌入非洲国家的国内政

① 夏婷、严秉忠、谢越韬、刘雪琪：《非洲能源可及重点国别筛选指标体系研究》，《水力发电》2020 年第 11 期。

② 张春宇：《非洲债务问题与应对选择研究》，中国社会科学出版社 2020 年版。

③ 黄梅波、张晓倩、邓昆：《非洲国家的债务可持续性及其对策分析》，《国际经济评论》2020 年第 4 期。

治和国家发展议程，推动中国与传统债务治理机制的碰撞、竞争和磨合，成为影响中非合作关系的焦点问题。受2020年初暴发的新冠肺炎疫情等因素影响，非洲债务问题议题化趋势更加复杂，非洲债务可持续性面临新的不确定性，同时国际社会在非洲债务救助中团结合作的意愿和行动不断运强，非洲债务问题日益成为国际债务治理合作转型的重要动力。然而，西方在非洲债务问题上的政治化图谋给非洲发展和国际债务治理带来负面影响。国际社会必须认清非洲债务问题的根源和本质，坚决反对将债务问题政治化，通过团结协作构建真正有效的国际债务治理体系，从而切实推进非洲发展和国际对非合作。①

周玉渊在《中国在非洲债务问题的争论与真相》一文中指出，中国在非洲债务引发的关注和争论部分缘于西方少数国家持续的政治宣传和炒作，但更重要的原因在于对中国在非洲债务共有知识和科学认识的缺乏。其中包括中国在非洲债务中的比重、中国与非洲国家债务关系、中国融资的效果等核心问题的关注和研究比较缺乏。该文认为中国在非洲债务主要集中于少数几个国家，且这些国家并不是债务高风险国，中国在非洲债务中的平均比重远远低于多边金融机构和私人融资等国际融资方；各种证据显示，中国与当前非洲整体的债务问题的相关性很低。另外，在债务关系上，中国不仅不是债务关系的主动方和主导方；相反，中国在债务谈判中的手段和空间其实非常有限。在融资效果上，中国融资在促进非洲国家包容性发展以及改善融资环境方面发挥了重要作用。②

五　非洲经济改革研究

舒运国在《试析独立后非洲国家经济发展的主要矛盾》一文中认为，非洲大陆整体独立60年来经济发展相对缓慢，与世界发展步伐的距离正在拉大。其原因既有殖民地遗产与现实发展的冲突，也有内部发展与外部模式的冲撞，更有非洲传统文化与现代化的矛盾。因此，非洲国家要实现可持续发展，还必须着力进行经济结构转型，摆脱对外依赖性，改善政府治理。③

王慧芝、曾爱平在《拉美与非洲地区经济一体化比较：基于历史的考察》一文中，从历史的视角阐述了拉美和非洲地区经济一体化的模式，并在此基础上对其模式的异同及发展前景进行了比较。该文认为非洲通过泛非层面规划和统筹一体化实践，有利于资源的整体配置，对非洲的一体化发展具有积极作用。④

① 周玉渊：《非洲债务问题的议题化及其影响》，《现代国际关系》2020年第8期。

② 周玉渊：《中国在非洲债务问题的争论与真相》，《西亚非洲》2020年第1期。

③ 舒运国：《试析独立后非洲国家经济发展的主要矛盾》，《西亚非洲》2020年第2期。

④ 王慧芝、曾爱平：《拉美与非洲地区经济一体化比较：基于历史的考察》，《拉丁美洲研究》2020年第4期。

六 非洲制度经济研究

胡依洁、丰雷在《埃塞俄比亚农地确权的成功经验及启示》一文中指出，大规模土地确权是发展中国家保障地权安全稳定、促进经济社会发展的主要措施。非洲国家的确权除少数相对富裕国家外多以失败告终，然而埃塞俄比亚作为一个发展中国家，却较成功地实施了大规模土地确权。其经验主要如下。（1）分阶段确权的合理规划、技术成本的有效控制以及国际援助的积极利用，是大规模确权可负担、可持续的基础和前提。（2）重视培训教育，使得广大民众的认知与国家的政治目标一致，增强了确权改革的国家能力。（3）分权式确权给予地方更大自主权，契合了不同地区的多样化要求，充分发挥非正式约束的补充作用，提高了确权改革的适应性。（4）参与式确权保障了农民的合法权益，提高了官员和民众等多群体的支持，大大减少了确权改革的阻力。①

丰雷、郑文博、胡依洁在《大规模土地确权：非洲的失败与亚洲的成功》一文中通过研究非洲案例认为，非洲一些国家在大规模土地确权方面是不成功的。其一，这些国家的确权成效可能受传统习俗制度的影响更大。传统的习俗地权制度有其合理性和有效性，适用于土地产权的复杂性、多样性、重叠性的特征。非洲国家以继承为获得土地的主要方式并辅以购买、礼物形式的传统习俗地权制度，所蕴含的地权稳定性为土地投资和经济增长提供了足够激励。其二，大规模确权并未真正改变民众认知，广大民众未充分认识到确权的全部好处，没有给予确权足够支持和参与。其三，大规模确权具有分配效应，往往满足了统治阶层或少数利益团体的效率而忽视了公平，广大农民的权益并未得到真正保护。②

李建发、杨明、张国清在《南非政府财务报告审计制度：经验与启示》一文中认为，受国际新公共管理改革浪潮影响，南非20世纪90年代后发布和修订了一系列法规完善政府财务报告和政府财务报告审计制度。经过多年的发展，南非已经初步形成了体系化的政府财务报告审计制度，这对于国家实现良好的治理提供了重要制度基础。③

七 中非经济合作研究

陈玮冰、武晋在《中国经验能否助力非洲经济腾飞——基于与世界银行援助项

① 胡依洁、丰雷：《埃塞俄比亚农地确权的成功经验及启示》，《世界农业》2020年第5期。

② 丰雷、郑文博、胡依洁：《大规模土地确权：非洲的失败与亚洲的成功》，《农业经济问题》2020年第1期。

③ 李建发、杨明、张国清：《南非政府财务报告审计制度：经验与启示》，《审计研究》2020年第4期。

目的比较研究》一文中，采用2000—2015年39个非洲国家的511个地区的地理编码数据，对中国与世界银行对非经济型基础设施援助进行了整体性比较回归分析，并对中国经济型基础设施有效性和可持续性进行了检验。研究结果表明，中国与世界银行对非经济型基础设施援助使受援国地区的经济水平均显著提高，世界银行援助会提高受援国政府效率，在一定程度上提升了中国援助的有效性；中国经济型基础设施援助项目在开展后可持续稳定地提升当地经济水平，在没有后续资金跟进的条件下，这种效果将维持3—4年。①

陈弘、文春晖在《中非农业产能合作的战略意义、环境条件和政策支撑》一文中通过研究中非农业合作认为，中非农业产能合作为转变中非农业合作模式、提升合作效率、构建新型中非合作关系、助推双方经济结构转型与升级提供新的发展动能，战略意义突出；在环境上需要以能力建设和包容性增长为政策导向着手构建互补的农业结构、开放的经贸合作平台以及健全的双边人才教育培训体系；在政策支撑上需要加强顶层设计，明确政策目标，明晰政策重点，围绕对非企业需求构建帮扶政策体系，加强政策引导构建中非农业合作大平台。②

张颖、夏福渭在《中国与非洲发展模式的对接》一文中认为，非洲是中国“一带一路”倡议的主要方向和重点地区，非洲大陆自贸区建设与中国“一带一路”倡议有着诸多契合点。随着2020年7月以来非洲大陆自贸区的启动提上日程，“一带一路”倡议与非洲大陆自贸区战略的对接步入新阶段，中国与非洲的合作走上历史高点。这一合作基于对全球化的认同，并与联合国可持续发展议程和非盟《2063年议程》的目标对表。在对接的路径选择上，中国与非洲大陆自贸区及其成员国加强机制化沟通，推动了中非自贸区建设；中国继续发挥基础设施建设优势，非洲大陆自贸区互联互通能力得到提升；数字化非洲建设成为中非合作的优先方向；金融合作不断扩大，相关监管协调水平逐渐提高。目前，中非双方需要克服新冠肺炎疫情带来的困难，化解疫情对于非洲大陆自贸区进程及自贸区成员国履约意愿、国际竞争等重大事项的消极影响。③

计飞在《中非自由贸易区建设：机遇、挑战与路径分析》一文中认为，非洲国家和地区作为“一带一路”倡议的自然延伸，是未来自贸区建设的重点区域之一。受到新冠肺炎疫情等因素的冲击，全球经济正面临着较大压力。中非双方应充分利用已达成的中国—毛里求斯自贸区协定和非洲大陆自贸区建设的历史契机，加快推进中非自贸区布局，及时化解所面临的若干障碍。在对非自贸区建设过程中，中国需要综

① 陈玮冰、武晋：《中国经验能否助力非洲经济腾飞——基于与世界银行援助项目的比较研究》，《现代经济探讨》2020年第2期。

② 陈弘、文春晖：《中非农业产能合作的战略意义、环境条件和政策支撑》，《湖南农业大学学报（社会科学版）》2020年第6期。

③ 张颖、夏福渭：《中国与非洲发展模式的对接》，《现代国际关系》2020年第12期。

合考虑自贸区谈判的时间成本和非洲大陆的实际，合理利用非洲大陆现有的制度性安排，密切关注各方关切所在，妥善处理各种矛盾，发挥非盟在中非自贸区建设中的协调作用，在维护中国正当利益的基础上审慎布局对非自贸区建设，适时选择最佳的自贸区建设路径。①

王珊珊、黄梅波在《中非金融合作的现状及影响因素：基于非洲金融市场发展视角下的实证研究》一文中认为，中非金融合作是中非“十大合作计划”之一，是中非合作发展的新亮点。2018—2019 年中非金融合作不断推进，但双方的金融合作仍处于较浅层次。在中非双方经贸往来日益频繁的今天，妨碍中非金融合作发展的一个重要原因是双方金融发展差距较大。该文基于非洲金融发展的视角，采用 1996—2017 年 47 个非洲国家的面板数据研究发现，非洲地区接受的外商直接投资、进口商品额、资本项目开放对非洲金融市场发展的作用是正向显著的，接受援助影响的大小和方向则是不稳健的，这是因为援助对金融市场发展的作用受其方式、结构等多种因素的影响，存在更多的不确定因素。②

李岩、杨颖红、刘晖在《新冠疫情背景下中非农业合作的思考》一文中认为，新冠肺炎疫情对非洲农业造成一定冲击。在此背景下，积极推动中非农业合作有利于加快实现非洲粮食安全，加强中非经贸和投资全产业链合作有利于推进非洲农业现代化进程，进行中非农业科技创新合作，拥抱数字化农业。③

综上所述，从 2020 年国内的非洲经济研究成果看，其特征主要表现在以下几个方面。其一，就研究内容而言，年内非洲宏观经济形势仍是关注重点。一方面，体现在对非洲的经济形势表现及特点总结。另一方面，疫情冲击下的非洲经济受到关注，特别是非洲抗疫能力的不足，以及疫情对非洲收入和债务形势受到重点关注。其二，研究方法上，基于特定经验的历史视角、市场视角仍发挥着主导作用。一方面，这不仅体现在国外对非洲地区的经济研究中的政治、宗教、文化等因素考量，也是国内研究的一个重要着眼点。另一方面，地区经济发展和改革的路径分析仍以自由市场经济经验为主要着眼点。对于非洲地区而言，能源矿产品行业的变革则是较为突出的关注点。其三，新技术变革对社会经济发展带来的作用日益受到关注。在推进产业转型升级方面，“一带一路”倡议下的新技术合作推动产业合作和升级日益成为合作动力。

---

① 计飞：《中非自由贸易区建设：机遇、挑战与路径分析》，《上海对外经贸大学学报》2020 年第 4 期。

② 王珊珊、黄梅波：《中非金融合作的现状及影响因素：基于非洲金融市场发展视角下的实证研究》，《上海对外经贸大学学报》2020 年第 4 期。

③ 李岩、杨颖红、刘晖：《新冠疫情背景下中非农业合作的思考》，《农业经济》2020 年第 10 期。

2020年中国的非洲安全研究述评

邓延庭*

2020年，国内学术界围绕非洲安全问题，开展了广泛且深入的研究，发表了诸多高质量的研究成果。总体来看，国内学者对于非洲安全问题关注的地区主要集中在非洲之角、大湖地区、萨赫勒地带等局势不稳定地区，关注的议题主要是恐怖主义、民族关系恶化、发展不均衡导致的局势紧张问题。此外，在新冠肺炎疫情全球大流行背景下，非洲应对全球气候变化、粮食安全、公共卫生等挑战的能力与不足，也成为国内学者聚焦的重点。同时，学者还结合非洲安全局势的新问题、新挑战，提出了中国参与或与非洲加强安全管理的建议。

一　安全能力建设

面对诸多安全挑战，非洲从自己的实际情况和利益诉求出发，独立自主地探索安全应对机制建设，不断提升安全管理能力，为非洲的包容性发展提供良好的外部环境。

关于整个非洲大陆的集体安全构建议题，王涛在《集体安全机制视野下的非洲常备军建设》一文中分析指出，非洲常备军是非洲大陆独立60年来孜孜以求联合自强的重要成果，是非洲安全合作一体化从理想到现实迈出的坚实一步。它发端于20世纪初的泛非主义思潮，历经非统组织成员国的持续推进，最终非盟于2002年成功付诸实践。非洲常备军在实际发展中，已实现不少建设思路上的突破，完成了许多自身机制性建设的目标。与此同时，它从最初的“泛非军事力量”设想，逐渐变为在现实中的五支逐渐分化的次区域军事力量的组合。在肯定非洲常备军建设对于非洲集体安全建构的积极意义的同时，作者也分析了非洲常备军建设当前以及在未来可预见时期内面临的若干挑战，包括内在机制问题、资源配置不均等多重因素的制约，非洲常备军分散化发展态势不仅在可持续促进非洲安全一体化方面的作用相对有限，而且会带来消解非洲大陆安全整合努力的风险。为了克服这种矛盾和缺陷，非洲国家需要

---

* 邓延庭，中国社会科学院西亚非洲研究所（中国非洲研究院）安全研究室副主任、助理研究员，主要研究领域为东非国家政治安全建设、东非区域一体化。

凝聚共识，一方面通过非洲大陆域内外资源动员，破解资金不足、人员装备与能力缺乏问题；另一方面推进与优化机制建设，提升非洲国家的集体安全能力。①

针对非洲次区域内的安全局势与安全建设的议题，张春的《非洲之角政治转型及中国的政策选择》一文主要聚焦于非洲安全热点地区非洲之角，分析近年来非洲之角域内各国在政治发展中推进区域安全建设的成就与问题，并展望中国建设性参与非洲之角事务的机遇和挑战。作者指出，近年来非洲之角多国政治、经济、社会的发展进入关键时期，开启了整个地区的中长期转型。这一历史性转型同时在个人、国家和体系层次展开：个人层次是顺应地区人口年轻化趋势的政治领导人代际更替；国家层次是顺应地区发展需要从"安全第一"向"发展第一"的治理思维转型；体系层次是因应全球和地区地缘政治变化而来的跨红海地缘政治回归。作者认为，这一转型的推进充满不确定性，也蕴含巨大的可塑性。鉴于地区内国家自身能力差距及其传统国际交流合作关系，中国与该地区的合作尤其是"一带一路"倡议的实施面临新的历史机遇，可望把握好该地区的可塑性并降低不确定性，推动其政治转型稳步走向可持续的和平与发展。②

就非洲大国在推动非洲安全建设中发挥的作用，张凯在《非洲和平与安全建设：南非的区域大国角色及限度》一文中详细地分析了南非作为南部非洲的第一大经济体和非洲最重要的政治和经济大国，在非洲安全秩序构建中发挥的作用。作者指出，自从南非结束种族隔离、实现多数人统治之后，国家开始强化立足于非洲并且融入非洲的国家身份定位。南非通过参与解决非洲国家冲突、加强非洲集体安全机制建设、支持非洲冲突后重建与发展进程、推动联合国与非盟加强战略协调与合作、参与多边维和行动等方式参与非洲和平与安全建设，扮演了区域安全公共产品供给者的角色。同时作者也认为，尽管南非发挥了积极的作用，但受制于近年来其自身发展乏力以及非洲其他次区域大国的激烈竞争，该国在非洲和平与安全事务中所扮演的角色面临着被弱化的危险。新冠肺炎疫情的冲击，进一步凸显了南非面临的这种困局。未来南非在参与非洲和平与安全事务中，将会进一步加强对非洲集体安全机制的依赖。③

二 经济与金融安全

新冠肺炎疫情的大流行严重扰乱了非洲的正常发展，给本就脆弱的经济和金融体系以巨大的冲击。受此影响，许多非洲国家陷入失业率激增、债务压力飙升、实体产业停摆的危机，成为引发各类社会问题的催化剂。以债务问题为切入点，成为国内学

① 王涛：《集体安全机制视野下的非洲常备军建设》，《西亚非洲》2020 年第 2 期。

② 张春：《非洲之角政治转型及中国的政策选择》，《现代国际关系》2020 年第 3 期。

③ 张凯：《非洲和平与安全建设：南非的区域大国角色及限度》，《国际安全研究》2020 年第 5 期。

者剖析非洲经济与金融安全的主要研究途径。

针对非洲国家的债务缘起与应对问题，张春宇在其专著《非洲债务问题与应对选择研究》中指出，非洲国家经济发展严重依赖外部融资，长期的债务积累叠加融资条件的变化，使多数非洲国家的债务负担沉重。过往全球发展中国家遭遇的主权债务危机对世界经济带来的负面影响延宕至今。在遇到全球性或者地区性大波动的时候，非洲的债务问题将表现得更加明显。作者通过回顾发达国家和部分发展中国家债务风险应对经验，从中总结出可供非洲国家参考和借鉴的有益启示。作者认为，非洲国家解决债务问题不能仅依赖于债务减免和援助支持，更需要从根本上提升经济发展的内生能力，需采取包括优化营商环境、推动服务业快速发展、发展海洋经济等举措，实现非洲经济发展的新旧动能转换，从降低债务压力负担方面确保非洲经济发展的安全。①

在非洲债务可持续性问题上，黄梅波、张晓倩、邓昆在《非洲国家的债务可持续性及其对策分析》一文中指出，近年来，国际市场不景气、全球贸易紧张局势升级扩大、本国货币大幅贬值等一系列不利冲击，导致非洲大多数国家债务风险陡升，债务可持续性面临较大挑战，爆发债务危机的可能性大大上升。为防止债务危机发生，非洲国家与国际社会需要共同努力。从非洲国家来说，长期应积极调整产业结构，大力发展国内债务市场，提高经济抗击外部冲击的能力；短期应调整财税政策，加强债务管理，以降低债务风险，维持债务的可持续性。结合非洲债务可持续性问题，作者指出，中国作为非洲国家的债权国之一，应在继续支持非洲各国基础设施建设和经济发展的基础上，优化现行债权结构，谨慎借贷，贷前开展严格的可行性分析，确保项目的经济社会环境的可行性及借款国的贷款偿还能力，同时敦促债务国加强债务管理，防止债务违约的发生。②

在债务对非洲发展和安全影响的议题上，周玉渊撰文《非洲债务问题的议题化及其影响》指出，债务问题虽然是事关非洲经济安全的内容，但是在非洲对外的关系格局以及非洲整体的安全发展态势中，债务问题具有多重议题层面的意义，成为传统西方霸权、新兴市场国家在非洲博弈与互动的重要内容。非洲债务问题的议题化正带来多重影响，其嵌入非洲国家的国内政治和国家发展议程，推动中国与传统债务治理机制的碰撞、竞争和磨合，成为影响中非合作关系的焦点问题。新冠肺炎疫情暴发以来，非洲债务问题之于非洲安全的意义进一步凸显，不少西方国家借此将非洲债务问题政治化，并且与中国绑定，给中非关系以及非洲国家的治理都带来潜在的负面影响。因此作者认为，国际社会必须认清非洲债务问题的根源和本质，坚决反对将债务问题政治化，通过团结协作构建真正有效的国际债务治理体系，从而切实推进非洲发

---

① 张春宇：《非洲债务问题与应对选择研究》，中国社会科学出版社 2020 年版。

② 黄梅波、张晓倩、邓昆：《非洲国家的债务可持续性及其对策分析》，《国际经济评论》2020 年第 4 期。

展和国际对非合作。①

三 恐怖主义威胁

针对当前恐怖主义在非洲加速蔓延的态势，国内学者从恐怖主义的发生形态、主要表现和特征等角度入手，对近年来特别是新冠肺炎疫情催化下非洲恐怖主义的发展趋势和影响进行了较为详细的梳理。

针对非洲恐怖主义的发生形态，陈冲、庞珣在《非洲恐怖袭击时空规律大数据分析——基于GIS技术和分离总体持续期模型》一文中运用统计学、大数据等方法，对非洲恐怖主义事件发生的时空范围和概率进行模型化的研究。作者运用海量事件数据和地理信息系统（GIS）技术，将恐怖袭击的地理单元细粒化到以0.5×0.5经纬度作为分辨率的时空网格，寻找微观分析单元上恐怖袭击的时空规律，并运用分离总体持续期模型对恐怖袭击风险的空间分布和发生时机进行解释和预测，可进一步将非洲的恐怖袭击问题进行科学量化。② 在对非洲10674个时空网格在1994—2013年恐怖袭击的时空特征进行分析，作者对非洲恐怖袭击发生时机进行精准捕捉，对恐怖袭击地点进行细粒化定位，并对恐怖袭击地理分布进行“疫区”与“免疫区”区分，不但深化了对恐怖主义的认识，而且提高了恐袭预测的精度和实际应用价值。这种研究尝试表明，在大数据时代进行国际关系研究，不仅要充分利用海量数据提供的前所未有的丰富信息，更要选择和运用恰当的统计技术对复杂时空相关性进行细粒度分析，从而形成有效的创新路径。

针对恐怖主义的应对举措，王涛、李洁在《撒哈拉以南非洲国家去极端化论析》一文中着重关注了非洲国家通过宗教去极端化来打击恐怖主义的举措。作者指出，撒哈拉以南非洲国家的去极端化经历了从社会、政治改造到军事打击，再回归全领域治理的发展过程。冷战时期，这些国家致力于将当时逐渐兴起的伊斯兰极端主义团体纳入本土体制。冷战结束后，这些国家则试图对伊斯兰极端主义团体的政治化转型进程加以规范和控制。③ “9·11”事件后十年，随着美国反恐战争强力介入撒哈拉以南非洲国家，该地区的去极端化进程被片面简化为反恐。2010年以后，撒哈拉以南非洲国家重新重视军事手段以外的去极端化方案，引入一系列法律、教育和社会、经济新举措，呈现出全领域去极端化的新态势。在撒哈拉以南非洲国家，全领域的去极端化不排斥在明辨是非、善恶的基础上达成和解并探寻宽恕与妥协的可能，其实践已取得一定成效。

---

① 周玉渊：《非洲债务问题的议题化及其影响》，《现代国际关系》2020年第8期。

② 陈冲、庞珣：《非洲恐怖袭击时空规律的大数据分析——基于GIS技术和分离总体持续期模型》，《外交评论（外交学院学报）》2020年第2期。

③ 王涛、李洁：《撒哈拉以南非洲国家去极端化论析》，《阿拉伯世界研究》2020年第2期。

四 公共卫生挑战

作为全球之公共卫生危机，新冠肺炎疫情大幅度冲击了本就捉襟见肘的非洲医疗卫生资源，让公共卫生挑战成为年内非洲最为凸显的安全危机。国内学者通过聚焦非洲公共卫生问题，对疫情下的非洲发展和前景进行了详细分析。

针对非洲公共卫生治理难题及发展出路议题，罗会钧、查云龙在《非洲公共卫生治理赤字及中非合作经验》一文中指出，非洲是发展中国家最集中、最不发达国家最多的地区，也是经济社会可持续发展深层次矛盾比较突出的地区。非洲国家要实现自身发展首先必须争取和维护稳定的发展环境。近年来，非洲传统安全形势总体趋于缓和，而非传统安全挑战仍较严峻，尤其是在公共卫生安全领域频繁爆发的危机深度影响着非洲的安全和发展。中国与非洲国家是命运共同体，在维护世界安全、促进共同发展方面有着巨大的共同利益。新时代，中国更加重视与非洲国家的合作，致力于维护非洲良好的发展环境，并在公共卫生安全领域继续保持着与非洲国家的长期良好合作。在这一背景下，分析和研究非洲国家公共卫生安全现状与问题，总结中非在公共卫生安全治理中的合作经验，有利于推动中非公共卫生安全治理合作进一步深化，也有利于提升非洲公共卫生安全治理能力。①

针对非洲应对新冠肺炎疫情所面临的难题与挑战，贺文萍在《非洲抗疫的挑战与应对》一文中指出，由于历史和现实的多重原因，非洲成为下一个全球疫情重灾区的可能性仍不能排除。作为全球经济链条中最脆弱的一环，非洲经济在新冠肺炎疫情的打击下面临全面衰退的风险。为避免非洲出现最坏情况，除了非洲各国自身迅速采取相关防疫抗疫措施外，国际社会的援助必不可少。在国际施援非洲抗疫方面，最可圈可点的当属中国政府与民间所采取的迅速行动。中国的抗疫经验与举措，实际上给非洲国家提供了可供参考的现实可行的途径，为非洲最终摆脱疫情的阴霾提供了强有力的支撑。②

针对非洲如何通过国际合作应对疫情挑战的议题，刘海方在《新冠肺炎全球大流行下非洲的抗疫和中非合作》一文中指出，新冠肺炎疫情暴发后，非洲国家尽管在整体上也面临实现保障民生和疫情防控的两难选择，但它们还是采取积极举措应对疫情。非洲联盟和成员国建立起二级联动抗击新冠肺炎疫情机制；教育公众做好群防群控和改善社区诊所，使防疫“下沉到社区”；民间和社区也自发产生各种创新性应对行动。这些区域间团结合作方式有效地延缓了疫情在非洲的蔓延。同时，为应对此次疫情，中国与非洲国家都表现出团结互助精神，中国在已有卫生合作基础上，向非

① 罗会钧、查云龙：《非洲公共卫生治理赤字及中非合作经验》，《国际参考研究》2020 年第 12 期。

② 贺文萍：《非洲抗疫的挑战与应对》，《人民论坛》2020 年第 22 期。

洲派出抗疫专家医疗队，传递抗击新冠病毒的信心和防疫知识与技术。新冠肺炎疫情远未结束，中国在与非洲携手抗疫的过程中需要重申团结精神，积极探索建设中非卫生健康共同体。①

五　域外大国与非洲安全合作

关于西方大国与非洲安全合作，张春在《美国对非洲安全援助的演变与前景》一文中指出，二战结束以来，安全援助一直是美国实现其国家利益的重要手段。尽管非洲具有重要地缘战略地位，但美国并未投入实质性资源，因此安全援助便成为其在非洲的“战略性努力”。② 美国对非安全援助并不多，且埃及长期独占鳌头，其所获安全援助金额占整个非洲的90%以上。从地理分布来看，出于保护红海通道及其欧洲盟友安全的目的，美国对非安全援助的重点主要集中在非洲之角和西北非地区。从项目分布来看，冷战时期美国安全援助的重点是军事援助，冷战结束后特别是“9·11”事件后则转向伙伴国能力培养。从授权来看，虽然法律授权始终仅赋予国务院，但冷战结束后特别是“9·11”事件后，美国对非安全援助更多转向临时性授权，赋予国防部更大的行动自由。特朗普政府上台后，一方面延续了其前任对东非和西北非的关注，但埃及地位出现明显下降；另一方面则尝试对过于自由的临时授权予以整合。不过，特朗普政府对“美国优先”的强调及对安全援助投资回报的关注，可能无助于美国提升对非安全援助的效益，反而推动其朝着更加扭曲的方向发展。

张家栋在《印度洋安全环境：竞争中的稳定与缓和》一文中分析指出，在传统安全方面，美国仍然是印度洋地区的主要战略行为体，致力于发展与传统盟友和新战略伙伴之间的关系；印度在印度洋地区谋求一定程度的主导地位，积极发展自己的军事力量，尤其是海军力量；中国、日本、澳大利亚、英国和法国等对印度洋地区的战略重视程度也在不断上升。在非传统安全方面，印度洋地区仍然面临严峻的恐怖主义威胁，东非海域的海盗活动基本绝迹，但在东南亚出现上升势头。印度洋地区安全形势总体稳定，呈现向好发展的态势。③

关于中非抗疫合作，刘鸿武在《非洲新冠肺炎疫情趋势及对中非关系的影响》一文中指出，随着新冠肺炎疫情对非洲冲击的效果越发明显以及中国国内抗疫取得阶段性成功，中非合作抗疫逐步成为中非关系以及非洲发展所面临的重大议题。作者认为，自疫情暴发以来，中非之间已经展开了较为有效的合作。第一，疫情发生之后，非洲就与中国形成了非常良好的互动关系。新冠肺炎疫情在中国武汉暴发初期，非洲

① 刘海方：《新冠肺炎全球大流行下非洲的抗疫和中非合作》，《国际政治研究》2020年第3期。

② 张春：《美国对非洲安全援助的演变与前景》，《云大地区研究》2020年第1期。

③ 张家栋：《印度洋安全环境：竞争中的稳定与缓和》，《印度洋经济研究》2020年第5期。

国家连续发声支持中国抗疫，反复提到2014年中国支持非洲抗击埃博拉疫情的经历，认为中非是命运共同体。非洲国家从一开始就没有被以美国为首的西方国家所谓的“中国阴谋论”、“隐瞒论”以及疫情污名化、政治化带偏。第二，非盟领导下的非洲国际社会积极抗疫、科学抗疫，把中国的理念和支援转化为了切实可行的非洲抗疫举措。第三，非洲绝大多数国家在这次抗疫中都主动作为，基本上没有发生因各种各样观念的偏差而耽误合作抗疫的情况。第四，相信中国在抗击疫情方面的优势和能力。绝大多数非洲国家采取积极对华合作的意愿和政策，与中国开展了数十场双边和多边的抗疫交流合作。针对进一步优化和推动中非抗疫合作，作者提出了以下相关建议。第一，需要中非双方的共同参与，推动中非在各个层面更加有效地合作，在加强政府层面合作的基础上，有的需要直接派遣医疗队，有的则可通过远程在技术指导和管理方面分享举措、知识和经验。第二，发挥中国企业的作用，并加强与民间组织和非政府组织的合作。第三，注重智库、媒体和舆论方面的合作。第四，中非合作既要立足当下，更要着眼于长远，使中非合作抗疫实现“标本兼治”。非洲的疫情防控既是公共卫生问题，也是政治问题。第五，建议有关高校和驻非洲各国使领馆把在华的非洲留学生和在非洲的中国华人发动起来，更好地沟通双方的民情民意。①

关于中国与非洲加强能源安全合作的议题，贺鉴、惠喜乐、王雪在《中国与东非国家的海上能源通道安全合作》一文中指出，新时代中国与东非的海上能源通道安全合作具有重大意义，已经取得了一系列成果，如建立了诸多海上能源通道安全合作沟通平台、能源通道海上军事力量合作迈上新台阶、港口建设成为海上能源通道安全合作的重要抓手。但这一合作的深化面临诸多挑战，涉及东非国家治理能力有限及部分国家油气资源纷争、有关合作的法制不够完善及海上非传统安全威胁等。中国与东非国家必须直面上述问题，系统考虑全球、区域、国内等层面的各种因素，协调域内外相关行为主体的力量，以加强该区域海上能源通道安全，促进资源分享和发展红利共享，打造海上能源通道安全南南合作的样板，推动海洋命运共同体的建设。②

关于三方对非安全合作，杨娜在《中国和欧盟在非洲的竞争与合作：“安全—发展关联”视角》一文中指出，欧洲大国凭借特殊的历史联系，通过援助、贸易投资、直接干预等方式介入非洲国家的安全与发展，促使欧盟与非盟等机制对接以“软联系”方式参与非洲事务。中国倡导在尊重非洲国家主权与独立的前提下，经济上平等互利共赢、安全上在联合国等多边机制框架下维护非洲的和平与稳定。以“安全—发展关联”为分析框架，将经济发展动力和国内安全环境作为指标，可将非洲国家分为四种类型。“发展优先”和“发展优先、兼顾安全”类型中，在以自然资源为增长驱动力的非洲国家，中国和欧盟在发展议题上趋于竞争。在以外来投资为主要发展动

① 刘鸿武：《非洲新冠肺炎疫情趋势及对中非关系的影响》，《决策与信息》2020年第12期。

② 贺鉴、惠喜乐、王雪：《中国与东非国家的海上能源通道安全合作》，《现代国际关系》2020年第4期。

力的非洲国家，中国和欧盟合作的可能性更大，此类国家国内较为稳定，主要借国际机制应对非传统安全问题，中国和欧盟易实现合作。“安全优先”和“安全优先、兼顾发展”类型中，因中国坚持“不干涉内政”原则，若在联合国、非盟等多边机制框架下维护非洲的和平与稳定，则中国和欧盟可实现合作。此类国家国内安全形势欠佳，主要以自然资源为发展动力，中国和欧盟在发展议题上趋向竞争。中国和欧盟可通过认知调整、制度对接等方式在非洲两个议题中增进合作。①

在域外大国涉足非洲国家的安全建设议题上，王金岩在《利比亚战后乱局中的外部干预》一文中指出，由于历史和经济等原因，非洲国家比其他地区国家受外部影响的程度更深。利比亚即是如此，自独立起一直受到外部干预，其干预方式伴随内外环境的变化而演变，各自呈现出不同的特点。2011 年利比亚战争爆发，西方大国以“保护的责任”名义对其实施军事干预，致其发生政权更迭。战后，西方大国及地区多国从自身利益出发，有选择地参与利比亚战后重建和冲突斡旋。外部干预加剧了利比亚的动荡和灾难，其外溢效应也殃及干预国自身。2019 年 4 月，利比亚对立两派间战事再度升级，引发土耳其干预和相关国家之间新一轮博弈。由此说来，利比亚冲突前景仍有很大的不确定性。②

六　结语：对非洲安全研究的评价

2020 年国内学界对非洲安全问题的研究成果较为丰富，能够较为全面和系统地反映出非洲安全局势的发展走向与特点。具体而言，年内的非洲安全研究包含了以下几个主要的特点：全面性、系统性、前瞻性。

其一，全面性，体现在国内学者从广义上对非洲安全进行界定与把握。传统意义上的安全研究主要涉及非洲面临的传统安全，特别是以国家作为主要行为体，以军事冲突为主要表现形式的安全问题。但是随着近年来国际形势的变化以及非洲的演进发展，传统安全问题对于非洲实现包容性发展的威胁在相对下降，而各类非传统安全的占比却在快速增长。国内学者的研究成果充分适应了这种变化，涵盖了公共卫生、安全能力建设、经济安全、债务风险、恐怖主义、国际安全合作等多个领域，基本上涵盖了非洲面临的各类传统、非传统安全威胁，从而能够从更为宽广的视角，对非洲安全问题加以全面的跟踪和研判。

其二，系统性，体现在国内学者能够以一条核心线索系统地串起各个研究对象。2020 年非洲面临的最为严峻的安全议题就是新冠肺炎疫情的蔓延传播，其成为引发或激化其他安全挑战的核心要素。国内学者的研究成果准确地把握到了这种变化，在

① 杨娜：《中国和欧盟在非洲的竞争与合作：“安全—发展关联”视角》，《国际经济评论》2020 年第 6 期。

② 王金岩：《利比亚战后乱局中的外部干预》，《现代国际关系》2020 年第 3 期。

对不同安全问题的具体研究分析中，都在不同程度上论及新冠肺炎疫情的影响，形成了在疫情语境下对具体安全研究对象的讨论和分析，从而使不同的研究过程以及相应的研究成果能够成为一个系统的安全研究体系的有机组成部分。

其三，前瞻性，体现在国内学者对非洲安全研究最终普遍落脚于优化和推动中非关系。近年来，随着共建“一带一路”的深入开展，中非关系面临着转型升级的时代要求。在这种背景下，学术研究更应该从构建更加紧密的中非命运共同体的高度来研究非洲议题。国内学者在论及非洲的安全议题时，并没有就事论事地将叙事范围限制在非洲，而是普遍结合中非关系的特点，对相应问题提出了合理的政策建议，前瞻性的视野为中非关系的提质增效提供了智力支持。

2020年中国的非洲民族宗教问题研究述评

郭　佳*

2020年，中国的非洲民族宗教研究呈现以下特点：其一，成果数量不多，全年共计十余篇；其二，民族研究与宗教研究相比，民族研究相对较强，非洲宗教研究非常薄弱；其三，民族研究以国别区域的民族问题研究为主，具有交叉学科的特点。

一　非洲民族问题研究

国内非洲民族问题研究著述相对丰富，以国别和地区研究为主，涉及的内容如下。

（一）民族研究中的概念界定

蒋俊在《部落、部族、族群与民族：非洲研究中主要人群概念的辨析与定位》① 一文中对国内非洲研究中常用的“部落、部族、族群、民族”这几个人群概念进行了辨析与定位。他指出，部落是20世纪60年代前人群的主流概念，因其“过时”而慎用；中文语境中的部族，因难以对应非洲具体情况而被弃用；20世纪60年代开始，族群逐渐取代部落，被用来指称非洲国家基本的人群构成单位（如南非的祖鲁人、卢旺达的图西人等）；民族指非洲各国的国族（如南非人、卢旺达人等）。

（二）马格里布地区民族问题

朱文珊在《成为阿马齐格人——论非洲马格里布地区原住民族称变迁中的族群建构》② 一文中以在马格里布国家突尼斯的田野调查为基础，通过分析马格里布原住民的族称变迁，探讨阿马齐格人的族群建构。她指出，自20世纪中叶起，在马格里

---

* 郭佳，中国社会科学院西亚非洲研究所（中国非洲研究院）民族宗教研究室副主任、助理研究员，研究领域为非洲基督教研究、中非卫生合作。

① 蒋俊：《部落、部族、族群与民族：非洲研究中主要人群概念的辨析与定位》，《世界民族》2020年第5期。

② 朱文珊：《成为阿马齐格人——论非洲马格里布地区原住民族称变迁中的族群建构》，《世界民族》2020年第4期。

布地区的反殖民运动和民族主义运动中，源自母语、意为“自由人”的族称“阿马齐格人”逐渐取代了“柏柏尔人”一词，开始成为原住民的统一族称。在这一族称变迁过程中，马格里布原住民产生了强烈的族群意识，构建起统一的阿马齐格族群认同，逐渐形成一个现代意义上的族群。

（三）苏丹民族问题

梁娟娟在《苏丹贝贾部落的历史演变与现状困境》① 一文中指出，当今苏丹贝贾部落及苏丹东部的隐性问题，是各时代的历史痼疾积累与边缘化政策延续的结果。在土埃共管、英埃共管以及独立之后等历史时期，不同的统治者给贝贾部落造成土地流失、赋税压榨、传统式微等多种消极影响。2006 年《苏丹东部和平协定》签订后，占东部地区人口半数的贝贾部落处于新的困境当中，并由此产生了潜在的分裂意识。

（四）索马里民族问题

王学军在《重新理解传统氏族制度：索马里国家重建的社会逻辑及其限度》② 一文中指出，殖民前索马里是无国家的氏族社会，维持其秩序的传统制度由多层次氏族结构、长老制度和习惯法等基本要素构成。在 1991 年中央政权崩溃后漫长的索马里重建进程中，传统氏族制度成为关键力量，其作用体现在地方与国家两个层面，在冲突和解、地方政府制度建设、国家重建、国家政治结构的确立等方面发挥了重要作用。作者认为，传统氏族制度在索马里重建中的作用不容忽视，但也不能夸大，因为它既面临全球化、权力竞争等结构性因素的限制，也面临国内政治社会变迁及自身合法性危机的挑战。

（五）刚果（金）民族问题

胡洋的《刚果（金）东北地区土著与移民的冲突研究》③ 一文，以刚果（金）作为案例，研究了非洲族群不同的身份认同对国家和地区安全造成的影响。他指出，非洲的族群普遍根据土著和移民的身份来彼此画线，由此产生的竞争与冲突多次危及国家和地区的安全。他通过追溯刚果（金）东北地区土著与移民冲突的由来和发展历程，认为历史因素与地区的结构性矛盾是诱发冲突的直接原因，国家对族群问题的管理缺失是导致冲突升级的根本原因。在未来，只有不断提升国家的治理能力，才能化解刚果（金）土著与移民之间由来已久的矛盾与冲突。

---

① 梁娟娟：《苏丹贝贾部落的历史演变与现状困境》，《世界民族》2020 年第 1 期。
② 王学军：《重新理解传统氏族制度：索马里国家重建的社会逻辑及其限度》，《世界民族》2020 年第 5 期。
③ 胡洋：《刚果（金）东北地区土著与移民的冲突研究》，《世界民族》2020 年第 3 期。

（六）津巴布韦民族问题

沈晓雷在《津巴布韦独立后的民族问题与政治发展》[1] 一文中论述了津巴布韦两个最大的民族——绍纳族与恩德贝莱族之间的关系对津巴布韦民族问题和政治发展的重要影响。他指出，独立后，穆加贝政府针对恩德贝莱人和津人盟实行了民族团结政策，但这一政策遭到了地方民族主义和族群政治等方面的挑战，并与津民盟谋求一党制的努力产生了冲突。穆加贝政府随后放弃民族团结政策，转而对恩德贝莱人和津人盟进行打压，实现了事实上的一党制。然而，民族高压政策对津巴布韦此后的民族问题与政治发展都产生了较大的负面影响，导致恩德贝莱人地方民族主义的固化，使得民族认同持续影响选举进程，并由此开启了穆加贝政府以高压手段维持其统治的序幕。恩德贝莱人直到今天仍未真正与绍纳人实现和解。姆南加古瓦政府在 2017 年 11 月上台后采取了一系列旨在改善民族关系的措施，但真正实现民族和解与团结还有很长的路要走。

（七）南非民族问题

刘兰在《南非阿非利卡人民族主义运动与阿非利卡人经济地位的转变》一文中,[2] 回顾了 20 世纪初在城市中陷入经济困境的阿非利卡人，在面临民族分化危机的背景下，其民族主义者如何通过发起经济运动来保持阿非利卡人的民族特性，使跨阶级的阿非利卡人民族联盟最终得以巩固的历史。

陈翔宇、常士訚在《民族和解与包容性发展：南非政治整合的经验与挑战分析》[3] 一文中，立足南非的历史与现实，通过对南非各族群历史矛盾的解构，对民族和解及包容性发展的不同阶段中各行为主体在政治整合过程中的做法进行分析，试图探寻包容性发展在作为多民族发展中国家的新南非的民族国家建构及政治整合过程中的经验与遇到的问题，为当今仍具有相似问题情况的国家提供了一条有一定借鉴意义的整合路径。

徐薇、麦晓晴在《南非阿非利卡人的身份政治与“理想国”——以北开普省奥拉尼亚为例》[4] 一文中，用“身份认同”“身份政治”“新部落主义”等概念来揭示南非阿非利卡人所经历的社会转型与身份变化，并以阿非利卡人为了保护和延续自身传统与文化而建立的“理想国”——奥拉尼亚为例，探讨后种族隔离时代阿非利卡

---

① 沈晓雷：《津巴布韦独立后的民族问题与政治发展》，《世界民族》2020 年第 2 期。

② 刘兰：《南非阿非利卡人民族主义运动与阿非利卡人经济地位的转变》，《贵州民族研究》2020 年第 9 期。

③ 陈翔宇、常士訚：《民族和解与包容性发展：南非政治整合的经验与挑战分析》，《云南行政学院学报》2020 年第 1 期。

④ 徐薇、麦晓晴：《南非阿非利卡人的身份政治与“理想国”——以北开普省奥拉尼亚为例》，《世界民族》2020 年第 3 期。

人中出现的回归“部落”、抱团取暖、自我隔离的现象，认为这是多种族、多族群、多元文化共存时期的新南非必须要面对与解决的重要问题。

二 非洲宗教研究

与非洲民族问题研究相比，国内的非洲宗教研究较为薄弱，2020 年成果不多，主要代表作如下。

（一）伊斯兰教与民族国家构建

闫伟在《索马里的伊斯兰化与阿拉伯认同的历史起源》[①] 一文中，论述了伊斯兰教在索马里的传播进程以及如何在索马里塑造民族认同。作者认为，苏非派和部落力量在社会结构和宗教信仰中的深度融合，使一些索马里人开始重新“发明”和“建构”自身的部落起源和谱系。他们将早期阿拉伯移民、苏非派的先祖或圣裔塑造成近代以来索马里阿拉伯认同的历史起源。就这样，阿拉伯起源说成为与非洲起源说相并立的认同观念，这对于索马里近代以来的民族认同和国家构建产生了深远的影响。

（二）非洲基督教与非洲传统宗教关系史

郭佳在《从宗教关系史角度解读基督教在非洲的传播历程》[②] 一文中，从基督教与非洲传统宗教关系史的角度，将基督教在非洲的传播历程划分为四个阶段。第一阶段从 1 世纪下半叶至 7 世纪中叶，基督教传入北非及非洲之角，与非洲传统宗教短暂接触并相互排斥，随后逐渐为伊斯兰教所取代；第二阶段从 15 世纪中叶到 18 世纪中叶，基督教与非洲传统宗教开始正面接触，但肤浅而表面，非洲人的生活依然深受传统宗教影响；第三阶段从 19 世纪至 20 世纪 60 年代，基督教依托殖民扩张和非洲传统宗教的包容性得以快速发展，独立教会将基督教与非洲传统宗教融合在一起，但传统宗教的世界观还在非洲基督徒中存续；第四阶段为非洲国家自独立至今，基督教与非洲传统宗教面临如何在两种信仰间建立对话的挑战。

（三）科普特教研究

白韶璞在《埃及科普特社会组织发展及趋势研究》一文中，[③] 论述了 20 世纪 70 年代以来埃及科普特社会组织在埃及政治经济体制变革推动下的多元化发展，认为它不仅提升了科普特民众社会参与的能力，还为其构建了丰富的公共空间，构成了现代

---

① 闫伟：《索马里的伊斯兰化与阿拉伯认同的历史起源》，《阿拉伯世界研究》2020 年第 6 期。

② 郭佳：《从宗教关系史角度解读基督教在非洲的传播历程》，《浙江师范大学学报（社会科学版）》2020 年第 6 期。

③ 白韶璞：《埃及科普特社会组织发展及趋势研究》，《世界民族》2020 年第 4 期。

科普特社会组织发展的新图景。尽管现代科普特社会组织快速发展，但是科普特族群的边缘化地位成为制约其发展的根源性症结。因此，培育科普特民众社会参与的意识、增强民众参与社会活动的能力、扩大民众社会参与的机会将成为科普特社会组织应对挑战、破解发展困境的必然选择。

三　简评

就中国的非洲民族宗教研究来说，学术界专门从事非洲民族宗教问题研究的人不多，从事非洲民族宗教问题国别研究的人更是寥寥无几，这方面有分量的学术著述屈指可数，与之相对应，学术资料也十分匮乏。另则，非洲民族宗教问题研究涵盖的问题很多，但本学科研究人员有限，因而，即便是一些重大问题也很难做到全覆盖。总体而言，国内的非洲民族问题研究主要是国别研究，难以反映非洲国家民族问题的整体性和复杂性；非洲宗教研究做得还不够深入，对当前非洲的民族宗教热点问题关注不够。

2020年中国的非洲社会文化研究述评

李玉洁*

2020年，中国的非洲社会文化研究呈现出多层级、多领域的繁荣景象，既有对非洲社会文化整体的宏观描述，也有对具体文化现象的微观考察。具体而言，2020年国内学者从文学、艺术、教育、人文交流、理论思潮等社会文化的多个领域展开研究，由此产出大量成果。在2020年蔓延全球的新冠肺炎疫情之下，疫情对非洲社会文化的影响也自然成为国内学者关注的重点所在。

一　社会文化宏观研究

整体来看，学者们对非洲社会文化的研究呈现出多层级的态势，从宏观层面探讨非洲社会与文化的历史与现状

韩红、孙丽华编著的《非洲社会与文化（三）》一书，涵盖非洲文教事业、大众传媒、非洲经济、非洲旅游业、中国人在非洲等多章内容。该书是一部兼知识的应用性和内容的系统性、可读性和理论指导性于一体的著作，对非洲的社会文化进行了较为宏观的描述，有助于普通公众了解非洲的社会文化。①

倪复生在《法语非洲的文化同化之路》一文中，分析了21个非洲法语国家在法国文化同化过程中遇到的问题，比如当前的法语非洲不仅缺乏接受法语文化同化的自觉、缺乏中心化的法语国家组织的双边关系，更有罔顾经济基础建立的文化建筑给其带来诸多后遗症。因此，该文建议应把握文化中的自觉因素，依据同化对象的文化传统和现实需要，合理利用多边力量，在文化祖先的感召下，以足够的耐心来逐渐实现目标。②

---

* 李玉洁，中国社会科学院西亚非洲研究所（中国非洲研究院）助理研究员，研究领域为非洲媒体与文化、对非传播。

① 韩红、孙丽华编著：《非洲社会与文化（三）》，知识产权出版社2020年版。

② 倪复生：《法语非洲的文化同化之路》，《外语学界》2020年第6卷。

二 文学研究

（一）非洲文学的发展历程

李美芹撰写的《非洲文学中的政治、历史与文化观照》一文对不同时代的非洲文学进行分析，认为殖民主义浪潮之前的非洲文学植根于非洲文化传统及其口述文学、史诗传奇等民间传统。而非洲现当代文学源于殖民时代的政治、经济和文化宰治以及后殖民时代的复杂局面，具有受政治、历史进程影响并与政治、历史和文化互动的鲜明特征。因此，非洲作家肩负着民族文化独立的使命感，在建立属于非洲人的非洲方面发挥着无与伦比的作用。① 李安山在《现代非洲文学巡礼：创新中的发展与挑战》一文中，回顾了非洲文学的基本发展，分析了现代非洲文学的主题与特点，进而解释非洲文学当前面临的多重挑战。他指出最主要的挑战是语言和话语权的挑战，置身于一个西方世界占主导优势的文学舞台，非洲作家面临着肤色、国籍、语言和话语等方面的挑战。②

（二）具体文学作品的研究

2020 年，国内学者从分析非洲文学作品入手，来阐释非洲大陆的文化特性，产出一系列研究成果。惠子萱在《〈我知道笼中鸟为何歌唱〉的黑人自述和黑人性》一文中，对当代非裔美国女作家玛雅·安吉洛（Maya Angelou）的自传体小说《我知道笼中鸟为何歌唱》主体的知识话语和背后的权力互动进行分析，认为其在与黑人英语、黑人音乐、黑人民俗文化和宗教等非洲黑人文化接续的过程中，重塑了非裔美国黑人作家的文学创作传统，颂扬黑人性。安吉洛正是通过这些特殊经验完成了自我身份认同，表达了对种族歧视的抗议和对传统的敬重。③ 秦鹏举的论文《当代非洲的知识精英与人民未来——以钦努阿·阿契贝〈人民公仆〉与〈荒原蚁丘〉为例》，通过分析钦努阿·阿契贝（Chinua Achebe）的《人民公仆》和《荒原蚁丘》这两部力作，来呈现非洲经验知识分子的历史探索。他们失败的探索表明了非洲道路的复杂性和多元化，又显示了作家对国家民族的责任心和理性批判精神，而失望但不绝望、学会说“不”、超阶级大联合是阿契贝寄予非洲未来的文学政治期待。④

---

① 李美芹：《非洲文学中的政治、历史与文化观照》，《北方工业大学学报》2020 年第 4 期。

② 李安山：《现代非洲文学巡礼：创新中的发展与挑战》，《外语学界》2020 年第 6 卷。

③ 惠子萱：《〈我知道笼中鸟为何歌唱〉的黑人自述和黑人性》，《文学教育（下）》2020 年第 9 期。

④ 秦鹏举：《当代非洲的知识精英与人民未来——以钦努阿·阿契贝〈人民公仆〉与〈荒原蚁丘〉为例》，《外语学界》2020 年第 6 卷。

（三）非洲域外作家的书写

宋敏生在《从东方主义到世界主义：纪德的非洲旅行与书写》一文中，对法国作家安德烈·纪德（André Gide）不同时期的非洲旅行及其书写进行了回顾：青年时期，北非的旅行助他消解灵肉冲突，获得精神解放；中年时期，中非的旅行让纪德见证殖民主义的残暴与黑人的善良，他的旅行日记书写非洲遭受的殖民主义灾难；晚年时期，为保持文明的多样性，改变非洲文明的边缘化与失语现状，纪德褒扬非洲文明的独特性，致力于推动文明的互鉴与共存。① 而房洁、韩海燕在《后殖民生态批评视角下库切的流散写作》一文中则关注南非白人库切笔下的流散者。文章从政治、伦理、文化三个维度解读了库切流散写作中的后殖民生态批评思想，探究库切对中心话语的反抗和颠覆，以期呈现库切超前的生态世界主义思想和跨界文化意识。②

（四）文学批评与文学理论

2020 年，国内学者还关注非洲文学中的各类文学思潮、文学流派与文学理论等问题，这些都属于广义的文学批评范畴，显示了非洲文学研究的纵深感和反思性。《非洲文学批评史稿》是非洲文学研究历年成果遴选和集结而成的中译本，其收录了 2007 年之前重要的非洲文学理论和批评文章，囊括了法农、桑戈尔、索因卡、恩古吉、阿契贝、马哈福兹、戈迪默等人关于非洲文学的重要论述。上卷选录的文章关注“批评”，探讨非洲文学本体论的一系列问题：口语性、作者和读者关系、形式、美学、体裁、语言的批评史等；下卷则关注“理论”，包括马克思主义、女性主义、结构主义、后殖民主义和生态批评等。③ 该书不仅系统地呈现过去几十年非洲文学研究取得的成绩，也揭示了这个研究系统内存在的问题。宋志明在《非洲的“两种美学”——马克思主义在非洲文学中的一次论争》一文中论述了独立后非洲存在的两种基本写作模式，一种是把过去和传统充分“浪漫化”的“神话美学”，倡导回到非洲传统文化的“源头”，形成某种“神话直觉”式的写作风格；另一种是现实主义的马克思主义文学，表现黑人大众反抗殖民主义和争取民族文化的解放和自由，是一种斗争的、革命的文学。这两种写作模式在文学的社会政治承诺、种族和阶级、文学的自由主义和大众化等问题上存在根本对立。④ 史忠义《试论非洲诗人桑戈尔对古希腊罗马典籍的修辞借鉴和审美借鉴》在介绍了非洲作家借鉴古希腊罗马典籍的四种形

---

① 宋敏生：《从东方主义到世界主义：纪德的非洲旅行与书写》，《西安外国语大学学报》2020 年第 3 期。

② 房洁、韩海燕：《后殖民生态批评视角下库切的流散写作》，《常州工学院学报（社会科学版）》2020 年第 4 期。

③ ［尼日利亚］泰居莫拉·奥拉尼央、［加纳］阿托·奎森主编：《非洲文学批评史稿》，姚峰、孙晓萌、汪琳等译，华东师范大学出版社 2020 年版。

④ 宋志明：《非洲的“两种美学”——马克思主义在非洲文学中的一次论争》，《清华大学学报（哲学社会科学版）》2020 年第 2 期。

式之后，集中分析了诗人桑戈尔（Senghor）对古希腊罗马典籍的修辞借鉴和审美借鉴，指出其与西方的摹仿诗学决裂，再造非洲的超自然生活，强调了非洲作家作品中的黑人传统精神，彰显了诗人的文化选择和文化自信。①

三 艺术研究

（一）非洲电影

一是研究非洲电影的发展历程。张勇、强洪撰写的《“非洲十年”：2010—2019年撒哈拉以南的非洲电影发展》一文指出，背靠非洲近十年的政治文化新形势，非洲电影在创作上形成了一批反映恐怖主义、女性意识、动乱历史、非洲移民的精品力作。但相较而言，非洲电影仍然面临地域发展不平衡、工业基础建设不足、本土市场被外国影片挤占、标杆性人物和作品缺失等问题。因而，无论在微观作品层面还是产业层面，非洲电影的发展仍然长路漫漫。②

二是研究非洲电影的作用。张勇在其另一篇文章《非洲电影：重塑非洲文化形象》中指出，20世纪90年代以来，非洲电影成为区域电影研究的新生长点。但研究非洲本土电影，不能简单地套用欧美电影的标准，而需要通过特定的阐释框架来理解电影文本和现象的发生发展规律，其中去殖民化是其最重要的推动因素。他认为，尼日利亚电影产业兴起、“诺莱坞”的诞生不仅打破了欧美电影垄断非洲市场的格局，而且为非洲形象的重新建构带来了希望。③

三是研究电影与其他艺术形式的关系。姆比耶·查姆、刘宇清在《非洲的说唱传统、文学与电影》一文指出，非洲电影创作实践最显著的特征是多种艺术媒介和多元艺术形式共存。口语传统、书面文学和电影创作在同一个创作格局中共存，通过不同程度的重复、修正、颠覆、戏仿、背叛、改变乃至涂污、合并或者抹杀，促进从业者之间的相互接纳、支持和养成，从而形成不同层面的联系和纽带。④

（二）非洲雕刻与石刻艺术

梁逸在《非洲雕刻艺术对现代艺术造型的影响》一文中结合非洲的社会背景、人文风俗、地域环境，对非洲传统雕刻中的典型作品进行研究分析，从中探寻非洲雕刻的造型风格特征、艺术价值，并结合毕加索等艺术家的作品案例，探究非洲雕刻艺

---

① 史忠义：《试论非洲诗人桑戈尔对古希腊罗马典籍的修辞借鉴和审美借鉴》，《中国比较文学》2020年第4期。

② 张勇、强洪：《“非洲十年”：2010—2019年撒哈拉以南的非洲电影发展》，《北京电影学院学报》2020年第3期。

③ 张勇：《非洲电影：重塑非洲文化形象》，《中国社会科学报》2020年4月16日。

④ 姆比耶·查姆、刘宇清：《非洲的说唱传统、文学与电影》，《当代电影》2020年第11期。

术对现代艺术的影响。[①] 葛洪波在《从非洲石刻几何图案论艺术设计的起源及其形式法则》一文中，从一块刻画着几何图式的非洲赭色石头入手，指出以自然和生物学为根据，确认非洲是设计艺术的发源地。该文分析结果显示，这组石刻图案已经完全具备平视的二维空间幻象构成的思维模式，并以抽象的几何形骨骼构架出原始先民的宗教信仰与生活渴求。[②]

（三）非洲艺术的传播

潘江龙、陈凤姣所著的《非洲艺术在中国历时接受和当代传播》一书，对非洲艺术在中国传播的历史做了一个纵向的勾勒。通过对不同历史时期的回顾，阐释了中国非洲艺术传播的萌芽、起步、形成与初步发展期，进而探讨非洲艺术对中国艺术家的影响，探讨非洲艺术在中国传播的意义。[③]

四 教育研究

2020 年，国内学者对非洲教育十分关注，内容涉及职业培训教育、高等教育、殖民教育、孔子学院等多个领域，产出了以下研究成果。

（一）职业培训教育

刘博在《非洲鲁班工坊教师培训存在的问题和优化方案研究》一文中以吉布提鲁班工坊为例，分析对非洲教师培训中存在的问题，提出在教学模式、培训模式、动力激励三个方面对培训方案进行优化，并给出具体措施。基于层次分析法，该文建立起一套评估方案，给出了各评价环节的权重，并通过实践证明了优化后方案的可行性。[④]

（二）高等教育

丁瑞常、康云菲在《南部非洲高等教育区域一体化的进展与挑战——以“南部非洲大学联盟”的盛衰兴废为视角》一文中，考察了南部非洲大学联盟的发展情况。联盟早期通过开展研究、召开管理者会议与建设项目促进区域高等教育机构的能力发展，在 2013 年经历财政危机后，联盟转变了经营模式，并积极构建合作关系以维持联盟的运转，但至今发展状况仍不太乐观。该文提出，联盟若想扭转现有困境，须聚焦成员的独特发展问题，探索“从个体到区域”的发展路径，同时须促进区域内不

---

① 梁逸：《非洲雕刻艺术对现代艺术造型的影响》，《艺术教育》2020 年第 10 期。

② 葛洪波：《从非洲石刻几何图案论艺术设计的起源及其形式法则》，《美术大观》2020 年第 9 期。

③ 潘江龙、陈凤姣：《非洲艺术在中国历时接受和当代传播》，中国美术学院出版社 2020 年版。

④ 刘博：《非洲鲁班工坊教师培训存在的问题和优化方案研究》，《天津职业院校联合学报》2020 年第 11 期。

同组织资源的整合与高效利用。[①]

（三）教育体系转型

刘秉栋在《从隔离走向融合：新南非教育体系转型探考》一文中指出，教育体系转型是南非种族隔离制度终结后的必然选择。种族隔离教育在剥夺黑人受教育权的同时，灌输黑人低下意识以期消解黑人自信。而后种族隔离教育着力消除这种负面影响，推动教育体系由分裂隔离走向融合发展，为打造南非人“共感”、培植民族国家自豪感奠定了坚实基础。[②]

（四）非洲孔子学院

自2005年中国在非洲肯尼亚建立第一所孔子学院以来，非洲的汉语教学开展得如火如荼，而如何办好非洲孔子学院、推动中华文化传播成为了国内学者关注的重要话题之一，由此产出较多成果。徐丽华、包亮主编的《非洲孔子学院探索与研究》一书是以非洲汉语国际教育、孔子学院为主要研究对象并正式出版的论文集。该书致力于探索非洲孔子学院发展，总结办学经验，检视发展过程中存在的问题，为孔子学院可持续发展提供可供借鉴的经验，努力推动非洲孔子学院真正成为具有教学和内在吸引力的语言文化机构。[③] 罗小如在《埃塞俄比亚孔子学院发展特色及影响因素研究》一文中则探讨了孔子学院在埃塞俄利比亚发展过程中面临的一些问题和挑战。通过对孔子学院进行实地调研，该文提出了加强顶层设计、加强师资队伍建设、改革教学内容和方法、开发本土教材培养本土汉语教师、与中资企业及相关单位深度合作培养职业技能人才等应对措施，以推动埃塞俄比亚孔子学院的可持续健康发展。[④] 唐雅乔在《非洲孔子学院中国文化课的发展与探索——以厄立特里亚高等教育与研究院孔子学院为例》一文中着眼非洲孔子学院尤其是厄立特里亚高等教育与研究院孔子学院的中国文化课，论述非洲孔子学院中国文化课的现状，分析目前中国文化课在非洲面临的问题和挑战，进而提出解决对策和未来发展方向。[⑤]

（五）殖民教育

《法国在非洲的文化战略：从1817年到1960年的殖民教育》是塞内加尔学者巴

---

① 丁瑞常、康云菲：《南部非洲高等教育区域一体化的进展与挑战——以“南部非洲大学联盟”的盛衰兴废为视角》，《高教探索》2020年第12期。

② 刘秉栋：《从隔离走向融合：新南非教育体系转型探考》，《外语学界》2020年第6卷。

③ 徐丽华、包亮主编：《非洲孔子学院探索与研究》，吉林大学出版社2020年版。

④ 罗小如：《埃塞俄比亚孔子学院发展特色及影响因素研究》，《天津职业技术师范大学学报》2020年第3期。

⑤ 唐雅乔：《非洲孔子学院中国文化课的发展与探索——以厄立特里亚高等教育与研究院孔子学院为例》，《教育文化论坛》2020年第6期。

帕·易卜希马·谢克所著一书的中译本，该书通过对法国在非洲的殖民教育进行回顾和深入思考，就法国在非洲殖民战略之文化影响提出一种全新的解读。该书指出，这种连贯和有效的殖民文化战略立足于一整套经过精心挑选、充分适应时势的固定原则框架上，比如行政集权原则和同化原则等，从而通过殖民政策得以把细致、深入和持久的思维和行为模式移植到非洲去。①

五　中非人文交流研究

随着中非合作内容不断丰富、合作领域不断扩大、合作深度不断推进，中非朝着构建更加紧密的中非命运共同体坚实迈进。2020 年，国内学者对中非人文交流也尤为关注，主要围绕以下三个方面发表了相关文章。

（一）新背景下的中非人文交流研究

杨宝荣在《“一带一路”倡议下的中非人文交流》一文中指出，构建更加紧密的中非命运共同体是新时代中国对非合作的努力方向，而“一带一路”是构建中非命运共同体的重要平台，民心相通为推进“一带一路”固本强基，需通过人文交流等多元渠道加以推动。在百年未有之大变局的国际环境下，扩大人文交流要体现中非合作倡导的价值观，为解决非洲发展问题、深化中非关系提供更有力的智力支持。② 王珩、王丽君在《命运共同体视域下的中非人文交流理论体系构建》一文中分析指出，在“一带一路”倡议和“构建更加紧密的中非命运共同体”背景下，构建中非人文交流理论体系要以习近平新时代中国特色社会主义外交思想为指导，以真实亲诚为理念，以“五位一体”为内涵特质，以文化交流、媒体合作、学术智库、民间交往、医疗卫生等为主要领域，助力中非之间民心相通，确保中非关系行稳致远。③

（二）中非移民研究

黄智春在《试析非洲华侨华人在“一带一路”倡议推进中的作用》一文中指出，非洲华侨华人在“一带一路”倡议推进中发挥重要作用，这一作用在政治、经济、文化等各个层面均有涉及。④ 而刘天南在《在华非洲移民的发展现状与趋势》一文中，以广州和义乌的非洲商人作为重点研究对象进行实地调研，从人员构成、“三

① ［塞内］巴帕·易卜希马·谢克：《法国在非洲的文化战略：从 1817 年到 1960 年的殖民教育》，邓皓琛译，商务印书馆 2020 年版。

② 杨宝荣：《“一带一路”倡议下的中非人文交流》，《西亚非洲》2020 年第 2 期。

③ 王珩、王丽君：《命运共同体视域下的中非人文交流理论体系构建》，《浙江师范大学学报（社会科学版）》2020 年第 6 期。

④ 黄智春：《试析非洲华侨华人在“一带一路”倡议推进中的作用》，《四川省社会主义学院学报》2020 年第 3 期。

非”问题、宗教信仰等方面对两地的非洲移民现状进行比较分析，并在此基础上总结在华非洲移民的发展趋势，从而为解决在华非洲移民问题提出可能性的出路。① 媒体对在华非洲人的报道也是国内学者关注点所在。龚恬的《在华非洲人的媒体形象研究》一文，通过梳理和分析2000年至2018年国内媒体对在华非洲人的报道，探寻在研究和报道这一人群时学者和记者都会面临的问题，希望减少负面报道的不良影响，促进中非关系的稳定正常发展。②

（三）中国在非影响力与形象研究

罗晨、王一戎在《媒介接触、价值观与中国在非洲影响力评价》一文中，借鉴软实力框架，对33个非洲国家的35690名受访者展开分析，探究非洲民众的媒介接触与价值观取向如何影响他们对于中国在非洲的影响评价。结果显示广电接触与影响评价呈正向相关，报纸接触与评价呈负相关关系，互联网尚无法显著影响评价；价值观层面，受访者对所在国的民主、自由现状评价越高，越易对中国影响予以正向评价。③ 许海在《中国在非形象建构的新机遇和新挑战》一文中认为，多年来由于中国媒体“落户”非洲的迟到以及对比在非西方宗主国媒体天然亲近力的缺失，在非话语权的不足导致中国形象很难在“自塑”上发挥作用，在“合塑”上也力不从心。而面对当前一些国际变局，中国在非话语传播及在非国家形象的建构，也迎来了一些新的机遇和挑战。④ 薄荣康在《中国在南非国家形象的研究》一文中以南非为例，采用主题分析法和内容分析法对中国在南非网络上的形象进行了分析与研究，并结合公共关系理论，为中国改善在非洲的形象提出建议。⑤

六 疫情对非洲社会文化的影响

（一）疫情对高等教育的影响

由非洲大学协会前秘书长、国际大学协会前主席古拉姆·穆罕默德撰写，周岳峰编译的《新冠肺炎疫情对非洲高等教育的影响》一文，从教育不平等、在线授课质量、研究经费来源、毕业生就业、私立高等教育机构发展等多个方面，讨论了新冠肺炎疫情对非洲高等教育可能带来的影响，并且提出了相关行动建议。⑥

---

① 刘天南：《在华非洲移民的发展现状与趋势》，《外语学界》2020年第6卷。

② 龚恬：《在华非洲人的媒体形象研究》，《外语学界》2020年第6卷。

③ 罗晨、王一戎：《媒介接触、价值观与中国在非洲影响力评价》，《全球传媒学刊》2020年第4期。

④ 许海：《中国在非形象建构的新机遇和新挑战》，《新闻传播》2020年第11期。

⑤ 薄荣康：《中国在南非国家形象的研究》，《新闻传播》2020年第20期。

⑥ 古拉姆·穆罕默德：《新冠肺炎疫情对非洲高等教育的影响》，周岳峰译，《世界教育信息》2020年第7期。

（二）疫情对非洲妇女与儿童的影响

马春蕾在《疫情之下：非洲妇女面临更大风险》一文中指出，疫情对非洲妇女的生存环境造成了破坏性的影响，比如性别不平等现象加剧、性别暴力行为频发等。面对疫情，非洲各国政府应加强对妇女的保护，同时充分发挥妇女在防疫工作中的积极作用。[①] 而胡文娟在《抗疫持久战，保护儿童刻不容缓——中非紧密合作 守护疫情下的非洲儿童》一文中指出，新冠肺炎疫情不仅是一场公共卫生危机，也是儿童权利的危机。对于非洲地区的脆弱儿童而言，他们尤其需要国际社会团结起来，解决疫情给其带来的各种直接挑战和间接影响。[②]

（三）非洲媒体涉华疫情报道

毛伟在《非洲媒体涉华疫情报道的话语建构与框架分析》一文中指出，涉华报道一直是非洲媒体的重点选题之一，但其涉华舆论呈现出的态度倾向却并不与政府层面的友好交往完全匹配。受新冠肺炎疫情影响，非洲民众的生活、生产方式都发生了较大变化，非洲社会各界涉华舆论和对华态度也变得更为复杂多元。[③] 李洪峰、赵启琛在《新冠肺炎疫情时期非洲法语主流媒体涉华报道研究——以塞内加尔为例》一文中指出，塞内加尔报道文本极少传播或复制西方污名化中国的言论，更多表现出以非洲利益、本国利益为出发点的观察视角；在对非洲发展前景和中非关系走向的预测方面，报道也往往突出非洲声音，表现出非洲媒体的理性，以及非洲寻求多元合作伙伴和自身发展道路的强烈意愿。塞内加尔主流媒体涉华报道个案折射出了非洲对中非合作愿景的信心和对中国国际角色的期待。[④]

七 非洲社会文化其他领域

除了上述五大领域之外，国内学者还围绕非洲哲学流派、文化思潮、记忆工程等社会文化的其他领域开展研究，产出了一些成果。

李安山在《当代非洲哲学流派探析》一文中，将非洲哲学划分为文化哲学、批判哲学和政治哲学三种流派。其中，文化哲学可以说是“没有哲学家的哲学”或“大众哲学”，批判哲学是“哲学家的哲学”或“专业哲学”，而政治哲学是“战斗

---

① 马春蕾：《疫情之下：非洲妇女面临更大风险》，《中国妇女报》2020 年 7 月 15 日。

② 胡文娟：《抗疫持久战，保护儿童刻不容缓——中非紧密合作 守护疫情下的非洲儿童》，《可持续发展经济导刊》2020 年第 10 期。

③ 毛伟：《非洲媒体涉华疫情报道的话语建构与框架分析》，《对外传播》2020 年第 6 期。

④ 李洪峰、赵启琛：《新冠肺炎疫情时期非洲法语主流媒体涉华报道研究——以塞内加尔为例》，《对外传播》2020 年第 8 期。

者的哲学”或“革命者的哲学”。三个流派虽然主张不一，方法各异，却在多个方面达成了共识。[①] 郑祥福、舒文豪在《非洲社会主义运动历程中的马克思主义》一文中指出，非洲的社会主义运动与马克思主义在非洲的传播与发展密不可分，马克思主义作为理论来源之一，在非洲社会主义运动中起到重大作用。同时，非洲各个国家的社会主义运动实践也丰富和发展了马克思主义。伴随着非洲社会主义的发展历程，马克思主义在非洲也历经传入兴起、繁荣发展以及衰退低潮三个阶段，并在各个阶段呈现出不同的形态与特征。[②] 谭惠娟、梅风在《非洲反殖民传统的灯塔：埃塞俄比亚文化诸相略论》一文中指出，埃塞俄比亚运动具有宗教改革和政治革命性质，对近代非洲意识的觉醒和非洲崛起具有重要作用；埃塞俄比亚哲学是一种富有哲理性的智慧，典型地反映了非洲人的生存和思维方式；埃塞俄比亚的艺术是本土艺术与宗教艺术的结合、非洲传统工艺和欧洲现代工艺的结合；而以“埃塞俄比亚之风”为代表的非洲音乐元素是美国非裔文学乃至整个欧美现代主义文学之中回荡的一种旋律，对它们的主题思想和艺术形式都产生了深刻影响。[③] 王玉珏、谢玉雪的《非洲记忆工程建设的现状、趋势与价值》一文在梳理非洲记忆工程项目的入选时间、数量、主题类型及组织机构等现状的基础上，分析非洲各级各类记忆工程建设的发展趋势，论述其在保持历史真实性、维护文化连续性、保护文化多样性、树立文化认同感、促进中非人文交流等方面的现实价值。[④] OGUNBIYI Ajibola1、柯扬茜等撰写的《关于中国和非洲约鲁巴部落婚姻习俗中彩礼的比较研究》一文基于观察和访谈，对中国与非洲尼日利亚约鲁巴部落彩礼的构成、彩礼的意义、彩礼的使用等问题进行了对比分析，从而洞悉了多元文化中的细微差别。[⑤] 张笑贞在《喀麦隆丧葬习俗之探析——以中部省恩高仁盖村为例》一文中研究了喀麦隆葬礼仪式中所展现的文化内涵，展现了喀麦隆人对死亡、权力、政治等的理解，以及其对生活的积极乐观态度。[⑥]

八　结语：对非洲社会文化研究的评价

整体而言，2020年中国的非洲社会文化研究稳步推进，成果较为丰硕，体现了以下三大特征：多学科、精细化和应用性。

其一，多学科，体现在国内学者从文学、艺术学、教育学、政治学、国际关系

---

① 李安山：《当代非洲哲学流派探析》，《国际社会科学杂志（中文版）》2020年第2期。

② 郑祥福、舒文豪：《非洲社会主义运动历程中的马克思主义》，《浙江社会科学》2020年第11期。

③ 谭惠娟、梅风：《非洲反殖民传统的灯塔：埃塞俄比亚文化诸相略论》，《浙江大学学报（人文社会科学版）》2020年第1期。

④ 王玉珏、谢玉雪：《非洲记忆工程建设的现状、趋势与价值》，《档案学研究》2020年第6期。

⑤ OGUNBIYI Ajibola1、柯扬茜等：《关于中国和非洲约鲁巴部落婚姻习俗中彩礼的比较研究（英文）》，《华东师范大学学报（自然科学版）》2020年第S1期。

⑥ 张笑贞：《喀麦隆丧葬习俗之探析——以中部省恩高仁盖村为例》，《外语学界》2020年第6卷。

学、新闻传播学、哲学、档案学等多个学科入手，用不同的理论、范式与方法来开展非洲社会文化的跨学科研究。这些研究通过分析、阐释非洲社会文化中存在的纷繁复杂的问题与现象，从而得以呈现2020年中国非洲社会文化研究的整体图景。

其二，精细化，体现在国内学者对非洲社会文化每个具体领域的再次细分与深耕研究，各个细分领域又相互观照，进而显示了精细化研究之上的系统性。如学者们对非洲文学的研究，既包括宏观层面的文学研究进展，又涵盖对具体文学作品和非洲域外作家的研究，还涉及文学批评与文学理论的研究；另外如对非洲教育的研究，包括职业培训、高等教育、教育体系转型、非洲孔子学院、殖民教育等多个细分领域。这些研究都体现出国内对非洲社会文化的研究正朝着精耕细作方向迈进。

其三，应用性，体现为学者们关注当下“正在发生”的非洲社会问题，注重从“我”出发关注中非人文合作，从而彰显了研究的鲜活感与现实性。如学者们对疫情与非洲社会文化的相互影响、中非人文交流与合作等议题的重视正是体现研究的应用性与现实问题导向，这类研究不仅有益于公众深入了解当前非洲的社会文化现状，而且有助于进一步推进中非跨文化沟通与民心相通，以实现中非文明对话与文化互鉴。

第七篇

新书选介

本专栏收录2020年国内学术界正式出版的有关非洲研究的学术著作，包括专著、研究报告、志书、论文集、学术资料、译著等。各类著作按出版的先后时间排序；同月出版的，排名不分先后。

• 专著

【非洲社会与文化（三）】

韩　红　孙丽华编著

知识产权出版社，2020 年 1 月

该书为《非洲社会与文化》套书第三本，本套书一共有 18 个章节以及 8 个附录，每本书覆盖了六章内容。第一本书主要内容：非洲概况、非洲古代文明、非洲部族、非洲殖民史、非洲宗教，以及非洲节日和价值观；第二本书主要内容：非洲电影、非洲语言、非洲食物、非洲艺术与非洲文学；第三本书主要内容：非洲文教事业和大众传媒、非洲经济、非洲旅游业，以及中国人在非洲交往的案例。8 个附录的内容分别是非洲历史大事记、非洲主要部族和人民、非洲国家独立时间表、非洲各国国内生产总值增速、非洲各国人均国内生产总值、非洲各国国内生产总值现价、非洲各国旅游业和基础设施，以及中国医疗队在非洲。

该书作者韩红，系北京物资学院外语与文化学院教师，主要从事跨文化沟通与实践和非洲社会与文化研究；孙丽华，系北京物资学院外语与文化学院教师，主要从事应用语言学和非洲社会与文化研究。

【非洲债务问题与应对选择研究】

张春宇著

中国社会科学出版社，2020 年 4 月

该书通过对主权债务相关理论、非洲债务现状的探讨，分析了非洲债务问题的来源和走势；通过建立债务风险分析框架，对非洲国家债务风险进行了系统评估。非洲国家解决债务问题不能仅依赖债务减免和援助支持，更需要提升其经济发展内生能力。非洲经济发展严重依赖外部融资，长期的债务积累叠加融资条件的变化，使多数非洲国家的债务负担沉重。过往全球发展中国家遭遇的主权债务危机对世界经济的负面影响延宕至今，人们有理由高度关注非洲债务问题。该书提出了非洲增强经济发展内生能力的三大措施：一是非洲要继续优化营商环境，吸引外资；二是推动服务业的快速发展；三是寻找新的经济增长点，实现经济发展的动能转换，海洋经济是重要的选择之一。

该书作者张春宇，系中国社会科学院西亚非洲研究所（中国非洲研究院）助理研究员，主要从事海洋经济、非洲经济、国际投资研究。

【南非的启示 2020 版：曼德拉传 · 从南非看中国 · 新南非十九年】

秦　晖著

江苏文艺出版社，2020 年 4 月

该书由三部分构成：曼德拉传、从南非看中国、新南非十九年。曼德拉传自成一体，讲述从曼德拉出生，到领导南非人民废除种族隔离、建立民主南非、实现种族和解以来的一段历史。新南非

十九年评述了南非自转型以来的历史，深度反思了南非2008年骚乱事件、南非的民主、南非的工会与社会福利制度，以及转型后的南非共产党在南非社会中的作用。通过对南非的观察，秦晖注意到发生南非“部族冲突”的黑人多是源自不同的“黑人家园”而在城镇打工的、南非当局所谓的“流动工人”，他们的“部族矛盾”表象下有着社会地位的微妙差异并反思这些现象的制度背景，同时探讨了南非与中国两国经济发展及高速增长时期之间的联系。

该书作者秦晖，系清华大学人文社会科学学院历史系教授，主要从事农民史与经济史研究。

【大津巴布韦学术史论】

刘伟才著

上海三联书店，2020年5月

大津巴布韦是撒哈拉以南非洲具代表性的前殖民时代文明遗产之一。由于文献资料缺乏等原因，围绕大津巴布韦的诸多问题都未得到很好的回答，争议与研究持续至今。该书分为七章，分别是：不容置疑的世界文化遗产；大津巴布韦的“发现”与早期探索；围绕大津巴布韦的考古研究；围绕大津巴布韦的历史构建；挥之不去的“含米特论”；超越大津巴布韦；大津巴布韦学术史的启示：非洲史研究的初级阶段。该书对大津巴布韦的“发现”、早期探索、考古研究、历史构建进行了梳理和分析，对与大津巴布韦相关的“含米特论”观点、对南部非洲其他与大津巴布韦类似的石建文明遗产及相关研究进行了介绍和论述，系统而全面地梳理并评价了以大津巴布韦为代表的南部非洲石建文明以及相关的研究发展。

该书作者刘伟才，系上海师范大学非洲研究中心副主任、副教授，主要从事非洲经济史、南部非洲史研究。

【津巴布韦土地改革与政治发展】

沈晓雷著

社会科学文献出版社，2020年5月

该书认为，津巴布韦的土地问题和政治问题紧密相关。津巴布韦独立后，穆加贝政府为解决殖民时期所遗留下来的白人农场主与黑人农民之间不平等的土地占有问题，实施了近20年的土地重新安置进程，但因进展缓慢而没有解决人民对土地渴求的问题。迟滞的土地重新安置进程与经济形势的下滑，与英国关系间的恶化和国内的政治危机相结合，最终导致穆加贝政府在2000年推行“快车道”土地改革。“快车道”土地改革标志着津巴布韦的土地问题最终被政治化，它既是穆加贝政府为彻底解决土地问题而进行的激进的土地改革，更是其为了提升自身的政治合法性和继续保持其执政地位而不得不采取的举措。“快车道”土地改革最终解决了津巴布韦自殖民时代以来少数白人与黑人大众之间的不平等的土地占有问题，但津巴布韦的土地问题与农业发展本身，乃至土地问题与政治问题之间的互动关系，仍然远未尘埃落定。

该书作者沈晓雷，系中国社会科学院西亚非洲研究所（中国非洲研究院）政治研究室副主任、副研究员，主要从事非洲政治问题、民族问题，以及津巴布韦和南非国别问题研究。

【中国企业对非洲直接投资战略调整与治理研究】

田　泽　任芳容著

人民出版社，2020 年 5 月

该书基于中国对非洲直接投资的发展现状、存在的问题及特征事实的分析，以 2008—2015 年非洲国家数据为实证基础，系统地评价中国对非洲投资效率、时空差异、空间分布、加成率以及贸易效应。同时，针对中国企业对非直接投资开展重点区域与国别研究，并进行欧美发达国家和巴西、俄罗斯等新兴经济体对非洲投资战略对比分析，从而提出中国企业对非洲直接投资战略调整的思路、架构和路径安排。

该书作者田泽，系河海大学教授、河海大学“一带一路”非洲研究中心主任、低碳经济研究所所长，主要从事国际贸易与国际投资、中非经贸与投资研究；任芳容，系河海大学“一带一路”非洲研究中心高级研究员，主要从事国际贸易及国际投资问题、能源经济与发展援助研究。

【非洲职业教育发展与援助研究】

陈明坤著

北京大学出版社，2020 年 5 月

该书是系统研究非洲职业教育发展史的专著，史料性强。职业教育被视作促进就业、摆脱贫困、实现教育均衡发展的重要途径，非洲国家从独立之初就对发展职业教育给予了极大的关注和很高的热情。在联合国教科文组织、世界银行等国际组织的支持下，非洲大陆从 20 世纪 60 年代开始，开展了一场“职业化”运动，目的是改变非洲国家教育发展与经济发展不相适应的问题，同时也希望通过职业教育的发展来增加就业，改变人们的教育观念，为非洲经济的“腾飞”做好人力资源的准备。但“职业化”的结果与人们的期待相去甚远，自 70 年代末开始，职业教育在非洲被“打入冷宫”。直到 21 世纪的到来，在千年发展目标的激励下，许多非洲国家才重新重视职业教育，职业教育才开始出现一缕新的希望“曙光”。

该书作者陈明坤，浙江师范大学非洲研究院副院长、研究员，主要从事职业教育、非洲高等教育研究。

【中非教育研究】

王玉霏　韩　超著

北京理工大学出版社，2020 年 5 月

该书以近年中非教育实证研究为主，由上篇与下篇构成。上篇侧重于孔子学院及跨文化研究，主要研究尼日利亚拉各斯大学孔子学院在中尼关系中的作用、刚果（布）孔子学院马利安·恩古瓦比大学孔子学院汉语教材使用情况的调查研究及南非的语言教学模式、尼日利亚汉教志愿者跨文化适应情况的调查研究。下篇主要围绕北京理工大学以及尼日利亚拉各斯大学孔子学院汉语教学与人才培养过程中遇到的实际问题开展研究，其中，前两篇文章分别探讨了北理汉语国际教育专业硕士学术写作中存在的问题与对策以及理工类来华留学生汉语补

习的教学实践问题，后两篇文章均以尼日利亚为例，从赴非汉语教学志愿者的视角，在非洲教学实践基础上进行了有针对性的国别化实证研究。

该书作者王玉霏，系北京理工大学教授，从事外语与外语教学、外语电化教学研究；韩超，系北京理工大学外国语学院教师。

【南非种族与族群关系变迁研究】

徐　薇著

社会科学文献出版社，2020年6月

该书除导论和结论外，分为四章，分别是：南非多种族与多族群社会的形成，南非种族与族群之间边界的强化与去除（1910—2000年），后种族隔离时代南非的种族与族群（21世纪以来），超越种族与族群：移民、公民与教徒。作者结合一手资料，对南非社会进行了较为深入、系统的实地调查，参考了大量中外学界已有相关研究成果，围绕南非种族与族群形成、隔离、融合、发展这条主线，通过历时性与共时性相结合的分析方法，对南非多种族、多族群社会的形成，种族歧视与种族隔离制度的形成、发展与去除，后种族隔离时代南非的种族与族群关系等进行了研究。

该书作者徐薇，系浙江师范大学非洲研究院副院长、副研究员，主要从事非洲人类学、种族与族群关系、非洲华侨华人等研究。

【南非劳动法研究：历史、制度及个案评析**】**

肖海英著

社会科学文献出版社，2020年6月

该书是国内南非共和国劳动法系统性研究的成果，正文分为五章，分别是：南非劳动法的历史发展、南非劳动法的渊源与体系、南非劳动法的基本制度、南非劳动法案例评析、南非与中国的劳动法律制度比较。作者以南非政治经济的历史演进、独特的混合法制度的形成作为研究背景，对南非劳动法的历史、基本制度和劳动法案例进行了考察和研究，并对南非和中国的劳动法律制度进行了比较、分析和总结。该书的研究成果不仅对中国劳动立法和司法具有启示和借鉴的作用，还可以弥补中国非洲法专题性研究之不足，而且对中国正在或者意欲去南非投资的企业也具有非常重要的现实意义。

该书作者肖海英，系贵州财经大学教授，主要从事法律史、法律文化、非洲法研究。

【“一带一路”背景下侨乡新移民在非洲的跨国经营研究】

林　胜著

九州出版社，2020年6月

该书主要探讨了“一带一路”倡议实施以来，中国侨乡跨国移民企业家在非洲的经营情况，分为九章，分别是：国际移民理论的回顾、侨乡新移民在非洲跨国经营的概况、侨乡新移民在非洲跨国经营的形成机制、跨国经营与侨乡社会网络、跨国经营与跨国商会组织、跨国经营的筹资方式、跨国经营的回流现象、跨国经营的“失依儿童”帮扶机制、对策与建议。该书依据西方国际移民理论，以非洲的中国侨乡新移民群体为研究对象，分析非洲中国新移民跨国经营行为的特点、跨国经营的形成机制、要素以及跨国经营的影响，并针对目前在非洲的华人跨国经营出现的问题提出对策与建议。

该书作者林胜，系福州大学人文社会科学学院教授、福州大学“一带一路”文化研究中心主任，主要从事国际移民与侨乡社会发展研究。

【非洲统一组织研究：泛非主义视角】
路征远著
上海社会科学院出版社，2020 年 7 月

该书对非洲统一组织的发展及动向进行梳理，重点研究了泛非主义及其影响。非洲统一组织是 20 世纪非洲大陆最大、最重要的国际组织。它的成立是泛非主义发展的重大成果。非洲统一组织秉承泛非主义要义，为非洲大陆的解放、团结、和平和发展作出了不懈努力，极大丰富了泛非主义的内容。《非洲统一组织宪章》及其所取得的成果都是泛非主义的体现。非洲统一组织 39 个春秋的不平凡历程，就是泛非主义荣与辱、成功与失败、成就与无奈相互交织、起伏不定的历史。在泛非主体的推动下，非洲统一组织让位于非洲联盟，顺应了新时代的发展要求，也是泛非主义发展的必然结果。

该书作者路征远，系上海电机学院副教授，主要从事发展中国家历史、中国史和编辑学研究。

【埃及古珠考】
夏　鼐著　颜海英　田　天　刘子信译
社会科学文献出版社，2020 年 9 月

该书是夏鼐先生的博士学位论文，也是埃及考古学领域系统研究珠饰的代表作。该书在首次公布皮特里收集品这一独特珠子收藏的同时，致力于对珠饰这种最重要的埃及文物进行系统性研究。该书第一部分讨论了珠饰的考古学价值及其采用的研究方法，特别强调了制珠工艺对断代的重要性。第二部分对各类出版物中的材料及珠子实物进行了批判性考察，在此基础上对制珠工艺做了详细研究。第三部分考察并评价了各类珠子的分类法系统，并提出了新的分类法，为该课题日后的深入研究奠定了良好基础。该书还涉及珠饰反映的埃及对外交流情况。此外，该书修正了许多对珠饰材质鉴定和年代判断的旧有错误，并首次揭示了一些新的现象。

该书作者夏鼐，系著名考古学家，新中国考古学和埃及学的奠基人之一，中国科学院哲学社会学部委员。译者颜海英，系北京大学历史学系教授，长期从事埃及学研究；田天，系伦敦大学学院埃及考古学博士，从事埃及青铜时代早期丧葬文化、丧葬考古学、仪式研究及埃及学史研究；刘子信，系北京大学考古文博学院博士，主修中外文化交流考古。

【合作共赢：共建中非命运共同体研究】
宋　微著
研究出版社，2020 年 10 月

该书梳理了新中国成立以来中非关系的主要脉络，从理论、政策和展望三

个层面分析中国与非洲合作共赢的历史与现实。该书的可取之处在于以合作共赢为主线，理论与实践相结合，不仅从理论层面分析了中非合作的时代特征，也从政策层面剖析了中国在多领域对非洲援助以及各方的评价与困惑，并对中非合作的未来前景提出了自己的看法。最后，作者还以四个案例作为附录，对中非合作的四种形式（对外援助、发展贷款、直接投资和对外贸易）进行了分析。

该书作者宋微，系商务部国际贸易经济合作研究院国际发展合作研究所副主任、副研究员，主要从事非洲研究、发展援助政策研究。

● 研究报告

【几内亚比绍国情报告】

叶桂平　王　心编著

社会科学文献出版社，2020 年 6 月

该报告从历史、政治、经济、社会、文化、教育等多方面深入研究几内亚比绍的国情，并介绍几内亚比绍与其他葡语国家、周边邻国、美国、法国等国的对外关系。该报告还重点阐述了几内亚比绍与中国在政治、经济和其他方面的交流合作，包括澳门特别行政区在中国与几内亚比绍经贸合作中所起到的重要作用，有助于读者更加详细地了解几内亚比绍发展现状和存在的问题，以及与中国的外交关系和发展前景。

该报告作者之一叶桂平，系澳门城市大学助理校长、葡语国家研究院院长，主要从事国际关系、葡语国家和澳门研究。

【中非合作·广东在行动】

傅　朗　刘继森主编

社会科学文献出版社，2020 年 7 月

该书总结了广东省在中非合作实践中取得的经验和成就。该书分三个分册，将粤非 40 年来的合作从经贸合作、人文交流、医疗援非三个方面进行了总结。经贸合作篇聚焦粤非经贸合作，从三个维度来对粤非经贸关系的 40 年做一个立体式的剖析。人文交流篇聚焦于粤非人文交流的回顾、综述与展望。医疗援非篇聚焦粤非医疗援助活动。医疗援助是中国对非洲外交的重要手段，对改善非洲地区的卫生条件、加深中非之间的理解和推动中非关系进步起到了独特的作用。

该书主编傅朗，系广东省原外事办公室主任；刘继森，系广东外语外贸大学非洲研究院执行院长，主要从事世界经济和国际贸易研究。

【世界能源清洁发展与互联互通评估报告（2020）非洲篇】

国网能源研究院有限公司编

社会科学文献出版社，2020 年 7 月

该报告聚焦非洲清洁能源的发展与互联互通，认为清洁能源是实现非洲经济社会可持续发展的必然选择，而加强清洁能源开发和电力互联互通，保障能源供应、优化用能结构、降低用能成本，是解决非洲各国普遍存在的能源困境的重要手段。该报告提出世界能源清洁发

展及互联互通综合指数，对54个非洲国家的清洁能源发展水平进行量化评估和深入研究，分析其基础特点、优势及短板，明确提升方向和发展重点，为非洲各国走出一条能源可持续发展道路提供参考和建议。

国网能源研究院有限公司于2009年正式成立，是国家电网公司系统内从事软科学研究的科研单位和智库机构，主要承担理论创新、战略创新和管理创新的研究职责，为国家电网公司战略决策和运营管理提供智力支撑，为政策制定和能源电力行业发展提供咨询服务。

【印度与非洲关系发展报告】

徐国庆著

中国社会科学出版社，2020年9月

该报告对印度对非政策演变加以分析，研究探讨印非政治、经贸和人文交流等关系发展的现状和前景，并结合中印对非政策异同、印度对中非合作的认知等议题，提出当前中印在对非合作上存在的分歧，并从智库的角度提出相关的对策。报告指出，作为重要发展中国家与新兴经济体，印度对非政策及其取得的成效，对中国具有一定的借鉴意义。中印两国都曾是非洲民族解放的支持力量，主张在相互尊重、平等互利的基础上，加强对非合作，倡导第三世界的权益。为适应“一带一路”倡议在非洲的开展，中国一方面须充实中非合作机制，以适应未来中非关系的发展需要，另一方面可顺应中国发展大局与中印关系逐步改善的机遇，探索同印度在涉非经贸、安全等相关议程上开展磋商与合作。

该书作者徐国庆，系中国社会科学院西亚非洲研究所（中国非洲研究院）副研究员，主要从事新兴国家对非关系、新兴国家间关系研究。

【中非产能合作发展报告（2019—2020）】

张巧文 段文奇 何曙荣主编

经济科学出版社，2020年8月

该报告以中非发展需要为导向，结合非洲工业化、城镇化、数字化等发展趋势，重点围绕装备制造业（医疗器械、农业装备）、基础设施建设行业（能源、交通、建筑等）、数字化产业（智慧安防、智慧交通、电子商务等）等产业领域讨论非洲经济社会发展中的产业机遇，并对中国企业如何发挥优势，在中非产能合作大潮中抓住产业机遇、合理布局非洲，实现共赢提出了建议。

该报告主编张巧文，系现任教育部浙江师范大学中国—南非人文交流研究中心秘书长，浙江大学中国跨境电子商务研究院特聘研究员，长期从事中非经贸、人文交流研究；段文奇，系浙江师范大学经管学院副院长，从事电子商务和平台经济领域研究；何曙荣，系浙江师范大学中非国际商学院副院长，长期从事对非研究。

【非洲法语地区发展报告（2020）】

张永宏 詹世明主编

社会科学文献出版社，2020年9月

该报告是国内首部关于非洲法语地

区的专题报告。报告分为地区形势、国家发展和专题研究三个版块，涉及非洲法语地区的政治、经济、教育、社会、文化和部分国家近两年的发展现状。在地区形势部分，该报告从政治、经济、教育、社会和文化五个层面呈现非洲法语地区的发展现状，并对非洲法语地区的安全问题、经济发展成效和面临的不确定性、教育问题、人口问题、社会公平、医疗卫生问题以及文化的发展问题进行深入分析。在国家发展部分，该报告对科特迪瓦、刚果（金）、刚果（布）、中非共和国、乍得和吉布提六国2017—2018年的政治局势、经济发展现状以及在军事和外交方面所做出的努力进行了系统梳理，为跟踪研究这些国家的发展形势提供基础信息。在专题研究部分，该报告着重对西非地区安全形势面临的问题以及西共体采取的应对措施、法国在法语非洲的经济存在、非洲法语国家和英语国家之间的合作与分歧等问题进行分析，进一步反映该地区的变化形势。

该书主编张永宏，系云南大学国际关系研究院（南亚东南亚研究院）党总支书记、研究员，主要从事非洲发展问题、中非关系、南南合作及南北关系研究；詹世明，系中国社会科学院西亚非洲研究所《西亚非洲》编辑部主任、副研究员，主要从事非洲政治与安全问题研究。

【“一带一路”携手非洲共同发展】

杨宝荣主编

中国社会科学出版社，2020年10月

该书系中国非洲研究院文库“智库报告”系列成果之一。该书以“一带一路”为主要视域，对“一带一路”背景下非洲发展问题进行研究。“一带一路”是新时代中国开展国际合作的重要倡议，旨在通过合作促进合作国家的共同发展。在中非合作论坛平台上通过“一带一路”倡议合作构建更加紧密的中非命运共同体是新时代中非合作的重要举措，是中非合作的升级版，也是中国探索更广泛范围内中国对外合作标准化经验的基础。从跨境铁路建设促进非洲统一大市场建设，到工业园建设提升非洲工业化水平延伸产业价值链；从水、电、路、港口建设改善非洲民生，到文化科技交流合作提升非洲本土竞争力，中国通过“一带一路”倡议促进非洲发展的合作是全方位的，也是成效显著的。正确看待非洲自身发展面临的问题，总结中国推动合作的经验，将有助于推动中非合作在“一带一路”倡议下更加健康发展。

该书主编杨宝荣，系中国社会科学院西亚非洲研究所（中国非洲研究院）经济研究室主任、研究员，研究方向为非洲产业经济、制度经济和对外经济合作。

【中非双边法制合作】

朱伟东　王　琼　王　婷著

中国社会科学出版社，2019年10月

该报告认为，从长远来看，中非经贸关系的发展需要双方加强双边法制合作。中非加强双边法制合作是保障中非经贸关系长远健康发展的需要，是解决中非现实法律问题的需要，也是推动国际经贸规则改革的需要。结合中非双边法制合作的现状和中非的具体情况，中非可以从以下几方面完善双边法制合作：一是加强现有的双边法制合作框架，同时补充、完善条约的某些规定，使它们更符合中非经贸关系发展的需要；二是尽快同一些非洲国家和地区性经济组织商签自贸协定，为中非经贸关系的发展提供牢固的法律框架；三是拓展中非双边法制合作的领域，加强在立法、司法和执法等领域的交流与合作；四是重视多边领域的法制合作，利用多边途径加强在跨国犯罪、反腐、民商事和税收等领域的合作。

该报告作者朱伟东，系中国社会科学院西亚非洲研究所（中国非洲研究院）研究员，主要从事非洲法、中非经贸投资纠纷解决、国际投资法、国际商事仲裁研究；王琼，系中国社会科学院西亚非洲研究所（中国非洲研究院）副研究员，主要从事中东非洲政治、中东非洲法律、中东非洲热点问题与国际法研究；王婷，系北京外国语大学非洲学院地区研究教研室主任、助理研究员。

【非洲黄皮书：非洲发展报告 No. 22（2019—2020）**】**

张宏明主编

社会科学文献出版社，2020 年 11 月

该报告系统阐述和评估了当前非洲经济形势的总体特点、发展路径和实施效果，分析了新冠肺炎疫情对非洲经济的冲击。该报告指出，2020 年非洲大陆一体化提速以及数字经济活力为非洲经济增长注入新动能，但年初新冠肺炎疫情的流行使非洲经济受到冲击。非洲国家旅游业、航空运输业和石油业受到明显冲击，外贸创汇与外资流入减少，财政赤字加剧，主权债务风险上升，非洲自贸区谈判延迟，非洲经济下行，预计 GDP 增长率将萎缩 4% 左右。与此同时，疫情加剧了非洲地区的粮食危机和疾病流行，导致贫困和失业人口激增、政治和安全不稳定因素增多，非洲包容性增长战略受到严峻挑战。

该报告主编张宏明，系中国社会科学院西亚非洲研究所（中国非洲研究院）研究员，主要从事非洲政治和国际关系问题研究。

【“一带一路”国别研究报告（摩洛哥卷）】

张玉友　孙德刚主编

中国社会科学出版社，2020 年 11 月

该报告主体内容分为三大部分，分别为基本国情研究、重大专题研究和双边关系研究。在基本国情部分，该报告细致地梳理和分析了摩洛哥的综合国力、人口发展、资源禀赋、基础设施、产业发展、政治生态、女性社会地位、移民发展和外交关系九个方面；在重大专题研究部分，该报告深入研究了摩洛哥的国家中长期发展战略、投资营商环境、城市发展、工业发展战略、高等教育、可再生能源开发、西撒哈拉问题、柏柏尔问题和中东剧变以来正义与发展党的表现九个方面；在双边关系部分，该报告基于中国视角，分析了中摩关系的历

史渊源、人文交流合作机制、图书出版、摩洛哥的中国观、战略伙伴关系、港口建设合作、农业合作、旅游合作以及体育合作九个方面。

该报告主编张玉友，西北大学中东研究所博士后，主要从事摩洛哥等北非国家研究；孙德刚，系复旦大学国际问题研究院研究员，主要从事国际安全理论、中东国际关系研究。

【非洲清洁能源开发与投资研究】

全球能源互联网发展合作组织编

中国电力出版社，2020 年 11 月

该报告是聚焦非洲的分报告，全面展示了非洲的清洁能源的资源评估和大型基地的选址成果。该报告采用数字化方法完成了非洲水电、风电和光伏发电的资源评估与基地开发研究。首先分别介绍了资源评估和选址研究的方法体系、模型和数据。在水电方面，该研究对非洲主要流域的水能资源开展了理论蕴藏量测算，对主要待开发的河段提出了梯级开发方案。在风电和光伏发电方面，在全面测算和分析影响集中式开发的主要影响因素基础上，该研究对全洲各国家和地区风能、太阳能理论蕴藏量、技术可开发量以及开发成本进行了量化评估。通过运用数字平台，该研究提出了非洲大型陆上风电基地、大型太阳能光伏基地的选址布局，并完成了开发条件评价、开发规模评估以及技术经济指标测算。之后，基于非洲能源电力供需的发展趋势，统筹区域内、跨区及跨洲电力的消纳市场情况，该研究分析了大型清洁能源基地送电方向和输电方式。最后，该研究梳理了非洲主要国家的能源政策及投资现状，剖析了清洁能源开发项目的典型投资等。

全球能源互联网发展合作组织以“推动构建全球能源互联网，以清洁和绿色方式满足全球电力需求”为宗旨，由中国国家电网公司发起成立，是中国在能源领域发起成立的在民政部登记的首个国际组织，也是全球能源互联网的首个合作、协调组织。

• 志书

【《列国志》系列丛书】

社会科学文献出版社，2020 年

新版《列国志》系列丛书 2020 年度出版了 2 部，由社会科学文献出版社出版。分别是黄玉沛、王永康编著的《刚果共和国》，以及顾章义、安春英编著的《索马里》。两本工具书分别对刚果共和国和索马里的基本概况、历史、政治、经济、社会、文化、外交等方面做了全面论述，对中非合作和“一带一路”在非洲的推进具有重要参考价值。

《刚果共和国》的编著者黄玉沛，系浙江师范大学中非国际商学院讲师；王永康，系中山大学外国语言学及应用语言学博士、副教授，曾任济南大学法语系主任、济南大学非洲研究中心副主任，现任刚果（布）马利安·恩古瓦比大学孔子学院中方院长。

《索马里》的编著者顾章义，系中央民族大学历史系教授，主要从事非洲历史、民族问题研究；安春英，系中国社会科学院西亚非洲研究所（中国非洲研究院）《西亚非洲》常务副主编、编审，主要从事非洲经济、非洲减贫与可持续发展问题研究。

• 论文集

【非洲法语国家：发展与合作**】**

张永宏　詹世明主编

社会科学文献出版社，2020 年 3 月

该书是2018 年“非洲法语国家：发展与合作”学术研讨会的论文集，从“非洲法语国家与地区研究”“非洲法语国家对外关系”“中国的非洲法语国家”三个维度，阐释了法非关系的历史脉络、重要特征和变化趋势，欧非关系的走势。

该书主编张永宏，系云南大学国际关系研究院（南亚东南亚研究院）党总支书记、研究员，主要从事非洲发展问题、中非关系、南南合作及南北关系研究；詹世明，系中国社会科学院西亚非洲研究所《西亚非洲》编辑部主任、副研究员，主要从事非洲政治与安全问题研究。

【非洲国家治理与发展道路】

安春英主编

中国社会科学出版社，2020 年 7 月

该书系中国非洲研究院文库“研究论丛”系列成果之一，重点对近年非洲国家的发展道路进行了综合分析。“非洲政治与安全”部分突出了非洲国家政党政治、民主化进程、群族治理的特点；“非洲经济与社会”部分重点阐释了非洲经济发展模式、工业化与经济现代化、城市化等方面的新进展；“非洲与外部世界”部分解读了欧盟、英、法、德、美、日、印等对非关系与政策取向。《非洲国家治理与发展道路》对非洲国家治理与发展道路的系统研究，有助于推进相关学术研究的深入。

该书主编安春英，系中国社会科学院西亚非洲研究所《西亚非洲》常务副主编、编审，主要从事非洲经济、非洲减贫与可持续发展问题研究。

【百年未有之大变局与中非关系】

詹世明主编

中国社会科学出版社，2020 年 7 月

该书从国际格局、地区格局的重大调整变化出发，论述在当前百年未有之大变局的形势下中非关系重要领域的发展。“国际格局、地缘政治变化与中非关系”部分从宏观上关注非洲地缘政治、中非关系的新变化、新特点；“一带一路”与非洲部分关注“一带一路”倡议背景下中非发展战略对接、非洲产业园区和基础设施领域的合作；“中非人文交流”部分中非文化、语言、媒体等方面的交流；“中非发展经验互鉴”部分关注中非在治国理政、理论建构、减贫、医疗卫生等方面的合作与经验交流。

该书主编詹世明，系中国社会科学院西亚非洲研究所《西亚非洲》编辑部主任、副研究员，主要从事非洲政治与安全问题研究。

【郑和下西洋与 21 世纪海上丝绸之路】

李新烽　曹　放主编

中国社会科学出版社，2020 年 9 月

该书是 2019 年 6 月 15 日在厦门举行的“第一届大航海时代与 21 世纪海上丝绸之路海峡两岸学术研讨会”论文集。此次研讨会收到论文、文章 43 篇，根据论文主题分为 5 个部分，即“郑和下西洋与‘一带一路’”“郑和下西洋与考古”“再思郑和下西洋”“王景弘探秘”“大航海时代与海上丝绸之路”。该论文集围绕大航海时代与海峡关系、郑和下西洋、“一带一路”时代内涵等进行深入探究，对进一步肯定郑和开创大航海时代中的功绩，推动两岸传承历史及民心相通，促进携手共建“一带一路”具有重要意义。

该书主编李新烽，系中国社会科学院西亚非洲研究所所长、中国非洲研究院执行院长、研究员，中国社会科学院研究生院西亚非洲系主任、博士生导师，《西亚非洲》主编，《中国非洲学刊》主编，兼任中国非洲史研究会副会长，主要从事非洲华人华侨、苏丹、南苏丹、南非等研究；曹放，系厦门市海沧区政协主席，在《人民日报》、《新华文摘》、《读者》、中央电视台等期刊、媒体发表刊播多篇文章。

【《非洲研究》2020 年第 1 卷（总第 16 卷）】

刘鸿武　李鹏涛主编

社会科学文献出版社，2020 年 9 月

《非洲研究》（集刊）创办于 2010 年，由浙江师范大学非洲研究院主办，是刊发非洲研究成果，探讨非洲问题的综合性学术刊物，每年 2 辑。栏目设置以非洲为中心，以中非关系为出发点，突出中国特色和视角；以非洲领域和问题研究为基本栏目（设有“非洲政治与国际关系”“非洲经济与发展”“非洲历史、教育与文化”　“中非关系”等专栏），平衡整体和局部的关系，在整体把握非洲问题的同时，突出展现非洲国别和区域的差异性；还设有“大使访谈”“非洲研究书评”“调研报告”等特色栏目。

该集刊主编刘鸿武，系教育部长江学者特聘教授、浙江师范大学非洲研究院院长，主要研究方向为非洲政治、历史、文化，中非关系，尼日利亚、坦桑尼亚、苏丹、南苏丹国别研究；李鹏涛，系浙江师范大学非洲研究院教授，主要从事非洲史研究。

【中国非洲研究评论（总第八辑）】

李安山主编

社会科学文献出版社，2020 年 12 月

该书系学术集刊，分为四个部分。第一部分是关于非洲的学科理论和学科综述，共有 7 篇文章，涉及非洲史学的书写、当代中国非洲人类学概述、殖民主义与学术研究的关系等。第二部分是关于非洲历史的研究，包括尼罗河源头探险过程中的人群互动、美国在英布战争中的外交政策、埃及马穆鲁克时期的私人慈善与公共政策作用等。第三部分为非洲文化与社会，其共同点是体现了文化在历史发展中的作用。第四部分是一篇书评和几位正在非洲的中国青年学者的实地调研手记。

主编李安山，系电子科技大学西非

研究中心教授、北京大学荣休教授，主要从事非洲史、殖民主义和非殖民化问题、非洲民族主义思潮、华人华侨史、中非关系史研究。

● 学术资料

【中国非洲研究年鉴 2020】

李新烽主编

中国社会科学出版社，2020 年 11 月

《中国非洲研究年鉴 2020》是由中国非洲研究院主办、逐年编纂连续出版的资料性文献。2020 年卷年鉴系统汇集了非洲研究的年度重要文献、基本数据、研究动态和科研成果，共设置 10 个栏目。“重要文献”主要收录非洲大陆及中国对非关系中的重要政策、讲话文件等。“热点聚焦”是结合地区热点问题或大国对非关系的基本特点，评析 2019 年度相关问题的新变化及发展趋势。“专题特稿”围绕新中国成立 70 周年，评析中非关系、中非合作 70 年的发展演变。“研究综述”系统梳理新中国成立以来中国的非洲研究历史、研究视点、研究观点及重要的研究成果。“新书选介”重点是介绍2019 年出版的非洲研究重要学术专著、研究报告、志书、系列智库报告等。“学术动态”提供中国非洲研究学术机构在中国、非洲及世界其他国家举办的重要国际学术会议（或论坛）、学术访问，以及国际性或全国性学术团体举办的学术研讨会等信息。“学术机构”介绍中国非洲研究机构的发展历史与现状。“学刊简介”评介国内出版的有关非洲研究的学术期刊或学术集刊。另外，2020 年卷还设有“数据统计”“年度大事”等栏目汇集重要学术信息。

该书主编李新烽，系中国社会科学院西亚非洲研究所所长、中国非洲研究院执行院长、研究员，中国社会科学院研究生院西亚非洲系主任、博士生导师，《西亚非洲》主编，《中国非洲学刊》主编，兼任中国非洲史研究会副会长，主要从事非洲华人华侨、苏丹、南苏丹、南非等研究。

【世界各国宪法文本汇编（非洲卷）】

朱福惠　赖荣发主编

厦门大学出版社，2020 年 11 月

该书是世界各国宪法文本汇编系列的非洲国家卷，是国内少有的全面反映世界各国现有宪法的基础性资料汇编，详细介绍了非洲各国宪法文本的具体内容。非洲国家在近代历史进程中沦为西方国家的殖民地，遭到欧美殖民者长期的奴役和压迫。第二次世界大战结束后，非洲各国人民反对殖民统治、争取民族独立的斗争取得重大胜利，至 20 世纪 90 年代，绝大多数非洲殖民地先后获得了独立。独立后的非洲国家在致力于发展经济的同时，不断加强政治建设，通过制定宪法确认国家的地位、政治体制和法律制度，从而进入现代宪制国家的行列。由于独立后的非洲国家受到诸多政治、经济、民族和文化因素的影响，其建构宪法制度的进程极为周折，常常伴随政治波动和政变，政治局势的不稳定，导致宪法变动频繁。非洲国家的制

宪受到殖民地时期法制的影响，具有较强的区域特征。

该书主编朱福惠，系厦门大学法学院教授，宪法学与行政法学博士生导师；赖荣发，系福建江夏学院外国语学院法语系教师，主要关注法语国家语言政策与立法等领域。

【非洲大陆自由贸易区法律文件汇编】

朱伟东　王　琼　史晓曦编译

社会科学文献出版社，2020 年 12 月

该书除序言外，有四编。序言对成立非洲大陆自贸区的背景、目标和挑战以及成立非洲大陆自贸区对中非经贸关系的意义做了介绍和分析。四编分别是：非洲大陆自由贸易区协定，《非洲大陆自由贸易区协定》附件草案汇编，《建立非洲经济共同体条约》关于人员自由流动、居留权和设业权的议定书，以及建立非洲大陆自由贸易区的相关决议和报告。

该书编译者朱伟东，系中国社会科学院西亚非洲研究所（中国非洲研究院）研究员，主要从事非洲法、中非经贸投资纠纷解决、国际投资法、国际商事仲裁研究；王琼，系中国社会科学院西亚非洲研究所副研究员，主要从事中东非洲政治、中东非洲法律、中东非洲热点问题与国际法研究；史晓曦，系中国社会科学院西亚非洲研究所助理研究员，主要从事国际法、国际关系研究。

• 译著

【未来非洲：正在崛起的大陆　未来的全球经济引擎**】**

［美］杰克·布赖特　［美］奥布里·赫鲁比著　敖　军译

西南师范大学出版社，2020 年 2 月

该书共四部分十二章，从为什么全世界的 CEO 和最聪明的生意人都在谈论非洲入手，梳理了非洲是如何和世界经济脱节的以及可能让非洲发展偏离轨道的历史遗留问题；从变革者与开拓者视角，解析了把非洲带入新时代的伟大人物、地方及事物，非洲如何增强全球文化影响力，以及非洲未来 50 年的发展前景。该书揭示非洲发展的真实情况，分析移民到美国的非洲人在美国接受高等教育后是如何将先进的技术和经济理念带回母国，从而推动非洲经济的发展的。

该书作者杰克·布赖特，系美国外交政策协会研究员，主要从事全球金融、商业和非洲转型研究；奥布里·赫鲁比系大西洋理事会非洲中心的研究员，主要从事非洲经济问题研究。译者敖军，资深记者，就职于文汇报国际部。

【英联邦非洲国际私法】

［加纳］理查德·弗林蓬·奥蓬著　朱伟东译

社会科学文献出版社，2020 年 5 月

该书是关于英联邦非洲国际私法或冲突法的，是一项比较国际私法的研究。该书对 15 个国家——博茨瓦纳、冈比亚、加纳、肯尼亚、莱索托、马拉维、纳米比亚、尼日利亚、塞拉利昂、南非、斯威士兰、坦桑尼亚、乌干达、赞比亚和津巴布韦——的法律进行了考察。全

书共分为七大部分：第一部分“基本问题”共有三章，分别是“法律选择中的概念性问题”、“外国法”和“住所”。第二部分“管辖权”共有三章，分别是“管辖权依据”、“不方便法院、未决诉讼和法院选择协议”和“对管辖权的限制”。第三部分“债”包括四章，分别是“合同”、“侵权行为之债”、“外币之债”和“汇票”。第四部分“家庭法”分为三章，分别是“婚姻”、“婚姻诉因”和“儿童”。第五部分“财产、继承和遗产管理”分为三章，分别论述了“财产”、“继承”和“遗产管理”。第六部分“外国判决与仲裁裁决”，共有三章，分别是“执行外国判决的普通法制度”、“执行外国判决的成文法制度”以及“外国仲裁裁决的承认与执行”。第七部分“国际民事程序”包括三章，分别是“支持或反对外国司法和仲裁程序的救济”、“国际私法协助”和“费用担保”。

作者理查德·弗林蓬·奥蓬，加纳艺术科学院研究员，加拿大汤姆森河大学法学院副教授，主要研究领域为非洲经济法。译者朱伟东，系中国社会科学院西亚非洲研究所（中国非洲研究院）研究员，主要从事非洲法、中非经贸投资纠纷解决、国际投资法、国际商事仲裁研究。

【下一个世界工厂：中国企业在非洲的创业故事】

［美］孙　辕著　江　琪　唐晓阳译

机械工业出版社，2020年9月

该书以个体为主线，从人到工厂到原料的叙事角度讲述了中国企业家在非洲的见闻。中国是非洲最大的贸易合作伙伴、最大的基础设施融资方，也是非洲外国直接投资增长最快的来源。事实上，中国认为非洲并不贫穷，有着巨大的潜在财富，这与西方的态度截然不同。尽管西方国家有针对非洲的五十年的援助计划，非洲仍然比世界上任何一个地区的贫困人口都多。那些认真考虑提高整个大陆生活水平的人都知道，需要采取另一种策略。中国的企业家正在涌入非洲大陆，投资于工厂和重型设备等长期资产。该书关注在埃塞俄比亚、肯尼亚和尼日利亚管理中小企业的中国企业家。独立的中国投资者正引领着这些国家实现快速经济增长。中国投资正在促进非洲现代化进程发展。

该书作者孙辕，麦肯锡“中国在非洲的经济合作”项目首席研究员。译者江琪，清华大学社会科学学院国际关系学系博士研究生，研究方向为北非的现代化；唐晓阳，清华大学国际关系学系副主任，兼清华—卡内基全球政策研究中心中方主任、副教授，研究方向包括政治科学、中国与非洲和东南亚的经济交往和发展中国家现代化过程。

【祖鲁战争史：生存空间、丛林法则与南部非洲文明的进程】

［英］阿瑟·威尔莫特著　薛晓华译

华文出版社，2020年9月

该书以祖鲁王国与纳塔尔殖民地的早期历史开篇，讲述了祖鲁国王夏卡的对外战争与军事制度，夏卡的弟弟丁冈篡位后的残酷统治及其与布尔人的冲突；

接着概述了祖鲁人的法律法规、风俗习惯和宗教，揭示了祖鲁战争爆发的导火索，展现了祖鲁战争爆发前的时局；之后详述了祖鲁国王塞奇瓦约推行扩张政策导致与英国爆发战争、伊桑德尔瓦纳战役、洛克渡口保卫战、埃科韦战役、因耶赞战役、兹洛巴内山战役、坎布拉战役、因托姆贝大捷、吉恩赫洛沃战役、乌伦迪战役、塞奇瓦约被俘等重大历史事件。该书深刻剖析了生存空间、丛林法则与南部非洲文明进程的辩证关系。

该书作者阿瑟·威尔莫特，系英国历史学家、《英国历史评论》特聘审稿人、牛津大学非洲史教授，主攻南非史。译者薛晓华，就职于西北师范大学知行学院，主要研究方向为英语教学与翻译。

【环境、权力与不公：一部南部非洲的历史**】**

［美］南希·J. 雅各布斯著　王富银译

江苏人民出版社，2020 年 11 月

该书以南非北部的金合欢丛生之地为切入点，围绕边境开拓时期、殖民统治时期与种族隔离时期，从环境、社会、政治、经济等诸多研究视角构建了一部南部非洲的历史，揭示出一些人如何“以自然为手段赋予自己高于其他人的权力”。该书也是一本视角新颖、资料翔实的研究著作，从中以小窥大，也能瞥见非洲大陆历史的缩影。

该书作者南希·J. 雅各布斯，系美国罗德岛普罗维登斯布朗大学历史和非洲研究学院副教授。译者王富银，系南京林业大学副教授，主要研究方向为翻译理论与实践。

【我的见证：埃及外交政策（2004—2011）**】**

［埃及］艾哈迈德·阿布·盖特著　杨明宇译

世界知识出版社，2020 年 12 月

该书是现任阿盟秘书长、埃及前外长艾哈迈德·阿布·盖特的自传体回忆录。作者以资深外交官和亲身经历者的视角，阐述了自 20 世纪 60 年代起埃及外交政策的发展变化、中东和国际舞台上发生的重大外交事件，以及埃及为捍卫国家和地区利益而付出的努力。作为众多外交事件的参与者和政策的制定者，作者分析和梳理了外交工作的底层逻辑、内部考量和不同势力之间的博弈，其中也不乏一些外交工作的奇闻轶事。作者在书中介绍了自己的成长和工作经历，外交观点的塑造过程，并记录了自己与埃及前总统穆巴拉克共事的经历。该书是作者数十年外交工作经历的缩影，是一部介绍埃及这个中东地区和阿拉伯重要国家的著作。

该书作者艾哈迈德·阿布·盖特，系埃及政治家和资深外交家。2016 年 7 月起任阿拉伯国家联盟秘书长，曾担任埃及常驻联合国代表和穆巴拉克时期最后一任埃及外长。

（王建、刘鸿泽、胡鑫编纂）

第八篇

学刊简介

本专栏共收录了22种学术期刊和学术集刊。从收录范围看，仅包括国外出版的有关全非或地区综合性的学术期刊或学术集刊。从收录期刊语种看，仅包括英文（或包括英文在内的多语种）和法文非洲研究学刊。从简介的内容看，包括创刊时间、主办单位、出版周期、选题重点、学术影响力等。各刊简介所参考的资料，主要来自它们的网站、征稿启事，以及它们所发表的文章内容。学刊简介按照各刊创刊时间先后排序。

【《非洲事务》（*African Affairs*）】

1901年创刊，由位于伦敦的皇家非洲学会（Royal African Society）主办，系牛津大学出版社（Oxford University Press）出版的同行评议学术期刊。最初名为《非洲学会杂志》（*Journal of the African Society*），1936年改名为《皇家非洲学会杂志》（*Journal of the Royal African Society*），1944年改名为《非洲事务》并沿用至今。每年出版4期。

《非洲事务》为综合性期刊，重点关注撒哈拉以南非洲地区的政治和国际关系问题研究，同时还涉及社会学、人类学、经济学等领域研究，在某种程度上为研究有关非洲当前动态、历史、文学、艺术、音乐等提供了参考。

该刊栏目设置包括原创研究文章（Articles）、当代问题研究简报（Briefing）、伦理和方法论方面的研究笔记（Research Notes）、书评（Book Review）等，偶尔也有评论文章。2020年，该刊主要关注津巴布韦2017年军事政变动机、网络对非洲大选的影响、征地对农民家庭的影响、卢旺达爱国阵线意识形态和利益、加纳税收与国家财政能力、尼日利亚贫困与农村转型、索马里国家情报与安全局的滥用、撒哈拉以南非洲总统任期限制、非洲农业生物技术项目、加纳政党竞选策略、赞比亚基础设施和民主观念、肯尼亚土地所有权改革等问题。

《非洲事务》作为同行评议学术期刊，受众广泛，包括学者、政策制定者、外交官以及其他对非洲大陆有浓厚兴趣的人员。该刊自1997年起被社会科学引文索引（SSCI）收录，是非洲研究领域排名最高的期刊，在政治学领域也具有较强影响力。根据《期刊引证报告》（Journal Citation Reports），该刊2019年影响因子为2.145，在“区域研究”类别的77种期刊中排名第5位，在“政治学”类别的180种期刊中排名第50位。该刊出版的文章还被人类学文摘（Abstracts in Anthropology）、在线人类学索引（Anthropological Index Online）、英国人文索引（British Humanities Index）、CAB文摘（CAB Abstracts）、PROQUEST数据库、社会学文摘（Sociological Abstracts）等多个文摘和数据库收录。

【《非洲研究》（*African Studies*）】

1921年创刊，由位于南非约翰内斯堡的威特沃特斯兰德大学主办，系泰勒与弗朗西斯出版集团旗下的劳特利奇出版社出版的同行评议学术期刊。最初名为《班图研究》（*Bantu Studies*），1942年改名为《非洲研究》并沿用至今。每年出版4期。

《非洲研究》作为国际性的跨学科期刊，旨在出版高质量的与非洲相关的概念性和经验性研究，包括人类学、种族、性别和性研究、地理研究、历史研究、文学研究、文化研究、媒体研究、社会经济学、政治研究等多个学科。该刊欢迎学者对非洲社会动态进行批判性调查，鼓励学者进行创新研究。该刊不仅关注有关非洲当前问题的概念性思考，还关注对现有理论和方法范式在非洲适应性的反思。

《非洲研究》自 2009 年起被社会科学引文索引（SSCI）收录。根据《期刊引证报告》，该刊 2019 年影响因子为 0.348。该刊出版的文章还被人类学文摘、当前非洲事务书目（A Current Bibliography on African Affairs）、非洲研究摘要在线、应用社会科学指数（Applied Social Science Index）、国际社会科学参考书目、国际政治学文摘、社会学文摘等收录。

【《非洲》（*Africa*）】

1928 年创刊，由国际非洲研究所（International African Institute）主办，系剑桥大学出版社出版的同行评议学术期刊。每年出版 4 期正刊和 1 期特刊，其中正刊分别于每年的 2 月、5 月、8 月和 11 月出版。

《非洲》是专门研究非洲社会和文化的重要期刊。该刊鼓励作者采取跨学科的方法进行研究，包括人文科学、社会科学和环境科学。该刊旨在关注非洲知识生产，突出非洲当地思想家和作家的工作，体现非洲新兴的社会和文化趋势，以及地方和国家社会层面的联系。同时，该刊还致力于对非洲自身文化类别的现实情况进行理论分析。该刊栏目设置包括文章、评论和书评，2020 年该刊主要关注的议题有非洲医疗梦想、非洲当地知识分子、非洲中产阶级生活经历、几内亚舞蹈和革命、埃塞俄比亚治外法权、非洲大湖地区历史、宗教习俗和信仰等。

《非洲》自 1997 年起被社会科学引文索引（SSCI）收录，根据《期刊引证报告》，该刊 2019 年影响因子为 0.938。该刊出版的文章还被 MLA 国际书目（MLA International Bibliography）、欧洲人文研究期刊参考索引（European Reference Index of Research Journals in the Humanities）等数据库收录。

【《今日非洲》（*Africa Today*）】

1954 年创刊，由美国非洲委员会（American Committee on Africa）创办，系印第安纳大学出版社出版的同行评议学术期刊。每年出版 4 期。

《今日非洲》主要发表与当代非洲有关的研究文章和书评，涉及的学科较为广泛，包括社会学、文化学、政治学、历史学、经济学等。该刊希望能为人文社科领域跨学科研究方法、不同视角和原创研究提供平台。2020 年该刊主要关注种姓、等级制度和社会变革、加纳语境中的男子气概与社会变革、南非同性恋文化政治、穆斯林女权主义者、宗教企业家、喀麦隆五旬节教会、塞内加尔的伊斯兰企业家精神等问题。

《今日非洲》作为非洲前沿研究的

重要期刊之一，其出版的文章被 CABI、EBSCOhost、Elsevier、Gale、OCLC、ProQuest 等多个数据库收录。

【《非洲研究评论》（*African Studies Review*）】

1958 年创刊，由美国非洲研究协会（African Studies Association, USA）主办，系剑桥大学出版社（Cambridge University Press）出版的关于非洲研究的同行评议学术期刊。杂志前身为《非洲研究公报》（*African Studies Bulletin*），1970 年更名为《非洲研究评论》并沿用至今。每年出版 4 期。

该刊历史上除了主刊外还曾出版多本副刊，包括《意见季刊》（*Quarterly Journal of Opinion*）（1971—1999 年），后改名为《非洲问题》（*African Issues*）（2000—2004 年）、《美国书评》（*ASA Review of Books*）（1975—1980 年）、《非洲通讯》（*Africana Newsletter*）（1962—1964 年）。

《非洲研究评论》为跨学科期刊，主要关注非洲地区问题，研究领域涉及政治学、历史学、人类学、文学和文化研究、性别研究、媒体研究、健康科学、艺术和艺术史、语言学等多个学科。主要栏目包括研究文章（Articles）、学术论坛（Forum）、学术评论文章（Scholarly Review Essay）、评论（Commentary）等，此外该刊还以电子文献的形式出版了大量的书评和影评。2020 年，该刊主要聚焦于非洲殖民和反殖民历史，城市生活、贫民窟和身份形成，文化和意义的本土表达，非洲难民问题及其历史，伊斯兰教和文化生产，传统、习俗和仪式的表现形式等议题研究。

《非洲研究评论》作为非洲研究协会（美国）的旗舰学术期刊，在非洲研究领域具有较强影响力，2010 年起被社会科学引文索引（SSCI）收录，根据《期刊引证报告》，该刊 2019 年影响因子为 1.034，在“区域研究”类别的 77 种期刊中排名第 21 位。

【《非洲研究手册》（*Cahiers d'études africaines*）】

1960 年，由法国社会科学高等学院出版社创办，系同行评议学术期刊。该期刊为季刊，每年出版 4 期。该期刊注重论文的原创性，侧重使用社会科学跨学科视角，重点关注但不限于非洲人类学、历史及社会的理论和实践前沿及其衍生的各类问题。期刊设置研究与评论、评述与文献、新书推荐、概述与摘要等栏目。

该期刊 2020 年度关注的议题主要涉及文化、历史、宗教、社会、政治等领域。其中，文化领域的议题主要有：歌曲在布基纳法索 2012 年 11 月选举活动中的应用、巴马科居民建造自持房产的观念性解释、摩洛哥南部传统文化对当代社会关系的影响、葡萄牙与比利时的电影产业在殖民统治中的作用等；历史方面的议题包括：从毛里塔尼亚的独立过程剖析毛里塔尼亚与摩洛哥双边关系、1943 年法国对索马里兰的占领过程等；宗教领域的议题涉及：天主教建筑在西非地区的象征意义、西非族群语言联系在宗教信仰演进中的作用等；政治方面的议题主要有：以布隆迪为国别案例分析“脸书”等网络平台作为新舆论平台在民主化中的作用、布基纳法索草根阶层的安全问题、喀麦隆民族主义言论的区域差异问题、“建设和平”理念及其在卡萨芒斯地区的实践等；社会方面的议题包括：以访谈为工具分析非洲移民回国后的心理和生活状态、探析布基纳法索聋哑人的社会地位、塞内加尔同性恋群体问题等。此外，2020 年第 4 期聚焦苏丹的身份认同问题，集中探讨了族群、宗教与民族主义在苏丹身份认同建构中的关系和相互作用以及伊斯兰教与阿拉伯文化如何在苏丹身份认同中实现融合等问题。

【《国际发展研究评论》（*Revue internationale des éTudes du Développement*）】

1960 年，由法国索邦出版社创立，曾用刊名《第三世界研究》（*Revue Tiers-monde*）。每年出版 4 期。该刊主要刊载经济和社会发展问题的研究成果，设置专题研究专栏。通过理论探讨和案例研究探讨发展问题，涵盖经济学、社会学、人类学、城市规划、农艺学等领域。

2020 年第 1 期关注的主题为国际发展援助的行为体、准则与实践，从政治社会学角度探讨了国际发展援助体系面临的诸多困境，涉及的具体议题包括：反恐战争背景下人道主义者与维和士兵的合作、人道主义走廊在难民治理中发挥的作用、非政府组织“高质量”发展的影响、国际发展援助标准化管理等。2020 年第 2 期关注南方国家“护理”（care）问题，探讨了妇女在维持家庭生计和财富增长中的作用、“护理”相关工作中的性别分工、从事护理工作人员如何维护自身权利、争取自身利益等问题。2020 年第 3 期聚焦非洲地权与冲突问题。这一期以马里、布基纳法索、科特迪瓦、南苏丹、埃塞俄比亚等国别案例探讨了争夺土地等自然资源对非洲农村地区武装冲突的影响、地权问题如何激化族群和宗教矛盾等问题。2020 年第 4 期为论文集，论文涉及的主题包括埃塞俄比亚妇女穷困和艾滋病问题、刚果民主共和国南基伍地区武装人员在维护地方安全中发挥的作用、巴黎的非洲妇女移民通过卖淫偿还债务的社会现象分析等。

【《现代非洲研究杂志》（*The Journal of Modern African Studies*）】

1963 年创刊，由东非英国研究所（British Institute in Eastern Africa）主办，系剑桥大学出版社出版的同行评议学术期刊。每年发行 4 期。

《现代非洲研究杂志》的研究涵盖当代非洲政治和社会的发展，重点关注非洲政治、经济、社会和国际关系领域的热点问题，以加深人们对当今非洲正在发生的事情的了解。该刊设有文章、简报、评论等栏目。2020 年该刊主要聚焦于政治学中的大人物概念、资本在非洲人权行动计划中的作用、津巴布韦中等规模商品农业、加纳石油工业、肯尼亚教育中的种族偏袒、塞内加尔朝圣组织中的政治、海洛因和南非阿帕哈拉的崛起、亚特兰蒂斯经济特区改革试验、埃及公共土地剥夺等问题的研究。

《现代非洲研究杂志》自1997年起被社会科学引文索引（SSCI）收录，根据《期刊引证报告》，该刊2019年影响因子为0.938。该刊出版的文章还被EBSCOhost、人文国际索引（Humanities International Index）、国际社会科学参考书目、ProQuest、Scopus、社会学文摘等收录。

【《亚非研究杂志》（*Journal of Asian and African Studies*）】

1965年创刊，是由SAGE出版社出版的同行评议学术期刊。每年发行8期。

《亚非研究杂志》是研究亚洲和非洲地区的重要学术期刊之一，旨在对亚非地区问题进行深入研究，其研究范围涵盖发展与变化、技术与交流、全球化、公共行政、政治、经济、教育、健康、财富和福利、贫困与增长、社会学、人文学、语言学等多个领域。作为亚洲和非洲研究的前沿阵地，该刊延续和发展了万隆精神。2020年该刊在非洲方面主要聚焦于埃塞俄比亚性别劳动力和对妇女有害的传统习俗、博茨瓦纳东北部地区的酋长和土地改革政治、津巴布韦国家政策与粮食安全、南非农业转型与粮食安全、尼日利亚女性谋生和家庭稳定、阿尔及利亚可再生能源、尼日利亚区域霸权难题等问题的研究。

《亚非研究杂志》自1997年起被社会科学引文索引（SSCI）收录，根据《期刊引证报告》，该刊2019年影响因子为0.624。该刊出版的文章还被在线人类学索引、EBSCO、EconLit、GEOBASE、历史文摘、国际社会科学参考书目、历史文摘、国际发展文摘、国际政治学文摘、SCOPUS等多个文献和数据库收录。

【《非洲和亚洲研究》（*African and Asian Studies*）】

1966年创刊，是由荷兰博睿学术出版社（Brill）出版的同行评议学术期刊。原名《非洲和亚洲研究杂志》（*Journal of African and Asian Studies*），2002年改名为《非洲和亚洲研究》并沿用至今。每年出版4期。

《非洲和亚洲研究》主要刊载人类学、社会学、历史学、政治学及其他相关社会科学领域与非洲和亚洲社会、文化及其关系相关的原创性研究。该刊关注问题和可能性、过去和未来，以及不同国家和两个大陆之间的比较分析。2020年该刊主要关注的议题有资本主义危机与中国崛起、中非文化交流、非洲人的中国之旅、南非华人社区身份认同、中国绿茶对马里生活习惯的影响、反殖民运动和独立时期的中坦关系、基于大数据的精确医学模型在中国基层医疗中的应用、非洲真实货币余额需求、恐怖主义对南非和非洲的影响、苏联后期新闻体系改革、政府补贴对农产品质量的影响、牙买加与后殖民困境等。

《非洲和亚洲研究》自2010年起被社会科学引文索引（SSCI）收录，根据《期刊引证报告》，该刊2019年影响因子为0.167。该刊出版的文章还被人类学文摘、非洲研究文摘（African Studies Abstracts）、美国人文指数（American

Humanities Index）、人类学文献（Anthroplological Literature）、亚太经济文献（Asian-Pacific Economic Literature）、亚洲研究书目（Bibliography of Asian Studies）、CAS 政治学与治理（CAS Political Science & Government）、ERIH PLUS、国际社会科学参考书目、国际政治学文摘、政治学文摘等多个文摘和数据库收录。

【《加拿大非洲研究杂志》（*Canadian Journal of African Studies / Revue canadienne des études africaines*）】

1967 年创刊，由加拿大非洲研究协会（Canadian Association of African Studies）主办，系泰勒与弗朗西斯出版集团旗下的劳特利奇出版社出版的同行评议学术期刊。每年发行 3 期。该刊为英、法双语多学科期刊，是非洲研究领域中仅有的两种以英语和法语一致发表的国际期刊之一。

《加拿大非洲研究杂志》主要出版有关非洲大陆及非洲各个国家的学术论文，提供有关非洲的政策信息，引发公众了解和研究非洲的兴趣。该刊关注范围涉及人类学、政治学、历史学、社会学、文学、地理学、发展研究等多个学科，鼓励作者采用多学科方法进行研究，要求论文面向多元化、多学科读者，涉及更广泛的学术争论，而非狭隘的学科或地理问题，不鼓励数量经济和量化发展研究。该刊栏目设置包括研究论文、学术争论和评论、研究笔记、书评等。2020 年该刊主要关注的议题有非洲妇女与贸易及土地所有权、道德经济与大规模采矿冲突、津巴布韦土地改革、加纳土地争夺冲突、博科圣地组织及其对尼日利亚的影响、手工和小规模采矿中性别和妇女生计等。

《加拿大非洲研究杂志》被汤普森·路透“新兴资源引文索引”收录。

【《南部非洲研究杂志》（*Journal of Southern African Studies*）】

1974 年创刊，由英国非洲研究协会（African Studies Association of the UK）主办，系泰勒与弗朗西斯出版集团旗下的劳特利奇出版社出版的同行评议学术期刊。每年出版 6 期。

《南部非洲研究杂志》致力于南部非洲地区研究。该刊所研究的地区包括南非、纳米比亚、博茨瓦纳、莱索托、斯威士兰、津巴布韦、赞比亚、马拉维、安哥拉和莫桑比克；偶尔也包括坦桑尼亚、刚果民主共和国、马达加斯加和毛里求斯。该刊研究领域涉及历史学、经济学、社会学、人口统计学、社会人类学、地理学、发展研究、行政学、法律、政治学、政治经济学、国际关系、文学、文化研究和自然科学等多个学科，旨在鼓励跨学科分析、比较分析以及新理论或方法研究。该刊栏目设置包括研究文章、社论、书评和评论。2020 年该刊主要关注的议题有非洲民族主义与殖民历史、非洲文学作品研究、非洲政党竞争、土地和教育权竞争等。

《南部非洲研究杂志》自 1997 年起被社会科学引文索引（SSCI）收录，根据《期刊引证报告》，该刊 2019 年影响因子为 0.882。该刊出版的文章还被非洲研究摘要在线、非洲城市和区域科学指数、在线人类学索引、英国人文索引、历史文摘、国际发展文摘、国际政治学文摘、政治学文摘、社会学文摘等多个文摘和数据库收录。

【《社会动态——非洲研究杂志》（*Social Dynamics-A Journal of African Studies*）】

1975 年创刊，由南非开普敦大学非洲研究中心主办，系泰勒与弗朗西斯出版集团旗下的劳特利奇出版社出版的同行评议学术期刊。每年出版 3 期。

《社会动态——非洲研究杂志》主要出版跨学科的有关非洲的概念性研究，致力于促进和参与有关非洲大陆当前问题的讨论。发表的文章涵盖了人文社会科学的全部内容，包括人类学、考古学、经济学、教育学、历史学、文学和语言研究、音乐、政治学、心理学和社会学。该刊栏目设置包括研究论文、随笔、书评等，偶尔也有讨论和回应论文。2020 年该刊主要关注的议题有对新自由主义的理性批判、种族和阶级斗争、南非黑人解放斗争的历史与理论、赤道几内亚的宗教与政治、尼日利亚比亚夫拉战争创伤后果的补救、非洲的科学政策、高科技基础设施项目成功的关键因素、南非医疗保健举措等。

《社会动态——非洲研究杂志》自 1997 年起被社会科学引文索引（SSCI）收录，根据《期刊引证报告》，该刊 2019 年影响因子为 0.369。该刊出版的文章还被在线南非期刊索引（Index to South African Periodicals，Online）、国际社会科学参考书目、MLA 国际书目（MLA International Bibliography）、OCLC、在线期刊索引（Periodicals Index Online）、PubMed、Scopus 数据库等收录。

【《南部非洲发展》（*Development Southern Africa*）】

1984 年创刊，由南部非洲发展银行（Development Bank of Southern Africa）主办，系泰勒与弗朗西斯出版集团旗下的劳特利奇出版社出版的同行评议学术期刊。每年发行 6 期。

《南部非洲发展》作为国际认可的多学科学术期刊，涉及经济学、社会学、农业经济学、发展研究、政治学等多个学科，但重点关注南部非洲地区的发展政策和实践。该刊鼓励作者探求地方和区域社会经济发展挑战的政策解决方案，为发展研究人员、政策顾问、政策实施者等提供了讨论平台。该刊栏目设置包括研究文章、研究笔记、书评和辩论，主要关注贫穷、失业、旅游业、农业、商业发展、基础设施发展以及其他与发展相关的议题。2020 年该刊主要关注国家最低工资对南非青年就业的影响、南非社区项目的经验教训、南非低薪就业和工作贫困、非洲包容性增长、可持续旅游业发展的社会影响、外国直接投资在南非国内创业中的作用、新冠肺炎与非洲旅游、劳动力参与和经济增长发展中的性别平等、非政府组织对企业政策的影响等问题。

《南部非洲发展》自 2010 年起被社会科学引文索引（SSCI）收录，根据《期刊引证报告》，该刊 2019 年影响因子为 0.806。该刊出版的文章还被 EB-

SCO 和 Elsevier 数据库收录。

【《非洲发展评论》（*African Development Review*）】

1989 年创刊，由非洲开发银行（African Development Bank）主办，系英国布莱克韦尔出版公司（Wiley-Blackwell）出版的同行评议学术期刊。每年出版 4 期。

《非洲发展评论》是专门研究和分析非洲发展政策的期刊，着重强调研究结果的政策相关性，而非纯粹的理论和定量研究。该刊主要关注宏观经济政策（财政、货币和汇率政策）；经济和结构改革，包括金融部门改革问题；农业、能源、矿业和工业方面的部门问题；基础设施建设和人力资源能力建设问题；私营部门发展；区域和国际问题，如债务、贸易、资本流动、区域一体化、南南合作和全球化；以及收入分配和扶贫问题。2020 年该刊主要关注的议题包括恐怖主义对非洲国家的影响、非洲中小企业劳动生产率的决定因素、劳动力市场中的性别差异、政府选举和粮食安全、非洲收入不平等的决定因素、外国直接投资与经济增长、政府治理、公共卫生支出与健康等。

《非洲发展评论》自 2003 年起被社会科学引文索引（SSCI）收录，根据《期刊引证报告》，该刊 2019 年影响因子为 1.250。该刊出版的文章还被 ProQuest、CABI、EBSCO、EconLit、GEOBASE 等多个数据库收录。

【《南非国际事务杂志》（*South African Journal of International Affairs*）】

1993 年创刊，由南非国际事务研究所（The South African Institute of International Affairs）主办，系泰勒与弗朗西斯出版集团旗下的劳特利奇出版社出版的同行评议学术期刊。每年出版 4 期。

《南非国际事务杂志》是一本外向型国际关系期刊，主要发表涉及和影响南非和非洲国际关系的原创和评论文章。该刊栏目设置包括研究文章、书评等。2020 年该刊主要关注南非新冠肺炎疫情后的贸易政策、国际联系小组在国际冲突管理中的功能、南非低增长均衡、非洲仇外心理、中国基础设施建设和非洲区域主义、非洲证券化过程、非洲在“一带一路”倡议中的地位、扩大南非服务贸易战略框架、非洲太空能力和军事安全追求、非盟和西共体在西非冲突中的作用、津巴布韦军事与民主化等问题。

《南非国际事务杂志》作为南非领先的学术期刊，目前已被列入汤普森·路透“新兴资源引文索引”，该刊出版的文章还被非洲研究在线文摘（African Studies Abstracts Online）收录。

【《北非研究杂志》（*The Journal of North African Studies*）】

1996 年创刊，由美国马格里布研究所（American Institute for Maghrib Studies）和英国北非研究中心（Centre of North African Studies）主办，系泰勒与弗朗西斯出版集团旗下的劳特利奇出版社出版的同行评议学术期刊。每年出版 6 期。

《北非研究杂志》主要关注北非地区历史与时事，及该地区与欧洲、西亚、撒哈拉以南非洲和萨赫勒地区之间的联系，内容主题涵盖国家和地区，涉及的学科包括历史学、政治学、社会学、文化研究、人类学、经济学等。该刊栏目设置包括研究文章、评论、介绍和书评等。2020 年该刊主要关注的议题包括新冠肺炎疫情大流行与北非、北非政党与议会、北非非国家行为者、埃及劳工运动、殖民地雕像处理问题、突尼斯旅游业与景观保护、阿尔及利亚爱国主义概念、突尼斯天主教会、阿拉伯国家青年政治参与、阿拉伯之春对北非政治社会影响等。

《北非研究杂志》出版的文章被英国人文索引（British Humanities Index）、GEOBASE、国际发展文摘（International Development Abstracts）、国际政治学文摘、SCOPUS、政策与发展文摘（Policy and Development Abstracts）、社会学文摘等收录。

【《东非评论》（*Les Cahiers d'Afrique de l'Est*）】

1996 年创刊，由法国非洲研究所（内罗毕）出版。每年出版 2 期。

该刊主要发表基于实地研究的研究成果，研究内容涉及社会学、地理、历史、人类学、城市规划以及政治学等人文社科领域，涵盖的国家有肯尼亚、乌干达、卢旺达、刚果（金）、坦桑尼亚以及布隆迪。2020 年第 1 期聚焦非洲高等教育改革主题，在深入实地调研的基础上通过国别案例的比较分析探讨了在全球化影响下非洲高等教育多元化和市场化的趋势、非洲国家高等教育体制改革的差异性、国际组织对非洲高等教育改革准则和模式产生的影响、非洲高等教育与市场需求的适用性等问题。文章涉及的主题有：从国际专家的职业生涯透视东非国家高等教育政策对国际援助的依赖性、布隆迪高等教育体系改革面临的挑战、几内亚大学生就业困境及原因、劳动市场视角下的莫桑比克高等教育发展等。2020 年第 2 期为论文集，收集的文章的主题多样，主要涉及：英国殖民统治者如何利用水资源政策实现对肯尼亚民众的控制以及该政策对地方生态所造成的影响、乌干达妇女作家协会的创立与发展及其对妇女社会地位的影响、布隆迪土著居民的身份认同构建与重塑、东非地区语言多样性中的年龄因素分析、法国研究机构在英语非洲国家学术圈中的现实处境等。此外，这一期刊登了《黑内罗毕，彼得·基马尼短文集》一书的书评。

【《中东北非年鉴》（*The Middle East and North Africa*）】

2003 年创办，由欧罗巴出版物（Europa Publications）主编，系泰勒与弗朗西斯出版集团旗下的劳特利奇出版社出版的年度系列出版物，覆盖从阿尔及利亚到也门的中东和北非地区。每年出版 1 本。

该书由三部分构成，第一部分是地区纵览，第二部分是国家纵览，第三部分是区域信息。地区纵览主要是介绍性文章，涵盖与整个地区相关的广泛主题。

国家纵览提供了该地区各个国家相关信息，包括与自然、社会地理、近代史、经济相关的学术文章；经济和社会统计调查数据，包括地区和人口、健康和福利、农业、林业、渔业、矿业、工业、金融、贸易、运输、旅游、通信媒体和教育等；政府及其他重要机构组织的名称、地址、联系方式，这些机构组织涵盖宪法（constitution）、政府、立法机构、政治组织、选举委员会、外交代表、司法机构、宗教团体、媒体、金融、贸易和工业（包括石油和天然气）、旅游、国防和教育，以及针对具体国家的参考书目，这些书目将为学者进一步研究提供建议。区域信息包括活跃在中东和北非地区的所有主要国际组织；专门研究该地区的研究机构；相关期刊书目。

【《撒哈拉以南非洲年鉴》（*Africa South of the Sahara*）】

2003年创办，由欧罗巴出版物主编，系泰勒与弗朗西斯出版集团旗下的劳特利奇出版社出版的年度系列出版物，覆盖所有撒哈拉以南非洲国家。每年出版1本。

该书由三部分构成，第一部分是地区纵览，第二部分是国家纵览，第三部分是区域信息。地区纵览主要是由专家撰写的与该地区有关的分析文章，涵盖整个非洲大陆和次区域问题。国家纵览提供了该地区各个国家相关信息，包括与自然、社会地理、近代史、经济相关的学术文章；经济和社会统计调查数据；政府、外交代表、媒体、金融、贸易、工业、国防等政府组织及其他重要机构的名称、地址和联系方式，以及针对具体国家的参考书目，这些书目将为学者进一步研究提供建议。区域信息包括区域组织相关信息、大宗商品、研究机构、相关期刊书目。

【《东非研究杂志》（*Journal of Eastern African Studies*）】

2007年创刊，由东非英国研究所（British Institute in Eastern Africa）主办，系泰勒与弗朗西斯出版集团旗下的劳特利奇出版社出版的同行评议学术期刊。每年出版4期。

《东非研究杂志》致力于促进东非地区的人文社科研究，鼓励跨学科分析。该刊研究的国家和地区包括肯尼亚、坦桑尼亚、乌干达、埃塞俄比亚、南苏丹、苏丹、索马里、厄立特里亚、吉布提、布隆迪、卢旺达、刚果民主共和国、莫桑比克、马拉维、科摩罗、毛里求斯、塞舌尔、留尼汪岛、马达加斯加、赞比亚和津巴布韦。该刊研究领域涉及考古学、人类学、文化研究、发展研究、经济学、环境研究、地理、历史、国际关系、文学和语言、政治经济学、政治学、社会政策和社会学等人文和社会科学学科。2020年该刊主要关注中非和东非有关习惯权威的殖民遗产、布隆迪非殖民化进程中城市穆斯林的公民身份、肯尼亚跨地区劳务移民、乌干达人民解放军历史、莫桑比克圣战叛乱的起源和性质、桑给巴尔和肯尼亚沿海的亚民族主义、赞比亚政治和议会选举等问题。

《东非研究杂志》自2008年起被社会科学引文索引（SSCI）收录，根据

《期刊引证报告》，该刊 2019 年影响因子为 1.026。该刊出版的文章还被非洲研究摘要在线、CAB 摘要数据库收录。

【《中东和非洲杂志》（*The Journal of the Middle East and Africa*）】

2010 年创刊，由中东和非洲研究协会（Association for the Study of the Middle East and Africa）主办，系泰勒与弗朗西斯出版集团旗下的劳特利奇出版社出版的同行评议学术期刊。每年出版 4 期。

《中东和非洲杂志》是第一本将整个非洲大陆和中东地区都纳入其研究范围的同行评议学术期刊。非洲和中东地区的地缘政治联系十分紧密，二者在历史、文化、民族方面具有一定共性，该刊致力于探索这两个地区之间的历史、经济和政治联系，以及它们当前所面临的挑战。作为跨学科期刊，该刊研究领域涉及中东和非洲研究、人类学、经济学、历史学、国际法、政治学、宗教学、安全研究、妇女研究以及人文社会科学的其他学科。该刊 2020 年主要关注的议题有俄罗斯媒体在叙利亚内战中的作用、希腊和土耳其的左翼与右翼民粹主义、伊斯兰教与耶路撒冷、西班牙军队与摩洛哥非殖民化、瑞士政治伊斯兰教的起源、传统权威与国家合法性、利比里亚战后军队建设、真相与和解委员会（TRC）对非洲人权的影响、非洲选举暴力、中东货币战争、塞拉利昂安全部门改革、欧盟和意大利移民政策与利比亚南部和尼日尔北部动荡等。

《中东和非洲杂志》被 EBSCOhost 在线研究数据库和 SCOPUS 数据库收录。

（李若杨　孟瑾编纂）

第九篇

学术机构

本栏目分为“国内非洲研究机构”和“非洲主要智库”两类。为了在一定程度上反映中国非洲研究机构的学术地理分布，“国内非洲研究机构”（包括党政军系统、高校系统、社科院系统、民间智库等）按照机构所在省（区）和直辖市首字的拼音顺序排列［位于同一省（区）市的机构按照成立时间先后排列］。“国内非洲研究机构”包括2019年度未被收录以及2020年中国国内新增的非洲研究机构。“非洲主要智库”以国内外较为权威的智库评价体系为参考，综合考量非洲国家各智库的特色与全球影响力，选取非洲地区、次区域和国家55个有影响力的智库，按照非洲地区或次区域智库、东部非洲国家智库、西部非洲国家智库、中部非洲国家智库和南部非洲国家智库分类。为了保证信息的准确性，所有材料均由各研究机构提供或源于各智库官网，编辑时做了必要修改。

● 国内非洲研究机构

【厦门大学“一带一路”研究院非洲研究中心】

（一）机构概况

厦门大学“一带一路”研究院非洲研究中心（The Africa Research Center, Belt and Road Research Institute, Xiamen University）成立于2018年，是厦门大学“一带一路”研究院的组成部分，与厦门大学的校训“止于至善”相应，中心旨在以开放的多学科框架，促进和维持关于非洲、非洲人、世界各地的非洲人后裔的原创的前沿性研究。中心是一个多学科研究单位，旨在于物理—自然和人文—社会科学之间就非洲研究议程中的当代问题建立桥梁并促进持续对话，增进中国学术界对非洲和非洲人的了解，以服务于加强中非合作，建设“一带一路”，实现中非未来共同发展。

现任中心主任高畅（Augustin F. C. Holl）为厦门大学特聘教授、达喀尔大学特邀教授、雅温得第一大学讲座教授、美国国立自然历史田野博物馆研究员、非洲语言与传统文献研究中心研究员、联合国教科文组织《非洲通史》（第九卷至第十一卷）国际科学委员会主席。研究领域主要包括粮食生产起源、西非和黎凡特地区社会复杂性起源、岩画考古和古墓考古。高畅曾在以色列内盖夫、喀麦隆北部、布基纳法索西北部、塞内加尔中南部进行实地考古工作，目前正在指导塞内加尔沿海地区萨卢姆河三角洲贝冢考古项目的科考工作。高畅共出版专著14部、编著3卷，在同行评审期刊和论文集上发表多篇文章，目前的研究重点是全球比较考古学。

中心仍在发展过程中，它将促进关于非洲和全世界非洲人后裔的多学科研究和教学。中心计划由有环境科学、中医学、经济学、社会学等学科背景的研究人员构成其核心团队，并有望在2021年秋季学期组成研究队伍。

中心将首先与加纳的加纳大学和肯尼亚的基亚比（Kiyabii）大学、巴西的米纳斯吉拉斯（Minas Gerais）联邦大学进行商讨合作事宜。中国政府援建的塞内加尔达喀尔的新黑人文明国际博物馆已经竣工，2018 年 7 月提出的由厦门大学 8 名本科生参与的萨卢姆河三角洲贝家考古项目，将尽快通过签署谅解备忘录启动。中心将举办一系列科学研究和交流活动，如专题研讨会、国际会议以及由国内外杰出学者和人士进行的主题讲座。

作为厦门大学“一带一路”研究院的一部分，中心正在不断发展。这个正在发展的项目能够增加厦门大学教学科研基础设施的多样性和丰富性。中心采取一系列新举措使其在未来十年成为研究非洲及其海外侨民的领先机构之一，也希望中心能够为深化中国、非洲和整个黑人世界之间的高等教育机构的学术交流与合作做出贡献。

（二）联系信息

联系人：奥古斯丁 F. C. 霍尔（Augustin F. C. Holl）/高畅，电子信箱：gaochang@ xmu. edu. cn；韩秀丽（中心副主任），电子信箱：hanxiu777@ xmu. edu. cn

通信地址：中国福建省厦门市思明区思明南路 422 号，厦门大学社会与人类院（361005）

【国家民委西亚东非研究中心】

（一）机构概况

国家民委西亚东非研究中心（West Asia & East Africa Research Centre of NEAC）2018 年 12 月获批并成立于西北民族大学，依托该校外国语学院建设。国家民委西亚东非研究中心主要开展西亚黎巴嫩、约旦、叙利亚、巴勒斯坦、以色列、沙特阿拉伯、科威特、卡塔尔、巴林、伊拉克、也门、阿曼、阿联酋，及东非索马里、吉布提、埃塞俄比亚、厄立特里亚 17 国有关经济贸易、能源安全、国际关系、社会问题领域的研究。

该中心基于西北民族大学外国语言学科的语言优势，整合政治、经济、人文等学科的优势资源，开展涉及相关区域和国家的政治、经济、能源、历史、法律、人文等领域的研究，推动学术研究的内涵式发展，加强跨学科研究的联动机制，加强多层面的引智合作，拓宽研究渠道，培养跨学科、交叉学科的国别和区域研究型人才。西亚东非研究中心的发展目标是力争建成一个为学校高质量教育发展、人才培养和地方经济繁荣提供科学咨询和服务的研究机构，并逐步建成为西部地区社会繁荣、经济发展、人文和顺提供优质服务的国家民委区域和国别研究中心之一。

该中心组建经济贸易（含海洋资源、港口建设、渔业出口）；能源安全（石油、天然气的合作，新能源、绿色能源、再生能源的开发与利用）；翻译研究（中外文化典籍翻译）；社会文化（教育环境、法律制度、民俗文化、社会思潮、国际关系、区域热点问题）和语言交流（语言生态、方言、语言和传播等）5 个层面的基础研究。未来，西亚非洲研究中心拟开展国内的基础研究，并加强与国外相关学术机构、思想智库的研究合作，在相关学术领域做前沿性的研究，提供优质的咨询服务。

中心设有学术委员会，负责学术研

究的相关工作；设有专门办公室，负责日常工作。现有专职研究人员 8 人，兼职研究人员 12 人。

中心已经完成出版的重要成果《19 世纪的埃及现代社会改革家研究》（中国社会科学出版社，2019 年 1 月）及数篇学术论文，受到学界好评。且相关研究人员参加中山大学、云南民族大学、大连民族大学等国内高校举办的区域和国别学术研讨会，逐渐进入国内研究序列。截至 2020 年底，国家民委西亚东非研究中心已经开始为本科生和硕士研究生开设区域和国别研究层面的选修课，引导学生在新文科背景下开展基于外语的区域和国别领域的交叉研究，立足于服务国家战略和经济建设需要。

（二）联系信息

联系人：马和斌；电话：13609345027；邮箱：mwxydfcentre2018@126.com

通信地址：甘肃省兰州市城关区西北民族大学外国语学院（730124）

【西北师范大学苏丹南苏丹研究中心】

（一）机构概况

甘肃与苏丹交往较早，1995 年，中国石油海外拓展的首站在苏丹，苏丹喀土穆炼油厂便是由兰州炼油厂承建和合作管理的，20 多年来，喀土穆炼油厂在苏丹国民经济中发挥着举足轻重的作用。2005 年，西北师范大学派遣汉语教师志愿者到喀土穆大学中文系工作。2009 年，西北师范大学与苏丹喀土穆大学签署合作协议，共同承办喀土穆大学孔子学院，全面推动苏丹汉语教学，促进苏中人文交流，孔子学院下设中苏语言文化研究中心。2019 年 10 月，学校成立了西北师范大学国别与区域研究院（Research center for Sudan & South Sudan of Northwest, Normal University），下设四个研究中心，苏丹南苏丹研究中心属其中之一。

中心顺应新时代教育对外开放的需要而建立，整合学校汉语国际教育、历史、中文、传媒、旅游、法学等学科力量，充分发挥喀土穆大学孔子学院的平台和资源优势，结合学校国际化发展需要，侧重研究苏丹政治、经济、教育、文化、民族等问题，旨在为政府决策提供咨政服务，为孔子学院可持续发展提供智库支持，有助于加深中非友谊、促进民心相通。中心近三年研究重点主要集中在：苏丹过渡政府对华政策及南北苏丹关系；苏丹旅游文化资源的合作开发研究、苏丹与中国考古合作研究、苏丹古文明研究、中国与南北苏丹文化合作研究、中国与南北苏丹教育合作研究、尼罗河流域水权之争与流域国家政治生态研究、中资企业在南北苏丹投资风险研究、孔子学院在苏丹可持续发展研究、中苏荒漠治理研究、中苏职业教育合作研究、苏丹常用法律中译。

苏丹南苏丹研究中心隶属于西北师范大学国别与区域研究院，依托国际文化交流学院运行。中心目前还处于起步阶段，共有 4 名专、兼职研究人员，还聘请有来自苏丹、阿联酋等国的外籍研究员多名。中心主任由西北师范大学国际文化交流学院副院长、原喀土穆大学孔子学院中方院长田河教授担任。

近年来，西北师范大学先后为苏丹培养了30多名物理、数学、化学专业博士和近40名汉语国际教育硕士，他们已成为中苏文化交流、苏丹汉语教学的中坚力量，也是本机构可依赖的苏丹本土研究学者。2020年8月，中心又借助“西北师范大学孔子学院合作奖学金”项目，招收3名苏丹籍汉语国际教育专业博士，致力于苏丹国际中文教育和中苏文化交流研究工作。

展望未来发展，中心计划组织形成稳定的研究队伍；开设中心网站，定期发布苏丹南苏丹文化、教育、政治动态信息，有望成为中国人认识苏丹、南苏丹最为重要的网站；发表有影响力的研究成果，出版苏丹南苏丹年度研究报告；服务于中国的外交和教育大局，促进“汉语+职业教育”项目落地苏丹，加强苏丹南苏丹职业教育研究。

（二）联系信息

联系人：田河；电话：0931－7971812；邮箱：tianhe999@126.com

通信地址：甘肃省兰州市安宁东路967号，西北师范大学国际文化交流学院21号信箱（730070）

【湖南农业大学中非农业发展与合作基地】

（一）机构简介

湖南农业大学中非农业发展与合作研究基地（China-Africa Agricultural Development and Cooperation Base, Hunan Agricultural University, HNAU）依托湖南农业大学经济学院组建，隶属于中非经贸合作研究院，是以农业科学技术为中心，整合国内外农业技术和专家资源，对接国家重大战略需要，瞄准前沿理论与技术攻关，聚焦中非农业生产技术、农业管理制度、农业标准等“软实力”的跨国合作等现实问题研究的平台，着力于破解农业技术、农业人才、涉农产业、企业以及产品走出去等面临的信息、资金、服务等诸多问题，为构建中非农业经贸合作新的模式，为推动中非农业经贸合作高质量发展、“一带一路”倡议、加快构建更加紧密的中非命运共同体提供智力支持和决策参考。该基地下设中非农业技术发展与合作研究中心、中非农业合作信息与数据中心和中非农业人才培育与技术创新中心。

随着对非合作“八大行动”、“一带一路”倡议的深入落实，中非经贸合作进入新的发展阶段。首届中非经贸博览会于2019年6月在湖南长沙成功举办并永久落户长沙以及中国（湖南）自由贸易试验区的获批，为“湘非”农业发展与合作带来了前所未有的机遇。经湖南省商务厅多次调研协调、评选论证，最终依托湖南大学筹建了中非经贸合作研究院，由何报翔副省长担任院长，各校党委书记担任副院长，在湖南大学、湘潭大学、湖南农业大学、中南大学分别设立“中非经贸合作研究基地”、“中非法律实务与人文交流基地”、“中非农业发展与合作基地”和“中非矿业合作研究基地”。2019年8月23日上午，中非农业发展与合作基地在湖南农业大学正式揭牌。基地具有以下特点。

基地专家委员会由湖南农业大学院士天团领衔，聘请刘仲华院士担任专家咨询委员会主任，聘请袁隆平、官春云、印遇龙、刘仲华、刘少军、袁延文、徐湘平、柏连阳、王克林、吕政、郭克莎、蒋和平、卢福才、李佐军、芮明杰、刘友金、杨金强、路磊等担任咨询委员会成员，力图构建一个顶尖专家的聚集平台，为中非农业发展与合作提供智力支撑。

基地成立中非农业合作信息与数据中心、中非农业技术发展与合作研究中心、中非农业人才培育与技术创新中心，形成中非农业发展与合作学术研究与行业交流的核心基地。

基地的发展目标定位如下。(1) 中非农业合作理论和技术支撑的高端智库。对标国家“一带一路”倡议、对非合作战略和湖南开放崛起的战略需要，以建成中非农业合作的前沿农业理论和技术支撑的高端智库为目标，深挖湖南农业大学农科优势资源，围绕中非农业合作中的前沿基础理论和关键工程技术开展科研技术攻关，力争取得一批重大原创性理论成果，为推进中非农业合作与“一带一路”建设提供有力理论和技术支撑。(2) 中非农业合作资源整合与交流中心。利用新型研究基地的体制和机制优势，利用好“中非经贸博览会”和“中贸区”两大平台，深化与国内外顶尖研究机构的协同与合作，拓展与国际农业工程委员会、国际农业研究磋商组织、国际农业发展基金、世界粮农组织等交流，整合国际学术资源，整合搭建中非农业领域的交流与合作平台，抢占国际农业技术创新高地。(3) 中非农业人才培育与技术创新中心。接轨国际治理模式和运行机制，探索建立世界一流的培养模式，培育储备一批农业技术领域的青年领军人才，为中非农业合作提供人才支撑，同时开展高端农业技术培训，培育非洲农业技术骨干，将中非农业发展与合作基地打造成中非国际农业技术人才孵化基地与农业高端人才培育和技术创新中心。

（二）联系信息

联系人：文春晖；电话：0731－84618197；邮箱：Wchui0207@163.com

通信地址：湖南省长沙市芙蓉区农大路1号，湖南农业大学经济学院（410128）

【湖南省中非经贸合作研究会】

（一）机构简介

2019年6月，首届中非经贸博览会在长沙举办，并将永久落户湖南。2020年9月，湖南获批中国（湖南）自由贸易试验区，把对非经贸合作作为三大重点任务之一，大力推进中非经贸深度合作先行区建设。在此背景下，成立了湖南省中非经贸合作研究会（China-Africa Economic and Trade Promotion Council）。湖南省中非经贸合作研究会是由全省从事中非经贸合作的企事业单位、社会组织及在中非经贸合作领域有一定影响力的专家、学者自愿组成的非营利性的社会组织。

研究会旨在实现思想、人才、项目、方案案例“四库合一”，打造中非经贸深度合作的研究成果转化平台、经贸交流合作平台、项目开发撮合平台和市场化运营孵化平台。其核心任务有：第一，为中国—非洲经贸博览会做好前期筹备和后期项目跟进落地的服务性工作；第二，为中非经贸深度合作先行区提供业务促进和专业服务支撑；第三，探索形成地方对非经贸合作的创新模式。

研究会聘请袁隆平、陈晓红、刘仲华三位院士，何茂春、王彤二位著名学者担任首席专家，成立了由各方专家组成的研究智库，中国发展研究院、清华大学外交研究中心授予研究会为中非经贸研究基地，深入开展对非经贸合作智库研究，向政府和企业提供经贸建言，探索地方对非经贸合作的新路径、新模式，形成一批示范项目和案例方案，为打造地方对非合作新高地、推动中非合作高质量发展提供可靠的决策依据、可行的运营方案。研究会将陆续立项先行区项下和外经项下的“十大重点课题”，解决自贸区建设尤其是中非经贸深度合作先行区建设所面临的重要理论和实践问题，探索在 WTO 规则下建立中非经贸深度合作“更加便利化”的机制和政策框架。

研究会将按照“政府引导，市场运作”的原则，依托中非经贸博览会和中非经贸深度合作先行区两大国家级平台，立足湖南、带动周边、辐射全国、惠及全球，打造国内领先的中非经贸促进综合性服务机构。研究会拟构建全业态数字化体系、全链条的金融支撑体系、立体化的物流体系、全方位的市场化服务体系、精准的政策支撑体系、畅通化的易货贸易带投资运营体系、融合的政研商一体化推进体系七大服务体系，着力打造涵盖咨询中心、驻地中心、法律中心、外贸中心、语言中心、展览中心、中非留学生孵化中心等十大服务中心，为企业提供对非经贸“全方位、全过程、全天候、全周期”的一站式服务，推动中非经贸合作促进创新示范园服务模式集成式创新，逐步构建省内、国内乃至国际化中非经贸综合服务平台。

研究会的主要功能有：（1）加强课题研究，提供经贸建言；（2）搭建研究平台，发挥融合作用；（3）举办各类活动，组织专题研讨；（4）收集市场信息，提供专业服务；（5）组织对接考察，开展交流互访；（6）开展专题培训，培育经贸人才；（7）拓展会员覆盖，做好宣传推介。

研究会的最高权力机构是会员大会，理事会及其选举产生的常务理事会为会员大会的执行机构。理事会及常务理事会下设秘书处，由项目撮合岗、会展服务岗、会员服务岗、财务室和办公室组成，通过建设若干专业委员会和十大服务中心开展各项工作。

（二）联系信息

联系人：刘闻；电话：0731 - 8598617；传真：0731 - 85986178；邮箱：info@caetp. net. cn；网站：www. caetp. net. cn；微信公众号：中非经贸合作研究会；

通信地址：湖南省长沙市雨花区高桥大市场中非经贸合作促进创新示范园6层（410016）

【南京农业大学非洲农业研究中心】

（一）机构概况

南京农业大学对非合作历史悠久，成果显著。该校 1995 年与肯尼亚埃格顿大学签署校级合作协议，1995—2002 年与埃格顿大学执行了“中肯高教合作计划”的三期项目，在肯尼亚建立了中肯园艺技术合作中心。1998 年，肯尼亚总统莫伊视察了中肯园艺技术合作中心。2004 年南京农业大学首次举办教育部援非农业技术培训项目，2006 年首次举办商务部援非农业技术培训项目，2006 年成立非洲农业研究中心（Center for African Agriculture Studies，Nanjing Agricultural University），2008 年获批教育部首批“教育援外基地”，同年，在肯尼亚举办第一期境外农业技术培训班。2010 年与埃格顿大学加入教育部“中非高校 20 + 20 合作计划”。2012 年授予肯尼亚副总统卡隆佐·穆西约卡名誉博士学位，同年，与埃格顿大学合作建设农业特色孔子学院。2014 年启动建设“中肯农业示范园区”。2016 年获得科技部立项成立“中肯作物分子生物学联合实验室”。2019 年该实验室升格为国家首批“一带一路”联合实验室。2017 年倡议成立非洲孔子学院农业职业技术培训联盟。

该中心贯彻落实国家“一带一路”倡议，通过专职人员与兼职人员相结合、自然科学和社会科学跨学科合作、国内研究与国外（非洲实地）研究相结合等方式，开展科学研究、人才培养和技术推广。以非洲农业改革与发展中的重大理论与实践问题为研究重点，为国家制定中非农业合作政策和规划、我国农业“走出去”提供科学依据、咨询和服务。中心通过探索非洲国家农业改革与发展中的重大理论及实践问题，为非洲国家农业生产和发展培养高级人才，向非洲国家传播先进适用的中国农业技术，推动“一带一路”倡议、中非命运共同体建设，推动我国农业“走出去”。

中心先后承担农业部“南南合作”和“948 计划”国际合作课题 10 余项，就非洲国家粮食安全与减贫、农业资源利用、农业投资、农业科技发展等进行研究，为非洲国家农业现代化提供技术和管理支持，同时为中国政府和企业的对非合作建言献策。2018 年在学校启动的“国际合作能力提增计划”下设立“中非合作交流专项”和“非洲国家国别研究专项”，共有中国—东非水稻种植技术转移路径研究、中非反刍动物粗饲料资源高效利用等 8 个项目获得立项资助。中心分别于 2008 年、2010 年和 2012 年与南京大学非洲研究所等单位开展合作连续举办三届“走非洲·求发展”论坛，并编辑出版三部《走非洲·求发展》论文集。该论坛成为国内高校和研究机构专家进行非洲问题尤其是农业问题研究和交流的一个重要平台。中心编写了《非洲农业发展与实用技术》（英文版）系列图书，其中《尼日利亚卷》《肯尼亚卷》已经正式出版，《埃塞俄比亚卷》《坦桑尼亚卷》《苏丹卷》《卢旺达卷》正在编写之中。

中心发挥学科优势，培养创新人才。以肯尼亚为例，2003—2019 年，招收来自肯尼亚的学历生和长期进修生共 98 名，其中博士 52 人、硕士 35 人，分布在农学、生物学、环境科学与工程、农业经济与管理等 30 多个专业。2017 年，获批世界银行“可持续农业与农业商务管理卓越中心项目”，拟联合培养 90 名硕博层次的现代农业科技人才。该项目获得国际家畜研究所的关注，将依托三方资源优势，开展人才培养和科研合作，为推动非洲发展提供智力支持。该中心还派遣农业专家赴肯尼亚开展技术培训与示范推广。2012—2019 年，已在境外举办温室技术、半干旱农业生产技术、农产品质量与安全等培训班28 期，培训学员 1000 多人次。

（二）联系信息

联系人：姚红；电话：025－84396489；邮箱：hyao@ njau. edu. cn

通信地址：江苏省南京市玄武区童卫路6 号南京农业大学国际教育学院行政北楼 D417（210095）

【河海大学法国与非洲法语区国家研究中心】

（一）机构概况

河海大学法国与非洲法语区国家研究中心（Research Center for French and French-speaking African Countries，Hohai University）成立于 2020 年 10 月，是河海大学校级研究机构，集合了来自该校外国语学院、水利学院、法学院、商学院等单位的专家学者，其中大部分有在法国或法语国家求学或工作经历。该中心为专业科研机构，办公室设在外国语学院。

中心是致力于从水利工程合作、粮食安全合作、金融合作、国际关系等角度研究法国与非洲法语国家特别是西非地区的专业研究机构，对非水利工程合作、非洲粮食安全、对非金融合作、中法非三方合作等领域研究是该中心主要特色。中心现有本兼职研究人员 22 人，其中正高级职称人员 11 人，副高级职称人员 8 人。

自 20 世纪 60 年代以来，河海大学已经为非洲国家进行了长期的本科、研究生层次的留学生人才培养工作；现已设置 20 多个全英文授课的专业，包括水文水资源、水利水电、移民科学与管理、社会学、公共管理、工商管理等理工、社会科学学科；至今累计培养博士、硕士研究生和本科生人数已经超过 1000 多人，仅 2012 年至 2020 年，已为非洲国家培养博士、硕士研究生和本科生人数超过 1072 人，其中西共体国家学生为 623 人。近年该校招生人数规模增幅明显，招生人数规模平均增幅为 35. 24%。

河海大学是联合国教科文组织的中国水文水资源领域研究与培训基地，也是我国对非洲水文水资源、水利水电、移民与社会安全保障方面重要的人员培训基地，自 20 世纪 80 年代以来，河海大学与法国、西非法语国家科特迪瓦、几内亚、尼日尔等国家组织了大量合作研究和培训活动；近年来学校积极与海外高等院校、科研院所共建国际合作研究中心，积极参与知识创新重要方向项目、领域前沿特别是2020 年河海大学成立了中法学院，开始了立足面向法语区国家的工程师人才培养体系创建的重要实践，为国家储备更多具有专业特色与语言优势的综合型工程师人才做出努力，同时也让学校在法国与非洲法语区国家研究方面形成科学研究、人才培养、学科建设的闭环。

近年来学校充分发挥水利特色和学

科优势，围绕国家“一带一路”倡议和“走出去”发展战略，以教育部区域与国别研究中心建设为契机，开展对非洲法语国家国别问题的科学研究、技术合作培训和高层次人才培养，搭建与重点行业、领军企业的政产学研合作平台，承担中非产能合作领域国家重大重点攻关课题研究和非洲水电工程技术人才培训，以一流服务和先进的水电专业、环境科学和管理科学与工程等知识服务非洲国家的水电事业和经济建设，全面提升学校服务国家战略和非洲水电发展的水平和能力，帮助非洲国家提高内生增长能力，为构筑“中非命运共同体”贡献河海智慧与力量。

（二）联系信息

联系人：游滔；电话：025－58099462；邮箱：38500793@qq.com

通信地址：江苏省南京市西康路1号河海大学（211100）

【大连外国语大学突尼斯研究中心】

（一）机构概况

大连外国语大学突尼斯研究中心（Tunisia Studies Center，Dalian University of Foreign Languages）是经国家教育部国别和区域研究中心备案，于2007年成立的以突尼斯为重点研究对象的教育部区域和国别研究基地，以该地区的政治经济、历史文化和国际关系为主要研究领域。

该研究中心依托大连外国语大学与突尼斯迦太基大学已经建立起来的友好合作平台，凭借大连外国语大学良好的科研实力及语言优势，积极构建突尼斯国别与区域研究基地，努力打造具有高水平业务能力和影响的研究团队，不断提高研究质量，努力建成具有专业优势和重要影响力的研究中心，为政府部门及涉外企业提供咨询服务。

该研究中心重点监测该地区政治动态，围绕中突关系和突尼斯国家局势等重大现实问题提供咨政建议，强化现实针对性、局势发展预见性和快速咨询能力，引导社会舆论，推进智库外交，成为联系中国和突尼斯友好发展的桥梁和纽带。

该研究中心坚持以“聚焦重大问题、服务国家战略”为导向，以“近现代突尼斯政治文化的演变”和“突尼斯中文学习现状及未来学习和服务需求研究”为重点研究方向。

2015年，该研究中心组织召开了全国首届“突尼斯问题暨阿拉伯伊斯兰文化”学术研讨会，原外交部副部长杨福昌大使、北京外国语大学博士生导师张宏教授、中阿交流协会副会长李元庆等近30位领导嘉宾、专家学者共同出席了研讨会。2017年1月，应突尼斯驻华大使迪亚·哈立德邀请，校长刘宏在北京突尼斯驻华使馆拜会了大使先生。双方就大连外国语大学与突尼斯教育与文化合作、迦太基大学孔子学院建设和大连外国语大学突尼斯研究中心的发展等方面进行了深入交流。2017年9月，摩洛哥—中国友好交流协会会长穆罕默德·哈利勒教授到访突尼斯中心，与姜凤春副校长、国际交流与合作处和意阿语系等相关部门负责人等举行会见，双方就加强中摩高校师生交流、研究平台搭建等工作互换意见，就推动中摩友好关系发展，促进中国与北非教育、经贸、文化领域的合作进行深入交谈。2019年中心研究人员获批教育部青年项目一项、国家语言合作中心项目一项，出版二十余万字译著一本。2020年7月初完成了中心评估资料提交，以评估促建设，总结了成立以来的工作，并对今后的工作内容和方向有更好的规划。

未来，突尼斯研究中心在立足于开展突尼斯研究的同时，也会陆续开展对北非地区和非洲国家的研究，从而形成以突尼斯为中心，覆盖北非，延伸至非洲的研究范围，不断为“一带一路”建设和国家与地方经济社会发展做出新的更大贡献。

（二）联系信息

联系人：张婧姝；联系电话：0411－86111078；邮箱：zhangjingshu@dlufl.edu.cn

中心网址：https：//tunsc.dlufl.edu.cn/

通信地址：辽宁省大连市旅顺口区旅顺南路西段6号大连外国语大学亚非语言学院7A507（116044）

【西北大学非洲研究中心】

（一）机构概况

2018年9月3日，习近平主席在中非合作论坛北京峰会开幕式讲话中提出，重点实施对非合作“八大行动”，并宣布“中国决定设立中国非洲研究院，同非方深化文明互鉴”。中国社会科学院据此成立中国非洲研究院并创办《中国非洲学刊》，标志着国内加大了对非洲的研究力度和关注度。在当前“百年未有之大变局”及中美战略博弈加剧的背景下，非洲研究愈发重要。西北大学长期以来在国别和区域研究领域具有优势，于中东史、北非史、中亚史和南亚史等研究领域在国内处于领先地位。为积极响应国家战略需要，进一步整合区域国别研究相关学科资源，推动外国语言文学、世界史等相关学科的持续发展，该校于2020年12月25日正式成立西北大学非洲研究中心（African Studies Center，Northwest University）。

中心坚持“立足基础研究、关照现实需求”的发展宗旨，依托学校西亚北非研究的学科优势，在学科交叉、融通、借鉴的新文科理念之下，整合多学科力量，以非洲政治与经济发展、非洲历史文化及宗教、非洲与域外国家、地区交往、非洲国际组织、中非合作、陕非合作为主要研究特色。招贤纳士，会集国内一流人才，将非洲研究中心建成中西部非洲研究领域重要的学术研究平台、政策咨询机构及国际交流合作基地。

西北大学中东研究所拥有近10人的北非研究团队，在非洲研究领域已有一定积累，2020年依托国家社科基金重大项目出版的八卷本《非洲阿拉伯国家通史》是国内相关领域首部（套）著作。该校外国语学院师资队伍体量较大，青年教师和高学历教师较多，国际化水平和学术延展性较高，具有进一步开展非洲研究的潜力。中东研究所、历史学院、丝绸之路研究院、叙利亚研究中心等已与外国语学院在国别和区域研究领域开展了深度合作，如联合培养世界史本科生，招收外国语学院青年教师攻读博士学位，等等。此外，西北大学是中国亚非学会副理事长单位，与中国社会科学院西亚非洲研究所（中国非洲研究院）、北京大学非洲研究中心、浙江师范大学非洲研究院等国内有影响力的非洲研究机构联系紧密。

中心的发展目标定位如下。（1）打造中西部知名非洲研究平台。聚焦校内外、国内外优秀人才，以新视角、新方法、新机制研究非洲发展和中非合作领域中的重大理论、战略、政策问题，5—10 年形成几个具有西北大学特色的非洲研究领域，努力成为中西部在该领域的一流研究平台。（2）培育一流非洲研究智库。拟策划编辑《走向非洲》丛书，拟定期编写《非洲前沿信息动态》简报，为有强烈意愿赴非发展的相关企业以及从事非洲研究的相关机构和学者提供参考，为中非合作、陕非合作等贡献真知灼见。（3）抢占非洲研究人才培养高地。培养非洲发展、中非合作和非洲史研究领域的高层次跨学科人才，建设一支高水平、结构合理的研究团队，并将研究成果与新课程开发紧密结合，推动我校现有区域国别研究教学内容改革。（4）推动建设中非国际交流与合作中心。与非洲国家高校建立联系，互派学者、学生，开展交流访学活动、国内外项目合作，定期不定期举办学术论坛和研讨会。

中心为虚体研究机构，挂靠西北大学外国语学院，设研究中心主任岗位 1 个，研究中心副主任岗位 1 个，秘书岗位 1 个。主任负责非洲研究中心科研项目的组织、策划、协调和实施工作。副主任负责科研项目的日常管理、教学、行政、对外联络与协调等工作；秘书协助实施研究院各项工作。中心现有科研人员 10 名，均具有博士学位，其中教授 5 人、副教授 3 人、讲师 2 人，研究领域涉及西亚北非研究、非洲与大国关系研究、马格里布研究、非洲国际组织研究等。

（二）联系信息

联系人：王国栋；电话：029－88308158；邮箱：wgd@ nwu. edu. cn

通信地址：陕西省西安市长安区学府大道 1 号西北大学外国语学院（710127）

【上海大学全球问题研究院非洲研究中心】

（一）机构概况

上海大学全球问题研究院非洲研究中心（Center for African Studies，Institute of Global Studies，SHU）正式成立于 2018 年 2 月。中心旨在建设成为面向 21 世纪新形势下非洲区域国别研究与人才培养的国际化高端学术平台。自成立以来，非洲研究中心依托上海大学全球问题研究院、上海大学文学院、上海大学社会学院的科研平台和师资力量，结合上海大学世界史、政治学和社会学学科发展的优势特点，重点关注中非经贸关系、中非医疗合作、中国企业在非经营等具体研究课题，在教学、科研、政策咨询与人才培养方面均取得了良好的成绩，为今后发展成为具备国内外重要影响的高层次综合性、跨学科的研究型中心奠定了良好基础。目前，非洲研究中心着力于从以下四方面内容开展工作。

一、非洲研究中心注重高层次人才的引进。2018 年，中心聘请了中国社会科学院西亚非洲研究所原所长、中国非洲问题研究会常务副会长、中国亚非学会副会长杨光研究员。2019 年以来，中心开始陆续聘请国内外高水平大学毕业的青年教师，以充实自身的科研实力。

二、非洲研究中心遵循上海大学高度国际化的科研与办学理念，充分利用上海大学国际招生和培养的既有平台开展教学工作。上海大学文学院长期大量培养非洲来华留学生，被教育部评为来华留学生培养示范基地。非洲研究中心充分利用这一优势，到目前为止，中心的科研和教学人员共培养了数十名来自加纳、坦桑尼亚、埃塞俄比亚等十多个非洲国家的留学生。

三、非洲研究中心重视参与并建立长期性的国际学术交流与合作。中心先后与南非约翰内斯堡大学等非洲本土高水平高校建立长期的合作协议，与英国伦敦大学亚非学院等海外非洲研究高水平高校建立了各种学术交流联系。

四、非洲研究中心自 2018 年成立以来每年定期举办各类学术活动，中心成员参加文学院历史系、社会学院的各种研究工作。中心成员自 2019 年以来参与上海大学经济社会学与跨国企业研究中心（IESM）的研究工作。非洲研究中心与全球问题研究院下属的拉美研究中心开展“中国与第三世界”为主题的研究工作，目前各项工作进展顺利。此外，非洲研究中心成员目前积极承担各类研究项目，包括国家社科基金项目和教育部区域国别研究项目。

（二）联系信息

网站：https：//igs. shu. edu. cn

联系人：蒋华杰；邮箱：jhj1984@vip. sina. com

通信地址：上海市宝山区上大路 99 号，上海大学全球问题研究院（200444）

【浙江师范大学中非国际商学院】

（一）机构概况

浙江师范大学中非国际商学院（China-Africa International Business School，Zhejiang Normal University）成立于 2010 年 11 月，是国内高校首个面向中非经贸合作的商学院。学院聘请首任中国政府非洲事务特别代表、中国原驻津巴布韦、南非特命全权大使刘贵今先生担任创始院长。2014 年 4 月，中非国际商学院和经济与管理学院合署办学。学院采用“一套班子、两块牌子”的办学模式，致力于培养非洲的“中国通”和中国的“非洲通”。学院以经济贸易和工商管理为特色，努力形成集人才培养、人员培训、商务咨询、学术研究于一体的办学体系，推动中非双方在经贸、教育和人力资源开发等多个领域开展合作。

学院建有 10 个本科专业。其中，国际经济与贸易专业为省国际化建设专业，电子商务专业为省优势专业，财务管理专业和工商管理专业为省重点建设新专业，电子商务专业、财务管理专业为校国际化专业；拥有国际商务管理、工商管理（MBA）专业学位硕士点。学院现有全日制在校生 2400 余人，其中研究生 460 余人，留学生近 500 人。学院为了加强中国学生对非洲市场的认知，开设了《非洲概论》《中非经贸关系》《非洲贸易与投资》《非洲商法》等涉非方向的个性化课程。自2013年开始，学院每年选送10余名优秀中国本科生到南非斯坦陵布什大学交换学习。

在留学生培养方面，学院的非洲留学生约占全体留学生总人数的2/3。2017年以来，学院尝试校政企协同培养模式，为莱索托、博茨瓦纳政府各举办一期“达之路”IMBA班。2016年学院首次组织留学生参加全国大学生创业大赛，获得“创青春”全国大学创业大赛MBA专项赛银奖。2019年，学院非洲留学生获得浙江省“互联网+”创新创业大赛金奖。2020年8月，学院非洲留学生在第六届中国国际“互联网+”大学生创新创业大赛中共斩获3项金奖。

为进一步推进中非经贸领域的研究，学院成立了一批专注于中非经贸领域的机构。现有省商务厅的“中非国际商贸人才培训平台”，学校自设的“中非企业跨国运营研究所”和“中非经贸研究中心”以及校企合作的“中联国创国际商贸研究院”等。学院重视中非经贸领域的科学研究。目前，学院教师主持并完成国家级课题8项、省部级课题14项，在研国家级课题12项、省部级课题10项，相关成果获省哲社优秀成果一等奖2项、三等奖1项。自2016起学院连续四年发布《浙非产能合作发展报告》《中非产能合作发展报告》，并陆续出版“中非经贸研究丛书”系列专著以及“非洲经贸译丛”等译著。

学院积极鼓励教师到非洲国家调研。学院现有20余位教师从事中非经贸发展领域的研究，近五年有10余名教师赴南非、肯尼亚、尼日利亚、埃塞俄比亚等非洲高校访学或开展田野调查。

学院中非经贸研究团队积极参与政府决策咨询服务。2019年3月，浙江省商务厅在浙江对非经贸合作交流会上发布了学院教师团队参与编制的《浙江省加快推进对非经贸合作行动计划（2019—2022年）》。2020年9月，学院教师团队参与制定了《浙江省对非洲交流与合作“十四五”规划》。学院正在研发设计“中非商贸投资协同服务平台”，围绕中非商贸投资的实际需求，搭建“一站式”中非商贸投资沟通管理服务平台，提供对非投资专业咨询服务。

学院积极筹办大型论坛，扩大社会影响力。2015年以来，学院与金华市政府合作，已连续举办6届“中非经贸论坛”，来自各级政府部门、学界、企业界的参会者达2000人次，省内外以及非洲国家的近400家企业从中受益。同时，学院成功举办两届中南（非）青年创新创业论坛，时任浙江省省长袁家军出席了在南非举办的第二届中南青年创新创业论坛。

（二）联系信息

网站，http：//sxy. zjnu. edu. cn/main. htm；微信号：zsdjg_2012

联系人：黄玉沛；电话：0579-82298567；邮箱：yupeihuang@ zjnu. edu. cn

通信地址：浙江省金华市迎宾大道688号，浙江师范大学中非国际商学院（321004）

（詹世明编纂）

● 非洲主要智库

一 非洲地区或次区域智库

【联合国非洲经济委员会】

（一）机构概况

联合国非洲经济委员会（United Nations Economic Commission for Africa，UNECA）是联合国经济及社会理事会（ECOSOC）于1958年通过联合国大会决议后成立的一个分支机构，总部设在埃塞俄比亚首都亚的斯亚贝巴。其目的是促进非洲各国的经济合作与交流，该组织目前有54个成员国，与加入联合国的非洲54个成员国一样。

联合国非洲经济委员会力求增强其成员国及其区域和分区域组织的能力，制定和执行协调的宏观经济和部门政策、方案和倡议，以解决该分区域的一体化优先事项，包括基础设施和服务、贸易、投资和金融、采矿和能源、粮食安全与可持续发展、性别与发展以及实现千年发展目标和其他国际商定目标。联合国非洲经济委员会自主投资基金的专业范畴包括：

（1）SRO-NA：就业技能和平衡发展；

（2）SRO-WA：人口动态促进发展；

（3）SRO-CA：经济多样化政策和改革；

（4）SRO-EA：深化区域一体化——落实东盟自由贸易区；

（5）SRO-SA：包容性的工业化。

联合国非洲经济委员会有6个办公室，其中以埃塞俄比亚首都亚的斯亚贝巴的非洲厅为联合国非洲经济委员会总部，其他的地区办公室为卢旺达—基加利（东部非洲区域分部），尼日尔—尼亚美（西部非洲区域分部），赞比亚—卢萨卡（南部非洲区域分部），摩洛哥—拉巴特（北部非洲区域分部），喀麦隆—雅温德（中部非洲区域分部）。联合国非洲经济委员会的5个分区域办事处除了通过次级方案支助执行5个战略方向外，还有选定的专题领域，以确保对分区域一级的成员国支助采取更有效的办法，提升非洲经济发展规划研究所的能力，拓宽其资源渠道，可为成员国落实《2030年议程》和《2063年议程》提供必要的培训和政策支持。

（二）联系信息

地址：Menelik IIAve. P. O. Box 3001，Addis Ababa，Ethiopia

电话：251－11－544－5000

传真：251－11－551 4416

网址：www. uneca. org

【非洲社会科学研究发展理事会】

（一）机构概况

非洲社会科学研究发展理事会

（Council for the Development of Social Science Research in Africa，CODESRIA）是一个独立的泛非研究组织，于1973年成立，总部设在塞内加尔首都达喀尔。它主要致力于非洲的社会科学研究，不仅是非洲社会研究的先驱组织，还是非洲大陆社会知识生产顶尖型的非政府中心。

非洲社会科学研究发展理事会中最重要的机构是全体大会和执行委员会。全体大会是理事会的最高决策机构，围绕某个主题每三年召开一次，在非洲国家轮流举办；执行委员会是仅次于全体大会的管理机构，它负责通过监督理事会的总体活动、工作计划和预算以及国际工作人员的参与，确保实现理事会的目标，它由全体大会选举产生，有十名成员，来自非洲大陆的五个次区域，即南部非洲、中部非洲、东部非洲、北部非洲和西部非洲，每年举行两至三次会议，审查理事会的预算、工作计划和活动；科学委员会是理事会的一个重要机构，负责对科学和文化权利委员会的方案进行科学评价，并促进理事会科学议程的制定。

非洲社会科学研究发展理事会对非洲大陆的社会转型和发展发挥了关键作用，通过其研究成果，不仅可以促使非洲学者更好地掌握科学知识前沿，而且还可以加强该大陆内部应对社会面临多方面发展挑战的能力。因此，理事会积极支持各项研究，坚信紧抓知识的首要地位以及追求和传播知识的自由对任何社会的进步和发展都是必不可少的。非洲社会科学研究发展理事会的重点研究方向主要集中在以下几个方面：

（1）性别研究项目；

（2）儿童和青年研究计划；

（3）经济研究项目；

（4）学术自由项目；

（5）非洲人文课程；

非洲社会科学研究发展理事会自成立以来，就承担着深远的使命，始终支持与组织研究、能力建设、知识传播和学术网络建设。经过几十年的沉淀与发展，非洲社会科学研究发展理事会已经成长为非洲大陆的顶级智库之一，根据美国宾夕法尼亚大学最新发布的《全球智库报告2020》[①] 显示，非洲社会科学研究发展理事会名列全球智库第125位，在非洲顶级智库中名列第12位，它促进了非洲人文和社科领域原创研究，为包括塞内加尔在内的非洲国家发展出谋献策，有力推动了非洲大陆的经济、政治、社会和文化发展。

（二）联系信息

地址：Avenue Cheikh Anta Diop X Canal IV BP 3304，CP 18524，Dakar Senegal

电话：（221）338259822

传真：（221）338241289

网址：www. codesria. org

【非洲政策研究所】

（一）机构概况

非洲政策研究所（Africa Policy Institute，API）是一个独立的、非营利性

① 如无特别注明，本篇所涉《全球智库报告2020》均为美国宾夕法尼亚大学最新发布版本。

的泛非智库，于2007年成立，总部设在肯尼亚首都内罗毕，旨在为非洲的安全、治理和战略问题提供与政策相关的研究和分析，帮助各国政府、民间团体以及区域和国际组织创建一个和平、安全、繁荣的非洲乃至整个世界。

非洲政策研究所的核心使命是开展深入的政策研究、培训和咨询，通过伙伴关系平台和倡导，为非洲治理、战略和安全问题提供政策解决方案。非洲政策研究所有四个中心，每个中心专注于不同的核心主题，包括：自然资源与环境政策中心、中非合作研究中心、被迫流离失所研究中心和霍恩安全分析中心。此外，该研究所还有“乌昆比”和“乌昂戈齐”两个对话论坛。

作为一个机构，它的合作伙伴和网络包括各国政府、区域和国际组织，如非洲联盟和联合国机构，以及高等教育机构。通过与合作伙伴的合作，非洲政策研究所提供深入的政策研究和分析、能力建设和培训、政策倡导和对话、治理、人道主义事务、和平和安全方面的网络和伙伴关系。通过它的网络，非洲政策研究所作为组织高级别政策对话的首选机构，以会议、政策论坛、研讨会和公共辩论的形式，它已经并继续建设政府在政策研究方面的能力，培训媒体人士进行调查研究，并与其他组织合作进行政治管理培训。

作为授权社区和政府机构带头预防、打击暴力极端主义的核心活动，研究所致力于通过培养个人、社区和民间社会团体之间的团结和宽容意识，解决暴力极端主义的根源，以及促进其与县级和国家级政府机构的联系。在区域一级，研究所参与制定了预防和打击暴力极端主义区域战略。在2007年肯尼亚选举后的暴力事件结束之后，研究所开始了促进和解、愈合和恢复的更大议程，它的首席执行官曾在姆瓦伊·齐贝吉总统的政府担任治理和战略顾问，还加入了外交部官员和专家小组，起草了肯尼亚第一个官方外交政策文件和战略，并帮助在肯尼亚共和国建立了外交部外交服务研究所（FSI）。

（二）联系信息

地址：5th Floor, NHIF Parking ComplexRagati Road, Nairobi, Kenya

电话：(+254) 726-996-975

邮箱：info@ africapi. org

网址：www. africapi. org

【非洲晴雨表】

（一）机构概况

非洲晴雨表（Afrobarometer）是非洲知名的无党派泛非研究机构，总部位于加纳阿克拉。1999年，由联合创始人 Michael Bratton 博士、Robert Mattes 博士和 E Gyimah-Boadi 博士领导的三个独立调查研究项目合并组成了非洲晴雨表。其三个核心合作伙伴是：密歇根州立大学、南非民主研究所（IDASA）和加纳民主发展中心（CDD-加纳）。2000年，非洲晴雨表与其他区域晴雨表一起组成了全球晴雨表网络。2004年其获得了美国政治科学协会颁发的“最佳数据集奖”。

《全球智库报告2020》显示，在除美国外的世界智库排行榜单中，非洲晴雨表名列全球第103位，在2020年最佳机构合作（涉及两个或多个智库）智库排行榜中名列全球第五位。

非洲晴雨表定期对30多个国家的民主、治理、经济和社会开展民意调查，开展一些世界领先的非洲研究项目，收集并免费向公众发布有关非洲的高质量、可信赖的统计数据，是全球领先的有关非洲人思想的高质量数据来源。非洲晴雨表的国际咨询委员会由高层的政治和思想领袖组成，致力于提供战略情报，通过倡导共同承担使非洲在公共政策和发展中占重要地位的使命，激发决策者、资助者、其他主要受众以及非洲晴雨表工作人员的凝聚力，具有重要的影响力。

在其联合创始人和执行委员会的领导下，经过20余年的发展，非洲晴雨表在2019年完成了组织审查，然后启动了修改后的组织机构，正式注册为一家非营利组织，总部设在加纳阿克拉。在阿克拉（加纳CDD）、开普敦（IJR）、内罗毕（IDS、内罗毕大学）的区域办事处，更强调伙伴关系、能力建设和可持续发展。并于2019—2020年分步骤加强治理，进行管理监督，强化战略适应性，推动资源动员和非洲能力建设计划，更新的基础设施使用户能更轻松地访问非洲晴雨表更新的数据，还使其与更广泛的用户相关联，从而使更加丰富的数据资源库（一种开源的全球公共物品）的建立成为可能。

2020年11月17日，该智库发布调查报告《非洲人认为中国的影响力是显著而积极的，但有所下降》。

（二）联系信息

日常事务：Sibusiso Nkomo（admin@afrobarometer. org）

数据支持：MatthiasKrönke（datarequests@afrobarometer. org）

邮箱：admin@afrobarometer. org

网址：www. afrobarometer. org

【非洲经济转型中心】

（一）机构概况

非洲经济转型中心（The African Center for Economic Transformation，ACET）是一家支持非洲通过转型实现持续发展的经济政策研究机构，其总部位于加纳首都阿克拉。非洲经济转型中心为非洲国家提供研究支持、政策咨询和体制建设，帮助其发展经济、减贫和改善民生，是推动非洲解决转型挑战的杰出组织，在美国宾夕法尼亚大学发布的《全球智库报告2020》中全球顶级智库（不含美国的）排行榜中名列第131位。

非洲经济转型中心于2008年开始运作，作为一个“思考和行动”的智库，它致力于帮助非洲国家通过知识和技术来获得变革性增长，积极与非洲的公共和私营部门合作，解决阻碍持续增长的政策和体制障碍。自20世纪90年代中期以来，尽管许多非洲国家实现了经济的稳定增长，但是它们难以将这种增长纳入可持续发展的政策和计划。例如，各国依旧过度依赖低生产率的农业，未能发展强大的制造业，所以在非洲经济转型中心看来，只有经济增长是不够的，非洲也必须转变，需要有深层次的经济增长，即体现为：Transformation = Growth + DEPTH。DEPTH则表现为：

（1）进一步改善宏观经济和商业环境的同时，各国必须使生产和出口多样化（Diversification）；

（2）必须在国际市场上更具竞争力（Export competitiveness）；

（3）必须提高所有资源投入的生产率，特别是劳动力（Productivity increases）；

（4）必须升级在生产中使用的技术（Technological upgrading）；

（5）通过转型各国才能确保增长，通过提供更多的就业机会和更高收入来改善民生，确保每个人都能够从发展中受益（Improved Human well-being）。

非洲经济转型中心将研究重点放在了政策改革"怎么做"上，借鉴非洲本土和世界各地的成功案例，吸收最佳经验和做法，依靠一套核心标准和由五大运营支柱支持的活动来实现这一目标：转型的经济战略和管理、促进包容性经济增长、利用采掘资源进行转型、农业现代化与轻工业发展和促进贸易便利化与区域一体化。非洲经济转型中心研究经济转型的驱动因素，审查国家记录，规划转型前景，确定最有可能的转型途径，并参与和影响最高层的政策制定者，在深刻理解非洲现实的基础上向其提供切实可行的建议。

在非洲层面，智库提供智力引领，帮助制定改革议程，并影响对话。在国家层面，智库与政府、私营部门等其他利益相关方合作，规划转型进程，围绕重点问题确定优先事项。在机构层面，非洲经济转型中心让决策者参与能力建设，建设负责实施转型议程所需的机构，在非洲大陆20多个国家开展工作，提供分析、咨询和宣传服务。寻找合适的发展路径、采取合理的发展模式关乎非洲未来发展，经济转型是非洲发展不可逃避的挑战。经济转型现在已成为非洲发展的共识模式，也是非洲联盟、非洲开发银行和非洲经济委员会近年来批准的长期战略的关键组成部分，该智库正以其独特的研究模式为非洲大陆的经济转型提供智力支持，影响非洲各国经济的持续发展，改善数以万计非洲人民的生活。

（二）联系信息

地 址：12Yiyiwa Street Abelemkpe Accra，Ghana

电话：Ghana：+233（0）302210240/US：+1（202）833－1919

邮箱：info@ acetforafrica. org

网址：www. acetforafrica. org

【非洲经济研究联合会】

（一）机构概况

非洲经济研究联合会（African Economic Research Consortium，AERC），成立于1988年，总部设在肯尼亚首都内罗毕。它是一家旨在为撒哈拉以南非洲国家的经济政策提供智力支持的能力建设机构。非洲经济研究联合会在美国宾夕法尼亚大学发布的《全球智库报告2020》全球顶级智库排行榜中名列第69位，在非洲顶级智库中名列第3位，在浙江大学发布的《全球智库影响力评价报告2020》全球智库排行榜TOP100中名列第88位。它在肯尼亚是国际非政府组织，得到了政府捐助、私人基金会和国际组织的支持，其组织结构经过精心设计，旨在促进研究议程的独立性和资源管理的责任感，并由三个相互联系但独立的机构组成：董事会、计划委员会和秘书处。董事会负责批准政策方向和多年战略，计划委员会负责制定研究与培训计划议程和目标，秘书处由负责联合会活动的执行主任领导，并负责日常活动的开展。

非洲经济研究联合会的工作开展主要有三个部分：研究、人才培养和政策推广。它将经济政策研究、研究生培养和政策拓展整合到非洲乃至全球范围内的研究人员、大学和政策制定者网络中，拥有强大的校友网络。其校友有的在肯尼亚、乌干达、坦桑尼亚、博茨瓦纳、尼日利亚、南非、卢旺达、津巴布韦等国的中央银行以及经济和财政部工作，也可以在世界银行和华盛顿特区的国际货币基金组织、撒哈拉以南非洲各地的大学以及非洲的政策研究所找到。

非洲经济研究联合会的研究任务是增强当地能力，对撒哈拉以南非洲经济管理面临的问题进行独立、严格的调查；目标是增强本地研究人员进行与政策相关的经济调查的能力，帮助非洲大陆保留这种能力，以及鼓励在政策环境中应用它。其研究计划的主要目标是：

（1）建立可信的地方政策导向研究能力；

（2）生成研究结果以供政策分析师和政策制定者使用；

（3）增进研究与政策之间的联系；

（4）鼓励留住高素质的研究人员。

非洲经济研究联合会长期以来一直使用灵活但谨慎的方法来扩大其自身的研究主题范围，从严格的宏观经济问题转向长期的可持续发展问题。非洲经济研究联合会独特的方法可以使个人和机构都具有创造知识以提供政策依据的能力，它的研究生培训计划培养了一批经济学家，为非洲的政策分析做出了重要贡献。新冠肺炎疫情的蔓延使得非洲面临着巨大的挑战，疫情势必会造成非洲各个国家的经济萎缩，非洲经济研究联合会充分发挥自己的智库作用，为疫情时期乃至后疫情时代非洲经济的发展提供智库支持。

（二）联系信息

地址：3rd Floor，Middle East Bank Towers Building，Jakaya Kikwete Road

电话：+254 722205272/202734150

邮箱：communications@aercafrica.org

executive. director@aercafrica. org

网址：www. aercafrica. org

【非洲信托基金会】

（一）机构概况

非洲信托基金会（Trust Africa）是一家独立基金会，设在塞内加尔。它致力于确保整个非洲大陆的民主治理和公平发展的条件，通过召集对话、提供赠款、提供技术援助并进行公众宣传以实现这些目标。

非洲信托基金会始于福特基金会，并于2006年成为独立实体。它由来自非洲本土和散居世界各地的非洲的资深专业人士领导，它的理念是非洲人必须制定发展议程并带头实施。自成立以来，该组织已经召集了数百名基层领导人、学者、政策制定者和活动家来制定优先事项和策略。该智库致力于加强非洲倡议，与志趣相投的机构和捐助者合作开展工作，以应对非洲大陆面临的最艰巨挑战。

基金会已拨款近2000万美元用于推进基于这些讨论的工作，目前专注于三个关键领域：确保民主条件；培育非洲企业，实现广泛的共同繁荣；为非洲的民主与发展培养资源。作为推动者和召集者，非洲信托基金会致力于产生和测试新想法，并努力实践形成良好的治理，并在“非洲信托基金会”的受赠者中推广这种治理。

（二）联系信息

地址：Lot 4，Almadies Ngor，Dakar Sénégal

电话：+221 338694686/338241567

邮箱：info@ trustafrica. org

网址：www. hespi. org

【非洲技术政策研究网络】

（一）机构概况

非洲技术政策研究网络（African Technology Policy Studies，ATPS）是20世纪80年代由东非和南部非洲（EATPS）与西非（WATPS）的两个技术政策研究网络发展成的一个独立国际组织，总部设在肯尼亚内罗毕。该机构致力于跨学科的科学、技术和创新（STI）政策研究，在保持科学和技术政策重点的同时，逐步发展成为科技促进非洲网络发展英才中心，它由研究人员、决策者、私营部门行动者和民间社会组成，旨在促进产生、掌握、传播和使用科学技术以推动非洲发展、环境可持续与全球包容和谐。该智库的组织结构主要包括：理事会、秘书处、国家分会区域指导委员会、国家协调员、专家顾问。

科学、技术和创新能力建设是非洲技术政策研究网络所有活动的核心，智库与志同道合的机构合作，为科技和创新的政策研究提供平台，以支持非洲政府和科技创新机构或利益相关者建立必要的知识条件和基础设施、政策和激励措施，确保科学知识和本土知识有效地增值和商业化，为非洲大陆可持续发展提供新技术。非洲技术政策研究网络在许多方面都是一个独特的机构，它的分会网络、跨学科的方法和以需求为导向的活动，及其在非洲和全球的成员和伙伴不断增加，都使它在非洲科学、技术和创新政策领域拥有了独特的发言权。为了提高人们对以科学技术为主导的发展的认识，非洲需要一支新闻工作者队伍，非洲技术政策研究网络将精力投入理解科学技术并向更广泛的受众传播科学技术这一领域，有选择性和针对性地面向不同的读者，并出版具有广泛区域吸引力的出版物。

非洲技术政策研究网络的研究项目包括：对非洲“高等教育、科学、技术和创新、研究与发展（R&D）和创业精神”的分析说明；对第一届南方之声和平网络（SVNP）建设东非政策会议的解读；对非洲生态创新的政策和制度框架回顾；对肯尼亚农业部门的制度和政策评估；将生态有机农业倡议（EOA - I）纳入非洲农业系统的主流；为选定的八个非洲国家的发展制定实施指标和监控、跟踪工具；为东非制定以创新为导向的生物经济战略（BISEA）。此外，该机构还在撒哈拉以南非洲的科学授予理事会和其他科学系统行动者之间建立伙伴关系和网络。

截至 2019 年，非洲技术政策研究网络在 5 大洲超过 51 个国家拥有 1500 多名成员和 3000 名利益相关者，并通过在 30 个国家设立的国家分会（非洲 27 个，澳大利亚、美国和英国各 1 个）的成员实施行动方案，在全世界建立了机构伙伴关系。在《全球智库报告 2020》全球顶级智库排行榜中排名第 103 位，在顶级科技政策智库中排名第 9 位，在最佳跨学科研究智库中排名第 10 位，是非洲顶级智库之一。

（二）联系信息

地址：8th Floor，The Chancery，Valley Rd，Nairobi，Kenya

电话：+254 0202714092

邮箱：info@ atpsnet. org

网址：www. atpsnet. org

【非洲技术研究中心】

（一）机构概况

非洲技术研究中心（African Centre for Technology Studies，ACTS）是一个开创性的发展研究智囊团，致力于利用科学、技术和创新政策的应用促进非洲的可持续发展。该中心成立于 1988 年，总部设在肯尼亚内罗毕。它是一个致力于以政策为导向的研究机构，以加强非洲国家和机构利用科学和技术促进可持续发展能力的政府间组织，设想通过科学、技术和创新为非洲创造可持续的经济、社会和环境发展。

非洲技术研究中心的愿景和使命是改善生活，主张在应用科学、技术和创新政策促进非洲可持续发展方面进行高质量的研究，进行政策分析，推动能力建设和外联活动，促进和召集基于证据的政策对话和辩论，告知发展政策和实践，将重要的科学、技术和创新问题纳入发展议程，向非洲政府和机构、区域经济共同体和机构、私营部门、民间社会以及社区行为者和机构提供独立客观的政策建议。

《非洲技术研究中心宪章》第三条授权非洲技术研究中心进行能力建设，进行研究，提供咨询服务并传播有关将科学技术应用于非洲可持续发展的政策方面的信息。它还对非洲技术研究中心提出了以下要求。

促进发展中国家在与可持续发展有关的政策分析领域的能力建设；监测国际科学技术趋势，进行技术评估和预测，并分析新技术的影响，以便为非洲和其他发展中国家政府提供政策选择；促进、增强、激励、研究、管理、评估可持续利用和养护自然资源所需的体制框架；促进中心与在地方、国家、区域和国际各级具有相似或相关利益的其他政府和私人机构与个人之间的信息和网络交流，并特别强调政策事项；在国家之间和国家内部促进、鼓励、激励和开展技术合作活动。

自成立以来，非洲技术研究中心扩大了非洲可持续发展的政策选择范围，在过去的 25 年中，它的工作影响了肯尼亚专利（即工业产权）的立法和政策。非洲技术研究中心在2020全球顶级科学技术政策智库中排名第26位，在2020全球顶级环境政策智库中排名第48位，是非洲和全球的顶级环境智囊团之一。

（二）联系信息

地址：African Centre for Technology Studies，ICIPEDuduville Campus，Kasarani Nairobi，Kenya

电话：+254 710607210/737916566

邮箱：info@ acts-net. org

网址：www. acts-net. org

【非洲人口健康研究中心】

（一）机构概况

非洲人口与健康研究中心（African Population and Health Research Center，APHRC）是非洲大陆最重要的研究机构和智囊团之一，总部设在肯尼亚内罗毕。该机构为推动采取政策行动改善非洲人民的健康提供了重要依据。非洲人口健康研究中心的工作集中在三个领域。

（1）开展专业研究：非洲人口与卫生研究中心的团队将全球和非洲大陆发展的研究议程作为优先事项，从而将独立的证据放在支持该地区增长与发展决策的最前沿。该中心将研究重点划分为六个主题单元：老龄化与社会发展；教育和青年赋权；医疗与卫生系统；母婴健康；人口动态与生殖健康；非洲的城市化与福祉。

研究中心的数据、测量和评估部门负责这六项工作，为强大的数据系统提供内部支持，并为项目评估和数据使用提供外部技术援助。

（2）加强研究能力：非洲人口健康研究中心通过建立战略伙伴关系培养了大量研究人员，并积极与政策制定者进行有效的接触，以制定、审查和实施与非洲大陆发展有关的政策和计划，努力培养非洲研究的领导者。

（3）政策参与和沟通：非洲人口与卫生研究中心与国家、地区和全球各级的重要决策机构建立了关系，涵盖了政府和非政府组织，以及学术、媒体和研究机构等团体，注重协同和合作，致力于为决策提供有效的参考信息，以可持续地应对非洲大陆面临的重要挑战。

根据美国宾夕法尼亚大学最新发布的《全球智库报告2020》，按研究领域划分，非洲人口与卫生研究中心在全球顶级国内卫生政策研究智库排行榜中名列第12位，在全球顶级卫生政策研究智库排行榜名列第27位，按特殊成就划分，它在全球最佳宣传活动顶级智库榜单中也名列第27位。

（二）联系信息

地址：APHRC Campus，2nd Floor Manga Close，OffKirawa Road，Nairobi，Kenya

电话：+254（20）4001000/2662244

邮箱：info@ aphrc. org

网址：www. aphrc. org

【发展与环境倡导者联盟】

（一）机构概况

发展与环境倡导者联盟（Advocates Coalition for Development and Environment，ACODE）是一个独立的公共政策研究和倡导智库，于2001年成立，总部设在乌干达坎帕拉，在东非和南部非洲次区域就广泛的公共政策问题开展工作。

经过 20 年的发展，发展与环境倡导者联盟已成为撒哈拉以南非洲地区领先的地区公共政策智库之一，在《全球智库报告 2020》中名列撒哈拉以南非洲顶级智库排行榜第 18 位，在全球最佳宣传智库中名列第 5 位。该智库的核心业务是政策研究和分析、政策推广和能力建设，致力于通过研究公民参与和循证倡导，使公共政策为人们服务。发展与环境倡导者联盟以在非洲构建包容、可持续和繁荣的社会为愿景，秉持着学术和知识自由、无党派、正直、非歧视和卓越的价值观。

发展与环境倡导者联盟的研究领域涵盖了环境和自然资源治理，经济治理方案，和平、安全与民主方案，科学、科技及创新计划。此外，它还提出了地方政府理事会计分卡计划（LGCSCI），旨在通过加强对民选地方领导人的政治问责和落实公民对其地方政府提供优质服务的要求来深化地方治理。智库合作平台包括了乌干达公民预算数据库、地方政府短信平台和公民监控移动应用。

发展与环境倡导者联盟以其愿景和价值观为基础，以战略目标和预期结果为指导，以期通过各种方案促进公民对话、反思和辩论，引导其能够将自己的要求传达给领导人，并使领导人能够提高政策和方案的绩效和效力，回应公民的需求和需要。智库始终围绕赋予领导人和公民权利这两个方面开展工作，不断触发纵向和横向的需求和问责机制，以期产生有效和高效政府、改善政府服务、提供可持续生计，从而形成具有包容性、可持续发展和繁荣的社会。

（二）联系信息

地址：96Kanjokya Street，Kamwokya，Kampala，Uganda

电话：256 312 812150

邮箱：acode@ acode-u. org

网址：www. acode-u. org

【非洲争端解决中心】

（一）机构概况

非洲争端解决中心（The African Centre for the Constructive Resolution of Disputes，ACCORD）是一家致力于为非洲大陆冲突所带来的挑战提供创造性解决方案的冲突管理非政府机构，总部设在南非德班。它在美国宾夕法尼亚大学发布的《全球智库报告 2020》中列全球顶级智库排行榜第 23 位，在撒哈拉以南非洲顶级智库排名中名列第一。

支撑非洲争端解决中心运作的原则正是人类几百年来为之奋斗的理想——和平解决冲突、人权和善政。中心的主要目标是通过将解决冲突、对话和体制发展作为武装暴力和长期冲突的替代办法，影响政治发展。其是专业从事冲突管理、冲突分析和冲突预防的机构。它通过调解、谈判、培训、研究和冲突分析来干预冲突，自 1992 年以来，在非洲各地的冲突解决活动中发挥了重要作用。此外，自成立以来该机构一直在培养非洲领导人解决冲突和解决根本政治障碍的能力。其干预方法也被联合国认为是支持和平的可行模式。2005 年 9 月，非洲争端解决中心成为历史上第一个在联合国安理会发表讲话的非洲非政府组织。

非洲争端解决中心提出了“2017—2021 年”五年中期战略来应对社会经济边缘化、身份驱动的排斥、社会抗议、人口快速增长和更多年轻人口带来的人口压力以及对自然资源的竞争等。这一愿景得到 6 个核心战略的支持，这些战略寻求通过非盟和区域经济合作组织来增强预防和解决冲突的能力；促进国家和地区积极参与和平进程；加强妇女在影响、领导和参与和平进程方面的作用；增加青年的参与；增加对冲突驱动因素的认识和对政策的支持，并加强该大陆的预警和预防冲突机制。与此同时，非洲争端解决中心继续以其目标为指导，这些目标包括：促进在受冲突影响的社会中引入、支持和可持续性的冲突管理干预措施；利用对冲突的分析，将预防冲突、建立和平、维持和平和建设和平方案概念化；加强冲突管理领域的政策、研究和实践，为非洲和其他地区的可持续和平与发展做出贡献。

（二）联系信息

地址：2 Golf Course Drive Mount Edgecombe，Durban，South Africa

电话：+27 315023908

传真：+27 315024160

网址：www. accord. org. za

【科菲·安南国际维和培训中心】

（一）机构概况

加纳国防部于 1998 年建立了科菲·安南国际维和培训中心（KAIPTC），并于 2004 年启用。其目的是与西非国家经济共同体（ECOWAS）地区的其他国家分享加纳 50 年的国际公认的维和经验和能力。该中心认为，无论是军人、警察，还是普通民众，均需接受一定军事训练，这可以满足多层面不断变化的和平行动需要。

科菲·安南国际维和培训中心是西非国家经济共同体授权的三个维和培训中心之一，旨在提供有关非洲维和和维持和平行动的培训。其愿景是致力于成为领先的国际首选培训、教育和研究中心，重点是确保非洲和平与安全，其使命是通过培训、教育、研究和政策对话为非洲和平与安全的所有行为者提供全球公认的能力，以促进非洲的和平与稳定。该中心的价值观是：合作与伙伴关系；民主治理与人权；综合方法；知识是资产；在安全的工作环境中积极进取的劳动力；专业、卓越、诚实、正直和负责；尊重多样性、平等与公正；可持续发展。

中心在三个主题领域提供培训课程：和平支持行动、冲突管理以及和平与安全研究，还同时开设硕士学位和博士学位课程。自成立以来，迄今已为 15000 多名参与者和学生提供培训和辅导，它也是被西非国家经济共同体（ECOWAS）指定为区域卓越中心的三个机构之一，在预防冲突、管理和建设和平领域提供培训和研究。迄今为止，该中心已为 11000 多名军事人员、警察和文职人员提供了 400 多门和平支持行动的课程。中心开发并提供国际公认的多维、综合和平支持行动培训课程，并且还与合作伙伴联合在地区和大陆级别主持和平与安全计划和活动。

（二）联系信息

地址：PMB CT 210Cantonments Accra Ghana

电话：+233（0）302 718 200 转 1082／+233（0）302 718 200

邮箱：info@ kaiptc. org/Corporate. affairs@ kaiptc. org

网站：www. kaiptc. org

【非洲恐怖主义研究中心】

（一）机构概况

非洲恐怖主义研究中心（African Centre for Study and Research of Terrorism，ACSRT）成立于 2004 年，总部设在阿尔及利亚阿尔及尔，是非洲联盟委员会的一个机构，符合 1999 年非统组织关于预防和打击恐怖主义公约的议定书。该议定书赋予非洲联盟和平与安全理事会执行区域、大陆和国际反恐文书以及协调、规范和协调非洲大陆预防和打击恐怖主义的责任。

该中心的目的是使其在非洲境内预防和打击恐怖主义问题方面发挥卓越研究中心的作用，最终目标是消除恐怖主义对非洲和平、安全、稳定与发展的威胁。为此，中心集中收集有关恐怖主义和恐怖集团的信息，研究和分析，并通过在国际伙伴的协助下组织培训时间表、会议和专题讨论会来制订培训计划。

非洲恐怖主义研究中心的功能是协助非洲联盟会员国制定预防和打击恐怖主义的战略，建立收集、处理和传播信息的操作程序，就非洲联盟反恐制度的执行情况提供技术和专家咨询；更新和加强国际电联有关反恐的政策和计划；促进旨在增强会员国预防和打击恐怖主义能力的工作的协调和标准化；定期启动和传播研究和政策分析，以根据当前趋势和/或会员国的需要对会员国进行宣传；就非洲如何以更有意义的方式为国际反恐运动做出贡献提供技术和专家建议，特别是非洲联盟成员国执行相关国际文书的情况；就非洲会员国之间的信息共享、警察和边境管制（包括陆地、海上和空中）的信息共享方面的法律规范和合作的加强和标准化进行研究并提出建议；对制止向恐怖主义提供资助的最佳战略和方法进行研究和分析；组织讲习班、讨论会、专题讨论会和培训方案，以增强会员国和区域机制在预防和打击非洲恐怖主义方面的能力等。

该智库在 2020 年撒哈拉以南非洲顶级智库排名中名列第 89 位。该中心的任务还在于与类似的中心以及在国家、区域、大陆和国际各级与反恐感兴趣或参与反恐的其他机构合作并发展伙伴关系。因此，它成为了关于预防和打击非洲恐怖主义事务的重要智库，并增强了非洲联盟处理与预防和打击恐怖主义有关问题的能力。

（二）联系信息

地址：African Centre for Study and Research of Terrorism，05 RueHammag Idir Mohammadia，Algiers，Algeria

电话：+213 2520082

邮箱：Admin@ caert. org. dz

网站：www. caert. org. dz

【非洲之角经济和社会政策研究所】

（一）机构概况

非洲之角经济和社会政策研究所（The Horn Economic and Social Policy Institute, HESPI）是一个独立的、非营利性的区域性智库，成立于2006年，主要面向非洲之角成员国和广大发展中国家，提供高质量的经济和社会政策分析、研究并提供机构建设技术援助。该研究所致力于实现区域的发展目标，开展关于改善政策制定和实施以促进基础广泛的经济增长和减贫、加强健全管理的机构能力、促进区域一体化、和平、安全、稳定和发展的研究。

非洲之角经济和社会政策研究所的核心业务是发挥研究中心的作用，并协助制定经济和社会政策。其目标包括：进行客观、高质量的经济和社会政策分析与研究；通过促进问责制、透明度和反腐败措施来加强公共财政管理；建立政策分析的能力，为政策过程提供信息和建议，并加强机构和人员的能力，以制定和实施健全的基础广泛的经济和社会政策；促进公共和私营部门的伙伴关系，以促进社会经济发展，并促进金融部门的改革，以增加储蓄并有效提供信贷；促进国家和区域粮食安全并采取干预措施，以提高多部门农业生产和生产力，以及保护、改善和可持续利用包括土地、水、森林和渔业在内的自然资源；鼓励和促进区域经济和社会一体化；努力防止国家和国家间的冲突，并促进对话以解决新出现的挑战，防止小冲突演变成全面的冲突。

（二）联系信息

地址：Kirkos Sub City, Kebele 15, Teklu Desta Building H. No. 288/10 - 13

电话：+251 0115150521

邮箱：contacthespi@ hespi. org

网址：www. hespi. org

【东部和南部非洲社会科学研究组织】

（一）机构概况

东部和南部非洲社会科学研究组织（Organization for Social Science Research in Eastern and Southern Africa, OSSREA）是一个以会员资格为基础且受捐助者支持的区域研究和能力建设组织，总部设在埃塞俄比亚首都亚的斯亚贝巴。其任务是促进东部和南部非洲的研究人员与决策者之间的对话和互动，增强研究对政策制定和发展计划的影响。其会员资格对所有从事教学和/或研究的个人和机构开放，不仅从事跨学科研究，而且还为该地区的初级和高级学者提供研究资助。此外，该机构还提供研究方法学方面的培训。

东部和南部非洲社会科学研究组织的愿景是保持卓越中心的地位，以创造和传播社会科学知识，并将社会科学研究与东部和南部非洲的公共政策和实践联系起来；增强非洲学者进行社会科学研究的能力并为其提供机会，并促进非洲研究传统的扩展；通过互联网传播其研究成果来提高组织的知名度；促进非洲研究人员、院士和政策制定者之间的对话、合作与协作，并加强公共政策与社会科学研究之间的联系。

该智库的目标包括：鼓励和促进对

东部和南部非洲社会科学研究的兴趣；促进合作研究，促进个人以及从事社会科学研究的机构之间的思想交流；通过学术出版物和其他科学手段传播研究结果；促进涉及社会科学家和其他科学专业人士的多学科和跨学科的合作研究；促进非洲学者和政策行为者在社会科学领域的研究和培训能力，并鼓励制定专门用于这一目标的方案、项目和活动；与非洲和其他地区从事该地区社会科学的个人和机构密切合作；以执行委员会确定的方式和条件，调动开展本组织活动和实现本组织目标所需的资源；设立特别基金以用于提供与本组织所述目标相一致的研究补助金和培训研究金；促进东部和南部非洲的社会科学研究者与决策者之间的对话和互动，以增强社会科学研究对政策制定和发展计划的影响；促进东部和南部非洲的社会科学研究者与非洲发展机构之间的关系和合作；促进将社会科学研究的结果纳入东部和南部非洲国家的决策过程；与区域内的国家和地区机构、大学、智囊团和其他高等教育与研究机构建立联系并达成谅解备忘录，以进行协作研究，提供培训课程并支持人员之间的交流，促进经验和资源共享，最大限度地利用规模经济；建立关于散居在非洲的专业人员的数据库，并与他们建立联系，以开展促进知识转让的研究和培训活动；通过提供基金管理服务努力扩大本组织的财务基础；在组织职责范围内保持一致的技术咨询服务和培训服务；简化研究的重点领域，确保它们能反映国家的区域内政策。

（二）联系信息

地址：Addis Ababa University Main Campus atSidist Kilo. Addis Ababa Ethiopia

电话：+251－1－11239484

邮箱：info@ ossrea. net

网址：www. ossrea. net

【东非大裂谷研究所】

（一）机构概况

东非大裂谷研究所（Rift Valley Institute，RVI）是一个独立的非营利组织，由 John Ryle、Philip Winter 和 Jok Madut Jok 于 2001 年在苏丹成立，目前在东非和中非的 7 个国家开展工作，总部设在肯尼亚。东非大裂谷研究所的工作人员和研究员来自非洲东部和中部，欧洲、亚洲和美洲。研究人员包括了人权、政府、历史、人类学、政治学、发展经济学、安全、新闻媒体和法律等的实践者和研究者。研究所在英国、肯尼亚、南苏丹和索马里兰设有办事处，在英国注册为慈善机构。

研究所的资金来源包括补助金、课程费、出版收入、咨询费和个人捐款。资助者包括私人慈善组织、政府和非政府组织。该研究所继续支持开放获取出版物，与东部和中部非洲的学校和大学合作并提供奖学金，以使杰出的本地研究人员和活动家能够提高技能并加深对该地区的了解。

东非大裂谷研究所的目的是提升关于该地区及其多样化社区的有用知识，使人们更好地了解当地的现实情况，从而对社会和政治行动产生影响。研究所与该地区的当地机构合作，制定和实施将行动导向研究与教育和公共信息相结合的长期计划。

该研究所在苏丹、南苏丹、索马里（含索马里兰）、肯尼亚、埃塞俄比亚、乌干达、布隆迪、卢旺达和刚果民主共和国（DRC）开展业务。在那些政府机构完好且教育机构仍然运转的国家中，研究所为发展机构、大学和研究组织提供专业服务。在战争扰乱了政府并削弱了公民生活的地方，研究所与来自该地区及其侨民的研究人员和社区活动家保持一致，以维持当地机构并恢复研究和公共信息的水平。研究所的合作伙伴包括活动家、作家、艺术家、民间社会组织、政府部门、博物馆、大学和文化协会。

东非大裂谷研究所实行的计划旨在产生长期影响，如制定援助干预措施，扩大公众参与政策的空间，支持地方研究能力保存公共历史并促进社会正义。包括在刚果民主共和国记录武装团体的Usalama项目以及裂谷论坛（Rift Valley Forum），该论坛赞助一系列连续的研讨会和公开会议，旨在促进决策者、研究人员和社区之间的讨论。该研究所正在索马里和索马里兰执行司法和安全项目，并实施一项南苏丹国家档案馆的保护和数字化计划。研究所的所有出版物均可在 Creative Commons 许可下从 www. riftvalley. net 免费下载。

（二）联系信息

电话：+44 2072721096

邮箱：institute@ riftvalley. net

网址：www. riftvalley. net

【南部非洲研究和文献中心】

（一）机构概况

南部非洲研究和文献中心（The Southern African Research and Documentation Centre，SARDC）是一个独立的区域知识资源中心，成立于1985年，目的是加强区域政策观点并跟踪南部非洲一系列问题的执行情况，并在国家和区域层面进行合作。中心由专注于相关区域进程的专题研究机构组成，并与南部非洲发展共同体（SADC）和其他机构合作，旨在通过收集、生产和传播信息，以及增强产生和使用知识的能力，提高南部非洲关键发展过程的有效性。

南部非洲研究和文献中心的目标是通过向政府和决策者、非政府组织、私营部门、区域和国际组织、发展机构、议会和媒体提供信息，提高关于南部非洲经济、政治、文化和社会发展及其影响的知识基础。该中心由专题研究所组成，重点关注区域政策和进程，如区域经济一体化和基础设施发展，包括能源、运输、贸易、技术和旅游以及环境、水资源和气候变化；性别平等与妇女参与决策；媒体和选举；中非研究；设施管理；信息通信技术与 Web 开发；等等。

南部非洲研究和文献中心与南部非洲发展共同体（SADC）通过一份全面谅解备忘录（MOU）合作，该谅解备忘录于1995年首次签署，并于2005年被审查和扩大。南部非洲发展共同体还与南部非洲电力联盟（SAPP）、联合国环境规划署（UNEP）、赞比西河水道委员会（ZAMCOM）等机构合作，包括南部非洲发展共同体成员国的国家合作伙伴网络，以及中国的一些非洲研究机构和智库。自1992年里约热内卢地球峰会以来，该中心一直是区域环境报告的牵头机构。自1995年在北京举行的第四届世界妇女大会以来，中心一直在监测南部非洲的性别平等目标，其通过数据收集和研究，建立网络，进行有针对性的传播，并参与国家、区域和全球政策制定过程，产生了与南部非洲有关的可靠和可获取的知识。

（二）联系信息

地　址：Julius K NyerereHouse，15DownieAvenu，Belgravia，Harare，Zimbabwe

电话：+263 242791141

邮箱：sardc@ sardc. net

网址：www. sardc. net

二　北部非洲国家智库

【金字塔政治与战略研究中心】

（一）机构概况

金字塔政治与战略研究中心（AlAhram Center for Political and Strategic Studies，ACPSS）是一个在金字塔报基金会框架内独立运作的研究单位。该智库成立于1968年，是金字塔报基金会内部的独立研究部门。自成立以来，它一直是埃及和该地区领先的智囊团之一，并致力于独立研究和批判性思维。通过其研究能力以及在金字塔报网站上的大量专业出版物、评论和文章，以及在区域和国际研究网络中的伙伴关系和成员资格，它拥有该地区其他研究机构无法比拟的影响力，该智库在2020全球顶级智库排名中名列第59位，在2020年全球顶级智库中的非洲智库榜单中位列第二。

金字塔政治与战略研究中心的研究范围随着时间的推移而发展，以纳入国际研究和区域政治。自20世纪90年代以来，国内政治议题在该中心研究议程中占据了中心地位，并致力于加强在欧洲地中海地区的北部和南部之间的合作伙伴关系，认为两岸的决策者、学者、智囊团和民间社会应紧密合作。因此，该智库可以作为一个联系空间，在此可以产生基于知识的政策咨询，还可以对该区域所面临的不同挑战进行深入研究。

金字塔政治与战略研究中心与大学教授和研究人员在区域和国际层面上进行合作，其从事涉及区域和国际发展以及埃及战略、政治、经济和社会事务的多学科研究，研究的国际政治问题一般涉及中东，特别是阿以冲突。研究领域包括：国际体系的重大变化；国际冲突和冲突解决；阿拉伯社会特别是埃及社会的政治、经济和社会方面。其咨询委员会专门收集经济、政治、战略、社会和大众传播领域的研究材料和资源，该委员会每月发布战略文件，对埃及和阿拉伯世界面临的战略挑战提供深入看法。

（二）联系信息

地址：14，Al-AhramBldg，Al Galaa Street Cairo，Egypt

电话：+202 27705127 /
+202 25786037

邮箱：acpss1@ ahram. org. eg

网址：www. acpss. ahram. org. eg

【埃及公共政策研究中心】

（一）机构概况

埃及公共政策研究中心（The Egyptian Center for Public Policy Studies，ECPPS）是由埃及自由青年联盟（EULY）发展而来，后者由马哈茂德·法鲁克（Mahmoud Farouk）于2007年创立，是埃及第一个也是唯一一个聚集所有自由学生和青年团体的组织，主要是向国内的年轻人传播自由主义文化，促进个人自由和经济自由。2009年，埃及自由青年联盟在“青年学院的特殊成就”类别中以促进自由的卓越表现获得了邓普顿自由奖。2011年，埃及自由青年联盟的成员决定将该组织转变为一个智库，以便通过提供循证研究来倡导经济、公民和政治领域的法律改革和公共政策，从而对社会产生更大的影响，埃及公共政策研究中心由此产生。

埃及公共政策研究中心是埃及人权组织联盟的成员，负责监督和支持埃及的民主过渡，发表共同声明，推动有意义的政治改革。多年来，其年轻的团队努力将该智库转变成一个以经济和个人自由为主的权威领域，特别是在私有化、经济产权、知识产权和市场监管，以及集会和结社自由和宗教自由方面。

埃及公共政策研究中心以个人自由、有限政府、市场自由为智库思想，其使命是改革埃及的法律和经济体系，以实现市场自由、最低限度国家、个人自由和法治的原则。智库目标为向埃及的决策者提供埃及坚实的法律和经济改革基础；创建一个支持和捍卫个人和经济自由的知识团体；提倡法治、经济自由和个人自由对公众的重要性。

（二）联系信息

电话：+233363551

邮箱：a. ragab@ ecpps. org

网址：www. ecpps. org

【开罗大学非洲研究院】

（一）机构概况

开罗大学非洲研究院（Institute of African Research and Studies-Cairo University）是开罗大学的一所附属研究学院，其宗旨是加深对非洲事务的了解，研究和传播非洲大陆的相关知识，培养研究人员和科学家，并促进埃及和其他阿拉伯非洲国家的关系。它于1947年在法鲁克一世国王统治下成立，起初被称为苏丹研究所，隶属于开罗大学文学学院，1950年成为开罗大学的一个独立机构，其名称是非洲研究所。1970年，埃及共和国决定将其设立成为一个独立的非洲研究机构，并增加了政治和经济制度学科、人类学科、非洲语系和自然资源等新学科。

开罗大学非洲研究院在提供教育服务、研究、咨询和培训方面表现优异，并培养专门研究非洲的人员，以加强埃及与非洲大陆的联系。作为非洲大陆最古老的研究机构，研究院根据国家安全的总体概念与埃及国家的战略深度，积极传播非洲大陆的文化和知识。其使命是通过遵守非洲研究、社区服务和环境发展领域的国际标准来满足作为非洲事务专家机构的社区、区域和国际社会的需要。它的战略目标包括：发展学院的机构能力；发展社区服务部门和环境发展；发展教育和学习部门；发展科学研究和研究生系统；管理治理和领导力，以提高机构业绩效率；通过与非洲和全球大学签订协议书和协定，继续发展教育进程并实现学院国际化；培养学生的个性，培养其对非洲大陆的认识；承担积极的社区责任，扩大它作为文化辐射中心的作用。

开罗大学非洲研究院是非洲研究领域最优秀的科学和研究机构，在知识的起源、形成和应用方面享有公认的地位。开罗大学的使命和愿景是引领非洲研究院构建自己的宗旨：将非洲研究院建设为非洲研究领域最好的科研机构，以善于扎实求知、长于构建智库、勤于付诸实践为特色并得到业界认可。

（二）联系信息

地址：Inside Cairo UniOula Giza District Giza Governorate Egypt

电话：02 35731913/35675501

邮箱：info@ faps. cu. edu. eg

网址：www. faps. cu. edu. eg

【摩洛哥皇家战略研究院】

（一）机构概况

摩洛哥皇家战略研究院（The Royal Institute of Strategic Studies，IRES）成立于2007年11月，其使命是为决策战略做出贡献，其任务是对国王提交的事项进行战略研究和分析，并在国家和国际层面上在对具有战略意义的各个领域中执行战略监视职能。研究院分析国内结构性问题，从多个维度考察摩洛哥的对外关系，并高度重视全球问题。通过其研究和战略观察，该研究院侧重于公共政策领域，以便为摩洛哥展望民主和现代社会提供必要的改革选择。这一活动使它在国家层面处于政治、经济和社会的核心位置，具有非凡的定位，贡献包括：借助跨领域、多维的方法和广泛的分析范围解决该国主要问题；超越时间跨度，关注可能对摩洛哥的发展进程产生影响的事件。

摩洛哥皇家战略研究院正在进行战略分析，以了解当前的国家、区域和全球发展，为即将到来的挑战提供启示，也为摩洛哥发展创造机会，同时提出专门针对摩洛哥创新公共政策的挑战。研究院本着对外开放的精神进行分析，在国家和国际层面上进行协作，以期促进知识竞争和协同合作，并发挥创造创新能力。为此，研究院发挥了沟通政府、学界和民间的桥梁作用。

自成立以来至2019年底，研究院取得了许多成果，并赢得了广泛赞誉。研究院编写了204份报告，组织了280次主题广泛的会议。除内部资源外，研究院还动员224名副研究员和约100名博士生编写主题和战略报告。

摩洛哥皇家战略研究院具有三个功能：研究对国家未来有重大影响的战略问题；监视和分析国家、地区和国际层面的主要动向；提供一个有利于研究各种战略问题并进行辩论的平台。其研究任务旨在预测摩洛哥正在面临的国家、区域和全球发展动态所面临的挑战，并寻找可能的解决手段。该任务包括分析与国家国际和全球问题有关的社会连接、气候变化、全球竞争、国际关系和无形资本等。

（二）联系信息

地 址：Royal Institute for Strategic StudiesAzzaitoune AvenueHay Riad Rabat 10100 Maroc

电话：+212（0）537 71 83 83

邮箱：contact@ ires. ma

网站：www. ires. ma

【摩洛哥社会科学研究中心】

（一）机构概况

摩洛哥社会科学研究中心（Centred' Etudes et de Recherches en Sciences Sociales，CERSS）由一小组独立研究人员于1993年成立，该智库将自己定义为民间社会的行动者和自治者，依靠其自身的资源以及研究人员的大部分志愿工作来开展研究，反思和扩大摩洛哥的公共辩论，尤其是在政治和战略层面上提出的重大挑战。据美国宾夕法尼亚大学发布的《全球智库报告2020》显示，该智库在2020年中东北非顶级智库榜单中列第12位，在2020年全球顶级卫生政策智库榜单中列第23位。

社会科学研究中心已成功地围绕它建立了一个相当紧凑的社会关系网络，包括研究人员、学者、教师、杰出青年、艺术家以及社会科学各个分支的学生等。它还逐渐加强了自己作为培训中心的地位，迄今为止，已有数千名参与者和演讲者参加了该中心的社会发展大学（UDS），超过4000名学生参加了其组织的活动，已成为一个非常活跃的培训中心。社会科学研究中心被要求作为民间实体支持公民社会建设，特别是扩大由摩洛哥民权论坛（FCDM）（由全国数百个协会组成）组成的联合网络，同时与任何行为者保持关键距离。它参加了巴马科的多中心社会论坛、达喀尔的世界自然基金会等，同时也是欧洲—地中海民间网络的成员。

自成立以来，该中心通过其所参与的工作、行动和计划，保留了令人印象深刻的参与者和利益相关者数据库。近些年来，该智库的研讨会已经发展壮大，并且不断多样化，涉及多种主题，特别是摩洛哥的政治改革问题、与民主化有关的问题、文化和语言状况、该区域的冲突、恐怖主义、经济和社会风险以及政治社会发展等，为摩洛哥的社会科学研究做出了重要贡献。

（二）联系信息

地 址 1：Faculté de Sciences Juridiques Economiques et Sociales，Boulevard des Nations Unies，Agdal – Cp. 10080 Rabat

地址2：Bp. 721，Agdal，Rabat

地址3：14，Avenue d' Alger，Immeuble B，Appartement n° 3，Hassan，CP. 10020 Rabat

邮箱：cerss1993@ gmail. com/info@ cerss. org

电话：+212 537760676

网址：www. cerss. org

【穆罕默德五世大学非洲研究所】

（一）机构概况

拉巴特的穆罕默德五世大学非洲研究所（Institut des Etudes Africaines，IEA）是拉巴特穆罕默德五世大学下属的研究院，穆罕默德五世大学是根据摩洛哥苏丹穆罕默德五世国王的一项皇家法令于1957年成立的一所双校式大学，位于摩洛哥首都拉巴特，它是阿拉伯国家或新兴经济体全球排名前200位的大学之一，同时它也是中非智库10+10合作伙伴计划成员之一，与北京大学非洲研究中心结对建立合作关系。

该非洲研究所是根据已故哈桑二世国王1987年的决定创建的，于1990年4月开始正式运作。研究所的创建是一座桥梁，可以促进摩洛哥与非洲的交流合作以及非洲的发展。它的研究领域包括：全球地缘政治中的非洲；非洲的政治、经济、社会、文化和空间变化；摩洛哥在政治、经济、社会、文化和人文领域与其他非洲国家的关系；摩洛哥及撒哈拉以南非洲共同的主要挑战。该智库的任务是促进人类和社会科学领域的非洲研究，定期组织学习，举办展览和研讨会，邀请共同兴趣的研究人员和机构参加，与追求同一目标的国家和国际机构建立合作关系，收集统计数据以及与其专业有关的所有文件、书目、手册、出版物等。此外，还管理一个专门向非洲学生和研究人员开放的专业图书馆，并出版和发行该研究所的杂志和公告以及与该职业有关的所有文件和研究报告。

此外，穆罕默德五世大学非洲研究所还是非洲的研究和协调中心，包括：一个促进非洲遗产知识传播的文化活动中心；一个专门研究非洲的文献中心；一个与非洲有关的研究出版中心；一个为公众利益服务的专业知识和调解中心；博士培训中心（自2009年起）。如今，穆罕默德五世大学非洲研究所已成长为一个关于非洲的真正的多学科论坛，是所有摩洛哥和外国公共机构及私人研究者的对话平台。

（二）联系信息

地址：Avenue des NationsUnies，Agdal，Rabat Maroc

电话：05 37272755

邮箱：presidence@ um5. ac. ma

网址：www. um5. ac. ma/um5/institut-des-etudes-africaines

【新南方政策中心】

（一）机构概况

新南方政策中心（Policy Center for the New South，PCNS）是摩洛哥的一家智库，其前身为OCP政策中心。该中心旨在为包括摩洛哥在内的南半球非洲国家的经济发展和社会公共政策做出贡献。

新南方政策中心呼吁建立一个开放、负责和进取的“新南方”，支持非洲公共政策的发展并为南方的专家提供发言机会，将研究人员聚集在一起，发表研究成果并利用具有世界不同地区代表性的知名合作伙伴网络，培养非洲专家和优秀人才，准确分析非洲和全球面临的挑战，并提出适当的解决方案。中心全年举办一系列不同形式和规模的会议，其中最重要的是年度国际会议“大西洋对话”和“非洲和平与安全年会”。

新南方政策中心的研究领域涵盖了可持续发展、地缘政治与国际关系、商品经济与金融、农业、环境和粮食安全等领域。其正通过“大西洋对话新兴领袖计划”（ADEL）发展青年领袖社群，为来自政府、商业及民间社会部门的新一代决策者提供合作与网络空间，通过这一已经有 300 多名成员的倡议，对代际对话的开展和未来领导人的出现做出更大的贡献。中心注重对外的合作与交流，“4×4 智库董事论坛”就是该中心的重要交流论坛，该论坛与法国国际关系研究所合作确定了非洲和欧洲之间的合作领域，根据智囊团和民间社会方案（TTCSP）2019 年全球智囊团指数，新南方政策中心被评为中东和北非地区第七大智囊团。

新南方政策中心在 2019 年的学术研究活动产生了 100 多份研究论文，涵盖了摩洛哥的社会经济政策、国际贸易、商品部门问题、农业和粮食安全、恐怖主义和暴力激进主义、环境保护、数字技术、非洲区域一体化和外国直接投资等各种领域。其中包括该中心的四份主要年度报告：《非洲商品分析和动态年度报告》《非洲地缘政治年度报告》《非洲经济年度报告》《大西洋经济和地缘政治趋势》，这是该中心研究成果的重要展现，也成为很多国家或地区和国际组织了解非洲的重要参考，这些成果是由来自非洲和其他地方的约 100 名研究人员撰写的。此外，它还开展了多项非洲社会政策的研究，为很多国家和地区的政府或公共组织提供政策咨询报告和智力支持。

2019 年 9 月 19 日，中国驻摩洛哥使馆与该智库共同举办“中摩非：共同发展纽带”研讨会。

（二）联系信息

地址：Suncity Complex，Building C，at the Angle ofAddolb Boulevardand Albortokal Street，Hay Riad，Rabat，Morocco

电话：+212 537540404

邮箱：contact@ policycenter. ma

网址：www. policycenter. ma

三　东部非洲国家智库

【埃塞俄比亚发展研究中心】

（一）机构概况

埃塞俄比亚发展研究中心（Ethiopian Development Research Institute，EDRI）由埃塞俄比亚政府于 1999 年 8 月成立，其使命是进行严格的研究和政策分析，为决策和政策实施提供基于知识的输入，以及向政策和研究界、学术界、发展界和其他利益相关者传播其研究成果和发现。

埃塞俄比亚发展研究中心是一个半自治的研究智囊团，主要从事经济研究与政策分析、衔接研究与政策、能力研究、知识传播与交流及咨询等方面的研究。其目标是：进行高质量、客观的经济研究和政策分析；传播研究成果；在经济政策分析和研究中提高埃塞俄比亚研究和受益机构的专业能力；从短期、中期和长期的角度回应政府和经济的研究和政策需要；作为知识传播、交流和对话的有效平台。

为了实现其目标，智库遵循以下原则：在可能的情况下，研究活动必须基于需要并且响应迅速；以科学的思维方式进行研究；与各类国家和国际合作伙伴以及利益相关者合作开展活动，以确保质量和相关性并加强国家能力；协同合作伙伴努力与国家和地区级别的利益相关者紧密合作，以确定研究领域并传播研究结果。

著名学者 Gebrehiwot Ageba Kebedew 是该中心的现任程序主管。他拥有英国牛津大学的经济学博士学位和英国格拉斯哥大学的货币经济学硕士学位，还获得了哈佛大学的宏观经济建模证书以及雅典大学的竞争与监管证书。其在非洲许多国家的国际组织、学术委员会进行政策咨询，拥有17年的博士后经验。他还曾在马拉维开发计划署担任高级经济顾问，为该国关键正式文件的编写做出了贡献，如2015年《关于包容性增长的马拉维国家人类发展报告》和《马拉维关于性别平等的千年发展目标加速框架》以及《妇女经济权能》。

（二）联系信息

地址：BlueBldg，Near Addis Ababa Stadium 2479 Addis Ababa Ethiopia

电话：+251（0）115506066

传真：+251（0）115505588

网站：www. edri. org. et

【亚的斯亚贝巴大学和平与安全研究所】

（一）机构概况

亚的斯亚贝巴大学和平与安全研究所（Institute Peace and Security Studies，IPSS）成立于2007年，是非洲和平与安全教育、研究和政策对话的机构，在美国宾夕法尼亚大学发布的《全球智库报告2020》中，亚的斯亚贝巴大学和平与安全研究所在撒哈拉以南非洲顶级智库排行中名列第46位。2010年，亚的斯亚贝巴大学还将其国际公共部门确定为其五个“英才中心”之一。非洲联盟执行理事会授权其非洲和平与安全方案（APSP）与非洲联盟联合倡议，以探索以非洲为主导的非洲和平与安全解决办法。

和平与安全研究所积极培养在预防冲突、管理、解决、建设和平方面的专业人员，并传播民主与和平社会的价值观。目前提供四个教育方案：一个为期一年的非洲和平与安全管理行政管理课程；一个为期两年的和平与安全研究管理方案；和平、安全、联邦制和人权博士课程；以及全球研究的联合硕士和博士课程。此外，和平与安全研究所还担任塔纳非洲安全问题高级别论坛的秘书处，该论坛每年举行一次国家元首、决策者、学术界和私营部门共同参与的高级别会议，讨论和寻找解决非洲和平与安全挑战的解决办法。

和平与安全研究所的核心价值观是追求卓越、多样性和包容性、尊重和公平、团队合作，其愿景是成为和平与安全领域知识生产和传播的非洲顶级研究所，并被公认为学术和研究卓越的机构，向学生和其他利益相关者提供和平与安全专门领域的优质教育和能力培训，并通过在埃塞俄比亚和整个非洲开展研究、对话和其他外联活动以促进和平与安全。智库的培训项目包括：和平与安全研究定期硕士课程、和平与安全研究定期博士课程、全球研究联合文学硕士课程、全球研究联合博士课程、管理非洲和平与安全执行管理部（MPSA）。

亚的斯亚贝巴大学和平与安全研究所是中非智库 10 + 10 伙伴计划的成员之一。

（二）联系信息

邮箱：info@ ipss-addis. org

电话：+251（1）11245660

网址：www. aau. edu. et/ipss

【区域间经济网】

（一）机构概况

区域间经济网（Inter-Region Economic Network，IREN）是肯尼亚领先的智囊团之一，成立于 2001 年。它将非洲中小微企业之间的价值链低效视为一个巨大的商机。作为一家领先的智囊团，区域间经济网提供战略见解和政策解决方案，以期促进非洲经济的繁荣。区域间经济网提供的平台是专家的大熔炉，有自身的优势业务战略，随着区域间经济网引导的新企业的扩散，这些战略将融入非洲大陆的企业家精神生态系统。据美国宾夕法尼亚大学发布的《全球智库报告 2020》显示，区域间经济网在撒哈拉以南非洲顶级智库排名中名列第 44 位。

区域间经济网探索创新解决方案以应对非洲面临的挑战，目标是在非洲发展可投资的企业。在咨询业务方面，区域间经济网提供了一种多学科的方法来增加非洲国家间的发展合作和投资机会。通过独立和道德组织的企业，成为改善非洲低收入人群生活水平的领导者。在区域间经济网解决非洲大陆面临的挑战的解决方案时，将非洲的潜力转化为切实的社会经济转型。

区域间经济网的核心理念是策划出尖端的想法，对影响非洲的问题进行创新思考，促进个人和有组织的团体之间的思想交流，为非洲人提供一个诠释世界和创造力的平台，重新定义非洲评估在非洲运行的系统。

（二）联系信息

地址：Nyaku House Mezzanine Floor，Argwings Kodhek Rd，Hurlingham Nairobi，Kenya

电话：+254 – 20 – 2731497 /
+254 – 733 – 671754

邮箱：info@ irenkenya. com

网址：www. irenkenya. com

【肯尼亚公共政策分析研究所】

（一）机构概况

肯尼亚公共政策分析研究所（Kenya Institute for Public Policy Research and Analysis，KIPPRA）成立于 1997 年 5 月，是一个独立运作的公共机构。据美国宾夕法尼亚大学发布的《全球智库报告 2020》显示，肯尼亚公共政策分析研究所在全球顶级智库榜单中名列第 100 位，在非洲顶级智库中名列第 7 位。研究所主要开展以下活动：对公共政策问题进行客观研究和分析，目的是向决策者提供建议；为政府、政府机构和其他利益相关者提供有关公共政策问题的咨询和技术服务；收集和分析有关公共政策的数据，并通过研讨会/会议、内部研讨会、研究论文、政策简报、时事通讯和《肯尼亚经济报告》将其研究结果传播给广泛的利益相关者；开发和维护有关公共政策和相关问题的研究资源和数据库，并提供给政府、私营部门和学术机构；为政府和私人部门的客户进行公共政策研究和分析；开展针对政府和私营部门官员的能力建设活动；充当联络点，并鼓励政府、私营部门和其他民间社会之间交换意见。

该研究所设有六个研究部门：宏观经济学、生产部门、社会部门、基础设施和经济服务、私营部门发展、贸易和外交政策与治理司。研究部门通过计划协调员办公室进行协调。这些研究部门得到了知识管理和传播部门、财务和投资部门以及人力资源和行政部门的支持。

（二）联系信息

地址：2nd Floor Bishops Garden Towers Bishops Road，Nairobi，Kenya

电话：+254 204936000

邮箱：admin@ kippra. or. ke /complaints@ kippra. or. ke

网站：www. kippra. or. ke

【肯尼亚经济事务研究所】

（一）机构概况

肯尼亚经济事务研究所（Institute of Economic Affairs，IEA）是一个智囊团，为各方进行知情讨论提供了平台，以影响肯尼亚的公共政策，并寻求通过就公共政策问题进行公开以展开积极和知情的辩论来促进思想的多元化。智库对肯尼亚和该地区公共事务中的关键经济和主题问题进行研究和公共教育，并将研究结果用于政策对话和影响政策制定。其使命是通过政策创新、研究、分析和对话为肯尼亚的决策提供信息。

经济事务研究所致力于建设一个繁荣的肯尼亚，使其拥有良好的经济管理，并坚持宪政的治理原则。智库的核心价值观驱动其努力按照国家和国际公认的道德和专业标准履行职责，在所有决策和行动中坚持诚实、透明、可靠和一致。经济事务研究所致力于不断学习和改进自身的工作方式，通过鼓励和支持积极的批评，在政策分析、研究、规划和能力建设方面不断提出新观点、新思想，生产高质量的政策和研究产品。

肯尼亚经济事务研究所在撒哈拉以南非洲顶级智库排行榜中名列第 7 位。该研究所是一个包容性的组织，不同的观点和经验被视为相互学习的机会，其主要主题领域是公共财政管理、贸易与发展、期货方法以及监管与竞争，还会根据使命和愿景开展特殊项目，研究工作涉及未来计划、政策分析、研究、倡导、能力建设和公共教育。

（二）联系信息

地址：Physical Address1st NgongAvenueACK Garden House5th Floor

电话：+254（020）2717402 / 2716231 / 2721262

邮箱：admin@ ieakenya. or. ke

网址：www. ieakenya. or. ke

【姆瓦利姆·尼雷尔基金会】

（一）机构概况

姆瓦利姆·尼雷尔基金会（The Mwalimu Nyerere Foundation，MNF）于 1996 年 6 月 14 日根据《受托人法》（CAP 375）成立，以永久纪念姆瓦利姆·尼雷尔对改善人类关系质量和人类发展所做的贡献。姆瓦利姆·尼雷尔基金会是一个思想上和政治上独立的机构，不隶属于任何政党或政府。该基金会致力于通过为所有人伸张正义来促进非洲乃至世界的和平、团结、以及实现以人为本的发展。它还宣扬姆瓦利姆·尼雷尔的信仰和哲学，即所有人都是平等的，不论其差异，人类是一体的，人是社会存在的目的和理由，亦是任何社会发展过程的基础。

姆瓦利姆·尼雷尔基金会的任务是通过对话、研究、政策咨询和磋商交流在非洲和全世界倡导和平、团结和以人为本的发展。姆瓦利姆·尼雷尔基金会的愿景是通过为所有人伸张正义，在促进非洲和世界的和平、统一和以人民为中心的发展方面成为一个杰出的区域中心。姆瓦利姆·尼雷尔基金会的指导主题是和平、团结和以人为中心的发展。

姆瓦利姆·尼雷尔基金会的目标是：促进非洲人民和政府之间就关于和平、统一和以人民为中心的发展的思想和面向行动的建议进行对话；促进各国政府、非政府组织和个人就和平、团结和以人民为中心的发展问题学习和分享经验；促进并参与以行动为导向的计划，以促进基金会的目标；收集、分析和传播有关追求和平、团结和以人为本的发展的信息；从事适当的创收及筹款活动以支持基金会的工作及活动。

（二）联系信息

地址：India/Makunyanga/Bridge street Dar es Salaam Tanzania

电话：+255 222118354/222119216

邮件：info@ nyererefoundation. org

网站：www. nyererefoundation. org

【麦克雷雷社会研究所】

（一）机构概况

麦克雷雷社会研究所（Makerere Institute of Social Research，MISR）于1948年成立，由杰出的人类学家 Audrey I. Richards、Lloyd Fallers 领导，原本是为在殖民体制内的“原住民”发声，也被视作殖民地国家的研究机构。乌干达独立后，该研究所与时俱进，有时还能鼓起勇气挑战学术传统，经常站在变革的最前沿。该研究所有幸受到了年轻的民族主义学者 Ali Mazrui、Victor Uchendu 和 Yash Tandon 的引导，这些学者视自己是民族主义学术的先驱，也是民族主义反自由倾向的批评者。在困难时期，研究所找到 Samwiri Karugire 和 Dan Mudoola 作为领导者，两人谨慎行事，维系了研究所的生存。后来，研究所在 Nakanyike Musisi 的领导下，渡过难关，扭转了研究所生存危机的局面。目前，面对日益普遍的咨询文化，该智库重新致力于其最初的任务——社会研究。在美国宾夕法尼亚大学发布的《全球智库报告 2020》中，麦克雷雷社会研究所在撒哈拉以南非洲顶级智库排行榜中名列第36位，在全球最佳宣传智库榜单中名列第70位。

麦克雷雷社会研究所的目标是将咨询文化的影响最小化（这种文化使得研究变成了信息收集的过程），把问题的阐明作为研究事业的核心。阐明问题需要双重保障，首先是与整个社会进行关键的接触，其次是对相关学科和跨学科文献进行关键的把握，以便在文献中找出关键的论证，并在这些论证中找出疑问。

智库研究员和研究伙伴的研究项目主要包括：Virginie Tallio 博士对乌干达难民社区之间的关系调查，对石油的物质性和象征性，以及石油与发展之间联系的探索；Samson Bezabeh 博士对吉布提人在独立之初的浪漫政治梦想是如何发展成悲剧和机遇的探讨；Benedetta Lanfranchi 博士对非洲哲学研究新方法的研究；Abdu Kasozi 教授对乌干达各大学的学术人员能力和研究生需求的调查；Kafureeka 博士对乌干达的快速城市化、土地问题和发展悖论的研究。

该智库的图书馆作为麦克雷雷大学图书馆的分支图书馆之一，它以人类学、社会学、经济学、政治学、教育学和心理学为重点，提供参考咨询和信息服务，满足了包括学生和研究人员在内的广大用户的信息需要。该智库图书馆拥有该大学最大的社会科学研究和发展文献收藏，包括期刊、研究报告、政府文件和档案材料，包括大约 11000 本书和近 300 卷装订期刊。这批藏书包括已故教授彼得·里格比（Peter Rigby）的一批珍贵藏书，包括两千多册书籍和两卷装订成册的期刊。此外，这里还收藏了在麦克雷雷社会研究所主持下进行的研究报告和学院附属学生的论文集。图书馆网址：www. mulib. mak. ac. ug。

（二）联系信息

地 址：Makerere Institute of Social Research，Kampala，Uganda

电话：+256 -414532838 / 414554582

邮箱：director@ misr. mak. ac. ug

网址：www. misr. mak. ac. ug

【政策分析与研究中心】

（一）机构概况

政策分析与研究中心（Institute of Policy Analysis and Research - Rwanda，IPAR-Rwanda）是卢旺达领先的独立、非营利的研究和政策分析智囊团，以开展高质量的研究和政策分析以及促进关于政策问题的辩论和对话文化而享有盛誉。它于 2008 年 5 月在卢旺达政府的初步启动资助、非洲能力建设基金会和加拿大国际发展研究中心的技术和业务资助下全面运作。政策分析与研究中心在撒哈拉以南非洲顶级智库排行榜中名列第 62 位。

智库愿景是成为在卢旺达对外政策分析和研究方面获得独立认可的英才中心，其任务是通过研究和政策分析加强循证政策制定，促进对话和辩论文化，以改善卢旺达的政策和影响变化。政策分析与研究中心的目标是进行相关、及时和高质量的政策研究和分析，使卢旺达能够制定循证政策；促进关于公共政策问题的对话和辩论文化，以影响政策和影响变革；建设国际投资促进委员会及其合作机构的内部能力，以有效承担政策分析和研究任务；建立一个论坛，在卢旺达、东非和卢旺达以外就公共政策进行辩论；调动必要的资源，支持和维持国际投资委员会充分履行其任务的战略目标。智库的价值观是追求卓越、诚信和诚实、专业、创新和创造力、团队合作。

智库研究的领域包括：研究与政策分析，为适当的政策制定和执行提供信息；公共政策对话与辩论，就不同利益攸关方讨论公众关心的问题并提出建议，组织年度研究会议，通过该会议向包括部长、常务秘书和总干事在内的高级别政府官员等杰出利益攸关方介绍政策的新证据；研究能力建设；招募和培训刚从大学毕业的初级研究人员。

（二）联系信息

地址：Street KG 627 St Building 4

电话：+（250）789 099 704

邮箱：info@ ipar-rwanda. org

网址：www. ipar-rwanda. org

四 西部非洲国家智库

【加纳伊曼尼政策与教育中心】

（一）机构概况

加纳伊曼尼政策与教育中心（IMANI Center for Policy & Education，IMANI）是加纳的一家知名政策研究机构，在当地和国际上都享有极高的声誉，该智库于2004 年由 Franklin Cudjoe 先生创立，迄今已有 16 年的发展历程。通过使用适用于不同学科的试验和测试技术，对许多问题进行独立、客观的分析和评论，中心在加纳的政策环境中开创了自己的一席之地。此外，中心还通过有效的沟通技巧以及与热心公益的媒体和民间社会合作的能力来制定国家、区域和全球议程，以缩小治理过程中的“公民参与差距”。

加纳伊曼尼政策与教育中心在《全球智库报告 2020》全球顶级智库榜单中排行第 113 位，在撒哈拉以南非洲顶级智库排行中名列第 8 位。和其他知名政策研究智库一样，该智库致力于提供高质量的政策研究，但有着与其他知名智库不同的优势，即它在媒体影响方面的表现与众不同。它在非洲有 50 多个媒体盟友，注重在报纸、互联网、流行电视和广播节目中露面，提升接触普通公民的能力，经过十几年的发展，它已经成长为西非所有智库中媒体知名度最高的政策研究机构。

加纳伊曼尼政策与教育中心拥有一群不同背景、在各自领域经验丰富且具备跨学科学术研究能力的研究员，这为智库科研工作的开展提供了人才基础，并有助于智库开展多角度、多元化的政策研究。社会政策中心、经济中心、能源和自然资源中心以及创新科学和技术中心构成了中心的四个主要研究部门，每个部门都可以独立开展研究和宣传工作。其知名项目包括公共部门领导奖 IPSLA（Inspirational Public Sector Leadership）、伊曼尼宣言（IMANIFESTO）、学生和年轻专业人士非洲自由学院（SYPALA）。学生和年轻专业人士非洲自由学院（SYPALA）是伊曼尼政策与教育中心的知名教育分支机构，其建立在一个教育中心的模式上，核心任务是培养一批未来的有远见卓识者和领袖，致力于为非洲复兴高举自由的火炬，开辟繁荣的道路。

随着新冠肺炎疫情造成的损害在非洲各国继续升级，非洲的发展与安全都面临着巨大的挑战。遏制疫情的蔓延、重启经济和发展是非洲目前亟须解决的难题。伊曼尼政策与教育中心也将承担更大的责任，充分发挥自己的优势，提出建设性的方案，为加纳乃至整个非洲的未来之路做出自己的贡献。

（二）联系信息

地址：IMANI CPE'S new office，Koans Estate

电话：+233 554309966

邮箱：info@ imanighana. org

网址：www. imaniafrica. org

【加纳经济事务研究所】

（一）机构概况

加纳经济事务研究所（Institute of Economic Affairs，IEA）是加纳的主要公共政策研究所，由加纳经济学家查尔斯·门萨博士于1989年成立，旨在扩大关于公共政策的辩论；促进私营部门引领经济增长，加强对民主的支持。据美国宾夕法尼亚大学发布的《全球智库报告2020》显示，该智库在撒哈拉以南非洲顶级智库榜单中名列第16位。加纳经济事务研究所通过直接与公民和决策者接触来应用知识，其工作通过经济中心、治理中心和调查中心运行，现有核心员工33人左右，包括经济学家、研究人员、政策分析师、管理顾问、行业专家和行政人员。加纳经济事务研究所致力于建立一个经济发展、民主自由、法制健全的国家，其使命是促进善政、民主和公平，认为创造一个经济、社会、政治公开和自由的环境是实现可持续经济增长和人类发展的关键。

在研究和分析方面，加纳经济事务研究所力求参与和促进关于加纳和整个非洲面临的关键经济政策问题的讨论，其重点领域包括：经济增长与就业、采矿业的财政制度、石油和天然气部门的治理与效率、治理和议会绩效、有效的公共财政管理、立法问题、国家发展规划与可持续发展、社会经济活动对环境的影响、促进循证社会经济政策等。

加纳经济事务研究所将政策问题的学术研究和分析转化为可获取和易于理解的信息，以确保在政策制定过程中考虑到更广泛的公众舆论，并向决策者提出建议，以促进善政。智库的出版物由一系列国际知名学者编写，并分发给包括总统、司法机构、立法机构、决策者、学者、神职人员、传统统治者、学生和媒体等众多组织和个人。

（二）联系信息

地址：No. 28 Independence Avenue，Ridge P. O. Box OS 1936，Christianborg Accra，Ghana

电话：0302－244716 / 226333

邮箱：iea@ ieagh. org

网址：www. ieagh. org

【多哥自主研究和能力建设发展中心】

（一）机构概况

多哥自主研究和能力建设发展中心（Centre Autonome d'Etudes et de Renforcement des capacités pour le Développement au Togo，CADERDT）是在多哥政府的

倡议下由非洲能力建设基金会（ACBF）创建的。该中心的主要活动是研究、培训、对话、发展、管理和知识传播。

增长和发展活动是该中心使命的核心，为此目的而动员的所有专家和顾问所进行的共同研究的主题和经济分析的质量和准确性，应有可能为政府的公共政策选择带来决定性的增值。在培训领域，中心的任务是增强国家行为者、民间社会和私营部门在技术开发、监测和评估发展政策方面的能力。为此，必须对上述部门的行动者进行实地培训，以便为其配备有效管理项目的必要工具。

为了促进各个发展参与者之间的对话，多哥自主研究和能力建设发展中心计划并组织研讨会、讲习班、会议和专题讨论会，不仅传播研究、研究和政策分析的结果，而且使各个发展参与者能够“与世界其他国家交换意见”，以期提高其在制定国家发展政策过程中的贡献和参与。在知识的开发、管理和传播方面，中心的任务是实施旨在收集、记录和计算机化研究所得知识的策略。该中心还负责制定、支持和指导包括公共、私营和民间社会部门在内的促进增长的发展政策。

多哥自主研究和能力建设发展中心的总体目标是建设制定、分析和执行国家发展政策的能力，以促进包容性和可持续的经济增长。具体而言，其目标包括：加强国家在制定、分析和执行经济政策和发展方案方面的专门知识；向政府和其他利益相关者（私营部门和民间社会）提供高质量研究的成果，以促进经济政策的制定和决策；加强国家能力，就国家发展政策进行尽可能广泛的对话；发展和传播关于经济和社会发展问题的知识，以便在发展进程的框架内促进决策。

（二）联系信息

地 址：218 RueN'Dagni，Tokoin Wuiti

电话：22608833

邮箱：caderdt@ caderdt. com

网址：www. caderdt. com

【尼日利亚古绍研究所】

（一）机构概况

尼日利亚古绍研究所（Gusau Institute，GI）于2015年6月18日成立，是目前非洲顶级的战略研究所之一，其创始人阿里尤·古绍·穆罕默德中将（Rtd）曾是几任总统的国家安全顾问（NSA）。他的职业生涯亮点包括担任军事总督、军事情报总监（DMI）、国防情报局长（CDI）、国家安全协调员（CONS）、尼日利亚国防学院院长（NDA）、陆军参谋长（COAS）和国防部荣誉部长（HMOD）。古绍将军是一位求知欲很强的学者和藏书爱好者，在其40余年的职业生涯中，收集了一大批图书、记录和档案，以及大量有关军事、国际政治、情报艺术、战略研究及地缘政治等领域的珍贵资料，这些收藏成为了位于古绍研究所的阿里尤·穆罕默德图书馆（Aliyu Mohammed Research Library，AMRL）的核心藏品。

古绍研究所的使命是成为研究、培训和讨论旨在促进本地和国际和平、安全与发展倡议、政策和方案的提供者。研究的主要内容包括：访问有关治理和安全性问题的高质量信息，收集、分析和传播相关信息；进行有关专题的持续研究；主持并组织培训能力建设研讨会；监控发展趋势；推动政策的制定以及实施；在国家、区域和国际各级建立网络并进行协作。智库的愿景和任务主要通过定期举办密集的讲习班、讨论会和会议，实施常驻研究员计划（RFP）来实现。

（二）联系信息

地址：No. 1 and 2Dendo Road Off Ahmadu Bello Way Kaduna Kaduna State Nigeria

电话：+234 806 955 7940

邮箱：info@ gusauinstitute. com

网址：www. gusauinstitute. com

【尼日利亚国际事务研究所】

（一）机构概况

尼日利亚国际事务研究所（Nigerian Institute of International Affairs，NIIA）成立于1961年，目的是就尼日利亚应采取什么方式处理国际事务提供一系列建议。自成立以来，该智库通过组织会议和讲座，旨在解决当前的外交政策问题，并预测其他问题的出现，是尼日利亚制定外交政策的专门工具，是决策者可以依靠的专家咨询意见来源。该智库在美国宾夕法尼亚大学发布的《全球智库报告2020》中撒哈拉以南非洲顶级智库榜单里名列第24位。

尼日利亚国际事务研究所行政管理分为两个层次：理事会由尼日利亚学术界的杰出人士组成；管理委员会由总干事担任主席，成员包括研究主任、图书馆馆长、特别责任主任和行政司司长。智库研究的领域广泛，涵盖了非洲政治与一体化、安全和战略研究、国际经济关系、国际法和组织、国际政治等。具体内容包括非洲大陆的机构能力建设、非洲复兴的追求、非洲利益的保护等。研究所通过设立安全和战略研究司为政府提供知情的政策建议，并听取公众关于安全和国防事务的启示。它还通过会议、研讨会、圆桌会议、公开讲座、讲习班和出版物，向国际系统的利害关系人提供关于该国、次区域和非洲安全局势的材料。尼日利亚国际事务研究所工作的另一个领域是冲突管理和解决、维持和平、冲突的人道主义方面和冲突后的和平建设。此外，智库还认识到非军事威胁对和平与稳定的重要性。

该智库认为发展是结构性的转变，即国民经济的经济增长以及公民生活的物质改善，表现在公平程度的提高和贫困水平的大幅降低。智库关心全球经济一体化的发展影响、市场主导政策的适当性、多边机构的作用、全球贸易制度、技术转让、南南合作和发展中国家国内外因素挑战的动态组合，并为尼日利亚开展多边外交提供持续支持。此外，全球化、国际经济关系、世界事务中的多边主义、国家间边界争端、冲突解决与和平建设也是该智库感兴趣的研究领域。

（二）联系信息

地址：13/15Kofo Abayomi Road，Victoria Island，Marina，Lagos

电话：08094758000

邮箱：info@ niia. gov. ng

网址：www. niia. gov. ng

【民主与发展中心】

（一）机构概况

民主与发展中心（Centre for Democracy and Development，CDD）于1997年在英国成立，随后于1999年在尼日利亚拉各斯注册为一个独立的非营利、研究、培训、宣传和能力建设组织。该中心的设立是为民主发展调动全球舆论和资源并提供一个独立空间，批判性地思考对西非民主化和发展进程构成的挑战，为维持该区域民主和发展提供替代办法和最佳做法。民主与发展中心设想建立一个民主管理、经济一体化的西非，其任务是成为西非次区域可持续发展与民主的战略分析和能力建设的主要催化剂和推动者。智库的第一次活动是于1997年在伦敦举办的关于尼日利亚（当时尼日利亚在军事独裁统治下）民主未来的圆桌会议。自那时起，民主与发展中心的活动不仅在尼日利亚开展，且在整个西非区域和非洲大陆其他地区都有增长。

尼日利亚民主与发展中心在撒哈拉以南非洲顶级智库排行榜中名列第11位。智库侧重于能力建设工作、政策分析和宣传，是西非决策者、民间社会活动家和学术界之间重要的桥梁建设机构，其研究主要围绕民主治理和以人为本的发展，下设的区域项目包括：尼日利亚北部的非激进化、反恐怖主义和迁徙、维护西非和平、监测西非经共体反恐战略及其司法和安全执行计划、监测乍得湖盆地的人权等。

（二）联系信息

地址：16，A7 Street Mount Pleasant Estate（CITEC），Jabi Airport Road，Abuja

电话：+23 48097999944

邮箱：cddabv@ cddwestafrica. org

网址：www. cddwestafrica. org

【公共政策分析研究所】

（一）机构概况

公共政策分析研究所（Initiative for Public Policy Analysis，IPPA）是尼日利亚的一家公共政策研究机构，于2002年成立，侧重于对非洲和尼日利亚的研究。

该智库致力于专题政策问题的研究和分析，始终力求弥合非洲和尼日利亚政策辩论中的证据差距，通过开展包括关于公共政策问题与主要、次要数据的研究和宣传的一系列活动，为循证政策提供信息。公共政策分析研究所在政治上属无党派机构，接受政府或其他机构的资助，也依靠个人、私营部门和基金会的捐赠，但研究不受支持者指导和干预。尼日利亚公共政策分析研究所在撒哈拉以南非洲顶级智库排行榜中名列第28位。

公共政策分析研究所的使命是成为社会、经济和政治自由的主要推动者之一；促进公众对自由繁荣社会的原则，如财产权、法治、有限政府、自由企业和宽容等原则的理解。智库的研究和活动分为专题重点，包括发展经济学、贸易、创业、教育、环境、卫生、健康、农业和农村发展、冲突和安全研究等。其评估项目包括尼日利亚的棕榈油小农案例研究、中国在非洲投资的评价、让利益相关者参与到富有成效的目标中——尼日利亚支付卡管理、无条件现金转移的随机评估和尼日利亚埃基蒂州老年人计划等。

（二）联系信息

地址：6434 Shomolu，Lagos，Nigeria

电话：+234－8056－706－884

邮箱：info@ ippanigeria. org

网址：www. ippanigeria. org

【尼日利亚中国研究中心】

（一）机构概况

尼日利亚中国研究中心（Centre for China Studies，CCS）由公司事务委员会（CAC）根据联邦司法部和总检察长办公室的建议注册，于2015年3月24日在尼日利亚首都阿布贾正式成立。该中心是一个独立的非营利性研究智库，长期专注于研究中国的发展及与非洲的重要活动，全面跟踪中非合作的动态。

研究中心由查尔斯·奥努纳伊朱先生领导，他在多篇报纸和学术期刊上对中非合作进行了广泛的研究和撰写，团队成员来自在各个领域工作的公共知识分子和专业学者，其通过严谨的研究与跟踪中国的改革和其他结构变化来开展对中国的研究。智库的使命和愿景为：用广阔的视野来推动基于事实的研究过程；建立包容各方观点的学术平台；不断创新分析工具，以推进对主题的研究和理解。

该中心的发展目标包括但不限于以下内容：

（1）通过严谨的研究，关注中国的改革和其他结构变化，开展对中国的研究；

（2）引发公众对中国和非洲发展过程中所面临的共同挑战的关注；

（3）必要时通过座谈会、研讨会或圆桌会议组织学术讨论，促进公众加深对中国的了解；

（4）定期发表中非关系期刊，如《中非简讯》，突出中非合作的关键问题；

（5）通过文章、新闻声明、新闻报道等，澄清和增进对中非合作重大问题的了解，提高中非在公共领域的地位；

（6）建立相关体制机制，进一步促进中非团结与合作；

（7）通过深入研究和智力支持，为尼日利亚联邦共和国与中华人民共和国之间现有的合作增添价值，促进中非合作的整体活力；

（8）研究和阐明新的关键范式，以增加和完善现有的研究工具，促进中非合作。

（二）联系信息

地址：Suite 25，SillaZeka Plaza 29，Adebayo Adedeji Crescent，Utako，FCT-Abuja Nigeria

电话：+234 9 291 7906

邮箱：contact@ ccs-ng. org

网址：www. ccs-ng. org

五 中部非洲国家智库

【恩贾梅纳大学】

（一）机构概况

恩贾梅纳大学（University of N'Djaména, NU）成立于1971年，是一家非营利性的公立高等教育机构，位于乍得首都恩贾梅纳。恩贾梅纳大学作为乍得高等教育与发展研究部官方认可的乍得高等教育大学是一所男女同校的高等教育机构。恩贾梅纳大学提供的课程和研究计划涵盖多个学习领域的学士学位，可获得官方认可的高等教育学位。

恩贾梅纳大学自1971年成立以来，一直具有培训公务员的隐含但基本的使命。乍得的大多数毕业生都受雇于乍得公务员系统，以填补中学的教学职位或担任行政职位。恩贾梅纳大学由五所学校组成：法律与经济学院、文学与人文学院、精确与应用科学学院、健康科学学院和国家大学人文科学研究所。作为乍得重要的高等院校，其在国家的很多教育、科研和政策制定上，发挥了重要的作用。

（二）联系信息

地址：Université de N'Djaména BP 1117 N'Djaména, Tchad

电话：+235 66331373

网址：www. universite-ndjamena. td

【喀麦隆发展与环境中心】

（一）机构概况

喀麦隆发展与环境中心（The Center for Development and the Environment, CDE）是由一群喀麦隆人和外国人于1994年成立的独立的非政治组织。它是为响应20世纪90年代初喀麦隆的森林管理危机而创建的，当时工业木材的产量急剧增加，非法伐木的发展，偷猎活动的增加以及造成的生态、社会和经济问题增加了对森林的压力，被视为对人口和环境权的威胁。

1997年，该中心通过调整变得更加专业和结构化，特别是制定了性别政策（扩展到了土著居民和班图人之间的关系），并强调培训的作用，其行动领域已逐渐扩展到采掘业（石油，然后是其他矿产）的问题。自2000年初以来，中心已将能力建设作为其战略的支柱之一。它为喀麦隆森林地区以及刚果盆地其他国家（中非共和国、加蓬、刚果共和国、刚果民主共和国）的非政府组织和地方协会提供支持，涉及与监测伐木有关的问题、社区、法律（林业、矿业、土著社区、环境等）、基础设施以及资源开采项目的监控等。

该中心的使命是通过促进环境正义和对该地区自然资源的可持续管理，为保护中非森林中当地和土著社区的权利、文化和愿望做出贡献。其目标包括：减少采掘业的生态和社会影响；尊重社区的环境和文化，促进社区和土著人民的当地发展；出于效率和促进参与的原因，为改变森林、生物多样性和采掘业的政策和管理做法做出贡献；改善土地政策，以确保社区拥有其土地的权利。中心的愿景是希望看到一个自然资源（森林、石油、矿山、土地）受到管理，经济和生态长期可持续发展的社会。

（二）联系信息

电话：00237 - 243525151

邮箱：contact@ cedcameroun. org

网址：www. cedcameroun. org

【喀麦隆独立发展研究中心】

（一）机构概况

喀麦隆独立发展研究中心（Centre for Independent Development Research，CIDR）成立于2003年，是一家非营利性独立的私人研究组织，总部位于喀麦隆布埃亚。其使命是提供创新和有效的研究、技术援助和决策支持服务，以建立人和机构的能力并促进可持续的经济和社会发展。中心力求以最高的质量、客观性和卓越标准来承担所提供的服务。

喀麦隆独立发展研究中心与选定的机构合作进行现场研究和分析，不断增强地方机构的实力，以制定和执行自然资源管理战略、政策和可持续发展计划。通过提供从中心的研究和咨询服务中学到的经验教训，支持小型企业并提供发展援助。此外，中心还记录、交流和传播从研究活动中获得的知识。

喀麦隆独立发展研究中心促进与经济和企业发展相关的研究和推广，包括环境资源管理、经济增长和政策指导。中心赞助了研讨会和座谈会，并促进了与发展工作有关的信息的传播，还出版了广为传播的新闻通讯和专著系列。该中心从非洲境内外的各种组织、机构和学术单位中动员支持，其项目在通过全球各地的合作伙伴保持全球影响力的同时，还在喀麦隆西南部Buea的办事处开展业务。

（二）联系信息

地址：Clerks QuarterBuea，Southwest Region，Cameroon

电话：+237 33008782

传真：+237 33323014

网址：www. cidrcam. org

【环境与可持续发展资源中心】

（一）机构概况

环境与可持续发展资源中心（Resource Center for Environment and Sustainable Development，RCESD）是一家注册的非营利组织，成立于2008年10月，其总部位于喀麦隆布埃亚。它由8名研究人员建立，最初这些研究人员决心以当地的名字“农村青年发展联盟”（RAYD）命名，为当地社区的变化做出贡献。2013年，为涵盖更广阔的研究视野而扩大组织范围，促使管理团队产生新的想法和专业知识，制定更广泛的议程，并且将名称从“RAYD”更改为“RCESD”。

环境与可持续发展资源中心非常重视青年能力建设，这也是其最初的目标。中心为会员制组织，目前已有56名会员（国内和国际）。环境与可持续发展资源中心由董事会组成，他们是早期的职业科学家，其动机是领导当地社区及其他地区的变革，其任务是通过合作研究、能力建设和项目支持为可持续发展议程做出贡献，并研究如何在人们赖以生存的充满活力和复杂性的地球环境中实现环境完整性和社会正义。中心强调合作行动和网络，并认为通过包容性和有意义的参与可以实现可持续发展。

环境与可持续发展资源中心力求成为一个公认的领导组织，通过与当地社区以及国家和全球社区的能力建设、科学研究和负责任的参与，有效制定和实施针对可持续发展挑战的解决方案。

（二）联系信息

地址：Chief Street，Bomaka，Buea South West Region，Cameroon

邮件：RCESD Cameroon，P. O Box 30，Buea，South West Region，Cameroon

电话：（00237）－243381800/677280818/690815785

邮箱：info@ rcesdcam. org

网址：www. rcesdcam. org

【喀麦隆国际关系研究所】

（一）机构概况

喀麦隆国际关系研究所（L'Institut des Relations Internationales du Cameroun，IRIC）是喀麦隆五大研究机构之一，同时也是雅温得第二大学国际关系学院。它是根据 1971 年 4 月 24 日总统 Ahmadou Ahidjo 颁布的法令创建的，该大学由对外关系部和高等教育部双重监督。研究所的研究组织于 1993 年进行了翻新，新课程使其他国际职业得以进入。在此之前，该研究所主要集中于培训外交官。

喀麦隆国际关系研究所为非洲和世界外交服务，并倡导卓越，这是其自身整体业绩的基础。研究所以其在撒哈拉以南最古老的外交学校的地位而自豪，并将南半球国家的见识和经验带给国际社会。喀麦隆国际关系研究所在非洲联盟的所有议会和首脑会议中均具有观察员身份，观察员身份意味着喀麦隆国际关系研究所拥有非盟赋予的外交和代表权，但它无投票权。研究所的研究涵盖了外交学、国际经济、国际政治、国际法 4 个专业领域。

喀麦隆国际关系研究所的分支机构主要包括：外交、传播与国际公共行动、国际金融银行、国际诉讼、社区机构的区域整合与管理、国际营销、外交事务专员、国际合作、可持续发展。现任学院院长是 DanielUrbain Ndongo 先生，他于 2020 年 7 月 16 日由总统保罗·比亚任命。

（二）联系信息

地址：Yaoundé，Obili，859 rue de Kribi，Cameroon

电话：237 242310305

邮箱：contact@ iricuy2. com

网站：www. iricuy2. com

【经济分析与政策研究中心】

（一）机构概况

经济分析与政策研究中心（Centred'Études et de Recherche sur les Analyses et Politiques Économiques，CERAPE）是一家位于刚果民主共和国首都布拉柴维尔的独立的研究中心，于 2002 年 11 月 15 日成立，它在研究能力建设方面拥有超过 15 年的经验。

经济分析与政策研究中心的组织目标如下：

（1）为在中非国家和区域一级的研

究人员之间交流和分享知识和经验建立一个可行且方便用户使用的框架；

（2）开展有关社会经济问题的研究工作；

（3）将研究结果传递给决策者；

（4）培训和监督年轻的研究人员。

经济分析与政策研究中心在刚果共和国、刚果民主共和国和中非共和国设有3个研究单位，机构拥有50多名中高级和实习研究人员，它定期以法语和英语发布新闻通讯“Lalettre du CERAPE”。中心的研究涵盖了企业家精神、小额信贷、农业、国际贸易、经济和社会发展等领域，并参加了在内罗毕、北京、达喀尔、阿比让、马拉喀什、约翰内斯堡、雅温得、开罗和巴黎等举行的数十次国际会议，它与各部委、私营部门组织、民间社会和发展伙伴合作，与CREA（内罗毕）、CODESRIA（达喀尔）、ACBF（Harare）等泛非研究和能力建设机构保持密切关系。经济分析与政策研究中心名列撒哈拉以南非洲顶级智库榜单的第53位。

（二）联系信息

地址：24，Rue Loutété，Moukondo Moungali Brazzaville

电话：+242 055760852

邮箱：info@ cerape. org

网址：www. cerape. org

六　南部非洲国家智库

【安哥拉内图大学】

（一）机构概况

安哥拉内图大学（Universidade Agostinho Neto，UAN）是1962年8月21日由葡萄牙殖民权力通过第44530号法令建立的安哥拉和莫桑比克大学（EGU）发展而来的，成立于1976年，是安哥拉最大的大学，也是安哥拉高等教育的标杆。

安哥拉内图大学由9个单位组成，分别是7个学院、1个高级学院和1个Escola高级学院，分别教授45个本科课程、13个专业课程、31个硕士学位课程和7个博士学位课程。安哥拉内图大学根据其《组织章程》，在尊重和促进人类、社区和环境发展的基础上，保证科学、文化和技术创造的自由。此外，它倡导意见的多元化及其自由表达，通过直接选举代表参议员（大学参议院和大学议会）的成员，促进所有大学机构参与共同的学术生活，并保证民主管理方法。

2014年6月，安哥拉内图大学在意大利罗马被法国“OMAC”管理协会俱乐部授予“技术、创新和质量新时代奖”。其愿景是将该大学转变为国际参考机构。该大学致力于人类发展，促进社会凝聚力，因其卓越的教学和科研成就而受到认可，到2025年将跻身南部非洲100所最佳大学之列，能够吸引其他机构与其建立战略合作伙伴关系。安哥拉内图大学的使命是按照最高国际标准，对学生进行整体培训，促进科学、技术和文化知识的生产、传播和转移，以社区为重，促进终身学习和提供对社会经济、社会、政治和文化发展的价值。

（二）联系信息

地址：Rua do Estádio11 de Novembro Município de Belas Luanda-Sul Angola

电话：+244 922 975 710

邮箱：comunicacao@ uan. ao

网址：www. uan. ao

【博茨瓦纳发展政策分析研究所】

（一）机构概况

博茨瓦纳发展政策分析研究所（Botswana Institute for Development Policy Analysis，BIDPA）是博茨瓦纳政府的一个独立信托机构，于1995年作为一个非政府政策研究机构开始运作。智库表示需要将经济政策分析职能与国家发展努力有效地联系和协调起来，主要致力于研究和政策分析，以及政策分析能力建设，在美国宾夕法尼亚大学发布的《全球智库报告2020》中，博茨瓦纳发展政策分析研究所被评为2017—2019年撒哈拉以南非洲卓越研究中心，在全球的国内顶级经济政策智库中名列第85位。

博茨瓦纳发展政策分析研究所是国家政策制定领域的主要参与者，其任务由以下五个要素定义：经济研究和政策分析、机构能力建设、专业培训、网络和公共教育。该研究所的使命是由建立该研究所的信托契约来决定的，其愿景和使命是：成为非洲著名的政策研究机构，提供基于证据的社会经济政策建议和相关的能力建设。

博茨瓦纳发展政策分析研究所的信托契约规定了研究所要追求的目标和要履行的职能如下：促进和进行与博茨瓦纳和南部非洲区域有关的发展政策问题的研究、分析和出版；监测博茨瓦纳经济和公共政策执行的管理情况，特别是对经济和社会发展的影响；直接和间接地向博茨瓦纳境内的个人和组织提供技术和财政援助，以促进政策分析；协助博茨瓦纳公民在与政策分析有关的事项方面的专业培训和公共教育，并鼓励侨民与当地专业人员在这些事项方面进行合作，以建立或加强国家执行和了解政策分析的能力；雇用那些主动申请、合作机构或其他有资格的研究人员，开展研究、咨询、培训和教育项目，包括安排和管理合同关系，为研究人员开展研究提供便利。

智库与世界各地的机构建立了内容共享合作关系，这些机构为研究所的研究成果提供了各种数字平台。其中包括：哥伦比亚大学出版社（Columbia University Press）、南非国际事务研究所—非洲门户网站、大英发展研究图书馆、世界经济论坛。

（二）联系信息

地址：BIDPA House Plot 134Tshwene Drive Millennium Office Park，Gaborone，Botswana

电话：+267 3971750

邮箱：info@ bidpa. bw

网址：www. bidpa. bw

【南非人文科学理事会】

（一）机构概况

南非人文科学理事会（Human Sciences Research Council，HSRC）成立于

1968 年，是南非的法定研究机构，现已发展成为非洲大陆社会科学和人文领域最大的专门研究机构，在对发展至关重要的领域进行前沿公共研究。

南非人文科学理事会的任务是为政府政策的有效制定和监督提供信息，评估政策执行情况，通过有效传播基于研究的数据和基于事实的研究结果，促进公众辩论，促进研究合作，并帮助建立人文科学的研究能力和基础设施。理事会为公共部门用户、非政府组织和国际发展机构进行大规模的与政策有关的社会科学研究，研究活动和结构与南非的国家发展优先事项密切一致。

该理事会拥有约 500 名工作人员，并每年都致力于支持 150—200 个社会科学和人文研究项目的开展，专业研究人员分布在南非的四个省份，由强大的物理和制度基础设施支持，包括在全国部署的技术和支持职位，使组织能够有效和全面地响应研究需要。在另一个层面上，理事会寻求成为一个知识中心，弥合研究、政策和行动之间的差距，从而提高研究的影响力，这一角色是通过与主要赞助者的合作来实现的，包括政府和其他研究组织、多边机构、大学、非政府组织、捐助者和发展组织。理事会主要研究人员许多都在国际科学机构工作。

南非人文科学理事会还监测和评价政策和方案，提供客观信息，以评估该国在实现其目标方面的进展。例如：监测南非在执行艾滋病毒和艾滋病战略计划和政策方面的表现及所做的贡献；对教育中计算能力和读写能力的评估；进行年度研发调查，为国家研发战略提供信息。在合作上，南非人文科学理事会通过与非洲社会科学发展研究理事会（CODESRIA）的合作，参与南部非洲发展共同体和非洲发展新伙伴关系，在其他非洲国家有着强大的影响力。

（二）联系信息

地址：134 PretoriusStreet，Pretoria，South Africa

电话：+27（0）12 302 2000

传真：+27（0）12 302 2001

网址：www. hsrc. ac. za

【南非斯坦陵布什大学中国研究中心】

（一）机构概况

南非斯坦陵布什大学中国研究中心（The Centre for Chinese Studies，at Stellenbosch University，CCS）是非洲大陆研究中国和东亚的重要智库，该智库在无党派的立场上基于学术标准对政策的展开进行相关分析，同时还对政府、企业、学界和非政府组织的有关中国的研究进行分析，其主要研究工作是探索中国与非洲互动的动因和趋势。

该智库在三个主题领域进行研究。

（1）政治：评估中非关系中的参与者，包括其任务、目标和政策。

（2）经济：在整个非洲大陆范围内分析中非之间的贸易、投资和援助关系。

（3）环境：评估中非合作对环境的影响以及增强可持续性的潜力。

该智库在所有主题领域的工作都包括案例研究分析以及趋势和辩论分析，并致力于提供对出版物的开放访问。中国研究中心与斯坦陵布什大学孔子学院保持着密切的联系，同时它是中非智库10+10合作伙伴计划成员，与上海国际问题研究所建立了合作关系，进行研究合作和学术交流，还与浙江师范大学中非国际商学院联合培养相关人才。

南非斯坦陵布什大学中国研究中心起源于南非政府和中华人民共和国政府的共同承诺，该协议由2004年6月举行的南非中国双边委员会批准。自成立以来，一直致力于对中国和中非关系的研究，该智库的研究重点是中国与非洲大陆国家和社会之间的互动日益复杂，涉及各种参与者，对非洲的经济、社会和政治发展产生直接和间接的影响，它也制定了一系列政策概要，为决策者和利益相关者提供战略信息，涵盖了环境保护、政策制定、公民社会的作用以及中国“一带一路”倡议的环境影响等主题。这种合作有助于为非洲决策者提供连贯、可信的政策选择，从而促进中非关系的可持续发展。

（二）联系信息

地址：Administration B building Victoria Street StellenboschMatieland 7602, South Africa

邮箱：ccsinfo@ sun. ac. za

网址：www0. sun. ac. za/ccs

【南非全球对话研究所】

（一）机构概况

南非全球对话研究所（Institute for Global Dialogue，IGD）是一个独立的外交政策智囊团，总部设在南非茨瓦内（比勒陀利亚），旨在推进南非和非洲全球政治和外交的平衡，并力求更全面地了解外交政策和外交在实现国家和国际发展目标中的作用。据美国宾夕法尼亚大学发布的《全球智库报告2020》显示，南非全球对话研究所在撒哈拉以南非洲顶级智库排行榜中排名第27位，在顶级国际发展政策智库榜单中排名第63位。

南非全球对话研究所成立于1995年，是南非前总统纳尔逊·曼德拉领导下的成果，其初始资金来自德国政府，用于建立基金会形成竞争优势，并结合面向政策的研究、对话、量身定制的出版物和为对国际关系感兴趣的非政府组织提供赠款。在20世纪90年代末进行战略审查之后，其基金会成为一个研究所，从而分担了赠款责任，以加强其分析和对话重点。

南非全球对话研究所于2010年与南非大学（UNISA）建立了战略伙伴关系，旨在开展联合研究、与外交使团进行对话和出版专著、期刊，并与联合国国际教育研究所（UNISA）开展合作。智库研究领域涵盖了外交政策分析、地缘政治动态与治理、国际外交等。

南非全球对话研究所的工作将以下战略目标作为指导：通过独立、尖端的政策研究和分析，同利益相关方展开对话，对南非和非洲产生影响，成为全球公认的外交政策智囊团；更广泛地了解外交政策和外交活动在实现国家和国际发展目标中的作用；确保分析与对话在公众和影响政策方面有明显的效果。

（二）联系信息

地 址：3rd Floor Robert Sobukwe Building，263 Nana Sita Street Pretoria，South Africa

电话：2712 337 6082

邮箱：info@ igd. org. za

网址：www. igd. org. za

【南非安全问题研究所】

（一）机构概况

南非安全问题研究所（Institute for Security Studies，ISS）成立于 1991 年，由前执行主任 Jakkie Cilliers 博士和 PB Mertz 先生共同创立。1990 年 5 月，南非安全问题研究所的前身——国防政策研究所由 3 名工作人员组成，该组织在南非从种族隔离国家向民主国家过渡中发挥了关键作用。1996 年后，该智库的工作除南非外也转向了区域层面。1996 年，该组织更名为安全研究所。在美国宾夕法尼亚大学发布的《全球智库报告 2020》中，南非安全问题研究所名列全球顶级智库第 116 位，在撒哈拉以南非洲顶级智库排行榜中名列第 15 位，在浙江大学发布的《全球智库影响力评价报告 2020》全球智库榜单 TOP100 中名列第 93 位。

南非安全问题研究所是一个非营利性组织，在南非、肯尼亚、埃塞俄比亚和塞内加尔设有办事处，目标是作为实现可持续和平与繁荣的手段，以加强人类安全。智库的工作涉及跨国犯罪、移徙、海上安全与发展、维持和平、建设和平、预防犯罪和刑事司法以及冲突和治理分析。利用其网络和影响力，智库可向政府和民间社会提供及时和可信的分析、实际培训和技术援助，高级官员可以就如何处理非洲的人类安全挑战并在全面了解的情况下做出决定。

智库研究领域包括：通过开展实地研究和定量未来研究，以了解国家、区域和非洲大陆在冲突、政治、经济和发展方面的趋势，为地方和国际政策和战略提供信息，使决策者能够很好地测试其政策选择对未来的影响；国际调查局与南非政府和民间社会合作，制定循证政策，提高刑事司法系统的绩效，防止暴力；提高对海事安全及其在非洲蓝色经济中的作用的认识，并同非洲联盟、区域经济共同体和各国合作制定政策和战略；移民问题调查局审查来自非洲和中部非洲的大规模迁徙的原因和后果，并利用研究结果为非洲和全球的政策和战略提供信息；与各国政府以及区域和国际机构合作，改进和平行动与建设的政策和做法；与各国政府、区域和国际机构以及民间社会合作，有效和适当地应对恐怖主义、有组织犯罪、武器扩散、危害人类罪、战争罪和灭绝种族罪。

南非安全问题研究所能及时对非洲的需要和复杂性做出反应，可与那些能够改进政策和实践的人合作，并与各国政府和民间社会建立信任，利用其在非洲和全球的网络，建立联系，以建设性的方式影响辩论和决定，改善非洲的人类安全并产生深远影响。

（二）联系信息

地 址：BlockC，Brooklyn Court 361 Veale Street，New Muckleneuk，Pretoria 0181，South Africa

电话：+27 123469500/2
邮箱：iss@ issafrica. org
网址：www. issafrica. org

【南非国际事务研究所】

（一）机构概况

南非国际事务研究所（South African Institute of International Affairs，SAIIA）是一个独立的公共政策智囊团，研究内容涉及外交政策、治理、环境、经济政策和社会发展等领域，其为公众提供了一个开放的平台，通过公共外联活动激发学生对国际事务的兴趣，并帮助培养学生的研究和领导技能，让公众参与其中。智库总部位于约翰内斯堡的威茨大学校园，在开普敦、彼得马里茨堡和东伦敦也有活跃的分支机构，这些分支机构由志愿者委员会管理，这些委员会组织发言人会议和其他当地活动，会员涵盖私营部门公司、外交使团、机构、学生和对国际事务感兴趣的个人。在美国宾夕法尼亚大学发布的《全球智库报告2020》中，南非国际事务研究所名列全球顶级智库第85位，在撒哈拉以南非洲顶级智库排行榜中名列第6位。在浙江大学发布的《全球智库影响力评价报告2020》政府治理领域智库榜单TOP20中名列第16位。

南非国际事务研究所的使命是致力于建立一个管理良好、和平、经济可持续发展和全球参与的非洲，并通过提供尖端分析参与涉非重要问题的对话。该智库的主要活动包括：为地方和国际政策制定提供咨询；就目前对非洲和南非普遍重要的问题进行研究，特别是贸易、投资、发展、外交政策和善政；与世界各国的国际组织和机构制定联合方案；为国际关系学生和学者建立资源中心和图书馆；组织各种主题的会议、圆桌讨论、研讨会和演讲者会议；鼓励青年人对国际关系感兴趣。

南非国际事务研究所的研究主题涵盖如下方面。

（1）外交政策：研究侧重于区域和平与安全、南非的外交政策以及非洲如何与世界其他地区接触，特别是中非的关系。

（2）经济外交：探讨在第四次工业革命、非工业化和城市化的背景下，非洲区域一体化、贸易和经济可持续性的经济外交选择。

（3）治理机制：研究侧重于政策选择，通过非洲同侪审查机制等关键的非洲治理机制，促进非洲大陆的稳定与问责制的发展，提出全球善政倡议，鼓励民间社会的参与。

（4）自然资源：探讨如何加强自然资源治理，以确保非洲的包容性、可持续性和公平性，研究涵盖能源开发、生态系统治理、绿色经济、海洋经济和林业。

（二）联系信息

地址：SAIIA Head Office East Campus University of the Witwatersrand Johannesburg
电话：+27（0）11339－2021
邮箱：info@ saiia. org. za
网址：www. saiia. org. za

【南非马蓬古布韦战略反思研究所】

（一）机构概况

南非马蓬古布韦战略反思研究所（Mapungubwe Institute for Strategic Reflection）成立于 2010 年。马蓬古布韦是前殖民地时期南部非洲的一个王国，位于现在南非北部靠近博茨瓦纳和津巴布韦的地区。该研究所致力于南非在民族国家建构、经济增长、社会公平、科学技术和全球定位等方面的研究，设知识经济与科学进步、政治经济和人文三个研究部门。研究所通过开展研究和建立参与平台，在长期、战略和跨学科研究中一直处于领先地位，其在政策辩论、力量召集和方案规划方面的专业知识有助于找到持久有效的解决方案，以应对南非面临的挑战。2015 年 9 月，该智库与浙江师范大学非洲研究院合作在南非主办了中非智库论坛第四届会议。

南非马蓬古布韦战略反思研究所审议的是既有地方影响，又有全球共鸣的社会经济问题。该研究所由一组研究人员、学者、政策制定者和前执政实践者创立，是一家能够影响南非社会和人类进步的研究所。其智囊团建立了知识探索的伙伴关系，既支持了刚起步的民主国家，又突破了人们对破碎的历史的有限期望的界限。研究所的使命是通过实现经济增长、社会公平、科学和技术进步以及提高该国的全球地位，促进南非的发展。

马蓬古布韦战略反思研究所是一个进步的研究所，在各种学科中发展和促进南非的思维范式和知识储备，推动南非社会的全面发展，提高生活质量，深化南非民主，促进非洲发展与民主，促进南非在追求和平与公平发展方面的全球利益，围绕共同的愿景为社会做出贡献。

（二）联系信息

地址：Cypress Place North，Woodmead Business Park，142 Western Service Road，Woodmead，Johannesburg，2191

电话：+27 115180260/115180266

邮箱：info@ mistra. org. za

网址：www. mistra. org. za

（王珩　张书林　王丽君
柳喆勐等编纂）

第十篇

学术动态

本专栏从学术讲座、学术研讨会、学术机构要闻三方面，集中反映了2020年国内非洲研究机构举办的主要学术活动。信息主要源自学术活动各主办单位的网站、微信公众号等多媒体。条目编排以学术活动举办的时间先后排序。

• 学术讲座

【中国非洲研究院举办首届“大使讲坛”】

2020年1月14日，中国非洲研究院邀请中国政府中东问题特使翟隽大使作首场“大使讲坛”——“非洲当前形势和我们的应对之策”。来自中国外交部非洲司、中国亚非学会、中国中东学会以及中国非洲研究院的官员、专家及学者近百人出席了此次讲坛。

中国非洲研究院常务副院长李新烽主持讲坛。他表示，本次讲坛是中国非洲研究院在办公新址召开的首场大型学术活动，也是“大使讲坛”的第一讲，具有辞旧迎新的双重意义。

在演讲中，翟隽大使首先对中国非洲研究院成立一年多来开展的卓有成效工作表示祝贺。接着，他从当前非洲总体形势、热点问题、中国在当今复杂局势下面临的对非工作的机遇和挑战，以及2020年中国对非工作考量四方面展开讲述。翟隽大使表示，当前撒哈拉以南的非洲总体形势较好。政治、安全总体局面和平稳定，非洲国家政府政权抗冲击能力增强，传统热点问题降温，非洲之角和大湖地区局势得到改善，这与外部环境变化，非洲民众民心思定，非洲政府自主解决问题的意识和能力提高等诸多因素有关。再者，近一两年来，主要大国如美、俄、法、德、日、印度等对非洲重视程度大幅增加，纷纷加大对非洲的投入，大国间竞合态势愈加明显成为非洲形势新特点。在热点问题方面，非洲之角及萨赫勒地区安全形势值得长期关注。在提到目前中国对非工作的机遇与挑战时，翟隽大使表示，当前国际形势与格局正在发生深刻复杂的变化，更加证明习近平主席提出的“百年未有之大变局”这一重大战略判断。2020年中国对非工作要继续增强政治意识，强化政策引领，加快落实峰会成果。最后，翟隽大使对中国非洲研究院的学术工作提出几点建议。他表示，中国非洲研究院是促进中非人文交流与合作的重要平台，希望中国非洲研究院围绕当前中国对非工作的重点“推动峰会成果落实”去开展工作，并到非洲一线了解当地发展的实际需要，体现研究价值，同时，要做好调研、敢于发声并积极宣传，讲好中非友好故事。

李新烽常务副院长在总结词中表示，翟隽大使站在世界大变局形势的高度，以自身丰富的外交生涯的厚度，多角度、全面生动深刻地为我们讲述了当今非洲的形势和热点，分析了非洲重点地区和大国对非关系的形势变化，指出了中国面临的对非工作的机遇和挑战及未来工作重点。翟隽大使也从资深外交家的角度对中国非洲研究院的工作提出希望和要求，特别是他提出的有关非洲研究的相关建议对学界非常具有指导性、针对性和启发性。

【“非洲文明对世界历史的贡献”云讲座在上海举办】

2020 年 6 月 3 日下午，华东师范大学世界历史研究院特聘教授、北京大学非洲研究中心前主任李安山教授应邀在腾讯会议平台上作了一场题为“非洲文明对世界历史的贡献”的精彩云讲座。此次讲座由华东师范大学世界历史研究院执行院长、非洲研究所所长沐涛教授主持。李安山教授的精彩演讲吸引了国内外超过 300 位非洲研究领域的专家学者和研究生与会，会场爆满，交流踊跃。

讲座第一部分，李安山教授首先结合实际案例和真实故事展示了中国人对非洲片面的了解以及非洲人对中国人的刻板印象，并强调了中非之间相互理解在中非关系不断深化背景下的现实重要性。随后，李安山从自己对文明和文化两个概念的理解出发，向观众介绍了学术界对非洲文明和文化的不同定义，批判了欧美以我族中心主义为特征的非洲文明外来论和空白论，并结合最新多学科证据和史料突出了非洲在世界历史进程中的重要作用。

讲座第二部分是对非洲文明各个方面的简要介绍。李安山教授分别从文字、岩画、大学、史学家和古代王国五个方面介绍了非洲古代文明，并结合利奥波德二世统治下的刚果等生动案例引出近代欧洲给非洲带来的跨大西洋奴隶贸易和殖民瓜分等浩劫。李安山教授认为，对殖民主义的评价是一个沉重的话题，但也值得我们去进一步研究。

最后，李安山教授提纲挈领地介绍了以矿产和植物资源为代表的当代非洲对世界的贡献以及当代非洲面临的问题和挑战。“非洲需要中国，中国更需要非洲”，李教授鞭辟入里的结束语为讲座画上了圆满的句号。此后李安山教授对与会师生提出的问题一一作出解答，讲座在热烈友好的氛围中结束。

【第三届“非洲讲坛：非洲公共卫生安全”举行】

2020 年 7 月 30 日第三届“非洲讲坛：非洲公共卫生安全”以在线方式举行。会议主讲人分别为非洲疾病预防控制中心主任约翰·肯格桑、中国派驻非洲疾控中心高级专家王晓春。中国非洲研究院常务副院长、中国社会科学院西亚非洲研究所所长李新烽主持会议。

会议由中国非洲研究院主办。出席会议的还有来自南非—中国交通合作中心主任、南非比陀中非交通战略研究所首席研究员王于晨，南非比勒陀利亚大学教授、南非工程院院士 James Maina，南非中国科技教育协会常务副会长兼秘书长 Jan Grundling 及协会理事 Steynberg 女士，华中师范大学肯尼亚留学生夏瑞福，中国非洲研究院研究人员，中国社会科学院西亚非洲研究系研究生，以及来自《中国社会科学报》《人民日报》等的媒体人士共计 60 余人。

李新烽首先向两位主讲人和全体与会者表示热烈欢迎。他说，公共卫生安全属于非传统安全范畴，是人类面临的共同挑战，世界各国应加强合作共同应对。6 月 17 日，中非团结抗疫特别峰会成功召开，中方在峰会上重申积极落实有关倡议和举措，助力非洲提升疾病防控和可持续发展能力，加快推进非洲疾控中心总部建设，推进建设更加紧密的中非卫生健康共同体。正是在这一背景下，第三届“非洲讲坛”选择“非洲公共卫生安全”为主题举行会议。约翰·肯格桑在主讲时主要介绍了非洲疾控中心的职责及工作机制，并介绍了自2020年2月15日至7月29日的非洲疫情动态情况。王晓春在主讲时介绍了非洲新冠肺炎疫情流行的状况，分析了非洲与欧洲国家新型冠状病毒传播方式的变化。王晓春还介绍了非洲疾控中心为抗疫采取的具体措施。

与会的中非专家学者就疫情数据统计标准、具体抗疫举措、疫情对中非关系带来的机遇和挑战，以及埃塞俄比亚、马里等非洲国家的疫情现状等，与两位主讲人进行了充分交流。

李新烽在对会议进行总结时表示，两位主讲人为与会者分享了非洲在疫情防控中的第一手信息，这为中国非洲研究院未来的相关研究拓展了思路。同时，此次会议也加深了中国非洲研究院与非洲疾控中心的联系，标志着双方合作的开端。期待日后双方将有更为深入的交流与合作。

“非洲讲坛”是中国非洲研究院承接的中国外交部中非联合研究交流计划的重点项目之一，是中国非洲研究院的品牌项目。2019年，中国非洲研究院已成功举办了两届“非洲讲坛”，效果良好，反响热烈。此次讲坛是在新冠肺炎疫情背景下召开的，特别邀请非洲公共卫生专家，围绕非洲新冠肺炎疫情防控、非洲公共卫生医疗体系和中非公共卫生合作等介绍相关情况并发表意见，具有重要的现实意义。

【塞内加尔驻华大使马马杜·恩迪亚耶发表题为“中非合作论坛二十年——回顾与展望”的演讲】

2020年8月27日，第二届“大使讲坛”以线下线上方式举行。塞内加尔驻华大使马马杜·恩迪亚耶应邀在讲坛主会场发表主旨演讲。讲坛主会场设在北京。第二届“大使讲坛”由中国非洲研究院举办，主题为“中非合作论坛二十年——回顾与展望”。中国非洲研究院常务副院长、中国社会科学院西亚非洲研究所所长李新烽研究员主持讲坛。中国非洲研究院副院长、中国社会科学院西亚非洲研究所副所长王林聪研究员出席讲坛。来自中国非洲研究院、中国国际问题研究院、上海国际问题研究院等研究机构的80余位专家学者在线上和线下参加了讲坛。

恩迪亚耶大使在作主旨演讲时表示，2020年是中非合作论坛成立20周年。中非合作论坛已成为非洲与世界其他国家和地区所建立的最有活力、最富有成果的伙伴关系之一。自2000年10月中非合作论坛成立以来，中非外交活动频繁、合作成果丰富。恩迪亚耶大使认为，中非合作论坛具有强大的生命力并取得巨大成就。恩迪亚耶大使强调，在过去20年中，中非关系在政治、经贸、卫生、安全、人文等多个领域取得了一系列成就。但是，面对新冠肺炎疫情的冲击和国际形势的千变万化，中非合作应将重点放在促进经济增长、改善民生、保障粮食安全、维护公共卫生安全等优先事项上，积极落实《中非合作论坛—北京行动计划（2019—2021）》。加强中非智库之间的协同作用，充分发挥中非智囊团在促进后疫情时代中非合作方面的重要作用。

在互动环节中，中国非洲研究院副院长王林聪、广东外语外贸大学非洲研究院执行院长刘继森、中国非洲研究院社会文化研究室主任刘乃亚、中国国际问题研究院副研究员曾爱平、上海国际问题研究院副研究员周玉渊等先后就中非关系重要性、中非关系面临的机遇与挑战、第八届中非合作论坛议题设置，以及中国与塞内加尔之间友好合作关系等问题，与恩迪亚耶大使进行了充分交流。

在讲坛结束前，李新烽总结说，中非合作论坛是顺应中非双方共同需要、弥补中非多边对话机制空白的重要举措。恩迪亚耶大使的深情回顾，不仅勾勒了中非合作论坛走过的20年发展历程，而且为未来进一步加强中非合作提出了诚恳建议，更为进一步深化中非关系、促进中非智库合作提出了新的要求。

【第三届“大使讲坛”在中国非洲研究院举办】

2020年9月25日，第三届“大使讲坛”以线下线上方式举行。讲坛主会场设在北京。阿尔及利亚驻华大使艾哈桑·布哈利法应邀在讲坛主会场发表了题为“阿尔及利亚与非洲国家”的主旨演讲。中国非洲研究院常务副院长、中国社会科学院西亚非洲研究所所长李新烽研究员主持讲坛。中国非洲研究院副院长、中国社会科学院西亚非洲研究所党委书记郭红，中国非洲研究院副院长、中国社会科学院西亚非洲研究所副所长王林聪研究员出席讲坛。出席讲坛的还有中国非洲研究院以及全国各地相关院校和研究机构的专家学者80余人。

李新烽首先代表中国非洲研究院向艾哈桑·布哈利法大使表示欢迎。他说，阿拉伯有句谚语叫“患难见真交”，这句话用来诠释中国与阿尔及利亚的关系尤为贴切。不论是从历史来看还是从今天来看，阿尔及利亚都是与中国政府和人民心连心的真朋友。李新烽表示，阿尔及利亚兼具中东和非洲的双重角色。这些都促使阿尔及利亚与非洲国家紧密联系在一起，在非洲事务中发挥着重要的作用。

艾哈桑·布哈利法大使在作主旨演讲时首先强调了阿尔及利亚的非洲属性，介绍了阿尔及利亚及其民族独立运动的概况。艾哈桑·布哈利法认为，阿尔及利亚人民的反殖民斗争，尤其是1954—1962年的革命对非洲的解放起到了直接的积极作用，这种影响是政治层面的，也是经济层面的。艾哈桑·布哈利法表示，当阿尔及利亚向殖民地民族解放运动和反种族主义运动积极分子打开大门时，它的立场更加鲜明。艾哈桑·布哈利法指出，阿尔及利亚与非洲的历史联系，促使阿尔及利亚革命领导人使用外交工具服务于阿尔及利亚民族事业，同时，通过参加非洲国际会议来建立与非洲的团结关系。艾哈桑·布哈利法对阿尔及利亚与中国的关系、非洲与中国的关系予以高度评价。他说，阿中双方于1958年建交，当时阿尔及利亚还未独立。1963年，周恩来总理访问了阿尔及利亚。这年，中国向阿尔及利亚派出了第一支医疗队。到现在仍有中国医疗队在阿尔及利亚工作。1971年，阿尔及利亚为中国重返联合国做出了重要贡献。2014年，阿中两国建立了全面战略伙伴关系。阿尔及利亚是中非合作论坛创始成员国。作为非洲大国和中国的友好国家，阿尔及利亚积极在中非合作论坛和“一带一路”框架下与中国开展广泛合作。

在互动阶段，艾哈桑·布哈利法回答了中方专家学者提出的关于阿尔及利亚新政府有哪些新举措、马格里布联盟的作用、中阿双方如何共建“一带一路”、阿尔及利亚和非洲如何看待联合国安理会改革、如何促进中阿经贸合作等方面的问题。

【许镜湖大使作题为“中非合作论坛二十年发展历程和展望”的主题报告】

2020年10月29日，中国非洲研究院举办第四届“大使讲坛”。中国政府非洲事务特别代表许镜湖大使发表了题为“中非合作论坛二十年发展历程和展望”的主题报告。中国非洲研究院副院长、中国社会科学院西亚非洲研究所副所长王林聪主持讲坛。中国非洲研究院副院长、中国社会科学院西亚非洲研究所党委书记郭红出席讲坛。来自北京大学、北京外国语大学、北京语言大学、北京师范大学、对外经济贸易大学、外交学院、国际关系学院、商务部国际贸易经济合作研究院、中非工业合作发展论坛秘书处、中国社会科学院世界历史研究所、中国社会科学院世界宗教研究所等单位的80余位专家学者出席讲坛。

在主题报告中，许镜湖大使从“中非合作论坛20年发展历程”“非洲形势和中非合作面临的新变化、新挑战”“关于推进中非合作的几点思考”三个方面详细讲述了过去20年不断增进的中非友好关系，深刻分析了非洲形势的重要变化和新形势下中非关系面临的机遇和挑战，并对未来中非关系的发展提出了极具前瞻性的思考。许镜湖大使从回忆自己与中非论坛的不解之缘开篇，指出中非合作论坛是在世纪之交国际形势发生重大深刻变化、国际社会对非关注投入明显增加、非洲内外政策更加务实和多元，以及中国推动中非关系持续稳定发展的背景下成立的。成立20年来，中非政治互信日益增强、相互支持愈加坚定、务实合作全面拓展、团结抗疫成效显著、人文交流持续扩大、和平和安全短板加快补长。许镜湖大使表示，新冠肺炎疫情对非洲社会经济发展产生严重负面影响，在当前非洲抗疫进入“新常态”、中非合作面临新挑战的背景下，应推动中非全面战略合作伙伴关系迈向深入发展，构建更加紧密的中非命运共同体。

在互动阶段，许镜湖大使回答了北京大学非洲研究中心主任刘海方、中国非洲研究院《中国非洲学刊》编辑部主任吴传华关于中国对非疫苗合作、中国政府非洲事务特别代表工作机制和中非论坛项目评估机制等方面的问题。

王林聪在总结发言中表示，许镜湖大使的演讲有助于专家学者深入认识非洲形势和中非关系新的变化与发展态势，对中国非洲研究院的学术研究和智库工作具有很强的针对性、启发性和指导性。

【中国非洲研究院举办第五届“大使讲坛”】

2020 年 12 月 5 日，第五届“大使讲坛”在中国历史研究院鼎堂厅举行。中国外交部非洲司司长、中非合作论坛后续行动委员会秘书长吴鹏就非洲形势和中非关系发表主旨演讲，并现场回答了相关提问。讲坛由中国亚非学会副会长、中国非洲研究院常务副院长、中国社会科学院西亚非洲研究所所长李新烽主持。此次“大使讲坛”是首届中国非洲研究年会暨“新冠疫情下的非洲形势及走势”学术研讨会开幕式上的重要活动。中国亚非学会会长张宏明，中国亚非学会前会长、首任中国政府非洲事务特别代表刘贵今，中国国际问题研究基金会非洲研究中心主任、中国前驻厄立特里亚和卢旺达大使舒展，中国非洲研究院副院长郭红、王林聪，中国亚非学会的其他领导，以及来自全国各地相关院校和机构的近 300 名专家学者等参加了讲坛。

吴鹏从撒哈拉以南非洲的当前形势、中非关系以及 2021 年对非工作重点三个方面展开主旨演讲。吴鹏表示，当今世界逢百年未有之大变局，新冠肺炎疫情成为世界格局演变的催化剂和加速器。新冠肺炎疫情带来的影响将对今后相当长时间内的国际关系产生影响。从撒哈拉以南非洲当前形势来看，疫情下的非洲政治总体保持稳定，但也面临动荡明显上升的局面。吴鹏指出，从经济形势来看，一方面非洲国家经济陷入 25 年以来的首次衰退，但下降幅度小于欧美国家，这与非洲经济与世界产业链的连接不够紧密相关。财政可持续及债务问题依然是困扰非洲经济的老大难问题。但另一方面，非洲国家联合自强，致力于实现一体化的努力和势头一直在上升。此外，土耳其、印度等新兴大国也纷纷加大了对非洲的投入，域外大国对非洲关注的势头不减。吴鹏认为，在中非关系方面，在 2020 年新冠肺炎疫情背景下，中国积极开展抗疫外交，通过元首外交引领对非工作。中非合作是互利共赢的，要将非洲纳入我国内国际双循环相互促进的新发展格局中看待。吴鹏在提及 2021 年对非工作重点时表示，2021 年的工作重点将围绕预计召开的中非合作论坛会议等展开，希望非洲研究的专家学者深入非洲实地调查研究，夯实非洲研究基础，为外交工作提供参考。

吴鹏的演讲获得了在场专家学者的一致好评。在场专家学者提问多达十余个。吴鹏耐心倾听，并一一作答。

李新烽在对讲坛总结时表示，吴鹏司长的演讲内容丰富，凝聚了他 30 多年对非工作经验和思考，具体案例也十分丰富，对于国内非洲学界开展研究有着重要的指导意义。大家所提出的问题也值得学界认真思考和研究。

【李安山教授登临电子科技大学“成电讲坛”】

2020 年 12 月 14 日，电子科技大学协议教授、中国非洲史研究会会长、北京大学荣休教授李安山做客“成电讲坛”，以“中非关系的历史、现实与展望”为题发表演讲，引领成电学子了解中非关系的历史与现实。

首先，李安山教授介绍了中非之间世界公认的 4 个事实，以及中国和平崛起后与非洲的关系。李安山教授以历史发展为视角切入中非关系的历史缘起。原来，中国与非洲的交流早在公元前就开始了，中国的特产——丝绸——早在埃及第 21 王朝（公元前 1070—公元前 945 年）期间就已运至埃及；在汉代简牍中记载了一种“黑服人”，这就是来自非洲的朋友；唐代的墓葬中也发现了黑人陶俑；宋元时期更是有海上互访，在诸多著作之中出现非洲的身影，中非的贸易也变得频繁起来，中国也同多个非洲国家建立起了良好的外交关系。

其次，李安山教授介绍了现代中非关系的三个时期：正常发展期、过渡转型期和快速上升期。在正常发展期，周恩来总理提出了发展中非关系的五项原则；在周恩来总理访问加纳期间，正式提出了中国对外经济技术援助的八项原则。在过渡转型期，中非关系出现短暂波动，对非政策出现三个转变：意识形态从强调到弱化、交流领域从单一到多元、合作性质从注重无偿援助到强调互利双赢。在快速上升期，出现了政策的转型：政治上互访互信、经济上互利互惠、文教卫领域的交流形式多样、规范机制逐步形成。

再次，李安山教授为成电学子讲述了中非关系的形式与特点。他讲道，中非的关系是多元化的、多层次的、多渠道的。其中有一项重要的形式——中非合作论坛。李教授强调，“中非合作论坛”的提出和最后的成果是中非双方努力的结果。中非关系有四个特点：首脑外交、平等观念、互利双赢和规范机制。其中首脑外交奠定了中非关系的基础，平等观念是中非关系的灵魂，互利双赢是中非关系的实质，规范机制是中非关系持续发展的保证。

最后，在谈及中非关系的未来走向时，李安山教授提出了两个观点：一是要正确认识国际关系交往中存在的问题，只有中非建立更多元、更多层次、更多渠道的交流才会反映出更多的问题，问题越来越多正是现在中非关系快速发展的体现；二是中非关系的发展是双方的，非洲需要中国，中国更需要非洲。在 21 世纪，中非之间要加强合作、加强理解、互相学习然后互利双赢。

“成电讲坛”是电子科技大学为提升大学生人文素养而举办的、学校规格最高的文化讲坛，也是西部地区高校影响最大、最受关注的文化讲坛。自 2003 年至今，诺奖得主杨振宁和勒·克莱齐奥、故宫博物院院长单霁翔、中国加入 WTO 首席谈判代表龙永图、“嫦娥之父”欧阳自远院士、“辽宁舰”总设计师朱英富院士等社会各界杰出人士先后做客“成电讲坛”，累积组织 500 余场次，引起了巨大关注和反响。“西非研究系列讲座”作为“成电讲坛”系列活动，由电子科技大学西非研究中心倾力打造，讲坛选题围绕非洲人文历史、社会经济和中非关系等，致力于拓宽双方国际视野，让中国学生逐渐走进非洲，促进“一带一路”倡议背景下的多边协商与合作，推动中非友好关系的可持续发展。

• 学术研讨会

【“中非学界学习贯彻习近平主席致中国非洲研究院成立贺信一周年”视频座谈会成功举行】

2020 年 4 月 9 日，中非学界学习贯彻习近平主席致中国非洲研究院成立贺信一周年视频座谈会在中国非洲研究院举行。座谈会首先播放了 2019 年 4 月 9 日中共中央政治局委员杨洁篪宣读习近平主席致中国非洲研究院成立贺信的视频。中国社会科学院副院长、中国非洲研究院院长蔡昉出席了座谈会，并发表了题为“胸怀两个大局　发展中非关系”的致辞。中国非洲研究院常务副院长李新烽主持了座谈会。

中国社会科学院副院长、中国非洲研究院院长蔡昉表示，习近平主席在 2018 年 9 月中非合作论坛北京峰会开幕式的主旨讲话，以及 2019 年 4 月 9 日致中国非洲研究院成立的贺信中，擘画了新时代中非关系的发展蓝图，阐释了中国与非洲各国进行广泛合作的行动方案，指明了中非文明互鉴、学术和智库资源合作的方向，对非洲研究者提出了为促进中非关系发展、构建人类命运共同体贡献力量的殷切希望。深入学习和深刻理解习近平主席讲话和贺信精神，对于我们做好非洲研究乃至国际问题研究、加强与非洲学术界、智库及第三方研究机构的合作具有重要指导意义。蔡昉院长指出，《中国非洲学刊》创刊就是贯彻落实习近平主席贺信精神的一项重要成果，并对如何办好刊物提出了具体要求。

李新烽常务副院长表示，习近平主席贺信精神是中国非洲研究院建院之本，强院之魂，为中国非洲研究院的发展指明了方向。一年来，中国非洲研究院认真学习贯彻习近平主席贺信精神，按照“四大功能”定位要求，扎实推进各项工作，取得了一些成效。但是这与习近平主席贺信精神严要求还相差甚远，接下来将更加努力汇聚中非学术智库资源，增进中非人民相互了解和友谊，为中非和中非同其他各方的合作集思广益、建言献策，为促进中非关系发展、构建人类命运共同体贡献力量！

出席座谈会的还有社会科学文献出版社社长谢寿光，中国非洲研究院副院长郭红、王林聪，赞比亚大学孔子学院赞方院长、赞比亚大学“一带一路”联合研究中心主任桑德·恩加兰德，云南大学国际关系研究院党委书记、非洲研究中心研究员张永宏，南非中非交通战略研究所研究员王于晨，上海师范大学非洲研究中心主任张忠祥，尼日利亚拉各斯大学孔子学院章明博士，中国非洲研究院国际关系室副主任刘中伟，以及其他来自中非学界的专家学者等共计 90 余人。

【“抗击新冠疫情与中非合作”国际视频会议举行】

2020年4月17日，由浙江师范大学非洲研究院、南非非洲研究院、尼日利亚国家政策与战略研究所、尼日利亚中国研究中心联合主办的“抗击新冠疫情与中非合作”国际视频会议暨六种语言的《中非紧密团结抗击新冠疫情联合倡议书》发布会在线上举行。来自中国和南非、尼日利亚、埃及、肯尼亚、马里、坦桑尼亚、索马里、布基纳法索、马达加斯加、埃塞俄比亚、南苏丹、赞比亚、喀麦隆、突尼斯14个非洲国家以及30家学术机构的60余位中非知名学者、智库领袖和媒体代表出席了视频会议。

开幕式由浙江师范大学非洲研究院院长刘鸿武教授和南非非洲研究院院长谢丽尔·亨德里克斯共同主持。浙江师范大学非洲研究院高级研究员、南非国际关系与合作部欧美司原代理副总司长、原大使格特先生，代表会议主办方介绍了此次会议的一项重要成果，即由中非学者共同起草的中、英、法、阿拉伯、斯瓦希里、豪萨六大语言《中非紧密团结抗击新冠疫情联合倡议书》。格特大使对倡议书的起草过程和内容作了简要介绍，他指出：“中国始终坚持自己是与非洲国家和世界其他国家患难与共的真朋友。在这场抗击新冠肺炎疫情的斗争中，中国形成了独特的领导地位，并最终可能改变国际权力关系。中国向我们诠释了班图精神的真正含义，‘每个人都因他人的存在而存在’，中国不仅维护了本国公民的需求，还向世界展现了一个负责任的全球领导者形象。世界不会忘记中国在紧急关头所提供的援助。”

该次会议以“提升疫情治理力，打造中非命运共同体”为主题，分为上下两个半场，分别由刘鸿武院长和谢丽尔院长主持，通过视频连线，近40位来自非洲和中国的学者在线作了精彩的对话发言，为中非合作战胜疫情建言献策。

会议最后，浙江师范大学非洲研究院非洲法语国家研究中心主任约罗·迪亚洛作总结。他强调抗击新冠肺炎疫情给了我们重新审视国际合作的机会。一些西方领导者借着疫情大做文章，攻击中国，制造恐慌。中国以务实的态度应对挑战，中非合作让中非双方都更强大。面对新冠肺炎疫情以及时代的挑战，中非要更加重视双方之间的卫生医疗合作，加强双方的相互理解，巩固中非合作的社会根基，通过行动构建人类命运共同体。

【“中贝人文交流与合作发展”云端国际学术研讨会召开】

2020年6月12日，“中贝人文交流与合作发展”云端国际学术研讨会在重庆交通大学成功举行，该次云端国际学术研讨会线上线下同时进行。重庆交通大学校长唐伯明教授、中国驻贝宁大使彭惊涛先生先后致辞。重庆交通大学副校长黄承锋教授主持会议。中国驻贝宁大使馆参赞张伯辉先生、中国驻贝宁大使馆参赞魏军先生、中国社会科学院西亚非洲研究所朱伟东教授、贝宁阿波美卡拉维大学孔子学院外方院长于连

(Segbo Julien）教授、贝宁研究中心主任沈林教授分别作主题报告。来自中国驻贝宁大使馆、贝宁阿波美卡拉维大学、中国社会科学院西亚非洲研究所、云南大学非洲研究中心、电子科技大学西亚非洲研究中心、中国非洲问题研究会、《西亚非洲》期刊社、社会科学文献出版社国别区域分社、中国路桥工程有限责任公司、重庆交通大学等相关机构的60余名专家学者出席会议。

唐伯明校长在致辞中表示，此次研讨会秉承“促进中非交流”的宗旨，以“中贝人文交流与合作发展”为主题，既对推进中非交流与发展有重要意义，也对深化重庆交通大学国际教育事业的持续推进有重要意义。

彭惊涛大使致辞指出，在新冠肺炎疫情肆虐的特殊情况下举办这次国际学术研讨会，是对构建中非命运共同体的一个重要推进，并强调了中贝交流的重要性和“一带一路”倡议对于贝宁社会经济发展的重要意义。张伯辉参赞在作主题报告时，全面介绍了贝宁及西非地区社会经济发展的优势与不足，分析其原因，并提出了未来可持续发展的有效路径。魏军参赞从如何发挥中贝各自文化优势的角度入手，提出讲好中国故事，深入推进中国优秀传统文化在贝宁的传播，并弥补中国现当代优秀文化在非洲传播之不足，是当下中贝文化交流领域的题中应有之义。

朱伟东教授对中贝法律交流和合作办法作了鞭辟入里的分析。他从中贝经贸关系引发的大量法律问题与投资争议入手，详细探讨了法律问题的种类，并就解决法律问题中存在的漏洞进行了说明，阐述了补充性法律文件、公约对于解决中贝法律纠纷的重要作用。于连(Segbo Julien）教授就贝宁汉语教学研究现状、贝宁汉语教学发展的因素分析，以及促进贝宁汉语发展的对策和设想三方面阐述了贝宁汉语教学发展问题。沈林教授就贝宁及西非问题研究的应有范畴、对象及重点进行了探讨，她认为，贝宁及西非地区的学术研究架构及内容尚存在不足，仍有不少空白待填补，要综合国内外各方力量开展研究。

整个研讨会围绕贝宁经济发展及未来趋势、中国文化在贝宁的推广、中贝法制合作、贝宁汉语教学发展、对国别研究的思考等问题进行了热烈的讨论。

最后的自由交流环节，与会者就西非贝宁的研讨延伸到对非洲当前形势的分析，一致认为，作为推动“一带一路”倡议发展的重要方向和落脚点，加强对西非的研究是中非关系发展的需要，对构建中非命运共同体有着非常重要的意义。

【“2020中非发展论坛：疫情对非洲的影响及中非发展合作”研讨会在上海举行】

2020年6月14日，由上海对外经贸大学主办，上海对外经贸大学国际发展合作研究院、国际经贸研究所承办的“2020中非发展论坛：疫情对非洲的影响及中非发展合作”研讨会通过视频会议形式举行。来自中国社会科学院西亚非洲研究所、浙江师范大学非洲研究院、北京大学非洲研究中心、上海师范大学非洲研究中心、广东外语外贸大学非洲研究院等科研院所的负责人及专家学者，以及来自复旦大学、南开大学、厦门大学、上海大学、上海外国语大学、商务部对外贸易与经济合作研究院等单位的非洲经济研究领域的专家学者参会。

该次研讨会聚焦疫情下中非发展合作问题，议程分为一个主论坛、两个分论坛。分别为："疫情对非洲的影响及中非发展合作"主论坛；"非洲国家发展的政治经济学分析"及"非洲经济发展及中非经贸合作"分论坛。

"疫情对非洲的影响及中非发展合作"主论坛。中国非洲史研究会会长北京大学李安山教授、浙江师范大学非洲研究院院长刘鸿武教授、中国社科院西亚非洲研究所安春英编审、南开大学南南合作研究中心主任李荣林教授、上海师范大学非洲研究中心主任张忠祥教授、广东外语外贸大学非洲研究院执行院长刘继森研究员、上海对外经贸大学国际发展合作研究院院长黄梅波教授等专家就非洲新冠肺炎疫情发展的特点、趋势及对非洲国家经济发展的影响，新冠肺炎疫情对中非关系构成的挑战，疫情发生后中非合作的模式与意义，以及中非合作抗疫的深入发展与未来趋势等重要议题发表了专题演讲。此外，学者还对后疫情时期非洲经济发展及中非经贸合作的前景予以展望。

"非洲国家发展的政治经济学分析"分论坛。该分论坛侧重非洲的政治经济发展与对非援助。专家学者一方面就具有代表性的非洲国家经济发展的具体模式及其与政治环境的互动进行研讨；另一方面聚焦中国对非援助，深入探讨了中国对非援助的区位选择、援助协调及国民对我援外的认知与评价等重要议题。

"非洲经济发展及中非经贸合作"分论坛。与会专家学者主要从中非经贸合作的角度开展广泛讨论。议题涉及：对撒哈拉以南非洲国家的收敛性分析、第三方市场合作背景下中非经贸合作区的发展与模式、中非投资合作的特点与趋势、中国对非援助对 OFDI 的影响，中非金融领域合作的现状与影响，以及对非洲债务问题的分析。

【"习近平主席在中非团结抗疫特别峰会上主旨讲话"国际学术研讨会在北京召开】

2020 年 6 月 30 日"习近平主席在中非团结抗疫特别峰会上主旨讲话"国际学术研讨会以视频会议形式举行。中国社会科学院副院长高翔，非洲社会科学研究发展理事会前副会长、喀麦隆雅温得第一大学教授恩科洛·福埃分别在研讨会开幕式上发表致辞。中国非洲研究院常务副院长、中国社会科学院西亚非洲研究所所长李新烽主持开幕式。

研讨会由中国非洲研究院主办，旨在加强中非学者的交流互鉴，为确保疫情当前的中非关系的可持续发展以及中非共建"一带一路"，提供必要的智力支持。研讨会相关议题为中非团结抗疫特别峰会的意义和影响、疫情下中非共建"一带一路"的机遇与挑战、如何贯彻落实习近平主席在中非团结抗疫特别峰会上主旨讲话精神。

研讨会共分三个研讨时段。中国非

洲研究院副研究员、中国社会科学院西亚非洲研究所社会文化室主任刘乃亚，中国非洲研究院副研究员、《中国非洲学刊》常务副主编吴传华先后主持了这三个时段的研讨。

中国传媒大学人类命运共同体研究院副院长、非洲传媒研究中心主任张艳秋教授在研讨时作了题为“中非团结抗疫特别峰会：构筑中非命运共同体新篇章”的发言。武汉大学外国语言文学学院副院长、非洲法语国家研究中心主任王战在研讨时作了题为“从中非卫生健康共同体到更加紧密的中非命运共同体”的发言。赞比亚大学孔子学院赞方院长、赞比亚大学“一带一路”联合研究中心主任桑德·恩加兰德在研讨时作了题为“中非团结抗疫彰显中非紧密关系”的发言。埃塞俄比亚文化旅游部公共关系高级专家卡萨洪·阿亚卢·卡萨作了题为“‘一带一路’倡议对疫情后非洲国家复苏的重要性”的发言。津巴布韦报业集团编辑莫妮卡·姆班巴瓦什在研讨时作了题为“如何学习贯彻习近平主席在中非团结抗疫特别峰会上主旨讲话”的发言。在研讨会上发言的中非与会者还有中国非洲研究院研究员张永蓬，中国非洲研究院研究员、中国社会科学院西亚非洲研究所经济研究室主任杨宝荣，中国非洲研究院助理研究员、中国社会科学院西亚非洲研究所民族宗教室副主任郭佳，上海国际问题研究院副研究员周玉渊等。北京大学喀麦隆留学生门杜、中国传媒大学卢旺达留学生天赐、华中科技大学肯尼亚留学生夏瑞福博士三位非洲在华留学生，基于切身体会谈了中国抗疫措施取得的明显成效。

在研讨会闭幕式上，非洲能力建设基会执行秘书特别顾问阿兰·埃梅·尼亚米特韦大使，中国非洲研究院副院长、中国社会科学院西亚非洲研究所副所长王林聪先后对研讨会进行了总结。吴传华主持闭幕式。

来自中国传媒大学、武汉大学、中国非洲研究院的专家学者和中国社会科学院大学非洲研究专业的学生，以及来自埃塞俄比亚、喀麦隆、肯尼亚、卢旺达、赞比亚、津巴布韦等非洲国家的大学教授、智库学者、媒体从业者和在华留学生等共计80余人出席了研讨会。

【新时代中国非洲史研究与编纂学术研讨会暨青年史家论坛会议举行】

2020年8月17日，新时代中国非洲史研究与编纂学术研讨会暨青年史家论坛以线上线下方式举行。该学术活动的主场地设在北京。中国社会科学院世界历史研究所所长汪朝光，中国非洲研究院常务副院长、中国非洲史研究会副会长李新烽，中国非洲史研究会会长、北京大学教授李安山分别在开幕式上发表致辞。中国社会科学院世界历史研究所党委书记罗文东主持开幕式。中国非洲史研究会秘书长毕健康在闭幕式上进行了总结。中国非洲史研究会副会长刘海方主持闭幕式。出席此次学术活动的还有中国非洲史研究会顾问舒运国、刘鸿武，中国非洲史研究会副会长舒展、沐涛、洪永红、孙晓萌，前中国驻利比里亚大使付吉军，中国世界现代史研究会副会长黄民兴，北京大学古代东方文明研究所所长颜海英，以及其他单位专家学者等共计 80 余人。

汪朝光在致辞时首先代表活动主办方和承办方向与会的专家学者等表示欢迎。他简要回顾了中非友好交流与合作的历史，提出非洲史研究与编撰面临新变化与新机遇。此次学术活动可以为非洲通论性作品的编撰做些准备。李新烽在致辞时简要介绍了中国非洲研究院的相关情况。他说，中国非洲研究院的成立，不仅得到习近平总书记和党中央及中央有关领导同志的亲切关怀，也得到包括在座的国内非洲学界朋友的鼎力支持。中国非洲研究院主要承担交流平台、研究基地、人才高地、传播窗口“四大功能定位”，其宗旨是加强中非学术研究，深化中非文明互鉴，促进中非治国理政经验交流，为中非共同建设“一带一路”，不断深化中非全面战略合作伙伴关系，携手共筑更加紧密的中非命运共同体，提供重要的智力支持和学理支撑。李安山在致辞时表示，此次学术活动之所以将青年史家论坛作为一个重要组成部分，主要是目前中国非洲史研究会的一批青年学者风头正劲。另一个不争的事实是，中国有关非洲的知识储备还极其缺乏，需要青年人加倍努力。相信此次学术活动将对推动中国的非洲历史研究起到重要作用。

中国非洲史研究会副会长、中国非洲研究院研究员李智彪，中国非洲史研究会副会长、上海师范大学非洲研究中心主任张忠祥，中国非洲史研究会副秘书长、中国社会科学院世界历史研究所研究员刘兰分别主持了三个单元的研讨。毕健康在总结时表示，中国从事非洲史研究的青年学者崭露头角，已经成为中国非洲史研究的新锐力量。编撰宏大、科学、富有感染力的非洲历史作品，机遇难求，呼吁中国非洲学界通力合作。这样的著作，一定具有中国风格和中国气派，同时融入非洲人民的感情。一句话，以中国人的眼光，书写非洲的历史。

此次学术活动由中国非洲史研究会主办，中国社科院世界历史研究所非洲史研究室承办。除了开幕式和闭幕式外，活动还有三个单元的研讨阶段，相关内容分别为非洲历史研究与编撰、非洲历史建构与学派、非洲历史实证与考订。

【中非共建“一带一路”的机遇与挑战国际学术研讨会举行】

2020 年 8 月 29 日，中非共建“一带一路”的机遇与挑战国际学术研讨会以线下线上方式举行。研讨会主会场设在上海。中国非洲史研究会顾问、上海师范大学非洲研究中心名誉主任舒运国，达之路国际控股集团有限公司董事长何烈辉分别在研讨会开幕式上致辞。非洲联盟驻华代表处代表 Rahamtalla M. Osman、津巴布韦驻华大使 Martin Chedondo、莱索托驻华大使 Setenane 在研讨会上分别发表主旨演讲。中国非洲史研究会会长李安山，中国非洲史研究会顾问刘鸿武，中国非洲史研究会副会长沐涛、洪永红、李智彪，埃及苏大孔子学院外方院长、汉学家 Hassan Ragab，尼日利亚阿巴丹大学历史系主任 Olutayo C. Adesina，尼日利亚拉各斯大学历史系教授 Ayooeji Olukoju 出席了研讨会。中国非洲史研究会副会长、上海师范大学非洲研究中心主任张忠祥主持开幕式，并在闭幕式上对研讨会作了总结。上海师范大学非洲研究中心副教授张瑾主持闭幕式。

舒运国在致辞时代表研讨会主办方向与会者表示欢迎和感谢。舒运国还介绍了上海师范大学非洲研究中心的相关情况。研讨会共分四个时段进行。中国非洲史研究会副会长、原中国驻卢旺达大使舒展先生，原中国驻津巴布韦等国公使衔参赞苟皓东，中国非洲史研究会顾问舒运国，上海师范大学非洲研究中心副主任刘伟才分别主持了各个时段的研讨。张忠祥在对研讨会作总结时表示，中非共建“一带一路”已经取得了很大成功，建成了一批标志性项目，如蒙内铁路、亚吉铁路等。在新形势下，中非共建“一带一路”的重要性在上升。当然，共建“一带一路”也会遇到诸多挑战，需要中非双方共同应对。

研讨会由上海师范大学非洲研究中心主办，并且得到了中非联合研究交流计划和达之路国际控股集团的支持。出席研讨会的还有中国非洲史研究会秘书长、中国社科院世界历史研究所非洲室主任毕健康，国家重点学科比较文学与世界文学带头人、上海师范大学外国文学研究中心主任朱振武，中国社会科学院创新项目“中国对非洲投资战略研究”“中国与非洲产能合作重点国家研究”首席研究员姚桂梅，中国科学院西亚非洲研究所《西亚非洲》常务副主编安春英，南京大学非洲研究所所长张振克，广东外贸大学非洲研究院执行院长刘继森，北京外国语大学非洲研究院院长李洪峰，上海对外经贸大学国际发展合作研究院院长黄梅波，浙江师范大学非洲研究院党委书记王珩，中国社会科学院西亚非洲研究所《西亚非洲》编辑部副主任詹世明，浙江师范大学中非国际商学院副院长何曙荣，中国社会科学院西亚非洲研究所非洲法律研究中心主任朱伟东，北京大学非洲研究中心主任刘海方，电子科技大学西非研究中心主任赵蜀蓉，上海国际问题研究院国际合作室主任祝鸣，上海师范大学国际合作处副处长陈志禄，湖南师范大学教授陈晓红，深圳市中非智点网络科技有限公司 CEO 惠红林，《非洲华侨周报》总裁南庚戌，以及其他来自中国和非洲的专家学者等共计 100 余人。

【“疫情下的非洲社会经济发展研讨会”召开】

2020 年 9 月 18 日下午，由中国非洲问题研究会主办、南京大学非洲研究所承办的“疫情下的非洲社会经济发展研讨会”在南京大学举行。南京大学兼职教授、外交部前驻摩洛哥及卢旺达大使孙树忠先生，中国社会科学院西亚非洲研究所安春英研究员，商务部国际贸易经济合作研究院齐国强研究员和旅居南非 25 年的崔宁教授以及来自南京大学、河海大学、南京工业大学的专家和研究生共计 30 余人出席会议。此次研讨会协办单位有南京大学“一带一路”研究院、河海大学外国语学院和南京大学地理与海洋科学学院。

会议由中国非洲问题研究会秘书长南京大学非洲研究所张振克教授主持。张振克教授对参会人员表示热烈欢迎，表示这次研讨会是中国非洲问题研究会专题性研讨会，希望各位到场和线上参与的嘉宾都有所收获。

中国非洲问题研究会常务副会长齐国强研究员在致辞中指出，从国际经济合作的角度看疫情，新冠肺炎疫情造成全球经济下滑的现象明显，指出疫情挑战世界和中国未来经济发展，需要从多方面为之努力，同时对南京大学非洲研究所承办此次研讨会表示感谢，预祝此次研讨会圆满成功。南京大学客座教授孙树忠大使作了“非洲抗疫启示”的报告，介绍了非洲疫情及影响，从卢旺达、摩洛哥抗疫的经验与困境、拯救非洲生命与拯救非洲经济的角度进行了深入分析；崔宁教授根据自己旅居南非25年的经历，对疫情下的南非社会以及南非发展做了联系实际的分析。

中国社会科学院西亚非洲研究所安春英编审作了中非减贫合作的报告，分析了中非减贫合作的现状与问题，指出确保非洲粮食安全在中非减贫合作中意义重大；南京工业大学前约翰内斯堡大学孔子学院院长吕建高教授就南非法律体系与国家治理作了报告，指出非洲法律和国家治理面临贫困、社会惯性、腐败、犯罪等挑战；张振克教授以“非洲2063议程与后疫情时代非洲发展的思考”为题作了报告，解读了“2063议程”的内容，对中非合作中对接“2063议程”存在的问题、后疫情时代非洲发展提出个人看法；游滔副教授聚焦“疫情对非洲经济的影响和多边国际发展合作的思考”，介绍了疫情对非洲的影响、非洲政府管理能力与国家治理问题，指出疫情之下的债务危机等潜在风险以及多边合作的重要性；刘立涛副教授以“疫情下的大国关系与展望”为题作了报告，指出新冠肺炎疫情其波浪形的本质对许多国家来说都是一种挑战，大国之间的关系变得更加复杂，中国面临的挑战更大；郭未副教授就“疫情对社会关系的影响”，疫情下人与社会关系的“分割”和“重塑”等问题作了报告，并指出还有很多现实问题值得研究；张海榕教授结合河海大学的实际就中非水利合作的情况与河海法语非洲中心建设构想作了报告。

会议研讨交流环节，中国非洲问题研究会常务副会长、南京大学刘成富教授、河海大学外国语学院蔡斌教授对会议嘉宾发言进行了点评；南京大学“一带一路”研究院执行院长黄贤金教授作了总结，同时表示，希望南京高校涉非机构能相互合作，共同努力，为相关研究和中非合作发展做出更多贡献。

【首届中非经贸合作岳麓论坛举行】

2020年9月19日，首届中非经贸合作岳麓论坛在长沙召开。来自国内外相关领域的专家学者、企业家会聚一堂，围绕“中非经贸合作”展开研讨与对话。

湖南省政协副主席赖明勇，湖南大学党委书记、中非经贸合作研究院执行院长邓卫和湖南省商务厅副厅长、中非经贸合作研究院副院长李心球分别致辞。

湖南大学副校长谢赤主持论坛开幕式。

中国国际贸易学会会长金旭等11位专家学者围绕“重视中非合作，共同开拓未来”等主题分别作主旨演讲。专题论坛环节，与会嘉宾围绕“凝聚智库力量，促进对非投资”等不同主题展开讨论，为深化中非经贸合作等相关工作做好智库服务和决策支持。

首届中非经贸合作岳麓论坛举办的征文评选活动，共收到投稿论文96篇，涵盖湘非农业合作、产能合作、基础设施合作、金融合作、贸易合作和医疗文化合作等领域。

此次论坛由湖南大学和中非经贸合作研究院主办，湖南大学经济与贸易学院承办。中非经贸合作研究院依托湖南大学，由其联合中南大学、湘潭大学、湖南农业大学等高校共同组建。研究院立足中非合作与“一带一路”倡议，面向中非经贸合作主体的重大现实需要，务实开展中非经贸合作研究，打造国内一流国际知名的智库品牌。

【“大变局与中非合作的战略定位再明晰”研讨会在云南大学召开】

由云南大学国际关系研究院和云南大学非洲研究中心联合主办的“大变局与中非合作的战略定位再明晰”研讨会于2020年9月25日在云南大学召开。这是云南大学非洲研究中心“构建更为紧密的中非命运共同体”系列研讨会的第二场研讨会。研讨会围绕“政治、国际合作与网络建设”“经贸、发展合作与压舱石建设”“和平安全合作与战略突破”三个主题展开，来自商务部、国家卫健委、中非发展基金、中国国际问题研究院、中国现代国际关系研究院、上海国际问题研究院、上海社科院国际问题研究所、复旦大学、电子科技大学和云南大学等研究机构和高校的专家学者20余人出席研讨会。云南大学国际关系研究院党委书记张永宏教授致开幕辞，云南大学非洲研究中心主任贺鉴教授主持开幕式并作会议总结。

围绕当前“百年未有之大变局”下中非关系的战略地位变化，与会代表有着高度共识。首先，百年未有之大变局对中非关系影响重大；其次，百年变局使非洲在中国外交中的基础作用得以凸显；最后，更好地发挥非洲的战略支撑作用，需要更加优化具体的执行。

经贸合作是中非合作的压舱石，但正面临诸多挑战，因此发展合作应当是压舱石得以进一步夯实的重要方面。与会代表大多强调，经贸合作与发展合作要相互配合，拓展发展中的合作，满足非洲发展需要。郝睿指出，中非经贸与发展合作中应当坚持义利并举和探索创新。复旦大学国际关系与公共事务学院郑宇教授指出，中国对非经贸合作事实上结合了投资、基础设施和工业化三个支柱，形成了“3I”模式的新型发展合作关系。同时，中非经贸关系既有互补也有竞争，需要综合全面地看。上海国际问题研究院周玉渊副研究员指出，中非经贸合作中有一定的思想包袱，中非合作的土壤、环境和根基都在发生变化，因此需要重点从开放性、包容性等角度思考中非经贸、发展合作的整体方略。

中非经贸与发展合作面临大量现实

挑战，需要系统思考应对策略。

尽管始终高度强调，但中非和平安全合作一直是中非关系的弱项。从中非合作战略地位的角度看，必须强化中非和平安全合作，使其真正成为中非关系的重要支柱之一。与会代表大多认为，非洲和平安全性质复杂，尤其是社会性安全问题正上升为非洲安全的主要挑战。针对非洲复杂的和平安全挑战，与会代表总体认为，中国参与非洲和平安全事务应持谨慎态度，采取稳健、小步前行的办法。

【“周恩来外交思想与中非关系”研讨会举行】

2020 年 10 月 15 日，由中国非洲研究院、恩来干部学院、淮阴师范学院三方联合主办的“周恩来外交思想与中非关系”研讨会在淮阴师范学院举行。中国非洲研究院常务副院长、中国社会科学院西亚非洲研究所所长李新烽，淮阴师范学院院长焦富民，恩来干部学院副院长郑超分别在研讨会开幕式上发表致辞。淮阴师范学院副院长韩同友主持开幕式。中国非洲研究院社会文化研究室主任刘乃亚对研讨会进行了总结。来自中国非洲研究院、中国延安干部学院、恩来干部学院、淮阴师范学院等单位的专家学者参加了研讨会。

李新烽在致辞时表示，有机会来到向往已久的周恩来总理的故乡淮安参加此次研讨会感到很高兴。他说，研究中非关系，离不开研究周恩来。他说，开展周恩来外交思想与中非关系的研究学习具有重要意义与时代价值，今后可以加强对这些课题的合作研究。他希望此次研讨会的召开能作为参会单位交流合作的开端，加强对周恩来的非洲外交思想、周恩来对非洲的影响等课题的研究，以推动中非关系研究进一步深入，共同推进周恩来精神的学习与践行。焦富民在致辞时表示，周恩来博大精深的外交思想、丰富多彩的外交实践、独具一格的外交艺术和外交风格，是一座极其丰富的宝库。加强对周恩来外交思想的研究，有助于在百年未有之大变局的历史背景下，深化对国与国之间文明交流互鉴和构建人类命运共同体的认识和理解。希望参会单位加强合作交流，共同担当起学习、弘扬、践行周恩来精神的使命。他还向与会者介绍了淮阴师范学院的历史与发展情况。郑超在致辞时表示，要进一步凝聚共识，在学术研究、课程建设、资源共享等方面加强合作与交流，共同推动“周恩来外交思想与中非关系”研究深入开展。

专家研讨环节由中国非洲研究院经济研究室研究员姚桂梅主持。淮阴师范学院周恩来研究知名专家汪浩，系统论述了中非外交的时代背景、周恩来对非外交的智慧与精神、成就、影响等问题。

在研讨环节发言的还有韩同友、薛琳、邵广侠、李玉洁、张红安等专家学者。他们分别就 20 世纪 60 年代周恩来非洲十国之行及其深远意义、传承和弘扬周恩来的非洲理念、周恩来对非外交的成就与影响、周恩来公共外交思想在非洲的实践、周恩来中非外交中的全人类情怀与周恩来对非援助思想等，介绍了自己的研究成果和心得。

刘乃亚在对研讨会进行总结时表示，在百年未有之大变局下，共聚周恩来故里回顾周恩来的外交思想，追本溯源，意义重大。当今中国对非外交与当年周恩来非洲十国行一脉相承。周恩来外交思想的传承核心就是和平理念。中非以构建人类命运共同体为目标，发展全面战略合作伙伴关系，在学术界也掀起了中非关系研究新热潮。因此，需要更加重视非洲在中国当代外交中的战略地位。中非是好朋友、好伙伴、好兄弟，今天我们从周恩来故里淮安再出发，对中非关系发展更增信心。

【“2020阿布贾论坛：后疫情时代可持续发展的中非合作”线上研讨会召开】

2020年10月15日，由浙江师范大学非洲研究院尼日利亚研究中心与尼日利亚古绍研究所联合举办的“2020阿布贾论坛：后疫情时代可持续发展的中非合作”线上研讨会顺利举行。肯尼亚前总理、非盟非洲基础设施发展高级代表拉伊拉·奥廷加等来自尼日利亚、肯尼亚和中国的外交使节、政府官员、学者、私营部门专家、公民社会代表及媒体记者等60余人参加了会议。论坛由尼日利亚前驻圣多美和普林西比大使艾哈迈德·马贾吉主持。

2020年阿布贾论坛以“后疫情时代可持续发展的中非合作”为主题，分设“新冠疫情下及后疫情时代的中非人文交流”“新冠疫情下及后疫情时代的中非债务危机”“新冠疫情下及后疫情时代的中非贸易”三个议题，积极回应时代之问。

拉伊拉·奥廷加在题为“走向持久和平、共同繁荣的中非合作”的主旨报告中高度肯定中非友好交往的历史传统，对中非合作的未来充满信心。奥廷加认为，中非友好交往历史源远流长，无论是600多年前的郑和率领船队到达东非沿岸还是新中国成立以来中非之间在政治、经济、教育、基础设施建设等各领域开展的广泛交流与合作，友好是始终不变的主线，坦赞铁路更是中非友好的不朽丰碑。奥廷加指出，通过中非合作论坛，中非战略合作伙伴关系不断升级，中非合作契合《非盟2063议程》的总体目标，在帮助非洲实现包容性增长、改善国家治理、促进全民健康和可持续发展等方面，中国均可发挥积极且重要的作用。中非合作将有效弥补双方短板，促进中非各自繁荣与发展。奥廷加表示，国际社会有关中非合作的不实指责、甚至挑拨，比如，“中国对非洲的援助是新殖民主义行为”“中国使非洲陷入债务陷阱”等都是不攻自破的谣言。“我们国家不仅不相信，而且要用我们之间的合作来回应西方国家。”

在研讨会上，前尼日利亚驻广州总领事、外交官沃尔·奥洛科，阿布贾环球顾问有限公司首席执行官苏莱曼·阿卜杜·恩达努萨，发展经济学家艾哈迈德·穆罕默德·萨利克，尼日利亚高山投资服务有限公司创始人哈吉·穆罕默德·哈亚图－迪恩，中国国际电视台英语国际新闻编辑、专栏评论员沈诗伟，尼日利亚华商协会特别顾问张光磊，尼日利亚媒体信托有限公司创始人卡比鲁·尤素夫，浙江师范大学非洲研究院副院长徐薇，浙江师范大学非洲研究院研究员、尼日利亚研究中心执行主任迈克尔·埃希祖伦，浙江师范大学中非商学院副教授黄玉沛等中非官员、学者、智库、企业与媒体代表等围绕中非贸易合作以及非洲的债务问题、中国如何帮助非洲实现工业化、中国在非企业与非洲本土企业协调发展问题、如何促进中非民间交流、中非领导力比较与社会治理等话题从不同角度、不同视角开展了深入研讨，与会人员坦诚交流，为后疫情时代中非合作的可持续发展出谋划策。

教育部长江学者特聘教授、浙江师范大学非洲研究院院长刘鸿武作简明扼要的总结。刘鸿武表示，疫情暴露了国际公共治理的短板与不足，中国的抗疫经验彰显中国国家治理的制度优势，中非合作抗疫为世界携手抗疫树立了标杆榜样。后疫情时代，中非合作尤其需要重视加强医疗卫生公共领域的交流与合作，帮助非洲提升国家治理和公共危机应对能力，助推中非命运共同体迈上新台阶。

【“双循环经济暨中非经贸合作座谈会”在江苏淮安举行】

2020 年 10 月 16 日，由中国非洲研究院和江苏淮安恩来干部学院共同举办的“双循环经济暨中非经贸合作座谈会”在江苏淮安举行。中国非洲研究院常务副院长李新烽、恩来干部学院副院长黄桂林出席了座谈会。中国非洲研究院创新工程“中国与非洲产能合作重点国家研究”项目首席研究员、中国非洲研究院南非中心主任姚桂梅在会上作了“双循环经济与中非经贸合作”的专题学术报告。中国非洲研究院社会文化研究室主任刘乃亚主持座谈会。出席座谈会的还有来自中国非洲研究院和淮阴师范学院的专家学者，以及江苏省部分企业家等。

姚桂梅对“双循环”政策及其时代背景、新冠肺炎疫情对非洲经济社会发展的影响，以及疫情对中非经贸合作的挑战等进行了系统性的分析，并据此展望了新冠肺炎疫情下中非经贸合作的新机遇。她还就进一步推动中非经贸合作的高质量发展提出了具体的对策建议。

与会的江苏省企业家结合自身企业情况，就企业在非洲国家遇到的具体问题和企业今后的发展方向等问题，与姚桂梅等专家学者进行了互动。这不仅使与会专家学者对中国企业在对非经贸活动中遇到的问题和需求有了更进一步的了解，也让企业界人士对新冠肺炎疫情给中非经贸合作造成的风险、挑战以及新机遇有了进一步的认识，增强了其在当前困难的国际环境中加强对非投资和经贸活动的信心。

座谈会使与会的产学研各方都受益良多。各方都表达了今后在中非经贸合作领域进行深度合作的强烈愿望，期待加强交流与合作，发挥各自所长，共同把中非经贸合作做实做好。

【第四届中非法学院院长论坛举行】

2020 年 10 月 18 日，第四届中非法学院院长论坛以线上线下方式举行。论坛在湘潭大学设有主会场，中国人民大学设分会场。中国法学会法学教育研究会会长、中国法学会党组成员、学术委员会主任张文显，坦桑尼亚外交和东非合作部副部长、开放大学法学院教授达玛斯·恩杜姆巴罗等在论坛开幕式上发表了致辞。

张文显在致辞时表示，在“一带一路”倡议持续推进和新冠肺炎疫情持续蔓延背景下召开此次论坛具有深远意义。在法制轨道上统筹推进各项防控工作，要坚持以人民为中心，运用法治思维和法治方式；坚持立法优先，立法、执法、司法、普法、守法、法治监督共同发力；做好法制宣传和法律服务。“一带一路”倡议高质量发展离不开法治的引领和保障。“一带一路”倡议秉承共商、共建、共享原则，强调打造开放、包容、均衡、普惠的区域经济合作架构，法治在其中发挥着极其重要的作用。达玛斯·恩杜姆巴罗在致辞时表示，坦桑尼亚和中国具有传统友好合作关系。“一带一路”倡议也是两国合作的重点。在新冠肺炎疫情持续蔓延的背景下，中非团结合作具有重要意义。希望此次论坛有助于加强中非法学界的交流与合作，协同共建中非命运共同体。王轶在致辞时表示，长期以来，中非人民守望相助，相互合作，堪称构建人类命运共同体的典范。高校应为推动中非法学界进行的沟通和交流做出新的贡献。期待中非共同努力，为中非法律教育合作树立新的样板。湘潭大学校长李伯超在致辞时对参加论坛的中外嘉宾和朋友致以诚挚的欢迎。他说，探讨“一带一路”背景下中非法律教育交流与合作，有利于密切中非人文交流，共建中非学术共同体，加强新形势下中非智库交流与合作。韩大元在致辞时表示，中非法学教育合作是世界法学教育合作的重要组成部分。中非法学院院长论坛是稳定、开放、科学、可持续的重要交流平台，在新冠肺炎疫情的持续影响下承载着特殊使命。期待论坛继续履行学术使命，为丰富世界法学教育体系做出应有贡献。

论坛由中国法学会法学教育研究会、全国法律专业学位研究生教育指导委员会主办，湘潭大学法学院、中国人民大学法学院承办，乌干达麦克雷雷大学法学院、湘潭大学中非经贸法律研究院协办。论坛主题为“‘一带一路’背景下中非法律教育交流与合作”。

中国人民大学国际交流处处长时延安、中南大学法学院院长许中缘、广东外语外贸大学法学院院长陈云良、北京大学法学院院长潘剑锋先后主持了论坛不同阶段的研讨。中非与会者聚焦疫情新形势下中非法律教育合作等问题，从中非法学教育教学方式转型和课程体系改革、法学研究领域、涉外法学人才培养、人文交流合作等方面展开深入讨论，建言献策。

2020 年是中非合作论坛成立 20 周年，在共同应对全球新冠肺炎疫情大流行的背景下，中非团结合作成为了主旋律。虽然疫情防控给中非经贸合作与人文交流带来了挑战，但也给中非法学教育和法律合作带来了新的发展机遇。在公共卫生与安全立法、社会风险防范与纠纷解决、线上教学研讨等方面，中非法学教育合作迎来了更大的合作空间。

【2020年非洲语言与文化研究国际研讨会线上举行】

2020年10月31日，由北京外国语大学非洲学院主办的2020年非洲语言与文化研究国际研讨会在线上举行，来自中国、南非、尼日利亚、乌干达、俄罗斯、法国、澳大利亚、美国的32所高校的59位专家学者参加了会议。

北京外国语大学党委常委、副校长贾文键、中国非洲研究院常务副院长李新烽、北京外国语大学非洲学院院长李洪峰分别在开幕式上致辞。贾文键表示，随着中非交流的深入，语言和文化的作用和意义进一步凸显。基于对人文交流重要性的共识，北外非洲学院应依托语言教学与国别区域研究的优势，积极搭建中非语言文化交流的平台，进一步促进中非文化交流。李新烽认为，非洲语言文化是中非人文交流的桥梁和媒介，此次会议弥补了中非人文交流的缺口，促进中国和非洲人民相互了解彼此的语言和文化。李洪峰介绍了非洲学院目前发展状况，希望依托北外非洲学院的学科和合作网络，搭建中非学术对话的多语种、多学科平台，在非洲语言文化研究的国际对话中发挥更大的作用。

主旨报告环节，北京大学国际关系学院、中国非洲史学会会长李安山教授作了题为“中非文明互鉴”的报告，他指出，中非文明具有文化和历史的相似性，中非文明将继续朝着友好互鉴的方向前行。伦敦大学亚非学院 Lutz Marten 教授在题为“高等教育教学中的非洲语言：概述和个案研究”的报告中指出，结构多样性是非洲语言的特点之一，非洲语言目前正处在复兴时期，因此应重视在高等教育教学中对非洲语言的传授。北京外国语大学非洲学院冯玉培教授在题为“斯瓦希里语文学与东非民族精神”的主旨报告中介绍了多部体现东非民族精神的斯瓦希里文学作品，强调了非洲文学和非洲文化之间的互通性。

分论坛围绕“语言与教学”“文学与社会”“文化、社会与历史”“研究生研讨专场”等主题展开，与会专家学者进行了深入交流和讨论。

北京外国语大学亚洲学院、非洲学院党总支书记许晔在闭幕式致辞，他表示，此次会议响应了习近平主席在2018年中非合作论坛北京峰会上提出的实施“人文交流行动”的号召，为推动中非文化交流与合作贡献来自北外非洲学院的力量。

此次研讨会是北京外国语大学非洲学院成立以来举办的第一次大型国际会议，有效扩大了非洲学院在学术研究领域的影响力。

【上海师范大学非洲研究中心举办第五期“殖民主义在非洲”工作坊】

2020年10月31日，上海师范大学非洲研究中心举办第五期“非洲研究工作坊”。开幕式由上海师范大学非洲研究中心副主任刘伟才副教授主持，中心主任张忠祥教授致辞。本期工作坊主题为“殖民主义在非洲”，研讨分为四个阶段。

第一阶段主题为“殖民主义与非洲”，由苏州大学郑宪副教授主持。上海师范大学非洲研究中心名誉主任舒运国教授作了题为“对非洲殖民化历史的思考”的发言。他认为，应区分“殖民地历史”和“殖民化历史”这两个概念，后者的内涵更复杂，所涉及的时间也更长。非洲殖民化历史具有外部势力强制性的特点，它不是来自非洲社会的内部发展。中国历史研究院世界历史研究所杭聪副研究员作了题为“殖民主义与非洲的发展困境”的发言。他认为，近代西方国家殖民非洲有一定的必然性，殖民使欧洲的经济文明得以确立，阶级矛盾得以缓和，而亚非拉国家的发展却受到阻碍。刘伟才副教授作了题为“传教士的多重角色及其与殖民主义的复杂互动”的发言。他认为，传教士在早期非洲探索过程中发挥了重要作用，人们往往把传教士直接等同于殖民主义者，但从传教士当时当地的具体活动而言，这一看法值得商榷。

第二阶段主题为“殖民主义与非洲的经济”，由中国社会科学院西亚非洲研究所李智彪研究员主持。湖南师范大学非洲研究中心陈晓红教授作了题为“殖民统治时期的棉花经济及其影响”的发言。她围绕殖民宗主国在非洲强制种植棉花的原因、殖民地时期棉花经济在非洲经济中所占的比重、棉花种植对世界经济的影响等几个方面展开论述，强调在非洲的棉花种植主要是为了满足宗主国的国内经济发展需求。在强迫种植的情况下，棉花种植对非洲经济影响比较大。浙江海洋大学非洲沿海国家研究中心陈金龙博士作了题为“殖民统治下坦噶尼喀的经济作物发展评析”的发言，主要围绕坦噶尼喀殖民时期的三种经济作物——棉花、咖啡、剑麻的种植及其对坦噶尼喀农业发展的影响展开论述。上海师范大学非洲研究中心博士研究生陶陶作了题为“西非法郎与法国在西非法郎区的影响力”的发言。

第三阶段主题为“殖民主义与非洲的政治”，由北京外国语大学孙晓萌教授主持。上海师范大学非洲研究中心张瑾副教授作了题为“非洲水历史的1850年代转向”的发言。浙江师范大学非洲研究院李鹏涛研究员作了题为“非洲殖民地国家的基本特征及其影响”的发言。华东师范大学历史系博士研究生徐哲和高天宜分别作了题为“坦桑尼亚独立初期公职人员非洲化研究（1961—1965）”和“革命与反革命：桑给巴尔独立前的党派斗争”的发言。

第四阶段主题为“殖民主义与非洲的文化、社会”，由舒展大使主持。孙晓萌教授作了题为“殖民主义与英属非洲殖民地的文化机制嬗变”的发言。中国历史研究院史学理论研究所黄畅作了题为“约鲁巴民族意识觉醒及其文化发展”的发言。

上海师范大学非洲研究中心博士研究生代竹君作了题为“殖民时期赞比亚铜带城镇中的临时婚姻问题”的发言。中国非洲史研究会会长李安山教授作了题为“殖民主义影响与非殖民化”的发言。他指出，狭义上的“非殖民化”主要指殖民统治终结、殖民机构解散这一历史过程，而广义上则是指从经济、历史和文化心理等方面摆脱殖民主义的遗产。就非洲国家而言，政治上的非殖民化已完成，但历史文化的非殖民化却仍任重道远，这需要社会人文科学家的长期努力。

最后，李安山教授对此次工作坊进行了总结。

【“中非合作论坛框架下的中非关系及其相关法律问题”研讨会召开】

2020 年 10 月 31 日，由云南大学国际关系研究院和云南大学非洲研究中心联合主办的“中非合作论坛框架下的中非关系及其相关法律问题”研讨会在云南大学召开。这是云南大学“构建更为紧密的中非命运共同体”系列研讨会的第三场研讨会。研讨会围绕三个议题展开。云南大学国际关系研究院党委书记张永宏研究员主持开幕式。

中共云南省委外办夏剑锋副主任在开幕致辞中回顾了云南省与非洲国家较为深厚的历史渊源。他强调云南希望能够全面参与打造更加紧密的中非命运共同体六个方面的建设，为落实中非合作“八项行动”贡献云南力量。云南大学常务副校长李晨阳研究员在开幕致辞中介绍了云南大学国际问题研究的历史与进展，分析了非洲中心的发展情况。

参加此次会议的专家学者围绕主题展开了相关讨论，主要内容如下。

一是中非合作论坛的成就、问题与前景。中国现代国际关系研究院黄昭宇研究员主持第一节的发言讨论。中国政府首位非洲事务特别代表刘贵今大使以“从亲历中非合作论坛进程看其成就、挑战与前景”为题作了发言。中国国际问题研究基金会研究员舒展大使以“中非合作论坛非洲方始终有着主动性”为题作了发言。中共湖南省委外办叶劲松副主任以“深耕对非交流与合作　打造中非合作新高地”为题作了发言。

二是百年未有之大变局下的中非关系与中非自贸区建设。云南大学非洲研究中心学术委员会主任张春研究员主持第二节的发言讨论。商务部国际贸易经济合作研究院西亚与非洲研究所副所长袁晓慧副研究员以“非洲大陆自贸区对中非经贸合作的影响”为题作了发言。上海社会科学院国际问题研究所副所长李开盛研究员以“百年未有之大变局下‘一带一路’面临的机遇与挑战：以埃塞俄比亚为例”为题作了发言。湖南师范大学非洲研究中心主任陈晓红教授以“中国—非洲经贸博览会机制建设的几点思考”为题作了发言。云南大学非洲研究中心卢凌宇教授以“中非经贸往来与中国国际金融能力建设”为题作了发言。云南大学非洲中心博士后卡斯以“论非洲自由贸易区的整合、挑战和影响”为题作了发言。

三是中国的非洲法研究与中非法律合作。湘潭大学中非经贸法律研究院院长、中国非洲问题研究会副会长洪永红教授主持第三节的发言讨论。中国非洲史研究会会长、北京大学国际关系学院李安山教授以“非洲历史上的法律观念”为题在线上作了发言。湖南师范大学法学院夏新华教授以“中国非洲法律文化研究的学术史”为题作了发言。中国非洲研究院非洲法研究中心主任朱伟东研究员以“非洲大陆自贸区的法律挑战”为题在线上作了发言。广西师范大学法学院李伯军教授以“21 世纪中国对非经贸投资的国际法保障”为题在线上作了发言。云南大学非洲研究中心主任贺鉴教授以“中非法律合作与构建中非自贸区的相关法律问题”为题作了发言。

云南大学非洲研究中心副主任梁益坚副研究员主持了补充发言阶段的讨论和闭幕式。在补充发言阶段，刘贵今大使回答了“中国对非政策能否做到‘一国一策’”的问题。

云南大学非洲研究中心主任贺鉴教授作了会议总结。

【中非智库论坛第九届会议举行】

2020 年 11 月 5 日，中非智库论坛第九届会议以线下线上方式举行。会议开幕式主场地设在北京。外交部部长助理邓励，中国非洲研究院国际顾问委员会非方主席、莫桑比克前总统希萨诺，中国社会科学院副院长蔡昉，非洲驻华外交使团团长、喀麦隆驻华大使姆帕纳出席了会议开幕式，并分别致辞。中国非洲研究院常务副院长李新烽主持了开幕式。出席开幕式的中方嘉宾还有外交部参赞周平、潘昱旻、朱克玮，中国社会科学院国际学部主任（学部委员）周弘，中国社会科学院国际合作局副局长周云帆，中国社会科学院科研局副局长郭建宏，中国非洲研究院副院长郭红，中国非洲研究院副院长王林聪，中国国际问题研究院秘书长杨易等。非方嘉宾还有 7 个非洲国家和非盟的驻华代表，分别为非洲联盟驻华代表处常驻代表奥斯曼、乍得驻华大使朱姆贝、马达加斯加驻华大使理查德、坦桑尼亚驻华使馆国防武官姆贝韦洛、加蓬驻华使馆一等参赞弗朗西斯、塞内加尔驻华使馆一等参赞恩迪亚耶、尼日尔驻华使馆二等参赞克里斯蒂安·P.、卢旺达驻华使馆一等秘书布雷吉亚。

邓励在致辞时代表中国外交部对会议的召开表示热烈祝贺，对现场的中外嘉宾以及线上参会的中非学者、朋友们致以诚挚的问候。希萨诺在致辞时表示，中非智库和学界之间的紧密互动，将会促进中非伙伴关系与合作的发展，使双方政治经济发展和互利合作取得更好的效果。中非合作论坛是中国第一个与非洲之间集体对话的平台，也使中非之间的传统友谊上升到一个新的高度。蔡昉指出，2020 年恰逢中非合作论坛成立 20 周年。本届智库论坛以“中非合作论坛 20 周年：回顾与展望”为主题，意义重大。相信本届会议将对构建人类卫生健康共同体，对全球减贫事业，捍卫和平共处五项原则，对推动中非高质量共建“一带一路”产生积极影响。姆帕纳在致辞时表示，中非合作论坛应运而生，即便那些最持怀疑和批评态度的人也认为这是一个天才的创造。姆帕纳向中非领导人致以崇高的敬意，衷心祝福中非合作论坛在未来时间里捷报频传。李新烽表示，中非合作论坛是中国与非洲友好国家于 2000 年共同发起成立的集体对话重要平台和务实合作有效机制。2020 年适逢中非合作论坛成立 20 周年。在此特殊的历史时刻，大家相聚在中国非洲研究院，一起回顾论坛不断厚植中非传统友谊土壤的光辉历程，共同展望论坛引领的中非关系行稳致远的美好前景，就共同关注的议题进行广泛深入的研讨交流，不断加强中非人文交流与文明互鉴，为构建更加紧密的中非命运共同体提供强有力的智力支撑。

会议由中非合作论坛中方后续执行委员会秘书处主办，中国非洲研究院承办，浙江师范大学非洲研究院、中国国际问题研究院、北京大学非洲研究中心协办。会议主题为“中非合作论坛20周年：回顾与展望”，下设5个分论坛，议题分别为：中非团结抗疫与公共卫生安全、“一带一路”与非洲大陆自贸区建设、中非合作应对气候变化挑战、非洲发展与中非减贫合作、和平共处五项原则与新时代中非关系。会议为期两天。

【“中非科技创新与教育合作：回顾与展望”研讨会举行】

2020年11月13日，围绕“中非科技创新与教育合作：回顾与展望”这一主题，中国常驻联合国教科文组织使团与浙江师范大学（简称浙师大）非洲研究院举行视频研讨会，中国驻联合国教科文组织使团团长杨进大使、联合国教科文组织非洲优先局局长杜越、浙师大副校长李伟建、浙师大非洲研究院院长刘鸿武等校内外相关领域专家学者50余人参加线上研讨活动。非洲研究院副院长徐薇博士主持了研讨会。

浙师大副校长李伟建简要介绍了浙师大开展中非科技与教育合作研究的情况。中国驻联合国教科文组织使团团长杨进大使致辞，并简要介绍了联合国教科文组织“非洲优先”推进情况，以及组织此次研讨会的背景与初衷。联合国教科文组织非洲优先局局长杜越介绍了联合国教科文组织对非洲工作的方式和重点领域。

在专家发言阶段，浙师大地理与环境科学学院党委书记、非洲科技问题研究中心张建珍教授，浙师大教师教育学院院长周跃良教授，浙师大杰出教授、中国风沙防治专家伍永秋教授，工学院副教授郑佳佳，浙师大国际与比较教育研究院副院长万秀兰教授，浙师大非洲研究院非洲教育研究所所长牛长松教授，浙师大教师教育学院副院长黄晓教授，浙师大非洲研究院欧玉芳博士，浙师大中非国际商学院青年教师张巧文博士，浙师大非洲研究院非洲安全与发展研究中心主任陈立博士等发言。

在自由讨论阶段，非洲研究院非洲籍学者、浙师大非洲研究院非洲教育与社会发展专业博士研究生林晨发言。

浙师大非洲研究院院长刘鸿武结合自身留学非洲经历表示，中国留学生赴非洲学习是一项长期的事业，他早年赴尼日利亚留学就是中非教科文合作的受益者。他希望在联合国教科文组织、中国、非洲国家各方共同努力下，中非人才的培养得以持续推进，有更多年轻人加入中非学术交流的行列。

浙师大非洲研究院党总支书记王珩教授作简要总结，她认为，中非教育合作要围绕“加强教科文交流合作，助力命运共同体”这一目标，进一步提升两个度：辨识度和知名度，加强三个机制建设，依托培养培训、创新创业、复工复产、文明文化“四个抓手”，启动“五彩工程”。

【首届中国非洲研究年会暨“新冠疫情下的非洲形势及走势”学术研讨会召开】

2020 年 12 月 5 日，首届中国非洲研究年会和中国非洲研究院第五届大使讲坛在北京举行。此次会议由中国亚非学会、中国非洲研究院和中国国际问题研究基金会非洲研究中心联合举办，会议分为三个阶段，第一个阶段为首届中国非洲研究年会开幕式及中国非洲研究院第五届“大使讲坛”，第二个阶段为中国非洲研究年会专家论坛，第三阶段为大会总结和闭幕式。

外交部非洲司司长、中非合作论坛后续行动委员会秘书长吴鹏在中国非洲研究院第五届“大使讲坛”上发表了“非洲形势和中非关系”主旨演讲。中国亚非学会副会长、中国非洲研究院常务副院长李新烽主持开幕式及大使讲坛。中国亚非学会前会长、首任中国政府非洲事务特别代表刘贵今，中国亚非学会会长张宏明，中国国际问题研究基金会非洲研究中心主任、中国前驻厄立特里亚和卢旺达大使舒展，中国非洲研究院副院长郭红、王林聪，中国亚非学会部分领导以及来自全国各地相关院校和机构的专家学者参加了会议。

专家论坛围绕“新冠疫情下的非洲形势及走势”，共分为六个分论坛进行，其中设有两个非洲研究青年论坛。研讨议题为：非洲国际关系的变化与新特点、中非共建“一带一路”与减贫合作和新时代的中国非洲研究等。

当代世界研究中心研究员、中共中央对外联络部非洲局前局长钟伟云，中国非洲研究院特约研究员王南，中国国际问题研究基金会非洲研究中心执行主任、中国前驻加蓬和喀麦隆大使薛金维，国务院发展研究中心民族发展研究所副所长严永添，中国国际问题研究基金会非洲研究中心主任、中国前驻厄立特里亚和卢旺达大使舒展，中国非洲问题研究会副会长、商务部国际贸易经济合作研究院研究员齐国强，西北大学区域国别研究院院长、叙利亚研究中心主任王新刚，西安外国语大学副校长党争胜，江西师范大学外国语学院行政副院长、马达加斯加研究中心常务副主任陈莉娟，重庆交通大学人文学院贝宁研究中心副主任唐娟，中国非洲研究院社会文化研究室主任刘乃亚，重庆师范大学东非研究中心主任曾雪梅分别主持了分论坛的研讨。

中国非洲研究院研究员贺文萍，中国亚非学会副秘书长、中国非洲研究院经济研究室主任杨宝荣，中国非洲研究院《中国非洲学刊》常务副主编吴传华，中国非洲研究院国际关系室主任王凤，商务部中国世界贸易组织研究会经贸咨询委员会非洲研究小组组长、中国国际问题研究基金会非洲研究中心研究员王成安，中国非洲研究院研究员李智彪，北京语言大学非洲研究中心主任李岩，商务部国际贸易经济合作研究院西亚非洲研究所所长毛小菁，中国非洲工业合作发展论坛秘书长程志刚，云南大学非洲研究中心副主任梁益坚，云南大学非洲研究中心助理研究员李湘云，中国非洲研究院副研究员袁武分别就六个分论坛的研讨情况进行了评论。

大会总结和闭幕式由中国非洲研究院副院长王林聪主持。中国亚非学会会长张宏明，中国国际问题研究基金会非洲研究中心主任、中国前驻厄立特里亚和卢旺达大使舒展，以及中国非洲研究院常务副院长李新烽分别在闭幕式上作总结发言。

在闭幕式上，中国亚非学会秘书长、《西亚非洲》编辑部主任詹世明就中国亚非学会相关工作进行了说明。《当代世界》杂志社编辑部副主任张凯，西北大学中东研究所博士后张玉友，上海国际问题研究院地区合作室主任祝鸣，浙江师范大学非洲研究院东非研究中心副主任李雪冬，北京外国语大学非洲学院非洲地区研究教研室主任王婷和中国非洲研究院田牧野博士分别汇报了六个分论坛的研讨情况。

【第五届21世纪海上丝绸之路国际智库论坛之“非洲工业化背景下中非产能合作”分论坛举办】

2020年12月12日，由广东外语外贸大学非洲研究院承办的第五届21世纪海上丝绸之路国际智库论坛的第五组平行论坛——“非洲工业化背景下中非产能合作”以线上对话的方式成功举办。

来自中国社会科学院、清华大学、中共中央党校（国家行政学院）、武汉大学、上海师范大学、上海对外经贸大学、上海国际问题研究院、浙江师范大学、广东外语外贸大学等机构的专家学者齐聚一堂，共同探讨中非产能合作的新出路。

广东外语外贸大学非洲研究院执行院长刘继森作为此次平行论坛的主持人，热烈欢迎参与会议的专家学者，并表示希望各位与会专家进行思想上的碰撞，为中非产能合作提供新思路。

中国社会科学院西亚非洲研究所李智彪研究员，武汉大学非洲研究中心主任王战教授，广东外语外贸大学非洲研究院对非贸易投资研究中心执行主任梁立俊教授，上海师范大学国际问题研究院西亚非洲研究中心张忠祥教授，上海对外经贸大学国际发展合作研究院院长黄梅波教授，中国社会科学院西亚非洲研究所非洲经济研究中心主任杨宝荣研究员，清华大学国际关系学系副主任唐晓阳教授，中共中央党校（国家行政学院）国际战略研究所的研究员钱镇教授，广东外语外贸大学非洲研究院专职研究员、浙江师范大学非洲研究院非洲经济研究所所长刘青海教授，上海国际问题研究院西亚非洲研究中心副研究员周玉渊博士，广东外语外贸大学非洲研究院专职研究员陈玮冰博士等进行了演讲。

与会专家根据自身多年的非洲研究、非洲实地的经验为听众带来了思想上的饕餮盛宴。特别是在2020年新冠肺炎疫情肆虐全球的大背景下，非洲的债务危机问题、工业产能不足、粮食安全危机等问题进一步恶化，专家学者通过主题汇报的方式为非洲进行“诊脉”，并认为目前非洲的状况既是危机也是机遇，中非双方应该凭借各自的比较优势，进行产业上的优势互补，尽快解决非洲亟待解决的问题，创造双方共同发展的合作模式。

【第二届“大航海时代与21世纪海上丝绸之路”海峡两岸学术研讨会】

2020年12月16日，第二届“大航海时代与21世纪海上丝绸之路”海峡两岸学术研讨会在厦门举办。此次会议为国台办年度对台重点交流项目，来自海峡两岸诸多机构的100余位专家学者通过线上线下相结合的方式参会。中国社会科学院副院长、中国历史研究院院长高翔，厦门市海沧区政协主席曹放，中华郑和学会理事长王敬辉，中国郑和研究会副秘书长、江苏郑和航海文化基金会副理事长赵志刚分别在开幕式上致辞。中国非洲研究院常务副院长、中国社会科学院西亚非洲研究所所长李新烽主持开幕式。

北京大学考古文博学院教授秦大树、上海郑和研究中心主任时平、纽约两岸历史文化研究中心主任汤锦台、中国非洲研究院研究员张永蓬、厦门大学新闻传播学院副教授陈经超、中国科学院海洋研究所研究员郑一钤六位专家分别作主题演讲。李新烽主持了主题演讲环节。

此次研讨会是在新冠肺炎疫情仍然肆虐全球、两岸局势面临严峻挑战的背景下举行的。海峡两岸专家学者围绕“郑和下西洋与‘21世纪海上丝绸之路’”“新冠肺炎疫情下‘21世纪海上丝绸之路’的机遇和挑战”“闽台合作参与‘一带一路’建设”三个分议题进行深入研讨，取得丰富成果。

议题一：郑和下西洋与“21世纪海上丝绸之路”。第一时段由古今书廊总监、中华郑和学会常务理事赖进义主持，福建省龙岩市新罗区文联主席（退休）张永和评议。第二时段由江苏省海洋文化专业委员会主任赵志刚主持，中华郑和学会理事长王敬辉评议。

议题二：新冠肺炎疫情下“21世纪海上丝绸之路”的机遇和挑战。第一时段由《西亚非洲》常务副主编、编审安春英主持，玉林师范学院副教授冯宏维评议。第二时段由湖北黄冈师范学院新闻学院教授潘是辉主持，集美大学教授曲金良评议。

议题三：闽台合作参与“一带一路”建设。第一时段由中国非洲研究院经济研究室主任、研究员杨宝荣主持，厦门大学新闻传播学院副教授陈经超评议。第二时段由莆田学院教授张孝铭主持，西北大学跨文化研究院院长、副教授王晨佳评议。

研讨会闭幕式由中国非洲研究院《中国非洲学刊》常务副主编兼编辑部主任吴传华博士主持。台湾淡江大学整合战略与科技中心研究员罗庆生、中国国际问题研究院助理研究员马汉智和西安交通大学讲师、中国社会科学院大学研究生院博士研究生曾珠分别对三个分议题的讨论情况进行了汇报总结。古今书廊总监、中华郑和学会常务理事赖进义和中国非洲研究院常务副院长、中国社会科学院西亚非洲研究所所长李新烽分别致辞。

第二届“大航海时代与21世纪海上丝绸之路”海峡两岸学术研讨会由中国非洲研究院、中国社会科学院台港澳研究中心、厦门市海沧区台商投资区管理委员会共同主办，厦门市石室书院（海峡两岸交流基地）承办，台湾中华郑和学会协办。

● 学术机构要闻

【《中国非洲学刊》创刊】

2020年4月9日，在中国非洲研究院成立一周年之际，“中非学界学习贯彻习近平主席致中国非洲研究院成立贺信一周年”视频座谈会成功举行。会议有两大议程：一是学习贯彻习近平主席致中国非洲研究院成立贺信精神；二是《中国非洲学刊》创刊号发布会。

中国社会科学院副院长、中国非洲研究院院长蔡昉出席座谈会，发表了题为“胸怀两个大局　发展中非关系”的致辞，并为《中国非洲学刊》创刊号揭幕。社会科学文献出版社社长谢寿光出席座谈会，与蔡昉院长一起为《中国非洲学刊》创刊号揭幕。中国非洲研究院常务副院长、《中国非洲学刊》主编李新烽主持座谈会与发布会。

中国非洲研究院副院长郭红、王林聪，赞比亚大学孔子学院赞方院长、“一带一路”联合研究中心主任桑德·恩加兰德，云南大学国际关系研究院党委书记、非洲研究中心研究员张永宏，南非中非交通战略研究所研究员王于晨，上海师范大学非洲研究中心主任张忠祥，尼日利亚拉各斯大学孔子学院阿代特罗·班沃博士，中国非洲研究院国际关系室副主任刘中伟等中非专家学者代表会同中国非洲研究院全体同事和离退休同志，中国社会科学院研究生院西亚非洲系的全体同学，以及社会科学文献出版社相关部门负责人，共90余人通过视频参加了座谈会，并见证了《中国非洲学刊》创刊号发布会。

中国社会科学院副院长、中国非洲研究院院长蔡昉表示，习近平主席在2018年9月中非合作论坛北京峰会开幕式主旨讲话，以及2019年4月9日致中国非洲研究院成立的贺信中，擘画了新时代中非关系的发展蓝图，阐释了中国与非洲各国进行广泛合作的行动方案，指明了中非文明互鉴、学术和智库资源合作的方向，对非洲研究者提出了为促进中非关系发展、构建人类命运共同体贡献力量的殷切希望。

中国非洲研究院常务副院长、《中国非洲学刊》主编李新烽表示，经国家新闻出版署批复，《中国非洲学刊》正式创刊。这是中国非洲研究院贯彻落实习近平主席贺信精神的一大行动，是中国非洲研究院着力发挥传播窗口作用的一项举措。

社会科学文献出版社社长谢寿光发表讲话表示，创办《中国非洲学刊》既是贯彻落实习近平主席致中国非洲研究院成立贺信精神的重要举措，也是贯彻落实习近平总书记在哲学社会科学工作座谈会上讲话精神的具体体现，有利于全面加强非洲研究的学科体系、学术体系和话语体系建设。

《中国非洲学刊》常务副主编吴传华介绍了刊物创办情况。

经国家新闻出版署批复，《中国非洲学刊》刊号为CN10-1698/C，由中国社会科学院主管，中国非洲研究院主办，社会科学文献出版社为第二主办方和出版方，中文版系季刊。2020 年《中国非洲学刊》出版了两期。

【浙江师范大学非洲研究院格特大使在南非报纸发文《新冠疫情与中国——巨人不会停下脚步》】

2020 年 5 月 17 日，浙江师范大学非洲研究院南非资深外交家、南非籍前驻外大使格特·格勒布勒在南非发行量最大的阿非利卡语报纸 Rapport 上发表评论文章，分析中国召开全国“两会”后的经济态势和对外政策，表示期待中国在全球治理中扮演更重要角色。

文章说，召开“两会”是中国今年政治议程中的重要事件，代表委员们将广泛讨论中国的政治、经济和社会事务以及对外关系。从中国国内来看，尽管疫情给中国经济发展带来了一定影响，但中国经济发展具有强大韧性和内在稳定性，随着一系列强有力的财政政策和货币政策出台，“中国经济复苏速度将令许多人感到惊讶!”中国在世界经济中发挥着至关重要的作用，中国经济复苏将有助于缓解疫情对全球经济造成的冲击。中国抗击疫情的成效得到了国际社会普遍赞扬。随着中国国内疫情防控形势转好，中国政府和企业正向全世界特别是非洲抗疫提供全面援助和经验分享。新冠病毒是全人类共同的敌人，携手抗击疫情才是当前最重要的任务。美国执意挑起病毒起源调查，并企图向中国“索赔”，不仅不合法理，在国际社会也不得人心。中国一直在促进世界和平与发展、应对气候变化、维护多边主义等国际关键问题上发挥着建设性作用，与美国政府在这些问题上的立场形成了鲜明对比。中国在国际社会上持续发挥负责任大国作用，预计疫情过后国际社会将进一步密切与中国的关系，巩固双边和多边合作。

尽管近期部分别有用心的势力企图将中国对在华非洲人采取防疫措施污蔑为“种族歧视”，但中非关系并未受到一时一事的干扰。预计中国“两会”将继续秉持人类命运共同体理念，为“一带一路”倡议和中非友谊提供强有力的支持，相信中非之间出色的互利合作也将帮助非洲走出疫情带来的“至暗时刻”，非洲期待中国在全球治理中扮演更重要角色。

【中国非洲研究院出版“中国脱贫攻坚调研报告”】

2020 年是中国全面建设小康社会宏伟目标的实现之年，也是中国脱贫攻坚战的收官之年。经过多年的努力，中国已探索出具有本国特色的减贫道路。中国的精准扶贫思想不仅具有丰厚的理论深度，更有生动的实践维度。中国的精准扶贫经验不是抽象的归纳，而是具体实例的凝练，它源于中国 832 个贫困县的减贫实践。正基于此，中国非洲研究院组织国内减贫问题相关研究专家撰写了 12 本中国脱贫攻坚调研报告，包括一部主报告——《中国的脱贫之路》，以及延安篇、秦巴山区篇、定西篇、临夏篇、盐池篇、通辽篇、湘西篇、恩施州利川篇、黔东南州岑巩篇、临沧篇、喀什篇共11个贫困地区或贫困县的典型案例，挖掘总结并提炼出具有共通性的中国脱贫经验与启示，以期为非洲国家治国理政、减贫与发展提供可资借鉴的外部经验。

2020年9月29日，中国脱贫攻坚调研报告新书发布会暨中非减贫合作与发展研讨会以线下线上方式举行。活动主场地设在北京。中国社会科学院副院长、中国非洲研究院院长蔡昉，全国政协副秘书长、中非友好小组副组长郭军，中国社会科学出版社社长赵剑英，陕西省社会科学界联合会主席甘晖，英国帕斯国际出版有限公司执行总裁保罗·高丁分别在新书发布会上致辞。郭军、赵剑英、甘晖和中国非洲研究院副院长郭红共同为中国脱贫攻坚调研报告新书揭幕。中国非洲研究院常务副院长李新烽主持新书发布会。中国脱贫攻坚调研报告新书的作者、译者代表分别在研讨会上发言。分别是中国社会科学院农村发展研究所研究员吴国宝，云南社会科学界联合会党组成员余炳武，中国非洲研究院研究员姚桂梅，西安交通大学马克思主义学院教授燕连福，《西亚非洲》常务副主编、中国非洲研究院研究员安春英，西北师范大学商学院院长张永丽，西北大学外语学院副教授陈汉良和中国非洲研究院安全研究室副主任邓延庭等。中国非洲研究院副院长王林聪主持了研讨会，并对研讨会作总结。全国各地有关院校和研究机构的专家学者等共计60余人参加了这次活动。

“中国脱贫攻坚系列调研报告”荣获由中国扶贫发展中心和全国扶贫宣传教育中心组织的“习近平总书记关于扶贫工作的重要论述学习研究成果征集活动”优秀奖，李新烽、刘琪洲、王南撰写的《中国脱贫攻坚调研报告——湘西篇（中英文）》荣获“习近平总书记关于扶贫工作的重要论述学习研究成果征集活动”一等奖。

此外，“中国脱贫攻坚系列调研报告”出版后形成传播力与影响力。2020年10月15日，湖北省恩施土家族苗族自治州利川市在北京举办扶贫成果交流活动，恩施州常委、利川市委书记沙玉山，中国国新控股有限责任公司党委书记、董事长周渝波出席活动并致辞，《中国脱贫攻坚调研报告——恩施州利川篇》成为此次活动宣传推介的重要材料。2020年12月，电子科技大学西非研究中心一行到岑巩县档案馆开展扶贫宣传书籍《中国脱贫攻坚调研报告——黔东南州岑巩篇》捐赠活动，中共岑巩县委副书记（挂职）谢继华，县委常委、县委办主任张明建等出席活动。此次捐赠的书籍用于贵州省岑巩县的扶贫宣传和教学等活动，有中英文两个版本共200册。岑巩篇调研报告，被电子科技大学青年先锋队作为全国扶贫典型案例先后6次在全国分享交流，帮扶成效方面的调研报告被《教育部简报》刊发，获中央电视台等央级媒体报道56次，产生单篇点击量过亿次的宣传效果，在社会上引起了广泛影响。

【浙江师范大学非洲研究院非洲安全与发展研究中心成立】

2020年10月16日，浙江师范大学

非洲研究院举办浙江师范大学非洲研究院非洲安全与发展研究中心成立仪式暨中非安全与发展研讨会。来自南非、马里、尼日利亚、索马里、喀麦隆和中国等国的20多位高级外交官和专家学者参与了论坛，涵盖中国石油、中国电建、英国G4S Hill & Associates等企业一线和中国国际问题研究院、人大重阳金融研究院、宁夏大学中国阿拉伯研究院、中国现代国际关系研究院、中共中央对外联络部、中国人民警察大学、上海外国语大学、云南大学、中共上海市委党校等科研院所的专家学者各抒己见，贡献智慧。

浙江师范大学非洲研究院院长刘鸿武在揭牌仪式上致辞，祝贺浙师范大学非洲研究院非洲安全与发展研究中心成立，为非洲安全与发展研究中心的特聘顾问、研究员颁发证书。刘鸿武院长指出，自疫情暴发以来，非洲的安全局势和中非合作面临新的严峻的挑战，中国国家治理的有效性在抗击疫情中得到了广泛的认可。在安全和发展两者结合的有效性方面，中国为非洲国家和世界提供了方案。

研讨会以“中非安全与发展的机遇、挑战和措施”为主题，与会的中非学者围绕中非安全与发展合作、中非命运共同体、新冠肺炎疫情下非洲中资企业安全形势、国有企业在非洲安全与发展中发挥的作用、非洲可持续发展与粮食安全等议题展开深入研讨与交流。

在研讨会环节，15位发言嘉宾贡献了众多重要议题，包括“新冠疫情影响下非洲中资企业面临的安全形势及应对措施”“国有企业如何在非洲安全与发展中更好地发挥作用”“非洲粮食安全与职业技术教育”“东非地区安全形势与中国—东非发展合作中的挑战与机遇”“总体国家安全观视阈下的中非安全合作”“疫情下非洲安全局势变化对当地华人影响”等。

徐薇作总结，她感谢与会代表真诚的观点分享，指出会议在多方面达成共识，中非发展与合作受到全球疫情与单边主义的挑战，非洲国家仍然面临严峻的安全与发展问题，中非安全与发展要继续坚持中非合作论坛框架，维护国际发展与合作的多边主义。中国对非洲国家的安全与发展起到至关重要的作用，中国政府和企业在全球新冠肺炎疫情下积极帮助非洲国家抗击疫情、恢复生产；将中国发展与非洲国家发展战略紧密结合，实现中非命运共同体的可持续发展与互利共赢。

【《非洲黄皮书：非洲发展报告 No. 22（2019—2020）》发布会举行】

2020年11月24日，由中国社会科学院西亚非洲研究所（中国非洲研究院）和社会科学文献出版社主办的《非洲黄皮书：非洲发展报告 No. 22（2019—2020）》发布会在京召开。该年度《非洲发展报告》的部分作者、相关政府职能部门和在京非洲学界的代表及10多家新闻媒体的记者，共计约50人与会。新闻发布会在中国社会科学院西亚非洲研究所（中国非洲研究院）举行。

发布会由《非洲发展报告》主编张

宏明研究员主持，中国社会科学院西亚非洲研究所副所长、中国非洲研究院副院长王林聪和社会科学文献出版社总编辑杨群出席发布会并致辞。出席发布会的还有该年度《非洲发展报告》主要编创人员詹世明副研究员等。

该年度《非洲发展报告》的4位撰稿人进行了发言：中非发展基金研究发展部总经理郝睿介绍当前非洲经济形势和中非经贸合作走势；中国现代国际关系研究院非洲研究所副所长黎文涛副研究员介绍了非洲政治、安全形势及其走势；中国社会科学院西亚非洲研究所姚桂梅研究员介绍了非洲经济形势及其走势；中国社会科学院西亚非洲研究所刘中伟副研究员介绍了非洲国际关系的特点及其走势。中国外交部非洲司舒展大使、中共中央党校国际战略研究院罗建波教授先后就该年度《非洲发展报告》发表评论。

该年度《非洲发展报告》由主报告、分报告、专题报告、热点问题、对外经济联系和文献资料六部分内容构成。作者分别来自中国社会科学院西亚非洲研究所（中国非洲研究院）、商务部国际贸易经济合作研究院、云南大学国际关系研究院和非洲研究中心、中非发展基金、中国现代国际关系研究院非洲研究所、中国国际问题研究院发展中国家研究所、浙江师范大学非洲研究院、上海师范大学非洲研究中心和华东政法大学政治与公共管理学院等多家科研院所或职能部门。

【“携手中非你我他——共筑中非友谊桥”活动举行】

2020年11月27日，由中非发展基金、全国青联和北京大学非洲研究中心联合举办的在华非洲留学生座谈联谊活动在中非发展基金总部成功举行。出席活动的嘉宾包括中非发展基金宋磊董事长、中非发展基金周超副总裁、全国青联国际部副部长潘颖婷女士、北京大学非洲研究中心秘书长许亮博士、副秘书长程莹博士以及近20位来自北京大学和中非发展基金的青年代表。座谈中，青年代表们畅所欲言，结合自身的留学经历和职业发展规划讨论中非发展的机遇和挑战，并提议加强中非发展基金与在华非洲留学生的交流，促进中非青年共筑中非友谊的桥梁。

活动分为两个环节。第一环节为参观环节，中非发展基金戴星伟先生带领北京大学的师生们参观了中非发展基金的总部大楼。在挂满非洲各国照片的纪念走廊上，戴星伟先生热情地介绍了每张照片背后的故事，特别是中非发展基金参与投资建设的合作项目，并积极解答同学们的提问，气氛十分热烈。

第二环节为讨论环节。讨论开始之前，中非发展基金向嘉宾们展示了一段介绍基金概况的视频。随后，中非发展基金董事长宋磊先生致辞。他表示这次联谊会的意义重大，中非发展基金怀着真诚的心态与非洲留学生进行沟通与交流。他强调中非友谊源远流长，中非要促进发展与合作，加强交流，互通有无，这样才能完善发展事业，擦出进步火花。这次中非共同抗击疫情也体现出中非合作的密切程度和重要性。他希望这次联谊活动能够成为一次开始并期待今后能举办更多类似的联谊活动。最后，他祝愿非洲留学生在北京大学学习顺利，也希望其能走出校园感受中国文化和时代的步伐。全国青联国际部副部长潘颖婷女士表示，虽然疫情的扩散和蔓延给世界带来重大损失，但是中非合作的水平却不断提升。她期盼中非能够搭乘中非发展基金的快车，寻找复兴的新路径。北京大学非洲研究中心秘书长许亮也表达了对这次联谊会的期待，他首先简略介绍了北京大学非洲研究中心的概况，希望能帮助中国青年了解非洲，并且为北京大学非洲留学生骄傲。

主持人还邀请了 7 位非洲留学生进行自我介绍和发言。北京大学非洲留学生联谊会主席 Ssewajje Hassan 首先发言。Hassan 先生来自乌干达，他表达了对中非发展基金的感谢，认为这次联谊会是中非友谊在新时代的一次缩影。他也呼吁非洲留学生在华期间努力奋斗，一起行动，为非洲大陆的发展做出贡献。其他 6 位非洲留学生随后也依次表达了自己的观点，他们都表达了对中非合作以及日后中非青年交流活动的期待，希望中非发展基金能增强与自己国家的合作力度。座谈会也邀请了中非发展基金的青年代表和北京大学中国学生代表进行发言。他们在发言中都表达了希望通过加强中非青年之间的交流促进中非合作。

【电子科技大学西非研究中心携手留学生共抗疫情】

新冠肺炎疫情蔓延全球各地，疫情防控已成为全球常态化。疫情期间，电子科技大学西非研究中心在学校、政府的疫情防控统一领导下，积极协助并采取各项有效措施开展疫情防控工作，有效保障了来华留学生的身体健康和生命安全。与此同时，中心时刻关注来华留学生的思想动态，对其进行健康向上的思想教育和心理疏导沟通。

在电子科技大学西非研究中心的有序组织下，留学生见证了中国在抗击疫情方面体现的特色与成效。来自加纳的留学生 Enoch Amoah 赞赏中国的抗疫举措：“中国在面临如此严重疫情的情况下，及时采取了紧急遏制病毒扩散的措施，中国人民也一直严守纪律，遵守政府的一切遏制措施，这有力保护了中国人民。中国的做法也让我们感受到一个国家在政府领导与人民合作之间良好配合所能取得的成就。”来自摩洛哥的留学生 Fatima Salhane 介绍了摩洛哥抗击疫情采取的具体措施，并感激学校为其提供了在线课程教育，而使学业未因疫情而被耽误：“在这次全球新冠肺炎疫情中，中国有关方面不仅在我的大学而且在其他省份开设了‘在线教学课’，采取了富有创造性的行动。中国政府表现出的勇气和责任感非常令人敬佩。”来自马达加斯加的留学生 Soafiavy Mampihempa Junior 也对线上学习表达了感谢之意：“在网上学习真的是一件好事，在这种艰难的时期，我要向学校的老师和工作人员表示感谢，他们坚守自己的岗位并承担责任，在这抗击疫情的关键时刻，以这样的方式和努力让我们感到温暖和安全。”

此外，西非研究中心着眼于西非国

家发展的现实问题和需要，本着搭建高水平的国际学术交流平台的理念，在由人民网和环球时报社联合主办的环球网（https：//www. huanqiu. com）开设了“西非漫谈”栏目，定期发表关于西非国家（但不局限于西非国家）相关研究的文章。环球网是中国领先的国际资讯门户，其凭借着高知名度、高权威性的媒体平台传递中国声音，也是公众获取和分享信息资讯的重要平台。“西非漫谈”栏目的开设旨在为广大从事对西非工作和西非问题研究的科研、教学、外事、经贸、新闻、出版等领域工作人员和有关西非国家的公司、企业界人士等提供一个交流平台，以促进对西非问题的研究，推动中非友好关系的发展。疫情期间，中心专门在“西非漫谈”栏目刊发了抗击疫情专稿，共计发表 11 篇抗击疫情专稿、3 个抗击疫情视频。其中，专稿及视频来源于就读于电子科技大学的来自于加纳、贝宁、摩洛哥、吉布提、马达加斯加等国的留学生。通过“西非漫谈”栏目发表的抗击疫情专稿，留学生们纷纷介绍各自祖国抗击疫情的最新情况，同时还对学校开展的网络在线教学、“停课不停学”的办学方式和对留校学生无微不至的关怀与照顾表示了赞赏和感激，表达了对中国以及世界各地共同抗击并战胜疫情的衷心祝愿。电子科技大学西非研究中心创办的“西非漫谈”栏目在中非共同抗疫期间起到了稳固民心、坚定信念的纽带作用，给予了留学生充分的表达空间，向全球人民展现了中非患难相扶、风雨同舟的深厚情谊以及中国积极抗击疫情的决心和实力，同时还体现了我国高校及教育研究机构面对疫情发展变化的积极应对和创新与实践相结合的工作思路，对推动留学生教育发展有着重要意义。

（吴传华编纂）

第十一篇

年 度 大 事

本专栏分为“2020年非洲地区大事记”和“中非关系大事记”两部分。每部分以时间为“经”进行编排；若同一时间点有两件或两件以上大事，则按照先选用非洲地区或国家（按照中国地图出版社的地区或国家排序为准）内部事件，再论述其对外关系以此为“纬”进行编排。

● 2020年非洲地区大事记

1月

1月4日　埃及苏伊士运河管理局主席奥萨马·拉比在新闻发布会上表示，2019年18880艘船舶通过苏伊士运河，总净重12亿吨，运河收入达到创纪录的58亿美元，增长了1.3%。

1月4—6日　南非国家电力公司实施了2020年的首次限电令，全国共减少2000兆瓦的电力供应。

1月6日　由外交部部长、总统政治顾问、总统经济顾问组成的厄立特里亚代表团，参加了在沙特阿拉伯首都利雅得举行的红海和亚丁湾沿岸阿拉伯和非洲国家部长级会议。

1月7日　世界卫生组织在刚果（金）首都金沙萨发表声明称，2019年以来该国已有超过6000人死于麻疹。

欧盟外交与安全政策高级代表和英国、法国、德国、意大利等国外长在比利时首都布鲁塞尔商讨利比亚局势。会后发表联合声明，强调外部干预正在加剧利比亚危机，而军事手段不能化解这一危机。

1月8日　摩洛哥与日本举行第五届摩日混委会。会议期间，双方共签署3项合作文件：一是关于投资保护与促进的协议，二是关于避免双重征税和预防偷税漏税的协定，三是关于日本经济社会发展计划项下向摩监狱管理机构捐赠设备的换文。

1月10—11日　索马里总统穆罕默德·阿卜杜拉希·穆罕默德对厄立特里亚进行工作访问。访问期间，两国总统举行会谈，就双边关系进展及两国关注的区域问题进行了广泛交流。

1月13日　法国总统马克龙与萨赫勒五国集团领导人在法国举行峰会，重申加强国际军事合作、共同打击该地区恐怖主义的重要性。

1月14日　埃及议会批准总统塞西日前签署的总统令，将全国范围的紧急状态再次延长3个月，这标志着埃及全国范围内的紧急状态已延续近3年。

1月14—15日　摩洛哥和土耳其举行两国自贸协定第五届混委会，双方强调在互利合作的基础上，共同加强经贸和友好关系。

1 月 19 日　利比亚问题柏林峰会在德国举行，来自 12 个国家的领导人或高官以及联合国等 4 个国际组织的领导人参会。与会各方同意以政治方式而非军事方式解决利比亚问题，遵守对利比亚的武器禁运，共同促使利比亚冲突各方将停火转化为长久和平。习近平主席特别代表、中共中央政治局委员、中央外事工作委员会办公室主任杨洁篪出席峰会。

据摩洛哥《晨报》报道，摩洛哥穆罕默德六世国王正式签署“2020—2027 年饮用水和灌溉水供应国家计划”相关法案，确定了项目执行的条件和模式，旨在通过建造大坝优化水供给、管理农业水资源需求、加强农村地区饮用水供给、利用废水处理灌溉绿地、加强公众节水宣传等方式确保该国用水安全，应对气候变化影响。

1 月 21 日至 2 月 10 日　第 33 届非盟峰会系列会议在亚的斯亚贝巴举行。此届峰会主题为“消除枪支，为非洲发展创造有利条件”，会议聚焦非盟在解决非洲区域冲突方面的作用以及落实非盟《2063 年议程》等议题。解决冲突、聚焦发展成为众多与会代表共同关注的话题。2 月 9 日，中国国家主席习近平向会议致贺电。

1 月 22 日　为期 3 天的英国非洲投资峰会在伦敦闭幕，此次峰会旨在加强英国与非洲国家的经济伙伴关系。

1 月 26—28 日　土耳其总统埃尔多安对阿尔及利亚、冈比亚及塞内加尔进行国事访问。

1 月 27 日　厄立特里亚、埃塞俄比亚和索马里三方峰会在厄立特里亚首都阿斯马拉举行。此次三方峰会是对此前在厄立特里亚阿斯马拉（2018 年 9 月）和埃塞俄比亚巴赫达尔（2018 年 11 月）举行的峰会的后续行动。峰会结束后，三方发表了联合公报。《2020 年及今后联合行动计划》重点放在巩固和平稳定安全及促进经济社会发展这两个相互交织的目标上。三方还同意加强努力促进有效的区域合作。在安全方面，三国领导人制定了全面计划以应对面临的共同威胁，包括恐怖主义、武器和人口贩运及毒品走私。关于经济社会发展，三方同意应优先调动丰富的人力和自然资源，建立、更新和联通其基础设施，并发展生产和服务行业。

1 月 31 日　联合国安理会决定延长对中非共和国的武器禁运，同时也延长了协助相关制裁委员会专家小组的任期。根据决议，针对中非共和国和平与稳定的破坏者，国际社会的制裁措施将延长半年（至 2020 年 7 月 31 日）。所有联合国成员国应继续避免向中非共和国提供、售卖或转运武器和相关设备；避免为该国提供有关的技术、资金和培训等援助。

2月

2 月 5 日　据冈比亚《旗帜报》报道，冈比亚国家石油公司与马来西亚国家石油公司近日签署了加强能力建设领域合作的谅解备忘录。

利比里亚总统府官网宣布，总统府颁布第 98 号总统令，继续对以海关商品税则号为 10063000、10064000 的进口大米给予免税待遇，以减轻民众负担。

2 月 6 日　美国总统特朗普和肯尼亚总统肯雅塔宣布，就两国双边贸易协定展开正式会谈。

2 月 6—12 日　国际货币基金组织代表团访问乍得，考察乍得经济财政状况。

2 月 9 日　西共体国家在第 33 届非盟峰会期间举行国家元首和政府首脑特别会议。会议讨论了几内亚比绍局势、西共体单一货币和尼日利亚关闭边境等问题。

2 月 11 日　埃及中央公众动员和统计局大楼外悬挂的居民人口实时计数器上的数字首次上升至 9 位数，埃及由此成为全球第 14 个人口过亿国家。

几内亚总统孔戴赴沙特阿拉伯王国首都利雅得，对沙特进行正式访问。

2 月 14 日　埃及确认该国出现首例新冠肺炎病患，该病患也是非洲大陆第一例确诊病例。

2 月 16 日　赞比亚—土耳其经济联委会会议在卢萨卡举行。

2 月 17 日　厄立特里亚总统伊萨亚斯应邀前往沙特阿拉伯首都利雅得，对该国进行为期三天的工作访问。两国元首讨论了非洲之角和该地区的最新形势，并强调与红海和亚丁湾沿岸阿拉伯和非洲国家理事会在促进和扩大各领域合作方面的重要性和作用。

2 月 18 日　联合国安理会通过第 2510 号决议，谴责利比亚暴力冲突加剧，要求利比亚冲突各方达成持久停火协议。决议还要求各成员国执行对利比亚武器禁运，避免军事介入利比亚冲突或采取加剧冲突的其他行动。

2 月 19 日　白俄罗斯总统亚历山大・卢卡申科访问埃及。访问期间，两国签署了 4 项协议及谅解备忘录，内容包括建立两国政治对话高级别委员会、关于大学和研究生教育合作计划、两国央行间的谅解备忘录以及在海关领域相互支持的合作协议。

2 月 20 日　佛得角政府和联合国签署了 2020 年联合工作计划。计划预算总计 1750 万美元，旨在帮助佛得角实现可持续发展。

2 月 25 日　埃及内阁媒体中心宣布，2018/2019 财年（2018 年 7 月至 2019 年 6 月）埃及经济增长率达到 5.6%，实现了 11 年来最高的经济增幅。

卢旺达《新时代报》报道，卢旺达议会正式批准 2019/2020 年度财政预算，该财年预算为 30171 亿卢郎（约 32 亿美元），其中国内收入为 18901 亿卢郎，主要来源为税收收入。

尼日利亚疾病控制中心称，截至 2 月 25 日，尼日利亚近期暴发的拉沙热疫情已导致 103 人死亡。

2 月 27 日　撒哈拉以南非洲地区首个新冠肺炎确诊病例在尼日利亚出现，系一位来尼日利亚旅行的被感染后无症状的意大利男子。

3月

3月5日　冈比亚总统巴罗出席班桑水文中心揭幕仪式。该中心由全球环境基金资助，由联合国开发计划署实施，旨为政策制定者和技术专家提供有关水资源信息，推动该国水资源的有效管理和可持续开发。

3月6日　中部非洲国家银行与世界货币基金组织宣布，第二轮经济结构和财政改革计划于2020年内启动，世界货币基金组织将通过提供中期优惠贷款，帮助地区国家实现经济增长目标，减少贫困。

3月9日　埃塞俄比亚交通部发布了发生在2019年3月10日的埃塞航空“ET302航班”空难中期事故调查报告。报告显示，空难由波音“737 MAX”飞机的设计缺陷导致，而非航空公司及飞行员的操作失误。

3月10—12日　第二届冈比亚—塞内加尔总统理事会会议在达喀尔举行，冈比亚总统巴罗和塞内加尔总统萨勒出席会议，并就双边合作、非洲、次区域有关事务和卢旺达问题等双方共同关心事项深入交换了意见。

3月13日　南苏丹总统基尔在与主要反对派领导人马沙尔经过多轮谈判后，宣布组建过渡联合政府。

欧盟委员会发布欧盟对非洲关系新战略，规划欧盟和非洲双方未来战略合作重点。这份政策文件提议，欧盟应该与非洲全面发展关系，建立五大伙伴关系——绿色发展能源过渡伙伴关系、数字化转型伙伴关系、可持续增长与就业伙伴关系、和平与治理伙伴关系、移民与流动性伙伴关系。文件提出欧盟加强与非洲在十大领域的合作，涉及绿色发展、数字转型、经济一体化、营商环境、科研创新培训、冲突解决、社会治理、人道主义援助、移民管理等。

3月16日　尼日尔国防部宣布，尼日尔军队于3月15日晚在尼东南部迪法省击毙至少50名极端组织“博科圣地”武装分子。

3月20日　尼日利亚中央银行宣布结束2016年6月以来的复汇率制度，推行单一汇率制度，同时官方汇率由306调升至360，投资和出口窗口汇率由366调升至380。

联合国难民署日前发起2.9亿美元的募捐活动，呼吁关注和援助布隆迪难民。2015年，布隆迪因政治危机引发国内冲突，导致数百人死亡，约50万人被迫逃离家园。

3月21日　马达加斯加总统拉乔利纳签署法令，决定自当日起马达加斯加全境进入公共卫生紧急状态。

3月23日　根据卢旺达国家统计局发布的数据，2019年该国国内生产总值（GDP）增长9.4%，其中农业贡献24%、工业贡献18%、服务业贡献49%，其余

9%来源于税收。

塞内加尔总统萨勒发表全国电视讲话，宣布自3月24日零时起国家进入紧急状态和实行晚8点至次日早6点宵禁措施，直至疫情缓解。

3月24日　刚果（金）总统齐塞克迪通过国家电视台发表全国讲话，宣布刚果（金）因新冠肺炎疫情进入国家紧急状态。

3月25日　马里总统凯塔宣布，马里从3月26日零时起进入国家卫生紧急状态。

安哥拉总统洛伦索发布总统令，宣布安哥拉将于3月27日零时起进入紧急状态，以应对新冠肺炎疫情。

3月27日　冈比亚总统巴罗发表电视讲话，宣布即日起全国进入公共紧急状态，为期1周，并同时向国民议会申请本轮公共紧急状态到期后顺延1周。

3月28日　佛得角总统丰塞卡宣布，受新冠肺炎疫情影响，全国将从3月29日起进入为期20天的紧急状态。

3月30日　莫桑比克总统纽西宣布，为应对新冠肺炎疫情，该国将从4月1日起进入全国紧急状态，为期30天。

4月

4月1日　埃及央行发布最新报告，称2019年埃及旅游业收入达130.3亿美元，创历史新高。埃及2018年、2017年、2016年和2015年旅游业收入分别为118亿美元、78亿美元、25亿美元和61亿美元。

4月6日　尼日利亚政府针对新冠肺炎疫情出台财政刺激政策，主要内容包括：实施特殊公共工程；将海关缉私大米用于赈灾；申请世行专项贷款；向国际金融机构寻求69亿美元预算资金；增加联邦医护工作者的风险津贴；设立新冠肺炎疫情危机干预基金；暂停偿还贷款；削减2020年预算规模；了解公司诉求。

4月8日　埃塞俄比亚部长会议（内阁）召开紧急会议，为防止新冠肺炎疫情在埃塞蔓延，宣布自本日起该国进入紧急状态。

利比里亚总统维阿发表全国网络电视讲话时宣布，自4月10日周五晚11：59分起，国家进入为期3周的紧急状态，紧急状态可持续更新至新冠肺炎疫情危机解除。

4月13日　苏丹卫生紧急事务高级委员会决定，从4月18日起在喀土穆州实施为期3周的全面宵禁。

4月14日　埃塞俄比亚政府发布一项与联合国粮农组织及其他机构共同完成的评估报告，称严重蝗灾已在埃塞境内破坏了约20万公顷的农田，造成的谷物损失超过35.6万吨，多达130万公顷牧场受到波及，近100万人需要紧急粮食援助。与此同时，东非多个国家也正面临不断扩散的蝗灾威胁。

东非共同体秘书处发表声明，称东共体已完成抗击新冠肺炎疫情的应急计划，并将根据区域形势制定东共体复苏战略。

乍得总统代比发表全国电视讲话，呼吁民众谨慎、团结、冷静抗击疫情，并宣布实施总规模 9430 亿中非法郎（约 15.7 亿美元）的经济民生领域防疫配套措施。

4 月 16 日　非盟、粮农组织、世界粮食计划署、欧盟、世界银行、45 个非洲国家部长级官员就联合抗疫共同举行视频会议。

4 月 18 日　非盟网站发布了非盟委员会、非洲进出口银行、非洲冠军计划和联合国非经委就疫情期间实现全面协调的贸易和投资达成的联合公报。

4 月 19 日　阿尔及利亚官方通讯社《阿通社》报道，阿尔及利亚 2019 年经济增长率为 0.8%。

4 月 22 日　埃及总统塞西出席新苏伊士运河隧道落成典礼。

莫桑比克总统纽西批准并公布该国 2020 年度国家预算（OGE）以及经济和社会发展计划（PES）。预算法案包括 3454 亿梅蒂卡尔（约合 51 亿美元）的支出；受新冠肺炎疫情影响，国内生产总值（GDP）增长由 4.0% 下调至 2.2%；全年平均通胀率由 4.4% 提高至 6.6%（2019 年为 2.8%）；外汇储备可支付 5.8 个月的商品和服务进口，但不包括大型项目进口；出口预计较 2019 年下降 6.5%。

4 月 23 日　南非总统拉马福萨宣布，南非将自 5 月 1 日起把防控级别从目前的五级降至四级，即允许在采取特殊防控举措的前提下恢复部分经济活动。

4 月 28 日　利比亚民族团结政府指责东部“国民军”武装领导人哈夫塔尔发起“新政变”。此前一天，哈夫塔尔在电视讲话中宣布，“国民军”正式接管利比亚政权，2015 年达成的《利比亚政治协议》无效，所有由此产生的政治机构均“不再合法”。

5 月

5 月 1 日　摩洛哥就业与职业安置大臣穆罕默德·阿姆克拉兹发表讲话，称 2019 年摩洛哥的失业率由 2018 年 9.5% 降至 9.2%。

5 月 3 日　多哥当选总统福雷在首都洛美宣誓就职，开始其第四个总统任期。

厄立特里亚总统伊萨亚斯离开阿斯马拉前往埃塞俄比亚，与埃塞总理阿比举行为期两天的峰会。峰会期间，两国领导人讨论了双边关系、抗击新冠肺炎疫情、蝗虫威胁以及其他区域发展重要问题。

5 月 5 日　尼日尔国防部称，尼日尔与尼日利亚联军 5 月 3 日在尼日尔东南部迪法省击毙至少 50 名极端组织“博科圣地”武装分子。

5 月 6 日　国际货币基金组织批准了总计 12.3 亿美元的援助资金计划，帮助肯尼亚和乌干达应对新冠肺炎疫情对经济发展造成的影响。乌干达获得 4.915 亿美元，肯尼亚获得7.39亿美元。

5月8日　马达加斯加中央银行发布马经济形势分析报告称，受新冠肺炎疫情影响，预计2020年马达加斯加经济增长率为1.2%，较疫情前预期值调低4.3个百分点。

5月9日　由法国主持召开的“苏丹之友”视频会议闭幕，22个国家政府和国际机构的代表参会，讨论如何帮助苏丹应对疫情下的经济危机。欧盟会上宣布将向苏丹提供4.6亿欧元的一揽子经济援助。

5月10日　埃塞俄比亚总统萨赫勒－沃克与比利时国王菲利普通话，交流抗击新冠肺炎疫情经验。

5月11日　新一届马里国民议会举行议会选举后的首次全体会议，马里联盟党议员穆萨·廷比内当选马里国民议会议长。

5月12日　卢旺达、肯尼亚、乌干达和南苏丹通过电视会议举行东非共同体国家四国元首协商会议。会议呼吁各成员国一致抗疫，鼓励各国生产抗疫物资、农民积极生产，呼吁建立统一的病毒检测和信息共享机制，同时提出解决卡车司机过境措施。

5月14日　埃塞俄比亚总理办公室发布埃塞经济领域抗疫计划。

美国国际开发署与埃塞俄比亚签订2.3亿美元援助协议，旨在推动埃塞卫生、农业、教育、经济和政府理政等领域取得长远发展，重点通过私营经济发展带动埃塞经济成功转型，促进埃塞早日成为中等收入国家。

5月17日　世界银行批准向埃及提供5000万美元紧急援助资金，旨在加强对埃及新冠肺炎疫情大流行的预防、发现和应对。

5月19日　莱索托首相托马斯·塔巴内发表全国电视讲话宣布辞职。

5月20日　肯尼亚卫生部部长卡圭宣布，首都内罗毕伊斯特利区和蒙巴萨老城的出入禁令延长至6月6日，关闭商场餐馆、禁止沿街兜售的管控措施也持续至6月6日。

5月21日　莱索托政府宣布第四届联合政府宣誓就职。宣誓仪式在马塞卢皇宫举行，21名内阁部长、8名副部长参加了此次宣誓就职仪式。莱索托国王莱齐耶三世、莱索托新任首相穆凯齐·马乔罗、驻莱外交使团、莱国会议员等作为见证人出席了此次宣誓仪式。

5月23日　肯尼亚总统肯雅塔发表声明称，肯尼亚政府将推出规模达537亿肯尼亚先令（约合5.03亿美元）的经济刺激计划，以帮助国内企业和居民抵御新冠肺炎疫情所带来的负面影响。

5月24日　厄立特里亚总统伊萨亚斯通过电视直播节目发表独立日讲话，重点阐述了厄特政府对疫情防控、国内发展和国际形势的观点。

5月25日　埃塞俄比亚外交部和水、灌溉与能源部举行会议，向欧美国家常驻埃塞大使通报了复兴大坝建设以及埃塞、苏丹、埃及三方谈判的有关进展。

布隆迪国家独立选举委员会公布的初步结果显示，布隆迪执政党保卫民主全国委员会—保卫民主力量总书记恩达伊希米耶在总统选举中获胜。在7名总统候选人中，恩达伊希米耶赢得68.72%的选票，反对党全国自由大会候选人鲁瓦萨以24.19%的得票率排名第二；执政党赢得国民议会100个投票选举席位中的72席，全国自由大会赢得27席，争取民族进步统一党赢得1席。

5月28日　阿尔及利亚政府发布新闻公告，决定把全国施行宵禁的期限延长至6月13日，以抗击新冠肺炎疫情的蔓延。

5月29日　南部非洲发展共同体召开部长级电话会议，讨论新冠肺炎疫情造成的经济影响。

6月

6月3日　喀麦隆总统保罗·比亚签署总统令，对2020年喀麦隆政府财政法进行调整。受疫情影响，喀麦隆政府预算从49517亿非郎下调至44090亿非郎，下降11%。其中，石油预算收入调整为2867亿非郎，比原预算4680亿非郎下降39%。

世界银行表示将向埃及提供5000万美元贷款，帮助埃及实施紧急医疗措施并增强其经济韧性。国际货币基金组织执行董事会也批准向埃及提供约27.7亿美元贷款援助，帮助埃及应对疫情的冲击。

6月4日　利比亚民族团结政府军方宣布已控制整个首都的黎波里，东部武装“国民军”已从首都地区全部撤离。

6月9日　布隆迪政府发表声明，布隆迪总统恩库伦齐扎6月8日因心脏病在中东部卡鲁济省一所医院逝世。声明说，布隆迪将从9日进入为期7天的全国哀悼期。根据布隆迪宪法，布隆迪国民议会议长尼亚本达将暂时履行总统职责，领导本届政府，直至当选总统、执政党保卫民主全国委员会—保卫民主力量总书记恩达伊希米耶8月就职。

6月10日　埃塞俄比亚总理阿比与世界经济论坛主席博尔格·布伦德举行视频会议，探讨新冠肺炎疫情对世界经济的影响及未来复苏之道。

6月11日　埃塞俄比亚政府出台未来十年发展规划，主题为“埃塞俄比亚：非洲繁荣的一盏灯塔”。埃塞总理阿比表示，该十年计划旨在创造以经济增长为基础的平等；提高生产力和竞争力；建设绿色和环保的经济；实施机制转型；确保妇女与年轻人享有公平和平等的机会；确保私营部门推动增长。

6月14日　尼日利亚军方发表声明说，极端组织“博科圣地”武装分子于6月13日袭击了尼东北部博尔诺州一处村庄，军方在交火中打死20名武装分子。

6月17日　埃及国际合作部部长爱尔玛沙特宣布，非洲开发银行批准了2.25亿欧元的贷款，以资助埃及的电力和绿色增长支持计划，促进可持续发展并减轻气候变化对埃及的影响。

6月18日　布隆迪新一届当选总统埃瓦里斯特·恩达伊施米耶在布隆迪的政治首都基特加宣誓就职。

联合国大会各成员国在联合国纽约总部进行第二轮投票，选举出肯尼亚作为最后一个2021年至2022年度安理会非常任理事国。

世界银行批准向几内亚政府提供1090万美元的赠款，用于帮助几内亚抗击疫情。

6月19日　几内亚总统孔戴签发总统令，改组政府内阁。萨易德被任命为几内亚邮政、电信和数字经济部部长。萨易德宣布未来几内亚在电信领域的六大主要任务：使“几内亚光纤骨干网公司”真正实质性运作，走上正轨；使“几内亚电信公司”真正实质性运作，走上正轨；“非洲海岸至欧洲海底光纤电缆”归属于几内亚部分的海底光纤电缆，开发其52%的能力；将几内亚现有的4000多公里光纤骨干网与西非地区邻国的光纤骨干网互联互通；人才培训，充分挖掘和使用好几内亚电信部现有的人力资源；使几内亚邮政公司满血复活，在数字化时代重新注入活力，发挥其作用。

6月21日　埃塞俄比亚外交部部长安达加乔夫拒绝了埃及将复兴大坝争端提交联合国安理会的呼吁。

6月22日　美国总统特朗普与法国总统马克龙通电话讨论利比亚问题，一致认为迫切需要在利比亚实现停火，利比亚各方应迅速恢复谈判。

联合国贸易和发展会议发布《2020年世界投资报告》，称2019年埃及仍为非洲最大的外国直接投资净流入国，流入量同比增长10.7%，达90亿美元。

6月25日　厄立特里亚总统伊萨亚斯抵达苏丹，进行为期3天的工作访问。伊萨亚斯总统与苏丹总理哈姆多克就双边和区域问题进行了讨论。

欧盟、德国、苏丹过渡政府和联合国共同主办“苏丹伙伴关系”视频会议，超过50个国家和国际组织参加会议。40个西方国家和阿拉伯国家承诺提供18亿美元支持苏丹经济改革计划，世界银行和国际货币基金组织承诺支持苏丹融入国际金融体系。

6月27日　马拉维选举委员会公布大选计票结果，马拉维大会党领导人拉扎勒斯·查克维拉在总统选举中获胜。

6月30日　埃及国际合作部表示，埃及和美国国际开发署（USAID）商定了五个未来项目，总价值1.05亿美元，项目涉及的领域为：在经济和社会上支持妇女权利、使政府服务自动化和数字化、搬迁到新行政首都、经济法院以及发展最贫穷的省份。

7月

7月3日　佛得角总理席尔瓦主持召开佛得角可持续发展议程“2030雄心计划”发布会。席尔瓦总理表示，该计划将挖掘国家内生动力，重点开发海洋经济、可再生能源、水资源调配和数字经济。

7月5日　厄立特里亚总统伊萨亚斯抵达埃及，进行为期3天的工作访问。访问期间，伊萨亚斯总统和埃及总统塞西就双边关系和地区局势进行了广泛讨论。

7月6日　萨赫勒五国集团峰会在毛里塔尼亚首都努瓦克肖特举行。与会各方同意将加强现有军事合作，继续打击恐怖主义。参加此次峰会的除萨赫勒五国集团——尼日尔、乍得、毛里塔尼亚、布基纳法索和马里等国总统外，法国总统马克龙，以及联合国、欧盟、非盟和法语国家组织也派代表参加了此次会议。

7月7日　埃及中央银行（CBE）发布数据，埃及的外汇储备增加了约22亿美元，到2020年6月底达382亿美元，而2020年5月为360亿美元。

几内亚与法国签署合作协议。根据协议，法国援外署向几内亚政府提供3700万欧元的经济援助赠款，帮助几方抗击疫情以及发展教育。

7月8日　埃及塞西总统批准了2020年第84号法，该法规定了2020/2021年经济和社会发展计划的总体目标——名义总资源价值（以现行市场价格计）为80367亿埃镑，名义GDP为68317亿埃镑，实际GDP增长率为3.5%。

几内亚国家电视台宣读总统令。根据总统令，几内亚政府新成立“国防和国家安全项目特别委员会”。该委员会直属总统府管辖。委员会的职能是：研究、落实、审批、选择确定实施企业、监管所有涉及国防和国家安全的项目。

7月9日　埃塞俄比亚与世界银行签署价值为2.5亿美元的融资协议。作为世行对埃塞“增长和竞争力发展政策性融资”计划的补充，该协议包括1.25亿美元贷款和1.25亿美元无偿援助。

为回应加快政治改革和过渡进程的呼吁，苏丹过渡政府总理哈姆杜克着手改组内阁，更换了财政、外交、能矿、农业、交通、畜牧和卫生7位部长。

佛得角总统丰塞卡签发建立圣文森特岛海洋经济特区法令。

7月11日　坦桑尼亚执政党革命党通过决议，推举党主席、现任总统约翰·马古富力为坦桑尼亚联合共和国总统候选人。

7月15日　突尼斯总理法赫法赫向总统赛义德递交辞呈。

7月16日　埃塞俄比亚与法国签署两项总金额为2000万欧元的无偿援助协议。其中一项协议金额1200万欧元，将用于埃塞国家宫第一阶段改造和开放。另一项协议金额为800万欧元，将用于支持埃塞农业转型机构的农业发展项目，推动埃塞中小微型农业企业进行经济模式多样化发展，提高生产力，为实现可持续经济发展创造有利条件。

7 月 18—19 日　埃塞俄比亚总理阿比对厄立特里亚进行工作访问。访问期间，双方就双边关系和区域发展进行了广泛讨论，同意进一步加强两国全面合作，并同意共同努力加强非洲之角区域合作，两国领导人还就抗疫和蝗灾等问题进行了讨论。

7 月 20 日　厄立特里亚总参谋长菲利波斯率厄特军事代表团访问苏丹。菲利波斯会见了苏丹总参谋长穆罕默德·奥斯曼·侯赛因。

7 月 23 日　埃塞俄比亚与日本签署 1360 万美元的抗疫援助协议，将用于采购医疗设备帮助埃塞遏制新冠肺炎疫情。

7 月 24 日　坦桑尼亚前总统本杰明·姆卡帕去世。

7 月 25 日　索马里议会发起不信任投票，总理哈桑·阿里·海尔遭不信任投票被罢免。议会罢免总理的理由主要是海尔政府未能有效确保国家安全。

7 月 30 日　埃及宣布近日与阿拉伯货币基金组织（AMF）签署了 6.39 亿美元的贷款协议，旨在应对新冠肺炎疫情并支持埃及公共金融部门改革，帮助减轻新冠肺炎疫情全球大流行的经济和金融影响。

8 月

8 月 6 日　毛里塔尼亚总统乌尔德·加祖瓦尼颁布总统令任命穆罕默德·比拉勒为毛里塔尼亚新总理，接替早些时候辞职的伊斯梅尔·西迪亚。

南非议会通过法案，从 8 月 1 日起重启“非法枪支特赦”行动，以减少在社会上流散的非法枪支弹药，改善南非治安环境。

8 月 7 日　鉴于隶属于一家日本公司的货船“若潮”号在毛里求斯东南海域发生船体破裂，造成大量燃油泄漏，该国政府宣布毛里求斯进入“环境紧急状态”。

8 月 10 日　在非盟斡旋下，埃塞俄比亚、埃及和苏丹三国日前就“复兴大坝”问题开启新一轮谈判。

南部非洲发展共同体第 40 届首脑峰会举行视频会议，会议主题为“建设和平与安全 40 年，促进发展、增强韧性以应对全球挑战”。会上，坦桑尼亚向莫桑比克移交主席国职位。

8 月 12 日　塞内加尔石油和能源部、财政和预算部宣布，决定免征 22 个用于生产和使用太阳能、风能和沼气能的可再生能源设备 18% 的增值税。

8 月 13 日　根据非洲疾病预防控制中心数据，截至 8 月 11 日，非洲地区新冠肺炎确诊病例累计超过 105 万例，其中治愈病例超过 74 万例。

尼日利亚与印度签署和平开发利用外太空备忘录。

8 月 15 日　埃及总理马德布利抵达喀土穆，开始对苏丹进行为期 1 天的访问。访问期间，两国总理就“复兴大坝”等问题举行会谈。

8 月 18 日　马里发生军人哗变，总统凯塔和总理西塞被扣留在军营。凯塔于当晚在电视讲话中宣布辞职，并解散政府及议会。事件发生后，联合国、非盟、欧盟、西非国家经济共同体（西共体）等表示谴责，并呼吁尽快恢复马里宪法秩序。西共体 18 日晚发布公报，取消马里的成员国身份、关闭成员国与马里的边境、冻结成员国与马里的一切资金往来。

8 月 25 日　埃及众议院批准新《海关法》草案，该法案允许加快通关速度、扩大清关代理人的权力，并提高对逃税的处罚。

8 月 31 日　苏丹过渡政府与苏丹境内反政府武装联盟在南苏丹首都朱巴签署和平协议，以结束各方长达 17 年的敌对状态。南苏丹总统基尔主持签字仪式，苏丹主权委员会主席布尔汉、过渡政府总理哈姆杜克等出席。协议内容涉及安全、权力分配、反政府武装解散并纳入政府军等多个方面。

世界卫生组织非洲区域办事处宣布，非洲地区目前已根除野生脊髓灰质炎病毒。

9 月

9 月 1 日　尼日利亚外长奥尼亚马和印度外长苏杰生举行视频会议，之后发表联合公报，强调将加强两国双边关系，特别是在经济发展、贸易和投资、反恐、国防和几内亚湾周边海洋安全方面加强合作。

9 月 2 日　突尼斯新任总理希沙姆·迈希希及所有内阁成员在突尼斯总统府宣誓就职。

9 月 3 日　埃及总统塞西在开罗与到访的欧盟外交与安全政策高级代表博雷利举行会谈，双方就利比亚局势、巴以问题等进行了讨论。

9 月 5 日　利比里亚政府发布国家援助和非政府组织政策，主要目标是提高援助有效性、调动援助多方协调性、增加援助产出可见性、促进非政府组织合作紧密性，为该国政府和开发伙伴在官方开发援助管理上提供参考服务。

9 月 7 日　利比里亚上线首个电子支付服务平台（TipMe），可为个人及企业客户提供移动钱包、在线代金券购买、账单支付、在线国际汇款、商业服务、薪资支付、电子商务等功能。

9 月 9 日　埃塞俄比亚与联合国签署《2020—2026 年联合国可持续发展合作框架》。此框架以埃塞十年发展计划和本土经济改革议程中的发展优先事项为基础，总预算 71 亿美元，用于指导埃塞所有发展干预措施的总体规划和实施，以支持联合国《2030 年可持续发展议程》。

9 月 10—12 日　马里全国政治磋商会议在马里首都巴马科举行，由哗变军人成立的全国人民救赎委员会和约 500 名马里各政治派别代表参加。

9 月 12 日　乌干达和坦桑尼亚签署东非 1445 公里输油管道建设协议。管道将联通2006年发现的乌干达油田和坦桑尼亚海岸，建设费用预计为35亿美元。

根据马里全国政治磋商会议通过的《过渡宪章》，前外交和国际合作部部长莫克塔·瓦内被任命为过渡总理，其将负责组建一个最多由25名成员组成的过渡政府。

9月15日　世界银行批准8000万美元援款支持埃塞俄比亚农业发展。援款主要用于埃塞政府提高农业生产力，帮助小农户对接市场。

9月16日　埃及进出口控制总局（GOEIC）发表月度报告，称2020年1—8月埃及非石油出口达160亿美元，同比下降4.7%，而上年同期为167.52亿美元。

几内亚总理卡索里·福法纳出席“几内亚数据中心”项目的启动仪式。

9月17日　佛得角政府公报发布第69/2020号政令，成立圣文森特岛海洋经济特区办公室，其总部设在明德卢市，主要负责特区的规划落实、管理和宣传。

9月19日　布隆迪新任总统恩达伊施米耶开始对坦桑尼亚进行国事访问。访问期间，两国领导人一致同意继续加强双边经济联系，推动交通、矿业、安全等领域的合作与发展。

9月20日　苏丹主权委员会主席布尔汉出访阿联酋。

9月25日　马里过渡总统巴·恩多宣誓就职，正式开启18个月的马里政治过渡期。

9月28日　几内亚总理卡索利·福法纳出席1万套社会安居房项目的奠基启动仪式。

博茨瓦纳议会通过总统莫克维齐·马西西将原定于10月2日结束的国家紧急状态延长6个月的议案。

9月30日　德国和埃塞俄比亚签署1亿欧元无偿援助协议，用于助力埃塞应对新冠肺炎疫情。

10月

10月1日　肯尼亚总统乌胡鲁·肯雅塔在法国进行国事访问。

10月3日　苏丹过渡政府同国内主要反对派武装联盟“苏丹革命阵线”在南苏丹首都朱巴正式签署全面和平协议。

10月7日　刚果（金）总统费利克斯·齐塞克迪发起大湖区安全峰会视频会议。卢旺达总统保罗·卡加梅、乌干达总统约韦里·穆塞韦尼和安哥拉总统若昂·洛伦索参加了此次峰会。各方讨论了刚果（金）东部地区武装暴力背景下的安全和外交问题。

马拉维总统拉扎勒斯·查克维拉开始对坦桑尼亚进行为期3天的国事访问。访问期间，两国总统举行会晤表示，希望进一步加强双边关系，特别是两国之间的贸易合作。

10 月 8 日 世界银行批准向苏丹提供 4 亿美元，支持其过渡时期的经济改革。

10 月 9 日 埃及政府日前批准了 44 亿埃镑（1 美元约合 15.7 埃镑）、涵盖 375 个农村社区的综合治理投资项目，重点改善关乎民众日常生活的基础设施建设。

10 月 10 日 几内亚总统孔戴出席几内亚首都科纳克里国际机场新候机楼项目的奠基仪式。

10 月 12 日 厄立特里亚总统伊萨亚斯抵达季马市，开始对埃塞俄比亚进行为期 3 天的工作访问。访问期间，两国领导人就进一步加强双边关系、巩固地区合作进行了广泛的磋商，并同意深化双方的全面合作。伊萨亚斯还在埃塞总理阿比陪同下访问了尼罗河上的“复兴大坝”项目。

10 月 14 日 利比里亚参议院审议通过众议院审批后提交的利比里亚政府 2020/2021 财年预算，总预算约为 5.701 亿美元。

10 月 15 日 南非总统拉马福萨向南非议会两院联席会议提交经济重建和复苏计划并发表讲话。

英国与科特迪瓦缔结一项新的经济伙伴关系临时协定，取代了之前在欧盟支持下签署的另一项协定。科特迪瓦政府 12 月批准了该临时协定。该协定与“科特迪瓦—欧盟经济伙伴关系协定”内容相同，旨在于科特迪瓦和英国之间建立一个自由的贸易市场。

10 月 19 日 埃塞俄比亚总理阿比当日表示，埃塞 2019/2020 财年国内生产总值（GDP）增长率为 6.1%。

在联合国斡旋下，利比亚联合军事委员会第四轮会谈在瑞士日内瓦启动。

10 月 20 日 布隆迪和卢旺达两国外交部部长在边境举行会晤，并发表共同声明。两位部长讨论了两国之间现有的分歧，并强调了“关系正常化的共同需要”，双方同意不久后再次举行会晤。

韩国向埃塞俄比亚捐赠 50 万美元抗疫医疗物资。

10 月 22 日 纳米比亚财政部部长希米在国会发布本财年中期预算评估报告，并宣布财政领域改革措施。改革措施包括：推出“经济增长和复兴计划”；通过推动公私合营吸引私人投资，改善投资环境；削减政府开支；国有企业改革；加强社会安全网建设；税收改革；等等。

10 月 24 日 几内亚全国独立选举委员会公布总统选举初步计票结果显示，现任总统、执政党几内亚人民联盟候选人阿尔法·孔戴赢得本次总统选举。

10 月 25 日 塞舌尔选举委员会主席丹尼·卢卡斯通过电视讲话公布总统选举结果，该国反对党领袖、塞舌尔民主联盟候选人韦维尔·拉姆卡拉旺获得总选票的 54.9%，在选举中胜出。

苏丹外交部发表声明，宣布苏丹正式启动与以色列的经济和商业往来。

10 月 26 日 埃及总统塞西签署总统令，将在全国范围内实施的紧急状态自即日起再次延长3个月。根据该总统令，埃及安全部队将采取必要措施应对恐怖主义威胁，切断恐怖组织的资金来源，维护国家稳定与安全。

赞比亚政府内阁会议批准了《非洲大陆自由贸易协定》。

法国和马里政府在巴马科签署五项合作协议，总金额为1.4亿欧元，内容协议涉及电网连接、通水、农业支持、增强妇女权能和社会保护方案。

苏丹和以色列已达成关系正常化协议，两国官员将在未来几周会晤，讨论农业、贸易、航空和移民等领域的合作协议。

10月28日　塞内加尔总统马基·萨勒签署四项法令，解散其政府。

10月29日　南苏丹与苏丹政府签署了关于提供军事训练、促进和平与发展以及解决有争议的阿卜耶伊边界问题的谅解备忘录。作为该协议的一部分，两国于10月30日在边境沿线开放了10个入境点，以促进两国之间的贸易。

联合国秘书长利比亚问题代理特别代表、联合国利比亚支助特派团负责人斯蒂芬妮·威廉姆斯宣布，利比亚民族团结政府和东部武装力量“国民军”签署停火协议，决定从10月23日起在利比亚全境实行“完全和永久”停火。停火协议是利比亚联合军事委员会日前在日内瓦举行第四轮会谈期间达成的。

英、德两国与埃塞政府共同成立一项基金，旨在帮助埃塞纺织服装产业应对新冠肺炎疫情带来的影响，基金初始投资额为650万美元。

10月30日　坦桑尼亚国家选举委员会宣布，执政党革命党候选人、现任总统约翰·马古富力在总统选举中获胜，赢得连任。

利比里亚总统维阿出席在利比里亚马吉比州罗伯茨国际机场举行的利比里亚孤星航空公司成立启动仪式。

11月

11月1日　阿尔及利亚就宪法修正案举行全民公投，并于次日获得通过。

11月3日　肯尼亚与英国签署一项战略经济伙伴关系协议（EPA），并宣告两国经贸合作进入新纪元。双方在贸易投资便利化措施、共同原产地规则和产品标准等方面达成一致。英国向肯尼亚保证，将支持肯政府的“四大议程”项目和《肯尼亚2030年愿景》发展方案。

科特迪瓦独立选举委员会公布总统选举初步计票结果，现任总统、执政党“乌弗埃民主和平联盟”统一党候选人瓦塔拉在总统选举中获胜。

南非总统拉马福萨近日宣布一项总额1万亿兰特（1美元约合16.3兰特）的经济复苏计划，拟通过大规模基础设施投资带动就业和经济恢复。

11月4日　“提格雷人民解放阵线”武装人员袭击了位于埃塞俄比亚北部的提格雷州的国防军基地，并试图抢夺军方的重武器。埃塞俄比亚部长理事会同日决定在提格雷州实施为期6个月的紧急状态。此后，埃塞中央政府与提格雷人民解放阵线部队一直处于敌对状态。

11月4—5日　法语国家组织常设理事会举行第112次会议，会议宣布布隆迪正式重新加入法语国家组织。在布隆迪回归后，法语国家组织将全面恢复与布隆迪的多边合作关系。

11月5日　南非总统拉马福萨正式成立总统国有企业委员会，国有企业的定位是促进国家经济发展和转型的有效工具。

11月8—11日　联合国常务副秘书长阿米纳·穆罕默德率领联合国高级代表团对尼日利亚进行访问，之后还访问了尼日尔、塞拉利昂和加纳。访问期间，代表团与四国政府和有关各方商讨疫后重建工作。

11月10日　国际移民组织在联合国网站上发表一份声明称，自10月底以来，由于乍得首都恩贾梅纳水位突然上升，约有11500人被迫迁移。

11月11日　尼日利亚信息和文化部长宣布，尼日利亚政府已经批准加入非洲大陆自由贸易区。

法国总统马克龙向科特迪瓦总统阿拉萨内·瓦塔拉发贺电，祝贺其再次当选科特迪瓦总统。

11月12日　加纳前总统杰里·约翰·罗林斯去世，享年73岁。加纳现任总统纳纳·阿库福·阿多宣布，全国降半旗7天，以示哀悼，总统和副总统也将在此期间停止竞选活动。

乍得政府通过一项宪法修订草案。草案的主要内容为设立一个副总统职位，建立一个两院制议会，重新设立审计法院，重组经济、社会和文化委员会，等等。

11月13日　摩洛哥众议院通过2021年财政法案。2021年摩施政将围绕三大主题：一是促进国民经济复苏；二是推进全民社保覆盖；三是优化政府治理能力。

坦桑尼亚总统马古富力在第12届议会会议上发表重要讲话，阐述新一届政府工作重点。马古富力总统在讲话中表示，该国新一届政府将继续完善宏观经济和货币政策，保证所有经济指标、利率、通胀率和坦桑先令价值保持稳定。

11月16日　喀麦隆政府正式对外公布2020—2030年国家发展战略（SND30），计划未来10年喀麦隆经济年平均增长率5.6%，贸易赤字占GDP的比重从2018年的6%降到2030年的低于3%。该战略优先发展工业，计划将第二产业占GDP的比重从2018年的28.2%提高到2030年的36.8%，工业制成品占出口的比重从2015年的26.3%提高到2030年的54.5%。

津巴布韦总统姆南加古瓦代表政府发布“五年发展蓝图”，被称为“国家发展战略第一阶段”的蓝图。它将取代自2018年实施至今的“过渡时期稳定计划”，自2021年开始实施，到2025年结束。根据发展规划，津政府为未来五年设定了多个发展目标，包括：经济每年增长5%、创造76万个就业岗位、继续加大对农业和矿业的投资、控制通货膨胀率等等。

俄罗斯总统普京批准了俄罗斯政府提交的关于在苏丹境内建立海军物资保障点的方案。方案规定，该物资保障点的建立有利于维护地区和平与稳定，具有防御性质，不针对任何其他国家，主要负责舰船维修、物资补给、船员休息等工作；驻扎的俄军人数不能超过300人，同一时间停泊的俄军舰船不能超过4艘。

11月17日　阿尔及利亚国民议会以绝对多数通过《2021年财政法》。

第三届南非投资大会在约翰内斯堡拉开帷幕，南非总统拉马福萨主持会议。

11月18日　乌干达反对党——民族团结纲领党总统候选人罗伯特·基亚古拉尼·森塔穆在东部卢卡区参加总统竞选活动时因违反防疫规则而被捕，这一事件引发暴力抗议活动。

11月20日　芬兰与埃塞签署1840万欧元无偿援助协议，旨在支持埃塞水、环境卫生和个人卫生项目第五阶段的实施。

11月24日　联合国难民署发表声明说，由于埃塞俄比亚北部提格雷州持续不断的军事冲突，截至11月23日已有41193名埃塞俄比亚难民逃离提格雷州前往邻国苏丹避难。

11月25日　喀麦隆政府向议会提交2021年财政法草案，总预算收入48652亿非郎（比2020年增长2325亿非郎），其中一般预算收入46700亿非郎（2020年为44090亿非郎），特别账户收入1952亿非郎（2020年为2237亿非郎）。

11月26日　布基纳法索国家独立选举委员会宣布，现任总统罗克·马克·克里斯蒂安·卡博尔在总统大选中赢得了58%的选票，将继续担任布基纳法索总统。

11月28日　埃塞俄比亚总理阿比·艾哈迈德宣布，提格雷地区的军事行动已经成功完成，政府军已控制了提格雷首府默克莱。

11月29日　索马里政府指控肯尼亚干涉其选举，召回驻肯大使，并驱逐了肯尼亚驻索马里大使。

12月

12月2日　根据非洲联盟恐怖主义研究与调查中心的数据，从2020年1月至8月，非洲发生了1168起恐怖袭击，与2019年同期的982次袭击相比，增加了18%。

12月4日　美国总统特朗普下令撤出美国驻索马里的700名士兵。对此，美国国防部发布声明称，此次撤军并不意味着美国军事力量将就此撤离非洲。美国仍将致力于维护同非洲国家的合作关系，共同打击极端暴力组织。

12月5日　坦桑尼亚总统马古富力宣布新内阁成员，新内阁由23个部门的部长组成，保留了70%上一任期的部长，新成立了通信和信息技术部。

12月7日　布隆迪总统瓦里斯特·恩达伊希米耶接见了欧盟驻布隆迪大使克劳

德·博丘并举行会谈。

12 月 8 日　厄立特里亚外交部部长奥斯曼和总统政治顾问耶迈尼率厄特代表团在苏丹首都喀土穆会见了苏丹主权委员会主席布尔汉。双方重点讨论了埃塞俄比亚当前的事态发展及其对区域和平与稳定的影响。双方还同意加强双边关系，推动区域合作。

英国和肯尼亚正式签署双边贸易协定。新的贸易协定旨在保障两国贸易的连续性，确保在英国于 12 月 31 日正式退出欧洲关税同盟后，肯尼亚可以在向英国出口特定商品时继续享受免关税、免配额限制的优惠待遇。

坦桑尼亚与韩国签署总额 3 亿美元的优惠贷款协议，以支持坦桑尼亚的多个发展项目，以及减少坦桑尼亚政府的财政赤字。

12 月 9 日　坦桑尼亚政府新一届内阁和部长在首都多多马宣誓就职，马古富力总统发表讲话。

加纳选举委员会公布总统选举结果：现任总统阿库福 - 阿多获得有效投票数的 51.595%，成功获得连任。

12 月 11 日　尼日利亚西北部卡齐纳州一所寄宿中学遭武装分子袭击。

12 月 14 日　索马里政府宣布，由于肯尼亚“侵犯其主权，干涉其内政”，索马里政府决定与肯尼亚断绝外交关系。

美国政府正式将苏丹从“支持恐怖主义国家”名单中除名。

12 月 15 日　厄立特里亚总统伊萨亚斯在总统府会见来访的沙特阿拉伯外交大臣费萨尔率领的代表团。双方就双边关系和关注的地区问题进行了广泛对话。

12 月 17 日　乍得总统代比主持召开内阁会议，审议通过 2021 年度财政法案。2021 年，财政预算收入 10980 亿中非法郎（不含国际援助），同比下降 3%；预算支出 12471.53 亿中非法郎（不含应偿债务），同比增长 4%；预算赤字 1490 亿中非法郎。乍得政府将通过融资、国际援助及内债等方式弥补赤字。

赞比亚总统伦古宣布启动 2020—2023 年“经济复苏计划”。该计划的主题是“通过宏观经济稳定性、经济多元化和债务可持续性，恢复经济增长和保障民生”。

12 月 21 日　利比里亚总统乔治·维阿签署第 103 号总统令，颁布一系列措施，巩固第 96 号总统令成果，并继续刺激利经济增长。第 103 号总统令与第 96 号总统令颁布措施基本保持一致，涉及取消进口许可证、豁免因审计或检查未及时缴纳关税及房地产税导致的罚金等等。

尼日利亚国民议会通过了 2021 年预算案，将总额从提议的 13.08 万亿奈拉提高到 13.59 万亿奈拉（约合 358.5 亿美元），增加超过 5000 亿奈拉。

欧盟与佛得角政府签署 1700 万欧元投资协议，用于改善佛马尤岛和萨尔岛港口基础设施，促进经济发展。

12 月 23 日　马里政府通过一项延长紧急状态的法令草案，将该国 12 月 18 日宣布的紧急状态延长至 2021 年 6 月 26 日。根据马里政府的公告，此次延长紧急状态将确保主管机关“严格执行新冠肺炎疫情相关紧急措施，并应对国家的安全挑战”。

12 月 24 日　根据埃及财政部 2019/2020 财年国家预算结算声明的数据，埃及 2019/2020 财年财政总收入增长了 3.6%，达 9754 亿埃镑，2018/2019 财年为 9419 亿埃镑。

佛得角总统丰塞卡在其个人脸书账户宣布了 2021 年佛得角国家预算法的颁布，预算总额约 779 亿埃斯库多（约合 7 亿欧元）。

12 月 25 日　埃塞俄比亚国家选举委员会宣布，该国议会选举将于 2021 年 6 月 5 日举行，但此日期并不适用于提格雷州。

12 月 27 日　中非共和国举行总统及议会选举。

12 月 28 日　南非政府日前宣布，将向 7.5 万个小农户拨款 10 亿兰特（1 美元约合 14.6 兰特），支持疫情防控期间的农业生产。

欧盟与安哥拉签署协议，将向安哥拉提供 2000 万欧元，以支持该国的“非正规经济转型计划”。

（成红整理）

• 2020 年中非关系大事记

1 月

1 月 3 日　多哥洛美大学近日新开设中文系并迎来首批 21 名新学生，这标志着西非国家多哥的首个大学中文专业正式启动。

1 月 6 日　几内亚总统孔戴视察中国路桥公司承建的几内亚 1 号国道工程。1 号国道高雅—马木—达博拉段，全长约 380 公里，由中国路桥工程责任有限公司承建。

1 月 7—13 日　中国国务委员兼外长王毅对埃及、吉布提、厄立特里亚、布隆迪、津巴布韦进行正式访问。

1 月 8 日　埃及总统塞西在开罗会见中国国务委员兼外长王毅。

1 月 11 日　由中国政府援建、江苏省建筑工程集团有限公司承建的冈比亚国际会议中心在冈比亚首都班珠尔正式交付冈比亚政府。

1 月 15 日　习近平主席特使、全国人大常委会副委员长、民进中央主席蔡达峰在莫桑比克首都马普托出席莫总统纽西就职仪式，并于次日会见纽西总统。

2 月

2 月 2 日　中国国家主席习近平致函中非合作论坛非方共同主席国塞内加尔总统萨勒，祝贺中非合作论坛成立 20 周年。

2 月 4 日　中国国务委员兼外长王毅应约同坦桑尼亚外长卡布迪就合作抗疫通电话。

2 月 5 日　赞比亚总统伦古致信中国国家主席习近平，对因新冠病毒逝世的病例表示哀悼。伦古总统高度评价中国政府抵抗疫情所做出的努力。

2 月 7 日　中国国务委员兼外长王毅应约同埃及外长舒凯里就合作抗疫通电话。

2 月 8 日　中国国务委员兼外长王毅应约同中非合作论坛非方共同主席国、塞内加尔外长阿马杜 · 巴就合作抗疫通电话。

2 月 25 日　中国国家主席习近平应约同埃塞俄比亚总理阿比通电话。习主席阐释了中国抗击新冠肺炎疫情采取的措施，感谢阿比总理两次来信表达慰问，并表示中方将加强中非公共卫生和疾病防控合作。阿比代表埃塞俄比亚政府和人民对中国人民遭遇新冠肺炎疫情表示诚挚慰问，对中方采取有力措施应对疫情表示高度赞赏，愿同中方一道深化各领域合作，推动两国关系和非中关系取得更大发展。

2 月 29 日　突尼斯知识界和文艺界人士在首都突尼斯举办音乐会，支持中国抗击新冠肺炎疫情。

3 月

3 月 2 日　中国全国人大常委会副委员长陈竺在京会见了来访的埃及总统特使、卫生部部长哈拉。

3 月 19 日　乌干达总统穆塞韦尼出席中乌姆巴莱工业园工厂开业仪式。

3 月 20 日　中国国务委员兼外长王毅应约同摩洛哥外交大臣布里达就合作抗疫通电话。

3 月 22 日　中国国家主席习近平同纳米比亚总统根哥布互致贺电，庆祝两国建交 30 周年。

3 月 23 日　中国国家主席习近平同埃及总统塞西就合作抗疫通电话。双方就抗击新冠肺炎疫情举措、成效，加强中非公共卫生和疾病防控合作，深化各领域合作与埃中两国友好关系进行了沟通。习近平主席指出，把中埃关系打造成构建中阿和中非命运共同体的先行先试样板。

3 月 31 日　中国国务院总理李克强应约同阿尔及利亚总理杰拉德就合作抗疫通电话。

4 月

4 月 3 日　中国国家主席习近平同纳米比亚总统根哥布通电话。习近平阐释了中国政府在抗击新冠肺炎疫情过程中坚持以人民为中心的理念，中国抗疫的国际贡献。双方就加强政府、党际、卫生等各领域交流合作达成共识。

4 月 8 日　中国国家主席习近平同南非总统拉马福萨就共同抗击新冠肺炎疫情问题通电话，双方高度赞赏对方在抗击疫情方面付出的努力及相互支持，表示加强在金砖国家、二十国集团等框架内合作，推动双边合作取得积极进展。

4 月 10 日　中国国务委员兼外长王毅应约同毛里塔尼亚外长艾哈迈德就合作抗疫通电话。

4 月 11 日　埃塞俄比亚卫生部部长利娅・塔德塞携多家当地医院的医生与多位中国专家“云端”对话，交流抗疫经验。

4 月 13 日　中国国务委员兼外长王毅同非盟委员会主席法基就中非关系通电话。

4 月 14 日　中铝几内亚博法铝土矿项目 23 公里皮带输送系统带料重载联调一次成功，标志着中国在几内亚投资最大铝土矿项目全线贯通投运。

4月16日 中国国务院总理李克强应约同苏丹过渡政府总理哈姆杜克通电话，就两国合作抗疫交换了意见。

中国外交部发言人赵立坚宣布：中国政府向埃塞俄比亚、布基纳法索派遣抗疫医疗专家组。

4月17日 中国国务委员兼外长王毅应约同中非合作论坛非方共同主席国、塞内加尔外长阿马杜·巴就中非合作抗疫通电话。

4月18日 中国国家主席习近平同津巴布韦总统姆南加古瓦互致贺电，庆祝两国建交40周年。

4月21日 中国援助阿尔及利亚的新一批医疗物资运抵阿尔及尔国际机场，阿尔及利亚总理杰拉德到机场迎接。

4月23日 中国政府援助尼日利亚新冠肺炎抗疫物资交接仪式在尼联邦政府秘书办公室举行。

4月24日 非洲多国政党政要致电致函中共中央对外联络部，高度评价中方以实际行动支援非洲抗疫，以及对非洲在华公民生命健康和合法权益的重视和保护，认为中非传统友谊历经风雨考验，中非将在团结抗疫中建设更加紧密的中非命运共同体。

4月28日 中国国务委员兼外长王毅在北京出席金砖国家应对新冠肺炎疫情特别外长会议。会议以视频方式举行，由今年金砖国家主席国俄罗斯外长拉夫罗夫主持，巴西外长阿劳若、印度外长苏杰生、南非外长潘多尔出席。五国外长就坚持多边主义、携手抗击疫情、深化金砖合作等问题深入交换意见。

5月

5月1日 中国政府派遣的抗疫医疗专家组抵达科特迪瓦。

5月10日 吉布提总理卡米勒代表盖莱总统在吉布提人民宫向中国政府抗疫医疗专家组全体12名成员授予“6·27独立日国家勋章”，以表彰专家组为吉布提抗疫所做的贡献。

5月11日 中国国务委员兼外长王毅同埃塞俄比亚外长格杜就中非关系和合作抗疫通电话。

中国国务委员兼外长王毅同安哥拉外长安东尼奥就中非关系和中非合作抗疫通电话。

中国外交部发言人赵立坚在例行记者会上称，为支持非洲国家应对新冠肺炎疫情，中国政府决定向津巴布韦、刚果（金）和阿尔及利亚三国派遣抗疫医疗专家组。

5月12日 由津巴布韦副总统莫哈迪与其领导的新冠疫情应对部际联合工作组会见了中国抗疫医疗专家组。

5 月 15 日　中国国家主席习近平同南非总统拉马福萨再次就抗击新冠肺炎疫情问题通电话。针对非洲疫情加速扩散蔓延情势，双方表示密切合作、维护双方共同利益、在金砖国家、二十国集团、联合国等多边平台加强协作，推动中南全面战略伙伴关系深入发展。

6月

6 月 3 日　赤道几内亚总理奥巴马·阿苏埃会见中国援赤道几内亚抗疫医疗专家组。

6 月 10 日　中国同南非两国执政党以“统筹推进疫情防控和经济社会发展：中南执政党的探索与实践”为主题举行视频研讨会，就共同抗击疫情、有序推进复工复产以及脱贫攻坚等交流经验做法。

中国政府向乌干达政府捐赠的蝗虫防治物资交接仪式在乌首都坎帕拉举行。

6 月 11 日　中国政府向津巴布韦援助的第二批抗疫物资交接仪式在津巴布韦总统府举行。津巴布韦总统姆南加古瓦在交接仪式上，对中国政府持续向津巴布韦提供抗疫物资支持表示感谢，并认为这对帮助该国阻止新冠肺炎疫情传播意义重大。

6 月 12 日　中国国家主席习近平就布隆迪总统恩库伦齐扎因病不幸逝世向布隆迪新当选总统恩达伊施米耶致唁电。

6 月 15 日　中共中央对外联络部同塞内加尔争取共和联盟共同举办的干部网络研修班开班式。

6 月 17 日　中国国家主席习近平在北京主持中非团结抗疫特别峰会并发表题为“团结抗疫　共克时艰”的主旨讲话。此次峰会由中国和非洲联盟轮值主席国南非、中非合作论坛共同主席国塞内加尔共同发起，以视频方式举行。南非总统拉马福萨、塞内加尔总统萨勒和埃及总统塞西、刚果（金）总统齐塞克迪、阿尔及利亚总统特本、加蓬总统邦戈、肯尼亚总统肯雅塔、马里总统凯塔、尼日尔总统伊素福、尼日利亚总统布哈里、卢旺达总统卡加梅、津巴布韦总统姆南加古瓦、埃塞俄比亚总理阿比以及非盟委员会主席法基出席。联合国秘书长古特雷斯、世界卫生组织总干事谭德塞作为特邀嘉宾与会。峰会发表了《中非团结抗疫特别峰会联合声明》。

6 月 29 日　中国国务委员兼外长王毅同埃及外长舒凯里通电话，就两国关系和“复兴大坝”交换了意见。

中国国务委员兼外长王毅同埃塞俄比亚外长格杜通电话，就两国关系、合作抗疫和“复兴大坝”交换了意见。

7月

7月3日　塞内加尔卫生和社会行动部正式从中国驻塞内加尔大使馆接收中国政府和在塞中资企业援塞内加尔第三批抗疫物资。

7月5日　中国国家主席习近平同加纳总统阿库福－阿多互致贺电，庆祝两国建交60周年。

7月8日　中国国务委员兼外长王毅出席联合国安理会利比亚问题高级别公开视频会议。

7月14日　中华全国总工会援助非洲工会统一组织抗疫物资和办公设备捐赠仪式在中国驻加纳大使馆举行。

7月20日　中国国家主席习近平同赞比亚总统伦古通电话。双方表示共同努力抗疫与恢复经济社会发展，坚定维护国际公平正义，维护多边主义，维护发展中国家合法权益。伦古表示，赞方高度赞赏习近平主席在中非团结抗疫特别峰会上提出的倡议主张，感谢中方为非洲抗疫提供的支持，相信中方的成功抗疫经验以及疫苗、治疗药物等方面成果将为非洲国家战胜疫情增加信心并发挥重要作用；在涉及中方核心利益问题上，赞比亚将坚定同中国站在一起，继续坚定奉行一个中国政策，坚定支持中国政府在香港、新疆等问题上的正当立场和举措；赞方欢迎中国企业赴赞投资合作，愿同中方密切沟通协调，加强多边合作，维护发展中国家共同利益。

中国政府第二批援助抗疫物资日前正式交付纳米比亚。

南非最大移动通信运营商沃达康集团宣布与中国移动支付平台支付宝合作，共同开发电子支付应用程序，使南非民众可以通过智能终端收付款、网上购物和转账汇款。

7月21日　中国驻津巴布韦使馆向津政府和执政党津巴布韦非洲民族联盟—爱国阵线移交一批抗疫物资。

7月23日　中国国务委员兼外长王毅应约同埃及外长舒凯里通电话，重点就利比亚问题交换看法。

7月27日　中国商务部与非盟委员会共同举办援非盟非洲疾病预防控制中心总部（一期）项目实施协议网上签约仪式。

7月31日　中国国务委员兼外长王毅同阿尔及利亚外长布卡杜姆通电话，就双边关系和合作抗疫交换了看法。

中国国家主席习近平就坦桑尼亚前总统姆卡帕去世给坦桑尼亚现任总统马古富力发唁电。

中国国务委员兼外长王毅同塞拉利昂外长图尼斯就双边关系通电话。

8月

8月18日　中国国务委员兼外长王毅同摩洛哥外交大臣布里达就两国关系和合作抗疫通电话。

中国国务委员兼外长王毅同肯尼亚外长奥马莫就双边关系通电话。

8月19日　中国抗疫医疗专家组抵达南苏丹。

加纳滨海大道项目升级改造工程开工仪式在首都阿克拉举行。加纳副总统巴武米亚及道路部部长阿莫阿卡出席仪式。该工程由中企承建。

中国国务委员兼外长王毅同尼日利亚外长奥尼亚马就两国关系通电话。

8月31日　中国国家主席习近平同摩洛哥国王穆罕默德六世通电话。双方就并肩抗击新冠肺炎疫情、增强政治互信、维护多边主义、深化中摩各领域合作等问题进行了沟通。

9月

9月1日　中国共产党同刚果（布）执政党刚果（布）劳动党共同举办了干部网络研修班开班式。

9月4日　中国国务委员兼外长王毅在北京出席金砖国家外长视频会晤。俄罗斯外长拉夫罗夫主持会议，印度外长苏杰生、南非外长潘多尔、巴西外长阿劳若出席。与会五国外长就全球形势、地区热点问题以及金砖国家合作等深入交换了意见。

9月5日　中国抗疫医疗专家组顺利完成在几内亚的抗疫援助任务回国。

9月16日　中国常驻联合国副代表戴兵在安理会南苏丹问题视频公开会上发言，阐述中方立场。

9月17日　中国向南苏丹提供紧急粮食援助物资交接仪式在南苏丹首都朱巴举行。

9月21日　亚吉铁路发展战略发布会在埃塞俄比亚举行。

9月25日　中国国家主席习近平同安哥拉总统洛伦索通电话。就双方抗疫合作、共享疫苗研发成果、加强在国际事务中的相互支持与共同维护国际公平正义进行了磋商。

10月

10月1日　中国政府援助纳米比亚第四批抗疫物资交接仪式在纳首都温得和克举行。

10月7日　中国政府抗疫医疗专家组完成在莱索托的工作任务。

10月11日　阿尔及利亚总统特本在阿尔及尔会见中共中央政治局委员、中央外事工作委员会办公室主任杨洁篪。

10月12日　中国国家主席习近平同中非合作论坛非方共同主席国塞内加尔总统萨勒就中非合作论坛成立20周年共致贺电。

10月12日至11月30日　首届中国—加纳经贸文化周以线上线下相结合方式成功举办。

10月15日　中国国家主席习近平同赤道几内亚总统奥比昂互致贺电，庆祝两国建交50周年。

10月22日　中国国务委员兼外长王毅应约同摩洛哥外交大臣布里达就中摩关系通电话。

10月25日　中国国家主席习近平同马里过渡总统巴·恩多就中马建交60周年互致贺电。

10月26日　中国政府援助南苏丹第二批粮食交接仪式在南苏丹全国过渡期委员会仓库举行。

10月27日　中国全国人大常委会委员长栗战书在北京出席第六届金砖国家议会论坛视频会议并发表讲话。俄罗斯国家杜马主席沃洛金、联邦委员会主席马特维延科，印度议会人民院议长博拉，南非国民议会议长莫迪塞、全国省级事务委员会主席马松度，巴西众议长马亚等出席视频会议。与会各方围绕“维护全球稳定、保障共同安全、促进创新增长的金砖国家伙伴关系：议会合作”的会议主题进行了深入交流。会议通过了《第六届金砖国家议会论坛宣言》。

10月29日　埃塞俄比亚总理阿比宣布德雷达瓦工业园正式开园。该工业园位于亚吉铁路经济走廊沿线，由中土埃塞有限公司承建。

11月

11月5日　为期两天的中非智库论坛第九届会议在京开幕。本次会议主题为“中非合作论坛20周年：回顾与展望”，旨在汇聚中非智库力量，为全面推动中非合作论坛北京峰会成果落实，携手构建更加紧密的中非命运共同体建言献策。

11月6日　中国国家主席习近平致电阿尔及利亚总统特本，就特本感染新冠病毒致以慰问。

11月10日　中共中央对外联络部部长宋涛出席中国共产党和津巴布韦执政党津巴布韦非洲民族联盟—爱国阵线举行的高级干部网络研讨班开班式。

11月11日　中国国务委员兼外长王毅应约同索马里外交与国际合作部部长阿瓦德就两国关系通电话。

中国国务委员兼外长王毅同布隆迪外长欣吉罗就双边关系通电话。

11月13日　卢旺达首都基加利市与中国浙江省义乌市签署合作协议，以加强两市在旅游、贸易、科技等领域的合作。

11月24日　中共中央对外联络部部长宋涛出席中国共产党同马拉维大会党首次高级干部网络研讨班开班式。

11月12日　中国国务委员兼外长王毅在中非合作论坛成立20周年纪念招待会上发表题为“波澜壮阔二十年　奋楫破浪创新篇”的讲话。

11月15日　中国驻科特迪瓦大使万黎会见科特迪瓦外长库利巴利，转交习近平主席致瓦塔拉总统再次当选的贺电。

11月17日　金砖国家领导人第12次会晤以视频方式举行。俄罗斯总统普京主持，中国国家主席习近平、印度总理莫迪、南非总统拉马福萨、巴西总统博索纳罗出席。习近平主席发表题为“守望相助共克疫情　携手同心推进合作”的重要讲话。会议发表了《金砖国家领导人第十二次会晤莫斯科宣言》。

中共中央对外联络部以视频会议方式向非洲政党、智库、媒体通报中共十九届五中全会精神。重点宣介了以习近平同志为核心的党中央胸怀两个大局、运筹制定“十四五”规划和2035年远景目标的主要情况及重点内容。撒哈拉以南非洲36个国家43个政党共160多位政党政要和部分重要智库、媒体代表参会。

11月24日　中国国家主席习近平同埃塞俄比亚总统萨赫勒－沃克·祖德互致贺电，庆祝两国建交50周年。

12月

12月3日　埃及鲁班工坊“云揭牌”仪式在中埃两国同时举行，两国嘉宾在5个分会场共同见证鲁班工坊启用运营。

12月4日　习近平主席特别代表、国务委员兼外长王毅出席安理会“联合国同非盟合作”高级别视频会议，并发表讲话。中方提出4点建议：第一，以团结抗疫为重点，支持非洲人民筑牢健康安全防线；第二，以“消弭非洲枪声”为目标，支持非洲人民建设和平稳定家园；第三，以联合国《2030年可持续发展议程》为抓手，支持非洲人民开辟普遍繁荣愿景；第四，以公平正义为要旨，支持非洲人民共享全球治理成果。

12月9日　中国非洲人民友好协会成立60周年庆祝活动以线上线下相结合的方式举行。

12月10日　中非合作论坛第十四届高官会在北京举行。论坛54个非洲成员方的驻华使节、论坛中方后续行动委员会36个成员单位的主管部门负责人近200人出席会议。

12 月 14 日　中国国家主席习近平同索马里总统穆罕默德互致贺电，庆祝两国建交 60 周年。

12 月 15 日　中国国家主席习近平同坦桑尼亚总统马古富力通电话。习近平再次祝贺马古富力连任总统。双方表示，密切高层交往，在涉及彼此核心利益和重大关切问题上继续坚定相互支持，共建“一带一路”。

12 月 16 日　中国国家发展和改革委员会主任与非洲联盟委员会主席签署《中华人民共和国政府与非洲联盟关于共同推进“一带一路”建设的合作规划》。截至 2020 年底，中国已经与 138 个国家、31 个国际组织签署了 202 份共建“一带一路”合作文件。

12 月 18 日　中共中央政治局委员、全国人大常委会副委员长王晨在北京通过视频方式会见安哥拉国民议会第一副议长迪亚斯。

12 月 28 日　中国国务院总理李克强应约同阿尔及利亚总理杰拉德就两国关系和合作抗疫通电话。

毛里求斯外交部发布毛中自贸协定实施公告，主要内容如下。（1）毛中两国政府于 2019 年 10 月在北京签署毛中自贸协定。（2）毛中两国已经分别完成国内的审核程序，毛中自贸协定将于 2021 年 1 月 1 日开始实施。（3）自贸协定主要包含四个部分：货物贸易、服务贸易、投资和经济合作。（4）货物贸易方面，毛方将立即获得 7504 个税目的零关税，剩余 723 个税目的关税将在 5—7 年内分阶段取消。毛方的蔗糖，中方将连续 8 年安排每年 5 万吨的“关税配额”。（5）服务贸易方面，双头同意取消对包括金融服务、远程通信、信息技术、健康服务、建筑、职业培训等 100 多个领域的限制措施。（6）2021 年 1 月 1 日后，自贸协定文本细节可在毛外交部和 Trade Easy 网站上查询。（7）自贸协定项下的原产地证的办理，可在毛税务局海关署网站上查询。（8）政府将在 2021 年初举办针对自贸协定的研讨会。（9）毛中自贸协定是中国和非洲国家签署的第一个自贸协定，为加深两国的经贸合作提供了坚实的制度保障。

（成红整理）

第十二篇

数 据 统 计

非洲国家主要经济指标（2020年）

国家	人口（百万人）	GDP总量（百万美元）	GDP实际增长率（%）	人均GDP（美元）	通货膨胀率（%）	出口额（百万美元）	进口额（百万美元）	经常项目平衡（百万美元）	外债总额（百万美元）	汇率（1美元兑换本国货币）
阿尔及利亚	43.7	154 800	-8.4	10 884	2.0	20 482	35 242	-21 493	5 504	126.75
安哥拉	32.9	55 891	-4.7	6 425	25.5	20 636	9 889	-552	64 135	649.60
贝宁	12.1	14 400	-3.0	—	1.3	2 855	3 617	-838	4 100	575.1
博茨瓦纳	2.3	16 516	-8.2	17 020	2.2	2 978	5 275	-1 895	1 770	11.4
布基纳法索	20.9	16 900	-1.5	—	2.1	3 313.2	4 341.9	-1 549.7	3 900	575.6
布隆迪	11.9	3 000	-3.5	—	7.3	121.2	714.2	-495.4	600	1 915.1
喀麦隆	26.5	38 684	-2.9	3 672	2.1	4 083	5 949	-1 695	14 317	575.6
佛得角	0.556	1 676.1	-8.1	—	0.8	121.9	735.8	-210.6	—	96.69
中非共和国	4.83	2 213	—	-1.1	2.5	133.6	488.5	-139.1	—	575.6
乍得	16.4	11 400	-0.9	—	4.5	2 853.3	2 331.0	-888.3	—	575.59
科摩罗	0.9	1 200	-2.1	—	1.0	32.4	200.8	-67.3	—	431.7
刚果（布）	5.5	1 120	-9.3	—	2.5	5 408	3 197	-579	—	574.46
刚果（金）	89.6	51 224	-2.8	—	14.6	10 522	11 120	-2 089	5 916	1 851.1
科特迪瓦	26.4	60 235	-1.9	5 305	2.3	11 332	10 061	-3 495	24 625	656.0
吉布提	1.0	3 386.5	-2.0	—	2.3	2 837.1	3 313.8	-101.3	—	177.7
埃及	101.1	368 100	3.6	12 674	5.1	24 822	51 438	-12 942	135 766	15.81
赤道几内亚	1.4	11 300	-12.7	16 367	5.6	2 572	1 995	-1 017	1 377.6	534.56
厄立特里亚	3.5	2 075	-4.1	—	3.2	832.0	964.9	-147.5	786.3	15.08
埃塞俄比亚	115.0	83 600	2.3	2 321	20.1	2 693	13 069	-5 704	30 947	34.95
加蓬	2.2	14 061	-3.2	14 768	1.2	3 427	2 454	-1 745	7 588	575.1
冈比亚	2.4	1 838.0	-2.1	—	5.9	112.6	448.9	-104.9	—	51.5
加纳	31.1	68 321	-0.2	5 534	9.6	14 490	12 780	-1 669	27 772	5.59
几内亚	13.1	13 400	5.4	—	10.6	5 600	3 283.8	1 060.9	—	9 650.5
几内亚比绍	2.0	1 438.8	-0.5	—	2.0	268.7	264.6	-61.8	—	575.10
肯尼亚	53.8	95 906	-0.5	4 410	5.6	5 924	15 560	-5 118	40 122	109.17
莱索托	2.1	1 600	-8.2	—	5.0	656.8	1 329.4	-109.0	—	16.5

续表

国家	人口（百万人）	GDP 总量（百万美元）	GDP 实际增长率（%）	人均 GDP（美元）	通货膨胀率（%）	出口额（百万美元）	进口额（百万美元）	经常项目平衡（百万美元）	外债总额（百万美元）	汇率（1 美元兑换本国货币）
利比里亚	5.1	3 500	-3.0	—	17.0	162.9	933.8	-915.1	1 552.8	191.8
利比亚	6.9	21 405	-25.6	9 876	17.2	3 776	11 580	-8 409	2 539	1.39
马达加斯加	27.4	15 074	-3.8	—	4.2	2 156.8	3 023.1	-331.5	—	3 788
马拉维	19.1	8 153	-1.0	1 086	7.6	889	2 498	-1 375	2 808	769.62
马里	19.1	17 900	-2.5	—	0.4	3 731.4	3 878.0	-542.7	—	575.6
毛里塔尼亚	4.6	8 000	-3.0	—	3.3	2 039.2	2 922.9	-1 023.3	5 700	37.4
毛里求斯	1.27	12 153	-10.4	21 770	2.7	1 683	3 911	-1 026	12 967	39.53
摩洛哥	37.3	117 546	-7.0	7 371	0.7	22 195	37 831	-6 389	63 072	9.5
莫桑比克	31.3	13 800	-0.9	1 298	2.5	3 364	5 934	3 991	21 544	72.17
纳米比亚	2.5	11 078	-7.2	9 484	2.4	2 842	4 090	-736	9 520	14.65
尼日尔	24.2	12 900	-2.8	—	1.2	925	2251	-1 033	—	575.6
尼日利亚	206.1	488 400	-3.6	5 043	12.9	39 041	44 785	-10 750	65 625	356.35
卢旺达	13.0	11 300	-1.9	—	9.9	789.2	2 403.1	-1 226.0	—	943.3
圣多美和普林西比	0.219	536.0	-7.0	10.0	—	8.7	99.0	-56.6	—	21.5
塞内加尔	16.7	24 184.6	-0.4	3 443	8.0	4 032	6 878	-3 030	15 873	575.10
塞舌尔	0.1	1 200	-13.8	—	1.2	431.6	917.6	-426.7	—	17.62
塞拉利昂	8.0	4 300	-3.2	—	13.4	464.5	1 335	-1 029.6	—	9 829.9
索马里	15.9	—	—	—	—	—	—	—	—	—
南非	59.3	313 568	-7.3	12 252	3.6	83 631	69 950	1857	181 110	14.65
苏丹	43.9	50 874	-8.7	3 729	269.3	2 860	7 471	-5 447	59 443	55.27
南苏丹	11.2	—	—	—	30.0	2 100	3 200	—	—	165.9
斯威士兰	1.16	3 900	-5.6	—	3.6	1 680	1 555	-11	600	16.6
坦桑尼亚	59.7	65 946	1.9	2 718	3.2	6 184	7 583	-1 272	20 911	2 300
多哥	8.3	5 640	-3.6	—	1.8	654	1 769	-402	—	575.10
突尼斯	11.8	41 659	-8.9	10 157	5.7	14 318	18 304	-2 899	38 397	2.81
乌干达	45.5	32 517	-1.4	2 229	3.8	3 925	6 429	-3 025	15 556	3 711
赞比亚	18.4	21 372	-1.8	3 751	19.2	7 403	5 153	1 270	29 350	21.17
津巴布韦	14.9	20 400	-10.2	22 287	383.2	4 201	4 659	-242	13 006	80.00

说明：国别排序按英文字母排序；人均 GDP 数值按购买力平价计算；表中各项指标均为估计值；—表示无数据。

资料来源：EIU，*Country Report*，2021 年非洲国家第一季度相关各期。

（安春英整理）

非洲国家粮食安全指标

国家	全球饥饿指数（0—100）2020 年	营养不良人口比例（%）2017—2019 年	5 岁以下儿童体重不足人口比例（%）2015—2019 年	5 岁以下儿童发育不良人口比例（%）2015—2019 年	5 岁以下儿童死亡率（%）2018 年
阿尔及利亚	9.0	2.8	4.3	13.8	2.3
安哥拉	26.8	18.6	4.9	37.6	7.7
贝宁	22.4	7.4	5.0	32.2	9.3
博茨瓦纳	22.6	24.1	5.9	24.7	3.6
布基纳法索	25.8	8.4	4.1	24.9	7.6
布隆迪	—	—	5.1	54.2	5.8
喀麦隆	19.1	6.3	4.3	28.9	7.6
佛得角	—	—	—	—	—
中非共和国	—	—	6.5	37.5	11.6
乍得	44.7	39.6	13.3	39.8	11.9
科摩罗	—	—	8.9	39.3	6.7
刚果（布）	26.0	28.0	8.2	21.2	5.0
刚果（金）	—	—	6.5	41.8	8.8
科特迪瓦	24.5	19.9	6.1	21.6	8.1
吉布提	—	—	12.5	26.7	5.9
埃及	11.9	4.7	5.3	21.0	2.1
赤道几内亚	—	—	4.4	32.7	8.5
厄立特里亚	—	—	—	—	4.2
埃塞俄比亚	26.2	19.7	7.2	36.8	5.5
加蓬	18.2	16.6	3.7	20.8	4.5
冈比亚	17.8	11.9	6.1	16.3	5.8
加纳	15.2	6.5	6.8	17.5	4.8
几内亚	—	—	9.2	30.3	10.1
几内亚比绍	—	—	7.3	34.0	8.1
肯尼亚	23.7	23.0	4.9	31.3	4.1
莱索托	30.7	32.6	2.1	34.6	8.1
利比里亚	31.4	37.5	3.4	30.1	7.1
利比亚	—	—	8.5	26.1	1.2

续表

国家	全球饥饿指数（0—100）2020 年	营养不良人口比例（%）2017—2019 年	5 岁以下儿童体重不足人口比例（%）2015—2019 年	5 岁以下儿童发育不良人口比例（%）2015—2019 年	5 岁以下儿童死亡率（%）2018 年
马达加斯加	36.0	41.7	6.4	41.6	5.4
马拉维	22.6	18.8	1.3	39.0	5.0
马里	22.9	5.1	9.0	26.9	9.8
毛里塔尼亚	24.0	11.9	11.5	22.8	7.6
毛里求斯	9.3	5.3	7.1	6.9	1.6
摩洛哥	8.9	4.3	2.6	15.1	2.2
莫桑比克	33.1	32.6	4.4	42.3	7.3
纳米比亚	19.1	14.7	6.4	23.4	4.0
尼日尔	—	—	14.1	48.5	8.4
尼日利亚	29.2	12.6	6.8	36.8	12.0
卢旺达	28.3	35.6	2.1	37.6	3.5
圣多美和普林西比	—	—	—	—	—
塞内加尔	17.1	9.4	8.1	18.8	4.4
塞舌尔	—	—	—	—	—
塞拉利昂	30.9	26.0	5.4	29.5	10.5
索马里	—	—	—	—	12.2
南非	13.5	5.7	2.5	27.4	3.4
苏丹	27.2	12.4	14.3	35.3	6.0
南苏丹	—	—	—	—	9.9
斯威士兰	20.3	16.9	1.4	30.8	5.4
坦桑尼亚	25.0	25.0	3.5	31.8	5.3
多哥	24.1	20.7	5.7	23.8	7.0
突尼斯	5.7	<2.5	2.1	8.4	1.7
乌干达	—	—	3.5	28.9	4.6
赞比亚	—	—	4.2	34.6	5.8
津巴布韦	—	—	2.9	23.5	4.6

说明：全球饥饿指数采取百分制，对非洲各国进行排名。最佳得分为 0 分，表明这个国家不存在饥饿情况；满分为 100 分，表明这个国家极度饥饿。而 10 分以上归为“严重”，20 分以上归为“警戒”，30 分以上归为“极度警戒”。吉布提、几内亚、几内亚比绍、尼日尔、乌干达、赞比亚和津巴布韦全球饥饿指数为 20—34.9；布隆迪、中非共和国、科摩罗、刚果（金）、索马里和南苏丹全球饥饿指数为 35—49.9。—表示无数据。

资料来源：IFPRI，*2020 Global Hunger Index*，https://www.globalhungerindex.org/pdf/en/2020.pdf.

（安春英整理）

非洲国家主要医疗卫生指标

国家	医生密度（每1万人口）2010—2018年	护理和助产人员密度（每1万人口）2010—2018年	牙医密度（每1万人口）2010—2019年	药剂师密度（每1万人口）2010—2018年	卫生支出占政府支出的百分比（%）2017年	享有安全饮用水服务人口比例（%）2017年	使用有肥皂和水的洗手设施的人口比例（%）2017年
阿尔及利亚	17.2	15.5	3.7	4.5	10.7	83	84
安哥拉	2.1	4.1	—	—	5.4	49	27
贝宁	0.8	3.9	<0.1	0.3	4.6	74	11
博茨瓦纳	5.3	54.0	0.4	2.1	14.3	93	—
布基纳法索	0.8	8.8	<0.1	0.1	10.0	87	12
布隆迪	1.0	8.5	<0.1	<0.1	8.5	75	6
喀麦隆	0.9	0.1	<0.1	0.1	3.1	76	9
佛得角	7.8	13.0	0.1	0.1	9.9	92	—
中非共和国	0.7	2.1	<0.1	<0.1	5.0	69	—
乍得	0.4	2.3	<0.1	<0.1	4.7	51	—
科摩罗	2.7	6.3	0.4	0.2	3.4	90	—
刚果（布）	1.6	6.3	0.3	0.4	3.4	77	—
刚果（金）	0.7	11.1	<0.1	0.1	3.3	45	48
科特迪瓦	2.3	6.0	0.1	1.1	5.1	37	19
吉布提	2.2	7.3	0.2	2.3	4.1	90	—
埃及	4.5	19.3	20.0	4.6	5.4	99	90
赤道几内亚	4.0	5.0	—	—	2.9	48	—
厄立特里亚	0.6	14.4	—	—	2.7	58	—
埃塞俄比亚	0.8	7.1	0.2	0.4	4.8	57	8
加蓬	6.8	29.5	0.2	0.6	9.7	93	—
冈比亚	1.0	15.4	0.1	<0.1	3.1	90	8
加纳	1.4	42.0	—	0.2	6.1	36	41
几内亚	0.8	1.2	<0.1	0.1	4.1	77	17
几内亚比绍	1.3	6.9	<0.1	<0.1	3.0	79	6
肯尼亚	1.6	11.7	0.2	0.2	8.0	63	25
莱索托	0.7	32.6	—	—	11.8	82	2

续表

国家	医生密度（每1万人口）2010—2018年	护理和助产人员密度（每1万人口）2010—2018年	牙医密度（每1万人口）2010—2019年	药剂师密度（每1万人口）2010—2018年	卫生支出占政府支出的百分比（%）2017年	享有安全饮用水服务人口比例（%）2017年	使用有肥皂和水的洗手设施的人口比例（%）2017年
利比里亚	0.4	5.3	<0.1	0.1	4.2	76	1
利比亚	20.9	65.3	8.8	6.0	—	—	—
马达加斯加	1.8	1.5	<0.1	<0.1	15.0	52	—
马拉维	0.4	4.4	<0.1	0.1	9.8	90	9
马里	1.3	3.6	0.1	0.1	5.8	77	52
毛里塔尼亚	1.9	9.3	0.2	0.2	6.1	58	43
毛里求斯	25.3	35.2	2.8	4.2	10.0	100	—
摩洛哥	7.3	13.9	1.4	2.6	7.5	70	—
莫桑比克	0.8	6.8	0.1	0.1	4.7	51	—
纳米比亚	4.2	19.5	0.7	2.4	10.7	91	45
尼日尔	0.4	2.7	<0.1	<0.1	9.7	58	—
尼日利亚	3.8	11.8	0.2	1.3	4.6	20	42
卢旺达	1.3	12.0	0.2	0.7	8.9	76	5
圣多美和普林西比	0.5	19.2	—	—	10.8	97	41
塞内加尔	0.7	3.1	0.1	0.1	3.9	79	24
塞舌尔	21.1	80.0	4.3	4.7	10.1	96	—
塞拉利昂	0.3	2.2	0.1	0.1	7.9	63	19
索马里	0.2	1.1	—	—	—	—	10
南非	9.1	13.1	1.1	2.7	13.3	93	44
苏丹	2.6	7.0 –	2.1	0.3	8.3	56	—
南苏丹	—	—	<0.1	—	2.1	59	—
斯威士兰	3.3	41.4	0.1	0.3	10.0	74	24
坦桑尼亚	0.1	5.8	0.1	0.1	9.5	56	48
多哥	0.8	4.1	<0.1	0.3	5.1	63	10
突尼斯	13.0	25.1	3.1	2.3	13.6	98	—
乌干达	1.7	12.4	0.1	<0.1	5.1	79	21
赞比亚	11.9	13.4	<0.1	0.4	6.9	44	14
津巴布韦	2.1	19.3	0.1	1.0	15.2	77	37

说明：—表示无数据。

资料来源：WHO，World Health Statistics 2020：Monitoring Health for the SDGs，Sustainable Development Goals，https：//apps. who. int/iris/bitstream/handle/10665/332070/9789240011939 – chi. pdf？ sequence = 27&isAllowed = y.

（安春英整理）

非洲国家主要健康指标

国家	出生时预期寿命（岁）2018 年	孕产妇死亡率（每 10 万名活产）2017 年	新生儿死亡率（每 1000 名活产）2018 年	新增艾滋病毒感染（每 1000 名未感染人口）2018 年	结核病发病率（每 10 万人口）2018 年	疟疾发病率（每 1000 名高危人群）2018 年	乙型肝炎患病率（30—69 岁）2015 年	全民健康覆盖服务指数 2017 年
阿尔及利亚	77	112	15	0.03	69		0.22	78
安哥拉	62	241	28	1.01	355	228.9	4.85	40
贝宁	61	397	31	0.34	56	386.2	5.55	40
博茨瓦纳	68	144	24	4.36	275	0.6	0.19	61
布基纳法索	61	320	25	0.12	48	398.7	4.29	40
布隆迪	58	548	22	0.16	111	250.3	2.59	42
喀麦隆	59	529	27	1.02	186	247.0	1.90	46
佛得角	73	28	12	0.19	46	<0.1	0.71	69
中非共和国	54	829	41	1.20	540	347.3	6.62	33
乍得	54	1 140	34	0.44	142	164.8	3.08	28
科摩罗	64	273	32	0.01	35	18.8	1.96	52
刚果（布）	66	378	20	1.03	385	235.1	4.11	39
刚果（金）	60	473	28	0.21	321	319.8	1.43	41
科特迪瓦	55	617	34	0.70	142	330.6	3.04	47
吉布提	63	248	32	0.57	260	35.2	0.64	47
埃及	72	37	11	0.04	12	—	0.80	68
赤道几内亚	58	301	30	4.21	201	269.0	8.66	45
厄立特里亚	66	480	18	0.15	89	28.9	0.74	38
埃塞俄比亚	66	401	28	0.24	151	31.8	2.61	39
加蓬	67	252	21	1.01	525	248.2	4.16	49
冈比亚	62	597	26	1.06	174	66.0	1.17	44
加纳	63	308	24	0.70	148	224.3	3.61	47
几内亚	61	576	31	0.52	176	283.9	7.47	37
几内亚比绍	58	667	37	1.43	361	123.3	2.12	40
肯尼亚	68	342	20	1.02	292	70.1	0.86	55
莱索托	55	544	35	7.80	611	—	1.64	48

续表

国家	出生时预期寿命（岁）2018 年	孕产妇死亡率（每 10 万名活产）2017 年	新生儿死亡率（每 1000 名活产）2018 年	新增艾滋病毒感染（每 1000 名未感染人口）2018 年	结核病发病率（每 10 万人口）2018 年	疟疾发病率（每 1000 名高危人群）2018 年	乙型肝炎患病率（30—69 岁）2015 年	全民健康覆盖服务指数 2017 年
利比里亚	63	661	24	0. 39	308	361. 5	7. 75	39
利比亚	72	72	6	0. 07	40	—	0. 27	64
马达加斯加	67	335	21	0. 24	233	82. 4	4. 36	28
马拉维	64	349	22	2. 28	181	213. 6	3. 03	46
马里	59	562	33	0. 78	53	386. 8	4. 88	38
毛里塔尼亚	64	766	33	0. 03	93	39. 4	4. 29	41
毛里求斯	75	61	9	0. 70	13	—	0. 61	63
摩洛哥	76	70	14	0. 03	99	—	0. 45	68
莫桑比克	59	289	28	5. 25	551	305. 4	3. 67	46
纳米比亚	65	195	16	2. 82	524	26. 7	0. 66	62
尼日尔	61	509	25	0. 08	87	356. 6	6. 01	37
尼日利亚	54	917	36	0. 65	219	291. 9	2. 61	42
卢旺达	68	248	16	0. 29	59	486. 5	1. 74	57
圣多美和普林西比	67	130	14	0. 07	124	13. 9	1. 36	55
塞内加尔	68	315	21	0. 08	118	55. 8	3. 48	45
塞舌尔	74	53	9	—	18	—	0. 15	71
塞拉利昂	53	1 120	33	0. 55	298	320. 4	8. 18	39
索马里	57	829	38	0. 03	262	34. 3	10. 54	25
南非	64	119	11	4. 94	520	1. 7	1. 74	69
苏丹	65	295	29	0. 13	71	46. 8	2. 86	44
南苏丹	58	1 150	40	1. 56	146	235. 9	21. 13	31
斯威士兰	59	437	17	8. 62	329	0. 8	0. 85	63
坦桑尼亚	67	524	21	1. 41	253	124. 3	1. 69	43
多哥	61	396	25	0. 70	36	267. 3	3. 36	43
突尼斯	76	43	11	0. 02	35	—	0. 76	70
乌干达	60	375	20	1. 40	200	289. 2	3. 16	45
赞比亚	63	213	23	2. 97	346	156. 7	1. 84	53
津巴布韦	62	458	21	2. 79	210	51. 0	4. 38	54

说明：—表示无数据。

资料来源：WHO, *World Health Statistics* 2020: *Monitoring Health for the SDGs*, *Sustainable Development Goals*, https://apps.who.int/iris/bitstream/handle/10665/332070/9789240011939 - chi.pdf? sequence = 27&isAllowed = y.

（安春英整理）

非洲国家外国直接投资流量（2016—2019年）

（单位：百万美元）

国家	流入额				流出额			
	2016年	2017年	2018年	2019年	2016年	2017年	2018年	2019年
阿尔及利亚	1 636	1 232	1 466	1 382	46	-9	880	83
安哥拉	-180	-7 397	-6 456	-4 098	273	1 352	6	-2 349
贝宁	132	201	194	230	17	32	10	32
博茨瓦纳	143	261	286	261	-170	1	-82	-43
布基纳法索	391	3	268	208	51	10	68	33
布隆迪	0.1	0.3	1	1	—	—	—	1
喀麦隆	664	814	765	782	-39	22	108	8
佛得角	127	111	105	104	-9	-14	-20	-21
中非共和国	7	7	18	26	—	—	—	—
乍得	245	363	461	567	—	—	—	—
科摩罗	4	4	7	8	—	—	—	—
刚果（布）	1 612	4 417	4 315	3 366	10	45	14	23
刚果（金）	1 205	1 340	1 617	1 478	272	292	209	127
科特迪瓦	578	975	620	1 099	29	676	145	394
吉布提	160	165	170	182	—	—	—	—
埃及	8 107	7 409	8 141	9 010	207	199	324	405
赤道几内亚	54	305	396	452	—	—	—	—
厄立特里亚	52	55	61	67	—	—	—	—
埃塞俄比亚	4 143	4 017	3 310	2 516	—	—	—	—
加蓬	1 244	1 314	1 379	1 553	45	-84	-63	-34
冈比亚	-28	18	33	32	-1	7	-6	0.2
加纳	3 485	3 255	2 989	2 319	15	16	81	37
几内亚	618	577	353	45	-4	1	—	-1
几内亚比绍	24	16	21	31	0.5	0.3	—	1
肯尼亚	679	1 266	1 626	1 332	157	257	16 664	204
莱索托	159	123	129	118	—	—	—	—

续表

国家	流入额				流出额			
	2016 年	2017 年	2018 年	2019 年	2016 年	2017 年	2018 年	2019 年
利比里亚	453	248	143	138	168	54	84	102
利比亚	—	—	—	—	440	110	276	345
马达加斯加	451	358	353	227	90	106	118	215
马拉维	116	90	102	98	4	5	6	6
马里	356	563	467	494	97	15	0. 3	59
毛里塔尼亚	271	587	773	885	1	10	4	5
毛里求斯	379	480	372	472	28	89	83	59
摩洛哥	2 157	2 686	3 559	1 599	580	1 021	782	1 033
莫桑比克	3 093	2 293	2 703	2 212	35	26	-14	-30
纳米比亚	368	374	157	-17	-5	-66	98	10
尼日尔	301	339	466	593	40	29	39	52
尼日利亚	3 681	3 813	6 401	3 299	-3 879	285	538	276
卢旺达	342	356	382	420	48	16	18	18
圣多美和普林西比	22	34	31	57	1	0. 3	2	-1
塞内加尔	472	588	848	983	224	82	53	114
塞舌尔	155	192	120	126	10	6	5	8
塞拉利昂	138	129	218	368	—	—	—	—
索马里	330	369	408	447	—	—	—	—
南非	2 235	2 008	5 450	4 624	4 474	7 371	4 086	3 119
苏丹	1 064	1 065	1 136	825	—	—	—	—
南苏丹	-8	1	60	18	—	—	—	—
斯威士兰	21	-56	36	130	-7	65	-11	22
坦桑尼亚	864	938	1 056	1 112	—	—	—	—
多哥	-46	89	-183	133	257	-33	70	677
突尼斯	885	881	1 036	845	242	57	34	22
乌干达	626	803	1 055	1 266	0. 2	0. 3	0. 3	0. 3
赞比亚	663	1 108	408	753	177	-72	32	294
津巴布韦	372	349	745	280	29	42	27	33

说明：—表示无数据。

资料来源：UNCTAD，*World Investment Report 2020*，https：//unctad. org/system/files/official-document/wir2020_en. pdf.

（安春英整理）

中国与非洲国家商品贸易额（2020年）

（单位：千美元）

国家	双边贸易总额	中国出口	中国进口	中国顺/逆差额
阿尔及利亚	6 594 038	5 597 464	996 574	4 600 890
安哥拉	16 261 360	1 747 908	14 513 452	−12 765 544
贝宁	1 047 127	988 874	58 253	930 621
博茨瓦纳	323 179	235 692	87 486	148 206
布基纳法索	400 213	322 519	77 694	244 825
布隆迪	83 773	76 101	7 672	68 429
喀麦隆	2 774 436	2 022 783	751 653	1 271 130
佛得角	78 999	77 789	1 210	76 579
中非共和国	85 035	27 963	57 071	29 108
乍得	719 229	298 321	420 908	−122 587
科摩罗	50 661	50 543	117	50 426
刚果（布）	3 958 585	601 533	3 357 052	−2 755 519
刚果（金）	9 043 778	2 013 138	7 030 639	−5 017 501
科特迪瓦	2 909 658	2 333 520	576 138	1 757 382
吉布提	2 354 499	2 308 251	46 249	2 262 002
埃及	14 529 200	13 623 353	905 847	12 717 506
赤道几内亚	1 276 382	122 097	1 154 284	−1 032 187
厄立特里亚	359 851	70 486	289 364	−218 878
埃塞俄比亚	2 571 772	2 233 353	338 419	1 894 934
加蓬	3 633 135	415 591	3 217 543	−2 801 952
冈比亚	565 648	535 908	29 740	506 168
加纳	8 497 067	6 756 152	1 740 915	5 015 237
几内亚	4 388 100	1 912 409	2 475 691	−563 282
几内亚比绍	51 448	51 443	5	51 438
肯尼亚	5 561 902	5 410 900	151 002	5 295 898
莱索托	71 645	59 382	12 262	47 120

续表

国家	双边贸易总额	中国出口	中国进口	中国顺/逆差额
利比里亚	3 492 564	3 404 577	87 987	3 316 590
利比亚	2 692 641	1 880 598	812 042	1 068 356
马达加斯加	1 136 216	997 513	138 703	858 810
马拉维	230 805	218 595	12 210	206 385
马里	637 306	468 405	168 900	299 505
毛里塔尼亚	1 967 973	740 159	1 227 814	-487 655
毛里求斯	726 246	699 896	26 350	673 546
摩洛哥	4 763 694	4 172 604	591 090	3 581 514
莫桑比克	2 577 111	1 999 946	577 165	1 422 781
纳米比亚	780 985	223 114	557 871	-334 757
尼日尔	527 760	303 061	224 699	78 362
尼日利亚	19 230 214	16 776 820	2 453 394	14 323 426
卢旺达	320 720	282 541	38 179	244 362
圣多美和普林西比	20 332	20 286	47	20 239
塞内加尔	2 878 677	2 563 433	315 244	2 248 189
塞舌尔	57 695	57 658	38	57 620
塞拉利昂	529 917	371 369	158 548	212 821
索马里	900 576	892 640	7 936	884 704
南非	35 836 163	15 243 438	20 592 725	-5 349 287
苏丹	3 277 958	2 511 697	766 261	1 745 436
南苏丹	832 927	156 053	676 874	-520 821
斯威士兰	40 376	39 892	484	39 408
坦桑尼亚	4 593 785	4 174 746	409 039	3 765 707
多哥	2 625 347	2 461 151	164 196	2 296 955
突尼斯	1 650 337	1 427 680	222 658	1 205 022
乌干达	831 339	791 649	39 689	751 960
赞比亚	3 987 550	681 374	3 306 176	-2 624 802
津巴布韦	1 398 623	524 670	873 952	-349 282

资料来源：中国海关总署网站（http://www.customs.gov.cn/customs/302249/zfxxgk/2799825/302274/302277/302276/3515719/index.html）.

（安春英整理）

主题词索引

B

C

D

E

G

H

J

K

L

M

P

Q

R

S

T

W

X

人名索引